中华国学文库

战国策注释 上

何建章 注释

中华书局

图书在版编目(CIP)数据

战国策注释/何建章注释. —北京:中华书局,2024.1
(中华国学文库)
ISBN 978-7-101-16348-3

Ⅰ.战⋯　Ⅱ.何⋯　Ⅲ.《战国策》-注释　Ⅳ.K231.04

中国国家版本馆 CIP 数据核字(2023)第 178454 号

书　　　名	战国策注释(全三册)	
注　　　释	何建章	
丛 书 名	中华国学文库	
责任编辑	许　桁	
责任印制	陈丽娜	
出版发行	中华书局	
	(北京市丰台区太平桥西里 38 号　100073)	
	http://www.zhbc.com.cn	
	E-mail:zhbc@zhbc.com.cn	
印　　　刷	河北新华第一印刷有限责任公司	
版　　　次	2024 年 1 月第 1 版	
	2024 年 1 月第 1 次印刷	
规　　　格	开本/880×1230 毫米　1/32	
	印张 54⅛　插页 6　字数 1132 千字	
印　　　数	1—3000 册	
国际书号	ISBN 978-7-101-16348-3	
定　　　价	198.00 元	

中华国学文库出版缘起

《中华国学文库》的出版缘起，要从九十年前说起。

1920 年，中华书局在创办人陆费伯鸿先生的主持下，开始编纂《四部备要》。这套汇集三百三十六种典籍的大型丛书，精选经史子集的"最要之书"，校订成"通行善本"，以精雅的仿宋体铅字排印。一经推出，即以其选目实用、文字准确、品相精美、价格低廉的鲜明特点，最大限度地满足了国人研治学问、阅读典籍的需要，广受欢迎。丛书中的许多品种，至今仍为常用之书。

新中国成立之后，党和国家倡导系统整理中国传统文献典籍。六十馀年来，在新的学术理念和新的整理方法的指导下，数千种古籍得到了系统整理，并涌现出许多精校精注整理本，已成为超越前代的新善本，为学界所必备。

同时，随着中华民族以前所未有的自信快速发展，全社会对中国固有的学术文化——国学，也表现出前所未有的关注和重视。让中华文化的优秀成果得到继承和创新，并在世界范围内进行传播和弘扬，普惠全人类，已经成为中华民族的历史使命。当此之时，符合当代国民阅读需要的权威的国学经典读本的出现，实为当务之急。于是，《中华国学文库》应运而生。

《中华国学文库》是我们追慕前贤、服务当代的产物，因此，它自当具备以下三个基本特点：

一、《文库》所选均为中国学术文化的"最要之书"。举凡哲学、历史、文学、宗教、科学、艺术等各类基本典籍，只要是公认的国学经典，皆在此列。

二、《文库》所选均为代表当代最新学术水平的"最善之本"，即经过精校精注的最有品质的整理本。其中既有传统旧注本的点校整理本，如朱熹《四书章句集注》，也有获得学界定评的新校新注本，如余嘉锡《世说新语笺疏》。总之，不以新旧为别，惟以善本是求。

三、《文库》所选均以新式标点、简体横排刊印。中国古籍向以繁体竖排为标准样式。时至当代，繁体竖排的标准古籍整理方式仍通行于学术界，但绝大多数国人早已习惯于现代通行的简体横排的图书样式。《文库》作为服务当代公众的国学读本，标准简体字横排本自当是恰当的选择。

《中华国学文库》将逐年分辑出版，每辑十种，一次推出；期以十年，以毕其功。在此，我们诚挚希望得到学术界、出版界同仁的襄助和广大读者的支持。

中华书局自 1912 年成立，至今已近百岁。我们将《中华国学文库》当作向中华书局百年诞辰敬献的一份贺礼，更是向致力于中华民族和平崛起、实现复兴大业的全国人民敬献的一份厚礼。我们自当努力，让《中华国学文库》当得起这份重任，这份荣誉。

中华书局编辑部
2010 年 12 月

战国策注释目录

目
录

13

战国策注释

战
国
策
注
释

序

战国策一书，记载了战国时代各国的历史事实和故事传说，有史料价值，也有文学价值。至西汉末年，书中篇简有零乱缺失情况，刘向遂加以整理，定为三十三篇。尔后，历代传抄传刻，又多有讹误。虽然经过学者多次校注、辑补或改编，但存在的问题仍然不少。何建章教授研究此书多年，曾参考有关书籍一百多种，以他渊博的历史知识和深厚的训诂学修养，总结前人的整理成果，写成战国策注释，提出了自己大量的心得体会。

在校勘方面，例如秦策一第二章："且夫苏秦特穷巷掘门、桑户棬枢之士耳。"鲍彪注："掘门，掘垣为门。"段玉裁说文解字注："'堀'古与'窟'通用，古书中'堀'多讹为'掘'。"本书作者指出，"掘门"应作"堀穴"，"堀"、"窟"、"掘"古通用；"穴"因在篆文中与"门"形近而讹为"门"。下文有"户"字，此处不应复出"门"字。

又如齐策三第十一章："（前略）犬兔俱罢，各死其处。田父见之，无劳倦之苦，而擅其功。"本书作者认为，"见"当是"寻"字之误，"寻"同"得"。得之，才"无劳倦之苦，而擅其功"。

在解释方面，例如秦策一第二章："大王之国西有巴、蜀、汉中之利，北有胡、貉、代、马之用，南有巫山、黔中之限，东有肴、函之固。"前人都把"胡貉"解为"胡地"出产的貉皮，"代马"解为代郡出产的马。而本书作者认为，"胡"和"貉"是指北方两个民族地区。"貉"同"貊"，是古代的民族名。"代马"指"代郡"和"马邑"，都是地名。原书中这几句都是指"地势形便"而言。

又如秦策三第十一章："臣窃为王恐，恐万世之后，有国者非王子孙也。"于鬯注："'万世'，即'后世'"，于文义不合。本书作者认为，"万世"即"万岁"、"千秋万岁"之意，指帝王"晏驾"。古代对贵族讳言死字。

注释中这类例证很多，既有充分证据，又符合原书内容。何建章教授善于运用横向和纵向联系的研究方法，坚持科学的治学态度，使注释取得了丰硕成果。

阴法鲁

前　言

一

　　春秋后期,周天子势力渐衰,各诸侯国都要求独立,想脱离周天子的"领导",同时也为了抵御其他诸侯的侵袭,都想加强本国的势力。当时,士(知识分子)这一阶层的人也各自创立了自己的学说和学派,对治国之道各有自己的一套理论和方法。诸侯国君为了加强本国的势力,都需要积极地招贤纳士。(孔丛子居卫:"子思曰:'今天下诸侯方欲力争,竞招英雄,以自辅翼,此乃得士则昌,失士则亡之秋也。'")各学派为了让诸侯国君采纳自己这一学派的主张,就大力进行宣传,于是产生了各个学派为自己训练"士"的大师。有的学派学生多到几百、几千。各学派的头面人物亲自到各诸侯国去宣传游说。孔丘曾到过齐、鲁、卫、宋、陈、蔡、楚等国去游说,墨翟也曾到过楚、鲁、宋、齐等国去游说。到了战国时期,游说之风更盛,荀子到过燕、齐、楚、秦、赵等国去游说,孟轲到过魏、宋、邹、滕、鲁等国去游说。孔丘的学生原宪说过:"学道不能行(实行)者谓之病。"(史记仲尼弟子列传)"学道而行之"就是这些士津津乐道的,的确也是他们主观的愿望。事实上从这些士当中产生了许多我国古代的伟大思想家和具有伟大人格的人物。当然，多数的士"学道"的目的，正如孔丘的学生子张那样，在于"干禄"（论语为政），也就是说在于学做官。孔门的学生做官的就非常多。如冉求为季氏宰，子路为季氏宰、为蒲大夫、为卫大夫孔悝之邑宰，子游为武城宰，子贱为单父宰，等等。其中最活跃要推子贡，"子贡一出，存鲁，乱齐，破吴，强晋而霸越；子贡一使，使势相破，十年之中，五国各有变"（以上均见史记仲尼弟子列传）。子贡简直成了春秋时代的"纵横家"了。

　　班固在汉书艺文志里说，春秋战国时期，学派共有十家。韩非在韩非子显学篇里说："世之显学，儒、墨也。儒之所至，孔丘也；墨之所至，墨翟也。"（当世最著名的学派是儒家和墨家。儒家的祖师是孔丘，墨家的祖师是墨翟。）他们互相批评、攻击，又自我标榜，其目的就是要诸侯国君不要听信别的学派的主张，而要他们实行自己这一学派的主张。代表儒家一派的荀子对墨子批评说："我以墨子之'非乐'也，则使天下乱；墨子之'节用'也，则使天下贫。"（荀子富国）（我认为墨子主张"非乐"，是造成天下祸乱的根源；墨子主张"节用"，是造成天下贫穷的根源。）儒家另一派的孟轲更批评墨子说："杨氏（名家代表杨朱）为我，是无君也；墨氏兼爱，是无父也。无父无君，是禽兽也。"（孟子滕文公下）据孟子说"天下之言，不归杨，则归墨。"可见墨翟的学说在当时曾产生过很大的影响。孟子还说："杨、墨之道不息，孔子之道不著。"（杨朱和墨翟的学说不消灭，孔子的学说就无法发扬。）（均见孟子滕文公下）儒、墨两家的斗争简直成了你死我活的斗争。不仅不同"家"互相批评、互相攻击，甚至谩骂，即使同一"家"的不同派别也互相进行攻击和自我标榜。例如孔子之后，"儒分为八"（韩非子显学篇），孟轲一派说，他才是儒家的真传。荀子对儒家几派的批判，几乎没有一派能幸免，对孟轲这派批判尤甚（见荀子非十二子篇）。纵横家正是在这种"百家争鸣"的形势下崛起的一"家"。

汉书艺文志说："从横家者流,盖出于行人之官。""行人之官"即当时外交官。为什么说是"从横家"呢?司马迁说："及田常(齐简公时大夫)杀简公而相齐国(前481年),诸侯晏然(安然)弗讨,海内争于战功矣;三国(赵、魏、韩)终之卒分晋(前403年),田和(田常曾孙,为齐宣公相)亦灭齐(指姜齐)而有之(前386年),六国之盛自此始,务在强兵并敌,谋诈用,而从衡短长之说起。"(史记六国年表序)韩非子五蠹篇说："群臣之言外事者,非有分于从衡之党,则有仇雠之忠(同"中",心思),而借力于国也。"(群臣谈论外交大事的,不是分属于合纵、连横两派,就是有互相敌对之心,而借国家的力量来报私仇。)又说："从者,合众弱以攻一强也;而衡者,事一强以攻众弱也。"战国初,各国先后皆进行了政治改革。魏文侯(前445年—前396年)先后任用魏成子、翟璜、李悝为相,李悝是子夏(孔子的学生)的学生,是战国时代法家的始祖;经过改革,魏国成了当时最强盛的国家。赵国在前403年任公仲连为相,也进行了政治改革。楚悼王(前401年—前381年)时,任用法家吴起(李悝的同学)进行了政治改革。韩昭侯在前355年任用法家申不害进行了政治改革。齐威王(于前357年)任用邹忌为相进行政治改革。秦国地处僻远,比较落后,孝公(前361年—前338年)时,深感"诸侯卑秦,丑莫大焉"(感到诸侯轻视秦国,这是奇耻大辱),于是下令国中,要求政治改革。此时卫鞅(即商鞅,李悝的学生)入秦,前356年秦孝公就委任卫鞅为左庶长(秦爵为二十级,左庶长为第十级),开始进行变法。新法"行之十年,秦民大悦,道不拾遗,山无盗贼,家给人足,民勇于公战,怯于私斗,乡邑大治"(史记商君列传)。秦惠王(前337年—前311年)即位后,虽车裂了商鞅,但商鞅的新法仍未废弃,继续执行。因此秦国由落后而先进,从贫穷到富强,成为战国七雄中实力最雄厚的大国,并开始进行兼并六国的战争。秦国强大的压力,使其他六国感到莫大的威胁。于是各国君主纷纷争取盟国，力图联合抗秦。可是六国彼此之间，仍然是矛盾重重，很难坚守盟约。秦国却利用六国之间的矛盾，从中破坏它们的团结，或联齐伐楚，或约楚攻齐，各个击破。所以，六国联合以抗秦称"合从"，与秦联合攻击他国称"连横"。战国七雄（秦、齐、楚、赵、魏、韩、燕）在政治外交上或合纵，或连横，明争暗斗，瞬息万变。二百多年来，七国一直不断地反复地进行战争，直至前221年秦始皇灭六国，统一了中国为止。

游说诸侯的风气，春秋末期，孔、墨两家已倡之在先，不过他们当时或主张"以礼为国"，或主张止兵"非攻"，还没有像后来纵横策士的那种风气。到了战国时期，孟子就有"处士横议"（指春秋以后各派人物"乱发议论"）（孟子滕文公下）之讥。孟子和张仪都先后游说过梁惠王（前369年—前319年），梁惠王并没有听从孟子。史记孟轲荀卿列传说："孟轲……适（至）梁（魏），梁惠王不果（信）所言，则见以为（被认为）迂远而阔于事情（迂阔而不切合实用）。当是之时，秦用商君，富国强兵；楚、魏用吴起，战胜弱敌；齐威王、宣王用孙子、田忌之徒，而诸侯东面朝齐。天下方务（崇尚）于合从、连横，以攻伐为贤（善），而孟轲乃述（讲论）唐、虞三代之德（政治），是以所如（当）者不合（不合于游说对象的要求）。"当时人们都说："外事，大可以王，小可以安。"（搞外交活动，大可以统一天下，小可以安定国家）（韩非子五蠹）当时诸侯国君都希望自己或立为霸主（领导诸侯），或成就王业（统一天下）。纵横策士正抓住这一点进行游说。苏秦说秦惠王说："昔者神农伐补遂，黄帝伐涿鹿而禽（擒）蚩尤，尧伐驩兜，舜伐三苗，禹伐共工，汤伐有夏，文王伐崇，武王伐纣，齐桓任战而伯天下。由此观之，恶有不战者乎？"（秦策一第二章）范雎说秦昭王说："足下上畏太后之严，下惑奸臣之态，居深宫之中，不离保傅之手，终身暗惑，无与照奸；大者宗庙灭覆，小者身以孤危。此臣之所恐耳！若夫穷辱

战国策注释

之事，死亡之患，臣弗敢畏也。臣死而秦治，贤于生也。"（秦策三第九章）张仪说秦惠王说："大王试听其说，一举而天下之从不破，赵不举，韩不亡，荆、魏不臣，齐、燕不亲，伯王之名不成，四邻诸侯不朝，大王斩臣以徇于国，以主为谋不忠者。"（秦策一第五章。此章韩非子初见秦同，或以为韩非作。）他们或说之以理，用明显的历史经验说服对方相信自己的道理；或动之以情，以披肝沥胆之辞感动对方相信自己的忠贞；为了让对方听从自己的主张，他们甚至可以把脑袋赌上。清代学者顾炎武说，周末"邦（国）无定交，士无定主"（日知录卷十三"周末风俗"条）。这就活生生地写出了战国时期"以攻伐为贤"，纵横捭阖，风云变幻的政治外交形势。战国策中评价苏秦相赵以后的作者说："苏秦相于赵而关不通。当此之时，天下之大，万民之众，王侯之威，谋臣之权，皆欲决苏秦之策。不费斗粮，未烦一兵，未战一士，未绝一弦，未折一矢，诸侯相亲，贤于兄弟。夫贤人在，而天下服，一人用，而天下从。"（秦策一第二章）当时一位纵横家景春对孟子说："公孙衍、张仪岂不诚大丈夫哉？一怒而诸侯惧，安居而天下熄（天下太平无事）。"（孟子滕文公下）这些话虽然不免有些夸张，但也一定程度反映了当时纵横家外交活动的真实情况。

二

历代持正统儒家观点的批评家都对战国策加以贬低，汉代刘向认为它"不可以临教化"（战国策书录），就是说，它不能用来"教化"人民。宋代李格非说它"浅陋不足道"（书战国策后），因为都不是出自儒家的典籍，不合儒家的口味，所以斥之为"浅陋"。曾巩更认为这是一部"邪说"，把它整理保存下来，为的是"使当世之人皆知其说之不可从，然后以禁则齐；使后世之人皆知其说之不可为，然后以戒则明"(曾子固序)。战国策被定为"邪说",把它整理保存下来,为的是做反面教材,让"当世之人"、"后世之人"都知道这是一部"邪说",这样就容易禁绝。战国策的内容很丰富,也很复杂。下面就简略地从几个方面做点介绍。

（一）要求统治者重视人民

赵惠文王死后(前266年死),太子赵孝成王即位,其母赵威后执政。齐襄王派使臣问候赵威后。威后还未拆开齐襄王的问候信,首先问使臣:"岁亦无恙耶? 民亦无恙耶? 王亦无恙耶?"使臣极为不满地抗议说:"今不问王,而先问岁与民,岂先贱而后尊贵者乎?"赵威后认为"苟无岁,何有民? 苟无民,何有君? 故有舍本而问末者邪?"(齐策四第七章)孟子曾说:"民为贵,社稷次之,君为轻。"(孟子尽心下)威后这种"民为本","君为末"的观点和孟子的"民为贵""君为轻"的思想是一致的。荀子王制"传曰:'君者,舟也;庶人者,水也。水则(能)载舟,水则覆舟。'……故君人者欲安,则莫若平政爱民矣。"辛弃疾说"民者,国之根本,而贪浊之吏迫使为盗"(论盗贼札子)。黄宗羲也说:"天下之治乱不在一姓之兴亡,而在万民之忧乐。"(明夷待访录原臣)可见"民本"思想在中国源远流长。赵威后重视什么样的"人"呢? 我们从她反对什么样的"人"就可以看出。威后继续问:"於陵子仲尚存乎? 是其为人也,上不臣于王,下不治其家,中不索交诸侯,此率民而出于无用者,何为至今不杀乎?"威后认为,於陵子仲上不能对国君有所帮助,下不能治理好家庭,对外又不能联络诸侯,修好邦交,这简直是给人民做榜样,带头不给国家做事;对于这样的人,为什么还不杀掉? 赵威后痛恨於陵子仲那种逃避现实的消极态度,正表现了她的积极用世的精神。韩非子也有同样的观点,他在奸劫弑臣篇中说:"古有伯夷、叔齐者,武王让以天下而弗受,二人饿死首阳之陵;若此臣者,不畏重诛,不利(贪)重赏,不可以罚禁也,不可以赏使也。此之谓无益之臣也,吾所以少而去之(我看轻这种人,要把他们除掉)。"赵威后似乎有点干涉别国内政,其实不然。她这样公然宣称,不只是对於陵子仲和齐国的看法,而是对所有象於陵子仲这样的人及齐国的这种态度表示公开否定。

(二)要求为国立功,不能平白地享受高官厚禄

赵策四记载,赵威后刚执政,秦国乘机攻赵,赵国求救于齐,齐国要求以威后幼子长安君作抵押,才出援兵。群臣进谏,威后不肯。触龙以"位尊而无功,奉厚而无劳……一旦山陵崩,长安君何以自托于赵"为辞进说威后。威后醒悟,乃以长安君质于齐,齐兵乃出。作者进一步又借子义之口说:"人主之子也,骨肉之亲也,犹不能恃无功之尊,无劳之奉,而守金玉之重也,而况人臣乎?"作者不仅向封建的"世卿"、"世禄"制度宣战,而且更是对君主世袭制度大胆的挑战。这种反对"世卿"、"世禄"制度的思想在当时是普遍的。商鞅就主张"明君之使其臣也,用必出于其劳,赏必加于其功"。(英明的国君,任用的人必定是有成绩的人,奖赏的人必定是有功劳的人。)(商君书错法)荀子也提倡"尚贤使能"(尊崇和任用德才兼备的人)(荀子王制)范雎给秦昭王的上书就公开提出:"明主莅政,有功者不得不赏,有能者不得不官;劳大者其禄厚,功多者其爵尊。"(秦策三第八章)韩非也主张"治世之臣,功多者位尊,力极者赏厚"。(真正能治理国家的大臣,功劳多的人要给以高的官位,尽心竭力的人要给以丰厚的奖赏。)(韩非子守道)这种呼声和舆论不是一时一地一人的,而是普遍的、长期的。多少人在为此而呼吁、争取和奋斗。可是两千多年来,这种"世卿"、"世禄"制度,或变相的"世卿"、"世禄"制度一直在中国实行着,直到现在才算实现了两千多年前人们的愿望。

（三）规劝统治者"贵士"

"贵士"就是尊重知识分子。看下面一段颇有意思的对话：齐宣王见颜斶曰："斶前！"斶亦曰："王前！"宣王不悦。左右曰："王，人君也；斶，人臣也；王曰'斶前'，斶亦曰'王前'，可乎？"斶对曰："夫斶前为慕势，王前为趋士；与使斶为慕势，不如使王为趋士。"王忿然作色曰："王者贵乎？士贵乎？"对曰："士贵耳，王者不贵！"王曰："有说乎？"斶曰："有。昔者秦攻齐，令曰'有敢下柳下季垄五十步而樵采者，死不赦。'令曰'有能得齐王头者，封万户侯，赐金千镒。'由是观之，生王之头，曾不若死士之垄也。"宣王默然不悦。颜斶又劝告宣王要"无羞亟问，不愧下学"。宣王很有感慨地说："君子焉可侮哉！寡人自取病耳。及今闻君子之言，乃今闻细人之行。"而且请求做颜斶的学生。（齐策四第五章）颜斶是一个不畏权贵的知识分子，他在国王面前保持不卑不亢的从容态度。宣王是一个从善如流的国家元首，他最初对颜斶态度轻蔑，而后又能诚恳地自我反省，甘愿当颜斶的学生，岂不发人深省。王斗对齐宣王直言正谏，批评他"好马"、"好狗"、"好酒"、"好色"而"不好士"，并且一针见血地戳穿了他自己标榜的所谓"忧国爱民"的谎言，说"王之忧国爱民不若王爱尺縠也。"齐宣王终于承认自己"有罪于国家"，并改正了错误，"举士五人任官"，因此"齐国大治"（齐策四第六章）。燕昭王即位，"卑身厚币，以招贤者"。郭隗有一段"致士"的议论："帝者与师处，王者与友处，霸者与臣处，亡国与役处。诎指而事之，北面而受学，则百己者至；先趋而后息，先问而后嘿，则什己者至；人趋己趋，则若己者至；冯几据杖，眄视指使，则厮役之人至；若恣所奋击，呴籍叱咄，则徒隶之人至矣。此古服道致士之法也。"（燕策一第十二章）他不仅非常深刻具体地阐明了国君对"士"的不同态度所得到的不同结果，更重要的是，他总结了所谓"治民者"与

"被治者"的正确关系。用今天的话说,就是领导与被领导的正确关系。

(四)歌颂不畏强暴、不辱使命的外交官

秦始皇想并吞小国安陵,假意说要以五百里地换取安陵,安陵君婉言拒绝。秦王不悦。安陵君派唐雎出使秦国。秦王说:"寡人以五百里之地易安陵,安陵君不听寡人,何也?且秦灭韩亡魏,而君以五十里地存者,以君为长者,故不错意也。今吾以十倍之地请广于君,而君逆寡人者,轻寡人与?"唐雎对曰:"否,非若是也。安陵君受地于先王而守之,虽千里不敢易也,岂直五百里哉?"秦王大怒,进一步威胁唐雎说:"公尝闻天子之怒乎?"唐雎对曰:"臣未尝闻也。"秦王曰:"天子之怒,伏尸百万,流血千里。"唐雎曰:"大王尝闻布衣之怒乎?"秦王曰:"布衣之怒也,亦免冠徒跣,以头抢地耳。"唐雎说:"此庸夫之怒也,非士之怒也。"唐雎列举了刺杀吴王僚的专诸,刺杀韩傀的聂政,刺杀庆忌的要离。然后说:"此三子者皆布衣之士也,……与臣而将四矣。若士必怒,伏尸二人,流血五步,天下缟素,今日是也。"唐雎挺剑而起。秦王不得不恐惧屈服,"长跪而谢"。(魏策四第二十七章)公元前225年(秦始皇二十二年)秦始皇先后灭掉了韩、魏两国。秦始皇想以讹诈手段吞并当时魏国的附属小国安陵。唐雎出使,深知秦国统一天下已成定局(前221年秦统一天下),如果用一般游说之辞去说服秦始皇放弃吞并安陵的野心,是不可能的。因此在秦王"伏尸百万,流血千里"的恫吓下,针锋相对地提出"伏尸二人,流血五步"相对抗,即以"同归于尽"的威胁回答了对方骄纵蛮横的"恫吓"。终于使秦王不得不惧怕而谢罪。唐雎在骄横的"霸主"面前,正气凛然,不屈不挠,维护国家尊严,出色地完成外交使命。这种机智勇敢,不畏强暴的性格,不是令人敬慕吗?

（五）颂扬坚持正义、解人危难、不计报酬的高尚品德

秦围赵都邯郸，赵于前260年被秦军大败于长平，损兵四十余万，已无力抵抗，只好求救于姻亲魏国（赵相平原君赵胜之妻乃魏公子信陵君无忌之姊）。魏安釐王因慑于秦兵威力，又因忌刻其异母弟信陵君，因此在救赵问题上与信陵君意见分歧。安釐王以为：救赵，恐得罪强秦，祸及本国；不救，又恐秦灭赵，复侵及魏。所以安釐王首鼠两端。虽派大将晋鄙领兵往救，而止于荡阴不进，按兵观望；又派客将军辛垣衍劝赵尊秦昭王为帝，企图以此解邯郸之围，让赵国屈膝投降，以保全自己。鲁仲连，齐之高士，生平不仕于诸侯，最喜为人排难解纷。得知"魏将军欲令赵帝秦"，鲁仲连站在反侵略的正义立场，坚决主张抗秦，反对投降，和"帝秦派"辛垣衍进行了一场激烈的辩论。在辩论中，鲁仲连揭露了秦国的好战本质，并用历史上大量事实反复说明"帝秦"的危害。指出秦果称帝，"梁王安得晏然而已乎？而将军又何以得故宠乎？"鲁仲连以坚持正义的战斗精神，以机智雄辩的生动言辞，服之以理，动之以利。辛垣衍不得不心悦诚服地说："始以先生为庸人，吾乃今而知先生为天下之士也！吾请去，不敢复言帝秦。"这样，大大坚定了赵国抗秦的信心和决心。最后，"魏公子无忌夺晋鄙军，以救赵击秦"，迫使秦国引兵而去。鲁仲连折服辛垣衍，救赵于危难之中，"平原君欲封鲁仲连，鲁仲连辞让者三，终不受"。又"以千金为鲁仲连寿，鲁仲连笑曰：'所贵于天下之士者，为人排患、释难、解纷乱而无所取也。即有所取者，是商贾之人也，仲连不忍为也。'遂辞平原君而去，终身不复见"（赵策三第十三章）。后来鲁仲连又解救齐之聊城，齐人欲封鲁仲连，鲁仲连逃隐于海上曰："吾与富贵而诎（屈）于人，宁贫贱而轻世肆志焉！"（大意是：与其贪富贵而屈从于人，不如处贫贱，轻世俗，无所忌惮。）（史记鲁仲连列传）唐代诗人李白爱慕鲁仲连的性格，写了一首

战国策注释

古风,引鲁仲连为"同调":"齐有倜傥生,鲁连特高妙。明月出海底,一朝开光耀。却秦振英声,后世仰末照。意轻千金赠,顾向平原笑。吾亦澹荡人,拂衣可同调。"

(六)揭露统治者的残忍、横暴、昏庸、荒淫

秦惠王之妻、昭王之母宣太后,宠爱近臣魏丑夫,太后病将死,下令:"为我死,必以魏子为殉。"魏子十分担忧。庸芮为魏丑夫劝宣太后说:"以死者为有知乎?"太后曰:"无知也。"庸芮曰:"若太后之神灵,明知死者之无知矣,何为空以生所爱葬于无知之死人哉?若死者有知,先王积怒之日久矣。太后救过不赡,何暇乃私魏丑夫乎?"于是宣太后这才取消了让魏丑夫殉葬的残暴丑恶的命令。(秦策二第十六章)公元前384年(秦献公元年)已废除了"从死"(殉葬)(见史记秦本纪),可是这个残忍、荒淫的太后还死抱住旧恶习不放。庸芮用"以彼之矛攻彼之盾"的方法,特别是以"先王积怒之日久矣"重重地刺中她的隐处,使她在既感到恐惧又感到羞耻的情况下不得不取消了这个荒唐的命令。

宋康王(前328年—前286年)打了几个胜仗,骄横自信,不可一世,急欲称霸。以皮囊盛人血,高高悬起,以箭射之,血下滴,乃以为"射天"之戏,认为己胜于天。并以鞭"笞地",认为己已"威服天地鬼神"。又"剖伛之背","锲朝涉之胫"观其异,以为戏。其残暴昏庸,真是令人发指。全国为之骇乱。齐国乃出兵讨伐此昏暴之君,民皆四散而不为守城,遂被擒国灭(宋策第八章)史记殷本纪记载殷朝最后一个君王纣,也有类似暴戾之行。周武王伐纣时,百姓皆倒戈,终灭纣。不治国,不爱民,残暴无道,终遭灭亡。这是历史的必然。所以尚书酒诰说:"人无于水监(鉴),当于民监。"

（七）揭露统治阶级内部勾心斗角的各种丑行

楚怀王（前328年—前299年）新得一美人，甚喜爱。其夫人郑袖知王甚喜爱，亦甚喜爱：衣服随新人所喜爱而给她制做，玩器随新人所心爱而给她罗致，卧具亦随其所好而为她制备，表现得比怀王还喜爱新人。楚王说："郑袖知寡人之说新人也，其爱之甚于寡人。此孝子之所以事亲，忠臣之所以事君也。"郑袖了解到怀王认为她不忌妒新人，就对新人说："王爱子美矣。虽然，恶子之鼻。子为见王，则必掩子鼻。"这以后新人见王，就捂住鼻子。怀王问郑袖："夫新人见寡人则掩其鼻何也？"郑袖说："妾知之。"王曰："虽恶必言之。"郑袖说："其似恶闻君王之臭也。"王曰："悍哉！"令劓之。（楚策四第二章）短短一段叙述，活生生地勾画出了郑袖阴险的嘴脸，恶毒的心肠，狡猾的伎俩。唐代韩愈曾深深感叹他所处的社会，这样写道："今夫平居里巷相慕悦，酒食游戏相征逐，诩诩强笑语以相取下，握手出肺肝相示，指天日涕泣，誓生死不相背负，真若可信。一旦临小利害，仅如毛发比，反眼若不相识。落陷阱，不一引手救，反挤之，又下石焉者，皆是也。"（柳子厚墓志铭）郑袖之流与此相比，有过之无不及。它们都相当真实地反映了阶级社会里人与人之间关系的真实情况。它们形象地反映出一两千年前社会的一个侧面，但又是本质的方面。

（八）揭露人情浇薄、世态炎凉

苏秦游说秦惠王，建议他搞连横政策，对山东六国各个击破，这样可以建立帝业。因为秦惠王刚车裂了商鞅，对游说之士存有戒心，婉言谢绝了。可是苏秦一而再，再而三，一连上书十次，也没有说动秦惠王。"资用乏绝，去秦而归，赢滕履蹻，负书担囊，形容槁枯，面目犁黑，状有归色"，十分狼狈。回到家里，"妻不下纴，嫂不为炊，父母不与言"。于是发愤读书，"读书欲睡，引锥自刺其股，血流至足"。就这样,过了一年,到赵国,游说赵肃侯,双方谈得非常投契,赵王大悦,封苏秦为武安君,受相印。"革车百乘,锦绣千纯,白璧百双,黄金万溢,约从散横,以抑强秦"。"当秦之隆,黄金万溢为用,转毂连骑,炫熿于道,山东之国从风而服,使赵大重"。苏秦从赵国出发,将去游说楚威王,"路过洛阳,父母闻之,清宫除道,张乐设饮,郊迎三十里;妻侧目而视,倾耳而听;嫂蛇行匍伏,四拜自跪而谢"。苏秦曰:"嫂何前倨而后卑也?"嫂曰:"以季子之位尊而多金。"苏秦曰:"嗟乎!贫穷则父母不子,富贵则亲戚畏惧。人生世上,势位、富贵盖可忽乎哉?!"(秦策一第二章)苏秦和他嫂嫂的问答,把人与人之间的关系揭露得多么淋漓尽致。过了二百多年,司马迁对所处的那个社会也有一段慨叹之辞:"始翟公为廷尉(最高司法官),宾客阗(塞满)门,及废(罢官),门外可设雀罗(鸟网)。翟公复为廷尉,宾客欲往,翟公乃大署其门(在门上用大字题写)曰:'一死一生,乃知交情;一贫一富,乃知交态;一贵一贱,交情乃见(现)。'"司马迁不禁大声呼曰:"悲夫!"(史记汲郑列传)旧社会的"人情"、"世态"如此,这是必然的。

三

战国策在艺术表现上也有许多优点和特点。刘向虽然说它"不可以临教化",但他又不得不承认策文是"高才秀士"的"奇策异智","亦可喜,皆可观"(战国策书录)。南北朝时,梁朝文艺批评家刘勰(465年前后—520年前后)在文心雕龙才略篇里说:"战代任武而文士不绝,诸子以道术取资,屈、宋以楚辞发采,乐毅报书辨以义,范雎上疏密而至,苏秦历说壮而中,李斯自奏丽而动。若在文世,则扬、班俦也。"(战国时代崇尚用武,而文学之士依然存在,诸子以谈论哲理学术取用于时，屈原、宋玉以楚辞而发扬文学的光辉，乐毅的书信义正而辞辩，范雎的上书严密而深刻，苏秦游说强劲而中肯，李斯的奏章多彩而动听。如在太平重文之世，这些人和汉代文学家扬雄、班固都有同等的文名。）刘勰从文学角度对战国策中一些游说之士和他们的作品与诸子、屈原、宋玉并称，又与汉代的文学家扬雄、班固媲美，可见战国策的文学价值。下面就简略地谈谈这方面的粗浅看法。

（一）叙事简洁明快，语言明白流畅，说理雄辩有力，分析细致准确。现以赵策四第十八章触龙说服赵太后一事为例。

文章开头，先摆形势："赵太后新用事，秦急攻之。赵氏求救于齐。齐曰：'必以长安君为质兵乃出。'太后不肯，大臣强谏。太后明谓左右：'有复言令长安君为质者，老妇必唾其面。'"形势的特点是：秦攻赵情况十分紧急；矛盾焦点是长安君是否能出质；解决问题已成僵局。这里两个"必"字非常准确、鲜明、突出地表现了矛盾十分尖锐，而且成了僵局，毫无回旋余地。作者这样写，不仅是叙述情况，分析形势，也是为了突出触龙解决这一难题的独特才能。

解决问题，首先要打破僵局。作者从这一点入手。触龙以一个问候太后身体的老臣身分出现，而不以一个解决问题的"谏臣"身分出现。你看他"入而徐趋，至而自谢"，一番说明和问候，使"盛气而胥之"的太后开了口："老妇恃辇而行"，气氛有了缓和。于是触龙抓紧时机，接上话岔儿，继续问候，拉起家常："'日食饮得无衰乎？'太后曰：'恃粥耳！'曰：'老臣今者殊不欲食，乃自强步，日三四里，少益嗜食，和于身。'曰：'老妇不能。'太后之色少解。"这一席对话多么自然，太后开始被触龙所左右，拉入他的轨道。从"盛气而胥之"到"色少解"，触龙得到第一个"回合"的胜利。但太后却毫无觉察。作者在这里，全用对话，而只用了"盛气而胥之"、"色少解"八个字说明事件的变化过程，实在简洁明快。

话题一转，提出"老臣贱息"的工作问题。还是触龙取得谈话

14

的主动权和支配权,由"贱息"的工作,进一步引出"爱子"的问题。在"爱子"的问题上引起了有趣的争论。触龙声称爱子"甚于妇人",而"太后笑曰:'妇人异甚。'"这时气氛又有了大的转变。从"色少解"到"太后笑曰",这个转变可不小。刚才声称"必唾其面",这种"盛气"和"警惕"已经无影无踪了。作者对事件发展的安排十分有趣:太后的情绪由"盛气"到"解"到"笑",正是触龙步步接触本题的过程。看,"老臣窃以为媪之爱燕后贤于长安君。"触龙见时机成熟,于是单刀直入。这是一大突破,因为"提长安君"这是太后最警惕、最忌讳的事。而触龙有意安排的"反话"却引出了太后的心里话"不若长安君之甚"。这就使太后不知不觉、一步一步、舒舒服服地入于彀中,而又为下文开了路。如果这句话由触龙说出,那就太弱了,而且可能会发生变故。从这以后,急转直下,就进了正面摆事实说道理的阶段。太后完全被"控制"了,以致最后完全被说服,同意长安君"质于齐"。

整篇对话的过程,即叙事的过程;对话气氛的发展,即叙事层次的发展。这是一篇出色的叙事文,也是一篇出色的说理文,又是一篇出色的人物描写。而叙事、说理、人物描写的特色兼而有之,融为一体,表现出作者写作手法的高妙。

(二)写人物,既有人物的语言行动,生动形象,栩栩如生;又有事件的曲折发展,波澜起伏,引人入胜。现以齐策四第一章冯谖为孟尝君巧设"三窟"为例。

文章写策士冯谖为齐相孟尝君出谋划策,深谋远虑,数出奇计的事。冯谖初为孟尝君"市义"于薛,又为孟尝君"往聘"于梁,最后为孟尝君建立宗庙。他为孟尝君树立了政治基础,完成了"狡兔三窟"的计谋。文章突出写冯谖的深谋远虑,数出奇计的"奇"。以此显示冯谖不同凡响的才能。

首先写冯谖在众人眼中的"无能"，冯谖在孟尝君食客眼中是一个既"无好"，又"无能"的庸人。孟尝君也只是"笑而受之"。因为"君贱之"，所以给冯谖的待遇是"食以草具"。众人对冯谖"皆恶之"，认为他是一个"贪而不知足"的人。当孟尝君确定去薛收债的人选时，恰恰是"无好"、"无能"、为"君贱之"的冯谖自告奋勇报了名，这使孟尝君"怪之"。合券收债相当麻烦，非短期所能完成；可是冯谖先日出发，次晨归而求见，所以孟尝君又"怪其疾"。冯谖临行，孟尝君嘱冯谖市"吾家所寡有者"，这是指物质方面。冯谖到薛，"矫命"、"焚券"、"以券赐诸民"，"民称万岁"。谁知冯谖所市乃是孟尝君的政治资本——"义"，但孟尝君未解其意。此又一"怪"。这三"怪"，在刻画冯谖这个不同凡响的策士形象中起到了有力的反衬作用。别人所谓"怪"的，正是冯谖与众不同之处，正是深谋远虑，出"奇"之处。

一年后齐闵王罢了孟尝君的官，孟尝君回到自己的封地薛，"未至百里，民扶老携幼，迎君道中"。这时孟尝君才明白，对冯谖说："先生所为文市义者，乃今见之。"接着冯谖又以"车五十乘，金五百斤"到梁游说，为孟尝君"凿第二窟"，果然齐闵王又请孟尝君官复原职。冯谖又至薛为孟尝君建立宗庙，完成了"三窟"。全篇从头至尾都贯穿着对比法。先叙冯谖之"贫"，以至"不能自存"；后叙冯谖显贵，"车五十乘，金五百斤"往梁游说，俨然一个外交大使，这是从生活上对比。先叙冯谖"无能"，被众人轻视；后叙冯谖既能"会计"，又能"市义"，既能挟梁以胁齐，又能拒梁以取信于齐，这是从能力方面对比。先叙孟尝君对冯谖"市义"不悦；后叙孟尝君受薛地百姓爱戴而得意，这是从孟尝君对冯谖的态度来对比。三"怪"、三"对比"，不仅人物生动形象，栩栩如生，又使情节的发展波澜起伏，引人入胜。

（三）善于运用民间美丽的寓言故事和生动的比喻进行说理，富有幽默感，逸趣横生，生动活泼，增强了文章的说服力。

燕策二第十二章说，赵且伐燕，策士苏代为燕昭王去劝止赵惠文王。他见了赵王并不正面提出意见，却讲了一个故事："今者臣来，过易水，蚌方出曝，而鹬啄其肉，蚌合而箝其喙。鹬曰：'今日不雨，明日不雨，即有死蚌。'蚌亦谓鹬曰：'今日不出，明日不出，即有死鹬。'两者不肯相舍，渔夫得而并禽之。"经过这样一番生动地描绘，然后说明，如果赵、燕相攻，则"强秦之为渔夫也"。赵王听了立即停止攻燕。

楚策四第四章说，楚襄王不听大臣庄辛的劝告，结果被秦军攻下了国都，襄王当了逃亡国君。后来襄王醒悟，召见庄辛，庄辛说了下面一段比喻：

"君王就不曾见过蜻蜓吗？它六只足，四只翅，飞翔在天空，下可以食蚊蝇，上可以饮甘露，自以为无忧无虑，与人无争，却没料到五尺之童用饴胶在四仞之上捕住它，掉下来被蚂蚁吃掉。蜻蜓算是小的，黄雀也象这样，下可以吃白米，上可以栖茂树，鼓动翅膀，自由飞翔，自以为无忧无虑，与人无争，却没料到公子王孙左手持弹弓，右手拿弹丸，把它从十仞的高处射下，用它去引诱同类；它们白天还自由自在地在树林里游散，可日暮却成了桌上佳肴。黄雀算是小的，天鹅也象这样，它们在江海游荡，在池边休息，吞吃黄鳝、鲤鱼，咀嚼菱角、水草，乘风而高飞，翱翔于天空，自以为无忧无虑，与人无争，没料到，猎人准备好黑色的强弓，又拿上带绳的利箭，于百仞的高空，射中而坠落；白天还自由自在地在江河翱游，晚上却成了锅里的清燉天鹅。天鹅算是小的，蔡圣侯之事也象这样，南游于高丘，北登上巫山，马饮茹溪之水，人食湘江之鱼，左抱幼妾，右搂美女，与其游玩于上蔡之中，而不理国家大事；不料楚灵王兵围蔡国,蔡圣侯却成了阶下死囚。蔡圣侯之事算是小的,君王之事也象这样,左有宠臣州侯,右有宠臣夏侯,鄢陵君、寿陵君随从游玩,游乐于云梦之中,而不管天下国家大事;不料穰侯受秦王之命,大将白起攻入楚都,君王做了逃亡国君。"襄王听了大惊失色,浑身发抖。

庄辛连用生动的比喻,从蜻蜓到黄雀,从黄雀到天鹅,都"自以为无患,无与人争",可以悠游自乐,结果遭到意外的袭击,终于丧生。又从鸟雀推到人事,举出蔡圣侯因逸乐亡国,指出楚襄王遭祸逃亡的原因。由物及人,由小到大,由远及近,层层深入,使人惊心动魄,不能不让楚襄王吃惊而发抖。

战国策中有不少篇章在谈论重大的政治问题和严肃的人生道理时,往往用这种生动活泼的寓言或比喻,不仅增强了说服力,也给人以强烈的艺术感染。如"门庭若市"(齐策一第十二章)、"画蛇添足"(齐策二第四章)、"狡兔三窟"(齐策四第一章)、"跖犬吠尧"(齐策六第五章),"狐假虎威"(楚策一第三章)、"米珠薪桂"(楚策三第二章)、"亡羊补牢"(楚策四第四章)、"惊弓之鸟"(楚策四第十章)、"南辕北辙"(魏策四第十八章)、"鹬蚌相争,渔人得利"(燕策二第十二章)等等,都已成了人们口头上常用的成语。

四

战国末期,流传着一些记录纵横家事迹的书,有的叫国策,有的叫国事,有的叫短长,有的叫事语,有的叫长书,有的叫修书。这些书一直流传到西汉。西汉司马迁(前145年—前93年?)著史记时,曾采录了这些书的一些内容。汉成帝时,光禄大夫刘向(前77年—前6年)校书时,把这些书进行了编辑,去其重复,校其脱误,共得三十三篇。刘向以为这些书的内容都是"战国时游士辅所用之国，为立策谋"(战国策序录)，所以定名为战国策。所记"继春秋以后，讫楚汉之起，二百四十五年间之事。"以国别分东周、西周、秦、齐、楚、赵、魏、韩、燕、宋、卫、中山十二国策，"共三十三篇"。后汉班固(32年—92年)汉书艺文志著录"战国策三十三篇。"后汉高诱(147年—225年时人)为之注。

隋书经籍志(655年成书)著录"战国策三十二卷，刘向录。战国策二十一卷，高诱撰注。"唐书经籍志著录"战国策三十二卷，刘向撰，战国策三十二卷高诱注。"唐书艺文志同。

文献通考引崇文总目(1034年—1037年成书)曰："战国策篇卷亡阙，第二至第十、第三十一至第三十三阙。又有后汉高诱注本二十卷，今阙第一、第五、第十一至第二十，止存八卷。"

宋代曾巩(1019年—1083年)"访之士大夫家，始尽得其书，正其谬误，而疑其不可考者，然后战国策三十三篇复完。""高诱注者二十一篇，或曰三十二篇，崇文总目存者八篇，今存者十篇。"(战国策曾子固序)宋哲宗元祐元年至八年(1086年—1093年)，孙元忠"取曾巩三次所校定本及苏颂、钱藻等不足本，又借到刘敞手校书肆印卖本参考"进行校勘。"后又用诸本及集贤院新本校，遂为定本。"(孙元忠书阁本战国策后)

宋高宗绍兴十六年(1146年)姚宏校定战国策云："隋经籍志'战国策三十四卷，刘向录；高诱注止二十一卷。'唐艺文志刘向所录已阙二卷，高诱注乃增十一卷。今世所传三十三卷。崇文总目高诱注八篇，今十篇：第一、第五阙，前八篇，后三十二、三十三，通有十篇。""余萃诸本，校定离次之，总四百八十余条(按：四库全书战国策校注十卷纪昀家藏本提要："刘向、曾巩所校三十篇四百八十六首。"汉书艺文志王先谦补注引朱一新曰："今高诱姚宏注本虽分三十三卷，实已缺一篇，盖后人分析以求合三十三篇之数也。")太史公所采九十余条，其事异者止五、六条。"（姚宏题）（按：姚宏据曾巩校定本、孙朴校本、钱藻校本、刘敞校本、集贤院本、无姓名者，又以春秋后语参校补注）

宋高宗绍兴十七年（1147 年）鲍彪引"淮南子、后汉志、说文、集韵、史记裴注"以注战国策（吴师道序）。

元泰定二年（1325 年）吴师道据鲍注战国策作补正，补鲍注之缺，正鲍注之失。

现在所传者即姚宏校补本及鲍、吴校注本，皆非刘向原本（注）。

五

本书以清同治己巳年（1869 年）湖北崇文书局重雕剡川姚氏本战国策为底本（简称姚本），以为有误衍讹脱或重要异文者，则校以四部备要据士礼居黄氏覆剡川姚氏本校刊本（简称备要本）、四部丛刊影印元至正（1341 年—1370 年）年间刊刻的鲍注吴校本（简称丛刊本）、明万历己未年（1619 年）闵齐伋裁注本（简称闵本）、李锡龄校订惜阴轩丛书鲍注吴校本（简称李本）、畿辅丛书校刻姚宏本（简称畿辅本）、黄丕烈战国策札记（黄氏所说"今本"即于鬯战国策注所说"卢刻本"，亦即"雅雨堂刻本"）及上海古籍出版社战国策。并搜集各书引文以资校雠，如史记、史记集解、史记索隐、史记正义、艺文类聚、北堂书钞、文选李注、初学记、后汉书李注、长短经、太平御览、事类赋、类说、锦绣万花谷等，其他如韩非子、新序、说苑、韩诗外传等书与战国策有关之文皆以为校勘的重要资料。

改字、加字以〔 〕表示；删字、误字以小字并加（ ）表示。除解释字、词外，有的句子作必要的串解。

原书每章无标题，今取每章首句为标题。

北京图书馆赵其康同志为我借来上海图书馆藏于鬯的战国策

注手稿,又为我把手稿照了相,底片借给我;我院阎崇璩、刘宗群和程金造三位同志一直支持和帮助我的工作,借给我不易借到的参考书,帮助我解决一些疑难问题;还有在其他方面帮助我的同志,我都向他们表示谢意。

我注释战国策主要是为了学习,同时也希望能有一部比较容易阅读的战国策,所以就试着去做。从 1964 年开始至今已阅十八个春秋,三易其稿,几经修改,才成这个样子,直到最近清抄定稿还不断修改。我的学识浅陋,见识贫乏,注释中的错误在所难免,衷心希望读者不吝赐教。

何建章

1982 年 6 月于北京外语学院汉语组

【注】

史记采战国策文共一百处;还有三十处泷川资言考证以为"采战国策",然未必。史记裴骃集解引战国策文共十条(与策全同者二条,一字之差者三条,稍异者一条,可订正策文者四条)。史记司马贞索隐引战国策文共七十六条(全同者三十九条,系节引基本同者十四条,可以订正策文者十一条,疑引有文有误者七条,不同者五条)。史记张守节引战国策文共十条(全同者四条,可以订正策文者二条,不同者三条,引文误者一条)。史记有而今本战国策无者共八条(索隐见二条,唐时未脱;泷川资言疑二条;尚疑四条)。史记注引战国策文而今本战国策无者共五条(集解引徐广所见一条,则东晋末尚未脱;索隐引三条;正义引一条)。史记注引高注而今本战国策无者共九条(索隐引八条,正义引一条)。史记索隐引高注,今本战国策稍异者七条。

文选李注引战国策文共一百四十二条(复引者二十三条),其中今本战国策无者四条。文选李注引高注今本战国策无者七条。

艺文类聚引战国策文共六十一条,其中今本战国策无者一条。

初学记引战国策文共二十一条。

后汉书李注引战国策文共二十条,其中今本战国策无者一条。

太平御览引战国策文共二百零九条,其中今本战国策无者三十三条(言楚、汉时事者四条,明言韩非说难者两条)。

据以上材料可以认为:

(1)战国策本有楚、汉时事(见刘向战国策书录),太平御览引可证,今本脱。

(2)晋、唐、宋、元各时代流传的战国策内容不同,逐渐误脱,高注亦逐渐误脱。

(3)今本战国策非刘向所编原本。

战国策注释卷一

东 周 策

　　周考王(前 440 年—前 426 年)封其弟揭于王城(今河南省洛阳市西),是为河南桓公,桓公之孙惠公又自封其少子班于巩(今河南省巩义市),因在王城之东,号东周,而河南惠公本在王城,号西周。当时周王仍都于成周(今河南省洛阳市东北)。战国策所谓周王者,乃都成周之王。周显王(前 368 年—前 321 年)二年赵与韩分周为二,即王城之西周、巩之东周,亦即战国策所谓西周君及东周君。而显王抱空名,尚在成周,直至周赧王,为秦始皇所灭。

　　顾祖禹读史方舆纪要卷一:"周室衰弱,所有者,河南(王城)、洛阳(下都)、穀城(今河南府城西北十八里有故穀城)、平阴(故城在孟津县东)、偃师、巩、缑氏(故城在今偃师市南二十里)七城而已。河南、缑氏、穀城三邑属西周,洛阳、平阴、偃师、巩四邑属东周。"

　　东周策鲍本列为卷二,而将西周策列为卷一。

一　秦兴师临周而求九鼎章

　　秦兴师临周而求九鼎①,周君患之②,以告颜率③。颜率

1

曰:"大王勿忧,臣请东借救于齐。"

颜率至齐,谓齐王曰[4]:"夫秦之为无道也[5],欲兴兵临周而求九鼎,周之君臣内自(尽)〔画〕计[6]:与秦,不若归之大国[7]。夫存危国[8],美名也;得九鼎,厚(宝)〔实〕也[9]。愿大王图之[10]!"齐王大悦,发师五万人,使陈臣思将以救周[11],而秦兵罢。

齐将求九鼎[12],周君又患之。颜率曰:"大王勿忧,臣请东解之[13]。"

颜率至齐,谓齐王曰:"周赖大国之义,得君臣父子相保也[14],愿献九鼎。不识大国何途之从而致之齐[15]?"齐王曰:"寡人将寄径于梁[16]。"颜率曰:"不可。夫梁之君臣欲得九鼎,谋之晖台之下,少海之上[17],其日久矣,鼎入梁必不出。"齐王曰:"寡人将寄径于楚。"对曰:"不可。楚之君臣欲得九鼎,谋之于叶庭之中[18],其日久矣,若入楚,鼎必不出。"王曰:"寡人终何途之从而致之齐?"颜率曰:"弊邑固窃为大王患之[19]。夫鼎者,非效醯壶酱甀耳可怀挟提挈以至齐者[20],非效鸟集乌飞、兔兴马逝,灕然止于齐者[21]。昔周之伐殷[22],得九鼎,凡一鼎而九万人挽之[23],九九八十一万人,士卒师徒[24],器械被具[25],所以备者称此[26]。今大王纵有其人,何途之从而出?臣窃为大王私忧之。"齐王曰:"子之数来者,犹无与耳[27]。"颜率曰:"不敢欺大国,疾定所从出[28],弊邑迁鼎以待命。"齐王乃止。

【注释】

①师：军队。 兴师：与后文"发师"同义，即出兵，派兵。 临：西周策第八章高注"犹'伐'也"。 求：索。 九鼎：是一组九个大鼎。相传禹铸九鼎，夏、商、周传为国宝。周武王伐纣灭商，得商王朝国宝九鼎。武王之子成王把九鼎自商都迁至镐京（今陕西省西安市西郊），举行隆重的定鼎仪式。从此"九鼎"成了周王朝政权的象征。后又迁至洛阳。春秋时，楚庄王曾派使者去"问鼎"，战国时，秦、楚都曾兴师临周而求九鼎。秦昭王灭周，第二年（前255年）把九鼎从洛阳迁到秦都咸阳，从此九鼎下落不明。此策当在周赧王七年（前308年）。墨子耕柱："'九鼎既成，迁于三国。'夏后氏失之，殷人受之；殷人失之，周人受之。"左传宣公三年："昔夏之方有德也，远方图物，贡金九牧，铸鼎象物，百物而为之备，使民知神、奸。故民入川泽、山林，不逢不若。螭魅罔两，莫能逢之。用能协于上下，以承天休。桀有昏德，鼎迁于商，载祀六百。商纣暴虐，鼎迁于周。德之休明，虽小，重也。其奸回昏乱，虽大，轻也。天祚明德，有所厎止。成王定鼎于郏鄏，卜世三十，卜年七百，天所命也。"杨伯峻注引竹添光鸿左传会笺云："九鼎之定为成王之二十年甲寅，九鼎之沦于泗，为显王之四十二年甲午。"周显王四十二年当公元前327年。吕氏春秋先识"周鼎著饕餮"，慎势"周鼎著象"，离谓"周鼎著倕"，适威"周鼎著窃"，达郁"周鼎著鼠"，皆有特殊之形象。先识："周鼎著饕餮，有首无身，食人未咽，害及其身，以言报更也。"陈奇猷吕氏春秋校释："所谓饕餮者，乃古人想象中最贪残之人。吕氏此文言其'食人未咽'，正是象征此义。报更，报偿也。此鼎之所以著饕餮'有首无身'者，盖象征残害人者，其报偿立见，正如饕餮食人，尚未及咽，而其身已残亡。然则此鼎乃寓诰诫之意，正如左传所云'使民知神、奸，故

民入川泽、山林，不逢不若。（杜注云：'若，顺也。'）螭魅罔两，莫能逢之'之旨。盖使民知奸事之不可为而不为，则必不罹致祸害也。"钱穆先秦诸子系年 99 节"附社亡鼎沦解"说："封禅书：'或曰，宋太丘社亡而鼎没于泗水彭城下，其后百一十五年，而秦并天下。'亦自显王三十三年起算。汉书郊祀志：'或曰，周显王之四十二年，宋太丘社亡，而鼎沦没于泗水彭城下。'此均无稽之谈。宋策谓'康王射天笞地，斩社稷而焚灭之'，此谓康王暴悖自绝于天，因是有'社亡'之说，谓天示以将亡之兆也。'鼎沦'者，鼎为国家有天下之祯祥。今鼎乃入宋，而沦于泗水彭城之下。彭城宋都也，此亦宋德不足有天下之证。然此虽毁讥之辞，必当时先有周鼎归宋之说，乃云其沦没于泗水。则鼎沦之毁，实承鼎归之誉而生。鼎本商物，周人有之；周德既衰，商行仁义，鼎乃重归商。虑当时宋康行仁政，愚民厚德者，当有此言，故诸侯之忌嫉益甚，乃于其称王后之一年，而曰'鼎沦于泗水'矣。盖宋之称王，在周显王四十一年，汉书记四十二年社亡鼎沦，实承旧史记载而来。又按周本纪'周君、王赧卒，周民遂东亡，秦取九鼎宝器'，此秦人之夸诈也。既已不得周鼎，犹且夸诈于诸侯，曰'我得周鼎矣'，乃以著之史，而史公承之。又始皇纪：'二十八年，还过彭城，斋戒祷祠，欲出周鼎泗水。'此秦人之贪愚也。既已诈于天下，曰'我得周鼎矣'，而犹不忘情于真取，而信其真沉于泗水，乃不觉忘其前言，过彭城则祠以求之，而史公则据以为载。今史记正义及通考乃谓'一飞入泗水，八入于秦中'，则既为秦人所诈，又过秦人之愚矣。夫汉得秦宝，不闻有鼎，此乃秦未得鼎之验。"史记秦本纪："昭王五十二年，周民东亡，其器九鼎入秦。"泷川资言考证引陈霆曰："夏后氏之方盛也，以其九州土田之制，贡赋之则，铸之于鼎，若曰为后世之法程。夏亡而鼎入于商，商亡而鼎入于周，三代相传，号称神器。迨周之季世，七雄僭王，私计得鼎者，可以有天下，若后世得国玺者然。于是争起染指之谋，而周之君臣惴惴，谓夫鼎存而祸随也，遂阴计毁之。其称沦入于泗水者，一时诡辞，后世乃传信之耳。"史记秦始皇本纪二十八年："始皇还过彭城，斋戒祷祠，欲出周鼎泗水，使千人没水求之，弗得。"泷川资言考证引沈家本曰："始皇所求，盖九鼎之一耳。水经泗水注称：'周显王四十二年，九鼎沦没泗渊，秦始皇使数千人没水求之，不得。'盖据汉书郊祀志也，然赧王时，九鼎入秦，则显王时无沦没泗渊之事。"论衡儒增篇："昭王之后三世得始皇帝，秦无危乱之祸，鼎宜不亡，亡时殆在周。传言王赧奔秦，秦取九鼎，或时误也。传又言宋太丘社亡，鼎没水中彭城下。其后二十九年，秦并天下。若此者，鼎未入秦也。其亡，从周去矣（随着周朝灭亡而消失了）。……或时周亡之时，将军摎人众见鼎盗取，奸人铸烁以为他器，始皇求不得也，后因言有神名，则空生没于泗水之语矣。"水经泗水注杨守敬疏引沈钦韩说："鼎之亡，周自亡之，虞大国之数甘心为宗社之殃，又当困乏时，销毁为货，谬云鼎亡。"

②周君：姚宏引春秋后语说是周显王。　金正炜战国策补释："此'周君'当谓成周之王也，鼎在郏、澱，策不属之西周者，以九鼎为周之重器，非王城周君得主之，故秦求之成周。颜率称为'大王'，其非两周之君可知。"于鬯战国策注："'君'非东周君，此策既在赧元年，则'周君'即王赧。"　建章按：史记周本纪"王赧时，东、西周分治，王赧徙都西周。"又"赧八年，秦借道两周之间，将以伐韩，……史厌谓周君曰（略）。"索隐："'周君'，西周武公也，时王赧微弱，不主盟会，寄居西周耳。"此两事均在周赧王迁西周后。当时鼎在西周，赧王亦在西周，秦何故舍近而临东周？又齐策二第二章"张仪谓武王曰'仪之所在必举兵而伐之，故仪愿乞不肖身而之梁，齐必举兵而伐之。齐、梁之兵连于

城下,不能去,王以其间伐<u>韩</u>,入<u>三川</u>,出兵<u>函谷</u>,而无伐,以临<u>周</u>,祭器必出,挟天子,案图籍,此王业也。"<u>高</u>注"<u>周</u>,<u>西周</u>王城也,天子所都,以兵临之,祭器可出,而挟天子,案其图籍,故曰'王业'也。"此亦指<u>西周</u>。且策言"天子"未见称"君"者。如"<u>西周</u>者,故天子之国也"(第三章),"今攻<u>韩</u>劫天子"(<u>秦策</u>一第七章)。至于<u>金</u>说"<u>颜率</u>称为'大王',其非两<u>周</u>之君可知",更不然,策文称诸侯之君"大王"者不胜枚举。则此策似宜属<u>西周</u>,而"<u>周</u>君"当指<u>西周</u>君。

③<u>颜率</u>:当是<u>西周</u>之臣。 以:把。其后省宾语"之",指代"<u>秦</u>兴师临<u>周</u>而求九鼎"。

④<u>齐王</u>:<u>宣王</u>,<u>威王</u>之子,名<u>辟强</u>,<u>田齐</u>第五君,前 320 年—前 302 年在位。

⑤夫(fú):发语词;或作"彼"解亦可。

⑥<u>姚</u>校:"<u>刘</u>、<u>曾</u>、<u>集</u>一作'画',<u>钱</u>作'尽'。" <u>鲍</u>本作"尽",并注:"尽其心思。" <u>金正炜</u><u>战国策补释</u>:"作'画'是也。" <u>关修龄</u><u>战国策高注补正</u>:"'画计'为长。" <u>刘锺英</u><u>战国策辨讹</u>:"<u>吴淑</u>本作'画计',是也。"<u>于鬯</u><u>战国策注</u>:"后策云'为公画阴计',则'画计'连读亦通。<u>鲍</u>'计'字属下句,非。" <u>建章</u>按:<u>曾慥</u><u>类说</u>引"尽"作"画",<u>太平御览</u>卷七五六<u>鼎览</u>引作"画",<u>汉书</u><u>霍光传</u>"画绣絪冯",<u>列女传</u><u>孽嬖</u><u>霍夫人显传</u>"画绣"之"画"作"尽",注:"'尽'即'画'字之误。"则此"尽"字误与彼同。当改"尽(盡)"作"画(畫)"。

⑦与:给。 若:如。 归:通"馈",赠送。 大国:指<u>齐国</u>。

⑧危国:指<u>西周</u>。

⑨<u>黄丕烈</u><u>战国策札记</u>:"今本'宝'作'实'。" <u>金正炜</u><u>战国策补释</u>:"'宝'当为'实'字之讹也。<u>秦策</u>一第七章'是我一举而名实两附',<u>秦策</u>四第九章'是王有毁<u>楚</u>之名,无得地之实也',

‘名’、‘实’并举，策文屡见。又<u>史记鲁仲连列传</u>‘此两计者显名厚实也’，<u>荀悦昌邑王论</u>‘夫行至易以立至难，便计也；兴至福而降至祸，厚实也’，并为此文之证。 <u>刘锺英战国策辨讹</u>："<u>骈字类编</u>引作‘厚实’。" <u>建章</u>按：不仅"名"与"实"对举，且"厚实"连用，古书习见，如<u>齐策</u>六第三章"二者显名厚实也"。当改"宝"作"实"。

⑩图：谋，考虑。

⑪使：派遣。 陈臣思：<u>齐</u>臣。 将：率领。

⑫将：<u>王引之经传释词</u>卷八"乃也"。 <u>孙经世经传释词补</u>："乃犹‘又’也。"

⑬解：解决，处理，解免，消除。

⑭保：平安，保全。

⑮识：知。 致：送，达。

⑯寡人：寡德之人。古代诸侯、王自谦之辞。详<u>赵翼陔余丛考</u>卷三十六"寡人"。 寄径：借道。 梁：前 364 年（<u>魏惠王</u>六年）<u>魏</u>徙都<u>大梁</u>（今<u>河南省开封市</u>），故称<u>梁</u>。（用<u>陈梦家</u>说，见<u>六国纪年</u> 63 页）

⑰谋之：谋于。或"之"下省介词"于"，皆通。 晖台：<u>魏</u>国台名。 少海：一作"沙海"，今<u>河南省开封市</u>有沙海。

⑱叶庭：一作"章华之庭"，<u>华容</u>有<u>章华亭</u>。<u>华容</u>故城在今<u>湖北省监利县</u>西北。

⑲弊邑：称本国的谦辞；弊、敝通。 <u>鲍</u>本"王"上无"大"字。下文有"臣窃为大王私忧之"，<u>楚策</u>一第十八章"臣之所以为大王患也"，"臣窃为大王危之"，句式同此。<u>鲍</u>本当脱"大"字。

⑳"夫鼎者"以下是说：那么大的鼎，绝不象醋瓶子、酱罐子那样，随便可以揣在怀里，挟在腋下，提在手上，就可拿到<u>齐</u>国来。效：仿效。 醯（xī 希）：同"醢"，醋。 甄（chuí 垂）：小口罐。

耳：裴学海古书虚字集释卷七"犹'而'也"。　挈（qiè 切）：提。　以：裴学海古书虚字集释卷一"犹'能'，犹'可'也"。

㉑"非效鸟"以下是说：也绝不象鸟集乌飞、兔奔马驰那样轻捷迅速，毫不费劲地到达齐国。　兴：周礼考工记弓人注"犹动也，发也"。此犹言奔跑。　逝：淮南子览冥训注"犹飞也"。此与"兴"义同。　"鸟集乌飞，兔兴马逝"比喻快。　灄（lí 离）：畅流无阻。　止：即"之"，至。

㉒鲍本"伐"作"代"。　建章按：左桓二年传正义引战国策作"昔周伐殷而取九鼎"。

㉓凡：大约。　挽：拉。

㉔鲍注："士，一人也；二千五百人为师；徒，步行者。"　吴正："左传注'步卒七十二人，甲士三人。'又'百人为卒；徒，众也'。此'士卒师徒'亦大概言之耳。"　于鬯战国策注："荀子王霸篇'人徒有数'杨倞注：'人徒谓胥徒，给徭役者也。'此'士卒师徒'即犹言'人徒'，皆谓给挽鼎之役，在八十一万人之外者。"　建章按：鲍、吴说均误，于说是。"师徒"即"厮徒"，亦即"胥徒"，犹"师比"即"犀毗"亦即"胥纰"。魏策一第十章"今窃闻大王之卒，武力二十余万，苍头二十万，奋击二十万，厮徒十万"，韩策一第六章"料大王之卒，悉之不过三十万，而厮徒负养其中矣"，史记苏秦列传"厮徒十万"索隐："厮，音斯，谓厮养之卒。厮，养马之贱者。"正义："厮，谓炊烹供养杂役。"泷川资言考证引中井积德说："厮徒，役夫供杂役者，我邦人夫也。"则"士卒师徒"是八十一万人以外服杂役的人。

㉕被（pī 披）：穿着。　具：用具。

㉖称：相当。

㉗犹：裴学海古书虚字集释卷一："犹则也。"犹言"原来"。无：不。

㉘疾定所从出：赶快决定到底走那条道。

二　秦攻宜阳章

秦攻宜阳①，周君谓赵累曰②："子以为何如？"对曰："宜阳必拔也③。"君曰："宜阳城方八里，材士十万④，粟支数年⑤，公仲之军二十万⑥，景翠以楚之众临山而救之⑦，秦必无功。"对曰："甘茂，羁旅也⑧，攻宜阳而有功，则周公旦也⑨；无功，则削迹于秦⑩。秦王不听群臣父兄之义⑪，而攻宜阳，宜阳不拔，秦王耻之。臣故曰'拔'。"君曰："子为寡人谋，且奈何⑫？"对曰："君谓景翠曰：'公爵为执圭，官为柱国⑬，战而胜，则无加焉矣⑭；不胜，则死。不如背秦。〔秦〕（援）〔拔〕宜阳⑮，公进兵，秦恐公之乘其弊也⑯，必以宝事公⑰。公中慕公之为己乘秦也⑱，亦必尽其宝⑲。'"

秦拔宜阳，景翠果进兵。秦惧，遽效煮枣⑳，韩氏果亦效重宝。景翠得城于秦，受宝于韩㉑，而德东周㉒。

卷一　东周策

【注释】

①秦攻宜阳共三次：前391年，前339年，前308年。拔宜阳在前307年（周赧王八年、秦武王四年、韩襄王五年），此策当系于此年。　宜阳：故城在今河南省宜阳县西。

②周君：据下文"德东周"，当是东周君。　赵累：东周臣。鲍本作"周累"。

③拔：攻下。

④材士：健壮勇武的战士。

⑤粟支数年:粮食够数年吃的。　粟:谷子,即小米。此处泛指粮食。　支:持,支持。

⑥公仲:韩相国。

⑦景翠:楚将。　山:陉山,在今河南省郾城县东。

⑧甘茂:下蔡(今安徽省寿县北)人,攻宜阳时为秦武王左丞相,领兵为将。史记有甘茂列传。　羁(jī机)旅:离本乡寄居外地。

⑨而:王引之经传释词卷七"如也"。　周公旦:姓姬名旦,因采邑在周(今陕西省岐山县南),故称周公。为周文王的儿子,周武王的弟弟,周成王的叔叔。曾帮助武王伐殷。武王死,成王幼,周公摄政。管、蔡、霍三叔忌恨周公,造流言,毁周公。后三叔勾结殷亡裔武庚叛周。王命周公东征,杀武庚,诛、贬三叔,灭国五十,周室大强。后周公又改定官制,创制礼法,对巩固周王室的统治立了功勋。史记有鲁周公世家。此言甘茂如攻下宜阳,则功高爵显,仅次于国君,故以周公旦作比。

⑩削迹:有匿形、隐退之义。此处犹言不被任用,走投无路之义。

⑪父兄:指同姓大臣。　义:通"议",计谋,谋划。

⑫且奈何:这该怎么办。　"秦王不听"至"耻之"是说:秦王不听群臣、贵族们的建议,坚持要攻宜阳,如果攻不下宜阳,他会认为这是莫大的耻辱。

⑬执圭(guī归):楚国的爵位名,为最高爵位。圭也写作"珪"。　柱国:楚国的官名,相当于将军,是楚国最高军事长官。

⑭而:如。　无加:无以复加,到头了。　焉:于此。"此"指"执圭""柱国"。　矣:同"耳"。

⑮吴补:"'背'下或有'之'字,或'秦'下复有'秦'字,'援'字或作'拔'。劝之避秦兵,待秦既拔,然后进兵乘其敝。下文'秦拔宜阳,景翠果进兵','果'字可见。又秦策'楚畔秦而合于韩'句,意似与此同。"　金正炜战国策补释:"'背'字当为'脊'字

之误,<u>史记赵奢传</u>'胥后命'<u>正义</u>'胥、犹须也。'<u>六朝</u>人书'胥'作'骨',因致误'背'。" <u>金其源读书管见</u>:"'背'疑'胥'字讹,'援'疑'拔'字讹,言不如待<u>秦</u>拔<u>宜阳</u>后,公始进兵。后文'<u>秦</u>拔<u>宜阳</u>,<u>景翠</u>果进兵'正呼应;'<u>秦</u>恐'与'<u>秦</u>惧'亦相呼应。" <u>刘锺英战国策辨讹</u>:"'背'下脱'之'字,'背之'者,且按兵不救<u>宜阳</u>也;'拔'讹'援'。" <u>于鬯战国策注</u>:"或谓此'背'字盖训'后',<u>诗荡篇陆德明释文</u>云'背,后也。'不如于'背'读断。"

建章按:<u>吴</u>说或是。<u>俞樾古书疑义举例</u>卷五第六十五条"古人遇重文,只于字下加'ヽ'画以识之,传写乃有致误者。"<u>于省吾尚书召诰新证</u>"凡<u>周</u>人文字,其重文皆不复出,故易脱也。"此乃"秦"下脱"ヽ"画,"秦"字当复出。又<u>吕氏春秋孟夏纪尊师</u>"听从不尽力,命之曰背",则此"背"有"不积极""懈怠"之义,与"后""须""待"义均相近。"拔"与"援"小篆字形相近,易误。故"秦"下当补"秦"字,"援"字当改作"拔"。

⑯弊:疲惫。

⑰事:侍奉;此处作"供""献"解。

⑱中:同"仲"。 慕:<u>吕氏春秋士容论任地</u>注"思也"。此犹言估计,以为。 乘秦:乘<u>秦</u>之弊。

⑲<u>汉书高帝纪</u>上"<u>萧何</u>为主吏,主进。"<u>颜</u>注:"进者,会礼之财也。字本作'賮',又作'賟',音皆同耳,古字假借,故转而为'进'。"<u>列子说符</u>"进仁义之道而归",<u>于鬯香草续校书</u>:"'进'即'尽','进''尽'古音本同部相假。"则"尽""进""賟""賮"本可通用。此"尽"是供、献的意思。

⑳遽:急,立刻。 效:献出。 煮枣:故城在今<u>山东省菏泽市</u>西南。

㉑受:得。

㉒德东周:有恩于<u>东周</u>。<u>史记周本纪</u>"<u>赧王</u>八年,<u>秦</u>攻<u>宜阳</u>,<u>楚</u>救之。而<u>楚</u>以<u>周</u>为<u>秦</u>,故将伐之。"<u>索隐</u>:"<u>秦</u>攻而<u>楚</u>救之,<u>周</u>为<u>韩</u>

出兵,而楚疑周为秦,因加兵伐周。"因此才有苏代为东周向楚王解说之辞。苏代为楚王计,楚若善周,则周"疏之于秦","周绝于秦,必入于郢矣"。显然,周非为秦,而为韩出兵,为楚所疑也。于是才有苏代为东周争取同盟国的外交活动。苏代言"周绝于秦,必入于郢矣"这是以利诱使楚、周为同盟。"必入于郢",言周必依附于楚,非如正义所谓"秦必绝周亲楚"。在这一总的外交形势下,赵累才有这样的计谋。此计旨在让楚乘秦之弊,败秦而收其实效,以造成周、楚同盟的结果。这样,周、楚可以共同抵抗强秦,楚则有恩于弱周。

三 东周与西周战章

东周与西周战①,韩救西周。为东周谓韩王曰:"西周者,故天子之国也②,多名器重宝③。案兵而勿出④,可以德东周⑤,西周之宝可尽矣⑥。"

【注释】

①此策当在周赧王八年(前307年)。

②故天子之国:西周在王城,此为以前周王的故都,故曰"故天子之国"。 国:国都。

③名器:国语鲁语上韦注:"钟、鼎也。"

④帛书战国纵横家书第二十五章"案"同"按"。尔雅释诂:"按,止也。"

⑤德东周:有恩于东周。

⑥"西周者"以下是说:西周所处之地,是从前周天子的故都,那里有很多钟鼎、珍宝。如果韩国不出兵,可以施惠于东周,西周也会献出珍宝。 尽:见第二章注⑲。

12

四　东周与西周争章

东周与西周争^①，西周欲和于楚、韩^②。齐明谓东周君曰^③：“臣恐西周之与楚、韩宝，令之为己求地于东周也。不如谓楚、韩曰：‘西周之欲入宝，持二端^④。今东周之兵不急西周^⑤，西周之宝不入楚、韩。’楚、韩欲得宝，即且趣我攻西周^⑥。西周宝出，是我为楚、韩取宝以德之也^⑦，西周弱矣。”

【注释】

①于鬯战国策注：“顾观光战国策编年编于赧王八年，云‘因上章附此’。今以卢刻本提行。鲍本亦提行。” 建章按：前章“韩救西周”，此章“西周欲和于楚、韩”；前章有人为东周谓韩王“案兵而勿出”，此章齐明为东周设谋说楚、韩迫东周攻西周；前章韩不出兵可以德东周，此章东周攻西周以德楚、韩。明为二事，宜分章，林春溥战国纪年引此亦分章。此策当在周赧王八年。

②和：礼记郊特牲疏：“犹‘合’也。”

③鲍注：“疑楚人，两见楚策。” 吴正：“无明证，注例以国姓者，皆其国人，齐明岂不可为齐人邪？ 故大事记只云‘当时之辩士也’。” 于鬯战国策注：“齐策有‘齐明谓楚王曰：秦王欲楚，不若其欲齐之甚也。’（按：齐策六第十章），鲍移彼策入楚。又楚策云‘齐明谓卓滑曰：明之来也，为樗里疾卜交也。’（按：楚策四第五章）则明必非楚人，或可为秦人。且赵策有‘齐明谓赵王’（按：赵策四第九章），韩策有‘齐明谓公叔’（按：韩策二第十二章），即何不可谓赵人、韩人邪？ 元和姓纂云：‘齐明，周人也。’当即据此策。萧统文选过秦论李善注引此，‘齐明’上有‘东

卷一　东周策

13

周’二字,盖以意增。又韩非难言篇有‘田明’,不知即此人否?‘田’,齐姓也,则信为齐也,与彼云‘田明辜射’,是不善者。高注云‘齐明,东周臣也’。 建章按:于说“李善注引此‘齐明’上有‘东周’二字”,今本文选非如此(四部丛刊本)。又“高注云”应在“又引”下,系错抄。李善注引高诱注文各本国策均无此注,则李善时,高注或尚未失。韩非子难言陈奇猷集释引尹桐阳说:“田为齐姓,‘田明盖齐明’,一曰即‘田光’。”与于说合。则齐明可能为齐国人,现在为东周臣。

④持二端:鲍注“言东兵急则入,不急则已。”

⑤今:王引之经传释词卷五“犹‘若’也”。 急:急攻。

⑥“楚、韩欲”两句:楚、韩两国要想得宝,就必须迫使我们进攻西周。 即:王引之经传释词卷八“与‘则’古同声而通用”。且:裴学海古书虚字集释卷八:“犹‘必’也。” 趣:汉书翟方进传颜注:“趣读曰‘促’。”促:说文“迫也。”

⑦是:则。 以:而。 德之:施恩于楚、韩。

五 东周欲为稻章

东周欲为稻①,西周不下水②,东周患之。苏子谓东周君曰③:“臣请使西周下水可乎?”

乃往见西周之君曰:“君之谋过矣④!今不下水,所以富东周也。今其民皆种麦,无他种矣。君若欲害之⑤,不若一为下水⑥,以病其所种⑦。下水,东周必复种稻;种稻而复夺之⑧。若是,则东周之民可令一仰西周而受命于君矣⑨。”西周君曰:“善。”遂下水。苏子亦得两国之金也。

【注释】

① 水经伊水郦注引"稻"作"田",太平御览卷四六〇游说览上及卷八三九稻览引均作"稻"。　顾观光战国策编年系此策于周赧王八年。

② 鲍注:"西周居河之上流。"　吴正:"未知专指河否。"　水经伊水郦注:"伊水自阙东北流,枝津右出焉,东北既溉,东会合水,同注公路涧,入于洛。今无水。战国策'西周不下水'即是水之故渠也。"　建章按:黄河在北,洛水在中,伊水在南,伊水流入洛水,壅塞伊水,则影响洛水东流。疑此指伊水。

③ 鲍注:"非代即厉。"　建章按:苏秦死年众说纷纭。(1)周显王四十八年(前321年):梁玉绳史记志疑。(2)周慎靓王二年(前319年):顾观光战国策编年、于鬯战国策注。(3)周慎靓王四年(前317年):吕祖谦大事记、林春溥战国纪年、资治通鉴、资治通鉴纲目、稽古录。(4)周赧王四年(前311年):史记张仪列传。(5)周赧王三十年(前285年):徐中舒论战国策的编写及有关苏秦诸问题(见历史研究1964年第1期)。(6)周赧王三十一年(前284年):唐兰苏秦事迹简表(见帛书战国纵横家书),杨宽战国史第342页注,此从唐说,则此"苏子"或当是苏秦;徐中舒先秦史论稿、郭人民战国策校注系年。(7)慎靓王元年(前320年):钱穆先秦诸子系年95节"苏秦考"。(8)慎靓王三年(前318年):资治通鉴胡注。　苏秦:洛阳人,与张仪同从鬼谷子学纵横术,初说秦惠王以连横,不被用,往说燕、赵,联合六国为同盟拒秦,同时执掌齐、楚、燕、赵、魏、韩六国的相印,为纵约长。后六国同盟被瓦解。齐、魏共伐赵,赵王责苏秦,又为赵联合燕。后又为燕国作间谍到齐国,以取得齐王的信任。最后在齐国被人暗杀。

④ 过:错误。

⑤<u>水经伊水注</u>引作"欲贫之"，<u>太平御览</u>卷四六〇<u>游说览</u>上引作"君若欲<u>东周</u>之乏"，<u>稽览</u>引同策。上文言"不下水所以富<u>东周</u>也"，此言"欲贫之"，正与"富"对文。"乏"与"贫"同义。"害"空泛，"贫"义长。

⑥不若一为下水：不如干脆给他们放水。 一：<u>王引之经传释词</u>卷三"乃也"。 乃：即，就。"为"后省介词宾语"之"，指代<u>东周</u>。

⑦以病其所种：去破坏他们的庄稼。 病：<u>国语晋语三</u>韦注："败也。" 败：<u>广雅释诂一</u>："坏也。"

⑧复夺之：再断他的水。 夺：<u>说文</u>："手持佳失之也"。

⑨"若是"句：如此，就可使东周之民完全依赖<u>西周</u>而听命于君王了。

六 昭(献)〔戲〕在阳翟章

<u>昭</u>(献)〔戲〕在<u>阳翟</u>[①]，<u>周君</u>将令相国往[②]，相国将不欲[③]。<u>苏厉</u>为之谓<u>周君</u>曰[④]："<u>楚王</u>与<u>魏王</u>遇也[⑤]，主君令<u>陈封</u>之<u>楚</u>，令<u>向公</u>之<u>魏</u>。<u>楚</u>、<u>韩</u>之遇也，主君令<u>许公</u>之<u>楚</u>[⑥]，令<u>向公</u>之<u>韩</u>。今<u>昭</u>(献)〔戲〕非人主也，而主君令相国往；若其王在<u>阳翟</u>，主君将令谁往？"<u>周君</u>曰："善。"乃止其行。

16

【注释】

①<u>史记韩世家</u>"<u>襄王</u>十二年，<u>甘茂</u>与<u>昭鱼</u>遇于<u>商於</u>。"<u>集解</u>引<u>徐广</u>说："<u>昭鱼</u>，<u>楚</u>相国。"<u>索隐</u>："<u>战国策</u>谓之'<u>昭戲</u>'。" <u>建章</u>按：<u>东周策</u>、<u>韩策一</u>第九章、第十二章、<u>韩策二</u>第二章作"<u>昭献</u>"，<u>楚策四</u>第三章、<u>魏策二</u>第十四章作"<u>昭鱼</u>"。"戲"与"献"形似易误，

但司马贞时战国策尚作"歟",而"歟""鱼"通,故韩世家作"鱼",韩策一、韩策二、东周策本作"歟",不知何时误为"献"。魏世家"楚相昭鱼"索隐:"昭奚恤也。"韩策一第九章"楚昭歟相韩",则又曾相韩。韩襄王十二年即周赧王十五年(前300年),顾观光战国策编年系此策于周赧王十五年,林春溥战国纪年、于鬯战国策年表并同。　阳翟(dí狄):今河南省禹州市。

②将:裴学海古书虚字集释卷八"犹'则'也"。

③不欲:不愿去。

④苏厉:苏秦弟,游说之士。

⑤遇:会晤。

⑥鲍本"许"作"叶"。　黄丕烈战国策札记:"今本'许'作'叶'。"　于鬯战国策注:"旧刻鲍注残本作'许',注亦作'许',与此本合,惟俗本皆作'叶'。"　建章按:闵本"许"作"叶"。

七　秦假道于周以伐韩章

秦假道于周以伐韩①,周恐假之而恶于韩②,不假而恶于秦。史厵谓周君曰③:"君何不令人谓韩公叔曰④'秦敢绝塞而伐韩者⑤,信东周也。公何不与周地,发重使使之楚⑥,秦必疑⑦,不信周,是韩不伐也⑧。'又谓秦王曰'韩强与周地,将以疑周于秦,寡人不敢弗受⑨。'秦必无辞而令周弗受。是得地于韩,而听于秦也⑩。"

17

【注释】

①此章姚本与上章连篇,鲍本另列一章。据文义从鲍本。顾观光战国策编年、于鬯战国策年表并系此策于周赧王八年。

假:借。

②而:王引之经传释词卷七:"犹'则'也。"下同。　恶于韩:犹言得罪韩。　恶(wù悟):憎恨。史记周本纪两"恶"字并作"畏"。吕氏春秋孟秋纪振乱高注:"恶,犹'畏'也。"说文:"畏,恶也。"

③姚校:"一作'史厌'。"史记周本纪作"史厌",魏策一第二十章有"史厌"。　建章按:汉书古今人表"狐厴",梁玉绳汉书人表考:"文选辨命论注'厴又作厌'。"左襄二十六年传注:"饮,厴也。"陆德明经典释文:"厴,本作厌。"则厴、厴、厌古本通用。

④公叔:韩相。

⑤绝:度,通过。　塞:隘处。此指周。

⑥疑衍一"使"字。秦策四第一章"遂发重使之楚",韩策三第四章"不如急发重使之赵、梁",均未迭"使"字。或衍"之"字,作"发重使使楚"亦通。

⑦疑:是说疑楚。史记周本纪正作"秦必疑楚"。上文"公何不与周地,发重使至楚",即"韩何不与周地,韩何不发重使之楚",其结果是"秦必疑楚""秦不信周"。此韩使秦疑两国。

⑧是韩不伐:这样,韩国就不会受秦国进攻。　是:则,如此。

⑨"韩强与"三句:韩国硬要割地给东周,想使秦国怀疑东周,我不敢不接受韩国的赠地。　将:裴学海古书虚字集释卷八:"犹'欲'也。"

⑩听:听从,顺从。

八　楚攻雍氏章

楚攻雍氏[①],周粮秦、韩[②]。楚王怒周[③],周之君患之[④]。为周谓楚王曰:"以王之强而怒周,周恐,必以国合于

所与粟之国,则是劲王之敌也⑤。故王不如速解周恐⑥,彼
前得罪而后得解,必厚事王矣⑦。"

【注释】

①楚攻雍氏之年众说纷纭:(1)周赧王三年(前312年):史记秦
本纪,魏源集孟子年表,杨宽战国史。(2)周赧王八年:史记周
本纪,史记甘茂列传,沈寄簃读史琐言。(3)周赧王九年(前
306年):梁玉绳史记志疑。(4)周赧王三年、八年:于鬯战国策
注。(5)周赧王三年、十五年(前300年):竹书纪年,史记韩世
家集解、正义,史记甘茂列传索隐,吕祖谦大事记,陈梦家六国
纪年。(6)周赧王八年、十五年:顾观光战国策编年。(7)周赧
王三年、八年、十五年:马骕绎史,泷川资言史记秦本纪考证,林
春溥战国纪年,顾观光战国策编年系此策于周赧王八年。 雍
氏:在今河南省禹州市东北。

②粮(zhāng张):粮食;此处用作动词,供应粮食。

③楚王:怀王,名槐,威王之子,楚国第三十六君,前328年—前
288年在位。 陈直史记新证:"熊相盖即楚怀王熊槐,郭沫若
氏疑为一名一字,其说是也。"

④关修龄战国策高注补正:"一无'周'下'之'字,似是。" 横田
惟孝战国策正解:"'周君'诸本作'周之君',今从一本。" 刘
锺英战国策辨讹:"'文'讹作'之',周文君见后。" 建章按:顾
观光战国策编年于周显王三十六年(前333年)系东周策第十
一章注说:"吕氏春秋言'张仪西游于秦,过东周,昭文君送而资
之。'(按:慎大览报更)按:张仪入秦在此年,故附此。"据史记
六国年表周显王九年集解引徐广曰:"纪年东周惠公杰甍",若
昭文君为惠公子,则是年为昭文君二十七年,亦正相合也。梁
玉绳史记志疑:"东周仅惠、文两世而灭。"史记秦本纪庄襄王

元年"东周君与诸侯谋秦,秦使相国吕不韦诛之,尽入其国。"在前 249 年。周赧王八年应是昭文君五十三年,至灭国,应在位 111 年,可疑。关修龄、横田惟孝所见一本作"周君"或是。

⑤劲:加强。

⑥解:消除。

⑦"彼前得罪"两句:周君原来得罪了大王,后来又得到谅解,他必然会更加殷勤地侍奉大王。 厚:重;此处可解作"殷勤"。事:侍奉。

九 (周最)〔祝弗〕谓(石)〔吕〕礼章

(周最)〔祝弗〕谓(石)〔吕〕礼曰①:"子何不以秦攻齐②?臣请令齐相子③,子以齐事秦④,必无处矣⑤。子因令周(最)〔冣〕居魏以共之⑥,是天下制于子也⑦。子东重于齐,西贵于秦,秦、齐合,则子常重矣⑧。"

【注释】

①鲍本"石"作"吕"。 于鬯战国策注:"'周最'疑当作'祝弗',下文云'子因令周最居魏以共之',则必非周最自言矣。且最始终忠于齐,见于策者甚著,居魏而与礼共事秦,必非最意也。后策云'听祝弗相吕礼'与此下文'臣合齐相子'语合。又'齐听祝弗外周最'亦与下文'因令周最居魏'之语合,故疑此'周最'为'祝弗'之误。祝弗,齐臣,见后策。'石'当从鲍本作'吕'。吕礼,秦臣,爵五大夫,见史记秦纪,纪云'时襄王十三年,五大夫礼出亡奔魏',由魏奔齐,故纪、传不合。又云'昭王十九年吕礼来归',则当赧二十七。而纪言'吕礼来归',下即云'齐破

宋'。考六国表齐灭宋在赧二十九年,故大事记书'齐以吕礼为相,表伐齐,吕礼出奔'于二十九年。吴云'礼自奔齐至去齐,首尾九年也。此策当即在九年之内礼奔齐未相时。顾观光编年编此于赧王二十一年,从其始耳。" 建章按:当从鲍本作'吕礼',于说是。于又说"周冣疑当作祝弗",疑是。周冣(见注⑥)现既为齐之逐臣(见下策"周冣于齐王也,而逐之",又"逐周冣,听祝弗,相吕礼者,欲深取秦也"),怎么能"令齐相吕礼"呢?史记秦本纪"礼出亡奔魏"又穰侯列传"礼出奔齐",又孟尝君列传"吕礼相齐"。杨宽战国史 339 页注:"穰侯列传说'魏冉相秦,欲诛吕礼,礼出奔齐。'这样的说法是错误的。秦五大夫吕礼并非出奔到齐,是由于齐国要和秦结交,而起用吕礼为相国的。"按:"奔魏""奔齐""相齐"在同一年,秦昭王十三年(周赧王二十一年,前 294 年)。于说"或先奔魏,由魏奔齐",这种说法是可信的。又吕礼离开秦国,曾两次去齐,其中一次返秦:一次在秦昭王十九年(周赧王二十七年,齐闵王十三年,前 288 年)齐、秦称帝月余后,复归帝为王时,此次去齐返秦。一次是秦昭王二十一年(周赧王二十九年,齐闵王十五年,前 286 年)齐以吕礼为相,秦伐齐,吕礼出奔,此时魏冉为相,当不致返秦。故此策在周赧王二十一年吕礼未相齐时,或周赧王二十九年前未相齐时。

②攻齐:与齐友好。 攻:尔雅释诂"善也"。

③臣:自称的谦辞。

④事:侍奉。

⑤此连上句是说:您可以使齐国尊奉秦国,就必无忧虑了。 处:事,事变。 无处:不会发生事变;犹言无忧虑。 鲍本"处"作"虑"。

⑥因:裴学海古书虚字集释卷二"犹'若'也"。 说文宀部"冣,

积也。"段注"'冣'与'聚'音义皆同,与曰部之'最'音义皆别。史记周本纪'周冣'、文选过秦论'周冣'今各书此等'冣'字读祖会切,音义俱非。至乎南北朝'冣'、'最'不分。"又详王引之经义述闻卷二十四。 梁玉绳汉书人表考"周冣是周武公之子。"(本书以后各章遇有"周最"皆改作"周冣") 共:说文"同也。" 周冣居魏以共之:是说,齐、魏共守信约以事秦。或者说,齐已事秦,周冣在魏采取同一步调以响应之。

⑦连上句是说:您如果再让周冣居魏,使其与齐国共同侍奉秦国,那么诸侯就会在您的控制之下了。 是:则。 天下:指诸侯。制:控制,掌握。

⑧"子东重"句以下是说:您东可受重用于齐,西可得尊贵于秦,秦、齐两国联合,那您就能久居高位。

十　周相吕仓见客于周君章

周相吕仓见客于周君①。前相工师藉恐客之伤己也②,因令人谓周君曰:"客者,辩士也,然而所以不可者③,好毁人。"

【注释】

①吕仓:曾经是魏王之臣(见韩非子内储说下说二)。 见(古读"现"):左昭二十年传疏:"谓为之绍介。"荐,引见。 客、辩士:疑即张仪。

②工师:古代官名,为工匠之长。后以"工师"为姓。楚策一第十九章有"工陈藉",当是一人。篆文"师"作"𠂤","陈"作"𨻰",疑误"师"为"陈"。 伤:与下文"毁"义同,诽谤。

③可:荀子解蔽杨注"合意"。又吕氏春秋离俗览用民高注"用也"。　不可:即不能同意任用。

十一　周文君免士工师藉章

周文君免士工师藉①,相吕仓②,国人不说也③。君有闵闵之心④。

谓周文君曰:"国必有诽誉⑤,忠臣令诽在己,誉在上⑥。宋君夺民时以为台,而民非之;(无忠臣以掩盖之也)⑦子罕释相为司空,民非子罕而善其君⑧。齐桓公宫中七市⑨,女闾七百⑩,国人非之;管仲故为三归之家⑪,以掩桓公非,自伤于民也⑫。春秋记臣弑君者以百数⑬,皆大臣见誉者也⑭。故大臣得誉,非国家之美也⑮。故'众庶成强,增积成山⑯。'"周君遂不免⑰。

【注释】

①姚本连上篇为一章,鲍本另列一章。　姚校:"集、曾、一去'士'字。"　鲍注:"'免'下衍'士'字。"　建章按:上章言"周相吕仓","前相工师藉",这已是既成事实,与本章第一句文意显然不相连;且两部分内容亦不相属。从鲍本另列一章。　周文君:即周昭文君,名杰,东周惠公之子。(据梁玉绳汉书人表考)"士"疑"工"字之误衍。　工师藉:见第十章注②。

②吕仓:东周相。

③国人:公羊隐元年传"国人莫知"疏:"国中凡人。"　说:同"悦"。

④此句言:昭文君感到闷闷不乐。　于鬯战国策注:"此言藉之

免,因国人不悦之故,非君本意,故曰'君有闵闵之心'。闵,闷
藉也。" 建章按:前章言"前相工师藉恐客之伤己也",则外间
当已流传有伤工师藉之言。本章始言"免工师藉",末言"遂不
免",中举子罕、管仲为喻,说明"忠臣令诽在己,誉在上"。此种
种情况都与工师藉有关。忞与闵皆从"文"得声,故可通,扬子
法言问神:"传千里之忞忞者,莫如书。"李注:"忞忞,心所不
了。"则闵闵,心有所结而不得通的意思。

⑤国必有诽誉:国家的政策、法令和所做的一切,总会有一部分人
批评,有另一部分人赞扬。

⑥上:广雅释诂一"君也"。国君。

⑦关修龄战国策高注补正:"疑此句错乱,当移置'诽誉'下。"
横田惟孝战国策正解:"疑他策错简,或注文混入。" 于鬯战国
策注:"此句承上'民非之'言,自接,移转不接。横田解益非。"
　建章按:于说恐误。"宋君夺民时为台,而民非之;子罕释相
为司空,民非子罕而善其君。"与下文"齐桓公宫中七市,女闾七
百,国人非之;管仲故为三归之家,以掩桓公非,自伤于民也。"
正相对为文,且内容类比十分谐合。而中间插入"无忠臣以掩
盖之也"一句,显然使前句内容不能贯一,且破坏了两句相对为
文的形式。王应麟困学纪闻卷六引此即无"无忠臣以掩盖之
也"八字。此八字正是为"民非之"作注。横田惟孝说"注文混
入"可信,关、于二说不可从。当据困学纪闻引删此八字。

24　⑧"宋君夺民时"句以下:宋平公占用百姓的生产时间,要他们修
筑高台,而百姓怨声载道;他的宰相子罕就亲自担任司空,监督
百姓筑台,百姓就不满子罕,而称誉宋平公。 左襄十七年传
"宋皇国父为大宰,为平公筑台,妨于农功(事)。子罕请俟农
功之毕,公弗许。筑者讴(歌)曰:'泽门之晳(指皇国父),实兴
我役;邑中之黔(指子罕)实慰我心。'子罕闻之,亲执朴(鞭)以

行(巡视)筑者,而杖(鞭打)其不勉者曰:'吾侪小人皆有阖庐(居室),以避燥湿寒暑。今君为一台而不速成,何以为役。'讴者乃止。"谤皇国父即谤君,子罕之所为即所谓"分谤"也。 宋君:宋平公,名成,共公少子,前575年—前517年在位。 乐喜,字子罕,宋平公的司城,故称司城子罕。司城是掌管建筑、制造车、服、器械、监督百工的首长。司城即宋之司空。

⑨齐桓公:名小白,襄公之子,姜齐第十五君,前685年—前643年在位,春秋五霸之一。 "七"非实数。 此句说:齐桓公在宫中设有很多市场。

⑩晏子春秋问下景公问桓公何以致霸章:"昔吾先君桓公,善饮酒穷乐,食味方丈,好色无别。"公羊庄二十年传何休解诂:"齐侯以淫诸姑姐妹不嫁者七人",疏:"晏子春秋文。案彼齐景公问于晏子曰'吾先君桓公淫女公子不嫁者九人,而得为贤君,何?'"韩非子外储说右下说三"桓公披发而御妇人,日游于市。"又难二:"昔者桓公宫中二市,妇闾二百(按:"妇闾"即"女闾")被发而御妇人。"说文"市、买卖所之也。"管子问:"市者,天地之财具也,而万人之所和而利也。"注:"和,谓交易也。"据此可以认为:在宫中设有许多市场,既是贸易之处,又是人口聚集之处。在这许多市场中又设有许多伎院,共七百伎女,既供桓公,又供商贾。所以韩非子说"桓公被发而御妇人,日游于市"。他"日游于市",并非"逛市场",而是"御妇人",所以"国人非之"。

⑪管仲(?—前645年):名夷吾,又字敬仲,齐国人。相齐桓公,主张"以法治国",在齐国进行了政治、经济、军事的改革,使齐桓公成为霸主。现在流传的管子一书成书较晚,少数篇章是管仲当时的著作,也有战国以后法家著作及其学派的作品,马非百认为现存管子轻重十六篇"是西汉末年王莽时代的人所作"

（见管子轻重篇新诠第四页）。汉书艺文志说八十六篇，隋志说十九卷，今本二十四卷，八十六篇（内缺十篇）。史记有管仲列传。　三归："三归"之解，历代众说纷纭，现综述如下：（一）"三归"见于古书者就现在所知有：（1）论语八佾："或曰：'管仲俭乎？'曰：'管氏有三归，官事不摄，焉得俭？'"（2）晏子春秋杂下晏子老辞邑章："昔吾先君桓公，有管仲恤劳齐国，身老，赏之以三归，泽及子孙。今夫子亦相寡人，欲为夫子三归，泽至子孙，岂不可哉？"（3）韩非子外储说左下："管仲相齐，曰'臣贵矣，然而臣贫。'桓公曰'使子有三归之家。'一曰：管仲父，出，朱盖青衣，置鼓而归，庭有陈鼎，家有三归。孔子曰'良大夫也，其侈逼上'。"（4）又难一"霄略曰：'管仲以贱为不可以治贵，故请高、国之上；以贫为不可以治富，故请三归；以疏为不可以治亲，故处仲父。管仲非贪，以便治也。'"（5）史记管子列传："管仲富拟于公室，有三归反坫，齐人不以为侈。"（6）又货殖列传："而管氏亦有三归，位在陪臣，富于列国之君。"（7）又礼书："周衰，礼废乐坏，大小相逾，管仲之家，兼备三归。"（8）汉书礼乐志："是时，周室大坏，诸侯恣行，设两观，乘大路（辂），陪臣管仲、季氏之属，三归雍彻，八佾舞庭，制度遂坏。"（9）又地理志下二："桓公用管仲，设轻重以富国，合诸侯，成霸功，身在陪臣，而取三归，故其俗弥侈"。（10）说苑尊贤："齐桓公使管仲治国，管仲对曰'贱不能临贵'，桓公以为上卿。管仲对曰'贫不能使富'，桓公赐之市租。……对曰'疏不能制亲'，桓公立以为仲父。齐国大安，而遂霸天下。"（11）又善说："桓公谓管仲'政则卒归于子矣，政之所不及，唯子是匡。'管仲故筑三归之台，以自伤于民。"（12）论衡感类："管仲为反坫，有三归，孔子讥之，以为不贤。反坫、三归，诸侯之礼。大人与天地合德，孔子大人也，讥管仲之僭礼。"以上十二种说法，可以归纳为四类：一类，

战国策注释

对"俭"而言,侈也(论语、地理志);二类,与"贫"对,指富有(晏子、韩非子、管子列传、货殖列传、说苑"赐之市租"也归入此类);三类,指礼(礼书、礼乐志、论衡);四类,台(说苑善说)。(二)各家解释"三归"者可归纳为十一种:(1)包咸说"国君取三姓女,管仲亦取三姓女"(史记管子列传正义、礼书集解、汉书颜注、战国策鲍注皆用其说);(2)王充说"诸侯之礼"(论衡感类);(3)俞樾说"甲第三区":"所谓'归'者,即以管仲言,谓管仲自朝而归,其家有三处也,则美女充下陈者亦必三处。故足为'女闾七百'。'分谤'而取三姓之说,亦或从此生也。晏子杂篇'赏之以三归',犹言赏之以甲第三区耳。故因晏子'辞邑'而景公举此事以止之。"(群经平议);(4)金履祥说"税法"(论语注);(5)梁玉绳说地名,管仲的采邑(瞥记);(6)陶方琦说邑名(汉孳室文钞);(7)武亿说藏泉布的府库(群经义证);(8)毛奇龄说因三娶而筑台以名之(论语稽求篇);(9)郭嵩焘说市租之常例归之公者也。"管子山至数篇云'则民之三有归于上矣','三归'之名实本于此。……其书所载计民之利而归之公,有十倍、百倍侈大之言者,而以三为率。轻重诸篇屡见焉。是所谓'三归'者,市租之常例归之公者也。桓公既霸,遂以赏管仲。汉书地理志、食货志并云'桓公用管仲,设轻重以富民,身在陪臣,而取三归。'其言较然明显。韩非子云'使子有三归之家',说苑作'赏之市租'。'三归'之为'市租',汉时儒者犹能明之,此一证也。晏子春秋辞'三归'之赏而云'厚受赏以伤国民之义',其取之民无疑也,此又一证也。"(善知书屋文集卷一释三归)(10)论语八佾杨伯峻译注以为郭说"很有道理"。杨译"三归"即用说苑尊贤"市租"一词。(11)陈奇猷韩非子外储说左下集释:"郭说足订从来注家之误。盖谓所得之'三归'筑台以储之,故言'筑三归之台',后人因误'三归'为台名,失之。"此取郭说。晏子春秋内篇杂下记载齐景公要赏给晏子"三归",晏子辞不受,认为"厚受赏以伤国民义"。而管仲正是"以伤国民义"自己招来批评,"以掩桓公非",而达到"分谤"的目的。

⑫鲍彪于"公"字句绝,引一说于"非"字句绝。 于鬯战国策注:"当于'公'字句绝,'也'当'邪'。" 建章按:太平御览卷一五七闲览引作"以掩桓公之罪",又卷八二七市览引作"以掩桓公之非也',汉书礼乐志王先谦补注引作"以掩桓公非"。此依太平御览及王先谦补注断句。 "齐桓公"句以下是说,齐桓公在宫内开设七个市场,又在七个市场内弄来七百个歌伎,全国人都极为不满;管仲有意让桓公赏赐给他全国租税的一部分(与诸侯一样富豪),他用这个办法来掩饰桓公的错误,有意让群众的批评落在自己的头上。

⑬春秋:古代的史书。 弑:古代臣杀君、子杀父叫弑。

⑭金正炜战国策补释:"'见'当为'得',古书'得'作'尋',因误为'见'。" 建章按:齐策六第五章"单何以得罪于先生,故常见恶于朝","见恶"谓"被恶",此"见誉"即"被誉",本可通。然下句为"故大臣得誉",即承此言。"尋"可误为"见",而"见"不当误为"得"。金说或是。说文彳部"得"下附"尋"字云:"古文省'彳'。"又见部:"尋,取也。"

⑮"故大臣"句:所以说,大臣获取赞扬称誉,这对国君来说不是好事。

⑯众庶成强增积成山:是古成语,意思是,人多则成为不可抵御的力量,积多则成为不可动摇的大山。比喻大臣荣誉多、威信高,则得到群众的拥护,力量就会强大,这将会形成篡夺之势。韩非子外储说右上:"凡奸者,行久而成积,积成而力多,力多而能杀。"亦即此意。

⑰鲍注:"卒相仓也。" 建章按:鲍彪以为因"相吕仓",故"国人
不说"。果如此,则此当言"周君遂(终)相吕仓",才与前文相
呼应。然此言"遂不免",明明与前文"免工师藉"相呼应。故
不取鲍说。又见注④。

十二 温人之周章

温人之周①,周不纳②。〔问曰:〕"客(即)〔耶?〕"对曰:
"主人也③。"问其巷而不知也④,吏因囚之。

君使人问之曰:"子非周人,而自谓非客,何也?"对曰:
"臣少而诵诗⑤,诗曰:'普天之下,莫非王土;率土之滨,莫
非王臣⑥。'今周君天下⑦,则我天子之臣,而又为客哉⑧? 故
曰'主人'。"君乃使吏出之⑨。

【注释】

①温:属魏地,今河南省温县西。

②纳:接待。

③姚校:"一本'周不内,问曰,客耶,对曰',韩非子文与一本同。"
王念孙读书杂志:"一本是也。俗书'邪'字作'耶',''字作
'即',二形相似,故'邪'讹作'即',又脱去'问曰'二字耳。
'问曰客邪'与'对曰主人也'相对为文,若无'问曰'二字,则
'对'字之文不可通。" 建章按:据姚引一本、韩非子及王说补
改。姚引韩非子见说林。 "问曰"两句:问他:"你是外地人
呀?"回答说:"我是本地人。"

④巷:里巷住处。

⑤诵:读。 诗:诗经。

⑥此诗经小雅北山文。　普:同"溥",遍。　率土之滨:犹言四海之内。　率:循,顺着。　滨:水边。古人认为中国四周都是海水环绕,所以举全国领土要从海滨处算起。　诗的意思是,整个天下无一处不是王的领土,四海之内无一人不是王的百姓。

⑦横田惟孝战国策正解:"'君天下'谓为天下之君也。"　建章按:韩非子作"今君,天子,则我天子之臣也。"前句言"天子",下句才接"天子之臣",这样前后相应,语意相连。荀子儒效"履天下之籍",王念孙读书杂志:"'天下'当为'天子',此涉下句'听天下之断'而误也。下文'履天下之籍',宋本作'天子'(世德堂本同)是也,文选江淹杂体诗注引此正作'履天子之籍',淮南子氾论篇'周公履天子之籍,听天下之政',语即本于荀子。"此作"天下"误与彼同。疑本作"今君天子","子"误作"下",又增"周"字以补足其义耳。

⑧"今周君"三句:现在大王是天子,那么我就是天子的臣民,怎么又说我是外地人呢?　而:裴学海古书虚字集释卷七:"犹'宁'也;一为'岂'字之义。"

⑨乃:就。　使:令。　出:放走。

十三　或为周(最)〔冣〕谓金投章

或为周(最)〔冣〕谓金投曰①:"秦以周(最)〔冣〕之齐疑天下②,而又知赵之难(子)〔予〕齐人战③,恐齐(韩)〔赵〕之合,必先合于(秦)〔齐〕④。秦、齐合,则公之国虚矣⑤。公不如救齐,因佐秦而伐韩、魏,上党、长子赵之有已⑥。公东收宝于(秦)〔齐〕⑦,南取地于韩、魏,因以(因)〔困〕徐为之东⑧,则有合矣⑨。"

【注释】

①周冣:见第九章注⑥。时为齐相。 金投:赵臣。 顾观光战国策编年系此策于周赧王二十九年。

②疑天下:怀疑诸侯联合攻秦。

③姚校:"子,曾本作'予',集本改作'予',刘作'子'。" 王念孙读书杂志:"作'予'者是也。'予'读为'与',下文'秦知赵之难与齐战也,将恐齐、赵之合也'是其证。" 建章按:杨树达古书句读释例、金正炜、关修龄、横田惟孝与王说同。依王说改"子"作"予"。

④横田惟孝战国策正解:"为周冣谓魏王章曰'秦知赵之难与齐战也,将恐齐、赵之合也,必阴劲之。'据是,'韩'当作'赵','合于秦'当作'合于齐'。" 建章按:金正炜、关修龄、于鬯与横田惟孝说同。据上下文意,依横田惟孝说改'韩'为'赵',改'秦'为'齐'。 "秦以周冣"以下四句:秦国因周冣到齐国,就怀疑诸侯联合进攻秦国;又深知赵国难与齐国交战,就担心齐、赵两国联盟,因此秦国必定先与齐国结成联盟。

⑤"秦、齐合"两句:秦、齐两国联盟,则赵国必有灭国之祸。 虚:同"墟",犹言使成废墟,意即灭亡。

⑥因:就。 上党:在今山西省东南部。上党为赵、魏、韩三国犬牙交错之地。 长子:在今山西省长子县西。 已:犹"也"。

⑦"救齐""佐秦",以"救齐"为重,故齐献宝,理所当然。且此言"东","秦"当是"齐"之误。

⑧鲍本下"因"字作"困"。 黄丕烈战国策札记:"今本下'因'字作'困'。" 建章按:"因"字无义,当从鲍本作"困"。齐策二第三章"梁王因相仪",姚校:"'因'一本作'困'。"是"因"与"困"字形相似易误。 徐为:人名,即韩徐为,亦作韩徐、韩为,此时是赵将。见帛书战国纵横家书第一章注⑪。 因:裴学海古书

虚字集释卷二"犹'则'也"。　　以:又卷一"犹'能'也"。

⑨"公东收宝"以下四句:(金投如听策士之计)则可东取宝于齐,
南得地于韩、魏,就能困阻赵将徐为攻齐之兵,则赵国与秦、齐
两国即可结成联盟。　　有:裴学海古书虚字集释卷二:"犹
'能',犹'得'也。"　　游说金投的策士,先摆形势,次献谋策,后
谈结果。其谋策就是"救齐","佐秦",达到与秦、齐联盟以伐
韩、魏的结果。此所谓"合"即指赵与齐、秦联合。

十四　周(最)〔冣〕谓金投章

　　周(最)〔冣〕谓金投曰①:"公负(令)〔全〕秦与强齐战②,
战胜,秦且收齐而封之③,使无多割④,而听天下⑤;之战不
胜⑥,国大伤,不得不听秦。秦尽韩、魏之上党⑦,太原西止
秦之有已⑧。秦地天下之半也,制齐、楚、三晋之命⑨,复国
且身危⑩,是何计之道也⑪。"

【注释】

　　①姚本与上章连篇,鲍本另列一章。　　建章按:前章为一佚名之
　　策士游说金投,此为周冣直接游说金投。事虽有关,毕竟属两
　　事。当从鲍本。　　周冣、金投,见上章注①。
　　②姚校:"'令',钱、刘作'全'。"　　鲍注:"负,犹'失'也。"　　建章
　　按:当据钱、刘二本改"令"作"全"。
　　③收:取。　　封:书尧典传"大也"。又国语晋语一注"厚也"。引
　　申为"加强。"　　之:指齐国。
　　④无:通"勿"。　　割:割地。
　　⑤听:秦策二第十一章高注"受也。"受,即"被"。　　听天下:犹言

被天下之兵。即遭诸侯进攻。 "公负"句以下是说,您失去秦国的优势,与强齐作战,战胜齐国,秦国就会与齐国结成联盟,齐国,不会多割给您土地,您还要受诸侯的攻击。

⑥之:王引之经传释词卷九:"犹'若'也。"卫策第七章:"今太子自将攻齐,大胜并莒,则富不过有魏,而贵不益为王;若战不胜,则万世无魏。"魏策二第十一章:"王固先属怨于赵,而后与齐战,今(若)战不胜,国无守战之备。"又"战不胜魏……今(若)战胜魏",皆与此种句式同。

⑦此句是说,秦国已取得了韩、魏上党咽喉之地。 上党:见上章注⑥。

⑧太原:今山西省太原市西南。 于省吾双剑誃墨子非攻下新证"甲骨文、金文'之'字皆作'止'。"之:王引之经传释词卷九"犹'则'也"。 已:也。

⑨"秦地"两句:秦国所控制的地盘几乎为山东六国之半,完全控制了齐、楚、赵、魏、韩五国。 制:控制,掌握。 三晋:赵、魏、韩原是晋国的卿(古代天子、诸侯所属的高级官员都称卿),前453年灭智伯,后来三卿瓜分了晋国,前403年周威烈王命赵、魏、韩列为诸侯。历史上习惯称赵、魏、韩为三晋。

⑩复国且身危:使国覆灭,祸及其身。 复:同"覆",灭亡。

⑪道:理。 此句言,这种计谋到底算是什么道理。或此句当是"是何计道出也"之误。小篆"之"作"⊥",误"出"为"⊥",又误置"道"字之上。史记乐书"何道出"(太平御览卷六三濮水览引作"是何道出"),论衡纪妖篇作"此何道出"。道:由,从。则"是何计道出"即"是何计从出",意思是说:"这算出的什么计谋",或"根据什么出这样的计谋。"

十五 (石)〔右〕行秦谓大梁造章

(石)〔右〕行秦谓大梁造曰[①]:"欲决霸王之名[②],不如备两周辩知之士[③]。"谓周君曰:"君不如令辩知之士为君争于秦[④]。"

【注释】

①姚校:"刘本作'右行楚'。" 吴正:"一本'石'作'右'。" 建章按:左僖十年传有"左行共华""右行贾华",国语晋语七有"右行辛",注"右行辛,晋大夫贾辛"。左僖二十八年传"晋侯作三行以御敌,荀林父将中行,屠击将右行,先蔑将左行。"可见晋屠击之后以"右行"为氏,如右行贾华、右行辛。本篇当是"右行"。 大梁造:亦作"大良造"。秦孝公时,商鞅在秦变法,分爵位为二十级,第一级公士,最高第二十级为彻侯,大上造(即大梁造)为第十六级。

②决:定。 霸王:古时"霸"与"王"分称,桓谭新论王霸篇"赏善诛恶,诸侯朝事,谓之王;兴兵众,约盟誓,以信义矫世,谓之霸。"亦有统称者,谓霸者之尊称,史记越王勾践世家"越兵横行于江、淮东,诸侯毕贺,号称霸王",又项羽本纪"项羽自立为西楚霸王"。故霸王者指势力最强、居于领导地位的诸侯。 名:称号。

③"欲决"两句:想让秦国称霸于诸侯,就要广为收罗两周辩知之士(开展广泛的外交活动)。 备:荀子王制杨注"用也"。两周:东周、西周。吕祖谦大事记解题:"战国游说之风,苏秦、张仪、公孙衍实倡之,由是而后不可胜纪。秦,周人也;仪、衍,魏人也。故言权变辩智之士者,必曰三晋、两周。" 辩知(智)

之士：即游说之士，或称辩士，又称说客。这种人善于根据不同情况，巧言辩说，游说君王，为其出谋划策，如苏秦、张仪、公孙衍、孟轲等。

④"君不如"句：君王（处在大国包围之中）最好派辩知之士到秦国去，争取强秦（取得依靠）。 争于秦：争取秦国为盟友。

右行秦为周设谋，先游说秦国的大梁造，使秦国广为收罗（备）两周辩知之士以定霸王之业；如此，周君派往秦国的辩知之士才为秦接纳，才可为周君"争于秦"。右行秦为两国出谋，其结果只有一个：辩知之士得其利。

十六 谓薛公曰章

谓薛公曰①："周（最）〔冣〕于齐王〔厚〕也而逐之②，听祝弗、相吕礼者，欲取秦③；秦、齐合，弗与礼重矣。有周齐，秦必轻君④。君弗如急北兵趋赵以秦、魏⑤，收周（最）〔冣〕以为后行⑥，且反齐王之信⑦，又禁天下之率⑧。齐无秦，天下果⑨，弗必走，齐王谁与为其国⑩？"

【注释】

①姚校："刘本题起'谓'字。" 鲍本另列一章。钱穆先秦诸子系年129节说："孟尝君称薛公者，孟尝传索隐：'尝，邑名，在薛之旁。'集解：'诗云："居常与许。"郑玄曰："常，或作尝，在薛之南，孟尝邑于薛城。"'方其封邑，避古侯称而不居，故曰孟尝君。及其自拟于诸侯，故曰薛侯也。" 建章按：前章与本章内容殊异，当依姚校及鲍本另列一章。顾炎武日知录卷二十："平王以后，诸侯通称为公。"钱文始言"称薛公者"，终言却"故曰薛

侯",疑"侯"为"公"之误。 薛公:孟尝君田文,齐威王(前356年—前321年在位)少子靖郭君田婴的少子。齐威王时,封田婴于薛(今山东省滕县南四十里),田文世袭,故称薛公。 唐兰苏秦事迹简表(收入帛书战国纵横家书):"前291年薛公去薛,魏昭王以为相","前288年苏秦说薛公要他北兵伐赵"。当在周赧王二十七年。 徐中舒说"'谓薛公曰'上'苏秦'被涂去。"(见论战国策的编写及有关苏秦诸问题,历史研究1964年第1期)与唐说同。 顾观光战国策编年系此策在周赧王二十九年。

②此句说周冣与齐国的关系很深厚了,可是齐王还罢了他的官。周冣:见第九章注⑥。 齐王:闵王,宣王之子,名地,田齐第六君,前301年—前284年在位。 鲍本"王"下有"厚"字。 黄丕烈战国策札记:"今本'王'下有'厚'字,有者当是。" 建章按:史记孟尝君列传作"周冣于齐至厚也",则有"厚"字无疑,当据鲍本、黄引今本及史记补"厚"字。 厚:言情谊深厚。

③此句是说:齐王听信祝弗的谋略,而任用吕礼为相国,是要和秦国搞联盟。 祝弗、吕礼:见第九章注①。 取:争取,犹"合"。 史记孟尝君列传"秦"下有"也"字,下章言"逐周冣,听祝弗、相吕礼者欲深取秦也",有"也"字语气顺畅。在因果句中,"者""也"前后呼应是常例,此疑脱"秦"下"也"字。

④有周齐秦必轻君:祝弗与吕礼如被齐国重用,秦国就不会看重孟尝君的地位。 鲍注:"衍'周'字。" 黄丕烈战国策札记:"今本无'周'字,乃误涉鲍也。" 史记孟尝君列传"周"作"用"。 建章按:左文三年传"举人之周也"注:"周,备也。"淮南子修务训"遂为天下备"高注"备,犹'用'也"。则"周齐"即"用齐",为齐国任用。 有:裴学海古书虚字集释卷二"犹'如'也"。 又穀成十七年传"公不周乎伐郑也"注"周,信

战国策注释

也。"左哀十六年传"周仁之谓信"注"周,亲也。"则"周"有亲信、信任之义。亦通。

⑤北兵趋赵:出兵北向迫赵。 鲍注:"能左右之曰以;以,犹'使'也。" 吴正:"从史'以'下有'和'字是。" 建章按:以,广雅释诂"与也"。诗召南江有氾"不我以"疏"以,犹'与'也"。与:联合。

⑥收:合,联络。 行:周礼司爟"掌行火之政令"注"犹'用'也"。则"后行"犹后援。 "君弗如"两句:您不如马上出兵北向赵国,促使赵国与秦、魏两国联盟,并联络周冣以为后援。

⑦且:乃,则,又。 反:违背。 信:信约;齐、秦原是联盟。

⑧"且反"两句:这样,使秦国违反秦、齐两国的盟约,又会防止诸侯与赵国合纵。 率:鲍注:"犹'从'也,谓从齐。"

⑨史记孟尝君列传"果"作"集"。 金正炜战国策补释:"'果'本作'某',形似而讹;'某'者'谋'之缺损。史作'集'亦字误。" 建章按:金说"'果'本作'某'"当是。篆文"某"作"枭","果"作"果",形似而讹。但"某"不必是"谋之缺损"。仪礼士冠礼"某有子某"注"古文'某'为'谋'。"则"某"与"谋"古本通用。 此句言齐国没有秦国,则诸侯将会图谋齐国。

⑩此句是说,这样,祝弗一定在齐国呆不下去,还有谁来为齐王执掌国政呢?(您不是又可以在齐国掌权了吗?) 与:参与。为:治理。

十七 齐听祝弗外周(最)〔冣〕章

齐听祝弗外周(最)〔冣〕①。谓齐王曰②:"逐周(最)〔冣〕、听祝弗、相吕礼者,欲深取秦也③。秦得天下,则伐齐深矣④;(夫)〔秦〕、齐合则赵恐伐⑤,故急兵以示秦⑥。秦以赵攻⑦，与之齐伐赵⑧，其实同理，必不处矣⑨。故用祝弗，即天下之理也⑩。”

【注释】

①齐听祝弗外周冣：齐王听信祝弗的建议，罢了周冣的官。　祝弗、周冣：见第九章注①、⑥。　外：汉书霍光传注："谓疏斥之。"此章姚本与第十六章、第十五章连篇。姚校："刘本题起'齐'字。"鲍本另列一章。据文义，从刘本、鲍本。

②谓：告，说。　齐王：闵王，见第十六章注②。

③"逐周冣"句：您听信了祝弗的计谋，罢了周冣的官，以吕礼为相国，是迫切想和秦国结盟。　深：甚，急切。下同。　取：合。

④"秦得"句：秦国如争取到赵国，那就一定要狠狠地攻打齐国。

⑤鲍本"夫"下补"秦"字。　吴正："下'急兵以示秦'，则无'秦'字尤明矣。"　黄丕烈战国策札记："今本'夫'下有'秦'字，乃误涉鲍也。"　金正炜战国策补释："'夫'字疑是'秦'字坏文。"建章按：金说是。第十三章、第十六章均有"秦、齐合"语，此三章同时，谈形势相关。又魏策三第三章"夫兵不用"，"夫"亦"秦"之坏文，帛书战国纵横家书第十五章"夫"正作"秦"。当改"夫"为"秦"。

⑥"秦、齐合"两句：秦、齐两国联盟，则赵国担心自己受攻，所以就急于出兵进攻齐国，对秦国表示联合之意。　示：表明。　示秦：对秦国表明伐齐之意。

⑦以：以为。

⑧之：语气词，无实意。

⑨"秦以"以下四句：秦国认为赵国进攻齐国，联合齐国进攻赵国，其结果对秦国都有利，这样将不堪设想。　处：左文十八年传"德以处事"注"制也。"　必不处：一定无法收拾。犹言后果无

法设想。

⑩金正炜战国策补释:"'即'字疑当作'郄',俗书'郄'作'却',因误作'即'。吕览任地'使其民而郄之'注'郄,逆也。'" 建章按:金说可从。"郄"俗作"却",亦作"却"。然与"郄""郄"有别,古书多混。秦策五第七章"秦受地而郄兵"姚校:"'郄'一作'却'。"游说齐王者,言逐周冣听祝弗相吕礼有害无利,后果不堪设想,证明用祝弗之害。因此金疑"即"当作"郄",是符合策义的。 两句是说,所以听信祝弗的计谋,是违背天理的。

十八 苏厉为周(最)〔冣〕谓苏秦章

苏厉为周(最)〔冣〕谓苏秦曰①:"君不如令王听(最)〔冣〕以地合于魏②,赵故必(怒)〔恐〕,合于齐③。是君以(合)〔全〕齐与强楚④。吏产(子)〔于〕君⑤,若欲因(最)〔冣〕之事⑥,则(合)〔全〕齐者,君也⑦;割地者,(最)〔冣〕也⑧。"

【注释】

①苏厉:苏秦之弟,当时游说之士。 周冣:见第九章注⑥。 苏秦:见第五章注③。 唐兰苏秦事迹简表(收入帛书战国纵横家书)"前289年(周赧王二十六年)魏相周冣去齐,相齐,说赵金投不攻齐","齐王任苏秦,封而相之","秦恐齐、赵合,转而联齐攻赵"。战国纵横家书第四章"臣(苏秦)之齐,恶齐、赵之交",曾鸣定此事在前289年。(见文物1975年第八期)此时周冣与苏秦皆在秦,此策当在此时。顾观光战国策编年系此策于周赧王二十九年。

②王:齐闵王,见第十六章注②。　听:许。　合于魏:与魏联盟。

③赵故必恐合于齐:赵国一定害怕齐、魏两国联合攻赵,就会与齐国结盟。　姚校:"曾无'故'字,'怒'一作'恐'。"　建章按:秦策一第九章"地大者固多忧乎",注:"固,必也。""固"通"故"。此"故"与"必"当有一衍。又第十三章"恐齐、赵之合",第十七章"秦、齐合,则赵恐伐",此皆两国合而第三国"恐"之例。当据姚校改"怒"为"恐"。

④"是君"句:这样,您就可以以优势的齐国与强楚对抗。　第十四章"公负全秦与强齐战",西周策第二章"全赵令其止,必不敢不听"。淮南子道应训"且人固难合也",王念孙读书杂志:"'合'当为'全','全'、'合'字相近,又因上文'合其所以'而误,吕氏春秋、新序并作'全'。"此误与彼同。王引之经义述闻卷十八引左传、管子、淮南子、史记燕世家、白起列传说:"'与'皆谓'敌'也,'相当'、'相敌',古皆谓之'与'。"

⑤金正炜战国策补释:"疑当作'事产于君'。古书'事'作**叓**,与'吏'相似而误。'子'亦'于'字之讹,'于'与'於'同。言'以全齐当楚',事产于苏子'也。"　建章按:金说是,然以'吏'为'事'之误则非。于省吾双剑誃管子山数新证"金文'事'、'吏'同字。"　产:说文"生也。"　当据金说改"子"作"于"。

⑥淮南子泰族训"欲成霸王之业者,必得胜者也;能得胜者,必强者也;能强者,必用人力者也;能用人力者,必得人心者也;能得人心者,必自得者也。"王念孙读书杂志:"'欲'亦当为'能',言必得胜,而后能成霸王之业也,下文四'能'字皆与此文同一例。若云'欲成霸王之业',则与下句不合,且与下文不类矣。诠言篇'能成霸王者,必得胜者也',以下八句并与此同,是其证。"则"若欲"即如能。　事:小尔雅广诂:"力也。"

⑦前文"全"误为"合",此"合"仍前误。此策固为周冣游说,而最

终目的在于齐、赵、魏联盟,以孤立楚。要使苏秦同意此计,并
为实现此计而出力,则以"全齐"之功归苏秦为条件。此"全"
作使动用法,即"使齐全"。 "吏产"三句:此事由于您的提
倡,若能借助周冣之力,则使齐国保全不受侵扰,归功于您。

⑧割地者冣也:割地之责,却归咎于周冣。

十九 谓周(最)〔冣〕曰仇赫之相宋章

谓周(最)〔冣〕曰①:"仇赫之相宋②,将以观秦之应赵、
宋败三国③。三国不败,将兴赵、宋合于东方以孤秦④,亦将
观韩、魏之于齐也⑤;不固,则将与宋败三国⑥,则卖赵、宋于
三国⑦。公何不令人谓韩、魏之王曰⑧:'欲秦、赵之相卖乎?
何不合周(最)〔冣〕兼相⑨,视之不可离⑩,则秦、赵必相卖以
合于王也⑪。'"

【注释】

①周冣:见第九章注⑥。 顾观光战国策编年系此策于周赧王十
七年(前298年)

②仇赫相宋的时间其说不一:于鬯战国策年表"赧王十五年仇赫
相宋。"杨宽战国史"前298年(周赧王十七年)赵派遣仇赫入
宋为相",但在彼战国大事年表系此事于前298年。唐兰苏秦
事迹简表(见帛书战国纵横家书)系于前298年。 建章按:赵
策四第十六章"魏攻楚于陉山,禽唐明。楚王惧,令昭应奉太子
以委和于薛公。主父欲败之,乃结秦连宋之交,令仇赫相宋,楼
缓相秦。"史记秦本纪"昭王八年,齐、魏、韩共攻楚方城,取唐
眛",即周赧王十六年(前299年),官本考证"应为昭王六年

（前301年）"。则仇赫相宋又在前301年。

③"仇赫"两句：赵臣仇赫做宋国的相国，是要看看秦国能否和赵、宋两国共同击败韩、魏、齐三国。　应：应和。　三国：韩、魏、齐。

④兴：发动。　东方：指韩、魏、齐。

⑤"亦将"句：同时他也要看看韩、魏两国与齐国的关系。

⑥关修龄战国策高注补正："'则'下含'秦'字，'与'下恐脱'赵'字，谓秦合赵、宋。"　横田惟孝战国策正解："'与'下疑脱'赵'字，言秦与赵、宋败三国也。"　于鬯战国策注："潘和鼎云'上下文皆以"赵"、宋连文，则此句当亦有"赵"字'。"　建章按：诸说皆恐未当。通篇四个"将"字，皆从仇赫设辞立意。疑此"宋"字乃"秦"字之误，"秦""宋"篆文作"🀀""🀁"，"秦"字脱上半，不辨何字，上下文有"宋"字，乃臆猜为'宋'字。前文言如"三国不败"，赫"将兴赵、宋合于东方以孤秦"，但如三国"不固"，赫则转向"将与秦败三国"。此正符合自仇赫设辞之意。

⑦"不固"三句：如果三国关系不牢靠，仇赫就要以赵、宋两国与秦国联合进攻三国，则是利用赵、宋两国来引诱三国而已。　卖：可解为"利用"。

⑧韩王：襄王，又作"襄哀王"，宣惠王之子，名仓，韩国第八君，前311年—前296年在位。　魏王：襄王，惠王之子，名不详，魏国第四君，前318年—前296年在位。梁玉绳汉书人表考说："魏襄王，名嗣（索隐引世本及赵世家）。案：史表、世家于惠王三十二年书公子赫为太子，似襄王亦名赫。而战国魏策又有太子鸣在惠王末年，未知即襄王否？不容一时两太子也"。

⑨"合"字当是"令"字之形误，古书屡见。

⑩视：通"示"，表明，表示。

⑪"欲秦、赵"四句:想让秦、赵两国互相利用吗?何不派周冣兼任韩、魏两国的相国,来表示两国关系牢不可破,这样秦、赵两国必然互相利用,争相与韩、魏联合。

二十 为周(最)〔冣〕谓魏王章

为周(最)〔冣〕谓魏王曰①:"秦知赵之难与齐战也,将恐齐、赵之合也②,必阴劲之③。赵不敢战,恐秦不己收也,先合于齐④。秦、赵争齐,而王无人焉⑤,不可。王不去周(最)〔冣〕⑥,合与收齐⑦。而以兵(之急)〔急之〕,则伐齐无因事也⑧。"

【注释】

①周冣:见第九章注⑥。 魏王:昭王,名遬(同"速"),襄王之子,魏国第五君,前295年—前277年在位。 顾观光战国策编年系此策于周赧王二十九年(前286年),于鬯战国策年表同。

②将:王引之经传释词卷八"且也"。

③"秦知"三句:秦国知道赵国害怕和齐国作战,又担心赵、齐两国结成联盟,所以一定要暗暗帮助加强赵国(怂恿他和齐国交战)。 阴劲之:暗暗加强赵国的力量。

④"赵不敢"三句:赵国不敢和齐国交战,他怕秦国不是真正和自己搞联合,所以先和齐国联合。 不己收:即"不收己"。古汉语中,否定句宾语如为代词,一般置于动词前。 收:尔雅释诂"聚也"。聚亦"合"。

⑤穀梁庄十七年传"人者众辞也"。论语宪问"修己以安人",集

43

解引孔注:"人,谓朋友,九族也。"则"王无人"可理解为"王无同盟国"。

⑥不:王引之经传释词卷十"词也。" 去:秦策二第十二章高注"犹遣之也。"此言派遣。

⑦合:疑当为"令"字形误,古书屡见。 与:王引之经传释词卷一"犹'为'也"。 "王不"两句犹言:大王何不派遣周㝡让他为赵国联合齐国。

⑧"而以兵"句:与其以兵攻齐,不如派周㝡使齐。 而:裴学海古书虚字集释卷七"犹'宁'也"。 "之急"当是"急之"之倒误。 "伐齐"二字疑是"急之"之旁注,而误入"则"字下,则文不成义。 无:不。 因:裴学海古书虚字集释卷二"犹'若'也"。 事:金文同"使"。 也:裴学海古书虚字集释卷三"犹'之'也"。

二十一　谓周(最)〔㝡〕曰魏王以国与先生章

谓周(最)〔㝡〕曰①:"魏王以国与先生②,贵合于秦以伐齐③。薛公〔背〕故主④,轻忘其薛,不顾其先君之丘墓⑤,而公独修虚信⑥,为茂行⑦,明群臣⑧,据故主⑨,不与伐齐者产⑩,以忿强秦,不可⑪。公不如谓魏王、薛公曰:'请为王入齐,天下不能伤齐,而有变⑫,臣请为救之;无变,王遂伐之⑬。且臣为齐奴也,如累王之交于天下,不可⑭。王为臣赐厚矣⑮,臣入齐,则王亦无齐之累也⑯。'"

【注释】

①周㝡:见第九章注⑥。 顾观光战国策编年系此策于周赧王二

十九年。　此章姚本与上章连篇,鲍本另列一章。据文义,从
　鲍本。

②魏王:昭王,见第二十章注①。　　与:许,交托。　　先生:尊称。

③贵:鲍注"犹'欲'"。　　建章按:释名释言语"贵,归也,物所归
　仰也。"吕氏春秋尊师"养心为贵"高注"贵,尚也。"尔雅释言
　"庶几,尚也。"郝懿行疏:"'尚'又训'慕'也,'愿'也。"则"物所
　归仰""愿""慕"义近。故鲍训"贵"为"欲"。　　"魏王"句:魏
　王把国家许托给先生,希望您联合秦国进攻齐国。

④"薛公故主"与下文连属不成义,疑当为"薛公背故主"。"背故
　主、轻忘其薛、不顾其先君之丘墓"是三层意思,与下文"修虚
　信,为茂行,明群臣,据故主"相对比。"故"上当补"背"字。此
　从吴师道、于鬯说。　　薛公:见第十六章注①。

⑤吴师道、横田惟孝、杨宽均说此时田文相魏。　　建章按:从此策
　"〔背〕故主、轻忘其薛,不顾其先君之丘墓"看,此时田文相魏
　可信。　　先君:指孟尝君田文之父靖郭君田婴。　　丘墓:坟墓。

⑥修:饰,治,专意于。　　虚:空。　　信:忠诚。

⑦茂行:美行。

⑧王引之经义述闻卷二十六"林烝天帝皇王后辟公侯,君也"条
　说:"古者'君'与'群'同声,故韩诗外传曰'君者,群也。'故古
　'群臣'字通作'君臣'。"则"群"通"君"。

⑨据:守。

⑩不与伐齐者产:即"不与伐齐者共生",言与伐齐者势不两立。
　产:生。

⑪"薛公〔背〕故主"句以下是说:薛公背叛祖国,抛弃故乡,不顾
　先祖;而您却偏偏一味地专意于忠信,贪求美行,明君臣之义,
　守故主之节,誓与伐齐者不共戴天,而迁怒于强秦,这样做是不
　行的。　　忿:怒。

⑫于鬯战国策注："'天下'指秦、赵。本约魏以伐齐，若不能伤齐，则必有变矣。'变'者谓反而攻魏也。" 而：王引之经传释词卷七"犹'如'也"。

⑬当时秦国要连衡伐齐，魏国亦在连衡之列。魏相田文曾劝秦相魏冉伐齐，并许下条件说"破齐，文请以所得封君。"（秦策三第一章）赵的亲秦大臣金投也主张合秦、赵伐齐（东周策第十四章）。因此，"无变"指无"伐魏"之变。"伐之"指伐齐。正是以此种形势为借口，才可以离魏至齐。

⑭鲍本"臣"为"秦"，注："言其为之如奴事主。累者，事相连及，犹误也。交，谓齐、魏。" 吴正："'为齐奴'，为齐奴隶也。交，指秦也。累，连及也。不可以冣故，使魏恶于秦。言臣为秦奴隶而在魏，则因有害王之通交于天下矣。" 金正炜战国策补释："'奴'字疑当作'故'，'为'犹'与'，言以梁为齐战也。故，旧也，冣为齐所厚，冣在魏，则天下疑魏阴合于齐，故曰'累王之交于天下'，冣入齐，则王无齐累矣。此皆为冣词，以求入齐也。又或为'怒'之讹，言秦为齐迁怒，则冣为魏累矣。" 于鬯战国策注："言冣尝仕于齐，称'奴'卑辞。一云奴，罪人之称，言尝逐于齐。" 建章按：（1）史记刘敬列传："上怒骂刘敬曰：'齐虏以口舌得官，今乃妄言沮吾军。'"陈直史记新证："货殖传云'齐俗贱奴虏，而刁间独爱贵。''齐虏'盖为当时习俗语。""齐奴"即彼"齐虏"，则此言，我在齐国也曾供职，如果做出影响大王与诸侯之间关系的事，我可不能如此。（2）"臣为齐奴"当是"秦为齐怒"。"臣""秦"音同，同属真韵，致误，当从鲍本改"臣"为"秦"。"奴"为"怒"的坏文。 为：裴学海古书虚字集释卷二"犹'因'也"。言秦因齐派周冣相魏，不能使秦、魏、赵伐齐之愿实现，故怒齐；因此才有下面"累王之交于天下"的托辞。目的是要让魏王同意周冣返齐。 累：有损于。 交：关系。

⑮为:予,给。　赐:恩赐。　厚:重。

⑯"王为臣"句以下是说:大王对我的恩信再优厚不过了,我返回
　　齐国(既不会使秦国产生疑虑),而王也不会因齐国而受牵累。

二十二　赵取周之祭地章

赵取周之祭地①,周君患之,告于郑朝②。郑朝曰:"君
勿患也,臣请以三十金复取之③。"周君予之,郑朝献之赵太
卜④,因告以祭地事。及王病⑤,使卜之。太卜谴之曰⑥:"周
之祭地为祟⑦。"赵乃还之⑧。

【注释】

①祭地:供祭祀所用之地。　顾观光战国策编年系此策于周赧王
　　二十九年。

②郑朝:周臣。

③孟子公孙丑下赵注:"古者以一镒为一金;镒,二十两也。"文选
　　阮籍咏怀诗李注引贾逵国语注:"一溢二十四两。""溢"同
　　"镒"。史记平准书集解:"瓒曰'秦以一镒为一金,汉以一斤为
　　一金。'"又孝文本纪正义:"汉法一斤为一金,一金直万钱也,百
　　金直千贯。"杨伯峻说:"古时所谓'金'不是今日的'黄金',一
　　般实际上是铜。"(见孟子译注93页)

④太卜:掌管国家占卜的长官。

⑤王:依顾观光战国策编年则是赵惠文王,为武灵王之子,名何,
　　赵国第七君,前298年—前266年在位。

⑥谴:责,告。

⑦祟:祸,害。

⑧赵乃还之:于是赵王就把祭地又归还给了东周。

二十三　杜赫欲重景翠于周章

杜赫欲重景翠于周①,谓周君曰:"君之国小,尽君子重宝珠玉以事诸侯②,不可不察也。譬之如张罗者③,张于无鸟之所④,则终日无所得矣;张于多鸟处,则又骇鸟矣。必张于有鸟无鸟之际,然后能多得鸟矣。今君将施于大人⑤,大人轻君;施于小人⑥,小人无可以求,又费财焉⑦。君必施于今之穷士不必且为大人者⑧,故能得欲矣⑨。"

【注释】

①杜赫:周人,曾在东周、齐、楚、韩四国活动。　景翠:楚将,此时尚是"穷士"。　顾观光战国策编年系此策于周显王三十六年(前333年),可疑。

②鲍本"子"作"之"。　曾慥类说引作"之"。　裴学海古书虚字集释卷八:"'子'与'之'互文,鲍本'子'作'之',是以意改。"　建章按:墨子耕柱:"巫马子谓子墨子曰:我与子异,我不能兼爱。"毕云:"'与子'之'子'旧作'之',一本如此。"韩非子难二:"君子不听窕言,不受窕货,子姑免矣。"陈奇猷韩非子集释:"下'子'字原作'之'。"则裴说当是。　此连下句是说:即使把全国的珍宝珠玉都拿来侍奉诸侯,又会有什么结果呢,不能不深思熟虑啊。

③张:设。　罗:捕鸟网。

④所:处。

⑤将:孙经世经传释词补"如也"。　施:给。　大人:有权有势地

位高的人。

⑥小人：无权无势地位低的人。

⑦"今君"句以下是说：现在君王如果网罗有权有势地位高的人，他们则不屑于为您所用；如果网罗那些无权无势地位低的人，对他们无所求，则又白费钱财。

⑧(1)"之"篆文作"㞢"，"不"篆文作"𠀚"，"之"似"不"的倒形，易误，则"不"为"之"之误。淮南子本经训"万物不繁兆萌芽卵胎而不成者"王念孙读书杂志淮南内篇补："顾曰'上"不"字疑当作"之"，与下文"草木之句萌衔华戴实而死者"一例。'"(2)"不"为"而"字之误，"而"篆文作"𠕺"，与"𠀚"形相近而误。管子地员"大者不类"，尹注："则以麻之大而类也。"于省吾双剑誃诸子新证："注文'而'字当作'不'，'而'、'不'篆文相似而讹，正文可证。"墨子尚同中"而辟天鬼之所憎"，孙诒让墨子间诂："'而'旧本误'不'，今据道藏本正。"此"不""而"互误之证。(3)"不"为语词，无义，"不必"，必也。说详王引之经传释词卷十。三种理解皆可通。　且：将。

⑨"君必"两句：君王一定要网罗那些现在看起来还穷愁潦倒不露头角，而将来必定会成为达官显贵有所作为的人，这样才能实现您的愿望。　故：乃，才。　得：应读作"中伤"之"中"，"中箭"之"中"，见于省吾双剑誃墨子号令新证、双剑誃荀子正论新证，此犹言"实现"。　欲：愿望。

二十四　周共太子死章

周共太子死①，有五庶子②，皆爱之而无适立也③。

司马翦谓楚王曰④："何不封公子咎⑤，而为之请太子⑥？"左成谓司马翦曰⑦："周君不听⑧，是公之知困而交绝于周也^⑨。不如谓周君曰:'孰欲立也^⑩? 微告翦^⑪,翦（今）
〔令〕楚王资之以地^⑫。'"

公若欲为太子^⑬,因令人谓相国御展子廧夫空曰^⑭:"王
类欲令若为之^⑮,此健士也^⑯,居中不便于相国^⑰。"相国令之
为太子^⑱。

【注释】

①周:周赧王,慎靓王之子,名延,前 314 年—前 256 年在位,周末
世之君。　太子:国君传位之子。　顾观光战国策编年系此策
于周赧王元年(前 314 年)。　此章鲍本列在西周策。

②庶子:太子以外之子。

③无適立:是说未确定谁为太子。

④司马翦:姓司马名翦。有人说"司马"是官名,或即"昭翦",见
第二十七章。　楚王:怀王,见第八章注③。

⑤封:国语晋语一"今君起百姓以自封也"韦注"厚也。"即下文
"资之以地"。　公子咎(gāo 高):周赧王之子。张尚瑗战国策
随笔:"赧王五庶子,其可知者三:冣、咎、果。齐所欲立者冣,楚
所欲立者咎,而周君属意于果。

⑥为之:助公子咎。　请:要求,请求。

⑦左成:楚臣。

⑧听:从,许。

⑨是:则。　知困:智穷。"知"同"智"。　史记周本纪"绝"作
"疏"。　建章按:淮南子修务训"绝国殊俗"高注:"绝,远也。"
则"绝"为"疏远"之意。

⑩孰欲立:欲立谁。　孰:疑问代词,谁。

⑪微:秘密,暗中。

⑫鲍本"今"作"令"。　建章按："今""令"古书屡互误，不烦举证，此当依鲍本改"今"作"令"。　资：助、赠。

⑬"若"当是"咎"之误。"若"篆文作"𦍌"，"咎"篆文作"𠤎"，"𠤎"缺"加"旁，与"𦍌"下半部极似，"𠂢"与"司（右）"形似，故姚校"'咎'一作'右'。"淮南子道应训"吴起为楚令尹，适魏，问屈宜若"王念孙读书杂志："'宜若'当为'宜咎'，字之误也，隶书'咎'与'若'相似；史记六国表、韩世家并作'宜臼'，集解引淮南许注云'屈宜臼'正与此注同（按：此注作"屈宜若"），说苑指武篇作'屈宜臼'，权谋篇作'屈宜咎'。"则此"咎"误为"若"，正与彼同。而姚见一本"若"又误作"右"。　于鬯战国策注"春秋鲁'公衡'、成公子，'公衍'、'公为'、'公果'、'公贲'、昭公子，则皆公子也，卫策'公期'是'公子期'。'公子若'称'公若'正无害。"则此"公咎"即上文之"公子咎"，下文"若"同。又于引"公衡"见左成二年传，"公衍"见左昭二十九年传，"公为""公果""公贲"见左昭二十五年传。

⑭鲍彪以"相国御展子"和"廧夫空"为二人，注："楚相之御姓展；'廧'、'啬'字同，小臣也，空，其名。"　于鬯战国策注："'相国御展子啬夫空'是说，其人为啬夫之官，姓展名空，今为相国之御也。鲍以为二人亦可。"　建章按：据睡虎地秦墓竹简，战国时秦国有县啬夫、官啬夫、守啬夫、发弩啬夫、皮革啬夫、厩啬夫、司空啬夫、皂啬夫等，县啬夫即县令，下有属官丞、史、曹长。仪礼既夕礼"御者四人"注："御者，今时侍从之人。"展子：犹孔丘、孟轲称孔子、孟子。则"相国御展子啬夫空"即"相国御啬夫展空"，也就是"相国侍卫长展空"。既是"微告"，一人为妥，二人则可泄密，且告二人亦无必要。鲍以为二人恐非。

⑮类：象，似乎。　之：指示代词，指太子。

⑯健士：有作为的人。　健：强；释名释言语："建也，能有所建

为也。"

⑰居中:身为庶子之列。　不便:不利。　于鬯战国策注:"言若健士,傥不为太子,必怨相国,故云'不便'。"

⑱此句言:楚相国于是支持公子咎为太子。　令:尔雅释诂"善也"。此犹言资助,支持。

二十五　三国隘秦章

三国隘秦①,周令其相之秦,以秦之轻也②,留其行③。有人谓相国曰:"秦之轻重未可知也④。秦欲知三国之情,公不如遂见秦王曰:'请谓王听东方之处⑤。'秦必重公⑥。是公重周⑦,重周以取秦也⑧。齐重⑨,故有周而已取齐⑩,是周常不失重国之交也⑪。"

【注释】

①史记周本纪"周赧王五十八年(前257年)三晋距秦",秦本纪、赵世家、魏世家、楚世家于此年,皆言秦围邯郸,赵、魏、楚救邯郸。则周本纪"三晋"或当是"三国"之误。此策"三国"即指赵、魏、楚。　隘:险阻,引申为"拒"。周本纪作"距",通"拒"。

②轻:轻慢。

③留其行:言周相不动身去秦。

④此句说:秦国到底是否对您轻慢,还不能确定。

⑤此句说:让我为您探听三国的活动情况吧。　谓:通"为"。听侦知。　东方:指赵、魏、楚。　处:事变,见第九章注⑤。

⑥重:尊重,看重。

⑦公重周:犹言公使秦重周。

⑧"是公"两句:因此您会使秦国看重周的作用,则可以与秦国取得友好关系。

⑨重:汉书汲黯传"吾徒得君重"颜注:"威重也。"亦威强。下文"重国"亦犹言强国。

⑩史记周本纪作"固有周聚以收齐",集解引徐广曰:"'聚'一作'冣'。""故"通"固"。"已"通"以"。收、取义同。则此"而"疑"冣"字之误。张尚瑗战国策随笔:"赧王五庶子,冣既不得立,乃臣事齐,又尝相魏。"史记周本纪正义:"周聚事齐而合于齐、周"。

⑪"齐重"句以下是说:齐国威强,已经有周冣和齐国取得了友好关系,这样周就不会失去和强国的友好关系。

二十六 (昌)〔宫〕他亡西周章

(昌)〔宫〕他亡西周,之东周①,尽输西周之情于东周②。东周大喜,西周大怒。冯(旦)〔且〕曰③:"臣能杀之。"君予金三十斤。冯(旦)〔且〕使人操金与书④,閒遗(昌)〔宫〕他⑤。书曰:"告(昌)〔宫〕他:事可成,勉成之⑥;不可成,亟亡来,亡来⑦。事久且泄⑧,自令身死。"因使人告东周之候曰⑨:"今夕有奸人当入者矣⑩"。候得而献东周,⑪东周立杀(昌)〔宫〕他。

【注释】

①太平御览卷四六七喜览引作"吕他",类说引作"昌化",西周策第十四章有"宫他谓周君",高注:"宫他,周臣。"魏策四第十九章有"周宵谓宫他",似又为齐臣;燕策一第七章有"宫他为燕使

"魏",似又为燕臣。韩非子说林下亦作"宫他"。则"昌""吕"为
"宫"之误,"化"为"他"之误。 亡:逃。 之:至。 西周、东
周:见卷一"东周"解。

②输:秦策一第一章高注"语也。"此犹言告诉,泄漏。

③类说引"旦"作"且"。汉书王褒传"及至驾齧骖乘旦",王念
孙读书杂志:"'乘旦'当为'乘且',字之误也。'且'与'驵'
同,驵,骏马之名,谓之'乘驵'者,犹言'乘黄'、'乘牡'耳"云
云。荀子天论王念孙读书杂志:"夏小正传'盖阳气且睹也',
今本'且睹'作'旦睹'。"又庄子庚桑楚俞樾诸子平议引诗东门
之枌篇"穀旦于差"说:"韩诗'旦'作'且'。"说文日部"昧,爽
且明也。"段注"各本'且'作'旦',今正。"皆可作"旦""且"易
误之证。 冯且(jū居):西周臣。

④使:派。 操:持,拿。 书:信。

⑤横田惟孝本、畿辅丛书本、李本皆作"閒","间"为"閒"的俗字,
说文无"间"字。史记越王勾践世家"请閒行言之",索隐:"閒
行犹微行。"说文:"微,隐行也。"则"閒"犹秘密。 遗(wèi
谓):赠送。

⑥勉:尽力。

⑦"告宫他"句以下是说:告诉宫他,事如能办成,就尽力办成;如
果办不成,立刻返回,返回。 亟(jí急):急,立刻。 姚校:
"一本止一'亡来'字。"

⑧连下句是说,事情拖的时间长了一定会泄漏,就白白送死。
且:裴学海古书虚字集释卷八"犹'必'也"。

⑨使人告东周:(这是有意)派人(扮作告密者),给东周送"情
报"。 候:侦察人员。此处指东周边防侦察人员。

⑩"今夕"句:今晚有奸细要入国境。 当:王引之经传释词卷六
"犹'将'也"。

⑪“候得”句:侦察人员果然捕获了送密信的人和信,把他交给了东周。

二十七　昭翦与东周恶章

昭翦与东周恶①,或谓照翦曰②:“为公画阴计③。”照翦曰:“何也?”“西周甚憎东周,尝欲东周与楚恶,西周必令贼贼公④,因宣言东周也,以西周之与王也⑤。”照翦曰:“善。吾又恐东周之贼己,而以轻西周恶之于楚⑥。”遽和东周⑦。

【注释】

①昭翦:楚臣。　恶:不善,关系不好。　顾观光战国策编年系此策于周赧王八年(前307年)。

②或:有人。　照:通“昭”。

③画阴计:设密谋。

④“令贼”之“贼”:名词,此处可作“刺客”解。　“贼公”之“贼”:动词,杀害。

⑤金正炜战国策补释:“疑‘善’字当在‘昭翦曰’之上,‘吾’字亦‘善’字之讹也。西周贼昭翦而可宣言东周所为者,‘以西周之于王也善’,则不疑其行贼矣。‘善’字正与上文‘与东周恶相应’。‘善’字既淆次于下,后人因疑次‘善’字为复误而改为‘吾’,本义遂湮。”　建章按:策文疑有误,金改,文可通,疑“也”下脱“善”字。　王:楚怀王,见第八章注③。　“西周甚憎”句以下是说:西周非常怨恨东周,总想让东周与楚国关系恶化。因此西周一定会暗暗派刺客杀害您,却扬言是东周所做,

因为<u>西周</u>与<u>楚</u>王友好,不会怀疑<u>西周</u>。

⑥<u>王念孙</u>读书杂志:"'轻'当为'谇',俗书'巫'字或作'至','谇'字或作'谇',其右畔与'轻'相似,因讹而为'轻'。大戴礼曾子立事篇'喜之而观其不轻',今本'轻'讹作'谇'(说见经义述闻),又'执谇以强',卢辩注曰'自执而谇于善',今本'谇'讹作'轻'。'谇'、'轻'二字书、传往往相乱。"又读书杂志补遗:"<u>吕氏春秋</u>壅塞篇注'自轻而不知其实','谇'亦讹作'轻'。"

建章按:姑从<u>王</u>说。

⑦"吾又恐"以下是说:"我又担心<u>东周</u>暗害自己,而嫁祸于<u>西周</u>,使<u>西周</u>与<u>楚</u>国关系恶化。"所以立即与<u>东周</u>和好。 遽:立即。

二十八 严氏为贼章

<u>严氏</u>为贼①,而<u>阳</u>(竖)〔坚〕与焉②。道<u>周</u>③,<u>周</u>君留之十四日,载以乘车驷马而遣之④。<u>韩</u>使人让<u>周</u>,<u>周</u>君患之。客谓<u>周</u>君曰:"正语之曰⑤:'寡人知<u>严氏</u>之为贼,而<u>阳</u>(竖)〔坚〕与之⑥,故留之十四日以待命也。小国不足⑦,亦以容贼⑧?君之使又不至,是以遣之也。'"

【注释】

①<u>严氏</u>:<u>严遂</u>,<u>韩</u>臣。 贼:害,行刺。 <u>韩策</u>三第五章"<u>东孟</u>之会,<u>聂政</u>、<u>阳坚</u>刺<u>相</u>兼君",即此事。<u>相</u>即<u>韩傀</u>(<u>侠累</u>)。 <u>于鬯</u>战国策年表系此策于<u>周烈王</u>五年,<u>韩懿侯</u>四年(前371年)。 <u>顾观光</u>战国策编年系此策于<u>周安王</u>五年,<u>韩烈侯</u>三年(前397年)。 建章按:(1)<u>鲍彪</u>、<u>吴师道</u>、<u>赵翼</u>陔余丛考、<u>顾观光</u>战国策编年、<u>林春溥</u>战国纪年、<u>陈奇猷</u>韩非子集释皆说刺<u>侠累</u>者为

严遂,在韩烈侯三年,而刺哀侯者乃韩严。(2)王充论衡书虚篇:"传书言:聂政为严翁仲刺杀韩王。此虚也。夫聂政之时,韩列侯也。列侯之三年,聂政刺韩相侠累。十三年,列侯卒,去聂政杀侠累相去十年。而言聂政刺杀韩王,短书小传,竟虚不可信也。"严遂使聂政刺韩傀事详韩策二第二十二章及韩策三第五章注㊸。此策系年当依顾观光战国策编年。

②"严氏"两句:严遂谋杀了韩相侠累,阳坚参与其事。 姚校:"曾一作'坚'。"韩策三亦作"阳坚",故据改,下同。

③道周:是说(事后,阳坚逃亡)经过东周。

④仪礼聘礼"乘皮设"注:"物四曰乘",礼记少仪"其以乘壶酒"注:"乘壶,四壶也。"又曲礼上注:"乘车必正立"疏:"乘车,驷马之车。"疑策文"驷马"二字乃旁注混入正文者。 遣:放掉。

⑤正语之曰:您就直截了当、毫不隐讳地对韩国使臣说。 正:诚,直言不讳。 语:告诉。 之:指韩使者。

⑥与之:即上文"与焉",见注②。

⑦小国不足:国小力弱,没有条件和别国为敌。 不足:不够。

⑧亦以容贼:岂能容贼。 亦:裴学海古书虚字集释卷三:"犹'其'也。"其犹"岂"。 以:裴学海古书虚字集释卷一"犹'能'也"。

战国策注释卷二

西　周　策

一　薛公以齐为韩魏攻楚章

薛公以齐为韩、魏攻楚①,又与韩、魏攻秦②,而藉兵乞食于西周③。

韩庆为西周谓薛公曰④:"君以齐为韩、魏攻楚,九年而取宛、叶以北⑤,以强韩、魏。今又攻秦以益之⑥,韩、魏南无楚忧,西无秦患,则地(广)〔厚〕而益重⑦,齐必轻矣⑧。夫本末更盛,虚实有时⑨,窃为君危之⑩!君不如令弊邑阴合于秦⑪,而君无攻,又无藉兵乞食⑫。君临函谷而无攻⑬,令弊邑以君之情谓秦王曰⑭:'薛公必〔不〕破秦以张韩、魏⑮。所以进兵者,欲王令楚割东国以与齐也⑯。秦王出楚王以为和⑰。'君令弊邑以此(忠)〔患〕秦⑱,秦得无破⑲,而以楚之东国自免也,必欲之⑳。楚王出,必德齐,齐得东国而益强,而薛世世无患㉑。秦不大弱,而处之三晋之西,三晋必重

59

齐^②。"薛公曰:"善。"因令韩庆入秦,而使三国无攻秦,而使不藉兵乞食于西周。

【注释】

①薛公:孟尝君田文,见东周策第十六章注①。 为:与。 顾观光战国策编年系此策于周赧王十七年(前298年)。 史记孟尝君列传说:"孟尝君怨秦,将以齐为韩、魏攻楚,因与韩、魏攻秦,而借兵、食于西周。苏代为西周谓曰(略)" 钱穆先秦诸子系年95节"附苏代苏厉考"说:"此事在周赧王十七年(前298年),西周策作韩庆非苏代,与史异。然其时苏代固尚在齐。" 于鬯战国策年表"齐、韩、魏攻楚"系于楚怀王二十四年至二十八年,即前305年至前301年;"韩庆说薛公"系于周赧王十七年,即前298年。

②于鬯战国策注:"周赧王十七年齐、韩、魏攻秦至十九年而罢。"即前298年—前296年。

③藉:借。 乞:求。 食:粮。

④韩庆:西周臣。史记孟尝君列传"韩庆"作"苏代"。

⑤鲍注:"'九'字误,当云'六'或'五'。" 梁玉绳史记志疑"言九年非也。取宛、叶亦妄。" 于鬯战国策注:"作'五'为是。自怀王二十四年至二十八年即赧王十年至十四年,正合五年之数。" 杨宽战国史大事年表"赧王十四年(前301年)齐派匡章、魏派公孙喜、韩派暴鸢共攻楚方城,杀楚将唐眜,韩、魏取得宛、叶以北地。" 建章按:"取宛、叶以北地"似不应在周赧王十四年之后。于说"自赧王十年至十四年"似可从。唐兰苏秦事迹简表亦云:"齐攻楚共五年",自周赧王八年至十二年。(见帛书战国纵横家书146页) 宛:今河南省南阳市。 叶:今河南省叶县南三十里。

⑥益之:更加强韩、魏。

⑦四部备要本、畿辅丛书本高注并作"厚、多也;重、尊也。" 于鬯战国策注:"注文'厚'字卢刻改作'广',然安见高本策文不作'地厚'与?" 建章按:吕氏春秋有始览务本"以此厚望于主"高注:"厚,多也。"左隐元年传"厚将得众"注:"厚谓土地广大。"此盖后人改"厚"为"广",然高注未改,尚存其真。 地厚而益重:国土广大,地位尊高。

⑧齐必轻:齐国的地位必会卑下。 轻:卑,被人看轻。

⑨夫本末更盛虚实有时:是说事物的始终、虚实情况不是永恒不变的,而是根据不同情况会发生变化的。 夫:发语词。 本、末:指树的根、梢,见说文。又左庄六年传"必度于本末"注:"本末,终始也。"用作事之始终。

⑩窃:私心,自称的谦辞。 危:不安。

⑪弊邑:称本国的谦辞。 阴合:暗暗交好。

⑫无攻:勿攻秦。 无藉兵乞食:不向别国借兵借粮。意思是不让秦国知道齐国缺兵缺粮而示弱。

⑬函谷:函谷关,在今河南省灵宝市南十里。

⑭情:心思。 秦王:昭王,名则,一名稷,武王异母弟,前306年—前251年在位。

⑮史记孟尝君列传作"薛公必不破秦以强韩、魏"。 鲍本"必"下补"不"字。 吴补:"有'不'字是。" 高注:"张,强也。" 建章按:"必"下无"不"字则与下句意思牴牾,"必"与"不"易互误,此或是以"不"为"必"而误删者,当补"不"字。

⑯东国:楚之东地,即楚国东部接近齐国南部之地,资治通鉴胡注:"东地,淮、汝之地也。"今江苏省宿迁、睢宁和安徽省的灵璧一带。

⑰前299年(楚怀王三十年),秦昭王诱楚怀王入秦,拘于秦都咸

阳。秦王:昭王,见注⑭。　出:放回。　楚王:怀王,见东周策第八章注③。

⑱孟尝君列传"忠"作"惠",泷川资言考证:"枫山、三条本'惠'作'忠'与策合。"　张文爍战国策谭槭"忠"作"患",又说:"'患'一作'惠'。"　黄丕烈战国策札记:"鲍本作'患'。案通行鲍本作'惠',旧刻鲍本作'忠'。"　金正炜战国策补释:"'忠'当为'悳'之讹,古'德'字也。由'悳'误'惠',复误为'忠'。"　建章按:四部丛刊鲍本"惠"作"惠",故误作"患"。东周策第二章"受宝于韩,而德东周",秦策二第十二章"王若不留,必不德王",齐策一第十章"田忌亡人,而得封,必德王。"容庚金文编:"悳,孳乳为'德'。"故金说作"悳"者是。　德:恩。

⑲得:能。

⑳"秦王出"句以下是说:秦王放回楚王,两国和好,这样,您让敝国以此施惠于秦国,秦国又以楚国的东地而自免于被齐国进攻,秦国一定乐于接受的。　免:免于祸患。

㉑"楚王出"句以下是说:楚王能够返国,也必定会感激齐国,(把东地割给齐国),齐国得到楚国的东地,就更加强盛,您的封地薛邑也就世世代代没有祸患了。

㉒"秦不大弱"句以下是说:秦国的国力并不弱,它在赵、魏、韩三国的西边,赵、魏、韩三国一定会看重齐国的地位的。　三晋:见东周策第十四章注⑨。

62

二　秦(攻)〔败〕魏将犀武军于伊阙章

秦(攻)〔败〕魏将犀武军于伊阙,进兵而攻周①。为周(最)〔冣〕谓李兑曰②:"君不如禁秦之攻周。赵之上计莫如令秦、魏复战。今秦攻周而得之,则众必多伤矣,秦欲待周之得,必不攻魏③;秦若攻周而不得,前有胜魏之劳,后有攻周之败,又必不攻魏④。今君禁之,而秦未与魏讲也,而全赵令其止⑤,必不敢不听,是君却秦而定周也⑥。秦去周,必复攻魏,魏不能支⑦,必因君而讲,则君重矣⑧。若魏不讲,而疾支之⑨,是君存周而战秦、魏也⑩,重亦尽在赵⑪。"

【注释】

①王念孙读书杂志:"上'攻'字当作'败',因下'攻'字而误也。秦既败魏军,乃进兵而攻周,若但言'攻魏军',则胜败未可知,不得遽进兵而攻周也。史记周本纪'秦破韩、魏,扑师武(按:即犀武)',集解引此策曰'秦败魏将犀武军于伊阙',是其证。"当据改。 伊阙:今河南省洛阳市南龙门。 周:西周。 事在周赧王二十二年(前293年),顾观光战国策编年系此策于此年,于鬯战国策年表同。

②周㝠:见东周策第九章注⑥。 李兑:赵的司寇(司法长官),后为赵相。

③"今秦攻周"句以下是说:如果秦国进攻西周而战胜他,士卒就要受到很大的损伤,秦国要等待战胜西周,否则一定不会立刻进攻魏国。 今:王引之经传释词卷五:"犹'若'也。"与下句"秦若攻周而不得"云云相应。 得:取。此处犹言"胜"。下文"周之得"犹言战胜西周。

④"秦若攻周"句以下是说:秦国如不能战胜西周,那么,不久前刚战胜魏国已经疲惫不堪,后又被西周击败,则又必不会立刻进攻魏国。

⑤而:则。 全赵:赵未遭战祸,未受损伤,故曰"全赵"。前293年,秦左更白起大胜韩、魏联军于伊阙,斩首二十四万,虏魏将

公孙喜；次年，前292年，秦大良造白起攻魏取垣，攻韩取宛；再次年，前291年，秦左更司马错攻魏取轵，攻韩取邓；又次年，前290年，魏献给秦河东地方四百里，韩献给秦武遂地方二百里；又次年，前289年，秦攻取魏大小城六十一座，魏昭王入赵朝见惠文王，并献阴成、葛孽二城；前288年，秦攻取赵梗阳，赵李兑约赵、韩、魏、齐、楚五国攻秦，罢于成皋。秦在伊阙之役后，连续五年集中力量进攻韩魏，节节胜利，至第六年，攻取了赵的梗阳，才引起以赵为首的五国联军，向秦反攻。所以伊阙之役后，连续五年，赵未遭战祸，未受损伤，故曰"全赵"。

⑥"今君禁之"句以下是说：现在您要阻止秦国进攻西周，而秦国还没有与魏国媾和，则未遭受战火损伤的赵国要秦国不去进攻西周，必不敢不听，这样，您就阻止了秦国进军，使西周得以安定。　却秦：阻止秦军。　却：吕氏春秋离俗览用民高注"犹'止'也"。

⑦支：抵御住。

⑧因：通过。　重：地位尊高。

⑨疾：尔雅释诂"壮也"。又吕氏春秋孟夏纪尊师高注"力"。则"疾支"谓力拒也。

⑩战秦魏：使秦、魏两国互相攻战。

⑪"若魏不讲"句以下：如魏国不与秦国媾和，那么您以全力支援魏国对抗秦国，这样，您既能保全西周，又可坐观秦、魏两虎相斗，则赵国加强了他在诸侯中的地位。

三　秦令樗里疾以车百乘入周章

秦令樗里疾以车百乘入周[1]，周君迎之以卒[2]，甚敬[3]。楚王怒，让周，以其重秦客〔也〕[4]。

游腾谓楚王曰⑤："昔智伯欲伐厹由⑥，遗之大钟⑦，载以广车⑧，因随入以兵⑨，厹由卒亡⑩，无备故也。桓公伐蔡也⑪，号言伐楚⑫，其实袭蔡⑬。今秦者，虎狼之国也，兼有吞周之意，使樗里疾以车百乘入周，周君惧焉，以蔡、厹由戒之。故使长兵在前⑭，强弩在后，名曰卫疾，而实囚之也。周君岂能无爱国哉？恐一日之亡国，而忧大王⑮。"楚王乃悦。

【注释】

①樗（chū 初）里疾：秦惠王异母弟，武王时为左丞相。史记有樗里子列传。

②卒：一百人的队伍。此处是说周君迎接樗里疾很隆重。

③敬：敬重，尊重。 据樗里子列传，入周在周赧王八年，顾观光战国策编年、于鬯战国策年表并系此策于此年。

④楚王：怀王，见东周策第八章注③。 让：责备。 客：指樗里疾。 赵蕤长短经引"客"下有"也"字，太平御览卷四六〇游说览上引亦有"也"字。有"也"字语气完，当据补。

⑤游腾：西周臣。 姚校："后语'游胜'。"太平御览"腾"亦作"胜"。樗里子列传"腾"下有"为周"二字，长经引亦有"为周"二字，有此二字似胜，策文中"为…谓…曰"此种句式甚多。

⑥智伯：晋大夫荀林父的弟弟荀首（即智庄子）因食采邑于智，故别为智氏，智首子䇲，䇲子盈，盈子跞，跞子甲（即智宣子。史记赵世家索隐引世本"甲"作"申"，梁玉绳汉书人表考"吕氏春秋当染注讹'甲'为'申'。"），甲子智伯瑶，即智襄子（国语晋语九"智宣子将以瑶为后"，韦注："瑶，宣子之子襄子智伯。"吕氏春秋不苟论自知"吴王、智伯不自知而亡"高注："智伯，晋卿智襄

子也;<u>智伯</u>为<u>赵襄子</u>所杀。"然此章<u>高</u>注"<u>智伯</u>,<u>晋</u>卿<u>智襄子</u>孙也。"不同。),世袭为<u>晋</u>卿,后为<u>赵</u>、<u>魏</u>、<u>韩</u>三卿所灭。 <u>仇由</u>:靠近<u>晋国</u>的少数民族"<u>狄国</u>",故城在今<u>山西省盂县</u>东北,为<u>智伯</u>所灭。亦作<u>仇犹</u>、<u>仇繇</u>、<u>肭繇</u>、<u>仇首</u>。

⑦遗:赠送。 钟:古代祭祀或宴飨时用的乐器。<u>西周</u>至<u>春秋</u>的钟,大多是所谓甬钟,钟顶有筒形的甬(钟柄)。有的大钟单独悬挂,称为特钟;有的大小相次成组悬挂,称为编钟。钟用木槌敲击演奏。

⑧载以广车:用大车装钟。

⑨"入"<u>史记樗里子列传</u>作"之",<u>长短经</u>引作"之"。 <u>刘锺英战国策辨讹</u>:"'入'韵府作'之'。" <u>建章</u>按:<u>秦</u>策一第五章"随<u>荆</u>以兵则<u>荆</u>可举",则此"入"似当作"之","随之以兵"即"以兵随之",言"以兵随广车"也。

⑩卒:通"猝",突然。

⑪桓公:<u>齐桓公</u>,见<u>东周策</u>第十一章注⑨。 蔡:国名,姬姓,<u>周武王</u>时所封。今<u>河南省汝南</u>、<u>上蔡</u>、<u>新蔡</u>等县即其地。

⑫号言:扬言。 <u>樗里子列传</u>及<u>长短经</u>"伐<u>楚</u>"皆作"诛<u>楚</u>",<u>高</u>注亦云:"不欲令<u>蔡</u>知,故诈言'诛<u>楚</u>'。"疑因上"伐<u>蔡</u>"误"诛"为"伐"。<u>荀子仲尼杨</u>注:"诛者讨伐杀戮之名。"

⑬袭:<u>榖梁襄</u>二十三年传"<u>齐侯</u>袭<u>莒</u>"注"轻行掩其不备曰袭。"<u>左传三</u>年传"<u>齐侯</u>(<u>齐桓公</u>)与<u>蔡姬</u>(<u>桓公</u>夫人)乘舟于囿(园囿),荡公(<u>蔡姬</u>把船左右摇晃,使<u>桓公</u>坐不安稳)。公惧,变色;禁之,不可。公怒,归之(把<u>蔡姬</u>送回娘家),未之绝也(未正式离婚)。<u>蔡</u>人嫁之(把<u>蔡姬</u>改嫁了)。"<u>韩非子外储说左上</u>说三"<u>桓公</u>将伐<u>蔡</u>,仲父(<u>管仲</u>)谏曰:'夫以寝席之戏(犹言夫妻之间开玩笑),不足以伐之国,功业不可冀也,请无以此为稽(计)也。'<u>桓公</u>不听,仲父曰:'必不得已,<u>楚</u>之菁茅(用来滤酒的)不贡于

天子(周天子)三年矣,君不如举兵为天子伐<u>楚</u>,<u>楚</u>服,因还袭<u>蔡</u>。'"即所谓"号言伐<u>楚</u>,其实袭<u>蔡</u>"也。

⑭长兵:戈、矛之类的长柄兵器。

⑮"周君岂能"句以下是说:<u>西周君</u>那能不爱自己的国家呢?他很担心一旦被灭亡(加强了<u>秦国</u>,<u>楚国</u>又失去屏障),所以为大王担忧。

四 雍氏之役章

<u>雍氏</u>之役①,<u>韩</u>征甲与粟于<u>周</u>,<u>周君</u>患之,告<u>苏代</u>②。<u>苏代</u>曰:"何患焉! <u>代</u>能为君令<u>韩</u>不征甲与粟于<u>周</u>,又能为君得<u>高都</u>③。"<u>周君</u>大悦,曰:"子苟能,寡人请以国听④。"

<u>苏代</u>遂往见<u>韩</u>相国<u>公中</u>⑤,曰:"公不闻<u>楚</u>计乎? <u>昭应</u>谓<u>楚王</u>曰⑥:'<u>韩氏</u>罢于兵⑦,仓廪空⑧,无以守城⑨,吾收之以饥⑩,不过一月,必拔之⑪。'今围<u>雍氏</u>五月,不能拔,是<u>楚</u>病也⑫,<u>楚王</u>始不信<u>昭应</u>之计矣⑬。今公乃征甲及粟于<u>周</u>,此告<u>楚</u>病也⑭。<u>昭应</u>闻此,必劝<u>楚王</u>益兵守<u>雍氏</u>⑮,<u>雍氏</u>必拔。"<u>公中</u>曰:"善。然吾使者已行矣⑯。"<u>代</u>曰:"公何不以<u>高都</u>与<u>周</u>?"<u>公中</u>怒曰"吾无征甲与粟于<u>周</u>亦已多矣⑰,何为与<u>高都</u>?"<u>代</u>曰:"与之<u>高都</u>,则<u>周</u>必折而入于<u>韩</u>⑱。<u>秦</u>闻之,必大怒,而焚<u>周</u>之节,不通其使⑲。是公以弊<u>高都</u>得完<u>周</u>也,何不与也⑳?"<u>公中</u>曰:"善。"

不征甲与粟于<u>周</u>而与<u>高都</u>,<u>楚</u>卒不拔<u>雍氏</u>而去㉑。

67

【注释】

①楚围雍氏，见东周策第八章注①。 史记周本纪系此在周赧王八年，顾观光战国策编年、于鬯战国策年表同。 周本纪"周"作"东周"，则此当编入东周策。

②苏代：苏秦之弟，亦游说之士。史记有传，附于苏秦列传之后。

③高都：韩地，在今河南省洛阳市西南。

④"子苟能"两句：您如果能做到，我就把国家的大权交给您。 听：高注"从也"。

⑤公中：亦作"公仲"，"中""仲"古通。高注"公中，韩公仲，为相国也。"

⑥昭应：楚将。 楚王：怀王，见东周策第八章注③。

⑦韩氏：韩国。 罢：音、义同"疲"。

⑧仓廪：都是储存粮食的仓库。 仓：藏谷。 廪：藏米。

⑨无以守城：兵罢、粮空，没有用来守城的人力和物力；即不能守城。

⑩吾收之以饥：我乘韩国饥困进攻它。 收：广雅释诂一："取也。"

⑪拔：攻下。

⑫是楚病：暴露了楚国困窘的弱点。 管子问"是其事"，于省吾双剑誃诸子新证："'是'应读作'视'。荀子解蔽'是其庭可以搏鼠'注'是，盖当为"视"。'是其证。"则"是""视"通。汉书高帝纪上"以视项羽无东意"注"汉书多以'视'为'示'，古通用字。"则"是""视""示"可通。秦策二第五章"武王示之病"高注："示，语也。"则此"是楚病"即下文"告楚病"。

⑬始：列子黄帝篇"今汝怵然有恂目之志，尔于中也殆矣夫。"殷敬顺释文"'殆'一本作'始'。"韩非子内储说上七术说一"嗣君之壅乃始"，于鬯香草续校书："'始'读为'殆'。"始：止韵，殆：海韵，同属段玉裁六书音均表第一部，例得通假。吕氏春秋不

苟论自知"座殆尚在于门"高注："殆犹'必'也。"则此"始不
信"即"必不信"也。

⑭告：犹言暴露；见注⑫。

⑮益：增。　守：通"狩"，围取。

⑯然：可是。　行：去。

⑰无：不。　多：过分。

⑱折而入于韩：转而与韩亲善。

⑲节：为国与国之间通使的凭证，竹质。　焚周之节不通其使：意
即断绝外交关系。

⑳"是公以"两句：这样，您以小小的高都却换来了整个东周一个
国家，为什么不给呢？　弊：破，不重要。　完：全，整个。
与：予，给。

㉑"楚卒"句：楚国终于没有攻下雍氏，撤兵而去。　卒：终。

五　周君之秦章

周君之秦①。谓周(最)〔㝡〕曰②："不如誉秦王之孝
也③，因以(应)〔原〕为太后养地④。秦王、太后必喜，是公有
秦也⑤。交善，周君必以为公功；交恶，劝周君入秦者必有
罪矣。"

【注释】

①史记周本纪系此策于周赧王四十五年(前270年)。于鬯战国
策注及战国策年表并系此策于周赧王三十七年(前278年)。
郭人民战国策校注系年从史记周本纪，缪文远战国策考辨从于
鬯战国策年表。　之：至。

②周冣:见东周策第九章注⑥。　谓周冣曰:有人对周冣说。

③誉:赞扬,赞美。　秦王:昭王,见第一章注⑭。

④史记周本纪索隐:"战国策作'原'。"鲍本亦作"原",高注"原,周邑也。"则策本作"原",后人误据史改作"应",当改正。

　原:今河南省济源市西北二里。　太后:秦惠王之妃,昭王之母,楚人,姓芈氏,号宣太后。　养地:该地的收入为私人所有。

⑤是公有秦:这是您对秦的友好。　论语学而"有朋自远方来",陆德明经典释文:"'有'本作'友'。"荀子大略"友者所以相有也。"杨注:"'有'与'友'同义。"则"有"通"友"。友:广雅释诂三"亲也"。

六　苏厉谓周君章

苏厉谓周君曰①:"败韩、魏,杀犀武,攻赵,取蔺、离石、祁者,皆白起②。是攻用兵③,又有天命也④。今攻梁⑤,梁必破,破则周危。君不若止之。"

谓白起曰:"楚有养由基者⑥,善射,去柳叶者百步而射之⑦,百发百中。左右皆曰'善'。有一人过曰:'善射,可教射也矣?'养由基曰:'人皆〔曰〕善⑧,子乃曰可教射,子何不代我射之也?'客曰:'我不能教子支左屈右⑨。夫射柳叶者,百发百中,而不已善息⑩,少焉气〔衰〕力倦⑪,弓拨矢钩⑫,一发不中,前功尽矣⑬。'今(公)破韩、魏⑭,杀犀武,而北攻赵,取蔺、离石、祁者,公也。公之功甚多。今公又以秦兵出塞⑮,过两周,践韩而以攻梁⑯,一攻而不得⑰,前功尽灭⑱。公不若称病不出也⑲。"

【注释】

①苏厉:苏秦之弟,游说之士。　史记周本纪载此策于周赧王三十四年(前 281 年),林春溥战国纪年、顾观光战国策编年同。

②前 293 年,秦左更白起大胜韩、魏联军于伊阙,杀魏将犀武;前 282 年,秦大良造白起攻取赵的蔺、祁二城;前 281 年,秦大良造白起攻取赵的离石。高诱注:"杀犀武于伊阙。"于鬯战国策注同史记系年,在周赧王三十四年(前 281 年),而战国策年表系于周赧王二十二年(前 293 年)。缪文远战国策考辨说:"此章且当存疑。"钱穆先秦诸子系年 142 节"公孙龙说赵惠文王偃兵考"说:"按年表,其事在秦昭王十四年(前 293 年),前攻赵拔两城十一年,然则两城者,蔺与祁也。云蔺、离石者,兼言两事。若当武灵王十三年(前 313 年),则白起尚未用事。此亦秦拔蔺、离石当赵惠文时之证也。"　犀武:魏将。　蔺:今山西省吕梁市离石区西。　离石:今山西省吕梁市离石区。　祁:今山西省祁县。　白起:郿人(郿故城在今陕西省郿县东北),善用兵,秦昭王时封为武安君,战胜攻取共七十余城。后与秦相范雎不和,称病不起,削职为民,流放到阴密(今甘肃省灵台县西五十里),赐死于杜邮(今陕西省咸阳市东二十里)。史记有白起列传。　周本纪"起"下有"也"字,是;"者""也"连用。疑脱"也"字。

③攻:通"工",巧,善。史记周本纪"攻"作"善"。

④"是攻"两句:这是因为他善于用兵,又得了上天之助的缘故。　天命:旧时迷信以为上天赐给人的吉凶祸福是谓天命。此"有天命"言有上天之助。

⑤梁:魏都大梁,今河南省开封市。

⑥养由基:姓养,名由基,楚之善射者。一说是楚共王(前 590年—前 560 年)时大将,又说楚庄王(前 613 年—前 591 年)命

养由基射蜻蛉。按:<u>左传</u>成公十六年(前 575 年)<u>晋</u>、<u>楚</u>鄢陵之战时尚有<u>养由基</u>,则约为<u>楚庄王</u>至<u>楚共王</u>时人。

⑦<u>艺文类聚</u>木部下、<u>文选</u>上书谏<u>吴王李</u>注引、<u>太平御览</u>卷七四四工艺部、<u>类说</u>、<u>韵府群玉</u>卷六引均无"者"字,疑衍"者"字。

去:距离。

⑧<u>姚</u>校:"<u>刘</u>、<u>钱</u>'皆'下有'曰'字。" 上言"左右皆曰善",下言"子乃曰可教射",此言"人皆曰善"明矣。当据<u>刘</u>、<u>钱</u>本补"曰"字。

⑨支左屈右:善射之法。<u>史记</u>周本纪索隐引越绝书说:"左手如附<u>泰山</u>,右手如抱婴儿",是说,左手拉弓,用力向前伸出,象支住<u>泰山</u>一样;右手拉弦,向后用力弯曲,象抱婴儿一样。

⑩而不已善息:而不因射得好趁此时休息。 已:通"以",因也。

⑪<u>史记</u>周本纪"气"下有"衰"字,<u>太平御览</u>引亦有。 <u>建章</u>按:下句"弓拨矢钩"与此句对文,亦当为四字句;且"弓拨"与"矢钩"相对,"气衰"与"力倦"相对。当补"衰"字。

⑫弓拨矢钩:弓身不正,箭杆弯曲。周礼弓人"弓不发",<u>王引之</u>经义述闻卷九"则弓不发"条说:"发当读为拨。拨者,枉也,言析干不邪行绝理,则弓不至于枉戾也。<u>管子</u>宙合篇曰:'夫绳,扶拨以为正;准,坏险以为平。'淮南本经篇:'扶拨以为正。'<u>高诱</u>注曰:'拨,枉也。'<u>修务篇</u>:'琴或拨剌枉桡。'注曰:'拨剌,不正也。'荀子正论篇曰:'<u>羿蠭门</u>者,天下之善射者也,不能以拨弓曲矢中。'西周策曰:'弓拨矢钩。'是弓枉戾谓之拨也。古字拨与发通,商颂长发篇'元王桓拨',韩诗"拨"作"发",是其例矣。" <u>建章</u>按:枉戾者,歪曲不正也。

⑬下文"前功尽灭矣",疑此脱"灭"字,然<u>太平御览</u>引作"前功尽弃矣"。

⑭"今公"之"公"字衍,语不成义,当删,<u>史记</u>周本纪"今"下正无

"公"字。

⑮塞:关口,隘口;此指河南省洛阳市西南伊阙口。

⑯践韩而以攻梁:进犯韩国,又去攻打魏都大梁。 践:释名释姿容:"残也,使残坏也。"又左僖十五年传杜注"厌也"。 建章按:"厌"即"压",镇压也。故"践"有讨伐、征伐的意思。

⑰得:犹言胜。见第二章注③。

⑱"灭"下有"矣"字语气完,前文亦有"矣"字,见注⑬。

⑲公不若称病不出也:您不如告病,不去攻打魏都大梁。 称:告。出:荀子儒效杨注"行也"。又吕氏春秋仲冬纪忠廉高注"去也"。

七　楚兵在山南章

楚兵在山南①,吾得将为楚王属(怒)〔怨〕于周②。

或谓周君曰:"不如令太子将军正迎吾得于境③,而君自郊迎,令天下皆知君之重吾得也④。因泄之楚曰:'周君所以事吾得者器必名曰谋⑤。'楚王必求之,而吾得无效也⑥,王必罪之⑦。"

【注释】

①山南:不详。或是近韩之山南。 于鬯战国策年表系此策于周赧王十一年(前304年)。

②高注:"吾得,楚将也;'吾'当为'五',楚五将者也。" 鲍改"吾"作"伍",注:"下同。" 吴补:"'吾'字讹,当作'伍'。"黄丕烈战国策札记:"鲍改、吴补皆非,高注可证。" 金正炜战国策补释:"竹书纪年'楚吾得帅师及秦伐郑',则'吾'固不

误。" 又鲍本"怒"作"怨"。 楚王:怀王,见东周策第八章注
⑤。 建章按:汉书王莽传王念孙读书杂志:"说文'愠,怨
也。'今本'怨'作'怒',乃后人所改,据诗緜正义及一切经音义
卷五、卷九、卷十三、卷十九引订正。"赵策四第二章"秦王怒属
怨于赵",魏策二第十一章"王固先属怨于赵。"据此,当改"怒"
作"怨"。 属怨:结怨。此有向周找借口,寻衅的意思。

③高注:"'或',犹有人谓周君也。使太子与军正于境迎吾得
也。" 鲍注:"'军正'犹卒正,军之率也。" 吴正:"此谓将军
而正迎之。史穰苴传'军正'无注。" 墨子经下"景一小而易,
一大而㢓",王念孙读书杂志:"'㢓'与'正'同。" 金正炜战国
策补释:"'正'为'出'字之误。武后所制'正'字作'㢓',与
'出'相似,因误为'正'。" 建章按:将,率领。"出"篆作"屮",
"止"篆作"止",故"出"误作"止",而古书"止"字"正"字屡混
用。据以上诸说,此"正"字疑是"出"字之误。

④重:尊。

⑤"周君所以"句:周君把某某东西赠送给吾得了。 姚校:"一无
'必'字;曾、集作'谋',钱、刘作'某'。" 事:孟子离娄上"事亲
为大"之"事",即'侍'之义。 者:裴学海古书虚字集释卷九
"犹'之'也"。 "谋"与"某"古通,见东周策第十六章注⑨。

⑥效:献。

⑦"楚王必"句以下是说:楚王(听说周君赠送给吾得什么东西)
一定会向吾得索取,而吾得拿不出,楚王(以为吾得不愿献出
来)必定要归罪于吾得。

八　楚请道于二周之间章

楚请道于二周之间,以临韩、魏①,周君患之②。苏秦谓

周君曰③:"除道属之于河④,韩、魏必恶之⑤;齐、秦恐楚之取九鼎也⑥,必救韩、魏而攻楚。楚不能守方城之外⑦,安能道二周之间⑧?若四国弗恶⑨,君虽不欲与也⑩,楚必将自取之矣⑪。"

①"楚请道"句:楚国要求通过两周国境去进攻韩、魏两国。 请道:要求借道。 请:广雅释诂三"求也"。 二周:东周、西周。 顾观光战国策编年系此策于周显王三十三年(前336年)。 于鬯战国策注:"此疑与上章为一事,竹书言'伐郑',而此则兼言韩、魏耳。彼在赧十一年。下文言齐、秦恐楚取九鼎,必救韩、魏而攻楚。'据史楚世家'齐、韩、魏共伐楚',正明年事,可合也。" 此取于说,在周赧王十一年(前304年)。

②患之:为楚国要求借道事而担忧。

③苏秦:见东周策第五章注③。

④除道:整修道路。 属:连通。 河:黄河,近韩、魏处。

⑤"除道"两句:为楚国开辟道路,一直通到黄河边,韩、魏两国一定为此而忧惧。 恶:吕氏春秋孟冬纪安死高注:"犹患也。"史记仲尼弟子列传"且王必恶越"索隐"恶,犹畏也"。

⑥九鼎:见东周策第一章注①。

⑦方城:今河南省叶县南北有方城故城,自犨(chōu 抽)县(今河南省鲁山县)至泚阳(今河南省沁阳市)南北数百里,号为方城(见寿鹏飞历代长城考)。一说,楚国在伏牛山(在今河南省)两端筑起两道南北走向的长城,和伏牛山组成一个方形,谓"方城"。 方城之外:指楚北境与韩相接者。

⑧"楚不能"两句:楚国如不能守住北边国土,他怎么能通过两周去进攻韩、魏呢? 安:何,怎么。 道:通过。

⑨四国:<u>韩</u>、<u>魏</u>、<u>齐</u>、<u>秦</u>。　弗恶:无所忧惧。

⑩与:<u>论语</u>公冶长"吾与女弗如也"<u>皇</u>疏:"许也。"则"与"为答应,同意的意思。

⑪"若四国"三句:如果<u>韩</u>、<u>魏</u>、<u>齐</u>、<u>秦</u>四国并不以此感到担忧,君王即使不愿借道,<u>楚</u>国也一定会自行通过的。(言外之意是,<u>楚</u>国借道两<u>周</u>,进攻<u>韩</u>、<u>魏</u>,会引起<u>韩</u>、<u>魏</u>、<u>齐</u>、<u>秦</u>四国不安,他们会结成同盟,共同对付<u>楚</u>国,因此,不必为<u>楚</u>国借道而担忧。所以<u>苏秦</u>才建议周君"为<u>楚</u>国开辟道路,一直通到黄河边"。这是弱国利用强国之间的矛盾,而在夹缝中求生存。)　取之:取道,即通过。

九　司寇布为周(最)〔冣〕谓周君章

司寇布为周(最)〔冣〕谓周君曰①:"君使人告<u>齐王</u>以周(最)〔冣〕不肯为太子也②,臣为君不取也③。<u>函冶氏</u>为<u>齐太公</u>买良剑④,公不知善,归其剑而责之金⑤。<u>越人</u>请买之千金⑥,折而不卖⑦。将死,而属其子曰⑧:'必无独知⑨。'今君之使(最)〔冣〕为太子,独知之契也⑩,天下未有信之者也⑪。臣恐<u>齐王</u>之为君实立<u>冣</u>而让之于(最)〔冣〕⑫,以嫁之<u>齐</u>也⑬。君为多巧,(最)〔冣〕为多诈⑭。君何不买信货哉⑮?奉养无有爱于(最)〔冣〕也⑯,使天下见之⑰。"

【注释】

①司寇布:司寇为掌刑法的长官。　布:其名。　周冣:见东周策第九章注⑥。　顾观光战国策编年系此策于周赧王元年(前314年)。

②齐王:宣王,见东周策第一章注④。

③"君使人"两句:君王派人把周冣不肯做太子的事告诉齐王,我实在不敢苟同。 臣为君不取:是表示不赞同的一种委婉说法。 取:采取,采用。

④函冶氏:函,姓;冶,官名;因以函冶为氏。函冶氏为铸剑能手,疑即春秋时欧冶氏。 齐太公:即田和,齐简公相田常的曾孙,夺取姜齐的政权,后列为诸侯,前404年—前385年在位。

⑤归:退还。 责:求,索取。 之:其。

⑥越:越国,其疆域有今江苏省苏北的运河以东地区和全部苏南地区、安徽省的皖南地区,江西省东境的一部分,并兼有今浙江省的北半部;北与泗水上的各小国接界,南与百越接界,西与楚接界,东靠海。国都会稽(今浙江省绍兴市)。 请:要求。买之千金:即买之以千金。

⑦折而不卖:函冶氏嫌亏本而不卖。 折(shé 舌):亏损,不够本钱。

⑧属:同"嘱"。

⑨必无独知:(珍贵的东西)一定不要光自己知道。 无:勿。

⑩契:约。立约必双方,今则只一方,故曰"独知之契"。此言周君心中的打算,只是自己知道。

⑪"天下"句:诸侯都不知道。 信:淮南子氾论训注"知也"。

⑫之:以。荀子尧问"我,文王之为子,武王之为弟,成王之为叔父","之为"均即"以为",详裴学海古书虚字集释卷九。

⑬"臣恐"两句:我担心齐王以为君王实际想立冣为太子,故意让周冣表示不肯为太子,派人到齐国致意,齐王将认为是欺齐。 嫁:卖,欺。

⑭为:王引之经传释词卷二"犹'则'"。 巧、诈义同。心欲为太子而言不肯,故谓之诈。

⑮君何不买信货哉:君王何不买真正为众人所知的好货呢？ 信
货:人所共知的珍物,喻周冣。此以齐太公买宝剑为喻,齐太公
喻周君,宝剑喻周冣。意思是,君王何不立周冣为太子,而让人
人都知道呢。

⑯"奉养"句:对亲人奉养没有比周冣再仁惠的了。 奉养:侍候
和赡养。 爱:仁惠。 也:王引之经传释词卷四"犹'者'
也"。

⑰使天下见之:应该让天下人都知道。 见:淮南子修务训注"犹
'知'也。"

十 秦召周君章

秦召周君①,周君难往②。或为周君谓魏王曰③:"秦召
周君,将以使攻魏之南阳④。王何不出于河南⑤。周君闻
之,将以为辞于秦而不往⑥。周君不入秦,秦必不敢越河而
攻南阳⑦。"

【注释】

①召:请。 史记周本纪作"秦召西周君",系于周赧王八年(前
307 年)。

②周君难往:西周君有所畏惧,不敢去秦国。 难:释名释言语:
"惮也,人所忌惮也。"即怕也。

③魏王:襄王,见东周策第十九章注⑧。

④"秦召"两句:秦国邀请西周君,其目的是想让西周进攻魏地南
阳。 南阳:在太行山南,黄河以北,今河南省获嘉县一带。

⑤金正炜战国策补释:"'出'当为'田'字之讹也。周礼甸祝'掌

四时之田’注‘田者，习兵之礼。’魏王田于河南，疑于窥周，故周得以备魏为辞于秦。河南，言河之南，中牟、阳武、酸枣、卷，皆魏分地，非谓洛阳、郏鄏也。” 建章按：吕氏春秋季夏纪音初“孔甲田于东阳萯山”高注：“田，猎也。”史记魏公子列传“公子与魏王博，而北境传举烽，言‘赵寇至，且入界’。魏王释博，欲召大臣谋。公子止王曰：‘赵王田猎耳，非为寇也。’…居顷，复从北方来传言曰：‘赵王猎耳，非为寇也。’”此即疑“打猎”为“出兵”之例。“习兵之礼”与“打猎”皆可通。

⑥“周君闻之”两句：周君听说，就可以有借口说魏国进兵西周，而不去秦国。 将：得，可，能。 辞：托辞，借口。

⑦“周君不入秦”两句：西周君不去秦国，秦国一定（会担心西周将绝其后路）不敢越过黄河进攻南阳。

十一 犀武败于伊阙章

犀武败于伊阙，周君之魏求救①，魏王以上党之急辞之②。周君反③，见梁囿而乐之也④。綦母恢谓周君曰⑤：“温囿不下此⑥，而又近，臣能为君取之。”反见魏王，王曰：“周君怨寡人乎？”对曰：“不怨且谁怨（王）〔乎〕⑦？臣为王有患也⑧。周君谋主也⑨，而设以国为王扞秦⑩，而王无之扞也⑪。臣见其必以国事秦也⑫。秦悉塞外之兵，与周之众，以攻南阳，而两上党绝矣⑬。”魏王曰：“然则奈何？”綦母恢曰：“周君形不小利事秦⑭，而好小利⑮。今王许戍三万人⑯，与温囿，周君得以为辞于父兄百姓⑰，而（利）〔私〕温囿以为乐⑱，必不合于秦。臣尝闻温囿之利，岁八十金⑲，周君得温囿，其以事王者，岁百二十金。是上党每患而赢四十金⑳。”

魏王因使孟卯致温囿于周君^㉑，而许之成也^㉒。

【注释】

①第二章"秦败魏将犀武军于伊阙，进兵而攻周"与此同一时事。后文有"周君谋主也"，则"周君"当是周赧王，见东周策第二十四章注①。

②魏王：昭王，见东周策第二十章注①。　上党：在今山西省东南部，为赵、魏、韩三国犬牙交错之地。　上党之急：史记秦本纪"昭王十四年，左更白起攻韩、魏于伊阙，斩首二十四万，虏公孙喜，拔五城。"则伊阙一役魏损犀武、公孙喜两将，实惧秦之锐，不敢救周。"上党之急"乃是托辞。　辞：拒绝。　之：指周君向魏求救一事。

③反：同"返"。

④连上句：赧王在返国途中，看到魏国的梁囿，十分喜爱。　囿（yòu 右）：有树林，有水池，以墙围隔，其内可圈养禽兽。　梁囿在今河南省中牟县西北七里。

⑤綦母恢：綦母（qíwú 棋吾）复姓。綦母恢魏人周臣。　墨子小取"与心毋空乎"，于省吾双剑誃诸子新证："宝历本'毋'作'母'，犹存古字，金文凡'毋'字均作'母'。"吕氏春秋仲春纪"无作大事"双剑誃诸子新证："汇校引汪本、朱本、日刊本'无误母'，按：'无'、'毋'古通用。凡经传'毋'字金文均假'母'为之。墨子'毋'字亦往往作'母'，此古字之仅存者，非误字也。"容庚金文编"毋与母为一字。"（637 页）

⑥温囿：今河南省温县西。　下：减，差。　此：指梁囿。

⑦且：将，又。　谁怨：即怨谁。　鲍本"王"作"乎"。　于鬯战国策注："卢刻本'王'作'乎'。"　建章按："王"当是"乎"字坏下半而误。

⑧臣为王有患也:我认为君王将自取忧患。 为:以为。 有:广雅释诂一"取也"。 患:忧。

⑨周君谋主也:周赧王毕竟还是诸侯的首领。 高注:"周天子也,故曰'谋主'。" 建章按:左襄二十六年传"今楚多淫刑,其大夫逃死于四方,而为之谋主……子仪之乱,析公奔晋,晋人置诸戎车之殿,以为谋主;雍子奔晋,晋人与之鄐,以为谋主。"以上"谋主"谓主谋其事者,或谓领导其事者,即所谓"头头","首领"。此处"谋主"是说周赧王毕竟还是诸侯的头头。并非只有"天子"才可称"谋主",亦非"天子"之同义词。可见周赧王当时在人们眼中已经失去"天子"之尊。

⑩"而设"句:周可以做贵国的屏障,防御秦的进攻。 设:于鬯战国策注:"语辞也,汉书东方朔传云'乃设用于文武',谓用于文武也。此'设'为语辞之证。" 建章按:朱骏声说文通训定声亦说"设,发声之词。"然此以常训作"置"解亦可通。

⑪"而王"句:而大王却不能为周防御秦国。 无:不。 之:指代秦。 扞:保卫,防御。 无之扞:即"无扞之",古汉语否定句宾语如为代词,一般置于谓语前。

⑫"臣见"句:我看周必然会讨好秦国。 其:指周。 事:侍奉,讨好。

⑬悉:全部。 塞外:伊阙塞之外。 南阳:见第十章注④。 两上党:指韩、魏上党,见注②。 绝:断,不通。

⑭形:形势,情况,此犹言"看样子"。 利:便。 "不"下"小"字疑因下句"小"字而误衍。

⑮好(hào 浩):贪图。 小利:指温囿。

⑯今:王引之经传释词卷五"犹'若'也。" 戍:派兵驻守。

⑰与:予,给。 得以:可以,能够。 为辞:找借口。 父兄:宗室贵族。 百姓:百官。

⑱高注:"私,爱也。" 姚校:"'利'钱作'私'。" 鲍彪改'利'为'私'。" 建章按:据高注,本作"私"而误作"利"。韩非子八说"明主之国,官不敢枉法,吏不敢为私利",王先慎说"'利'即'私'字误而复者。"(陈奇猷韩非子集释引)可为"私"误为"利"之证。当据高注及姚校改"利"为"私"。

⑲金:见东周策第二十二章注③。

⑳每:裴学海古书虚字集释卷十"犹'无'也。'无'古读若'模',与'每'一声之转,故'每'可训'无'。诗大雅之'周原朊朊'('朊'从'无'声,古亦读若'模'),'朊朊'与左传僖二十八年'原田每每'之'每每'同。此'每'与'无'声相转之证。鲍本'每'作'无'是以意改。" 赢:余,赚。

㉑孟卯:齐人,曾做魏将、魏司徒、魏相,"孟卯"也写作"芒卯",又误作"昭卯"。

㉒"而许"句:魏王就答应派兵去周守边。

十二　韩魏易地章

韩、魏易地①,西周弗利②。樊馀谓楚王曰③:"周必亡矣。韩、魏之易地,韩得二县,魏亡二县④。所以为之者⑤,尽包二周⑥,多于二县⑦,九鼎存焉⑧。且魏有南阳、郑地、三川而包二周,则楚方城之外危⑨;韩兼两上党以临赵⑩,即赵羊肠以上危⑪。故易成之(曰)〔日〕,楚、赵皆轻⑫。"楚王恐,因赵以止易也⑬。

【注释】

①易:交换。

②弗:不。

③樊馀:周臣。

④魏亡二县:易地后,魏得不偿失,尚少二县。 亡:失。

⑤为之:指易地。

⑥二周:东周、西周。

⑦多于二县:因魏所得包括两周之地,与所失相抵,尚多二县。

⑧九鼎:见东周策第一章注①。 存:在。 焉:于此;"此"指周。

⑨且:若,如果。 南阳:指今河南省嵩山南之南阳,其地分属韩、楚两国。 郑地:今河南省开封市西,郑州、新郑、汜水皆故郑地。 三川:在黄河、洛水、伊水之间,其中包括东周、西周,在今河南省西部。 方城之外:见第八章注⑦。

⑩韩兼两上党:韩兼有韩、魏两上党。上党,见东周策第十三章注⑥。 临赵:进逼赵国。

⑪即:则。 羊肠:今山西省壶关东南百里,赵的险塞名,因山形屈折如羊肠故名。

　⑫"故易成"句:所以韩、魏两国交换国土完成之日,则楚、赵两国就会处于卑劣地位。 鲍本"曰"作"日"。 于鬯战国策注:"卢刻'曰'作'日'。"又引顾炎武金石文字记说:"唐人'日'、'曰'二字同一书法,惟'曰'字左角稍缺。石经'日'字皆作'曰'。宋以后始以方者为'曰',长者为'日',而古意失矣。"建章按:金文"曰"作"ㅂ""ㅂ","日"作"⊙""ㅂ",字固不误,所以畿辅丛书本战国策校说"此宜读作'日'。"然习惯上仍将此二字分别,如墨子天志上"晏日焉而得罪",孙诒让说"'日'旧本作'曰',毕校并上'曰'字皆改为'曰'。"韩非子喻老"故曰'见小曰明'"陈奇猷引顾广圻说:"今德经'曰'作'日'。"又引王先慎说"王弼作'曰',淮南同。"又外储说左上说五"一曰,申子请仕其从兄官",陈引王先慎说:"赵本'曰'作'曰',误。"可

见"日""曰"二字易混,但不必以为"误"。为了习惯,故改作
"日"。如为了保存"古意",则可采用畿辅丛书本校说。

⑬"楚王恐"两句:楚王很担心,就同赵国一块儿阻止韩、魏易地的
活动。 以:而。

十三　秦欲攻周章

秦欲攻周①,周(最)〔冣〕谓秦王曰②:"为王之国计者③,
不攻周。攻周,实不足以利国,而声畏天下④。天下以声畏
秦,必东合于齐⑤。兵弊于周⑥,而合天下于齐⑦,则秦孤而
不王矣⑧。是天下欲罢秦⑨,故劝王攻周。秦与天下(俱)
罢⑩,则令不横行于周矣⑪。"

【注释】

①史记周本纪系此于周赧王四十五年(前270年)

②周冣:见东周策第九章注⑥。 秦王:昭王,见第一章注⑭。

③计:谋,考虑。

④"攻周"三句:进攻西周,西周虽有珍器宝物而地方狭小,对贵国
却无实利,反而遭伐天子的恶名,将会被诸侯所唾弃。 实:指
周的珍器、名宝及土地。 声:指攻天子的恶名。 畏:广雅释
诂三"恶也"。义即痛恨,唾弃。 天下:指天下诸侯。

⑤"天下"两句:诸侯以伐天子的恶名唾弃秦国,则必东与齐国联
合。 合:联合。

⑥弊:疲困,破坏,损伤。

⑦"兵弊"两句:秦国因攻周而耗损了兵力,又促使诸侯与齐国联
合。 合天下于齐:使诸侯与齐联合。

⑧王:读第四声,用作动词,称王;作诸侯的统帅;做霸主。

⑨是:此。 罢:通"疲"。

⑩王念孙读书杂志:"'与'犹'为'也,谓'秦为天下所罢'也。此言天下欲以攻周罢秦,秦攻周,则为天下所罢,非谓'秦与天下俱罢'也。后人未达'与'字之义,而以为'秦与天下俱罢',故加入'俱'字。不知秦攻周,而天下未攻秦,不得言'俱罢'也。"据王说删"俱"字。

⑪高注:"横行,东行。" 史记周本纪作"则令不行矣",正义:"而令教命不行于诸侯矣"。 建章按:荀子修身"横行天下"杨注:"横行,不顺理而行也。"列子黄帝篇释文:"横,放纵也。"广雅释诂二:"周,徧也。"即"遍",此言天下,指诸侯。周冣是以"声畏天下""秦孤而不王"说动秦王。秦早有统一天下之意,故以此说,正合秦意。 "秦与"两句:秦国被诸侯所困疲,则不能向诸侯发号施令统一天下了。

十四　宫他谓周君章

宫他谓周君曰①:"宛恃秦而轻晋,秦饥而宛亡②;郑恃魏而轻韩,魏攻蔡而郑亡③;邾、莒亡于齐④;陈、蔡亡于楚⑤,此皆恃援国而轻近敌也。今君恃韩、魏而轻秦,国恐伤矣。君不如使周(最)〔冣〕阴合于赵以备秦,则不毁⑥。"

【注释】

①宫他:见东周策第二十六章注①

②于鬯战国策注:"'宛'当读'原','原'、'宛'迭韵,故得通用。魏策云'原恃秦、翟以轻晋,秦、翟年谷大凶,而晋人亡原。'"

建章按：原本姬姓国，周文王第十六子封此。前635年（晋文公二年）降于晋，后又为赵封邑。故城在今河南省济源县西北。

③郑：郑国，姬姓，伯爵，周宣王（前827年—前782年在位）庶弟友始受封，即桓公，初都棫林（在今陕西省华县西北）。武公始徙新郑（今河南省新郑县）。 蔡：姬姓，侯爵，周武王封弟叔度于蔡，以监殷。周成王时叔度叛，周公放逐叔度，后立其子蔡仲胡，都上蔡（故城在今河南省上蔡县西）。后迁新蔡（即今河南省新蔡县）。后徙州来，谓之下蔡。又徙至今安徽省凤台县。终为楚灭。策说"魏攻蔡"，即"魏攻楚"，因蔡已并入楚。 郑亡：自郑桓公至君乙共二十四君，于前375年韩哀侯二年韩灭郑。

④邾（zhū 朱）：相传周武王封古颛顼之裔曹挟于此，初附庸于鲁，春秋时进为子爵之国，鲁穆公（前407年—前376年）时改为邹，后为楚灭。国都在邹（今山东省邹县）。于鬯战国策注："楚灭邾而不能有，后遂入于齐。" 莒（jǔ 举）：西周分封的诸侯国。己姓，一说曹姓。建都介根（今山东省胶县西南），春秋初年迁都于莒（今山东省莒县）。史记六国年表"楚简王仲元年（前431年）灭莒。"据韩策三第十四章于鬯战国策注"齐以莒地封山阳君，而楚复取之"，又据齐策五莒亡于齐"恃越而亡也"。 建章按：非恃越，见彼策。

⑤陈：西周妫（guī 龟）姓封国，舜裔胡满之后。周武王克殷纣，乃复求舜后，得妫满，封之于陈，有今河南省东部和安徽省西北一小部。据史记田敬仲完世家正义"楚惠王十年灭陈"，当前479年。 蔡亡：蔡见注③，楚惠王四十二年（前447年）灭蔡。

⑥"君不如"句：君王不如派周冣暗与赵国联合，以防备秦国，这样就不会有什么伤害了。 周冣：见东周策第九章注⑥。

十五　谓齐王曰章

　　谓齐王曰[1]:"王何不以地赍周[(最)][冣]以为太子也[2]。"齐王令司马悍以赂进周[(最)][冣]于周[3]。左尚谓司马悍曰[4]:"周不听,是公之知困而交绝于周也[5]。公不如谓周君曰'何欲置[6]?令人微告悍[7],悍请令王进之以地[8]。'"左尚以此得事[9]。

【注释】

　　①谓齐王曰:有人对齐王说。　齐王:宣王,见东周策第一章注④。疑与东周策第二十四章为一事,而记事者不同,传闻异辞。则当在周赧王元年。

　　②赍(ｊī机):赠,资助。　周冣:见东周策第九章注⑥。　以为太子:让他立为太子。　太子:见东周策第二十四章注①。

　　③"齐王令"句:齐王就派司马悍到西周以地资助周冣。　司马悍:齐臣。　赂:赠物。　进:通"赆",赠,奉献。见东周策第二章注⑲。

　　④左尚:亦当是齐臣。

　　⑤"周不听"两句:如果周君不同意,那么您不仅十分尴尬,而且西周还会与齐国断交。　知:同"智"。　困:穷。　绝:断。

　　⑥何欲置:打算立谁(为太子)?　置:立。

　　⑦微:秘密。

　　⑧"悍请"句:我当告诉齐王,赠地资助他。　令:尔雅释诂"告也"。　之:指将要立为太子者。

　　⑨"左尚"句:左尚因此得到重任。　事:职。

十六　三国攻秦反章

三国攻秦反^①,西周恐魏之藉道也^②。为西周谓魏王曰^③:"楚、宋不利秦之德三国也^④,彼且攻王之聚^⑤,以利秦^⑥。"魏王惧,令军设舍速东^⑦。

【注释】

①三国攻秦反:魏、韩、齐三国攻秦取胜,准备返国。　反:同"返"。事在周赧王十九年(前 296 年)。

②藉:同"借"。

③魏王:襄王,见东周策第十九章注⑧。

④"楚、宋"句:楚、宋两国感到秦国割地给三国,对自己不利。鲍改"德"为"听",注:"听,犹顺从。"　建章按:不利,犹"不以…为利","以…为不利"。　德:礼记玉藻疏引贺氏说:"有所施与之名也。"

⑤鲍注:"楚、宋攻魏之廪库。"　吴正:"邑落曰聚,如单狐聚、阳人聚之类。"　建章按:国语晋语一"吾闻以乱得聚者,非谋不卒时",韦注:"聚,财众也。"如果是攻"邑落",魏王不至于"惧",而且"速东"。此取鲍说,或即是粮仓、辎重之类。

⑥鲍改"利"为"到"。　王念孙读书杂志:"作'到'者,'劲'之讹,作'利'者,后人以意改之也。'攻王之聚以劲秦'者,秦听三国,则三国强,而害于楚、宋,故楚、宋攻魏以劲秦。'劲'者强也,言弱魏以强秦也。楚策曰'三国恶楚之强也,恐秦之变而听楚也,必深攻楚以劲秦'。语意正与此同。隶书从'力'之字或讹从'刀',故'功'讹作'刊','勮'讹作'劇','劫'讹作'刦'。从'圣'之字或书作'至',因讹作'至',故'痙'讹作'痊','轻'

讹作'轻'。'力'与'刀','圣'与'至'并形相近,故'劲'讹作'到'。史记韩世家'不如出兵以劲之','劲'讹作'到',正与此同。后人不知'到'为'劲'之讹,而以意改为'利',失其旨矣。"

建章按:说文"利,铦也。"锋利之义。荀子荣辱"以治情则利"杨注"利,益也。"有加强之义。此连上句是说,楚、宋两国将袭击君王之粮仓、辎重,来加强秦国的力量。王说亦可存参。

⑦设舍速东:疑'设'当为'跋'之形讹,"设"为薛韵,"跋"为黠韵,同属段玉裁六书音均表十五部,形音均易讹。诗狼跋序陆德明经典释文:"跋,本作拔",文选西京赋"睢盱拔扈"注:"拔与跋古字通。"则"设舍"即"拔舍"之误。礼记少仪经典释文:"拔,急疾也。"史记黥布列传"拔兴之暴",索隐:"拔,疾也。"舍,释也。则"设舍速东"即"疾释速东",意即立刻放弃西边与秦的战事撤兵东顾。又孙诒让札迻"疑'设'当作'拔','拔'、'设'篆文相近而误。左僖十五年传'晋大夫反首拔舍从之'杜注'拔,草;舍,止。'周礼大司马'中夏教茇舍',郑注'茇舍,草止也,军有草止之法。'此'令军拔舍速东'即左传'反首拔舍'之义。""拔舍"与"茇舍"同,即军队在草野宿息。此犹言:魏王听说后,大为吃惊,立刻下令全军,风餐露宿,兼程东归。

十七　犀武败周使周足之秦章

犀武败①,周使周足之秦②。或谓周足曰:"何不谓周君曰:'臣之秦,秦、周之交必恶。主君之臣又秦重而欲相者③,且恶臣于秦④,而臣为不能使矣⑤。臣愿免而行⑥,君因相之⑦。彼得相,不恶周于秦矣⑧。'君重秦,故使相往;行而免,且轻秦也,公必不免⑨。公言是而行⑩,交善于秦,且公之成事也⑪；交恶于秦，不善于公〔者〕且诛矣⑫。"

【注释】

①犀武：见第二章。　此与第二章当同时，在周赧王二十二年（前293年）。

②周足：周相。　之：至。

③"主君"句：君王的大臣中有与秦国关系很深的，他想做相国。　又：通"有"。　秦重：与秦关系深。

④且：裴学海古书虚字集释卷八"犹'必'也"。　恶：毁谤，说坏话。

⑤为：王引之经传释词卷二"犹'则'也"。　使：出使。

⑥臣愿免而行：我愿辞去相国再出使秦国。

⑦因：即，就。　相之：任"欲相者"为相。

⑧"彼得相"两句：他担任了相国，就不会在周、秦关系上说坏话了。

⑨"君重秦"五句：国君很看重秦国，所以才派相国您出使秦国；可是，既让您出使，又免掉您的相国，这是不重视秦国的表现，因此，您是不会免掉相国的。

⑩是：此。指前面对周君说的那一番话。

⑪"公言是"三句：您（周足）对周君说了这番话，再出使秦国，如果与秦国关系搞好了，这是您善于办外交的结果。　且：裴学海古书虚字集释卷八"犹'乃'也"。　成：礼记檀弓上注："犹'善'也"。　于省吾双剑誃墨子七患新证"金文'事'、'使'同字"。诸说皆未确，不录。

⑫"交恶"两句：如果关系恶化了，那个说您坏话而想做相国的人一定会受到严办。　鲍本"公"下补"者"字。　黄丕烈战国策札记："今本'公'下有'者'字，乃误涉鲍也，鲍补'者'字。"　建

章按:鲍补"者"字是,"不善于公者"指前文"恶臣于秦"者。

且:必。　诛:惩罚。

战国策注释卷三

秦　策　一

秦：相传伯翳（yì 议）为舜养鸟兽，因有功，赐姓嬴（yíng 迎）。至周孝王时，封为附庸，而邑秦（今甘肃省天水市即故秦城），号曰"秦嬴"。传至秦襄公（前 777 年—前 766 年）时，因讨西戎（古代西方的少数民族）有功，周平王（前 770 年—前 720 年）赐以岐（今陕西省岐山县东北）、丰（今陕西省户县东）之地，始列为诸侯。世代相传，逐渐发展，占有今陕西省中部和甘肃省东南部之地。至秦穆公（前 659 年—前 620 年）时，号春秋五霸之一。国都原在雍（今陕西省凤翔县），秦孝公十二年（前 350 年）由于商鞅变法，迁都咸阳（今陕西省咸阳市）。后扩地更大，兼并巴（今四川省东部及湖北省西部一带）、蜀（今四川省西部）。周显王四十四年，秦惠文王十三年（前 325 年）始称王。至始皇二十六年（前 221 年）并六国，统一中国。史记有秦本纪及秦始皇本纪。

一　卫鞅亡魏入秦章

卫鞅亡魏入秦①，孝公以为相②，封之于商③，号曰"商君④"。商君治秦，法令至行⑤，公平无私，罚不讳强大⑥，赏不私亲近⑦，法及太子⑧，黥劓其傅⑨。期年之后⑩，道不拾遗，民不妄取⑪，兵革大强⑫，诸侯畏惧。然刻深寡恩⑬，特以强服之耳⑭。孝公行之〔十〕八年⑮，疾且不起⑯，欲传商君⑰，辞不受。

孝公已死，惠王代后⑱，莅政有顷⑲，商君告归⑳。人说惠王曰㉑："大臣太重者国危，左右太亲者身危㉒。今秦妇人婴儿，皆言商君之法，莫言大王之法。是商君反为主，大王更为臣也㉓。且夫商君固大王仇雠也㉔，愿大王图之㉕。"

〔商君惧诛，欲之魏。秦人禁之曰："商君之法急㉖。"不得出，穷而还㉗。〕㉘（商君归还）惠王车裂之㉙，而秦人不怜㉚。

【注释】

①卫鞅：卫国贵族的后代，又名公孙鞅，秦孝公封他于商，故名商鞅。秦孝公元年（前361年）从魏入秦。在魏时为魏相公叔痤的御庶子。史记有商君列传。 亡：逃。

②孝公：献公之子，名渠梁，秦国第二十九君，前361年—前338年在位。

③商：今陕西省商县东九十里有故商城。

④君：古代一种尊称，如孟尝君、信陵君、平原君等。

⑤法令至行：大张旗鼓地推行新法。 至：高注："犹'大'也。"

⑥罚不讳强大：即使威势强大的贵族犯了法，也要惩罚，决不宽赦。 讳：避忌。 强大：强宗大族。公子虔、公孙贾皆秦之公族，即指此。

⑦赏不私亲近：与自己亲近的人立了功，当赏者赏，绝不徇私舞弊。 私：偏袒，偏爱。

⑧太子:指秦惠王,当时尚未即王位。

⑨黥(qíng 情):刺面之刑,在脸上刺记号或文字,并涂上墨。　劓(yì 意):古代割掉鼻子的酷刑。　史记商君列传:"太子犯法,卫鞅曰'法之不行,自上犯之。'将法太子。太子君嗣也,不可施刑;刑其傅公子虔,黥其师公孙贾。"又"公子虔后犯约,劓之。"疑"其"字下脱"师"字。

⑩期(jī 基)年:周年。说文:"稘,复其时也。"期,假借为"稘"。

⑪"道不"两句:路上没有人敢拾取别人遗失的东西,老百姓不乱取非分的东西。　妄:广雅释诂三:"乱也。"

⑫兵革:指武装力量。　兵:指武器。　革:指甲、胄。

⑬刻深寡恩:刑罚严酷,不讲面情。　刻深:刑重而严酷。　寡恩:缺少仁恩。

⑭"特以"句:只是一味地用强力压服人而已。　特:只。

⑮姚校:"一本('之')下有'十'字。"　建章按:史记商君列传索隐:"战国策云,孝公行商君法十八年而死。"又秦本纪:"三年,卫鞅说孝公,变法修刑,……卒用鞅法,百姓苦之。居三年百姓便之,乃拜鞅为左庶长。"则秦孝公六年拜鞅为左庶长,自左庶长后一年算至孝公二十四年卒,正与索隐引战国策"十八年"合。故"八"上当补"十"字。

⑯疾且不起:重病卧床不愈。

⑰传:让位。　秦孝公知贵族反对商鞅,又希望继续坚持变法,故打算让位给商鞅。

⑱惠王:名驷,孝公之子,秦国第三十君,前 337 年—前 311 年在位,十四年(前 324 年)更为元年,称王,即惠文王。　代:迭,轮,继。　墨子尚贤上:"然后国之善射御之士。"孙诒让间诂:"'后',群书治要作'後'。"又"然后国之良士",孙说:"'后'道藏本作'後'。"礼记曲礼下注:"后之言後也。"则古"後"通

"后",吕氏春秋审分览君守"后稷作嫁"注:"后,君也。"则"代后"者继君位也。

⑲莅(lì 栗)政:执政。 莅:临。亦作"涖"。 有顷:不久。

⑳告归:请告乞假而归。

㉑说(shuì 睡):劝说,游说。

㉒"大臣"两句:大臣权力太重会危及国家,左右近臣太亲会危及自身。

㉓更:说文"改也"。变。

㉔仇雠(chóu 仇):仇敌。因商鞅曾"法及太子,黥劓其傅",要惠王报复。

㉕图:谋划,策画。

㉖急:迫切,严厉。

㉗穷:走投无路。

㉘高注:"商君惧诛,欲之魏,秦人禁之曰'商君之法急',不得出,穷而还。一曰'魏以其谲公子卬而没其军,魏人怨而不纳,故惠王车裂之也。'" 金正炜战国策补释:"吕览无义篇注引战国策曰:'鞅欲归魏,秦人曰"商君之法急",不得出也。惠王得而车裂之。'今策无此文,而见于注。疑注文'商君惧诛'二十三字本在策文'惠王'句上,'商君还归'四字又当在注中'怨而不纳'下也。" 于鬯战国策注亦有此说。 当据吕氏春秋慎行论无义篇高注引战国策文补。

㉙车裂:残酷的极刑。被刑者的四肢及头分别缚在五辆车上,以五马驾车,同时分驰,撕裂肢体。亦称"轘"(huàn 患)或"轘刑",又称"肢解",俗称"五马分尸"。

㉚怜:怜悯,同情。

二 苏秦始将连横说秦惠王章

苏秦始将连横说秦惠王曰①:"大王之国西有巴、蜀、汉中之利②,北有胡、貉、代、马之用③,南有巫山、黔中之限④,东有肴、函之固⑤。田肥美,民殷富⑥,战车万乘⑦,奋击百万⑧,沃野千里,蓄积饶多,地势形便⑨。此所谓'天府⑩',天下之雄国也⑪。以大王之贤,士民之众⑫,车骑之用⑬,兵法之教,可以并诸侯,吞天下,称帝而治。愿大王少留意,臣请奏其效⑭!"

秦王曰:"寡人闻之:毛羽不丰满者不可以高飞⑮,文章不成者不可以诛罚⑯;道德不厚者不可以使民⑰,政教不顺者不可以烦大臣⑱。今先生俨然不远千里而庭教之,愿以异日⑲。"

苏秦曰:"臣固疑大王之不能用也。昔者神农伐补遂⑳,黄帝伐涿鹿而禽蚩尤㉑,尧伐骓兜㉒,舜伐三苗㉓,禹伐共工㉔,汤伐有夏㉕,文王伐崇㉖,武王伐纣㉗,齐桓任战而伯天下㉘。由此观之,恶有不战者乎㉙?古者,使车毂击(驰)㉚,言语相结㉛,天下为一㉜,约从连横,兵革不藏㉝;文士并饰㉞,诸侯乱惑㉟,万端俱起,不可胜理㊱;科条既备,民多伪态㊲;书策稠浊,百姓不足㊳;上下相愁,民无所聊㊴;明言章理,兵甲愈起㊵;辩言伟服,攻战不息㊶;繁称文辞,天下不治㊷;舌弊耳聋㊸,不见成功;行义约信,天下不亲。于是,乃废文任武,厚养死士㊹,缀甲厉兵,效胜于战场㊺。夫徒处而致利,安坐而广地⁴⁶,虽古五帝、三王、五伯⁴⁷、明主贤君,常欲坐而致之,其势不能,故以战续之⁴⁸。宽则两军相攻,迫则杖戟相橦⁴⁹,然后可建大功。是故兵胜于外,义强于内;威立于上,民服于下。今欲并天下,凌万乘⁵⁰,诎敌国⁵¹,制海内⁵²,子元元⁵³,臣诸侯,非兵不可。今之嗣主⁵⁴,忽于至道⁵⁵,皆惛于教,乱于治⁵⁶,迷于言,惑于语,沉于辩,溺于辞⁵⁷。以此论之,王固不能行也。"

说秦王书十上而说不行,黑貂之裘弊,黄金百斤尽,资用乏绝⁵⁸,去秦而归。嬴縢履蹻⁵⁹,负书担囊⁶⁰,形容枯槁⁶¹,面目犁黑⁶²,状有归色⁶³。归至家,妻不下纴⁶⁴,嫂不为炊⁶⁵,父母不与言。苏秦喟〔然〕叹曰⁶⁶:"妻不以我为夫,嫂不以我为叔⁶⁷,父、母不以我为子,是皆秦之罪也⁶⁸!"乃夜发书⁶⁹,陈箧数十⁷⁰,得太公阴符之谋⁷¹,伏而诵之⁷²,简练以为揣、摩⁷³。读书欲睡,引锥自刺其股⁷⁴,血流至足。曰:"安有说人主不能出其金玉锦绣、取卿相之尊者乎?"期年揣、摩成⁷⁵,曰:"此真可以说当世之君矣。"

于是乃摩燕乌集阙⁷⁶,见说赵王于华屋之下⁷⁷,(抵)〔抵〕掌而谈⁷⁸,赵王大悦,封为武安君⁷⁹,受相印。革车百乘⁸⁰,(绵)〔锦〕绣千纯⁸¹,白(壁)〔璧〕百双⁸²,黄金万溢⁸³,以随其后,约从散横,以抑强秦⁸⁴。故苏秦相于赵而关不通⁸⁵。

当此之时,天下之大,万民之众,王侯之威,谋臣之权,皆欲决苏秦之策。不费斗粮,未烦一兵,未战一士,未绝一弦,未折一矢,诸侯相亲,贤于兄弟⁸⁶。夫贤人在而天下服,一人用而天下从。故曰:"式于政,不式于勇⁸⁷;式于廊庙之内,不式于四境之外⑧。"当秦之隆⑧,黄金万溢为用,转毂连骑⑩,炫熿于道⑪,山东之国从风而服⑫,使赵大重⑬。且夫苏秦特穷巷掘(门)〔穴〕⑭,桑户棬枢之士耳⑮。伏轼撙衔⑯,横历天下⑰,廷说诸侯之王⑱,杜左右之口⑲,天下莫之能伉⑳。

将说楚王㉑,路过洛阳。父母闻之,清宫除道㉒,张乐设饮㉓,郊迎三十里;妻侧目而视,倾耳而听㉔;嫂虵行匍伏㉕,四拜自跪而谢㉖。苏秦曰:"嫂何前倨而后卑也㉗?"嫂曰:"以季子之位尊而多金㉘。"苏秦曰:"嗟乎!贫(穷)〔贱〕则父母不子㉙,富贵则亲戚畏惧。人生世上,势位富(贵)〔厚〕,盖可忽乎哉㉚!"

卷三　秦策一

【注释】

①苏秦:见东周策第五章注③。　将:以,用。　连横:与秦联合攻击他国称连横;因为秦国在西,六国在东,东西为横,故称连横。　说:劝说,说服。　秦惠王:见第一章注⑱。

②巴:今四川省东部及湖北省西部一带地。　蜀:今四川省西部。　汉中:指以陕西省汉中市为中心的陕南地区及湖北省西北郧阳地区。　"大王"句:大王之国西有巴、蜀、汉中,可以取得农业之利。

③"北有"句:北方有胡、貊、代、马,可以供战备之用。　胡貊(mò末,同"貉"):北方两少数民族。周礼职方氏"辨其邦、国、都、鄙、四夷、八蛮、七闽、九貊、五戎、六狄之人民",司农注:"北方曰貊、狄。"汉书扬雄传上"胡、貊之长"颜注:"貊,东北夷也。"吕氏春秋孝行览义赏"戎、夷、胡、貊、巴、越之民"云云。则胡、貊指少数民族地区无疑。鲍彪以为"貊,似狐",误矣。　代马:地名。史记匈奴列传:"赵襄子逾勾注而破并、代,以临胡、貊。"

又史记苏秦列传"北有代、马"索隐:"谓代郡、马邑也。"墨子非攻中"虽北者且、不著何,其所以亡于燕、代、胡、貊之间者,亦以攻战也",又兼爱中"以利燕、代、胡、貉",孙诒让间诂说:"貊,貉之俗。说文豸部云:'貉,北方豸种也。'职方氏有九貉。汉书高帝纪颜注云:'貉在东北方,三韩之属皆貊类也。'"徐中舒论巴蜀文化蛮僚的族属问题说:"貉,古或作貊,广韵莫白切,诗大雅皇矣'貊其德音'之'貊',左传昭公二十八年引作'莫',是貊在古代就当读为'莫'或'莫白切'。"又说:"古音鬼、追、归、怀、隗,皆脂部字,故得相通。据此言之,追、貉皆属北国,而通称之为百蛮,是西周时代不以蛮为南方蛮夷。……蛮实为中国大陆上的基本人群。貉则是蛮在东北的一支。"唐嘉弘先秦史新探关于晋赵历史的几个问题说:"貉(貊)人活动于赵、燕北境,或称胡貉(貊),或称濊貉(貊)。……貉人氏族部落众多,称为'诸貉'分布颇为广泛,由北到东,至于海边。……仍处于原始社会阶段。从周礼职方氏所掌'九貉'和秋官司寇所属'貉隶'掌役'服不氏'考察,貉人善于狩猎禽兽,是以狩猎生活为主的氏族部落,他们从秦、晋、燕、赵的北面分散延伸到沿渤海、黄海一带。"干宝搜神记马邑城:"秦时筑城于武周塞内,以备胡。城将成而崩者数焉。有马驰走,周旋反复。父老异之。因依马迹以筑城,城乃不崩,遂名'马邑'。" 建章按:马邑治所即今山西省朔州市。 代郡:今山西省东北部河北省北部,治所在今山西省代县。

④"南有"句:南有巫山、黔中这些险阻的重地。 巫山:在今四川省巫山县以东。 黔中:战国时楚地,今湖南省西部、北部及贵州省东部一带地。

⑤"东有"句:东有肴山、函谷这样坚固的要塞。 肴(xiáo 淆):肴山,又作"殽山""崤山",在今河南省洛宁县北。 函:函谷

关,自崤山以西,潼关以东,通称函谷,在今河南省灵宝县南十里,为秦的险要关口。崤山与潼关间大山中裂,绝壁千仞,有路如槽,深险如函,故名"函谷",亦称"崤函"。

⑥殷:盛,多。

⑦四匹马拉一辆兵车为一乘(shèng 圣)。

⑧奋击:精选善战、敢于冲锋陷阵、勇于殊死决战的士卒,犹言"敢死队"。"奋击"也作"奋戟""奋撠"。

⑨地势形便:所处的地理位置险要有力,而山、川、草、木诸地形有利;攻之不可得,守之不可破。 势:力。 便:利。 淮南子兵略训:"硤路津关,大山名塞,龙蛇蟠,篷笠居("篷",原作"却",从王念孙读书杂志改),羊肠道,发笱门,一人守隘,而千人弗敢过也,此谓'地势'。"

⑩天府:物产富饶,便于取用,象天然的府库。 府:财物所聚之处。

⑪雄国:强国。

⑫士民:士兵和人民。

⑬车骑之用:战车马队训练得法。 骑(jì 记):名词,一人一马为骑。

⑭奏其效:说明事情预期的效果。 奏:陈述。 效:效验。

⑮"毛羽"句:以鸟喻人。意思是,不成熟时,不能轻举妄动。

⑯"文章"句:国家法令制度不完备,不能够征伐。 文章:指法令制度。 成:完备。 诛罚:征伐,讨伐。罚通"伐"。

⑰"道德"句:对人民施恩尚不多,无法发动他们去作战。 道德:指仁义恩惠。 厚:深,多。 使:使用,派遣。

⑱"政教"句:政治教化不顺人心,不能全赖大臣。

⑲俨然:认真严肃,郑重其事。 庭教:当面教导。庭:尔雅释诂:"直也。" 愿以异日:希望以后再聆听您的教导。

⑳神农:传说上古帝名,早于黄帝。　补遂:传说上古部落名。又作"辅隧"。　丛刊本作"补遂",备要本、闵本、李本、畿辅本均作"补遂",史记五帝本纪泷川资言考证引战国策作"补遂";通志氏族略有"补氏"。

㉑黄帝:传说上古帝名,姓公孙,号轩辕氏,建国于有熊(今河南省新郑市)。　涿鹿:山名,在今河北省涿鹿县西南。　蚩尤:相传为九黎部落的酋长,与黄帝作战,被黄帝所擒。见史记五帝本纪黄帝纪。

㉒尧:传说古帝名,姓姬名放勋,国号唐,传位于舜。见史记五帝本纪尧纪。　伐:流放。　驩兜:尧之司徒,据说因作乱被流放。

㉓舜:传说古帝名,姓姚名重华,国号虞,传位于禹。　三苗:史记五帝本纪"三苗在江、淮、荆州数为乱",正义:"今江州、鄂州、岳州,三苗之地也。"泷川资言考证:"通鉴辑览云:考三苗即今湖南溪峒诸苗,其种不一,故唐虞时即号三苗。"相传是尧、舜时的诸侯,舜时被迁到三危(一说今甘肃省敦煌一带,一说今甘肃省岷山西南)。童书业春秋左传研究:"三苗似为中原民族或中原西部之民族,旧以为即今苗族恐非。"

㉔禹:传说古帝名,姓姒名文命,治水有功,受舜禅,国号夏。见史记夏本纪。　共工:本水官名,子孙守其官,至尧时为此官者甚凶,尧放逐之。本文说"禹伐共工",这恐怕是苏秦为了说明尧、舜、禹皆"任战",所以把一代的事分为三代。

㉕汤:商朝开国的君王,姓子名履,本为夏朝诸侯,起兵伐桀,立国为商朝。见史记殷本纪。　有夏:即夏朝,此指夏朝最末一个国君桀。"有"字是虚词,无义。　桀:名履癸,相传是个暴君,诸侯归汤,汤率众伐桀,流放桀于南巢(今安徽省巢湖市东北五里),夏亡。

㉖文王:姓姬名昌,殷纣时,为西方诸侯首领,又称西伯。见史记殷本纪、周本纪。　崇:国名,在今陕西省户县。据说崇侯虎助纣为虐,文王伐之。

㉗武王:文王之子,名发,灭纣,即天子位,国号周。　纣:商朝末代君主,名辛,又名受。相传纣时刑罚苛重,残酷无道,周武王伐纣,于牧野(纣之南郊地名,在今河南省卫辉市北)之战中,商军倒戈,纣兵败,自焚死,武王遂斩其首。

㉘齐桓:齐桓公,见东周策第十一章注⑨。　任战:全靠战争(武力)。　伯天下:为诸侯盟主。"伯"同"霸"。

㉙恶(wū 乌):何,哪。

㉚史记苏秦列传:"临菑之途,车毂击,人肩摩"。汉书严安传:"合从连横,驰车毂击",颜注:"车毂相击,言其众多也。"王先谦补注:"驰车,兵车。"则严安传的"驰车毂击"与此"使车毂击"同一句型,衍"驰"字则不为四字句。当删"驰"字。　使车:出使别国的使臣所乘的车。　毂(gǔ 谷):车轴两端突出的部分。毂击:来往战车车毂互相撞击。　使车毂击:来往使车众多,奔驰急速。是说外交活动频繁。

㉛言语相结:外交活动频繁,使臣们游说诸国,说服对方国君与本国订立盟约。　结:结约。

㉜天下为一:这是天下所共同的。　为:王引之经传释词卷二"犹'如'也"。　一:吕氏春秋仲秋纪高注:"同也。"

㉝"约从"两句:或言合纵,或言连横,从未停止使用武力。　兵革不藏:武备不收藏。　兵:武器。　革:甲、胄。

㉞文士并饬:此言外交、军事并用。　文:指辩士,即外交活动。士:指卒伍,即军事活动。　饬:备,用。

㉟"惑"与"乱"同义,犹言混乱。

㊱"万端"两句:各种预料不到的事都会发生,真是难以应付。

理:治。

㊲“科条”两句:法令条款齐备,但人民反而奸诈。　科条:章程细则。　于省吾双剑誃韩非子有度新证:“‘态’、‘慝’古字通。”慝:奸伪,邪恶。　伪态:奸诈。管子小问:“惧之以罪,则民多诈。”即其义。

㊳“书策”两句:政令繁多杂乱,百姓无所是从。　足:文选上林赋郭注:“谓‘踏’也。”引申为实行,履行。

㊴“上下”两句:上下相怨,则人民无所依赖。　愁:怨。　聊:赖,依。　汉书王莽传“莽知民怨”,王念孙读书杂志:“通典食货一作‘莽知民愁’。案作‘愁’者原文,作‘怨’者,后人不晓古义而改之也。愁即怨也。说文:‘愠,怨也’,‘恚,恨也。’广雅:‘愠,愁,恚也。’后汉书明帝纪云‘百姓愁怨,情无告诉。’是‘愁’与‘怨’同义。秦策‘上下相愁,民无所聊’,谓上下相怨也。”

㊵“明言”两句:空洞的道理讲得再明白,战争反而越频繁。“明”“章”同义。“‘言’辞”“道‘理’”义近。　兵甲:指战事。

㊶管子任法“无间识博学辩说之士,无伟服,无奇行”,注:“伟服、奇行,皆过越法制者。”六韬文韬上贤:“七害者:(上略)四曰奇其冠带,伟其衣服,博问辩辞,虚论高议,以为容美,穷居静处,而诽时俗,此奸人也,王者谨勿宠。”韩非子说疑:“有务奉下直曲、怪言、伟服、瑰称以眩民耳目者。”伟:说文:“奇也。”上举各“伟服”皆言“奇装异服”。　辩言伟服:巧言善辩,奇装异服。　息:止。

㊷“繁称”两句:文书繁乱,文辞驳杂,不能治理天下。

㊸弊:破也。

㊹厚养死士:多培养不怕牺牲以死效命的人。高诱注说:“死士,勇战之士也。”左传定公十四年说:“勾践患吴之整也,使死士再

禽焉。”杜预注说：“敢死之士。”杨伯峻注：“死士，贾逵以为‘死罪人’，郑众以为‘欲以死报恩者’，战国策高注为‘勇战之士’，此以郑、高说为长。墨子兼爱下云：‘昔者越王勾践好勇，教其士臣三年，以其知（智）为未足以知之也，焚舟失火，鼓而进之，其士偃前列，伏水火而死者不可胜数也。’亦足为证。”

㊺“缀甲”两句：修缮铠甲，磨快兵器，为在战场上取胜而效力。

㊻徒处：无所事事，指不进行战争。　安坐：义同“徒处”。

㊼五帝：一般指黄帝、颛顼（zhuānxū 专虚）、帝喾（kù 酷）、尧、舜。　三王：指夏禹、商汤、周文王（也有包括武王一说）。　五伯：齐桓公、晋文公、秦穆公、宋襄公、楚庄王，皆在春秋时代。

㊽以战续之：即“继之以战”。

㊾宽：距离远。　迫：距离近。　杖戟：两种武器。　橦（当是“撞”之误）：击，刺。广雅释诂一：“撞，刺也。”鲍本正作“撞”。

㊿凌：胜。　万乘：即万乘国，指可以出兵车万乘的大国。四马曰乘；一乘，马四匹，甲士三人，兵卒七十二人，万乘合计七十五万人，战车万辆，马四万匹。古代以兵车多少来衡量国家的大小。当时一般认为秦、齐、楚、赵、魏、韩、燕七国为万乘国，宋、卫、中山、东周、西周为千乘国。

(51)诎（qū 屈）：使屈服。

(52)制海内：控制天下。

(53)子元元：把老百姓当作自己的儿子看待；即管理人民。　子：亲爱。　元元：老百姓。

(54)嗣主：继位之主，即君主。此时秦惠王刚继位，实暗指惠王。

(55)至道：主要的方法，指用兵。　道：道理，方法。

(56)惛于教乱于治：是说被那些众说纷纭的所谓治理国家的说教弄糊涂了。　“惛”与“乱”义同。惛，高注：“不明也。”读“惛”。　“教”与“治”义近。

57沉于辩溺于辞:沉溺于巧言善辩的辞令。

58资用乏绝:生活费用光了。

59羸縢履蹻:腿上打着绑腿,脚上穿着草鞋。　羸:通"累",缠绕。縢(téng 疼):邪幅,即今之绑腿。　蹻(jué 掘):通"屩",草鞋。

60负书擔橐:背着书囊,挑着行李。　擔:同担。　橐(tuó 驼):高注:"无底曰囊,有底曰橐。"广雅释器:"橐,囊也。"王念孙疏证:"大雅公刘篇'于橐于囊'毛传云'小曰橐,大曰囊。'史记陆贾传索隐引埤仓云:'有底曰囊,无底曰橐。'囊与橐对文则异,散文则通。故说文云'橐,囊也','囊,橐也。'"　建章按:高注与埤仓正相反,可见囊与橐自古已混。

61形容枯槁:神情憔悴。

62犁(lí 犁):黑。同"黧",又作"黎"。

63状有归色:脸上显得很惭愧。"归"读"愧"。

64纴:织布的丝缕。此指织布机。

65炊:烧火做饭。

66喟(kuì 愧)然叹:因感慨而长叹。　鲍本"喟"下有"然"字。黄丕烈战国策札记:"今本'喟'下有'然'字。"　建章按:赵策一第四章"襄子乃喟然叹息",赵策三第一章"都平君喟然大息",中山策第八章"中山君喟然而仰叹",皆作"喟然",此当依鲍本、今本补"然"字。

67叔:丈夫的弟弟,小叔子。

68秦:史记苏秦列传:"出游数岁,大困而归。兄弟嫂妹妻妾窃皆笑之。……苏秦闻之,而惭自伤,乃闭室不出,出其书徧观之。"史言"自伤",则"秦"非指"秦国",乃苏秦自称。

69乃夜:当天晚上。　发:取出。

70陈:摆开。　箧(qiè 怯):小箱子。此指书箱。

71太公:辅佐周文王的吕尚(姜尚)。初,周文王在渭水滨遇见姜

战国策注释

尚,说"吾太公望子久矣",故称太公望。　　阴符:太公兵法。梁启超以为或后人依托之书。(见中国古代学术流变研究汉书艺文志诸子略考释)

⑫伏而诵之:埋头苦读。

⑬简练:选择。　　史记苏秦列传索隐:"王劭云'揣情、摩意是鬼谷之二章名'。"又正义:"鬼谷子有揣及摩二篇。言揣诸侯之情,以其所欲切摩,为揣之术也。按:鬼谷子乃苏秦之书明矣。"　　于鬯战国策注:"嫌书多,故选择阴符中语以为揣摩也。揣摩者,苏秦所自著书篇之名,故下文云'揣摩成,''成'者,成此书也。传及后语(按:春秋后语)并言'出揣摩','出'者,出此书也。"

⑭股:大腿。

⑮成:写成。

⑯摩:靠近,沿。　　燕乌集阙:疑为关塞名。

⑰见:谒。　　赵王:肃侯,成侯之子,名语,前349—前326年在位。　　华屋:屋名。或以为是高大富丽堂皇之屋。

⑱抵掌而谈:谈得很欢畅很投契。　　抵(zhǐ止):说文"侧击也"。段玉裁注:"'抵'字今多讹作'抵',其音义皆殊。"原误刻为"抵",今改。

⑲武安:在今河北省武安市西南。

⑳革车:兵车。

㉑鲍本"绵"作"锦",备要本、畿辅本"绵"并作"锦"。当据改。　　纯(tún屯):一纯二尺四寸。千纯,二千四百尺。

㉒鲍本、备要本"壁"并作"璧"。当据改。　　璧:古玉器名,平圆形,正中有孔,孔直径占璧全直径的1/3。古代贵族朝聘、祭祀、丧葬时的礼器,也作佩带的装饰品。

㉓溢:同"镒"见东周策第二十二章注③。

㉘抑:抵抗。

㉙关不通:秦国不敢出兵函谷关。

㉚贤于:胜过,超过。

㉛式于政不式于勇:决定于政治(外交),而不决定于武力。 式:依赖,用。

㉜"式于廊庙"两句:谋略策划决定于朝廷、宗庙,而不决定于在战场兵戎相见。古时决定国家大事要在宗庙或朝廷议事。廊:文选卷二十二颜延年侍游蒜山诗李注:"朝廷所在。"

㉝当秦之隆:当苏秦大权在握、红极一时的时候。 隆:盛。

㉞转毂连骑:车马成队。

㉟炫煌(xuànhuáng 旋黄):光耀显赫。"煌"同"煌"。

㊱"山东"两句:山东六国均听苏秦合纵之策,迅速联合。 山东:陕西省华山以东,指燕、赵、韩、魏、齐、楚六国。 从风:比喻响应或附和得迅速。

㊲使赵大重:使诸侯皆尊赵。 重:尊。 "当秦之隆"句至此是说:当苏秦大权在握,红极一时的时候,万镒黄金任他使用,成队车马任他驱驰,耀武扬威显赫于道,山东六国服从听命,赵国地位大为提高。

㊳特穷巷掘穴:意思是,只不过住在土洞那样简陋的房舍。 特:只不过。 穷巷:僻陋之宅。经义述闻卷三十一"巷"条说:"家大人曰:古谓里中道为巷,亦谓所居之宅为巷,故广雅曰:'衖,尻也(尻,今通作"居")。'衖、巷古字通。论语雍也篇'在陋巷',陋巷,谓隘狭之居,即儒行所云'一亩之宫,环堵之室'也,故曰'一箪食,一瓢饮,在陋巷',而孟子离娄篇亦言颜子居于陋巷也。曹植谏取诸国士息表曰:'蓬户茅牖,原宪之室也;陋巷箪瓢,颜子之居也。'应璩与尚书诸郎书曰:'陋巷之居,无高密之宇;壁立之室,无旬朔之资。'则'陋巷'为隘狭之居明矣。庄

子列御寇篇'处穷闾陋巷'，闾，亦居也。（广雅：'闾，居也。'）故'穷闾'或曰'穷巷'。秦策曰'穷巷堀门，桑户棬枢之士'，楚策曰'堀穴穷巷'，韩诗外传曰'穷巷白屋'，史记陈丞相世家曰'家乃负郭穷巷，以弊席为门'，则'巷'为所居之宅又明矣。今之说论语者，以'陋巷'为'街巷'之'巷'，非也。"　掘：通"堀"。　"门"当是"穴"之误。说文："堀，突也，诗曰'蜉蝣堀阅'。"段注："堀、俗作'窟'，古书中'堀'字多讹'掘'，如秦国策'穷巷堀门'、齐策'堀穴穷巷'，今皆讹作'掘'，（按：当是楚策四第十一章，"堀"字不误）邹阳书'伏死堀穴'尚不误也。"建章按：说文引诗今曹风蜉蝣作"掘"。左昭二十七年传"光伏甲于堀室而享王"，太平御览卷三四二剑览上引"堀"作"掘"。墨子节用中："古者，人之始生，未有宫室之时，因陵丘堀穴而处焉。"韩非子说疑："此十二人者，或伏死于窟穴。"淮南子主术："高台层榭，接屋连阁，非不丽也，然民有掘穴狭庐，所以托身者，明主弗乐也。"则"堀""掘""窟"通用。"门"篆文作"𨳇"，"穴"篆文作"𤲬"，形似，故"穴"误作"门"，且下文有"户"，此不当出"门"。楚策四第十一章"堀穴穷巷"正可证此。且上引墨子、韩非子、淮南子、邹阳书皆作"穴"。

⑨⑤"且夫苏秦"两句：苏秦只不过是一个住土洞茅舍，用桑条编门，用树枝捲枢的穷士而已。　"棬"当作"捲"，捲枢：用树枝捲成门枢。枢：门臼，即承门轴的地方。

⑨⑥伏轼撙衔：一旦乘马坐车。　伏：扶。　轼：车前横木。　撙：顿，控制。　衔：马勒。

⑨⑦横历天下：奔走天下。　横：遍。　历：行，经。

⑨⑧廷说：当面直言劝说。廷：通"庭"，直。见注⑲。

⑨⑨杜：堵塞。

⑩⑩莫之能伉：天下没有人能和苏秦抗争的。　"伉"通"抗"。

之:指苏秦。

⑩楚王:威王,名熊商,宣王之子,楚国第三十五君,前339年—前329年在位。 顾观光战国策编年系此策在周显王三十六年。

⑩洛阳:今河南省洛阳市;苏秦东周洛阳人。

⑩清宫除道:打扫房间,清除道路。 宫:住房。 除:清扫垃圾。

⑩张乐设饮:奏乐摆宴。 张:施,布置。 设:置,摆开。

⑩侧目:不敢从正面看,斜着眼看;形容畏惧的神情。

⑩倾耳:侧斜着头,专注而又胆怯地探听。

⑩高注:"虵行匍匐,勾曳地也。" 鲍注:"蛇不直行。伏音匐;匍匐,伏地也。" 史记苏秦列传作"委虵蒲服",索隐:"委虵,谓以面掩地而进,若虵行也。"正义:"若蛇行,以面掩地而进。本作'委蛇'者非也。"泷川资言考证:"正义本'委蛇'作'蛇行'与策合。" 陈直史记新证:"'委虵'为'逶迤'假借字,即今人所谓之'虚与逶迤'。自来注史记者皆解作'若蛇委地而行',不但于义未安,且与'蒲服'义重。" 建章按:据高注"虵行"读作"迆行",虵、蜒、迆、迤皆通。广雅释诂二:"迆,衺也。"故"虵行"即"邪行"。说文:"句,曲也。"广雅释诂一:"句,下也。"故高诱以"勾曳地"释"虵行匍伏",可见高注并未将"虵行"与"匍伏"分开解作"象蛇一样在地上爬行",只是把它作为一种扭扭捏捏、歪歪邪邪、故作姿态的屈卑动作。陈说亦可参考。

⑩谢:认错,谢罪。因从前"不为炊",所以现在向苏秦请罪。

⑩倨(jù据):傲慢。

⑩季子:苏秦列传索隐"苏秦字季子",集解:"谯周曰'苏秦字季子'。"然索隐后又说"其嫂呼小叔为'季子'耳,未必即其字。" 建章按:索隐前后矛盾。此时苏秦"并相六国",其嫂已"虵行匍伏",当不敢呼"小叔","季子"当是字。

⑪孟子滕文公下:"富贵不能淫,贫贱不能移。"礼记曲礼上:"富

贵而知好礼，则不骄不淫；贫贱而知好礼，则志不慑。"皆以"富"与"贫"对，"贵"与"贱"对，<u>苏秦列传</u>作"富贵则亲戚畏惧之，贫贱则轻易之"，亦"富贵"与"贫贱"对。<u>刘锺英战国策辨讹</u>："韵府作'贫贱'。"故改"穷"为"贱"。　　不子：<u>高</u>注"不以为己子也"。

⑪⑫"嗟乎"句以下是说：唉！贫贱则父母不认亲子，富贵则妻、嫂畏惧谦卑。人生在世，富与贵怎么能忽视不顾呢？！　　<u>鲍本</u>"贵"作"厚"。　　<u>建章</u>按："势位"即指"贵"，后不当再出"贵"，前文言"以季子之位尊而多金"，"位尊"即"势位"，"多金"即"富厚"。<u>史记张仪列传</u>"蜀既属秦，秦以益强，富厚，轻王侯"，又<u>大宛列传</u>"散帛以赏赐，厚具以饶给之，以览示汉富厚焉"，<u>管子九变</u>"田宅富厚足居也"，<u>荀子富国</u>"富厚丘山之积"，皆以"富厚"言多有财物。则<u>鲍本</u>作"富厚"是。<u>王引之经传释词</u>卷四："盍，何也，字亦作'蓋'"。

三　秦惠王谓寒泉子章

<u>秦惠王</u>谓<u>寒泉子</u>曰①："<u>苏秦</u>欺（寡人）〔敝邑〕②，欲以一人之智反覆（东山）〔山东〕之君③，从以欺<u>秦</u>④。<u>赵</u>固负其众⑤，故先使<u>苏秦</u>以币帛约乎诸侯⑥，诸侯〔之〕不可一，犹连鸡之不能俱（止）〔上〕于栖（之）〔亦〕明矣⑦。寡人忿然含怒日久⑧。吾欲使<u>武安子</u>起往喻意焉⑨。"<u>寒泉子</u>曰："不可。夫攻城堕邑，请使<u>武安子</u>；善我国家⑩，使诸侯⑪，请使客卿<u>张仪</u>⑫。"<u>秦惠王</u>曰："敬受命⑬。"

111

【注释】

①秦惠王：见第一章注⑱。　　寒泉子：<u>高</u>注："<u>秦</u>处士。"<u>于鬯战国</u>

策注：“如‘寡人’作‘敝邑’，则似非秦人。”

②后汉书吕布传注引“寡人”作“敝邑”，艺文类聚鸡类、太平御览
卷九一八鸡览引并作“弊邑”。秦策二第十五章：“赵王喜，乃案
兵告于秦曰：‘齐以武阳赐弊邑，而纳顺子欲以解伐。’”魏策四
第二十一章：“魏王为之谓秦王曰：‘……今周最遁寡人入齐，齐
无通于天下矣，敝邑之事王，亦无齐累矣。’”此皆国君自称本国
为“敝邑”之例。且下文言“从以欺秦”，则此作“欺敝邑”当是。
“敝”古同“弊”。

③反覆：诈伪多变，不讲信用，反覆无常。　鲍本“东山”作“山
东”。后汉书吕布传注引、艺文类聚、太平御览、事类赋鸡类赋
引并作“山东”。当从鲍改。

④从：合纵。

⑤负：恃，依仗。

⑥乎：于。

⑦姚校：“李善引作‘俱上于栖亦明矣’。”　后汉书吕布传注引及
太平御览引并“止”作“上”，王念孙读书杂志：“作‘上’是。”
于鬯战国策注：“孔丛子论势篇云‘连鸡不能上捷’，‘捷’当即
‘栖（楼）’字误。”　建章按：墨子节用中“虽上者三公诸侯至”，
孙诒让间诂：“旧云，‘上’旧作‘止’，以意改。”韩非子内储说上
说六“于是三乡举而上之”，陈奇猷集释：“‘上之’原作‘止之’，
今从藏本、赵本改。”可见“上”易误作“止”。且群鸡以绳系之，
各奔东西，互相牵制，必不能“上栖”，“上”且不能，更何言
“止”，当据文选李善注引、吕布传注引、太平御览引改“止”作
“上”。又吕布传注引及艺文类聚引“诸侯”下并有“之”字，有
“之”字是，“之”取消句子独立性，当补“之”字。又“亦明矣”战
国策共出十余次，“之”固训“亦”，究非常例，文选西征赋李注
引作“亦明矣”，金正炜战国策补释：“草书‘亦’作‘方’，与‘之’

字形相似，易以致误。<u>段玉裁说文解字注</u>云：'六朝人以草写书，迺草变真，往往讹误。'此即其类也。"<u>鲍</u>本"之"作"亦"。<u>于</u><u>鬯</u><u>战国策注</u>："<u>卢刻</u>本'之'作'亦'。"当据<u>文选</u><u>李</u>注引及<u>鲍</u>本、<u>卢刻</u>本改。　一：同心。　连鸡：用绳串连起来的鸡群。　栖：鸡歇息的架。　此句是说：诸侯各怀异心，是不可能步调一致的，就象串连在一起的鸡，各奔东西，不能一齐上架一样，这是很明显的。

⑧含：<u>高</u>注"怀也"。

⑨"吾欲"句：我想派<u>武安子</u>马上去把这种情况告诉诸侯。　武安子：从时间看，此时不当有<u>武安君</u><u>白起</u>，<u>吴</u>正："必别一人。"　<u>横田惟孝</u><u>战国策正解</u>："'起'疑当作'趄'，字之误也。"一说"'起'是旁注误入正文者。"姑从<u>横田惟孝</u>说。　喻：同"谕"，告知。喻意：把诸侯不可能齐心这一看法告知各国。

⑩善：使善，使好，使有利。

⑪使：出使。

⑫客卿：非本国人而任以卿位的高官。　张仪：<u>魏</u>人，相传与<u>苏秦</u>同师<u>鬼谷子</u>，相<u>秦惠王</u>，以连横政策说六国，使瓦解<u>苏秦</u>的合纵政策。<u>惠王</u>卒，六国复合纵，<u>仪</u>相<u>魏</u>一岁，卒于<u>魏</u>，<u>汉书艺文志</u>有<u>张子</u>十篇，<u>隋书经籍志</u>已不著录。<u>史记</u>有<u>张仪</u>列传。

⑬敬受命：犹言完全接受您的意见。

四　泠向谓秦王章

<u>泠向</u>谓<u>秦王</u>曰①："<u>向</u>欲以<u>齐</u>事王，使攻<u>宋</u>也②。<u>宋</u>破，<u>晋国</u>危，<u>安邑</u>王之有也③。<u>燕</u>、<u>赵</u>恶<u>齐</u>、<u>秦</u>之合④，必割地以交于王矣⑤，<u>齐</u>必重于王⑥。则<u>向</u>之攻<u>宋</u>也，且以恐<u>齐</u>而重王⑦，王何恶<u>向</u>之攻<u>宋</u>乎？<u>向</u>以王之明为先知之，故不言⑧。"

【注释】

①泠(líng 零)向:秦臣。　秦王:昭王,见西周策第一章注⑭。

②以:高注"犹'使'也"。　事:侍,奉。　使:姚校"一作'故'"。
宋:今河南省东部和今山东省、江苏省、安徽省之间一部分地。
国都原在商丘(今河南省商丘市),战国初期迁都彭城(今江苏
省徐州市)。前286年齐灭宋。

③晋国:即魏国。　安邑:今山西省夏县北,原为魏都。

④恶:畏,担忧。见东周策第七章注②。燕、赵担心齐、秦联合进
攻自己。

⑤高注:"割犹'分'也。交,齐也。"　关修龄战国策高注补正:
"燕、赵交秦也,恐非交齐。"　金正炜战国策补释:"'交'当为
'效'。刘向所谓'本字多误脱为半字'也。"　建章按:泠向对
秦王语,称"王"当指秦,高注"交,齐也"不当以为"交齐国"。
左昭二十年传"齐之以味",杜注:"齐、益也。"韩非子说林上
"君不如晚救之以敝晋齐实利",于省吾双剑誃诸子新证:
"'齐'、'资'古字通。"诗小雅甫田"以我齐明",陆德明经典释
文:"齐,本又作'赍'。"则齐、资、赍并通用,都有"益"义。则此
"交于王"即"益于王"。义本可通。

⑥重于王:即"重王","于"字无义。　重:尊。　齐担心燕、赵与
秦合,故必"重王"。

⑦且:乃。　恐齐:使齐恐。即注⑥"齐担心燕、赵与秦合"之义。

⑧"则向之攻"句以下是说:我主张攻宋,乃是使齐国有所畏惧而
尊奉大王,大王为何怨我主张攻宋呢? 我以为大王是个明白
人,而早已知道这种利害关系,所以没有明言。　为:裴学海古
书虚字集释卷二:"犹'而'也。"

战国策注释

五 张仪说秦王章

张仪说秦王曰①:"臣闻之,'弗知而言为不智,知而不言为不忠。'为人臣不忠当死,言不审亦当死。虽然,臣愿悉言所闻,大王裁其罪②。

"臣闻'天下阴燕阳魏③,连荆固齐④,收余韩⑤,成从⑥,将西(南)〔面〕以与秦为难⑦。'臣窃笑之。世有'三亡',而天下得之⑧,其此之谓乎!臣闻之曰:'以乱攻治者亡,以邪攻正者亡,以逆攻顺者亡⑨。'今天下之府库不盈,囷仓空虚⑩,悉其士民⑪,张军数千百万⑫,白刃在前⑬,斧质在后⑭,而皆(去)〔却〕走不能死(罪)〔也〕。〔非〕其百姓不能死也⑮,其上不能杀也⑯。言赏则不与,言罚则不行,赏、罚不(行)〔信〕,故民不死也⑰。

"今秦出号令,而行赏、罚,(不)〔有〕攻无攻相事也⑱。出其父母怀衽之中⑲,生未尝见寇也⑳。闻战顿足徒裼㉑,犯白刃㉒,蹈煨炭㉓,断死于前者比是也㉔。夫断死与断生也不同㉕,而民为之者是贵奋也㉖。一可以胜十,十可以胜百,百可以胜千,千可以胜万,万可以胜天下矣㉗。今秦地(形)断长续短,方数千里㉘,名师数百万㉙。秦之号令赏罚,地形利害,天下莫如也㉚,以此与天下㉛,天下不足兼而有也㉜。是知秦战未尝不胜,攻未尝不取,所当未尝不破也。开地数千里,此甚大功也㉝。然而甲兵顿㉞,士民病㉟,蓄积索㊱,田畴荒㊲,囷仓虚,四邻诸侯不服,伯王之名不成,此无异故㊳,

谋臣皆不尽其忠也。

“臣敢言往昔，昔者，齐南破荆，中破宋，西服秦，北破燕，中使韩、魏之君㊴，地广而兵强，战胜攻取，诏令天下，(济清河浊)〔清济浊河〕㊵足以为(限)〔阻〕㊶，长城巨坊足以为塞㊷。齐五战之国也㊸，一战不胜而无齐㊹。(故)由此观之㊺，夫战者万乘之存亡也㊻。且臣闻之曰：‘削株掘根㊼，无与祸邻，祸乃不存㊽。’秦与荆人战，大破荆，袭郢，取洞庭、五都、江南㊾。荆王亡(奔)走㊿，东伏于陈㋁。当是之时，随荆以兵，则荆可举，举荆则其民足贪也，地足利也㋂。东以强齐、燕㋃，中〔以〕陵三晋㋄。然则是一举而伯王之名可成也，四邻诸侯可朝也，而谋臣不为，引军而退，与荆人和，(今)〔令〕荆人收亡国㋅，聚散民，立社主，置宗庙㋆，令帅天下西面以与秦为难，此固已无伯王之道一矣㋇。天下有比志而军华下㋈，大王以诈破之，兵至梁郭㋉，围梁数旬，则梁可拔㋊，拔梁则魏可举㋋，举魏则荆、赵之志绝㋌，荆、赵之志绝则赵危，赵危而荆孤，东以强齐、燕，中〔以〕陵三晋。然则是一举而伯王之名可成也，四邻诸侯可朝也；而谋臣不为，引军而退，与魏氏和，令魏氏收亡国，聚散民，立社主，置宗庙，此固已无伯王之道二矣。前者穰侯之治秦也，用一国之兵，而欲以成两国之功㋍，是故兵终身暴灵于外㋎，士民潞病于内㋏，伯王之名不成，此固已无伯王之道三矣㋐。赵氏中央之国也㋑，杂民之所居也㋒，其民轻而难用〔也〕㋓，号令不治，赏罚不信，地形不便㋔，上非能尽其民力㋕，彼固亡国之形也，而不忧民氓㋖，悉其士民，军于长平之下㋗，以争韩之上党^㉔。大王以诈破之,拔武安^㉕。当是时,<u>赵氏</u>上下不相亲也,贵贱不相信。然则是<u>邯郸</u>不守,拔<u>邯郸</u>,完<u>河间</u>^㉖,引军而去,西攻<u>修武</u>^㉗,逾<u>羊肠</u>^㉘,降<u>代</u>、<u>上党</u>^㉙。<u>代</u>三十六县,<u>上党</u>十七县,不用一领甲^㉚,不苦一民^㉛,皆<u>秦</u>之有也。<u>代</u>、<u>上党</u>不战而已为<u>秦</u>矣,<u>东阳</u>、<u>河外</u>不战而已反为<u>齐</u>矣^㉜,<u>中</u>〔<u>山</u>〕、<u>呼池</u>以北不战而已为<u>燕</u>矣^㉝。然则是举<u>赵</u>则<u>韩</u>必亡,<u>韩</u>亡则<u>荆</u>、<u>魏</u>不能独立,<u>荆</u>、<u>魏</u>不能独立,则是一举而坏<u>韩</u>、蠹<u>魏</u>、挟<u>荆</u>^㉞,以东弱<u>齐</u>、<u>燕</u>^㉟,决<u>白马</u>之口以流<u>魏</u>氏^㊱。〔是〕一举而<u>三晋</u>亡^㊲,从者败^㊳。大王拱手以须^㊴,天下(徧)〔编〕随而伏^㊵,伯王之名可成也。而谋臣不为,引军而退,与<u>赵</u>氏为和。

以大王之明^㊶,<u>秦</u>兵之强,伯王之业地,尊不可得^㊷,乃取欺于亡国^㊸,是谋臣之拙也。且夫<u>赵</u>当亡不亡,<u>秦</u>当伯不伯,天下固量<u>秦</u>之谋臣一矣^㊹。乃复悉卒乃攻<u>邯郸</u>^㊺,不能拔也,弃甲、兵、怒^㊻,战慄而却,天下固量<u>秦</u>力二矣。军乃引退,并于<u>李下</u>^㊼,大王又并军而致与战^㊽,非能厚胜之也^㊾,又交罢却^㊿,天下固量<u>秦</u>力三矣。内者量吾谋臣,外者极吾兵力^⓿。由是观之,臣以天下之从岂其难矣^①?内者吾甲兵顿,士民病,蓄积索,田畴荒,囷仓虚;外者天下比志甚固。愿大王有以虑之也^②。

"且臣闻之:'战战慄慄,日慎一日,苟慎其道,天下可有也^③。'何以知其然也?昔者,<u>纣</u>为天子,帅天下将甲百万,左饮于<u>淇谷</u>^④,右饮于<u>洹水</u>^⑤,淇水竭,而洹水不流,以与<u>周武</u>为难^⑥。<u>武王</u>将素甲三千,领战一日,破<u>纣</u>之国,禽其身^⑩，据其地，而有其民，天下莫不伤^⑩。智伯帅三国之众^⑩，以攻赵襄主于晋阳^⑪，决水灌之^⑫，三年，城且拔矣。襄主错龟、数策占兆^⑬，以视利害：何国可降^⑭？而使张孟谈^⑮。于是潜行而出^⑯，反智伯之约^⑰，得两国之众^⑱，以攻智伯之国^⑲，禽其身，以成襄（子）〔主〕之功^⑳。今秦地断长续短，方数千里，名师数百万。秦国号令赏罚，地形利害，天下莫如也。以此与天下，天下可兼而有也。

　　"臣昧死望见大王^㉑，言所以〔一〕举〔而〕破天下之从^㉒，举赵亡韩，臣荆、魏，亲齐、燕，以成伯王之名，朝四邻诸侯之道^㉓。大王试听其说^㉔，一举而天下之从不破，赵不举，韩不亡，荆、魏不臣，齐、燕不亲，伯王之名不成，四邻诸侯不朝，大王斩臣以徇于国^㉕，以主为谋不忠者^㉖。"

【注释】

①张仪：见第三章注⑫。　秦王：惠王，见第一章注⑱。　此章韩非子初见秦同，以为韩非作。陈奇猷以为"此篇当出于韩非"，有详考。

②裁：判，定。

③文中举燕、齐、魏、韩、楚，独不及赵，此"天下"则专言"赵"。赵之北为燕，赵之南为魏，故言"天下阴燕阳魏"。

④连荆固齐：是说赵联合楚国，并安定齐国犹豫不决之心，使共伐秦。　荆：楚国的别称，因建国于荆山一带故名（见程恩泽国策地名考卷六）。

⑤收：争取。　余韩：韩多丧失土地，此时仅存所余国土，故称"余韩"。

⑥成从：燕、齐、赵、魏、韩、楚六国行成合纵联盟，共同对付秦国。

⑦"南"字无义，韩非子初见秦"南"作"面"，是。当据改。　面：

向。　为难:为敌。

⑧得之:被说中了。　得:中(读第四声)。

⑨"以乱"三句:内政混乱的国家去进攻内政清明的国家,必亡;以邪道治国的国家去进攻以正道治国的国家,必亡;违背天理的国家去进攻顺应天理的国家,必亡。

⑩府:古时国家收藏财货或文书之处。　库:古时国家藏宝物、车马、兵甲之处。　囷(qūn"群"的第一声)仓:国家储备粮食之处。　盈:满。是"虚"的反面。

⑪悉其士民:动员全国军民。　悉:全部,所有。

⑫张军数千百万:扬言军队号称数千百万。

⑬白刃:利刃。　刃:兵器的总称。

⑭斧质在后:定下重刑,不准后退,以此督战。　斧质:腰斩之罪。斧:腰斩的刑具。　质:通"锧",又通"櫍",为腰斩的刑具,式如今之铡刀;质即铡刀座。

⑮姚校:"一本('罪'下)有'也'字。"　鲍改"罪"作"非"。　韩非子初见秦作"而却走不能死也。非其士民不能死也"。　建章按:广雅释言:"卻,退也。""卻"俗作"却",脱"卩"旁,故误作"去",当据韩非子改。　走:逃跑。　"罪"本当作"也""非"二字,"也"篆文作"㐹","四"篆文作"𠱾"(按:"罪"之上半是"𠦃",然一般写作"𠃜",故误作"𠱾"耳。)二形相似,故"也"误为"四",又和"非"字误合为"罪"。　不能死:不能拼死作战。

⑯初见秦作"上不能故也"。　金正炜战国策补释:"'杀'当是'教'字之讹也;韩作'故'亦非。"　于鬯战国策注:"此'杀'字恐'故'之误。"　建章按:管子小问"其君丰,其臣教",王念孙读书杂志:"引之曰'教',当为杀,杀与丰正相对。寻尹注亦是杀字。杀字或书作敊,与教相似而误。'墨子非儒下"以教高、国、鲍、晏",于省吾双剑誃诸子新证:"原仪氏校'教'一作

'杀'。"是"教""杀"易讹之证。则此"杀"当作"教"。此句是说:因为国君拿不出办法进行教育的缘故。

⑰"言赏"四句:君王说要赏,而不兑现;说要罚,而不实行。赏罚不能坚决执行,所以百姓不愿为国拼死作战。 韩非子初见秦"行"作"信",是。下文言"赏罚不信",又荀子议兵"庆赏刑罚,欲必以信",皆可为证。此因上句"言罚则不行"而误。

⑱姚校:"曾作'有功无功'。" 初见秦作"有功无功"。 孙诒让札迻:"曾本与韩非子初见秦同,是也。" 建章按:左昭三年传"其相胡公服"杜注:"相,随也。"金文"事""使"同字。"不"当依曾本改作"有","攻"同"功"(见睡虎地秦墓竹简 51 页)。

"今秦"三句:现在秦国发号施令,赏罚严明,所以有功无功之人皆能为国拼死以战。

⑲怀衽:犹怀抱。 衽(rèn 刃,又作"袵"):衣襟。

⑳生:有生以来。 寇:兵。此言敌。

㉑顿足徒裼:愤怒下定决心之意。 顿足:跺脚。 徒裼(xī 西):解衣露胸。 徒:广雅释诂四:"袒也。" 裼:广雅释诂四:"袒也。"

㉒犯白刃:犹言迎着敌人刀枪,勇往直前。 犯:侵,迎。引申为不惧。

㉓蹈煨炭:踩着烧红的炭。犹言赴汤蹈火,在所不顾。

㉔"断死"句:犹言个个都下定必死的决心。 断死:决死。 比是:皆是,皆如此。

㉕也:通"者"。

㉖"夫断死"两句:要知道决死和决生是完全不同的两回事,而百姓都愿决以死战,这是因为国君提倡勇敢的缘故。 奋:勇。

㉗鲍彪本前四"胜"字并作"合",注:"与敌合斗。"吴师道补注:"四'合'字一本皆作'胜',韩作'对',当也。义长。" 建章按:

说文"胜"字段玉裁注说:"当也。"朱骏声说文通训定声说:
"胜,假借为'称'。"称,亦当也。字汇力部:"胜,当也。"尔雅释
诂上:"合,对也。"郝懿行疏说:"合者答也,古'答问'之字直作
'合',故左氏宣二年传'既合而来奔',杜预注说:'合,犹答
也。'答,即对也,凡物相对谓之合,四方上下谓之'六合'。淮南
原道篇注云:'孟春与孟秋为合,仲春与仲秋为合,季春与季秋
为合,孟夏与孟冬为合,仲夏与仲冬为合,季夏与季冬为合,故
曰六合。'是'合'皆取'相对'之意。"又说:"敌、当、对俱一声之
转。"则姚宏本作"胜",鲍彪本作"合",韩非子作"对",皆取"对
抗"义,"敌对"义,义皆可通。吴举韩指韩非子初见秦。

㉘"今秦地"两句:现在秦国土地,如果截长补短,拼成方形,也有
　　数百万平方里。　此言地之数量,非言"地形","形"字衍,后
　　文即无"形"字,初见秦亦无"形"字,当删"形"字。杨伯峻说:
　　"古代面积的计算方法是'方若干里',意思是长和宽各若干里。
　　因此'方百里'译文也可以写成'一万平方里'。"(孟子译注 12
　　页)依杨说则"方数千里"就是数百万平方里。

㉙名师:大军。　名:礼记礼器注:"犹'大'也。"

㉚"秦之"三句:秦国号令严明,赏罚有信,地形优越,诸侯不如。
　　利害:偏义词,即"利"。

㉛与:敌。详王引之经义述闻卷十八"一与一谁能惧我"条。

㉜足:裴学海古书虚字集释卷八:"犹'难'也。"

㉝其大功:功很大。

121

㉞顿:疲惫。

㉟病:困。

㊱索:小尔雅广言:"空也。"

㊲田畴(chóu 愁):田地。　畴:田地。

㊳伯王:见东周策第十五章注②。　无异故:没有别的缘故。

異:不同,特别。

㊴前 301 年齐"破楚",前 286 年"破宋",前 298 年—前 296 年"西服秦",前 314 年"破燕",前 301 年"使韩、魏之君"。

㊵燕策一第八章"齐有清济浊河可以为固"语,与此义同,史记高祖本纪"西有浊河之限",文选卷三十谢玄晖始出尚书省诗"浊河秒清济",李注引此作"清济浊河",初学记卷六总载水事对标目有"清济浊河"。若言"济水清,河水浊"则何"足以为阻"?当改作"清济浊河"。 济:济水,源于河南省济源县西王屋山,其故道过黄河而南,东流入山东省境,其下东北流,与黄河并行入海;今其下游为黄河及大小河所夺。 河:黄河。

㊶高注:"限,难也。"王念孙读书杂志:"诸书无训'限'为'难'者。'限'本作'阻',今作'限'者后人据韩子改之,因并改高注耳。文选始出尚书省诗、初学记地部引此并作'阻'。尔雅及邶风雄雉、谷风传并云'阻,难也。'正与高注合。" 建章按:北堂书钞卷一五八引此亦作"阻"。"限"与"阻"义固同,然仍当据改,以还旧貌。

㊷巨:大。 坊:通"防"。杨宽战国史:"齐的长城也是利用原有的堤防,连结山脉,陆续扩建而成的。到前 350 年,齐又曾'筑防以为长城'(史记苏秦列传正义引竹书纪年)。由于齐的长城是由堤防连接扩建而成的,所以也称为'长城巨防'。西端起自防门(平阴古城南三里),东向经五道岭,绕泰山西北麓的长城岭,经历泰沂山区,一直到小朱山入海。"(321 页)

㊸五战之国:上文言"齐南破楚,中破宋,西服秦,北破燕",再加上"中使韩、魏"(指在外交上战胜),即所谓"五战之国"。

㊹一战不胜而无齐:楚国乘虚而入,战败齐国,杀了齐君,失去国柄,一蹶不振。 前 284 年(齐闵王十八年)楚将淖齿杀闵王,即所谓"一战不胜"。 无齐:即亡齐,非谓"亡其国"也,言当

齐闵王逃离本国时,不掌握政权。　而:则。

㊺本篇后文"由是观之"无"故"字,第二章"由是观之"无"故"字,齐策四第三章"由是观之"无"故"字,初见秦亦无"故"字。此"故"字误衍,当删。

㊻"夫战者"句:用兵作战可以决定万乘大国的生死存亡。　万乘:见第二章注㊿。

㊼削株掘根:连根拔除。　露于地面部分的树桩谓"株",埋于地下部分者谓"根"。

㊽"无与"两句:就不会有祸害。　邻:靠近。　存:存在,即"有"。

㊾大破荆:指前279年、前278年、前277年三年中事。　郢:疑即楚旧都郢城(今湖北省江陵县东北)。　五都:指鄢(今湖北省宜城市南)、邓(今河南省邓州市)、巫郡(今重庆市东部)、西陵(今湖北省宜昌市夷陵区西)及郢。　江南:沿洞庭湖的江南地。

㊿荆王:楚顷襄王,楚第三十七君,怀王之子,名横,前298年—前263年在位。　吕氏春秋慎大览权勋"齐王走莒"高注:"走,奔也。"赵策三第十八章"未期年,臂亡走矣",史记乐毅列传"齐湣王之败济西,亡走,保于莒",皆"亡走"连文。"奔"字衍,或即旁注混入者,当删"奔"字。鲍本正无"奔"字。

(51)"荆王"两句:楚王东逃,退处陈地自守。　伏:退,守。　陈:今河南省淮阳县。

(52)民足贪也地足利也:是说楚国之民可以为秦国所专用,楚国之地可以为秦国所专有。　足:能,可。　贪:专利为贪。

(53)强:尔雅释诂"当也"。即敌也,对抗也。又见经义述闻卷二十六。高诱注:"言以强于齐、燕也。"鲍彪注:"强于二国。"吴师道正说:"韩'强'作'弱',是,下有。"顾广圻韩非子初见秦识误说:"弱,策作'强'。高注:'言以强于燕、齐也。'下文同。"王先慎韩非子初见秦集解说:"'弱齐、燕'与'凌三晋'对文。齐、燕远于秦,非兵力所能骤及,我灭敌势强,则齐、燕自畏而亲附,故但言'弱'也。下文两言'弱齐、燕',尤其明证,策误,高顺文为说,亦未合。"陈奇猷韩非子初见秦集释说:"王说是,高以误文为解,故难通。" 建章按:王引之经义述闻卷二十六"昌、敌、强、应、丁,当也"条说:"古者'强御'二字同义,强之为当,犹御之为当也。(秦风黄鸟传及齐语注并云:'御,当也。')秦策曰'东以强齐、燕,中以陵三晋',强者,当也。言秦兵之强,东可以当齐、燕,中可以陵三晋也。"

㉋姚校:"'中'下刘有'以'字。"初见秦"中"下亦有"以"字,与上句"东以强齐、燕"对文,当据姚校及初见秦补"以"字。 陵:侵。 三晋:赵、魏、韩,见东周策第十四章注⑨。

㉟姚校:"今,一作'令'。" 鲍本"今"作"令"。初见秦亦作"令"。 建章按:下文"令魏氏收亡国","令""今"古书多互误,本书亦屡见,此当改"今"作"令"。

㊱社主:疑为"社稷主"之省文,社稷主即国家之主。老子七十八章"受国之垢,是社稷主。"任继愈译:"承担全国的屈辱,才算得国家的君主。"礼记郊特牲"将以为社稷主"。 社稷:古代比喻国家。社:土神。稷:谷神。童书业说:"禹、稷为社稷之神。"(详彼春秋左传研究) 宗庙:古代帝王、诸侯祭祀祖宗的地方。古时灭国则毁其宗庙。此言"置宗庙"则是国家又恢复。

㊲"令荆人"句以下:让楚人(得以喘息)收拾破国,招集散民,另立新君,恢复祭祀,重整旗鼓,率军与秦对抗。这样,当然就第一次失去建立霸业的机会了。 伯:同"霸"。 为难:为敌,见注⑦。 疑此本作"此固亡伯王之道一矣"。亡:无也,"亡"因形似而误作"已",(古书多有此例)后又以意补"无"字。下同。

(58)比志：志同道合，共同一致。　比：亲，密。　华下：华阳之下，前273年秦大破赵、魏联军于华阳，故城在今河南省新郑市东南。　有：通“又”。

(59)梁郭：魏都大梁城。

(60)拔：攻下。

(61)举：义同“拔”。此犹言灭。

(62)荆赵之志绝：楚、赵打消了合纵的念头。　绝：断。

(63)穰侯：魏冉，为秦昭王母宣太后同母弟。穰本韩邑，后入秦，秦昭王以穰封魏冉。穰在今河南省邓县东南。史记有穰侯列传。穰侯执政时，以秦兵助赵攻齐，即所谓“用一国之兵而欲以成两国之功。”

(64)鲍本“灵”作“露”，韩非子初见秦亦作“露”，畿辅本战国策编者说：“‘灵’宜作‘露’。”　建章按：“暴露”常语，故高未注。当据鲍本及初见秦改“灵”作“露”。

(65)潞：高注“羸”。即疲弱。

(66)“无伯王之道一矣”是就楚国立论，文中有“引兵而退，与荆人和”；“无伯王之道二矣”是就魏国立论，文中有“引兵而退，与魏氏和”；则“无伯王之道三矣”亦当就“国”立论，不当就穰侯立论。实则此节本就赵立论，“用一国之兵，而欲以成两国之功”即就赵言，下文“赵氏中央之国也”即紧承上文而展开议论，全就赵立论；后文又有“引兵而退，与赵氏为和”，正与前文“与荆人和”，“与魏氏和”同一写法。故疑“前者穰侯之治秦也”至“无伯王之道三矣”共五十二字当在本段末“与赵氏为和”之后。盖错简于此。

(67)中央之国：赵在六国之中，位置居中，故称“中央之国”。

(68)杂民：其他国家侨居在赵国者不少，非纯赵国之民，故称“杂民”。

⑥⑨民轻:言人民轻视法令。　轻:慢。　此三句句式同,并列,是总写赵国,鲍本及初见秦"用"下并有"也"字,此当补。

⑦⓪地形不便:既言赵居五国之中的形势,又言无险阻之隔的地势。

⑦①非:汉书萧望之传服注:"不也。"

⑦②不忧民氓:国君不忧恤人民。　民氓:人民。

⑦③长平:今山西省高平市西北。

⑦④"悉其"三句:竟动员全国军民,驻扎在长平,去争夺韩国的上党。　上党:见东周策第十三章注⑥。

⑦⑤武安:见第二章注⑦⑨。

⑦⑥邯郸:赵都,今河北省邯郸市。　完:读"筦"(音"管"),包也,收取也。　河间:故城在今河北省河间市东南,滹沱河与漳河之间。

⑦⑦修武:今河南省修武县。

⑦⑧羊肠:见西周策第十二章注⑪。

⑦⑨代:代郡有三十六县,在今河北省蔚县一带及山西省东北部。

⑧⓪领:量词,上袍或上衣一件叫一领。

⑧①苦:劳。本书"士民"连用不胜枚举,初见秦作"士民"。"不用一领甲","不苦一士民"语谐。疑脱"士"字。

⑧②东阳:今山东省恩城镇。　河外:疑是"河北"之误,指齐国北部地区,因在黄河以北故称"河北"。史记鲁仲连列传"士无反外之心",王念孙读书杂志:"'外'当为'北','北'古'背'字,齐策作'士无反北之心'是其证。汉书刘向传'孝文皇帝居霸陵,北临厕',张释之传'北'误为'外';方言'燕之北鄙'今本'北'误作'外',是其证。"如为"河外"则与"东阳"相距殊远,不当云"反为齐矣"。

⑧③鲍注:"中,言中分之。"　于鬯战国策注:"此当脱'山'字,赵策云'赵攻中山,五年以擅呼沱',是中山即在呼沱水上,故'中山

呼池'连言之。鲍说非也。" 建章按:于说是。初见秦作"中山",当据补"山"字。中山:见中山策。 呼池:又作呼沱、嘑池、嘑沱、滹池、虖池、虖沱、恶池,即今河北省滹沱河。

㊗"坏韩"指上文"韩亡";"蠹魏""挟荆"指上文"荆、魏不能独立"。 坏:破。 蠹:害。 挟:挟持,控制。

㊙弱齐燕:使齐、燕弱。

㊐白马口:渡口名,在今河南省滑县东北。 流:高注:"灌也。" 建章按:公羊桓八年传注"汧血尤深",陆德明经典释文"汧,古'流'字"。玉篇卷十九"汧,力周切,古文'流'。""汧"与"沃"形近,疑"沃"误为"汧",传写作"流"。沃:说文:"灌溉也。"金正炜战国策补释亦有此说。

㊑前文三"一举"上皆有"是"字,初见秦"一"上亦有"是"字。当补"是"字。

㊓从:合纵。

㊔拱手:两手在胸前相抱,表示恭敬。此比喻极其容易,不费力气。 须:等待。

㊕鲍本"徧"作"编"。 初见秦亦作"编",陈奇猷韩非子集释引卢文弨曰:"张本、凌本亦作'编'。"又引顾广圻曰:"藏本同,今本作'徧',误。" 建章按:汉书路温舒传"编用写书"颜注:"编、联次也。"说文"编,次简也。"则"编随"者接连依次相随也。当据鲍本、初见秦改"徧"为"编"。 伏:古通"服"。 此句言:诸侯都会相随而服。

㊖初见秦"以"上有"夫"字。 建章按:此是另起一层,是总提,当有"夫"字。

㊗姚校:"刘作'伯王业也'。" 初见秦"尊"作"曾",陈奇猷韩非子集释:"疑此当作'霸王之业也,尊不可得',尊、指霸王之尊,和氏篇'孝公行之(指行商君之法),主以尊安',奸劫弑臣篇

'孝公行商君之法，地广而主尊'孝公以霸。则所谓尊，当为霸王之尊可证。……刘本国策作'伯王业也尊不可得'可证。"

建章按：作"也"，作"曾"是。曾，竟也；也，语中助词。

㊂乃：却。　取：受，被。今语"取笑于人"，即被人耻笑。　亡国：前文言"荆人收亡国"，"魏氏收亡国"，则此"亡国"指楚、魏。

㊄"天下"句：诸侯已看透了秦国的谋臣，此其一。　量：测知，看透了。

㊅乃复：于是又。　悉卒：调动全部兵力。　乃攻：而攻。

㊆初见秦"怒"作"弩"。　建章按：释名释兵："弩，怒也。"方言卷一："弩犹怒也。"吕氏春秋 仲冬纪 至忠高注："'怒'读如'强弩'之'弩'，"则"怒""弩"可通。淮南子人间训"操兵弩而出"，则"兵""弩"可连用。

㊇并：聚集。　李下：地名，可能在今山西省汾城旁。

㊈"大王"句：大王又合军极力作战。　致：通"至"，极力。

㊉厚胜：大胜。　厚：秦策一第二章高注："犹大也"。

⑩又：裴学海古书虚字集释卷二："犹'而'也。"　交罢却：又是疲惫之兵，又是败退之兵。"罢"通"疲"。

⑩极吾兵力：尽知吾兵力。　极：尽。

⑩岂其难矣：岂能与之为敌。　难：敌。　矣：通"邪""欤"。

⑩"愿大王"句：希望大王考虑考虑。　虑：谋。

⑩"战战"四句：小心谨慎，一天比一天谨慎，真正能谨慎小心，坚持正确原则，天下可以据有。　苟：诚，真正能（假设之词）。

⑩初见秦"谷"作"溪"。下文言"淇水竭"，则"淇谷"当是水名，而"溪"同"谿"，疑"谷"当是"溪"之坏文。淇溪即今河南省淇河。

⑩洹（huán 环）水：在淇河北。

⑩周武：周武王，见第二章注㉗。　为难：为敌。

⑩禽：同"擒"，获。一说武王亲擒纣，一说"纣赴火而死，武王斩纣

头,县之白旗。"

⑩姚校:"刘无'不'字。"初见秦无"不"字,陈奇猷韩非子集释引
王先慎说:"策'伤'上有'不',误。" 刘锺英战国策辨讹:
"'之'讹作'不'。" 建章按:史记殷本纪"周武王之东,伐至孟
津,诸侯叛殷会周者八百,诸侯皆曰:'纣可伐矣'。"又周本纪:
"纣师虽众,皆无战之心,心欲武王亟入;纣师皆倒兵以战,以开
武王。"足见当时殷纣人心向背之极。"天下莫伤"或"天下莫
之伤"才符合史记所记载的事实。"之"篆文作"屮","不"篆文
作"杰",形近易互误。淮南子本经训"万物不繁兆萌芽卵胎而
不成者",王念孙读书杂志淮南内篇补引顾涧蘋曰"上'不'字
疑当作'之',与下文一例。"墨子号令"从淫之法",于鬯香草续
校书:"'从'读曰'纵','之'盖'不'字之讹。"则此"不"字亦当
是字"之"之误。或"不"为语词,无实义,见王引之经传释词
卷十。

⑩智伯:见西周策第三章注⑥。 三国:指智、韩、魏。

⑪赵襄主:赵简子之子毋恤,始为晋卿。 晋阳:今山西省太
原市。

⑫水:指晋水。

⑬错龟:烧龟甲测知吉凶祸福。 数策:数蓍草测知吉凶祸福。
占兆:用"错龟""数策"的办法判断吉凶祸福。

⑭何国可降:言何国可争取为盟国。 降:服。

⑮张孟谈:赵襄子的相。

129

⑯潜行而出:秘密出去。

⑰反智伯之约:智伯与韩、魏约"胜赵而三分其地",张孟谈说服
韩、魏共攻智伯,所以说"反智伯之约"。

⑱得两国之众:言赵襄子得领韩、魏两国之军。

⑲国:此处言"军"。

⑫高注："攻智伯之军而破，以杀其身，故曰'以成襄主之功'也。"可见高诱所见本"子"本作"主"。又前文"攻襄主于晋阳"，"襄主错龟数策占兆"，皆作"襄主"，初见秦"子"亦作"主"。当改"子"作"主"。

⑫昧：冒。 望：希望。

⑫姚校："一本无'举'字。" 鲍注："举，谓'一举'。" 吴补："韩无'举'字。" 黄丕烈战国策札记："策文当本作'一举'，脱'一'字。" 建章按：下文"一举而天下之从"云云，正是复述前各句，幸有一"举"字存，可据此恢复旧貌。秦策一第一章"是我一举而名实两附"，秦策二第二章"则是一举而兼两虎"，又第五章"则君一举而亡国矣"。上例"一举而"皆连用。当依下文补"一""而"二字。 从：合纵联盟。

⑫朝四邻诸侯之道：使四邻诸侯来朝之术。 道：术，办法。

⑫大王试听其说：大王如能听从我的劝说。 试：裴学海古书虚字集释卷九："犹'若'也。"

⑫大王斩臣以徇于国：大王杀了我在全国示众。 徇：史记司马穰苴列传"以徇三军"正义："行示也。"即"示众"。

⑫以主为谋不忠者：来惩戒那些为君出谋划策而不忠的人。主：国语周语下韦注："正也。"周礼大司马"贼杀其亲则正之"注："'正之'者执而治其罪。"则"主"可解作"惩处"，"惩戒"。

六　张仪欲假秦兵以救魏章

张仪欲假秦兵以救魏①。左成谓甘茂曰②："子不予之③。魏不反秦兵④，张子不〔敢〕反秦⑤；魏若反秦兵，张子得志于魏，不（敢）反于秦矣⑥。张子不去秦，张子必高子⑦。

【注释】

①张仪:见秦策一第五章注①。 假:借。

②左成:秦臣。 甘茂:下蔡人(今安徽省寿县北),秦惠王时为副将,秦武王时为左丞相。史记有甘茂列传。

③鲍本"子不"作"不如"。 黄丕烈战国策札记:"今本'子不'作'不如'。" 金正炜战国策补释:"'不'疑'亓'之讹,即'其'之古文。" 建章按:墨子经上"令,不为所作也",于鬯香草续校书:"此'不'字疑当作'必',书中'必'字多讹为'不',此类不胜枚举。"于省吾亦有此说,见双剑誃墨子公孟新证。此本当作"子必予之","必"误为"不",与下文义不协,于是改"子不"为"不如",以通其义耳。金说亦通,"其"表祈求、劝告、命令的语气词。 此句言:你得同意借兵给张仪。

④反:同"返"。

⑤高注:"言魏以秦兵战,死亡之而不反,则张仪亦惧诛,不敢反秦也。"金正炜战国策补释:"据高注,'不'字下当有'敢'字,今误涌次于后文。" 建章按:金说是。张仪因"惧诛",始云"不敢",下文"得志于魏",无所谓"不敢"。当移下文"敢"字于此"不"字下。 此连上句言:(如果秦兵损失过重,)魏国不能送还秦兵,那么,张仪(怕获罪)就不敢返回秦国。

⑥"魏若"三句:如果魏国将秦兵送还秦国,那么,张仪有功于魏,也不会返回秦国。 得志:志愿实现;多指满足名利的欲望。见东周策第二十三章注⑨"得欲"注。

⑦"张子不"两句:张仪如果不离开秦国,他的地位必然在您之上。

七 司马错与张仪争论于秦惠王前章

司马错与张仪争论于秦惠王前①。司马错欲伐蜀②,张仪曰："不如伐韩。"王曰："请闻其说③。"

对曰："亲魏善楚，下兵三川④，塞轘辕、缑氏之口⑤，当屯留之道⑥，魏绝南阳⑦，楚临南郑⑧，秦攻新城、宜阳⑨，以临二周之郊⑩，诛周主之罪⑪，侵楚、魏之地⑫。周自知不救，九鼎宝器必出⑬。据九鼎，桉图籍⑭，挟天子以令天下⑮，天下莫敢不听。此王业也。今夫蜀，西辟之国⑯，而戎狄之（长）〔伦〕也⑰，弊兵劳众⑱，不足以成名⑲；得其地不足以为利。臣闻'争名者于朝，争利者于市⑳。'今三川、周室天下之市朝也，而王不争焉㉑，顾争于戎狄㉒，去王业远矣㉓。"

司马错曰："不然，臣闻之，'欲富国者，务广其地；欲强兵者，务富其民；欲王者，务博其德。三资者备，而王随之矣㉔。'今王之地小民贫，故臣愿从事于易。夫蜀、西辟之国也，而戎狄之长也，而有桀、纣之乱㉕；以秦攻之，譬如使豺狼逐群羊也。取其地，足以广国也；得其财，足以富民缮兵㉖；不伤众而彼已服矣。故拔一国而天下不以为暴；利尽西海〔而〕诸侯不以为贪㉗。是我一举而名实两附，而又有禁暴正乱之名。今攻韩㉘，劫天子㉙。劫天子，恶名也，而未必利也，又有不义之名，而攻天下之所不欲，危㉚。臣请谒其故㉛。周，天下之宗室也㉜；齐，韩（周）之与国也㉝。周自知失九鼎，韩自知亡三川，则必将二国并力合谋㉞，以因于齐、赵，而求解乎楚、魏㉟，以鼎与楚，以地与魏，王不能禁㊱。此臣所谓'危'。不如伐蜀之完也㊲。"

惠王曰："善。寡人听子。"卒起兵伐蜀，十月取之，遂定蜀㊳。蜀主更号为侯㊴，而使陈庄相蜀㊵。蜀既属㊶，秦益强富厚^⑫,轻诸侯^⑬。

【注释】

①司马错:秦臣。 张仪:见秦策一第五章注①。 秦惠王:见秦
策一第一章注⑱。 顾观光战国策编年、于鬯战国策年表并系
此策于周慎靓王五年(前316年)。

②蜀:蜀国,见第二章注②。

③姚校:"钱云'闻,旧作问。'曾、刘、集亦作'问'。" 建章按:墨
子尚同下"光誉令闻",非命下作"光誉令问",孙诒让间诂:
"'问'与'闻'字通。"

④三川:见西周策第十二章注⑨。 下兵:出兵。

⑤镮辕缑氏:二险道。镮辕在今河南省偃师市东南,接巩义、登封
二市界。缑(gōu 勾)氏废城在今河南省偃师东南二十里,县内
有缑氏山。

⑥当屯留之道:阻截了屯留的羊肠坂道。 屯留:今山西省屯留
县东南十里即其故城。 道:即今山西省太行山羊肠坂道,见
西周策第十二章注⑪。

⑦魏绝南阳:是说魏出兵切断韩自南阳出兵南下之路。 魏的南
阳在今河南省嵩山南。韩的南阳在太行山之南。

⑧南郑:今河南省新郑市西北地。

⑨新城:故城在今河南省洛阳市南七十五里。新城西与宜阳
相接。

⑩二周:东周、西周。

⑪诛:惩罚,声讨。 周主:二周君。

⑫金正炜战国策补释说:"(侵楚、魏之地)与上文'亲魏善楚'相
反,必有讹误。疑'侵'当作'侠','侠'与'挟'通 '地'当为
'从',六书通'地,一作墬',与'从'相似,因致误'地'。挟楚、

魏以临周,故周自知不救。或'侵'为'复'字之讹,复其侵地,以市德于楚、魏,而并力于周、韩也。" 锺凤年国策勘研疑"楚魏"当是"三川":(1)楚、魏为助秦者,秦安能在周、秦相持之际而反侵助己者。(2)张仪主伐韩,乃在得三川,焉有言及侵地,反舍所期之三川而转图助己之楚、魏。(3)张仪之"秦攻新城、宜阳,以临二周之郊"一语,盖即以二地隶于三川而发。(4)"今三川、周室,天下之市朝也"云云,亦为回应所欲侵而论不争之非计者,若作"侵楚、魏之地",则上下文不复呼应。"故楚、魏二字,元必作'三川'。……又史记、新序俱有此文,于是语亦同于策,史公、子政谅不至有此误,恐为不审文义者据讹本妄改。"

⑬九鼎:见东周策第一章注①。疑"侵楚、魏之地"的"楚魏"是"三川"之误。

⑭桉:同"案",考察,掌握。 图籍:地图和户籍。

⑮挟:胁迫。 天子:指周慎靓王,显王之子,名定,前320年—前315年在位。 令:号令,指挥。

⑯辟:同"僻",边远。

⑰戎狄:中国当时西北部少数民族。新序善谋"长"字做"偷",春秋后语作"伦",史记张仪列传亦作"伦"。 建章按:张仪语对戎、狄有轻蔑之意,不当用"长";司马错语无轻蔑意,故用"长"。前"长"字当依张仪列传、春秋后语改作"伦"。新序作"偷"盖"伦"字之误。 伦:辈,类,有轻视之意。

⑱弊:疲。

⑲不足以成名:不可能以此成就霸王之名。

⑳朝:朝廷。 市:市场。

㉑不争焉:不争于三川、周室。 焉:于此。

㉒顾:反而,却。

㉓去:离。

㉔资:犹谋,条件。　随:从,跟着就自然而来了。

㉕桀:见第二章注㉕。　纣:见第二章注㉗。相传桀、纣当政时内政混乱。

㉖缮兵:治军。

㉗西海:指今青海省之青海;据上下文,不必指青海,当指巴、蜀。史记张仪列传、新序善谋及文选檄吴将校部曲文李注引"诸"上均有"而"字,当据补"而"字。

㉘今:王引之经传释词卷五:"犹'若'也。"

㉙劫:以力威胁、挟持。

㉚史记张仪列传、新序善谋"危"下并有"矣"字。此处语气宜有"矣"字,疑脱"矣"字。

㉛谒:告,陈述。

㉜宗:本。是说各诸侯皆本出于周室,故称周室为"宗周"。

㉝史记张仪列传、善谋序并无"周"字,当删"周"字。　与国:盟国。

㉞二国:指周、韩。

㉟"以因"两句:通过齐、赵谋求与楚、魏和解。　史记张仪列传、新序善谋"于"并作"乎"。　建章按:本策通篇"于"皆作"於",全书亦未见有作"于"者。"于"字当是"乎"字之形似而讹。

㊱"以鼎"三句:周把鼎给了楚,韩把三川给了魏,大王是无法阻止他们的。

㊲完:全。无伤败故曰"完"。

㊳史记秦本纪"秦惠王更元九年,司马错伐蜀,灭之。"索隐:"蜀王本纪曰'张仪伐蜀,蜀王开战不胜,为仪所灭也。"同书张仪列传索隐:"六国年表在惠王二十二年十月也。"正义:"表云,秦惠王后九年十月击灭之。"华阳国志巴志:"周慎王五年蜀王伐苴侯,苴侯奔巴,巴为求救于秦。"蜀志:"秋,秦大夫张仪、司马

错、都尉墨等从石牛道伐蜀。蜀王自于葭萌拒之,败绩。王遁走,至武阳,为秦军所害。其相、傅及太子退至逢乡,死于白鹿山,开明氏遂亡。凡王蜀十二世。冬十月,蜀平,司马错等因取苴与巴。"秦惠王二十二年即惠王后元九年,亦即周慎靓王五年,前316年。

㊴史记张仪列传:"贬蜀王,更号为侯。"则是由王贬为侯。

㊵陈庄:秦臣。

㊶属:附,归服。

㊷厚:大,盛,殷。

㊸轻:轻视。

八 张仪之残樗里疾章

张仪之残樗里疾也①,重而使之楚②,因令楚王为之请相于秦③。张子谓秦王曰④:"重樗里疾而使之者,将以为国交⑤。今身在楚,楚王因为请相于秦⑥。臣闻其言曰⑦:'王欲穷仪于秦乎?臣请助王。'楚王以为然⑧,故为请相也。今王诚听之⑨,彼必以国事楚王⑩。"秦王大怒,樗里疾出走⑪。

【注释】

①张仪:见第五章注①。 樗里疾:见西周策第三章注①。张仪既能"重"樗里疾,"使之楚",又能"令楚王为之请相于秦",且秦王又能听其言。疑张仪此时掌秦权。 残:害。

②重:尊,贵,意思是提高地位。

③"张仪"三句:张仪要暗害樗里疾,先提高他的地位,派他出使楚

国,同时又告诉楚王,请他为樗里疾请求在秦国做相国。　因：
则,而。　令：尔雅释诂："告也。"　楚王：怀王,见东周策第八
章注③。

④张子：张仪。　秦王：惠王,见第一章注⑱。

⑤将：乃。　国交：两国的关系。

⑥因：则,就。　"为"后省介词宾语"之",指樗里疾。

⑦其：指樗里疾。

⑧楚王以为然：秦王相信了张仪的话,以为樗里疾确实是这样对
楚王说的。　然：如此。

⑨今：王引之经传释词卷五："犹'若'也"。　之：指楚王。

⑩以国事楚王：拿秦国去为楚王服务。　事：侍奉。　连上句是
说：如果大王真的同意了楚王的请求,樗里疾必然会把秦国出
卖给楚国。

⑪出走：是说从楚国逃跑了。

九　张仪欲以汉中与楚章

张仪欲以汉中与楚①,请秦王曰②："有汉中,蠹③。种树
不处者,人必害之④;家有不宜之财,则伤本⑤。汉中南边为
楚利,此国累也⑥。"甘茂谓王曰⑦："地大者固多忧乎⑧?天
下有变⑨,王割汉中以为和楚⑩,楚必畔天下而与王⑪。王今
以汉中与楚⑫,即天下有变⑬,王何以市楚也⑭?"

【注释】

①张仪：见第五章注①。　以：把。　汉中：见第二章注②。
与：给　顾观光战国策编年、于鬯战国策年表并系此策于周

赧王四年(前 311 年)。

②请:尔雅释诂:"告也。"此有"奏请""请示"之义。　秦王:惠
王,见第一章注⑱。

③有汉中蠹:有汉中总是个祸害。　蠹:蛀蚀树心或器物的虫。
引申为害。

④"种树"两句:树种得不是地方,人必伤害它。　不处:不是合适
的地方。

⑤不宜之财:即"不义之财",不是自己的财,而用不正当手段获取
之,谓"不义之财"。　荀子大略"反本成末"杨注:"本,谓仁
义。"则"伤本"即伤仁义。

⑥累:高注"忧也"。荀子王制"累多而功少"杨注:"累,忧累也。"
即忧患。

⑦甘茂:见第六章注②。

⑧固:必,一定。

⑨天下有变:诸侯关系一旦有什么变化。

⑩以为:以。

⑪"楚必畔"句:楚王一定会从诸侯中分裂出来,而与大王联合。
畔:通"叛"。　与:联合,亲善。

⑫今:若,如。见第八章注⑨。

⑬即:则。

⑭王何以市楚也:大王拿什么去和楚国作交换条件呢?　市:交
易,交换。

138

十　楚攻魏张仪谓秦王章

楚攻魏,张仪谓秦王曰①:"不如与魏②,以劲之③。魏战
胜,复听于秦④,必入西河之外⑤;不胜,魏不能守,王必

取之⑥。"

王用仪言，取皮氏⑦，卒万人、车百乘以与魏犀首⑧。战胜威王⑨，魏兵罢弊⑩，恐畏秦⑪，果献西河之外。

【注释】

①张仪：见第五章注①。　秦王：惠王，见第一章注⑱。　此策当在周显王三十九年（前330年）。

②与：高注："犹'助'也。"

③劲：高注："强也。"加强。

④复：论语颜渊集解引孔注"反也。"或"复听"即"服听"。燕策一第十二章、史记淮阴侯列传并有"天下服听"语。礼记丧大记"君吊则复殡服"注："'复'或为'服'。"服听：听命，听从。

⑤入：纳，献出。　西河之外：指黄河以西、北洛水东和以北地区，在今陕西省东北部。

⑥取：夺取。　之：指西河之外。

⑦取皮氏：出兵向皮氏进发。　取：通"趋"，向，进。　皮氏：故地在今山西省河津市西。

⑧卒万人车百乘以与魏犀首：以大军万人，战车百乘，援助魏国。　犀首：魏阴晋（今陕西省华阴市）人，名衍，姓公孙氏，在魏曾任犀首，故号"犀首"。张仪卒，入秦为相。曾佩五国相印，为纵约长，战国时与苏秦、张仪齐名的纵横家。史记有传，附于张仪列传后。

⑨威王：见第二章注⑩。

⑩罢弊：疲困。罢：音义同"疲"。

⑪恐畏：惧怕。

十一　田莘之为陈轸说秦惠王章

田莘之为陈轸说秦惠王曰①："臣恐王之如郭君②。夫晋献公欲伐郭③，而惮舟之侨存④。荀息曰⑤：'周书有言⑥："美女破(舌)〔后〕⑦"。'乃遗之女乐⑧，以乱其政。舟之侨谏而不听，遂去⑨。因而伐郭，遂破之⑩。又欲伐虞，而惮宫之奇存⑪。荀息曰：'周书有言："美男破老⑫"。'乃遗之美男，教之恶宫之奇⑬。宫之奇以谏而不听，遂亡⑭。因而伐虞，遂取之⑮。今秦自以为王⑯，能害王者之国者⑰，楚也。楚智横〔门〕君之善用兵(用兵)与陈轸之智⑱，故骄张仪以五国⑲。来，必恶是二人⑳。愿王勿听也。"张仪果来辞㉑，因言轸也。王怒而不听。

【注释】

①田莘：秦臣。一本"莘"作"华"，或作"萃"，或作"辛"。　陈轸：游说之士，秦臣，夏人。"夏"有二说：一指今山西省夏县，即司马迁所谓"三晋之人"；一指汉阳、武昌之间，则是楚人。轸曾为楚臣。史记有陈轸传，附于张仪列传之后。　秦惠王：见第一章注⑱。　此策当在周慎靓王三年(前318年)。

②横田惟孝战国策正解："'君'疑'虞'讹。"　建章按：下文不只言郭君之事，而言"伐郭""伐虞"。横田说当是。　郭：亦作"虢"，有东虢、南虢、西虢、北虢、小虢之称，皆姬姓，伯爵。周文王子武王弟虢仲之封地，是为西虢，故城在今陕西省宝鸡市东；后周平王东迁，西虢亦徙于上阳，号为南虢，故城在今河南省陕州区东南，春秋时灭于晋；西虢迁徙时，有未迁者，是为小虢，后

140

灭于秦;周武王弟<u>虢叔</u>之封地,是为东<u>虢</u>,故地即今<u>河南省荥阳市</u>之<u>虢亭</u>,后灭于郑;<u>虢仲</u>之别支,号为<u>北虢</u>,在今<u>山西省平陆县</u>境,即晋假道于<u>虞</u>以灭<u>虢</u>,亦<u>策</u>文所指之"郭"。<u>虞</u>:姬姓国,公爵。<u>周武王克殷</u>,封<u>虞仲</u>于故<u>夏墟</u>,是为<u>虞公</u>,故城在今<u>山西省平陆县</u>东北六十里,晋假道于<u>虞</u>以灭<u>郭</u>,还师又灭<u>虞</u>,即<u>策</u>文所指之<u>虞</u>。

③<u>晋献公</u>:名<u>诡诸</u>,<u>晋武公</u>之子,<u>晋国</u>第十九君,前676年—前651年在位。

④惮:惧,顾虑。 <u>舟之侨</u>:<u>郭国</u>大夫。 存:在。

⑤<u>荀息</u>:<u>晋国</u>大夫。

⑥周书:周史。<u>汉书艺文志</u>"<u>周书</u>七十篇"颜注:"<u>刘向</u>云'<u>周</u>时诰誓、号令也。'盖<u>孔子</u>所论百篇之余也,今之存者四十五篇矣。"<u>王先谦</u>补注:"<u>王先慎</u>曰'<u>颜</u>云存四十五篇者系据<u>孔晁</u>注本,其亡二十五篇当在<u>唐</u>初,今孔注止四十二篇,是后又亡其三矣。'然<u>刘知几</u><u>史通</u>言<u>周书</u>七十一章,不言有所缺佚,是<u>刘</u>氏所见别一本,故<u>唐志</u>八卷本与十卷本并列。今案自度篇至器服凡七十篇,合序为七十一篇,中亡十篇,尚存六十篇。其佚文<u>朱右曾</u>辑附本书后。<u>隋志</u>系之<u>汲冢</u>非是。"

⑦<u>逸周书武称</u>篇"美男破老,美女破舌",<u>王念孙</u><u>读书杂志</u>:"<u>卢</u>曰'今<u>战国秦策</u>引此"破舌"作"破少",唯<u>高诱</u>所注本与此同。'案'美女破舌'于义亦不可通,'舌'当作'后'。'美男破老,美女破后',犹<u>左传</u>言'内宠并后,外宠二政'(政,当读为正)也。隶书'后'字或作'<u>后</u>'与'舌'相似而误(<u>东魏敬史君碑</u>'女<u>后</u>称制',即'后'字),<u>段氏若膺</u><u>说文</u>注曰'<u>后</u>、后字有互讹者,如<u>左传</u>"舌庸"讹"后庸",<u>周书</u>"美女破后"讹"破舌"是也'。"<u>金正炜</u><u>战国策补释</u>:"'老'字读如'柳',<u>击鼓</u>、<u>鸡鸣</u>诸诗并与'乎'、'酒'为韵,此文作'后'正与'破老'句叶。<u>尚书毕命</u>'三后协

心’，‘后’亦重臣之称，与‘老’为‘国老’义同。故荀息征引是言以谋乔、奇也。” 建章按:明道本国语吴语“后庸”，黄丕烈国语札记:“补音作‘舌’，惠云‘吴越春秋作洩庸’。案左传补注云‘唐石经作舌庸’。考他书或作洩、曳、渫、泄，皆与‘舌’字音相近，此本误耳。”广雅释诂一:“破、坏也。”尔雅释诂:“后，君也。”下文“乃遗之女乐，以乱其政”，“乱其政”即“破后”之义。当从王、金说改“舌”为“后”。

⑧遗:赠。

⑨遂:于是。 去:后汉书梁鸿传李注:“亡也。”逃。即后文“遂亡”之“亡”。

⑩破:灭。

⑪宫之奇:虞国大夫。

⑫美男:封建社会供统治者玩赏的俳优(艺人)。 老:老臣。

⑬之:指“美男”。 恶:说坏话。

⑭亡:说文“逃也”。

⑮取:灭。

⑯王:读去声，用作动词，“称王”。作名词解亦通。

⑰能:王引之经传释词卷六:“犹‘而’也;‘能’与‘而’古声相近，故义亦相通。”

⑱“楚智”句:楚国知道秦将横门君善用兵,陈轸善设谋。 智:同“知”。 横门君:秦将。据高注补“门”字。 复“用兵”二字无义,据钱、刘本删。 “之智”之“智”犹谋。史记项羽本纪:“汉王笑谢曰,吾宁斗智,不能斗力。”即其义。

⑲故骄张仪以五国:言楚恃五国合纵,故意轻慢张仪,以激之,更增加张仪与陈轸的矛盾。 骄:慢,轻慢,无礼。 五国:燕、楚、赵、魏、韩,五国合纵,楚为纵长。

⑳来必恶是二人:张仪来秦,必谗害此二人。 二人:指横门君、

战国策注释

陈轸。

㉑辞:说,解说;此指谗言。

十二　张仪又恶陈轸于秦王章

张仪又恶陈轸于秦王曰①:"轸驰楚、秦之间②,今楚不加善秦而善轸,然则是轸自为而不为国也③。且轸欲去秦而之楚④,王何不听乎⑤?"

王谓陈轸曰:"吾闻子欲去秦而之楚,信乎⑥?"陈轸曰:"然。"王曰:"仪之言果信也。"曰:"非独仪知之也,行道之人皆知之⑦。曰孝己爱其亲⑧,天下欲以为子;子胥忠乎其君⑨,天下欲以为臣。卖仆妾售乎闾巷者,良仆妾也⑩;出妇嫁乡曲者,良妇也⑪。吾不忠于君,楚亦何以轸为(忠)〔臣〕乎⑫?忠且见弃⑬,吾不之楚何适乎⑭?"秦王曰:"善。"乃必之也⑮。

【注释】

①张仪:见第五章注①。　恶:说坏话。　陈轸:见第十一章注①。　秦王:惠王,见第一章注⑱。　此章姚本与上章连篇,鲍本另列一章,据文义从鲍本。

②驰:奔走。

③"今楚"两句:可是现在楚国并不见得对秦国更加友好,却对陈轸友善,如此看来,陈轸是为了自己,而不是为了秦国。　加:益,更。

④去:离。　之:至。

⑤听:高注:"察也。"犹言注意审察。

⑥信乎:是真的吗? 信:真,实。

⑦行道之人:过路的人。

⑧孝己:相传是<u>殷王</u><u>高宗</u><u>武丁</u>之子,侍亲一夜五起,视衣之厚薄,枕之高下,甚"爱其亲"。"亲"指后母。 <u>史记</u><u>陈轸列传</u>"曰"作"昔",下章作"昔者"。疑"曰"字当为"昔"字之残缺。

⑨子胥:<u>伍员</u>字子胥,<u>楚平王</u>(前528年—前516年在位)大夫<u>伍奢</u>之子。<u>平王</u>信谗,杀害<u>伍奢</u>及其长子<u>伍尚</u>。<u>伍员</u>逃<u>吴</u>,助<u>吴王</u><u>阖闾</u>伐<u>楚</u>,战于<u>柏举</u>,入<u>楚</u>都<u>郢</u>。<u>子胥</u>掘<u>平王</u>尸,鞭之,以报父兄之仇。<u>阖闾</u>卒,子<u>夫差</u>立,伐<u>越</u>破之,<u>越</u>请和,<u>子胥</u>谏一举灭之,<u>夫差</u>不听,与<u>越</u>和。后<u>子胥</u>屡谏伐<u>越</u>,<u>吴王</u>终不纳。吴太宰<u>嚭</u>得<u>越</u>贿,谗<u>子胥</u>,<u>夫差</u>赐剑令其自杀。<u>子胥</u>谓人曰:"抉吾眼,悬诸<u>吴</u>东门,以视<u>越</u>人之入灭<u>吴</u>也。"遂自刭死。后九年,<u>越</u>果灭<u>吴</u>。事在前473年。<u>史记</u>有<u>伍子胥列传</u>。 <u>姚</u>校:"<u>钱</u>、<u>刘</u>无'乎'字。" <u>建章</u>按:<u>类说</u>引无"乎"字,下章亦为"忠其君",与前句"爱其亲"一律,当衍"乎"字。

⑩"卖仆妾"句:卖仆妾如果能卖给邻里(因为邻里都了解其善良与否),这才是好仆妾。 闾巷:古时二十五家为闾,闾巷犹邻里,犹弄堂、胡同之类。

⑪"出妇"句:嫁女人如果能嫁给乡里(因为乡里都了解其善良与否),这才是好女人。 乡曲:乡村僻野之处,亦犹闾巷之义。

⑫"忠"字系"恿"字之形误。<u>论语</u><u>泰伯</u>"乱邦不居"<u>何</u>引<u>包</u>曰:"乱谓臣弑君,子弑父",<u>陆德明</u><u>经典释文</u>:"恿,植邻反,古'臣'字,本今作'臣'。"<u>论语</u><u>阮元</u>校勘记:"<u>唐书</u>所载<u>唐天后</u>撰字中有'恿'字。<u>钱大昕</u>说'<u>战国策</u>恿字乃草书臣字之讹。'"

⑬且:尚且。 见弃:被抛弃。

⑭适:去,往。

⑮<u>鲍</u>本"必"作"止",无"也"字。 <u>黄丕烈</u><u>战国策札记</u>:"今本

'必'作'止'。" 金正炜战国策补释:"'必'与'毕'古通用,尔雅释天'浊谓之毕'李注'毕,止也。'疑即'毕'之借字。" 建章按:管子版法解"百事尽止,往事毕登",王念孙读书杂志:"宋本'毕'作'必',古字假借也。(立政篇'小大必举',列子杨朱'无不必致之',秦策'四国必从','必'并与'毕'同。)"墨子所染"五入必",孙诒让间诂:"'必'读为'毕'左隐元年传'同轨毕至',白虎通义崩薨篇引'毕'作'必',是其证。"则"必"同"毕","毕"有尽、竟、终义,故可训"止"。依金说,不必改字。

此句言:于是就挽留了陈轸。

十三 陈轸去楚之秦章

陈轸去楚之秦①。张仪谓秦王曰②:"陈轸为王臣,常以国情输楚③。仪不能与从事④,愿王逐之。即复之楚⑤,愿王杀之。"王曰:"轸安敢之楚也⑥!"

王召陈轸告之曰:"吾能听子言⑦,子欲何之?请为子(车约)〔约车〕⑧。"对曰:"臣愿之楚。"王曰:"仪以子为之楚,吾又自知子之楚。子非楚,且安之也?"轸曰:"臣出,必故之楚⑨,以顺王与仪之策⑩,而明臣之楚与不也⑪。楚人有两妻者⑫,人诳其长者⑬,〔长者〕詈之⑭;诳其少者,少者许之。居无几何⑮,有两妻者死。客谓诳者曰:'汝取长者乎⑯,少者乎?','取长者。'客曰:'长者詈汝,少者和汝⑰,汝何为取长者?'曰:'居彼人之所⑱,则欲其许我也;今为我妻,则欲其为我詈人也。'今楚王明主也⑲,而昭阳贤相也⑳。轸为人臣,而常以国〔情〕输楚㉑,(王)〔楚〕王必不留臣㉒,昭阳将不与臣从事矣。以此明臣之楚与不。"

轸出，张仪入，问王曰："陈轸果安之？"王曰："夫轸天下之辩士也㉒，孰视寡人曰㉓：'轸必之楚。'寡人遂无奈何也㉔。寡人因问曰：'子必之楚也，则仪之言果信矣㉕。'轸曰：'非独仪之言也，行道之人皆知之。昔者，子胥忠其君㉖，天下皆欲以为臣；孝己爱其亲㉗，天下皆欲以为子。故卖仆妾不出里巷而取者，良仆妾也；出妇嫁于乡里者，善妇也㉘。臣不忠于王，楚何以轸为〔臣乎？〕忠尚见弃，轸不之楚，而何之乎㉙？'"王以为然，遂善待之㉚。

【注释】

①陈轸：见第十一章注①。

②张仪：见第五章注①。　秦王：惠文王，见第一章注⑱。

③国情：国家机密。　输：高注"语也"。犹告，泄漏。

④从事：共事。

⑤即：若，如。

⑥安：何，怎么。

⑦能：裴学海古书虚字集释卷六："犹'得'也。"

⑧黄丕烈战国策札记："今本、鲍本'车约'作'约车'，案'约车'是也。"　建章按：秦策二第一章"王其为臣约车并币"，齐策三第一章"乃约车而暮去"，齐策四第一章"于是约车治装"。当据今本、鲍本改作"约车"。

⑨故：固，本来。

⑩"以顺"句：这样符合大王和张仪的谋略。　顺：从，合。策：谋。

⑪"而明臣"句：而且证明我到底是否与楚国是朋党。　之：吕氏

<u>春秋季夏纪音初</u>高注:"其也。"　与:同党。　不:同"否"。

⑫两妻:当一妻一妾。

⑬<u>诽</u>:<u>说文</u>:"相呼诱也。"<u>段玉裁</u>注:"后人多用'挑'字。"即"勾引"。

⑭<u>姚</u>校:"一本更有'长者'二字。"　<u>鲍</u>本复"长者"二字。　<u>建章</u>按:此当是"长者ヽヽ"传写误脱"ヽヽ",见<u>东周策</u>第二章注⑮。当据一本及<u>鲍</u>补"长者"二字。　詈(lì 利):骂。

⑮居无几何:待了没多久。　居:处,待。

⑯取:通"娶"。

⑰和(hè 贺):应和,答应。

⑱"居彼人"以下四句:处在她当时的地位,我希望她同意我;现在要当我的妻子了,我就希望她为我骂那些勾引她的人。　居:处。　所:地位。　<u>鲍</u>注:以国"情输<u>楚</u>,犹许者也。轸诚有此,则今之<u>楚</u>,<u>楚</u>必不欲也"。

⑲<u>楚王</u>:<u>怀王</u>,见第八章注③。

⑳<u>昭阳</u>:曾为<u>楚</u>国的令尹,相当别国的相国。战国时,<u>楚</u>国始终未设相国,此言"相"是以他国制度相比。

㉑<u>鲍</u>本"国"下补"情"字。　<u>建章</u>按:上文作"国情",<u>长短经</u>亦作"国情"。当补"情"字。

㉒<u>姚</u>校:"'王',<u>刘</u>作'楚'。"　<u>鲍</u>改上"王"字作"楚"。　<u>于鬯</u>战国策注:"改'楚'当是,盖本重'楚'字,而误重'王'字耳。"　<u>建章</u>按:<u>于</u>说是。当据<u>姚</u>校改"楚"下"王"作"楚"。

㉓辩士:有辩才的人,即"说客""游说之士"一类的人。

㉔孰视:仔细地注视。

㉕无奈何:没办法。

㉖"子必"两句:你果然到<u>楚</u>国去,那么,<u>张仪</u>的话是真的了。

㉗<u>子胥</u>:见第十二章注⑨。

㉘孝己:见第十二章注⑧。

㉙"故卖仆妾"句以下可参看第十二章注⑩、⑪。

㉚高于"楚何以"下注:"欲为臣乎。" 姚于"尚"上校:"一本更添一'忠'字。"又于"何之乎"下校:"集与此本同,曾'臣不忠于王,楚何以为臣乎?轸为忠见弃,轸不之楚而何之乎'。""而何之乎"下横田惟孝战国策正解云:"'轸出'至此疑当在前章末,盖错简。" 建章按:(1)"楚何以"下之高注"欲为臣乎"恐非高注,疑为正文,而"轸"误为"欲"耳。果如此,则正文"轸为"二字为衍文。(2)据姚校"一本更添一'忠'字"及所引曾本以及上章"非独仪知之也"一段看,此文当是"楚何以轸为恶(唐武后新造"臣"字)乎?忠尚见弃,轸不之楚,而何之乎?"(见第十二章注⑫)(3)疑"轸出"一段当在上章"何适乎"之后。秦王复述孝己、子胥之事正是前章第二段陈轸之言。

㉛善待之:优待陈轸。

战国策注释卷四

秦　策　二

一　齐助楚攻秦章

齐助楚攻秦，取曲沃①。其后，秦欲伐齐，齐、楚之交善，惠王患之②，谓张仪曰③："吾欲伐齐，齐、楚方欢，子为寡人虑之，奈何④？"张仪曰："王其为臣约车并币⑤，臣请试之。"

张仪南见楚王⑥，曰："弊邑之王所（说甚）〔甚说〕者无大大王⑦，唯仪之所甚愿为臣者亦无大大王⑧；弊邑之王所甚憎者（亦）无（先）〔大〕齐王⑨，唯仪之〔所〕甚憎者亦无大齐王⑩。今齐王之罪，其于弊邑之王甚厚⑪。弊邑欲伐之，而大国与之懽，是以弊邑之王不得事令⑫，而仪不得为臣也。大王苟能闭关绝齐⑬，臣请使秦王献商、於之地，方六百里⑭。若此，齐必弱⑮，齐弱则必为王役矣⑯。则是北弱齐，西德于秦⑰，而私商、於之地以为利也⑱。则此一计而三利俱至^⑲。"

楚王大说，宣言之于朝廷，曰："不榖得商、於之田，方六百里^⑳。"群臣闻见者毕贺^㉑。陈轸后见，独不贺。楚王曰："不榖不烦一兵，不伤一人，而得商、於之地，〔方〕六百里^㉒，寡人自以为智矣。诸士大夫皆贺，子独不贺，何也？"陈轸对曰："臣见商、於之地不可得，而患必至也，故不敢妄贺^㉓。"王曰："何也？"对曰："夫秦所以重王者，以王有齐也^㉔。今地未可得，而齐先绝^㉕，是楚孤也。秦又何重孤国？且先出地〔后〕绝齐^㉖，秦计必弗为也^㉗；先绝齐后责地^㉘，且必受欺于张仪^㉙。受欺于张仪，王必惋之^㉚。是西生秦患，北绝齐交，则两国兵必至矣。"楚王不听，曰："吾事善矣，子其弭口无言，以待吾事^㉛。"楚王使人绝齐。使者未来^㉜，又重绝之^㉝。

张仪反^㉞，秦使人使齐。齐、秦之交阴合^㉟。楚因使一将军受地于秦^㊱。张仪至，称病不朝^㊲。楚王曰："张子以寡人不绝齐乎？"乃使勇士往詈齐王^㊳。张仪知楚绝齐也，乃出见使者，曰："从某至某广从六里^㊴。"使者曰："臣闻六百里，不闻六里。"仪曰："仪固以小人^㊵，安得六百里？"

使者反报楚王，楚王大怒，欲兴师伐秦。陈轸曰："臣可以言乎？"王曰："可矣。"轸曰："伐秦非计也。王不如因而赂之一名都^㊶，与之伐齐。是我亡于秦^㊷，而取偿于齐也^㊸，楚国不尚全(事)〔乎〕^㊹？王今已绝齐，而责欺于秦^㊺，是吾合齐、秦之交也，(固)〔国〕必大伤^㊻。"

楚王不听，遂举兵伐秦。秦与齐合，韩氏从之，楚兵大败于杜陵㊼。

　　故楚之土壤、士民非削弱，仅以救亡者，计失于陈轸，过听于张仪。〔计听知覆逆者，唯王可也㊽。计者，事之本也：听者，存亡之机㊾。计失而听过，能有国者寡也㊿。故曰："计有一二者难悖也㉠，听无失本末者难惑㉢。"〕

【注释】

①程恩泽国策地名考："秦曲沃在今河南省陕州西南四十里。"建章按：陕州即今河南省陕州县。前314年（周赧王元年）曲沃属秦（据史记六国年表、魏世家），次年，张仪相楚。则楚取曲沃当在此二年间事。杨宽战国史329页注①亦说"齐助楚攻秦曲沃之役，在张仪出使楚国欺诈楚王之前，当是楚怀王十六年或稍前的事。"与顾观光战国策编年说同。然杨又说："这年…齐国一面会合宋军进攻魏的酸枣，一面又帮助楚军深入魏地，一直攻到黄河南边的曲沃，包围驻守在曲沃的秦军。"（第329页）从其上文看，"这年"是指前312年，恐有误。此策或当在周赧王二年（前313年）。

②惠王：秦惠王，见秦策一第一章注⑱。

③张仪：见秦策一第三章注⑫。

④虑：谋。　奈何：该怎么办。

⑤其：表意愿的虚词。　约车：备车。　并：和，与。

⑥楚王：怀王，见东周策第八章注③。

⑦"弊邑之王"句：敝国君王最喜欢的人莫过于大王。　弊：同"敝"。　弊邑：对本国的谦称。　据史记楚世家及下文，"说甚"当作"甚说"。　说：同"悦"，与下文"憎"对。　大：易大过象："大者，过也。"即超过。

⑧"唯仪"句:就是我最愿意为臣的,也莫过于希望给大王您当臣。 王引之经义述闻卷二十五"以为唯未易灾之余而尝可也志不敬也"条说:"'唯'与'虽'古字通……'唯'为'虽'之借字。……秦策曰'弊邑之王所甚说者无大大王,唯仪之所甚愿为臣者,亦无大大王;弊邑之王所甚憎者,无先齐王,唯仪之所甚憎者,亦无先齐王',史记张仪传'唯'皆作'虽';史记汲黯传'弘、汤深心疾黯,唯天子亦不说也',汉书'唯'作'虽';汉书扬雄传解嘲'唯其人之赡知哉,亦会其时之可也',文选'唯'作'虽';又大戴礼虞戴德篇曰'君以闻之,唯某无以更也',墨子尚同篇曰'唯欲毋与我同将不可得也',荀子大略篇曰'天下之人,唯各特意哉,然而有所共予也',赵策曰'君唯释虚伪疾,文信尤且知之也',史记范雎传曰'须贾问曰:"孺子岂有客习于相君者哉?"范雎曰:"主人翁习知之,唯雎亦得谒。"'司马相如传曰'相如使时,蜀长老多言通西南夷不为用,唯大臣亦以为然',此皆古书借'唯'为'虽'之证。"

⑨据楚世家及下文,"亦"字衍。据前后文,"先"当作"大"。 齐王:宣王,见东周策第一章注④。

⑩据前后文,当补"所"字。

⑪"今齐王"两句:现在齐王对敝国君王犯下了大罪。 罪:得罪。厚:重,大。

⑫此连下句是说:这样,敝国君王就不能听从大王的号令,而我也不能做大王的臣下了。 高注:"令,善也;不得善事于楚王也。" 鲍注:"事,犹听从。" 王念孙读书杂志:"'不得事令'四字文不成义,高训'令'为'善'非也。"彼据史记楚世家改作"是以弊邑之王不得事王,而令仪不得为臣也。" 金正炜战国策补释:"'事'犹奉也,'事令'亦犹'奉令'。本文自通,不必改从史记。" 于鬯战国策注:"'事令'当谓事楚王之号令,高说

似难通。或策文本作'令事',故云然。<u>王念孙</u><u>杂志</u>据<u>楚世家</u>改策,聊备参。" <u>建章</u>按:"事""使"金文同字。<u>尔雅</u><u>释诂</u>"使,从也。"则"事令"即"从命"。又<u>左成二年传</u>"以役王命"注"役,事也。"则"事""役"义通。彼"役王命"即此"事(王)令"也。又<u>尔雅</u><u>释诂</u>:"事,服也。"<u>王引之</u><u>经义述闻</u>卷三十一:"'事'亦谓之'服'。"则"事""服"义通。"事令"即"服命"。且"事令"与下句"为臣"相对为文,不当谓"文不成义"。

⑬关:<u>齐</u>、<u>楚</u>两国交界之关口。 绝齐:与<u>齐</u>国绝交。

⑭秦王:<u>惠王</u>,见<u>秦策</u>一第一章注⑱。 商:今<u>陕西省</u><u>商州区</u>东有故"商"城。 於:今<u>河南省</u><u>内乡县</u>即故"於"城。 商於:指今<u>陕西省</u><u>商州</u>至<u>河南省</u><u>内乡县</u>一带地方。<u>史记</u><u>商君列传</u>"<u>卫鞅</u>既破<u>魏</u>,还,<u>秦</u>封之<u>於</u>、<u>商</u>十五邑,号为<u>商君</u>。"则"<u>商</u>、<u>於</u>之地方六百里"包括十五邑。

⑮齐必弱:<u>楚</u>、<u>秦</u>联合,<u>齐</u>无援助,故"<u>齐</u>必弱"。

⑯役:使唤,侍奉。

⑰德于秦:"<u>秦</u>欲伐<u>齐</u>",若<u>楚</u>与<u>齐</u>绝交,即助<u>秦</u>伐<u>齐</u>,故"德于<u>秦</u>"。 德:<u>高</u>注"恩也。"

⑱私商於之地以为利:以<u>商</u>、<u>於</u>之地为己利。 私:己。

⑲三利:指"弱<u>齐</u>""德于<u>秦</u>""私<u>商</u>、<u>於</u>之地以为利"。

⑳不榖:不善,古代人君自称的谦辞。或以为是"仆"的合音词,如"不律"之为"笔","之于"之为"诸"。 <u>鲍</u>本"田"作"地"。前后文皆作"地",此恐音误作"田"。

㉑<u>金正炜</u><u>战国策补释</u>:"<u>淮南</u><u>修务训</u>'而明弗能见者何'注:'见,犹知也。'又或涉下文'<u>陈轸</u>后见'而衍。" <u>杨树达</u><u>古书句读释例</u>:"<u>金</u>以'群臣闻见者毕贺'七字连读,故释'见'为'知',又疑'见'涉下而衍。二说皆非也。此当'闻'字为读。'闻'者,闻王之宣言也;'见'者,见王也。文义甚明。" <u>建章</u>按:<u>金</u>、<u>杨</u>

说皆未确。岂有闻王之宣言而不贺,见王始贺之理。吕氏春秋
孟冬纪异宝"名不可得而闻"注"闻,知也。"列子仲尼"所愿知
也"注"知,犹闻也。"吕氏春秋不苟论自知"知于颜色"注:"知,
犹见也。"说文"闻,知闻也。"荀子宥坐"鲁之闻人也"注:"闻
人,谓有名,为人所闻知者。""闻""知"互训,"闻""见"义同,
则"知闻""闻知""闻见""见闻"皆同义复词,"闻见"不当读
断。义即知道,得知,听说。　毕:皆,都。或曰"闻"与"见"两
种人皆贺。

㉒"地"下当补"方"字。

㉓妄贺:空贺,白贺。　妄:高注:"犹空也。"

㉔有齐:即"友齐",是说与齐国关系友好。　有:论语学而:"有
朋自远方来。"陆德明经典释文:"'有'本作'友'。"则"有"通
"友"。

㉕"齐先绝"即"齐交先绝",史记楚世家即作"齐交先绝"。

㉖史记楚世家"地"下有"而后"二字。　建章按:下文有"先绝齐
后责地",则此句"地"下当补"后"字。

㉗弗为:不成,不能实现。　为:广雅释诂三:"成也。"

㉘责:求,索。

㉙且:则。

㉚惋(wǎn 晚):怨恨。

㉛"吾事"三句:我的事已经妥当了,你就闭上你的口,无需多言,
等着我的好事成功吧。　其:此处表命令语气。　弭(mǐ 米)
口:住口。　弭:止。　无:王引之经传释词卷十:"勿也。"

㉜来:还,返。

㉝重:再。

㉞反:通"返"。

㉟阴合:秘密联合。

㊱因：则，即。

㊲不朝：不上朝。

㊳詈：骂。 史记楚世家："乃使勇士宋遗北辱齐王。"张照馆本史记考证说："战国策'遣勇士从宋遗齐王书，折券绝交'，又张仪传'使勇士至宋，借宋之符，北骂齐王'，则'宋遗'非人名也，疑当作'乃使勇士从宋遗书，北辱齐王'，落'从'字、'书'字。"（转引自泷川资言史记会注考证）张仪列传"乃使勇士至宋，借宋之符，北骂齐王"，梁玉绳史记志疑说："此语可疑，骂齐何必用符，而楚自有符，亦何借宋符乎？"张文虎校史记札记说："'借宋之符'句当有误，楚世家作'乃使勇士宋遗北辱齐王，……折楚符而合于秦'，则所使勇士姓宋名遗耳。"资治通鉴胡三省注说："既闭关绝约，则齐、楚之信使不通，故使宋遗借宋符以至齐。"建章按：张照所引战国策文，今本无。

㊴广从六里：即方六里，三十六平方里。 东西量为"广"，南北量为"从"。

㊵固：本来。 以：为。 小人：小人物。

㊶赂：给。 名都：大邑。

㊷亡：失。指失掉"一名都"。

㊸取偿于齐：从齐国取得补偿。

㊹楚国不尚全乎：楚国不还是完整无损吗？ 不尚：尚。"不"虚词，有加强反问语气的作用。 全：说文："完也。" 高注："'事'一作'乎'。" 建章按：高注无此体例，当是姚校混入者。吴师道亦误以为高注。此"事"字当改作"乎"。

㊺"王今"两句：大王现在已经和齐国绝交，而又责备受了秦国的欺骗。 责：责备。

㊻"是吾"两句：这是我们促使齐、秦联合，楚国必受大害。 姚校："曾'固'作'国'。"史记楚世家"固"作"国"。鲍改"固"为

"国"。　建章按:韩非子内储说上说六"当苗时,禁牛马入人田中,固有令",陈奇猷韩非子集释引王先慎说"'固'字赵本作'国'字,误。"是"国""固"易误。作"国"字胜。当从楚世家及曾本改"固"为"国"。

㊼杜陵:秦地,距今陕西省蓝田县近。

㊽计听知覆逆者唯王可也:善于听取意见,决定计谋,预知未来事变的人,即使称王于天下,也是可以做到的。　计听:善于听取别人的计谋。　覆逆:鲍注:"言不顺于理。"　张文燿战国策谭概引李蓘说:"事之未露曰覆;事之未至曰逆。"　张尚瑗战国策随笔:"事未形而揣之如射覆;形未见迎之如逆客。"　建章按:左庄十一年传"覆而败之"杜注:"覆,隐也。""隐"即所谓"事之未露""事未形"也。尔雅释言:"逆,迎也。"客未至而出迎,亦即"事之未至""形未见"之义。"知覆逆"即汉书伍被传"聪者听于无声,明者见于无形"之义,颜注:"言智虑通达,事未形兆,皆预见之。"　王念孙读书杂志于下章说:"自'计听'以下五十一字,与上文绝不相属,此是著书者之辞,当在上篇'计失于陈轸,过听于张仪'之下。上篇言楚所以几亡者,由于计之失,听之过,故此即继之曰'计听知覆逆者,唯王可也',言人主计听能知覆逆者,虽王天下可也。下文云'计失而听过,能有国者寡也',亦承上篇而言。此篇所记陈轸之言,史记张仪列传有之,而独无'计听'以下五十一字,明是上篇之错简也。"横田惟孝战国策正解亦有此说。　建章按:细读下章,确如王念孙所言。依王说移下章"计听"以下五十一字于本章末。

㊾"计者"两句:遇事要反覆考虑,仔细琢磨,这是处事的根本;听取意见要善于选择,巧于决定,这是存亡的关键。　计:谋,虑。本:根本。　听:听取意见。　机:关键。

㊿"计失"两句:打错了主意,或听了错的意见,而能取得国家权

力，这样的事，实在少见。　而：抑，或。

(51)鲍注："一二，言反覆计之。"　有：通"又"。　悖：错，误。

(52)"计有一二"两句：决定计谋能反复琢磨，深思熟虑，这样就很难出错；听取意见不本末倒置，能按事物发展的客观规律办事，这样就很难被人迷惑。

二　楚绝齐齐举兵伐楚章

楚绝齐①，齐举兵伐楚②。陈轸谓楚王曰③："王不如以地东解于齐，西讲于秦④。"

楚王使陈轸之秦。秦王谓轸曰⑤："子秦人也⑥，寡人与子故也⑦。寡人不佞⑧，不能亲国事也⑨，故子弃寡人事楚王⑩。今齐、楚相伐，或谓救之便⑪，或谓救之不便，子独不可以忠为子主计，以其余为寡人乎⑫？"陈轸曰："王独不闻〔夫〕吴人之游楚者乎⑬？楚王甚爱之，病，故使人问之曰：'诚病乎⑭？意亦思乎⑮？'左右曰⑯：'臣不知其思与不思，诚思则将吴吟⑰。'今轸将为王'吴吟⑱'。王不闻夫管与之说乎⑲？有两虎诤人而斗者⑳，(管)〔下〕庄子将刺之㉑，管与止之曰：'虎者戾虫㉒，人者甘饵也㉓。今两虎诤人而斗，小者必死，大者必伤，子待伤虎而刺之，则是一举而兼两虎也㉔。无刺一虎之劳，而有刺两虎之名㉕。'齐、楚今战，战必败㉖。败，王起兵救之㉗，有救齐之利，而无伐楚之害。"

（计听知覆逆者，唯王可也。计者，事之本也；听者，存亡之机。计失而听过，能有国者寡也。故曰："计有一二者难悖也，听无失本末者难惑。"）㉘

【注释】

①楚绝齐:楚怀王受张仪之骗,与齐断交(事见第一章),在前313年,齐伐楚当在次年。　此策当在周赧王三年(前312年)。

②举兵:兴兵,发兵。

③陈轸:见秦策一第十一章注①。　楚王:怀王,见东周策第八章注③。

④解:和解。　讲于秦:与秦国和谈。　讲(gòu购):议和。

⑤秦王:惠王,见秦策一第一章注⑱。

⑥子:古时对人的尊称,非专指男子。礼记曲礼下:"子于父母,则自名也"。郑注"言子者通男女"。左庄二十八年传:"小戎子生夷吾"注:"子,女也"。疏:"凡言子者通男女也。"诗大雅大明:"长子维行"注:"长子,长女也"。现在日本妇女的名字称"××××子"。　秦人:陈轸是夏人,因曾在秦工作,故言"秦人"。

⑦故:旧交,老相识。

⑧不佞(nìng宁):无才能;古时自谦之辞。

⑨不能亲国事:不善于处理国家大事。　亲:高注:"犹'知'也。"犹晓,善。

⑩故子弃寡人事楚王:所以让您离开了我,去给楚王服务。　弃:离去。　事:侍奉,服务。

⑪便:利。

⑫"子独"两句:您何不在为楚王效忠之余,也为我出点主意呢?　独:王引之经传释词卷六:"犹'何'也。"　子主:指楚怀王。

⑬下文"王不闻夫管与之说乎?"史记陈轸列传"王闻夫"云云,"闻"下皆有"夫"字,此当补。　夫:语助词,或作"彼"解亦可。　吴:姬姓,始祖是周太王之子太伯、仲雍。有今江苏省大部和浙江省、安徽省的一部分,建都于吴(今江苏省苏州市),前473年为越所灭。　游:做官。

⑭诚：真。

⑮意：同"抑"，或者。　意亦：即"意"。王引之经传释词卷三："亦，语助"。

⑯左右：近臣。

⑰吴吟：吴声。是说一个人在异乡，苦闷或生病时，往往不自觉地发出乡音。表现出思乡之情，或思旧之情。

⑱为王吴吟：为大王发出思旧之情。意思是说，他会想到他们的旧关系的。

⑲说：言。

⑳诤：通"争"。

㉑卞庄子：鲁国勇士。论语宪问、荀子大略、史记陈轸列传、新序义勇皆作"卞庄子"，类说引亦作"卞庄子"。此作"管"，疑因"管与"字而误。

㉒戾(lì 厉)虫：贪暴的野兽。

㉓甘饵：美味的食物。　饵：糕饼，或指一般的食物。

㉔兼：高注"得也"。

㉕名：称誉。

㉖败：吕氏春秋审分览君守高注："伤也。"

㉗起：发。

㉘此五十一字与上文在内容上无联系，当是错简，已移至第一章末，见彼注㊾。

三　秦惠王死公孙衍欲穷张仪章

秦惠王死①，公孙衍欲穷张仪②。李雠谓公孙衍曰③："不如召甘茂于魏④，召公孙显于韩⑤，起樗里子于国⑥。三人者，皆张仪之仇也，公用之，则诸侯必见张仪之无秦矣^⑦。"

【注释】

①秦惠王:见秦策一第一章注⑱。其死在周赧王四年(秦惠王更
　元十四年,前311年)。

②公孙衍:即犀首,见秦策一第十章注⑧。　穷:困,为难。　张
　仪:见秦策一第三章注⑫。

③李雠:秦国人。

④甘茂:见东周策第二章注⑧。

⑤公孙显:秦国人。

⑥起樗里子于国:樗里子在秦国重新被任用。一说"国"指樗里子
　的封邑。　起:起用,重新任用。　樗里子:见西周策第三章
　注①。

⑦见:犹"知",见第一章注㉑。　无秦:无秦权,即在秦国失权失
　宠。

四　义渠君之魏章

义渠君之魏^①,公孙衍谓义渠君曰^②:"道远,臣不得复
(过)〔遇〕矣^③,请谒事情^④。"义渠君曰:"愿闻之。"对曰:
"中国无事于秦^⑤,则秦且烧(焫)〔焫〕获君之国^⑥;中国为有
事于秦^⑦,则秦且轻使重币而事君之国也^⑧。"义渠君曰:
"谨闻令^⑨。"

居无几何^⑩,五国伐秦^⑪。陈轸谓秦王曰:"义渠君者,
蛮夷之贤君^⑫,王不如赂之,以抚其心^⑬。"秦王曰:"善。"因
以文绣千匹^⑭,好女百人,遗义渠君^⑮。义渠君致群臣而谋

曰⑯:"此乃<u>公孙衍</u>之所谓也⑰。"因起兵袭<u>秦</u>⑱,大败秦人于<u>李帛</u>之下⑲。

【注释】

①<u>义渠</u>:<u>义渠</u>国,有今<u>陕西省</u>北部和<u>甘肃省</u>的东北部、<u>泾水渭水</u>以北地。<u>义渠</u>君至<u>魏</u>,在<u>周慎靓王</u>三年(<u>秦惠文王</u>更元七年,<u>魏襄王</u>元年,前318年)。

②<u>公孙衍</u>:见<u>秦策</u>一第十章注⑧。

③过:<u>高</u>注"见也"。 <u>金正炜</u>战国策补释:"'过'字疑当作'遇',<u>尔雅</u>释诂'遇,见也。'<u>国语</u><u>晋语</u>'遇兆'<u>韦</u>注'遇,见也。'<u>吕览</u>不屈篇'今<u>惠子</u>之遇我尚新'<u>高</u>注'遇,见也。'此策文、注并疑'遇'字之讹。<u>列子</u>天瑞篇'过<u>东郭先生</u>问焉'释文:'过,一作遇。'<u>庄子</u>渔父篇'今者<u>丘</u>得过也'释文'过,本作遇。'并为证。"<u>建章</u>按:<u>墨子</u>经说上"以其知过物",<u>于省吾</u>双剑誃诸子新证"<u>孙诒让</u>谓'过,疑当作遇',按宝历本正作'遇'。"<u>墨子</u>贵义"遇日者"<u>毕沅</u>注"<u>文选</u>辨命论注引'遇'作'过'。"<u>孙诒让</u><u>墨子</u>间诂"事物纪原引亦作'过'。"<u>于省吾</u>双剑誃诸子新证"宝历本'遇'作'过'。"<u>淮南子</u>氾论训"夫动静得则患弗过也"<u>王念孙</u>读书杂志:"'过',当从<u>刘</u>本、<u>朱</u>本作'遇',字之误也。"皆可证"遇""过"因形似而易误。当依<u>金</u>说改"过"作"遇"。说文"遇,逢也。""不得复遇"即不能再见(逢)。

④谒:告。 情:<u>高</u>注"实也"。

⑤中国:指<u>赵</u>、<u>魏</u>、<u>韩</u>、<u>楚</u>、<u>燕</u>、<u>齐</u>六国。 事:战事。

⑥且:将。 烱:<u>广雅</u>释诂二:"爇也。"<u>王念孙</u>疏证:"烱,即爇字也。""内"与"丙"易误,故"烱"误为"烱"。 <u>史记</u><u>张仪</u>列传索隐引策文无"获"字,<u>高</u>注亦不释"获",下句"事君之国"无"获"字,疑"获"字误衍。 "中国无事"两句:六国如果不进攻<u>秦</u>

国,则秦国就要烧掠贵国。

⑦为:王引之经传释词卷二:"犹'如'也。"

⑧"中国为有事"两句:六国如果进攻秦国,那么,秦国马上就备厚礼讨好贵国。 轻:迅疾,马上。 使:用,拿出。 重:吕氏春秋季春纪尽数高注:"犹'厚'也。" 事:奉,侍。

⑨谨:敬。 闻:受,听从。 令:教导。

⑩居无几何:待了不久。

⑪五国伐秦:史记六国年表秦惠王更元七年:"魏、韩、赵、楚、燕共伐秦。"又楚世家"怀王十一年(前318年)苏秦约从山东六国共攻秦,楚怀王为从长。"

⑫蛮夷:古时汉族对少数民族轻蔑之称。

⑬赂:赠送。 抚:安慰。

⑭因:乃,就。 以:拿,用。 文:同"纹"。

⑮遗:赠送。

⑯致:召集。周礼小司寇:"以致万民而询焉。"郑注:"致万民,聚万民也。"

⑰谓:言。 所谓:指前文公孙衍对义渠君说的一番告诫的话。

⑱起兵:发兵。 袭:出其不意而进攻。

⑲李帛:地名,无考。又作"李伯"。前317年,义渠乘"五国伐秦"之机,起兵袭秦,大败秦军于李帛。

五　医扁鹊见秦武王章

医扁鹊见秦武王①,武王示之病②。扁鹊请除③。左右曰④:"君之病在耳之前,目之下,除之未必已也⑤,将使耳不聪⑥目不明。"君以告扁鹊⑦。扁鹊怒而投其石⑧,〔曰:〕⑨"君与知(之)者谋之,而与不知者败之⑩。使此知秦国之政也,则君一举而亡国矣^⑪。"

【注释】

①扁鹊:据史记扁鹊列传"扁鹊者,勃海郡郑人也,姓秦氏,名越
人。"勃海,今河北省沧县一带。集解引徐广说"郑,当为'鄚',
鄚,县名,今属河间。"扁鹊列传所言扁鹊事迹,时代多所牴牾。
传说黄帝时有医生扁鹊,后人即以"扁鹊"称"秦越人"或其他
良医,不必指一时代,或一人。 秦武王:惠王子名荡,秦国第
三十一君,前310年—前307年在位。

②示:告诉。 之:指扁鹊。

③除:治疗,医治。

④左右:近臣。

⑤已:止,愈。

⑥聪:听觉灵敏。

⑦君以告扁鹊:古汉语介词宾语如为代词,习惯上往往省去,此即
"君以之告扁鹊",即君以左右之言告扁鹊。

⑧石:石针,古时外科医疗工具,用石磨成石针或石刀,用来破痈
疽,除脓血。黄帝内经素问病能论:"夫气盛血聚者,宜石而泻
之。"王冰注:"石,砭石也,可以破大痈出脓。"后汉书赵壹传:
"针石运乎手"注:"古者以砭石为针。"

⑨姚校:"刘本'石'下有'曰'字。" 鲍本"石"下补"曰"字。
建章按:太平御览卷七三八疾病览一引"石"下有"曰"字。当
据刘本、太平御览引补"曰"字。

⑩"君与知者"两句:君王同聪明的人商量,又同不聪明的人败
坏。 姚校:"一本无'之'字。" 建章按:太平御览引作"君与
智者谋之,而与不智者败之"。"知"与"智"古通用。当据一
本、太平御览引删"知"下"之"字。 知者:聪明人。 谋:商

量。　败:败坏。

⑪"使此知"两句:因此可以了解到秦国的内政,那么,君王此举就
要亡国。　使:裴学海古书虚字集释卷九:"犹'以'也。"则"使
此"即"以此""因此"。

六　秦武王谓甘茂章

秦武王谓甘茂曰①:"寡人欲车通三川以窥周室②,而寡
人死不朽乎③。"甘茂对曰:"请之魏,约伐韩。"王令向寿
辅行④。

甘茂至魏,谓向寿〔曰〕⑤:"子归告王曰:'魏听臣矣,
然愿王勿攻也。'事成尽以为子功。"向寿归以告王。王迎
甘茂于息壤⑥。

甘茂至,王问其故,对曰:"宜阳大县也,上党、南阳积
之久矣,名为县,其实郡也⑦。今王倍数险⑧,行千里而攻
之⑨,难矣。臣闻张仪西并巴、蜀之地⑩,北取西河之外⑪,南
取上庸⑫,天下不以为多张仪⑬,而贤先王⑭。魏文侯令乐羊
将,攻中山⑮,三年而拔之⑯。乐羊反,而语功⑰。文侯示之
谤书一箧⑱,乐羊再拜稽首曰⑲:'此非臣之功,主君之力
也⑳。'今臣羁旅之臣也㉑,樗里疾、公孙衍二人者,挟韩而
议㉒,王必听之。是王欺魏㉓,而臣受公仲(侈)〔朋〕之怨
也㉔。昔者,曾子处费㉕,费人有与曾子同名族者而杀人㉖。
人告曾子母曰:'曾参杀人。'曾子之母曰:'吾子不杀人。'
织自若㉗。有顷焉㉘,人又曰:'曾参杀人。'其母尚织自若
也。顷之,一人又告之曰:'曾参杀人。'其母惧,投杼逾墙

而走㉒。夫以曾参之贤与母之信也㉚,而三人疑之,则慈母不能信也㉛。今臣之贤不及曾子,而王之信臣又未若曾子之母也。疑臣者不适三人㉜,臣恐王为臣之投杼也㉝。"王曰:"寡人不听也。请与子盟。"于是与之盟于息壤。

果攻宜阳㉞,五月而不能拔也。樗里疾、公孙衍二人在,争之王㉟。王将听之,召甘茂而告之。甘茂对曰:"息壤在彼㊱。"王曰:"有之。"因悉起兵,复使甘茂攻之,遂拔宜阳㊲。

【注释】

①秦武王:见第五章注①。　甘茂:见东周策第二章注⑧。

②"车"字疑是"东"字之误。　三川:见西周策第十二章注⑨。

　窥周室:是说灭掉周王室;但不正面说,而隐蔽其意,说"窥周室"。　窥:偷着察看。

③史记甘茂列传泷川资言考证:"言虽死,其身不朽也,当时套语。"　于鬯战国策注:"左襄二十四年传言'死而不朽',有'立德、立功、立言'之说,秦武盖志在立功。然此言'死不朽',或但谓如其欲而死,不必拘'三不朽'说,秦纪作'死不恨矣'即可证。茂传言'拔宜阳……武王竟至周而卒于周',应此言也。"建章按:诸说皆未确。左成三年传"寡君之以为戮,死且不朽",孔疏:"正义曰'怀荷君恩,身虽死而朽腐,此恩不朽腐也;死尚不朽,以示其至死不忘也。'"左成十六年传"君赐臣死,死且不朽",言虽死亦感君恩,而无怨,即不忘君也。管子小匡,管仲自鲁归齐,"桓公亲迎之郊,……管仲再拜稽首曰'应公之赐,杀之黄泉,死且不朽。'"注:"言君赐之死,尚感恩不朽,况生之乎。"此言秦武王欲使甘茂攻宜阳,窥周室,果遂其愿,至死不忘甘茂

也,故言"死不朽"。　而:王引之经传释词卷七"犹'则'也。"
乎:裴学海古书虚字集释卷四"犹'矣'也"。

④向寿:秦昭王母宣太后娘家的亲戚,武王时已为亲信。武王使
向寿与甘茂同往,似有监视之意。　辅行:副使。

⑤史记甘茂列传"寿"下有"曰"字,新序杂事二"寿"下有"曰"
字。　建章按:"谓……曰"古书及策文屡见,此已为固定句式。
"寿"下当补"曰"字。

⑥以告王:把甘茂说的那番话告诉秦王。"以"后省掉介词宾语
"之"。　息壤:可能是靠近魏国的秦邑。

⑦"甘茂至"句以下:甘茂到了息壤,武王问为何不攻韩国,甘茂回
答说:"宜阳是韩国的大县,是上党、南阳两郡间贸易的要道,长
期以来,在宜阳积聚两郡的人力和财物,名义是县,实际相当一
个郡。"　宜阳:今河南省宜阳县。　上党:见西周策第十一章
注②。　南阳郡:今河南省南阳市附近一带地区。　积:聚积
的商人和货物。

⑧倍数险:面临重重险阻。　倍:通"背"。背:楚辞惜诵王注:
"违也。"引申为"面临"。

⑨秦都咸阳至宜阳,不足千里。此言"千里",取其整数,亦夸张
之词。

⑩张仪:见秦策一第三章注⑫。　巴蜀:见秦策一第二章注②。

⑪西河之外:见秦策一第十章注⑤。

⑫上庸:史记秦本纪正义:"括地志云:'上庸,今房州竹邑县及金
州是也。'"又楚世家正义又云,"谓房、金、均三州。"今湖北省
西北部及陕南东部之地。详程恩泽国策地名考。

⑬以:因。　为:裴学海古书虚字集释卷二:"犹'而'也。"　多:
说文:"重也。"看重,尊重。

⑭连上句是说,诸侯并不因此就赞扬张仪之能,却称颂先王之

贤。　贤:以……为贤。　先王:指秦惠王。

⑮魏文侯:名斯,魏国第一君,前446年—前397年在位。　令:
派。　乐羊:魏文侯将。　将:领军。　中山:见中山策。

⑯三年而拔之:魏文侯三十八年(前408年)始攻中山,四十年灭
中山,历时三年。史记魏世家"文侯十七年伐中山",据郭沫若
中国史稿(二)、陈梦家六国纪年、杨宽战国史附录战国大事年
表、徐中舒先秦史论稿,魏文侯元年当周贞定王二十四年,前
446年,则魏文侯十七年当前429年。顾颉刚战国中山国史札
记(遗稿)依史记六国年表魏文侯十七年为前408年,李学勤平
山墓葬群与中山国的文化一文说:"公元前408年,魏文侯进攻
中山,历时共三年,前406年中山被灭。"陈应祺略谈灵寿古城
址所反映中山国的几个问题(见中国考古学会第三次年会论文
集,1981年)、刘宝才中山国亡于崇儒说献疑(文博1986年3
月)两文均以史记六国年表定魏文侯伐中山在前408年,灭中
山在前406年。　拔:攻下,取得。

⑰反:通"返"。　语功:称说自己的战功。　语:说文"论也"。

⑱文侯示之谤书一箧:魏文侯拿出一箱群臣批评乐羊攻中山的意
见书给他看。　示之:给他看。　示:古与"视"通。　谤书:群
臣背地诽谤乐羊进攻中山的书简。　箧:盛物的器具,大曰箱,
小曰箧。

⑲孟子万章下"北面稽首再拜而不受","再拜稽首而受",杨伯峻
孟子译注:"拜头至地谓之稽首;既跪而拱手,而头俯至于手,与
心平,谓之拜。再拜,拜两次。再拜稽首,谓之吉拜,表示接受
礼物;稽首再拜,谓之凶拜,此处则表示拒绝礼物。说详阎若璩
释地又续及段玉裁经韵楼集释拜。"此言乐羊接受魏文侯的批
评,自觉"语功"之不当。

⑳主君之力:魏文侯接"谤书"而不疑乐羊,使能立功,故言"主君

之力。"

㉑羁旅：长期寄居他乡。

㉒樗里疾：见西周策第三章注①。　公孙衍：于鬯战国策注据潘
　　和鼎说："策所言公孙显、公孙赫实是一人，而此公孙衍亦作'公
　　孙赫'，又作'公孙显'。"又说："此作'衍'者，'显'之假借；或
　　作'郝'者，'郝'、'赫'通用；史作'奭'者，亦通假字，尔雅释训
　　'赫赫'释文引舍人'本作"奭"'，说文'奭读若赫'，是其证。然
　　则此作'衍'，史作'奭'，均不误。"　建章按：潘说可信。本书
　　有数处与攻宜阳有关者，公孙郝、公孙赫、公孙衍与樗里疾连
　　提：秦策二第八章"今攻宜阳而不拔，公孙衍、樗里疾挫我于
　　内"。赵策一第十三章"秦王欲得宜阳，不爱名宝，且拘茂也，且
　　以置公孙赫、樗里疾"。韩策三第十二章"公孙郝、樗里疾请无
　　攻韩"。则此"公孙郝""公孙赫""公孙衍"当指一人。"奭"
　　"赫"互为通假，见说文"奭"下段注。　挟：持，依仗。　挟韩：
　　公孙衍、樗里疾的母亲都是韩国人，他们仗着和韩这种关系。
　　议：评论；有"从中作梗"的意思。

㉓欺魏：已与魏约伐韩，因樗里疾、公孙衍从中作梗，而中止伐韩，
　　故言"欺魏"。

㉔鲍改"佟"作"朋"曰："'朋'，公仲名，此书后或名'朋'，或名
　　'佟'；'佟''朋'字近故误，史并作'佟'。然韩策言'公仲佟'
　　又言'韩佟'，为两人，今定公仲名'朋'，别'韩佟'也。"　王念
　　孙读书杂志："引之曰'史记作"冯"，冯、朋声相近，则作"朋"者
　　是也，艺文类聚宝部下引六韬曰"九江得大贝百冯"，鸿烈道应
　　篇作"大贝百朋"，是"朋""冯"古字通也。其作"佟"者，乃
　　"佣"字之讹，"佣""朋"古字亦通。韩子十过篇及汉书古今人
　　表并作"公仲朋。"'"读书杂志补遗："管子形势解篇'左右朋党
　　比周，以壅其主'，亦讹作'佟'。"又"按韩子十过篇正作'公仲

朋’,韩策作‘公仲明’,古今人表作‘公仲用’。‘明’、‘用’皆
‘朋’之讹。”东周策第二章于鬯注及沈涛铜熨斗斋随笔说与王
念孙说大同。 建章按:据以上所引,韩相公仲名朋,又写作
“冯”(读“凭”),“冯”“朋”双声,字通。姚本有时讹作“明”,有
时讹作“佟”,史记甘茂列传集解引徐广曰“佟,一作‘冯’”,可
知“佟”原当作“朋”或“佣”,形似误为“佟”耳。 公仲朋为韩
相,甘茂伐韩,而武王中止,则公仲朋必认为伐韩非王之意,乃
甘茂之计,故茂“受公仲朋之怨也”。 怨:恨。

㉕曾子:名参,字子舆,鲁国人,孔丘的学生。 费(bì 秘):在今山
东省费县西南。

㉖族:亦氏,战国时姓、氏已混。此处“同名族”即“同名姓”。史
记甘茂列传“名族”即作“姓名”。泷川资言考证以为“史公易
以当时语,改为‘姓名’。”顾炎武日知录卷二十三“氏族”条说:
“战国时人,大抵犹称氏族,汉人则通谓之姓,然氏族之称犹有
存者。”原注说:“战国策:‘甘茂曰,昔者曾子处费,费人有与曾
子同名族者而杀人。’不言姓,而言族,可见当时未尝以氏为
姓也。”

㉗若:如。 织自若:照样织布。

㉘有顷焉:过了一会儿。下“顷之”同。

㉙投杼(zhù 祝):扔掉梭子。 逾墙:翻墙。 走:逃跑。 “投
杼逾墙而走”正写出其母惊惧慌急之状。

㉚信:信任曾参。

㉛慈母不能信:其母也疑惑而无言申辩。 信:通“伸”“申”。

㉜不适:不但,不只。 适(chì 翅):同“啻”,但,只。

㉝臣恐王为臣之投杼也:恐怕大王也会象曾参的母亲对曾参不信
任那样对我不信任。即“我担心大王会为我而‘投杼’啊!”
之:裴学海古书虚字集释卷九:“犹‘而’也。”

㉞"果"疑"东"字之误。此章首云"寡人欲车通三川",疑"车"乃"东"字之误,则此"东攻"似与前"东通"正有所呼应。然"果攻"亦通。 果:遂,于是。

㉟姚校:"'在',新序作'谗'。" 史记甘茂列传作"樗里子、公孙奭果争之",今新序同传,而"奭"作"子"。 建章按:前文甘茂举乐羊、曾参事,皆在于让武王警惕勿信谗言,传作"果",义长。王引之经传释词卷九:"之,犹'诸'也。"孙经世经传释词补:"诸,'之于'也。"如"在"作"果",则与"争之王"连读。则此句言,樗里疾、公孙衍果然在武王前争议。

㊱息壤在彼:这是甘茂提醒秦武王不要忘记"息壤之盟",是委婉含蓄的说法。下句"有之",即"有的",意思是说,我没有忘记"息壤之盟"。

㊲史记秦本纪"武王四年拔宜阳",前307年。

七 宜阳之役冯章谓秦王章

宜阳之役①,冯章谓秦王曰②:"不拔宜阳,韩、楚乘吾弊,国必危矣③。不如许楚汉中以欢之④。楚欢而不进,韩必孤,无奈秦何矣⑤。"王曰:"善。"果使冯章许楚汉中,而拔宜阳。楚王以其言责汉中于冯章⑥。冯章谓秦王曰:"王遂亡臣⑦。(固)〔因〕谓楚王曰⑧:'寡人固无地而许楚王⑨。'"

【注释】

①宜阳之役:秦、韩宜阳之战。 宜阳:今河南省宜阳县。 役:战事。 此周赧王八年事。

②冯章:秦臣。 秦王:秦武王,见秦策二第五章注①。

③"不拔"三句:如果宜阳攻不下,韩、楚两国联合,乘我兵力疲惫而进攻,则秦国必危。 弊:疲。

④不如许楚汉中以欢之:此言秦以"许楚汉中"为诱饵,使楚欢心,麻痹楚,不使楚助韩,以孤立韩。 许:答应给。 汉中:见秦策一第二章注②。

⑤无奈秦何:对秦国没有办法。

⑥楚王:怀王,见东周策第八章注③。 言:指冯章许楚汉中的诺言。 责:说文:"求也。"

⑦遂:就。 亡:使……逃亡。

⑧鲍本"固"作"因"。 黄丕烈战国策札记:"今本'固'作'因'。" 建章按:齐策二第二章"因与秦王约曰",姚校:"'因',刘作'固'。"齐策三第一章"君因不善苏秦",姚校:"'因',刘作'固'。"韩非子奸劫弑臣"不固其势"顾广圻说"藏本、今本'固'作'因'。"王先慎说"治要'固'作'因'。"陈奇猷韩非子集释:"长短经引'固'作'因'。"陈改"固"为"因"。"因""固"形近易互误。当依鲍本、黄引今本改"固"为"因"。 因:裴学海古书虚字集释卷二:"犹'则'也。"

⑨寡人固无地而许楚王:我本来没有答应割地给楚王。 "寡人"句乃冯章教秦王语。

八 甘茂攻宜阳章

甘茂攻宜阳①,三鼓之而卒不上②。秦之右将有尉对曰③:"公不论兵④,必大困⑤。"甘茂曰:"我羁旅而得相秦者⑥。我以宜阳饵王⑦。今攻宜阳而不拔,公孙衍、樗里疾挫我于内⑧,而公中以韩穷我于外⑨,是无伐之日已⑩!请明日鼓之,而不可下⑪,因以宜阳之郭为墓⑫。"于是出私金以益公赏⑬。明日鼓之,宜阳拔。

【注释】

①甘茂:见秦策一第六章注②。　宜阳:见第七章注①。

②鼓:古之行军,闻鼓则进,擂鼓为进攻之信号。　上:前进。

③右将:或为"右将军"的省称。　尉:或为"军尉"的省称,是右将的属官。　有:无义,语助,一般在名词之前,如"有夏","有周"之类。　对:上文无问,此"对"字疑衍。或当在下句"甘茂"下而误置于此。

④论兵:谓评论、明辨士卒之赏罚,即"论功行赏,以鼓士气"之义。

⑤困:困境。

⑥羁旅:见第六章注㉑。　得:能。　相秦:任秦相;"相"用作动词。此时甘茂为秦的左丞相。　此句言,我是一个寄居在秦国而现在能够当上秦国左丞相的人。

⑦我以宜阳饵王:意思是,我是要以进攻宜阳为诱饵,讨好武王。
甘茂此时为左丞相,伐韩攻宜阳如成功,可以巩固其相位,又可争取右丞相之位,且可使秦武王不忘其德。故以攻宜阳讨好武王,以收一举三得之功。

⑧公孙衍:当是公孙奭,非犀首,见第六章注㉒。　樗里疾:见西周策第三章注①。　挫:破坏。

⑨公中:即公仲,亦即公仲朋,见第六章注㉔。　穷:困。

⑩"今攻宜阳"句以下:现在攻不下宜阳,国内有公孙奭、樗里疾百般阻挠,国外有韩相国公仲朋大力抵抗,陷我于困境,这是我穷途末路的日子到了。　鲍注:"战功曰伐,言后不复立功。"　吴正:"一本作'无茂'是,盖字讹。"　于鬯战国策注:"'无茂'与下言'为墓'义相应。"　建章按:此取吴说。　已:裴学海古书

战国策注释

虚字集释卷一:"犹'也'也。"

⑪而:王引之经传释词卷七:"犹'如'也。" 可:能。 下:攻下。

⑫因以宜阳之郭为墓:就在宜阳城郊垒起我的坟墓。 因:则,就。 以:于,在。 郭:城郊。

⑬益:助,增,添补。

九 宜阳未得章

宜阳未得^①,秦死伤者众,甘茂欲息兵。左成谓甘茂曰^②:"公内攻于樗里疾、公孙衍^③,而外与韩侈为怨^④,今公用兵无功,公必穷矣^⑤。公不如进兵攻宜阳,宜阳拔,则公之功多矣。是樗里疾、公孙衍无事也^⑥,秦众尽怨之深矣^⑦。"

【注释】

①宜阳:见第七章注①。 得:义同"拔",即"攻下"。 此周赧王八年事。

②左成:秦臣。与甘茂亲近。

③樗里疾:见西周策第三章注①。 公孙衍:当是公孙爽,非犀首,见第六章注㉒。

④韩侈:即韩相公仲侈,"侈"当作"朋",见第六章注㉔。

⑤今:王引之经传释词卷五:"犹'若'也。" 必穷:东周策第二章:"甘茂羁旅也,拔宜阳而有功,则周公旦也;无功则削迹于秦。"此"必穷"即"削迹于秦"之义。

⑥无事:无所作为。 事:为,作为。 秦武王令甘茂攻宜阳,樗里疾、公孙爽"挟韩而议",二人"争之王";甘茂说,二人"挫我

于内”，左成又对甘茂说“公内攻于樗里疾、公孙奭”。所谓“无事”，指二人攻毁甘茂无济于事，不能得逞。

⑦尽：都。　之：指樗里疾、公孙奭。

十　宜阳之役楚畔秦而合于韩章

宜阳之役①，楚畔秦而合于韩②。秦王惧③。甘茂曰④：“楚虽合韩，不为韩氏先战⑤，韩亦恐战而楚有变其后⑥，韩、楚必相御也⑦。楚言与韩⑧，而不馀怨于秦⑨，臣是以知其〔相〕御也⑩。”

【注释】

①宜阳之役：见第七章注①。

②畔：通“叛”。　合：联合。　秦、韩宜阳之战，初，楚与秦结约；后，楚背秦约，又与韩结约，助韩。

③秦王：武王，见第六章注①。

④甘茂：见秦策一第六章注②。

⑤韩氏：韩国。　先战：打头阵。

⑥“韩亦恐战”句：韩国也担心秦、韩两国开战后，楚国或许在之后发生变故。　有：王引之经传释词卷三“犹‘或’也”。变：变故。

⑦相御：前文言楚不愿“为韩氏先战”，目的在于保存自己的实力；而韩国又怕与秦国开战，楚国在其后发生变故，与自己不利。说明楚、韩两国互不信任，各存戒心，互相防备，即所谓“相御”。　尔雅释言：“禦，禁也。”释文：“禦，本作御。”则“御”、“禦”古通用。国语周语中七：“所以禦灾也。”韦注：“禦，备

也。"则御:防备。

⑧与:联合,结盟。

⑨管子白心"骄之馀卑,卑之馀骄",于省吾双剑誃诸子新证:
"'馀'应读作'除'。'馀'、'除'并谐'余'声,古文亦并省作
'余',周礼委人'凡其馀聚以待颁赐'注:'馀,当为除。'史记屈
贾列传'馀何畏惧兮'索隐:'楚辞"馀"并作"余"。'吴仲山碑
'父有余财','余'即'馀'。诗小明'日月方除'笺:'四月为
除。'尔雅释天作'四月为余'。"则此"馀怨"即"除怨",易萃
"君子以除戎器",陆德明经典释文引王肃、姚、陆注"除,犹修
治。"则"馀怨"是修怨、结怨的意思。

⑩"楚言与韩"三句:楚国虽声称与韩国联合,而又不愿与秦国
结怨,所以我知道他们会各存戒心,互相观望。　臣:自称的
谦辞。　是以:因此,所以。　高注:"以是知其相御。"上文
言"韩、楚必相御"可见此脱"相"字,当据高注及上文补
"相"字。

十一　秦王谓甘茂章

秦王谓甘茂曰①:"楚客来使(者)多健〔者〕②,与寡人争
辞,寡人数穷焉③,为之奈何④?"甘茂对曰:"王勿患也,其
健者来使(者)⑤,则王勿听其事⑥,其需弱者来使⑦,则王必
听之。然则需弱者用,而健者不用矣,王因而制之⑧。"

【注释】

　　①秦王:武王,见第六章注①。　甘茂:见秦策一第六章注②。
此策顾观光系于周报王六年(前309年)。时甘茂初任左丞相。

②高注:"健者,强也。"　金正炜战国策补释:"高注无著'者'字之例,策文'者'字当在'健'字下,故注以'健者'为文。后文并以'健者'连文。"　建章按:金说是,当据高注及策文改。　健者:强者,能言善辩者。

③争辞:争论,争辩。　数(shuò 朔):屡次。　穷:窘,困。

④为之奈何:怎么办。

⑤吴补:"'者'字疑衍。"　黄丕烈战国策札记:"据下句'使'下无'者'字。"　建章按:类说引无"者"字。闵本注:"一本无'者'字。"当删"者"字。

⑥勿听其事:不受其职。　听:秦策二第十一章高注"从也,受也"。　事:说文"职也"。

⑦需:同"耎",即"软"字。朱骏声说文通训定声"需"字下说:"古'耎'旁、'需'旁字多相乱,盖篆字形近,其义亦近也。"又说:"或曰皆借为'嬬'、为'懦',或曰即本字之转注。俱通。左传释文'需、懦弱,迟疑也。'"则"需"可读"软",读"懦"。

⑧"然则"三句:这样,楚国就会派弱者出使我国,而不任用强者,大王就可以对付他们了。　制:驾驭,控制,对付。

十二　甘茂亡秦且之齐章

甘茂亡秦①,且之齐,出关遇苏子②,曰:"君闻夫江上之处女乎③?"苏子曰:"不闻。"曰:"夫江上之处女,有家贫而无烛者,处女相与语,欲去之④。家贫无烛者将去矣,谓处女曰:'妾以无烛故⑤,常先至,扫室布席⑥。何爱余明之照四壁者⑦? 幸以赐妾⑧,何妨于处女? 妾自以有益于处女,何为去我?'处女相与语以为然⑨,而留之。今臣不肖⑩,弃逐于秦而出关⑪，愿为足下扫室布席⑫，幸无我逐也⑬。"苏子曰："善。请重公于齐⑭。"

乃西说秦王曰⑮："甘茂贤人，非恒士也⑯；其居秦，累世重矣⑰。自殽塞、溪谷⑱，地形险易⑲，尽知之。彼若以齐约韩、魏，反以谋秦，是非秦之利也。"秦王曰："然则奈何？"苏(代)〔秦〕曰："不如重其贽⑳、厚其禄以迎之。彼来，则置之槐谷㉑，终身勿出，天下何从图秦？"秦王曰："善。"与之上卿㉒，以相〔印〕迎之齐㉓。甘茂辞不往。

苏秦伪谓〔齐〕王曰㉔："甘茂贤人也，今秦与之上卿，以相〔印〕迎之；茂德王之赐㉕，故不往，愿为王臣。今王何以礼之㉖？王若不留，必不德王。彼以甘茂之贤㉗，得擅用强秦之众，则难图也㉘。"齐王曰："善。"赐之上卿命而处之㉙。

【注释】

①甘茂：见秦策一第六章注②。 据史记甘茂列传说，秦昭王时，向寿、公孙奭谗甘茂，茂遂逃出秦国。时在周赧王九年（秦昭王元年，前306年）。 亡：逃。

②关：函谷关，见秦策一第二章注⑤。 苏子：据高注是"苏代"，据甘茂列传作"苏代"，然本章同是一人，却言"苏子""苏代""苏秦"。据唐兰苏秦事迹简表（见帛书战国纵横家书），前306年苏秦"侍燕质子于齐，因委质为齐臣。"则策中"苏代"或是当时人改者，而策中"苏秦"字或是未及改尽者。钱穆先秦诸子系年95节"附苏代苏厉考"说："此事在秦昭襄王元年。史记云'甘茂之亡秦奔齐，逢苏代，代为齐使于秦'，是其时以前，代当

仍仕于<u>齐</u>也。”

③夫:语助词。或解作"彼"亦可,即口语的"那"。下同。

④去:使离去,打发走。意即后文"幸无我逐也"之"逐"。

⑤妾:古时女子谦称自己曰"妾"。

⑥布席:铺席。古人在屋内坐在席上,故须先铺席。

⑦何爱余明之照四壁者:你们何必爱惜照在四壁上的一点余光呢?

⑧幸:希望。古时套语"承蒙"之义。

⑨然:是如此,是这样。

⑩不肖:无能,没出息。

⑪弃逐:驱逐。 弃:抛弃。 逐:赶走。

⑫愿:希望。 足下:称对方的尊敬之辞。古代下称上,同辈相称,皆可称"足下"。

⑬无我逐:即"无逐我"的倒装。古汉语否定句代词宾语一般置于动词前。 无:同"勿"。

⑭请重公于齐:我将设法让<u>齐</u>国尊重您。 重:尊重,尊敬。

⑮秦王:<u>昭王</u>,见<u>西周策</u>第一章注⑭。

⑯恒士:常人,一般人,普通人。

⑰累世:<u>甘茂</u>在<u>秦惠王</u>、<u>秦武王</u>、<u>秦昭王</u>三世做官,故言"累世"。累是"连续"的意思。 重:重用。

⑱殽(xiáo 淆):同"崤",崤山。 殽塞:指<u>函谷关</u>。 溪谷:疑即"槐谷",一作"鬼谷",即今<u>陕西省</u> <u>三原县</u>西二十里之<u>清谷</u>,亦作"清水谷"。

⑲险:险要。 易:平坦。

⑳贽:币;此指聘礼。古时聘礼,重者用玉帛,轻者用禽鸟。<u>仪礼</u> <u>士相见礼</u>注:"挚,所执以至者,君子见于所尊敬,必执挚,以将其厚意。"

槐谷:见注⑱。

㉒上卿:官位名,朝中最高级的官职。史记甘罗列传:"秦乃封甘
罗以为上卿"。

㉓姚校:"钱、一作'相印迎之'。"史记甘茂列传作"以相印迎之于
齐"。 建章按:秦策一第二章,苏秦说赵王,"赵王大悦,封为
武安君,受相印",齐策三第九章公孙戍对孟尝君说"小国所以
皆致相印于君者"。当以"相印"实物迎之。当据钱本、一本、甘
茂列传补"印"字。

㉔"伪""为"古通用,"为谓齐王曰"即"为甘茂谓齐王曰"。 姚
校:"一作'伪谓齐湣王曰'。"鲍彪于"王"上补"齐"字。 建章
按:前文未言何王,此独言"王",突如,当从鲍本补"齐"字。秦
昭王元年当齐宣王十四年。

㉕德:感激。

㉖何以礼之:即"以何礼之",意即用什么样的尊礼待他呢? 以:
用。 礼:用作动词,以礼对待。

㉗彼:同"夫",语助词。

㉘"彼以"三句:象甘茂那样贤能,能够统帅强秦的军队,秦国可就
难以对付了。 擅:专。

㉙赐之上卿命而处之:于是赐给甘茂封他为上卿的君令,让他留
在齐国。 文选曹植责躬诗"广命懿亲"李注:"尔雅曰'命,告
也'。尊君令谓之命"。则"命"即"君令"。 上卿命:当是封
甘茂为上卿的君令。 处:留,居。

179

十三 甘茂相秦章

甘茂相秦①,秦王爱公孙衍②,与之间有所(立)〔言〕③,
因自谓之曰④:"寡人且相子。"甘茂之吏道(而)〔穴〕闻之⑤,

以告甘茂⑥。甘茂因入见王⑦，曰："王得贤相，敢再拜贺⑧。"王曰："寡人托国于子，焉更得贤相⑨?"对曰："王且相犀首。"王曰："子焉闻之⑩?"对曰："犀首告臣。"王怒于犀首之泄也，乃逐之⑪。

【注释】

①甘茂：见秦策一第六章注②。　姚本连上为一章，鲍本另列一章，据文义，从鲍本。

②秦王：武王，见第六章注①。　公孙衍：即犀首，见秦策一第十章注⑧。

③间：私，密。　韩非子外储说右上"立"作"言"。王念孙荀子大略读杂志说："隶书'言'字或作'音'，因脱其半而为'立'。秦策'与之间有所言'，今本'言'讹作'立'。"横田惟孝战国策正解："一本'立'作'言'，韩子同。"　建章按："立"字无义，王说是，当据韩非子、横田惟孝引一本改"立"为"言"。

④"秦王爱"三句：秦王心爱公孙衍，和他有什么私房话要谈，于是亲自对他说。　自：亲自。

⑤甘茂之吏道穴闻之：甘茂的家臣从穴隙听到这番话。　鲍注："闻之于道。"　建章按：秦王与犀首所言为密语，何以能让人"闻之于道"。韩非子外储说右上所记"凿穴于王之所常隐语者"，当非臆造。"穴"字篆作"⋂"，"而"字篆作"⟅"，二形相似，不解"道穴"之义，乃改作"道而"。当据韩非子订正。吏：家臣。　道：由。　穴：孔穴；见玉篇。孟子滕文公下："钻穴隙相窥"。

⑥以告甘茂：家臣把由穴隙听到的秦王对犀首说的私房话告诉了甘茂。"以"后省掉介词宾语"之"。

⑦因：则，就。

⑧敢:与人对话,表示冒昧、恭敬之辞。

⑨"寡人托"两句:我把国家大事都交给您了,怎么又"得贤相"呢? 焉:何,怎么。 更:又。

⑩子焉闻之:您从哪儿听来的?

⑪"王怒于"两句:<u>秦王</u>恼怒<u>犀首</u>泄漏了秘密,就把他赶出<u>秦国</u>。

十四 甘茂约秦、魏而攻楚章

<u>甘茂</u>约<u>秦</u>、<u>魏</u>而攻<u>楚</u>①,<u>楚</u>之相<u>秦</u>者<u>屈盖</u>为<u>楚</u>和于<u>秦</u>②。<u>秦</u>启关而听<u>楚</u>使③。<u>甘茂</u>谓<u>秦王</u>曰:"忧于<u>楚</u>④,而不使<u>魏</u>制和⑤,<u>楚</u>必曰:'<u>秦</u>鬻<u>魏</u>⑥。'不悦而合于<u>楚</u>⑦。<u>楚</u>、<u>魏</u>为一,国恐伤矣⑧。王不如使<u>魏</u>制和,<u>魏</u>制和,必悦。王不恶于<u>魏</u>⑨,则'寄地'必多矣⑩。"

【注释】

①<u>甘茂</u>:见<u>秦策一</u>第六章注②。 此策当在<u>周赧王</u>三年(<u>秦惠王</u>更元十三年、<u>楚怀王</u>十七年、前312年)时事,此年<u>樗里疾</u>、<u>甘茂</u>助<u>秦</u>将<u>魏章</u>与<u>楚</u>将<u>屈匄</u>战于<u>丹阳</u>(今<u>河南省</u><u>丹水</u>之北)。见<u>史记秦本纪</u>、<u>甘茂列传</u>、<u>樗里疾列传</u>。

②此句"相"字当是"拒"字之误,意思是,<u>楚国</u>抗<u>秦</u>将领<u>屈盖</u>主张与<u>秦国</u>议和。<u>金正炜</u><u>战国策补释</u>:"<u>屈盖</u>相<u>秦</u>无考,且与<u>楚王</u>问<u>范环</u>章不合。置<u>楚</u>臣以为<u>秦</u>相,恐亦非<u>楚</u>所能得于<u>秦</u>也。<u>史记六国年表</u><u>楚怀王</u>十七年'<u>秦</u>败我将<u>屈匄</u>',<u>索隐</u>云'匄音盖,<u>楚</u>大夫',疑即此策<u>屈盖</u>。'相<u>秦</u>'当为'拒<u>秦</u>'之讹,盖未为<u>秦</u>虏之先,谋和于<u>秦</u>,故'<u>秦</u>启关而听<u>楚</u>使'。听,犹受也。" <u>建章</u>按:<u>楚策一</u>第十六章大意是:"<u>楚王</u>欲以<u>甘茂</u>为<u>秦</u>相,问于<u>范环</u>,

范环以为'不可',以为'公孙郝者可'。"故金以为"不合"。墨子尚同中"是以先王之书,相年之道",毕沅说"相年,当为'拒年'"。尚贤中又有"先王之书,距年之言","距"同"拒","相""拒"形似易误,故"拒"误为"相",金说当是。

③秦启关而听楚使:秦国开关接待楚国议和的使臣。 听:吕氏春秋仲冬纪至忠高注"受也",即接受;又礼记杂记下注"犹'待'也",即接待。

④怵(xù 续):同"訹",利诱。

⑤制和:掌握议和的主动权;主断议和之事。 制:主领其事。

⑥"怵于楚"句以下:如果受楚国的利诱,而不让魏国主持议和之事,楚国一定会扬言"秦国出卖了魏国"。 鬻(yù 预):出卖。

⑦不悦而合于楚:魏国不高兴,就会和楚国联合。

⑧伤:害。

⑨王不恶于魏:大王不使魏国怨恨。 恶:怨恨。

⑩寄地必多:意思是说,楚、魏两国象这样的"寄地"一定很多。言外之意,楚、魏两国一定会多割地给秦国。 寄地:象寄存在别国的土地,总是要归还给本主的。

十五 陉山之事章

陉山之事①,赵且与秦伐齐,齐〔王〕惧②,令田章以阳武合于赵③,而以顺子为质④。赵王喜,乃案兵告于秦曰⑤:"齐以阳武赐弊邑⑥,而纳顺子欲以解伐⑦。敢告下吏⑧。"

秦王使公子他之赵⑨,谓赵王曰⑩:"齐与大国救魏而倍约,不可信⑪。恃大国(不)〔弗〕义⑫。以告弊邑⑬,而赐之二社之地,以奉祭祀⑭。今又案兵,且欲合齐而受其地,非使臣之所知也⑮。请益甲四万⑯，大国裁之⑰。”

苏代为齐献书穰侯曰⑱："臣闻往来（之者）〔者之〕言曰⑲：'秦且益赵甲四万人以伐齐。'臣窃必之弊邑之王曰⑳：'秦王明而熟于计，穰侯智而习于事，必不益赵甲四万人以伐齐㉑。'是何也㉒？夫三晋相结，秦之深仇也㉓。三晋百背秦，百欺秦，不为不信，不为无行㉔。今破齐以肥赵；赵，秦之深仇，不利于秦。一也㉕。秦之谋者必曰：'破齐弊晋、〔楚〕㉖，而后制晋、楚之胜。'夫齐，罢国也㉗，以天下击之㉘，譬犹以千钧之弩溃痈也㉙，秦王安能制晋、楚哉？二也。秦少出兵，则晋、楚不信；多出兵，则晋、楚为制于秦㉚。齐恐，则必不走于秦㉛，且走晋、楚。三也。齐割地以实晋、楚，则晋、楚安㉜；齐举兵而为之顿剑，则秦反受兵㉝。四也。是晋、楚以秦破齐，以齐破秦，何晋、楚之智而齐、秦之愚？五也。秦得安邑㉞，善齐以安之㉟，亦必无患矣。秦有安邑，则韩、（魏）必无上党哉㊱。夫取三晋之肠胃与出兵而惧其不反也，孰利㊲？故臣窃必之弊邑之王曰：'秦王明而熟于计，穰侯智而习于事，必不益赵甲四万人以伐齐矣'。"

【注释】

①陉（xíng 形）山：今河南省新郑县西南有陉山镇，县西北有密县，县南有郾城（召陵），战场可能就在这一带，最后败楚于召陵（郾城县东三十五里）。　事：战役。　此次战役当在周赧王十四年。

②于鬯战国策注："初学记甲记、御览甲览引'齐'下并有'王'字。"　建章按：第十章"宜阳之役，楚畔秦而合于韩，秦王惧。"

以彼例此，当依初学记、太平御览引补"王"字。　齐王：宣王，见东周策第一章注④。

③令田章以阳武合于赵：派田章到赵国以割给阳武为条件，希望和赵国修好。　田章：陈梦家说，陈璋、田章、章子、匡章是一人（见彼六国纪年95页）。孟子滕文公下杨伯峻注："匡章，齐人，曾为齐威王将，率兵御秦，大败之；宣王时又曾将五都之兵以取燕。其年岁大致和孟子相当，两人是朋友。"　阳武：今河南省原阳县。一说疑是"章武"，在今河北省沧州东北八十里，与赵地相接。　合：和，媾合。

④顺子：齐公子。古时两国交好，或结盟，为了取信于对方，派自己的亲信人去对方作抵押，即所谓"人质"。如果派国君的儿子去做人质，即所谓"质子"。

⑤案：止。

⑥赐：给。　弊邑：对本国的谦称，此指赵王自称赵国。弊同"敝"。

⑦解伐：放弃进攻齐国。　解：同"懈"，放松，放弃。

⑧敢告下吏：所以，我特将这个情况告诉阁下。　下吏：对君王报告，不便直称对方，故言"下吏"，表示尊敬。此指秦王。

⑨秦王：昭王，见西周策第一章注⑭。　之：至。

⑩赵王：武灵王，肃侯之子，名雍，赵国第六君，前325年—前299年在位。

⑪"齐与大国"两句：从前齐国和贵国救魏，却违背了盟约，齐国是不可信任的。　大国：指赵国。　倍：通"背"，叛，违反。

⑫恃大国弗义：依靠大国，不是个正当办法。　高注："弗义，不以为义也。"姚校："'不'，一作'弗'。"　建章按：当依高注及姚引一本改"不"作"弗"。

⑬以告弊邑：把齐国割地给赵国阳武及顺子去赵国为质的事告诉

秦国。"以"后省介词宾语"之",指代告诉秦国的两件事。

⑭古书多以二十五家为一社;又说以二千五百家为一社者。如依前说,则疑"二"字有差误。 奉祭祀:以为供神祭祀之用。意思是说赵国尊奉秦国,表示友好。

⑮知:理解,明白。

⑯益:增加。

⑰"以告弊邑"句以下是说,贵国把齐国的情况告诉敝国,可是,从前您给秦国两社之地,以供祭祀,与我结盟,现在又按兵不动,打算与齐国联合,而准备接受他们割地的条件,这是我们所不能理解的。我们就给您增加四万兵力,请贵国决定吧。 裁:决断。

⑱苏代:见西周策第四章注②。 谓:王引之经传释词卷二:"犹'为'也。" 穰侯:见秦策一第五章注㊲。

⑲臣闻往来者之言曰:我听最近来往我国的人说。 鲍改"之者"为"者之"。吴补:"宜作'者之'。" 建章按:初学记、太平御览引并与鲍改同,当从鲍改。

⑳之:裴学海古书虚字集释卷九:"犹'为'也。"

㉑"秦王"句以下:秦王明察秋毫,而善于谋略,穰侯才智过人,而善于军事,他们一定不会给赵国增加四万兵力来进攻齐国的。

㉒是:此。

㉓三晋:赵、魏、韩。见东周策第十四章注⑨。 深:重,大。

㉔百:屡次,多次。 为:以为。

㉕"三晋百背秦"句以下:赵、魏、韩三国屡次叛秦,屡次欺秦,而秦国却不以为他们不讲信用,不以为他们行为恶劣。现在贵国帮助赵国打败齐国,以增强赵国,而赵国乃是秦国的大敌,这对贵国不利。此其一。 肥:盛,增强。

㉖此连下句是说,打败齐国,赵、楚两国也会疲惫不堪,可以一举

战胜赵、楚。 鲍注："此‘晋’，赵也。" 史记穰侯列传"晋"下有"楚"字。 建章按：下文皆言"晋、楚"，此当补"楚"字。
弊：疲，败。

㉗罢：音、义同"疲"。 此句言，齐国疲弱。

㉘天下：指晋、楚。

㉙千钧之弩溃痈：比喻事情十分容易，不费多大劲就可成功。
钧：古代三十斤为一钧。 弩：古代利用机械力射箭的弓。
溃：穿透。 痈：脓疮。

㉚为：王引之经传释词卷二："犹‘将’也。" 制：广雅释诂一："折也。"即摧败。 制于秦：制秦，摧败秦。 于：语中助词，无义。

㉛走：说文"趋也"。又吕氏春秋孟秋纪荡兵高注："归。"趋、归即投向，投靠。

㉜实：礼记表记："实以君子之德"疏"犹‘充’也。"则"实"有"内"（纳）、"入"之义，引申为"致"。 安：尔雅释诂："止也。"此言止兵。

㉝"齐割地"四句：齐国割地给晋、楚，则晋、楚止兵不进攻齐国；齐国发兵与秦国拼以死战，则秦国反要受到进攻。 为：王引之经传释词卷二"犹‘与’也"。 之：指秦。 左襄四年传"甲兵不顿"注："顿，坏也。"疏："顿，谓挫伤折坏。""顿剑"有决以死战的意思。

㉞秦得安邑：此假设之词。 安邑：魏旧都，今山西省夏县。

㉟善齐：与齐亲善，与齐修好。 安：安定。 之：指齐国。

㊱史记穰侯列传"韩魏"作"韩氏"。 于鬯战国策注："寰宇潞州记、御览潞州览并引策云‘秦有安邑则韩必无上党’，无‘魏’字，与史合。" 建章按：上党为赵、魏、韩犬牙交错之地。史记范雎列传范雎对秦昭王说"秦之有韩也，譬如木之有蠹也，人之有心腹之病也；天下无变则已，天下有变，其为秦患者，孰大于

韩乎？王不如收韩。"又说："韩见必亡，安得不听乎？若韩听，而霸事因可虑矣。"而"韩之上党去邯郸百里"（赵世家）。可见韩对秦，在战略上十分重要。而韩的上党又是更为注意的目标。据于引寰宇记、太平御览引策并与史合，无"魏"字，此只就"韩"说，"魏"字当删。　哉：王引之经传释词卷八"犹'矣'也"。

㉝"夫取三晋"句：秦国占据三晋要害之地安邑、上党，这与出兵助赵攻齐，而（明知出兵不利）有来无返，两相比较，何者有利？肠胃：比喻要害之处。此指安邑、上党。　出兵：指秦"益赵甲四万人。"　不反：指晋、楚败秦。　孰利：那一种做法有利。

十六　秦宣太后爱魏丑夫章

秦宣太后爱魏丑夫①。太后病将死，出令曰："为我（葬）〔死〕②，必以魏子为殉③。"魏子患之。庸芮为魏子说太后曰④："以死者为有知乎⑤？"太后曰："无知也。"曰："若太后之神灵明知死者之无知矣，何为空以生所爱葬于无知之死人哉⑥？若死者有知，先王积怒之日久矣⑦。太后救过不赡，何暇乃私魏丑夫乎⑧？"太后曰："善。"乃止。

【注释】

①秦宣太后：见西周策第五章注④。秦昭王四十二年（前265年）七月宣太后卒。　魏丑夫：魏人，在秦做官，"丑夫"可能是因为他和宣太后有私情，别人给他的外号。

②为：王引之经传释词卷二"犹'如'也"。　艺文类聚人部、太平御览卷五五三礼仪览引"葬"并作"死"。　建章按：管子戒篇

"夫江、黄之国近于楚,为臣死乎,君必归之楚而寄之",吕氏春秋孟冬纪异宝"孙叔敖疾,将死,戒其子曰'王数封我矣,吾不受也。为我死,王则封汝,必无受利地。'"皆曰"为臣死乎""为我死",则此"葬"当是"死"字之误。

③殉:殉葬。

④庸芮(ruì 瑞):秦臣。 说:劝说,说服。

⑤以死者为有知乎:您认为人死了还会有知觉吗?

⑥"若太后"两句:象太后这样神灵,明明知道人死了不会知道什么,为什么还白白地把自己所爱的人和死人同葬呢? 神灵:赞美人无所不知料事如神。 空:白白地。

⑦"若死者"两句:如果死人还会知道什么的话,那么先王早就不知道生了多少气了。 先王:秦惠王,宣太后的丈夫。

⑧"太后救过"两句:太后纠正错误还来不及,那里还有工夫私爱魏丑夫呢? 救:止,治。引申为"纠正"。 赡:足够。 不赡:来不及。 乃:竟。 私:爱。 艺文类聚卷三十五淫聚引作"太后救过不暇,何得更殉魏丑"。

战国策注释卷五

秦　策　三

一　薛公为魏谓魏冉章

薛公为魏谓魏冉曰①："文闻秦王欲以吕礼收齐以济天下,君必轻矣②。齐、秦相聚③,以临三晋④,礼必并相之,是君收齐以重吕礼也⑤。齐免于天下之兵⑥,其仇君必深⑦。君不如劝秦王令弊邑卒攻齐之事⑧,齐破,文请以所得封君。齐破晋强⑨,秦王畏晋之强也,必重君以取晋。齐予晋弊邑,而不能支秦⑩,晋必重君以事秦⑪。是君破齐以为功,操晋以为重也⑫。破齐定封⑬,而秦、晋皆重君;若齐不破,吕礼复用,子必大穷矣⑭。"

【注释】

①薛公:见东周策第十六章注①。　魏冉:见秦策一第五章注⑥。　此时薛公已自齐至魏,任魏相。魏冉此时为秦相。这是

薛公给魏冉的信。此事当在周赧王二十七年(前 288 年)至周赧王二十九年(前 286 年)之间。唐兰定于前 288 年(见苏秦事迹简表,收在帛书战国纵横家书)。

②"文闻秦王"两句:我听说秦王想借吕礼联合齐国以征服天下,这样您的地位一定要降低了。 文:孟尝君田文自称。 秦王:昭王,见西周策第一章注⑭。 吕礼:见东周策第九章注①,本秦将,逃至齐,任齐相。 收:合,联合。 济:方言十三"灭也。"戴震疏证:"晋语韦昭注云'济,当为"挤";挤,灭也。'庄子人间世篇'故其君因其修以挤之',释文引方言'挤,灭也'"。史记项羽本纪"为楚所挤"集解引服虔云:"挤,音'济民'之'济'。"朱骏声说文通训定声:"济,假借为'挤'。"则"济"为"挤"的假借字,意思是消灭,排斥。

③庄子天下篇"不见观",于省吾双剑誃诸子新证:"释文'见,一本作聚',聚、取古字通。"易系辞下传"远近相取",注:"相取,犹相资也。"相资,即相助。则此"相聚"即相助。

④临:侵,进逼;犹言"威胁"。 三晋:赵、魏、韩,见东周策第十四章注⑨。

⑤"礼必并相"两句:吕礼必然会做齐、秦两国的相国,这样就等于您替吕礼联合齐、秦,而抬高了吕礼的地位。 并相:兼做齐、秦两国的相国。

⑥兵:兵器,引申为"用兵",此处意思是"进攻"。

⑦仇:敌视,仇恨。当初吕礼在秦,魏冉为秦相时,欲杀吕礼,吕礼逃至齐,故二人有仇怨。 深:秦策一第一章高注:"重也。"吕氏春秋孟秋纪禁塞:"为天下之民,害莫深焉。"高注:"深,重也;无有重之者。"

⑧弊:同"敝"。 弊邑:因孟尝君田文为魏相,故谦称魏为"弊邑"。 卒:终,完;此处意思为"完成"。

⑨晋:指魏。下同。

⑩"齐予晋弊"两句:齐、魏交战,已经疲惫,不能对抗秦国。 金正炜战国策补释:"'予'、'与'字古通用;'与',及也。言齐与晋交弊,不能支秦,故下云'晋必重君以事秦'也。'邑'字涉上文而衍。" 建章按:金说是,"邑"字当衍。 予:广雅释诂三:"与也。" 弊:疲。 支:对抗。

⑪晋必重君以事秦:魏国一定会借重您去讨好秦国。 事:侍奉,下对上服役,此处犹言"讨好"。

⑫"是君破齐"两句:这样,您既收到破齐之功,又依仗魏国而抬高自己的地位。 操:广雅释诂三"持也",犹言依仗,凭借。

⑬破齐定封:破齐可以确定您的封地。

⑭子必大穷矣:您必定会陷入莫大的困境。 穷:困境。

二 秦客卿造谓穰侯章

秦客卿造谓穰侯曰①:"秦封君以陶②,藉君天下数年矣③。攻齐之事成,陶为万乘④,长小国⑤,率以朝(天子)⑥,天下必听⑦,五伯之事也⑧;攻齐不成,陶为邻(恤)〔监〕,而莫之据也⑨。故攻齐之于陶也,存亡之机也⑩。

"君欲成之,何不使人谓燕相国曰⑪:'圣人不能为时⑫,时至而弗失⑬。舜虽贤⑭,不遇尧也不得为天子⑮。汤、武虽贤⑯,不当桀、纣,不王⑰。故以舜、汤、武之贤,不遭时不得〔为〕帝王⑱。(令)〔今〕攻齐⑲,此君之大时也已⑳。因天下之力,伐仇国之齐,报惠王之耻㉑,成昭王之功㉒,除万世之害㉓,此燕之长利,而君之大名也㉔。书云:"树德莫如滋,除(害)〔疾〕莫如尽㉕。"吴不亡越,越故亡吴㉖;齐不亡燕,燕故亡齐㉗。齐亡于燕,吴亡于越,此除疾不尽也。以非此时也成君之功㉘,除君之害,秦卒有他事而从齐㉙,齐(赵)〔秦〕合㉚,其仇君必深矣㉛。挟君之仇以诛于燕,后虽悔之,不可得也已㉜。君悉燕兵而疾僭之,天下之从君也,若报父子之仇㉝。诚能亡齐,封君于河南㉞,为万乘,达途于中国㉟,南与陶为邻,世世无患。愿君之专志于攻齐㊱,而无他虑也㊲。'"

【注释】

①客卿:见秦策一第三章注⑫。 造:客卿的名,亦作"灶"。 穰侯:即魏冉,见秦策一第五章注㊶,此时为秦相。 此策当在周赧王四十四年(前271年)。

②陶:定陶,故城在今山东省菏泽市定陶区西北四里。

③藉君天下:假天子之命行权于天下,即掌权、执政的意思。 藉:同"借"。 数年:秦昭王三十三年(前274年)封穰侯以陶,至昭王三十六年,故言"数年"。

④万乘:见秦策一第二章注㊿。

⑤长小国:为小国之长。"长"用为动词。

⑥于𨥓战国策注:"'天子'盖指秦昭王。或云'周天子',当非。" 建章按:帛书战国纵横家书第十九章无"天子"二字。陈梦家六国纪年"古者诸侯相会曰'遇',秦策曰'魏伐邯郸,因退为逢泽之遇。'(按:秦策四第十章)最为确实,乃其下述'乘夏车,称夏王,朝天子,天下皆从',则误会此'遇'为'朝天子'。"礼记王制:"耆老皆朝于庠"注:"朝,犹'会'也。"诗小雅渐渐之石疏:"朝者,诸侯见王之辞。"当时周天子虽然名存而实亡,但未见诸侯有公开借称"天子"者。当时的舆论是"劫天子,恶名也"(秦

策一第七章）。所以，"天子"一词仍当指周天子，于说"指秦昭"，恐非。然此"天子"恐系下文"天下"二字误衍，帛书战国纵横家书正无"天子"二字，其注释云"带领他们去朝秦"。"去朝秦"恐未当。"朝，犹'会'也。""率以朝"意思是率领小国聚会，即为小国诸侯的招集人，故下文以"五伯"作比。吴补："姚本'率以朝'"。亦无"天子"二字。

⑦听：从。

⑧"攻齐之事成"六句：进攻齐国的事如果能够成功，您的封地陶邑就可比作万乘的大国了，这样可以为小国之长，成为小国诸侯的召集人，诸侯无不俯首听命，这可以同春秋时代的五霸相比啊！　伯：同"霸"。　　五伯：一般指春秋时代的齐桓公、晋文公、秦穆公、宋襄公、楚庄王。

⑨"攻齐不成"三句：如攻齐不成，陶为邻国所觊觎，将不会安定。　帛书战国纵横家书"邻恤"作"廉监"，注释："'廉'、'邻'声近，'监'、'恤'形近而误。'廉监'当即'磏礛'，磨玉的粗石。这是比喻，有了陶邑而不攻齐，等于没有磨出宝玉，就只是不值钱的砺石了。"　建章按：帛书战国纵横家书注释与下文"莫之据""存亡之机"义不相属。"监"篆作"𥇦"，"恤"篆作"𢚩"，"𥇦"缺"𠃌"又将"𥃲"移在左旁作"𥄕"，则与"𢚩"形相似，故"监"误为"恤"。管子小匡："而监其乡之货"注"监，视也。"左僖五年传："神必据我"注"据，犹'安'也。"广雅释诂四："据，定也。"

⑩机：关键。

⑪燕相国：帛书战国纵横家书注释："指成安君公孙操"。

⑫为时：创造时机。

⑬而：王引之经传释词卷七："犹'则'也。"

⑭舜：见秦策一第二章注㉓。

⑮尧:见秦策一第二章注㉒。　也:语中助词。　得:能。

⑯汤:见秦策一第二章注㉕。　武:周武王,见秦策一第二章注㉗。

⑰当:值,遇到。　桀:见秦策一第二章注㉕。　纣:见秦策一第二章注㉗。　王:读第四声,用作动词,称王。

⑱遭:遇。后第九章"而身立为帝王",齐策四第二章"君恐不得为臣",据此"帝王"上当脱"为"字,无"为"字语不顺。战国纵横家书作"不遭时不王"。

⑲鲍本"令"作"今"。于鬯战国策注:"卢刻'令'作'今'。"帛书战国纵横家书"令攻齐"作"今天下攻齐"。　建章按:"今""令"互误,古书及本书屡见,见第十四章注③,当依帛书战国纵横家书、鲍本、卢刻改"令"作"今"。

⑳此君之大时也已:这是您的大好时机啊。　也已:语助。

㉑惠王:燕惠王,昭王之子,史失其名,为燕国第四十君,前278年—前272年在位,被燕将成安君公孙操所杀。　惠王之耻:史记燕召公世家:"惠王为太子时,与乐毅有隙,及即位,疑毅,使骑劫代将,乐毅亡走赵。齐田单以即墨击败燕军,骑劫死,燕兵引归,齐悉复得其故城。"这是惠王的耻辱。时当前279年燕昭王卒,惠王初即位时。

㉒昭王:燕昭王。燕王哙之子,或言名平,或言名职,陈直说:"'职'与'平'当为燕昭王之一字一名。"(见彼史记新证87页)为燕国第三十九君,前311年—前279年在位。能报惠王之耻,就是完成了昭王未尽的功业,故言"成昭王之功"。钱穆先秦诸子系年卷三120附以为"燕昭王乃公子职,非太子平"。

㉓齐为燕害,故言"除万世之害"。

㉔名:声誉。

㉕"树德"两句:做好事要愈多愈好,除祸害要愈彻底愈好。　左

哀元年传:"伍员曰:'臣闻之,树德莫如滋,去疾莫如尽。'"下文言"此除疾不尽也","疾"正与左传文同,当改"害"为"疾"。

　　树德:建立有益于人的行为,即"做好事"。　　滋:不断生长,即"加多"。　　莫如滋:没有比不断增长更好的了,意即"愈多愈好"。　　疾:害,祸患。　　尽:完了,干净。　　莫如尽:愈彻底愈好。

㉖前494年(吴王夫差二年,越王勾践三年)吴伐越,败越于夫椒(今江苏省苏州市太湖中),吴王同意越王求和。越王用范蠡、文种之谋,励精图治,经过二十三年,于前474年越灭吴。

　　亡:灭。　　故:通"顾",反,反而。

㉗前318年(燕王哙三年),王让位给相国子之,前315年,燕国内乱,将军市被、太子平攻子之,前314年(齐宣王六年)子之杀市被、太子平。齐王令章子领五都之兵与北地之众伐燕,杀燕王哙及相国子之。两年后,立公子职,是为燕昭王。此即指"齐不亡燕"。又前284年(燕昭王二十八年)以乐毅为上将,与秦、楚、三晋合谋伐齐,齐败,齐闵王逃至莒(今山东省莒县),燕军攻入齐都临淄(今山东省临淄)。此即指"燕故亡齐"。此"亡"字非"灭亡",是指国君失其位,为人所制。当时齐闵王被杀,新君未立,一时国家失控,故言"亡齐"。

㉘以:裴学海古书虚字集释卷一:"犹'若'也。"　　也:语中助词。

㉙"秦"字前作有"则"字看。　　卒:通"猝",突然。　　从:合。

　　事:变故。

㉚鲍改"赵"为"秦"。　　建章按:上句言"秦卒有他事而从齐",此句"齐、秦合",正承上句而言,且全文未及赵事。当从鲍改。

㉛"以非此时也成君之功"五句:如果不乘此时机完成您的功业,除掉您的祸害,一旦秦国突然发生变故,而与齐国联合,您的敌对势力就更加严重了。　　仇:敌。　　深:重。见第一章注⑦。

㉜"挟君之仇"三句：想凭借您的敌人去讨伐燕国，到那时，恐怕后悔也来不及了。 挟：持，拿。 诛：讨伐。

㉝"君悉燕兵"三句：您如果动员燕国的兵力，马上去消灭齐国，诸侯一定会像为父子报仇一样争先恐后地响应您的行动。 鲍改"借"为"攻"。吴正："字误。当作'从'，下文可证。" 金其源读书管见："汉书王子侯表'或替差失轨'，师古云'替，古'借'字也'。尔雅释言'替，灭也'。'疾借之'者，谓疾灭之也。" 帛书战国纵横家书"借"作"赞"，注释："赞，助；秦策作'借'，字形相近而误。" 建章按：尔雅释言"普，灭也。"郝懿行疏"普者，说文云'废，一偏下也。'通作'替'。"朱骏声说文通训定声履部"普（普、替）"下说："俗字作'替'，从'曰'者，'白'之误体。书大诰'不敢替上帝命'，汉书翟方进传作'借'，疑即'晉'字之误。"按：国语鲁语上"令德替矣"注"替，灭也"。然则"普"又作"替"，通作"替"，误作"晉""替"，又误作"借"。则本文"借"，鲍本"借"，帛书战国纵横家书"赞"皆为"普"字之误。因"普"通作"晉""替"，又"普"读"他计反"，即"替"之音，故易致误，故徐铉说"今俗作'替'非是"。鲍彪盖据章末"专志于攻齐"之"攻"字改者，于意可，于字则未得。

㉞河南：指黄河以南，今河南省商丘、虞城等处。

㉟"为万乘"两句：您将会成为万乘之国，身居中原，四通八达。 达：通。 中国：指中原之地。

㊱专志：一心一意。 志：意。

㊲无他虑：不要有其他什么想法。

【附注】

史记秦本纪"昭王三十六年，客卿灶攻齐取刚寿，予穰侯。"按：秦昭王三十六年前后无燕攻齐之事。此策或为客卿造以此为设辞促使穰侯下决心攻齐取刚寿也。所设对燕相国说的这番话,能打动燕相国,实则却坚定了穰侯攻齐取刚寿的决心。

三 魏〔文〕谓魏冉章

魏〔文〕谓魏冉曰①:"公闻东方之语乎②?"曰:"弗闻也。"曰:"辛张、阳毋泽说魏王、薛公、公叔也③,曰:'臣(战)载主契国以与王约④,必无患矣。若有败之者⑤,臣请挈领⑥。然而臣有患也。(夫楚王之以其臣请契领然而臣有患也)⑦夫楚王之以其国依冉也,而事(臣)〔以〕之主,此臣之甚患也⑧。'今公东而因言于楚,是令张(仪)之言为禹⑨,而务败公之事也⑩。公不如反公国,德楚而观薛公之为公也⑪;观三国之所求于秦而不能得者,请以号三国以自信也⑫;观张(仪)与泽之所不能得于薛公者(也),而公请之⑬。以自重也⑭。"

【注释】

①姚校:"曾、钱本'魏'下有'文'字。" 鲍彪于"魏"上补"为"字。 建章按:此从姚校,补"文"字。 魏冉:即穰侯,见秦策一第五章注㊶。此策当在周赧王十二年(前303年)前。

②东方:指陕西省华山以东之国,即"六国"。 语:议论。

③辛张阳毋泽:一说二人皆魏臣;一说辛张为韩人,阳毋泽为齐人;一说辛张为齐臣,阳毋泽为韩臣。 建章按:阳毋,复姓。下文言与魏王约,当非魏臣。或为齐、韩臣。 魏王:襄王,见东周策第十九章注⑧。 薛公:孟尝君田文,见东周策第十六章注①。 公叔:韩相。

④"战"字乃因"载"字误衍。史记周本纪:"武王上祭于毕,东观兵,至于孟津,为文王木主,载以车军中。"礼记曾子问"曾子问曰:'古者师行,必以迁庙主行乎?'""木主""庙主""神主"一也。古时家有祖宗牌位,古者出师,载木主入太庙行祭,以求吉祥,并表誓师之意。此言决心。 契:同"挈",提,举,领导。契国:领导国家,即代表国家。 此言以车载祖宗牌位,行祭祀之礼,以示决心,并以全权代表与王订立盟约。即表示庄严和决心。

⑤败之:破坏盟约。

⑥挈领:古之常语,断颈,刎颈。 尔雅释诂下:"契,绝也。"郭注:"今江东呼刻断物为契断。"郝懿行疏:"契者,絜之假借也。说文云'絜,刻也'。广雅同。通作契,又通作锲,又通作挈。"领:说文"项也"。 晏子春秋内篇谏下"皆反其桃,挈领而死",艺文类聚卷八十六引作"刎颈而死",即"自杀"。

⑦此十六字前六字与下句前半同,后十字与上两句同,且与上下文内容不连,显系误衍。当删。

⑧金正炜战国策补释:"'事臣之主'当为'事以之主'。古书'以'作'目',与'臣'字形相似,又涉上下文'臣'字而讹也。以,由也。主,专也,亦犹制也。言楚王以其国依冉,而事皆由冉为之主断,是则臣所甚患也。" 建章按:"臣载主契国……此臣之甚患也。"乃张、泽二人之言,"主"非张、泽二人之主,乃"主断(楚国之事)"也,正与上句相承,又与下句相接。金说是。 事:国家大事。 以:由。 之:指魏冉。 主:决断。

⑨姚校:"一本无'仪'字。" 建章按:无"仪"字是,指"辛张",下文"观张与泽之所不能得于薛公者也",亦谓"辛张"及"阳毋泽",并不当有"仪"字。上文言"辛张、阳毋泽说魏王、薛公、公叔"云云,下文又言"观张、泽"云云,则此亦当是举二人,却突然

战国策注释

插入"张仪",显然"仪"字乃误以为"张仪"而衍。当依姚校引一本删"仪"字。下文"仪"字同。 "禹"可有三种理解:(1)"禹""羽"同属虞部,得相通,汉书律历志上"羽,为智。"白虎通义情性"智者知也,独见前闻,不惑于事,见微而知著也。"则此言令辛张之言为未卜先知。(2)"禹"为"离"字之误,于省吾双剑誃淮南子天文训新证:"離,古文省作'离'。"故"离"因形似而误作"禹"。广雅释诂"离,明也。"则此言令辛张之言为明察也。(3)"禹"当为"命",汉书艺文志"大命三十七篇"颜注:"命,古'禹'字。"则本作"命",形近或缺损,误作"命",遂作"禹"。诗昊天有成命"夙夜基命有密"传:"命,信也。"则此言令辛张之言为信。

⑩"今公东"句以下:现在您要到楚国去,和他们会谈,这岂不就证明辛张、阳毋泽他们所说的完全正确,而很快就会破坏您的大事吗。 务:说文"趣也"。广雅释诂王念孙疏证补:"务,遽也。"则"务"有"马上""很快"之义。 败:破坏。

⑪"公不如"两句:您不如返回秦国,仍与楚国友好,而静观薛公对您采取什么态度。

⑫"观三国"两句:看看楚、齐、韩三国对秦国到底有什么现在还未得到的要求,并对他们公开提出,使他们相信秦国。 号:广雅释诂三:"告也。" 自信:让三国相信秦国。

⑬"观张与泽"两句:看看辛张、阳毋泽他们到底还有什么尚未从薛公那儿得到的要求,您就向薛公为他们请求。 鲍注:"衍'也'字。" 吴补:"恐衍。" 建章按:上文"不能得者",此宜无"也"字。

⑭以自重也:这样,您岂不就在各国之间形成了举足轻重的地位了吗? 魏文说魏冉的目的在于使秦勿与楚联合以攻魏。而从魏冉的利益出发进说:让魏冉对各国都有实惠,与各国保持平

衡关系。这样,由于各国之间的利益互相制约,而导线皆在于<u>魏</u><u>冉</u>,如此<u>魏冉</u>在各国间的地位将举足轻重。此即所谓"以自重"。

四　谓魏冉曰和不成章

谓<u>魏冉</u>曰[1]:"和不成,兵必出。<u>白起</u>者且复将[2]。战胜,必穷公[3];不胜,必事<u>赵</u>[4]。从公,公又轻[5]。公不若毋多则疾到[6]。"

【注释】

①魏冉:见秦策一第五章注㊿。此言有人对<u>魏冉</u>说。

②白起:见<u>西周策</u>第六章注②。　且:而。　复:又。　将:任为将。用作动词。

③战胜必穷公:如果战胜<u>赵</u>国(您原来主张议和)那就于您不利。　穷:困,尴尬,此当指不利。因<u>魏冉</u>主和,所以战胜<u>赵</u>,客观上"穷公",非<u>白起</u>主观上要"穷公"。

④事:役,使。此言听从。

⑤从公公又轻:<u>冉</u>本主和,如果主战者胜,与<u>赵</u>开战,被<u>赵</u>打败,这时再同意<u>冉</u>主和,必与<u>秦</u>不利,则<u>冉</u>当然会被看轻。故言"从公,公又轻"。

⑥此句有两种理解:(1)多:尊,功。　则:而。　疾:力,着力,努力。　到:<u>姚宏</u>校:"恐作'封'字。"　则此句意思是,　公不如勿贪尊立功,而尽心于虑封之事。　(2)<u>金其源</u><u>读书管见</u>:"此章即注所谓'<u>冉</u>欲和,<u>起</u>欲战'是二句。因<u>冉</u>虽主和,而意犹未决。上文'战胜,必穷公;不胜,必事<u>赵</u>;从公,公又轻'。既如(<u>鲍</u>)注'不能穷<u>冉</u>,故从<u>冉</u>而和,然先和则<u>冉</u>重,今不胜而和,故

轻'。则是二句承上谓**冉**当志于和,不若毋待战功,而就速成和
议。盖周礼司勋'战功曰多',广雅释言'则,即也'。诗东门之
墠'子不我即'传:'即,就也。'国语周语'位高实疾偾'注'疾,
速也'。尔雅释诂'到,至也'。吕览权勋'则大忠不至'注'至,
犹成也'。"则此句当是,公不若毋多,则疾到。意思是,公不如
不要(追求)战功,战功就很快到来。两说均可通。

五　谓穰侯章

谓**穰侯**曰[①]:"为君虑封[②],〔莫〕若于(除)〔陶〕[③]。宋罪
重,齐怒(须)〔深〕[④],残(伐)乱宋[⑤],德强齐,定身封。此亦百
世之〔一〕时也已[⑥]。"

卷五　秦策三

【注释】

①穰侯:见第三章注①。　顾观光战国策编年系此策在周赧王二
　　十二年(前293年),说:"魏策言'奉阳君与穰侯贸首之仇',吴
　　注即以取**阴**定封之事释之,故附此。"　于鬯战国策注:"顾编未
　　可为据。此策云云两见赵策,彼并言为奉阳君定封。窃恐此亦
　　即说奉阳语,而误为穰侯。如真说穰侯,亦当与奉阳同时。彼
　　在赧二十九,在秦为昭襄二十一。"　建章按:依唐兰苏秦事迹
　　简表(见帛书战国纵横家书)齐闵王第一次攻宋在周赧王二十
　　二年(前293年),第二次攻宋与"以陶封奉阳君"同时,在周赧
　　王二十八年(前287年)。则此策最晚当在前287年攻宋前。

②虑:谋。　封:封地。

③鲍改"若"作"苦"。　王念孙读书杂志:"'若'上当有'莫'字,
　　'除'当为'陶'字之误,隶书'陶'字或作'隃',与'除'字相似。
　　'须'当为'深'。'莫若于陶'为句,上文秦客卿谓穰侯曰'秦封

201

君以陶'是也。赵策曰'客谓奉阳君曰"君之春秋高矣,而封地不定,不可不熟图也。秦之贪('之'当为'人'),韩、魏危,卫、楚正('正'当为'辟'),中山之地薄,宋罪重,齐怒深,残伐乱宋,定身封,德强齐,此百代之一时也。"'(按:赵策一第十章)又曰'君之身老矣,封不可不早定也。为君虑封,莫若于宋,他国莫可。夫秦人贪,韩、魏危,燕、楚辟,中山之地薄,莫如于阴('阴'亦当为'陶')宋之罪重,齐之怒深,残乱宋,得大齐,定身封,此百代之一时也。'(按:赵策四第三章)楚策曰'为主君虑封者,莫如远楚,今燕之罪大,而赵怒深,故君不如北兵以德赵,践乱燕,以定身封,此百代之一时也。'(按:楚策四第十三章)以上三条,足与本条互相证明矣。"黄丕烈战国策札记、于鬯战国策注与王说同。　建章按:王说是,当据补改。　陶:今山东省荷泽市定陶区,时属宋。

④"须"当为"深",见注③。　怒:怨恨。

⑤秦策五第一章"昔智伯瑶残范、中行"高注:"残,灭也。"韩策三第五章"遂残吴国,而禽夫差",此"残"亦灭也。中山策"魏文侯欲残中山"高注:"残,灭之也"。皆不作"残伐"。又据注③王引"残乱宋","践乱燕","伐"字当衍。国语鲁语"乱在前矣"韦注:"乱,恶也"。荀子不苟"非礼义之谓乱也",则"乱宋"犹言"无道之宋"。

⑥"宋罪重"句以下:宋国罪大恶极,齐国深恨宋国,灭掉无道的宋国,既能得到齐国的感激,又能确定您的封地。这是千载难逢的良机啊!　三十年为一世,"百世"言极长的时间。　据注③王引三段策文均作"百代之一时",此当补"一"字。　已:同"矣"。

六 谓魏冉曰楚破章

谓魏冉曰[1]:"楚破[2],秦不能与齐县衡矣[3]。秦三世积节于韩、魏[4],而齐之德新加与[5]。齐、秦交争,韩、魏东听[6],则秦伐矣[7]。齐有东国之地方千里[8],楚苞九夷又方千里[9],南有符离之塞[10],北有甘鱼之口[11],权县宋、卫[12],宋、卫乃当阿、甄耳[13]。利有千里者二,富擅越隶[14],秦乌能与齐县衡[15]?韩、魏支分方城膏腴之地以薄郑[16],兵休复起,足以伤秦,不必待齐[17]。"

【注释】

①魏冉:见秦策一第五章注⑥3。 史记楚世家、田敬仲完世家、魏世家、韩世家及六国年表皆载周赧王十四年(前301年)齐、魏、韩、秦共伐楚,杀死楚将唐蔑。此即齐、韩、魏三国共攻楚方城之垂沙之役。本文言"齐、韩、魏",又言"支分方城",则指此役似无疑。则此策当在周赧王十四年前。 王应麟困学纪闻卷十"楚北有甘鱼之口"条下注引策作"秦策泠向谓魏冉曰",不知何所据。

②鲍彪于"秦"读断,又补一"秦"字。 吴正:"'秦'下宜复有'秦'字。" 金正炜战国策补释:"此文当以'楚破'为句,言楚为齐破也。后文皆设言齐得并楚之害,故复申言'秦不能与齐县衡',文义自明。鲍补、吴正并失本旨。" 于鬯战国策注:"言'楚若为齐破'。鲍补一'秦'字至通篇所解都谬。前策云'齐破,文请以所得封君','楚破'与'齐破'句法一例。" 建章按:金、于说皆是,杨宽战国史333页注①引此策亦"楚破"句。

③县衡:抗衡,对抗。 县:广雅释言:"抗也。"

④三世:秦惠王、秦武王、秦昭王。 积节:结好通使。

⑤"秦三世"两句:秦国经历了三代和韩、魏两国建立了友好关系,而齐国只不过刚刚开始和韩、魏友好。 德:惠,友好。 姚校:"'与'一作'焉'。" 建章按:裴学海古书虚字集释卷三:"'欤'古通'与','欤'犹'焉'也。"举此句为例。王引之经传释词卷二"焉,犹'于是'"。"于是"即"于此","此"指上句"韩、魏"。

⑥听:从。

⑦"齐、秦交争"三句:齐、秦两国互相争取韩、魏,如果韩、魏两国一旦倒向齐国,那么秦国就会遭到三国的进攻。 秦伐:秦被伐;进攻秦。

⑧东国:楚东边与齐接壤之地。

⑨史记李斯列传李斯上秦始皇书说,秦伐楚,"包九夷",彼乃已胜楚,"秦包九夷"正可证此当是"包楚九夷",或"楚"字衍,亦通。 苞:同"包"。 九夷:在淮河、泗水之间,北与齐接界,在楚国东部。

⑩符离之塞:在今安徽省宿州市东北。 塞:险要的关口。

⑪甘鱼之口:在今湖北省天门市西北。

⑫权县:较量。 县:犹"衡"。 宋:见秦策一第四章注②。 卫:见宋卫策。

⑬"权县"两句:衡量一下宋、卫,它们只不过相当于齐国的阿、甄两个县而已。 阿:齐之东阿,今山东省阳谷县东北阿城镇。 甄:史记田敬仲完世家"齐威王九年(按:当是田桓公五年)赵伐我取甄",正义:"(甄)音绢,即濮州甄城县也。"赵世家于成侯五年书"伐齐取甄",则"甄"即"鄄"。

⑭擅:专有。 越隶:旧越国的人众。 隶:列子仲尼注:"犹群

辈也。”

⑮“利有”三句:齐国可以获取两个方千里之地的收益,又拥有故越国的众多人民,那就殷富无比,秦国那儿还能和齐国抗衡呢?

乌:何,疑问词。

⑯支分:瓜分。　方城:见西周策第八章注⑦。　膏腴(yú 鱼):肥沃。　薄:楚辞招魂王注:“附也。”朱骏声说文通训定声:“薄,假借为‘附’。”则“薄”有“附”“属于”的意思。　郑:即“韩”。前言“韩、魏”,此只言“郑”,省词耳。

⑰“韩、魏支分”四句:韩、魏两国打败了楚国,瓜分了楚国方城肥沃的土地,然后休整士兵,再西向攻秦,完全可以打败秦国,而不必等待齐国的援助。

七　五国罢成皋章

五国罢成皋①,秦王欲为成阳君求相韩、魏②,韩、魏弗听。秦太后为魏冉谓秦王曰③:“成阳君以王之故,穷而居于齐④,今王见其达而收之⑤,亦能翕其心乎⑥?”王曰:“未也。”太后曰:“穷而不收,达而报之⑦,恐不为王用。且收成阳君,失韩、魏之道也⑧。”

【注释】

①五国:鲍彪以为伐秦之五国是“齐、燕、赵、魏、韩”,吕祖谦大事记解题以为是“齐、楚、赵、魏、韩”,吴师道同意鲍说,于鬯战国策注同意吕说。　建章按:五国伐秦,有燕无楚,当无疑。苏秦说魏王时(见魏策二第七章),追述他如何游说五国伐秦时说“燕,齐仇国也;秦,兄弟之交也。合仇国以伐婚姻,臣为之苦

矣。"臣以致燕甲而起齐兵矣"。"请焚天下之秦符者,臣也;次传焚符之约者,臣也;欲使五国约闭秦关者,臣也。"这都是苏秦在五国伐秦后追述当时的事实。 罢成皋之年有三说:(1)前288年(周赧王二十七年、秦昭王十九年):林春溥战国纪年主此说;(2)前287年:唐兰和杨宽战国史主此说(唐文收入帛书战国纵横家书);(3)前286年:鲍彪注、吕祖谦大事记、顾观光战国策编年、于鬯战国策注主此说。按:唐兰据战国纵横家书新材料有详考,可从。 成皋(gāo 高):春秋时为郑的制邑,又名虎牢,汉置成皋县,隋改为汜水县,直至明、清。解放后又置成皋县,属河南省郑州专区,今已撤销,将原辖区并入今河南省荥阳市。荥阳、成皋自古为军事必争之地。

②成阳君:曾做韩相。

③秦太后:宣太后,见西周策第五章注④。 魏冉:见秦策一第五章注㉓。 秦王:昭王,见西周策第一章注⑭。

④穷:困。

⑤收:取,用,任用。

⑥翕其心:合其心意,顺其心意,使他满意。 翕(xī 吸):合,顺。

⑦报:及,此指使用,任用。

⑧失:损,伤,害。 道:方法,办法,做法。 韩、魏不任用成阳君,秦国反任用成阳君,韩、魏必怨秦。所以说这是"有损秦国与韩、魏关系的做法"。

206

八 范子因王稽入秦章

范子因王稽入秦①,献书昭王曰:"臣闻明主莅正②,有功者不得不赏,有能者不得不官;劳大者其禄厚,功多者其爵尊;能治众者其官大,故不能者不敢当其职焉,能者亦不得蔽隐③。使以臣之言为可,则行而益利其道④;若将弗行,则久留臣无为也⑤。

"语曰⑥:'人主赏所爱而罚所恶;明主则不然,赏必加于有功,刑必断于有罪⑦。'今臣之胸不足以当椹质⑧,要不足以待斧钺⑨,岂敢以疑事尝试于王乎⑩?虽以臣为贱而轻辱臣,独不重任臣者后无反覆于王前耶⑪?

"臣闻周有砥厄,宋有结绿,梁有悬黎,楚有和璞⑫,此四宝者,工之所失也,而为天下名器⑬。然则圣(王)〔主〕之所弃者⑭,独不足以厚国家乎⑮?臣闻善厚家者,取之于国⑯;善厚国者,取之于诸侯。天下有明主,则诸侯不得擅厚矣⑰。是何故也?为其(凋)〔害〕荣也⑱。良医知病人之死生,圣主明于成败之事,利则行之,害则舍之,疑则少尝之,虽尧、舜、禹、汤复生,弗能改已⑲。

"语之至者⑳,臣不敢载之于书;其浅者,又不足听也㉑。意者臣愚而不阖于王心耶㉒?(已)〔亡〕其言臣者将贱而不足听耶㉓。非若是也,则臣之志,愿少赐游观之间㉔,望见足下而入之㉕。"

书上,秦王说之㉖,因谢王稽说㉗,使(人)持车召之㉘。

【注释】

①范子:名雎(又作"睢"),字叔,魏人。初以副使随须贾使齐,齐襄王赐雎金及牛、酒,须贾知之。归国,须贾告魏相魏齐。齐以雎里通外国,鞭打,几至死。雎佯死得脱,变姓名为张禄。正逢秦谒者王稽出使魏国归秦,雎通过郑安平介绍与王稽入秦。入秦都咸阳,稽言秦王:"魏有张禄先生,天下辩士也。曰'秦王之

国危于累卵,得臣则安,然不可以书传也。'臣故载来。"秦王不
信,给他下等客舍,吃下等客饭。一年后,就写了这封信。时当
<u>秦昭王</u>三十六年。前266年(<u>秦昭王</u>四十一年)<u>昭王</u>封<u>范雎</u>为
<u>应侯</u>,<u>应</u>在今河南省<u>鲁山县</u>东三十里。<u>史记</u>有<u>范雎</u>列传。<u>王伯
祥</u>说"<u>雎</u>,音'虽',从目。此本和<u>黄善夫</u>本、<u>清武英殿</u>本都作
'雎',<u>蜀</u>本作'雎',从且,但后半也多有作'雎'的百衲<u>宋</u>本大
部作'雎',偶或也有作'雎'的。<u>汲古</u>本与<u>蜀</u>本差不多,也是
'雎'、'雎'杂作。<u>会注</u>本却通体作'雎'。据<u>钱大昕</u>考证,'<u>战
国</u>、<u>秦</u>、<u>汉</u>人多以'且'为名,读子余切,如<u>襄且</u>、<u>豫且</u>、<u>夏无且</u>、<u>龙
且</u>皆是。'且'旁或加'隹',如<u>范雎</u>、<u>唐雎</u>,文殊而音不殊也。'
(<u>武梁祠堂画象跋尾</u>)那么作'雎',也是有它的理由的。这里
为谨慎计仍根据底本作'雎',特附<u>钱</u>说备参考。" <u>姚</u>本皆作
"雎",坊刻本亦有作"雎"者,此从<u>姚</u>本,并录<u>王伯祥</u>说供参考。
<u>王稽</u>:谒者(接待宾客的官)。

②<u>昭王</u>:<u>秦昭王</u>,见<u>西周策</u>第一章注⑭。　莅正:执政。　莅:
临。　正:通"政"。

③"能治众者"三句:能力强的人任官就大,而没有能力的人不随
便任职,真正有能力的人也不会埋没他的才能。

④"使以"两句:如果认为我的话正确,那么按照实行,就会更有
利于国家的政治。　使:假使,如果。　道:治理国家之道;
政治。

⑤将:<u>孙经世经传释词补</u>:"犹'若'也。"则"若将"即如果。　为:
同"谓","无为"即无谓,没意思。或"无为"言无所作为。

⑥语:谚语。

⑦"人主"四句:昏庸的国君奖赏他所喜爱的人,而惩罚他所憎恶
的人;英明的国君则不是这样,奖赏一定要奖给有功的人,刑罚
一定要判给有罪的人。　断:判,定。

⑧今臣之胸不足以当椹质:现在我的胸膛禁不住椹质。　椹质:古代的刑具,罪犯伏其上以受斧钺的砧板。　椹(zhēn 针):或作"砧""碪""锧",砧板。　质:或作"櫍""锧"。与"椹"义同。　当:任,受。

⑨要不足以待斧钺:我的腰禁不住斧钺。　要:同"腰"。　钺(yuè 月):古代武器,形比斧大。此处"斧钺"为腰斩的刑具。　待:义同"当"。

⑩岂敢以疑事尝试于王乎:我怎么敢拿模棱两可的建议来冒犯大王的严重刑罚呢?　疑事:犹豫不定,没有把握的政治建议。　尝试于王:"以身试法"的意思。

⑪"虽以"两句:虽然可以认为我轻微而慢待我,难道这不会让推荐我的人,认为他在您面前说话不算数吗?　独:岂,难道。　重:重视,认真对待。　任臣者:保荐我的人,指王稽。　反覆:说话不算数,诳骗。　保荐人要对被保荐者负责,被保荐者以后出了问题,罪及保荐人。故范雎有此反问。

⑫砥厄、结绿、悬黎、和璞:皆美玉名。和璞,即和氏璧,见韩非子和氏篇。

⑬"此四宝者"两句:这四种宝玉,工匠不能辨识,可是它们仍然是天下有名的宝器。　失:淮南子说山训高注:"犹不知也。"

⑭史记范雎列传泷川资言考证:"枫山、三条本'王'作'主'。"建章按:金正炜战国策补释:"'王'当为'主'"与枫山、三条本合。"主"误为"王"古书屡见,管子四时:"其主信明圣,其臣乃正。"王念孙读书杂志:"'主'与'臣'相对为文,各本作'王'非。"韩非子和氏"未为主之害也",陈奇猷韩非子集释引卢文弨"藏本'主'作'王'"。陈说:"作'王'者,'主'字之误也。"又:此句情甚曲,承上句"天下名器",远喻魏王弃范雎,几至于死;近喻秦王"使舍食草具",轻辱范雎;而自喻为"天下名器"。

⑮"然则"两句:如此说来,明主所不要的难道对于国家就没有重大用途吗? 以:裴学海古书虚字集释卷一"犹'能'也"。厚:国语晋语一韦注"益也"。

⑯这是暗指穰侯损公肥私。

⑰"天下"两句:天下有了英明的国君,诸侯就不可能专据富厚之利。 擅:专有。

⑱此句之义众说纷纭,皆难信。"割"与"害"金文形同,容庚金文编说"'割'字不从'刀','害'字重见。"书尧典"汤汤洪水方割",传"割,害也。"书大诰"天降割于我家",陆德明经典释文:"割,马本作'害'。"则史记范雎列传的"割"与春秋后语的"害"实为一字。作"凋"者乃"周"之误,"周"又为"害"字之误。公羊襄十五年经"晋侯周卒",陆德明经典释文:"'周'一本作'雕'。"古凋、彫、雕通。汉书诸侯王表"共王不周嗣",王念孙读书杂志:"'不周'当为'不害',字之误也,隶书'害'字或作'害',与'周'相似而误。景十三王传及史表、五宗世家皆作'不害'。"墨子非攻下"此为周生之本",王念孙读书杂志:"'周'当作'害'。财者生之本也,用兵而费财,故曰'害生之本'。逸周书度邑篇'问害不寝',管子幼官篇'信利害而无私'、韩子外储说左'害主上之法',今本'害'字并误作'周'。"广雅释诂二"割,裁也"。又释诂四:"割,截也。""裁""截"均有"去""弃"之义,即上文"主之所弃者"之义。国语晋语四"黍稷无成不能为荣"注"荣,秀也。"即上文"此四宝者"之义。则"害(割)荣"即"舍弃英秀杰出的人才"的意思,亦范雎自喻乃英秀杰出的人才,被昏主所舍弃。如果明主能取用这样的人才,则"诸侯不得擅厚矣"。

⑲"良医"句以下:高明的医生可以判断病人的生死,贤明的君王可以预见事情的成败。认为有利就该实行,认为有害就该舍

弃,认为有疑就该尝试(探明究竟),(这些道理)就是尧、舜、禹、汤活到现在也是不能改变的。　尧舜禹汤:见秦策一第二章注㉒、㉓、㉔、㉕。　改:变。　已:裴学海古书虚字集释卷一:"犹'也'也。"

⑳至:深。

㉑"语之至者"四句:话要谈得深了,我又不敢写在报告里;话要谈得浅了,又没有意思。　载:记录。　书:报告。

㉒"意者"句:或者是因为我愚蠢无能,所说的话不能说中大王的心意呢?　意者:王引之经传释词卷三:"'或者'也。"　庄子天地"夫子阖行邪"陆德明经典释文:"'阖'本亦作'盍'。"盍:尔雅释诂:"合也。"则此"阖"亦"合"也。　心:意。

㉓"亡其"句:或者就是因为推荐我的人地位低下而又不足听信呢?　王引之经传释词卷十:"无,转语词也,字或作'亡',或作'忘',或作'妄',或言'亡其',其义一也。"引此句说"今本'亡'讹作'已',钱本、曾本并作'亡',与史记范雎列传合。"建章按:管子乘马数篇"有虞筴乘马,已行矣",于鬯香草续校书:"'已'当作'亡',二字形相近而误也。"全上古三代文引此"已"改作"亡"。当据钱本、曾本、史记改"已"作"亡"。

㉔愿:希望。　赐:给。

㉕"非若是也"句以下:如果不是这样的话,那么我的意思(是),希望大王能稍微抽出一些游览观赏剩余的空暇时间,我将当面陈述。　望见:有"拜见"、"面见"的意思。　足下:见秦策二第十二章注⑫。　入:齐策三第一章高注"犹'致'也。"则"入之"即致意、进言的意思。

㉖说:同"悦"。

㉗因:乃,就。　谢:礼记曲礼上注:"犹'听'也。"　王稽说:指王稽当初向秦昭王推荐范雎时说的那一番话。　姚校:一无

㉘史记范雎列传作"使以传车召范雎",集解引徐广说"一云'使持车'"。索隐"'使持车'战国策之文也。" 金正炜战国策补释:"'人'字疑本为'以',古书'以'作'㕥',因缺损为'人'。'持'或'特'字讹,'特车'犹近人言'专车'。" 建章按:左昭元年传"子与子家持之",释文"持,本作'特'。"管子小问"则人持莫之弒也",于省吾双剑誃诸子新证:"持、特古字通。庄子齐物论'何其无特操与。释文'特,本或作持。'易大过注'心无特吝',释文'特,或作持。'"则"持车"即"特车",不必以为"字讹"。徐广及索隐引策均无"人"字,有"人"字无义,当据徐广、索隐引策文删"人"字。金疑"人"本为"以"字,乃依史为说。或后人依史补"以"字,后又缺损为"人"字。此言秦昭王派专车召见范雎。初"使舍食草具",下策言"秦王庭迎",则"使持车召之",乃情理中事。

九 范雎至秦章

范雎至秦①,王庭迎。谓范雎曰:"寡人宜以身受令久矣②,(今者)〔会〕义渠之事急③,寡人日自请太后④:今义渠之事已,寡人乃得以身受命⑤。躬窃闵然不敏⑥。敬执宾主之礼⑦。"范雎辞让。是日见范雎,见者无不变色易容者⑧。

秦王屏左右⑨,宫中虚无人⑩。秦王跪而请曰⑪:"先生何以幸教寡人⑫?"范雎曰:"唯唯⑬。"有间⑭,秦王复请。范雎曰:"唯唯。"若是者三。秦王跽曰⑮:"先生不幸教寡人乎⑯?"范雎谢曰⑰:"非敢然也⑱。臣闻始时吕尚之遇文王也⑲,身为渔父⑳,而钓于渭阳之滨耳㉑,若是者交疏也。已,一说而立为太师㉒,载与俱归者㉓,其言深也㉔。故**文王**果收功于**吕尚**,卒擅天下,而身立为帝王。即使**文王**疏**吕**(望)〔尚〕而弗与深言㉕,是**周**无天子之德,而**文**、**武**无与成其王也㉖。今臣羁旅之臣也㉗,交疏于王,而所愿陈者皆匡君(之)之事㉘,处人骨肉之间㉙,愿以陈臣之陋忠㉚,而未知王心也,所以王三问而不对者是也㉛。臣非有所畏而不敢言也,知今日言之于前,而明日伏诛于后㉜。然臣弗敢畏也。大王信行臣之言㉝,死不足以为臣患,亡不足以为臣忧,漆身而为厉,被发而为狂,不足以为臣耻㉞。五帝之圣〔焉〕而死㉟,三王之仁〔焉〕而死㊱,五伯之贤〔焉〕而死㊲,**乌获**之力〔焉〕而死㊳,**奔**、**育**之勇焉而死㊴。死者,人之所必不免也,处必然之势㊵。可以少有补于**秦**㊶,此臣之所大愿也,臣何患乎?**伍子胥**橐载而出**昭关**㊷,夜行而昼伏㊸,至于**蔆水**㊹,无以(饵)〔糊〕其口㊺,坐行蒲服㊻,乞食于**吴**市㊼,卒兴**吴**国,**阖庐**为霸㊽。使臣得进谋如**伍子胥**㊾,加之以幽囚㊿,终身不复见,是臣说之行也,臣何忧乎?**箕子**、**接舆**漆身而为厉,被发而为狂,无益于**殷**、**楚**[51]。使臣得同行于**箕子**、**接舆**[52],漆身[53],可以补所贤之主,是臣之大荣也,臣又何耻乎?臣之所恐者,独恐臣死之后,天下见臣尽忠而身蹶也[54],是以杜口裹足莫肯即**秦**耳[55]。足下上畏太后之严,下惑奸臣之态[56],居深宫之中,不离保傅之手[57],终身闇惑[58],无与照奸[59],大者宗庙灭覆[60],小者身以孤危[61]。此臣之所恐耳。若夫穷辱之事、死亡之患,臣弗敢畏也。臣死而**秦**治,贤于生也[62]。"**秦王**跽曰:"先生是何言也。夫**秦国**僻远,寡人愚不

卷五　秦策三

肖^⑥，先生乃幸至此，此天以寡人恳先生^⑥，而存先王之〔宗〕庙也^⑥。寡人得受命于先生，此天所以幸先王而不弃其孤也^⑥，先生奈何而言若此？事无大小，上及太后，下至大臣，愿先生悉以教寡人，无疑寡人也。"范雎再拜，秦王亦再拜。

范雎曰："大王之国，北有甘泉、谷口^⑥，南带泾、渭^⑥，右陇、蜀^⑥，左关、阪^⑩，战车千乘，奋击百万^⑪，以秦卒之勇，车骑之多^⑫，以当诸侯^⑬，譬若驰韩卢而逐蹇兔也^⑭，霸王之业可致^⑮。今反闭〔关〕而不敢窥兵于山东者^⑯，是穰侯为国谋不忠，而大王之计有所失也。"王曰："愿闻所失计。"雎曰："大王越韩、魏而攻强齐，非计也。少出师则不足以伤齐，多之则害于秦^⑰。臣意王之计^⑱，欲少出师，而悉韩、魏之兵，则不义矣^⑲。今见与国之不可亲^⑳，越人之国而攻，可乎？疏于计矣^㉑。昔者齐人伐楚，战胜，破军杀将^㉒，再辟〔地〕千里^㉓，肤寸之地无得者^㉔，岂齐不欲地哉？形弗能有也^㉕。诸侯见齐之罢露^㉖，君臣之不亲，举兵而伐之，主辱军破^㉗，为天下笑。所以然者，以其伐楚而肥韩、魏也^㉘。此所谓'藉贼兵而赍盗食'者也^㉙。王不如远交而近攻，得寸则王之寸，得尺亦王之尺也。今舍此而远攻，不亦缪乎？且昔者，中山之地方五百里，赵独擅之^㉚，功成、名立、利附，则天下莫能害。今韩、魏中国之处^㉛，而天下之枢也^㉜。王若欲霸，必亲中国而以为天下枢，以威楚、赵^㉝。赵强则楚附^㉞，楚强则赵附，楚、赵附则齐必惧，惧，必卑辞重弊以事秦^㉟，齐附，而韩、魏可虚也^㊱。"王曰："寡人欲亲魏；魏，多变之国也,寡人不能亲。请问亲魏奈何^⑨?"范雎曰:"卑辞重币以事之;不可,削地而赂之:不可,举兵而伐之^⑱。"于是举兵而攻邢丘,邢丘拔^⑲,而魏请附。

曰:"秦、韩之地形,相错如绣^⑩。秦之有韩,若木之有蠹^⑩,人之病(心腹)〔腹心〕^⑩。天下有变,为秦害者,莫大于韩,王不如收韩^⑩。"王曰:"寡人欲收韩,〔韩〕不听^⑩,为之奈何?"范雎曰:"举兵而攻荥阳^⑩,则成皋之路不通^⑩;北斩太行之道^⑩,则上党之兵不下^⑩。一举而(攻荥阳则)其国断而为三^⑩。(魏)韩见必亡^⑩,焉得不听?韩听,而霸事可成也。"王曰:"善。"

【注释】

①范雎:见秦策三第八章注①。史记范雎列传"范雎乃得见于离宫","离宫"即行宫。当时的离宫即今陕西省西安市西北的长安故城。 此策当在周赧王四十四年,秦昭王三十六年。

②宜:应该。 身:亲自。 令:教导。

③史记范雎列传"今者"作"会"。 王念孙读书杂志:"既云'今义渠之事已',则上文'义渠之事急'二句乃追叙之词,不得言'今者',范雎传作'会义渠之事急'是也,言适会义渠之事急,故寡人不得以身受命耳。'今者'二字即一'会'字之讹。" 建章按:文中明言"义渠之事急"在去年,正与"会"字合,亦与"待命岁余"合。王说是,当改。 义渠:见秦策二第四章注①。汉书匈奴传"秦昭王时,义渠戎王与宣太后(昭王母)乱(私通),有二子。宣太后诈而杀义渠戎王于甘泉(秦离宫,在今陕西省淳化县甘泉山上),遂起兵伐灭义渠。"后汉书西羌传"王赧四十三年,宣太后诱杀义渠王于甘泉宫,因起兵灭之。"周赧王四

十三年当秦昭王三十五年,则去年事。

④太后:宣太后,见秦策二第十六章注①。此言我每天又要向太后请安。

⑤"今义渠"两句:现在义渠事件已处理完毕,我这才能够亲自来接受您的教导。 已:完毕。 命:同"令"。

⑥躬窃闵然不敏:我深深感到自己愚蠢糊涂。 躬窃:对自己的谦称。 闵:暗,不明。 闵然:是说糊涂。 不敏:愚蠢。皆谦词。

⑦礼记乡饮酒:"主人拜迎宾于庠门之外,入三揖而后至阶,三让而后升,所以致尊让也。"即所谓"敬执宾主之礼"。

⑧前已有"庭迎","执宾主之礼",此又言"见范雎",义复,当是"见范雎者",此是二事。则下"见"字当衍。 变色:有"恐惧"义,如"谈虎变色"。 易容:有肃然起敬,另眼看待的意思。

⑨屏(同"摒"):除去,遣退。 左右:亲近的侍从。

⑩虚:空。

⑪跪:古人以席铺地,两膝着席,臀部垫于脚跟,使身体安适,此为"坐"。有所敬,则直起大腿,直起腰,此为跪。 请:广雅释诂三:"求也。"要求。

⑫幸:表示谦敬之词。

⑬唯唯:恭顺的应声,而不答话。

⑭有间:不多一会儿。

⑮跽:长跪,与跪的姿势同,见注⑪。此言坐而复跽,表示恭敬。

⑯先生不幸教寡人乎:先生就是不教导我了吗? "幸教"连读,见注⑫。

⑰谢:请罪。这里意思是请恕三次"唯唯"不恭敬之罪。

⑱然:如此,这样。

⑲吕尚:姜尚,姜子牙,即民间传说的姜太公,见秦策一第二章注

⑰。　文王:周文王,见秦策一第二章注㉖。　吕尚及周文王
事详史记周本纪及齐太公世家。

⑳渔父:渔夫,渔翁。

㉑渭阳之滨:陕西省渭水的北岸。一说"渭阳"是渭水旁边的地
名。　建章按:今陕西省岐山县西南之河,相传为吕尚垂钓之
处,即吕氏春秋有始览谨听所谓"太公钓于滋泉"。

㉒已:以后,继而。　说:说服。　立:成,任命。　太师:古代三
公最高的官,相当于宰相。

㉓载与俱归:同乘一辆车,一块儿返回。　者:助词,与下句"也"
呼应。

㉔上文"交疏",与此"言深"正相对比。正因为"言深",故立为太
师。此与下文"交疏于王"正遥遥相喻。

㉕史记范雎列传"望"作"尚"。　于鬯战国策注:"卢刻本亦作
'尚'。"　建章按:当依上文、范雎列传及卢刻本改"望"作
"尚"。　即使:如使,假如。即:若。

㉖无与成其王:不可能成就帝王的事业。　与:王引之经传释词
卷一:"犹'以'也。"　武:周武王,见秦策一第二章注㉗。

㉗羁旅:寄居他乡。

㉘陈:陈述。　匡:纠正。　鲍本上"之"字作"臣"。　范雎列传
只一"之"字。　金正炜战国策补释:"鲍本作'臣',于文不
合。"　于鬯战国策注:"当衍一'之'字,雎传可证,鲍本上'之'
字作'臣',姚亦云'臣字疑衍'。"　建章按:可从范雎列传删一
"之"字。姚校于"君之"下止注"臣字"二字。据于鬯引、姚校
当脱"疑衍"二字。

㉙处:居中,插手。　骨肉:比喻父母兄弟子女等的至亲关系。这
里隐指宣太后、穰侯与秦昭王之间的关系及矛盾。

㉚陋忠:即"愚忠",谦词。　陋:卑贱,低微。

㉛是也：此也，就是这个缘故。

㉜"知今日"两句：我知道，今日在大王前说了，明天就要遭杀身之祸。　伏诛：用极刑。伏：与"服"古字通，说文"服，用也"。受。诛：广雅释诂："杀也。"

㉝信：诚，真。　行：实行。

㉞"死不足"句以下：即使身死，我也不会以此为祸患；即使流亡，我也不会以此为忧虑；即使不得已漆身为厉，被发为狂，我也不会以此为耻辱。　漆身为厉：用漆涂身，使生癞疮变形；"厉"同"癞"。　被发为狂：披散头发，装疯卖傻；"被"同"披"。　二者都是身遭大祸，不得已而改变形体，为了避人耳目。

㉟五帝之圣焉而死：五帝是天下的圣人，但终究要死。　姚校："钱，'圣'下、'仁'下、'贤'下、'力'下皆有'焉'字。"范雎列传同。　建章按：文选张衡西京赋、陈琳为袁绍檄豫州李注两引"力"下、"勇"下皆有"焉"字，后汉书襄楷传李注引"力"下有"焉"字，本篇"勇"下亦有"焉"字。此篇本当有五"焉"字。燕策二第二章"尧、舜之贤而死，禹、汤之知而死，孟贲之勇而死，乌获之力而死。"吕氏春秋慎行论"黄帝之贵而死，尧、舜之贤而死，孟贲之勇而死。"皆无"焉"字。疑后人据彼而删策，而未删尽者。北堂书钞卷九二所引无五"焉"字。然则唐人所见战国策亦有不同邪？　焉：王引之经传释词卷二"犹'也'也。"　五帝：见秦策一第二章注㊼。

㊱三王：见秦策一第二章注㊼。　仁：仁人。

㊲五伯：五霸，见秦策一第二章注㊼。　贤：贤人。

㊳乌获：相传是古代的大力士。

㊴奔：孟贲(bēn 奔)。奔，通"贲"。　育：夏育。相传二人皆古代勇士。

㊵处必然之势：这是客观发展的必然规律。

㊶补：益。

㊷伍子胥：见秦策一第十二章注⑨。　橐载而出昭关：装在口袋里混出昭关。　橐：一种口袋。　昭关：春秋时，为吴、楚两国交界处，在今安徽省含山县北小岘山西。

㊸伏：隐藏。

㊹凌水：也作"陵水"，即今江苏省溧阳市之溧水，一名濑水。相传是伍子胥乞食、投金处。

㊺史记范雎列传"饵"作"糊"。　建章按：左隐十一年传"寡人有弟，不能和协，而使糊其口于四方"，左昭七年传"饘于是，鬻于是，以糊余口"，商君书农战"技艺之足以糊口也"，庄子人间世"挫针治繲，足以糊口"至今仍保留着"糊口"这一古词。当据范雎列传改"饵"作"糊"。　左隐十一年传杨伯峻注："糊口者，以薄粥供口食耳。"商君书农战高亨新笺："糊口者有饮食以糊塞其口也。"　"无以糊其口"是说吃不上饭，饿着肚皮。

㊻坐行：膝行。　蒲服：即"匍匐"，两手着地爬行。

㊼史记伍子胥列传集解引张勃说"子胥乞食处在丹阳溧阳县。"吴越春秋王僚使公子光传"子胥至吴，疾于中道，乞食溧阳。"又："子胥之吴，乃被发佯狂，跣足涂面，行乞于市。"　建章按：此言"吴市"，泛指吴国某处的大街上，不必定指"溧阳"。

㊽阖(hé 和)庐：吴王诸樊的儿子，寿梦的孙子，名光，曾派勇士专诸刺杀其叔兄吴王僚，自立为王，是为吴王阖庐，前514年—前496年在位。也作"阖闾"。伍子胥助吴而成霸业，故云"阖庐为霸"。

㊾使：如果，假使。　得：能。　进谋：出谋划策。　进：陈述，贡献。

㊿幽囚：禁闭，关押起来。

㈤箕子：殷纣的叔父，名胥余，为太师，封子爵于箕，故称箕子。纣王无道，箕子进谏而不听，便披发装疯，被贬为奴隶。　接舆：春秋时，楚国隐士，名陆通，装疯不愿做官，当时人称他为“楚狂”。　二人都欲匡主救世而终无成，故以“漆身为厉，被发为狂”形容他们装疯，终究对殷、楚无所补益。

(52)同行于箕子接舆：与箕子、接舆同样“漆身而为厉，被发而为狂”。

(53)史记范雎列传无“接舆”字。　姚校：“一本无‘漆身’字。”　建章按：上文“箕子、接舆漆身而为厉，被发而为狂”，则此“漆身”后当有“被发”二字。然依一本无“漆身”字亦通。

(54)蹶（jué 绝）：跌倒，死亡。

(55)杜口：闭口不语。杜：堵塞。　裹足：足似有所缠缚而不前。即：近，至。

(56)奸臣：指穰侯。　态：“慝（tè 特）”的借字，伪诈。

(57)保傅：皆教育太子的小臣。保，偏重于生活的教养；傅，偏重政治的指导。

(58)闇惑：糊涂，不清醒。　闇：同“暗”，不明。　惑：迷乱。

(59)无与照奸：无以明奸，即不能（无法）了解坏人坏事。　与：以。照：明。

(60)宗庙：见秦策一第五章注(56)。　灭覆：灭亡。覆：周书周祝注：“灭也。”

(61)以：且，乃。

(62)“臣死”两句：我死了，而秦国能够治理得很好，这比我活着还要好得多。　贤：胜。

(63)不肖：不贤，无能，没出息。此为谦辞。

(64)慁（hùn 混）：烦扰。

(65)史记范雎列传“庙”作“宗庙”。　于鬯战国策注：“应上‘宗庙覆灭’。”　建章按：齐策四第一章“愿君顾先王之宗庙”，本书皆言"宗庙",当补"宗"字。

⑥⑥孤:遗孤,指秦昭王自己。

⑥⑦甘泉:山名,在今<u>陕西省淳化县</u>西北五十里,一名<u>鼓原</u>,或名<u>磨盘岭</u>,又名<u>车盘岭</u>,俗名磨石岭。 谷口:在今<u>陕西省礼泉县</u>东北四十里,一名<u>塞门</u>,或名<u>寒门</u>,又名冶谷。

⑥⑧泾渭:<u>陕西省</u>中部的<u>泾水</u>、<u>渭水</u>。<u>泾水</u>流至<u>陕西省高陵县</u>入于<u>渭水</u>;<u>渭水</u>流至<u>潼关</u>入于<u>黄河</u>。 带:用作动词,象带子一样地环绕着。

⑥⑨陇蜀:<u>四川省岷山</u>与<u>陕西陇山</u>相连,故曰"<u>陇</u>、<u>蜀</u>"。 陇:<u>陇山</u>,<u>六盘山</u>南段别称,古称<u>陇阪</u>,亦称<u>陇坻</u>。在今<u>陕西省陇县</u>西北,山高而长,北连沙漠,南带<u>泾</u>、<u>渭</u>,为<u>关中</u>四塞西面之险塞。

⑦⑩关阪:关指<u>函谷关</u>,阪指<u>殽山</u>。见<u>秦策</u>一第二章注⑤。

⑦①奋击:见<u>秦策</u>一第二章注⑧。

⑦②骑:名词,骑兵。

⑦③当:<u>秦策</u>一第五章<u>高</u>注"敌"。又<u>公羊庄</u>十三年传注"犹'敌'也"。敌:<u>尔雅释诂</u>"当也"。又<u>广雅释诂</u>三:"当也。"则"当""敌"皆"对抗""抵挡"的意思。

⑦④驰:驱使。 韩卢:相传古<u>韩国</u>的名犬;黑色曰"卢",因犬毛为黑色,故名"<u>韩卢</u>"。<u>博物志</u>"<u>韩国</u>有黑犬名卢。"<u>广雅</u>卷十下"<u>韩獹</u>",<u>王念孙疏证</u>:"<u>初学记</u>引<u>字林</u>云'獹,<u>韩</u>良犬也。'獹,通作'卢'。" 蹇(jiǎn 检):跛足。<u>刘师培左盦集</u>卷五:"<u>类聚</u>二十五引'驰'作'放','蹇'作'狡'。" <u>建章</u>按:<u>太平御览</u>卷四六〇引"驰"作"放","蹇"作"弩"。

⑦⑤致:至,招来。

⑦⑥于邑:<u>战国策注</u>:"'<u>山东</u>'盖专指<u>韩</u>、<u>魏</u>,是时<u>穰侯</u>方攻<u>齐</u>,若统指六国,不可云'不敢窥',下策'臣居<u>山东</u>'正指<u>魏</u>。" <u>王伯祥史记选范雎列传校释</u>:"'<u>山东</u>'泛指东方六国。" <u>建章</u>按:据

史记记载，自秦昭王三十五年始见秦未攻三晋，秦昭王三十五年攻燕，次年攻齐。则"山东"不当"统指六国"，于说当是。又文选西征赋李注、艺文类聚说门、太平御览卷四六〇游说览上引"闭"下并有"关"字。当补"关"字。

⑦⑦史记范雎列传"之"作"出师"。 金正炜战国策补释："'多之'当作'多出之'，'之'、'出'篆文相似而误。" 刘锺英战国策辨讹："'出'讹作'之'，'之'作'屮'，故讹也。" 建章按：吕氏春秋季春纪论人"豪士时之"，于鬯香草续校书"'之'本训'出'，说文之部云'之，出也。'此正用'之'字本义"。则此"之"字不必以为"误""讹"。"多之"即多出兵。

⑦⑧礼记少仪："毋测未至"注"测，意度也。"则"意"有"测度""猜测"的意思。

⑦⑨"臣意"四句：我猜想，大王的计划是，想少出兵，而让韩、魏两国全力以赴，这样是不适当的。 下文说"今见与国之不可亲"，言"与国"已不可信也。又说"越人之国而攻，可乎?"言恐韩、魏乘其后也，故曰"疏于计"。更举齐伐楚而肥韩、魏，所谓"藉贼兵而赍盗食者也"所举齐伐楚失计之例，即可证明"不义"之意。"不义"即"不宜"，亦即"不当"。广雅释言："义，宜也。"国语晋语四"将施于宜"韦注："宜，义也"。则"义""宜"通。吕氏春秋不苟论当赏"主之赏罚爵禄之所加者宜"高注："宜，犹'当'也。"

222

⑧⓪与国：盟国。 亲：信。

⑧①疏于计：计谋不周密。

⑧②杀将：指前301年(齐宣王十九年，楚怀王二十八年)齐、楚垂沙之役，杀楚将唐昧，(荀子议兵篇、吕氏春秋似顺论处方"昧"作"蔑"，史记秦本纪作"昧"。)

⑧③穀梁庄三十一年传"为燕辟地"注："辟，开也"。韩非子十过

"<u>秦穆公</u>兼国十二,开地千里",又<u>有度</u>"<u>齐桓公</u>并国三十,启地
三千里"。"辟""开""启"义同,其下皆有"地"字,<u>史记范雎列
传</u>"辟"下亦有"地"字。此当补"地"字。

⑧肤寸:言少量。古时计长度,以四指为一肤,一指为一寸,则一
肤为四寸。

⑧形弗能有也:这是当时的形势不可能让<u>齐国</u>得到土地。
形:势。

⑧罢露:疲弱。 罢:通"疲"。 露:羸,瘦弱。

⑧主辱:前284年(<u>齐闵王</u>十七年)<u>秦</u>、<u>楚</u>、<u>燕</u>、<u>赵</u>、<u>魏</u>、<u>韩</u>六国合从
攻<u>齐</u>,<u>燕</u>将<u>乐毅</u>攻入<u>齐</u>都<u>临淄</u>,<u>齐闵王</u>逃走,故言"主辱"。

⑧"所以然者"两句:其所以后果如此惨痛,被诸侯耻笑,是因为
(越过别国)去进攻<u>楚</u>国,却让<u>韩</u>、<u>魏</u>两国(乘其弊而)得利的缘
故。 肥:本作"富饶""富裕"解,此作"利"解。

⑧藉贼兵而赍盗食:以武器和粮食去资助敌人。此系古代成语。
藉贼兵:借贼以兵,即"以兵藉贼",把武器借给贼寇。藉:同
"借"。 赍盗食:送盗以食,即"以粮送盗",把粮食送给强
盗。 赍:送,赠。 贼、盗:此指敌人。

⑨赵独擅之:前296年(<u>赵惠文王</u>三年)<u>赵</u>灭<u>中山</u>,故曰"<u>赵</u>独擅
之。" 擅:专有。

⑨中国之处:处于中原之地。 处(chǔ 础):居,止。

⑨枢:枢纽,中心。

⑨"王若欲霸"三句:大王如果想建立霸业,必须使<u>韩</u>、<u>魏</u>亲服,而
让<u>秦</u>国掌握天下的中心,以此来威胁<u>楚</u>、<u>赵</u>。

⑨附:亲附,顺服。

⑨卑辞:谦卑,即讨好。 弊:通"币"。 事:侍奉。

⑨礼记檀弓下:"墟墓之间"注"墟,毁灭无后之地。"<u>陆德明经典
释文</u>:"虚,本亦作'墟',同。"<u>阮元</u>校勘记:"虚,墟古今字。"则

“虚”有毁灭、灭亡的意思。

⑨请问亲魏奈何:请问如何让魏国亲附呢?

⑱“卑辞”句以下:多说好话,多给金钱,去讨好它;这样不行,就割地送给它;这样还不行,就出兵讨伐它。

⑲邢丘:故地在今河南省温县东二十里平皋故城。前266年(秦昭王四十一年,魏安釐王十一年)夏,秦取魏邢丘。

⑩相错如绣:是说两国地形相互交错,象各种颜色互相交杂一样。犹言犬牙交错。 绣:说文:“五采备也。”

⑩蠹(dù杜):蛀虫。蛀虫伤害树心,久之树枯死,故言“若木之有蠹”。

⑩史记商君列传“秦之与魏,譬若人之有腹心疾”,韩非子存韩“秦之有韩,若人之有腹心之病也”,史记越王勾践世家“吴有越,腹心之疾”,魏策三第十章“所以为腹心之疾者赵也”,类说引亦作“腹心”。此当据类说引改作“腹心”。腹、心生病,不易医治,久则身亡,故言“人之病腹心”。

⑩收:收服,制服对方,使顺从自己。

⑩姚校:“刘‘韩’下更有一‘韩’字。”史记范雎列传迻“韩”字。鲍本“不”上补“韩”字。 建章按:鲍补“韩”字是,古书迻字以“ヽ”记之,或误脱。见东周策第二章注⑮引俞樾说。当从刘本及范雎列传补“韩”字。

⑩荥(xíng形)阳:战国时属韩,故城在今河南省旧荥泽县西南十七里。

⑩成皋:见第七章注①。

⑩斩:断。 太行之道:指今河南省黄河以北与山西省接界的山隘。

⑩上党:赵、魏、韩三国皆有上党,韩上党包有今山西省东南部晋城、长治二市一带地。参看西周策第十一章注②。

⑩鲍本"荣"作"宜"。　吴补:"'宜',一本作'荣',史同。是时宜阳之拔久矣。"　于鬯战国策注:"卢刻'荣'作'荥'。疑此'攻荥阳则'四字涉上文而衍。既衍,病复,乃漫改为'宜',如鲍本耳。然雎传亦有此四字,则衍亦久矣。'一举而其国断而为三'者,即承上文言也,若第攻荥阳,则断而为两,何云三。"建章按:此"一举"云云承上句"举兵而攻荥阳……斩太行"而言,则"一举"当包括"攻荥阳""斩太行",故"国断而为三"。于说"'攻荥阳则'四字衍"或是。秦一发兵,攻荥阳,斩断太行之道,则韩国'断而为三':'新郑以南为一区,宜阳一带为一区,上党一带为一区,彼此不能相救。'"(王伯祥史记选 240 页注201)又于说"荣"当是"荥"字之误。

⑩鲍注:"衍'魏'字。"　吴补:"'魏'字疑衍。"　黄丕烈战国策札记:"史记作'夫韩'为是。"　建章按:前文言"寡人欲收韩",下文言"韩听,而霸事可成也",均未及"魏",当删"魏"字。

十　范雎曰臣居山东章

范雎曰①:"臣居山东②,闻齐之(内)有田单③,不闻其王;闻秦之有太后、穰侯、泾阳、华阳、〔高陵〕④,不闻其有王。夫擅国之谓王⑤,能专利害之谓王,制杀生之威之谓王⑥。今太后擅行不顾,穰侯出使不报,泾阳、华阳击断无讳⑦,〔高陵进退不请〕⑧。四贵备而国不危者,未之有也⑨。为此四〔贵〕者下⑩,乃所谓无王已⑪。然则权焉得不倾⑫,而令焉得从王出乎?

"臣闻善为国者⑬,内固其威,而外重其权。穰侯使者操王之重⑭,决裂诸侯,剖符于天下⑮,征敌伐国,莫敢不听;

战胜攻取,则利归于陶[16],国弊御于诸侯[17];战败则怨结于百姓,而祸归〔于〕社稷[18]。诗曰:'木实繁者披其枝,披其枝者伤其心,大其都者危其国,尊其臣者卑其主[19]。'淖齿管齐之权[20],缩闵王之筋[21],县之庙梁[22],宿昔而死[23]。李兑用赵,减食主父,百日而饿死[24]。今秦太后、穰侯用事[25],高陵、泾阳佐之[26],卒无秦王[27]。此亦淖齿、李兑之类已。臣今见王独立于庙朝矣[28]。且臣将恐后世之有秦国者非王之子孙也。"

秦王惧,于是乃废太后,逐穰侯,出高陵,走泾阳于关外[29]。昭王谓范雎曰:"昔者齐〔桓〕公得管仲[30],时以为仲父[31],今吾得子,亦以为〔叔〕父[32]。"

【注释】

①范雎:见第八章注①。 于鬯战国策注:"通鉴纲目、林纪、顾编、黄略皆载此策于周赧王四十九年,当秦昭王四十一年。此本连上章,今从鲍本提行。" 建章按:通鉴亦载于周赧王四十九年(前266年)。此乃"数年"后之事,当依鲍本提行,另列一章。

②山东:见秦策一第二章注㉜。此指魏国。

③姚校:"一无'内'字。"史记范雎列传无"内"字。 建章按:通鉴作"闻齐之有孟尝君,不闻有王",亦无"内"字,据下文"秦之有太后",此"内"字衍,当依姚校引一本、范雎列传删"内"字。
田单:齐的远族,前284年(齐闵王十八年)秦、赵、魏、韩、燕五国联军攻齐,燕将乐毅攻入齐都临淄,闵王逃至莒。前279年(齐襄王五年)齐国即墨守将田单向燕反攻,大破燕军,收复了七十余城,封为安平君。史记有田单列传。

④太后:秦宣太后,见秦策二第十六章注①。 穰侯:魏冉,见秦策一第五章注㊿。 泾阳:泾阳君巿,昭王同母弟。 华阳:华阳君芈戎,宣太后同父弟。 高陵:高陵君悝(kuī亏),昭王同母弟。 史记范雎列传有"高陵"二字,下文姚校:"曾'讳'下有'高陵进退不请'六字。"当据范雎列传、姚校引曾本补"高陵"。 建章按:史记秦本纪索隐以为"泾阳君名巿","高陵君名悝",又说"叶阳君悝出之国,未至而死。"史记穰侯列传索隐以为"高陵君名显","泾阳君名悝"。索隐自相矛盾。梁玉绳汉书人表考:"叶阳君本作华阳君,即芈戎,亦曰叶阳,亦曰华阳,亦曰新成君,秦昭王母宣太后之弟。案:秦纪云'叶阳,悝',赵策云'叶阳,母弟'并误。芈戎乃昭王舅,而非'母弟',悝乃母弟高陵君,而非'叶阳'。自有此误,索隐于苏秦、穰侯传谓泾阳为悝,高陵为显。秦策吴注谓华阳是高陵别名,赵策注谓叶阳是高陵别名,而以悝为叶阳,毋乃谬乎?考策、史,穰侯魏冉、华阳芈戎、泾阳公子巿、高陵公子悝,时称四贵。"杨宽也认为华阳君芈戎,泾阳君公子巿,高陵君公子悝。(见彼战国史105页)

⑤擅国:专国政。

⑥"夫擅国"三句:能在国内独断专行,不受牵制,才算是王;能决定安排国家的利害,才算是王;能掌握全国生杀予夺的大权,才算是王。 制:掌握,控制,决定。 韩非子诡使:"威者所以行令也。"广雅释诂二:"威,力也。"则"威"当权力讲。

⑦击断:决断。荀悦汉纪孝平纪"以王邑为腹心,甄邯、甄丰主诀断",汉书王莽传上"王舜、王邑为腹心,甄丰、甄邯主击断",是"诀""击"音近相通。文选江淹别赋"沥泣共诀",李注:"'诀'与'决'音义同。"则"击断"即"决断",意思是拿主意,做决定。 无讳:无所顾忌。

⑧姚校:"曾'讳'下有'高陵进退不请'六字。" 闵本"讳"下有
"高陵进退不请"六字。 史记范雎列传泷川资言考证引安井
衡曰:"下文曰'四贵备',又曰'为此四贵下',秦王为太后下,
非所宜耻。则'四贵'谓穰侯、泾阳、华阳、高陵。曾本是也。"
建章按:安井衡说是,梁玉绳"四贵"说同(见注①)。当依曾
本、闵本、范雎列传补"高陵进退不请"六字。 进:指对大臣提
拔、升级。 退:指对大臣罢黜、降级。

⑨"今太后"句以下:现在太后独断专行,不顾一切;穰侯派遣使
臣,不请示汇报;泾阳君、华阳君拿主意、做决定,肆无忌惮;高
阳君提拔、罢免官员自作主张。"四贵"横行,而国家不遭受危
害的,从来不曾有过。 穰侯列传穰侯、华阳、泾阳、高陵并提,
范雎列传"秦太后、穰侯用事,高陵、华阳、泾阳佐之",又"逐穰
侯、高陵、华阳、泾阳君于关外",皆穰侯、高陵、华阳、泾阳四人
并提。太后不言自贵,此四人言"四贵"者,乃是反面舆论,即是
四个专权者,而太后是他们的后台。 备:齐全。 未之有:即
"未有之",意即没有这种情况。古汉语否定句宾语如为代词,
一般置于谓语前。

⑩史记范雎列传"四"下有"贵"字。 建章按:上文言"四贵",此
当据列传补"贵"字。 为:王引之经传释词卷二:"犹'于'
也。"在也。

⑪已:裴学海古书虚字集释卷一:"犹'也'也。"

⑫焉:安,何,怎么。 得:能。 倾:倒,废,破坏。

⑬为:小尔雅广诂:"治也。"

⑭穰侯使者操王之重:穰侯派遣使者,凭借大王的崇高地位。
操:挟,持,依,凭。 重:尊,指地位高。

⑮鲍注:"决裂诸侯,谓分剖其地。剖,犹分;符,信也,谓军符。"
吴正:"此'剖符'承上'决裂'而言,谓擅封爵也。" 刘锺英战

国策辨讹:"'制'讹作'裂';'诸'上又脱'于'字。" 建章按:剖符:破符,毁符。汉书高帝纪下颜注:"剖,破也。"广雅释诂一:"破,坏也。" 符:信约。"剖符"是说与各国断绝外交关系,处于战争状态,与"决裂诸侯"义同,故下文有"征敌伐国"。前295年(秦昭王十二年)至前266年(秦昭王四十一年)穰侯执政时期,除3年外,27年中连年征战。 天下:诸侯。 疑本当作"决裂于诸侯",与"剖符于天下"对文。

⑯陶:穰侯的封地,今山东省荷泽市定陶区。

⑰此连上是说:征敌伐国,战胜攻取,取得土地财物之利,则全归于穰侯封地陶邑。国家的财币都流入"四贵"之手。 弊:通"币"。 御:广雅释诂二:"进也。"亦"入"也。 诸侯:指穰侯、泾阳、高陵、华阳。是说他们的权势可比于诸侯。这也是有意激怒秦王。

⑱史记范雎列传"归"下有"于"字。 建章按:无"于"字固可通,然有"于"字与前句一致,语谐。据列传补"于"字。 社稷:见秦策一第五章注㊶。

⑲诗的内容是说:果实繁盛了,则要压断树枝;树枝压断了,就会伤害树心。封地的都邑大了,就要危害国家;大臣地位尊高了,就会使国君的地位降低。 披:折,裂。

⑳淖(zhuō 卓)齿:梁玉绳汉书人表考"淖齿,楚公族,又作卓(吕览正名),又作悼(史田单传),又作踔(潜夫论明闇)。案:淖、悼、卓、踔四字疑古通借。"前284年(齐闵王十八年)六国联合攻齐,燕将乐毅攻入齐都临淄,齐闵王逃至莒。楚国派将淖齿救齐,因此闵王任淖齿为齐相,后淖齿杀闵王(见齐策六第一章)。事见史记田敬仲完世家。 管:执,掌。

㉑缩:通"摍"。诗小雅巷伯:"哆兮侈兮,成是南箕。"毛传:"缩屋而继之。"疏引正义曰:"摍,谓抽也。"阮元校勘记:"摍、缩字

同。"说文段注:"摘,古假'缩'为之。"

㉒县:同"悬"。汉书元帝纪颜注:"县,古'悬'字也。"则县、悬古今字。 庙梁:庙堂的大梁。

㉓宿昔:一昼夜,是说时间很短。 昔:通"夕"。

㉔李兑:为赵武灵王(前325年—前299年在位)臣,前299年武灵王传位给王子何,即赵惠文王,武灵王自称主父,李兑又为惠文王臣。前295年(赵惠文王四年)武灵王长子章争夺君位,欲杀惠文王,被公子成、李兑杀死。公子成、李兑又包围主父于沙丘宫,主父饿死。事见史记赵世家。 用赵:在赵执政。 史记赵世家公子成、李兑"围主父,主父欲出不得,又不得食,探爵(雀)鷇(kòu 扣,待母哺食之雏鸟)而食之,三月余而饿死沙丘宫"。 减:损,少。 减食:犹言断食,不供应粮食。

㉕用事:执政。

㉖佐:辅助。

㉗卒:终究,完全。

㉘独立:孤立。 庙朝:朝廷。

㉙逐、出、走:意同,即驱逐出;离开国都,到自己封邑去。穰侯至其封邑陶,高陵至邓,泾阳至宛。陶、邓、宛皆在函谷关外,故言"关外"。王伯祥史记选:"关外,国门之外。"

㉚齐桓公未见称"齐公"者,当补"桓"字。齐桓公、管仲:见东周策第十一章注⑨、⑪。

㉛"时""待"古通用,详王引之经义述闻易述闻"迟归有时"条。仲父:管夷吾字仲,辅佐齐桓公建立霸业,后为春秋时五霸之首。齐桓公尊管仲,故称他为"仲父"。"父"同"甫",同"傅",是男子的美称,非"父亲"之"父"。仪礼士冠礼注:"甫,是丈夫之美称,孔子为尼甫,周大夫为嘉甫,宋大夫有孔甫,是其类。'甫'字或作'父'。" 时以为仲父:即以仲父之尊待他。亦即

尊他为<u>仲父</u>。

㉜"叔"是范雎的字(<u>史记范雎列传</u>"<u>范雎</u>者,<u>魏</u>人也,字<u>叔</u>"),故称"叔父"。<u>范雎列传</u>:"今<u>范</u>君亦寡人之<u>叔父</u>也。"此脱"叔"字,当补。

十一　应侯谓昭王章

<u>应侯谓昭王</u>曰①:"亦闻<u>恒思</u>有神<u>丛</u>与②?<u>恒思</u>有悍少年,请与丛博③,曰:'吾胜丛,丛籍我神三日④;不胜丛,丛困我⑤。'乃左手为丛投⑥,右手自为投。胜丛。丛籍其神三日。丛往求之,遂弗归⑦。五日而丛枯,七日而丛亡。今国者王之丛,势者王之神,籍人以此,得无危乎⑧?臣未尝闻指大于臂,臂大于股⑨。若有此,则病必甚矣。百人舆瓢而趋,不如一人持而走疾⑩。百人诚舆瓢,瓢必裂⑪。今<u>秦</u>国,<u>华阳</u>用之⑫,<u>穰侯</u>用之⑬,太后用之⑭,王亦用之,不称瓢为器则已已,称瓢为器,国必裂矣⑮。

"臣闻之也,'木实繁者枝必披,枝之披者伤其心,都大者危其国,臣强者危其主。'(其令)〔且今〕⑯邑中自斗食以上⑰,至尉、内史及王左右⑱,有非相国之人者乎⑲?国无事则已,国有事臣必闻见王独立于庭也⑳。臣窃为王恐,恐万世之后㉑,有国者非王子孙也。

"臣闻古之善为政也㉒,其威内扶,其辅外布㉓,(四)〔而〕治政不乱不逆,使者直道而行,不敢为非㉔。今太后使者分裂诸侯㉕。而符布天下㉖,操大国之势㉗,强征兵,伐诸侯。战胜攻取,利尽归于<u>陶</u>㉘,国之币帛竭入太后之家㉙,竟内之利^㉚，分移华阳^㉛。古之所谓危主灭国之道必从此起。三贵竭国以自安^㉜，然则令何得从王出，权何得毋分^㉝？是我王果处(三)〔四〕分之一也^㉞。"

【注释】

①应侯：范雎，见第八章注①。　昭王：见西周策第一章注⑭。

②恒思：地名，未详。　神丛：古时于田野设立社稷坛，其处多植树，名"丛社""丛祠""神丛""神祠"。中国旧时各乡皆有"土地庙"，无围墙，在田野，占地两平方米左右，"庙"内有泥塑"土地"神像，可能即所谓"神丛"的遗迹。　与："欤"同。

③请：要求。　博：古代一种棋戏。只下棋叫"弈"，下棋时每行一步前要掷采(骰子，或称色子)叫"博"。玩法各异，决定胜负的要求也不同。

④籍：孟子滕文公上注："借也。"

⑤困：窘，处于尴尬被动地位。这里意思是说"任意处置"。

⑥为：代替。　投：掷采，即掷色子。

⑦丛往求之遂弗归：(三天期满)丛去向少年讨还神，少年竟然不归还。　遂：竟。　归：还。

⑧"籍人"两句：把权势借给别人，能够不危险吗？　得：能。

⑨股：大腿。

⑩"百人"两句：一百个人扛一个瓢急走，不如一个人拿着它走得轻快。　舆：扛，抬。　疾：礼记月令疏："捷速也。"

⑪"百人诚"两句：如果真有一百个人扛一个瓢急走，那么，瓢一定会破碎不堪。　诚：果真。

⑫华阳：见第十章注④。　用：用事，执政。

⑬穰侯：魏冉，见秦策一第五章注㊿。

⑭太后：秦宣太后，见秦策二第十六章注①。

战国策注释

⑮"不称瓢"三句:如果不把国家当作瓢一样的器物看待,那还罢了;如果把国家当作瓢一样的器物看待,那么国家必然四分五裂。　已已:已矣,罢了。　鲍本无下"已"字,注:"称,犹'等'也。谓比国于瓢。"

⑯鲍本"其令"作"且今"。史记范雎列传"其令"作"今"。　建章按:"其令"无义,当据鲍本改作"且今"。

⑰斗食:按日给一斗左右粟的俸禄,指最低级的小吏。

⑱尉内史:指中央的高级官。　左右:指秦昭王的近臣。

⑲相国:指穰侯。

⑳鲍本无"闻"字。于鬯战国策注:"卢刻无'闻'字。"畿辅本校:"'闻'字衍。"　建章按:上章亦无"闻"字。　庭:同"廷",谓朝廷。

㉑于鬯战国策注:"'万世'即'后世'。"　建章按:"万世之后"可通,"后世之后"不可通,"万世"岂即"后世"?"万世"非"一万世"之谓,"一万世之后有国者非王子孙",亦非急务,岂能打动昭王。汉书外戚孝成赵皇后传"万岁之后,未能持国"注:"万岁,言晏驾也。"汉书梁孝王传"千秋万岁后传于王",史记梁孝王世家"万岁"作"万世"。汉书食货志上"世之有饥穰,天之行也",汉纪孝文纪"世"作"岁",则"世""岁"古通。此"万世之后"即秦昭王死后。古人因讳"死"字,故帝王死,只言"万岁""万世""晏驾"等。

㉒鲍本"也"作"者"。　建章按:王引之经传释词卷四:"'也'犹'者'也。"

㉓疑"扶"当作"伏",形声相近而误。伏:广雅释诂四"藏也"。又"伏""服"古字通,说文"服,用也"。则"其威内扶"者,内藏其威,或内用其威。"威"即行赏罚之权也。　淮南子修务训"立三公九卿以辅翼之",贾子保傅"辅者,辅天子之意者也"。则

"辅"即指左右辅佐之臣也。此言善于治国的君王,他要内俱赏罚的权威,则臣下就会尽忠致力。韩非子扬权:"事在四方,要在中央;圣人执要,四方来效。""四方"谓辅佐之臣,"要":陈奇猷韩非子集释"法术赏罚也",即行赏罚之权。可与此句之意参比。　又按:释名释言语:"扶,傅也;傅,近之也。"淮南子人间训"去高木而巢扶枝"注:"扶,旁也。""傅"即"附","旁"即"傍",则"扶"有依、持、赖等义。则"其威内扶"即"其威内持",亦即"内持其威"也。亦可通。　布:有"展示""陈出""施行"等义,此犹言"尽心竭力报效国君"。

㉔"臣闻"六句:我听说,古时,善于治理国家的君王,他要内持赏罚的权威,则大臣就会尽心竭力报效国君。这样,政治就不乱不背,执事者就规规矩矩,不敢违法乱纪。　鲍彪改"四"作"而"。　建章按:鲍改可从,上言"其威内扶,其辅外布,而治政不乱不逆,使者直道而行,不敢为非"正紧承上言。王引之经传释词卷六:"而者,承上之词。"又说:"而,犹'则'也。""其威"云云是因,"政不"云云是果,其意甚明。"四"古文作"𠬝","而"篆文作"𡗶","𡗶"字缺上笔,形似而误作"四"。

㉕魏冉自前295年(秦昭王十二年)任相,数免,数复,直至前266年(秦昭王四十一年)用范雎为相止,共三十年,皆魏冉专政,此"太后"当是"穰侯"之误。前章亦有"穰侯使者……决裂诸侯"句。

㉖符:与诸侯交往的符节。　布:遍及。　天下:指诸侯各国。

㉗操大国之势:依仗强大秦国的威势。　操:持,依仗。

㉘陶:穰侯的封邑,此处指穰侯。

㉙竭:尽。

㉚竟:同"境"。

㉛"战胜"句以下:战胜敌国,获取土地财物,利益皆归于穰侯,财

物则都流入太后之家,国内的收益则都转归华阳君之手。

移:转,归。

㉜"三贵"疑当作"四贵"。见下注㉞。

㉝毋:不。

㉞姚校:"刘本无'我'字。" 建章按:不必有"我"字。又,上文"今秦国,华阳用之,穰侯用之,太后用之,王亦用之",则果是权分为四。墨子耕柱"楚四竟之田,旷芜而不可胜辟",毕沅说:"'四竟'二字旧作'三意',据太平御览改。"韩非子饬令"三寸之管无当",于鬯香草续校书说:"商君书靳令篇'三'字作'四'。古'三'、'四'皆积画而误也。"按:古籍"四"作"☰",故易与"三"相混。墨子耕柱"鼎成三足而方",孙诒让间诂:"旧本盖作'☰足',故讹作'☰'。"误与此同。

十二 秦攻韩围陉章

秦攻韩围陉①,范雎谓秦昭王曰②:"有攻人者,有攻地者③。穰侯十攻魏而不得伤者④,非秦弱而魏强也,其所攻者地也。地者人主所甚爱也,人主者,人臣之所乐为死也。攻人主之所爱,与乐死者斗,故十攻而弗能胜也⑤。今王将攻韩围陉,臣愿王之毋独攻其地,而攻其人也。王攻韩围陉,以张仪为言⑥。张仪之力多⑦,且削地而以自赎于王⑧,几割地而韩不尽⑨?张仪之力少,则王逐张仪,而更与不如张仪者市⑩,则王之所求于韩者,言可得也⑪。"

235

【注释】

①陉:故城在今山西省曲沃县东。史记白起列传"昭王四十三年

白起攻韩陉城",秦昭王四十三年当韩桓惠王九年,周赧王五十一年(前264年)。

②范睢:见第八章注①。 秦昭王:见西周策第一章注⑭。

③"有攻人者"两句:进攻敌人,有采取在谋略上战胜敌人的,有采取攻城夺地的。 孙子谋攻篇:"上兵伐谋,其次伐交,其次伐兵,其下攻城。"下文言"穰侯十攻魏而不得伤者",是因为"所攻者地也",这是下策。孙子认为"攻城之法,为不得已"。"攻地"即"攻城"。"攻人"是说在谋略上战胜敌人,即所谓"上兵伐谋"。

④穰侯:见秦策一第五章注⑥。 秦昭王十二年秦拔魏襄城;十三年败魏师于解;十四年败魏于伊阙,取五城;十五年攻魏取垣;十六年攻魏取轵;十七年伐魏,魏入秦河东地方四百里;十八年,取魏大小城六十一;二十年攻魏,取新垣、曲阳;二十一年攻魏,魏献安邑;二十四年攻魏,拔安城;三十一年攻魏,取两城;三十二年攻魏至大梁,予秦温以和;三十三年攻魏取四城;三十四年围魏都大梁,魏献南阳以和。前295年—前273年攻魏十四次,此言"十攻",盖约数耳。 伤:言摧毁。

⑤胜:言彻底击毁而取胜。

⑥张文燧战国策谭概引田汝成说:"张仪代远,此或别一张仪。"马非百秦集史人物传三之八改"张仪"为"张平",注说:"原文作'张仪',误。据史记留侯世家云:良父平相釐王、惠王,卒于惠王之二十二年(前251年)。秦围韩陉,在秦昭王四十三年(前264年),当韩桓惠王九年,张平正为韩相,故改之如此。" 建章按:史记韩世家集解引徐广说:"周赧王六年,韩襄王三年张仪死。"即前309年,距围陉城四十五年,当非苏秦的同学张仪。或为同姓名的另一张仪。张仪在韩势重,借他的口可以取得韩王对某些问题的同意。故言"以张仪为言"。

⑦力多：势重，即地位尊高，有说话的条件。

⑧且削地而以自赎于王：张仪将会割韩地私自与大王作交易。

赎：说文："贸也。"交易。

⑨几割地而韩不尽：难道割地，韩国还有割不完的道理？

⑩"张仪之力"三句：如果张仪势轻，那么大王就驱逐张仪，而与智谋不如张仪的人进行交易。　市：义同"赎"。

⑪"则王"两句：这样，大王对韩国的要求，才可如愿以偿。　言：裴学海古书虚字集释卷五："犹'乃'也。"

十三　应侯曰郑人谓玉未理者璞章

应侯曰①："郑人谓玉未理者璞②；周人谓鼠未腊者朴③。周人怀(璞)〔朴〕，过郑贾曰④：'欲买朴乎？'郑贾曰：'欲之。'出其朴视之，乃鼠也。因谢不取⑤。今平原君自以贤显名于天下⑥，然降其主父沙丘而臣之⑦，天下之王尚犹尊之⑧。是天下之王不如郑贾之智也⑨。眩于名，不知其实也⑩。"

【注释】

①应侯：见第八章注①。　此当在范雎任秦相封应侯之后事。秦昭王四十一年范雎封为应侯，当周赧王四十九年（前266年）。

②郑人谓玉未理者璞：郑国人把没有经过加工的玉石叫"璞"。

郑：即韩。　理：治，加工。　璞：含有玉的石头；也指没有经过琢磨加工的玉。　文选任昉王文宪集序李注引作"郑人谓玉之未理者为璞。"尹文子大道下作"郑人谓玉未理者为璞"。

③周：指东周、西周。　腊（xī昔）：经过加工制作的干肉。

237

"璞"与"朴"音同,古又通用,所以才有下文周人与郑贾之间的误会。 文选任昉王文宪集序李注引作"周人谓鼠之未腊者为璞"。

④鲍改"璞"作"朴"。 吴补:"当作'朴'。" 黄丕烈战国策札记:"此当与下'出其朴'互易,作'怀朴'。" 尹文子大道下通篇作"璞",此句作"周人怀璞,谓郑贾曰"。文选任昉王文宪集序李注引作"周人怀璞,过郑,问贾曰"。 建章按:据上下文"璞"当作"朴"。此文前已分作"璞"与"朴",则此亦当区别。此句当依文选李注引于"贾"上补"问"字。 怀:包,装在袋里。 贾(gǔ 鼓):商人。古时"商"是指往来贩卖,没有固定营业地点的"行商";"贾"是指有固定营业地点的"坐商"。

⑤谢:拒绝。

⑥平原君:即赵惠文王的弟弟赵胜,初封于平原(故城在今山东省平原县南二十五里),故号平原君,后又封在东武城(故城在今山东省武城县西四十里)。吴正:"赵书公子成、李兑,非平原君也。'平原'字必有误。"按:疑为"安平君"。

⑦降其主父沙丘而臣之:意思是说,安平君和李兑杀害了主父(赵武灵王)于沙丘宫,赵惠文王作为人子而不报杀父之仇,可是安平君竟然还做了赵惠文王的臣。 降:广雅释诂二:"减也。"又后汉书窦宪传李注"损也"。说文"损,减也"。则降、减、损义同。淮南子说山训高注:"损,毁也。"则"降"亦毁也。引申为"杀害"。

⑧天下之王尚犹尊之:天下的君王却还尊敬平原君。 "尚""犹"义同。

⑨是天下之王不如郑贾之智也:如此说来,天下的君王还不如郑国的商人聪明。(郑国的商人还能辨明"璞"不是"朴",而拒绝不要"朴";而天下君王却不明辨贤与不贤,仍然尊敬平原君。)

⑩“眩于名”两句:这是被虚名所迷惑,而不了解事实的真相啊!
　　　眩:广雅释言“惑也”。

十四　天下之士合从相聚于赵章

　　天下之士合从相聚于赵,而欲攻秦①。秦相应侯曰②:
“王勿忧也,请(令)〔今〕废之③。秦于天下之士非有怨也,
相聚而攻秦者,以己欲富贵耳④。王见大王之狗⑤:卧者卧,
起者起,行者行,止者止,母相与斗者⑥。投之一骨,轻起相
牙者,何则⑦? 有争意也。”于是,唐雎载音乐⑧,予之五(十)
〔千〕金⑨,居武安⑩,高会相与饮⑪。谓邯郸人“谁来取
者⑫?”于是,其谋者固未可得予也⑬;其可得与者与之昆
弟矣⑭。

　　“公与秦计功者⑮,不问金之所之⑯,金尽者功多矣⑰。
今令人复载五(十)〔千〕金随公⑱。”唐雎行,行至武安,散不
能三千金,天下之士大相与斗矣⑲。

【注释】

　　①合从:六国联合攻秦的策略。燕、赵、魏、韩、齐、楚六国,南北为
　　　纵,故曰“合从”。　史记周本纪、秦本纪均言西周背秦,与诸侯
　　　约纵,并在同一年,周赧王五十九年,秦昭王五十一年(前 256
　　　年)。此策或当在此年。
　　②应侯:范雎,见第八章注①。
　　③王念孙读书杂志:“‘令’当为‘今’字之误也。今,犹‘即’也,言
　　　请即废之也。齐策‘齐举兵伐梁,梁王大恐,张仪曰:王勿患,请
　　　令罢齐兵’(按:齐策二第二章),‘令’亦当作‘今’,言请即罢齐

兵也。又韩策'穰侯谓田苓曰:公无见王矣,臣请令发兵救韩。'(按:韩策三第十五章)'令'亦当作'今',言请即发兵救韩也,史记韩世家作'今'是其证。凡言'请今'者,皆'请即'也。(又读书杂志补遗:)吕氏春秋恃君览骄恣'寡人请今止之'亦其证。"则此当依王说改"令"作"今"。 废:止。

④"秦于天下"三句:秦国并没有对诸侯的谋士结怨,他们聚在一起图谋攻秦,是因为他们都想为自己谋求富贵而已。 以:因。

⑤关修龄战国策高注补正:"'王见'一作'臣见'。" 建章按:长短经作"王见王之狗乎?",依长短经,如作"臣见",则不通矣;依策,则"王"似当作"臣"。

⑥"王见大王"以下:我见大王的狗:有的卧着,有的起来,有的在走动,有的静止不动,它们都互不干扰,和平相处。 古书"母""毋"相通,见西周策第十一章注⑤。"毋""无"通用。此"母"即"无"或"勿"。

⑦轻:迅速,立刻。 牙:咬。 则:裴学海古书虚字集释卷八:"犹'哉'也。"

⑧鲍彪"唐"上补"使"字。 建章按:依上下文,有"使"字义更明。此"唐雎"与楚策、魏策的"唐雎"恐非一人。 载音乐:犹言带上乐队。

⑨于鬯战国策注:"卢刻及鲍本'十'作'千',是。" 建章按:长短经"十"作"千",下文云"散不能三千金",则作"千"字是。战国时,所谓"金"即"铜","一金"即一斤铜,"五千金"即五千斤铜。

⑩武安:见秦策一第二章注⑦⑨,在当时赵都邯郸之西。

⑪高会:大摆宴席。 高:秦策五第五章高注:"大。"

⑫谓邯郸人谁来取者:在宴席上,对聚会在赵都邯郸的谋士们扬言:"谁来争取重金?" 谓:犹"扬言"。 邯郸人:指聚集在赵都邯郸的"天下之士"。 邯郸:见秦策一第五章注⑦⑥。

⑬于是:在此时,当时。　其谋者:当指首倡谋攻秦者。　固未可得予:一定不肯取赠金。(因其攻秦之志坚,不易动摇。)　固:必然,一定。未:仪礼乡射礼注:"犹'不'也。"　可:说文"肯也。"　得:取。　予:给,此言赠金。

⑭"其谋者"两句:当时,首谋攻秦的人,必不肯取赠金;那些肯取赠金的都是与秦国友好的人。　"得与"之"与"即"予"。　与之:为其。　昆弟:兄弟。

⑮公:唐雎。　与:为。　计:谋。　功:事。

⑯不问:不要过问,不要考虑,不必计较。　不问金之所之:不要考虑把金用到何处,意即任意开支。　所之:即所至。

⑰"公与秦"三句:(唐雎返秦,范雎又对唐雎说)"您是为秦国谋事的,不要考虑用金多少,尽量用金,收效才大。"　春秋繁露考功名"有益者谓之功",则"功"有"收益""收效"的意思。　多:吕氏春秋审分览知度高注:"大。"

⑱今:即刻。　十:当作"千",见注⑨。

⑲"散不能"两句:还没有用到三千金,诸侯的谋士们就互相争夺起来了。　散:用掉。　能:及,足。

十五　谓应侯曰〔武安〕君禽马服乎章

谓应侯曰①:"〔武安〕君禽马服乎②?"曰:"然。""又即围邯郸乎③?"曰:"然。""赵亡,秦王王矣,武安君为三公④。武安君所以为秦战胜攻取者七十余城⑤,南亡鄢郢、汉中⑥,〔北〕禽马服之军⑦,不亡一甲⑧,虽周、〔召〕、吕望之功亦不过此矣⑨。赵亡,秦王王,武安君为三公,君能为之下乎⑩?虽欲无为之下⑪,固不得之矣⑫。秦尝攻韩,〔围〕邢,困于上党^⑬，上党之民皆返为赵^⑭，天下之民不乐为秦民之日固久矣。今攻赵^⑮，北地入燕，东地入齐，南地入楚、魏，则秦所得不一几何^⑯。故不如因而割之^⑰，（因）〔毋〕以为武安功^⑱。"

【注释】

①史记白起列传："昭王四十八年十月秦复定上党郡，秦分军为二，王龁攻皮牢拔之，司马梗定太原。韩、赵恐，使苏代厚币说秦相应侯。"则此"谓应侯"者，"苏代"也。昭王四十八年当周赧王五十六年（前259年）。

②鲍本"服"下有"君"字。 史记白起列传作"武安君禽马服子乎"。金正炜战国策补释："'君'上当有'武安'二字，而脱也。"建章按：赵策三第一章"马服曰"史记蔡泽列传"北阬马服"韩非子显学"赵任马服之辨"，下文言"北禽马服之军"，故作"马服"亦可，不必改从史记及鲍本。下文有"武安君为三公"，当依白起列传补"武安"二字。 武安君：白起，见西周策第六章注②。 马服：赵括，为马服君赵奢之子。括熟兵法，但不会灵活运用。赵孝成王慕其虚名，任括为将，与秦战于长平，被白起战败，括亦死。赵括传附于廉颇蔺相如列传中。 禽：服，胜。淮南子兵略高注："禽之，服晋也。"

③即：则。 邯郸：赵的国都，见秦策一第五章注⑯。

④三公：是辅助皇帝的中央最高级官员，各时代名称不同。秦、汉时代的三公是左、右丞相、太尉和御史大夫，分别掌管政务、军事和监察。

⑤据史记白起列传前293年（秦昭王十四年）至前260年（秦昭王四十七年）白起共攻取八十四城，史记秦本纪、六国年表、魏世家所记各不同。

⑥亡:灭,引申为攻下。　鄢郢:楚都,今湖北省宜城市西南。
汉中:见秦策一第二章注②。

⑦史记白起列传"禽"上有"北"字,长短经亦有"北"字。上句言
南,此句当言北,当据白起列传、长短经补"北"字。

⑧亡:损失。　甲:本是战衣,此指士卒。

⑨姚校:"钱、刘'周'下有'邵'字。"吴补引姚校"邵"作"召"。史
记白起列传"周"下有"召"字。　建章按:史记李斯列传:"不
然,斯之功且周、邵列。"礼记乐记:"武乱皆坐,周、召之治也。"
此皆"周、邵(召)"连文,史记淮阴侯列传"太史公曰,于汉家勋
可以比周、召、太公之徒",则此"周、召、吕望"即彼"周、召、太
公"。古人固有此说法。当据史记白起列传及钱、刘本"周"下
补"召"字。　周:周公,见东周策第二章注⑨。　召(shào
绍):召公,姓姬名奭(shì 世),周文王庶子,周武王之臣,食采邑
于召,故称"召公",或召伯,武王灭纣,封召公于北燕。成王时,
与周公为三公,共辅成王,分陕而治,陕以西召公主其政,陕以
东周公主其政。召公下乡亲自了解民情,在棠树下处理诉讼之
事,上上下下各得其所,甚得民心。　吕望:吕尚,见秦策一第
二章注㉗。

⑩能:宁愿,甘心。(裴学海古书虚字集释卷六:"能、犹'宁'也;
一为愿词。")

⑪无:不。　之:指武安君。

⑫得:能。　"虽欲"两句:虽然不愿位居于武安君之下,也实在不
可能呀。

⑬史记白起列传作"围邢丘",王念孙读书杂志:"此本作'攻韩围
邢''邢'下'邱'字衍文耳。秦策作'秦尝攻韩邢(此脱'围'
字),困于上党(衍'于'字)'是其证。'邢'即'陉'之借字也。"
金正炜战国策补释说同。　建章按:此即第十二章"秦攻韩围

"陉"事。当依白起列传补"围"字;"于"字语助,不必以为
"衍"。　陉:见第十二章注①。　上党:见西周策第十一章
注②。

⑭此前262年(赵孝成王四年)冯亭事,见赵策一第十一章、史记
赵世家及白起列传。白起列传"返"作"反",长短经作"上党之
人皆归赵"。　建章按:古"反"同"返",广雅释诂二"返,归
也"。此言归顺,归服。

⑮上文"赵亡"两见,下文又说"北地入燕、东地入齐、南地入楚、
魏",史记白起列传"攻"作"亡",义胜。

⑯赵南与卫、魏、韩接界,白起列传"楚"作"韩",或是。"不一几
何"即"无几何";"无几","没有多少"。"一"字语助。

⑰因:趁。　割之:许赵割地求和。这样,白起就不必出战,就没
有立功的机会了。所以下文言"毋以为武安功,"

⑱"因"字义难通,王引之经传释词卷十:"无、毋,勿也。""因"与
"毋"形近,又以上"因"字而误,史记白起列传"因"正作"无"。
此连上句是说,所以,不如趁此时让赵国割地求和,而不要让武
安君有立功的机会。同前书此句下有"于是应侯言于秦王曰:
'秦兵劳,请许韩、赵之割地以和,且休士卒。'王听之,割韩垣
雍、赵六城以和"数语。

十六　应侯失韩之汝南章

应侯失韩之汝南①,秦昭王谓应侯曰②:"君亡国③,其忧
乎④?"应侯曰:"臣不忧。"王曰:"何也?"曰:"梁人有东门
吴者⑤,其子死而不忧。其相室曰⑥:'公之爱子也,天下无
有,今子死不忧,何也?'东门吴曰:'吾尝无子,无子之时不

忧,今子死,乃(即与)〔与郷〕无子时同也⑦。臣奚忧焉⑧!'臣亦尝为子⑨,为子时不忧,今亡汝南,乃与(即)〔郷〕为梁余子同也⑩。臣何为忧⑪?"

秦王以为不然,以告蒙傲曰⑫:"今也,寡人一城围,食不甘味,卧不便席⑬。今应侯亡地而言不忧,此其情也⑭?"蒙傲曰:"臣请得其情⑮。"

蒙傲乃往见应侯曰:"傲欲死。"应侯曰:"何谓也?"曰:"秦王师君⑯,天下莫不闻,而况于秦国乎?今傲势得(秦为)〔为秦〕王将,将兵⑰。臣以韩之细也⑱,显逆诛,夺君地⑲。傲尚奚生?不若死⑳。"应侯拜蒙傲曰:"愿委之卿㉑"。蒙傲以报于昭王。

自是之后,应侯每言韩事者,秦王弗听也,以其为汝南虏也㉒。

【注释】

①应侯:范雎,见第八章注①。　汝南:范雎封于应,此"汝南"当是益封之地,距"应"近,都在今河南省汝水之南,此汝水当是今"北汝河",非河南省东南部的汝河。汝南本属韩,后为秦取,为范雎封地,今又为韩取回,故说"失韩之汝南"。　韩非子定法篇"应侯攻韩八年成其汝南之封,"如以史记范雎列传昭王四十二年为攻韩的开始,则"八年"当在昭王四十九年,周赧王五十七年,则此策当在此(前258年)后,于鬯战国策年表系此策于前257年。

②秦昭王:见西周策第一章注⑭。

③亡:失。　国:汉书百官公卿表上:"列侯所食县曰国。"此"国"

指"汝南"。姚校:"一本'亡'下有'汝南'二字。"

④君亡国其忧乎:你失去了封邑,可难过吗? 其:同"岂",表反诘语气的虚词。

⑤梁人:即魏人。 东门吴:姓东门,名吴。"梁人有东门吴者……臣奚忧焉?"又见列子力命篇。

⑥史记虞卿列传正义"相室,谓傅姆之类。"泷川资言考证引卢藏用说:"相室,助行礼者也。"韩非子孤愤"主更称蓄臣,而相室破符",又亡徵"太子卑而庶子尊,相室轻而典谒重",此二"相室"陈奇猷韩非子集释均释为"宰相"。又说林上"隰斯弥使人伐树,"斧离数创,隰子止之,其相室曰'何变之数也?'"陈奇猷以为此"相室"是"家臣"。此策之"相室"取"家臣"说,即总管家。

⑦列子力命篇作"乃与嚮无子同"。 裴学海古书虚字集释卷八引此句说:"'即'犹'犹'也,'尚'也。" 金正炜战国策补释:"此由'鄉'误'即',复误乙'与'字上。" 建章按:下文"与即",词序未误,"鄉"误作"即",与此同。"鄉"篆文作"𣓤","即"篆文作"𣅂","鄉"脱左旁,与"即"形似而误。"嚮"与"鄉"同,亦同"曏",是昔、从前的意思。

⑧关修龄战国策高注补正:"列子'臣'作'巨',林希逸云'巨、讵同。'" 建章按:上文言"吾尝无子",此似不当言"臣",关以为作"巨",或是。管子形势"谯臣者可以远举",王念孙读书杂志:"臣,当作'巨',字形相似而误。"墨子非攻下"则此可谓不知利天下之巨务矣",毕沅说:"'巨',旧作'臣',以意改。"孙诒让间诂"顾校季氏本正作'巨'。"墨子明鬼下"其所得者臣将何哉",于省吾双剑誃诸子新证"原仪氏校,臣、一作巨。按作'巨'者是也,巨、讵古字通。"按:"巨""讵""遽"古通,见裴学海古书虚字集释卷五。"何遽"即"奚巨",则此"臣奚"疑为"奚

巨"之误倒。裴学海古书虚字集释卷五:"'奚遽'皆训'何'。"
此言又有什么难过呢?

⑨子:庶子,非嫡子,庶子无封地。

⑩"即"当为"鄉"字之误,见前注⑦。　余子:庶子。

⑪"臣亦尝为子"句以下:我从前也是个普通人,没有封地,那时不
　难过。现在失去了封地汝南,就同从前在魏国时是个普通人没
　有封地一样,我又有什么难过的呢?　"臣何为忧"当作"臣何
　忧为"如论语季氏"何以伐为"、史记项羽本纪"何辞为"皆此类
　句式。

⑫以告:"以"后省介词宾语"之",指代秦王所疑惑的事。　蒙
　傲:即蒙骜,蒙恬的祖父,当时是上卿。

⑬"今也"三句:现在,如果我的一个城被围困,我饭也吃不香,觉
　也睡不着。　便:安。

⑭此其情也:这可是真实的吗?　其:见注④。　情:实。　也:
　同"邪",表疑问的虚词。

⑮臣请得其情:让我了解一下,(到底是怎么回事)。　得:吕氏春
　秋孝行览义赏高注:"犹'知'也。"亦言"了解"。

⑯师君:以君为师。　师:用作动词。

⑰势:地位。　得:能,可。　"秦为"不可通,当作"为秦"。　据
　史记蒙恬列传此时蒙傲为上卿,以上卿"将兵",不必先为
　"将",疑衍一"将"字。　将:带领,帅领。

⑱前文言"傲欲死",又言"今傲"云云,下文言"傲尚奚生",皆自
　称其名,此不必特言"臣",疑当是"目"字形似误衍,"目"即
　"以"。　细:小。则此句言,小小的韩国。

⑲显逆诛:明目张胆,犯上入侵。　显:明。　逆:乱逆。　诛:小
　国侵犯大国曰诛。一说"诛"通"殊",当作"逆显诛",意思是逆
　乱之行,十分显著,而且突出。

⑳奚:何。 "秦王师君"句以下:秦王把您当作老师一样尊敬,天下无人不知,更何况秦国人呢?现在我以上卿之位,要为秦王领兵,小小的韩国竟然明目张胆地侵犯大国,劫夺您的封地,我何必还活着呢,不如一死(意思是:拼死夺回汝南)。

㉑委:拜托。 之:指想收回汝南封地的事。 卿:敬爱之称。 "愿委之卿"即"愿委之于卿"。

㉒姚校:"钱,一无'虏'字。" 鲍注:"汝南民为韩虏获者。" 金正炜战国策补释:"'虏'当为'虑',字形相似而误。尔雅释诂'虑、谋也'。说文'虑,谋思也'。应侯亡汝南而言'不忧',又私委之蒙傲,秦王疑其将藉事报韩,因以复汝南,故于'韩事'不复听其言。以其为汝南谋,将不顾秦之大计也。一本省'虑'字,于义可见。鲍注望文生义,说太支离。" 刘锺英战国策辨讹"'虑'忧也,讹作'虏'"。 建章按:金、刘说可从。此言秦王以为他一定又在为自己失去汝南而谋划了。

十七 秦攻邯郸章

秦攻邯郸①,十七月不下。庄谓王稽曰②:"君何不赐军吏乎③?"王稽曰:"吾与王也,不用人言④。"庄曰:"不然,父之于子也,令有必行者⑤,〔有〕必不行者⑥。曰:'去贵妻,卖爱妾。'此令必行者也。因曰:'母敢思也。'此令必不行者也⑦。守闾妪曰⑧:'(其)〔某〕夕某孺子内某士⑨。'贵妻已去,爱妾已卖,而心不有欲⑩;教之者,人心固有⑪。今君虽幸于王,不过父子之亲;军吏虽贱,不卑于守闾妪。且君擅主轻下之日久矣⑫。闻'三人成虎⑬,十夫楺椎⑭,众口所移⑮,母翼而飞⑯'。故曰:'不如赐军吏而礼之'⑰。"王稽不听。军吏穷,果恶王稽、杜挚以反[18]。

秦王大怒,而欲兼诛范雎[19]。范雎曰:"臣东鄙之贱人也[20],开罪于(楚)魏[21],遁逃来奔[22]。臣无诸侯之援,亲习之故[23]。王举臣于羁旅之中[24],使职事[25],天下皆闻臣之身与王之举也。今遇惑或与罪人同心[26],而王明诛之[27],是王过举显于天下[28],而为诸侯所议也[29]。臣愿请药赐死,而恩以相葬臣,王必不失臣之罪,而无过举之名[30]。"王曰:"有之[31]。"遂弗杀而善遇之[32]。

【注释】

①据睡虎地秦墓竹简编年记"昭王五十二年(前255年)王稽、张禄死",史记六国年表秦表于此年亦书"王稽弃市"。顾观光战国策编年即系此策于是年。

②庄:可能是在秦国的某个人,名庄。　王稽:初为秦国谒者,范雎在魏国时,因他的帮助得入秦国,又介绍范雎给秦昭王。范雎为秦相国,举荐王稽为河东郡守。后因通敌罪处死。(河东,今山西省西南部黄河以东一带地。守,为一郡的军政长官。)

③军吏:军中下级小官。

④吾与王也不用人言:我听从大王的,用不着听别人的。　与:国语齐语"桓公知天下诸侯多与己也"韦注:"从也。""与王"即"听从王的",下句"不用人言"正与上句相对。

⑤令:命,教。

⑥"父之于子也"三句:父亲对于自己的儿子,他说的话,有的话儿子一定要做到,有的话则不一定都去做。　尹文子大道下:"令有必行者,有必不行者。"依文义当据尹文子补"有"字。策误脱。

⑦"曰去贵妻"以下:譬如说"不要妻子,卖掉爱妾",这种要求,做儿子的一定要做到;可是因此就要求"连想也不去想自己的妻、妾",这个要求就不一定做得到。　母:即"毋",见西周策第十一章注⑤。　思:思妻、妾。

⑧守闾妪:守门的老妇。　妪(yù 玉):老妇人。

⑨鲍本"其夕"作"曰某夕"。　建章按:"某"上"曰"字乃上句"妪曰"字误衍。姚本作"其"字,盖因与"某"字形近而误。淮南子兵略训:"其国之君,傲天侮鬼。"王念孙读书杂志:"'其'当作'某',字之误也,太平御览兵部二引此正作'某国';司马法仁本篇亦云'某国为不道,征之'"。墨子非儒下"唯其未之学也",孙诒让间诂"'其'当为'某'"。皆可为证。"某夕""某儒""某士"皆非定指。　夕:夜。　儒:通"孺"。孺子:年轻的美女。　内:入。　士:男子。　此言某夜某个美女到某个小伙子的屋里去了。

⑩心不有欲:心里思念。　不有:有。不:语词,无义。见王引之经传释词卷十"不"字条。

⑪教之者人心固有:是说半夜一个女子独自到男子的屋里去,这种事人们看见了,总是要说出去的,这本是人之常情。　教:告,说出。

⑫"今君虽幸于王"五句:现在您虽然受大王的宠信,也不会超过父子的关系;军吏虽然地位低贱,总没有守门的老婆子的地位低贱。而且您借重君王的威权,轻慢您的下级军吏,一直是如此。

⑬三人成虎:亦作"三人成市虎"。魏策二第十七章:"夫市之无虎明矣,然而三人言而成虎。"意思是:市场上明明没有老虎,有三个人谎报市场上有虎,听者就会信以为真。比喻:不真实的话,经过一再传说,就有可能使人信以为真。

⑭十夫楺椎:椎很粗硬,不能弯曲;可是有十个人谎言椎被弯曲了,听者会信以为真。比喻义同"三人成虎"。　椎:同"槌"。　楺:同"揉",使木弯曲。

⑮众口所移:意思是,人们的传言可以改变事实的真相。　移:改变。

⑯母翼而飞:没有翅膀的禽鸟,不可能飞;可是有很多人说,没有翅膀的鸟飞起来了,听的人就会信以为真。　母:同"毋",见西周策第十一章注⑤。毋即"无"。这四句是比喻一个意思:本来不存在的事,经过歪曲而流传得多了,就会使人相信。庄引用这些话的意思是:虽然"令有必不行者",可是在有的情况下,如"守闾姬"这样"地位卑贱"的人,她的话也足以伤人,更何况"军吏"这样的人呢。这些话是针对王稽的"不用人言"而发的,同时也是为了给他的"不如赐军吏而礼之"的建议找根据。此句犹言:您没听说"三人成虎、十人楺椎、众口所移、母翼而飞"这些人们常说的谚语吗?

⑰"故曰"句:所以我说:"您不如赏赐您的军吏,应该对他们尊重。"

⑱"军吏穷"三句:军吏窘困,果然恶言相伤,说王稽、杜挚要叛变。恶:说坏话。　杜挚:可能是王稽的副手。

⑲兼:连带。　诛:杀。

⑳东鄙:范雎本是魏国人,魏在秦东,故言"东";鄙:谦词。　贱:微贱。

㉑鲍注:"衍'楚'字。"吴补:"恐衍'楚'字。"于鬯战国策注:"卢刻无'楚'字与'鲍衍'合。"　建章按:"开罪于魏"当指史记范雎列传言范雎被笞辱的事。未闻"开罪于楚",而"遁逃来奔"者,当从鲍删"楚"字。　开罪:得罪。

㉒遁逃来奔:逃跑投奔秦国。　遁:逃跑。

㉓习:亲近。 故:朋友。

㉔王举臣于羁旅之中:大王提拔我这个异乡人。 举:提拔。
羁旅:寄居他乡。

㉕使职事:派我主掌国家大事。 职:主掌。

㉖"今遇"句:现在我愚昧迷惑,与罪人合流。 遇:古通"愚"。
或:与"惑"同,因"惑"字而误衍。 罪人:指<u>王稽</u>。 同心:
一致。

㉗而:<u>王引之经传释词</u>卷七:"犹'如'也。" 明诛:公开处死。
之:指<u>范雎</u>。

㉘是王过举显于天下:这样,大王提拔我的错误就要公之于世。
过举:指错误地提拔<u>范雎</u>。

㉙议:议论,非议。

㉚"臣愿"句以下:我请求服毒自杀,而大王恩赐我用相国的葬礼
埋葬我。这样,大王既没有放过我的罪过,又无用人错误的
坏名。

㉛有之:赦了您的罪吧。 <u>管子版法</u>:"顿卒怠倦以辱之,罚罪宥
过以惩之,杀僇犯禁以振之。"<u>王念孙读书杂志</u>:"'宥过'当从
<u>朱</u>本作'有过'。此谓怠倦者顿卒之,有过者罚罪之,犯禁者杀
僇之。后解正作'有过'。" 建章按:可见"宥""有"古通用,不
必"当从<u>朱</u>本"。 宥:宽恕,赦免。

㉜遇:待。 善遇:优待。

252

十八 蔡泽见逐于赵章

　　<u>蔡泽</u>见逐于<u>赵</u>①,而入<u>韩</u>、<u>魏</u>,遇夺釜鬲于涂②。闻<u>应侯</u>
任<u>郑安平</u>、<u>王稽</u>③,皆负重罪,<u>应侯</u>内惭④。乃西入<u>秦</u>,将见
<u>昭王</u>,使人宣言,以感怒<u>应侯</u>⑤,曰:"<u>燕</u>客<u>蔡泽</u>⑥,天下骏雄

弘辩之士也⑦，彼一见秦王，秦王必相之而夺君位。"

应侯闻之，使人召蔡泽。蔡泽入，则揖应侯⑧，应侯固不快；及见之，又倨⑨。应侯因让之⑩，曰："子常宣言代我相秦，岂有此乎？⑪"对曰："然。"应侯曰："请闻其说。"蔡泽曰："吁，何君见之晚也⑫？夫四时之序，成功者去⑬。夫人生手足坚强，耳目聪明⑭，〔而心〕圣知⑮，岂非士之所愿与⑯？"应侯曰："然。"蔡泽曰："质仁秉义⑰，行道施德于天下，天下怀乐敬爱，愿以为君王，岂不辩智之期与⑱？"应侯曰："然。"蔡泽复曰："富贵显荣，成理万物，万物各得其所⑲。生命寿长，终其〔天〕年而不夭伤⑳，天下继其统，守其业，传之无穷㉑，名实纯粹㉒，泽流千世㉓，称之而母绝㉔，与天(下)〔地〕终〔始〕㉕，岂非道〔德〕之符，而圣人所谓吉祥善事与㉖？"应侯曰："然。"〔蔡〕泽曰㉗："若秦之商君㉘、楚之吴起㉙、越之大夫种㉚，其卒亦可愿矣㉛？"应侯知蔡泽之欲困己以说㉜，复曰："何为不可㉝？夫公孙鞅事孝公，极身母二㉞，尽公不还私㉟，信赏罚以致治㊱，竭智能㊲，示情素㊳，蒙怨咎㊴，欺旧交，虏魏公子卬㊵，卒为秦禽将破(敌)军㊶，攘地千里㊷；吴起事悼王㊸，使私不害公，谗不蔽忠，言不取苟合㊹，行不取苟容㊺，行义不固毁誉㊻，必有伯主强国，不辞祸凶㊼；大夫种事越王，主离困辱㊽，悉忠而不解㊾，主虽亡绝㊿，尽能而不离㉑，多功而不矜㉒，贵富不骄怠。若此三子者，义之至，忠之节也㉓。故君子杀身以成名，义之所在，身虽死，无憾悔㉔，何为不可哉？"蔡泽曰："主圣臣贤，天下之福也；君明臣忠，国之福也；父慈子孝，夫信妇贞㉕，家之福也。故比干忠〔而〕不能存殷⁵⁷，子胥知〔而〕不能存吴⁵⁸，申生孝而晋(惑)〔或〕乱⁵⁹。是有忠臣、孝子，国家灭乱何也？无明君贤父以听之⁶⁰，故天下以其君父为戮辱⁶¹，〔而〕怜其臣子⁶²。夫待死而后可以立忠成名，是微子不足仁⁶³，孔子不足圣⁶⁴，管仲不足大也⁶⁵？"于是应侯称善。

蔡泽得少间⁶⁶，因曰："商君、吴起、大夫种，其为人臣尽忠致功⁶⁷，则可愿矣⁶⁸；闳夭事文王⁶⁹，周公辅成王也⁷⁰，岂不亦忠〔圣〕乎⁷¹！以君臣论之，商君、吴起、大夫种，其可愿孰与闳夭、周公哉⁷²！"应侯曰："商君、吴起、大夫种不若也⁷³。"蔡泽曰："然则君之主，慈仁任忠，不欺旧故，孰与秦孝公、楚悼王、越王乎⁷⁴？"应侯曰："未知何如也。"蔡泽曰："〔今〕主固亲忠臣，不过秦孝、越王、楚悼⁷⁵，君之为主正乱、批患、折难、广地、殖谷、富国、足家、强主，威盖海内，功章万里之外，不过商君、吴起、大夫种⁷⁶，而君之禄位贵盛，私家之富过于三子，而身不退，窃为君危之。语曰：'日中则移，月满则亏'，物盛则衰⁷⁷，天〔地〕之常数也⁷⁸。进退盈缩，〔与时〕变化，圣人之常道也⁷⁹。昔者，齐桓公九合诸侯⁸⁰，一匡天下⁸¹，至葵丘之会⁸²，有骄矜之色⁸³，畔者九国⁸⁴；吴王夫差无适于天下⁸⁵，轻诸侯，凌齐、晋，遂以杀身亡国⁸⁶；夏育、太史启叱呼骇三军，然而身死于庸夫⁸⁸，此皆乘至盛不(及)〔反〕道理也⁸⁹。夫商君为孝公平权衡，正度量，调轻重⁹⁰，决裂阡陌⁹¹，教民耕战，是以兵动而地广，兵休而国富，故秦无敌于天下，立威诸侯，功已成〔矣〕⁹²，遂以车裂⁹³；楚地〔方数千里〕⁹⁴，持戟百万⁹⁵，白起率数万之师以与楚战⁹⁶，一战举鄢郢⁹⁷，再战烧夷陵⁹⁸，南并蜀、汉⁹⁹，又越韩、魏，〔而〕攻强赵¹⁰⁰，北阬马服¹⁰¹，诛屠四十余万之众¹⁰²，流血成川，沸声若雷¹⁰³，使秦业帝¹⁰⁴，自是之后，赵、楚慑服¹⁰⁵，不敢攻秦者，白起之势也，身所服者七十余城¹⁰⁶，功已成矣，赐死于杜邮¹⁰⁷；吴起为楚悼罢无能¹⁰⁸，废无用¹⁰⁹，损不急之官¹¹⁰，塞私门之请，壹楚国之俗¹¹²，南(攻)〔收〕扬越¹¹³，北并陈、蔡¹¹⁴，破横散从¹¹⁵，使驰说之士¹¹⁶，无所开其口，功已成矣，〔而〕卒支解¹¹⁷；大夫种为越王垦草创邑，辟地殖谷¹¹⁸，率四方〔之〕士，〔专〕上下之力¹¹⁹，以禽劲吴¹²⁰，成霸功¹²¹，勾践终(棓)〔倍〕而杀之¹²²。此四子者，成功而不去，祸至于此。此所谓信而不能诎¹²³，往而不能反者也¹²⁴。范蠡知之¹²⁵，超然避世¹²⁶，长为陶朱〔公〕¹²⁷。君独不观〔夫〕博者乎？或欲(分)大投，或欲分功，此皆君之所明知也¹²⁸。今君相秦，计不下〔衽〕席，谋不出廊庙，坐制诸侯¹²⁹，利施三川，以实宜阳，决羊肠之险¹³⁰，塞太行之口¹³²，又斩范、中行之途¹³³，栈道千里于蜀、汉¹³⁴，使天下皆畏秦。秦之欲得矣，君之功极矣，此亦秦之分功之时也¹³⁵。如是不退，则商君、白公¹³⁶、吴起、大夫种是也。君何不以此时归相印，让贤者授之？必有伯夷之廉¹³⁷，长为应侯，世世称孤¹³⁸，而有乔、松之寿¹³⁹，孰与以祸终哉¹⁴⁰？此则君何居焉¹⁴¹？"应侯曰："善。"乃延入坐为上客¹⁴²。

后数日，入朝言于秦昭王曰："客新有从山东来者蔡泽，其人辩士，臣之见人甚众，莫有及者，臣不如也。"秦昭王召见，与语，大说之，拜为客卿¹⁴³。应侯因谢病¹⁴⁴，请归相印¹⁴⁵。昭王强起应侯¹⁴⁶，应侯遂称〔病〕笃¹⁴⁷，因免相。昭王新说蔡泽计画,遂拜为秦相⑰,东收周室⑱。

蔡泽相秦王数月,人或恶之。惧诛,乃谢病归相印,号为刚成君⑲。〔居〕秦十余年⑳,〔事〕昭王㉑、孝文王、庄襄王,卒事始皇帝㉒。为秦使于燕,三年而燕使太子丹入质于秦㉓。

【注释】

①蔡泽:燕人,"游学干诸侯",不为所用,乃入秦。史记有蔡泽列传。 见逐:被驱逐。

②釜:锅。 鬲(ㄌㄧˋ力):古代炊具,似鼎,足部中空。 涂:同"途"。

③应侯:范雎,见第八章注①。 郑安平:魏人。须贾诬范雎通齐,魏相魏齐鞭范雎几至死,郑安平匿雎,后安平与雎同至秦。秦昭王任雎为相,雎荐郑安平,昭王任以为将军,后降赵。 王稽:见第十七章注②。

④王稽因通敌之罪,依法被杀。按秦法,被保举的人犯罪,保举者同罪,故云"皆负重罪,应侯内惭"。

⑤感怒:激怒。

⑥蔡泽本燕人,故云"燕客"。

⑦骏雄:才智超群。骏,同"俊"。 弘辩:辩才高超。

⑧揖:一般相见之礼,非最敬之礼。故应侯"不快"。

⑨倨:傲慢。

⑩让:责问。 之:指蔡泽。

⑪鲍彪本"常"作"尝"。史记蔡泽列传"言"下有"欲"字,"岂"作"宁"。泷川资言考证说:"御览'常'作'尝'。"建章按:朱琦说文假借义证说:"少仪'马不常秣',释文亦作'尝','常'当为

'尝'之假借。"王引之经传释词卷六说："宁,犹'岂'也。"

⑫吁何君见之晚也:啊!您的认识为什么这样迟钝啊! 吁(xū虚):表示惊叹之词。鲍本及史记蔡泽列传"何君"作"君何"。

⑬四时之序:春种、夏长、秋收、冬藏,这是自然的规律,四时各任其职,代谢更迭。 之:裴学海古书虚字集释卷九:"犹'以'也。" 序:秩序,顺序,此犹言"规律"。 成功者去:懂得事物规律的人,也应动、静、屈、伸依时。此犹言"功成身退"之意。

⑭耳目聪明:即耳聪目明。耳听得清谓之"聪",目看得清谓之"明"。

⑮史记蔡泽列传"圣智"上有"而心"二字。洪范五行传注"心明曰圣",可证"圣智"上当有"而心"二字。当据蔡泽列传补"而心"二字。 古时,认为对事理无不通达谓之圣;德才修养极高者亦可谓之圣。 知:同"智"。圣智:才智极高。

⑯愿:希望,要求。 与:同"欤",疑问词。

⑰质:易系辞下传:"易之为书也,原始要终,以为质也。"注:"体也。"荀子臣道:"若夫忠信端悫而不伤害,则无接而不然,是仁人之质也。"注:"质,体也。"左襄九年传"体仁足以长人",淮南子氾论训"故圣人以身体之",注:"体,行也。" 秉:持,执行。则质仁秉义:即实行仁义之道。 或论语卫灵公"君子义以为质"皇疏:"质,本也。"本者根据也。则"质仁秉义"可释为根据仁义的原则。

⑱"质仁"句以下:俱有仁心,坚持正义,行仁义之道,施恩惠于人,天下之人,内心喜悦,心怀敬爱,皆愿尊为君王。这难道不是明智之人所期望的吗? 不:非。 辩:管子五辅"任官辩事"注:"明也。" 与:同"欤"。

⑲"富贵显荣"三句:既富且贵,显名荣耀,善治万事,各得其当。

成：礼记檀弓上："是故竹不成用。"注："善也。" 理：治。
物：事。

⑳史记蔡泽列传"年"上有"天"字。庄子山木"此木以不材得终
其天年"，韩非子解老"能保其身，必能终其天年"。又"行端直
则无祸害，无祸害则尽天年"，则此当作"天年"无疑，当据蔡泽
列传补"天"字。 伤：与"殇"通，与"夭"义同。 "天年"与
"夭伤"对文。早死曰夭；年未三十而死曰夭。

㉑"天下"三句：统业世代相传，保守基业传之无穷。 统：世代相
传曰统。

㉒纯粹：美而无瑕疵也。"纯"与"粹"义同。

㉓泽：恩惠。 流：流传。 世：说文："三十年为一世。"

㉔称：称道，赞美。 母：同"毋"，见西周策第十一章注⑤。

㉕史记蔡泽列传作"与天地终始"。 建章按：魏策三第三章"臣
以为自天下之始分，以至于今，未尝有之也。"帛书战国纵横家
书第十五章"下"作"地"，秦无极山碑"与死坠俱"，即"与天地
终始"之义，"死坠"即"天地"之古异体字。则此"下"当是"地"
字之误，当依蔡泽列传改"下"为"地"，补"始"字。

㉖史记蔡泽列传"道"下有"德"字。 建章按：前文言"行道施德
于天下"，当依蔡泽列传补"德"字。 符：效验。

㉗吉：吉利，顺利，幸运。吉与祥义同。旧时迷信认为预示人的幸
运曰吉祥。 善事：美事。"吉祥善事""吉祥如意"，皆旧时一
般颂祝的吉利话。 与：同"欤"。

㉘史记蔡泽列传作"蔡泽曰"。 建章按：全篇皆称"蔡泽"，无独
称名者。当据传补"蔡"字。

㉙商君：即"卫鞅"，亦称"公孙鞅""商鞅"，见秦策一第一章注①。

㉚吴起：卫人，初仕鲁，鲁君用以为将，后疑之，乃入魏，魏文侯以
为将；文侯卒，事武侯，因受谗，武侯疑之，即至楚，楚悼王（前

401年—前391年)用以为令尹(如他国的相)。为楚变法,使楚强。悼王死,宗室贵戚大臣杀吴起。史记有吴起列传。

㉛大夫种:即春秋末年越王勾践的谋臣大夫文种。助越灭吴,为人所谗,被勾践所杀。商君、吴起、文种三人都是功成而被杀害,故蔡泽特引来以为范雎之戒。

㉜其卒亦可愿矣:他们的结局,也是人们所期望的吗? 卒:终、结局。 可:裴学海古书虚字集释卷五:"所也。" 愿:仰慕,期望。荀子荣辱"小人莫不延颈举踵而愿",注:"愿,犹慕也。"

㉝困己:难倒自己,使自己被动,而无言以对。 说:说服。

㉞何为:为何,为什么。

㉟极身毋二:终身尽忠而无二心。 极身:终身。 极:犹终、尽。 毋:同"毋"。见注㉓。 二:二心。

㊱尽公不还私:全心为公,不谋私利。 管子君臣下"兼上下以环其私",王念孙读书杂志:"'环'之言'营'也,谓'营其私'也。'营'与'环'古同声而通用。韩子五蠹篇曰'古者苍颉之作书也,自环者谓之私'。说文'厶'字解引作'自营为私'。韩子人主篇曰'当途之臣,得势擅事,以环其私'。谓'自营其私'也。'环'字亦作'还',管子山至数篇曰'大夫自还而不尽忠',谓'自营'也,秦策曰'公孙鞅尽公不还私',谓'不营私'也。" 建章按:王以"营"释"环"甚是。营者"谋求,专力于某事"也,至今尚有"营私舞弊"之语。

㊲信赏罚以致治:赏罚坚决,治理有方。信:真、诚,不变。 史记蔡泽列传此句上又有"设刀锯以禁邪"一句。 建章按:韩非子奸劫弑臣篇"夫严刑者,民之所畏也;重罚者,民之所恶也。故圣人陈其所畏以禁其邪,设其所恶以防其奸。……操法术之数,行重罚严诛,则可以致霸王之功。……商君得之秦以强。"据此"信赏罚以致治"句上或当有"设刀锯以禁奸邪"一句。

㊳能:才能。　文选邹阳于狱上书自明李注引作"竭心谋"。又王褒圣主得贤臣颂李注引作"竭知谋"。

㊴示情素:贡献忠心。　情素:本心,真情实意。凡物之不加雕饰者皆可谓之"素",故广雅释诂说:"素,本也。"

㊵蒙怨咎:遭受怨谤。咎:方言十三"谤也。"商君在秦变法,孝公太子犯法,乃刑其傅公子虔,黥其师公孙贾。法行数年,秦民大悦。后公子虔又犯法,处以劓刑。孝公卒,太子继位,是为惠王,公子虔之徒告商君欲反。"蒙怨咎"即指此。事见史记商君列传。

㊶魏公子卬是公孙鞅的老朋友("旧交")。秦伐魏,公孙鞅领兵,公子卬迎击,两军对垒,公孙鞅以计诱捕公子卬。　"卬"同"昂"。事详史记商君列传。

㊷史记蔡泽列传作"卒为秦禽将破敌"。　建章按:第九章"昔者齐人伐楚,战胜,破军杀将,再辟地千里",齐策二第四章"今君相楚而攻魏,破军杀将,得八城",赵策二第一章"夫割地效实,五伯之所以覆军禽将而求也",赵策四第七章"此夫子与敌国战,覆军杀将之所取,割地于敌国者也。"管子主政九败"覆军杀将之臣不贵爵",淮南子氾论训"使曹子计不顾后,足不旋踵,刎颈于阵中,则终身为破军擒将矣。"据以上"破军杀将""破军擒将""覆军杀将""覆军禽将"诸用例,"敌"字当因蔡泽列传而误衍者。当删。

㊸攘地:掠地。此处言扩地。

㊹悼王:楚悼王,声王之子,名类,又名疑,楚国第三十二君,前401年—前381年在位。

㊺言不取苟合:听别人的言论,不采取随声附和的态度。

㊻行不取苟容:观别人的行动,不采取模棱两可的态度。　容:广雅释诂二:"饰也。"又释诂三:"宽也。"

㊼行义不固毁誉:坚持正义,不顾毁谤或称誉。 固:通"顾"。
毁誉:毁谤;称誉。一说"誉"或为"訾","毁訾"即毁谤,亦通。

㊽"必有"两句:为完成霸业,为成为强国,不顾祸凶。 必:裴学
海古书虚字集释卷十:"犹'则'也。" 有:王引之经传释词卷
三:"犹'为'也。" 辞:避。

㊾离:通"罹",遭受。前494年,越王勾践被吴王夫差打败后,退
守会稽山(今浙江省绍兴市东南),即所谓"困"。后来勾践向
夫差称臣,即所谓"辱"。

㊿"主离"两句:主遭困辱,全心尽忠而不懈怠。 悉:尽。 解:
同"懈"。

(51)绝:吕氏春秋孟秋纪振乱"天子既绝",高注:"若三代之末,祚
数尽也。" 建章按:越王勾践败于吴王夫差,勾践称臣,不能继
统,如亡国绝祀,故言"亡绝"。此"亡国"是说失去国家的统
治权。

(52)尽能而不离:主虽绝祀亡国,仍然尽心竭力而不离去。离:去。

(53)矜(jīn津):骄傲自夸。

(54)节:标准,楷模。荀子成相"言有节,稽有实",杨注"节,法度"。
又性恶"故善言古者,必有节于今",杨注:"节,准。" 此言象
这三个人,乃是义的极点,忠的楷模。

(55)憾悔:悔恨。"憾"与"悔"义同,恨也。

(56)"信"与"贞"义同,指坚定不变的品德。

(57)"故比干"句:比干有忠诚之心,却不能使殷朝不被灭亡。 姚
校:"钱'忠'下有'而'字。"蔡泽列传"忠"下有"而"字。 建
章按:"申生"句有"而"字,有"而"字语气贯,此与下"子胥"句
脱"而"字,当据补。 比干:殷纣王的叔父、大臣,比干谏纣,纣
杀比干,不久殷亡于周。故云"比干忠而不能存殷"。 故:通
"顾"。王引之经传释词卷五:"顾,犹'但'也。"然而。

卷
五
秦
策
三

261

㊹"子胥知"句:子胥有预见之明,却不能使吴国不被灭亡。 伍子胥预见越必灭吴,劝夫差灭越,夫差不听,反杀之,不久越果灭吴。故云"子胥知而不能存吴。" 知:同"智"。 子胥事见秦策一第十二章注⑨。

㊺"申生孝"句:申生有孝父之情,却不能弭止晋国的祸乱。 姚校"'惑',一作'国'。"史记蔡泽列传"惑"作"国"。 建章按:容庚金文编"国"作"或","惑"本当作"或",即"国"字,因不知"或"即"国",又因"或""惑"古通,故改作"惑"构成"惑乱"一词,遂失本义。当改"惑"作"或"。晋献公(前 676 年—前 651 年)有子九人,申生为太子,其母已死。骊姬生子奚齐,欲立为太子。骊姬对申生说:国君梦见你母齐姜,你应去祭她。太子申生乃去曲沃老家祭母。回来后,把祭肉送给献公。适献公出猎。献公返,骊姬暗放毒药献给献公。献公进餐,泼酒于地上,地裂;喂狗,狗死;侍者吃,侍者毙。骊姬哭,诬为太子申生之阴谋。太子逃,献公杀其傅杜原款。有人建议太子申生,把事情说明白,国君会醒悟。太子以为"君父若无骊姬,卧不安席,食不甘味。若解说明白,骊姬必死。父已老,不能无骊姬"。有人劝他出国,他说:"君父尚不知我无罪,我负谋杀君父之罪,无人肯收容。"乃自缢而死。献公死后,诸公子争位,晋国大乱。故云"申生孝而晋或乱。"

㊻无明君贤父以听之:那是因为没有英明的国君接受臣下的忠心,没有贤德的父亲信任儿子的孝心。

㊽故天下以其君父为戮辱:象殷纣王、吴王夫差、晋献公这种人,天下人轻蔑唾弃,也是理所当然的。 戮:吕氏春秋仲春纪情欲高注:"辱也。"戮辱:污辱,唾弃,受人轻蔑。

㊾姚校:"曾本'辱'下有'而'字。"史记蔡泽列传"辱"下有"而"字。 建章按:有"而"字语气始顺,方有转折之意。 怜:爱

惜,同情。　臣:指<u>比干</u>、<u>子胥</u>。　子:指<u>申生</u>。

○63 <u>微子</u>、<u>箕子</u>、<u>比干</u>皆<u>殷纣王</u>的叔父,因规劝<u>纣王</u>,<u>纣王</u>不听,<u>微子</u>佯狂而逃,<u>箕子</u>佯狂,被贬为奴隶,<u>比干</u>被处死。<u>孔子</u>说"<u>殷</u>有三仁焉"(<u>论语微子</u>)。<u>杨伯峻论语译注</u>:"这三人的做法不同,而不忍见<u>纣王</u>的暴虐,百姓的痛苦,宗庙社稷的危亡,不惜牺牲个人的地位以至生命则一,所以<u>孔子</u>都以'仁'许之。"<u>微子</u>事见<u>史记宋微子世家</u>。

○64 <u>孔子</u>(前551年—前479年):名<u>丘</u>,字<u>仲尼</u>,<u>春秋</u>末期<u>鲁国</u>人,我国古代思想家、教育家,<u>儒</u>家学派的创始人。<u>史记</u>有<u>孔子世家</u>。　<u>孟子万章下</u>:"<u>伯夷</u>,圣之清者也;<u>伊尹</u>,圣之任者也;<u>柳下惠</u>,圣之和者也;<u>孔子</u>、圣之时者也。<u>孔子</u>之谓集大成。"　<u>论语公冶长</u>:"子曰:'<u>宁武子</u>,邦有道则知;邦无道则愚。'"又<u>泰伯</u>:"子曰:'笃信好学,守死善道。危邦不入,乱邦不居。天下有道则见,无道则隐。'"又<u>宪问</u>:"子曰:'邦有道,危言危行;邦无道,危行言孙。'"又<u>卫灵公</u>:"子曰:'君子哉<u>蘧伯玉</u>!邦有道则仕;邦无道则可卷而怀之。'"如依<u>蔡泽</u>之意,此四例,则并非说明<u>孔子</u>怕死,正是所谓"圣之时者也(识时务的圣人,善于根据不同情况行动的圣人)。"

○65 "夫待死"四句:如果等到身死才可以立忠成名,那么<u>微子</u>就不能称为仁人,<u>孔子</u>就不能称为圣人,<u>管仲</u>就不能称为伟人了?　<u>管仲</u>、<u>鲍叔牙</u>是好朋友,都在<u>齐国</u>。<u>管仲</u>辅佐<u>公子纠</u>,<u>鲍叔牙</u>辅佐<u>公子小白</u>。<u>公孙无知</u>杀<u>齐襄公</u>,<u>齐国</u>内乱。<u>公子纠</u>及<u>管仲</u>、<u>召忽</u>逃奔<u>鲁</u>,<u>公子小白</u>与<u>鲍叔牙</u>逃奔<u>莒</u>。后<u>公孙无知</u>被杀,国内无君。<u>公子纠</u>与<u>公子小白</u>争入<u>齐</u>夺君位,<u>管仲</u>与<u>小白</u>战,射中<u>小白</u>带钩。后<u>小白</u>立为<u>齐</u>君,即<u>齐桓公</u>,迫使<u>鲁国</u>杀了<u>公子纠</u>,<u>召忽</u>自杀,<u>管仲</u>被囚,送还<u>齐国</u>。<u>齐桓公</u>听<u>鲍叔牙</u>言,赦<u>管仲</u>,任以国政,<u>桓公</u>遂霸。事详<u>史记齐太公世家</u>、<u>列子力命篇</u>。

"夫待死"句以下<u>王伯祥</u><u>史记选</u>校释说:"必等到身死而后方可立忠成名,则<u>微子</u>、<u>孔子</u>、<u>管仲</u>他们的见机而作都不足称道了。粗粗看来,他们都有保身逃死的想法,该受到恶名了,但从志在济世的一点上看,<u>微子</u>不失其为仁,<u>孔子</u>不失其为圣,<u>管仲</u>不失其为大。故这里用反诘的口气说'<u>微子</u>不足仁,<u>孔子</u>不足圣,<u>管仲</u>不足大也?'"也:同"邪",疑问词。

⑥⑥<u>晏子春秋</u><u>内篇谏下</u>:"今夫<u>胡</u><u>貉</u><u>戎</u><u>狄</u>之蓄狗也,多者十有余,寡者五、六,然不相害伤。今束鸡、豚妄投之,其折骨决皮,可立得也。"<u>王念孙</u><u>读书杂志</u>:"'得'字义不可通,当是'待'字之误。"<u>吴则虞</u><u>晏子春秋</u><u>集释</u>"指海本作'待'"。 **建章按**:<u>裴学海</u><u>古书虚字集释</u>卷六"'得'犹'待'也,'得'与'待'双声,又为之部迭韵字,故'得'可训'待'"。则"得",并非误字。 得少间:待了一会儿。

⑥⑦致功:致力于王业。

⑥⑧则:<u>裴学海</u><u>古书虚字集释</u>卷八:"犹'固'也。" 愿:仰慕,见注㉛。

⑥⑨闳夭:始助周文王,后助周武王灭纣的功臣之一。

⑦⑩周公:见<u>东周策</u>第二章注⑨。 成王:<u>周成王</u><u>姬诵</u>,<u>周武王</u>的儿子。

⑦①<u>姚</u>校:"一本'忠'下有'圣'字。"<u>史记</u><u>蔡泽列传</u>有"圣"字。 **建章按**:<u>鲍</u>本下句为"以圣论之",无义,疑即"忠"下"圣"字误倒。<u>礼记</u><u>哀公问</u>"以继先圣之后"注"先圣,<u>周公</u>也。"则此言"忠圣"即指<u>闳夭</u>、<u>周公</u>。当据<u>姚</u>引一本及<u>蔡泽列传</u>补"圣"字。旧时指品格最高尚,智慧最高超,通达万物之理者为"圣"。

⑦②"商君"句:<u>王伯祥</u><u>史记选</u>校释:"<u>商君</u>等三人的遭遇谁能跟<u>闳夭</u>、<u>周公</u>比呢?" **建章按**:<u>王</u>说恐未当。"愿"无"遭遇"义。上文言"其卒亦可愿矣","则可愿矣",与此句之"愿"皆"仰慕"之

义。见注㉜。又书大禹谟"敬修其可愿",注"可愿,谓道德之美。"如以"仰慕"之义释之,则此句之意是:商君、吴起、大夫种与闳夭、周公相比,谁更值得仰慕呢? 如以大禹谟注释之,则此句之意是:商君、吴起、大夫种与闳夭、周公相比,他们的道德之美,谁更美呢? 以此释上两句"可愿"亦可通。

㊓若:如。

㊔"然则"三句:那么,您的国君心地仁慈,亲信忠良,不背旧友,他与孝公、悼公、越王相比谁更甚呢?　君之主:指秦昭王。任:大戴礼记文王官人:"观其任廉"注"任,以信相亲也。"则"任"者亲信也。　欺:诈骗,即不实;引申有"违背"的意思。

㊕史记蔡泽列传"主"上有"今"字。　建章按:下文"君之为主"下姚校"曾本'主'作'今主'"。疑曾本"今"字误置下文"主"字上,又误作"令"。当据蔡泽列传补"主"上"今"字。"今主"指秦昭王。　亲:亲信。　不过:不会超过。

㊖"君之为主"四句:您为您的国君平定骚乱,排除祸患,消灭危难,开拓疆土,发展农业,使国家富强,家给人足,加强君权,威势超过诸侯,功绩传扬万里,这一切也超不过商君、吴起、大夫种。　正:治理,平定。　批:排除,消除。　折:消灭。　盖:超过。　章:同"彰",明显,显著。

㊗"语曰"四句:常言说,"太阳行至正午,就要偏移西沉;月亮到了圆满,就要逐渐亏损;事物极盛之时,必然逐渐衰败。

㊘史记蔡泽列传"天"作"天地"。　建章按:当作"天地"。太平御览卷460游说览上引作"天下"亦是"天地"之误。魏策三第三章"臣以为自天下之始分,以至于今","天地"亦误作"天下"。易家人象传"男女正,天地之大义也",又恒卦象传"天地之道,恒久而不已也",孝经三才章"天地之经,而民是则之",诸"天地"之用例当与"天地之常数也"同。且下文言"圣人之

常道也”正与此句对文。当据蔡泽列传补“地”字。　常数:常理。下文“常道”同。

⑦"进退"三句:该进则进,该退则退,该伸则伸,该屈则屈,应该适应形势而相应变化,这也是圣人遵守的常理。　史记蔡泽列传“变”上有“与时”二字。　建章按:当有“与时”二字始顺。易丰“天地盈虚,与时消息”,“与时变化”与“与时消息”义同。后汉书荀悦传“损益盈虚,与时消息”,淮南子俶真训“盈缩卷舒,与时变化”,又人间训“赢缩卷舒,与时推移”,可证“变化”上脱“与时”二字。淮南子道应训:“物盛而衰,乐极则悲,日中而移,月盈而亏。是故聪明睿智,守之以愚;多闻博辩,守之以陋;武力毅勇,守之以畏;富贵广大,守之以俭;德施天下,守之以让。此五者,先王所以守天下而弗失也。反此五者,未尝不危也。”蔡泽之意与此略同。　盈缩:伸缩,伸屈。　盈:满,伸涨。

⑧齐桓公:名小白,春秋时五霸之长,见东周策第十一章注⑨。九合:纠合,集合。史记封禅书梁玉绳志疑:“论语‘九合’,朱子据春秋传‘纠合’,以为古字通用,固是,(庄子天下篇“禹九杂天下之川”,义同。)而实则‘九合’犹左传‘夷于九县’,公羊‘叛者九国’(亦见蔡泽传),正不必改为‘纠’。‘九’之为言‘多’也,丹铅录云‘九为数(按:史记齐太公世家泷川资言考证引“数”作“阳数”)之极,书、传称九者皆极言之’。此解甚惬。若必求以实之,则左传之‘九县’乃十一国,公羊之‘九国’惟厉叛命,何以言‘九’? 推之楚辞九歌有十一篇,颜之推还冤志引周春秋曰‘左儒九谏而王不听’,孙子云‘善攻者动于九天之上,善守者伏(按:孙子形篇“伏”作“藏”)于九地之下’,以及‘九原’、‘九泉’之类,莫不皆然。”朱珔说文假借义证说:“论语‘桓公九合诸侯’　说者以九数之,多参差不合,当与僖二十四年左传‘故纠合宗族于成周’同。又庄子天下篇‘而九杂天下之

用', 注:'九读纠, 纠合, 错杂也。'是皆以'九'为'纠'之假借。"

汪中述学释三九说:"论语'子文三仕三已', 史记'管子三仕三见逐于君', '三战三走', 此不必果为三也。楚辞'虽九死其犹未悔', 此不能有九也。史记'若九牛之亡一毛', 又'肠一日而九回', 此不必限以九也。故知九者, 虚数也。"程树德论语宪问集释认为"九合之义, 亦若是(建章按:指汪中所说)而已矣。即朱注依左传作'纠'者, 亦未必是也"。 建章按:原注释"九合"为纠合、集合不妥。泷川资言考证引中井积德说及论语宪问杨伯峻译注说均同。汪中述学释三九"凡一二之所不能尽者, 则约之以三, 以见其多;三之所不能尽者, 则约之以九, 以见其极多。"

⑧匡:尔雅释言"正也"。管子法法:"正也者, 所以正定万物之命也。"论衡书虚:"桓公九合诸侯, 一正天下;道之以德, 将之以威, 以故诸侯服, 莫敢不率。"则"一匡天下"谓统率天下诸侯, 尊崇周天子。

⑧葵丘之会:葵丘在今河南省考城县东。前651年(齐桓公三十五年)齐、鲁、宋、卫、郑、许、曹, 连周共九国会盟于葵丘, 为了修好诸侯, 共尊周室。

⑧骄矜:骄傲自大。 矜:自尊自大。 色:表情, 态度, 神情。

⑧畔:通"叛", 离心。 九国:言多, 非实数。

⑧適:通"敌"。 夫差:吴王阖闾之子, 名夫差, 前495年—前473年在位。其事见史记越王勾践世家。

⑧凌:通"陵", 侵袭。鲁哀公十一年, 夫差十二年(前484年)吴北伐齐, 败齐师于艾陵;吴王夫差十四年, 晋定公三十年(前482年), 吴、晋相会于黄池争夺霸权。即"凌齐、晋"。

⑧遂以:终于。 史记吴太伯世家:"夫差二十年, 越王勾践复伐吴;二十一年, 遂围吴;二十三年十一月, 越败吴。越王勾践欲

267

迁吴王夫差于甬东,予百家居之。吴王曰:'孤老矣,不能事君王也。吾悔不用子胥之言,自令陷此。'遂自到死。越王灭吴。"此前473年"杀身亡国"。

⑧⑧夏育太史启:皆古代勇士。　叱呼:呵斥。　三军:军队的统称。叱呼骇三军:说他们呵斥一声可以骇倒三军。　身死于庸夫:夏育、太史启后来都被普通人杀死,故言。　"启"或作"噭(jiǎo 皎)"。

⑧⑨此皆乘至盛不反道理也:他们都是一味地仗极盛之势,而逞一时之强,却不肯反躬自省自己的行为是否符合道理而收敛。鲍本"及"作"近"。史记蔡泽列传"及"作"返",泷川资言考证"秘阁本'返'作'反'"。　建章按:王引之经义述闻卷十七"以相及也"条下云:"吕氏春秋高义篇'必宜内反于心',淮南诠言篇'莫能反宗',今本'反'并讹作'及',史记蔡泽列传'乘至盛而不反道理',秦策'反'讹作'及'。"管子大匡"其自及也"王念孙读书杂志:"王引之云'及,当为反,字之误也'"。礼记学记"知不足,然后能自反也",注"自反,求诸己也"。即自我批评。"反"与"返"通,鲍本"近"乃"返"字之误,本文"及"当据蔡泽列传改作"反"。"反道理"是说反躬自问自己的行为是否符合道理。

⑨⓪权衡:秤锤和秤杆;指斤两。　度量:指长短和容量。　"平"与"正"义同,此指调整。

⑨①关于"决裂阡陌"的说法,颇为分歧,朱熹开阡陌辨、侯外庐中国古代社会史论、范文澜中国通史简编第一编、杨宽战国史、高亨商君书注译关于这个问题的说法就各有差别。这涉及到"井田制度"的一系列问题。徐中舒先秦史论稿12章商鞅变法引史记商君列传"为田:开阡陌封疆"后说:"'为田'是改变田制。汉书地理志称:'孝公用商君,制辕(爰)田,开仟伯(阡陌)。'商

鞅制爰田对于秦国授田制的崩溃,是起了决定性的作用。……商鞅变法所制的辕田,则是在'自爰其田'的基础上,由公有制开始转变为私有制。于是每个公社成员都成为有产者,他们一个一个地脱离了公社,从而古代中国的村公社、家族公社,就开始走向总崩溃的途径上来了。……'封疆'是天子、诸侯国境上及贵族采邑上的疆界,在疆界上聚土为封,封上复植树以为标志,称为封疆。商鞅变法规定要以军功确定贵族的尊卑爵次等级,即按照秦爵二十级赏赐田宅。'开封疆'就是对当时贵族私有田宅设立的界划。阡陌则是耕地的田界。应劭的风俗通云:'南北曰阡,东西曰陌。河东以东西为阡,南北为陌。'(见史记秦本纪索隐)这种讲法是不对的。古代的村公社、家族公社崩溃已久,东汉时代的应劭对于古代的阡陌也就不认识了。现在我们从亩制来加以考查。古代一夫之田百亩,是一步宽、一百步长的百个并列的长亩,在这一百个长亩的周围制定田界,就称为'陌'。十夫有一千个长亩,即十个陌,在其周围制定疆界,就称为'阡'。陌是一夫的田界,阡是十夫的田界。每个长亩东西行为东亩,南北行为南亩。亩东西行,阡陌也是东西行;亩南北行,阡陌也是南北行。左传成公二年载鞌之战,晋郤克战胜齐国之后,要求'齐之封内尽东其亩'。因为东亩的阡陌是东西行,沟渠道路也是东西行,有利于晋国兵车向东进攻齐国。所以,齐人反驳说,这样是'唯吾子戎车是利',宁肯背城一战拼个死活,也决不肯接受。古代村公社每人有份田,却没有固定的田界,因为休耕田是大家公用,耕地也常要重新划分。商鞅变法推行农战政策,鼓励人民扩大耕地面积发展生产,'开阡陌'就是对人民扩大了的耕地,设立阡陌作为固定的田界,这便对土地私有制提供了有力的保证。开阡陌同商鞅第一次变法规定的'令民为什伍',即五家为伍、十家为什的基层组织编制也是完全配合的。" 建章按:此"决裂阡陌"当即商君列传的"开阡陌"。 阡陌:田间小路,南北为阡,东西曰陌。 决裂阡陌:姑且解作"铲平田间小道"。

⑨史记蔡泽列传"成"下有"矣"字。 鲍本"成"下补"矣"字。
建章按:后文叙白起、吴起,皆作"功已成矣",当补"矣"字。

⑨车裂:古代酷刑,即五马分尸。见秦策一第一章注㉙。

⑨史记蔡泽列传"地"下有"方数千里"四字。 建章按:齐策一第十六章"齐地方二千里,带甲数十万",齐策六第九章"齐地方数千里,带甲数百万",赵策二第一章"赵地方二千里,带甲数十万",史记高祖本纪"齐……地方二千里,持戟百万",又平原君列传"今楚地方五千里,持戟百万",以上诸例,皆以"地"与"人"连举,且"楚地持戟百万"亦不辞。此"楚地"下确脱"方数千里"四字,当依蔡泽列传补。

⑨持戟:战士。

⑨白起:见西周策第六章注②。

⑨鄢郢:见第十五章注⑥。 举:攻下。

⑨夷陵:陵名,后为县,在今湖北省宜昌市东。

⑨于鬯战国策注:"此盖即传所云'取楚定巫、黔中郡'者,周赧三十八年事。" 建章按:史记蔡泽列传梁玉绳志疑:"并蜀、汉是张仪、司马错,不关白起,后二十二年起始出也,且事在秦惠更元之九年。"史记秦本纪"昭王三十年,蜀守若伐楚,取巫郡及江南为黔中郡。"梁玉绳志疑:"白起及春申君传言起取之,非蜀守张若;岂伐巫之役,起与若共之与?"依梁说,此"蜀、汉"似有误,或本当作"巫、黔中",音近而误作"蜀、汉中"又脱"中"字,未知然否? 白起列传泷川资言考证:"巫郡,今四川巫山县;今湖南之常德、辰州、永顺、贵州之黎平、思南诸县皆楚黔中地。"

⑩史记蔡泽列传"魏"下有"而"字。 文选辨命论李注引"而败

强<u>赵</u>"。　<u>建章</u>按:有"而"字语气完,当据<u>传</u>及<u>文选李</u>注引补
"而"字。又此当指<u>秦昭王</u>三十八年攻<u>赵阏与</u>事。

⑩阬:同"坑",活埋。　<u>马服</u>:指<u>马服君赵奢</u>之子<u>赵括</u>。<u>秦昭王</u>四
十七年(前 260 年)<u>秦</u>将<u>白起</u>大破<u>赵</u>军于<u>长平</u>,坑<u>赵</u>军四十
余万。

⑩<u>文选辨命论李</u>注引此无"诛"字。　<u>建章</u>按:<u>汉书高帝纪</u>上"今
<u>屠沛</u>",<u>颜</u>注:"屠,谓破取其城邑,诛杀其人,如屠六畜然。"<u>后汉书
光武帝纪</u>上:"<u>光武</u>初骑牛,杀<u>新野</u>尉,乃得马,进屠<u>唐乡</u>。"<u>李</u>
注:"多所诛杀曰屠。"皆以"诛"释"屠",疑"诛"乃旁注误入正
文者。然<u>史记天官书</u>、<u>汉书武五子传</u>有"诛屠"用例。

⑩流血成川沸声若雷:是说血流成河,流动时,沸腾之声象雷鸣一
般。这是夸张的写法。　沸:<u>广雅释训</u>:"流也。"

⑩业帝:成就帝王的功业。

⑩慑(shè 射)服:威势使恐惧而屈服。

⑩服:降;此言攻下。

⑩<u>秦</u>败<u>赵长平</u>之次年(<u>秦昭王</u>四十八年,前 259 年),又攻<u>赵</u>。<u>韩</u>、
<u>赵</u>恐,使<u>苏代</u>厚币说<u>秦</u>相<u>范雎</u>"<u>赵</u>亡,则<u>秦王</u>王矣。<u>武安君</u>为三
公,君能为之下乎?"<u>范雎</u>因此劝<u>昭王</u>与<u>韩</u>、<u>赵</u>和。于是<u>韩</u>、<u>赵</u>割
地以和。<u>白起</u>因此与<u>范雎</u>隔阂更深。后<u>秦</u>复攻<u>赵</u>都<u>邯郸</u>,<u>白起</u>
称病不行。<u>昭王</u>四十九年(前 258 年)使<u>王陵</u>攻<u>邯郸</u>,失利。<u>昭
王</u>欲使<u>白起</u>代<u>王陵</u>将,<u>白起</u>说:"<u>邯郸</u>实未易攻也,且诸侯救,日
至,彼诸侯怨<u>秦</u>之日久矣。今<u>秦</u>虽破<u>长平</u>军,而<u>秦</u>卒死者过半,
国内空,远绝(渡)河山而争人国都,<u>赵</u>应其内,诸侯攻其外,破
<u>秦</u>军必矣。不可。"<u>秦昭王</u>亲自动员他,仍不同意。又让<u>范雎</u>请
他,<u>白起</u>称病。<u>秦昭王</u>派<u>王龁</u>代<u>王陵</u>将,<u>秦</u>军失败。<u>白起</u>说:
"<u>秦</u>不听臣计,今如何矣!"(以上所引均见<u>史记白起列传</u>)<u>秦王</u>
听了大怒。强迫<u>白起</u>领兵,<u>白起</u>声称病重。<u>范雎</u>又请他带兵,

271

白起仍然不同意。于是,昭王罢了白起的官,贬为普通士卒,流放到阴密。出秦都咸阳西门十里,至杜邮,昭王派使者赐白起剑,让他自杀。白起自刭。此在秦昭王五十年(前 257 年)。

⑱楚悼:楚悼王,见注㊹。　罢无能:撤掉无能的官员。

⑲废无用:废掉无用的制度。

⑩损:裁减。　不急之官:不急需要的官员,即"冗员"。

⑪塞私门之请:杜绝走后门之风。

⑫壹楚国之俗:犹言统一制度,移风易俗。

⑬扬越:又称扬粤,今广东省地。　于鬯战国策注:"泽传'攻'作'收',又南越传索隐引策'吴起为楚收扬越',故王杂志谓'作收是'。'南收扬越','北并陈、蔡',皆谓取其地。"　建章按:杨宽战国史引此句已据王念孙读书杂志说改"攻"作"收"。

⑭陈:见西周策第十四章注⑤。　蔡:见西周策第十四章注③。陈、蔡皆小国,此当是陈、蔡旧地。

⑮横:连横阵线。　从:合纵阵线。

⑯驰说之士:游说之士。

⑰史记蔡泽列传"卒"上有"而"字。　建章按:有"而"字语气顺,当据蔡泽列传补。据史记吴起列传记载:楚悼王任吴起为相,使楚强。诸侯怕楚强,被废弃的公族贵戚都想谋害吴起。悼王死,宗室大臣作乱,攻吴起。吴起伏于悼王尸,射吴起,并中悼王尸。悼王既葬,楚肃王即位,尽杀射吴起而中悼王尸的人,因此而灭者七十余家。淮南子谬称训说:"吴起刻削以车裂。"支解:酷刑,同"车裂",见秦策一第一章注㉙。此可能是先射死,后支解。

⑱垦草创邑:开垦了荒地(垦草),则人可聚会于此(创邑)。　易蛊注"创制之令",陆德明经典释文:"创,俗字也,依字作'刅'。"朱骏声说文通训定声"经、传皆以'创'为'刅'"。

邑：释名释州国："人聚会之称也。"　辟地殖谷：有了地,有了人,就耕地种植,进行农业生产。　殖：通"植"。

⑲史记蔡泽列传"方"下有"之"字,"士"下有"专"字。　鲍本补"之"字、"专"字。吴师道以为"恐此有缺"。　建章按：无"之""专"二字语不成义,当据蔡泽列传补"之""专"二字。专：广雅释言："齐也。"即"统一"之义。

⑳张震泽孙膑兵法校理说："禽即擒字,甲骨作𢆶,先秦书皆作禽,擒为后起字。据本书,庞涓于桂陵之役被擒,于马陵之役被杀,(本书陈忌问垒篇言：'取庞子。'史记田敬仲完世家言：'杀其将庞涓。')既已被擒,何以于十余年后又为魏之主将而见杀于马陵？人或疑诸书记载不实。今按,本篇既为孙膑弟子所传,桂陵擒庞,当不致有误,后人致疑,盖由于对禽(擒)字之误解。禽(擒)本有二义：左传襄公二十四年'收禽挟囚'杜注：'获也。'此是第一义。哀公二十三年：'知伯亲禽颜庚。'即用此义。淮南子兵略：'吴王夫差西遇晋公,禽之黄池。'高注：'禽之,服晋也。'吴王为黄池之会,实未俘虏晋公,此禽字是制服之义,此为第二义。庞涓之禽,当同此义。人多习第一义而忽第二义,遂生疑。"此"禽劲吴"即制服了强吴。　禽：服,胜。　劲：强。

㉑功：业。

㉒勾践：越王允常之子,前 497 年—前 465 年在位,史记有越王勾践世家。　王念孙读书杂志："史记越世家,越王赐大夫种剑,种自杀。不言'棓杀之'。姚本作'棓',鲍本讹作'拮'。'棓'当为'倍',字之误也。'倍'同'背',言越王背德而杀之也。史记作'勾践终负而杀之','负'亦'背'也。"　建章按：朱骏声说文通训定声"棓,俗字作'棒'",广雅释器"棓,杖也","棓"字误,显而易见。当从王说改"棓"作"倍"。大夫文种佐越灭吴,勾践号称霸王。范蠡遂离开越国,自齐给大夫种信,说："蜚

273

（飞）鸟尽，良弓藏，狡兔死，走狗烹。越王为人长颈鸟喙，可与共患难，不可与共乐，子何不去。"文种见信，称病不朝。有人诬陷文种将作乱。越王乃赐文种剑，说："子教寡人伐吴七术，寡人用其三而败吴；其四在子，子为我从先王试之。"种遂自杀。（详史记越王勾践世家）故云"终倍而杀之"。倍：同"背"，负心，忘恩负义。

⑫信：通"伸"。　诎：通"屈"。　前文言"进退盈缩，与时变化"。此言能伸而不能屈，下句言只知进而不知退，皆违背了"进退盈缩，与时变化"这一原则。

⑫往：前进。　反：同"返"，退。　言"诎"、言"反"，即"功成身退"之义，下文言"如是不退"云云，即其义。

⑫范蠡（lí离）：字少伯，南阳人，事越王勾践，苦身尽力，与勾践深谋二十余年，终灭吴，雪会稽之耻。勾践称霸，范蠡位居上将军。他以为"大名之下，难以久居"，且知勾践为人，可与同患，难与处安，乃潜行至齐，变姓名，自称鸱夷子皮。耕于海滨，治产致数十万。齐人闻其贤，以为相。范蠡喟然叹曰："居家则致千金，居官则致卿相，此布衣之极也，久受尊名不祥。"乃归相印，尽散其财，分与知友乡党，潜行至陶，自称陶朱公。父子耕蓄，致产巨万。老死于陶。事迹详史记越王勾践世家和货殖列传。　此谓"知之"，是说知道能伸能屈，能进能退的道理。

⑫超然避世：是说能蔑视利禄的引诱，不受虚荣的影响。　超然：远避。

⑫史记越王勾践世家、蔡泽列传、货殖列传皆言"陶朱公"，或"朱公"，集解引张华，正义引荆州记、括地志皆言"陶朱公冢"。此当补"公"字。

⑫史记蔡泽列传"观"下有"夫"字，"大"上无"分"字。　姚校："一本无'大'上'分'字。"　建章按：楚策四第四章"王独不见

夫蜻蛉乎"，<u>庄子</u>山木"王独不见夫腾猿乎"，<u>史记</u>孟尝君列传
"君独不见夫朝趋市者乎"，诸句例与此同，当据<u>蔡泽</u>列传补
"夫"字。又"分"字无义，<u>淮南子</u>诠言训<u>王念孙</u>读书杂志引此
即无"大"上"分"字，亦以为衍。当据<u>蔡泽</u>列传及<u>姚</u>所见一本
删"分"字。　博：博戏，赌博。　大投：孤注一掷。　分功：一
步一步取胜。　此乃以赌戏作比。言<u>范雎</u>已是全胜者，不当以
现有的尊位去"大投"，否则，若"大投"而输，前功尽弃矣。应
当采取"分功"的策略，要保住现有的利益。这样，把相位让给
人，仍可保住"<u>伯夷</u>之廉，长为<u>应侯</u>，世世称孤，而有<u>乔松</u>之寿"，
不至有<u>商君</u>、<u>白公</u>、<u>吴起</u>、大夫<u>种</u>他们的恶果。否则，"<u>秦</u>之欲得
矣"，也需要保住既得利益，而不能让<u>范雎</u>所侵，则<u>范雎</u>必受制
于<u>秦</u>，即下文所谓"<u>秦</u>之分功之时也"。与其<u>秦</u>夺其位，不如乘
全胜之时，功成身退，让位于人，免遭将来被<u>秦</u>夺位，而有<u>商君</u>、
<u>白公</u>、<u>吴起</u>、大夫<u>种</u>四子杀身之祸。

卷
五
秦
策
三

㉙<u>齐策</u>五"百尺之冲，折之衽席之上"，<u>姚</u>校："一无'衽'字。"一误
与此同。<u>家语</u>王言"其征也，则必还师衽席之上"，<u>礼记</u>坊记
"衽席之上，让而坐下民犹犯贵"，"衽席"常连用，且"衽席"与
"廊庙"对文，当补"衽"字。　"计不下衽席"三句意思是：不离
开座位就可定计，不出庙朝就可设谋，安坐而控制诸侯。此言
<u>范雎</u>大权在握，轻而易举。　衽（rèn 任）：席。　廊庙：见<u>秦策</u>
一第二章注㉘。

㉚<u>管子</u>五辅"利坛宅"，<u>王念孙</u>读书杂志："'利'当为'制'，字之误
也，隶书'制'字或作'**𥝱**'，形与'利'相似。"<u>管子</u>兵法"利适器
之至也"，<u>于省吾</u>双剑誃诸子新证："'利'本应作'制'，古书
'利'、'制'二字多互误，篆文'制'字作'**𥝱**'，与'利'形近，故
易讹。"疑此"利"字亦当是"制"字之误。　"制施<u>三川</u>，以实<u>宜</u>
<u>阳</u>"是说威权行于<u>三川</u>之地，以充实加强<u>宜阳</u>。　制：专制。

施:广雅释训:"行也。" 实:说文:"富也。"有"加强"的意思。

三川:见西周策第十二章注⑨。 宜阳:为韩的要地,见秦策二第六章注⑦,前307年(秦武王四年)为秦攻取。

⑬羊肠:见西周策第十二章注⑪。

⑬太行:绵延在山西省、河南省、河北省三省境内的太行山脉,主峰在山西省晋城市南。

⑬斩:断。范与中行本是晋国六卿中的两个大家族,先后为赵、魏、韩所并吞。此云"范、中行之途"乃泛指赵、魏、韩三国境内的交通要道。 "决羊肠"三句总说秦的兵力足以切断齐与三晋的交通。

⑬栈道千里于蜀汉:栈道直通千里以外的蜀、汉。 栈道:于险峻之处傍山架木,以通行人的道路曰栈道。 蜀:四川省西部。见秦策一第二章注②。 汉:汉中。见秦策一第二章注②。

⑬此亦秦之分功之时也:见注⑱。

⑬白公:白起。

⑬伯夷:古孤竹国国君之子,与其弟叔齐让国,皆隐居于首阳山(在今河北省卢龙县东南二十五里)。人们都称赞他们的廉让,故蔡泽要范雎学伯夷隐退让位,必有廉让的美名。论语公冶长陆德明经典释文:"伯夷,姓墨名允,字公信。伯,长也;夷,谥。"史记伯夷列传正义:"括地志云:'孤竹古城在卢龙县南十二里,殷时诸侯孤竹国也'。"

⑬孤:古时王、侯自谦称"孤"。

⑬乔,指王子乔;松,指赤松子。相传二人皆为仙人,长生不死。所举商君、白起、吴起、大夫种皆死于非命,此暗示如能让贤,得享善终。

⑭孰与以祸终哉:归相印的结局与商君、白起、吴起、大夫种遭杀身之祸的结局,两相比较,何者为优?

⑭何居:选择那种前途。 居:处,犹选择。

⑭延:引,为客人恭敬地在前导路。即恭请的意思。 上客:尊客,贵宾。

⑭客卿:非本国人而任用为卿的官。

⑭谢病:托病辞职。

⑭请归相印:要求交出相印。 归:还,交出。

⑭强起:一再动员(范雎)任职。意即坚留。

⑭史记蔡泽列传"笃"上有"病"字。 建章按:史记白起列传"秦王强起武安君,武安君遂称病笃",当据二传补"病"字。笃:甚。

⑭蔡泽任相在秦昭王五十二年(前255年)。

⑭东收周室:史记秦本纪:"昭王五十一年,秦使将军摎攻西周,西周君顿首受罪,尽献其邑三十六城,口三万,秦王受献。五十二年,周民东亡,其器九鼎入秦,周初亡。"

⑮刚成君:蔡泽的封号。刚成有三,终不可定。王伯祥史记选校释:"今河南省许昌市东北有故刚成城。"

⑮姚校:"一本'秦'上有'居'字。"鲍补"居"字。史记蔡泽列传"秦"上有"居"字。 建章按:无"居"字义不可通,当据一本及蔡泽列传补"居"字。

⑮鲍于"昭"上补"事"字。史记蔡泽列传"昭"上有"事"字。 建章按:当补"事"字。

⑮孝文王:名柱,秦昭王之子,秦国第三十四君,前250年在位一年。 庄襄王:秦孝文王之子,名异人,改名子楚,秦国第三十五君,前249年—前247年在位。 始皇帝:秦庄襄王之子,名政,秦国第三十六君,继位后二十六年(当前221年),尽灭六国,建成统一的大帝国,自号"始皇帝",前246年—前210年在位。

⑮④于邺 战国策注以为"三年"是始皇六、七、八年,即前 241 年、前 240 年、前 239 年。　太子丹:燕王喜之太子,名丹,使荆轲刺秦 始皇者。　质:见秦策二第十五章注④。

战国策注释卷六

秦 策 四

一 秦取楚汉中章

秦取楚汉中^①，再战于蓝田^②，大败楚军。韩、魏闻楚之困，乃南袭至邓^③，楚王引归。后三国谋攻楚^④，恐秦之救也。或说薛公^⑤："可发使告楚曰：'今三国之兵且去楚，楚能应而共攻秦，虽蓝田岂难得哉，况于楚之故地？'楚疑于秦之未必救己也，而今三国之辞（去）〔云〕^⑥，则楚之应之也必劝^⑦。是楚与三国谋出秦兵矣^⑧。秦为知之^⑨，必不救也。三国疾攻楚，楚必走秦以〔告〕急^⑩，秦愈不敢出。则是我离秦而攻楚也，兵必有功^⑪。"薛公曰："善。"

遂发重使之楚，楚之应之果劝^⑫。于是三国并力攻楚，楚果告急于秦，秦遂不敢出兵，大（臣）〔胜〕有功^⑬。

【注释】

①汉中:见秦策一第二章注②。 前312年(周赧王三年、秦惠王更元十三年、楚怀王十七年)秦攻取楚的汉中。下文又言"三国谋攻楚",在前301年(周赧王十四年),说见后。顾观光战国策编年系此策于此年,当是。

②蓝田:今陕西省蓝田县。蓝田之役与"取汉中"同年。

③邓:今河南省邓县。

④三国:齐、韩、魏。

⑤薛公:孟尝君田文,时相齐。见东周策第十六章注①。

⑥而今三国之辞云:现在三国又有这一番建议。 鲍改"去"作"云",注:"'辞云',上所言者也。" 吴补:"'去'当作'云'。" 建章按:管子白心:"去善之言,为善之事。"刘绩注:"'去'乃'云'字误。"左传左僖二十九年传:"介葛卢闻牛鸣,曰'是生三牺,皆用之矣。其音云'。"又左传左襄十二年传:"子之言云,又焉用盟?"又左传左昭二年传:"其不往,则宋之盟云。"裴学海古书虚字集释卷三:"云,犹'如此'。""其音云""子之言云"、"宋之盟云",句式与"三国之辞云"同。则鲍改当是。裴学海所谓"如此",即"如此说","如此的话"。

⑦楚之应之也必劲:楚国一定会积极响应。 劲:劲,有力,积极。

⑧楚与三国谋出秦兵矣:楚国就会与三国合力出兵进攻秦国。上下句可证。 出:说文:"进也。"

⑨为:王引之经传释词卷二:"犹'如'也。"

⑩高注:"走,去也。告急,求救也。" 姚校:"一本'以'下有'告'字。" 建章按:据高注,"急"上当脱"告"字,姚宏引一本正与高注合。且下文有"楚果告急于秦",正与此"告急"应。当依高注及姚引一本补"告"字。 走:广雅释诂二:"去也。"

⑪"则是"两句:这样,三国离间了秦、楚,而专力进攻楚国,必获全

胜。　我:指齐、韩、魏。　离:广雅释诂一:"分也。"　离秦:言离间秦、楚之交。

⑫"遂发"两句:于是,派出使臣去楚国,楚国果然积极响应。重:尊贵。

⑬高注:"三国伐楚,大胜有功。"　姚校:"'臣'曾作'胜'。"　建章按:当据高注及曾本改"臣"为"胜"。此一役杨宽以为即"垂沙之役",考之甚详。见战国史332页至333页及333页注①。

二　薛公入魏而出齐女章

薛公入魏而出齐女①。韩春谓秦王曰②:"何不取为妻,以齐、秦(劫)〔攻〕魏③,则上党秦之有也。齐、秦合而立负刍,负刍立,其母在秦,则魏,秦之县也④。已,昄欲以齐、秦劫魏而困薛公⑤,佐欲定其弟,臣请为王因昄与佐也⑥。魏惧而复之⑦,负刍必以魏殁世事秦⑧。齐女入魏而怨薛公,终以齐奉事王矣⑨。"

【注释】

①薛公:孟尝君田文。见东周策第十六章注①。　出:逐。　齐女:魏公子负刍之母是齐国人,故云"齐女"。齐闵王逼薛公出国入魏,魏以为相;因怨闵王,故逐齐女。　杨宽说,前294年孟尝君已做了魏昭王的相。(见彼战国史339页)。唐兰以为"前294年,薛公出走,归薛","前291年,薛公去薛,魏昭王以为相"(见彼苏秦事迹简表,收在战国纵横家书内)。梁玉绳史记孟尝君列传志疑:"孟尝君奔魏有之,……若相魏,是妄也。"建章按:赵策四第二章明言"魏王挟故薛公以为相",则孟尝君

确曾相魏,梁说未可信。 顾观光战国策编年、于鬯战国策注皆以此策在周赧王二十九年,恐偏后。此策当在孟尝君刚入魏时,依唐说,当在前291(周赧王二十四年,秦昭王十六年,魏昭王五年,齐闵王十年)。

②韩春:无考。 秦王:昭王,见西周策第一章注⑭。

③于鬯引奚世犖说:"'劫'当本作'攻',高此注及下勾注并顺本文作'攻魏',不作'劫魏',可见今作'劫魏'涉下文'呡欲以齐、秦劫魏'而误。彼注云'劫,胁也',若此亦'劫',高何不注此,而注于下文。" 建章按:奚说是,当据改。

④魏秦之县也:是说魏国就相当于秦国的一个县。

⑤已呡欲以齐秦劫魏而困薛公:这样,韩呡就会想着以齐、秦威胁魏国而使薛公受困。 已:尔雅释诂:"此也。" 呡:韩呡,曾为齐相,与秦有联系。策又作"韩珉""韩岷",史记田敬仲完世家又作"韩聂",战国纵横家书七、八、九章又作"韩冣"。 劫:胁迫,威胁。

⑥"佐欲"两句:佐也想要立其弟负刍为太子,我可以为王与呡、佐取得联系。 佐:负刍之兄。 因:广雅释诂三:"就也","亲也。"

⑦魏惧而复之:魏国看到这种情势,就会接回齐女。 复:返。之:指齐女。

⑧负刍必以魏殁世事秦:则负刍一定会以魏终身讨好秦国。 殁世:终身。 世:高注"身"。 事:侍奉。

⑨"齐女入魏"两句:齐女返回魏国,就会怨恨薛公,终究会以齐国讨好大王。 奉事:侍奉,此犹言讨好。

三　三国攻秦入函谷章

三国攻秦①,入函谷②。秦王谓楼缓曰③:"三国之兵深矣④,寡人欲割河东而讲⑤。"对曰:"割河东大费也,免于国患大利也⑥。此父兄之任也⑦,王何不召公子池而问焉⑧?"

王召公子池而问焉,对曰:"讲亦悔,不讲亦悔⑨。"王曰:"何也?"对曰:"王割河东而讲,三国虽去,王必曰:'惜矣,三国且去,吾特以三城从之⑩。'此讲之悔也。王不讲,三国入函谷、咸阳必危⑪,王又曰:'惜矣,吾爱三城而不讲⑫。'此又不讲之悔也。"王曰:"钧吾悔也,宁亡三城而悔,无危咸阳而悔也⑬。寡人决讲矣。"卒使公子池以三城讲于三国⑭,之兵乃退⑮。

【注释】

① 三国:齐、韩、魏。此策当在周赧王十九年(前296年)。

② 函谷:见秦策一第二章注⑤。 杨宽战国史:"公元前二九八年,齐、韩、魏三国便大规模地进攻秦国,一直攻到了函谷关。……三国进攻秦国前后有三年之久,终于攻入了函谷关,迫使秦国求和。"(334页)史记秦本纪:"昭王十一年,齐、韩、魏、赵、宋、中山五国共攻秦。"梁玉绳史记志疑:"攻秦临函谷关,策所云'入函谷'者,韩、魏、田仲完世家、孟尝君列传同。"据梁意,似未入函谷关。

③ 秦王:昭王,见西周策第一章注⑭。 楼缓:赵人,此时相秦。

④ 三国之兵深矣:三国进攻得紧迫,已经很严重了。 深:甚,盛,重。

⑤ 寡人:见东周策第一章注⑯。 河东:黄河以东,今山西省西南部一带地。 讲(講):同"媾",本书又写作"媾""构""拘"。

⑥ "割河东"两句:割河东之地,代价太大了;但是,国家避免了灾难,又是很大的利益。

⑦此父兄之任也:这么大的事,应该由宗室贵族他们来商定。
  父兄:指宗室、贵族一流的人。

⑧公子池:也作"公子他",又作"公子佗"。   焉:之。

⑨"讲亦悔"两句:和三国讲和后悔,不和他们讲和也后悔。

⑩"惜矣"三句:可惜啊,三国还是撤兵了,我白白地送掉了三个
  城。特:徒,白白地。   从:顺从,服从。

⑪咸阳:秦的国都,故城在今陕西省咸阳市东。

⑫惜矣吾爱三城而不讲:可惜啊,我为了爱惜三个城,而没有和他
  们讲和。

⑬"钧吾悔"三句:反正我都得后悔,宁愿失掉三个城而后悔,也不
  能危及咸阳而后悔。   钧:同"均"。   宁:宁可,宁愿。
  亡:失。

⑭卒:终。杨宽战国史附录战国大事年表:"魏襄王二十一年(前
  298年),齐、韩、魏联军攻秦到函谷关;二十二年,齐、韩、魏联军
  继续攻秦;二十三年,齐、韩、魏联军攻入秦的函谷关,秦求和,
  归还韩河外及武遂,归还魏河外及封陵。"

⑮鲍彪本于"三国"下复"三国"二字。吴师道补说:"宜复'三国'
  二字。"   建章按:左传隐公五年:"鸟兽,之肉不登于俎。"王引
  之经义述闻卷十七"鸟兽之肉不登于俎"条说:"释文'之肉'一
  本作'其肉'。一本是也。"裴学海古书虚字集释卷九说:"王说
  未允,此当以作'之'者为古本,作'其'者乃后人据文义而改。
  左传中多以'之'为'其',如'枕之股而哭之'('枕之'即'枕
  其'),'夺之杖以敲之'('夺之'即'夺其'),'斩之蓬蒿藜藿而
  共处之'('斩之'即'斩其'),'郑人醢之三人也','其国以祸,
  之祝史与焉'之属皆是。故知作'之'者为古本。"董仲舒春秋
  繁露竹林:"今子反往视宋,闻人相食,大惊而哀之,不意之至于
  此也。"苏舆春秋繁露义证说:"钱云:'"不意"下当有"宋"

字。'奥按:'之'与'其'同。"裴学海古书虚字集释卷九说:"下‘之'字训‘其',指宋言,钱唐谓‘"意"下当有"宋"字',失之。"如裴说,"之兵"即"其兵",亦即"三国兵",则不必复"三国"二字。　之:吕氏春秋季夏纪音初高注:"其也。"

四　秦昭王谓左右章

秦昭王谓左右曰[①]:"今日韩、魏孰与始强[②]?"对曰"弗如也。"王曰:'今之如耳、魏齐孰与孟尝、芒卯之贤[③]?"对曰:"弗如也。"王曰:"以孟尝、芒卯之贤,帅强韩、魏之兵以伐秦,犹无奈寡人何也,今以无能之如耳、魏齐帅弱韩、魏以攻秦,其无奈寡人何,亦明矣。"左右皆曰:"甚然[④]。"

中期推琴〔而〕对曰[⑤]:"(三)〔王〕之料天下过矣[⑥]。昔者六晋之时[⑦],智氏最强,灭破范、中行[⑧],帅韩、魏以围赵襄子于晋阳[⑨],决晋水以灌晋阳[⑩],城不沉者三板耳[⑪]。智伯出行水[⑫],(韩康子)〔魏桓子〕御,(魏桓子)〔韩康子〕骖乘[⑬]。智伯曰:'始吾不知水之可亡人之国也,乃今知之[⑭]。汾水利以灌(安邑)〔平阳〕,绛水利以灌(平阳)〔安邑〕[⑮]。'魏桓子肘韩康子,康子(履魏桓子)蹑其踵[⑯],肘、足接于车上,而智氏分矣[⑰],身死、国亡,为天下笑。今秦之强,不能过智伯,韩、魏虽弱,尚贤〔其〕在晋阳之下也[⑱]。此乃方其用肘、足时也[⑲],愿王之勿易也[⑳]。"

【注释】

①秦昭王:见西周策第一章注⑭。　林春溥战国纪年、顾观光战

国策编年皆系此策于周赧王四十九年（前266年）。 姚本连上为一章，据文义，从鲍本另列一章。

②今日韩魏孰与始强：现在的韩、魏比当初强吗？

③"今之如耳"句：现在韩国如耳、魏国魏齐比以前孟尝君、芒卯更有能力吗？ 如耳：姓如名耳，曾作魏大夫，后仕卫，现为韩臣。 魏齐：魏相。据史记范雎列传秦昭王四十二年（前265年）魏齐自刭。 孟尝：见东周策第十六章注①。 芒卯：魏将，又作"孟卯"。

④高诱注："甚，谓诚也。"黄丕烈战国策札记说："此六字鲍本无。丕烈案：史记有，韩子有，'皆'作'对'，说苑有，作'左右皆曰然'，无者非也。高注亦可证。"

⑤中期推琴而对曰：中期推开琴，郑重地对秦王说。 中期：秦臣，辩士。 史记魏世家、韩非子难三、说苑敬慎"对"上皆有"而"字；有，语气顺。当补"而"字。

⑥王之料天下过矣：大王估计诸侯的事，估计错了。 鲍本"三"作"王"。史记、韩非子、说苑"三"皆作"王"。于鬯战国策注："卢刻'三'作'王'。" 建章按："三"字无义，乃是"王"字之误，当据鲍本正作"王"。

⑦六晋：六卿，为智氏、范氏、中行氏、魏氏、赵氏、韩氏。史记晋世家："昭公六年（前526年）卒，六卿强，公室卑。"故称"六卿"为"六晋"，意思是说晋国的大权实际上已旁落在六卿之手。

⑧前454年（周定王十五年，晋出公二十一年）智伯瑶与赵襄子、韩康子、魏桓子共灭范氏、中行氏，分其地。（此用陈梦家说，见彼六国纪年）。

⑨赵襄子：晋六卿之一，名无恤，赵简子之子。智伯灭范、中行氏，益骄，求地于无恤，无恤不与，遂攻之。 晋阳：赵邑，今山西省太原市。

⑩晋水：在山西省太原市西南，源出悬瓮山。

⑪城不沉者三板耳：当时晋阳城头离水面还有六尺。　板：高二尺为板。

⑫智伯出行水：智伯出来察看水势。　智伯：见西周策第三章注⑥。　行：巡视，视察。

⑬韩非子、说苑并作"魏宣子御，韩康子为骖乘"，史记魏世家作"魏桓子御，韩康子为参乘"。　建章按：朱骏声说文通训定声"'桓'又作'宣'"，又云"'宣'，字又作'烜'"。则"宣子"即"桓子"。下文"魏桓子肘韩康子"于鬯战国策注："以此文证之，则上文似当作'魏桓子御'，正以御者居中，而在前，故不可回首语，因用肘，必右肘也。上文若作'康子骖乘'，则在御后，彼以肘告，此不可以肘答，故伸足蹑踵，正在后蹑前也。"于说是，当依韩非子、魏世家、说苑倒"韩康子""魏桓子"。汉书文帝纪"乃令宋昌骖乘"师古曰："乘车之法，尊者居左，御者居中，又有一人处车之右，以备倾侧。是以戎事则称'车右'，其余则称'骖乘'。骖者三也，盖取三人为名义耳。"则魏桓子在前驾车，韩康子在后为陪乘，居智伯之右，相当于今之侍从、警卫。
魏桓子：襄子之子，文侯之父，名驹。　韩康子：庄子之子，名虎。

⑭乃今：而今，现在。

⑮张琦战国策释地："绛水北距平阳百五十里，舍城西之汾水，而远取百五十里外之绛水，岂第乖于情事，即立言不亦慎乎。"
建章按：水经浍水注戴震校："原本及近刻并讹作'汾水可以浸平阳，绛水可以浸安邑'，今据战国策、史记、资治通鉴订正。"又说"原本及近刻，亦'安邑'，'平阳'互讹，今据括地志及胡三省注通鉴所引此文订正。"可见水经注原本未误，而戴据以订正者未确。魏世家泷川资言亦说："水经六浍水注、梁书韦叡传'汾

水'、'绛水'互易为是,此与秦策同讹。"当改。　　汾水:源出山西省静乐县北管涔山南,流经平阳,西南至荣河县北入黄河。　　平阳:韩康子邑,故城在今山西省临汾市南。　　绛水:即涞水,源出山西省绛县北山,西南流经闻喜县南,经安邑、解州,西南至蒲,西南入黄河。　　安邑:魏桓子邑,故城在今山西省夏县。　　利以:便于。

⑯姚校:"曾、刘本云'魏桓子肘韩康子,康子蹑其踵,踵、肘接于车上'"。韩非子作"魏宣子肘韩康子,康子践宣子之足,肘、足接乎车上"。　　史无"蹑其踵"三字。　　说苑作"魏宣子肘韩康子、康子履魏宣子之足,肘、足接于车上"。　　建章按:据以上所引,本文"履"与"蹑"重复,如保留"履魏桓子",删"蹑其踵",则与下句"肘、足"无法接。据韩非子、说苑及曾、刘本,则当衍"履魏桓子"四字,宜删。　　肘:用作动词,用肘触。　　蹑:踩。　　踵:脚后跟。　　不敢明言,双方以肘、足相触,暗喻其意。

⑰前453年(周贞定王十六年,晋出公二十年)赵襄子、魏桓子、韩康子共杀智伯,尽分其地。据曾、刘本"踵、肘接于车上",疑"足"为"踵"残缺。

⑱"今秦之强"四句:现在秦国虽强,不能超过当时的智伯,而韩、魏虽弱,也还比赵襄子被困在晋阳时强得多。　　鲍本"在"上有"其"字,韩非子、魏世家、说苑"在"上均有"其"字。　　建章按:无"其"字于句法不通,高诱注此句"贤于赵襄子见围于晋阳也"。"赵襄子"即注"其"字。当据鲍本、韩非子、魏世家、说苑补"其"字。　　贤:胜,超过。

⑲乃:方。乃方:方,正。　　用肘足时:是说当初韩、魏在车上用肘、足暗通其意。借喻暗暗谋划之时。

⑳"此乃方"两句:这正是韩、魏暗自谋划之时啊!希望大王切勿掉以轻心。　　易:轻,疏忽大意。

五　楚魏战于陉山章

楚、魏战于陉山^①，魏许秦以上洛，以绝秦于楚^②。魏战胜，楚败于南阳^③。秦责赂于魏，魏不与^④。

营浅谓秦王曰^⑤："王何不谓楚王曰：'魏许寡人以地，今战胜，魏王倍寡人也^⑦，王何不与寡人遇^⑧。魏畏秦、楚之合，必与秦地矣^⑨。是魏胜楚而亡地于秦也^⑩。是王以魏地德寡人^⑪，秦之楚者多资矣^⑫。魏弱，若不出地^⑬，则王攻其南，寡人绝其西^⑭，魏必危。'"秦王曰："善。"以是告楚^⑮。

楚王扬言与秦遇^⑯。魏王闻之，恐，效上洛于秦^⑰。

【注释】

①陉山：见秦策二第十五章注①。　此策当在周显王四十一年（前328年）。

②"魏许秦"两句：魏国答应给秦国上洛之地，希望他不助楚。上洛：即上郡，今陕西省东北部，即黄河以西、北洛水以东和西北地区。

③南阳：指今河南省嵩山南之南阳，与楚南阳接界。

④"秦责"两句：秦国要求魏国割上洛之地，魏国不给。　责：求。赂：赠物。此指魏许秦之上洛。

⑤营浅：姚校："曾'营'作'管'。"　鲍本作"管浅"，注"秦人"。于鬯战国策注："秦未见营氏、管氏，可疑。"　秦王：惠王，见秦策一第一章注⑱。

⑥楚王：怀王，见东周策第八章注③。

⑦魏王:惠王,武侯之子,名䓨,又作莹,亦作婴,魏国第三君,前
　369年—前319年在位,前364年徙都大梁,故又称梁惠王。徙
　都之年据陈梦家六国纪年。　倍:通"背"。

⑧遇:合,联合。

⑨"魏畏"两句:魏国怕秦、楚联合,一定割地给秦。

⑩亡:失。

⑪是王以魏地德寡人:这是大王以魏地与秦友好。　德:施恩惠。

⑫秦之楚者多资矣:秦将派人至楚,多赠财币,结好于楚。　之:
　至。　资:财币。

⑬出:献出。　地:指上洛。

⑭绝:断,截击。

⑮是:此。指䓊浅对秦王说的那番话。

⑯楚王扬言与秦遇:楚王宣言与秦国联合。

⑰效:献。

六　楚使者景鲤在秦章

　　楚使者景鲤在秦①,从秦王与魏王遇于境②。楚怒。秦
(合)〔令〕周㝡为楚王曰③:"魏请无与楚遇,而合〔齐〕于
秦④,是以〔使景〕鲤与之遇也⑤。弊邑之于与遇善之,故齐
不合也⑥。"楚王因不罪景鲤,而德周、秦⑦。

【注释】

①顾观光战国策编年及于鬯战国策注皆系此策于周赧王二年。
　姚本与上章连篇,鲍本另列一篇,据文义,从鲍本。　景鲤:楚
　怀王的宠臣。

②“从<u>秦王</u>”句:(楚使者景鲤)随<u>秦王</u>在<u>秦</u>、<u>魏</u>边境会晤。 <u>秦王</u>:<u>惠王</u>,见<u>秦策一</u>第一章注⑱。 <u>魏王</u>:<u>襄王</u>,见<u>东周策</u>第十九章注⑧。 遇:会晤。

③<u>鲍</u>本脱“<u>楚</u>怒”下二十字。<u>吴师道</u>据别本补足,“合”作“令”,引<u>高</u>注“使”作“令”。 <u>黄丕烈战国策札记</u>:“‘令’字是。” <u>建章</u>按:<u>高诱</u>注“<u>秦</u>使<u>周冣</u>解说”,“使”即“令”。<u>管子心术上尹</u>注“物既有名,守其名而命合之”,<u>王念孙读书杂志</u>:“‘合’盖‘令’之讹。”<u>礼记檀弓上</u>“岁壹漆之藏焉”注:“虚之不合。”<u>释文</u>:“令,本又作‘合’。”<u>阮元</u>校勘记:“毛本‘合’作‘令’,毛本改从‘令’,是也。”此皆“令”易误作“合”之证。当依<u>吴师道</u>所据别本及所引<u>高</u>注改“合”为“令”。 <u>周冣</u>:见<u>东周策</u>第九章注⑥,此时仕<u>秦</u>。 为:通“谓”。 <u>楚王</u>:<u>怀王</u>,见<u>东周策</u>第八章注③。

④<u>于鬯</u>引<u>奚世榦</u>说:“或‘合’下脱‘<u>齐</u>’字,作‘<u>魏</u>请无与<u>楚</u>遇而合<u>齐</u>于<u>秦</u>’。” <u>建章</u>按:<u>韩策一</u>第二十一章有“<u>秦</u>、<u>魏</u>之遇也,将以合<u>齐</u>、<u>秦</u>,”则<u>奚</u>说当可从。此与下句意思是:<u>魏</u>不希望与<u>楚</u>合,而希望<u>齐</u>、<u>秦</u>合,所以<u>秦王</u>让<u>景鲤</u>参加了这次<u>秦</u>、<u>魏</u>的会晤。而且<u>秦王</u>对<u>楚</u>使<u>景鲤</u>表示甚为友好,这样就使<u>齐</u>国产生了疑虑,而不与<u>秦</u>合。可参考<u>韩策一</u>第二十一章。

⑤<u>于鬯</u>引<u>奚世榦</u>说:“‘<u>鲤</u>’上恐夺‘使<u>景</u>’二字,下章‘<u>景鲤</u><u>楚王</u>所甚爱’句中却衍‘使<u>景</u>’二字,或即此处脱入于彼者。” <u>建章</u>按:<u>于</u>引<u>奚</u>说是,可从。

⑥“弊邑”两句:<u>秦</u>国对<u>景鲤</u>参加这次会晤,表示甚为友好,(<u>齐</u>疑<u>秦</u>、<u>楚</u>之友好)所以<u>齐</u>国不与<u>秦</u>国联合。 弊邑:指<u>秦</u>。 与遇:指<u>景鲤</u>参加<u>秦</u>、<u>魏</u>会晤。 与:参与。 善之:<u>秦</u>善待<u>景鲤</u>。

⑦德:恩;此处用作动词,谓感恩,感激。 <u>周冣</u>固为<u>周</u>人,然今仕<u>秦</u>,为<u>秦</u>使<u>楚</u>,说<u>楚王</u>,何故“德<u>周</u>”,当无此理。此当是“德<u>周冣</u>

与<u>秦</u>",或有脱误。一说此句当是"而德<u>周冣</u>"。

七 楚王使景鲤如秦章

<u>楚王</u>使<u>景鲤</u>如<u>秦</u>①。客谓<u>秦王</u>曰:"<u>景鲤</u>,<u>楚王</u>(使景)所甚爱②;王不如留之以市地③。<u>楚王</u>听,则不用兵而得地;<u>楚王</u>不听,则杀<u>景鲤</u>,更(不)与不如<u>景鲤</u>(留)〔者〕④。是便计也⑤。"<u>秦王</u>乃留<u>景鲤</u>。

<u>景鲤</u>使人说<u>秦王</u>曰:"臣见王之权轻天下,而地不可得也⑥。臣之来使也,闻<u>齐</u>、<u>魏</u>皆且割地以事<u>秦</u>。所以然者⑦,以<u>秦</u>与<u>楚</u>为昆弟国⑧。今大王留臣,是示天下无<u>楚</u>也,<u>齐</u>、<u>魏</u>有何重于孤国也⑨? <u>楚</u>知<u>秦</u>之孤,不与地,而外结交诸侯以图⑩,则社稷必危⑪。不如出臣⑫。"<u>秦王</u>乃出之。

【注释】

①此策编年与前策同,当在前 313 年。 如:往。

②误衍"使<u>景</u>"二字,见上章注⑤。

③王不如留之以市地:大王不如把<u>景鲤</u>扣留在<u>秦</u>国,以此向<u>楚</u>国求地。 留:扣留。 市:求。

④"楚王不听"三句:楚王如果不答应,就杀掉<u>景鲤</u>,换一个不如<u>景鲤</u>的人来。 姚校:"'留',曾、刘一作'者'。" 鲍注:"'不'字衍。"改"留"作"者"。 吴补:"'留'作'者'是。" <u>王念孙</u>读书杂志:"'者'字是,作'留'者涉上下文'留'字而误。" 畿辅本校:"一本无'更'下'不'字。" 建章按:此当据<u>曾</u>、<u>刘</u>一本改,"更"下"不"字衍。此言如<u>楚王</u>不听"则杀<u>景鲤</u>",必有变,或<u>楚</u>与<u>秦</u>为敌,因"<u>景鲤</u>,王所甚爱者";或慑于<u>秦</u>威,仍与<u>秦</u>交

好,必派另一使者。客之意,要求派一"不如景鲤者",则可同意。客所设计,留景鲤有两种可能的估计,皆有利于秦,故下文言"秦王乃留景鲤"。此"留景鲤",乃待其变也。然景鲤游说后之变,则非其所料也。"者"篆作"𣍘","留"篆作"𤠣",二形相似,又因前后皆有"留",故误"者"为"留",曾、刘一本"留"作"者",尚不误。 与:以。 更:换,易。 或断句作:楚王不听,则杀景鲤,更不与,不如景鲤留。

⑤是便计也:这是万全之计。 便:利,安全。

⑥"臣见"两句:我看大王这样做,就会失势于天下,反而得不到割地。 权:势。

⑦然:如此。指齐、魏皆且割地以事秦。

⑧昆:兄。

⑨"今大王"句以下:现在大王把我扣留在秦国,这是向诸侯表明秦、楚要断绝关系了,齐、魏又何必看重一个孤立无援的国家呢? 有:通"又"。

⑩而外结交诸侯以图:楚国就会结交诸侯图谋秦国。 图:谋。

⑪社稷:见秦策一第五章注㊟。

⑫不如出臣:不如放我回去。

八 秦王欲见顿弱章

秦王欲见顿弱①,顿弱曰:"臣之义,不参拜②;王能使臣无拜即可矣,不即不见也③。"秦王许之。于是顿子曰:"天下有〔有〕其实而无其名者④,有无其实而有其名者,有无其名又无其实者⑤。王知之乎?"王曰:"弗知。"顿子曰:"有其实而无其名者⑥,商人是也;无把铫推耨之势⑦,而有积粟之实,此有其实而无其名者也。无其实而有其名者⑧,农夫是也;解冻而耕,暴背而耨⑨,无积粟之实,此无其实而有其名者也。无其名又无其实者,王乃是也已⑩;立为万乘⑪,无孝之名,以千里养,无孝之实⑫。"秦王悖然而怒⑬。

顿弱曰:"山东战国有六⑭,威不掩于山东,而掩于母⑮,臣窃为大王不取也⑯。"秦王曰:"山东之(建)〔战〕国可兼与⑰?"顿子曰:"韩、天下之咽喉,魏、天下之胸腹⑱,王资臣万金而游⑲,听之韩、魏⑳,入其社稷之臣于秦,即韩、魏从㉑;韩、魏从,而天下可图也。"秦王曰:"寡人之国贫,恐不能给也。"顿子曰:"天下未尝无事也㉒,非从即横也㉓。横成则秦帝;从成即楚王。秦帝即以天下恭养㉔,楚王即王虽有万金弗得私也㉕。"秦王曰:"善。"乃资万金,使东游韩、魏,入其将相,北游于燕、赵,而杀李牧㉖。齐王入朝㉗,四国必从㉘,顿子之说也㉙。

【注释】

①秦王:秦始皇,见秦策三第十八章注⑮。　据史记秦始皇本纪"十年(前237年)齐人茅焦说秦王曰:'秦方以天下为事,而大王有迁母太后之名,恐诸侯闻之,由此倍秦也。'秦王乃迎太后于雍,而入咸阳,复居甘泉宫。"　顿弱:秦臣。

②臣之义不参拜:我认为,君臣的大义,臣不必向君大礼参拜。　参:下对上之礼谓"参"。　拜:跪而拱手,头俯至于手,与心平,谓之"拜"。　参拜:下对上郑重的大礼。

③"王能使臣"两句:如果大王允许我不用大礼参拜,我可以进见大王;否则,我不见大王。　即:则。　不即:否则。

④姚校:"一本'有'字下更有'有'字。" 建章按:据下文"有无其实而有其名者","有""无"对文,则此"有"下当补"有"字。淮南子俶真训:"有始者,有未始有有始者……有有者,有无者,有未始有有无者。"同此句例。俞樾古书疑义举例说:"古人遇重文,止于字下加'ㄑ'画以识之,传写乃有致误者。庄子胠箧篇'故田成子有盗贼之名……十二世有齐国。'庄子原文本作'世世有齐国',言自田成子之后,世有齐国也。古书重文从省不书,止于字下作'ㄑ'识之,应作'世ㄑ有齐国',传写误倒之,则为'二世有齐国',于是其文不可通。而从田成子追数至敬仲,适得十二世,遂臆加'十'字于其上耳。"则此文本当作"天下有ㄑ其实而无其名者",误脱"ㄑ"画,遂不可通。 实:实利。 名:虚名。

⑤"天下"句以下是说:天下有有实利而无虚名的,有无实利而有虚名的,有既无虚名又无实利的。

⑥无其名:降低商人社会地位,而名卑。韩非子五蠹:"明王治国之政,使其商工游食之民少而名卑。"汉书食货志:"今法律贱商人,而商人已富贵矣"。

⑦铫(yáo 姚):古代的一种大锄。 耨(nòu):锄。 势:力,劳。

⑧有其名:统治者抬高农夫的地位(实际上是虚名)。商君书农战"圣人知治国之要,故令民归心于农",又靳令"民有余粮,使民以粟出(捐)官爵",汉书食货志"尊农夫,农夫已贫贱矣"。

⑨暴:同"曝",晒。

⑩乃:就。

⑪韩非子存韩于省吾双剑誃诸子新证:"金文'位'字均作'立'。" 万乘:见秦策一第二章注⑤。

⑫"立为"句以下是说:身居万乘的尊位,而无孝母之名;母亲虽有千里的养地,却被您迁往异地,无孝母之实。 史记吕不韦列

传:"始皇九年,有告嫪毐实非宦者,常与太后私乱,生子二人,皆匿之,与太后谋曰:'王即薨,以子为后。'于是秦王下吏治,具得情实,事连相国吕不韦,九月,夷嫪毐三族,杀太后所生两子,而遂迁太后于雍。"所谓"无孝之名""无孝之实"即指此"迁太后于雍"之事。

⑬悖然:生气时变脸色的样子。悖:通"勃"。

⑭山东:指华山以东。 战国:指燕、齐、楚、赵、魏、韩六国;因为它们都在华山以东,所以"山东"也指"六国"。下句"山东"即此义。

⑮"山东战国"三句:山东诸侯有六,可是大王的威势不能加于诸侯,却加于自己的母亲。 掩:施,加。 掩于母:威加于母;指迁其母于雍之事,见注⑫。

⑯臣窃为大王不取也:我私心认为大王的所做所为实在不足称道。

⑰战国可兼与:山东诸侯可以兼并吗? 鲍本"建"作"战"。
建章按:赵策三第一章:"今取古之为万国者,分以为战国七。"
燕策一第八章:"凡天下之战国七,而燕处弱焉"。此当从鲍本。
兼:并吞。 与:同"欤"。

⑱"韩、天下之咽喉"两句:韩国是诸侯各国的咽喉要冲,魏国是诸侯各国的胸腹重地。 咽喉、胸腹:皆言要害。 后汉书蔡邕传李注引作"天下之喉咽也","天下之胸臆也";文选左思魏都赋李注引作"天下之喉咽也","天下胸腹也"。有两"也"字当是。

⑲资:给,助。 游:行,出行他国。

⑳听:任意,随意。 之:至。

㉑"入其社稷"两句:把他们的将相之才搜罗到秦国来,则韩、魏就会顺从秦国。 入:纳,搜罗。 社稷之臣:能使国家富强的栋

梁之臣。　即:则。

㉒天下未尝无事也:天下的形势迟早总是会有变化的。　事:
事变。

㉓从:合纵,见秦策三第十四章注①。　横:连横,见秦策一第二
章注①。

㉔秦帝即以天下恭养:秦国称帝则诸侯皆向秦朝贡。　恭养:鲍
注:"且敬且养。"　建章按:"恭""供"古通,"恭养"即"供
养"。

㉕楚王即王虽有万金弗得私也:楚国称王,大王虽有万金,到那时
也不会为您个人所专有(就会用于对付敌国)。　即:则。
得:能。　私:为己所专有。

㉖赵策四第十九章:"李牧数破走秦军,杀秦将桓齮,王翦恶之,乃
多与赵王宠臣郭开等金,使为反间。赵王疑之,斩李牧。"李牧,
赵之良将,史记有李牧列传,附于廉颇蔺相如列传之后。据李
牧列传,杀李牧在赵王迁七年,始皇十八年(前 229 年)。马非
百秦集史人物传五之五十五:"司空马"条说:"武安君李牧之死,
诸书所述,不一其说。(秦策五言自刺而死)秦策另条言:'秦王
资顿弱以金,北游燕、赵,而杀李牧。'史记李牧列传称:'秦多与
赵王宠臣郭开金,为反间而杀牧。'张释之列传称:'赵王迁用郭
开谗,卒诛李牧。'列女传则谓:'赵悼后者,邯郸倡女,前嫁乱一
宗族。既寡,悼襄王以其美而娶之。李牧谏不听。后生子迁,
立为幽闵王。后通于春平君。多受秦赂,而使之诛其良将李
牧。'或曰顿弱,或曰郭开,或曰悼后,而此处则又谓为韩仓,此
不同者一也。又李牧列传云:'赵王使赵葱及齐将颜聚代李牧,
李牧不受命。赵使人微捕得李牧斩之。'而此处则谓为自杀,此
不同者二也。然此事实亦甚易解释。大抵顿弱乃资金之人,而
韩仓、郭开及悼后则为受金之人。自古忠良之死,未有不成于

众多之口者,及其愤而自杀,**韩仓**乃更断其首级以报,情理亦自可通。诸书各记所闻,虽似矛盾,而实可互见。"按:所引列女传见卷七"赵悼倡后"条。

㉗**秦虏齐王建**在前221年,在此以前五国已被秦灭:前230年灭**韩**,前225年灭**魏**,前223年灭**楚**,前222年灭**燕**,并**虏代王嘉**。如为"齐王"则与下句"四国必从"不合。前228年"**虏赵王迁**,遂灭赵",此"齐王入朝",或当是"赵王"之误。

㉘**四国必从**:四国也都跟着朝秦。　据注㉗则"四国"当指**楚**、**魏**、**燕齐**。于**鬯**战国策注:"或云'四国,谓四方之国,大判言之也。'"　必:通"毕",见秦策一第十二章注⑮。毕:全部。

㉙史记秦始皇本纪:"十年,**齐人茅焦说秦王**曰'秦方以天下为事'"云云(见注①引)。又"**大梁人尉缭来说秦王**曰'愿大王勿爱财物,赂其豪臣,以乱其谋,不过亡三十万金,则诸侯可尽。'"**泷川资言**引**沈钦韩**说:"秦策有顿弱说秦王,正与**尉缭**谋同。**顿弱**与**尉缭**乃一人,记异耳。"说苑正谏篇亦有茅焦说始皇迁母事。

九　说秦王曰章

(顷襄王二十年,秦**白起**拔楚**西陵**,或拔鄢郢**夷陵**,烧先王之墓,王徙东北,保于**陈城**,楚遂削弱,为秦所轻。于是**白起**又将兵来伐。楚人有**黄歇**者,游学博闻,**襄王**以为辩,故使于**秦**,说**昭王**曰"天下莫强于**秦楚**,今闻大王欲伐**楚**,此犹两虎相斗,而驽犬受其弊,不如善**楚**,臣请言其说。臣闻之:)①

〔说秦王曰〕②:"物至而反,冬、夏是也;致至而危,累棋是也③。今大国之地半天下,有二垂④,此从生民以来,万乘之地未尝有也⑤。先帝**文王**、**庄王**、王之身⑥,三世而不

〔忘〕接地于<u>齐</u>⑦，以绝从亲之要⑧。今王三使<u>盛桥</u>守事于<u>韩</u>⑨，<u>成桥</u>以北(人燕)〔燕入〕⑩。是王不用甲，不伸威⑪，而出百里之地，王可谓能矣⑫。王又举甲兵而攻<u>魏</u>⑬，杜<u>大梁</u>之门⑭，举<u>河内</u>⑮，拔<u>燕</u>、<u>酸枣</u>、<u>虚</u>、<u>桃人</u>⑯，<u>楚</u>、(<u>燕</u>)〔<u>魏</u>〕之兵云翔不敢校⑰，王之功亦多矣。王申息众(二)〔三〕年然后复之⑱，又取<u>蒲</u>、<u>衍</u>、<u>首垣</u>⑲，以临<u>仁</u>、<u>平</u>(<u>兵</u>)〔<u>丘</u>〕⑳、<u>小黄</u>、<u>济阳</u><u>婴城</u>，而<u>魏</u>氏服矣㉑。王又割<u>濮</u>(<u>磨</u>)〔<u>历</u>〕之北㉒，属之<u>燕</u>㉓，断<u>齐</u>、(<u>秦</u>)〔<u>韩</u>〕之要，绝<u>楚</u>、<u>魏</u>之脊㉔，天下五合六聚而不敢救也㉕，王之威亦惮矣㉖。王若能持功守威㉗，省攻伐之心㉘，而肥仁义之(诫)〔地〕㉙，使无复后患㉚，三王不足四，五伯不足六也㉛。王若负人徒之众㉜，(材)〔杖〕兵甲之强㉝，壹毁<u>魏</u>氏之威㉞，而欲以力臣天下之主㉟，臣恐有后患。诗云'靡不有初，鲜克有终㊱。'易曰'狐濡其尾㊲，'此言始之易，终之难也。

"何以知其然也㊳？<u>智</u>氏见伐<u>赵</u>之利，而不知<u>榆次</u>之祸也㊴；<u>吴</u>见伐<u>齐</u>之便，而不知<u>干隧</u>之败也㊵。此二国者非无大功也，(设)〔没〕利于前㊶，而易患于后也㊷。<u>吴</u>之信<u>越</u>也，从而伐<u>齐</u>，既胜<u>齐</u>人于<u>艾陵</u>，还为<u>越</u>王禽于<u>三江</u>之浦㊸；<u>智</u>氏信<u>韩</u>、<u>魏</u>，从而伐<u>赵</u>，攻<u>晋阳</u>之城，胜有日矣，<u>韩</u>、<u>魏</u>反之，杀<u>智伯瑶</u>于<u>凿台</u>之(<u>上</u>)〔<u>下</u>〕㊹。今王妒<u>楚</u>之不毁也㊺，而忘毁<u>楚</u>之强〔<u>韩</u>〕<u>魏</u>也㊻，臣为大王虑而不取〔也〕㊼。诗(云大武)〔<u>大武</u>云:〕'远宅不涉㊽。'从此观之，<u>楚</u>国援也，邻国敌也㊾。诗云:'他人有心，予忖度之；跃跃毚兔，遇犬获之㊿。'今王中道而信<u>韩</u>、<u>魏</u>之善王也，此正<u>吴</u>信<u>越</u>也㉛。

"臣闻敌不可易，时不可失，臣恐韩、魏之卑辞虑患而实欺大国也⑫。此何也？王既无重世之德于韩、魏，而有累世之怨矣⑬。韩、魏父子兄弟接踵而死于秦者（百）〔累〕世矣⑭，本国残⑮，社稷坏⑯，宗庙隳⑰，刳腹折颐⑱，首身分离，暴骨草泽，头颅僵仆，相望于境，父子老弱系虏⑲，相随于路，鬼神狐祥⑳，无所〔血〕食㉑，百姓不聊生㉒，族类离散，流亡为臣妾〔者〕满海内矣㉓。韩、魏之不亡，秦社稷之忧也。今王之攻楚，不亦失乎㉔？

"是王攻楚之日，则恶出兵㉕？王将藉路于仇雠之韩、魏乎㉖？兵出之日，而王忧其不反也㉗，是王以兵资于仇雠之韩、魏〔也〕㉘。王若不藉路于仇雠之韩、魏，必攻〔随〕阳右壤㉙。随阳右壤此皆广川大水，山林溪谷，不食之地㉚，王虽有之，不为得地；是王有毁楚之名，无得地之实也。且王攻楚之日，四国必（应）悉起应王㉛，秦、楚之构而不离㉜，魏氏将出兵而攻留、方与、铚、胡陵、砀、萧、相㉝，故宋必尽㉞；齐人南面㉟，泗北必举㊱。此皆平原四达膏腴之地也㊲，而王使之独攻，王破楚于以肥韩、魏于中国而劲齐㊳。韩、魏之强足以校于秦矣㊴，齐南以泗为境，东负海，北倚河，而无后患。天下之国莫强于齐，齐、魏得地葆利而详事下吏㊵，一年之后，为帝若未能㊶，于以禁王之为帝有余〔矣〕㊷。

"夫以王壤土之博，人徒之众，兵革之强，一举（众）〔事〕而注（地）〔怨〕于楚㊸，诎令韩、魏归帝重于齐㊹，是王失计也。臣为王虑，莫若善楚。秦、楚合而为一（临以）〔以临〕韩㊺，韩必授首㊻，王襟以山东之险㊼，带以河曲之利㊽，韩必为<u>关中</u>之候^⑨。若是王以十(成)〔万戌〕<u>郑</u>^⑩，<u>梁</u>氏寒心^⑪，<u>许</u>、<u>鄢陵</u>婴城^⑫，<u>上蔡</u>、<u>召陵</u>不往来也^⑬，如此而<u>魏</u>亦关内候矣。王一善<u>楚</u>，而'关内'二万乘之主注地于<u>齐</u>^⑭，<u>齐</u>之右壤可拱手而取也^⑮。是王之地一(任两)〔注<u>东</u>〕海，要绝天下也^⑯。是<u>燕</u>、<u>赵</u>无<u>齐</u>、<u>楚</u>，〔<u>齐</u>、<u>楚</u>〕无<u>燕</u>、<u>赵</u>也^⑰，然后危动<u>燕</u>、<u>赵</u>^⑱，持<u>齐</u>、<u>楚</u>^⑲，此四国者不待痛而服矣^⑳。"

【注释】

①<u>姚</u>校："此段首有阙文。<u>史记</u>、<u>新序</u>、<u>后语</u>皆有之，文亦小异。今以<u>后语</u>聊足此段之阙。" <u>鲍</u>本无"<u>顷襄王</u>二十年"以下一百十字。 <u>于</u>鬯<u>战国策</u>注："此段决不可用。此说当在<u>始皇</u>九年。" <u>建章</u>按：<u>姚</u>补"<u>顷襄王</u>二十年"以下一百十字，与后文"取<u>蒲</u>、<u>衍</u>、<u>首垣</u>"在<u>始皇</u>九年，前后相隔四十二年，<u>于</u>说"此段决不可用"，当是。依<u>于</u>说此策当在<u>始皇</u>九年(前 238 年)。

②<u>鲍</u>本有此四字。<u>高</u>注："<u>秦王</u>，名<u>正</u>，<u>庄王</u><u>楚</u>之子。" <u>黄丕烈</u><u>战国策札记</u>："正文作'说<u>秦王</u>曰'自足，前后多如此例。" <u>建章</u>按：据<u>高</u>注，当有"说<u>秦王</u>曰"四字。 <u>秦王</u>：<u>始皇</u>，见<u>秦策</u>三第十八章注⑮。 <u>文选</u><u>陆机</u><u>辨亡论</u>下<u>李</u>注引作"<u>顿子</u>说<u>秦王</u>曰"云云。或<u>唐</u>时首句尚未脱。

③"物至"句以下是说：事情发展到极点，就要向他的反面发展，冬去夏来就是这样；东西放到最高点，形势就很危险，垒棋子就是这样。 至：极。 致：达到。 棋：棋子垒得很高，就要倒下来。

④有二垂：就七国所据之地来说，<u>秦</u>国拥有西边和北边之地，故说"有二垂"。 垂：边。

⑤生民：人。 万乘：见<u>秦策</u>一第二章注㊿。

⑥文王:秦孝文王。　庄王:秦庄襄王,均见秦策三第十八章注
⑤。　王之身:指秦始皇。

⑦史记春申君列传"不"下有"忘"字,泷川资言考证:"策脱'忘'
字。"　建章按:据前后文,当依春申君列传补"忘"字。　接地
于齐:让秦国与齐国连接。秦、齐中隔韩、魏、赵;使韩、魏、赵成
为秦国领土的一部分,秦则可以"接地于齐"。意思是不忘吞并
韩、魏、赵三国。

⑧绝:切断。　从亲:合纵联盟。　要:同"腰"。　下文言"王一
善楚,而关内二万乘之主注地于齐,齐之右壤可拱手而取也,是
王之地一注东海要绝天下也",此"绝从亲之要"即下文"要绝
天下"。魏策四第一章"梁者,山东之要也。有蛇于此,击其尾,
其首救;击其首,其尾救;击其中身,首尾皆救。今梁者,天下之
中身也,秦攻梁者,是示天下要断山东之脊也。"言"山东之要",
"天下之中身",皆言"腰"。此言如果秦国吞并了韩、魏、赵三
国,则与齐连接,这样,就切断了山东六国合从联盟之"腰"。意
即使合纵联盟为不可能。

⑨三:数次。　盛桥:或即始皇帝之弟"成蟜",(见秦始皇本纪八
年)"盛"与"成"通,"桥"与"蟜"通。　守事于韩:仕于韩,等
待时机为秦谋利。　守:待。

⑩成桥以北燕入:成桥使韩国割给秦国北燕之地。　旧各注皆难
通,文烦不俱引。于鬯战国策注:"'入燕'当为'燕入'之误,
'北燕'或为韩的地名。"当是。水经济水注:"濮渠又东北径燕
城南,故南燕姞姓之国也。有北燕。"则确有"北燕"之名。韩、
魏地形犬牙交错,如赵、魏、韩皆有"上党"然。韩、魏皆有"燕"
而以"南""北"别之与?吴卓如汉书地理志补注引河南通志
说:"南燕城在卫辉府胙城县东庞固社,今并入延津县。"北燕与
"南燕"近。　入:入于秦。

⑪伸:展示。与上句"用"义同。

⑫"是王不用甲"四句:大王既不使用武力,又不依靠威势,就获得百里之地,可见大王确有能耐。 出:说文:"进也。"国语晋语:"夫事君者,量力而进"韦注"进,取也"。魏策三第三章:"燕、赵之所以国全兵劲,而地并乎诸侯者,以其能忍难而重出地也。"战国纵横家书十五须贾说穰侯章亦作"重出地"。"出"字皆进、取、得、归之义。春申君列传、新序善谋篇"出"并作"得",意虽是,然疑为后人以意改之者。

⑬举:起,发动。 甲兵:军队。 甲:铠甲。 兵:武器。

⑭杜:堵塞。 大梁:魏都,今河南省开封市。 门:要道,要口。

⑮举:占据。 河内:此指今河南省东北部黄河以北地区。

⑯拔:攻下。 燕酸枣虚桃人:皆在今河南省延津县一带。史记秦始皇本纪"五年(前242年)将军骜攻魏定酸枣、燕、虚、长平、雍丘、山阳城皆拔之,取二十城,初置东郡。"

⑰史记春申君列传作"邢、魏之兵",新序同传。文选辨亡论李注引作"楚、魏之兵"。 建章按:"邢"当为"荆"字之误,"荆"即"楚"。本文"燕"当作"魏",涉上"燕"字而误,上文言"以绝从亲之要",下文言"绝楚魏之脊",则此当言"楚魏"。当据李注引改。 云翔:踟蹰不前。 校:交战,对抗,较量。

⑱王申息众三年然后复之:大王又休整了三年,然后再度出兵。高注:"申,洛也。"史记春申君列传"申"作"休甲","二"作"三",新序同传。 建章按:高注"洛"字当为"复"字之误,高注淮南子地形训即云"申,复也"。篆文"复""洛"各为"𬤊""𬤈",形略似,"复"字又缺损,故误为"洛"。 "拔燕、酸枣、虚、桃人"在始皇五年(见始皇本纪),"取蒲、衍、首垣"在始皇九年(见始皇本纪、魏世家景湣王五年),其间正隔三年,当据传改"二"作"三"。 之:说文:"出也。"

⑲蒲:今河南省长垣县西南。　衍:今河南省郑州市北三十里。
首垣:今长垣县东北二十五里。

⑳史记春申君列传"兵"作"丘"。　建章按:"兵"当为"丘",形似
而误,楚策二第三章"昭雎胜秦于重丘"姚校"别本'丘'作
'兵'"。别本误与此同。　平丘:故城在今河南省长垣县西南
五十里。　仁:当与平丘近。

㉑小黄:今河南省杞县东北六十里为"外黄",小黄与外黄近。
济阳:故城在今河南省兰考县与山东省曹县间。　婴城:绕城
自守。　婴,绕。　服:屈服。

㉒史记春申君列传"磨"作"歴"。新序"磨"作"历"。　建章按:
"歴"与"磨"通假。作"磨"者因与"歴"字形相似而误,当据传、
序改作"历"。　濮历之北:指今河南省濮阳地。

㉓"王又割"两句:大王又割取濮历以北之地,与河内燕地相接。
属:连接。　燕:即上文"拔燕、酸枣"之"燕"。

㉔"断齐、韩"两句:这样就切断了齐、韩的联系,堵截了楚、魏的交
通。下文言"今王妒楚之不毁也,而忘毁楚之强韩、魏也","今
王中道而信韩、魏之善王也……臣恐韩、魏之卑词虑患,而实欺
大国也","韩、魏之亡,秦社稷之忧也","韩、魏之强,足以校于
秦矣"。可见说辞处处着眼于"韩、魏",而解决了"韩、魏",最
后可以达到"燕、赵无齐、楚,齐、楚无燕、赵"的局面。下句"楚、
魏",此当作"齐、韩",作"齐、秦"无义,当改"秦"为"韩"。
要:同"腰"。　"要""脊"义同。　"断""绝"义同。

㉕天下五合六聚而不敢救也:诸侯混乱慌惧,不敢互相救援。
"五""六"非定数,"合""聚"义同。"一穷二白","三令五申",
"四分五裂","五花八门","七零八落",诸数字皆非定数,"五
合六聚"与此等用例同。

㉖王之威亦惮矣:大王的威力可算强大了。　惮:广雅释诂一:

"强也。"高诱注说:"惮,难也。六国诸侯皆有畏难秦王威也。"吴师道补说:"惮,史作'单',是。新序同。殚,尽也。"黄丕烈战国策札记说:"此不与策文同,高注可证。"王念孙读书杂志说:"惮者盛威之名。庄子外物篇曰:'白波若山,海水震荡,声侔鬼神,惮赫千里。'义与此'惮'字同。此言秦之威盛,非谓六国惮秦之威也。上文云'王之功亦多矣',亦非谓六国多秦之功也。高以'惮'为畏难,失之。史记春申君传'惮'作'单',古字假借耳。小司马以'单'为尽,亦失之。"

王若能持功守威:大王如能保持既得的功绩,守住已有的威势。持:保,守。

㉘省攻伐之心:收敛攻伐之心。 省:减。

㉙而肥仁义之地:扩大仁义之道。 肥:加重。 高注:"地、犹'道'。" 姚校:"诚,一本作'诚'字"。 黄丕烈战国策札记:"此'地'作'诚',必不知者所改耳,高注甚明。" 春申君列传、新序"诚"并作"地"。 建章按:高注与传、序合,"诚"本作"地"。鹖冠子夜行"地,理也",又天权"理之所居谓之地",广雅释诂二"理,道也"。更可证高注之不误。当依高注、传、序改"诚"为"地"。

㉚使无复后患:使国家没有后顾之忧。

㉛高注:"言'不足',小畜之也。" 建章按:易小畜疏"所畜狭小故名小畜。"又杂卦:"小畜,寡也。"注:"不足以兼济也。"高注的意思是,视三王、五伯皆小焉者也,可以成为第四王,第六伯。又裴学海古书虚字集释卷八:"足,犹'难'也。"则"三王"两句是说,不难成为第四王,不难成为第六伯。即不难成王,不难成霸。 不足:不难,易为。 三王、五伯:见秦策一第二章注㊼。

㉜负:恃,依仗。 人徒:人。

㉝史记春申君列传"材"作"仗"。 刘钟英战国策辨讹:"'仗'讹

305

作'材'。" 金正炜战国策补释:"'材'当从史作'杖',字形相似而误,'杖'通'仗'。文信侯出走章'故使工人为木杖以接手',今作'木材',误与此同。" 建章按:墨子备城门篇"两材合而为之辐"又备高临"材大方一方一尺",又备穴"必以坚材为夫",孙诒让说"'材'旧本皆作'杖',俞云'杖乃材字之误'(按:俞樾诸子评议),俞校是也。"可证"材""杖"易互误。此当改"材"为"杖",杖:同"仗",依靠。又今本史记"杖"作"仗"。

兵甲:即"甲兵",见注⑬。

㉞史记春申君列传"壹"作"乘",新序同传。吴师道说:"从'乘'字,义明。" 建章按:汉书朱云传"充宗乘贵辩口"注:"乘,因也,言因藉尊贵之权也。"文选班固典引"乘其命赐彤弧黄钺之威"李注:"乘,因也。"说文:"壹,专也。"作"壹"亦可通。此取"乘"解,言乘着击败魏国的威势。

㉟而欲以力臣天下之主:而想要用武力压服天下诸侯。 臣:服,使人服从。

㊱诗:诗经大雅荡。 靡有初鲜克有终:做任何事总有个开头,但很少能做到善始善终。 靡:无。 鲜:少。 克:能够。

㊲易:易经未既。 狐濡其尾:是说小狐渡河,水漫其尾,因无后劲儿,终难渡河。 濡:浸湿。

㊳然:如此。

㊴智氏:智伯瑶,见西周策第三章注⑥。 榆次:故城在今山西省晋中市榆次区北。智伯伐赵,反败于榆次。事见赵策一第一章。

㊵春秋周敬王三十六年,吴王夫差十二年,越王勾践十三年(前484年),吴王夫差与鲁共伐齐,夫差十四年,越王勾践进攻吴,夫差二十三年(前473年),越灭吴,夫差自刭于干隧。 干隧:今江苏省苏州市万安山有隧山,即其地。吴伐齐,越败吴于干

隧事见史记越王勾践世家。　便:利。

㊶高注:"设,贪也。"　姚校:"'设'字,刘本一作'没'字。"　春申
君列传"设"作"没"。新序同传。　汉书匡衡传"苟合徼幸,以
身设利",王念孙读书杂志:"引之曰:'设'当为'没',草书相似
而误也。没,谓贪冒也,'冒'、'没'语之转耳。秦策'没利于
前,而易患于后',高注曰'没,贪也'。一本'没利'作'设利',
误与此同。"　建章按:策文及高注"设"应当从刘本、传、序作
"没"。汉书匈奴传赞"至单于咸弃其子,昧利不顾"注:"昧,贪
也。"则没、昧、冒,义通。没:读"昧",专心着意。

㊷"此二国者"三句:这两个国家并非没有大功绩,因为他们都贪
图眼前的利益,而不顾以后的祸患。　王引之经义述闻卷十七
左传"恶之易也"条说:"易者延也",引此策"易患于后"说:"谓
延患于后也。"　金其源读书管见:"易,即下'敌不可易'之
'易'。左昭十八年传'士不可易'注云'轻易也'。"　建章按:
王、金二说皆可通,此取金说,易:犹"掉以轻心","不顾"。

㊸前494年(吴王夫差二年,越王勾践三年)吴王夫差大败勾践,
几乎灭国。勾践听谋士范蠡之言,派大夫文种去吴求和,"勾践
愿为臣,妻为妾"。夫差听信勾践,同意议和,未灭越。勾践返
国,苦心思虑,置苦胆于座,坐卧仰视胆,饮食亦尝胆。亲自参
加农业劳动,生活艰苦朴素,与百姓同甘苦,努力发展生产。在
外交上采取连齐、亲楚、附晋,以孤立吴国的方针;表面上更加
尊重吴国,以麻痹之。前485年,吴败齐于艾陵,夫差益骄,无
视越国。前482年,夫差举行黄池之会,越国乘机伐吴,吴以厚
礼与越讲和。前475年,越又伐吴,至前473年,被越国困在姑
苏之山(今苏州市西北),夫差终于自杀。　艾陵:在今山东省
莱芜县东北。　还:反而。　三江:松江、娄江、东江。　浦:
岸、崖。　三江之浦:恐即"三江口",在苏州东南三十里("三

江"之说各异,今取史记夏本纪正义说)。

㊹史记春申君列传"上"作"下"。　建章按:水经洞过水注:"榆次区南洞过水侧有凿台,韩、魏杀智伯瑶于其下。"亦作"下"。当依传改"上"为"下"。　智伯瑶约韩、魏共伐赵,后韩、魏、赵联合共灭智伯,智伯被杀于凿台之下。事详赵策一第一章。晋阳:今太原市。　凿台:在今山西省晋中市榆次区南洞过(涡)水侧。　胜有日:胜利指日可待。

㊺妒:广雅释诂卷三下王念孙疏证:"文选潘岳马汧督诔注引广雅'妒、害也。'今本脱'妒'字。"妒同"妒"。　害:患,即担心。毁:破。

㊻"今王"两句:现在大王担心楚国不破,却不想破楚反会加强了韩、魏。　鲍注:"考下文'强'下宜有'韩'字。"　春申君列传"强"下有"韩"字,新序同。　于鬯战国策注:"此谓楚毁则韩、魏强,即下文言'破楚以肥韩、魏'是也。"　建章按:鲍、于说是,当据传、序"魏"上补"韩"字。　之:王引之经传释词卷九:"犹'则'也。"

㊼史记春申君列传、新序"取"下并有"也"字。　建章按:有"也"字,语气足。秦策五第一章"臣窃为大王虑之而不取也",赵策三第十四章"臣窃为君不取也",又第二十章同,项羽本纪"此亡秦之续耳,窃为大王不取也"。以上同类句型,均有"也"字,当据传、序补"也"字。　此言,我为大王考虑,这样做是不可取的。

㊽诗:古书"诗""书"混用,此是逸周书大武篇。　高诱注:"逸诗。"鲍彪注说:"逸诗。武,足迹。宅,犹居也。言地之居远者,虽有大足不涉之也。"吴师道正说:"威武之大者,远安定之,不必涉其地也。"史记春申君列传正义说:"言大军不远跋涉攻伐。"泷川资言考证说:"孙诒让曰:'即周书大武篇"远宅不薄"也,古书引书或通作"诗"。'愚按:薄,迫也。'不迫'与'不涉'

义相近。庆长本标记引刘伯庄云:‘以喻远取地而不能守,不如近攻。’” 建章按:鲍彪、吴师道及正义误将篇名作“诗”解。 远宅不涉:不入侵处居远地的国家。 宅:居处。 涉:入侵。今逸周书作“远宅不薄”。

㊾楚国援也邻国敌也:楚国是秦国的友邦,邻国是秦国的敌人。

㊿诗:指诗经小雅巧言篇。 “他人”四句:大意是别人怀着害人之心,我能猜度出来;狡猾善奔的兔子,遇着猎犬,也可以把它捕获。比喻:善于造谣中伤说人坏话者毁伤别人,不管他如何狡猾阴险,遇着明君,总会被识破而治他的罪。 忖度:猜测。 毚(chán 谗)兔:狡兔。

(51)“今王”句以下是说:现在大王半途相信韩、魏两国对秦国友好,这正如当初吴国相信越国一样。 中道:半途。 正:诚,正是。

(52)史记春申君列传、新序“虑”并作“除”。各家对“虑患”有不同的理解:(1)考虑到自己的后患;(2)以为“虑患”是“虚意”之误,意即:卑辞是一种缓兵之计;(3)“虑患”当为“属意”,字形相近而误。姑从“属意”之说。“臣闻”句以下是:我听说对敌人决不可掉以轻心,对时机绝不可轻意放过。我担心韩、魏虽然对秦国辞意谦卑,实际上是存心欺骗大国。

(53)“王既无”两句:大王历来无恩德于韩、魏,却世世对他们结有仇怨。 重世:累世,世世代代。

(54)姚校:“‘百’一作‘累’”。 史记春申君列传“百”作“将十”,新序同传。 建章按:此“百”字当从姚校一本作“累”字。国语周语“昔我先世后稷”注:“父子相继曰世。”前 418 年秦、魏战于少梁,当魏文侯世;至此策之时(前 238 年)当魏景湣王世;中经武侯、惠王、襄王、昭王、安釐王,前后共七世。前 391 年秦始伐韩宜阳,当韩烈王世,至前 239 年,当安王元年,中经文侯、哀侯、懿侯、昭侯、宣惠王、襄王、釐王、桓惠王，前后共十世。庶几与策“累世”，与史“十世”相符矣。

(55)本国残：国家被损害。　王引之经义述闻卷三十一：“朝廷者，一国之本，故曰‘本朝’。秦策曰‘韩、魏本国残’，国谓之‘本国’，犹朝谓之‘本朝’也。”

(56)社稷：见秦策一第五章注(56)。这里是指土神、谷神。

(57)宗庙：见秦策一第五章注(56)。　隳（huī 灰）：毁坏。

(58)刳（kū 枯）：剖开，挖空。　颐：两颊。

(59)系虏：俘虏。　系：用绳子把人串起来。

(60)狐祥：妖怪。　祥：庄子庚桑楚“而孽狐为之祥”，陆德明经典释文引李注：“怪也。”

(61)史记春申君列传“食”上有“血”字。　建章按：赵策三第十五章“欲宗庙之安、壤地不削，社稷之血食乎?”又第十六章“社稷为虚戾，先王不血食”，赵策四第十三章“国家为虚戾，而社稷不血食”。“血食”为古祭祀常用语。言杀牲取血以祭祀。当据传补“血”字。

(62)不聊生：没有用来维持生活的东西。　聊：赖，依靠。

(63)史记春申君列传“妾”下有“者”字。新序同传。书费誓“臣妾逋逃”，孔传“役人贱者，男曰臣，女曰妾。”“者”相当现代汉语“的人”，当据传、序补“者”字。王力古代汉语常识：“一般可把‘者’字译成‘的’。例如‘存者且偷生，死者长已矣！’有时候译成‘的人’更为合适些。例如：‘京中有善口技者’。”杨伯峻古汉语虚词“仁者安人，智者利人”译作“仁德的人安于实行仁德，智慧的人以实行仁德对自己有利”。又“不有居者，谁守社稷”译作“假如没有留在国内的人，谁来保卫国家”。

(64)失：错误。

(65)鲍本、史记、新序、通鉴“是”均作“且”。古书虚字集释卷九：

“是,犹‘且’也。”

⑥藉:同“借”。 仇雠(chóu 仇):仇敌。

⑥反:同“返”,还。

⑥史记春申君列传“魏”下有“也”字,新序同传。 建章按:有
“也”字语气完,当据传、序补“也”字。 资:助。

⑥姚校:“一本‘攻’下有‘随’字。” 建章按:下句出“随阳”,明此
脱“随”字,当补“随”字。 随阳右壤:今湖北省随县西部之
地,即当时楚西部之地,故称“右壤”。

⑦不食之地:即“不毛之地”,不生五谷之地。

⑦“且王”句:大王攻楚之日,韩、魏、赵、齐四国将会全力对抗。
姚校:“一本无‘必’下‘应’字。” 史记春申君列传无“必”下
“应”字。新序同传。 建章按:“必”下“应”字无义,涉下“应”
字误衍,当据删。 四国:韩、魏、赵、齐。 应:对抗。广雅释
诂三:“应,击也。”

⑦秦楚之构而不离:秦、楚交战,无暇他顾。 构:结,指交战。
不离:不分,即抽不出身来。 鲍本“之”下补“兵”字,史记、新
序有“兵”字。

⑦留:故城在今江苏省沛县东南五十五里。 方与:今山东省鱼
台县北。 铚:今安徽省宿县西南四十六里。 胡陵:今山东省
鱼台县东南六十里,亦作“湖陵”。 砀:今安徽省砀山县南。
萧:今江苏省萧县北十里。 相:今安徽省宿州市西北。

⑦故宋必尽:旧有宋地将全部占领。

⑦齐人南面:齐国南进。 面:向。

⑦泗北:或为“泗上”之误,泗上在今江苏省西北部,春秋时楚北
界。“泗北”指今山东省泗水南一带地,本鲁地,前249年为楚
所灭。或楚并鲁地仍称“泗上”,“北”为“上”字之误与? 举:
攻下,占领。

311

⑦膏腴:肥沃。 膏:肥,润。 腴:肥,美。

⑦姚校:"刘本无'楚'下'于'字。" 史记春申君列传、新序并
无"楚"下"于"字。 建章按:裴学海古书虚字集释卷一:
"于,犹'则'也","于,犹'其'也。""其"与"岂"通,则"于
以","岂以"也,为反问句。此取"则"义。 肥:扩大,增加。
劲:加强。

⑦校:抗。

⑧齐魏得地葆利而详事下吏:齐、魏扩大了领土,确保了利益,而
假意讨好大王。 葆:同"保"。 详:通"佯"。 详事:假意
服从。 下吏:此指"秦王",古时与国君对话,不直称对方,而
称"下吏"表示尊敬。

⑧裴学海古书虚字集释卷七:"若,犹'虽'也。"举此句为例。

⑧姚校:"刘本'余'字下有'矣'字"。史记春申君列传、新序"余"
下并有"矣"字。 建章按:依语气,当有"矣"字,当据刘本、
传、序补"矣"。 于以:则以,见注⑦。

⑧一举事而注怨于楚:一出战就会与楚国结怨。 高注:"事,战
事。注,属。" 史记春申君列传作"壹举事而树怨于楚",新序
同传。 金正炜战国策补释:"'众'字依注本作'事','地'当
作'怨','怨'损半字,因误为'地',管子大匡篇'公若先反,恐
注怨焉,必不杀也',又西周策'吾得将为楚王属怨于周',义与
此同。" 建章按:"众"字误,当据高注、传、序改"众"为"事"。
金说"地"是"怨"之误,当是。此句上与"今王之攻楚不亦失
乎"相应,下与"莫若善楚"相接,如作"注地"则无义,前后文不
相连属。当据传、序改"地"为"怨"。

⑧诎令韩魏归帝重于齐:反使韩、魏拥齐为帝,而抬高齐国的地
位。高注:"诎,反也。"

⑧姚校:"刘本作'以临'"。 史记春申君列传作"以临",新序同

传,鲍彪改作"以临"。　建章按:"临以"无义,鲍改是。　临:进逼,威胁。

86"秦、楚合"句以下是说:秦、楚联合,团结一致,威胁韩、魏,则韩、魏必然屈服。　授首:降服,投降。

87襟:掩蔽。　山东:华山之东,指华山至崤塞诸山,皆险要之地,故云"山东之险"。华山在陕西省西安市东。　此言:秦国以山东之险为屏障。

88带:有"围绕"之义。尔雅释水"河曲",郭注:"此释河耳。谓之'曲'者,河势善曲,其地疏阔,随处委折,咸被斯名,故题曰'河曲'也。"或说"河曲故地在今山西省永济县,地当黄河之东;黄河自北而南,至此折而东,成一曲形,故曰河曲"。　建章按:春秋文十二年经:"晋人,秦人战于河曲。"杜注:"河曲,在河东蒲坂县南。"竹书纪年:"晋惠公十五年,秦穆公帅师送公子重耳,涉自河曲。"则"河曲"之名春秋时已有。蒲坂县即山西省蒲州永济县西。文选张衡西京赋:"岩险周固,襟带易守,得之者强,据之者久。"吕延济注:"京师沃野丰厚,山川险固,足为襟带,易为守备;处之者自强盛,据之者能长久,亦由水木之深远,难为枯竭也。"此正是"襟以山东之险,带以河曲之利"之意。带以河曲之利,犹言拥有河曲之利。

89吕氏春秋离俗览贵信"鲁请比关内侯以听",许维遹引梁玉绳说:"春秋之初,安得有关内侯,恐亦未必以后之爵制施于上世。案战国魏策'窦屡关内侯',鲍注'侯于关内耳,此时未为爵。'然则'关内'者,郊关之内也,故管子小匡言鲁邢'请为关内之侯'。或谓'侯'当为'候',秦策黄歇曰'韩必为关中之候','魏亦关内候',言比于候吏。"又引俞正燮说"盖战国时,大臣实封称君,如孟尝、昌国、安陵、龙阳、平原、信陵等,皆通名关内侯。所谓'关'者,凡国皆有关。燕策蒙嘉云'愿举国为内臣,比诸侯之列，给贡赋，比郡县'，是鲁比关内侯之义，其地固不能迁也"。许维遹说："俞说是，关内侯为战国通制，墨子号令篇亦有此名，汉书百官公卿表专指秦制言，恐非。 建章按：百官公卿表补注引沈钦韩说："关内侯见魏、楚策，管、墨已有之，秦世所窜入也。"韩非子显学篇亦有"关内之侯"语，则"关内侯"非秦独有明矣，且亦非战国始有，只是内容因时代不同各异。此"关中之侯"即下文"关内侯"，乃比喻之义。言秦、楚联合，威胁弱韩，韩服秦，如此，秦据山东之险，有黄河之利，韩国失去独立，只不过相当于秦国所封的一个"关内侯"而已。下文"魏亦关内侯"同此。又"关内二万乘之主"之"关内"，亦比喻之义，非言韩、魏在"关内"。因韩、魏皆被秦所控制，他们的国土已如秦的国土，故称"关内"。"侯"又写作"候"，古"侯""候"通，通鉴"候"作"侯"。俞说见癸巳类稿卷十二"关内侯说"。

⑳史记春申君列传"成"作"万成"。新序"成"作"万伐"。通鉴同传。 建章按：作"成"无义，左文二年传"公子成"经典释文："成，本或作'戍'。"庄子大宗师"成然寐"经典释文："成，本或作'戍'。"此可为"戍""成"易误之例。当据传、序、通鉴补"万"字。新序"伐"亦为"戍"字之误。 戍：以军驻守。 郑：即韩国。

㉑梁氏寒心：魏国不战而惧。 梁氏：即魏国。 寒心：高注"惧也。"

㉒许鄢陵婴城：许、鄢陵固守城池。 许：故城在今河南省许昌市东。 鄢陵：故城在今河南省鄢陵县北。 婴城：见注㉑。

㉓上蔡召陵不往来也：上蔡、召陵与魏国隔绝。 上蔡：故城在今河南省上蔡县西十里。 召(shào 绍)陵：故城在今河南省郾城区东三十五里。

㉔万乘：见秦策一第二章注㊿。 韩、魏与齐地相接，韩、魏相当于

战国策注释

秦的两个"关内侯",也就是说韩、魏已属秦的国土,故言"'关内'二万乘之主注地于齐"。 注:连接。 因为韩、魏已属秦,所以秦的国土就与齐的国土相连接。

(95)"王一善楚"三句:大王一与楚国结为联盟,则两个"关内侯"的大国就都与齐国接壤,而大王取得齐的西部领土,则易如反掌。 右壤:西部地区。 拱手:不费劲儿。

(96)"是王之地"两句:这样,秦国领土与齐国打通连接,就切断了合纵联盟之势。 姚校:"一本'任两'作'注东'。" 建章按:姚校当是,前文言"注地于齐",正是此"注东海"之义,此"东海"当指齐国而言。 王之地:指韩、魏为秦所有。

(97)"是燕、赵"两句:则燕、赵无齐、楚之援,齐、楚无燕、赵之助。 鲍彪补"齐、楚"二字。 史记春申君列传迭"齐、楚"二字。新序、通鉴同传。 建章按:此误脱"齐、楚"二字,当据传、序、通鉴补"齐、楚"二字。详第八章注⑤引俞樾说。

(98)危动:惊惧。此作使动用法。

(99)"然后"两句:如此,使燕、赵惊惧,而挟持齐、楚。 持:制,挟持。

(100)此四国者不待痛而服矣:于是燕、赵、齐、楚四国不待急攻而俯首听命矣。 高注:"痛,急也。不待急攻而服从也。"

十 或为六国说秦王章

或为六国说秦王曰[1]:"土广不足以为安,人众不足以为强,若土广者安,人众者强,则桀、纣之后将存[2]。昔者赵氏亦尝强矣;曰赵强何若[3]?举左案齐[4],举右案魏,厌案万乘之国[5];二国,千乘之宋也[6]。筑刚平[7],卫无东野,刍牧薪采⑧，莫敢窥东门⑨。当是时，卫危于累卵⑩，天下之士相从谋曰⑪：'吾将还其委质而朝于邯郸之君乎⑫？'于是，天下有称伐邯郸者，莫（不）令朝行⑬。魏伐邯郸⑭，因退为逢泽之遇⑮，乘夏车⑯，称夏王⑰，朝为天子⑱，天下皆从。齐太公闻之⑲，举兵伐魏⑳，壤地两分，国家大危。梁王身抱质执璧㉑，请为陈侯臣㉒，天下乃释梁。郢威王闻之㉓，寝不寐，食不饱，帅天下百姓以与申缚遇于泗水之上，而大败申缚㉔。赵人闻之，至枝桑㉕；燕人闻之，至格道㉖；格道不通，平际绝㉗。齐战败不胜㉘，谋则不得㉙。使陈毛释剑撷㉚，委南听罪㉛，西说赵，北说燕，内喻其百姓㉜，而天下乃（齐释）〔释齐〕㉝。于是夫积薄而为厚㉞，聚少而为多，以同言郢威王于侧纣之间㉟。臣岂以郢威王为政衰谋乱以至于此哉㊱？郢为强，临天下诸侯㊲，故天下乐伐之也㊳。"

【注释】

①高注："王，王政也，已为始皇帝。"顾观光战国策编年在周赧王五十八年，秦昭王五十年（前257年）。于鬯以为如为说始皇，"则引举前事不应止于郢威王。"建章按：于说难信。 或：有人。不知其名姓，如说某人。 六国：赵、魏、韩、齐、燕、楚。

②"若土广"三句：如果土地广博国家就平安，人口众多国家就强盛，那么夏桀、殷纣他们的国家就应当继续存在到今天。 桀纣：见秦策一第二章注㉕、㉗。 将：刘淇助字辨略卷二："犹云'当'也。"

③"昔者"两句：从前赵国也曾强盛；可是，赵国强盛又怎么样呢？ 曰：王引之经传释词卷二："语更端也。"

④举:发动。　案:通"按"。有止、抑、下等义,故可解作"击败"。

⑤厌:通"压",<u>广雅</u>·<u>释言</u>:"压,镇也。"　压案:制服。　万乘、千乘:见<u>秦策</u>一第二章注㊿。

⑥"举左"句以下是说:当初,<u>赵国</u>左可以击败<u>齐国</u>,右可以击败<u>魏国</u>,制服了这两个万乘的大国;制服它们,犹如制服千乘的小国<u>宋</u>一样。　二国:指两个万乘大国<u>齐</u>、<u>魏</u>。　宋:是小国,见<u>秦策</u>一第四章注②及<u>宋策</u>。

⑦<u>刚平</u>:<u>卫</u>地,故城在今河南省清丰县西南。

⑧刍牧薪采:找草料、牧地的人和找柴火、蔬菜的人。　刍(chú 除):喂牲口的草料。　牧:牧地。　薪:柴火。　采:同"菜"。

⑨"筑<u>刚平</u>"四句:<u>赵国</u>夺取了<u>刚平</u>,<u>卫国</u>就失去了东地,放牧打柴的人也不敢出于这些地方。　窥:偷看。此言接近。

⑩危于累卵:蛋累起来极易倒塌破碎,故言"危于累卵"。比喻情况非常危险。　于:如。

⑪从:随。

⑫还:退还。　质:同"贽",礼品;此处是说,与别国交好,送去礼品(委质),既示友好,亦示取信。　朝:朝拜。　邯郸是赵都,邯郸之君,即赵君,赵王。

⑬莫令朝行:晚上发布了命令,第二天早晨就行动起来。　说文无"暮"字,莫即古"暮"字。后人不审,乃误补"不"字。

⑭前354年<u>魏</u>伐<u>邯郸</u>,次年<u>魏</u>攻下<u>邯郸</u>。

⑮<u>逢泽</u>之遇:旧说<u>逢泽</u>在今<u>河南省</u><u>开封市</u>东北。　遇:高注:"会。"关于<u>逢泽</u>之遇的时间和地点说各异,见本章末附注。

⑯夏车:大车,古代帝王专乘之车。<u>尔雅</u>·<u>释诂</u>:"夏,大也。"<u>方言</u>一:"夏,大也;自关而西,<u>秦</u>、<u>晋</u>之间,凡物之壮大者而爱伟之,谓之夏。"

⑰夏王:大王。或说"夏王,中国之王"。<u>说文</u>:"夏,中国之人。"

⑱朝:朝拜。　为:于。　天子:指周显王(周烈王之弟),名扁,前368年—前321年在位。

⑲高注"太公,田和也。始代吕氏,齐侯谥为太公,齐威王之祖父也。"鲍彪改"太公"为"宣王",注:"太公和时无此事也"。　吴补:"'太公'二字有误。"　黄丕烈战国策札记:"策文本作'太公',高注即其证矣,鲍改、吴补皆非其意。"　于鬯战国策注:"依竹书则此非'太公',亦非'宣王',实齐威王也。"　建章按:史记司马穰苴列传"其后及田常杀简公,尽灭高子、国子之族。至常曾孙和,因自立为齐威王",索隐:"此文误也。当云'田和自立,至其孙因齐,号为齐威王',故世家云'田和自立号太公,其孙因齐号为威王'。"或田和曾号"威王",然绝非败魏马陵之"威王"。策文"齐太公"及高注可疑。陈梦家六国纪年:"金文姜姓之齐称齐或齐侯,田姓之齐称陈或陈侯,纪年及战国策称'田侯'为'陈侯'是也。"梁玉绳汉书人表考:"齐威王亦曰田侯(齐策、庄子则阳)名因,又名牟。"下文"请为陈侯臣"则此"齐太公"即"陈侯"亦即"田侯",亦即魏策二之"齐侯"、即齐威王。

齐威王:田齐桓公之子,名因,又名牟,作"因齐""婴齐"者,并传写误(梁玉绳说),前356年—前321年在位。陈直史记新证:"'婴齐'为正体,'因齐'及'因脀'为假借字。"

⑳此当指齐败魏于马陵之战,在前342年。是年,魏攻韩,韩求救于齐。齐威王派田忌、田婴为将,孙膑为军师,救韩;魏惠王派庞涓、太子申为将,以十万军应战,战于马陵(今河南省范县西南)。次年,魏军中孙膑计,大军被围,庞涓自杀,太子被俘。

㉑梁王:即魏惠王,见第五章注⑦。　身:亲自。　质:贽,礼品。璧:见秦策一第二章注㉜。此处是拜见时的礼品。

㉒陈侯即齐威王,见注⑲。

㉓郢威王:即楚威王,见秦策一第二章注⑩。

㉔帅:通"率"。前334年(<u>周显王</u>三十五年,<u>魏惠王后</u>元元年,<u>齐威王</u>二十八年,<u>楚威王</u>六年)<u>齐</u>、<u>魏</u>在<u>徐州</u>(今<u>山东省滕县</u>东南)相王(<u>齐</u>、<u>魏</u>互尊为王),次年,<u>楚威王</u>便亲率大军,进围<u>徐州</u>,(即所谓"与<u>申缚</u>遇于<u>泗水</u>之上")打败了<u>齐</u>将<u>申缚</u>。

㉕枝桑:一说<u>齐</u>地,位置不详。一说或为"平桑"之误。存疑。

㉖格道:<u>齐</u>地,位置不详。

㉗平际:或以为"平桑"之误。存疑。

㉘<u>王念孙读书杂志</u>:"'败'与'不胜'词意相复,'败'当为'则',字之误也。'战则不胜','谋则不得',相对为文。" <u>建章</u>按:<u>于省吾墨子大取新证</u>:"'败'、'则'古字通。<u>诗正月</u>'彼求我则',即'彼求我败',详<u>诗经新证</u>。<u>庄子庚桑楚</u>'天钧败之',<u>释文</u>'败,<u>元嘉</u>本作则'。<u>说文</u>'贼,败也'。贼从则声,<u>魏</u>三体石经、<u>春秋</u>'败'字屡见,并作'勶',即'则'字,均其证也。"<u>韩非子外储说右下经四</u>:"不然,败在<u>淖齿</u>用<u>齐戮闵王</u>,<u>李兑</u>用<u>赵饿主父</u>也。"经五:"不然,则在<u>延陵</u>乘马不得进,<u>造父</u>过之而为之泣也。"<u>陈奇猷</u>引<u>陶鸿庆</u>说:"'则'乃'败'字之误,上节云'败在<u>淖齿</u>用<u>齐</u>'云云即其例也。"依<u>于</u>说"败""则"古字通,本文"败""则"亦变文耳,不必以为"误"。

㉙<u>于鬯战国策注</u>:"得,犹成也。" <u>建章</u>按:<u>荀子正论</u>"将恐得伤其体也",<u>于省吾双剑誃诸子新证</u>:"'得'应读作'中',今字去声,<u>齐策</u>'是齐之计中',注'中,得'。(按:齐策二第七章)<u>史记封禅书</u>'与王不相中',<u>索隐</u>引<u>三苍</u>云'中,得也'。<u>周礼师氏</u>'掌国中失之事'注'故书"中"为"得",<u>杜子春</u>云"当为得"',然则'得伤其体也',谓'中伤其体也'。"则此"得"字解作"中"义胜。

㉚<u>说文</u>刃部"剑(劔),人所带兵也",<u>释名释兵</u>"剑,检也,所以防检非常也",则释剑即解除武装之意。<u>左昭</u>二十年传"宾将掫",

阮元校勘记:"周礼掌固杜子春注引'揪'作'趣',铸师注引作'趋',段玉裁云'古音同在尤、侯类也'。"（按:趣、趋、揪,段云"古音在四部"）荀子议兵"完全富足而趋赵",注:"趋,归也。"揪读 zhōu（周）。

㉛委:广雅释诂一:"弃也。"故鲍注:"委去南面之尊。"　听罪:高注:"听罪于楚子也。"听罪即服罪。

㉜喻:告。

㉝"使陈毛"句以下:于是齐国派陈毛解除武装,听命于楚君,西去赵解说,北去燕解说,内对百姓说明,诸侯才停止向齐国进攻。
王念孙读书杂志:"'齐释'当为'释齐',上文'天下乃释梁',即其证。"　建章按:赵策二第四章"子其释之",魏策四第二十四章"敢再拜释罪"。则此当作"释齐"。

㉞夫:乎。

㉟关修龄战国策高注补正:"疑'纣'当作'陋',书尧典曰'扬侧陋',疏云'侧陋者,僻侧贱陋之处。'此言天下恶威王者众多,同言于侧陋之间。"　建章按:从下句"郢威王为政衰谋乱以至于此"看,关说可从。此言群众街谈巷议,共同议论楚威王,人数既多,也很普遍。

㊱"臣岂"句:我哪儿是说楚威王之政衰谋乱到了这种地步呢?
以:王引之经传释词卷一:"犹'谓'也。"　为:裴学海古书虚字集释卷二:"犹'其'也。"

㊲为:用,恃,以,依仗。　临:侵凌。"天下"即指诸侯,疑"诸侯"为旁注误入正文者。

㊳"郢为强"三句:(那是因为)楚国以强力侵凌诸侯,所以诸侯才共谋讨伐楚国啊!　金正炜战国策补释:'乐'疑当作'谋','谋'省作'某',与'乐'字草书相似而误。"　建章按:"某"与"谋"古本通用,见东周策第十六章注⑨及睡虎地秦墓竹简为吏

之道“某（谋）不可遗”。又<u>赵策</u>一第一章“昔者五国之王尝合
横而谋伐<u>赵</u>”，句式同。<u>金</u>说或是。

【附注】

此<u>策</u>所举史事多不衔接，有隔数年者，十数年者，数十年者。<u>赵筑</u>
<u>刚平</u>在前382年（<u>赵成侯</u>五年），<u>魏</u>伐<u>邯郸</u>在前354年，首尾相隔29
年，而于叙<u>赵筑刚平</u>后即言“当是时……<u>魏</u>伐<u>邯郸</u>”。<u>逢泽</u>之遇有五说
（前350年—前341年间），而于叙伐<u>邯郸</u>后，即言“退为<u>逢泽</u>之遇”，首
尾相隔5年—14年。<u>魏王</u>“请为<u>陈侯</u>臣”在<u>马陵</u>之役（前341年）后，
与<u>逢泽</u>之遇如以<u>陈</u>说（前350年）首尾相隔10年，而于叙<u>逢泽</u>之遇后
即言<u>魏王</u>“请为<u>陈侯</u>臣”事。败<u>申缚</u>在<u>楚</u>、<u>齐徐州</u>之役（前333年），与
<u>马陵</u>之役（前341年）首尾相隔9年，而于叙<u>马陵</u>之役后，紧接着即“大
败<u>申缚</u>”。此或盖作者举史事说明道理，为了行文方便，故此一事与彼
一事连接处措辞如此，不必以为事与事的时间紧相连接。

<u>徐中舒</u>认为“<u>逢泽</u>之遇”即“<u>九里</u>之盟”，他在<u>先秦史论稿</u><u>田齐</u>的
挑战和代兴一节中说：“<u>逢泽</u>之会是<u>魏惠王</u>二十六年（前344年）在<u>大</u>
<u>梁</u>附近<u>逢泽</u>召集的会盟，会后<u>魏惠王</u>又率领与会诸侯朝周天子于<u>孟</u>
<u>津</u>。”他又说：“战国策韩策三：‘<u>魏王</u>为<u>九里</u>之盟，且复天子。<u>房喜</u>谓
<u>韩王</u>曰：“勿听之也。大国恶有天子，而小国利之。王与大国弗听，<u>魏</u>
安能与小国立之？”’<u>韩策</u>没有记<u>九里</u>之盟在何时，但从会诸侯、复天子
和<u>韩</u>国叛<u>魏</u>的事迹可以推断，<u>九里</u>之盟同<u>逢泽</u>之会当是一会事。<u>韩</u>国
自<u>魏惠王</u>十四年（前356年）朝<u>魏</u>后，一直服从<u>魏</u>国。<u>魏惠王</u>围<u>赵</u><u>邯</u>
<u>郸</u>，<u>韩</u>国是追随者。<u>齐</u>师救<u>赵</u>，败<u>魏</u>于<u>桂阳</u>，<u>宋</u>、<u>卫</u>叛<u>魏</u>而同<u>齐</u>军一起
攻<u>魏</u>。<u>韩</u>国仍然服从<u>魏</u>国，同<u>魏</u>军一道在<u>襄陵</u>击败<u>齐</u>、<u>宋</u>、<u>卫</u>联军。因
此，<u>韩</u>国叛<u>魏</u>当不在<u>魏</u>拔<u>邯郸</u>之前。<u>魏惠王</u>二十九年（前341年）在<u>马</u>
<u>陵</u>被<u>齐</u>国打败，<u>齐</u>代<u>魏</u>成为中原霸主，此后<u>魏</u>也不可能会诸侯、复天
子。所以<u>九里</u>之盟只可能在<u>魏惠王</u>二十年（前350年）攻克<u>邯郸</u>、与<u>秦</u>

会于彤结束邯郸之战以后,到二十九年(前341年)马陵之战以前的这一段时间内,逢泽之会正好在这一段时间内。而且逢泽之会未见韩国参加的记载,会后却又发生了魏国伐韩的事件。水经渠水注引纪年:'梁惠成王二十八年(前342年)穰疵率师及郑孔夜战于梁赫,郑师败逋。'这显然是韩国在逢泽之会时背叛魏国,拒绝参加这次盟会,所以魏在会后出兵攻韩。同韩策所记房喜劝韩王抵制九里之盟是符合的,可见逢泽之会同九里之盟应该是同一件事。"按:钱穆先秦诸子系年"逢泽之会乃梁惠王非秦孝公在梁惠王二十七年非周显王二十七年辨"条说:"会逢泽者,乃梁惠成王,与秦孝公无涉,其事在梁惠王二十七年(前343年)。"并说:"魏惠王为曰里之盟""亦魏惠会诸侯而尊周"。钱穆认为"逢泽之会"即"曰里之盟","亦"字可知。据钱穆先秦诸子系年先秦诸子系年通表,"逢泽之会"系于周显王二十五年,即前344年,当魏惠王二十七年,此乃据史记六国年表。据陈梦家六国纪年六国纪年表、杨宽战国史附录三战国大事年表、方诗铭中国历史纪年表、岑仲勉两周文史论丛史记六国表和近人考订之商榷,周显王二十五年(前344年)当魏惠王二十六年。关于魏世年代,陈书、杨书均有详考,岑书并说:"六国表在考王末以前的直行,周王年数是前一年,在威烈王元以后的直行,三晋的年代、事实大致也是前差一年;前项的误因,由于元、定、考三王时期误增一年,后项的误因也由六国表多了一年,故编入三晋的史料时推前一年。"

关于"逢泽之遇"的时间:(1)陈梦家六国纪年:前350年;(2)杨宽战国史附录战国大事年表:前344年;(3)于鬯战国策注:前341年;(4)林春溥战国纪年:前342年,吕祖谦大事纪同;(5)通鉴:前343年。陈、杨各有详考。

战国策注释卷七

秦　策　五

一　谓秦王曰章

谓秦王曰①："臣窃惑王之轻齐易楚而卑畜韩也②。臣闻:王,兵胜而不骄;伯,主约而不忿③。胜而不骄,故能服世;约而不忿,故能从邻④。今王广德魏、赵而轻失齐,骄也;战胜宜阳,不恤楚交,忿也⑤。骄忿非伯(主)〔王〕之业也⑥。臣窃为大王虑之而不取也。

"诗云:'靡不有初,鲜克有终⑦。'故先王之所重者唯始与终。何以知其然〔也〕⑧?昔智伯瑶残范、中行,围逼晋阳,卒为三家笑⑨;吴王夫差栖越于会稽⑩,胜齐于艾陵⑪,为黄池之遇⑫,无礼于宋⑬,遂与勾践禽,死于干隧⑭;梁君伐楚胜齐⑮,制赵、韩之兵,驱十二诸侯以朝天子于孟津⑯,后子死⑰,身布冠而拘于(秦)〔齐〕⑱。三者非无功也,能始而不能终也⑲。

"今王破宜阳⑳，残三川㉑，而使天下之士不敢言；雍天下之国㉒，徙两周之疆㉓，而世主不敢交㉔；（阳侯之塞）〔塞阳侯〕㉕，取黄棘㉖，而韩、楚之兵不敢进。王若能为此尾㉗，则三王不足四，五伯不足六㉘。王若不能为此尾，而有后患，则臣恐诸侯之君，河、济之士，以王为吴、智之事也㉙。

"诗云：'行百里者半于九十㉚'，此言末路之难〔也〕㉛。今大王、〔楚王〕皆有骄色㉜，以臣之（心）〔愚〕观之㉝，天下之事，依世主之心，非楚受兵，必秦也㉞。何以知其然也？秦人援魏以拒楚，楚人援韩以拒秦，四国之兵敌，而未能复战也㉟。齐、宋在绳墨之外以为权㊱，故曰：先得齐、宋者伐（秦）㊲。秦先得齐、宋，则韩氏铄㊳，韩氏铄，则楚孤而受兵也；楚先得（齐）〔之〕㊴，则魏氏铄，魏氏铄，则秦孤而受兵矣。若随此计而行之㊵，则两国者必为天下笑矣㊶。"

【注释】

①高注："秦王，秦始皇也。"顾观光战国策编年、林春溥战国纪年、黄式三周纪编略、于鬯战国策年表皆系此于周赧王八年，秦武王四年，甘茂拔宜阳之后。刘锺英战国策辨讹引韵府"'谓'上有'甘茂'二字"，亦以为此在拔宜阳之后。　建章按：史记秦本纪"武王二年樗里疾、甘茂为左右丞相，三年使甘茂、庶长封伐宜阳，四年拔宜阳。"顾、林、黄、于定此策于武王四年（前307年）当即据此。则秦王当是武王，见秦策二第五章注①。

②"臣窃"句：我不明白大王为何小看齐、楚，而轻慢韩国。　轻：看轻。　易：义同"轻"。　畜：养，对待。

③"臣闻"两句：王者出兵取胜而不骄傲，伯者主持盟约而不暴躁。

伯:通"霸"。　忿:怒,暴躁。

④服世:犹言使诸侯臣服。　从邻:使邻国顺从。

⑤"今王"两句:现在大王优厚地施惠于魏、赵,而轻慢地失掉齐国,这就是骄傲;战胜于宜阳,而不顾楚国的邦交,这就是暴躁。
恤:顾。

⑥鲍本"主"作"王"。　建章按:作"王"是。前文言"王,兵胜而不骄;伯,主约而不忿",此正言"骄忿非伯王之业也"。与前"伯""王","骄""忿"相应。当据鲍本改"主"为"王"。

⑦诗:诗经大雅荡篇。

⑧鲍本"然"下有"也"字。　建章按:有"也"字语气完。下文亦有此句,有"也"字。齐策五此句五见,四句有"也"字,一句误脱"也"字。当据鲍本补"也"字。

⑨智伯瑶灭范氏、中行氏,围逼赵邑晋阳,最后赵、魏、韩共灭智伯。事详赵策一第一章。　卒:终。　残:灭。见秦策三第五章注⑤。

⑩前494年(吴王夫差二年),吴王率精兵败越王勾践于夫椒(今江苏省苏州市太湖中),越王勾践带领剩余的五千军退守会稽山(今浙江省绍兴市东南)。　吴王夫差:见秦策三第十八章注㉟。　栖:国语越语上韦注:"山处曰栖。"

⑪前485年,吴王夫差败齐于艾陵(今山东省莱芜区东北)。

⑫前482年,吴王夫差大会诸侯于黄池,与晋争霸。　黄池:在今河南省杞县西。　遇:会。

325

⑬前482年,吴王夫差杀宋大夫而囚其妇人(见左哀十三年传,陆德明经典释文:"'丈夫'本或作'大夫',误。")。"无礼于宋"或即指此。

⑭夫差被擒,死于干隧事见秦策四第九章注㊵。　与:为,被。
禽:同"擒"。　勾践:见秦策三第十八章注⑫,史记有越王勾践

世家。

⑮于鬯战国策注:"此两事不经见。史魏世家惠王三年'齐败我观',则是齐伐魏,非魏伐齐,且齐胜魏败也,与此不合。惟武侯七年'伐齐至桑丘',九年'使吴起伐齐至灵丘',十六年'伐楚取鲁阳',皆在武侯时,岂惠王为子时曾与诸役与?窃谓此特疑当时有其说而未能行者。齐策'卫鞅见魏王曰,大王不若北取燕,东伐齐,则赵必从矣;西取秦、南伐楚,则韩必从矣。'(按:齐策五)乃即此所云'伐楚胜齐'者,仅卫鞅之言耳,此遂据为实事,策士夸辞固是矣。" 建章按:魏惠王十八年败齐、宋、魏联军于襄陵。(见杨宽战国史战国大事年表)

⑯制:制服。 驱:帅领。 十二诸侯:战国时十二小国,一般以为指邹、鲁、陈、蔡、宋、卫、滕、薛、费、任、郯、邳。 孟津:在今河南省孟津县东。 天子:周显王。 "朝天子于孟津"当指"逢泽之遇"。(见321页〔附注〕)

⑰前341年(周显王二十八年,魏惠王三十年),太子申为上将军,与齐人战,败于马陵,齐虏太子申,杀之。"子死"即指此。

⑱于鬯战国策注:"'秦'字当'齐'字之误,魏策既言'朝齐'(按:魏策二第十一章),上策云'梁王身抱质执璧请为陈侯臣'(按:秦策四第十章),齐策云'跣行而东,次于齐'(按:齐策五),亦足知是'齐'字矣。况吕氏不屈览言'惠王布冠而拘于鄄',彼高注云'自拘于鄄,将服于齐也'。'鄄'正齐邑,故前策云'宋、卫乃当鄄、阿',此尤足证此'秦'字当作'齐。'" 建章按:杨宽以为"秦"当为"徐"(见所著战国史318页注①)。此从于说。 布冠:变服,改变服装屈服于人。

⑲"三者"两句:智伯、吴王、梁王并非无功于国,可是都因为能始而不能善终啊! 三者:指智伯瑶、吴王夫差、梁君。

⑳宜阳:今河南省宜阳县。

㉑残:破,灭。　三川:指黄河、洛水、伊水一带。

㉒雍:同"壅",诸侯为秦所阻隔,不得合纵,故言"雍天下之国"。

㉓徙两周之疆:改变东、西周的国界。即侵逼两周。　徙:改变。

㉔世主:诸侯。　交:通"校",对抗。

㉕金正炜战国策补释:"'阳侯之塞'当作'塞阳侯',与'取黄棘'
为对文;'塞'字误淆于下,又衍'之'字,故鲍氏失其句读。"
建章按:"今王破宜阳、残三川,而使天下之士不敢言;雍天下之
国,徙两周之疆,而世主不敢交;塞阳侯,取黄棘,而楚、韩之兵
不敢进。"此三句之句式相同,内容相谐,主语相同("破""残"
"雍""徙""塞""取"的主语皆为"王")。如高、鲍以误本断句,
作"而世主不敢交阳侯之塞",则主语是"世主",句式既不谐,
内容亦难通。三"而"字皆作"则"解,见经传释词卷七。从金
说改。　塞:断绝。　阳侯:隘道。

㉖黄棘:今河南省新野县东北。

㉗王引之经传释词卷二:"为,犹'以'也。"　朱骏声说文通训定
声"尾"字下说:"太元元文'故首尾可以为庸也'。注'终也'。"

㉘"王若"三句:大王如能以此大好形势而善始善终,则不难建立
王、霸的伟业。　三王不足四五伯不足六:见秦策四第九章
注㉛。

㉙"王若不能"句以下是说:大王如不能以此大好形势而善始善
终,则将有灭亡之祸;我担心诸侯之君、各国人士都会以为大王
将要步吴王夫差和智伯瑶的后尘。　而:王引之经传释词卷七
"犹'则'也"。　河:指黄河。　济:指济水。　河济指中国、
中原之地。　吴:吴王夫差。　智:智伯瑶。　以:以为。
为:王引之经传释词卷二:"犹'如'也。"　事:灭亡之事。

㉚行百里者半于九十:要走百里,已走了九十里,应当看作只走了
五十里。意思是说:走完最后一段路程是很艰难的。即下句

"末路之难也"。

㉛书旅獒:"为山九仞,功亏一篑。"疏:"古语云'行百里者半于九十'言末路之艰难也。"文选谢宣远于安城答灵运:"岁寒霜雪严,过半路愈峻。"李注引此"难"下亦有"也"字。 建章按:有"也"字语气完,此脱,当据补。

㉜横田惟孝战国策正解:"据'皆'字及下文,'大王'下疑脱'楚王'二字。" 建章按:下文高注"秦、楚之骄侈故也",正指此句"大王、楚王皆有骄色",否则高注岂非无根之言。横田说当是。当补"楚王"二字。

㉝金正炜战国策补释:"'心'当为'愚','愚'损半字,又涉下文'依世主之心'而误也。" 建章按:魏策三第八章"以臣之观之","观"上亦脱"愚"字,盖"以臣之愚观之"为当时的套语。金说可从,当据改。

㉞心:意。 受兵:遭到进攻。 受:被,遭。 兵:武器;此言进攻。

㉟"四国"两句:秦、魏与楚、韩势均力敌,不能再战。 四国:秦、魏与楚、韩。 敌:高注:"强弱等也。"

㊱"齐、宋"两句:齐、宋两国居于旁观者的地位,举足轻重。 绳墨:木工用的墨斗,用以打直线;比喻约束、规矩。 权:秤锤,量轻重。

㊲"故曰"句:所以说,先得齐、宋之助者就会有战功。 金正炜战国策补释:"此文当以'先得齐、宋者伐'为句,'秦'字涉下而衍。左庄二十八年传'且旌君伐'注'伐,功也'。国语周语'晋有三伐'注'伐,功也'。管子臣道篇'功伐足以成国之大利',注'战功曰伐'。此言先得齐、宋即有功伐。" 建章按:下文"秦先得齐、宋"云云,"楚先得之"云云,即承"先得齐、宋者伐"而言。两句并列,对称,表明"先得齐、宋"对秦、楚所产生的不

同结果,然共同的是都有"战功"(伐)。金说是。当据删
"秦"字。

㊳铄(shuò 朔):本是指金属熔化,此处意思是"削弱"。

㊴鲍本"齐"作"之"。 金正炜战国策补释:"'楚先得齐'当从鲍
本作'楚先得之','之'谓'齐'、宋'也。刘向谓'策字多误,以
"齐"为"立"。'此由'之'误为'立','之'、'立'篆文相近,后人
以'立'字义不可通,因据向说改'齐',今当从鲍本订正。"金说
可从,当据鲍本改。

㊵随:说文:"从也。" 若随此计而行之:如果按照这个计谋去做。

㊶则两国者必为天下笑矣:秦、楚两国总有一国会遭到败亡,而为
天下人所耻笑。此句与第二段"卒为三家笑"遥接。

二 秦王与中期争论章

秦王与中期争论①,不胜。秦王大怒,中期徐行而去。
或为中期说秦王曰:"悍人也中期②,适遇明君故也③,向者
遇桀、纣,必杀之矣④。"秦王因不罪。

【注释】

①秦王:或为昭王,见西周策第一章注⑭。 顾观光战国策编年
系此策于周赧王四十九年(前266年)。 中期:秦官。

②悍人也中期:犹言,中期实在胆大包天,太鲁莽了。 悍:勇猛,
粗暴,鲁莽。

③适:刚巧,正好。

④裴学海古书虚字集释卷九:"者,犹'其'也。"举此句说"'向',
'若'也,'者','其'也。高注曰'若其遇桀、纣,则必杀也',是
其证。" 桀纣:见秦策一第二章注㉕、㉗。

329

三　献则谓公孙消章

献则谓公孙消曰①："公，大臣之尊者也②，数伐有功③。所以不为相者，太后不善公也④。(辛)〔芈〕戎者，太后之所亲也⑤，今亡于楚，在东周。公何不以秦、楚之重，资而相之于周乎⑥？楚必便之矣⑦。是(辛)〔芈〕戎有秦、楚之重，太后必悦公，公相必矣⑧。"

【注释】

①献则：未详。或以为楚人，或以为秦官。　公孙消：官在秦丞相下。顾观光战国策编年系此策于周赧王九年(前306年)。

②公大臣之尊者也：您是大臣中受尊重的。　尊：重。

③伐：征战。

④"所以"两句：所以不任命您为相国，是因为太后对您没有好感。太后：秦宣太后，见秦策二第十六章注①。

⑤鲍本改"辛"作"芈"，吴补"下同"。　建章按：史记穰侯列传明言"宣太后同父弟曰芈戎，为华阳君。"则"辛"字当是"芈"字形近之误。当改。

⑥"公何不"两句：您为何不利用秦、楚在诸侯中的声威，帮助芈戎在东周任相呢？　重：尊，高。　资：助。　相：使为相，用作动词。　之：指芈戎。

⑦楚必便之矣：这对楚国有利。　便：利。

⑧"是芈戎"句：这样，芈戎有秦、楚之力在东周任相，太后一定会对您有好感，您在秦国任相国那就毫无疑问了。

四 楼䣙约秦魏章

楼䣙约秦、魏①，魏太子为质②。纷强欲败之③，谓太后曰：“国与还者也④。败秦而利魏，魏必负之⑤，负秦之日，太子为粪〔土〕矣⑥。”太后坐王而泣⑦。王因疑于太子⑧，令之留于酸枣⑨。楼子患之⑩。

昭衍为周之梁⑪，楼子告之⑫。昭衍见梁王⑬，梁王曰：“何闻？”曰：“闻秦且伐魏。”王曰：“为期与我约矣⑭。”曰：“秦疑于王之约，以太子之留酸枣而不之秦⑮。秦王之计曰：‘魏不与我约，必攻我⑯。我与其处而待之见攻，不如先伐之⑰。’以秦强折节而下与国，臣恐其害于东周⑱。”

【注释】

①楼䣙：或以为魏臣“楼庩”之误。“䣙”或作“牾”“悟”，皆字通。顾观光战国策编年系此策于周赧王八年（前307年）。于鬯战国策年表系此在周赧王四十九年（前266年）。此策鲍本列在魏策。

②质：见秦策二第十五章注④。

③纷强：或以为魏臣“翟强”之误。 败：害，破坏。 之：指魏太子质于秦这件事。

④国与还者也：国家总是为了本国的利益。 与：王引之经传释词卷一：“犹‘为’也。” 还：与“环”通，私利；详秦策三第十八章注㉟。高注：“还，周旋于利也。”

⑤“败秦”两句：（一旦）秦国失败，而魏国得利，（形势好转）魏国必然会背约。 负之：背约。

⑥王念孙读书杂志："'粪'下当有'土'字,下章'一日倍约,身为粪土',语意正与此同。" 建章按:秦子楚为质子于赵,"秦昭王五十年,使王龁围邯郸,急,赵欲杀子楚,子楚与吕不韦谋,行金六百斤予守者吏,得脱亡赴秦军,遂以得归。"(史记吕不韦列传)此亦言太子将被杀害。 人死言身为"粪土",如文选魏文帝与吴质书:"而此诸子化为粪壤,可复道哉!""粪壤"亦"粪土"。王据下章言当补"土"字,是。此言:魏王一旦背约,太子性命不保。

⑦太后坐王而泣:太后于是阻止魏王派太子为质于秦而悲泣。鲍彪注:"使王坐而泣于前。" 金正炜战国策补释:"左氏桓十二年传'楚人坐其北门'注'坐,犹守也'。" 于鬯战国策注:"此言太后跪王前而泣也。或云'太后使王跪,而自泣'。则主昭王后之说,以母不应跪子前。" 建章按:说文"坐,止也";此与'留'同意"。广雅释诂三:"坐,止也。"即"阻止"。"坐王"者,言不让王以太子为质也。故下文言"令之留于酸枣"。

⑧王因疑于太子:王因纷强之言,太后之阻,对遣太子为质之事犹豫不决。 礼记坊记"所以章疑别微"疏:"疑,谓是非不决。"

⑨令之留于酸枣:让太子留在酸枣,不入秦为质。 之:指太子。 酸枣:见秦策四第九章注⑯。

⑩楼子:楼㾮。 患之:为此事而担忧。

⑪昭衍:东周臣。 梁:即魏。

⑫楼子告之:楼子把魏太子留在酸枣的事告诉给昭衍。

⑬梁王:如依顾观光编年则梁王是魏襄王;如依于说,则当是魏安釐王。

⑭为期与我约矣:可是秦国与魏国已经订盟约了啊。 姚校:"'期'曾作'其'。" 建章按:为:裴学海古书虚字集释卷二"犹'而'也"。又卷五"古字'其''期'通用"。此"期"指秦。

⑮ "秦疑"两句:秦王怀疑大王之约,因为太子还留在酸枣,而没有去秦国为质。 之:至。

⑯ "秦王之计曰"三句:秦王考虑:魏国不实践盟约,则一定会进攻秦国。 广雅释言王念孙疏证:"与、如、若亦一声之转。"文选司马迁报任少卿书"而世俗又不与能死节者次比",李注:"与,如也。"则"与约"即如约,实践盟约。

⑰ 处:居,呆着。 见攻:被攻。 伐之:进攻魏国。

⑱ "以秦强"两句:以强秦毁约而进攻我们的东邻盟国,我担心一定会危及东周。 折节:毁掉符节,即毁约。 下:进攻。 与国:盟国,此指东周的盟国,即魏国。

五 濮阳人吕不韦贾于邯郸章

濮阳人吕不韦贾于邯郸①,见秦质子异人②,归而谓〔其〕父曰③:"耕田之利几倍?"曰:"十倍。""珠玉之赢几倍④?"曰:"百倍。""立国家之主赢几倍?"曰:"无数。"曰:"今力田疾作不得暖衣余食⑤,今建国立君,泽可以遗世⑥。〔秦子异人质于赵,处于廓城,〕愿往事之⑦。"

(秦子异人质于赵,处于廓城)故往说之曰⑧:"子傒有承国之业⑨,又有母在中⑩,今子无母于中,外托于不可知之国⑪,一日倍约⑫,身为粪土⑬。今子听吾计事⑭,求归,可以有秦国。吾为子使秦,必来请子。"

乃说秦王后弟阳泉君曰⑮:"君之罪至死⑯,君知之乎?君之门下无不居高〔官〕尊位⑰,大子门下无贵者。君之府藏珍珠宝玉,君之骏马盈外厩⑱,美女充后庭。王之春秋高⑲，一日山陵崩⑳，太子用事㉑，君危于累卵㉒，而不寿于朝生㉓。说有可以一切而使君富贵千万岁㉔，其宁于太山四维，必无危亡之患矣㉕。”阳泉君避席㉖，〔曰〕㉗：“请闻其说。”不韦曰：“王年高矣，王后无子，子傒有承国之业，士仓又辅之㉘。王一日山陵崩，子傒立，士仓用事，王后之门必生蓬蒿㉙。子异人贤材也，弃在于赵，无母于内㉚，引领西望㉛，而愿一得归㉜。王后诚请而立之，是子异人无国而有国，王后无子而有子也。”阳泉君曰：“然。”入说王后，王后乃请赵而归之。

赵未之遣㉝，不韦说赵曰：“子异人秦之宠子也㉞，无母于中，王后欲取而子之㉟。使秦而欲屠赵㊱，不顾一子以留计㊲，是抱空质也㊳。若使子异人归而得立，赵厚送遣之，是不敢倍德畔施㊴，是自为德讲㊵。秦王老矣，一日晏驾㊶，虽有子异人，不足以结秦㊷。”赵乃遣之。

异人至，不韦使楚服而见㊸。王后悦其状，高其知㊹，曰：“吾楚人也。”而自子之，乃变其名曰“楚”㊺。王使子诵㊻，子曰：“少弃捐在外㊼，尝无师傅所教学㊽，不习于诵。”王罢之，乃留止㊾。间曰㊿：“陛下尝轫车于赵矣(51)，赵之豪杰得知名者不少(52)。今大王反国，皆西面而望(53)。大王无一介之使以存之(54)，臣恐其皆有怨心。使边境早闭晚开。”王以为然，奇其计(55)。王后劝立之。王乃召相，令之曰：“寡人子莫若楚。”立以为太子。

子楚立，以不韦为相，号曰“文信侯”，食蓝田十二县(56)。王后为华阳太后，诸侯皆致(秦)〔养〕邑(57)。

【注释】

①濮阳:今河南省濮阳南。　吕不韦:濮阳人,在阳翟(今河南省禹县)经商。出谋辅佐秦孝文王(前250年)中子子楚立为太子,后继位为庄襄王(前249年—前247年),以不韦为相,封为文信侯。庄襄王子政即位,是为始皇帝(前246年—前210年)尊不韦为国相,称为仲父。后因"嫪毐之乱",不韦畏罪自杀,时在始皇十二年(前235年)(史记吕不韦列传集解引徐广说)。史记有吕不韦列传。　顾观光战国策编年系此策于庄襄王元年(前249年)。于鬯系于前一年。　建章按:吕不韦列传"庄襄王元年以吕不韦为丞相,封为文信侯"。当从顾说。　贾(gǔ鼓):商人,此用作动词,经商。　邯郸:赵都,今河北省邯郸市。

②质子:见秦策二第十五章注④。史记秦始皇本纪索隐"庄襄王者,孝文王之中子,昭襄王之孙也,名子楚"。"子楚"即"子异人",见本策。

③史记吕不韦列传正义引此"谓"下有"其"字,太平御览卷四八〇人事部引此与正义所引同。当据补"其"字。

④赢:利。

⑤今力田疾作不得暖衣余食:现在农民努力耕田劳动,尚不能饱食暖衣。　力田:务农,指"农民"。　疾:勤苦。　吕不韦列传正义引此"余"作"饱"。

⑥"今建国"两句:若建国、立君主,则利可传至后世。　今:如、若。　吕不韦列传正义引此"建"作"定"。

⑦横田惟孝战国策正解:"此句错简,宜在'廊城'下。"　建章按:"往"的对象是"处于廊城"的"秦子异人";"事"的对象也是"秦子异人"。如果此十一字在"愿往事之"之后,"往""事"即无着落,突如其来。此十一字与"愿往事之"既是这样的关系,当是吕不韦的话,不当是作者的话。故横田说是。史记吕不韦列传

引战国策亦"错简"。　廓城:地不详,当是赵国城邑,或作"聊城"。　事:侍奉。

⑧说:说服别人。　故:于是。

⑨子傒:秦太子,为子异人的异母兄。　业:犹"本事","条件"。

⑩中:犹言"朝中"。

⑪不可知之国:言赵国多变,不可测度。

⑫倍:通"背"。

⑬粪土:喻死亡。

⑭今子听吾计事:如果您能听我的计谋。　计事:谋事。

⑮秦王后:秦孝文王后华阳夫人。

⑯吕氏春秋仲冬纪至忠"故伏其罪而死"注:"罪,殃也。"此所谓"罪"即下文"君之门下……而不寿于朝生"云云,即"祸殃"。

⑰门下:属下、部下。　史记吕不韦列传正义引策"高"下有"官"字。　建章按:"高官""尊位"相对为文,此言"居高官""居尊位"。　居:处。当据正义引补"官"字。

⑱厩:马棚。

⑲春秋:喻年龄。

⑳山陵崩:天子、诸侯国君、太后之死曰"山陵崩"。穀梁隐三年传"三月庚戌,天王崩。高曰崩,厚曰崩,尊曰崩,天子之崩,以尊也。"尔雅释诂"崩,死也。"礼记曲礼下"天子死曰崩",则"崩"乃尊高之辞。　一日:一旦。

㉑用事:执政。

㉒危于累卵:见秦策四第十章注⑩。

㉓不寿于朝生:象朝生一样的短命。　不寿:寿命不长。　于:如。　朝生:即"朝菌",菌类植物,早晨生,晚上死,比喻短命。

㉔说有可以一切而使君富贵千万岁:现在有一计谋,可以相机而行,使您永保富贵。　说:论;此处可作"计谋"解。　一切:权

宜,变通,相机行事(据刘淇助字辨略)。

㉕"其宁"两句:安如太山,绝无危亡之祸。　其:而。　宁:安。
太山四维:以太山为四个支柱,其稳可知。(管子牧民以"礼、
义、廉、耻"为治国的"四维"即"四纲"。所以说"四维"是"四个
支柱"。)　太山:五岳之一,在山东省泰安县北。

㉖避席:离开自己的坐席,表示不安而肃然起敬之意。

㉗史记吕不韦列传正义引此作"阳泉曰"。　建章按:齐策六第
五章"貂勃避席稽首曰",魏策二第十八章"鲁君兴避席择言
曰",燕策三第五章"太子避席而请曰",又"太子避席顿首曰",
孝经开宗明义"曾子避席曰"。此有"曰"字顺,当补。

㉘"子傒"两句:太子子傒有继承秦国政权的条件,杜仓又辅佐太
子。　士仓:即杜仓,"士"即"土"之误,"土"即"杜",古字通。
秦昭王世杜仓为丞相,在昭王二十六年至三十二年(前281
年—前275年)。(详1978年历史研究12期马非百杜仓相秦
考)下同。

㉙王后之门必生蓬蒿:王后无势,门可罗雀的意思。　蓬蒿:
野草。

㉚无母于内:是说朝廷又无亲生母亲的助力。

㉛引领西望:他翘首遥望,希望能回到秦国。　引领:伸长了脖
子。领:脖子。

㉜一:王引之经传释词卷三:"语助也。"

㉝未之遣:即未遣之。古汉语否定句宾语为代词一般提前。
遣:送。　之:指异人。

㉞宠:爱。

㉟子之:以异人做自己的儿子。子,用作动词。

㊱使:假使。　而:又。　屠:破取城邑,诛杀其人。

㊲"使秦"两句:如果秦王想进攻赵国,不会顾忌公子在赵,而仍然

会坚持既定方针,进攻赵国的。　以:而。　管子正世"不慕古,不留今"注"留,谓守常不变"。　留计:谓坚持"屠赵"之计而不变。

㊳是:此。　抱:据有,拥有。　空质:没有实际用处的质子。

㊴是:则。下同。　倍:通"背",违背。　德:恩。　畔:通"叛"。施:予,给,指别人给自己的好处。　倍德畔施:即"忘恩负义"的意思。

㊵"若使"句以下:如果放回公子异人,而能立为太子,赵国隆重地送他回国,则他不会忘恩负义,必将因您厚礼送他回国的恩德而结好于赵国。　自:指异人。　为:因。　德:指"赵厚送遣之"之德。　讲(講):即"媾",指与赵结好。

㊶晏驾:指天子、诸侯国君等死亡。君王当早起上朝,如宫车晚出,必有事故。古代忌讳说"死",故君王死称"晏驾"。(见史记范雎列传集解引应劭、韦昭说。)　晏:晚,迟。　驾:车驾。

㊷"秦王老矣"四句:秦王年迈,一旦百岁之后,唯有公子异人足以巩固秦、赵两国的邦交。　虽(雖):古通"唯"。　不:语词,无义。见王引之经传释词卷十。　结:固。

㊸楚服:穿楚国的服装。因华阳夫人为楚人,"楚服"为了取悦于王后。

㊹状:犹言"仪表"。　高:赞赏,赏识。　知:同"智",此言"见识"。

㊺"而自"两句:就把他当作自己的儿子看待,改其名为"楚"。

㊻诵:荀子致士杨注:"谓诵经。"

㊼弃捐在外:指出质在赵。　捐:亦"弃"。

㊽尝无师傅所教学:没有老师教学经书。　尝:常。　所:王引之经传释词卷九:"犹'可'也。"

㊾王罢之乃留之:秦王作罢,把他留在宫内。

(50)间曰:子楚私下对秦王说。　间:私,秘密。

(51)尝:曾。　轫(rèn 任):垫在车轮下不使车转动的木头。　轫车:止车。秦孝文王从前亦曾出质于赵,讳言"质",故说"轫车于赵"。　陛下:臣对帝王的尊称。蔡邕独断卷上:"谓之'陛下'者,群臣与天子言,不敢指斥天子,故呼在陛下者而告之,因卑达尊之意也。""在陛下者"即在台阶下的人。

(52)赵之豪杰得知名者不少:赵国豪杰之士多闻知陛下之名。

(53)反:同"返"。　西面:向西。　面:向。　皆西面而望:他们都仰望大王。

(54)孟子万章上"一介不以与人",杨伯峻孟子译注:"王引之经义述闻通说以为'介'即'个'字,赵岐注则以'一介草'释'一介'。按论衡知实篇云'天下之人有如伯夷之廉,不取一芥于人'。则'一介'、'一芥'犹言一点点小东西。"则此言"一介之使"犹"一芥之使",即一个普普通通的使臣。　存:高注:"劳问也。"

(55)金正炜战国策补释:"异人所言不得为'计',二句亦不相属。疑'计'字当为'材',草书相似而讹也。王'奇其材',故王后因劝立之。上文'子异人贤材也',外戚世家注'奇者异之也'。汉书刘向传'上亦奇其材',晁错传'孝文虽不尽听,然奇其材',韦玄成传'上奇其材,有意欲以为嗣',并与此文同。"　建章按:金说可从。

(56)蓝田:见秦策四第一章注②。

(57)鲍注:"致邑为太后养地也。"　王念孙读书杂志:"'秦'当为'奉',字之误也。'奉邑'谓太后之养邑也。魏策曰'王尝抱葛薛、阴成以为赵养邑','养邑'犹'奉邑'也。西周策曰'以应为太后养地','养地'犹'养邑'也。史记吴世家曰'吴予庆封朱方之县以为奉邑',越世家曰'勾践表会稽以为范蠡奉邑',赵世家'奉邑侔于诸侯'。" 金正炜战国策补释:"'秦'当为'养'字之讹也。西周策'以应为太后养地',魏策'王尝抱葛薛、阴成以为赵养邑',又云'故令魏氏收秦太后之养地'。此文致于太后,当云'养邑',不得云'奉邑',鲍注不及'奉'字,而释以'养地',是所见本犹未误也。" 建章按:诸侯致邑,不当为"秦邑","秦"字误无疑。金据鲍注以"秦邑"为"养邑",当可从。

六 文信侯欲攻赵以广河间章

文信侯欲攻赵以广河间[①],使刚成君蔡泽事燕[②],三年,而燕太子质于秦[③]。文信侯因请张唐相燕[④],欲与燕共伐赵,以广河间之地[⑤]。张唐辞曰:"〔之〕燕者必径于赵[⑥],赵人得唐者,受百里之地。文信侯去而不快。少庶子甘罗曰[⑦]:"君侯何不快〔之〕甚也[⑧]?"文信侯曰:"吾令刚成君蔡泽事燕,三年,而燕太子已入质矣。今吾自请张卿相燕[⑨],而不肯行。"甘罗曰:"臣〔请〕行之[⑩]。"文信(君)〔侯〕叱(去)曰:"〔去〕我自行之而不肯,汝安能行之也?"[⑪]甘罗曰:"夫项橐生七岁而为孔子师[⑫],今臣生十二岁于兹矣!君其试臣[⑬],奚以遽言叱也[⑭]?"

甘罗见张唐曰:"卿之功孰与武安君[⑮]?"唐曰:"武安君战胜攻取不知其数,攻城堕邑不知其数;臣之功不如武安君也。"甘罗曰:"卿明知功之不如武安君欤?"曰:"知之。""应侯之用秦也孰与文信侯专[⑯]?"曰:"应侯不如文信侯专。"曰:"卿明知为不如文信侯专欤[⑰]?"曰:"知之。"甘罗曰:"应侯欲伐赵,武安君难之[⑱],去咸阳七里,绞而杀

之^⑲。今<u>文信侯</u>自请卿相<u>燕</u>,而卿不肯行,臣不知卿所死之
处矣!"<u>唐</u>曰:"请因孺子而行^⑳"令库具车,厩具马,府具
币^㉑。行有日矣^㉒,<u>甘罗</u>谓<u>文信侯</u>曰:"借臣车五乘,请为<u>张</u>
<u>唐</u>先报<u>赵</u>。"

见<u>赵王</u>^㉓,<u>赵王</u>郊迎。谓<u>赵王</u>曰:"闻<u>燕太子丹</u>之入<u>秦</u>
与^㉔?"曰:"闻之。""闻<u>张唐</u>之相<u>燕</u>与?"曰"闻之。""<u>燕太</u>
<u>子</u>入<u>秦</u>者,<u>燕</u>不欺<u>秦</u>也;<u>张唐</u>相<u>燕</u>者,<u>秦</u>不欺<u>燕</u>也。<u>秦</u>、<u>燕</u>
不相欺,则伐<u>赵</u>危矣^㉕。<u>燕</u>、<u>秦</u>所以不相欺者,无异故,欲攻
<u>赵</u>而广<u>河间</u>也。今王赍臣五城以广<u>河间</u>^㉖,请归<u>燕太子</u>,与
强<u>赵</u>攻弱<u>燕</u>。"<u>赵王</u>立割五城以广<u>河间</u>,归<u>燕太子</u>^㉗。<u>赵</u>攻
<u>燕</u>,得<u>上谷</u>三十六县,与<u>秦</u>什一^㉘。

【注释】

①文信侯:<u>吕不韦</u>,见第五章注①。　以广河间:来扩大自己的封
　　地河间。　河间:见<u>秦策</u>一第五章注㊗。　<u>史记蔡泽列传梁玉</u>
　　<u>绳史记志疑</u>:"<u>始皇</u>五年<u>燕太子</u>(入)质。"则此策或当在此年,
　　即前242年。

②刚成君蔡泽:见<u>秦策</u>三第十八章注①⑭。　事燕:致力于<u>燕</u>、<u>秦</u>
　　之交。

③燕太子:旧注以为<u>燕王喜</u>之子<u>丹</u>。似可疑,见注㉗。

④张唐:<u>秦</u>臣。

⑤<u>鲍本</u>无"欲与燕共伐赵,以广河间之地"十二字。　<u>黄丕烈战国</u>
　　<u>策札记</u>:"无者是也。策文在首,<u>史记</u>取之,而移于此,有者乃依
　　<u>史记</u>添入而误复耳。"　<u>建章</u>按:<u>黄</u>引<u>史记</u>见<u>甘罗列传</u>。以上下
　　文看,<u>黄</u>说或是。

⑥<u>史记甘罗列传</u>"径"作"经","燕"上有"之"字。　<u>建章</u>按:<u>广雅</u>

释言"经,径也"。王念孙读书杂志:"古'径'与'经'通。"'燕'
上当据甘罗列传补"之"字,义始完。

⑦少庶子:家臣。　甘罗:甘茂之孙。甘茂,见秦策一第六章注
②。史记有甘罗列传(附甘茂列传后)。

⑧甘罗列传"快"下有"之"字。　建章按:左襄二十九年传"何忧
之远也",穀文十四年传"何知之晚也"句式与此相同。当据甘
罗列传补"之"字。　汉书刘屈氂传"君侯长何忧乎",如淳说:
"汉仪注:列侯于丞相称君侯。"吕不韦为秦丞相,封为文信侯,
故称"君侯"。

⑨张卿:卿,为张唐的字。

⑩姚校:"一本'臣'下有'请'字。"甘罗列传"臣"下有"请"字。
建章按:本书多"臣请"云云,不胜枚举,当据传及一本补"请"
字。　行之:使他行。"行"字作使动用法。之:指张唐。

⑪"文信侯叱":两句文信侯叱呵甘罗说:"去!我亲自让他去,还
不肯,你怎么能让他去呢?"　姚校:"曾作'曰去',刘作'去
曰'。"　甘罗列传作"叱曰去"。　韩非子内储说下说三"夷射
曰叱去",陈奇猷集释:"王先慎依张榜本倒'曰叱'为'叱曰',
非。说文'叱,呵也'。叱,盖形容叱骂之声。"　建章按:吕氏春
秋慎大览权勋:"子反叱曰:訾退。""訾退"意即"去"则曾本作
"曰去"是。　鲍本"君"作"侯",甘罗列传"君"作"侯",本篇
皆作"文信侯",当据改。

⑫项橐:有说鲁人,有说齐人,有说秦人,有说楚人。可疑。"橐"
又作"託"。　孔子:见秦策三第十八章注㉔。

⑬其:此处表示请求、希望之意。

⑭奚以遽言叱也:为什么就叱呵我呢?　奚以:何以。　遽:就。
言:语词,无实义。

⑮卿之功孰与武安君:您和武安君比,谁的功劳大?　武安君:白

起,见西周策第六章注②。

⑯应侯之用秦也孰与文信侯专:应侯在秦国掌权,与文信侯比,谁
的权更重? 应侯:范雎,见秦策三第八章注①。 用秦:被秦
任用,即在秦掌权。 专:权重。

⑰为:裴学海古书虚字集释卷二:"犹'其'也。"

⑱难之:范雎欲攻赵,令白起领兵,白起以为不可能取胜,因此不
受任,即所谓"难之"。

⑲秦昭王四十九年(前 258 年),王陵攻赵都邯郸,兵败。昭王使
白起代王陵,白起以为秦"国内空……不可。"昭王亲令白起,白
起不行。应侯范雎请之,遂称病。后以王龁代王陵,攻邯郸,秦
兵大失利。白起说"秦不听臣计,今如何矣"。秦王闻之,怒,强
迫白起领兵,白起称病。范雎再请,不起。于是免白起职,降为
士卒,贬至阴密。至杜邮,秦王使使者赐剑,白起遂自杀。时昭
王五十年。详史记白起列传。

⑳请因孺子而行:那就听你的,我就去吧。 因:顺从,同意。
孺子:童子。指甘罗。

㉑库:车库。 府:国库。 具:备。

㉒行有日矣:接近出发的时间了。

㉓赵王:悼襄王,孝成王之子,名偃,赵第八君,前 244 年—前 236
年在位。

㉔与:同"欤"。下同。

㉕金正炜战国策补释:"'伐'字疑'代'字讹,韩非子饰邪篇'赵、
代先得意于燕,后得意于齐',皆由一本作'赵',一本作'代',
传写误并入文耳。又或以代近燕,赵近秦,秦、燕合,故赵、代俱
危。" 饰邪篇陈奇猷集释:"'代'当系'氏'字之误,本书体例,
叙述韩、赵、魏三国之行动,皆称韩氏、赵氏、魏氏,而指其国则
言韩、赵、魏,初见秦、存韩二篇此例甚多,如初见秦'赵氏上下

不相亲',称'赵氏',同节之末'一举而天下之从不破,赵不举,韩不亡',则称'赵'、称'韩',可证。" 建章按:不必如此分,指国亦称"赵氏",如赵策四第十八章"赵氏求救于齐",燕策三第五章"威胁韩、赵、魏氏"。此"伐赵"或本作"赵氏",误作"赵代",又改作"伐赵"。全文未及"代"事,而"伐赵危"亦难通。此两句或是:秦、燕结成联盟,则赵国处境危险。

㉖赍:送,献。

㉗于鬯战国策注:"燕策云'燕太子丹质于秦,亡归',则非秦归之,且事在后。戴文光云'归燕太子辩士饰说也。'案疑别一子,或丹前别有太子,或泛称王子为太子。" 建章按:据史记甘罗列传及策此燕太子乃丹。然燕太子丹入质于秦在始皇五年(前242年),次年赵将庞煖领赵、楚、魏、燕、韩五国兵攻秦,此后五年中未有"赵攻燕"事。而燕太子亡归据于鬯战国策年表在始皇十五年(前232年),故于以为此"别一子"。然传及策明言"燕太子丹"。或燕太子丹返国后,又出质秦,后又逃归燕?存疑。

㉘上谷:作为郡,包括今河北省西部及中部,治所在今怀来县南。甘罗列传"什"作"十",索隐:"谓以十一城予秦也。" 建章按:汉书食货志上"税谓公田什一"注:"什一,谓十取其一也。"则"什一"即十分之一。然古"什"通"十"。未知孰是。

七　文信侯出走章

文信侯出走①,与司空马之赵②,赵以为守相③,秦下甲而攻赵④。

司空马说赵王曰⑤:"文信侯相秦,臣事之为尚书⑥,习秦事。今大王使守小官习赵事⑦。请为大王设秦、赵之战,而亲观其孰胜⑧,赵孰与秦大⑨?"曰:"不如。""民孰与之众⑩?"曰:"不如。""金钱、粟〔米〕孰与之富⑪?"曰:"弗如。""国孰与之治⑫?"曰:"不如。""相孰与之贤⑬?"曰:"不如。""将孰与之武⑭?"曰:"不如。""律令孰与之明⑮?"曰:"不如。"司空马曰:"然则大王之国百举而无及秦者,大王之国亡⑯。"赵王曰:"卿不远赵而悉教以国事,愿于因计⑰。"司空马曰:"大王裂赵之半以赂秦⑱,秦不接刃而得赵之半⑲,秦必悦。内恶赵之守,外恐诸侯之救,秦必受之⑳,秦受地而(郤)〔却〕兵㉑,赵守半国以自存。秦衔赂以自强,山东必恐㉒;亡赵自危,诸侯必惧㉓。惧而相救,则从事可成㉔。臣请〔为〕大王约从㉕。从事成,则是大王名亡赵之半,实得山东以敌秦,秦不足亡㉖。"赵王曰:"前日秦下甲攻赵,赵赂以河间十二县㉗,地削兵弱,卒不免秦患。今又割赵之半以强秦,力不能自存,因以亡矣。愿卿之更计㉘。"司空马曰:"臣少为秦刀笔以官,长而守小官㉙,未尝为兵首㉚,请为大王悉赵兵以遇㉛。"赵王不能将㉜。司空马曰:"臣效愚计㉝,大王不用,是臣无以事大王㉞,愿自请㉟。"

　　司空马去赵,渡平原。平原津令郭遗劳而问㊱:"秦兵下赵㊲,上客从赵来㊳,赵事何如㊴?"司空马言其为赵王计而弗用,赵必亡。平原令曰:"以上客料之,赵何时亡?"司空马曰:赵将武安君期年而亡㊵;若杀武安君,不过半年。赵王之臣有韩仓者㊶,以曲合于赵王㊷,其交甚亲,其为人疾贤妒功臣㊸。今国危亡,王必用其言,武安君必死㊹。"

　　韩仓果恶之㊺,王使人代㊻。武安君至,使韩仓数之曰[47]："将军战胜，王觞将军[48]。将军为寿于前而捍匕首[49]，当死[50]。"武安君曰："缣病钩[51]，身大臂短，不能及地，起居不敬[52]。恐惧死罪于前[53]，故使工人为木〔材〕〔杖〕以接手[54]。上若不信[55]，缣请以出示。"出之袖中，以示韩仓，状如〔振捆〕〔枨梱〕，缠之以布[56]。"愿公入明之[57]。"韩仓曰："受命于王，赐将军死，不赦。臣不敢言。"武安君北面再拜赐死[58]，缩剑将自诛[59]，乃曰："人臣不得自杀宫中。"〔遇〕〔过〕司〔空〕马门[60]，趣甚疾[61]，出諴门也[62]。右举剑将自诛，臂短不能及，衔剑征之于柱以自刺[63]。武安君死，五月赵亡[64]。

平原令见诸公，必为言之曰[65]："嗟嗞乎[66]，司空马！"又以为司空马逐于秦，非不知也；去赵，非不肖也[67]。赵去司空马而国亡[68]。国亡者，非无贤人，不能用也。

①文信侯：吕不韦，见秦策四第五章注①。　出走：被迫离开（国都咸阳），即驱逐出境的意思。据史记吕不韦列传：始皇九年（前238年），有告嫪毐实非宦者，常与太后私乱，生子二人，皆匿之。与太后谋曰："王即薨，以子为后。"于是秦王下吏治，具得情实，事连相国吕不韦。九月夷嫪毐三族，杀太后所生两子，而遂迁太后于雍。十年十月，免相国吕不韦，出文信侯就国河南。后吕不韦与家属徙处蜀。恐诛，乃饮酖而死。时在始皇十二年（前235年）。下文言"武安君死，五月赵亡。"史记李牧列传"赵王迁七年，赵使人微捕得李牧，斩之。"赵王迁七年即始皇十八年（前229年），顾观光战国策编年当即据此，而后一年，距离文信侯"出走"有八年。据史记六国年表"出走"在始皇十一年。鲍本列此篇在赵策。

346

②吴补:"'与'字疑衍。" 黄丕烈战国策札记:"吴氏补曰'与字疑衍',是也。" 建章按:与:说文:"党与也。"司空马或为吕不韦的属吏,故吕不韦"出走",彼亦逃之赵。

③守相:汉书循吏传有"拜刺史守相"语,或不当是此"守相"之义。鲍注"守,假官也"。据史记廉颇蔺相如列传载,廉颇破燕军,杀栗腹,燕割五城请和,赵以尉文封廉颇为信平君,为假相国。"假相国",代理相国,非正式相国,则此"守相"是否即"假相国"。

④甲:兵。史记秦始皇本纪:"十八年,大兴兵攻赵。"

⑤赵王:幽缪王,或称王迁,悼襄王之子,名迁,赵第九君,前235年—前228年在位。史记赵世家索隐引徐广说:"王迁无谥,今惟此独称幽缪王者,盖秦灭赵之后,人臣窃追谥之,太史公或别有所见而记之也。"

⑥汉书百官公卿表上:"少府,秦官,掌山海池泽之税,以给供养,有六丞,属官有尚书。"

⑦今大王使守小官习赵事:现在大王要我任职守相,要熟悉赵国的情况。 守官:任职。 于鬯战国策注:"'小官'或系谦称,犹今下属见上司称'卑职',未必官真小也。"

⑧"请为"两句:让我假设现在秦、赵要交战,我们亲自观察,到底谁能取胜。 设:假设。

⑨赵孰与秦大:赵国比秦国大吗?

⑩民孰与之众:赵国人民比秦国的多吗? 之:指秦。下同。

⑪金钱粟米孰与之富:赵国的金钱、粟米比秦国的多吗? 金正炜战国策补释:"太平御览引墨子旗帜篇'金钱有积,粟米有积',此文'粟'下亦当有'米'字,而误脱也。" 建章按:墨子号令篇"若以粟米金钱布帛他财物免出者,令许之",又杂守篇"民献粟米布帛金钱牛马畜产,皆为置平贾",孟子尽心下"有布缕

之征,粟米之征",汉书食货志上"粟米布帛生于地,长于时,聚
于力"。诸书"粟米"连用,且"粟米"与"布帛"相对为文。金说
是,当补"米"字。

⑫国孰与之治:赵国比秦国治理得好吗?

⑬相孰与之贤:赵国的相国比秦国的贤能吗?

⑭将孰与之武:赵国的将帅比秦国的更善于指挥吗?　武:指善
于指挥战争,有高度的战争艺术修养。

⑮律令孰与之明:赵国的法令比秦国的更严明吗?　律:尔雅释
诂"法也。"

⑯"然则"两句:这么说来,大王之国那一点也不如秦国,大王之国
要灭亡。　及:王引之经传释词卷五:"犹'若'也。"

⑰"卿不远"两句:您对赵国不见外,能无保留地教导治理国家的
方法,我愿意接受您的计谋。　卿:爱敬之称。　远:疏远,见
外。　悉:详尽,无保留地。　国事:治理国家的大事。　于:
裴学海古书虚字集释卷一:"犹'即'也。"　因:高注"犹'受'
也"。

⑱裂:广雅释诂一:"分也。"　赂:赠送,奉送。

⑲不接刃:武器不相接,即不用武力。　刃:刀、剑之属,武器。

⑳"内恶"句以下是说:秦国担心赵国内有守备,外有诸侯救援,所
以必然会立刻接受。　恶:吕氏春秋振乱纪高注:"犹畏也。"
之:指上文"赵之半",即下句"地"。姚校:"'之'一作'地'。"

㉑郄:当是"却"之误,"却"即"卻",俗作"却",广雅释言"卻,退
也"。然与"郤""郄"(与"隙"通)有别。古书多混。姚校
"'郄'一作'却',"是。

㉒"秦衔赂"两句:秦国得半个赵国更为强盛,山东诸侯必然担心
害怕。说文:"衔,马勒口中也,衔者所以行马者也。"段注:"凡
马提控其衔,以制其行止。"则"衔"有"控制""支配"之意,凡物

为己所掌握、据有，即可控制、支配。则"衔略"即上文"得赵之半"。　山东：指赵、魏、韩、齐、燕、楚。因皆在华山之东。始皇十七年（前230年）灭韩，此时则指五国。

㉓亡赵自危诸侯必惧：失去了赵国，诸侯感到处境危险，一定很恐惧。

㉔从事：指合纵联盟阵线。

㉕鲍本"请"下有"为"字。　建章按：下文"请为大王悉兵以遇"，韩策一第十一章"臣请为君止天下之攻市丘"，韩策三第十六章"向请为公说秦王"，句式与此同，有"为"字是，当据鲍本补。约：结。

㉖敌：对抗。　秦不足亡：秦国不难被灭掉。　不足：不难，易为。

㉗下甲：出兵，发兵。　于鬯战国策注："即封文信侯者。"则"前日"不当解为"近日"，则是"从前"的意思。　河间：见秦策一第五章注㉗。

㉘卿：古时君对臣的一种称呼，表示亲敬之意。　更计：另想别的办法。

㉙鲍本"小官"作"小吏"。　于鬯战国策注引潘和鼎说："'以'当是'之'，'官长'二字不当连文。'臣少为刀笔之官'句，'长而守小吏'句，义顺。"又说："上文'今大王使守小官'，此姚本作'小官'不误，疑上'官'字或有作'吏'者；鲍本作'小吏'，乃校者误属之下耳。刀笔称'吏'，史记萧何世家赞、张释之传可证。"　建章按：潘说可从。韩非子难势"夫势者，非能必使贤者用已，而不肖者不用已也"，陈奇猷集释引津田凤卿、太田方均以为"'已'字乃'之'字之误"。陈说："津、太二氏说是也。'之'草书作'乀'，与'已'形近而误也。""之"误为"已"，而"已""以"古通，因改作"以"耳。则此两句当是"臣少为秦刀笔之吏，长而守小官"，说明从"少"到"长"的历史，经历。而原文

卷七　秦策五

349

无义可寻。　刀笔之吏:犹文书小吏。　守:犹"任"。

㉚未尝为兵首:从来也没有带兵打过仗。　关修龄战国策高注补正:"'兵首'犹'戎首',此谓'将'也,谦词。言惟守小官,未尝为将也。"　金正炜战国策补释:"说文'首'作'百',与'百'相似,因以致误。于文当作'兵百'。'百'与'伯'通,尔雅释诂'伯,长也'。"　建章按:后汉书朱浮传"浮乃得遁走,南至良乡,其兵长反遮之"。注"兵长,兵之长帅也"。则"兵首""戎首""兵长"词异而义同,金以为"兵百","兵伯",义亦同;然不必改作"兵百"。

㉛请为大王悉赵兵以遇:我请求带领赵国全军抗秦。　遇:齐策一第一章高注"敌也"。

㉜赵王不能将:赵王不任用司空马为将。　能:广雅释诂二:"任也。"　将:使为将,用作动词。

㉝效:献。

㉞是臣无以事大王:这样,我也没有什么可以为大王效劳的了。事:侍奉,效劳。

㉟自请:高注:"自请而去。"

㊱平原津:从下文郭遗问"上客从赵来"语,则平原津非属赵地。程恩泽国策地名考:"今山东济南府平原县西南有平原津、黄河津。"　劳:慰问,慰劳。

㊲下:进攻。

㊳上客:尊客,贵宾。

㊴赵事何如:赵国的情况怎么样?

㊵将武安君:以武安君为将。"将"用作动词。　武安君:李牧,见秦策四第八章注㉖。　期年:一周年。

㊶韩仓:于鬯战国策注:"以赵王嬖幸之臣,故独曰'赵王之臣'。"

㊷曲合:阿谀奉承地迎合。

㊸疾：同"嫉"。怨恨，妒嫉。

㊹高注："韩仓必谗杀武安君。" 建章按：李牧之死，诸说不一，详史记李牧列传（附廉颇蔺相如列传后）泷川资言考证。

㊺恶：诽谤，谗毁。

㊻代：代李牧为将。赵策四第十九章："赵王使赵葱、颜冣代将，杀李牧。"史记李牧列传："赵王乃使赵葱及齐将颜聚代李牧。"建章按："蔥"是"葱"的本字，"茐"是"葱"的别体。"冣"同"聚"。

㊼数：责备，列举其罪。文选谢灵运永初三年七月十六日之郡初发都诗李注引此作"武安君李牧至，赵王使韩苍数之"。

㊽觞将军：给将军进酒。 觞：古代酒杯，此处用作动词。

㊾为寿：汉书高帝纪上"庄入为寿"注："凡言'为寿'，谓进爵于尊者，而献无疆之寿。"则"为寿"即祝酒。 一切经音义九"古文戗、戰、扞、仟四形，今作'扞'，同。"左成十二年传注："扞，蔽也。"蔽即隐藏。 匕首：短剑。 此言"藏匕首"，乃韩仓之诬词，故下文李牧为之解说。 姚校："扞，刘、一作'捍'。"文选谢灵运永初三年七月十六日之郡初发都诗李注引"扞"作"捍"。

㊿当死：依法当死罪。

(51)高注："缪，李牧名。"集韵音"撮"。说文"缪，曲也。"周礼中车"金路缪"注："故书'缪'为'拘'。"黄帝内经素问生气通天论"缪短而拘"注："缩短故拘挛而不伸。"桂馥札朴卷四："病钩犹病弩，汉书音义如淳曰'弩病，两足不能相过'，钩、弩皆取象为名。" 建章按：据下文"身大臂短"，及诸解，言患拘挛病，臂短缩。经义述闻23："缪，当为椒，古敉字。秦策'椒'讹为'樬'，又讹为'缪'耳。"

(52)诗小雅采薇"不遑启居"注："不暇跪居。"余冠英诗经选译："启是小跪;居是安坐。”释名释言语:“起,启也。”则此言武安君自谓,与赵王相处,因自己“臂短,不能及地”,而礼仪不周失敬。

(53)文选李注引“惧”作“获”。　王念孙读书杂志:“‘惧’作‘获’于义为长,疑形近而误。”　建章按:荀子解蔽“故有知非以虑是,则谓之惧”王念孙读书杂志:“‘懼’当为‘攫’,字之误也。”韩非子说林上“懼以失日”,顾广圻说“懼当为懽”。陈奇猷集释说“顾说是,懽、懼形近而误。”则“惧”是“攫”“懽”之误。据李注引,王说或是。此即以“获”义为解。

(54)文选李注引“材”作“杖”。　王念孙读书杂志:“‘材’作‘杖’于义为长。木杖必使工为之,故曰‘使工人为木杖’,若作‘木材’,则非其指矣。疑形近而误。”　建章按:当据李注引改“材”作“杖”。又见秦策四第九章注㉝。　接:续。

(55)下文言“出之袖中,以示韩仓”,又言“愿公入明之”。既称韩仓为“公”,则“上”当指赵王。

(56)“出之袖中”句以下:于是伸出假胳膊给韩仓看,样子像木杖、门橛,用布缠住。　鲍注:“梱,门橛也。”吴正:“鲍本作‘梱’,而说乃作‘梱’,恐刊本误。”于鬯战国策注引潘和鼎说:“‘振’是‘枨’字之讹,‘捆’吴以‘梱’字为近,当从之。”　建章按:鲍注作“梱”是,潘说“枨”字可从。说文“枨,杖也。”又“梱,门橛也。”上文言“使工人为木杖以接手”,故以“枨”“梱”状“木杖”,因其形近。作“振捆”,乃与“枨梱”形近而误。

(57)愿公入明之:(武安君说)请您在大王前说明这种情况。

(58)武安君北面再拜赐死:武安君向北再拜,感激“赐死”之恩。

(59)缩:小尔雅广言:“抽也。”　诛:杀。

(60)姚校:“刘、一作‘过司马门’。”　鲍彪改“遇”作“过”,注:“衍‘空’字。”　建章按:史记项羽本纪“秦军数却,二世使人让章邯。章邯恐,使长使欣请事。至咸阳,留司马门三日”。集解:

"凡言司马门者,宫垣之内,兵卫所在,四面皆有司马,主武事,总言宫之外门为司马门也。"据董说七国考齐、赵亦有"司马门"。墨子号令"非令卫司马门"孙诒让墨子间诂:"国策赵策云'武安君过司马门,趋甚疾',则战国时,国君之门已有司马门之称。此'司马门'则似是守令官府之门,又非公门。贾子等齐篇'天子宫门曰司马门,诸侯宫门曰司马门',是汉初诸侯王宫门,亦有是称,盖沿战国制。"墨子贵义"遇日者",于省吾双剑誃诸子新证"宝历本'遇'作'过',与毕沅引选(按:文选)注及孙诒让引纪原(按:事物纪原?)作'过'合"。"过"与"遇"古书多互误。此当据姚校引刘本、一本改"遇"作"过",删"空"字。七国考引亦作"过司马门"。

○61趣:同"趋"。　疾:急。

○62鲍彪改"諔"为"誃"注:"元作'訬'。誃,别也。"于鬯战国策注:"此赵宫门,'諔'其名也。鲍当以字书无'訬'字,因改为'誃',实与所谓'誃门'者殊不涉也。"金正炜战国策补释:"'諔'当为'誎',说文'宋'或作'誎'。'誎门'即'棘门',声之误也。鲍本作'訬'亦由'誎'之形近而讹。司马门外故知当为'棘门'。鲍改殊不足据。"　建章按:楚策四第十二章"楚考烈王崩,李园果先入,置死士止于棘门之内,春申君后入,止棘门,园死士夹刺春申君,斩其头,投之棘门外"。史记绛侯周勃世家"军棘门"正义引括地志云"棘门在渭北十余里,秦王门名"。金说或是。

○63诸注说各异。后汉书王符传"衔刀都市"注:"赵将李牧为韩仓所谮,赐死,将自诛,臂短不能及,衔刀于柱以自杀。"此言李牧因臂短不能自刺,将剑插入屋柱,自就刃而刺死,以证明"臂短"。书"明征定保"传:"征,证也。"

○64史记始皇本纪"十九年,王翦、羌瘣尽定取赵地东阳,得赵王"。又李牧列传言杀李牧后三月灭赵。又言赵王迁七年斩李牧,即

353

始皇十八年。则此当是前229年冬赵斩李牧,前228年春秦灭赵。上文司空马言"若杀武安君,不过半年"赵必亡。正应此言。

(65)于鬯战国策注:"诸公,郭遗之朋友。""为"后省介词宾语"之",代"司空马"。

(66)嗟嗞:叹息声,赞叹声。

(67)"又以为"句以下:又认为,司空马从秦国逐出并非他没有才智;离开赵国,也并不是他没有出息。　知:同"智"。

(68)赵去司空马而国亡:赵国不用司空马而亡国。　去:弃,犹言不任用。

八　四国为一章

四国为一,将以攻秦[①]。秦王召群臣、宾客六十人而问焉[②],曰:"四国为一,将以图秦[③],寡人屈于内,而百姓靡于外,为之奈何[④]?"群臣莫对。姚贾对曰[⑤]:"贾愿出使四国,必绝其谋,而安其兵[⑥]。"乃资车百乘[⑦],金千斤[⑧],衣以(其)〔王〕衣,冠〔以王冠〕,(舞)〔带〕以(其)〔王〕剑[⑨]。姚贾辞行。绝其谋,止其兵,与之为交以报秦[⑩]。秦王大悦。(贾封)〔封贾〕千户[⑪],以为上卿[⑫]。

韩非(知)〔短〕之[⑬],曰:"贾以珍珠重宝,南使荆、吴,北使燕、代,[⑭](之间)〔出问〕三年[⑮],四国之交未必合也,而珍珠重宝尽于内[⑯]。是贾以王之权、国之宝,外自交于诸侯,愿王察之。且梁监门子,尝盗于梁[⑰],臣于赵而逐[⑱]。取世监门子、梁之大盗、赵之逐臣,与同知社稷之计,非所以厉群臣也^⑲。"

王召姚贾而问曰:"吾闻子以寡人财交于诸侯,有诸^⑳?"对曰:"有〔之〕^㉑。"王曰:"有何面目复见寡人?"对曰:"曾参孝其亲^㉒,天下愿以为子;子胥忠于君^㉓,天下愿以为臣;贞女工巧,天下愿以为妃^㉔。今贾忠王,而王不知也。贾不归四国,尚焉之^㉕? 使贾不忠于君,四国之王尚焉用贾之身? 桀听谗而诛其良将^㉖,纣闻谗而杀其忠臣^㉗,至身死国亡。今王听谗,则无忠臣矣。"

王曰:"子监门子,梁之大盗,赵之逐臣。"姚贾曰:"太公望齐之逐夫^㉘,朝歌之废屠^㉙,子良之逐臣^㉚,棘津之(雠不)〔不雠〕庸^㉛,文王用之而王^㉜。管仲其鄙人之贾人也^㉝,南阳之弊幽^㉞,鲁之免囚^㉟,桓公用之而伯^㊱。百里奚虞之乞人,传卖以五羊之皮,穆公相之而朝西戎^㊲。文公用中山盗,而胜于城濮^㊳。此四士者^㊴,皆有诟丑^㊵,大诽〔于〕天下^㊶,明主用之,知其可与立功^㊷。使若卞随、务光、申徒狄,人主岂得其用哉^㊸? 故明主不取其污,不听其非,察其为己用^㊹。故可以存社稷者,虽有外诽者不听,虽有高世之名无咫尺之功者不赏。是以群臣莫敢以虚愿望于上^㊺。"

秦王曰:"然。"乃可复使姚贾而诛韩非^㊻。

【注释】

①高注:"四国,燕、赵、吴、楚也。" 鲍注:"荆、齐、燕、代,见下文。"于鬯战国策注:"顾编林纪并以此策在始皇十四年,以策末言'诛韩非',据史始皇纪非死在是年耳。然非死即在是年,而下文非明言贾使'三年',则'四国为一'固不得与非死同年,

必在<u>非死三年</u>之前，连计首尾，当在<u>始皇</u>十二年，否则十一年也。" <u>建章</u>按：前473年<u>越</u>灭<u>吴</u>，前355年<u>楚</u>灭<u>越</u>，至此前236年（<u>始皇</u>十一年）何得有<u>吴</u>。<u>史记六国年表赵悼襄王</u>九年（前236年）"<u>秦</u>拔我<u>阏与</u>、<u>邺</u>，取九城"，又<u>赵世家悼襄王</u>九年"<u>赵</u>攻<u>燕</u>，取<u>狸</u>、<u>阳城</u>"。则此年<u>燕</u>、<u>赵</u>何得共攻<u>秦</u>。"四国"为何，究可疑。<u>韩诗外传</u>卷八："昔<u>吴</u>、<u>楚</u>、<u>燕</u>、<u>代</u>谋为一举而欲伐<u>秦</u>，<u>桃</u>（通"<u>姚</u>"）<u>贾</u>监门之子也，为<u>秦</u>往使之，遂绝其谋，<u>止其兵</u>。及其反国，<u>秦王</u>大悦，立为上卿。"彼为<u>冉有</u>答<u>鲁哀公</u>语。<u>鲁哀公</u>前494年—前467年在位，其不可信亦明矣。此策当在<u>始皇</u>十四年（前233年）。

②<u>秦王</u>：<u>始皇</u>，见<u>秦策</u>三第十八章注⑬。 焉：<u>刘淇助字辨略</u>卷二："'之'辞也。"之：指"群臣宾客"。

③为一：联合。 图：谋。

④屈：<u>荀子王制</u>"财物不屈"<u>杨</u>注："竭也。" <u>秦</u>连年战争，士兵死伤于外，故言"百姓靡于外"。靡，有倾倒、溃败的意思。 为之奈何：对此可怎么办？

⑤<u>高诱</u>以为<u>姚贾</u>即<u>孟子公孙丑</u>下章"<u>陈贾</u>"。<u>赵岐</u>注："<u>齐</u>大夫也。"<u>杨伯峻孟子译注</u>："<u>姚贾</u>与<u>李斯</u>同时，而<u>高诱</u>以为即此<u>陈贾</u>，不可信。" <u>建章</u>按：<u>史记孝文本纪陈直</u>新证："先<u>秦</u>至两<u>汉</u>，<u>陈</u>姓与<u>姚</u>姓通称，<u>战国策</u>'<u>姚贾</u>'，<u>孟子</u>作'<u>陈贾</u>'是也。"

⑥"必绝"两句：一定打消他们攻<u>秦</u>的念头，阻止他们攻<u>秦</u>的大军。绝：<u>吕氏春秋权勋高</u>注："止也。" 安：<u>尔雅释诂</u>："止也。"

⑦资：给。

⑧金：铜，非指黄金。

⑨"乃资"句以下：于是给他车百乘，金千斤，穿上<u>秦王</u>赠给他的衣服，戴上<u>秦王</u>赠给他的帽子，佩上<u>秦王</u>赠给他的宝剑。 <u>姚</u>校："'舞'，<u>刘</u>本作'带'。" <u>王念孙读书杂志</u>："此文当作'衣以其

衣,冠以其冠,带以其剑',谓衣以王之衣,冠以王之冠,带以王之剑。今本脱去'以其冠'三字,'带'字又讹作'舞'。隶书'带'字或作'𢂷',因讹而为'舞'。又齐策'靖郭君衣威王之衣,冠其冠,带其剑'。" 金正炜战国策补释:"'其'当为'王',古书'王'作'𤣥','其'作'亓',二形相近而误。鲍注'以王衣衣之,以王剑赐之',或所见本犹未误也。王念孙云'此当作'衣以其衣'云云,唯齐策承威王言,故可曰'其',此则当作'王',于义乃安。" 建章按:文选王褒洞箫赋"带以象牙",李注"带,犹饰也"。与"舞以其剑"句式同,故王说"舞"作"带"当是。"冠"字如属上,与下句四字句不谐,如属下,又不可通,故此有脱文无疑。王据齐策补"以其冠"三字,金纠王"其"字,皆可从。当依姚、王、金改、补。

⑩"绝其谋"三句:打消了他们攻秦的念头,阻止了他们攻秦的大军,和他们建立了友好的关系,回报秦王。

⑪姚校:"刘、一作'封贾'。" 建章按:此言秦王封贾为千户;当据刘本及一本改。 千户:食邑千户。如吕不韦"封为文信侯,食河南雒阳十万户"。

⑫公羊襄十一年传:"古者上卿、下卿、上士、下士。"则"上卿"春秋以前已有,战国时沿用,据七国考,除韩国外,六国皆有上卿之官。商鞅曾将秦的爵位分为二十级,上卿约相当于十六级大上造、十七级驷车庶长,十八级大庶长。

⑬姚校:"'知',一作'短'。史记注引战国策曰'韩非短之'。" 金正炜战国策补释:"作'短'者是也,汉书陈平传'人有短恶晻者'师古曰'陈其短失过恶于上;谓潜毁也'。" 建章按:观韩非所言,作"短"义长。当据姚引一本及集解引改"知"为"短"。
韩非(约前298年—前233年):出身韩国贵族,是荀子的学生。他推崇法家学说,曾劝告韩王实行富国强兵的政策,未被采纳,

于是著书立说,评论时政。秦始皇看到他的文章,非常赏识。后来韩非到了秦国,其同学李斯嫉恨他的才能,与姚贾陷害他,死于狱中。其著作韩非子流传至今。史记有韩非子列传。

⑭“荆、吴、燕、代”姑仍其旧,见注①。

⑮出问三年:出使三年。 刘锺英战国策辨讹:“‘出问’讹作‘之间’。聘礼曰‘小聘曰问’。” 建章按:“之间”属下,不通;属上,义亦不顺。小篆“之”作“㞢”,“出”作“凷”二形相近,故“出”误为“之”。“问”“间”亦形近而误。荀子大略“问士以璧”注:“问,谓访其国事。”仪礼聘礼记“问诸侯”注:“于天子曰朝,于诸侯曰问”,左哀十一年传疏:“礼以物遗人谓之问。”姚贾以“珍珠重宝”出使,为国事访诸侯,则当是“问”。当从刘说改。

⑯“四国”两句:四国未必真正和秦国联合,可是珍珠重宝,尽为四国所有。

⑰“且梁”两句:而且姚贾从前是魏国看门的小吏,在魏国进行偷盗。 监门:看守城门的小吏。监门子,有卑视之意,犹“门倌”。梁:即“魏”。

⑱臣于赵而逐:在赵国为臣而被逐。

⑲“取世”句以下:任用一个世世代代看门小吏、魏国的大盗、赵国的逐臣这样的人,与大王共掌国家大事,这不是鼓励群臣的好办法。 取:任用。 世:言世世代代。 知:主,执掌。 社稷:国家。 厉:劝勉。

⑳有诸:有这回事吗? 诸:小尔雅广诂:“‘之乎’也。”

㉑姚校:“刘作‘有之’。” 建章按:论语述而“子疾病,子路请祷。子曰:‘有诸?’子路曰:‘有之……’”孟子梁惠王上:“不识有诸?曰‘有之’。”当据刘本补“之”字。

㉒曾参:字子舆,鲁国人,孔丘的学生。史记仲尼弟子列传:“少孔

子四十六岁，孔子以为能孝道，故受之业，作孝经，死于鲁。”

㉓子胥：伍子胥，见秦策一第十二章注⑨。

㉔贞：端庄正派。　工巧：善于做针线活。　妃：配偶，即妻。

㉕“贾不归”两句：我如果不馈赠四国，又把钱用到那儿去呢？于省吾韩非子内储说下新证：“归、馈、餽，古籍尤多通用。”即“赠”。　焉：何。

㉖桀：见秦策一第二章注㉕。　良将：指关龙逢。荀子宥坐“孔子曰：‘由不识，吾语女。女以忠者为必用邪？关龙逢不见刑乎！’”又解蔽“桀蔽于妹喜，斯观而不知关龙逢以惑其心而乱其行。故群臣去忠而事私。”　于鬯战国策注：“汉古今人表云‘桀、龙逢欲与为善则诛；于莘与为恶则行’。韩非说疑篇云‘桀有侯侈，亡国之臣也。’史记龟策列传云‘桀有谀臣名曰赵梁，教为无道’。案所谓‘听谗’，必于莘、侯侈、赵梁辈矣。”

㉗纣：见秦策一第二章注㉗。　忠臣：指比干，见秦策三第十八章注(57)。荀子宥坐“孔子曰：‘由不识，吾语女。女以知者为必用邪？王子比干不见剖心乎！’”史记殷本纪：“九侯有好女，入之纣，九侯女不憙淫，纣怒杀之，而醢九侯，鄂侯争之强，辨之疾，并脯鄂侯。西伯昌闻之窃叹。崇侯虎知之，以告纣，纣囚西伯羑里。……而用费中为政，费中善谀，好利，殷人弗亲。纣又用恶来，恶来善毁谗。”鲍改“闻”作“听”。　建章按：“闻”亦犹“听”。

㉘高注：“太公，吕尚、望，为老妇之逐。”　太公望，见秦策一第二章注(71)。　韩诗外传卷八：“太公望少为人婿，老而见去。”　说苑尊贤：“太公望故老妇之出夫也。”　吴震方读书质疑引此作“太公望老妇之逐夫”。刘锺英战国策辨讹：“韵府‘齐之’作‘老妇’。”　建章按：据高注“齐之”或是“老妇”。高注“之”犹“所”，见裴学海古书虚字集释卷九。

㉙高注：“卖肉于朝歌，肉上生臭，不售，故曰‘废屠’。” 朝歌：今河南省淇县。

㉚子良：不详。

㉛高注：“钓鱼于棘津，鱼不食饵，卖庸作又不能自售也。”张琦战国策释地说：“棘津在今沂州府日照县界。”程恩泽国策地名考“古邑”上说：“棘津有七。田融以为即石济南津，盖主汲县。以太公本汲人也（汉崔瑗、高诱、晋卢无忌，俱以太公为河内汲人）。阎若璩曰：太公本海曲县人，其地为今之莒州、日照等处，与诸城相近。”郭人民战国策校注系年说：“棘津，今山东日照县日照镇有棘津，太公垂钓处。” 孙诒让札迻：“此当作‘棘津之不雠庸’，故高注云‘卖庸作不能自售也’，今本‘雠不’二字误到，与注不相应，当乙正”。 金正炜战国策补释：“此文本作‘棘津之庸不雠’，今以‘雠’‘庸’互易遂至义不可通。抱朴子备阙篇‘故姜牙卖煦无所雠，而见师于文、武’，‘煦’或‘劬’字之讹，说文‘劬，劳也’。” 关修龄战国策高注补正：“据注宜作‘庸不雠’。” 刘锺英战国策辨讹：“‘庸’与‘佣’通，赁也；‘雠’与‘售’通，‘不售’者，人不雇也。”孙子书说：“诗大雅抑‘无言不雠’，毛传‘雠，用也’。‘雠’‘庸’当互易，言求为庸而人不用也”。（见韩非子有度篇集释引） 建章按：上三句“逐”“废”“逐”分别修饰“夫”“屠”“臣”，构成三个偏正词组，此句亦当与前三句句式一律，当作“不雠庸”，“不雠”修饰“庸”。“庸”即高注的“庸作”，亦即“庸工”，意思是“卖不出去的庸工”，“没人要的佣工”。孙诒让说是，当据以乙正。

㉜文王：见秦策一第二章注㉖。 吕尚辅佐文王事，详史记周本纪及齐太公世家。

㉝高注：“鄙人，邑名。” 姚校：“一无‘人’字。” 吴补：“‘鄙’下‘人’字疑衍。” 金正炜战国策补释：“‘其’字疑当为‘齐’，声

之误也；'鄙人'之'人'当从一本省。广雅释诂'鄙，国也'。
'齐鄙'犹云'齐国'。又书文侯之命郑注'鄙，边邑也'，吕览云
'管仲与鲍叔同贾南阳'，故曰'齐鄙之贾人'。 建章按：疑策
文与高注有误，姑从金说。 管仲：见东周策第十一章注⑪。

㉞南阳：齐、鲁交界之地，在泰山之南。 高注："弊，隐也；幽，潜。
不见升用，贫贱于南阳，故曰南阳之弊幽。"

㉟齐襄公被杀（前685年），其弟公子纠奔鲁，管仲、召忽傅之；次
弟公子小白奔莒，鲍叔傅之。管仲护公子纠反继位，公子小白
亦反国继位。管仲与小白战，射中小白带钩。后小白反国立为
君，即齐桓公。桓公发兵伐鲁，迫使鲁杀公子纠，召忽自杀，管
仲请囚。鲁送囚入齐，桓公听鲍叔牙谋，解管仲而任以政。即
所谓"鲁之免囚"。

㊱桓公：齐桓公，见东周策第十一章注⑨。 伯：通"霸"。

㊲史记秦本纪："缪公五年（前655年），晋献公灭虞、虢，虏虞君与
其大夫百里傒，以百里傒为秦缪公夫人媵于秦。百里傒亡走，
楚鄙人执之。缪公闻百里傒贤，欲重赎之，以五羖羊皮赎之。
当是时百里傒年已七十余。缪公释其囚，与语国事，语三日，缪
公大悦，授之国权，号曰五羖大夫。"马非百秦集史人物传三之
一"百里奚"条说："大概百里奚是姓百里，名视，字孟明。其所
以又名曰奚者，考'奚'之本义为隶役。礼记疏：'有才能曰奚，
无才能曰奴。'周礼酒人'奚三百人'注：'犹今官婢。'百里奚曾
自鬻于秦客，被褐食牛，后又传鬻以五羊之皮为公孙枝所得，可
见百里奚最初乃一卖身为奴之人，故秦人特称之曰奚，亦犹其
传鬻以五羊之皮，而号曰'五羖大夫'云尔。" 传：读"转"。

穆公：秦成公之弟，名任好，前659年—前621年在位。 西戎：
秦国西边的少数民族。 西汉邹阳狱中上梁王书亦有"百里奚
乞食于道路，缪公委之以政"的话。

㊳文公:晋文公,献公之子,名重耳,前636年—前621年在位。
高注:"传曰:晋文公用舅犯之谋破楚成王于城濮,此云'中山之
盗',则未闻也。" 城濮:今山东省濮城镇南。前632年晋文公
与楚成王战于城濮,大败楚军,晋国的霸主地位从此奠定。

㊴四士:指太公望、管仲、百里奚、中山盗。

㊵诟(gòu 够):耻辱。 丑:羞耻。

㊶姚校:"曾作'于天下'。" 建章按:当从曾本,义始明。高、鲍
于"诽"字断句,"天下"属下读亦通。今取曾本。 诽:诽谤。

㊷鲍彪于"功"下补"也"字。 建章按:补"也"字语气完,当从鲍
补"也"字。 与:王引之经传释词卷一"犹'以'也"。

㊸汤要讨伐夏桀,让卞随给他出谋,卞随推辞说:"这不是我的
事。"汤问:"谁可?"卞随说"不知道"。汤又去问务光,务光说:
"这不是我的事。"汤问:谁可?务光说"不知道",汤问:"伊尹
怎么样?"务光说:"坚强有能,善于忍辱,别的我不知道"。于是
汤与伊尹谋伐桀。战胜,汤要让位卞随,卞随谢绝说:"您讨伐
夏桀,与我谋划,必以我为杀夏桀的合谋者,战胜夏桀,又让位
于我,一定会以为我是一个贪图势位的人。我生在这样一个混
乱的社会,而无道的人又来污辱我,我不能经常听这种污辱我
的恶言。"于是投水而死。汤又让位给务光说:"聪明的人能谋
事,勇敢的人能成事,有仁心的人能守事。这是古今的通理。
您如不即位,那我请您做宰相。"务光谢绝说:"废弃天子,是不
正义的,发动战争屠杀百姓,这是没有人心的。别人遭屠杀,而
我享其成,这是不廉洁的。我实在忍受不了。"于是投水而死。
卞随、务光,相传是古代的隐士,其事庄子让王、吕氏春秋离俗
览记之颇详。高注:"申屠不忍见纣之无道,抱石自沉于洞水。"
淮南子说山训高注:"申徒狄,殷末人也。"韩诗外传卷一、新序
节士申徒狄自言"吴杀子胥、陈杀泄冶而灭其国",故史记邹阳

列传索隐引韦昭说"六国时人"。"屠"亦作"徒"。　使:裴学海古书虚字集释卷九:"犹'夫'也。"则使若,犹言"如象"。

其:又卷五"犹'而'也"。　"使若"两句:如象卞随、务光、申徒狄那样的人,他们真可说是"一身清白",可是人主能任用他们吗?此三人都是逃避现实,不问政治,所以人主不可能任用这样的人,因此反问。

㊹"故明主"三句:所以英明的国君不取用人的污点,不听信人的谗言,只考察为自己所用。　取:择用。　污:污点。　非:通"诽",毁,谗。

㊺"故可以"句以下:所以能安邦定国的人,虽然有诽谤他的恶言,也不要去听。虽然有突出的名望,可是没有建立多少功勋,也不要给予奖赏。这样,群臣谁也不敢白白地向国君提出非分的要求。　社稷:指国家。　高世:超世。　咫:周尺八寸。尺:周尺十寸。　咫尺:就数量说是"少"的意思,就距离说是"短"的意思;此为前一意。　虚愿:不给国家建立功勋、做出贡献,却要国家给自己赏赐。　望于上:求于国家,向国家伸手。

㊻可:裴学海古书虚字集释卷五:"犹'即'也。"史记韩非列传:"韩王始不用非,及急,乃遣非使秦。秦王悦之,未信用。李斯、姚贾害之,毁之曰:'韩非,韩之诸公子也,今王欲并诸侯,非终为韩,不为秦,此人之情也。今王不用,久留而归之,此自遗患也。不如以过法诛之。'秦王以为然,下吏治非。李斯使人遗非药,使自杀。韩非欲自陈,不得见。秦王后悔之,使人赦之,非已死矣。"据陈奇猷韩非年表韩非约生于前 298 年,死于前 233 年。又见注⑬。

战国策注释卷八

齐 策 一

齐：妫姓，侯爵。春秋时，齐桓公十四年（前672年）陈公子完奔齐，史记田敬仲完世家索隐："以'陈'、'田'二字声相近，遂以为田氏。"世世相齐。周安王十四年（齐康公十七年，前388年）齐相田和迁康公于海上。周安王十六年许田和立为诸侯，是为田齐。其疆域有今山东省偏北的大部及河北省西南部，东靠海，西南和莒、杞、鲁等小国接界，北和燕接界，西和赵、卫接界，国都在临淄（今山东省淄博市临淄区）。周显王十七年（齐威王五年，前352年）始称王。传至王建，于秦始皇二十六年（前221年）为秦所灭。

一　楚威王战胜于徐州章

365

楚威王战胜于徐州①，欲逐婴子于齐②。婴子恐。张丑谓楚王曰③："王战胜于徐州也，盼子不用也④。盼子有功于国，百姓为之用⑤；婴子不善，而用申缚⑥。申缚者，大臣与，百姓弗为用，故王胜之也⑦。今婴子逐，盼子必用⑧。复整其士卒,以与王遇,必不便于王也⑨。"楚王因弗逐⑩。

【注释】

①楚威王:见秦策一第二章注⑩,史记楚世家:"威王七年,齐孟尝君父田婴欺楚,楚威王伐齐,败之于徐州。"在前 333 年。顾观光战国策编年即在此年。　徐州:今山东省徐州市。

②婴子:孟尝君田文的父亲靖郭君田婴,齐威王少子,封于薛,故又称薛公。见东周策第十六章注①。说苑臣术"泰誓曰:在上位而不能进贤者逐。"齐威王晚年,田婴出任齐相。田婴为宗室贵族,他先取得彭城(今徐州市)作为封地,齐威王三十五年(前 322 年),又改封于薛(今山东省滕州市东南),因称薛公,死后谥靖郭君。他利用齐威王晚年精力不支、不愿亲理政事的机会,掌握了齐国的政治、经济、外交大权,甚至连太子之废立也由他决定。(见齐策一第五章)田婴利用手中的大权,营私舞弊,加强对封地薛的经营,忙于集聚财富,"私家富累万金"。(史记孟尝君列传)(见王阁森、唐致卿主编齐国史 463 页)

③张丑:齐臣。　楚王:楚威王。

④"州"下"也"字犹"者"。　盼子:田盼,田婴的同族。　此句言:大王在徐州战胜齐国,是因为齐国没有任用田盼的缘故。

⑤之:指盼子。

⑥婴子不善:言田婴与盼子关系不好。　申缚:齐将,见秦策四第十章注㉔,楚世家作"申纪"。

⑦此句有三说:(1)高注:"言大臣与百姓不为申缚致力尽用也。"此"大臣与百姓"五字连读。(2)姚校:"一本作'弗与'。"此与楚世家作"不附"意同,泷川资言考证:"枫山本'附'作'与'。"(3)于鬯战国策注引潘和鼎云:"'大臣与'三字绝句。高连下读,鲍补'弗',皆非也。'大臣'指'婴子',上文云'盼子有功于

国,百姓为之用;婴子不善,而用申缚',是盼子者,民为之用,而大臣弗与者也。若申缚为婴子所用,明是大臣所'与',弟不得民心,百姓弗为之用耳。'大臣与'承上'婴子用申缚'言。策无'弗'字不误,史改作'不附',不知与上文不贯。此史公之疏也。" 建章按:此言申缚是田婴的亲信,可是人民不愿为他效力,所以大王在徐州才战胜了申缚。 大臣:指田婴。 与:亲信。 弗为用:不为申缚用。

⑧今婴子逐盼子必用:如果您要让齐国驱逐田婴,盼子必然会被任用。 今:王引之经传释词卷五:"犹'若'也。"

⑨"复整"三句:盼子就要整顿军队而与大王对抗,一定不利于大王。 遇:敌,对抗。 便:利。

⑩楚王因弗逐:楚威王就放弃了让齐国驱逐田婴的打算。 因:就。

二 齐将封田婴于薛章

齐将封田婴于薛①。楚王闻之大怒②,将伐齐。齐王有辍志③。公孙闬曰④:"封之成与不,非在齐也,又将在楚⑤。闬说楚王,令其欲封公也又甚于齐⑥。"婴子曰:"愿委之于子⑦。"

公孙闬为谓楚王曰⑧:"鲁、宋事楚而齐不事者,齐大而鲁、宋小⑨。王独利鲁、宋之小,不恶齐大,何也⑩?夫齐削地而封田婴,是其所以弱也⑪。愿勿止⑫。"楚王曰:"善。"因不止。

【注释】

①田婴:即上章婴子。史记孟尝君列传:"湣王即位三年而封田婴

于薛。"史记湣王三年当周显王四十八年,实齐威王三十六年(前321年)。顾观光战国策编年即系于此年。钱穆先秦诸子系年109节:"靖郭君相齐威宣王与湣王不同时辨"条说:"阎若璩云:'田婴封于薛在威王时无疑。'按阎说是也。孟尝君列传索隐引纪年亦云'梁惠王后元十三年(前322年)四月,齐威王封田婴于薛。十月齐城薛。十四年薛子婴来朝。十五年齐威王薨。'惠王后元十三年正当年表齐湣王二年(其实乃威王之三十六年),与所注田婴封薛之年相差仅迟一岁。然孟尝君传谓'湣王即位三年而封田婴于薛',如是并宣王卒湣王立之年数之,则所谓'湣王即位三年'者,正当在年表之二年,今年表列于湣王三年,已是即位之四年。年表自误后一年,而孟尝君传之年并不误。"按:钱穆先秦诸子系年通表"封田婴"系于周显王四十七年(前322年)。 薛:见东周策第十六章注①。

②楚王:楚怀王。见东周策第八章注③。

③齐王有辍志:齐威王准备放弃封田婴的打算。 齐王:威王。见秦策四第十章注⑲。 辍(chuò 绰):中止,停止。 志:意。

④公孙闬(hàn 汉):于鬯战国策注:"闬本邹忌之客,今为田婴之客。"

⑤不:即"否"。又:裴学海古书虚字集释卷二:"而也。"

⑥"闬说"两句:我去说服楚王,让他比齐王还想封您。 公:田婴。

⑦愿委之于子:我就把这件事委托给您吧。 委:高注:"付也。"

⑧"为"后省掉介词宾语"之",指代"田婴"。

⑨鲁:鲁国有今山东省的东南部,国都在曲阜(今山东省曲阜市)。 宋:见秦策一第四章注②。 事:犹言讨好。

⑩"王独"句以下:大王为什么偏偏只看到鲁、宋弱小之利,却不担心齐国强大呢? 独:只,就,偏偏。 恶:忧惧,担心。

⑪齐以地封田婴,如秦之封穰侯渐渐养成其势,权倾国君,将贻患于后。所以说"是其所以弱也"。

⑫愿:希望。

三　靖郭君将城薛章

靖郭君将城薛①,客多以谏②。靖郭君谓谒者③,无为客通④。齐人有请者曰⑤:"臣请三言而已矣⑥!益一言,臣请烹⑦。"靖郭君因见之⑧。客趋而进曰:"海大鱼。"因反走⑨。君曰:"客有于此⑩。"客曰:"鄙臣不敢以死为戏。"君曰:"亡,更言之⑪。"对曰:"君不闻〔海〕大鱼乎⑫?网不能止,钩不能牵⑬,荡而失水⑭,则蝼蚁得意焉⑮。今夫齐亦君之水也⑯。君长有齐(阴),奚以薛为⑰?(夫)〔失〕齐⑱,虽隆薛之城到于天⑲,犹之无益也⑳。"君曰:"善。"乃辍城薛㉑。

【注释】

①靖郭君:即薛公田婴,见第一章注②。史记孟尝君列传"婴卒,谥为靖郭君",索隐:"谓死后别号之曰靖郭耳,则'靖郭'或封邑号。"正义:"靖郭君邑名,盖卒后赐邑号。"泷川资言考证引中井积德说:"靖郭,地名,而为封号,是生时之号,非死后之谥。"又引崔适说:"'谥'犹'号'也,'谥为靖郭君','谥为孟尝君','犹'号为刚成君','号为马服君'之比。"　于鬯战国策注:"后策齐貌辨与宣王语皆称靖郭君,此时靖郭君固存,其非死后之称明矣。盖春秋大夫无号而有谥,战国所以无谥者,正为生已有号耳。然则谓生之号即死之谥亦宜。"　建章按:韩非子外储说右上有"靖郭氏",陈奇猷集释:"古人以封邑为氏,故云靖

郭氏。"此亦可证"靖郭君"乃生前的封号,非死后的谥号。 城薛:据下文"隆薛之城到于天","乃辍城薛"云云,"城"用作动词,即给薛邑筑城。 钱坫说文解字斠诠说:"溯水在鲁,从水郭声。齐田婴封靖郭君,以此水得称也。"水经泗水注:"溯水出东海合乡县。"杨守敬疏说:"今郭河出滕县东南高山,即溯水也。"熊会贞疏说:"今郭河自滕县东,西南流入运河。"又:"溯水又西迳薛县故城北,……邳迁于薛,改名徐州。……齐封田文于此,号孟尝君,今郭侧犹有文冢。"杨守敬疏说:"续汉志注引皇览,靖郭君冢在薛城中东南陬,又孟尝君冢在城中向门东北边。郦氏'今郭侧犹有文冢'云云,直以目验得之,是孟尝君封于薛,即葬其地。故地形志:'薛有孟尝君冢。'括地志:'冢在滕县南五十二里。'寰宇记:'在滕县南五十里。'别无异说,在今滕县东南。"钱穆先秦诸子系年109节"靖郭君相齐威宣王与潘王不同时辨"条说:"田婴父子皆居薛,故称薛公、薛侯。其死而葬,亦在薛城中。其称靖郭、孟尝,或当时不欲拟于古诸侯之旧称,故避薛而称郭、称尝以为号,非为其封居之不在薛。"

②客:指靖郭君的食客。 谏:高注:"止之也。"田婴筑城,为的是加强巩固自己的实力。这样就容易引起齐王的猜忌。(信陵君只是因为多了解一点情况,就遭到其兄魏安釐(xī)王的猜忌)所以他的食客多来劝阻。

③谒者:掌宾客来访通报事宜,相当于今传达室的管事人。

④无为客通:不要为那些来劝阻我的人通报。

⑤请:说文:"谒也。"即求见。

⑥三言:三个字。

⑦益一言臣请烹:多说一个字就请烹死我。 益:多,过,超。

⑧因:则,就。下同。

⑨因反走:说完转身就走。

⑩高注:"于此止,无走也。"裴学海古书虚字集释卷二:"'有'犹'已'也,'止'也,高注:'止'字即释'有'字。"此句意思是:你留下把话说完。

⑪亡:刘淇助字辨略卷一:"言莫如此也。"此犹言"别这么说"。
国语晋语四:"利相更"韦注:"更,续也。"则"更言之"谓继续说下去。

⑫新序杂事二、淮南子人间训、文选贾谊吊屈原文李注引皆作"海大鱼"。 韩非子说林下陈奇猷引陶鸿庆说:"依上下文,'大鱼'上当有'海'字,淮南、新序并作'海大鱼'可证,齐策亦脱'海'字,则文义不完。"陈以为"陶说是。" 于鬯战国策注:"御览'大'上有'海'字。" 建章按:陶说是,当据各书补"海"字。

⑬网不能止钩不能牵:鱼网捕不到,鱼钩牵不来。 左哀十二年传:"寡君愿事卫君,卫君之来也缓,寡君惧,故将止之。"注:"止,执。"左庄九年传:"秦子、梁子,以公旗辟于下道,是以皆止。"注:"止,获也。"则"止"即"捕获""捉住"之意。

⑭庄子庚桑楚"吞舟之鱼,砀而失水,则蚁能苦之",陆德明经典释文:"谓砀溢而失水也。崔本作'去水陆居也'。"意即被水冲荡出水。 建章按:"荡而"即"荡然"。"斐然成章""喟然叹息""欣然有喜色""沛然下雨"这类结构,皆前面"……然"对后面的词语有修饰作用,此"荡然"亦修饰"失水"。论语泰伯皇疏:"荡荡,无形无名之称也。"又阳货集解引孔注:"荡,无所据。""荡然"有空无所有的意思,如"荡然无存","荡然"也是修饰"无存"。此"荡而"即修饰"失水",则"荡而失水"是说干得连一滴水也没有。

⑮蝼:蝼蛄,蜊蜊蛄,土狗子。 蝼蚁:比喻微小的生物。 此句是说:海里的大鱼可以任意地在无边无际的大海里遨游,可是

离开了水,它将会失去自由,连小小的蚂蚁和蝼蛄也能制服它。

⑯此句言,现在齐国就是您的"水"呀。　今夫:表提示的虚词。
"今"犹"夫"。

⑰君长有齐奚以薛为:您如果永远据有齐国,要薛邑还有什么用
啊!　长:永远。　姚校:"别本无'阴'字。"　鲍本无"有"字,
"阴"字。　建章按:新序、韩非子无"阴"字。当据删"阴"字。
奚:何。

⑱王念孙读书杂志:"'夫齐'当为'失齐',字之误也。此以大鱼
之失水喻靖郭君之失齐。上文曰'荡而失水,则蝼蚁得意',是
其证也。韩子说林篇及鸿烈人间篇并作'失齐'。"又读书杂志
补遗:"通鉴周纪亦作'失齐'。"　建章按:韩非子难三"失在不
自恃",陈奇猷说:"王先慎据赵本改'失在不'为'夫不能',非。
藏本'失'作'夫',亦误。"又难势"失道理之言乎哉",陈说
"'失'字原作'夫',据藏本改"。此亦"失"误"夫"之证。当改
"夫"为"失"。

⑲隆:高,用作动词,"加高""筑高"。

⑳"失齐"句以下是说,您如果失掉齐国,即使把薛邑的城筑得天
一样的高,又有什么用呢。　韩非子无"之"字,新序"之"作
"且"。　建章按:裴学海古书虚字集释卷九:"'之'犹'且'。"
"犹且"即"尚且"。

㉑辍:中止,停止。

四　靖郭君谓齐王章

靖郭君谓齐王曰①:"五官之计②,不可不日听也而数
览③。"王曰:"(说)〔诺〕。"五而厌之④。(今)〔令〕与靖郭
君⑤。

【注释】

①靖郭君:见第一章注②。 齐王:齐威王,见秦策四第十章注⑲。通鉴载此策在周显王四十八年(前321年),顾观光战国策编年同。

②五官:于鬯战国策注引潘和鼎云:"侯国之制,春秋时僭窃更改,已各不同,至战国时尤异。然以齐证齐,当不相远。管子小匡篇云'使鲍叔牙为大谏,王子城父为将,弦子旗为理,宁戚为田,隰朋为行。'又云'管仲曰:升降揖让,进退闲习,辨辞之刚柔,臣不如隰朋,请立为大行;垦草入邑,辟土聚粟,多众尽地之利,臣不如宁戚,请立为大司田;平原广牧,车不结辙,士不旋踵,鼓之而三军之士视死如归,臣不如王子城父,请立为大司马;决狱折中,不杀不辜,不诬无罪,臣不如宾胥无,请立为大司理;犯君颜色,进谏必忠,不辟死亡,不挠富贵,臣不如东郭牙,请立以为大谏之官。'两列官名,皆五位,处相之下。以周制言之,在五大夫之列,盖即齐之五官矣。大匡篇云'管仲再拜稽首曰:今日君成霸,臣贪承命,趋立于相位。乃令五官行事'可证也。" 计:计簿,即会计所用簿册,也包括人事登记。这里是说五官将自己所属的工作情况定期向上作报告。这个"报告"即所谓"计"。

③金正炜战国策补释:"据韩非子外储说似当作'不可不数日听览也'。"孙诒让札迻:"此'而数览'三字当依吴校在'也'字上。" 于鬯引潘和鼎说:"此当以韩非子订之。外储说言'终岁之计',是考其岁会,非正其日成,策文不当作'日听',盖'日'是'自'之讹,即韩非'王自听计'也。'数',疾也,'数览'谓疾速览之,即韩非'王以一夕听之'也。'也'字依吴正订在'览'字下,句法较顺。" 建章按:通鉴作"不可不日听而数览也","日听"即"日日听",故下文云"而厌之"。通鉴乃据国策,故当据通鉴或可近国策之真。此句言,大王不可不每天听取他们的

汇报,并及时阅览他们的书面报告。

④姚校:"一本作'王曰日说五官吾厌之'。" 鲍本"五"作"吾"。 金正炜战国策补释:"'说'当为'诺',音近而误,韩非作'诺'可证。'五'下当有'日'字,鲍本作'吾','吾'即'五日'二字误并为一也。" 孙诒让札迻:"'王曰说五而厌之'当作'王曰日听一官(姚校别本'说'即'听'之误),五日而厌之',一本'五'作'吾',鲍本同,即'五日'二字之合并而误者。言王因靖郭君言,每日听一官之计,至五日而王厌倦,不复听也。"于鬯战国策注引潘和鼎云:"'说'是'诺'字之误,即韩非'王曰诺'也。'五'鲍作'吾',实当作'我','吾'、'我'皆施自身谓,其字通用,传写易改。说文云:'或说:我顷,顿也。''我顷'即'俄顷';'我而厌之'即韩非'俄而王已睡也'。" 建章按:通鉴作"王从之,已而厌之"。此以意引国策文,"从之"即"诺"之意,故金、潘以为"说"乃"诺"字之误,当是。金以"吾"当是"五日",潘以为"吾"为"我"字之误,以一本"五"作"吾"为说,皆可通。孙以意增字,难从。当据韩非子改"说"作"诺"。余从潘说作解。 此句言:齐王说"是啊!"可是不久就厌倦了。

⑤姚校:"'今'一作'令'。" 高注:"与靖郭君,使听治也。" 金正炜战国策补释:"'今'犹'即',作'令'者误。" 于鬯战国策注:"高注'使'字正训'令',是高本原'令'字。" 建章按:于说是,当据姚引一本改。 与:予。 此句言:就把这些事交给靖郭君,让他去处理。

【补注】

录韩非子外储说右下说四一段供参考:

田婴相齐,人有说王者曰:"终岁之计,王不一以数日之间自听之,则无以知吏之奸邪得失也。"王曰"善。"田婴闻之,即遽请于王而听其计。王将听之矣,田婴令官具押券斗石参升之计,王自听计,计不胜听。罢食,后复坐,不复暮食矣。田婴复谓曰:"群臣所终岁日夜不敢偷怠之事也,王以一夕听之,则群臣有为劝勉矣。"王曰:"诺。"俄而王已睡矣。吏尽揄刀削其押券升石之计。王自听之,乱乃始生。

五 靖郭君善齐貌辨章

靖郭君善齐貌辨①。齐貌辨之为人也多疵②,门人弗说③。士尉以证靖郭君④,靖郭君不听⑤,士尉辞而去。孟尝君又窃以谏⑥,靖郭君大怒,曰:"刬而类,破吾家,苟可慊齐貌辨者,吾无辞为之⑦。"于是舍之上舍⑧,令长子御⑨,旦暮进食⑩。

数年,威王薨⑪,宣王立⑫。靖郭君之交⑬,大不善于宣王⑭,辞而之薛,与齐貌辨俱留⑮。无几何,齐貌辨辞而行,请见宣王。靖郭君曰:"王之不说婴〔也〕甚,公往,必得死焉⑯。"齐貌辨曰:"固不求生也,请必行。"靖郭君不能止。

齐貌辨行至齐,宣王闻之,藏怒以待之⑰。齐貌辨见宣王,王曰:"子,靖郭君之所听爱夫⑱?"齐貌辨曰:"爱则有之,听则无有⑲。王之方为太子之时,辨谓靖郭君曰:'太子相不仁,过颐豕视⑳,若是者(信)〔倍〕反㉑。不若废太子,更立卫姬婴儿郊师㉒。'靖郭君泣,而曰:'不可,吾不忍也。'若听辨而为之,必无今日之患也㉓。此为一。至于薛,昭阳请以数倍之地易薛㉔。辨又曰:'必听之㉕。'靖郭君曰:'受薛于先王㉖,虽恶于后王㉗,吾独谓先王何乎㉘!且先王之庙在薛,吾岂可以先王之庙与楚乎?'又不肯听辨。此为二。"

宣王大息㉙,动于颜色㉚,曰:"靖郭君之于寡人一至此乎㉛?寡人少,殊不知此㉜。客肯为寡人来靖郭君乎㉝?"齐貌辨对曰:"敬诺"。

靖郭君〔来〕㉞,衣威王之衣,冠〔其冠〕,(舞)〔带〕其剑㉟。宣王自迎靖郭君于郊,望之而泣。靖郭君至,因请相之㊱。靖郭君辞,不得已而受。七日谢病㊲,强辞,(靖郭君辞不得)㊳三日而听㊴。

当是时,靖郭君可谓能自知人矣。能自知人,故人非之㊵,不为沮㊶。此齐貌辨之所以外生、乐患、趣难者也㊷。

【注释】

①姚校:"古今人表作'昆辩',师古曰'齐人也,靖郭君所善,见战国策,而吕览作剧貌辩'。元和姓纂'昆、夏诸侯昆吾氏之后,齐有昆弅,见战国策'。"北堂书钞礼贤引"辨"作"辩"。 太平御览卷三六八颐览引"靖"作"静","齐貌辨"作"昆辨"。 梁玉绳汉书人表考:"绎史本作'兒辩',即古'貌'字,各本皆作'昆辩',疑'貌'之讹,故师古不说。而今吕氏春秋知士作'剂貌辩',盖亦误'剧'为'剂'。齐策吴注据修文御览、北堂书钞与师古引吕合也。然广韵注'昆姓,夏诸侯昆吾之后,战国策有齐贤者昆辩'。元和姓纂、通志氏族略二并同。岂古国策有二本耶?" 吕氏春秋季秋纪知士毕沅说:"当各依本文可也。"建章按:据上所引,疑本当作"昆辩",因是"齐之贤者",故又称"齐昆辩","齐""剂"通,遂作"剂昆辩",又误作"齐貌辩""剂貌辩""剧貌辩"矣。顾观光战国策编年编此策在周慎靓王元年,齐宣王元年(前 320 年),于鬯战国策年表同顾。 靖郭君:见第一章注②。

②此句言:齐貌辨这个人总是有些小毛病。 疵:病,毛病,缺点,
　过失。

③门人:太平御览引作"门下",或即"门客","食客"。 "说"同
　"悦"。

④证:谏,劝告,规劝。 士尉:或门人之一。

⑤听:受,接受。

⑥孟尝君:薛公田文,靖郭君之子,见东周策第十六章注①。
　窃:私下。

⑦高注:"划,灭也。而,汝也。慊,犹善也。" 鲍注:"慊,惬也。
　言有可满貌辨之意,虽家族破灭,犹为之不辞也"。吕氏春秋知
　士作"划而类,搜吾家,苟可以慊剂貌辨者,吾无辞也",高注:
　"搜度吾家诚可以足剂貌辨者,吾不辞也"。王念孙吕氏春秋
　杂志:"'划'与'残'同,'搜'与'睽'同,后汉书马融传注曰
　'睽,离也。'言虽残害汝类,离析吾家,苟可以快剂貌辨者,吾不
　辞也。齐策'破'与'睽'、'离',义亦相近。高以'搜'为'搜
　度',则与上句不类矣。" 建章按:从鲍、王说。

⑧舍之:让他住宿。 上舍:上等住宅。

⑨御:侍候。

⑩旦暮进食:早晚款待他。

⑪威王:见秦策四第十章注⑲。 薨(hōng 烘):礼记曲礼下:"天
　子死曰崩,诸候曰薨。"此为周制。

⑫宣王:见东周策第一章注④。

⑬靖郭君之交:宣王即位后,和靖郭君交往中。

⑭大不善于宣王:是说宣王很不喜欢靖郭君。

⑮此句言:靖郭君被迫离开国都,到了自己的封地薛邑,同去的有
　齐貌辨。 薛:见东周策第十六章注①。

⑯"王之"三句:大王很不喜欢我,您要去,那不明明去找死吗?

知士篇"婴"下有"也"字。　建章按:"也"在句中表语气停顿。当补"也"字。

⑰"齐貌辨行"三句:齐貌辨从薛到了齐都,宣王听说后,憋了一肚子怒火等着他。　藏:怀。

⑱听:听从。　爱:喜爱。　夫:表疑问的语气词,犹"吗"。

⑲爱则有之听则无有:喜爱我这个人,这倒是有的;听从我的话,可没有这回事。

⑳过颐豕(shǐ 始)视:面颊过长,眼神不正。是俗鄙怪诞之相,不是尊贵高雅之相。

㉑吕氏春秋季秋纪知士"信"作"倍",太平御览颐览引"信"作"背"。左昭二十六年传:"倍奸齐盟"疏"倍,即'背'也。"王念孙读书杂志说:"凡隶书从'言'从'音'之字多相似,故'倍'讹作'信'。"有详考,语烦不录。当改"信"作"倍"。倍反:背叛。

㉒婴儿:幼少之称,非谓初生之婴儿。　郊师:卫姬所生,威王之庶子,宣王之庶弟。齐貌辩劝靖郭君废太子(即宣王)另立郊师为太子。知士篇"郊"作"校"。

㉓患:指靖郭君"大不善于宣王",被迫出走至薛而言。

㉔昭阳:见秦策一第十三章注⑳。　易:交换。

㉕听:从。

㉖先王:指齐威王。史记田敬仲完世家"潘王三年封田婴于薛",实当威王三十六年(前321年)。

㉗后王:指齐宣王。

㉘独:犹"其",表疑问的语气词。王引之经传释词卷二:"谓,犹'如'也,犹'奈'也。"则"吾独谓先王何乎"即"吾其奈先王何乎",意即"我对先王可怎么办""我对先王可怎么交代","我怎么对得起先王""独谓""独如""独若"古书连用常见,见裴学海古书虚字集释卷六"独"字条。

㉙知士篇"大"作"太"。　建章按:荀子礼论"两者合而成文,以归大一",杨注:"大,读为'太'。"帛书战国纵横家书苏秦自赵献书于齐王章(二)"寡人之大下也",释文"大,太"。则"大息"即"太息",亦叹息。

㉚动于颜色:表情有所改变;即动了感情,有所感动。　动:发,变。

㉛此句言:靖郭君竟然是对待我如此吗?　一:乃,竟。

㉜"寡人少"两句:我年轻,丝毫不了解这些情况。　殊:广雅释诂四:"绝也。"

㉝"客肯"句:你可愿意为我把靖郭君请来吗?

㉞"君"下高注"从薛至齐也。一曰:必能使靖郭君来"。　建章按:据高注"君"下当有"来"字,知士篇正有"来"字。当据补"来"字。

㉟姚校:"舞,刘作'带'。"　知士篇作"衣威王之衣,冠其冠,带其剑"。　建章按:当据知士篇补改,又见秦策五第八章注⑨。此言:靖郭君来到国都,穿的是威王赐给他的衣服,戴的是威王赐给他的帽子,佩的是威王赐给他的宝剑。

㊱相之:任命靖郭君为相国。　相:用作动词。

㊲七日谢病:七日后,因病辞去相国之职。　谢:说文"辞去也"。

㊳鲍本无"靖郭君辞"四字。　知士篇无"靖郭君辞不得"六字。黄丕烈战国策札记:"无六字为是。"　于鬯战国策注:"此因上文而衍。"　建章按:此六字与下文不相属,当据知士篇删。

㊴三日而听:过了三天,齐王同意了靖郭君辞职的请求。　听:准许,同意。

㊵非之:批评齐貌辨。此指前文"士尉以证靖郭君"。"孟尝君又窃以谏"。

㊶沮(jǔ 举):止。　不为沮:是说不因为别人批评齐貌辨,而靖郭

君就不善待齐貌辨。

㊷横田惟孝战国策正解:"外犹弃也。生,人之所欲,而外之;患,
人之所忧,而乐之;难,人之所避,而趣之。所以报知己也。"
建章按:上文言"靖郭君曰'王之不说婴也甚,公往,必得死焉'。
齐貌辨曰'固不求生也'。"此即所谓"外生"。即不贪生。   此
言:这就是为什么齐貌辨舍生愿意与靖郭君共忧患,而赴汤蹈
火不避危难的原因啊!

六 邯郸之难章

邯郸之难①,赵求救于齐。田侯召大臣而谋②,曰:"救
赵孰与勿救③?"邹子曰④:"不如勿救。"段干纶曰⑤:"弗救
则我〔且〕不利⑥。"田侯曰:"何哉?""夫魏氏兼邯郸,其于
齐何利哉⑦?"田侯曰:"善。"乃起兵,曰:"军于邯郸之
郊⑧。"段干纶曰:"臣之求利,且不利者非此也⑨。夫救邯
郸军于其郊,是赵不拔而魏全也⑩。故不如南攻襄陵以弊
魏⑪。邯郸拔而承魏之弊⑫,是赵破而魏弱也⑬。"田侯曰:
"善。"乃起兵南攻襄陵⑭,七月邯郸拔⑮。齐因承魏之弊,
大破之桂陵⑯。

380 【注释】

①邯郸:赵都,故城在今河北省邯郸市。   史记田敬仲完世家载
此于齐威王二十六年,实当威王四年,魏惠王十八年,周显王十
六年(前353年)。顾观光战国策编年,于鬯战国策年表并编此
策于是年。陈梦家六国纪年,杨宽战国史并言前354年赵攻
卫,故魏伐邯郸;次年,赵求救于齐。   难(nàn):灾祸;魏攻赵

都邯郸,故言"邯郸之难"。

②田侯:齐威王。见秦策四第十章注⑲。

③救赵孰与勿救:救赵或者不救赵,何者为好?

④邹子:邹忌、齐威王的相国,号成侯。

⑤段干纶:段干,姓,纶,名;齐臣。

⑥王念孙读书杂志:"'不利'上当有'且'字,故高注曰'且,将'。" 建章按:当据高注补"不"上"且"字。

⑦"夫魏氏"两句:让魏国吞并了邯郸,这对我们齐国到底有何利可图? 夫(fú 扶):发语词,无实义。 魏氏:魏国。 兼:吞并。

⑧鲍本"兵"下"曰"字作"甲"。 吴补:"一本'甲'作'曰'是,言将屯于其郊,故后云:'起兵南郊'。" 于鬯战国策注:"卢刻及鲍本'曰'并作'甲',非。" 建章按:起兵:发兵。曰:犹言下令。"军于邯郸之郊"乃田侯之命令。段干纶有异议,而田侯又同意段干纶的建议,于是"乃起兵南攻襄陵"。军:驻扎。

⑨周礼大司徒"正日景以求地中",注:"故书'求'为'救',杜子春云'救当为求'。"阮元校勘记:"九经古义云'救当作求,古文求字'。"则"求"与"救"古本可通。王引之经传释词卷八:"且犹'抑'也。"抑,即或。前文段干纶言"弗救,则我且不利",故田侯乃令"军于邯郸之郊"。但田侯并未理解段干纶的所谓"救"或"不救"的具体内容,所以当田侯下令后,段干纶才进一步解释说:"臣之'求利,且不利'者非此也。"是说:我的所谓救赵利或不利的意思,并不是直接出兵邯郸。于是才有进一步阐述其战略内容的后文。故此"求"即上文"救赵孰与勿救"之"救",此处"求"当读"救"。

⑩"夫救"两句:解救邯郸之围,如把军队驻扎在邯郸郊外,这样,赵、魏两国必定休战,而赵不被魏破,魏国也保全了实力。如果

381

是这样,于齐何利?此即"弗救则我且不利"之意。

⑪襄陵:在今河南省睢县西。　弊:罢(疲)。　此言魏已出兵北上攻赵都邯郸,则齐可乘机南下进攻魏的襄陵,使其疲困。

⑫承魏之弊:魏攻下邯郸,已经疲惫,乘此机会,齐兵接着进攻魏军,此所谓"承魏之弊"。　承:燕策二第八章吴正:"此书'乘'、'承'通。"

⑬是赵破而魏弱也:赵被魏破,而赵、魏战,魏虽攻下邯郸,然兵力当会削弱;齐又"承魏之弊"继续进攻魏,则魏就更加削弱。

⑭杨宽战国史:前353年齐、宋、卫联军攻襄陵,十月魏攻破邯郸。陈梦家六国纪年考证几件大事顺序如下:赵侵卫——魏围邯郸——赵请救于齐、楚——齐攻襄陵并走大梁——桂、阳之战——十月魏拔邯郸——齐败魏桂陵——楚取睢、濊之间——齐、宋、卫诸侯围魏襄陵——郑釐侯朝梁惠王于中阳。此皆是前353年事。据此齐、宋、卫联军围魏襄陵前,齐曾单独进攻襄陵,即本文所言"乃起兵南攻襄陵"。此取陈说。

⑮史记田敬仲完世家"七月"作"十月",梁玉绳史记志疑:"'十月'策作'七月',此误。"杨宽、陈梦家皆从史作"十月"。　建章按:荀子礼论"故有天下者事十世"杨注:"十"当作"七"。于省吾双剑誃诸子新证:"作'七'者是也。古文'十'作'十','七'作'十',汉代金文犹然,二字形近,故易讹也。"则此或当作"七"。

⑯"齐因"两句:齐国乘魏国疲惫之机,继续攻魏,大破魏军于桂陵。　桂陵:今河南省长垣西北。魏败桂陵在前353年,周显王十六年,梁惠王十八年。

七　南梁之难章

南梁之难①,韩氏请救于齐。田侯召大臣而谋曰②:早救之孰与晚救之便③?"张丐对曰④:"晚救之韩且折而入于魏,不如早救之⑤。"田臣思曰⑥:"不可,夫韩、魏之兵未弊⑦,而我救之,〔是〕我代韩而受魏之兵⑧,顾反听命于韩也⑨。且夫魏有破韩之志,韩见且亡,必东愬于齐⑩。我因阴结韩之亲⑪,而晚承魏之弊⑫,则国可重,利可得,名可尊矣。田侯曰:"善。"乃阴告韩使者而遣之⑬。

韩自(以专)〔恃〕有齐国⑭,五战五不胜⑮,东愬于齐,齐因起兵击魏,大破之马陵⑯。魏破韩弱⑰,韩、魏之君因田婴北面而朝田侯⑱。

【注释】

①南梁:故城在今河南省临汝县西。顾观光战国策编年,于郇战国策年表并据史记田敬仲完世家定"南梁之难"在周显王二十八年,齐威王十六年(前341年)。陈梦家六国纪年:"由齐策、田世家知马陵之败之前有南梁之难,纪年记南梁、马陵两役并在一年,是也。"定在周显王二十七年。

②田侯:齐威王,见秦策四第十章注⑲。

③此句言:早救韩有利,还是晚救韩有利? 便:利。

④张丐:当是齐臣。

⑤"晚救"两句:如果晚出兵救韩,韩必转而投向魏国,不如早救。 且:裴学海古书虚字集释卷八:"犹'必'也。"

⑥田臣思:齐臣,当即东周策第一章的陈臣思。

⑦弊:疲困。

⑧史记田敬仲完世家"我"上有"是"字。 建章按:有"是"字语顺,王引之经传释词引此"我"上有"是"字。当据世家补"是"字。 受魏之兵:被魏兵进攻。

⑨王引之经传释词卷五:"'顾'与'反'同义,故又以'顾反'连文。"则"顾反"即"反","反而"。

⑩愬:同"诉",告。

⑪此句言:我就秘密和韩国结好。 阴:私,秘密。

⑫而晚承魏之弊:慢慢等待乘魏国疲惫。 承:受,接着,继续。

⑬"乃阴告"句:于是就秘密和韩国使臣结好,让其返国。 遣:去。去之:言使其去。

⑭高注:"自恃有齐国之助。" 田敬仲完世家作"韩因恃齐"。鲍本无"专"字。 王念孙读书杂志:"'专'当为'恃',字之误也,'专','寺'草书相近,又脱去'心'旁(据高注),则策文本作'恃'明矣。田完世家即本于策文也,鲍盖不知其义而妄删之耳。" 建章按:当据高注,世家改"以专"为"恃"。

⑮高注:"五与魏战而五不胜。"

⑯马陵:在今山东省范县西南,当时属齐。杨宽战国史:"前342年,魏国向韩进攻,韩向齐求救,齐威王派田忌、田婴为将,孙膑为师,起兵伐魏救韩。魏惠王派庞涓、太子申为将,带十万大军前来应战。两军相持于马陵有一年之久,最后,魏军中了孙膑的计谋,被包围,齐军万弩俱发,逼得庞涓自杀,太子申也被俘。"(史记孙子列传) 关于马陵之战的时间,张震泽孙膑兵法校理陈忌问垒篇"说明"说:"马陵之战发生于公元前341年,去公元前353年桂陵之战十二年。此为有孙、庞参加的齐、魏第二次大战。"王焕春马陵之战新解说:"我经过多方调查、认真考证,得出的结论是:战国时期有过多次马陵之战;庞涓死于郯城马陵山;魏、齐马陵之战齐国主将是田盼;该战役决战在公元前342年,继延至341年。"(河北学刊1991年第2期)王焕春又在魏齐马陵之战在郯城马陵山一文中说:"马陵当在今山东省郯城马陵山的马陵道。"(中国史研究1985年第1期)

⑰高注:"齐杀魏将庞涓,虏魏太子申,故曰'魏破韩弱'也。"

⑱"韩魏之君"句:于是韩、魏两国的国君都通过相国田婴的关系而朝拜齐王。 田婴:见第一章注②。 面:向。齐在韩、魏东北,故"北面"。

八 成侯邹忌为齐相章

成侯邹忌为齐相,田忌为将,不相说①。公孙闬谓邹忌曰②:"公何不为王谋伐魏③? 胜,则是君之谋也,君可以有功;战不胜,田忌不进,战而不死,曲挠而诛④。"邹忌以为然,乃说王而使田忌伐魏。

田忌三战三胜,邹忌以告公孙闬⑤。公孙闬乃使人操十金而往卜于市⑥,曰:"我田忌之人也⑦,吾三战而三胜,声威天下,欲为大事⑧,亦吉否⑨?"卜者出,因令人捕为人卜者⑩,亦验其辞于王前⑪。田忌遂走⑫。

【注释】

①不相说:言邹忌和田忌二人不和。 成侯:邹忌,见第六章注④。说:同"悦"。

②公孙闬:见第二章注④。

③史记田敬仲完世家此句下有"田忌必将"四字。

④田敬仲完世家作"战不胜,非前死则后北,而命在公矣"。 建章按:此疑有误。(1)疑"田忌不进战"是旁注误入正文者。"而"犹"如"。则此句当是"战不胜,而不死,曲挠而诛"。(2)疑衍"田忌不进"四字,"战"疑"幸"字之误。韩策二第十章有"若战而不胜,幸而不死"语。则此句当是"战不胜,幸而不死,

曲挠而诛"。淮南子氾论训:"陈卒设兵,两军相当,将施令曰
'斩首者拜爵,而屈挠者腰斩'。"史记韩长孺列传:"于是下恢
廷尉,廷尉当恢逗桡,当斩。"集解:"汉书音义曰:'逗,曲行避敌
也;桡,顾望。军法语也。'"则屈挠,"避敌败逃"的意思。

诛:杀。 则此言:如果田忌战不胜魏国,侥幸不死在战场,也
得以"屈挠"之罪处死。

⑤"以"后省掉介词宾语"之","之"代"田忌三战三胜"这件事。

⑥金:二十两为一金。 卜:占卜,预测吉凶,这是古时一种迷信。

⑦诈称是"田忌之人",达到陷害田忌的目的。

⑧第九章高注:"大事,兵事;传曰'国之大事在祀与戎'。" 鲍
注:"大事,反齐而王。"晋语一:"吾欲作大事。"韦昭注:"大
事,废适立庶也。"左传文公元年:"能行大事乎?"杜预注:"大
事谓弑君。"杨伯峻注:"齐策一'将军可以为大事乎?'盖亦谓
举行军事政变。" 建章按:此当依鲍注,如此才可达到诬陷治
罪的目的。

⑨亦:裴学海古书虚字集释卷三:"犹'其'也。" 建章按:墨子公
孟:"而去亦冠也"毕改"亦"作"丌",说"丌,即'其'字"。王念
孙读书杂志引王引之说:"古'其'字亦有作'亓'者,玉篇'亓'
古文其',是其证。今本墨子'其'作'亦',则是'亓'之讹,非
'丌'字之讹也。"则此本当作"亓",即"其",表疑问的语气词,
犹"岂"。 此言:占卜一番,看看是吉是凶。

⑩吴正:"卜者,公孙闬所使者。" 建章按:初学记卜记引此无
"为人"二字。

⑪姚校:"一无'亦'字。"初学记引此"亦"作"而"。裴学海古书虚
字集释卷三:"亦,犹'以'也。" 验:证。 "卜者出"句以下
言:占卜的人走了出来,于是就把他抓了起来,带到大王前去做
证人,证明刚才来占卜者的话。

⑫据史记田敬仲完世家田忌奔齐在马陵战前,齐威王之世。吴师道说,忌之出奔在马陵战后,宣王之世。梁玉绳史记田敬仲完世家志疑"田忌之出奔在宣王二年战马陵之后"即威王十六年。于鬯亦以为出奔在马陵战后,宣王二年。诸说皆有考证,文繁不俱引。据陈梦家六国纪年周显王二十六年(前343年)马陵之役始,显王二十八年,齐威王十六年(前341年)败魏马陵。 走:逃。

九 田忌为齐将章

田忌为齐将,系梁太子申,禽庞涓①。孙子谓田忌曰②:"将军可以为大事乎③?"田忌曰:"奈何?"孙子曰:"将军无解兵而入齐④。使彼罢弊(于先)〔老〕弱守于主⑤。主者、循轶之途也⑥,辖击摩车而相过⑦。使彼罢弊(先)〔老〕弱守于主,必一而当十,十而当百,百而当千⑧,然后背太山⑨,左济,右天唐⑩,军重踵高宛⑪,使轻车锐骑冲雍门⑫。若是则齐君可正⑬,而成侯可走⑭。不然,则将军不得入于齐矣。"田忌不听,果不入齐⑮。

【注释】

①此指周显王二十九年,魏惠王三十年,齐威王十七年(前340年)齐败魏马陵之役,见第七章注⑯。 系:捆绑,此指俘虏。禽:同"擒"。 史记田敬仲完世家"杀其将庞涓,虏魏太子申"。孟子梁惠王上梁惠王说:"东败于齐,长子死焉。"皆指此事。

②孙子:孙膑,战国时齐人,是孙武的后世子孙,其生卒年月不可

考,约与<u>商鞅</u>、<u>孟轲</u>同时。他曾与<u>庞涓</u>一起学过兵法。后来<u>庞涓</u>在<u>魏</u>国当了将军,"自以为能不及<u>孙膑</u>"(<u>史记孙膑列传</u>),秘密召<u>孙膑</u>至<u>魏</u>,借故施以膑刑(去膝盖骨),又软禁。以后,<u>孙膑</u>在<u>齐</u>国使臣的帮助下,秘密回到<u>齐</u>国。<u>齐</u>将<u>田忌</u>把他推荐给<u>齐威王</u>,任为军师。根据 1972 年 4 月在<u>山东临沂银雀山汉墓</u>中发现的竹简<u>孙膑兵法擒庞涓</u>所记,<u>庞涓</u>于前 353 年<u>齐</u>、<u>魏桂陵</u>之战时被擒。而<u>史记魏世家</u>、<u>田敬仲完世家</u>、<u>孙子吴起列传</u>等在记述<u>桂陵</u>之战时,未提及<u>庞涓</u>;而在记述前 341 年<u>马陵</u>之战时,说"杀其将<u>庞涓</u>"(<u>田敬仲完世家</u>)或"乃自刭"(<u>孙子吴起列传附孙膑传</u>)。竹简与<u>史记</u>所记不同。

③<u>金正炜战国策补释</u>:"<u>左昭元年传</u>'令尹将行大事'注'谓将弑君',<u>国语晋语</u>'吾欲作大事'注'大事,废適立庶也',<u>史记楚世家</u>'能行大事乎'<u>服虔</u>曰'谓弑君',并与此文义同。<u>高</u>注'大事,兵事,传曰:国之大事在祀与戎。'与文不合。" <u>建章</u>按:<u>金</u>说甚是。下文<u>孙膑</u>建议<u>田忌</u>"无解兵而入<u>齐</u>","<u>齐</u>君可正"即此义。

④无解兵而入齐:带兵返<u>齐</u>。 无:勿。 解兵:解除武装。入:还,返。

⑤<u>姚</u>校:"'先',<u>曾</u>作'老'。" <u>吴</u>补:"恐'弊'下'于'字衍;谓以罢敝老弱守险敌众,而以精兵攻<u>齐</u>,下云'轻车锐骑'者也。"<u>金正炜战国策补释</u>:"六朝人书'老'作'<u>尣</u>',<u>北魏张猛龙碑</u>'张老'作'张<u>尣</u>'。此盖传写之讹。'罢弊','老弱'不当间以'于'字,后文可证,此亦衍文。'主'疑或为'任',损为'壬',复误为'主'。<u>苏秦</u>为<u>赵</u>合纵章'经<u>元父</u>之险',<u>高</u>注'今<u>任城县</u>',其言'车不得方轨,马不得并行,百人守险,千人不能过也',与此文正相类。<u>开山图</u>'<u>泰山</u>在右,<u>元父</u>在左,<u>元父</u>知生,<u>梁父</u>知死'。下文云'然后背<u>泰山</u>,左<u>济</u>,右<u>天唐</u>',则作'任'当近是。"于<u>鬯</u>

战国策注释

引潘和鼎说："'主'疑即'华不注'，或省言之为一字耳。'注'谐'主'声，例得通借。华不注在高苑之西，下言'军重踵高苑'，则守于此者防自后袭其重也，此亦行军之要著，孙膑所言或当指此。　建章按：当据曾本、金说改"先"作"老"，下同；"于"字当衍；"主"，不知何地，录金、潘说供参考。

⑥循轶之途：是说道路狭窄，车辆只能依次顺行，不能并行。

　循：说文："顺行也。"　轶：车辙。

⑦"辖击"句：路窄车多，车与车相撞相摩而过。　辖：车轴头上的铜键，使车轮不致脱落。　辖击：是说车轴头与车轴头相碰撞。

⑧因道狭，地险，关隘所在，所谓一夫当关，万夫莫开，故"一而当十，十而当百，百而当千"。　而：能，可。

⑨背：负，靠。　太山：山东省的泰山。

⑩济：济水。　天唐：高诱说是大防，即"钜防"，见秦策一第五章注㊷。鲍彪说是"高唐"。"在今济南府禹城县西四十里"（张琦释地）

⑪军重：辎重。一说"军"当是"车"字之误。　踵：至。　高宛：今山东省高苑。

⑫"然后"句以下是说：这样，将军后靠太山，左有济水，右有钜防，辎重直至高宛，轻便有力的战车直冲雍门。　雍门：齐都临淄西门名。

⑬金正炜战国策补释："周礼宰夫注'正，犹定也'。谓忌可定齐之君位也。"

⑭"若是则"两句：如此，齐国的国君就在将军掌握之中了，而成侯邹忌必定逃跑。　走：逃。

⑮田忌不听果不入齐：田忌不从，果然未能返齐。

十　田忌亡齐而之楚章

田忌亡齐而之楚[①]，邹忌代之相齐，恐田忌欲以楚权复于齐[②]。杜赫曰[③]："臣请为〔君〕留〔之〕楚[④]。"

谓楚王曰[⑤]："邹忌所以不善楚者，恐田忌之以楚权复于齐也。王不如封田忌于江南[⑥]，以示田忌之不返齐也，邹忌〔必〕以齐厚事楚[⑦]。田忌亡人也[⑧]，而得封，必德王[⑨]；若复于齐，必以齐〔厚〕事楚[⑩]。此用二忌之道也[⑪]。"楚果封之于江南。

【注释】

①于鬯战国策注以为田忌亡齐之楚在周显王二十八年，齐威王十六年。顾观光战国策编年系此策亦于是年，即前341年。　建章按：第九章言田忌"果不入齐"，在前341年，故于、顾系于此年。

②吴补："前云邹忌为相，田忌为将，田忌走。此云'代之相'，恐有差误。"　横田惟孝战国策正解："'代之相齐'四字恐衍。"　建章按：无此四字于义无损，有此四字，于事悖谬。　权：势。复：还，返。　此言齐相邹忌担心田忌利用楚国的势力返回齐国。

③杜赫：吕氏春秋有始览谕大"杜赫说周昭文君以安天下"注："杜赫，周人，杜伯之后。"淮南子道应训亦有此语。楚策一第十五章有"楚杜赫说楚王以取赵"语，则杜赫为周人而仕楚。又贾谊新书过秦论"于是，六国之士，有宁越、徐尚、苏秦、杜赫之属为之谋"，则赫亦为游说之士，无定主。此时，或仕楚。

④高注:"'君'谓邹忌,'留之楚',为邹忌留田忌于楚,不使得来
也。"姚校:"一'为'下有'君'字,'留'下有'之'字。" 建章
按:姚宏所见一本与高注合,可见策文本有"君""之"字,当补
此二字。

⑤楚王:宣王,熊良夫,肃王之弟,楚国第三十四君,前369年—前
340年在位。

⑥江南:楚地,见秦策一第五章注㊾。

⑦鲍本"以"上补"必"字。 建章按:以文义、语气及下文"必以
齐厚事楚"看,此脱"必"字,当据鲍本补"必"字。 厚:重。
此句言:邹忌一定会很友好地对待楚国。

⑧亡人:逃亡之人。

⑨德:感激。

⑩高注:"田忌后日若得还齐,亦必以重事楚。" 建章按:据高注
"事"上当脱"厚"字,同前句例。当补"厚"字。

⑪二忌:邹忌、田忌。 用二忌:利用邹忌、田忌二人的矛盾。
道:办法。

卷
八

齐
策
一

十一 邹忌事宣王章

邹忌事宣王①,仕人众②,宣王不悦。晏首贵而仕人
寡③,王悦之。邹忌谓宣王曰:"忌闻以为有一子之孝,不如
有五子之孝④。今首之所进仕者以几何人⑤?"宣王因以晏
首壅塞之⑥。

391

【注释】

①邹忌:见齐策一第六章注④。 宣王:见东周策第一章注④。

事:侍。　此言,<u>邹忌</u>是<u>宣王</u>臣。

②仕人:推荐给<u>宣王</u>,使其任职。意即任用私人。　众:多。

③<u>晏首</u>:<u>齐</u>人。或以为是<u>齐</u>之公族,故云"贵"。

④疑衍"以为"二字。此句言,我听说,家里有一个孝子不如有五
　个孝子。

⑤以:<u>裴学海</u><u>古书虚字集释</u>卷一:"犹'乃'也。"乃:才。　此句
　言:现在<u>晏首</u>才推荐了几个贤人?

⑥因:则。　以:以为。　壅塞:堵绝,杜绝,阻绝。　壅塞之:杜
　绝贤人,或言杜绝荐贤之路。意思是不荐贤人。

十二　邹忌修八尺有余章

　　<u>邹忌</u>修八尺有余①,(身体)〔形貌〕昳丽②。朝服衣冠,窥
镜③,谓其妻曰:"我孰与城北<u>徐公</u>美④?"其妻曰:"君美甚,
<u>徐公</u>何能及公也⑤!"城北<u>徐公</u>,<u>齐</u>国之美丽者也。<u>忌</u>不自
信,而复问其妾曰:"吾孰与<u>徐公</u>美?"妾曰:"<u>徐公</u>何能及
君也!"旦日⑥,客从外来,与坐谈,问之客曰:"吾与<u>徐公</u>孰
美?"客曰:"<u>徐公</u>不若君之美也。"明日⑦,<u>徐公</u>来,孰视
之⑧,自以为不如,窥镜而自视,又弗如远甚。暮,寝而思
之,曰:"吾妻之美我者,私我也;妾之美我者,畏我也;客之
美我者,欲有求于我也⑨。"

　　于是,入朝见<u>威王</u>曰⑩:"臣诚知不如<u>徐公</u>美,臣之妻私
臣,臣之妾畏臣,臣之客欲有求于臣,皆以美于<u>徐公</u>⑪。今
<u>齐</u>地方千里,百二十城,宫妇左右莫不私王⑫,朝廷之臣莫
不畏王,四境之内莫不有求于王。由此观之,王之蔽甚

矣^⑬。"王曰:"善。"乃下令:"群臣、吏民能面刺寡人之过者^⑭,受上赏;上书谏寡人者^⑮,受中赏;能谤议于市朝,闻寡人之耳者^⑯,受下赏。"

令初下,群臣进谏,门庭若市^⑰。数月之后,时时而间进^⑱。期年之后^⑲,虽欲言,无可进者。

燕、赵、韩、魏闻之,皆朝于齐。此所谓战胜于朝廷^⑳。

【注释】

①修:长,此言身高。 周尺,一尺合今八寸。八尺,相当于今六尺四寸。 有:通"又"。

②高注:"昳,读曰'逸'。" 鲍本"身体"作"形须",注:"昳,徒结切,日侧也,故有'光艳'意;又疑作'佚'。" 建章按:一切经音义十二"古文'皃''须'二形今作'貌'。""须"形近"體",故"形皃"误作"形体",后又改作"身体"。上句言"修八尺有余",即写"身体",此不当又言"身体",且"昳丽"亦非形容"身体",乃形容"容貌""仪态",故当从鲍本。据高注,此"昳"疑当作"佚"。孟子公孙丑上:"遗佚而不怨"音义"佚,音义与'逸'同。"一切经音义二十三引三卷:"佚,亦'逸'字。"故高注:"佚,读曰'逸'。"离骚"见有娀之佚女",王注:"佚,美也。"洪兴祖补:"佚,音'逸'。"佚丽:美丽。

③朝:尔雅释诂:"早也。" 窥:广雅释诂一:"视也。"

④"我孰与"句:我跟城北徐公比,谁美? 姚校:"徐公,十二国史作'徐君平'。"

⑤姚校:"一无'公'字。" 鲍本"公"作"君"。 金正炜战国策补释:"尔雅释亲'夫之兄为公',妇人于婿无称'公'之礼。当从鲍作'君'。" 建章按:"公"字固非,然作"君"亦未当。前句言

"君美甚"，此不当复"君"，意已甚明。下文妾答语有"君"字，与此当有别。当据姚引一本删"公"字。

⑥旦日：明日。

⑦明日：自"朝""旦日"数，此是第三日。 于鬯战国策注："旦，在朝后，下言暮，在一日之间。此'明日'者，犹言'昼日'也，非后一日之谓也。"于以"朝""旦日""明日"，及下句"暮"皆在一日之内。可参考。

⑧荀子议兵："凡虑事欲孰"注"孰，谓精审。"

⑨私：爱。 美我：说我美，以为我美。美，用作动词。

⑩威王：见秦策四第十章注⑲。

⑪以：以为，认为。类说引"以"下有"臣"字。

⑫宫妇：妃、嫔之类。 左右：近臣。

⑬蔽：蒙蔽。

⑭面刺：当面指出，当面批评。 寡人：见东周策第一章注⑯。过：错误。

⑮规劝国君、尊长或朋友使改正错误叫做"谏"。

⑯鲍本"议"作"讥"。 左襄十四年传"庶人谤"注："庶人不与政，闻君过得诽谤。"疏："闻君过失，不得谏争，得在外诽谤之。谤，谓言其过失，使在上闻之，而自改。亦是谏之类也"。 议：评论，议论。 史记孟尝君列传："日暮之后，过市朝者，掉臂而不顾。"索隐："谓市之行位，有如朝列，因言市朝耳。"泷川资言引中井积德说："'市朝'之'朝'，只是带说，犹言'缓急'、'长短'之类。" 孟子公孙丑上"若挞之于市朝"，杨伯峻孟子译注："市，买卖之所；朝，朝廷。此处是偏义复词，只有'市'义，而无'朝'义，因为上古绝无在朝廷中鞭笞打人之事。" 建章按：管子问："市者，天地之财聚也，而万人之所和而利也。"吕氏春秋仲夏纪"关市无索"注"市，人聚也"。礼记曲礼下"在朝言

朝"注："朝谓君臣谋政事之处也。"亦即君臣相聚也。故"市朝"即谓众人集聚之处，大庭广众之中。不必以为偏义词。

闻寡人之耳：即闻于寡人之耳。

⑰门庭若市：门前和庭院人多得象市场一样的拥挤。

⑱时时而间进：有时偶尔进谏。

⑲期年：周年。

⑳战胜于朝廷：身在朝廷，不出兵作战，就可战胜敌国。意思是：国内政治修明，自然国家富强，因此可使别国臣服。

十三　秦假道韩、魏以攻齐章

秦假道韩、魏以攻齐①，齐威王使章子将而应之②。与秦交和而舍③，使者数相往来。章子为变其徽章，以杂秦军④。候者言章子以齐〔兵〕入秦⑤，威王不应⑥。顷之间⑦，候者复言章子以齐兵降秦，威王不应。而此者三⑧。有司请曰⑨："言章子之(败)〔叛〕者⑩，异人而同辞，王何不发将而击之⑪？"王曰："此不叛寡人明矣，曷为〔而〕击之⑫！"

顷间，言齐兵大胜，秦军大败。于是，秦王拜西藩之臣而谢于齐⑬。左右曰："何以知之⑭？"曰："章子之母启⑮，得罪其父，其父杀之而埋马栈之下⑯。吾使者章子将也⑰，勉之曰：'夫子之强⑱，全兵而还⑲，必更葬将军之母⑳。'对曰：'臣非不能更葬先妾也㉑。臣之母启得罪臣之父。臣之父未教而死㉒。夫不得父之教而更葬母，是欺死父也。故不敢㉓。'夫为人子而不欺死父，岂为人臣欺生君哉？"

①顾观光战国策编年系此策于周显王十二年(前357年)。于鬯战国策注以为在显王三十五年(前334年)。　建章按:陈梦家六国纪年"田章并事威、宣二王,与惠施、孟子同时"。周显王四十五年(前324年)"魏惠王、齐威王相会于平阿",次年,魏惠王、齐威王在甄相会,同年秦、齐、楚在齧桑会盟"。(均见杨宽战国史)此章有田章事,有"秦王称西藩之臣而谢于齐",或当在这一时期。显王四十六年即前323年。

②齐威王:见秦策四第十章注⑲。　章子:见秦策二第十五注③。　应之:迎击秦军。

③孙子军争篇"合军聚众,交和而舍"曹操注"两军相对为交和"。礼记檀弓上"舍于子夏氏"疏"舍,住也"。"舍"言驻扎、安营。交和:俱立军门;和:门,即军门。　此句:言秦、齐两军对垒。

④为:通"伪"。　徽:旗帜。　章:士卒穿的"号衣",衣上有标记。此言章子让齐军所用的旗帜,士卒所穿的"号衣",改变成秦军所用的旗帜和"号衣",冒充秦军,混杂在秦军中。墨子旗帜:"城上吏置之背,卒于头上;城下吏、卒置之肩,左军于左肩,(右军于右肩),中军置之胸。"此即言"章"。尉缭子经卒令:"卒有五章,前一行苍章,次二行赤章,次三行黄章,次四行白章,次五行黑章。……前一五行置章于首,次二五行置章于项,次三五行置章于胸,次四五行置章于腹,次五五行置章于腰。"又兵教上:"将异其旗,卒异其章。左军章左肩,右军章右肩,中军章胸前。书其章曰某甲某士。"

⑤候者:齐军的侦察人员。此言齐之候者报告"章子带齐兵投奔了秦军",此乃候者不知章子假冒秦军之谋。据下句"以齐兵降秦",则此"齐"下脱"兵"字。

⑥不应:没有理睬。

⑦顷之间:过了不久。下文"顷间"同。

⑧而此者三:就这样,一连三次。 而:王引之经传释词卷七"犹'如'也"。

⑨有司:古称负有专职的官吏。 请:请示。

⑩"败"当是"叛"字形音相似而误。如是"败",何必"发将而击之",下文王言"不叛",可证。当改。

⑪发:遣,派。

⑫鲍本"为"下有"而"字。 建章按:左僖十五年传:"何为而可?",左襄十一年传:"何为而使晋师致死于我?"论语为政:"何为则民服?"王引之经传释词卷七:"而犹'则'也。"此"曷为而击之"与上列句式同。当据鲍本补"而"字。 曷:说文"何也"。

⑬鲍彪改"拜"作"称"。 金正炜战国策补释:"'称'字篆文亦作'再',上'爪'缺损,即与'䒑'相似,因误为'拜'。" 建章按:白虎通姓名"拜之言服也"。尔雅释诂"服,事也"。 藩:屏障。西藩之臣:言秦王是齐国西面作为屏障的属国之臣。 谢:请罪。 此言:秦王甘愿做齐国的西藩之臣,向齐王请罪。

⑭上文齐威王言"此不叛寡人明矣",所以左右大臣问"大王怎么知道章子不会叛变投敌呢" 之:指威王上边那句话。

⑮启:章子母名。

⑯庄子马蹄"编之以皂栈",陆德明经典释文:"编木作灵,似床,曰栈,以御湿也。"文选颜延年赭白马赋"岁老气殚毙于内栈",李注:"司马彪曰:'栈若糯床,施之湿地也。'"吕向注:"栈,以板御湿,而承马足也。"管子小问:"夷吾尝为圉人矣,傅马栈最难。先傅曲木,曲木又求曲木,曲木已缚,直木无所施矣。先傅直木,直木又求直木,直木已傅,曲木亦无所施矣。"据此则马栈是横竖木交叉、结构成窗形的栅,放于马圈内,马在栈上,以防

潮湿。

⑰姚校："一无'者'字。" 鲍注："衍'者'字。" 于鬯战国策注："'者'字语辞。" 建章按：疑衍"者"字。

⑱夫子：指章子。 之：王引之经传释词卷九："犹'若'也。" 老子三十三章："胜人者有力，自胜者强。"淮南子原道训高注："强，无不胜也。"则强，有"胜"义。

⑲全兵：即"全军""全师"。

⑳更：改。

㉑古时"妾"为卑称。先妾：指章子之母。对君言，故以"卑称"称其母。

㉒教：吕氏春秋孟春纪贵公高注："告也。"此言未得父命而为母迁葬，即所谓"未教"。

㉓"臣非"句以下是说：我不是不能为我先母迁葬，我的母亲生前得罪了我的父亲，（被父亲杀死，埋在马栈下，）我父亲不让我为母亲迁葬就去世了。我没有得到父亲的指示，就迁葬母亲，这是对死去的父亲的欺妄，所以，不敢为母亲迁葬。

十四　楚将伐齐章

楚将伐齐①，鲁亲之②，齐王患之③。张丐曰④："臣请令鲁中立。"

乃为齐见鲁君⑤。鲁君曰："齐王惧乎？"曰："非臣所知也。臣来吊足下⑥。"鲁君曰："何吊？"曰："君之谋过矣。君不与胜者，而与不胜者，何故也⑦？"鲁君曰："子以齐、楚为孰胜哉⑧？"对曰："鬼且不知也⑨。""然则子何以吊寡人？"曰："齐、楚之权，敌也⑩，不用有鲁与无鲁⑪。足下岂如(令)〔全〕众而合二国之后哉⑫！楚大胜齐，其良士选卒必殚⑬，其余兵(足)〔亡〕以待天下⑭；齐为胜⑮，其良士选卒亦殚。而君以鲁众合战胜后，此其为德也亦大矣⑯，其见恩德〔也〕亦其大也⑰。"鲁君以为然，(身)〔乃〕退师⑱。

【注释】

①顾观光战国策编年系此策于周显王三十六年，于鬯战国策年表同，在前333年。

②之：指楚。此言鲁国和楚国亲善。

③齐王：齐威王，见秦策四第十章注⑲。　患：担忧。

④张丏：鲍注："齐人，疑即张丑"。

⑤鲁君：鲁景公，康公之子，名匽，前343年—前315年在位。

⑥吊：祭奠死者或对遭到丧事的人家、团体给予慰问。这里是借用。意思是：认为鲁景公亲楚会给自己带来不幸，因此张丏对鲁景公将要遭到的不幸表示"哀悼"。言外之意是说鲁亲楚是错误的，对鲁国不利。　足下：见秦策二第十二章注⑫。

⑦与：高注："犹'助'也。"　于鬯战国策注："此诡辞也，其意待两国既战，鲁合战胜者后，是为与胜者也。两国未战，而先与一国，则犹未知其孰胜，是为与不胜者也。而其言若指齐胜而楚不胜，故下文鲁君曰：'子以齐、楚为孰胜哉？'"

⑧为：王引之经传释词卷三："犹'将'也。"　孰：谁。

⑨且：王引之经传释词卷八："犹'尚'也。"

⑩权：势，力。　敌：对等。　权敌：犹言势均力敌。

⑪用：王引之经传释词卷一："犹'以'也。"　以：因。此句言：不管有鲁国或无鲁国的参与，均不会改变齐、楚两国的力量。

⑫高注："全众为中立无以为助也。"　姚校："'令'一作'全'。"鲍本"令"作"全"。　建章按：高本原作"全"无疑，高注可证。

刘淇助字辨略卷三："岂，何也。" 此句言："足下全众而合二国之后何如哉?"意即"足下何不全众而合二国之后呢"意思是：静观齐、楚两国交战，结果必有一胜一败，然后帮助胜者，而不帮助败者。这样即可保全自己的力量不受损伤，即所谓"全众"。

⑬殪(yì益)：死。

⑭据前后文意，"足"上当有"不"字。或"足"当是"亡"之误。陈奇猷韩非子集释补："'足'与'止'古本一字，详孙诒让契文举例。""止"篆作"止"，"亡"篆作"凶"，二形相似，故"亡"误"止"，又作"足"也。列子天瑞"画其终"俞樾诸子平议："画者，止也。论语雍也篇'今女画'，孔注曰'画，止也'。(此文)张注曰'画，亡也'。疑本作'画，止也'，以形似而误。吕氏春秋本味篇'道者亡彼在己'，今误作'止彼在己'。"此"止""亡"互误之证。亡：无。国语鲁语"其谁云待之"韦注："待，御也。" 此句言：如果齐国战胜楚国，齐国精选的士卒，也必皆战死，剩下的士卒不能抵御诸侯。

⑮为：王引之经传释词卷二："犹'如'也。"

⑯金正炜战国策补释："'德'与'得'通，此与下句'恩德'有别。" 建章按：金说是。淮南子氾论训："国之所以存者，道德也。"于鬯香草续校书："俞平议谓：'德，当为得'，是也。得、德古多通用。此当读'德'为'得'。"墨子节用上："是故用财不费，民德不劳"孙诒让间诂："德，与'得'通。"得：获。 此言这时，您出兵援助战胜者，您必将有很大收获。

⑰姚校："其，曾作'甚'。" 鲍本"德"下有"也"字。 王念孙读书杂志以为"其见恩德亦其大也"为高注误入正文者。 建章按：墨子尚同上"甚明察以审信"，于省吾双剑誃诸子新证："嘉靖本、绵眇阁本、堂策槛本、宝历本'甚'均作'其'。'其'乃

'綦'之省文,从'系'乃后起字。苟子王霸'目欲綦色'注'綦,极也'。'綦'或为'甚',传写误耳。此亦'綦'、'甚'易讹之证。'綦明察以审信'言极明察以审信也。中篇作'甚',盖后人不知'其'之通'綦'而改之耳。'綦'之作'其',本书习见。"据于说,则此"其"字不误,乃"綦"之省文,曾本乃后人误改作"甚"。 此句言:因为援助战胜者,他们也将大大地感激您的援助。

⑱鲍本"身"作"乃"。 于鬯战国策注:"卢刻本'身'作'乃'。"
建章按:"身"字无义,作"乃"字当是,依鲍本及卢刻本改。

十五 秦伐魏章

秦伐魏①,陈轸合三晋②,而东谓齐王曰③:"古之王者之伐也,欲以正天下而立功名,以为后世也。今齐、楚、燕、赵、韩、梁六国之递甚也④,不足以立功名,适足以强秦而自弱也,非山东之上计也⑤。能危山东者⑥,强秦也。不忧强秦,而递相罢弱⑦,而两归其国于秦⑧,此臣之所以为山东之患⑨。天下为秦相割⑩,秦曾不出(刀)〔刀〕⑪;天下为秦相烹,秦曾不出薪。何秦之智而山东之愚耶?愿大王之察也。

"古之五帝、三王、五伯之伐也⑫,伐不道者⑬。今秦之伐天下不然,必欲反之,主必死辱,民必死虏⑭。今韩、梁之目未尝干,而齐民独不也⑮?非齐亲而韩、梁疏也,齐远秦而韩、梁近⑯。今齐将近矣⑰!今秦欲攻梁绛、安邑⑱,秦得绛、安邑,以东下河,必表里河,而东攻齐⑲,举齐属之海⑳。

南面而孤楚、韩、梁，北向而孤燕、赵㉑，齐无所出其计矣㉒。愿王熟虑之㉓！

"今三晋已合矣，复为兄弟约㉔，而出锐师以戍梁绛、安邑㉕，此万世之计也。齐非急以锐师合三晋，必有后忧㉖。三晋合，秦必不敢攻梁，必南攻楚。楚、秦构难㉗，三晋怒齐不与己也，必东攻齐㉘。此臣之所谓齐必有大忧㉙。不如急以兵合于三晋㉚。"

齐王〔曰:〕"敬诺。"㉛果以兵合于三晋。

【注释】

①吴师道定此策在周赧王十六年，顾观光战国策编年、林春溥战国纪年、于鬯战国策年表皆从其说。赧王十六年当秦昭王八年，魏襄王二十年，前299年。

②陈轸:见秦策一第十一章注①，轸时仕魏。　三晋:赵、魏、韩。见东周策第十四章注⑨。

③而:王引之经传释词卷七:"'乃'也。"　齐王:齐闵王，见东周策第十六章注②。

④递:鲍注:"言其更相伐。"　建章按:尔雅释言李注:"递者更迭。"此言六国激烈地更迭攻伐。　更迭:轮流更换。疑"递"下当有脱文。

⑤上计:上策。　山东:见秦策一第二章注㉒。

⑥危:倾败。

⑦递相罢弱:互相更迭攻伐，使得彼此削弱。罢:通"疲"。

⑧此句言:以致两败俱伤，使秦国坐得渔人之利。　两:指互相攻伐的双方。

⑨患:忧。

⑩割:剥割,残杀。

⑪高注:"秦不自出力用力也。" 吴补:"北山何先生标大事记云'力,一作刀'。" 黄丕烈战国策札记:"'刀'字是也,此形近之讹。" 关修龄战国策高注补正:"战国策篡'力'作'刀',此宜作'刀',高注上'力'字同,盖传写之讹。" 于鬯战国策注:"下文注'出薪然火'证之,关说信。" 建章按:各说皆是。当据以改。 曾:王引之经传释词卷八:"乃也,则也。"

⑫五帝三王五伯:见秦策一第二章注㊼。

⑬此言古代五帝、三王、五伯他们出兵讨伐,是讨伐无道之君。

不:王引之经传释词卷十:"无也。"

⑭"今秦"句以下是说:现在秦国出兵讨伐诸侯,却不是如此,一定是倒行逆施,违反古道,诸侯之君必受辱而死,其民必被俘而死。 死辱:死于污辱。 死虏:死于俘虏。

⑮"今韩、梁"句:韩、梁之民屡遭兵祸,人们为死亡的战士,深感痛悼,眼泪从未干过,而齐国就偏偏不会如此吗? 不:同"否"。也:同"邪",疑问语气词。

⑯"非齐亲"句:并不是秦国对齐国关系密切,而对韩、梁两国关系疏远;是秦国距齐国遥远,而距韩、梁两国切近。

⑰秦灭韩、魏,则秦地与齐国接壤,故言"今齐将近矣"。

⑱绛:战国时或包括今山西省曲沃、翼城、闻喜之地。(据程恩泽国策地名考)。 安邑:魏旧都,今山西省夏县。

⑲魏国西有黄河与秦接界,东有黄河与齐接界,即所谓西河与东河。秦越过西河,得魏之绛、安邑,又继续"东下"一直到东河,则可"东攻齐"。所谓"表里河",即东河为表,以西河为里,是说魏国占有东河到西河的广大地盘。

⑳举齐属之海:秦把齐国全部并吞,其国土一直连接到东海。

㉑"南面"两句:秦国国土自本土一直扩展到东海,则切断了南北

合纵之势,使<u>楚</u>、<u>韩</u>、<u>魏</u>三国与<u>燕</u>、<u>赵</u>两国失去联系,处于孤立无援之势。

㉒<u>齐无所出其计</u>:齐国拿不出任何办法。即齐国一筹莫展。

㉓<u>愿王熟虑之</u>:希望大王对此要深思熟虑啊!　　虑:计,谋。

㉔"<u>今三晋</u>"两句:现在<u>赵</u>、<u>魏</u>、<u>韩</u>三国已经组成联合阵线,恢复了兄弟的友好关系。　　约:盟约。

㉕锐师:精锐部队。　　戍:驻守。

㉖忧:患。

㉗<u>构难(nàn)</u>:此处指接战,大动干戈。

㉘"<u>三晋怒</u>"句:<u>赵</u>、<u>魏</u>、<u>韩</u>三国怨<u>齐</u>不与他们联合,必然进攻齐国。与:结盟,友好。　　<u>楚</u>、<u>秦</u>两国交战,则<u>齐</u>国无<u>楚</u>、<u>秦</u>之助,故<u>赵</u>、<u>魏</u>、<u>韩</u>三国可以进攻无援的<u>齐</u>国。

㉙大忧:即前文所谓"后忧"。

㉚急:立刻。　　以兵:犹言派兵。

㉛此为叙述人之语,不当言"敬诺",此当是:"<u>齐王</u>曰'敬诺'。"<u>齐策</u>四第二章有:"<u>公孙弘</u>曰'敬诺'。"当补"曰"字。　　诺:许,答应。

十六　苏秦为赵合从章

<u>苏秦</u>为<u>赵</u>合从,说<u>齐宣王</u>曰①:"<u>齐</u>南有<u>太山</u>②,东有<u>琅邪</u>③,西有<u>清河</u>④,北有<u>渤海</u>,此所谓四塞之国也⑤。<u>齐</u>地方二千里,带甲数十万⑥,粟如丘山⑦。(齐车)〔三军〕之良,五家之兵⑧,疾如(锥)〔鏃〕矢⑨,战如雷电,解如风雨⑩。即有军役,未尝倍<u>太山</u>,绝<u>清河</u>,涉<u>渤海</u>也⑪。临淄之中七万户⑫,臣窃度之⑬,下户三男子⑭,三七二十一万,不待发于远

县^⑮，而临淄之卒，固以二十一万矣^⑯。临淄甚富而实^⑰，其民无不吹竽、鼓瑟^⑱、击筑、弹琴^⑲，斗鸡、走犬^⑳，六博、蹹踘者^㉑；临淄之途，车〔毂〕击^㉒，人肩摩^㉓，连衽成帷^㉔，举袂成幕^㉕，挥汗成雨^㉖；家敦而富^㉗，志高而扬^㉘。夫以大王之贤与齐之强，天下不能当^㉙。今乃西面事秦，窃为大王羞之。

"且夫韩、魏之所以畏秦者^㉚，以与秦接界也。兵出而相当，不至十日，而战胜存亡之机决矣^㉛。韩、魏战而胜秦，则兵半折^㉜，四境不守；战而不胜，以亡随其后^㉝。是故韩、魏之所以重与秦战而轻为之臣也^㉞。

"今秦攻齐则不然，倍韩、魏之地^㉟，至闱阳晋之道^㊱，径亢父之险^㊲，车不得方轨^㊳，马不得并行，百人守险，千人不能过也。秦虽欲深入，则狼顾，恐韩、魏之议其后也^㊴。是故恫疑虚猲，高跃而不敢进^㊵，则秦不能害齐，亦已明矣。夫不深料秦之不奈我何也，而欲西面事秦是群臣之计过也^㊶。今无臣事秦之名，而有强国之实，臣固愿大王之少留计^㊷。"

齐王曰："寡人不敏^㊸，今主君以赵王之教诏之^㊹，敬奉社稷以从^㊺。"

【注释】

①史记六国年表于周显王三十五年，燕文公二十八年书"苏秦说燕"，与燕世家合，吕祖谦大事记亦书此年"苏秦说燕，与赵合从"，于次年书"苏秦说赵肃侯以六国合从，肃侯使苏秦约，韩、魏、齐、楚皆听命"。显王三十六年当齐威王二十四年，依史记当齐宣王十年，故策言"说齐宣王"，实乃威王。疑本作"齐

王"，后人据史记补"宣"字。<u>齐威王</u>：见<u>秦策</u>四第十章注⑲。<u>齐</u>威王二十四年当前333年，<u>顾观光</u>战国策编年，<u>于鬯</u>战国策年表系此策皆在此年。

②<u>太山</u>：即今<u>山东省泰山</u>。

③<u>琅邪</u>：即<u>琅琊山</u>，在今<u>山东省胶南县</u>南境，面临黄海。

④<u>史记苏秦列传泷川资言考证</u>："<u>清河</u>，即<u>济水</u>。<u>中井积德</u>曰'<u>太山</u>、<u>琅邪</u>、<u>勃海</u>皆以山川形势言'。"

⑤<u>吕氏春秋有始览</u>"山有九塞"注："险阻曰塞。""四塞之国"言四面有险阻之国。故<u>高</u>注"言牢固也"。

⑥带甲：战士。

⑦粟：脱壳的叫小米，不脱壳叫谷子，即粟。此言粮食。

⑧<u>史记苏秦列传</u>"齐车"作"三军"。<u>泷川资言考证</u>："<u>国语齐语</u>云：'五家为轨，故五人为伍，轨长帅之；十轨为里，故五十人为小戎，里有司帅之；四里为连，故二百人为卒，连长帅之；十连为乡，故二千人为旅，乡良人帅之；五乡一帅，故万人为一军，五乡之帅帅之。三军故有中军之鼓，有<u>国子</u>之鼓，有<u>高氏</u>之鼓。'此曰'三军'，曰'五家'皆<u>管仲</u>之制，虽<u>吕氏</u>灭，<u>田氏</u>代，遗法犹存也。" <u>建章</u>按：此当从<u>传</u>作"三军"。又<u>杨宽战国史</u>说："在<u>战国</u>时代，只有<u>齐国</u>始终没有设郡，而设有都。<u>齐国</u>共设有五都，除国都<u>临淄</u>外，四边的都具有边防重镇的性质。五都均驻有经过考选和训练的常备兵，即所谓'技击'，也称'持戟之士'，因而有所谓'五都之兵'，也称为'五家之兵'。"(212页)

⑨<u>高</u>注："锥矢，小矢，喻劲疾也。" <u>苏秦列传</u>作"进如锋矢"。<u>淮南子兵略</u>"疾如锥矢"<u>高</u>注："锥，金镞箭羽之矢也。"<u>王念孙读书杂志</u>："'锥'当为'鏃'，注内'箭羽'当为'翦羽'，皆字之误也，<u>尔雅</u>'金镞翦羽谓之鏃'（<u>说文</u>同，<u>方言</u>曰'箭，<u>江</u>、<u>淮</u>之间谓之鏃'）。<u>大雅行苇篇</u>曰'四镞既钧'，<u>周官司弓矢</u>曰'杀矢、鏃

矢,用诸近射田猎'。考工记矢人曰'鍭矢参分,一在前,二在后'。隐元年穀梁传曰'聘弓鍭矢不出竟场'。'鍭'字亦作'猴',士丧礼记曰'猴矢一乘,骨鏃短卫')是其明证矣。('侯'字隶书作'侯','隹'字隶书作'隹',二形相似。'族'字隶书或作'疾',形与'侯'亦相似。故'鍭矢'之字,非误作'锥',即误作'锬'。齐策'侯如锥矢'文与此同,则'锥矢'亦是'鍭矢'之误。高注以'锥矢,小矢',非也。史记苏秦传又误作'锋矢',索隐引吕氏春秋贵卒篇'所谓贵锥矢者,为其应声而至',今本吕氏春秋误作'锬矢'。庄子天下篇'锬矢之疾','锬'亦'鍭'之误,郭象音族,非也。鹖冠子世兵篇'发如锬矢','锬'本或作'鍭',亦当以作'鍭'者为是。)" 建章按:当据王说改"锥"为"鍭"。鍭(hóu 喉)矢是箭名,所以策文高注"小矢"。

⑩"三军"句以下是说:全国军队训练有素,调动迅速如飞箭,作战威势如雷电,解散变动如风雨。 雷电:喻威势之盛。 解:同"懈",退散。 风雨:喻疾速。

⑪"即有"句以下是说:虽有战事,敌人从未越过太山,横跨清河,游渡勃海。 即:裴学海古书虚字集释卷八:"犹'虽'也。" 军役:军事,战事。 倍:益,加倍;此犹言"超过"。 绝:渡。涉:过。

⑫临淄:齐都,故城在今山东省淄博市临淄区北。

⑬度(duó 夺):推测,估计。

⑭下户三男子:意思是,根据最低的标准估计,每户也有三男子。

⑮不待:不等,不必。 发:征发。 远县:临淄以外之地。

⑯以:与"已"通。

⑰实:说文"富也"。

⑱竽(yú 鱼):古乐器,形状像笙。 鼓:弹奏。 瑟(sè 色):古代拨弦乐器,形似古琴,通常有二十五根弦,也有十六根弦的。

⑲筑(zhú 烛):古代击弦乐器,形似筝,颈细而肩圆,有十三根弦。演奏时,左手按弦的一端,右手执竹尺击弦发音。

⑳斗鸡:以鸡相斗的游戏。　走犬:以赛狗跑为游戏。

㉑六博:古棋戏,共十二棋子,六黑、六白,二人对玩。就一方言为六棋,故称六博。又见秦策三第十一章注③。　蹹(tà 踏):同"蹋",踢。踘(同鞠):古时的一种皮球。蹹踘:古时踢皮球的游戏。

㉒姚校:"刘作'毂'。"当据姚引刘本改"鼞"作"毂"。

㉓人肩摩:挨肩擦背。以上两句是说街道上行人车马拥挤之状。

㉔衽(rèn 认):衣襟。　帷:帐子,说文:"在旁曰帷。"

㉕袂(mèi 妹):袖子。　幕:幕帐,说文:"帷在上曰幕。"

㉖三句皆言人众多。

㉗敦:实,厚,盛;皆与"富"义近。

㉘志高而扬:意志高昂。　高:大。

㉙不:犹"莫"。　当:敌。

㉚且夫(fú 伏):裴学海古书虚字集释卷八:"'且'犹'夫'也,(训见经传释词)提示之词也。'且夫'是复语,'且'亦'夫'也。"

㉛苏秦列传泷川资言考证:"'战胜'当作'胜败'。"　建章按:据下文"战而胜秦","战而不胜",泷川说或是。　机:关键。

㉜而:如。下同。　折:损失。

㉝以:裴学海古书虚字集释卷一:"犹'则'也。"

㉞"是故"句:这就是韩、魏所以要与秦国作战,而不愿向秦国卑躬屈膝的原因。　是故:此则。

㉟倍:犹"背",言韩、魏两国在其后。

㊱姚校:"'至闻'一作'过卫'。"　鲍彪改"闻"作"卫"。　史记苏秦列传"至闻"作"过卫",与姚引一本合。　金正炜、于鬯皆说"过卫"是。　建章按:"阳晋"乃去齐之道,在今山东省郓城

县西,故卫地。吕氏春秋孟冬纪异宝高注“过,犹至也”。汉书陆贾传颜注“过,至也”。闱,属微韵,卫,属霁韵,皆属段玉裁六书音均表第十五部,则闱、卫可通用,“至闱”义即“过卫”。似不必改字。

㊲径:通“经”。　亢父:齐地,故城在今山东省济宁市南,金乡县东北。是险隘之地。

㊳车不得方轨:车不能并进。　方轨:并行。　方:并。　轨:古时指车子两轮之间距离。引申为车轮滚过后留下的痕迹。

㊴“秦虽”两句:秦国虽然想深入齐境,可是总有后顾之忧,提心吊胆,怕韩、魏从后袭击。　狼顾:狼行走时常后望,恐人袭其后,比喻人有后顾之忧。　议:广雅释诂四:“谋也。”

㊵“是故”两句:所以虚张声势,借以威胁,装腔作势,又不敢前进。　恫:苏秦列传索隐:“恐惧也。”　疑:礼记杂记注:“犹‘恐’也。”　猲:桂馥札朴卷一:“猲、赫声近,赫,借字;吓,俗字;通作曷,又作喝。怒也,相恐也,以威力胁之也。”　高跃:金正炜战国策补释:“高跃,犹云作势。”关修龄战国策高注补正:“高跃,言虚示壮勇。”

㊶“夫不”句以下是说:不去考虑秦国对齐国无可奈何这一事实,却想要向秦国卑躬屈膝,这是群臣设谋的错误。

㊷“今无”句以下是说:现在可以避免向秦国卑躬屈膝的丑名,而获得强国的实惠,我再请大王稍加留意,仔细考虑。

㊸不敏:不明事理。此谦辞。

㊹主君:见楚策一第十七章注(51),此指苏秦。　诏:告。　之:第一人称代词,我。

㊺敬奉社稷以从:是说齐国同意参加联盟。这已是当时的习语。奉:献。　社稷:见秦策一第五章注(56)。

十七　张仪为秦连横〔说〕齐王章

张仪为秦连横〔说〕齐王曰①："天下强国无过齐者,大臣父兄殷众富乐②,无过齐者。然而为大王计者,皆为一时说③,而不顾万世之利④。从人说大王者⑤,必谓'齐西有强赵,南有韩、魏,负海之国也⑥,地广人众,兵强士勇,虽有百秦,将无奈我何。'大王览其说⑦,而不察其至实⑧。

"夫从人朋党比周,莫不以从为可⑨。臣闻之,齐与鲁三战而鲁三胜,国以危,亡随其后⑩,虽有胜名,而有亡之实,是何故也? 齐大而鲁小。今赵之与秦也,犹齐之于鲁也⑪。秦、赵战于河、漳之上⑫,再战而再胜秦;战于番吾之下⑬,再战而再胜秦。四战之后,赵亡卒数十万,邯郸仅存。虽有胜秦之名,而国破矣。是何故也? 秦强而赵弱也。今秦、楚嫁子取妇⑭,为昆弟之国⑮。韩献宜阳⑯,魏效河外⑰,赵入朝黾池⑱,割河间以事秦⑲。大王不事秦,秦驱韩、魏攻齐之南地,悉赵〔兵〕,涉河、(关)〔漳〕⑳,指(搏)〔博〕关㉑,临淄、即墨非王之有也㉒。国一日被攻,虽欲事秦,不可得也。是故愿大王熟计之。"

齐王曰:"齐僻陋隐居,托于东海之上,未尝闻社稷之长利,今大客幸而教之,请奉社稷以事秦㉓。"献鱼盐之地三百于秦也㉔。

【注释】

①张仪:见秦策一第三章注⑫。　连横:见秦策一第二章注①。

高注"说齐王也",据高注"齐"上当补"说"字。鲍本补"说"字。　顾观光战国策编年系此策在周赧王四年,于鬯战国策注同顾。当秦惠王更元十四年,齐宣王十年。钱穆先秦诸子系年128节"齐湣王在位十八年非四十年其元年为周赧王十五年非周显王四十六年辨"条说:"若实论则本无其事。"缪文远战国策考辨说:"诸家均从史记张仪传系此章于赧四年。然其时齐宣王破燕未久,齐国势方盛,何得张仪一说而即'献鱼盐之地三百里于秦'? 此策亦为拟托。"

②"大臣"句:朝廷大臣,宗室贵族势众而富有。　父兄:见秦策四第三章注⑦。　殷:盛。

③说:当读"税"。"一时说"与下句"万世之利"对文,"说"上疑脱"之"字。

④顾:念,考虑。

⑤从人:主张合纵政策的人。当指以苏秦为首的一批人。

⑥负海之国:齐国东南、东北皆靠海,故称"负海之国"。　负海:背海,靠海。负:通"背"。

⑦览:高注"受"。史记张仪列传"览"作"贤",疑有误。此处"览"当是"接受""欣赏"之意。

⑧张仪列传"察其至实"作"计其实"。于鬯战国策注:"王杂志云'至即实,今本作至实者,一作至,一作实,而后人误合之。''至'、'实'古固相通,但此言'至实'义亦自明。'至实'者犹究竟也。王不过因仪传无'至'字为此说,不必从。"　建章按:"览其说"与"察其实"语谐,当有误,于说亦难信。

⑨"夫从人"句:主张合纵政策的人,他们密切勾搭,结党营私,排斥异己,无不宣传合纵政策的优越可行。　朋党:为了私利而互相勾结起来的集团,对异己排斥和攻讦。　比周:密切勾结。

⑩"国以危"两句:可是鲁国却处境危险,而亡国之祸就接踵而来。

以裴学海古书虚字集释卷一:"犹'乃'也。"犹口语的"却"。

⑪于:王引之经义述闻卷三十一:"'于'与'与'同义,故二字可以互用。"上句即用"与"。齐国大,鲁国小,所以说赵和秦的关系如同鲁和齐的关系。

⑫河漳:即黄河、漳水间地。

⑬番吾有二,一在今河北省平山县东南,一在今河北省邯郸县南七十里。泷川资言张仪列传考证主前说;于鬯战国策注主后说,以为"此乃秦自河、漳至邯郸必经之路,当从之"。

⑭礼记曲礼下:"子于父母"注"言子者,通男女。"孟子告子下"而搂其处子"注:"处子,处女也。"此言"嫁子"即"嫁女"。秦嫁女,即楚娶妇。

⑮昆弟:兄弟。

⑯宜阳:见秦策二第六章注⑦。

⑰河外:对"河内"而言,指今河南省西北部黄河以南之地。
效:献。

⑱此句言赵国在黾池朝秦。 黾池:今河南省渑池。 既言"入",当属秦。

⑲河间:见秦策一第五章注⑯。

⑳张仪列传作"悉赵兵渡清河"。 建章按:西周策第十一章"秦悉塞外之兵与周之众以攻南阳",秦策三第二章"君悉燕兵而疾替之",秦策五第七章"请为大王悉赵兵以遇",楚策一第二章"悉兵以临之",魏策三第七章"魏王悉韩、魏之兵",诸句例,皆言"悉……兵",此当据张仪列传"赵"下补"兵"字。说文"涉,徒行厉水也"。左襄二十八年传"跋涉山川"释文"水行为涉",赵策二第一章"秦攻楚,齐、魏各出锐师以佐之,韩绝食道,赵涉河、漳,燕守常山以北;秦攻韩、魏,则楚绝其后,齐出锐师以佐之,赵涉河、漳,燕守云中;秦攻齐,则楚绝其后,韩守成皋,魏塞

午道,赵涉河、漳、博关,燕出锐师以佐之……"皆言"赵涉河、漳",虽彼言"救",此言"攻",然地理当同。则此"关"字当因下句"指博关"而衍。"河"下当有"漳"字,"悉赵兵,涉河、漳,指博关"皆三字句。

㉑姚校:"'搏'曾作'博'。" 鲍本作"博"。 史记张仪列传作"博"。 建章按:当改作"博"。程恩泽国策地名考:"今山东省东昌府西北三十里有故博平城,即齐博陵也。"泷川资言张仪列传考证:"博关,山东博平西北。"

㉒即墨:故城在今山东省平度县东南。

㉓"今大客"句:现在幸蒙贵宾教导,我完全同意和秦国结为友好。大客:高注:"谓张仪也。" 鲍注:"礼大行人掌大客之仪。"建章按:周礼秋官大行人注:"大客,谓其孤卿。"汉书百官公卿表:"太师、太傅、太保是为三公,又立三少为之副:少师、少傅、少保为孤卿。"则大客为三公之副。又韩非子内储说上"今臣,君之少客也",陈奇猷引松皋圆说:"少客犹言下客,大客之反也。"据此则大客,犹今言"贵宾",不一定指职称。即使是"孤卿",亦可称为贵宾。

㉔姚校:"曾有'里'字。" 鲍注:"三百里也。" 吴补:"一本有'里'字。" 金正炜战国策补释:"齐、秦地隔,此盖致其鱼盐之利,而非入其土地人民于秦,故不名'地'而曰'献'。礼记曲礼'五官致贡曰享'注'致其岁终之贡于王谓之献也'。'三百'为岁贡之数,是不当有'里'字。赵策'必致海隅鱼盐之地',义与此同,亦非谓割取之也。" 于鬯战国策注:"通鉴胡注云'齐东濒于海,海滨广斥,鱼盐所出也。'赵策苏秦说赵曰'齐必致海隅鱼盐之地',是'鱼盐之地'为'海隅之地',其不能与秦地相接明矣,故张释谓'献其所入',然诚'献其所入',则何必言'地',必非献其所入也。此犹'越国履远'之显据矣。" 建章按:秦策

一第十章"必入西河之外",又"果献西河之外",此皆言献地。
鲍、吴、于皆以为献地。

【备考】

史记张仪列传:"战于番吾之下,再战又胜秦。"梁玉绳史记志疑:
"上文有齐与鲁三战而鲁三胜事,史无所见,吴师道以为'取譬之说',
或当然也。而此两战,史亦不书,史仍国策,疑有讹。但赵却秦番吾,
实有其事,在王迁四年,岂作策者误以后事为前事欤?"又"赵入朝渑
池,割河间以事秦",史记志疑:"国策鲍注云'据此则说赵当在齐前',
但考后文,说燕亦有斯语。而朝渑池时,无割河间事。且渑池之会,仪
死三十年矣。盖史载仪说列国,皆本于策,多不可信。经史问答云:
'秦所取六国之地,韩、魏最先,次之者楚,其后及赵。'然所取必其为秦
之界上。今策言张仪一出,赵以河间为献,燕以常山之尾五城为献,齐
以鱼盐之地三百里为献,非不识地理之言乎? 河间、常山秦亦何从得
而有之,况齐人海右鱼盐之地乎? 以秦之察,岂受此愚? 又累言文信
侯欲取赵河间以广其封。文信封河南,当在韩、周之交,何从得通道于
河间? 吾不知作策者何以东西南北之不谙,而为此谬语也?"此策时、
地有所不合,录梁玉绳语备考。

战国策注释卷九

齐　策　二

一　韩、齐为与国章

韩、齐为与国①，张仪以秦、魏伐韩②。齐王曰③："韩，吾与国也；秦伐之，吾将救之。"田臣思曰④："王之谋过矣，不如听之⑤。子哙与子之国⑥，百姓不戴⑦，诸侯弗与⑧。秦伐韩，楚、赵必救之，是天（下）以燕赐我也⑨。"王曰："善。"乃许韩使者而遣之⑩。

韩自以得交于齐⑪，遂与秦战。楚、赵果遽起兵而救韩⑫，齐因起兵攻燕，三十日而举燕国⑬。

【注释】

①与国：同盟国。此策言"齐因起兵攻燕，三十日而举燕国"，当周赧王元年事。顾观光战国策编年、于鬯战国策年表并系此策于赧王元年。

415

②张仪:见秦策一第三章注⑫。史记秦本纪:"惠王更元八年张仪复相秦","十年(前315年)伐取韩石章。"

③齐王:宣王,见东周策第一章注④。

④田臣思:即"陈臣思",见东周策第一章注⑪。

⑤"王之谋"两句:大王这样打算就错了,不如任他们去吧。　过:错。　听之:任其攻伐。

⑥子哙:燕易王之子,昭王之父,名哙,相传为燕国第三十八君,前320年—前312年在位。　子之:燕王哙的相国。王哙三年(周慎靓王三年,前318年),燕王哙听苏代所使之鹿毛寿言,把燕国让给相国子之。经三年(前315年)国大乱,将军市被与太子平进攻子之,子之反攻,杀了市被及太子平(用燕世家梁玉绳质疑说)。内乱数月,死者数万,众人恫恐,百姓离志。齐宣王便派匡章趁机进攻燕国,士卒不战,城门不闭,燕王哙死,齐大胜燕。

⑦戴:拥护。

⑧与:赞同,援助。

⑨姚校:"刘无'下'字。"　吴补:"'下'字衍,一本无。大事记从之。"建章按:史记田敬仲完世家"是天以燕予齐也",无"下"字,又越王勾践世家:"会稽之事,天以越赐吴,吴不取;今天以吴赐越,越其可逆天乎?"与此同。"下"字衍,当删。　我:指齐国。杨树达高等国文法:"汉书叙传如淳注'台,我也;我,国家也。'按:'我'字本义但指自身,故说文云'我,施身自谓也'。而扩张用之,则指一国;战阵之时,则指己师。是为'我'字扩张用法。"　秦、魏与韩、楚、赵作战,则齐可乘机攻燕故言"天以燕赐我"。

⑩乃许韩使者而遣之:于是,答应韩国派来的使臣,把他打发了回去。

⑪以:以为。　得交于齐:和齐国建立了联盟。

⑫遽:即,就。　起兵:发兵。

⑬前314年(齐宣王六年、燕王哙七年)宣王派匡章乘机攻打燕国,五十天(见孟子梁惠王篇下)攻下了燕都。　国:吕氏春秋季夏纪明理高注:"都也。"

二　张仪事秦惠王章

张仪事秦惠王①。惠王死,武王立②。左右恶张仪③,曰:"仪事先王不忠④。"言未已⑤,齐让又至⑥。

张仪闻之,谓武王曰:"仪有愚计愿效之王⑦。"王曰:"奈何?"曰:"为社稷计者⑧,东方有大变⑨,然后王可以多割地⑩。今齐王甚憎(张)仪⑪,仪之所在,必举兵而伐之。故仪愿乞不肖身而之梁⑫,齐必举兵而伐之。齐、梁之兵连于城下⑬,不能相去⑭,王以其间伐韩⑮,入三川⑯,出兵函谷⑰,而无伐以临周⑱,祭器必出⑲,挟天子⑳,案图籍㉑,此王业也。"王曰:"善。"乃具革车三十乘㉒,纳之梁㉓。

齐果举兵伐之㉔。梁王大恐㉕。张仪曰:"王勿患,请(令)〔今〕罢齐兵㉖。"乃使其舍人冯喜之楚㉗,藉使之齐㉘。齐、楚之事已毕,因谓齐王〔曰〕㉙:"王甚憎张仪,虽然,厚矣王之托仪于秦王也㉚!"齐王曰:"寡人甚憎仪㉛,仪之所在,必举兵伐之,何以'托仪'也㉜?"对曰:"是乃王之'托仪'也㉝。仪之出秦(因)〔固〕与秦王约曰㉞:'为王计者,东方有大变,然后王可以多割地。齐王甚憎仪,仪之所在,必举兵伐之。故仪愿乞不肖身而之梁,齐必举兵伐梁。梁、齐之兵连于城下，不能去，王以其间伐韩，入三川，出兵函谷，而无伐，以临周，祭器必出，挟天子，案图籍，是王业也。'秦王以为然，与革车三十乘，而纳仪于梁。而果伐之，是王内自罢而伐与国㉟，广邻敌以自临㊱，而信仪于秦王也㊲。此臣之所谓'托仪'也。"王曰"善。"乃止㊳。

【注释】

①张仪:见秦策一第三章注⑫。　秦惠王:见秦策一第一章注⑱。秦武王元年,即周赧王五年(前310年),顾观光战国策编年系此策于是年。史记张仪列传"张仪见秦惠王,惠王以为客卿",惠王十年,"以张仪为相"。

②武王:秦武王,见秦策二第五章注①。

③恶张仪:说张仪的坏话。张仪列传"武王自为太子时不说张仪,及即位,群臣多谗张仪曰'无信,左右卖国以取容。秦必复用之,恐为天下笑'……群臣日夜恶张仪未已,而齐让又至。张仪惧诛,乃因谓秦武王曰"云云。

④先王:指秦惠王。

⑤已:毕,完,止。

⑥齐让又至:齐国派使臣来责备秦国任用张仪。　让:责备。

⑦效:致,献。　之:王引之经传释词卷九:"于也。"

⑧社稷:国家。见秦策一第五章注㊺。　计:考虑,打算。

⑨东方:华山之东,此指六国。　大变:指军事事变,战争。

⑩割:取。

⑪齐王:宣王,见东周策第一章注④。　憎:恨。　姚校:"一无'张'字。"鲍彪删去"张"字。张仪列传亦无"张"字。　建章按:自称不当连姓,下文自称皆无"张"字,当删"张"字。

⑫乞:求。　不肖:见秦策三第九章注㊿。　梁:魏都大梁,今河南省开封市。

⑬连:接,交锋。

⑭通鉴周纪胡三省注:"言兵交不解,各欲去而不能也。"　去:离。

⑮以其间:趁此机会。

⑯三川:见西周策第十二章注⑨。

⑰函谷:见秦策一第二章注⑤。

⑱而无伐以临周:无讨伐之名而进逼周王。　金正炜战国策补释:"上文云'王以其间伐韩入三川',此云'无伐'者,左氏庄二十九年传'凡师有钟鼓曰伐',疏引释例'鸣钟鼓以声其过曰伐'。出兵临周,不得同于'声讨',故曰'无伐'。'无'与'毋'通。"　建章按:孟子告子上:"天子讨而不伐,诸侯伐而不讨。"注:"伐者,敌国相征伐也。"周天子虽是空名,然对他还不便于直斥曰"伐",司马错说:"今攻韩,劫天子,劫天子恶名也。"(秦策一第七章)怕得"恶名",故云"无伐"。

⑲祭器:天子祭祀之礼器,即所谓名器重宝。

⑳挟:挟制。　天子:周赧王,慎靓王之子,名延,周末世之君,前314年—前256年在位。此时赧王在西周。

㉑案:考察。　图籍:地图和户籍。

㉒具:备。　革车:战车。　乘:见秦策一第二章注㊿。

㉓纳:广雅释诂三:"入也。"此处犹言"接待"。　之:指张仪。下文作"纳仪于梁"。

㉔举兵:发兵,出兵。　之:指魏。

㉕梁王:魏襄王,见东周策第十九章注⑧。

㉖高注:"言今能令齐兵罢去也。"　王念孙读书杂志:"'令,当为'今',言请即罢齐兵也。战国策、史记'今'、'令'二字多互讹,不可枚举,凡言'请令'者,皆谓'请即'也。"　于鬯战国策注:

卷九
齐策二

419

"王以此'令'字及秦策'请令废之',赵策'不如令杀之',韩策'臣请令发兵救韩'四'令'字皆当为'今',训为'即',然作'令',要亦可通也。惟高注,似其本固'今'字。" 建章按;古书"今""令"互误屡见,韩非子安危"今使人去饥寒",乾道本误"今"为"令",又内储说下说二"今天反夫差,亦天祸也",藏本"今"误作"令",又外储说左上说六"今返而御",今本"今"误作"令"。又见秦策三第二章注⑲,第十四章注③。王说是。当据改。

㉗于鬯战国策注:"史始皇纪裴解引文颖谓'主厩内小吏;或曰侍从宾客谓之舍'。汉高帝纪颜注云'舍人,亲近左右之通称,后遂以私属官号'。曹参传注云'舍人,犹家人也。一说私属官主家事者也'。案此张仪有舍人,则当从'家人'之说。" 建章按:史记田敬仲完世家:"田常乃选齐国中女子长七尺以上为后宫,后宫以百数,而使宾客、舍人出入后宫者不禁。"又平原君列传"居岁余,宾客、门下、舍人稍稍引去者过半",齐策二第四章:"楚有祠者,赐其舍人卮酒。舍人相谓曰'数人饮之不足,一人饮之有余,请画地为蛇,先成者饮酒'。"齐策三第七章孟尝君谓其舍人曰:"子与文游久矣,大官未可得,小官公又弗欲。"据上所引,(1)由宾客、门下、舍人排列的次序及一卮酒给数舍人饮,则舍人的地位比宾客、门下为低。(2)舍人不是官职。颜注以为"犹家人",但亦未必是"主家事者",亦非长久、固定的职业。

㉘藉使之齐:假借楚使之名到齐国去。 藉:借。

㉙"齐、楚之事"两句:冯喜把齐、楚的外交事宜办完以后,乘便对齐王说。 "齐王"下当脱"曰"字,张仪列传有。当据补。

㉚"王甚憎"两句:大王很憎恨张仪,可是,大王却让张仪取信于秦王,您对张仪也太优厚了。 "厚矣"句是"王之托仪于秦王也厚矣"的倒装。 厚:优厚。 托:信托,信任,此处是"取信"的

意思。 张仪曾对秦王说,张仪至魏,"齐必举兵而伐之"云云。
齐果出兵伐魏,岂不正被张仪说中,而取信于秦王。

㉛鲍本"仪"上有"张"字。张仪列传无"张"字。此当从鲍本补
"张"字。

㉜何以"托仪"也:怎么说是让张仪取信于秦王呢? 以:王引之
经传释词卷一:"犹'谓'也。"

㉝乃:适,正是。

㉞"仪之出"句:张仪离开秦国时,本来就和秦王约定说。 姚校:
"'因'作'固'。"张仪列传"因"作"固"。 建章按"因""固"形
似而易互误,墨子三辩"食之利也,以知饥而食之者,智也,因为
无智矣"孙诒让间诂:"'因'当作'固'。"韩非子奸劫弑臣"不
因其势,而待耳以为聪","因"本作"固",陈奇猷据长短经、说
郛引改"固"为"因"。此作"固"义胜,当据姚引刘本及张仪列
传改"因"为"固"。

㉟而:如,若。 果:真的。 伐之:攻魏。 内自罢:自使国内疲
困。罢:通"疲"。 与国:盟国;齐、魏本是盟国。

㊱广邻敌以自临:把邻国变成了敌人,而自相残杀。 广:扩大,
增加。 敌:指周、韩。因为周、韩将为秦国所有。 上文言
"王以其间伐韩,入三川,出兵函谷,而无伐以临周。" 临:
攻伐。

㊲而信仪于秦王也:齐国如出兵攻魏,就使张仪取信于秦王。

㊳止:不伐魏。张仪为了使自己从秦脱身,免遭杀身之祸,以"王
业"为诱饵,使秦王同意他去魏。去魏后任相,又派冯喜去齐,
以"王其托仪于秦王"说服齐王勿出兵伐魏。张仪列传载:"张
仪相魏一岁,卒于魏。"

三　犀首以梁为齐战于承匡而不胜章

犀首以梁为齐战于承匡而不胜①。张仪谓梁王不用臣言以危国②。梁王因相仪③，仪以秦、梁之齐合横亲④。

犀首欲败〔之〕⑤，谓卫君曰⑥："衍非有怨于仪也⑦，值所以为国者不同耳⑧。君必解衍⑨。"卫君为告仪⑩，仪许诺，因与之参坐于卫君之前⑪。犀首跪行，为仪千秋之祝⑫。明日，张子行⑬，犀首送之至于齐疆⑭。

齐王闻之⑮，怒于仪曰："衍也吾仇，而仪与之俱⑯，是必与衍鬻吾国矣⑰。"遂不听⑱。

【注释】

①犀首:见秦策一第十章注⑧。　梁:魏。　为:王引之经传释词卷二"犹'与'也"。　承匡:故城在今河南省睢县西。　于鬯战国策注以为齐、魏观泽之役即此承匡之役，当在周慎靓王四年，魏襄王二年，齐宣王四年(前317年)，策亦系于此年。顾观光战国策编年系此策于周赧王五年(前310年)，于鬯说"不知此时犀首在秦而不在魏"也。

②张仪:见秦策一第三章注⑫。　梁王:魏襄王，见东周策第十九章注⑧。史记张仪列传"相魏以为秦，欲令魏先事秦，而诸侯效之。魏王不肯听仪，秦王怒，伐取魏之曲沃、平周，复阴厚张仪益甚。张仪惭，无以归报。留魏四岁，而魏襄王卒，哀王立(梁玉绳史记志疑:"襄"当作"惠"，"哀"当作"襄"，下"哀王"同)，张仪复说哀王，哀王不听。于是张仪阴令秦伐魏，魏与秦战，败。明年，齐又来败魏于观津(泷川资言考证:"观津"当作"观

泽”）。”又“张仪复说魏王”云云。此即所谓“梁王不用臣言以危国”。

③据注②所引张仪列传“相魏”当在魏惠王时，然又言“留魏四岁”，此策又言“因相魏”，疑惠王时未必“相魏”，否则不当言“留魏”。而相魏恐实当在襄王时。

④之：王引之经传释词卷九：“犹‘与’也。”　合横：即“连横”，要魏、齐分别事秦。注②所引“欲令魏先事秦，而诸侯效之”，以魏国为“事秦”的榜样，进一步又以齐为榜样，逐步实现他的“连横”政策。

⑤高注：“欲败张仪合横亲之事。”　王念孙读书杂志：“‘欲败’下当有‘之’字，秦策‘楼㬎约秦、魏，纷强欲败之’，赵策‘楚王令昭应奉太子以委于薛公，主父欲败之’，魏策‘楚许魏六城与之伐齐而存燕，张仪欲败之’，皆其证，无‘之’字则文不成义。”　建章按：王说是，此脱“之”字，高注即释“之”字。败：破坏。

⑥卫君：卫嗣君，卫平侯之子，史记卫康叔世家：“嗣君五年，更贬号曰君。”索隐：“乐资据纪年以嗣君即孝襄侯也。”为卫第三十八君，前324年—前283年在位。

⑦衍：犀首，姓公孙，名衍。见注①。

⑧“值所以”句：只是治理国家的方法不同而已。　值：通“直”，只是，只不过。　为：治理。

⑨君必解衍：此句是说，公孙衍要求卫君在张仪前为公孙衍解释解释，消除双方的怨恨。

⑩卫君为告仪：卫君就把这番意思告诉了张仪。　为：王引之经传释词卷二：“犹‘以’也。”

⑪参坐：公孙衍、张仪与卫君，共三人，坐在一起，故言“参坐”。　参(sān 三)：同“三”。或“参”与“骖”通，“骖乘”即“陪乘”，则

"骖坐"即"陪坐",意思是公孙衍、张仪二人陪坐在卫君前,因卫君为国君。

⑫跽:见秦策三第九章注⑪。　此言:为仪千秋行祝。"行祝",进行祷告,进行祝愿。"千秋之祝"即"祝你长寿"之义。此亦为一般习惯祝福之辞。

⑬明日:第二天。　张子:张仪。　行:出发。

⑭之:指张仪。　齐疆:齐国边界。

⑮齐王:宣王,见东周策第一章注④。

⑯俱:一起。

⑰鬻:卖,出卖。

⑱不听:不听张仪的游说。

四　昭阳为楚伐魏章

昭阳为楚伐魏[1],覆军杀将,得八城[2],移兵而攻齐[3]。陈轸为齐王使,见昭阳[4],再拜贺战胜,起而问:"楚之法,覆军杀将,其官爵何也?"昭阳曰:"官为上柱国,爵为上执珪[5]。"陈轸曰:"异贵于此者何也[6]?"曰:"唯令尹耳[7]。"陈轸曰:"令尹贵矣,王非置两令尹也。臣窃为公譬可也[8]?楚有祠者[9],赐其舍人卮酒[10]。舍人相谓曰:'数人饮之不足,一人饮之有余。请画地为蛇,先成者饮酒。'一人蛇先成,引酒且饮之[11],乃左手持卮,右手画蛇,曰:'吾能为之足。'未成,一人之蛇成[12],夺其卮曰:'蛇固无足,子安能为之足?'遂饮其酒。为蛇足者,终亡其酒。今君相楚而攻魏[13],破军杀将得八城,(不弱)〔又移〕兵,欲攻齐[14]。齐畏公甚,公以是为名居足矣[15]。官之上非可重也[16]。战无不胜,而不知止者,身且死,爵且后归,犹为蛇足也⑰。"昭阳以为然,解军而去⑱。

【注释】

①昭阳:楚怀王将。　史记楚世家:"怀王六年,楚使柱国昭阳将兵而攻魏,破之于襄陵,得八邑。"楚怀王六年当周显王四十六年(前 323 年)。

②覆:礼记中庸注:"败也。"

③移兵:犹言调兵。

④陈轸:见秦策一第十一章注①。　齐王:威王,见秦策四第十章注⑲。史记楚世家:"陈轸适为秦使齐,齐王曰:'为之奈何?'陈轸曰:'王勿忧,请令罢之',即往见昭阳军中。"

⑤上柱国、上执珪:见东周策第二章注⑬。

⑥异贵于此者何也:比上柱国、上执珪更高的官爵是什么?　异:特,更。　贵:尊,高。

⑦令尹:楚国的最高行政长官,相当于战国时列国的丞相。

⑧姚校:"'也',刘作'乎'。　刘师培左盒集卷五:"类聚二十五所引'譬'下有'之'字。"　太平御览卷四六〇游说览引"譬"下亦有"之"字。又艺文类聚、太平御览引"也"并作"乎"。　建章按:王引之经传释词卷四:"'也',犹'邪'、'欤'、'乎'也。"

⑨祠:祭祀祖先。

⑩舍人:见第二章注㉗。　卮(zhī 支):古代盛酒的器具。

⑪引:国语晋语"引党以封己"注:"取也。"

⑫刘师培左盒集卷五:"'未成'以上当选'足'字,今观类聚二十五所引作'吾能为足,为足未成'。七十三所引作'吾能为之足,足未成,一人蛇先成。'是'未成'上本有'足'字,'成'上亦当补'先'字矣。"

⑬楚国始终未设丞相,令尹是最高行政长官,同时也是最高军事统帅。这里"相"是以他国制度比拟。

⑭鲍注:"言恃其强。" 于鬯战国策注:"戴文光云'言未尝少挫折亡失也',说类、蛇类引、游说览两引皆无此两句,而皆有'又移师'三字,疑'不弱'二字即'又移'之误。蛇览引作'又将移师攻齐',当连读下句。" 建章按:楚世家"破军杀将"下作"功莫大焉,冠之上不可以加矣。今又移兵而攻齐"。太平御览游说览一引作"又移师攻齐",一引作"又移师亦攻齐",艺文类聚鳞介类上蛇类引作"又移师攻齐"。墨子非命下"又曰,吾命固将穷",戴望说:"'又'当依上文改作'必'。"于省吾双剑誃诸子新证:"堂策槛本、宝历本正作'必'。"墨子公孟"言仁义而不吾毁",于省吾双剑誃诸子新证:"'不'本应作'必',本书'不'、'必'多互讹。上文'若必将舍忽易章甫',嘉靖本、堂策槛本、宝历本'必'讹'不',即其证。"庄子天下篇"又好学而博不异",于鬯香草续校书:"疑'又'字为'不'字之误。""弱"篆作"𦏲","移"篆作"𣏟",二形略似。则"又移"误作"不弱"。前文言"覆军杀将,得八城,移兵而攻齐",此正与前文呼应。当据楚世家、艺文类聚、太平御览引改"不弱"为"又移"。

⑮公以是为名居足矣:您有这样的盛名也足够了。 姚校:"一本去'居'字。"鲍彪改"居"为"亦"。 吴正:"因下'足'字衍而讹。" 裴学海古书虚字集释卷五:"'居'犹'其'也。"又说"一为'则'字之义",举此句为例。 建章按:礼记郊特牲:"孔子曰:'三日齐,一日用之,犹恐不敬,二日伐鼓,何居?'"注:"居,读为'姬',语之助也,何居怪之也。""何居怪之"即"何其怪之"。此作"其""则"解皆可通。

⑯官之上非可重也:令尹之上,无以复加。 重:再,复。

⑰"战无"句以下:您战无不胜,而不知适可而止,将会有杀身之

祸,爵位将会归给他人,就好象画蛇添足一样。

⑱解军:犹言撤兵。　解:广雅释诂三:"散也。"

五　秦攻赵章

秦攻赵①,赵令楼缓以五城求讲于秦②,而与之伐齐。齐王恐③,因使人以十城求讲于秦。楼子恐④,因以上党二十四县许秦王⑤。

赵足之齐⑥,谓齐王曰:"王欲秦、赵之解乎⑦?不如从合于赵⑧,赵必倍秦⑨,倍秦,则齐无患矣。"

【注释】

①史记秦本纪:"昭王四十八年,王龁将,伐赵武安、皮牢,拔之。司马梗北定太原,五大夫陵攻赵邯郸。"当周赧王五十六年,前259年。顾观光战国策编年、于鬯战国策年表并系此策于是年。

②楼缓:赵人,曾相秦。　讲(講):同"媾",讲和。

③齐王:名建,襄王之子,田齐第八君,前264年—前221年在位,被秦俘虏,国灭。

④楼子:即楼缓。

⑤上党:见东周策第十三章注⑥。　秦王:昭王,见西周策第一章注⑭。

⑥赵足:鲍彪说是赵人。

⑦解:散,此言秦、赵联盟瓦解。

⑧从合:即合纵,此言齐、赵合纵,共同对付秦国。

⑨倍:通"背",叛。

六　权之难章

权之难,齐、燕战①。秦使魏冉之赵,出兵助燕击齐②。薛公使魏处之赵③,谓李向曰④:"君助燕击齐,齐必急。急,必以地和于燕,而身与赵战矣⑤。然则是君自为燕东兵⑥,为燕取地也。故为君计者,不如按兵勿出⑦,齐必缓。缓,必复与燕战。战而胜,兵罢弊⑧,赵可取唐、曲逆⑨;战而不胜,命悬于赵⑩。然则吾中立而割穷齐与疲燕也⑪,两国之权,归于君矣⑫。"

【注释】

①程恩泽国策地名考"权城,今在正定府正定县北二十一里",徐中舒说:"'权'与'桓'古音同在元部,故得相通,桓曲有盘桓回曲之意,疑即古之曲逆,地在今河北完县西北。"(见历史研究1964年第一期论战国策编写及其有关苏秦诸问题)顾观光战国策编年、于鬯战国策年表并编此策于周显王三十六年(前333年);徐中舒说"齐、燕权之战当即发生于赵灭中山之时,即公元前295年"(同前引),当周赧王二十年。翦伯赞主编的中国史纲要(一)说:"公元前296年,齐和燕又战于桓之曲,燕损失十万兵。"马雍说:"苏秦奉燕昭王之命第一次去到齐国从事反间活动,其年代为公元前300年(燕昭王十二年,齐湣王二年)。战国策齐策三第三章有材料证明苏秦在这一年已经出现于齐国。又根据帛书第四篇得知,苏秦第一次赴齐,在齐国停留了五年之久,后因燕昭王听信田伐等的意见,对齐国发动了一次进攻,苏秦才返回燕国。据我的考证,这次燕、齐之战就是

战国策齐策二所提到的'权之难',其年代为公元前 296 年。"（帛书战国纵横家书各篇的年代和历史背景，见战国纵横家书"附录"）杨宽说："齐策五'齐、燕战而赵氏兼中山'。齐、燕战当指权之战，事在公元前 296 年。"（战国史 337 页注①）唐兰说："齐闵王五年（前 296 年），齐国曾派陈璋伐燕，'覆三军，获二将'。"（司马迁所没有见过的珍贵史料——长沙马王堆帛书战国纵横家书，见战国纵横家书"附录"）唐说当亦指"权之战"。　建章按：中国历史地图集第一册所定权的位置与地名考合，而曲逆在河北省保定市西，与权在地图集的位置相距约一百公里。

②徐中舒说："魏冉在秦用事始于秦昭王时代，即公元前 306 年以后，秦昭王原是秦在燕的质子，昭王即位还是燕人送回秦国的。秦、燕相距甚远，没有利害冲突，秦为联燕制齐之计，既有质子在燕，且与燕缔结婚姻（燕策一说秦惠王以其女为燕太子妇），因此秦对燕、齐的战争是不能漠不关心的。赵是秦的与国，所以魏冉就不能不亲往赵国令赵助燕击齐。"（同注①引）　魏冉：见秦策一第五章注㊷。

③徐中舒说："薛公应是孟尝君田文，高注以为田婴，实误。"（同注①引）此时相齐。

④徐中舒说："李向当为李兑之误。"（同注①引）　李兑：见秦策三第十章注㉔。

⑤于𫚈战国策注："谓齐亲与赵战。"　金正炜战国策补释："'身'字疑当为'并'，草书相近而讹也。说文'并，相从也'，燕策'秦并赵北向迎燕'，注'并，合也'。此言齐、燕将并合而与赵战也。"　建章按："身"固可训"亲"，然此处似不必以"亲"强调。金说亦未确。前句言"齐必和于燕"，此不必复言"并"。此"身"字或当是"乃"字之误，见齐策一第十四章注⑱。

⑥然则是君自为燕东兵：这样，赵国就是为了燕国的利益亲自出兵与齐国作战。　东兵：向东出兵。

⑦按：止。

⑧罢弊：同"疲敝"。

⑨唐：故城在今河北省唐县东北。　曲逆：在唐东，今保定市西南。

⑩"战而"两句：齐国如果战不胜燕国，他的命运完全取决于赵国。而：如。　悬：系。

⑪吾：指赵。　穷：困弱。　齐、燕已战，互相削弱，故言"穷齐与疲燕"。

⑫两国之权归于君矣：燕、齐两国的胜败、命运全在赵国的掌握之中了。　权：秤锤，引申为权衡。燕策一第三章"权之难，燕再战，不胜，赵弗救"，则此次赵听魏处之说，处于中立。

七　秦攻赵长平章

秦攻赵长平①，齐(楚)、〔燕〕救之②。秦计曰："齐、(楚)〔燕〕救赵，亲，则将退兵③；不亲，则且遂攻之。"

赵无以食，请粟于齐，而齐不听④。(苏秦)〔周子〕谓齐王曰⑤："不如听之，以却秦兵⑥；不听则秦兵不却。是秦之计中⑦，而齐、燕之计过矣⑧。且赵之于燕、齐，隐蔽也⑨，〔犹〕齿之有唇也⑩，唇亡则齿寒。今日亡赵，则明日及齐、(楚)〔燕〕矣。且夫救赵之务⑪，宜若奉漏瓮，沃燋釜⑫。夫救赵，高义也⑬；却秦兵，显名也。义救亡赵，威却强秦兵⑭；不务为此，而务爱粟，则为国计者过矣⑮。"

【注释】

①姚校："一本无'长平'二字。"长平之战史记六国表、秦本纪、白起列传俱在秦昭王四十七年，即周赧王五十五年（前 260 年），林春溥战国纪年、顾观光战国策编年、于鬯战国策年表并在此年。史记田敬仲完世家在王建六年，赵世家、廉颇列传在赵孝成王七年，春申君列传在楚考烈王四年，俱在周赧王五十六年。

建章按：长平之战连续三年，故纪时各异。史记田敬仲完世家亦无"长平"二字。长平见秦策一第五章注⑦。

②于鬯战国策注："'楚'当作'燕'，下文云'赵之于燕、齐隐蔽也，犹齿之有唇也'可证，若'楚'，即语不合矣。此因田世家误作'楚'，策依改之，而幸其犹有下文改不尽者。" 建章按：田敬仲完世家梁玉绳志疑："事在五年，非六年，但楚世家无救赵事。"亦疑"楚"字有误。索隐："战国策'楚'字皆作'燕'"。于说是，当据改。下同。

③亲：关系亲近。

④无以食：犹言粮食不够吃。 请：求。 粟：小米，此指粮食。不听：不答应。

⑤史记田敬仲完世家"苏秦"作"周子"，索隐："盖齐之谋臣，史失名也。战国策以'周子'为'苏秦'，然此时，苏秦死已久矣。"

建章按：徐中舒说苏秦死于周赧王三十年（前 285 年），唐兰说苏秦死于周赧王三十一年（前 284 年），则距此，死已二十六、七年。徐中舒也说："这里误以'周子'之说为'苏秦'。"徐说见历史研究 1964 年第一期徐文，唐说见苏秦事迹简表（收入战国纵横家书）。当依田敬仲完世家改"苏秦"作"周子"。 齐王：指王建。见第五章注③。

⑥听：从。 却：退。

⑦"中"读第四声。 "不听"则是关系"不亲"，则秦"遂攻之"，故

言"秦之计中"。

⑧而齐燕之计过矣：齐、燕就失策了。　过：错，失。

⑨"且赵"句：赵国好象是燕、齐两国的屏障。　隐蔽：屏障。

⑩鲍本"齿"上有"犹"字。田敬仲完世家亦有"犹"字。　建章按：当补"犹"字。

⑪务：事。

⑫"且夫"三句：救赵之事非常紧急，差不多就象捧漏瓮、烧干锅那样的迫不及待。　宜：王引之经传释词卷五："犹殆也。"殆：差不多。　瓮：腹部较大的陶质盛物器，多盛酒，盛水。　奉：同"捧"。　沃：浇。　燋釜：烧锅。　捧着装酒的漏瓮，如不赶紧想法处理，酒就会漏完。正在烧火的干锅，如不及时灌水，锅就要烧毁。两句比喻救急。

⑬疑"救赵"当作"救亡赵"，下文"义救亡赵"可见。　高：大。

⑭史记田敬仲完世家"兵"作"之兵"。　建章按：疑衍"强"字，上文有"却秦兵"，且"威却秦兵"与"义救亡赵"对文。

⑮"义救"句以下是说：坚持正义，救援将亡的赵国，振起威力，击退秦国的大军；不去专注这样的大事，却只看到爱惜粮食，则是为国出谋划策的错误啊。　务：专意于。

八　或谓齐王章

或谓齐王曰①："周、韩西有强秦，东有赵、魏。秦伐周、韩之西，赵、魏(不)〔亦〕伐周、韩②，为割韩却周(害)也③。及〔割〕韩却周(割)之〔后〕④，赵、魏亦不免与秦为患矣⑤。今齐〔应〕秦伐赵、魏，则亦不(果)〔异〕于赵、魏之应秦而伐周、韩⑥。(令)〔今〕齐入于秦而伐赵、魏⑦，赵、魏亡之后，秦东面而伐<u>齐</u>,<u>齐</u>安得救〔于〕天下乎^⑧?"

【注释】

①<u>齐王</u>:指<u>王建</u>,见第五章注③ <u>顾观光战国策编年</u>、<u>于鬯战国策年表</u>并系此策于<u>秦始皇</u>十七年(前 230 年),<u>韩国</u>亡于此年。

或:有人,而未记其名姓。

②<u>金正炜战国策补释</u>:"'不伐'当作'亦伐','<u>赵</u>、<u>魏</u>亦伐<u>周</u>、<u>韩</u>'为句。" <u>建章</u>按:<u>荀子天论</u>:"妖是生于乱,三者错,无安邦,其说甚尔,其灾甚惨,可怪也,而不可畏也。"<u>王念孙读书杂志</u>引<u>王引之</u>说:"'不可畏也'当作'亦可畏也'。盖星队(坠)木鸣,乃天地之变,阴阳之化,非人事之所招,故曰怪之可也,而畏之非也。若牛马相生,六畜作妖,则政乱之所致,所谓人妖也。其说甚迩,其灾甚惨,可怪也,而亦可畏矣。上文云,'物之已至者,人妖则可畏也',正与此句相应,若作'不可畏',则与上文相反矣。"<u>淮南子说山训</u>"小马非大马之类也,小知非大知之类也",注:"小马不可以进道致千里,故得与大马同类。"<u>王念孙读书杂志</u>:"宋本注如此,道藏本同,各本'得'上有'不'字,非。"又引<u>顾</u>说:"上'非'字疑衍,注'不'字疑当作'亦'。此言小马为大马之类,而小知则非大知之类也。"则<u>金</u>说是,当改"不"字作"亦"字。

③<u>为割韩却周也</u>:则<u>韩国</u>被割,<u>周</u>必退却。 <u>为</u>:<u>王引之经传释词</u>卷二:"犹'则'也。" <u>淮南子人间训</u>"或直于辞而不害于事者",<u>王念孙读书杂志</u>:"'不害'当为'不周',隶书'害'作'<u>害</u>',与'周'相似而误。<u>道应篇</u>'<u>周</u>鼎著倕',<u>文子精诚篇</u>'<u>周</u>',误作'<u>害</u>',<u>宣</u>六年<u>公羊传</u>'<u>灵公</u>有周狗',<u>尔雅释畜</u>注误作'<u>害</u>'。"<u>墨子小取</u>"或一害而一不害",<u>王念孙读书杂志</u>引<u>王引之</u>说:"两'害'字俱当作'周'。"据此则"害"乃涉"周"字而

误衍。

④及：等到。　鲍本"之"下补"后"字。　建章按：容庚金文编"害同割"。"割"字本当在"及"字下，因上句"周害"连文，而误作"周割"。并当从鲍本补"后"字。

⑤与：王引之经义述闻卷三十一通说："于"字条下说"'于'与'与'同义，故二字可以互用。"　为：裴学海古书虚字集释卷二："犹'之'也。"

⑥鲍本于"齐"下补"应"字。　王念孙读书杂志："'果'当为'异'，字之误也。"　建章按：下文亦有"应秦"，据上下文义当从鲍、王补、改。此言：现在齐国响应秦国而进攻赵、魏，也与当初赵、魏响应秦国去进攻周、韩没有两样。

⑦吴正："'令'恐亦'今'字。"　建章按："今"误作"令"，本书与古书多见，见第二章注㉖。且上句亦言"今齐"云云，吴说是，当改"令"作"今"。　吕氏春秋孝行览必已篇"舟中之人尽扬播入于河"，注："入，投也。""入于秦"即投靠秦。

⑧"今齐"句以下是说：现在齐国投靠秦国，去进攻赵、魏，赵、魏灭亡之后，秦向东出兵伐齐，齐国怎么能得到诸侯的救援呢？
鲍本"天"上有"于"字，"得"下补"救"字。　吴补："一本有'救'字是，下无'于'字非。"　建章按：当依鲍本补"于"字。

战国策注释卷十

齐　策　三

一　楚王死章

楚王死①,太子在齐质②。苏秦谓薛公曰③:"君何不留楚太子,以市其下东国④。"薛公曰:"不可。我留太子,郢中立王,然则是我抱空质而行不义于天下也⑤。"(苏秦)〔或〕曰⑥:"不然,郢中立王,君因谓其新王曰'与我下东国,吾为王杀太子;不然,吾将与三国共立之⑦。'然则下东国必可得也。苏秦之事可以请行;可以令楚王亟入下东国⑧;可以益割于楚⑨;可以忠太子而使楚益入地⑩;可以为楚王走太子⑪;可以忠太子使之亟去⑫;可以恶苏秦于薛公⑬;可以为苏秦请封于楚;可以使人说薛公以善苏子;可以使苏子自解于薛公⑭。"

苏秦谓薛公曰:"臣闻:谋泄者事无功,计不决者名不成⑮。今君留太子者,以市下东国也。非亟得下东国者,则

楚之计变,变、则是君抱空质而负名于天下也⑯。"薛公曰:
"善。为之奈何?"对曰:"臣请为君之楚,使驱入下东国之
地。楚得成⑰,则君无败矣⑱。"薛公曰:"善。"因遣之。〔故
曰"可以请行也"。⑲〕

谓楚王曰⑳:"齐欲奉太子而立之。臣观薛公之留太子
者,以市下东国也。今王不驱入下东国,则太子且倍王之
割而使齐奉己㉑。"楚王曰:"谨受命。"因献下东国。故曰
"可以使楚驱入地也。"

谓薛公曰:"楚之势可多割也。"薛公曰:"奈何?""请
告太子其故㉒,使太子谒之君㉓,以忠太子㉔。使楚王闻之㉕,
可以益入地。"故曰:"可以益割于楚"

谓太子曰:"齐奉太子而立之,楚王请割地以留太子,
齐少其地㉖。太子何不倍楚之割(地)而资齐,齐必奉太
子㉗。"太子曰:"善。"倍楚之割而延齐㉘。楚王闻之,恐,益
割地而献之,尚恐事不成。故曰"可以使楚益入地也"。

谓楚王曰:"齐之所以敢多割地者,挟太子也㉙。今已
得地而求不止者,以太子权王也㉚。故臣能去太子㉛。太子
去,齐无辞,必不倍于王也㉜。王因驰强齐而为交㉝,齐辞必
听王㉞。然则是王去仇而得齐交也㉟。"楚王大悦曰:"请以
国因㊱。"故曰"可以为楚王使太子驱去也。"

谓太子曰:"夫剬楚者王也㊲,以空名市者太子也㊳,齐
未必信太子之言也,而楚功见矣㊴。楚交成,太子必危矣。
太子其图之㊵。"太子曰:"谨受命。"乃约车而暮去。故曰:
"可以使太子急去也。"

苏秦使人请薛公曰[41]:"夫劝留太子者苏秦也,苏秦非诚以为君也[42],且以便楚也[43]。苏秦恐君之知之,故多割楚以灭迹也[44]。今劝太子者又苏秦也,而君弗知。臣窃为君疑之[45]。"薛公大怒于苏秦。故曰:"可使人恶苏秦于薛公也"。

又使人谓楚王曰:"夫使薛公留太子者苏秦也;奉王而代立楚太子者又苏秦也[46];割地固约者又苏秦也;忠王而走太子者又苏秦也。今人恶苏秦于薛公,以其为齐薄而为楚厚也。愿王之知之。"楚王曰:"谨受命。"因封苏秦为武贞君[47]。故曰"可以为苏秦请封于楚也。"

又使景鲤请薛公曰[48]:"君之所以重于天下者,以能得天下之士而有齐权也。今苏秦天下之辩士也,(世与)〔与世〕少有[49]。君因不善苏秦[50],则是围塞天下士,而不利说途也[51]。夫不善君者,且奉苏秦,而于君之事殆矣[52]。今苏秦善于楚王,而君不蚤亲[53],则是身与楚为仇也。故君不如因而亲之[54],贵而重之[55],是君有楚也。"薛公因善苏秦。故曰"可以为苏秦说薛公以善苏秦"[56]。

【注释】

①钱穆先秦诸子系年95节"附苏代苏厉考"说:"鲍彪曰:'此苏秦非代即厉。'今按:其时苏代在齐,而苏厉在楚,然史谓顷襄王归立为王,而怀王犹在秦,与此策相异,恐此策乃策士妄造。"锺凤年国策勘研说:"此章所言多不切于事理。殆著者故假楚怀拘于秦事,伪托苏子,妄为此文,以见其技之层出不穷,变化莫测耳。鲍、吴俱以为确有其事,近误。"齐思和战国策著作年代

考说:"此章胜意层出,奇变无穷,乃<u>国策</u>中之至文也。然按之于史事则皆虚,盖纯为习<u>长短</u>者揣摩之谈耳。"(见<u>中国史探研</u>)<u>黄少荃战国史考辨</u>说:"此策盖好事者为之。'<u>郢</u>中立王'之语实假设,非<u>楚</u>果立新王,文义至明,断断不容误会,而'<u>苏子</u>之事'以下文,又皆策士之设辞,记者之推断,其义亦甚显明。今详<u>齐策</u>后文之叙事,'故曰如何如何'者,乃释前文之'可以如何如何'也,而'可以如何如何'之语,又承'<u>苏子</u>之事'一句而来,显为第三者之设辞,讵可认为事实?凡此皆不明<u>齐策楚</u>立新王之语为当时假设,九'可'之言为后人推论所致。"(转引自<u>缪文远战国策考辨</u>)　<u>史记楚世家</u>:"<u>顷襄王</u>三年,<u>怀王</u>卒于<u>秦</u>。"当<u>周赧王</u>十九年。

② <u>楚世家</u>"<u>齐王</u>卒用其相计,而归<u>楚</u>太子,太子<u>横</u>至,立为王,是为<u>顷襄王</u>",<u>史记六国年表顷襄王</u>元年在<u>周赧王</u>十七年。策言"<u>楚王</u>死,太子在<u>齐</u>质",不符。故于<u>鬯战国策</u>注:"在<u>史</u>言<u>史</u>,在<u>策</u>言<u>策</u>,故<u>顷襄</u>之元必移后三年方合于<u>策</u>也。然则此时当为<u>楚怀王</u>三十三年<u>周赧王</u>十九年,<u>顷襄王</u>犹未立也,故曰'<u>楚王</u>死,太子在<u>齐</u>质'。"　质:见<u>秦策</u>二第十五章注④。

③ <u>高</u>注:"<u>薛公</u>,<u>田婴</u>也,<u>田文</u>之父。"　<u>建章</u>按:<u>徐中舒</u>说"<u>田婴</u>此时已死数年,<u>齐</u>相为<u>田文</u>"。(见彼<u>论战国策编写及其有关苏秦诸问题历史研究</u>,一九六四年第一期)　<u>田文</u>:见<u>东周策</u>第十六章注①。

④ 市:求。　下东国:<u>楚</u>东边与<u>齐</u>接壤之地。<u>西周策</u>第一章"所以进兵者欲王令<u>楚</u>割东国以与<u>齐</u>也",<u>秦策</u>三第六章"<u>齐</u>有东国之地方千里"。所指皆同。<u>左襄</u>十六年传注:"顺河东行故曰下。"　留:扣留。

⑤ <u>郢</u>:指<u>楚</u>的国都。　抱空质:此言<u>楚怀王</u>死于<u>秦</u>,太子质于<u>齐</u>,如果<u>齐</u>国扣留太子,<u>楚</u>国另立新王,则扣留太子也无益,所以说

是"抱空质"。

⑥楚世家"苏秦曰"作"或曰"。 建章按:下文"苏秦之事可以请行"不当为苏秦自言,作"或曰"是,当据改。

⑦于鬯战国策注:"'与'字当训'以','三国共立之'者,以齐、韩、魏三国共立太子也。" 建章按:与王引之经传释词卷一:"犹'以'也。"

⑧亟:立即,迅速。 入:献,致。

⑨益:多。 割:取。

⑩可以忠太子而使楚益入地:可以因忠于太子而使楚国更多地献出土地。

⑪走:广雅释诂二:"去也。" 走太子:使太子离去。

⑫可以忠太子使之亟去:可以以忠于太子之名让太子马上离去。

⑬恶:说坏话。

⑭可以使苏子自解于薛公:可以让苏秦在薛公前自我解说。"与我下东国"句以下至此,皆假设之词。以下则是这些假设之词如何去实践,即如何去游说。

⑮"谋泄者"两句:设谋如果泄漏,事情就无效果,定计如不坚决执行,就不会建立美名。

⑯"非亟得"句以下是说:如果不马上得到下东国,一旦楚国要改变自己的计划,您只是白白地守着一个没用的质子,而且诸侯会加给你不义的恶名。 负名:犹言被恶名,加恶。 天下:言诸侯。

⑰成:国语吴语韦注:"定也。" 得成:能定,同意。

⑱无败:没有什么损失。

⑲姚校:"'故曰可以请行也'七字曾本不作注。" 鲍彪改此七字为正文。 建章按:据下文,每段结语皆与前文一一照应,此句同例。当据曾本改作正文。

⑳楚王:当指楚新王。

㉑"今王"两句:大王如果不马上献出下东国,则太子将会加倍答应给齐国割地,让齐国立自己为楚王。 今:若,如。 倍:加倍。 己:指质于齐的太子。

㉒故:事;指"太子且倍王之割而使齐奉己"这件事。

㉓使太子谒之君:让太子正式向您提出请求。 谒:请求。

㉔以忠太子:齐国答应他的请求,以此表示忠于太子。

㉕使楚王闻之:让楚新王知道齐国答应奉太子为君这件事。 闻:知道。

㉖少:用作动词,嫌……少,以……为少。

㉗"太子何不"两句:太子何不答应多割地给齐国,这样齐国一定会尊奉太子,立您为楚君。前文言"可以益割于楚""倍王之割而使齐奉己""楚之势可以多割也",下文又言"倍楚之割而延齐",则此"割"下衍"地"字,当删。

㉘延:尔雅释诂:"进也。"与前文"资齐"义同。

㉙"齐之所以"两句:齐国所以敢于要求楚国多割地,是因为他以太子在齐国为要挟。

㉚"今已得地"两句:现在齐国已经割了楚国的土地,可是他的要求不可能就此为止,是因为太子在齐国,又和大王势均力敌。 权:称,衡。有"相当""势均力敌"之义。

㉛故臣能去太子:所以我能让太子离开齐国。 去:使离开;动词使动用法。

㉜"太子去"三句:太子离开齐国,齐国就没有立太子的借口,这样他就不会违背大王。倍:通"背"。

㉝王因驰强齐而为交:让楚王转而与强齐建立友好关系。 因:则。驰:奔向,驱向。

㉞金正炜战国策补释:"'辞'字涉上文'齐无辞'而衍。" 建章

按:"齐辞"。

㉟仇:指太子。

㊱请以国因:那就请你建立楚、齐之交吧。 因:广雅释诂三:"就
也,亲也。"

㊲劓(tuán团):广雅释诂一:"断也。"或读 zhì(至),同"制"。皆
可通。

㊳空名:犹"空言"。 市:交易。

㊴"夫劓"句以下是说:专楚国政权的人才可以称得上是王,太子
未掌握楚国实权,所答应的"倍楚之割",只是空言而已,齐国未
必相信;这样,就显出楚王确有献地的实效。 楚功见:楚王有
献地的实效。见:同"现"。

㊵其:表希望的语气词。 图:谋,计,考虑。 之:指如何避免危
险这件事。

㊶请:尔雅释诂:"告也。"

㊷苏秦非诚以为君也:苏秦并不是真正为您打算。 诚:真心
实意。

㊸且:裴学海古书虚字集释卷八:"犹'是'也。"是即"此"。
便:利。

㊹灭迹:言不露马脚。亦即不让人看出其阴谋。

㊺疑:惑,不解。

㊻奉王而代立楚太子者又苏秦也:尊奉大王取代太子而立为楚君
的又是苏秦。

㊼因:则,即,于是。

㊽高注:"景鲤,楚怀王相也。" 请:告。见注㊶。

㊾王引之经义述闻第十五礼记述闻"选贤与能"条:"'与'当读为
'举',大戴礼王言篇'选贤举能'是也。(易)无妄象传'物与无
妄'虞翻注曰:'与,谓举也。'(周礼)地官师氏'王举则从'

（注）‘故书举为与’；楚辞九章（惜诵）‘与前世而皆然兮’，言举前世而皆然也；七谏（初放）‘与世皆然兮’，王逸注曰：‘与，举也。’墨子天志篇‘天下之君子，与谓之不详’，言举谓之不祥也。”则此当作“与世”，即“举世”。作“世与”者盖误倒。

(50)因：裴学海古书虚字集释卷二：“犹‘若’也。”举此句为例。

(51)“则是”两句：这就堵塞了天下政治活动人士的口，而不利于进行外交活动。　墨子备城门“乃足以守围”，王念孙读书杂志：“‘守围’二字义不可通，‘围’当为‘圉’，字之误也。齐策‘则是圉塞天下士，而不利说途也’，韩子扬权篇‘主将壅圉’，淮南诠言篇‘以圉强敌’，今本‘圉’字并误作‘围’。‘守圉、即‘守御’。”　建章按：圉，尔雅释言：“禁也。”塞，管子君臣下注“止也。”圉，塞义同，王说或是。又墨子贵义“是围心而虚天下也”孙诒让墨子间诂引吴玉搢云：“‘围心’即‘违心’，古‘围’、‘违’字通。”管子牧民“其功逆天者，天违之”王念孙读书杂志：“宋本‘违’作‘围’古字假借也；‘违’字通作‘围’，犹‘围’字通作‘违’耳。”违：广雅释诂：“偝也。”则“违”有逆、拒的意思；则围塞：即违塞，拒塞，堵塞。不改字亦通。

(52)“夫不善”三句：那些与您关系不好的人士，都会顺从苏秦，这样，您在诸侯中活动，就会处于危险的境地。　君：指薛公。且：则，将。　奉：承，从。　殆：说文：“危也。”

(53)蚤：通“早”。　亲：与苏秦亲。

(54)因而：因此。　之：指苏秦。

(55)贵而重之：尊重苏秦。　“贵”与“重”义同。　之：指苏秦。

(56)于鬯战国策注：“此下尚当有‘苏秦自解于薛公’一段。”　建章按：第一段有“可以使苏子自解于薛公”，依本文的体例，当有此段。

二 齐王夫人死章

齐王夫人死^①，有七孺子皆近^②。薛公欲知王所欲立^③，乃献七珥^④，美其一，明日视美珥所在，劝王立为夫人。

【注释】

①韩非子外储说右上："靖郭君之相齐也，王后死"，一曰"薛公相齐，齐威王夫人死。"淮南子道应训"齐王后死，王欲置后而未定，使群臣议，薛公欲中王之意"，注"薛公，田婴也"。此与韩非子合。于鬯战国策注系此策于周显王四十六年，齐威王三十四年（前323年）。

②高注："孺子，幼艾美女也。近，幸也。" 建章按：左哀三年传："季孙有疾，命正常曰'无死，南孺子之子，男也，则以告而立之'。"注："南孺子，季桓子之妻。"汉书艺文志歌诗类"诏赐中山靖王子哙及孺子妾冰未央材人歌诗四篇"颜注："孺子，王妾之有品号者也。"又武五子传"戾太子据……元鼎四年纳史良娣"韦昭曰："良娣，太子之内官也。太子有妃，有良娣，有孺子，凡三等。"又外戚传上："卫太子史良娣，宣帝祖母也。太子有妃，有良娣，有孺子，妻妾，凡三等。"王先谦补注引沈钦韩曰："通称贵妾为孺子。"据上所引，"孺子"与妻妾同等。"近""幸"皆亲爱之意。

③立：立为夫人。

④珥（ěr 耳）：用珠、玉做的耳环。

〔说明〕因为薛公想要讨好将来被选中当夫人的孺子，所以他要知道威王心里喜欢那一个孺子。他就根据威王的心思去劝威王立她为夫人。这样，这个被选为夫人的孺子就会感激薛公。

如果薛公劝说威王要立的那个孺子不是威王心目中的人，当然就不能立为夫人，也就不能达到薛公的目的。

三　孟尝君将入秦章

孟尝君将入秦^①，止者千数^②，而弗听。苏秦欲止之^③，孟尝曰："人事者吾已尽知之矣；吾所未闻者，独鬼事耳^④。"苏秦曰："臣之来也，固不敢言人事也^⑤，固且以鬼事见君^⑥。"

孟尝君见之。谓孟尝君曰："今者臣来，过于淄上^⑦，有土偶人与桃梗相与语^⑧。桃梗谓土偶人曰：'子，西岸之土也，(挺)〔挺〕子以为人^⑨，至岁八月，降雨下，淄水至^⑩，则汝残矣^⑪。'土偶曰：'不然，吾西岸之土也，(土)〔吾残〕则复西岸耳^⑫。今子东国之桃梗也^⑬，刻削子以为人，降雨下，淄水至，流子而去，则子漂漂者将何如耳^⑭。'今秦四塞之国^⑮，譬若虎口，而君入之，则臣不知君所出矣^⑯。"孟尝君乃止。

【注释】

①孟尝君：见东周策第十六章注①。孟尝君入秦，顾观光战国策编年、杨宽战国史并以为在周赧王十六年（前299年）；于鬯、马雍、唐兰均以为在周赧王十五年（于说见彼战国策年表，收入上海古籍出版社战国策；马说见帛书国纵横家书各篇的年代和历史背景注②；唐说见司马迁所没有见过的珍贵史料附苏秦事迹简表。马、唐二文均见战国纵横家书）。钱穆先秦诸子系年95节"附苏代苏厉考"说："此事当在秦昭王六年（前301年），泾阳君为质于齐之岁。苏秦乃苏代之讹，必代使秦东归之后也。"　建

章按:马雍说:"苏秦奉(燕)昭王之命第一次去到齐国从事反间活动,其年代为公元前 300 年(燕昭王十二年,齐湣王二年)。战国策齐策三第三章有材料证明苏秦在这一年已经出现于齐国。"(帛书战国纵横家书各篇的年代和历史背景,收入战国纵横家书)林剑鸣秦史稿也说:"燕昭王派苏秦于公元前 300 年入齐进行反间活动。"夏自正在燕国史简说中也说:"苏秦作为燕昭王的心腹,约在齐湣王元年(前 300 年)奉使命入齐。"(河北学刊 1988 年第 1 期)可见此时苏秦正在齐国。　建章按:史记孟尝君列传"秦昭王闻其贤,乃使泾阳君为质于齐,以求见孟尝君。孟尝君将入秦,宾客莫欲其行,谏不听。"六国年表齐湣王二十四年"秦使泾阳君来为质",依竹书纪年当湣王二年正是周赧王十五年(前 300 年)。孟尝君列传:"齐湣王二十五,复卒使孟尝君入秦,昭王即以孟尝君为秦相。"则入秦在次年,周赧王十六年(前 299 年)。

②止者:规劝孟尝君不要到秦国去的人。

③刘师培左盦集卷五:"类聚八十六引'欲止'作'往见'。"　建章按:据下文孟尝君言及苏秦所言"以鬼事见君",作"往见"义胜。

④闻:知。　独:只。

⑤固:本来,就是。下同。

⑥固且以鬼事见君:就是为了鬼事才来拜访您的。且:将,要。

⑦淄:淄水,在今山东省,流经临淄东南。

⑧土偶:以泥土做的人像。　桃梗:以桃木刻的人像;即木偶。　刘师培左盦集卷五:"类聚八十八所引'土偶人'下有'焉'字。"　建章按:当是艺文类聚卷八十六桃聚。

⑨王念孙读书杂志余编下文选长笛赋"凡挺彫琢",王引此"挺"作"挺"。　朱骏声说文通训定声:"凡柔和之物,引之使长,搏之

使短,可折可合,可方可圆,谓之挻。字亦误作'埏',又误作'挺'。" 于鬯战国策注:"'埏'即'挺'之俗字。" 建章按:说文无"埏"字,段玉裁亦云"其俗字作'埏'"。老子第十一章"埏埴以为器",马叙伦校诂:"当依王本作'挺'而借为'搏'。"挺(shān 山):揉和。

⑩ 于鬯战国策注:"此盖周正,周八月,夏六月。"墨子尚贤中"稷隆播种",王念孙读书杂志:"古者'降'与'隆'通。非攻篇'天命融隆火于夏之城',亦以'隆'为'降',丧服小记注'以不贰降'释文'降一本作隆',荀子赋篇'皇天隆物,以示下民','隆'即'降'字。"又读书杂志余编下:"'隆'与'降'通。"举此句说"风俗通义祀典篇'降'作'隆',是'隆'与'降'通也"。淮南子泰族训"攻不待冲降而拔",于省吾双剑誃诸子新证:"'冲降即'冲隆','降'古音读如'洪'与'隆'音近,字通。" 建章按:隆:盛、大。 淄水至:犹言淄水暴涨。

⑪ 残:坏。

⑫ 姚校:"一作'吾残则'。" 王念孙读书杂志:"'土则复西岸'义不可通,此承上'则汝残矣'而言,则作'吾残'者是也。赵策'土梗谓木梗:使我逢疾风淋雨,坏沮乃复归土',彼言'坏沮',此言'残',其义一也。风俗通义祀典篇、艺文类聚果部,太平御览土部引此并作'残则复西岸',御览人事部作'吾残者复西岸'。" 建章按:王说是,当据改。姚引不当有"则"字。

⑬ 于鬯战国策注:"东,齐也;比孟尝,故曰'东'。" 刘师培左盦集卷五:"类聚八十六引'国'作'园'。"

⑭ 如:往。

⑮ 四塞之国:见齐策一第十六章注⑤。

⑯ "譬若"三句:秦国就像虎口一样,您要进去,我真不知道您怎么出来。孟尝君打消了入秦的原定计划。当在周赧王十五年(前

300 年）。

四 孟尝君在薛章

孟尝君在薛，荆人攻之①。淳于髡为齐使于荆②，还反过薛，而孟尝〔君〕令人体貌而亲郊迎之③。谓淳于髡曰："荆人攻薛，夫子弗忧，文无以复侍矣④。"淳于髡曰："敬闻命〔矣〕⑤！"

至于齐，毕报⑥。王曰⑦："何见于荆？"对曰："荆甚固⑧，而薛亦不量其力。"王曰："何谓也？"对曰："薛不量其力，而为先王立清庙⑨。荆固而攻之，清庙必危。故曰：（薛不量力而荆亦甚固）'〔荆甚固，而薛亦不量其力〕⑩。'"齐王（和）〔知〕其颜色⑪，曰："譆⑫！先君之庙在焉！"疾兴兵救之⑬。

颠蹶之请⑭，望拜之谒⑮，虽得则薄矣⑯。善说者，陈其势，言其方⑰；人之急也⑱，若自在隘窘之中⑲，岂用强力哉⑳?!

【注释】

①唐兰苏秦事迹简表（见战国纵横家书）前294年"齐田甲劫王，薛公出走，归薛，齐闵王亲自执政，前291年，薛公去薛，魏昭王以为相"。吕氏春秋慎大览报更"孟尝君前在于薛，荆人攻之"。所谓"前"，则此时已离薛。此当在前294年至前292年三年中事，当周赧王二十一年至二十三年。 于鬯战国策注："顾编年在赧二十一年，黄略在二十年，皆从归老之说，似为近之。" 荆：即楚。 孟尝君：见东周策第十六章注①。

②淳于髡(kūn昆)：姓淳于名髡，齐国人，曾仕于齐威王、齐宣王和梁惠王之朝。其事迹除本书外，又散见孟子离娄上、吕氏春秋慎大览报更、史记田敬仲完世家、魏世家、滑稽列传，史记有传，附孟子荀卿列传。

③姚校："一作'孟尝君'。体，一作'礼'，刘作'体'。" 鲍彪补"君"字。 建章按：吕氏春秋报更有"君"字，"体"作"礼"。俞樾古书疑义举例"两字一义而误解例"下说："'礼貌'即'体貌'。" 体貌：尊重、敬重之义。 当据姚校一本及报更补"君"字。

④"荆人"三句：楚国攻薛，而您却不设法解除危难，不为此担忧。一旦薛失，文逃，则不能再侍奉您了。此乃以语激淳于髡。文：孟尝君田文。

⑤姚校："'命'下一有'矣'字。" 建章按：吕氏春秋有"矣"字。齐策六第三章"燕将曰'敬闻命矣'"。楚策三第二章"寡人闻命矣"，皆与此句式同，依语气当补"矣"字。

⑥至于齐毕报：淳于髡到了齐都，给齐王禀报完毕。

⑦王：齐闵王，见东周策第十六章注②。

⑧荆甚固：此言楚国很强固，有侵略之意。

⑨先王：指宣王。 清庙：此即所谓宗庙。诗周颂清庙郑笺："清庙者祭有清明之德者之宫也。"

⑩此两句当作"荆甚固，而薛亦不量其力"，前文如此。此两句误倒。当依前文改字并乙正。见陶鸿庆读诸子杂记。

⑪王念孙读书杂志："吕氏春秋报更篇作'齐王知颜色'高注曰'知，犹发也'。案作'知'者是也。高训'知'为'发'，谓发动也。'知其颜色'者，急先君之庙，而颜色为之动也，若云'和于颜色'则与下意了不相干矣。齐策又曰'宣王太息，动于颜色'高注曰'动，犹发也'，赵策曰'赵王不悦，形于颜色'。或言

'形'或言'动',或言'知'皆发动之谓也。故高注'知,犹发也'。僖二十八年左传'晋侯闻之,而后喜可知也'杜注曰'喜见于颜色',管子心术篇曰'见于形容,知于颜色',吕氏春秋自知篇曰'文侯不悦,知于颜色'高注曰'知,犹见也',鸿烈修务篇曰'奉一爵酒,不知于色'并与此同意。" 建章按:王说是,当据吕氏春秋改"和"为"知"。

⑫譆(xī 西):惊惧声。

⑬吕氏春秋此句下有"由是薛遂全"一句。 建章按:从上下文意看,当有此句,疑误脱。

⑭颠:倒; 蹶:仆倒。 颠蹶:言奔走劳顿之状。

⑮望拜之谒:情切仰望礼拜而请求。

⑯"颠蹶"句以下是说:奔波卑礼去请求援助,虽然可以得到别人的援助,可是终究是情不深、意不厚。 薄:谓情意浅薄不能尽心。

⑰"善说者"三句:擅长游说的人,巧于陈述形势,善于设计办法。 方:方略,办法。

⑱吕氏春秋"人"上有"见"字。

⑲隘窘:困扼,困难窘迫。

⑳"人之急"句以下是说:让人感到别人危急就好象自己也处在困难危急之中一样,还用得着用强力吗? "颠蹶之情"以下是著书人的议论。

449

五　孟尝君奉夏侯章以四马百人之食章

孟尝君奉夏侯章以四马百人之食①,遇之甚欢②。夏侯章每言,未尝不毁孟尝君也③。或以告孟尝君④,孟尝君曰:"文有以事夏侯公矣⑤,勿言。"

董之繁菁以问夏侯公⑥,夏侯公曰:"孟尝君重,非诸侯也,而奉我四马百人之食⑦。我无分寸之功而得此⑧,然吾毁之以为之也⑨。君所以得为长者⑩,以吾毁之者也⑪。吾以身为孟尝君⑫,岂得持言也⑬?"

【注释】

①孟尝君:见东周策第十六章注①。　奉:侍侯,待遇。　夏侯章:复姓夏侯,名章,可能是孟尝君的食客。　四马:即驷马,四匹马拉的车,比较高级的马车。　百人:不必是一百人,是说人数众多。　百人之食:非言量,是说饭食比较高级。孟尝君食客有"鱼客""车客"之分,则此"四马百人之食"当是比较高级的食客的待遇。

②遇:待。

③毁:说坏话。

④或:有人。　"以"后省介词宾语"之",指夏侯章毁孟尝君这件事。

⑤文有以事夏侯公矣:孟尝君说:"我以朋友的关系对待夏侯章。"　论语学而"有朋自远方来"陆德明经典释文:"'有'本作'友'。"荀子大略"友者所以相有也",注:"'友'与'有'同义。"

⑥董之繁菁:姓名。之,语助,如介之推、烛之武、宫之奇、舟之侨等皆是。

⑦"孟尝君重"三句:孟尝君虽然声望闻于诸侯,但他毕竟不是诸侯,却以"上宾"的待遇对我。　重:尊,声望闻于诸侯。

⑧此:指孟尝君对夏侯章的厚待。

⑨然吾毁之以为之也:我毁孟尝君正是为了报答知遇之恩。　毁之:指毁孟尝君。　以:乃,正是。　之:此,指"无分寸之功而得此"。

⑩长者：德高望重的人。

⑪以：因。

⑫夏侯章平时毁孟尝君，而孟尝君待他以"上宾"的待遇，又说以朋友相待。这样，在群众中就增加了孟尝君容人的气度，起到宣传孟尝君美名的作用；相反人们就会鄙视夏侯章，以他为鄙卑的"小人"，而得"恶名"。夏侯章得到"恶名"，而孟尝君却获得"长者"的美名，此即所谓"以身为孟尝君"。也就是说牺牲自己而成全别人。

⑬岂得持言也：这那里是仅仅凭几句话就能做到的呢？意思是说，这要牺牲个人的声誉才能做到的。　也：同"邪"，表疑问的语气词。

六　孟尝君燕坐章

孟尝君燕坐①，谓三先生曰："愿闻先生有以补〔文〕之阙者〔也〕②。"

一人曰："訾！天下之主有侵君者，臣请以臣之血湔其衽③。"

田(瞀)〔瞀〕曰④："车轶之所能至，请掩足下之短者⑤，诵足下之长⑥。千乘之君与万乘之〔君〕相(其欲)〔欲其〕有君也⑦，如使而弗及也⑧。"

451

胜瞀曰⑨："臣愿以足下之府库财物收天下之士，能为君决疑应卒⑩，若魏文侯之有田子方、段干木也⑪。此臣之所为君取矣⑫。"

①孟尝君:见东周策第十六章注①。 燕坐:即燕居、闲居。

②高注:"愿闻贤者之善言,常补己缺失也。" 姚校:"刘无'有'字。一本'补'下有'文'字。" 鲍本"之"作"文","者"下有"也"字。 于鬯战国策注:"'之'即'文'之误,文,孟尝名也。" 建章按:据文意"之"上当补"文"字。此言,希望听听先生们谈谈帮助我改正缺点的话。 补阙:犹言弥补过失,改正缺点。

③"訾天下"句:天下诸侯有谁敢侵犯您,我就跟他拼命。 訾:犹现代汉语中表示不满的叹词"吓"。 湔(灛):同"溅"。 袵:衣襟。

④高注:"瞀,读'郑游瞀'之'贩'。" 姚校:"'瞀'恐作'瞀',春秋传郑游瞀,字子明,或作'瞀'。"建章按:"'郑游瞀'见左襄二十二年传:今本误作'贩'。说文"瞀"下段玉裁注:"战国策有'田瞀'。""瞀"读"冒",据高注当作"瞀"(音 pān)。

⑤鲍彪于"短"字下注:"衍'者'字。" 吴补:"疑在上句'至'字下。" 建章按:依吴说语义方顺。 轶:车辙。

⑥"车轶"三句:只要是有人的地方,我就要掩饰您的短处,而颂扬您的长处。 诵:通"颂"。

⑦此句有误。"相"上当补"君"字,"其欲"当作"欲其"。 千乘,万乘:见秦策一第二章注50。 有:得。

⑧"千乘之君"两句:千乘的国君和万乘的国君争相与您交往,他们象是争着要任用您,又生怕办不到。 使:任使,任职。 弗及:生怕办不到。

⑨字书无"瞀"字。鲍改作"滕臀"。无据。

⑩能为君决疑应卒:能为君决定疑惑不解的事件,应付突然发生的事变。 卒:通"猝",出乎意外的。

⑪魏文侯:见秦策二第六章注⑮。 田子方:梁玉绳汉书人表考

"名<u>无择</u>,亦单称'方',学于<u>子贡</u>,<u>魏文侯</u>师。" <u>段干木</u>:<u>梁玉绳汉书人表考</u>"<u>晋</u>之<u>大驵</u>,学于<u>子夏</u>,<u>魏文侯</u>师之。<u>段干</u>,复姓"。 <u>孟子滕文公下杨伯峻</u>注:"<u>段干木</u>,姓<u>段</u>名<u>干木</u>(此从<u>臧庸拜经日记</u>说,与<u>史记集解</u>以为'<u>段干</u>'复姓者异),<u>魏文侯</u>时贤者,其故事又散见于<u>史记魏世家</u>、<u>吕氏春秋期贤篇</u>、<u>举难篇</u>等。"<u>史记老子列传</u>:"<u>老子</u>之子名<u>宗</u>,<u>宗</u>为<u>魏</u>将封于<u>段干</u>。"<u>集解</u>说:"'<u>段干</u>'应是<u>魏</u>邑名也,而<u>魏世家</u>有<u>段干木</u>、<u>段干子</u>,<u>田完世家</u>有<u>段干朋</u>,疑此三人是姓'<u>段干</u>'也。"<u>齐策</u>一第六章有"<u>段干纶</u>",<u>韩策</u>三第二十三章有"<u>段干越人</u>",则"<u>段干</u>"复姓。

<u>建章</u>按:<u>王充论衡非韩篇</u>云"使<u>魏</u>无<u>干木</u>","使<u>韩子</u>善<u>干木</u>","使<u>韩子</u>非<u>干木</u>之行",则以"<u>干木</u>"为名。

⑫此臣之所为君取矣:这就是我为您所要做的。取:通"趋"。

七 孟尝君舍人有与君之夫人相爱者章

<u>孟尝君</u>舍人有与君之夫人相爱者①。或以问<u>孟尝君</u>曰②:"为君舍人,而内与夫人相爱,亦甚不义矣。君其杀之③。"君曰:"睹貌而相悦者,人之情也,其错之勿言也④。"

居期年⑤,君召爱夫人者而谓之曰:"子与<u>文</u>游久矣⑥,大官未可得,小官公又弗欲。<u>卫君</u>与<u>文</u>布衣交⑦,请具车马、皮币⑧,愿君以此从<u>卫君</u>游⑨。"〔游〕于<u>卫</u>甚重⑩。

<u>齐</u>、<u>卫</u>之交恶⑪,<u>卫君</u>甚欲约天下之兵以攻<u>齐</u>⑫。是人谓<u>卫君</u>曰⑬:"<u>孟尝君</u>不知臣不肖⑭,以臣欺君⑮。且臣闻<u>齐</u>、<u>卫</u>先君,刑马压羊⑯,盟曰:'<u>齐</u>、<u>卫</u>后世无相攻伐,有相攻伐者,令其命如此⑰。'今君约天下之兵以攻<u>齐</u>,是足下倍先君盟约而欺<u>孟尝君</u>也⑱。愿君勿以<u>齐</u>为心⑲。君听臣则可;不

听臣,若臣不肖也⑳,臣辄以颈血湔足下衿㉑。"卫君乃止。

齐人闻之,曰:"孟尝君可语善为事矣㉒,转祸为功㉓。"

【注释】

①孟尝君:见东周策第十六章注①。　舍人:见齐策二第二章注㉗。爱:私情。

②"以"后省介词宾语"之",代"相爱"之事。　问:告。"问"与"闻"古通,古书屡见,不胜枚举。

③其:表希望、要求的虚词。

④错:置,放开罢,口语"算了吧"。

⑤期年:一周年。

⑥文:孟尝君田文自称。　游:交往。

⑦卫君:卫嗣君,见齐策二第三章注⑥。　布衣:平民。盐铁论散不足:"古者庶人耋(七、八十岁的老人)老而后衣丝,其余则麻枲(麻)而已,故命曰布衣。"　布衣交:(1)贫贱之交;(2)虽有势位,而能平等相处,如贫贱之者;(3)至交的别称。此处(2)(3)均可通。

⑧高注:"皮,鹿皮;币,束帛也。"　鲍注:"皮,羔狐之属,宗伯'孤执皮帛'。"　吴正:"羔乃生贽,狐皮无据;礼注'皮帛者束帛,而表以虎豹皮为饰',宗伯之制恐难引以言此。"　建章按:吕氏春秋仲春纪"是月也,祀不用牺牲,用圭璧,更皮币"注:"皮币,鹿皮,玄纁束帛也。"孟子梁惠王下:"昔者大王居邠,狄人侵之,事之以皮币,不得免焉。"注:"皮,狐貉之裘;币,缯帛之货也。"则"皮"不必有专指。故梁惠王下杨伯峻注:"皮,毛皮制成的裘;币,缯帛。"孟子滕文公下:"出疆必执质"注:"质,臣所执以见君者也。"则"皮币"即拜见之礼品。

⑨游:交往,交朋友。

⑩游于卫甚重:和卫君交朋友甚为重要。 俞樾古书疑义举例:
"古人遇重文,止于字下加'丶'画以识之,传写乃有致误者。"此
当是重文而脱"丶",故补一"游"字。鲍彪于"游"下补"舍八游"
三字。

⑪恶:不和,不好。

⑫约:结,联合。

⑬是人:此人,指"爱夫人者"。

⑭不肖:没出息,无能。

⑮鲍注:"欺者,己不肖,而孟尝言其贤也。" 建章按:"不知臣不
肖,以臣欺君"两句,皆谦虚之词。

⑯刑:吕氏春秋季夏纪音律:"阴将始刑"高注:"杀也。" 压:高
注:"亦杀也。" 古代举行盟会时,饮牲畜之血,或嘴上涂牲畜
之血,表示诚意,这是会盟时的一种仪式。故称唼(shà沙,也
写作歃)血为盟。

⑰如此:如马和羊被宰杀。

⑱倍:通"背"。违背。前文孟尝君言"卫君与文布衣交,"然卫君
"倍先君盟约,"故言"欺孟尝君"。

⑲勿以齐为心:意思是不要着意于伐齐。淮南子诠言训"圣人胜
心"注:"心者欲之所生也。"

⑳若:王引之经传释词卷七:"犹'则'也。"

㉑臣辄以颈血湔足下衿:我就和你同归于尽。又见第六章注③。

㉒姚校:"集、刘'语'作'谓'。"裴学海古书虚字集释卷五:"语,犹
'谓'也。"

㉓高注:"不杀其舍人是'转祸';使齐不伐是'为功'。"

八 孟尝君有舍人而弗悦章

孟尝君有舍人而弗悦①,欲逐之。

鲁连谓孟尝君曰②:"猿(猕)猴错木据水则不若鱼鳖③;历险乘危则骐骥不如狐狸④;曹沫之奋三尺之剑,一军不能当⑤,使曹沫释其三尺之剑,而操铫耨⑥,与农夫居垄亩之中⑦,则不若农夫。故物舍其所长,之其所短⑧,尧亦有所不及矣⑨。今使人而不能,则谓之不肖;教人而不能,则谓之拙;拙则罢之,不肖则弃之⑩。使人有弃逐⑪,不相与处,而来害相报者,岂非世之立教首也哉⑫?"孟尝君曰:"善。"乃弗逐。

【注释】

①孟尝君:见东周策第十六章注①。　舍人:见齐策二第二章注㉗。悦:高注"敬"。

②鲁连:即鲁仲连,史记鲁仲连列传:"鲁仲连者齐人也。好奇伟俶傥之画策,而不肯仕宦任职,好持高节。"又太史公曰:"余多其布衣之位,荡然肆志,不诎于诸侯,谈说当世,折卿相之权。"

③猿猴错木据水则不若鱼鳖:猿猴离开了树木,让它呆在水里,它就不如鱼鳖。　高注:"猿,猕猴。错,置也。据,处也。"　金正炜战国策补释:"策文'猕'字盖涉注而衍;又'猿猴'与'骐骥'为对文。"　建章按:山海经南山经"庭之山多白猿"注:"猿,似猕猴而大,臂长便捷,色有黑有黄;鸣,其声哀。"玉篇"猨,似猕猴而大,能啸。""猨""猿"字同。则金说是,误将注文窜入正文。当删"猕"字。　论语颜渊"举直错诸枉,能使枉者直"包注:"举正直之人用之,废置邪枉之人,则皆化为直。"则错者废置。皇疏:"错,废也。"

④历险乘危则骐骥不如狐狸:要骐骥适应艰难险阻的环境,它就不如狐狸。　骐骥:千里马。

⑤曹沫:鲁人,为鲁庄公(前 693 年—前 662 年)将,与齐战,三败,乃献地与齐讲和。齐桓公(前 685 年—前 643 年)许与鲁庄公会盟于柯(今山东省阳谷县东北五十里)。时在鲁庄公十三年(前 681 年)。既盟于坛上,曹沫执匕首,挟持齐桓公,要求尽归齐所侵鲁地。齐桓公左右莫敢动,桓公被迫答应全部归还抢占来的鲁国土地。事见史记刺客列传。梁玉绳汉书人表考:"曹列,又作曹翙、曹沫、曹昧。"　当:敌。

⑥铫:古代的一种大锄。　耨:锄草的农具。

⑦垅亩:泛指田、地。"垅"与"亩"义同,田中高处。

⑧之:高注"犹'用'也。"　建章按:裴学海古书虚字集释卷九:"之,犹'以'也。"以,用也,此是常训。

⑨尧:见秦策一第二章注㉒。　不及:不够,不如。

⑩"今使人"句以下:现在使用一个人,如果他没有能力,就说他没出息;教一个人,如果他没能力,就说他笨蛋;笨蛋则赶走他,没出息则抛弃他。　而:如。

⑪有:王引之经传释词卷三:"犹'为'也。"则"为弃逐"犹言被弃逐。

⑫"使人"句以下:这些人被抛弃,被赶走,不和他们相处,他们是会来报复的,这能说是社会上建立教化的首要任务吗?

九　孟尝君出行〔五〕国章

孟尝君出行〔五〕国①,至楚,〔楚〕献象床②。郢之登徒直(使)送之③,不欲行④。见孟尝君门人公孙戌曰⑤:"臣,郢之登徒也,直送象床⑥。象床之直千金⑦,伤此若发漂,卖妻子不足偿之⑧。足下能使仆无行,先人有宝剑,愿得献之^⑨。"公孙曰^⑩:"诺。"

入见孟尝君曰:"君岂受楚象床哉^⑪?"孟尝君曰:"然。"公孙戌曰:"臣愿君勿受。"孟尝君曰:"何哉?"公孙戌曰:"(小)〔五〕国所以皆致相印于君者^⑫,闻君于齐能振达贫穷^⑬,有存亡继绝之义^⑭。(小)〔五〕国英桀之(士)〔主〕^⑮,皆以国事累君^⑯,诚说君之义,慕君之廉也^⑰。今君到楚而受象床,所未至之国将何以待君?臣戌愿君勿受。"孟尝君曰:"诺。"

公孙戌趋而去。未出,至中闺^⑱,君召而返之,曰:"子教文无受象床,甚善。今何举足之高,志之扬也^⑲?"公孙戌曰:"臣有大喜三,重之宝剑一^⑳。"孟尝君曰:"何谓也?"公孙戌曰:"门下百数,莫敢入谏,臣独入谏,臣一喜;谏而得听,臣二喜;谏而止君之过^㉑,臣三喜。输象床^㉒,郢之登徒不欲行,许戌以先人之宝剑。"孟尝君曰:"善。受之乎?"公孙戌曰:"未敢。"曰:"急受之。"因书门版曰^㉓:"有能扬文之名、止文之过,私得宝于外者,疾入谏^㉔。"

【注释】

①孟尝君:见东周策第十六章注①。 出行:犹言出访。行:往,去。下文"小国"下吴补:"后语作'五国',盖首句作'出行五国'也。" 建章按:初学记床记引"国"上有"五"字。下文说"今君到楚,而受象床,所未至之国将何以待君",则绝非仅至楚国,太平御览卷四六七喜览下文"小国"亦作"五国"。当据以补"五"字。 顾观光战国策编年系此策于周赧王十六年。于鬯战国策注:"后策言'孟尝君为从'(按:齐策四第二章),此策

或与同时,彼策盖在周赧十五、六年。"当齐闵王一、二年(前300年、前299年)。

② 文选宋玉登徒子好色赋李注引及太平御览喜览引并逸"楚"字。 建章按:此当逸"楚"字而误脱,见第七章注⑩。当于"献"上补"楚"字。

③ 郢之登徒直送之:郢都登徒当班,该他送象床。 郢:楚都。 登徒:官名。 太平御览喜览、卷七〇六床览引此并无"使"字。 王念孙读书杂志:"今本'直'下有'使'字,因于高注内'登徒直使'四字相涉而衍。案高注曰'直,当日直使也,登徒直使,不欲行,送象床也',则正文内本无'使'字。下文'直送象床','直'下亦无'使'字。今据太平御览人事、服用二部所引删。"建章按:王说是,当删"使"字。 直:当,即"当班"。直与"值"同,即"值班"。说文:"值,措也。或作'直'。"

④ 不欲行:他不想去。

⑤ 门人:见齐策一第五章注③。

⑥ "臣,郢之登徒"两句:我是郢都登徒,该由我送象床。

⑦ 直:同"值"。

⑧ "伤此"两句:如果有丝毫损伤,就是卖了妻子也抵偿不了。 此:指象床。 姚校:"别本'发標',通鉴'毫发'。" 鲍注:"'漂''飘'同,言其细若丝发。"

⑨ "足下"三句:您如果能让我不送象床,我把传家宝剑送给您。

⑩ 鲍彪"孙"下补"戌"字。 建章按:疑脱"戌"字。

⑪ 君岂受楚象床哉:您难道已经接受了楚王送来的象床了?这是象床未至,而"礼单"先至。

⑫ 吴补:"后语'小国'作'五国'。" 太平御览喜览引此"小"作"五"。王念孙读书杂志:"'小'亦'五'之误。" 建章按:当据后语御览引改"小"作"五"。

⑬振:举,救。　达:指仕途通显。　贫穷:指受困窘之士。

⑭"存亡"与"继绝"义同,意思是:使已亡之国又复兴而生存。

⑮据上文"五国所以皆致相印于君",下文"皆以国事累君",此"小国"亦当作"五国",所指皆同。　英桀:出类拔萃之义。英:智过万人。桀同"杰",才过千人。　既言"皆以国事累君""致相印于君"则"士"当是"主"因形似而误。　管子法法"无论能之主"俞樾诸子平议:"'主'当作'士'。"此为"士"与"主"形似易误之证。

⑯累:属。此犹言"委托"。

⑰诚:真正。　说:同"悦",喜欢。　慕:爱慕。　廉:廉洁,不贪财。

⑱中闱:宫门。

⑲举足之高志之扬:"趾高气扬"之义,是说神气十足,得意自满之情。

⑳"臣有"两句:我有三件大喜事,又有一把宝剑。　重之:再者。重:再,又。　之:裴学海古书虚字集释卷九:"犹'者'也。"

㉑止君之过:犹言改正您的错误。　止:吕氏春秋季夏纪制乐"疾乃止"高注:"除也。"

㉒输:送。

㉓于鬯战国策注:"书之于版,县诸门,故曰'门版'。古人书用版。"　建章按:门版,相当于现在的布告,通告。

㉔谏:批评意见。

十　淳于髡一日而见七(人)〔士〕于宣王章

淳于髡一日而见七(人)〔士〕于宣王①。王曰:"子来,寡人闻之,千里而一士,是比肩而立②;百世而一圣③,若随踔而（至）〔生〕也④。今子一朝而见七士，则士不亦众乎？"

淳于髡曰："不然，夫鸟同翼者而聚（居）〔飞〕，兽同足者而俱行⑤。今求（柴葫）桔梗于沮泽，则累世不得一焉⑥；及之睾黍梁父之阴⑦，则郄车而载耳⑧。夫物各有畴⑨，今髡贤者之畴也。王求士于髡，譬若挹水于河，而取火于燧也⑩。髡将复见之，岂特七士也⑪？"

【注释】

①淳于髡：见第四章注②。 见：介绍，推荐。 姚校："'人'一作'士'。" 太平御览卷九九三药览引"人"作"士"。 曾慥类说引"人"作"士"。 建章按：下文"一朝而见七士"亦作"士"，当改"人"作"士"。士：古代一般指大夫和庶民之间一层的知识分子；而且又多指学有专长，对治国之道有一定见解的人。本文即指此种人。 宣王：齐宣王，见东周策第一章注④。

②来：语词。 是：徐仁甫广释词卷九："犹'若'，如也。" 比肩：肩并肩，一个挨着一个。

③世：三十年。 百世：很长时间。 圣：古时称学问、技术、道德修养极高的人。有时特别指帝王。

④"千里"句以下是说：千里之遥才有一个士人，百世之久才出一个圣人，都好象一个挨一个，算是接得够紧的了。这就是说：千里得一个人才，百世出一个圣人，尚且以为"多"，对比下一句"一朝而见七士"，岂不太多了吗？姚校："曾'至'作'生'，刘作'主'。" 太平御览卷七二泽览及药览引并"至"作"生"。 文选颜延之陶征士诔李注引"至"作"生"。 建章按：荀子天论"祅怪未至而凶"，王念孙读书杂志："'未至'二字与上文复，群书治要'至'作'生'是也。下文'祅是生于乱'即其证。"韩非子

难势"尧、舜、桀、纣千世而一出,是比肩随踵而生也"。刘本作"主",亦"生"字之误。墨子明鬼下"生列兕虎",旧本"生列"讹作"主别"。又非乐上"赖其力者生",毕沅说:"'生'旧作'主'。"据上所引,此"至"字当改作"生"。生:广雅释诂一"出也"。 随踵:脚尖随着脚跟。

⑤"夫鸟"两句:鸟儿都有翼,所以一块儿飞翔;走兽都有脚,所以一块儿奔跑。 "居"字当是"飞"字之形误。"居"古作"凥",说文几部:"凥,处也。"段注:"凡'尸'得'几'谓之'凥','尸'即'人'也,引申之为凡'凥处'之字,既又以'蹲居'之字代'凥',别制'踞'为'蹲居'字,乃致'居'行,而'凥'废矣。"方言三:"慰,凥也。"文选鲍明远玩月城西门廨中"晏慰及私辰"李注:"方言'慰,居也'。"是古"凥""居"通。"凥"篆作"凥","飞"篆作"飞",因缺笔而误作"飞"。下言"足",则"行";此言"翼",则当作"飞"。吴师道引后语"居"正作"飞",太平御览药览引"居"亦作"飞"。当改"居"作"飞"。 而:王引之经传释词卷七"犹'则'也"。 同:广雅释诂三:"皆也。"

⑥桔梗:中药。 高诱只注桔梗,不言柴葫;下勾注亦只言桔梗不言柴葫。太平御览泽览及药览引并无"柴葫"二字。当删"柴葫"二字。 沮(jù巨)泽:水草丛生的地方。 累:数。

⑦罩黍:山名,不知在何处。 梁父:山名,在今山东省泰山下,又写作"梁甫"。此泛指桔梗生于山阴处。

⑧郄车而载:此言桔梗很多,车子一辆等着一辆地去装载。 高注:"言饶多也,故曰郄车载也。" 鲍注:"'郄''郤'同,言多获,车重不前。"关修龄战国策高注补正:"'郄车而载'犹言载而车郄也。列子曰'视舟之覆,犹其车郄也'(按:黄帝篇)。此'郄'亦可为'覆'。" 于鬯战国策注:"高意似谓物饶多,前车载之未满,后车隙以待之,是读'郄'为'隙'。鲍注亦读'隙'

也。关义则从‘郤’字，言物不胜载，致车覆郤。” 金正炜战国
策补释：“‘郤’当为‘倝’，方言‘倝，倦也’，广雅释诂‘倝，极
也’。又云‘倝，劳也。’谓以车载而皆疲极，盛言其饶多也。赵
策‘而恐太后玉体之有所郤也’王念孙曰‘郤当作倝’，误与
此同。”

⑨物各有畴：物以类聚，人以群分。 畴（chóu 仇）：类。

⑩“王求士”三句：大王要从我这儿征求士人，好比从河里舀水，
用燧石取火一样，（是取之不尽，用之不竭的）。 挹（yì 易）：
舀。 燧：古代取火的器具，如燧石。

⑪“髡将”两句：我还会给您推荐，岂止才七个士人呢？

十一 齐欲伐魏章

齐欲伐魏，淳于髡谓齐王曰①：“韩（子）卢者，天下之疾
犬也②。东郭逡者，海内之狡兔也③。韩（子）卢逐东郭逡，环
山者三，腾山者五，兔极于前，犬废于后④，犬、兔俱罢⑤，各
死其处。田父（见）〔得〕之⑥，无劳倦之苦⑦，而擅其功⑧。今
齐、魏久相持，以顿其兵⑨，弊其众⑩，臣恐强秦大楚承其后，
有田父之功。”齐王惧，谢将休士也⑪。

【注释】　463

①淳于髡：见第四章注②。

②韩卢者天下之疾犬也：韩卢是天下跑得最快的猎犬。 初学记
狗记兔记两引并无“子”字，艺文类聚狗类引、后汉书冯衍传注
引、韵府群玉遇韵引、类说引皆无“子”字，秦策三第九章、史记
范雎列传、汉书王莽传、又酷吏严延年传、后汉书冯衍传、文选

张衡西京赋皆作"韩卢",玉篇、广雅释兽又并作"韩獹",亦无"子"字。可删"子"字,下同。　韩卢:见秦策三第九章注⑭。刘师培左盦集卷五:"类聚九十四引'疾'作'壮'。"

③鲍注:"逡,毚同。"　新序杂事五"齐有良兔曰东郭毚。"说文新附:"毚,狡兔也。"徐灝说文解字注笺:"古时字少,假'逡'为之,其后又作'毚'耳。"　海内:义同"天下"。

④"环山"四句:绕山三圈,翻山五座,兔子在前面跑得精疲力竭,猎犬在后面追得疲惫不堪。　极:疲惫。　礼记表记"中道而废"注:"废,喻力极疲顿,不能复行则止也。"

⑤罢:通"疲"。

⑥田父:农夫。"见"当是"寻"之误,"寻"同"得"。贾子退让:"翟,窭国也,恶见此台也。"俞樾诸子平议:"'见'当作'寻',古'得'字也,与'见'相似,往往致讹,史记赵世家'逾年历岁,未得一城',赵策'得'作'见',亦'寻'字之误。"又韩非子说难"说行而有功则德亡",索隐引此"德"作"见"。陈奇猷韩非子集释"'见'当即'德'之误,盖'德'或作'寻'(即'得'字),坏而为'见'也。"因"得之",故下两句言"无劳倦之苦,而擅其功,"如为"见",则语意无取。当改作"得"。

⑦倦:疲劳。

⑧擅:专,据,得。　功:成果,利益。

⑨以顿其兵:双方兵力疲困削弱。　顿:疲弱。

⑩弊其众:民众劳困。　弊:疲,劳困。

⑪谢将休士:撤回将士。　谢,除去。　休,止,息。

十二　国子曰章

国子曰①:秦破马服君之师,围邯郸②。齐、魏亦佐秦伐邯郸,齐取淄鼠[3],魏取伊是[4]。公子无忌为天下循便计[5],杀晋鄙,率魏兵以救邯郸之围,使秦弗有而失天下[6]。是齐入于魏而救邯郸之功也[7]。

"安邑者,魏之柱国也[8];晋阳者,赵之柱国也[9];鄢郢者,楚之柱国也[10]。故三国欲与秦壤界[11],秦伐魏取安邑,伐赵取晋阳,伐楚取鄢郢矣。福三国之君,兼二周之地[12],举韩氏[13],取其地且天下之半[14]。今又劫赵、魏,疏中国[15],封卫之东野[16],兼魏之河(南)〔内〕[17],绝赵之东阳[18],则赵、魏亦危矣[19]。赵、魏危,则非齐之利也[20]。(韩)魏、赵、楚之志,恐秦兼天下而臣其君[21],故专兵一志以逆秦[22]。三国之与秦壤界而患急[23],齐不与秦壤界而患缓。是以天下之势不得不事齐也[24]。故秦得齐则权重于中国;赵、魏、楚得齐则足以敌秦[25]。故秦、赵、魏、〔楚〕得齐者重,失齐者轻[26]。齐有此势,不能以重于天下者何也? 其用者过也[27]。"

【注释】

①高注:"国子,齐大夫也。" 顾观光战国策编年系此策于秦始皇十七年,当前230年,于鬯战国策年表同顾。 姚本与上章连篇,据文义从鲍本另列一章。

②前260年(周赧王五十五年,秦昭王四十七年,赵孝成王六年)赵用马服君赵奢之子赵括代廉颇为将,秦大胜赵于长平,活埋赵卒四十余万。次年,秦派王陵进围赵都邯郸。赵括袭父号,故称马服君,见秦策三第十五章注②。 邯郸:见秦策一第五章注[76]。

③高注:"淄鼠,赵邑也。" 金正炜战国策补释、于鬯战国策注皆

疑是赵武灵王四年与韩相会之"区鼠"。史记赵世家正义:"区鼠,盖在河北。"

④高注:"伊是,赵邑也。"程恩泽国策地名考以为或是上党郡的猗氏。金正炜战国策补释以为"是","氏"古同,"伊是"即"伊氏",疑即"猗氏",或为"皮氏"。　建章按:伊氏在今山西省安泽县南。

⑤公子无忌:魏无忌,魏昭王少子,魏安禧王异母弟,安禧王即位,封无忌为信陵君。无忌为人礼贤下士,不敢以富贵骄士。安禧王二十年(前257年)秦昭王已破赵长平军,进兵围赵都邯郸。信陵君姐为赵惠文王弟平原君夫人,数次求救于魏。魏安禧王持观望,无忌盗虎符,矫杀魏将晋鄙,领兵救邯郸,存赵。安禧王怒其盗虎符,矫杀晋鄙,且妒其能,无忌留赵十年不敢归。后秦侵魏,无忌归救魏,安禧王以上将军印授之,率五国之兵破秦军,赶走秦将蒙骜,逐秦军至函谷关,秦兵不敢出。后秦用计离间安禧王与无忌,安禧王果使人代无忌将。无忌日夜饮酒,终因酒而死。秦闻无忌死,发兵攻魏,蚕食魏,终灭魏。史记有魏公子列传。　循便计:言无忌因时因地行变通之计。循:说文:"顺行也。"

⑥使秦弗有而失天下:使秦国一无所得,而失去独霸天下的良机。

⑦是齐入于魏而救邯郸之功也:这是齐、魏联合共同解救邯郸的结果。

⑧安邑:见秦策一第四章注③。　柱国:国都。

⑨晋阳:今山西省太原市。此为赵国旧都。

⑩鄢郢:楚都,今湖北省宜城市西南。楚顷襄王二十一年(前278年)由鄢郢徙都于陈,称郢陈,(今河南省淮阳县),考烈王二十二年(前241年)又徙都寿春(今安徽省寿县)。则此时鄢郢乃故都。

⑪故三国欲与秦壤界：魏、赵、楚三国本来就与秦国接界。　鲍注："衍'欲'字。"　吴补："疑'欲'字即'故'字，而上衍'故'字，'故'者旧也。"　建章按：墨子明鬼下："齐君由谦杀之，恐不辜；犹谦释之，恐失其罪。"王念孙读书杂志："'由''犹'皆'欲'也，'谦'与'兼'同，言欲兼杀之，兼释之也。大雅文王有声篇'非棘其欲'礼记礼器作'匪革其犹'周官小行人'其悖逆暴乱作慝犹犯令者'大戴记朝事篇'犹'作'欲'。是'犹'即'欲'也，'犹''由'古字亦通。"管子问王念孙读书杂志："引之曰'古字犹与欲通'。"则此"欲"即"犹"。犹：尚且。　故：而。壤界：接界。

⑫"福三国"两句：秦国威胁魏、赵、楚三国国君，兼并东周、西周之地。　姚校："福，曾一作'覆'，刘一作'逼'。"　鲍改"福"作"覆"，改"君"作"军"。吴补："'福'乃'偪'之讹，'偪'义长。"于鬯战国策注："'逼'、'偪'同字异形耳；'逼'、'偪'与'福'假借字，非讹也。"　建章按：容庚金文编"'畐'孳乳为'福'。"左襄十年经及传有"偪阳"，汉书地理志下二"楚国、傅阳'故偪阳国，莽曰辅阳'。"注："'偪'音'福'。"汉书人表作"福阳"。说文无"逼""偪"二字，段玉裁说："'逼''偪'为'畐'的俗字。"十驾斋养新录卷五"古无轻唇音"条下说之甚详。则古读"福"如"畐""偪""逼"耳。此"福"字不误，当读如"逼"。

⑬举韩氏：灭掉韩国。　举：拔，取，得，灭。

⑭取其地且天下之半：把侵占别国的土地聚集起来差不多有天下之半。庄子天下"常反人，不见观"于省吾双剑誃诸子新证："释文'见，一本作聚'，高山寺卷子本作'取'。'聚'、'取'古字通，易萃象传'聚以正也'，释文'苟作取以正'，是其证。"王引之经义述闻卷三十二云："借'取'为'聚'。"又详卷十九"取人于萑苻之泽"条下云："'取'读为'聚'，'聚'古通作'取'，汉

书五行志'内取兹谓禽'师古曰'取读如礼记"聚麀"之"聚"'。
文选齐故安陆昭王碑文注、艺文类聚治政部上、白帖九十一、太
平御览治道部三引此并作'聚人于萑苻之泽',盖从服虔本也,
杜本作'取'者,借字耳。"则此"取"字即"聚"字。"取其地"者
言聚所取各国之地也。　且:几乎,差不多,将近。　如"举韩
氏取其地"连读,则殊无义,"举韩氏"即灭韩国,未有灭国而不
属其地者,故"取其地"与上连读则无谓矣。

⑮今又劫赵魏疏中国:现在又要威胁赵、魏,疏远诸侯。　管子大
匡"于是劫鲁"注:"劫,谓兴兵胁之。"

⑯高注:"刲,取。"　姚校:"封,用别本改作刲,下同。"　鲍注:
"封,割也。东野,犹东地。"　吴正:"封疆之地。"　王念孙读
书杂志:"高注训为'取'则'封'为'割'字讹也。上文'然后王
可以多割地'(齐策二第二章),'可以益割于楚'(齐策三第一
章)高注并曰'割,取也'是其证。鲍、吴注皆失之。"　建章按:
秦策一第四章、秦策二第三章、齐策一第十五章高注"割"皆曰
"分也"。此仍当作"封",本可通。左僖三十年传"既东封郑"
注:"封,疆也。"言晋国以郑国为其东边的疆界。此"封卫之东
野"即秦以卫之东野为其疆界,意思是兼并了卫国,亦即"取"
"割"之义。　卫:见宋卫策。　东野:东地。

⑰鲍本"河南"作"河内"。于鬯战国策注:"此以作'内'为长,秦策
云'杜大梁之门,举河内'(按:秦策四第九章)即此河内也。"　建
章按:汉书汲黯传:"河内失火,烧千余家,上使黯往视之。还报
曰:'家人失火,屋比延烧,不足忧。臣过河内,河内贫人伤水旱
万余家,或父子相食。臣谨以便宜持节,发河内仓粟,以振
贫。'"王念孙读书杂志:"史记'臣过河内'及'河内贫人''河内
仓粟',三'河内'并作'河南',唯上文'河内失火'作'河内',
史记是也。盖河内失火,武帝使黯往视,道经河南,见贫民伤水

旱,因发仓粟振之。是黯未至河内,先过河南;若黯已至河内,而发粟振民,则当云'臣至河内',不得言'过'矣。汉书后三'河内'皆因上文'河内失火'而误。"王先谦补注:"王说是也。通鉴三'河内'并依史记作'河南。'"彼为"南"误作"内",此为"内"误作"南",亦当因形似而误,且河内与东阳相连。此当依鲍本改"南"作"内"。 河内:见秦策四第九章注⑮。

⑱程恩泽国策地名考:"东阳大约今直隶大名、广平、顺德等府皆是。"于鬯战国策注:"此与秦策言'东阳河外反为齐'者异,彼东阳与齐邻,此东阳与魏邻,彼东阳小,此东阳大。" 建章按:程、于说当是,此正与上句"河内"相接。赵振铠以为此"东阳"乃孙膑兵法擒庞涓中所言今山东省恩城之"东阳",恐难信。(赵文见1976年文物第十期)又见秦策一第五章注⑧。

⑲秦夺取了卫的东地,吞并了魏的河内,切断了赵的东阳,使赵、魏南北失去联系,中间又灭了韩,所以说"赵魏危矣"。

⑳秦要进攻齐国,必须通过赵、魏;如果赵、魏危,则齐国自然受到威胁,"则非齐之利也"。

㉑"魏、赵、楚之志"两句:魏、赵、楚三国考虑,担心秦国兼并天下诸侯,而使三国屈服于秦国。 上文言"举韩氏",下文言"三国之与秦壤界而患急",三国指赵、魏、楚则不当有"韩",此"韩"字误衍,当删。 志:意,犹言考虑。

㉒逆:抵抗。

㉓患急:十分担忧。 急:迫切。

㉔事齐:亲齐;与齐建立友好关系。

㉕"故秦得齐"两句:秦国如果把齐国拉过去,就会在诸侯中有压倒优势;赵、魏、楚三国如果把齐国拉过去,则可以对抗秦国。

㉖"故秦、赵、魏、楚"两句:因此,秦国和赵、魏、楚三国,谁能得到齐国,谁就处于支配的地位;谁要失去齐国,谁就会处于被支配

的地位。　上言"赵、魏、楚"此脱"楚"字,当于"魏"下补"楚"字。

㉗"齐有此势"三句:齐国有举足轻重之势,却不能在诸侯中起到这样的作用,这是为什么呢? 这是因为任用的人有错误的缘故。　用者:任用的人。

战国策注释卷十一

齐　策　四

一　齐人有冯谖者章

　　齐人有冯谖者①，贫乏不能自存，使人属孟尝君②，愿寄食门下。孟尝君曰："客何好③？"曰："客无好也。"曰："客何能？"曰："客无能也。"孟尝君笑而受之，曰："诺。"左右以君贱之也④，食以草具⑤。

　　居有顷⑥，倚柱弹其剑⑦，歌曰："长铗归来乎⑧！食无鱼。"左右以告。孟尝君曰："食之，比门下之〔鱼〕客⑨。"居有顷，复弹其铗，歌曰："长铗归来乎！出无车⑩。"左右皆笑之，以告。孟尝君曰："为之驾⑪，比门下之车客⑫。"于是，乘其车，揭其剑⑬，过其友曰⑭："孟尝君客我⑮。"后有顷，复弹其剑铗，歌曰："长铗归来乎！无以为家⑯。"左右皆恶之⑰，以为贪而不知足。孟尝君问："冯公有亲乎⑱？"对曰："有老母。"孟尝君使人给其食用，无使乏⑲。于是，冯谖不

471

复歌。

后孟尝君出记[20]，问门下诸客："谁习计会，能为文收责于薛者乎[21]？"冯谖署曰[22]："能。"孟尝君怪之，曰："此谁也？"左右曰："乃歌夫'长铗归来'者也。"孟尝君笑曰："客果有能也，吾负之，未尝见也。"请而见之，谢曰[23]："文倦于事[24]，愦于忧[25]，而性懧愚[26]，沉于国家之事[27]，开罪于先生[28]。先生不羞[29]，乃有意欲为收责于薛乎[30]？"冯谖曰："愿之。"于是，约车治装[31]，载券契而行[32]。辞曰："责毕收[33]，以何市而反[34]？"孟尝君曰："视吾家所寡有者。"

驱而之薛[35]，使吏召诸民当偿者[36]，悉来合券。券遍合，起[37]，矫命以责赐诸民[38]，因烧其券，民称万岁[39]。

长驱到齐[40]，晨而求见。孟尝君怪其疾也，衣冠而见之[41]，曰："责毕收乎？来何疾也！"曰："收毕矣。""以何市而反？"冯谖曰："君云'视吾家所寡有者'。臣窃计，君宫中积珍宝，狗马实外厩，美人充下陈[42]。君家所寡有者以义耳[43]！窃以为君市义[44]。"孟尝君曰："市义奈何？"曰："今君有区区之薛[45]，不拊爱子其民，因而贾利之[46]。臣窃矫君命，以责赐诸民，因烧其券[47]，民称万岁。乃臣所以为君市义也[48]。"孟尝君不说[49]，曰："诺，先生休矣[50]！"

后期年[51]，齐王谓孟尝君曰[52]："寡人不敢以先王之臣为臣[53]。"孟尝君就国于薛[54]。未至百里，民扶老携幼，迎〔孟尝〕君道中[55]。孟尝君顾谓冯谖〔曰〕[56]："先生所为文市义者，乃今（日）见之[57]。"冯谖曰："狡兔有三窟，仅得免其死耳[58]。今君有一窟[59]，未得高枕而卧也[60]。请为君复凿二窟^㉛。"孟尝君予车五十乘^㉜,金五百斤^㉝,西游于梁^㉞,谓惠王曰^㉟:"齐放其大臣孟尝君于诸侯^㊱,诸侯先迎之者富而兵强^㊲。"于是,梁王虚上位^㊳,以故相为上将军^㊴;遣使者,黄金千斤、车百乘,往聘孟尝君^㊵。冯谖先驱,诫孟尝君曰^㊶:'千金,重币也^㊷;百乘,显使也。齐其闻之矣^㊸。'梁使三反^㊹,孟尝君固辞不往也。

　　齐王闻之,君臣恐惧,遣太傅赍黄金千斤^㊺,文车二驷^㊻,服剑一^㊼,封书谢孟尝君曰^㊽:"寡人不祥^㊾,被于宗庙之祟^㊿,沉于谄谀之臣^㉛,开罪于君,寡人不足为也^㉜,愿君顾先王之宗庙,姑反国统万人乎^㉝!"冯谖诫孟尝君曰:"愿请先王之祭器^㉞,立宗庙于薛^㉟。"庙成,还报孟尝君曰^㊱:"三窟已就^㊲,君姑高枕为乐矣^㊳。"

　　孟尝君为相数十年,无纤介之祸者^㊴,冯谖之计也。

【注释】

①顾观光战国策编年系此策于周赧王二十一年(前294年)。
　　于鬯战国策年表:"周赧王十九年,冯谖属孟尝君寄食门下;赧王二十年,冯谖为孟尝君收责于薛;赧王二十一年,孟尝君就国于薛而复反。"　谖(xuān 宣),鲍本"谖"作"煖",史记孟尝君列传作"驩"。

②属:委托,请求。　孟尝君:见东周策第十六章注①。

③好:喜好,爱好。

④贱:用作动词,看不起。　之:指冯谖。

⑤食(sì 寺):拿东西给人吃。下"食之"同。　史记陈丞相世家"更以恶草具进楚使",集解引汉书音义曰:"草,粗也。"汉书何

武传"寿为具召武弟显"注:"具,谓酒食之具。" 草具:粗劣的饭食。这也是看不起冯谖的一种表示。

⑥居:处,待。 有顷:不久。

⑦吴补:"以下文例之,疑当有'铗'字"。黄丕烈战国策札记:"此文三句各不同,吴说未是。"刘师培左盦集卷五:"书钞一百六所引作'倚柱弹其铗(吴氏补曰"'剑'下疑当有'铗'字"。得书钞所引,可释吴氏之疑。)而歌曰:"大丈夫归去来兮乘无车,大丈夫归去来兮食无鱼。"'此必国策原文,今本则后人据史记改也。"

⑧"铗"约有下列数义:(1)鲍彪注:"铗,剑把也。"(2)楚辞涉江"带长铗之陆离兮",王注:"长铗,剑名也。"(3)文选左思吴都赋"毛群以齿角为矛铗"刘注:"铗,刀身剑锋,有长铗短铗。古叶反。"(4)于邲引陈瑶田考工创物小记:"铗,为剑室,故呼长铗,'剑把'安得谓之'长铗'乎?"(5)杭世骏续方言卷上:"长剑,楚人名曰长铗。(王逸楚辞九章章句)"。孟尝君列传三弹皆为"剑"。疑"铗"或为"剑"的别名。 来:语助词。

⑨姚校:"一本'客'上有'鱼'字。" 吴补:"列士传'孟尝君厨有三列,上客食肉,中客食鱼,下客食菜。'一本'比门下之鱼客'。" 孟尝君列传索隐:"传舍、幸舍及代舍并当上、中、下三等之客所舍之名耳。"正义:"传舍,下客所居。" 建章按:据上引,冯谖本为"下客",升一等,当为"鱼客",孟尝君列传作"孟尝君迁之幸舍,食有鱼矣"。则当据姚、吴引一本"客"上补"鱼"字。无"鱼"字不成义。 比:按照,照例。

⑩车(jū居):与"鱼"为韵。

⑪为之驾:为冯谖准备车马。说文:"驾,马在轭中。"即"套车"。

⑫车客:上客,即"代舍"之客,出可乘车马。

⑬揭:高举。

⑭吕氏春秋贵直论"狐援闻而蹶往过之"高注:"过,犹见也。"犹言"拜访"。

⑮客我:尊我为上客。客,用作动词。

⑯无以为家:无钱养家。家(gū 姑),与"鱼""车""乎"为韵。诗经豳风鸱鸮第三章"据""荼""租""瘏""家"为韵。又小雅常棣第八章"家""帑""图""乎"为韵。本文"鱼""车""家"为韵,鱼、车、家同属段玉裁六书音均表第五部。

⑰恶:讨厌。

⑱冯公:指冯谖。称"公"有尊敬之义。

⑲乏:缺。

⑳记:广雅释诂四"书也"。广雅释言:"书,记也。"周礼天官序官:"司书上士二人"注"司书,主计会之簿书。"则此"记",即下文"计会"之簿书,亦即账簿。

㉑计会:即"会计"。　责:同"债"。　薛:见东周策第十六章注①。

㉒署:签,写。

㉓谢:道谦。

㉔倦于事:事务繁冗,心力俱疲。　倦:疲,劳。　事:身边之事。

㉕愦于忧:忧心忡忡,慌惑混乱。　愦(kuì 愧):昏乱。

㉖性懦愚:生性懦弱愚蠢;这是谦词。

㉗沉于国家之事:是说被公事纠缠,不得脱身。　沉:陷进。

㉘开罪:得罪。

㉙先生不羞:您不以此为耻辱。意思是说承蒙您不介意(不见怪)。

㉚乃:王引之经传释词卷六:"犹'宁'也。"又"宁,犹'岂'也。""为"下省介词宾语"之",指代"文"。

㉛约车治装:准备车马,整理行装。文选吴季重答东阿王书李注

引"治"作"促"。

㉜说文:"券,契也。券别之书以刀判契其旁,故曰书契。"段注:"两家各一之,书牍分刻其旁,使可两合以为信。韩子曰'宋人得遗契而数其齿'是也。" 建章按:古之"券契"如今之"契约""债券"。古时分为两半,各有齿,双方执其一,齿合作为凭证。故下文言"合券"。段引"韩子",当是列子说符。文选李注引作"单衣载契而辞"。

㉝毕:尽,全。

㉞市:买。

㉟驱:赶车。 之:至。

㊱使吏召诸民当偿者:让管事的人召集那些应当还债的人。

㊲疑"起"为"迄"之误。说文:"古文'起'从'辵'。""记"与"迄"形似,故"迄"误为"记"(起)。迄:尽,竟,完毕。

㊳公羊僖三十三年传"矫以郑伯之命而犒师焉"注:"诈称曰矫。"吕氏春秋先识览悔过"乃矫郑伯之命以劳之"注:"擅称君命曰矫。"此谓,假托孟尝君的命令。

㊴万岁:千秋万世,永远存在。封建社会臣民对皇帝祝福的话。此言因冯谖"矫命以责赐诸民",所以薛邑之民热烈拥护,衷心感激孟尝君,故高呼"万岁"。

㊵长驱:跃马扬鞭,一直不停。 齐:指齐都临淄。

㊶衣冠:皆用作动词,是说穿好衣服,戴好帽子。不是随随便便,而是有礼貌地接见冯谖。

㊷史记李斯列传"所以饰后宫,充下陈",索隐:"下陈,犹后列。"正义:"下陈,谓下等陈列。"指地位比较低下的婢妾之类。

㊸以:裴学海古书虚字集释卷一:"犹'惟'也。"惟:通"唯"。

㊹窃以为君市义:我因此为君买回来了"义"。 窃:自我谦称。

㊺区区:广雅释训:"小也。"

㊻“不拊”两句:对那里的百姓,不把他们当作自己的儿子一样地爱护,却象商人一样从他们身上榨取利息。　拊:同“抚”。子:用作动词;当作自己的儿子一样看待。　因而:而,却。贾:商人。　利:求利。　之:指薛邑的百姓。

㊼“臣窃”三句是说:我假托您的命令,把所有的债款赐给了百姓,把券契都全部烧毁。

㊽乃臣所以为君市义也:这就是我所说的为您买回来的“义”。乃:王引之经传释词卷六:“犹‘是’也。”是:此,这。

㊾说:同“悦”。

㊿休矣:犹言“得了”,“算了吧”。

(51)期年:周年。王念孙读书杂志:“文选答东阿王书注引此曰‘后有毁孟尝君于湣王,孟尝君就国于薛’,据此‘后期年’下当有毁孟尝君于湣王之事,而今本脱去也。盖湣王听谗,是以使孟尝君就国。下文湣王谢孟尝君曰‘寡人沉于谄谀之臣,开罪于君’,正谓此也。史记孟尝君列传载此事,亦云‘齐王惑于齐、楚之毁,遂废孟尝君’。”　于鬯战国策注:“李所引策,前后文颇有改易处,未可据也。义览引作‘后期年,孟尝君就国于薛’,亦无毁孟尝语。”　建章按:义览系节引,不可为据。王以为“后期年”下有脱文,可信,然亦非李注所引之全文。

(52)史记六国年表周赧王二十一年,齐闵王三十年“相薛文走”,依竹书纪年当齐闵王八年。此齐王为闵王。见东周策第十六章注②。

(53)先王:齐宣王,见东周策第一章注④。这句是齐闵王让孟尝君罢相的借口。

(54)就:广雅释诂二:“归也。”汉书百官公卿表上:“列侯所食县曰国。”此指孟尝君封邑薛。

(55)于鬯战国策注:“西征赋、平原表、马汧诔及归去来辞李注四引

‘君’上皆有‘孟尝’二字。” 建章按:当依李注引补“孟尝”。鲍本“中”下有“正日”二字,于鬯以为系“孟尝”二字之误,又误于“中”下。

⑤⑥姚校:“刘作‘顾谓冯谖曰’。” 太平御览义览引“骥”下有“曰”字。 建章按:依文义当有“曰”字,当据刘本及御览引补“曰”字。

⑤⑦文选答东阿王书李注引作“乃今见矣”。 建章按:秦策四第四章“始吾不知水之可亡人之国也,乃今知之”。齐策四第五章“及今闻君子之言,乃今闻细人之行”,赵策二第一章“今奉阳君捐馆舍,大王乃今然后得与市民相亲”,燕策三第五章“此臣日夜切齿拊心也,乃今得闻教”。晏子春秋外篇第八卷第十一章“乃今日而后,自知吾不肖也”王念孙读书杂志:“‘日’字后人所加,凡书、传中言‘乃今而后’者,加一‘日’字,则累于词矣。太平御览人事部六十七引此无‘日’字。”墨子明鬼下“吾非乃今爱其酒醴粢盛牺牲之财乎”,于省吾双剑誃诸子新证:“‘乃今’为古人语例,公孟篇‘子乃今知其一身也’,庄子逍遥游‘而后乃今将图南’是其证。”据此,则“日”字系衍文,当删。 乃今:而今,现在。

⑤⑧仅得:才能。 仅:吕氏春秋孝行览遇合高注:“犹‘裁’也。”汉书贾谊传“长沙乃在二万五千户耳”,王念孙读书杂志:“‘在’读为‘纔’,广韵‘纔’,仅也”。字或作‘财’,又作‘裁’。说文:‘在,从才声’,故与纔、财、裁通用。”“纔”即“才”。

⑤⑨一窟:指封地薛邑的百姓拥戴孟尝君。

⑥⑩高枕:古之成语,犹“安心”之义。 于鬯战国策注:“‘高枕’犹‘安枕’,汉英布传云‘陛下安枕而卧’。” 建章按:楚辞九辨“尧、舜皆有所举任兮,故高枕而自适”王注:“安卧垂拱,万国治也。”魏策一第十一章:“事秦,则楚、韩必不敢动,无楚、韩之患,

则大王高枕而卧,国必无忧矣。"汉书贾谊传:"梁足以扞齐、赵,淮阳足以禁吴、楚,陛下高枕,终亡山东之忧矣。"

⑥复:再。

⑥四马拉一车为"一乘"。

⑥金:黄铜,见东周策第二十二章注③。

⑥游:行,往,去。 梁:即魏,因迁都大梁,故称梁。见东周策第一章注⑯。

⑥鲍彪改"惠"作"梁"注:"昭。" 吴正:"文奔魏在昭王时,此'固辞不往',事必在前,史作'秦王。'" 于鬯战国策注:"此当魏昭王二年,策言'惠王',可疑,然不敢谓非。或疑此策为靖郭君事而讹传为孟尝君,则与竹书魏惠之年合,当存参。史云'西说秦王',与此异。" 建章按:据唐兰苏秦事迹简表(在战国纵横家书)前294年"薛公出走,归薛。齐闵王亲自执政",前291年"薛公去薛,魏昭王以为相"。且此后齐数被兵。据史记前331年(齐威王26年)至前301年(齐湣王元年)三十年齐未被兵,又是靖郭君相齐之时。故于鬯"或疑"之说未为无据。

⑥太平御览卷五五窜览引此无"于诸侯"三字。 建章按:"于诸侯"三字于义无取,疑因下"诸侯"误衍。 放:放逐。

⑥窜览引此"富而"作"国富"。

⑥虚上位:是说让出相国之位以待孟尝君。

⑥上将军:地位同文官的宰相。

⑦聘:迎请。

⑦一切经音义七"古文'戒'作'诚'"。则"戒""诚"古通用。仪礼公食大夫礼"使大夫戒各以其爵",注:"戒,犹告也。"

⑦币:左成二年传注:"聘物。"此指"黄金千斤"的聘礼。

⑦"千金"三句:千金,是一份厚礼,百乘是高级的使节,齐国将会知道这种情况的。 其:王引之经传释词卷五:"犹'将'也。"

㊼三反:言三次往聘。 反:同"返"。

㊵太傅:齐官名。周太傅为三公之一。 赍:说文:"赍,持遗也。"即持物以赠人。

㊶文车:饰有文采的高级车。 二驷:犹二乘。四马驾一车为"驷",即"一乘"。

㊷服:吕氏春秋孟春纪"服青玉"高注:"佩也。" 服剑:佩剑。

㊸"遗太傅"句以下是说:派太傅带黄金千斤,高级马车二乘,佩剑一把,齐王亲笔信一封,向孟尝君致歉,说。 封书:封好的信。

㊹祥:尔雅释诂:"善也。"

㊿被于宗庙之祟:受到神降给的灾祸。 祟:说文:"神祸也。"

沉于:醉心于,即"听信"。 谄:说文:"谀也。"荀子修身"以不善先人者谓之谄"注:"谄之言陷也,谓以佞言陷之。"则"谄谀之臣"即"谗臣"。

开罪:得罪。 寡人不足为也:我算不了什么。 足:刘淇助字辨略卷五:"犹'可'也。"可:裴学海古书虚字集释卷五:"犹'所'也。" 为:犹"谓",此常训。则不足为:即"无所谓"。

"愿君"两句:但愿您顾念先王神灵,还是回来治理国家吧。统:治理。

祭器:祭祀用的礼器。

这是冯谖教孟尝君要他向齐王请求要先王祭祀用的礼器,在薛邑建立宗庙。冯谖说魏王虚相位以待孟尝君,致使齐王复用孟尝君,此是第二窟。立先王宗庙于薛,则齐王当派军保护;保护先王宗庙,即保护薛邑。此即所谓第三窟。下文"三窟已就"即指此。

"庙成"两句:冯谖在薛邑立宗庙事既成,返回齐都临淄,报告孟尝君。

就:尔雅释诂:"成也。"

㉘君姑高枕为乐矣：您可以安安稳稳地过快乐日子了。 姑：
且，就。

㉙介：易豫陆德明经典释文"纤"。又列子杨朱经典释文："微
也。"纤介：微小。 关于"孟尝君为相"事，可参考注㉕。

二 孟尝君为从章

孟尝君为从①。公孙弘谓孟尝君曰②："君不以使人先
观秦王③。意者秦王帝王之主也④，君恐不得为臣，奚暇从
以难之⑤？意者秦王不肖之主也，君从以难之，未晚。"孟尝
君曰："善，愿因请公往矣。"公孙弘〔曰〕："敬诺。"以车十
乘之秦⑥。

昭王闻之，而欲愧之以辞⑦。公孙弘见昭王⑧，曰："薛
公之地大小几何⑨？"公孙弘对曰："〔方〕百里⑩。"昭王笑而
曰："寡人地〔方〕数千里，犹未敢以有难也⑪。今孟尝君之
地方百里，而因欲〔以〕难寡人，犹可乎⑫？"公孙弘对曰：
"孟尝君好人⑬，大王不好人。"昭王曰："孟尝君之好人也，
奚如⑭？"公孙弘曰："义不臣乎天子，不友乎诸侯⑮；得志不
惭为人主，不得志不肯为人臣，如此者三人⑯。而治⑰，可为
管、商之师⑱，说义听行⑲，能致其〔主霸王〕⑳，如此者五人。
万乘之严主也㉑，辱其使者，退而自刎，必以其血洿其衣㉒，
如臣者（十）〔七〕人㉓。"昭王笑而谢之曰㉔："客胡为若此㉕，
寡人直与客论耳㉖！寡人善孟尝君，欲客之必谕寡人之志
也㉗。"公孙弘曰："敬诺。"

公孙弘可谓不侵矣㉘。昭王，大国也；孟尝，千乘也㉙。

立千乘之义而不可陵⑨,可谓足使矣⑩。

【注释】

①顾观光战国策编年系此策于周赧王十七年。 林春溥战国纪年系此策于周赧王十五年,说"明年,齐与魏会韩以兵合于三晋,因使孟尝君入秦,即此策所谓'孟尝君为从','先观秦王'之谋也"。 于鬯战国策注从林说,说"林有据"。 建章按:据唐兰苏秦事迹简表(收战国纵横家书内)周赧王十五年"苏秦阻孟尝君入秦",周赧王十六年"孟尝君入秦为相",周赧王十七年"孟尝君逃回齐"。则此策当在孟尝君入秦前。林说当可从。 孟尝君:见东周策第十六章注①。

②鲍注:"公孙弘,齐人。" 于鬯战国策注:"公孙弘,孟尝君客也。"

③姚校:"刘本'不以'作'何不'。" 鲍彪改"以"作"如"。 吕氏春秋季冬纪不侵"以"作"若"。 困学纪闻翁注引国策"以"作"如"。 建章按:以:裴学海古书虚字集释卷一:"犹'若'也。"不必改字。 秦王:昭王,见西周策第一章注⑭。 观:窥测,了解。

④意者:或者,见秦策三第八章注㉒。此犹言如果。

⑤"意者"句以下:如果秦王是帝王中的英明国君,您就是做臣也未必可以,还有什么条件组织合纵阵线,去与秦国对抗呢? 奚:何。 暇:时间,条件。 从:合纵。 难:敌,对抗。

⑥愿:希望。 因:则,就。 "弘"下当补"曰"字,见齐策一第十五章注㉛。下文有"公孙弘曰:'敬诺。'" 之:至。 敬诺:犹言尊命。

⑦欲媿之以辞:秦昭王想让公孙弘出丑,准备用言语侮辱他一番。 鲍本"媿"作"愧"。 不侵"媿"作"醜"注:"醜,或作

'耻';耻,辱也。" 建章按:说文:"媿,惭也。愧、媿,或从'耻'省。"广雅释诂四:"媿,耻也。"吕氏春秋恃君览:"以醜后世人主之不知其臣者也。"注:"醜,愧也。"又慎人篇:"夫子弦歌鼓舞,未尝绝音,盖君子之所醜也。"注:"醜,犹'耻'也。"则媿、愧、醜,义皆同,而"愧"为"媿"之或体。 媿之:辱之也。

⑧吕氏春秋不侵迻"昭王"二字。 建章按:此固可通,然疑当脱"昭王"二字。

⑨薛公:孟尝君。

⑩古人言地之面积皆曰:"方若干里。"此当是"方百里",下句亦当言"方数千里",下文作"方百里"可证。

⑪"寡人地"两句:我拥有方数千里之地,尚且不敢以此与人为敌。 有:裴学海古书虚字集释卷二:"犹'与'也。"

⑫鲍本"欲"下有"以"字,不侵"欲"下亦有"以"字。 建章按:上句"敢以有难也",则此作"欲以难寡人",是。当据鲍本,不侵补"以"字。 "今孟尝君"三句:现在孟尝君只有方百里之地,就想以此对抗我,这行吗?

⑬吕氏春秋不侵"人"作"士",下同。 金正炜战国策补释:"'好人'犹'好士'。荀子王制'王夺之人'注'人,谓贤人'。" 建章按:荀子大略"主道知人,臣道知事"注:"人,谓贤良。"金说是。 好(hào 号):爱。

⑭孟尝君之好人也奚如:孟尝君尊重贤士又怎么样。 奚如:何如。

⑮"义不"两句。只要合乎正义,不做天子之臣,不做诸侯之友,也在所不顾。 "臣""友"皆用作动词。 乎:于。

⑯"得志"句以下:得志,即使做人主,也当仁不让;不得志,不屈意为人臣;象这样,他算第三个。 不惭为人主:不以做人主为惭。

⑰而治：如果谈到治理国家。　而：王引之经传释词卷七："犹'如'也。"　治：治理。又裴学海古书虚字集释卷七："而，犹'为'也。""而治"即为政。

⑱管：管仲，见东周策第十一章注⑪。　商：商鞅，见秦策一第一章注①。

⑲说义听行：其主喜其正义之理，信其正义之行。　说：同"悦"。听：从。

⑳能致其主霸王：能使其主成就霸王的大业。　鲍本"其"下有"主霸王"三字。　吕氏春秋不侵"能致其"作"其能致主霸王"，许维遹吕氏春秋集释："治要引与齐策同。"许当指鲍本。于鬯战国策注："卢刻与鲍本同，此脱。"　建章按："能致其"不可通，当从鲍本、卢刻、不侵补"主霸王"三字。主：国君。　霸：霸业，成为诸侯的盟主。　王（wàng 旺）：统一天下。

㉑万乘之严主也：秦王身为使人敬畏的万乘之主。　万乘：见秦策一第二章注㊿。　严：尊敬，敬畏。

㉒洿：古同"污"。"退而自刭，必以其血洿其衣"犹齐策三第七章"臣辄以颈血溅足下衿"，意即"同归于尽""共存亡"。

㉓"十"当作"七"，习惯上举三、五、七之数。荀子礼论"故有天下者事十世"于省吾新证："作'七'者是也。古文'十'作'十'，'七'作'十'，汉代金文犹然，二字形近，故易讹也。"韩非子定法"七十年而不至于霸王者"，当作"十七年"，于省吾同上说。吕氏春秋不侵"十"正作"七"。当改"十"作"七"。

㉔谢：请罪，致谦。

㉕客胡为若此：您何必如此。　客：上宾，尊敬之辞。　胡为：何为，为什么。

㉖寡人直与客论耳：我只不过和你说说而已。　直：但，只不过。

㉗"寡人善"两句：我和孟尝君很友好，希望您在孟尝君前转告我

这番意思。

㉘公孙弘可谓不侵矣：<u>公孙弘</u>可算得是不辱使命。　侵：凌，凌辱。

㉙千乘：此将<u>孟尝君</u>比作千乘之主。

㉚立千乘之义而不可陵：<u>公孙弘</u>维护了千乘之国的正义，而不受凌辱。立：<u>广雅释诂三</u>："成也。"此处可作"维护"解。　陵：侵犯，侮辱。

㉛可谓足使矣：可以说是有才能的使节啊。　足：<u>鲍</u>注："犹'能'也。"<u>吕氏春秋不侵</u>"可谓足使矣"作"可谓士矣"。<u>陈奇猷</u>校释说："<u>策</u>'足使'疑为'之士'之讹。盖'士'、'使'音近而误，'可谓之使'，义不可通，后人因改'之'为'足'以求通耳。"

三　鲁仲连谓孟尝〔君〕章

　　<u>鲁仲连</u>谓<u>孟尝</u>〔<u>君</u>曰：^①〕"君好士〔未〕也^②。<u>雍门</u>〔<u>子</u>〕养<u>椒</u>亦，<u>阳得子</u>养〔××〕^③，饮食、衣裘与之同之，皆得其死。今君之家富于二公^④，而士未有为君尽游者也^⑤。"君曰："<u>文</u>不得是二人故也^⑥。使<u>文</u>得二人者，岂独不得尽^⑦？"对曰："君之厩马百乘^⑧，无不被绣衣而食菽粟者^⑨，岂有骐麟、騄耳哉^⑩？后宫十妃，皆衣缟、纻^⑪，食粱、肉^⑫，岂有<u>毛廧</u>、<u>西施</u>哉^⑬？色与马取于今之世，士何必待古哉^⑭？故曰：'君之好士未也'。"

【注释】

　　①<u>鲁仲连</u>：见<u>齐策三</u>第八章注②。　<u>孟尝君</u>：见<u>东周策</u>第十六章注①。<u>姚</u>校："别本有'君曰'二字。"校语当在"尝"字下，误刻

在"君"下。鲍本作"孟尝君曰君"。长短经论士篇作"鲁仲连谓孟尝君曰君好士未也"。　建章按:当据姚校引别本、鲍本及长短经于"尝"下补"君曰"二字。

②君好士未也:您所谓好士,其实并不好士。　鲍彪于"士"字下补"未"字。于鬯战国策注:"卢刻正有'未'字。"　建章按:本文末句言"故曰'君之好士未也'。"既言"故曰",即指此句。当据鲍本、卢刻及长短经于"士"下补"未"字。

③鲍彪于"门"下补"子"字,注:"椒,姓;亦,名。'阳得子养'下脱所养之人。"　建章按:姑依鲍说。

④二公:指雍门子、阳得子。

⑤而士未为君尽游者也:而您所养的士,没有一个为您尽心竭力的。　游:秦策二第二章高注:"仕也。"此言"工作"。

⑥二人:指雍门子、阳得子所养之士。　文:孟尝君田文。

⑦"使文"两句:如果我能得到象他们那样的士,怎么就不能为我尽心竭力呢?　独:就。

⑧厩(jiù 救):牲口棚,马圈。

⑨菽(shū 叔):豆类的总称。

⑩骐麟:古代传说中的一种动物。其状如鹿,独角,全身生鳞甲,尾象牛。　騄耳:古代骏马名。史记秦本纪集解:"八骏皆因其毛色以为名号。"

⑪后宫:古代帝王、诸侯、贵族非正妻所居的宫室。　汉书食货志上:"履丝曳缟"注"缟,缯之精白者也"。缯,丝织品的统称。　纻:白细的麻布。文选司马相如子虚赋李注引"缟纻"作"纻缟"。

⑫梁:是"粱"的借字;精米。

⑬毛嫱西施:相传皆古时美女。嫱,亦作"嫱"。

⑭"色与马"两句:美女、骏马要用现在的,而士为什么一定要用古

代的呢? 色:指"后宫十妃"之美女。

四 孟尝君逐于齐而复反章

孟尝君逐于齐而复反,谭拾子迎之于境^①,谓孟尝君曰:"君得无有所怨齐士大夫^②?"孟尝君曰:"有。""君满意杀之乎^③?"孟尝君曰:"然。"谭拾子曰:"事有必至^④,理有固然^⑤,君知之乎?"孟尝君曰:"不知。"谭拾子曰:"事之必至者,死也;理之固然者,富贵则就之,贫贱则去之^⑥。此事之必至,理之固然者。请以市谕^⑦:市,朝则满,夕则虚;非朝爱市,而夕憎之也;求存故往^⑧,亡故去^⑨。愿君勿怨。"孟尝君乃取所怨五百牒削去之^⑩,不敢以为言。

【注释】

①史记六国年表:"周赧王二十一年,田甲劫王,相薛文走。"此策顾观光战国策编年即系于是年。于鬯战国策注以为孟尝君自魏返国。 建章按:据唐兰苏秦事迹简表(收战国纵横家书内)赧王二十一年孟尝君"归薛",赧王二十四年孟尝君"自薛至魏,魏昭王以为相",赧王二十七年孟尝君"为魏谓穰侯要秦还击齐",赧王二十八年"齐闵王许以平陵封薛公"。据关锋庄子时代大事年表(在庄子内篇译解和批判内)"赧王二十九年,孟尝君相魏"。则如以为孟尝君自魏归齐,则此策不当在赧王二十九年以前。又史记孟尝君列传:"人或毁孟尝君于齐湣王曰:'孟尝君将为乱。'及田甲劫湣王,湣王意(疑)孟尝君,孟尝君乃奔。魏子所与粟贤者闻之,乃上书言孟尝君不作乱,请以身为盟,遂自尽宫门,以明孟尝君。湣王乃惊而踪迹验问,孟尝君

果无反谋，乃复召**孟尝君**。**孟尝君**因谢病归老于<u>薛</u>。"则或是自<u>薛</u>归<u>齐</u>都。<u>周礼掌固</u>："凡国都之竟，有沟树之固，郊亦如之。"注："竟，界也。""竟"同"境"，则"境"非只指国境。如此则可依<u>顾观光战国策编年</u>。<u>周赧王</u>二十一年当前 294 年。 <u>鲍</u>注："<u>谭拾子</u>，<u>齐</u>人。" <u>孟尝君</u>：见东周策第十六章注①。

②君得无有所怨齐士大夫：<u>齐</u>国的士大夫中有没有你怨恨的人呢？

③君满意杀之乎：您要把他们杀了，就满意了吧？

④事有必至：事物总有其发展的必然结果。 至：极，终，最后结果。

⑤理有固然：道理总有其发展的必然规律。 固然：本来如此。

⑥"事之"句以下：人总有一死，这就是事物发展的必然结果。人有钱有势，别人就会亲近他；贫穷低贱，别人就会避开他，这就是道理发展的必然规律。 就：接近。

⑦请以市谕：让我用市场打个比喻。 谕：同"喻"。

⑧求存故往：是说早晨市场上有人们需要的东西，所以都去市场。

⑨亡故去：晚上市场上没东西了，所以大家都离开了市场。 亡：无。

⑩"孟尝君乃"两句：于是**孟尝君**就把五百个他所怨恨的人的姓名从簿子上全部划去，不再提起怨恨之事了。 牒：<u>说文</u>："札也。"即簿子。

488

五　齐宣王见颜斶章

<u>齐宣王</u>见<u>颜斶</u>①，曰："斶前！"斶亦曰："王前！"<u>宣王</u>不悦。左右曰："王，人君也；<u>斶</u>，人臣也；王曰'斶前'，〔斶〕②亦曰'王前'，可乎？"<u>斶</u>对曰："夫斶前为慕势，王前为趋

士③；与使颜为(趋)〔慕〕势，不如使王为趋士④。"王忿然作色曰⑤："王者贵乎，士贵乎？"对曰："士贵耳，王者不贵。"王曰："有说乎？"颜曰："有。昔者秦攻齐，令曰：'有敢去柳下季垄五十步而樵采者⑥，〔罪〕死不赦⑦。'令曰：'有能得齐王头者，封万户侯⑧，赐金千镒⑨。'由是观之，生王之头曾不若死士之垄也⑩。"宣王默然不悦。

左右皆曰："颜来！颜来！大王据(千)〔万〕乘之地⑪，而建千石钟，万石虡⑫；天下之士，仁义皆来役处⑬；辩知并进⑭，莫不来语⑮；东西南北莫敢不服；求万物〔无〕不备具⑯，而百〔姓〕无不亲附⑰。今夫士之高者乃称匹夫、徒步而处农亩⑱，下则鄙野、监门闾里⑲。士之贱也亦甚矣⑳！"

颜对曰："不然，颜闻古大禹之时㉑，诸侯万国㉒。何则㉓？德厚之道得㉔，贵士之力也㉕。故舜起农亩㉖，出于野鄙㉗，而为天子㉘。及汤之时㉙，诸侯三千。当今之世，南面称寡者乃二十四㉚。由此观之，非得失之策与㉛？稍稍诛灭㉜，(灭亡无族)㉝之时㉞，欲为监门闾里，安可得而有乎哉㉟？是故易传不云乎㊱：'居上位未得其实㊲，以喜其为名者㊳，必以骄奢为行㊴；据慢骄奢，则凶从之㊵。'是故无其实而喜其名者削㊶；无〔其〕德而望其福者约㊷；无〔其〕功而受其禄者辱㊸；祸必握㊹。故曰'矜功不立㊺，虚愿不至㊻'，此皆幸乐其名华而无其实德者也㊼。是以尧有九佐㊽，舜有七友㊾，禹有五丞㊿，汤有三辅[51]。自古及今而能虚成名于天下者，无有[52]。是以君王无羞亟问[53]，不愧下学[54]。是故成其道德[55]，而扬功名于后世者，尧、舜、禹、汤、周文王是也[56]。故曰：

'无形者,形之君也⑰;无端者,事之本也⑱。'夫上见其原,下通其流⑲,至圣(人)明学⑳,何不吉之有哉㉑?老子曰:'虽贵必以贱为本,虽高必以下为基㉒。是以侯王称孤、寡、不榖㉓,是其贱之本与,非夫㉔?'孤、寡者,人之困贱下位也,而侯王以自谓,岂非下人而(尊)贵士与㉕?夫尧传舜,舜传禹,周成王任周公旦㉖,而世世称曰明主。是以明乎士之贵也。"

宣王曰:"嗟乎㉗,君子焉可侮哉㉘!寡人自取病耳㉙。及今闻君子之言㉚,乃今闻细人之行㉛。愿请受为弟子㉜。且(颜)〔愿〕先生与寡人游㉝,食必太牢㉞,出必乘车,妻子衣服丽都㉟。"

颜斶辞去,曰:"夫玉生于山,制则破焉;非弗宝贵矣,然(夫)〔大〕璞不完㊱。士生乎鄙野,推选则禄焉㊲;非不得尊遂也㊳,然而形神不全㊴。斶愿得归,晚食以当肉㊵,安步以当车㊶,无罪以当贵㊷,清静贞正以自虞㊸。制言者,王也㊹;尽忠直言者,斶也㊺。言要道已备矣㊻,愿得赐归,安行而反臣之邑屋㊼!"则再拜而辞去也。

斶知足矣㊽,归反〔于〕(扑)〔朴〕㊾,则终身不辱也。

【注释】

①齐宣王:见东周策第一章注④。　颜斶(chù 触):齐人。　朱起凤辞通:"斶字亦从蜀声,与歜同音,战国时多有以歜名者,如甘歜、王歜等是也,故当以歜字为正。颜歜、王蠋实是一人,汉表前列颜歜(春秋后语引作'王歜'),与王升并称(即王斗),后列王歜,而以燕昭王缀王之后,是误认前之歜为齐人,后之歜为

燕人，此班氏之失也。蠋、歜并音觸，两字同音通用。"则厲、歜、蠋并通用。钱穆先秦诸子系年 139 节"附王厲"说："汉人表有王升、颜歜。窃疑王升即王厲之脱讹，又误分颜、王为两姓。观颜厲对宣王曰'厲前为慕势，王前为趋士'，而王升之对亦然，知其为一事两传矣。其后当湣王之亡，有画邑人王蠋，乐毅闻其贤，令环画三十里毋入，而使人请之，蠋自经而死。盖即宣王时高论士贵之王厲也。今齐策颜厲语引老子，疑出后人传述，或较王升一篇稍晚出。而颜厲、王斗、王蠋，遂俨若三人。其人盖亦稷下先生之贤者。当湣王之末，诸儒散亡。彼殆以邦土未去，遂以死节也。" 此章姚本与上章连篇，鲍本另列一章，据文义，从鲍本。

②鲍本"亦"上有"厲"字。 于鬯战国策注："卢刻本'亦'上有'厲'字。" 建章按：据上下文，"亦"上脱"厲"字，当据补。

③史记商君列传"秦人皆趋令"索隐："趋者，向也，附也。"则"向士""附士"即所谓"礼贤下士"之义。 礼贤：古时，帝王或贵臣以尊礼对待贤能的人。 下士：帝王或贵臣降低自己的身分结交有才能的人。

④"与使"句：与其让我羡慕权势，不如让王礼贤下士。 鲍本"趋"作"慕"。 建章按：上句言"慕势"，此当据鲍本改。

⑤忿然：同"愤然"，发怒。 作色：变色，变容，脸上现出怒容。

⑥庄子盗跖篇"孔子与柳下季为友"疏："姓展名禽字季，食采柳下，故谓之柳下季。"陆德明经典释文："左传云'展禽是鲁僖公时人'。"方言十三："冢，秦、晋之间谓之坟，或谓之垄。" 论语卫灵公下："知柳下惠之贤而不与立也。"程树德论语集释说："柳下惠邑、里、字、名诸说各异，郑以为食采柳下，朱子从之，而注孟子则又云'居柳下'。赵岐注孟子，柳下是其号。朱子以为展获字禽，赵岐以为名禽字季。考柳下为食邑，见左传孔疏。

居柳下，见庄子注。皆不知其据何书。至谓柳下为号，则更无可见矣。柳下氏展，系公子展之后，名获，见国语；字季，见国策；字禽，见左传。以居柳下，姓展名获，字禽，私谥惠为近。其曰季者，盖以行第称之也。高诱淮南子注：'展禽家有柳树，身行惠德，因号柳下惠。'艺文类聚八九引作许慎注。荀子成相、大略篇注亦云居柳下，然鲁地无名柳下者。展季卑为士师，未必有食邑，当是因所居号之，如东门遂、南宫适、东郭偃之类。" 樵：柴。 文选任昉为范始兴作求立太宰碑表李注引"垄"作"墓"，"死不赦"作"罪死不赦"。又任昉为卞彬谢修卞忠贞墓启作"垄"。

⑦文选任彦升为范始兴作求立太宰碑表、又为卞彬谢修卞忠贞墓启李注两引、长短经论士引、太平御览卷五五七礼仪部冢墓览引"死"上俱有"罪"字。当据补"罪"字。墨子非攻下有"罪死无赦"，韩非子爱臣有"罪死不赦"。"罪死"当是常语。

⑧史记吕不韦列传："庄襄王元年，以吕不韦为丞相，封为文信侯，食河南洛阳十万户。"则此"万户侯"当非爵名，即"食万户"，太平御览引无"侯"字，恐衍"侯"字。

⑨千镒：二万两或二万四千两。见东周策第二十二章注③。

⑩生：活。 曾：尚，还。 死士：指柳下季。

⑪金正炜战国策补释："'千乘'当为'万乘'，涉下文'千石'而误。" 建章按：刘向战国策序"晚世益甚，万乘之国七，千乘之国五，敌侔争权，盖为战国。"齐国当是万乘之国，齐王之臣言，不当自降一等。当改"千"为"万"。

⑫石：一百二十斤。 虡（jù巨）：古代悬挂钟、磬的架子。其两侧的柱叫虡，横梁叫筍。虡，又写作鐻。史记秦始皇本纪"收天下兵，聚之咸阳，销以为钟、鐻，金人十二，重各千石"，则此虡亦当为金属。此言齐王铸了一千石重的大钟，还铸了一万石重的大

钟架。意思是说齐王对于礼乐是很重视的。

⑬仁义皆来役处:仁者义者皆来为齐王服务。　役:使用。处:居。

⑭辩知:见东周策第十五章注③。　并进:都来。

⑮语:言,议论。此言出谋划策。

⑯鲍本"物"下有"无"字。　于鬯战国策注:"卢刻'物'下有'无'字。"　建章按:下句"无不亲附",正与此句对文,此脱"无"字,当据补。　备具:具备,齐备。

⑰鲍本"百"下有"姓"字。　于鬯战国策注:"卢刻'百'下有'姓'字。"　建章按:此脱"姓"字,当据补。　亲附:犹言爱戴,拥护。

⑱匹夫:普通老百姓。墨子鲁问:"匹夫、徒步之士用吾言,行必修。"又"天下匹夫、徒步之士,少知义",吕氏春秋似顺论有度:"仁义之术外也,夫以外胜内,匹夫、徒步不能行,又况乎人主。"淮南子氾论训"苏秦,匹夫、徒步之人也。"汉书于定国传:"士虽卑贱徒步,往过定国,皆与钧礼。""匹夫""徒步"当连读,皆指卑贱之人。　农亩:此指低贱的地位。

⑲鄙野:边远偏僻之地。史记魏公子列传有侯嬴为"监门",乃守城门之小吏,秦策五第八章言姚贾为"梁监门子"亦同。　监门闾里:闾里巷口的看门人,相当于现在胡同口、弄堂口的看门人。古时每二十五家称"一闾",或"一里",闾或里皆有巷,巷口有门,有人看守。即称"监门闾里"。

⑳士之贱也亦甚矣:士这个下贱啊,真是够贱啦!　也:语中助词。

㉑大禹:即禹,见秦策一第二章注㉔。

㉒尚书尧典"协和万邦",左哀七年传:"禹合诸侯于涂山,执玉帛者万国。"

㉓何则:王引之经传释词卷八:"'何也'也。"

㉔德厚之道得:掌握了德厚之道。礼记月令"命相布德和令"注:"德谓善教。"荀子富国"不以德为政"注:"德谓教化使知分义。"管子正"爱之生之,养之成之,利民不德,天下亲之,曰德。"则"德厚之道得",是说掌握了一套善教化、善行令,爱民治国的办法。

㉕贵:看重,尊重。

㉖舜:见秦策一第二章注㉓。　起:发迹,发展起来。

㉗出:出身。　野鄙:即上文"鄙野"。

㉘天子:封建统治阶级把他们的政权说成是受天命建立的,因此称国王或皇帝为天的儿子。此言诸侯之长,位极尊高。

㉙汤:见秦策一第二章注㉕。

㉚南面:古代以面向南为尊位,帝王的座位面向南,故称居帝王之位为"南面"。　称寡:古代帝王自称"寡人",故"称寡"指帝王,也说"称孤"。

㉛得:得士。　失:失士。　与:同"欤",疑问语气词。

㉜稍稍:渐渐。　诛灭:指诸侯被杀戮,被消灭。

㉝姚校:"晁去'灭亡无族'四字,三本同,一本有四字,集无。"建章按:无此四字义已足,有此四字义复。此当是注文误入正文者。

㉞之:吕氏春秋季夏纪音初:"其也。"

㉟"之时"句以下:到那时,就是想要做个闾里的看门人,又怎么可能呢?

㊱易传:于鬯战国策注:"沈寿经明经云'岂子夏易传否'。"

㊲横田惟孝战国策高注正解:"实,即'贵士'是也。"

㊳以:王引之经传释词卷一:"犹'而'也。"

㊴"居上位"三句:高高在上的统治者,如果不重视士人,善于用他

们的才能,做些踏踏实实的工作,而只一味地喜欢弄虚作假,标榜虚名,他们必然走到骄傲奢侈的歧途。

㊵"倨慢"两句:骄傲奢侈必然带来灾祸。 倨:通"倨",骄傲。凶:灾祸。

㊶削:土地日益削减而国弱。

㊷依上句之例"德"上当脱"其"字,长短经引正有"其"字。下句"功"上亦当脱"其"字,长短经引亦有"其"字。均当补"其"字。 论语里仁"不可以久处约"皇疏:"约犹贫困也。"此"约"即指遭到困穷窘迫的境遇。

㊸辱:蒙受侮辱。

㊹祸必握:这一切必然遭到严重的祸害。 姚校:"'握'高士传作'渥'。"于鬯战国策注:"今皇甫传无此语,当是嵇康传。广雅释诂云'渥,厚也。'此作'握'者,借字。" 孙诒让札迻卷三:"祸必握,言其得祸必重也。易鼎九四爻辞云'其形渥',周礼郑注引作'其刑剭',潜夫论三式篇释易义云'此言三公不胜任则有渥刑也',汉书叙传颜注云:'剭者,厚刑,谓重诛也,音握。'握、渥、剭并声同字通。" 建章按:杨树达古书句读释例同意孙说。

㊺矜功不立:好大喜功,必不能建功立业。

㊻虚愿不至:夸夸其谈,而无实际行动的人,终究不能实现其愿望。 虚:空。 至:吕氏春秋慎大览权勋高注:"犹'成'也。" 不至:不能完成,不能实现。

㊼"此皆"两句:这都是爱虚名,好浮夸,而无治国爱民实效的人必然的下场。 幸乐(yào 药):喜好,喜爱。 名:虚名。 华:浮夸。

㊽尧有九佐:舜为司徒(掌土地、徒役),契为司马(掌军事),禹为司空(掌工程),后稷为田畴(掌农业),夔为乐正(掌音乐),倕

为工师（工官之长）伯夷为秩宗（掌仪礼），皋陶为大理（掌司法），益掌驱禽。此据说苑君道篇。

㊾舜有七友：鲍注"雄陶、方回、续牙、伯阳、东不訾、秦不虚、灵甫"。

㊿禹有五丞：吕氏春秋慎行论求人篇："得陶、化益、真窥、横革、之交五人佐禹。"毕沅说："王厚斋云'荀子成相曰："禹得益、皋陶、横革、直成为辅"，此陶即皋陶也，化益即伯益也，真窥即直成也，真与直字相类，横革名同，唯之交未详。'卢云'窥，或本是窴字，与成音近'。"梁玉绳说："'之交'疑'支父'之讹。"李慈铭说同。（见许维遹吕氏春秋集释） 建章按：毕引王厚斋语见困学纪闻卷十。

(51)汤有三辅：鲍注："商书伊、虺二相外，有谊伯、仲伯、咎单，岂此？未详。" 建章按：所谓"九佐""七友""五丞""三辅"，只是传闻，未必确有其人，确有其事。

(52)虚：指不贵士，无贤士辅佐。"实"指贵士，见注㊲。

(53)是以君王无羞亟问：因此君王不应该以经常向人求教为耻辱。亟：屡次。

(54)不愧下学：不以向别人学习为惭愧。

(55)鹖冠子泰鸿："圣人之道与神明相得，故曰道德。"礼记曲礼"道德仁义，非礼不成"疏："郑注周礼云'道，多才艺；德，能躬行'。今谓道德，大而言之，则包罗万事；小而言之，则人之才艺善行，无间大小，皆须礼以行之。是礼为道德之具。"则所谓"道德"者，言其人为符合阶级社会礼法的德才兼备的完人，其思想言行完全符合阶级社会的规律者。

(56)尧：见秦策一第二章注㉒。 周文王：见秦策一第二章注㉖。

(57)淮南子原道训："夫无形者，物之大祖也。"注："无形生有形，故为物大祖也。"又："所谓无形者，一之谓也。"注："一者，道之本。”即此所谓“无形者形之君也”。　君:主宰。　此言:真正体道、得道,掌握了规律的人,可以主宰一切。原道训所谓“体道者,逸而不穷;任术者,劳而无功”。

(58)无端者事之本也:与老子第一章“无名天地之始”及上句义皆通。

(59)上见其原下通其流:上窥见事物之本源,下通晓事物之流变。

(60)鲍注:“衍‘人’字。”　建章按:“至圣”即至圣之人,鲍删“人”字是。韩非子难言“上古有汤至圣也”,礼记中庸“唯天下至圣为能聪明睿知,足以有临也”,史记孔子世家“孔子布衣,传十余世,学者宗之,自天子王侯,中国言六艺者,折中于夫子,可谓至圣矣”,墨子辞过“天壤之情,阴阳之和,莫不有也,虽至圣不能更也”。“至圣”一词古已习用。　明:广雅释诂一:“通也。”左文十八年传“明允笃诚”疏:“明者达也,晓解事务,照见幽微也。”

(61)何不吉之有哉:怎么会遭到灾祸呢?　不吉:指上文“削”“约”“辱”之祸。

(62)老子三十九:“故贵以贱为本,高以下为基。”

(63)老子:老子(老聃)所写,共81章。老子为道家代表人物,是春秋时的思想家。史记有老子列传。老子作“是以侯王自谓孤、寡、不榖。”马叙伦老子校诂:“徐鼒曰‘谓不祥之说,是也。榖之言禄也,淮南人间训“不榖亲伤”,高诱注“不榖,不禄也,人君谦以自称也”。章炳麟曰‘不榖,为“仆”之合音’。案‘榖’字徐说是也。‘榖’借作‘禄’,礼记檀弓‘齐榖王姬之丧’,齐榖谓齐僖公,名禄父,此其例证。说文‘禄,福也’。福,备也,‘不禄’谓不备,与‘孤’、‘寡’义同。古者谓死亦曰‘不禄’,彼‘禄’则为‘榖’借,‘不榖’,言不复食榖也,后人嫌生、死不别,以‘善’释榖矣。章说亦通。”　于鬯战国策注:“‘不榖’合音为

‘卜’,尔雅释诂云‘卜,予也’。‘卜’称‘不穀’犹‘笔’称‘不律’。‘卜’之言‘仆’也,明贱称。” 建章按:说文通训定声“卜”下云“卜假为‘僕’”。礼记檀弓上“卜人师扶右”,注:“卜,当为僕,声之误。”仪礼大射有“僕人师”,据通训定声说则“卜人师”即“僕人师”,“卜”不必以为“僕”之误。诗正月“并其臣僕”笺:“人之尊卑有十等,僕,第九。”则僕为最卑者。则章言“‘不穀’为‘僕’之合音”,于说“‘不穀’合音为‘卜’,卜之言僕”。可从。

64老子作:“是其以贱为本也,非欤?”(老子校诂如此)“此非以贱为本邪? 非乎?”(老子今译如此)鲍注:“非夫,犹言‘非邪’。” 建章按:裴学海古书虚字集释卷十:“夫,犹‘乎’也。”则“非夫”即“非乎”。姚本“夫”字属下,误。

65“尊”字当衍。前文说“士贵乎”,又说“士之贱也亦甚矣”即针对“贵士”而言,又说“贵士之力也”。下文亦言“是以明乎士之贵也”,皆无“尊贵”复用者。广雅释言:“贵,尊也。”“尊”字或是旁注误入正文者。且“下人”与“贵士”对文,作“尊贵士”则不谐。当删“尊”字。 下人:谦居人下。

66周成王:见秦策三第十八章注70。 周公旦:见东周策第二章注⑨。

67嗟(jiē 揭)乎:感叹,如现代汉语的“唉”。

68君子:一般指符合统治阶级道德标准,人格高尚的人。 焉:安,何,怎么。 侮:辱。

69病:广雅释诂四:“苦也。”仪礼士冠礼注:“犹‘辱’也。” 自取病:犹言自找苦吃;自取侮辱;自讨没趣。

70及:刘淇助字辨略卷五引广韵:“至也。” 闻:知,了解。

71乃今:裴学海古书虚字集释卷六:“谓‘于是时’也。亦语转作‘而今’,或‘如今’,并犹言‘于今’。” 细人:小人。意思是说

不知贵士乃是小人的行为。这是宣王自责之意。此言:现在我
才明白小人之行。

⑫受:接收。　弟子:学生。

⑬金正炜战国策补释:"'颜'当为'愿'字,形相似而讹。言愿为
弟子,复愿先生留与同游,则必食以太牢,出以乘车,使其妻子
衣服丽都也。'愿'讹为'颜',即文义不完。嵇康高士传正作
'愿先生与寡人游'。"　建章按:金说是,后汉书蔡邕传注引
"颜"亦作"愿"。当据改。　游:交往,往来友好,史记魏公子
列传:"公子乃闲步往从此两人游,甚欢。"即此"游"之义。

⑭太牢:公羊桓八年传何注:"礼,天子、诸侯、卿大夫,牛、羊、豕凡
三牲曰太牢。"此犹言以盛筵款待。

⑮汉书司马相如传上"雍容闲雅,甚都"注:"都者,美也。"

⑯鲍本"夫"作"大"。　建章按:蔡邕传注引"夫"作"大","大"
即"太"。太璞:璞玉,指没经过加工的含玉的石头。文选桓温
荐谯秀表"大璞"又作"大朴"。　"夫玉生于山"四句是说:璞
玉生于山,经过玉匠加工,破璞取出玉,其价值并非不宝贵,然
而最原始的面貌已不复存在。此比喻贤人出来做官,身分虽似
提高,但却失去了他的本色。

⑰推选:推举选拔。　禄:被任用得到禄位。

⑱非不得尊遂也:他并非不尊贵,不显名。　尊:贵。　遂:汉书
儒林胡母生传颜注:"谓名位成达者。"

⑲然而形神不全:可是精神与本质已被伤害。　孟子尽心上:
"形、色,天性也。"形:犹言本质。　神:精神。　不全:犹言
伤害。

⑳晚食以当肉:饭吃得晚一些,可是,因为肚子饿了,吃起来味道
就香,当作是吃肉一样。

㉑安步以当车:安闲舒缓地散步当作是乘车。

㉛无罪以当贵:不做官则不易获罪,也就算作富贵了。

㉝清静:远避尘事,不受外物干扰。　贞正:保持纯洁正直的节操。自虞:自乐。虞,娱,乐。

㉞制言者王也:下命令要我说话的是大王您啊!　蔡邕独断上:"制者,王者之言,必为法制也。"则制,犹令。

㉟尽忠:竭尽忠心。　直言:毫无顾忌地提意见。

㊱言要道已备矣:主要的意见我都说了。　道:道理,意见。备:全,齐。

㊲安行:安步。　邑屋:本乡的家。

㊳老子三十三章"知足者富",又四十四章"知足不辱",又四十六章"祸莫大于不知足","知足之足常足矣"。

㊴归反于朴:颜斶辞王而归,恢复其本来的老百姓的面目。　鲍于"归"下补"真"字。　吴正:"上言'大璞不完',以喻士之形神不全,故曰'归反璞'云云,文意甚明,添字谬。"　王念孙读书杂志:"吴说是也。后汉书蔡邕传注引作'归反于璞,则终身不辱',句法较为完善。"

六　先生王斗造门而欲见齐宣王章

先生王斗造门而欲见齐宣王①,宣王使谒者延入②。王斗曰:"斗趋见王,为好势③;王趋见斗,为好士。于王何如④?"使者复还报⑤。王曰:"先生徐(之)〔入〕⑥,寡人请从⑦。"宣王因趋而迎之于门,与入。曰:"寡人奉先君之宗庙,守社稷⑧,闻先生直言正谏不讳⑨。"王斗对曰:"王闻之过⑩。斗生于乱世⑪,事乱君⑫,焉敢直言正谏⑬?"宣王忿然作色不说⑭。

有间⑮，王斗曰：“昔先君桓公所好者〔五〕⑯。九合诸侯，一匡天下⑰。天子受籍⑱，立为大伯⑲。今王有四焉⑳。”宣王说㉑，曰：“寡人愚陋㉒，守齐国，唯恐失扴之㉓，焉能有四焉？”王斗曰：“否。先君好马，王亦好马；先君好狗，王亦好狗；先君好酒，王亦好酒；先君好色，王亦好色；先君好士，是王不好士㉔。”宣王曰：“当今之世无士，寡人何好？”王斗曰：“世无骐驎、騄耳㉕，王驷已备矣；世无东郭俊、卢氏之狗㉗，王之走狗已具矣；世无毛嫱、西施㉘，王宫已充矣。王亦不好士也㉙，何患无士㉚？”王曰：“寡人忧国爱民，固愿得士以治之。”王斗曰：“王之忧国爱民，不若王爱尺縠也㉛。”王曰：“何谓也？”王斗曰：“王使人为冠，不使左右便辟㉜，而使工者何也㉝？为能之也㉞。今王治齐，非左右便辟无使也，臣故曰‘不如爱尺縠’也。”

宣王谢曰㉟：“寡人有罪国家㊱。”于是举士五人任官，齐国大治。

【注释】

①鲍注：“王斗，齐人。”　吴补：“一本标‘文枢镜要作王升’。”

于鬯战国策注：“高士传云‘王斗，齐人，修道不仕，与颜斶并时。’书钞礼贤钞引及汉书古今人表亦并作‘王升’。据说文序有‘人持十为斗’之说，人持十则‘升’字也。此可见当时‘升’、‘斗’二字无别。文选萧公行状李注引作‘王叔’，‘叔’亦‘升’字之误，叔、升草书相似，见王念孙墨子非乐篇杂志。御览谏净览引作‘王斶’，则疑因上策颜斶而图。或云颜斶、王斗本止一人一事，传异而并载。亦一说。此策年亦不可考。”　建章按：

金文"斗"作"子","升"作"𠀌";然"料"金文作"𥾝"(司料盆盖),"料"金文作"𥾝"(子禾子𥂮)(均见金文编)皆从"升",而不从"斗"。则"斗"与"升"相混已久。　造:至,登。　齐宣王:见东周策第一章注④。钱穆先秦诸子系年以为颜斶王斗"为一事两传"。

②谒者:见齐策一第三章注③。　延:引,迎,导。

③趋:向。就王斗而言,"趋见王"犹言"去拜见王",下句"趋见斗"犹言"来迎接我"。　好:爱。

④于王何如:王以为如何。

⑤"使者"疑是"谒者"之误。

⑥文选任昉齐竟陵文宣王行状李注引"之"作"人"。　建章按:"人"与"之"古易互误。墨子天志下"辟人",孙诒让间诂:"'人',当作'之'。"荀子儒效"仁人隆也",王念孙读书杂志补遗:"旦本'人'作'之'是也。"又墨子明鬼下"众之耳目"孙诒让间诂:"'众之'疑当同上文作'众人',下同。"韩非子五蠹"楚之有直躬",陈奇猷集释引松皋园说:"'之'字为'人'字之误。"陈说:"松说是,津田凤卿说同。本书'人'、'之'二字多互误。"又墨子非攻中"不胜而人",毕沅说:"旧作'人',以意改。"史记仓公列传"众医皆以为麕入中"泷川资言考证:"凌本、毛本'人'讹作'人'。"王念孙读书杂志:"'人'当为'人',字之误也。"则据文选李注"之"字本当作"人",因形似而误作"人",又误作"之"。当改"之"作"人"。

⑦"先生"两句:请先生等一会儿进来,我去迎接。　从:同意。

⑧"寡人"两句:我继承祖业,统治这个国家。　宗庙、社稷:见秦策一第五章注㊋㊌。

⑨直言:说话无所顾忌。　正谏:毫无顾忌地当面提出意见。不讳:没有顾忌。

⑩过:错,误。

⑪乱世:混乱不安定不太平的时代。

⑫事:服务。　乱君:不守正道的无能的昏君。

⑬焉:何,怎么。

⑭忿然:发怒的样子;忿同"愤"。　作色:脸上现出怒容。　说:同"悦"。

⑮有间:过了一会儿。

⑯鲍于"者"下补"五"字,注:"此桓公虽非田氏之先,斗,齐人也,得称为先。"　吴补:"一本标'文枢镜要有"五"字'。"　于鬯战国策注:"御览引亦有'五'字。说苑尊贤苑以此为淳于髡语,云'古者所好四,而王有三焉',彼下文少'好狗'一科,故言'四'。然则此有'五'字为是。"　建章按:依前后文意,当补"五"字。　桓公:齐桓公,见东周策第十一章注⑨。

⑰"九合"两句见秦策三第十八章注⑳、㉑。

⑱鲍注:"土地人民之籍,犹赐履也。"　孙诒让札迻:"鲍释此'籍'为'土地人民之籍'非也。'籍'当读'阼',即指左传僖九年'王使宰孔锡齐侯胙'之事。史记商君列传集解引新序云'秦孝公,周室归籍',索隐云'籍,音胙,字合作胙,误为籍耳。按本纪'周归文武胙于孝公'是也,以'籍'为'胙'与新序正同。'授籍'即'归胙'也。"　金正炜战国策补释:"'受籍'即'受胙'。'籍'或作'阼',与'胙'同。国语齐语'反胙于绛',贾侍中云'胙,位也'。是'致胙'即'赐命'也。"　建章按:孙、金说皆是。于省吾韩非子爱臣新证:"'藉'与'作'古音近字通,从'昔''从'乍'字通。"则"籍""藉""胙""阼""祚"字通。韩非子三守陈奇猷集释引刘师培古文字考亦云:"乍,耤二声同部通用,故假'籍,为'阼'。"荀子儒效"履天下(王说:当是"子")之籍"王念孙读书杂志:"籍者位也,谓履天子之位也;下文言'周

503

公反籍于成王'，是'籍'与'位'同义。强国篇曰'夫桀、纣势籍之所存，天下之宗室也'，'势籍'即'势位'，故韩诗外传作'履天子之位，听天下之政'。" "受"与"授"通。 天子受籍：天子授位。即下句"大伯"之位。

⑲鲍本"大"作"太"。 建章按：大，同"太"。大伯：犹言霸主。

⑳四焉：犹言五种爱好中的四种。 焉：于此。此：指上文"好者五"。

㉑说：同"悦"。

㉒陋：见识浅。

㉓姚校："曾、集本'失'作'夫'。" 于鬯战国策注："说文手部云'扻，有所失也'。是'失'、'扻'同义，自是连语，故墨子天志篇云'国家灭亡，扻失社稷'，'扻失'即'失扻'；又尚贤篇云'失损其国家'，'失损'亦即'失扻'，'扻'、'损'通；又非命篇云'桀、纣、幽、厉之所以共扻其国家'，或谓彼'共'字即'失'字之讹。作'夫'字非。" 建章按：于说是。左昭七年传"奉承以来，弗敢失陨"，左成二年传"损子辱矣"，说文"扻"字下引"陨子"作"扻子"。则"失陨"即"失扻"，广雅释诂二："扻，失也。"说文徐铉注音"于敏切"，读"陨"。

㉔姚校："刘本无'是'字，曾有。" 鲍改"是"为"而"。 建章按：裴学海古书虚字集释卷九："是，犹'而'也。鲍本'是'作'而'是以意改。"

㉕骐骥、騄耳：见第三章注⑩。骥亦作"麟"。

㉖王驷已备矣：可是王已经车马齐备。 驷：四匹马驾一辆车。

㉗于鬯战国策注："东郭俊乃兔名，非狗名，盖'卢氏'连言，古书多有此例。上文言狗、马、酒、色四科，此即应上文，则尚当有酒一科，而省。说苑上文无'好狗'一科，'好酒'作'好味'，于此云'古者有豹象之胎，今无有，王选于众，王好味矣'。" 建章

按：<u>东郭俊</u>，见<u>齐策</u>三第十一章注③。　<u>卢氏之狗</u>：即<u>韩</u>卢，见
<u>秦策</u>三第九章注㉔，<u>齐策</u>三第十一章注②。疑衍"东郭俊"
三字。

㉘<u>毛嫱西施</u>：见本卷第三章注⑬。

㉙亦：<u>裴学海</u><u>古书虚字集释</u>卷三："犹'惟'也。"惟：独。　也：<u>王</u>
<u>引之</u><u>经传释词</u>卷四："犹'耳'也。"

㉚<u>何患无士</u>：何必发愁世上没有士呢？　患：发愁，担心。

㉛縠（hú 胡）：有绉纹的纱。

㉜便嬖：亲近宠爱者。

㉝工者：工匠。

㉞为：<u>裴学海</u><u>古书虚字集释</u>卷二："犹'因'也。"

㉟谢：表示内疚，表示自责。

㊱<u>寡人有罪国家</u>：我对国家有罪。"罪"后省介词"于"。

七　齐王使使者问赵威后章

　　<u>齐王</u>使使者问<u>赵威后</u>①，书未发②，<u>威后</u>问使者曰："岁
亦无恙耶③？民亦无恙耶？王亦无恙耶？"使者不说④，曰：
"臣奉使使<u>威后</u>，今不问王而先问岁与民，岂先贱而后尊贵
者乎？"<u>威后</u>曰："不然，苟无岁，何以有民？苟无民，何以有
君？故有问舍本而问末者耶⑤？"

　　乃进而问之曰⑥："<u>齐</u>有处士曰<u>钟离子</u>⑦，无恙耶？是其
为人也，有粮者亦食⑧，无粮者亦食；有衣者亦衣⑨，无衣者
亦衣。是助王养其民〔者〕也⑩，何以至今不业也⑪？<u>叶阳</u>
<u>子</u>无恙乎⑫？是其为人，哀鳏寡⑬，恤孤独⑭，振困穷⑮，补不
足。是助王息其民者也⑯，何以至今不业也？<u>北宫</u>之女<u>婴</u>

儿子无恙^⑰耶？彻其环瑱^⑱，至老不嫁，以养父母。是皆率民而出于孝情者也^⑲，胡为至今不朝也^⑳？此二士弗业，一女不朝，何以王齐国^㉑、子万民乎^㉒？於陵（子仲）〔仲子〕尚存乎^㉓？是其为人也，上不臣于王，下不治其家，中不索交诸侯^㉔。此率民而出于无用者^㉕，何为至今不杀乎？"

【注释】

①鲍彪编此策于齐王建世，林春溥战国纪年、于鬯战国策年表并载于周赧王五十一年，齐王建元年，赵孝成王二年（前264年）。齐王：齐王建，见齐策二第五章注③。　赵威后：赵惠文王妻。

②书：指齐王致威后的信。　发：打开，拆开。

③左哀十六年传"国人望君如望岁焉"注："岁，年谷也。"则"岁"指"收成"。　亦：王引之经传释词卷三："语助也。"　恙：相传是一种毒虫。上古穴居，常有此虫为患。人相见称平安为"无恙"。此言岁无恙邪，犹言年成可好？　邪：表疑问的语气词。

④说：同"悦"。

⑤姚于"有问"下校："一无'问'字。"　建章按："有"下"问"字疑衍。　故：裴学海古书虚字集释卷五："犹'岂'也。"

⑥乃进而问之曰：于是进一步问使者说。

⑦处士：古代称有才德隐居不做官的人。　钟离：复姓。

⑧食：拿东西给人吃。

⑨衣（yì亦）：穿，拿衣服给人穿。

⑩鲍于"民"下补"者"字。　于鬯战国策注："卢刻'也'上有'者'字。"建章按：下文"是助王息其民者也"，"是皆率民而出于孝情者也"，"也"上皆有"者"字，是。当依鲍及卢刻"也"上补"者"字。

⑪不业:犹言"不安排工作"。

⑫叶阳子:齐国的处士。 叶(shè 涉)阳:复姓。

⑬鳏:无妻者。 寡:死了丈夫的妇人。

⑭礼记月令:"恤孤寡"疏"恤,供给也。" 孤:幼年丧父或父母双
  亡的孩子。 独:年老无子者。

⑮振:救济。

⑯息其民:犹言使老百姓生活下去。 息:史记孔子世家索隐:
  "生也。"

⑰关修龄战国策高注补正:"幼不嫁人,故称婴儿子与?" 于鬯
  战国策注:"婴儿子,女之号。" 建章按:下句言"至老不嫁",
  则于说近是。 北宫:复姓。

⑱彻:除,去。 环:珮环。文选李斯谏逐客书"傅玑之珥",说文:
  "珥,瑱也。"则瑱(tiàn)当为耳饰物。 彻其环瑱:言婴儿子不
  修饰打扮自己。

⑲是皆率民而出于孝情者也:这是教导鼓励大家都行孝道啊。
  率:小尔雅广诂"励,劝也"。 出:荀子儒效:"出三日而五灾
  至。"杨注:"行也。" 孝情:孝心。 上文有"是助王养其民者
  也","是助王息其民者也",下文有"此率民而出于无用者",据
  此疑衍"是"下"皆"字。率作"表率"解亦通,下同。

⑳古时妇人受封而有封号者为"命妇",命妇即可入朝。此言"不
  朝",意即:为什么至今还不封婴儿子为命妇。 胡:何。

㉑王:读第四声,用作动词。犹言统治。

㉒子:用作动词。子万民:犹言为万民的父母。

㉓於(wū 乌)陵:齐邑名,故城在今山东省长山县西南二十里。
  类说引"子仲"作"仲子"。 韩非子外储说左上太田方引此作
  "仲子"。(见陈奇猷韩非子集释引) 于鬯战国策注:"他书多
  言'仲子',此独言'子仲'。"钱穆先秦诸子系年 150 节有"陈仲

考",引此已正作"於陵仲子"。　建章按:荀子不苟杨注:"田仲,齐人,处於陵,不食兄禄,辞富贵,为人灌园,号曰,於陵仲子。"当据改作"仲子"。

㉔"是其"句以下:他这个人,不为国君服务,也不治理家庭,又不结交诸侯。　索:求。

㉕此率民而出于无用者:这是给人做样子,要人们做一个对国家不负责任的人。

八　齐人见田骈章

齐人见田骈曰[①]:"闻先生高议[②],设为不宦[③],而愿为役[④]。"田骈曰:"子何闻之[⑤]?"对曰:"臣闻之邻人之女[⑥]"。田骈曰:"何谓也?"对曰:"臣邻人之女,设为不嫁,行年三十[⑦],而有七子。不嫁则不嫁[⑧],然嫁过毕矣[⑨]。今先生设为不宦,訾养千钟[⑩],徒百人[⑪]。不宦则然矣,而富过毕也[⑫]。"田子辞〔之〕[⑬]。

【注释】

①田骈(pián):战国中期齐国人,属黄老学派。史记田敬仲完世家:"宣王喜文学、游说之士,自如驺衍、淳于髡、田骈、接予、慎到、环渊之徒七十六人皆赐列第为上大夫,不治而议论。是以齐稷下学士复盛,且数百千人。"汉书艺文志"田子二十五篇,名骈,齐人,游稷下,号天口骈。"刘向别录:"稷,齐城门名,谈说之士期会于稷门下者甚众,故曰'稷下'。"又七略:"齐田骈好谈论,故齐人为语曰'天口骈'。"

②吴补:"议,恐是'义'。"　类说引"议"作"谊"。　于鬯战国策

注:"卢刻'议'作'谊'。"　建章按:帛书战国纵横家书第七章、第十二章"义"通"议"。王念孙读书杂志卷三"索隐本异文"条下"贾谊作贾义(贾生传)"。则"议""谊""义"皆通。　高:说文"崇也"。

③"为"通"谓","设谓"犹言称说。　或"设"是语词,见西周策第十一章注⑩。　不宦:不做官。

④"闻先生"三句:听说先生尊崇大义,不愿做官,而愿为人服役。　为役:是说为别人服务。

⑤子何闻之:您是从哪儿知道的?　闻:吕氏春秋审应览重言高注"知也。"

⑥臣闻之邻人之女:我是从邻居之女那儿知道的。　之:王引之经传释词卷九:"犹'于'也。"　闻之:即闻于。

⑦行年三十:已三十岁了。　行:国语晋语四"行年五十矣"韦注"历也。"

⑧则:裴学海古书虚字集释卷八:"犹'虽'也。"

⑨"不嫁"两句:不嫁虽不嫁,可是比起出嫁的女子来有过之无不及。　毕:竟,终。

⑩訾:同"资",犹言奉禄。孟子公孙丑下杨伯峻据左传昭公三年晏婴"齐旧四量:豆、区、釜、钟,四升为豆,各自其四,以登于釜,釜十为钟"的话,说:"区为一斗六升,釜为六斗四升,钟为六石四斗。万钟则为六万四千石。但古代一升仅合今0.1937升,六万四千石不足今日之一万三千石。"那么"千钟"则不足今日之一千三百石。

⑪徒:犹徒属,门弟子。

⑫"不宦"两句:不宦虽不宦,可是其富有比起做官的人来,却有过之而无不及。

⑬鲍注:"辞,谢之也。"　金正炜战国策补释:"吕览士容篇'田骈

听之毕而辞之',此亦当有'之'字,而误脱。" 建章按:据鲍注"辞"下当脱"之"字。此言田骈很感激他。

九 管燕得罪齐王章

管燕得罪齐王①谓其左右曰:"子孰而与我赴诸侯乎②?"左右嘿然莫对。③管燕连然流涕曰④:"悲夫,士何其易得而难用也⑤!"田需对曰⑥:"士三食不得餍⑦,而君鹅鹜有余食⑧;下宫糅罗纨,曳绮縠⑨,而士不得以为缘⑩。且财者君之所轻,死者士之所重,君不肯以所轻与士,而责士以所重事君,非士易得而难用也。"

【注释】

①管燕:不详。

②子孰而与我赴诸侯乎:你们谁能为我到诸侯中去奔走一番。

孰:谁。 而:王引之经传释词卷六:"能,犹'而'也。'能'与'而'古声相近,故义亦相通。" 与:金其源读书管见:"与,犹'为'也。言孰能为我赴诸侯乎?" 建章按:太平御览卷四七五待士览引"而"作"能"。韩诗外传卷七作"诸大夫有能与我赴诸侯者?"说苑尊贤作"士大夫谁能与我赴诸侯者乎?"疑"侯"下脱"者"字。

③嘿:同"默"。

④管燕连然流涕曰:管燕伤心地流着眼泪说。鲍注:"连与'涟'同,泣下也。" 涕:泣。

⑤于邵战国策注:"有急难不得力,故曰'难用'。"

⑥田需:曾为魏相,与公孙衍同时。又作"田繻","陈需"。

510

⑦三食:一日三餐。 餍:饱。

⑧"士三食"两句:士在您那儿,一日三餐还吃不饱,而您养的鹅、鸭饲料却吃不完。 鹜(wù 务):鸭子。

⑨下宫:后宫,此指仆妾。 糅:杂。 罗:稀疏的丝织品。 纨(wán 丸):很细的丝织品。 曳(yè 夜):拖。 绮(qǐ 起):有花纹或图案的丝织品。 縠:见第六章注㉛。糅、曳都可当"穿着"解。

⑩缘:沿条儿。(沿边儿用的绸布条儿。)(沿边儿:把窄条的料子缝在衣物边上。)

十 苏秦自燕之齐章

苏秦自燕之齐①,见于(华章)〔章华〕南门②。齐王曰③:"嘻,子之来也④!秦使魏冉致帝⑤,子以为何如?"对曰:"王之问臣也卒⑥。而患之所从生者微⑦。今不听,是恨秦也⑧;听之,是恨天下也。不如听之以(卒)〔为〕秦⑨,勿庸称也以为天下⑩。秦称之,天下听之,王亦称之,先后之事帝名⑪,为无伤也⑫;秦称之,而天下不听,王因勿称,其于以收天下⑬。此大资也⑭。"

【注释】

①据史记田敬仲完世家此在齐闵王三十六年,依竹书当在闵王十四年,周赧王二十七年。顾观光战国策编年、于鬯战国策年表、唐兰苏秦事迹简表皆系此事于是年。田敬仲完世家"苏秦"作"苏代"。以徐中舒说,苏秦死于前285年(见东周策第五章注③),则此当是苏秦。唐兰简表亦以为是苏秦。 之:至。 苏

秦:见东周策第五章注③。

②鲍本"华章"作"章华"。田敬仲完世家亦作"章华"。程恩泽国
策地名考:"据史记则为东门,据齐都赋注则为北门,据国策文
则为南门,皆非也。顾祖禹曰:'章华齐宫门名,盖宫门之南门
也',以'见'字审之良信。"当据鲍本改作"章华"。

③齐王:闵王,见东周策第十六章注②。

④嘻子之来也:啊,您来得正好。 嘻:惊叹声。

⑤秦使魏冉致帝:秦国派魏冉来,要我称帝。鲍注:"致帝号于
齐。" 建章按:韩非子内储说下说四:"穰侯欲立秦为帝而齐不
听,因请立齐为东帝。"史记秦本纪"昭王十九,王为西帝,齐为
东帝。皆复去之"。

⑥卒:通"猝",突然,突如其来。

⑦而患之所从生者微:不过,凡事祸患往往总是从小处产生的(不
能不慎重考虑)。 微:不显著。

⑧今不听是恨秦也:如果不同意秦国的要求,这将会与秦国发生
矛盾。 今:王引之经传释词卷五:"犹'若'也。" 晏子春秋
内篇杂下:"君欢然与子邑,必不受以恨君,何也?"王念孙读书
杂志:"'恨'乃'很'之借字;很者,违也。'君与之邑,而必不
受',是违君也,故曰'必不受以很君'。说文'很,不听从也'。"
并举此文说"'恨秦'即'违秦',是'很'与'恨'通也。"又荀子
成相"恨后遂过",读书杂志:"'恨'与'很'同,尔雅'很,恨也;
孙炎本作很'。"很,亦有"违"义。 恨:违背,闹矛盾。

⑨鲍改"卒"作"为"注:"'为'犹'善'。" 建章按:下文言"勿庸
称也以为天下",鲍即据此"为"字改。苏秦之意,"秦"与"天
下"两边都不能得罪,所以对秦则听从接受,对天下则不宜称帝
号。实际上皆为"对付"的办法。为者施也,行也,作也,故可理
解为"对付"。姑从鲍。

⑩"不如听"两句:不如答应称帝,以对付秦国;而又不马上公开宣布称帝,以对付诸侯。　庸:通"用"。

⑪事:释名释言语:"傳也。傳,立也;青、徐人言'立'曰傳也。"

⑫"秦称之"句以下:秦国称帝号,诸侯都同意,那么大王也称帝;先立帝号,后立帝号,这也没有什么伤害。　为:王引之经传释词卷二:"犹'则'也。"　伤:害。

⑬姚校:"一本无'其'字。"　鲍注:"衍'其'字。"　建章按:疑"其于"当是"于其"之误倒。　于:杨树达词诠卷九"与'以'同义"。　其:裴学海古代虚字集释卷五:"此也。"则"于其"即"以此"。　以:现代汉语连词"来"。　收:尔雅释言:"聚也。"聚亦"合"也。则"收天下"即联合诸侯。又"收":广雅释诂一"取也。"则"收天下"即取信于诸侯。　田敬仲完世家无"其于"二字。

⑭资:说文"货也"。秦策四第五章高注:"资,财币也。"则"资"有"利"义。史记田敬仲完世家泷川资言考证引冈白驹曰:"资,赆也;以此买天下之心,故曰'大资'。"

十一　苏秦谓齐王章

苏秦谓齐王曰①:"齐、秦立为两帝,王以天下为尊秦乎②?且尊齐乎③?"王曰:"尊秦。""释帝④,则天下爱齐乎⑤,且爱秦乎?"王曰:"爱齐而憎秦。""两帝立,约伐赵,孰与伐宋之利也⑥?"〔王曰:"不如伐宋。"〕⑦(对)曰:"夫(约然)〔然约〕与秦为帝⑧,而天下独尊秦而轻齐;齐释帝,则天下爱齐而憎秦;伐赵不如伐宋之利。故臣愿王明释帝,以就天下⑨;倍约傧秦⑩,勿使争重⑪;而王以其间举宋⑫。夫有宋⑬,则卫之阳城危⑭;有淮北⑮,则楚之东国危⑯;有济西⑰则赵之河东危⑱;有(阴)〔陶〕、平陆⑲,则梁门不启⑳。故释帝而贰之以伐宋之事,则国重而名尊㉑,燕、楚以形服㉒,天下不敢不听,此汤、武之举也㉓。敬秦以为名,而后使天下憎之㉔,此所谓'以卑易尊'者也㉕。愿王之熟虑之也㉖。"

【注释】

①苏秦:见东周策第五章注③。此与第十章同时,则齐王是齐闵王,见东周策第十六章注②。

②为:王引之经传释词卷二:"犹'将'也。"

③且:王引之经传释词卷八:"犹'抑'也。"抑:或。

④释:放弃。

⑤爱:亲。

⑥"两帝立"句以下:齐、秦两国建立了帝号,结盟共同进攻赵国,这与进攻宋国,哪一种办法更有利。

⑦姚校:"刘本有'王曰不如伐宋'。" 于鬯战国策注:"有'王曰不如伐宋'六字者是。" 建章按:无此六字,上下文不衔接,当据刘本补此六字。

⑧此当衍"对"字。因误脱"王曰不如伐宋"一句,误接"孰与伐宋之利也"一问句,故补一"对"字。今补"王曰"一句,则"对曰"即不接。 金正炜战国策补释:"'约然'二字盖误乙也。'夫'指示之辞,礼记大传注'然,如是也'。'约'字当属下为句。"建章按:刘淇助字辨略卷二:"夫然,犹云'夫如是',承上之辞也。"金说是,当改作"然约","约"与下文连续。

⑨愿:希望。 明:公开。 释帝:放弃帝号。 就:仪礼既夕注:"犹'善'也。"善:亲。

⑩倍:通"背"。　偝:通"摈",斥,弃。

⑪"倍约"两句:与秦国解约,放弃秦国,不与秦国争高下。　韩非子外储说右下:"是使民有功与无功互争取也。"于省吾双剑誃诸子新证:"'使'、'用'同义。"　重:尊,贵,威,势。

⑫以其间:乘此时机。　举:灭。　宋:见秦策一第四章注②。

⑬有:占有。

⑭史记田敬仲完世家"阳城"作"阳地"。集解:"阳地,濮阳之地。"正义:"卫此时河南独有濮阳也。"　于鬯战国策注:"阳地为濮阳之地,阳城为濮阳之城与?"　建章按:据正义,则阳城当是濮阳。　卫:见宋卫策。

⑮史记楚世家泷川资言考证:"淮北,今江苏海州及山东沂州地。"

⑯东国:见秦策三第六章注⑧。

⑰济西:与赵国的黄河以东一带的边境相临,即济水以西之地。

⑱河东:漳河以东,即赵之河东地。

⑲张震泽孙膑兵法校理擒庞涓附"平陵考"说:"所谓宋,指宋都商丘;淮北、济西、阴、平陆皆宋地。淮北为宋之南境及东境,济西为宋之北境,阴、平陆为宋之西境。阴,即济阴,与陶为一地。史记田敬仲完世家作陶,战国纵横家书有时作阴,有时作陶,阴、陶互用。汉书地理志济阴郡治定陶,定陶即战国之陶,秦为定陶县。平陆,显为平陵之误,齐国自有平陆,为五都之一,故城在今山东汶上县北,非宋所有也。襄陵与平陵是同一地方,在若干年里,其中有宋地,有卫地,亦有魏地('其鄙尽入梁氏矣'),乃是三国交界之处,其城可能有移动,宜其名称不一也。襄陵所包之地甚大,宋之承匡、卫之襄牛,俱在其境中。此地秦、汉为襄邑,明、清为睢州,历代邑境有伸缩,故城在今河南睢县西一里,以城距计,西去大梁百余里,西驰梁郊不过兼舍一日

之程。”有详考。 “平陆”为“平陵”之误。“陆”“陵”互误,古
书颇有:<u>淮南子 说林</u>“褰衣涉水,至陵而不知下”,<u>王念孙 读书
杂志</u>说:“‘陵’当为‘陆’,字之误也。陆与水相对,作‘陵’则非
其指矣,<u>意林</u>引此正作‘陆’。”<u>楚辞 九叹 忧苦</u>“巡陆夷之曲衍
兮”,<u>王念孙读书杂志余编下</u>说:“‘巡陆夷’及注内‘大阜曰陆’
两‘陆’字皆当作‘陵’,义见<u>尔雅</u>。此因陵、陆字相似,又涉注
内‘陆’字而误。”

⑳则梁门不启:<u>魏国</u>就会闭门防守。 梁门:<u>魏</u>都<u>大梁</u>之东门,即
<u>史记魏公子列传</u>赞所谓“夷门”。 启:开。

㉑<u>史记田敬仲完世家</u>“贰”作“贷”,<u>泷川资言</u>考证:“<u>中井积德</u>曰
‘贷,代也。策作贰,贰犹贷也’。” <u>建章</u>按:<u>左僖</u>十五年传“其
卜贰圉也”注“贰,代也。”<u>国语周语下</u>“事成不贰”注:“贰,变
也。”<u>国语晋语</u>四“子盍早自贰焉”注:“贰犹别也。”皆可通。
“故释帝”两句:所以放弃帝号,改变行动,进攻<u>宋国</u>,那么,<u>齐国</u>
可以举足轻重,而大王之名可显。

㉒燕楚以形服:<u>燕国</u>、<u>楚国</u>都会因为形势的变化而屈服于<u>齐国</u>。
形:势。

㉓此汤武之举也:(<u>齐王</u>如能听从<u>苏秦</u>之谋)则可以象<u>商汤</u>、<u>周武</u>
<u>王</u>一样建立王业。 汤:见<u>秦策一</u>第二章注㉕。 武:<u>周武王</u>,
见<u>秦策一</u>第二章注㉗。 举:<u>吕氏春秋 孟冬纪 异宝 高</u>注:“犹
‘谋’也。”

㉔而后使天下憎之:(<u>齐国</u>放弃帝号)名义上是尊<u>秦</u>,而实际上会
使诸侯厌恶<u>秦</u>国。 名:名义上。

㉕放弃称帝,又尊崇<u>秦</u>称帝,这是“卑”。“天下不敢不听,此<u>汤</u>、<u>武</u>
之举”,是“尊”。 易:换取。

㉖<u>史记田敬仲完世家</u>此句下有“于是<u>齐</u>去帝复为王,<u>秦</u>亦去
帝位。”

战国策注释卷十二

齐 策 五

苏秦说齐闵王章

苏秦说齐闵王曰①:"臣闻用兵而喜先天下者忧②,约结而喜主怨者孤③。夫后起者藉也④,而远怨者时也⑤。是以圣人从事⑥,必藉于权而务兴于时⑦。夫权藉者万物之率也⑧,而时势者百事之长也⑨。故无权藉⑩,倍时势⑪,而能事成者寡矣。今虽干将莫邪,非得人力,则不能割刈矣⑫;坚箭利金⑬,不得弦机之利⑭,则不能远杀矣⑮。矢非不铦⑯,而剑非不利也,何则?权藉不在焉。⑰何以知其然也?昔者,赵氏袭卫⑱,车〔不〕舍,人不休⑲,(傅)〔傅〕卫国⑳,城(割)〔刚〕平㉑,卫八门土,而二门堕矣㉒,此亡国之形也。卫君跣行,告遡于魏㉓。魏王身被甲底剑㉔,挑赵索战㉕。邯郸之中骛㉖,河山之间乱㉗。卫得是藉也㉘,亦收余甲而北面㉙,残刚平㉚,堕中牟之郭㉛。卫非强于赵也,譬之卫矢而魏弦机也，藉力魏而有河东之地㉜。赵氏惧，楚人救赵而伐魏㉝，战于州西㉞，出梁门㉟，军舍林中㊱，马饮于大河㊲。赵得是藉也，亦袭魏之河北㊳，烧棘沟㊴，队黄城㊵。故刚平之残也，中牟之堕也，黄城之坠也，棘沟之烧也，此皆非赵、魏之欲也㊶。然二国劝行之者何也㊷？卫明于时、权之藉也㊸。今世之为国者不然矣㊹：兵弱而好敌强㊺，国罢而好众怨㊻，事败而好鞠之㊼，兵弱而憎下人（也）㊽，地狭而好敌大，事败而好长诈㊾。行此六者而求伯，则远矣㊿。

“臣闻，善为国者，顺民之意，而料兵之能，然后从于天下[51]。故约不为人主怨，伐不为人挫强[52]。如此，则兵不费，权不轻，地可广，欲可成也[53]。昔者，齐之与韩、魏伐秦、楚也[54]，战非甚疾也[55]，分地又非多韩、魏也[56]，然而天下独归咎于齐者何也？以其为韩、魏主怨也[57]。且天下遍用兵矣[58]：齐、燕战，而赵氏兼中山[59]，秦、楚战韩、魏不休[60]，而宋、越专用其兵[61]。此十国者皆以相敌为意，而独举心于齐者何也[62]？约而好主怨，伐而好挫强也[63]。

“且夫强大之祸，常以王人为意也[64]；夫弱小之殃，常以谋人为利也[65]。是以大国危，小国灭也。大国之计，莫若后起而重伐不义[66]。夫后起之藉与多而兵劲[67]，则事以众强适罢寡也[68]，兵必立也[69]。事不塞天下之心[70]，则利必附矣[71]。大国行此，则名号不攘而至，伯、王不为而立矣[72]。小国之情，莫如仅静而寡信诸侯[73]。仅静，则四邻不反[74]；寡信诸侯，则天下不卖。外不卖，内不反[75]，则摈祸；〔稸积〕朽腐而不用[76]，币帛矫蠹而不服矣[77]。小国道此[78]，则不祠而福矣[79]，不贷而见足矣㉘。故曰：‘祖仁者王，立义者伯㉛，用兵穷者亡㉜。’何以知其然也？昔吴王夫差以强大为天下先㉝，（强）袭郢而栖越㉞，身从诸侯之君㉟，而卒身死国亡㊱，为天下戮者何也㊲？此夫差平居而谋王㊳，强大而喜先天下之祸也。昔者，莱、莒好谋㊴，陈、蔡好诈㊵，莒恃（越）〔晋〕而灭，蔡恃（晋）〔越〕而亡㊶。此皆内长诈㊷，外信诸侯之殃也。由此观之，则强、弱、大、小之祸可见于前事矣。

"语曰：‘麒骥之衰也，驽马先之㊸；孟贲之倦也㊹，女子胜之。’夫驽马、女子，筋（骨力）〔力骨〕劲，非贤于骐骥、孟贲也㊺。何则？后起之藉也㊻。今天下之相与也㊼，不并灭㊽，有而案兵而后起㊾，寄怨而诛不直㊿，微用兵而寄于义⑩，则王天下可跱足而须也⑩。明于诸侯之故⑩，察于地形之理者⑩，不约亲⑩、不相质而固⑩，不趋而疾⑩，众事而不反⑩，交割而不相憎⑩，俱强而加以亲⑩。何则⑪？形同忧而兵趋利也⑫。何以知其然也？昔者，齐、燕战于桓之曲⑬，燕不胜，十万之众尽。胡人袭燕楼烦数县⑭，取其牛马。夫胡之与齐，非素亲也，而用兵又非约质而谋燕也⑮，然而甚于相趋者何也⑯？（何则）⑰形同忧而兵趋利也⑱。由此观之，约于同形则利长⑲，后起则诸侯可趋役也⑳。

"故明主察相诚欲以伯、王也为志，则战攻非所先㉑。战者，国之残也㉒，而都、县之费也㉓。残费已先，而能从诸侯者寡矣㉔。彼战者之为残也㉕，士闻战则输私财而富军市㉖，输饮食而待死士㉗，令折辕而炊之㉘，杀牛而觞士㉙，则是路君之道也㉚。中人祷祝㉛，君翳酿㉜，通都、小县、置社、有市之邑^⑬，莫不止事而奉王^⑭，则此虚中之计也^⑮。夫战之明日，尸死扶伤^⑯，虽若有功也，军出费^⑰，中哭泣^⑱，则伤主心矣^⑲。死者破家而葬，夷伤者空财而共药^⑩，完者内酺而华乐^⑪，故其费与死伤者钧^⑫。故民之所费也，十年之田而不偿也^⑬。军之所出，矛戟折^⑭，镮弦绝^⑮，伤弩，破车，罢马，亡矢之大半^⑯。甲兵之具^⑰，官之所私出也，士大夫之所匿^⑱，厮养士之所窃^⑲，十年之田而不偿也。天下有此再费者^⑲，而能从诸侯〔者〕寡矣^⑮。攻城之费：百姓理襜蔽^⑫，举冲橹^⑬，家杂总^⑭，（身）〔穿〕窟穴^⑮中罢于刀金^⑯，而士困于土功^⑰，将不释甲^⑱，期数而能拔城者为亟耳^⑲。上倦于教^⑩，士断于兵^⑪，故三下城而能胜敌者寡矣^⑫。故曰：'彼战攻者，非所先也。'何以知其然也？昔智伯瑶攻范、中行氏^⑬，杀其君，灭其国^⑭，又西围晋阳^⑮，吞兼二国^⑯，而忧一主^⑰，此用兵之盛也。然而智伯卒身死国亡为天下笑者，何谓也^⑱？兵先战攻而灭二子〔之〕患也^⑲。（日）〔昔〕者，中山悉起而迎燕、赵^⑩，南战于长子^⑪，败赵氏；北战于中山^⑫，克燕军，杀其将。夫中山千乘之国也^⑬，而敌万乘之国二，再战（北）〔比〕胜^⑭，此用兵之上节也^⑮。然而国遂亡^⑯，君臣于齐者，何也^⑰？不（啬）〔图〕于战攻之患也^⑱。由此观之，则战攻之败^⑲，可见于前事。

"今世之所谓善用兵者，终战比胜^⑩，而守不可拔，天下称为善，一国得而保之^⑪，则非国之利也。臣闻战大胜者，其士多死而兵益弱^⑫；守而不可拔者，其百姓罢而城郭露^⑬。夫士死于外，民残于内^⑭，而城郭露于境，则非王之乐也。

今夫鹄的非咎罪于人也⑱，便弓引弩而射之⑲，中者则(善)〔喜〕⑰，不中则愧，少、长、贵、贱则同心于贯之者，何也⑱？恶其示人以难也⑲。今穷战比胜，而守必不拔，则是非徒示人以难也，又且害人者也⑲，然则天下仇之必矣⑳。夫罢士露国，而多与天下为仇，则明君不居也⑫；素用强兵而弱之⑲，则察相不事⑲。彼明君察相者，则五兵不动而诸侯从⑮，辞让而重赂至矣⑯。故明君之攻战也⑰，甲兵不出(于军)而敌国胜⑱，冲橹不施而边城降⑲，士民不知而王业至矣⑳。彼明君之从事也⑳，用财少，旷日远而为利长者⑳。故曰：'兵后起则诸侯可趋役也'⑳。

"臣之所闻，攻战之道，非师者，虽有百万之军，(比)〔北〕之堂上⑳；虽有<u>阖闾</u>、<u>吴起</u>之将，禽之户内⑳：千丈之城，拔之尊俎之间⑳；百尺之冲，折之衽席之上⑳。故钟、鼓、竽、瑟之音不绝⑳，地可广而欲可成⑳；和乐、倡优、侏儒之笑不(之)〔乏〕⑳，诸侯可同日而致也⑳。故名配天地不为尊⑫，利制海内不为厚⑬。故夫善为王业者，在劳天下而自佚⑭，乱天下而自安。(诸侯无成谋，则其国无宿忧也，何以知其然)⑮佚治在我，劳乱在天下，则王之道也。锐兵来则拒之，患至则(趋)〔移〕之⑯，使诸侯无成谋⑰，则其国无宿忧矣⑱。何以知其然矣⑲？昔者，<u>魏王</u>拥土千里⑳，带甲三十六万⑳，其强而拔<u>邯郸</u>⑳，西围<u>定阳</u>⑳，又从十二诸侯朝天子⑳，以西谋<u>秦</u>⑳。<u>秦王</u>恐之⑳，寝不安席⑳，食不甘味⑳。令于境内⑳，尽墣中为战具⑳，竟为守备⑳，为死士⑳，置将，以待<u>魏氏</u>⑳。<u>卫鞅</u>谋于<u>秦王</u>曰⑳：'夫<u>魏氏</u>其功大，而令行于天下，有〔从〕十二诸侯而朝天子㉔,其与必众㉕,故以一秦而敌大魏,恐不如。王何不使臣见魏王,则臣请必北魏矣㉖。'秦王许诺。卫鞅见魏王曰:'大王之功大矣,令行于天下矣。今大王之所从十二诸侯,非宋、卫也㉗,则邹、鲁、陈、蔡㉘,此固大王之所以鞭箠使也㉙,不足以王天下㉚。大王不若北取燕㉛,东伐齐,则赵必从矣;西取秦,南伐楚,则韩必从矣。大王有伐齐、楚〔之〕心㉜,而从天下之志㉝,则王业见矣㉞。大王不如先行王服㉟,然后图齐、楚㊱。'魏王说于卫鞅之言也㊲,故身广公宫㊳,制丹衣㊴,(柱)建九斿〔之旌〕㊵,从七星之旗㊶。此天子之位也,而魏王处之。于是齐、楚怒,诸侯奔齐,齐人伐魏,杀其太子㊷,覆其十万之军。魏王大恐,跣行按兵于国㊸,而东次于齐㊹,然后天下乃舍之㊺。当是时,秦王垂拱受西河之外㊻,而不以德魏王㊼。故曰卫鞅之始与秦王计也,谋约不下席,言于尊俎之间,谋成于堂上,而魏将以禽于齐矣㊽;冲橹未施㊾,而西河之外入于秦矣。此臣之所谓(比)〔北〕之堂上㊿,禽将户内:拔城于尊俎之间,折冲席上者也。"

【注释】

①姚校:"一本无'苏秦,二字。" 鲍改"秦"作"子。" 吴正:"无'苏秦'二字者是。" 徐中舒说:"有一种写本就涂去'苏秦'之名。"(见 1964 年第一期历史研究徐中舒论战国策的编写及有关苏秦诸问题) 顾观光战国策编年系此策于赧王二十七年,于鬯战国策注取顾说。赧王二十七年当齐闵王十四年(前 288 年)。 建章按:长短经引此有"苏秦"二字。此时苏秦正为燕

行反间于<u>齐</u>,故劝<u>齐闵王</u>勿先出兵,目的在使<u>燕</u>免遭<u>齐</u>兵,同时此时正组织五国攻<u>秦</u>。此是当时<u>苏秦</u>给<u>闵王</u>的一封信。时间当不晚于前 288 年。　　苏秦:见<u>东周策</u>第五章注③。　　齐闵王:见<u>东周策</u>第十六注②。

②"臣闻"句:我听说,用兵作战,喜欢首先发难的,就会招来忧患。

③"约结"句:组织联盟,喜欢招来怨恨的,就会使自己孤立。　　约结:与别国结盟。　　主怨:众怨所归。

④夫后起者藉也:观其变而后行动。即"后发制人"之义。　　藉:通"借"。下句言"必藉于权",权者变也,则"藉于权"即观其变。

⑤远怨者时也:顺应时机,则可远避仇怨。

⑥圣人:见<u>齐策</u>三第十章注③。　　从事:做事,处理问题。

⑦必藉于权而务兴于时:必定是借助于权变,必定是根据时机行动。　　藉:借助。　　权:权变。　　务:必须。　　兴:行动。

⑧夫权藉者万物之率也:根据具体变化而行动,这是处理万事应该尊守的原则。　　权藉:即上文"藉于权"之义。　　率:首要。

⑨而时势者百事之长也:而顺应时机,这也是处理万事应该遵守的法则。　　长(zhǎng 掌):同"率"义。

⑩无权藉:不借助变化去行动。　　无:犹不考虑。

⑪倍时势:违背时机去行动。　　倍:通"背",违背。

⑫"今虽"三句:虽然有干将、莫邪这样有名的宝剑,如果没人去使用它,也不会斩、刺敌人。　　干将、莫邪:宝剑名。<u>吴越春秋阖间内传</u>载二剑产生的由来甚详,然荒诞不经,故不录。　　割:斩断。　　剌(guì 桂):刺伤。

⑬箭:箭杆。　　金:箭头。

⑭弦:弓弦。　　机:机弩,弩弓。(一种利用机械力射箭的弓,故称"机""弩")　　利:便。

⑮远杀:在远处杀伤,射远而杀人。

⑯铦(xiān 先):锋利。

⑰权藉不在焉:这是因为无所凭借的原因。　权藉:见注⑧。

⑱史记赵世家:"敬侯四年,筑刚平以侵卫。"当周安王十九年(前383年)。

⑲车不舍人不休:战车不停止,战士不休息。　金正炜战国策补释:"'车舍'当为'车不舍',此四句并以三言为对文也。汉书王吉传注:'舍,止息。'"于鬯战国策注同金说。　建章按:鲍以"车舍人"为"主车者","不休"连下读,难通。当从金、于说"车"下补"不"字。

⑳鲍本"傅"作"传"。王念孙读书杂志:"'传当为'傅',字之误也。'傅卫国'者,傅,附也,言兵附于国都。"于鬯战国策注:"林春溥开卷偶得云'傅卫国,如左传之云:傅于许也。'卢刻及鲍本'傅'并误'传',赖黄刻存'傅',然缺点作'傅',几与'传'溷。"建章按:林引左传为隐公十一年,注"傅于许城下"。此即傅于卫都下。小尔雅广诂:"傅,近也。"此言逼近卫都。

㉑王念孙读书杂志:"'割'当为'刚',字之误也。'城刚平'者,刚平,邑名,城此邑以逼卫,若晋人城虎牢以逼郑也。"于鬯战国策注引林春溥开卷偶得说同。　建章按:当从王、林说,改"割"为"刚"。　平:见秦策四第十章注⑦。

㉒"卫八门"两句:是说赵攻卫都,卫都有十门,八门被赵以土堵塞,而二门被毁坏。赵堵其门者,使卫人不得逃窜。　墨子备梯篇"争土吾城",于鬯香草续校书:"土之言杜也。周礼大司马职言'犯令陵政则杜之'是古攻城有杜之之法。策言卫门,亦未必不谓赵攻卫,非谓卫自守。"建章按:杜:堵。堕:毁,隳。吕氏春秋慎大览顺说"隳人之城郭"高注:"隳,坏。"

㉓淮南子修务训:"于是乃赢粮跣走",注"跣走,不及着履也。"跣(xiǎn 显)行:即跣走。此言卫君当时慌急之状,不及穿鞋。

卫君:慎公,怀公之子,名颓,前414年—前373年在位。　遡:
通"愬",即"诉"。

㉔魏王:武侯,文侯之子,名击,魏国第二君,前396年—前371年
在位。此时未称王,乃辩士夸张之辞。　甲:铠甲,武装。
底:通"砥",磨。

㉕挑赵索战:魏国向赵国挑战。　挑:挑动。　索:求。

㉖邯郸之中骛:赵都邯郸一片混乱。　骛(wù务):混乱,乱跑。

㉗金正炜战国策补释:"'河山'或为'河关',声近而误。张仪为
秦连横说齐章(按:齐策一第十七章)'悉赵涉河关',河关在赵
之东,故下文云卫'藉力魏而有河东之地'"。金引齐策一之
"河关"当有误,见彼注㉚。然言此"或为'河关'之误",可
参考。

㉘卫得是藉也:卫得魏之助。　"魏之助"即所谓"藉"(借助、凭
借)。

㉙甲:兵。　北面:北向。

㉚史记赵世家:"敬侯五年,齐、魏为卫攻赵,取我刚平。"赵敬侯五
年,前382年。　残:毁。此言夺取。

㉛堕:毁。　中牟:在今河南省汤阴县西。　郭:外城。

㉜姚校:"曾'力'下有'于'字"。建章按:疑脱'于'字。河东:漳
河以东的赵地,与齐接界。

㉝赵世家:"敬侯六年,借兵于楚,伐魏取棘蒲。"即周安王二十一
年(前381年)。

㉞州:今河南省沁阳市东。　州西:州城之西。

㉟梁门:不当是大梁门(所谓"夷门"),此不详所指。

㊱林中:今河南省新郑市东有故林城,亦称林中,又称林乡。

㊲大河:黄河。

㊳河北:赵境黄河以北之地,为魏所侵者(此据张琦国策释地)。

㊴棘沟:鲍本据赵世家改"沟"作"蒲"。　建章按:"溝"与"蒲"形
　近,或"沟"为"蒲"之误。今河北省赵县为古棘蒲,魏邑。(此
　据赵世家泷川资言考证)

㊵队:同"坠",堕也。　黄城:今河南省汤阴县东内黄即其故地。
　(据程恩泽国策地名考及于鬯战国策注)

㊶"故刚平之残也"六句:"刚平之残""中牟之堕",非赵之意也;
　"黄城之坠""棘沟之烧",非魏之意也。

㊷劝:小尔雅广诂:"力也。"

㊸自"刚平之残也"至此句,意思说明如下:刚平、中牟属赵,"刚平
　之残也","中牟之堕也",这不是赵国的本意;黄城、棘沟属魏,
　"黄城之坠也""棘沟之烧也",这也不是魏国的本意;他们都没
　有想到会得到这样的后果。可是为什么他们当初那样卖劲地
　干,而最后却又得到如此的后果呢?这是因为卫、赵很善于利
　用时机和权变的缘故。卫国借助于魏国之力,所以"残刚平"
　"堕中牟";赵借助于楚之力,所以"烧棘沟""队黄城"。这里只
　提出"卫",而未提出"赵",这是"以一代全"的写法。　卫明于
　时权之藉也:这是因为卫国和赵国很善于利用时机和权变的
　缘故。

㊹今世之为国者不然矣:当今的国君却不是如此。　为国者:治
　理国家的人。

㊺敌强:以强国为敌。

㊻国罢而好众怨:自己疲弱,却偏要招来众怨。　罢:通"疲",弱。
　众:犹"聚"。　众怨:犹言聚怨于己。

㊼事败而好鞠之:事情失败了,却偏要蛮干到底。　金正炜战国
　策补释:"'之'与'志'同,说文无'志'字,古或借'之'为'志',
　如墨子'天志'作'天之'是也。尔雅释言'鞠,穷也',注:'鞠,
　穷尽也。'"　建章按:金说是。墨子天志中王念孙读书杂志:

"古'志'字通作'之'。"然今本说文心部有"志"字,解"意也"。段玉裁注:"此篆小徐本无,大徐以'意'下曰'志也'补此。"又说:"许心部无'志'者,盖以其即古文'识',而'识'下失载也。" 鞠之:尽志,犹"干到底"。

㊽兵弱而憎下人:自己兵弱却怕为人下。 姚校:"曾本无'也'字。"鲍注:"衍'也'字。" 建章按:六句句式同,当据曾本删"也"字。 憎:方言七"惮也"。 憎下人:怕为人下。

㊾长:吕氏春秋先识览观世高注:"多也。"

㊿行此六者而求伯则远矣:如果照这样六点干下去,而想建立霸业,那就相差太远了。 伯:通"霸"。

(51)"善为"四句:善于治理国家的,要根据人民的意愿去办事,要善于估计军事力量的强弱,自己不首先发难。 为国:治国。 能:吕氏春秋仲冬纪长见高注:"力也。" 从于天下:不首先出兵,即"不为天下先"。从:随。

(52)"故约"两句:所以,结约,不招怨;出兵,不为别人去抵抗强敌(损害自己的实力)。 挫:损,毁,败。 强:强敌。

(53)"如此"句以下:这样,自己的兵力不会消耗,自己的权力不会削弱,自己的土地可以开拓,自己的愿望可以实现。

(54)史记楚世家:"怀王二十六年,齐、韩、魏为楚负其从亲而合于秦,三国共伐楚。楚使太子入质于秦,而请救,秦乃遣客卿通将兵救楚,三国引兵去。"当周赧王十二年(前303年)。

(55)疾:吕氏春秋孟夏纪尊师高注:"力也。"

(56)分地又非多韩魏也:齐之分地又非多于韩、魏也。

(57)以其为韩魏主怨也:齐国为韩、魏把诸侯怨恨都集中在自己身上。

(58)且天下遍用兵矣:而且诸侯各国普遍互相攻伐。

(59)徐中舒说:"齐、燕权之战当即发生于赵灭中山之时,即公元前

295 年。”（见历史研究 1964 年第一期徐文） 建章按：史记田敬仲完世家：“湣王二十九年，齐佐赵灭中山。”依竹书当闵王七年，前 295 年。 兼：兼并，指灭掉。

(60)前 301 年（周赧王十四年）秦与齐、韩、魏攻楚，史记六国年表、秦本纪、韩、魏、楚世家皆同。此句是说：秦、楚交战，韩、魏从秦亦参战。

(61)关修龄战国策高注补正：“疑‘越’当作‘卫’”。 建章按：据中国历史年代简表前 355 年（周显王十四年，楚宣王十五年）楚灭越。则此“越”字或有误。然史记越王勾践世家泷川资言引黄以周说：“楚之败越杀王无强，当在周赧王八年（前 307），为楚之怀王之二十二年；越之会稽至楚顷襄王时犹未失也，其失会稽在秦并之后。”陈梦家六国纪年：“周赧王四年为楚怀王之十八年，越犹为王，则楚威王灭越之说不可据。”不知简表何所据。 专用其兵：专意攻战。

(62)“此十国者”句以下：这十国专意互相攻战，可诸侯却集怨于齐国，这是为什么？ 举：吕氏春秋孝行览遇合高注：“用也。”举心：用心，注意。

(63)“约而好主怨”两句：这是因为结约却喜欢招来怨恨，使自己孤立；出兵又喜欢为别人去抵抗强敌，使自己损耗实力。参看注(52)。

(64)“且夫”两句：国家强大了，而招来祸患，这是因为总是好居人上。且夫：即“夫”。 王人为意：犹言好为人上。

(65)“夫弱小”两句：国家弱小，而招来灾殃，这是因为总是想占别国的利益。 姚校：“一无‘夫’字。” 建章按：有“夫”字赘，因前句衍“夫”字。

(66)“大国之计”两句：从大国考虑，不如后发制人，让不义之国充分暴露。 重伐：犹“严惩”。此犹言充分暴露。

⑥⑦夫后起之藉与多而兵劲:后发制人,盟国多而兵强,这是很好的凭借。 与:盟国。 藉:凭借。 劲:强。

⑥⑧姚校:"'事',刘本作'是'字。"鲍改"事"作"是",改"適"作"敵"。 建章按:裴学海古书虚字集释卷九:"事,犹'是'也。""適""敵"古通。不必改字。

⑥⑨"则事以"两句:因此,集合众强以对付弱小,战争必然获胜。 吴补:"疑有缺字。" 金正炜战国策补释:"'兵'疑当作'名',秦策'功成名立利附,则天下莫能害'。燕策'故功可成而名可立也'。'兵'、'名'音近,又涉上文'兵劲'而误。" 金其源读书管见:"并非缺字,后汉书周章传'孔子称可与立,未可与权'注:'立,谓立功立事也。'" 建章按:孙子计篇"兵者,国之大事",又"兵者,诡道也",此"兵"皆指"战争""作战"。广雅释诂三:"立,成也。"即成功、获胜之义。

⑦⓪事:同上,与"是"通。 吕氏春秋季春纪论人:"远方来宾,不可塞也。"高注"塞,遏也"。尔雅释诂下郭注:"今以'逆相止'为遏。"则"不塞天下之心"即不违背诸侯之意。前文言"后起而重伐不义",则可"不塞天下之心"。

⑦①则利必附矣:利益就随之而来。 附:随,从,属。

⑦②"大国"三句:大国如果这样做了,那么威名、尊号不争而自来,王、霸之业不为而自成。 攘:汉书严助传颜注:"相侵夺也。" 伯、王:见东周策第十五章注②。 不为:不去有意识地争取。 立:成。

⑦③仅静:谨慎。墨子尚贤上"谨上为凿一门",孙诒让间诂:"谨与仅通。"说文:"静,审也。" 寡信:不轻信;指不轻信盟约。

⑦④反:背,叛。

⑦⑤外不卖内不反:诸侯不出卖,邻国不背叛。 外:说文:"远也。"指诸侯。则内,指近,即"邻国"。

㊶稽积朽腐而不用:粮食蓄积用不完,以致腐烂。　鲍改"摈祸"为"稽积"。　吴补:"改'稽积'亦当是'积稽'。"　金正炜战国策补释:"鲍改非也。此以'外不卖内不反则摈祸'为句。'朽腐'上有脱文,韩非外储说'管仲蓄积有腐弃之财'。鲍补'稽积'于此句上则得矣。"　建章按:"摈祸"是"外不卖、内不反"的结果。有了"摈祸"(即安定无祸)这样的条件,才能进一步有下面两种结果。因此"摈祸"不当改作"稽积"。金说"补'稽积'则得矣。"当可从。

㊷币帛矫蠹而不服:币帛用不尽,以致朽蠹。　金正炜战国策补释:"'矫'疑'槁'之讹。荀子礼论篇杨注'槁,骨贝也',古者以贝为币,故得言'槁'。庄子列御寇篇'槁项黄馘者'释文'槁本作矫',可为此证。说文'服,用也'。"　建章按:疑"矫"当为"朽"。左襄三十一年传:"其暴露之,则恐燥湿之不时而朽蠹。"晏子春秋问上第七:"府藏朽蠹,而礼悖于诸侯",第十七:"上无朽蠹之藏,下无冻馁之民。"总之,"矫"字必误。

㊸鲍注:"道,犹行。"

㊹古时向神求福叫"祷",得福向神报答叫"祠"。这里是说,如能按上述办法去做,不去求福,也可以得福。

㊺广雅释诂二:"贷,借也。"　金正炜战国策补释:"'见'即'足'字误衍。"　于鬯战国策注:"马骕绎史乐毅卷引此'见'作'财'不知据何本。"　建章按:"见"疑当为"尋"字之误,"尋"即"得",见齐策三第十一章注⑥。礼记礼器"羔豚而祭,百官皆足",注:"足,犹得也。"此或"足"旁注为"尋",又误作"见",又误入正文者。"见足",无义,且与前句失对。"见"字可删。

㊻"祖仁"两句:根据仁的原则治国,就可以王天下;根据义的原则治国,就可以霸天下。　祖:广雅释诂一:"法也。"又释诂三:"本也。"　王、伯:见东周策第十五章注②。

㉒用兵穷者亡：穷兵黩武者必然导致灭亡。　穷：<u>广雅</u>释诂一："极也。"

㉓夫差：见<u>秦策</u>三第十八章注㉟。

㉔<u>姚</u>校："<u>曾</u>本无'强'字。"　<u>鲍</u>注："衍'强'字。"　<u>于鬯战国策</u>注："<u>夫差</u>之世，唯一伐<u>楚</u>，在<u>周元王元年</u>，见<u>六国</u>表及<u>楚世家</u>，当非此所指。此盖即指<u>春秋定</u>四年<u>吴</u>攻<u>楚</u>战<u>柏举</u>，<u>吴</u>入<u>郢</u>事，在<u>周敬王</u>十四年，乃<u>吴王阖庐</u>，非<u>夫差</u>也。栖<u>越</u>在<u>周敬王</u>二十六年。"　<u>建章</u>按：<u>楚世家泷川</u>资言考证引<u>梁玉绳</u>说："<u>左传哀</u>十九年止有<u>越</u>侵<u>楚</u>，此以为<u>吴</u>事，与年表并误。""强"字无义，当据<u>曾</u>本删"强"字。

㉕<u>裴学海古书虚字集释</u>卷七："'而'犹'又'也。"条下引此说："'从'与'率'同义。"

㉖卒身死国亡：见<u>秦策</u>四第九章注㊵、㊸。又见<u>秦策</u>五第一章"<u>吴王夫差</u>栖<u>越</u>于<u>会稽</u>，胜<u>齐</u>于<u>艾陵</u>，为<u>黄池</u>之遇，无礼于<u>宋</u>，遂与<u>勾践禽</u>，死于<u>干隧</u>"。

㉗戮：<u>广雅</u>释诂三"辱也"。

㉘此：<u>裴学海古书虚字集释</u>卷八："犹'以'也。"　以：因。

㉙<u>莱</u>：<u>周</u>时国名，今<u>山东省龙口市</u>东南有<u>莱子城</u>，即古<u>莱</u>国。<u>春秋襄公</u>六年（前567年）<u>左传</u>"<u>齐侯</u>灭<u>莱</u>，<u>莱</u>恃谋也。"　<u>莒</u>：见<u>西周策</u>第十四章注④。

㉚<u>陈</u>：见<u>西周策</u>第十四章注⑤。　<u>蔡</u>：见<u>西周策</u>第十四章注③。

㉛<u>金正炜战国策补释</u>："<u>左宣</u>十三年传：'<u>齐</u>师伐<u>莒</u>，<u>莒</u>恃<u>晋</u>而不事<u>齐</u>故也。'<u>墨子</u>非攻中篇：'东方有<u>莒</u>之国者，其为国甚小，间于大国之间，不敬事于大，大国亦弗之从，而爱利，是以东者<u>越</u>人夹削其地，西者<u>齐</u>人兼而有之。'<u>莒</u>盖恃<u>晋</u>而非恃<u>越</u>明矣。稽古录：'<u>周敬王</u>二十六年，<u>楚</u>子围<u>蔡</u>，<u>蔡</u>人听命，师还<u>蔡</u>迁于<u>吴</u>。'<u>竹书纪年楚</u>灭<u>蔡</u>当<u>晋公</u>五年，于时<u>吴</u>已灭，而<u>越</u>方强，<u>晋</u>久衰弱。

则蔡亦恃越，而非恃晋也。此本作‘莒恃晋而灭，蔡恃越而亡’，传写误淆耳。” 建章按：晋出公二十二年（前453年）韩、赵、魏共灭智伯，次年出公逃之楚，国内混乱，虽数易其主，而名存实亡，蔡何以“恃晋。”金说可从。当依金说改。

(92)长：多。见注㊾。

(93)麒骥：千里马。麒：同“骐”。 驽马：劣马，最下等的马。

(94)孟贲：相传为古代勇士。

(95)鲍本“筋骨力劲”作“筋力骨劲”。 建章按：荀子非相：“桀纣筋力越劲，百人之敌也。”淮南子原道训：“筋力劲强，耳目聪明。”则“骨力”当是“力骨”之误倒。 贤：胜。

(96)后起之藉：麒骥衰竭之后，驽马可以胜过它；孟贲疲倦之后，女子可以胜过他。即所谓“后起之藉。”

(97)与：敌，见秦策一第五章注㉛。

(98)“今天下”两句：现在诸侯相攻，不会同归于尽，总会有一个存在世上的。 并：广雅释诂四：“同也。”

(99)有而案兵而后起：如能止兵而后发制人。 有：裴学海古书虚字集释卷二：“犹‘如’也。” 而：能。 案：止。

(100)寄怨而诛不直：假手于人，以诛不正，而自己不主其事。 寄怨：即寄怨于别人，而达到不主怨的目的。 诛不直：即所谓“重伐不义”。 直：广雅释诂一：“正也。”

(101)微用兵而寄于义：隐藏用兵之真情，而托正义以为名。 微：说文：“隐行也。”使行为隐蔽。

(102)“则王天下”句：则征服天下，举足可待也。 王天下：称王于天下；统治天下。 蹋：文选郭璞江赋李注引声类曰：“偏一足曰蹋。” 须：待。 王念孙读书杂志：“‘蹋’同‘蹻’，‘蹻足’举足也。”蹻，同“跷”。

(103)明于诸侯之故：了解熟悉诸侯之事。 故：广雅释诂三：“事也。”

⑭察:仔细了解。易系辞上传:"仰以观于天文,俯以察于地理。"疏:"地有山、川、原、隰,各有条理,故称理也。"则地形之理:即地理形势。

⑮约亲:结盟。

⑯相质:交换质子。 质:见秦策二第十五章注④。 固:关系牢不可破。

⑰不趋而疾:不督促也会勇敢有力。 荀子王制:"劝教化,趋孝弟"杨注"趋,读为'促'"。吕氏春秋孟夏纪尊师:"凡学必务进业,心则无营,疾讽诵。"高注:"疾,力"。

⑱众事而不反:相共事,不反覆无常。 众事:共事。 不反:不背,即不反覆。

⑲交割而不相憎:都遭到伤害,也不互相怨恨。 鲍注"交,言彼此割地"。 金正炜战国策补释:"'交割'当为'交劲','劲'误为'刭',复误为'割'。楚策'赵恃楚劲,必与魏战','交劲'谓互为声援也。" 建章按:交:俱,都。 容庚金文编"害""割"同字。书尧典"汤汤洪水方割",传:"割,害也。"释名释天:"害,割也。" 憎:怨恨。

⑩俱强而加以亲:均国强兵盛,却能友爱相处。 加:犹"更"。

⑪何则:即"何哉"。为什么缘故呢?

⑫形同忧而兵趋利:因为形势上共遭忧患,而用兵利害一致的缘故。 形:形势。 兵:用兵。

⑬徐中舒以为"齐、燕战于桓之曲",即"齐、燕权之战",说:"权与桓古音同在元部,故得相通。桓曲有盘桓回曲之意,疑即古之曲逆,地在今河北完县西北。"又:"齐、燕权之战当即发生于前295年。"(见论战国策的编写及有关苏秦诸问题,历史研究1964年第一期)

⑭胡人:即匈奴。 吴卓信汉书地理志补注:"一统志,汉楼烦县

在今宁武府界,雁门关北。" 建章按:今山西省北有宁武县。

⑪约质:约信,结盟。 谋燕:此言攻燕。

⑪"夫胡"句以下是说:胡人和齐国平时并不相亲,事先又没有订立盟约,然而共同进攻燕国如此一致,这是为什么? 甚于相趋:甚为相向;意即胡、齐行动甚为一致。 于:王引之经传释词卷一:"犹'为'也。"趋:向。

⑪鲍删"则"上"何"字。 于鬯战国策注:"'何也''何则'当是两本之异,校文误入重复耳。" 建章按:"何也""何则"义同,于说当是。前文有"然二国劝行之者何也","天下独归咎于齐者何也","而独举心于齐者何也",此当删"何则"二字。

⑪见注⑫。

⑪"由此观之"两句:由此看来,形势相同的国家结约,利益就长远。于:为(见注⑪)。

⑫后起则诸侯可趋役:后用兵,诸侯可归附于我,为我所役使。趋:史记商君列传索隐:"附也。" 役:役使。

⑫"故明主"两句:所以贤能英明的国君,有远见卓识的宰相,真正想以完成霸、王之业为志,那么就不应该把战争放在第一位。姚校:"刘本作去'也'字。"鲍注:"衍'也'字。" 建章按:此"也"字似衍。 诚:实,真。 欲:想要,打算。 志:意。

⑫残:害,患,祸害。

⑫"战者"两句:战争是国家的祸害,(发动战争)要消耗大量的费用。 鲍注:"隐元年注:'邑有宗庙之主曰都。'周制二千五百家为县。" 建章按:孟子公孙丑下杨伯峻引阎若璩四书释地续云:"都与邑虽有大小,君所居、民所聚,有宗庙及无之别,其实古多通称。如'商邑翼翼,四方之极','即伐于崇,作邑于丰',此'都'称'邑'之明征也。'赵良曰,君何不归十五都?''孟子曰,王之为都者',此'邑'称'都'之明征也。"

⑫④“残费”两句：已经遭受祸害，先已消耗费用，而能率领诸侯的，那就实在太少了。　从：率领。

⑫⑤彼战者之为残也：战争的祸害显而易见。　彼：夫，发语词。

⑫⑥士闻战则输私财而富军市：人们听说要进行战争，就把私财捐献军队，来充实军人市场。　商君书垦令：“令军市无有女子……使军市无得私输粮者。”高亨注：“军市，军队专有的市场。”

⑫⑦输：运送。　待：周礼大府注：“犹‘给’也。”　死士：奋不顾身，勇敢杀敌的战士。

⑫⑧令折辕而炊之：拆下旧辕当柴烧。

⑫⑨觞：古代盛酒器。此处用作动词。　觞士：设酒宴款待战士。

⑬⑩则是路君之道也：这都是残害民众的作法。　路：与露、潞、羸通，即伤、残、疲、惫之义。　君：通“群”，见东周策第二十一章注⑧。则此“路君”即“伤众”的意思。

⑬①中人祷祝：那些誓死为国家捐躯的战士的家属为他们祷告。中人：于鬯战国策注：“谓死士家中之人。”

⑬②君翳醵：死者的家属掩埋好他们的尸体，为他祭奠。　君：通“群”，见注⑬⑩。此指“中人”。　翳：方言十三：“掩也。”即掩埋。孙诒让札迻：“‘翳醵’当读‘瘗禳’，并声近字通。大戴礼记曾子天圆篇云‘割裂禳瘗’，‘翳醵’犹言‘禳瘗’也。盖古者国君军礼有禳四望山川社稷诸地，示皆用瘗薶之礼，故云‘君翳醵，’明臣所不得举也。”则“君”指国君。

⑬③通都：四通八达的大都。　置社：满百家以上的可立社，共祭祀，故曰置社。　此句言四种大小不同的“邑”：即所谓大城邑、小城邑、置社的城邑、有市场的城邑。

⑬④止事而奉王：停下自己的私事而为国家的对外战争服役。

⑬⑤虚：虚耗。　中：内，指国家库存。

⑬说文:"尸,陈也。"史记鲁世家:"齐欲得管仲,非杀之也,将用之,用之则为鲁患。不如杀以其尸与之。"索隐:"尸,本亦作'死'字也。"则"死"与"尸"古通。 此言死者未收殓,陈尸于外;伤者需搀扶而行。

⑬军出费:消耗了军费。

⑬中:指死、伤者的家属。

⑬则伤主心:也使国君伤心。

⑭"死者"两句:因埋葬死者而全家破产,因医治伤者而全家耗尽。夷:小尔雅广言:"伤也。" 共:通"供。"

⑭完者:未伤亡,平安返家者。 金正炜战国策补释:"'内酺'疑'大酺'之讹,'大','内'篆文相近,故'大'误为'内'。'华'即'哗'字之省,说文'哗,欢也'。" 建章按:依金说"内酺"当是"大酺",史记秦始皇本纪"天下大酺",汉书文帝纪:"令天下大酺。"此"大酺"意思是大摆宴席庆功。

⑭钧:通"均"。

⑭孙子用间篇:"凡兴师十万,出征千里,百姓之费,公家之奉,日费千金。内外骚动,怠于道路,不得操事者七十万家。"曹注:"古者八家为邻,一家从军,七家奉之。"言十万之师举,不事耕稼者七十万家,可见一次战争耗费之巨。

⑭矛:我国古代的兵器,用于直刺,长木柄顶端安有金属矛头。戟:我国古代兵器,把戈、矛合为一体,既能直刺,又能横击。戟头为金属。

⑭镮:鲍注"刀環"。即"刀环"。 弦:弓弦。 绝:断。

⑭罢马:战马疲惫。 亡矢:损失箭。

⑭甲兵之具:泛指战争所用的物品。

⑭士大夫:旧时指有官位的人。 匿:藏。

⑭厮养士:即"师徒""厮徒",见东周策第一章注㉔。此指军中服

杂役者。　窃:广雅释诂四"私也"。　此句言军中服杂役的人
专用之器物。

⑩再费:言上述两种费用。　再:广雅释诂四:"二也。"

⑪鲍本"侯"下有"者"字。　建章按:上文此句"侯"下有"者"字,
依语法此脱"者"字,当据鲍本于"侯"下补"者"字。

⑫墨子备城门篇王念孙读书杂志引此说:"'襜蔽'即高注所云
'幨,幰。所以御矢也'。故广雅云'幨谓之幰','幨'与'襜'字
异而义同。"　建章按:王引高注见淮南子氾论训。金、于说
同王。

⑬冲:攻城、守城之战具。　橹:说文"大盾也"。

⑭金正炜战国策补释:"'家'当为'蒙'。'杂总'未详,墨子备城
门篇'百步一积杂秆,大二围以上者五十枚','杂总'疑即'总
秆',禾稿亦曰'总'也。或为'干楯'之讹,'干'误为'帀',因
转为'杂';'楯'以音近误'樴',复以形似误'总'耳。"　关修
龄战国策高注补正:"'家',谓不从军而家居者;'杂总'谓'杂
作总至'。"　于鬯战国策注:"或云:书禹贡传云'禾稿曰总',
入之供饲国马。"　建章按:此三字或有误,据上两句及下一句,
此句第一字当为动词。金以为"蒙"近是。

⑮金正炜战国策补释:"'身'当为'穿',墨子备穴篇'侯丌身井且
通',王念孙云'身者穿之坏字也。'"孙诒让札迻同金说。　建
章按:墨子备穴孙诒让引通典兵门说:"距闉,谓凿地为道,行于
城下,攻城建柱,积薪于其柱,圜而烧之,柱折城摧,即古穴攻法
也。"此当亦是"穴攻",故言"穿窟穴"。

⑯中罢于刀金:国中之人为准备攻城之费用而窘迫。　中:国中
之人。　罢:通"疲",困。　汉书食货志上:"货谓布帛可衣,
及金、刀、龟、贝,所以分财布利,通有无者也。"颜注:"金谓五色
之金,刀谓钱币。"此当指上文"攻城之费"言。

⟨157⟩士困于土功:士卒为挖掘地穴而困疲。　士:荀子王霸杨注:"卒伍也。"　功:小尔雅广诂:"事也。"　土功:即指"穿窟穴"之事。

⟨158⟩释:此指"脱下"。　甲:铠,指战衣。

⟨159⟩期数而能拔城者为亟耳:一年之内能够攻下敌城就算很快了。国语齐语"桓公令宫长期而书伐"韦注:"期,期年也。"　期数:一年之数。亟:速。

⟨160⟩上倦于教:长官因久战而无力进行教化。

⟨161⟩士断于兵:士卒因久战滋生了专断骄横之气。　断:专断。兵:指战事。

⟨162⟩三下城:攻下三个城。

⟨163⟩智伯瑶攻范中行氏:见赵策一第一章,西周策第三章注⑥。

⟨164⟩灭其国:此时范氏、中行氏并未立国,此言并吞其地。在周贞定王十一年,晋出公十七年(前458年)。

⟨165⟩晋阳:赵襄子之邑,见秦策一第五章注⑩。智伯围晋阳在周贞定王十四年至十六年,赵襄子三至五年(前455年—前453年)。

⟨166⟩二国:指范氏、中行氏。

⟨167⟩一主:指赵襄子。

⟨168⟩楚策四第十一章:"骥于是俛而喷、仰而鸣,声达于天,若出金石声者,何也?"又第十三章:"今也子云乃且攻燕者,何也?"赵策一第八章:"昨日我谈粗,而君动;今日精,而君不动,何也"其句式与此同,疑衍"谓"字。且下文"然而国遂亡,君臣于齐者,何也"亦无"谓"字。

⟨169⟩鲍本"子"下补"之"字。　黄丕烈战国策札记:"今本'子'下有'之'字,乃误涉鲍也。"　于鬯战国策注:"'二子'亦范、中行也。其患在先灭范、中行,所谓'用兵而喜先天下者忧'。"　建章按:下文"然而国遂亡,君臣于<u>齐</u>者何也? 不图于战攻之患也"。彼句"患"上有"之"字,此脱"之"字。

⑰<u>姚</u>校:"日,一作'昔'。" <u>鲍</u>本"日"作"昔"。 <u>建章</u>按:当依一本及<u>鲍</u>本改"日"作"昔"。"日"当是"昔"之坏文。 <u>中山</u>:见<u>中山策</u>。 迎:逆,敌。

⑰<u>于鬯战国策</u>注引"或以为'长子'为'房子'之讹"云:"<u>房子</u>在<u>中山</u>与<u>赵</u>之间,玩上文一'迎'字,则彼来而此迎之,南战于<u>房子</u>,其说颇合。'房'、'长'迭韵,盖亦异文通借字。" <u>建章</u>按:<u>长子</u>在今山西省<u>长子</u>县西,<u>房子</u>在今河北省<u>临城</u>县西北,<u>房子</u>南距<u>长子</u>近五百里。据文义,<u>于</u>说当可从。<u>史记赵世家</u>:"<u>敬侯</u>十年(前377年)与<u>中山</u>战于<u>房子</u>。"或即指此。

⑰<u>史记魏世家武侯</u>九年(前388年)"<u>翟</u>败我于<u>浍</u>",<u>刘来成</u>、<u>李晓东</u>说"很可能是为<u>中山</u>复国的一次战争。<u>中山</u>复国之后,迁都于<u>灵寿</u>。(河北省)<u>平山</u>的考古调查和发掘证明,古<u>灵寿</u>城址即在现今的<u>三汲</u>公社"。(见试谈战国时期中山国历史上的几个问题,文物1979年第一期)此<u>中山</u>当在<u>灵寿</u>以北。

⑰千乘、万乘:见<u>秦策</u>一第二章注㊿。

⑰<u>姚</u>校:"'北'一作'比'。" <u>鲍</u>本"北"作"比"。 <u>建章</u>按:下文有"比胜"。当依<u>姚</u>引一本及<u>鲍</u>本改"北"作"比"。 比:<u>王引之经传释词</u>卷十:"皆也。"

⑰<u>鲍</u>注"节,犹'等'"。

⑰遂:终,竟。

⑰臣于<u>齐</u>:向<u>齐</u>称臣,"臣"用作动词。 <u>赵武灵王</u>二十五年(前301年)伐<u>中山</u>,<u>中山</u>君逃到<u>齐</u>国。根据河北省<u>平山</u>第一号墓铜器铭文上有关<u>中山</u>国王世系的排列和年代来推测,这个王应该是<u>姿</u>。后来王<u>姿</u>于公元前299年死在<u>齐</u>国(见史记秦本纪)。<u>姿</u>以后的<u>中山</u>王是<u>尚</u>,他在位不久于<u>赵惠文王</u>三年(前296年,

见史记赵世家;六国年表为二年），终于被赵国联合齐、燕两国所灭。中山王尚也被送回其老家陕西省肤施。（见文物1979年第一期刘来成、李晓东文）

⑱不图于战攻之患也：不考虑战攻之患的原因。"啚"是"图"字之误。一切经音义八引诏定古文官书："图、啚二形同。"说文囗部"啚，啬也。"故"啚"误为"啬"。尔雅释诂："图，谋也。"

⑲金正炜战国策补释："'败'当为'效'之讹。" 于鬯战国策注："虽胜必败。" 建章按：金说义长。

⑱终：广雅释诂四："穷也。"下文有"穷战比胜"。

⑱金正炜战国策补释："左传二十三年传'保君父之命'注：'保，犹恃也。'汉书高帝纪'萧、曹恐，逾城保高祖'注：'就高祖以自安。'" 于鬯战国策注："此'保'字当读为'俘'，说文人部云'保，从人，从采省，采，古文孚'。又出'古文保作保'。则'保'、'俘'二字古人通而无别，或并可为一字矣。人部又云'俘，军所获也'。此言天下称善用兵，而一国反得而俘获之，即如智伯、中山君之类。故曰'非国之利也'。" 此取金说。连下句是说：一国依靠它善于用兵而保全自己，这并非国家之利。

⑱"臣闻战大胜者"两句：我听说在战争中取得大胜的，他的士卒一定死得多，而兵力更加削弱。 兵：指军事力量。 益：更。

⑱罢：通"疲"。 露：方言三："败也。"败：亦"坏"。

⑱残：伤害。

⑱今夫鹄的非咎罪于人也：人人都射箭靶子，这不能归罪于射箭的人。 鹄（gǔ 鼓）：古时箭靶的中心，红色，以皮为之。 的（dì 帝）：箭靶的中心。 咎：罪。

⑱便弓引弩而射之：巧妙地使用弓弩射箭。 便：巧。 引：拉。之：指鹄的。

⑱吴补："一云'善'，刘作'喜'。" 建章按：姚校"刘'咎'作

'喜'。"误置于"咎"字下,又误"善"作"咎"。吴所谓"一云"当或即指姚校。逸周书芮良夫篇"尔执政小子,不图善",王念孙读书杂志:"不图善,本作'不图大囍','囍'字脱其半,而为'喜','喜'与'善'相似而误。"又吕氏春秋疑似篇:"有奇鬼焉,善效人之子侄昆弟之状。"读书杂志余编上:"旧本'善'讹作'喜',文选思元赋注引此作'善',今据改。"此"喜""善"互误之证。当据刘本改"善"作"喜"。金正炜战国策补释亦云:"善,当为'喜'字之讹。"

⑱于鬯战国策注:"诗(齐风)猗嗟篇云'射则贯兮',毛传云'贯,中也。'"建章按:猗嗟疏:"贯,谓穿侯,故为'中'也。"

⑲恶其示人以难也:因为人们嫌鹄的难射中,所以都争着要把它射中。恶:嫌。 其:指鹄的。 示人以难:给人现示出很困难(射,难以中鹄的)。

⑲"今穷战"句以下是说:现在屡战屡胜,守城则敌人攻不下,这不仅仅是给人显示出困难(让人争着去克服这种困难),而且也是害人不浅。 非徒:不仅仅。 又且:而且。

⑲然则天下仇之必矣:这样,诸侯必然以它为仇敌。

⑲不居:不处,不取。

⑲素:鲍注"常也。"经常。

⑲"素用"两句:经常发动战争,使强兵削弱,这是有远见卓识的宰相不去做的。 事:从事。

⑲五兵:其说不一,或谓戈、殳、戟、酋矛、夷矛,(周礼夏官司兵郑玄注引郑司农(众)云);或谓刀、剑、矛、戟、矢(国语齐语韦注);或谓矛、戟、钺、楯、弓矢(榖梁庄二十五年传注);或谓矛、戟、弓、剑、戈(汉书吾丘寿王传注)。此言武装力量。此句是说,不用战争手段。 从:顺从。

⑲辞让而重赂至矣:辞让不与人争,却得到很多财货。

⑲也:裴学海古书虚字集释卷三"句中助语而表提示之词"。

⑱金正炜战国策补释:"'于军'二字疑衍。" 横田惟孝战国策正解:"'于军'二字衍。" 建章按"甲兵不出而敌国胜,冲橹不施而边城降,士民不知而王业至"三句排列,"于军"于义无取,当衍。 甲兵:甲胄,武器;此言武装力量。 敌国胜:即胜敌国。

⑲施:用。 边城:靠边境的敌国城邑。

⑳士民不知而王业至矣:士民尚未觉察,而称王的大业已经完成。 至:吕氏春秋慎大览权勋高注:"犹'成'也。"

㉑彼:同"夫"。 从事:做事。

㉒"用财少"两句:费用少,费时少,却可以获得长远的利益。 此即所谓"后起"之利。 旷日远:花费的时间很久。 旷:吕氏春秋慎行论无义高注:"废也。" 者:王引之经传释词卷九:"犹'矣'也。"

㉓兵后起则诸侯可趋役:见注⑫。

㉔"臣之"句以下是说:我听说,攻战的方法,不在于用兵,虽然敌人有百万之师,我谋策于庙堂之上,即可战而胜之。 墨子备城门"而出佻且比"王念孙读书杂志:"当作'且北';北,败也。" 又经说下"俱用北",孙诒让间诂:"'北'疑当作'比'。"于省吾双剑誃诸子新证宝历本"北"正作"比。"此"比"亦当作"北",上文"比胜"误作"北胜",皆因二字形近易误。荀子议兵"遇敌处战,则必北",注:"北,败走也。"下文"禽""拔""折",义皆近。鲍注:"言谋之于堂,被自败也。"则鲍本似本作"北",吴师道亦疑。

㉕"虽有"两句:虽有阖闾、吴起这样的将帅,也可以设计于屋内,把他们制服。 阖闾:见秦策三第九章注㊽。 吴起:见秦策三第十八章注㉚。 禽:同"擒",制服。见秦策三第十五章注②。

战国策注释

⑳"千丈"两句:千丈高的大城邑,在酒席宴前设谋定计,就可以把它攻下。 拔:攻下。 尊:盛酒的器具。 俎(zǔ阻):仪礼乡饮酒礼注:"肴之贵者。"

⑳折:毁。 衽:席。 衽席:铺在地上的席。 此言:有百尺高的守城战具,在屋内坐席上谋策,也可以把它摧毁。以上"虽有百万之军"至此,皆言不必用兵,只要在庙堂,设谋划策,就能克敌制胜。即所谓"攻战之道非师者"。

⑳钟:古代的打击乐器,青铜制。 竽:古代簧管乐器,形似笙而略大。 瑟:古代拨弦乐器,形似古琴,通常有二十五根弦。

⑳广:阔,大。 欲:指霸、王之业。 成:实现。

⑳和乐:优美悦耳的音乐。 倡优:古代歌舞曲艺演员。 韩非子八奸陈奇猷集释:"侏儒当为乐人之称。" 鲍本"之"作"乏"。金正炜战国策补释:"作'不乏'是也。汉书徐乐传'俳优侏儒之笑不乏于前,而天下无宿忧',即本此文。" 建章按:墨子非攻下"布粟之绝则委之",王念孙读书杂志:"'之绝'二字不词,当是'乏绝'之误,月令曰'赐贫穷,振乏绝'是也。"荀子非十二子:"淫大而用之",俞樾诸子平议:"'之'者'乏'之坏字,襄十四年左传曰'匮神乏祀',释文曰'本或作"之祀"。盖'之'、'乏'形似,故易误耳。"当依鲍本改"之"作"乏"。乏:缺,少。长短经七雄略引"之"作"乏"。

⑪致:至,来,归服。

⑫配:比,等,同。 尊:高,贵。 此言:一旦建立了霸、王之业,其美名与天地相同,也不算尊高。

⑬制:擅,专。 海内:犹言"全国"。 此言:一旦建立了霸、王之业,占有海内所有财货之利也不算多。

⑭天下:指诸侯。 佚:音义同"逸",乐,安适。

⑮王念孙读书杂志:"自'诸侯'至此,凡十七字皆涉下文而衍。"

关修龄战国策高注补正、横田惟孝战国策正解同王说。　建章按:据前后文义,此十七字当删。

㉑姚校:"'则趋'一作'而移'。"　鲍注:"趋,言往应之。"　建章按:周礼乐师"趋以采齐"注:"故书'趋'作'跁'。"则此本作"移",因形近而误作"跁",后又改作"趋"耳。移:广雅释诂三:"避也。"此言明知是祸,设法避之。当依姚校一本改"趋"为"移"。

㉑使诸侯无成谋:使诸侯之谋不能实现。　无:王引之经传释词卷十"'不'也"。

㉑宿:小尔雅广诂:"久也。"　则宿忧:犹言深忧。

㉑矣:王引之经传释词卷四:"犹'也'也。"

㉒魏王:惠王,见秦策四第五章注⑦。

㉑带甲:战士。

㉒齐策一第六章"邯郸之难……七月邯郸拔",在周显王十六年,魏惠王十八年(前353年)。并见彼注①。鲍彪于"其"上补"恃"字。黄丕烈战国策札记:"此以'而'为'能'字,鲍补谬甚。"　金正炜战国策补释:"'而'字本当为'北','北拔'与'西围'相对为文,'北'讹为'南',后人以赵地非在魏南,因以意改为'而',本义遂湮。汉书高帝纪'豨不南据邯郸而阻漳水',宋祁曰:'而,旧本作北'。正与此同。鲍、黄并误。"　建章按:此从金说。

㉒定阳:在今陕西省宜川县西北。

㉒秦策四第十章"魏伐邯郸,因退为逢泽之遇,乘夏车,称夏王,朝为天子,天下皆从。"见彼注⑭—⑱。　从:率领。

㉒以:而。　谋:图。　谋秦:言对秦有攻伐之意。

㉒不安席:在床上不安稳,意即睡不着。　席:本为铺在床上的席,此借作"床"。

㉗不甘味:不感到味道甘美,意即吃不香。

㉘令于境内:下令全国。

㉙尽堞中为战具:所有女墙皆设战具。 堞(dié 蝶):城上的齿状矮墙,又称"女墙"。

㉚竟为守备:全国严加防守。 竟:同"境"。

㉛死士:见注㉗。 为死士:是说组织敢死队。

㉜置将以待魏氏:安排将帅,等待魏军。 置:安排。 魏氏:魏国。

㉝卫鞅:见秦策一第一章注①。 秦王:孝公,同"卫鞅"注。 前353年当秦孝公九年,据史记秦本纪卫鞅时为左庶长,次年为大良造。

㉞王念孙读书杂志:"'有'下当有'从'字,'有'读'又',战国策通以'有'为'又',史记、汉书及诸子并同。上文云'又从十二诸侯朝天子'是也,下文亦云'今大王之所从十二诸侯'。今本无'从'字者,后人误读'有'为'有无'之'有',则与'从'字义不相属,因删去'从'字耳。" 建章按:从王说补"从"字。

㉟与:与国,即同盟国。

㊱北:败走。

㊲宋:见秦策一第四章注②,其君为宋剔成。 卫:见秦策三第六章注⑫,其君为卫成侯。

㊳邹:有今山东省费、邹、滕、济宁、金乡等县间地,国都在邹,今山东省邹城市。 鲁:见齐策一第二章注⑨,此当鲁共公末年。 陈:见西周策第十四章注⑤。 蔡:见西周策第十四章注③。

㊴此固大王之所以鞭箠使也:这些小国本来就受大王的的驱使。 鞭箠:马鞭子,驱使。 箠:鞭子。

㊵不足以王天下:(十二诸侯皆小国,虽然它们受大王的驱使)大王也不能在天下称王。

㉔取:争取,联合。　下"西取"同。

㉔据下句"从天下之志",则"心"上当有"之"字,<u>长短经</u>引正有"之"字,当补"之"字。

㉔而从天下之志:如果顺从天下之意。　而:<u>王引之经传释词</u>卷七:"犹'若'也。"

㉔见:<u>孟子尽心上</u>"修身见于世"注:"立也。"

㉔王服:王者服用的一套制度,即下文"广公宫、制丹衣"云云。

㉔图齐楚:即上文"伐<u>齐</u>、<u>楚</u>"。

㉔说:同"悦"。

㉔故身广公宫:此言按照王者之制,扩建宫室。　身:亲,自。

㉔于鬯<u>战国策</u>注:"丹衣,王者之衣。"

㉔<u>王念孙读书杂志</u>:"'柱'当为'旌',字之误也,'旌'字当在'建'字下,'建旌九斿'为句,<u>周官大行人</u>曰'建常九斿'。旌、旗对文则异,散文则通。"<u>于鬯战国策</u>注:"以'柱'为'旌'之误,当;然'旌建'无害。或云'柱'有'高'义,'柱建'即'高建',不破'旌'已可。"<u>金正炜战国策补释</u>:"'柱'为'旌'之讹是也;原文当作'建九斿之旌',与'从七星之旗'为对文。"　<u>建章</u>按:此取<u>金</u>说。　斿:声、义同"旒",古代旌旗的下垂饰物。　旌(jīng 精):古代旗的通称。

㉕从:<u>广雅释诂一</u>:"行也。"亦用也。　旟(yú 于):古代旗的一种。"九斿之旌","七星之旗"皆帝王之旗。<u>北堂书钞</u>旗钞、<u>长短经、太平御览</u>卷三四〇旗览、<u>七国考</u>引"旟"皆作"旗"。

㉕"此天子"两句:这一切都是天子才能享用的,<u>魏王</u>享用了。

㉕<u>金正炜战国策补释</u>:"'楚'字当作'人',涉上文'伐<u>齐</u>、<u>楚</u>'、'图<u>齐</u>、<u>楚</u>'而误。"　<u>建章</u>按:此下全系齐事,未及楚事,<u>金</u>说可参。

㉕此是<u>齐魏马陵</u>之战,见<u>齐策</u>一第七章注⑯。

㉕跣行按兵于国:(<u>魏王</u>)慌急地光着脚,下令全国,不要出兵。

跣行:见注㉓。　按:止。

㉖次:停留。秦策四第十章"梁王身抱质执璧,请为陈侯臣,天下释梁。"当即此事。见彼注⑳、㉑、㉒。

㉗舍:释。　舍之:放弃攻魏,

㉘垂拱:垂衣拱手,形容毫不费力。古代形容无为而治。　于鬯战国策注:"此在魏惠三十一年,周显二十九年,大事记所谓'孝公取河西地,盖商鞅之力者',与秦策(按:秦策一第十章)言楚攻魏,魏畏秦,献西河之外在周显王三十九年者当分为两事,前后差十年。"　西河之外:见秦策一第十章注⑤。

㉙德:感激。　以:语助。

㉚"故曰"句以下是说:所以说,卫鞅当初和秦王定计设谋,言约于坐席之上,定计于酒筵之间,设谋于高堂之内,而魏将被齐国活捉。　卫鞅:即商鞅,见秦策一第一章注①。　秦王:秦孝公,见秦策一第一章注②。　尊俎:见注㉒⑥。　禽:同"擒"。

㉛冲橹:见注⑤⑥。　施:用。

㉜北之堂上:见注㉒④。

㉝禽将户内:即"禽之户内"。裴学海古书虚字集释卷八:"将,犹'之'也。"禽,见注㉒⑤。

㉞拔城于尊俎之间:见注㉒⑥。

㉟上文言"拔之尊俎之间","折之衽席之上",吕氏春秋恃君览召类"修之于庙堂之上,而折冲乎千里之外",则此当作"折冲于衽席之上"。见注㉒⑦。

中华国学文库

战国策注释 中

何建章 注释

中华书局

战国策注释卷十三

齐　策　六

一　齐负郭之民有(孤)狐咺者章

齐负郭之民^①有(孤)狐咺者^②，正议^③，闵王斮之檀衢^④，百姓不附^⑤；齐孙室子陈举直言^⑥，杀之东闾，宗族离心；司马穰苴为政者也^⑦，杀之，大臣不亲。以故燕举兵，使昌国君将而击之^⑧。齐使(向)〔触〕子将而应之^⑨。齐军破，(向)〔触〕子以與一乘亡^⑩。达子收余卒，复振，与燕战，求所以偿者^⑪，闵王不肯与，军破走^⑫。

王奔莒^⑬，淖齿数之曰^⑭："夫千乘、博昌之间方数百里^⑮，雨血沾衣^⑯，王知之乎？"王曰："(不知)〔知之〕^⑰。""嬴、博之间地坼至泉^⑱，王知之乎？"王曰："(不知)〔知之〕。""人有当阙而哭者，求之则不得，去之则闻其声^⑲，王知之乎？"王曰："(不知)〔知之〕。"淖齿曰："天雨血沾衣者，天以告也；地坼至泉者，地以告也；人有当阙而哭者，人以告也。

天、地、人皆以告矣而王不知戒焉，何得无诛乎？"于是杀闵王于鼓里㉓。

太子乃解衣免服㉑，逃太史之家㉒，为溉园㉓。君王后太史氏女知其贵人，善事之㉔。田单以即墨之城破亡余卒，破燕兵㉕，绐骑劫，遂以复齐㉖，遽迎太子于莒㉗，立之以为王。襄王即位，君王后以为后㉘，生齐王建㉙。

【注释】

①史记越王勾践世家："楚庄生，家负郭，披藜藿到门，居甚贫。"又陈丞相世家"（陈平）家乃负郭穷巷，以弊席为门。"则"负郭"即穷苦人家靠城墙所居之处，似旧社会的"棚户"。"负郭之民"即贫民。　此策顾观光战国策编年在周赧王三十一年，于鬯战国策年表在周赧王三十年。当齐闵王十七、十八年（前285、284年）。

②吴补："'孤'字因'狐'字误衍。"　汉书古今人表"狐爰"颜注："即狐咺也，齐人，见战国策。"　吕氏春秋贵直论"狐援说齐湣王"，高注："狐援，齐臣也。"　建章按：狐爰、狐援、狐咺实为一人，吴说是，困学纪闻卷十一引此亦无"孤"字，当删"孤"字。

③正议：直言批评。与下文"直言"同义。　汉书卷六十六赞："若夫丞相御史两府之士，不能正议，以辅宰相。"荀子不苟："正义直指，举人之过，非毁疵也。""义"，同"议"。

④闵王：见东周策十六章注②。　斫：斩也。吕氏春秋贵直论贵直狐援"又斫之东闾"，困学纪闻卷十一注言："檀衢""东闾""盖行刑之所"。

⑤附：广雅释诂四："依也。"　不附：犹言不服。

⑥鲍注："孙室子，公孙家子，犹宗室云。"　直言：犹言批评（闵

王）。

⑦司马穰苴：史记有司马穰苴列传，乃齐景公时人。此乃闵王时事，历代均有疑。　为政：犹言执政。

⑧举兵：发兵。　昌国君：即乐毅。魏国名将乐羊之后，为燕昭王之大将，率兵伐齐，破齐七十余城。后昭王死，惠王疑乐毅，乐毅乃奔赵。史记有乐毅列传。　于鬯战国策注以为此在周赧王三十一年，齐闵王十八年。　建章按：前284年（齐闵王十八年）秦、赵、魏、韩、楚、燕联合攻齐，齐派触子、达子为将应战，后触子逃走，达子战死，闵王逃之莒，燕军攻入齐都临淄。乐毅因此次战役立大功，封于昌国（今山东省淄川东北），号为昌国君。

⑨金正炜战国策补释："吕览权勋、贵直二篇并作'触子'，燕策作'蜀子'，'向'即'蜀'字之缺损。贵直篇'此触子之所以去之也，达子之所以死之也。'与此篇正合"。　建章按：燕策二第二章"齐王召蜀子使不伐宋"，徐中舒说："蜀子即触子"。（见1964年历史研究第一期徐文）金说是，当据吕氏春秋改"向子"作"触子"。下同。　应之：迎击燕兵。

⑩触子以舆一乘亡：触子只剩下一乘车逃跑。　吕氏春秋慎大览权勋作"触子因以一乘去"。　以：因也。　"舆"通"与"，王引之经传释词卷一："与，犹'以'也。"则"以舆"即"以与"，"因以"，与权勋篇无别。　亡：逃。

⑪求所以偿者：要求给士卒偿金。　振：说文："举救也。"

⑫吕氏春秋权勋："达子又帅其余卒，以军于秦周；无以赏，使人请金于齐王。齐王怒曰'若残竖子之类，恶能给若金?'与燕人战，大败，达子死。"　走：逃。

⑬莒：见西周策第十四章注④。

⑭淖齿：见秦策三第十章注⑳。　数：责备，列举（罪状）。

⑮千乘:今山东省博兴县西、高城镇北。　博昌:在今山东省博兴县南。

⑯雨血:下血。　雨:说文:"水从云下也。"

⑰金正炜战国策补释:"此文三'不知'字春秋后语并作'知之',据后文淖齿责王'不知戒',则作'知之',义胜。"　建章按:通鉴三"不知"皆作"知之"。此本作"知之","之"误作"不",又误在"知"字之上,见秦策一第五章注⑩,可知"之"易误作"不"。正因为"知之",故下文始可言"天、地、人皆以告矣,而王不知戒焉。"如为"不知",不当言"不知戒",则另有借口。当据后语、通鉴改"不知"作"知之",下二"不知"同。

⑱嬴:故城在今山东省莱芜市西北。　博:故城在今山东省泰安东南。　地坼至泉:地裂泉涌。　坼(chè彻):裂。

⑲"有人"三句:有人在宫门涕哭,寻找又不见有人,走开又听见哭声。　阙:宫门前两边供瞭望的楼,因二阙之间有空缺,故名阙。又以为宫门的代称。

⑳鼓里:莒地名。

㉑太子乃解衣免服:此言太子改换了服装。　太子:即下文襄王,名法章,闵王之子,田齐第七君,前283年—前265年在位。

㉒下文"君王后太史氏女",第八章:"其子法章变姓名,为莒太史家庸夫,太史敫女奇法章之状貌","襄王立,以太史氏女为王后。"史记田敬仲完世家:"湣王之遇杀,其子法章变名姓,为莒太史敫家庸。"又田单传:"莒人求湣王子法章,得之太史嫩之家。"据此"太史"为姓,并疑衍"之"字。

㉓园:果树、蔬菜园。

㉔史记田敬仲完世家:"襄王既立,立太史氏女为王后,是为君王后。"　贵人:吕氏春秋孟春纪重己:"世之人主,贵人"。高注:"谓公卿大夫也。"第八章:"太史敫女奇法章之状貌,以为非常

人,怜(爱)而常窃衣食之。" 事:侍,待。

㉕田单:见秦策三第十章注③。 即墨:见齐策一第十七章注㉒。破燕在周赧王三十六年,齐襄王五年(前279年)。前284年燕先后攻下齐七十余城,唯即墨及莒尚存,故言"破亡余卒"。犹言残兵败将。 破:败。亡:逃。

㉖史记燕世家:"昭王卒,惠王立。惠王为太子时,与乐毅有隙。及即位,疑毅,使骑劫代将,齐田单以即墨击败燕军,骑劫死。燕兵引归,齐悉复得其故城。"又乐毅列传:"燕惠王固已疑乐毅,得齐反间,乃使骑劫代将。齐田单后与骑劫战,果设诈诳燕军,遂破骑劫于即墨下。转战逐燕,北至河上,尽复得齐城。"绐(dài 代):诳骗。

㉗遽:即刻。

㉘位:姚校"位,一作立"。说文段注:"古者立、位同字。" 君王后:见注㉔。

㉙齐王建:襄王子,田齐第八君,末代之君,前264年—前221年在位。

二 王孙贾年十五事闵王章

王孙贾年十五,事闵王①。王出走②,失王之处③。其母曰:"女朝出而晚来④,则吾倚门而望;女暮出而不还⑤,则吾倚闾而望⑥。女今事王,王出走,女不知其处,女尚何归⑦?"

王孙贾乃入市中曰⑧:"淖齿乱齐国,杀闵王⑨,欲与我诛者袒右⑩!"市人从者四百人,与之诛淖齿,刺而杀之⑪。

【注释】

①王孙:姓。　贾(gǔ 鼓):名。　通鉴系此于周赧王三十二年（前283年），顾观光战国策编年在赧王三十一年,于鬯战国策注同通鉴。　闵王:见东周策第十六章注②。

②出走:逃往他处。指燕败齐,闵王逃往莒。事见第一章。

③失王之处:不知闵王逃到何处。淮南子说山训"有相马而失马者",高注:"失,犹不知也。"

④女:通"汝"。　来:还,归。

⑤锦绣万花谷卷十六引此"不"作"夜"。

⑥间:见齐策四第五章注⑲。

⑦"女朝出而晚来"数句意思是:母爱子超过子爱王;其母要求王孙贾象母爱子一样地爱王。

⑧通鉴"中"下有"呼"字,意胜。

⑨淖齿杀闵王事见第一章。　困学纪闻卷十二注引此无"闵"字。鲍注:"衍'闵'字。"吴正:"追书之辞。"　建章按:如为记者之言,则"闵王"是"追书之辞"当无碍,然此乃当时人之语,何言"追书之辞"。则困学纪闻引无"闵"字当是。

⑩与,从,随。　诛:讨伐。　袒右:脱右袖,裸露右臂及肩。

⑪刺:尔雅释诂:"杀也。"

三　燕攻齐取七十余城章

燕攻齐①,取七十余城,唯莒、即墨不下②。齐田单以即墨破燕,杀骑劫③。

初,燕将攻下聊城④,人或谗之。燕将惧诛,遂保守聊城⑤,不敢归。田单攻之岁余,士卒多死,而聊城不下。

鲁连乃书，约之矢[6]，以射城中，遗燕将曰[7]："吾闻之，智者不倍时而弃利[8]，勇士不怯死而灭名[9]，忠臣不先身而后君。今公行一朝之忿[10]，不顾燕王之无臣[11]，非忠也；杀身亡<u>聊城</u>[12]，而威不信于<u>齐</u>[13]，非勇也；功废名灭，后世无称[14]，非知也[15]。故知者不再计[16]，勇士不怯死。今死、生、荣、辱、尊、卑、贵、贱，此其一时也[17]。愿公之详计而无与俗同也[18]。

"且<u>楚</u>攻<u>南阳</u>[19]，<u>魏</u>攻<u>平陆</u>[20]，<u>齐</u>无南面之心[21]；以为亡<u>南阳</u>之害[22]，不若得<u>济北</u>之利[23]，故定计而坚守之[24]。今<u>秦</u>人下兵[25]，<u>魏</u>不敢东面[26]，横<u>秦</u>之势合[27]，则<u>楚</u>国之形危[28]。且弃<u>南阳</u>，断右壤，存<u>济北</u>，计必为之[29]。今<u>楚</u>、<u>魏</u>交退[30]，<u>燕</u>救不至[31]，<u>齐</u>无天下之规[32]，与<u>聊城</u>共据[33]，期年之弊[34]，即臣见公之不能得也[35]。<u>齐</u>必决之于<u>聊城</u>[36]，公无再计[37]。彼<u>燕</u>国大乱，君臣过计[38]，上下迷惑[39]。<u>栗腹</u>以百万之众，五折于外[40]，万乘之国[41]，被围于<u>赵</u>，壤削主困，为天下戮[42]，公闻之乎？今<u>燕王</u>方寒心独立[43]，大臣不足恃[44]，国弊祸多，民心无所归。今公又以弊<u>聊</u>之民，距全<u>齐</u>之兵[45]，期年不解，是<u>墨翟</u>之守也[46]；食人炊骨[47]，士无反北之心[48]，是<u>孙膑</u>、<u>吴起</u>之兵也[49]。能以见于天下矣[50]

"故为公计者，不如罢兵休士，全车甲，归报<u>燕王</u>，<u>燕王</u>必喜，士民见公如见父母，交游攘臂而议于世[51]，功业可明矣[52]。上辅孤主，以制群臣；下养百姓，以资说士[53]。矫国革俗[54]，于天下功名可立也[55]。意者，亦捐<u>燕</u>弃世[56]，东游于<u>齐</u>乎[57]？请裂地定封，富比<u>陶</u>、<u>卫</u>[58]，世世称孤（寡）[59]，与<u>齐</u>久存，此亦一计也。二者显名厚实也[60]，愿公熟计而审处一也⑥。

"且吾闻，效小节者不能行大威⑥，恶小耻者不能立荣名⑥。昔管仲射桓公中钩，篡也，遗公子纠而不能死，怯也；束缚桎梏，辱身也⑥。此三行者⑥，乡里不通也⑥，世主不臣也。使管仲终穷抑幽囚而不出⑥，惭耻而不见，穷年没寿，不免为辱人贱行矣⑥。然而管子并三行之过⑦，据齐国之政，一匡天下⑦，九合诸侯⑦，为伍伯首⑦，名高天下，光照邻国。曹沫为鲁君将，三战三北，而丧地千里⑦。使曹子之足不离陈⑦，计不顾后，出必死而不生，则不免为败军禽将⑦。曹子以败军禽将，非勇也；功废名灭，后世无称，非知也。故去三北之耻，退而与鲁君计也⑦。曹子以为遭⑦。齐桓公有天下，朝诸侯⑦，曹子以一剑之任⑧，劫桓公于坛位之上⑧，颜色不变，而辞气不悖⑧。三战之所丧⑧，一朝而反之⑧，天下震动，〔诸侯〕惊骇⑧，威信吴、楚⑧，传名后世。若此二公者⑧，非不能行小节死小耻也，以为杀身绝世⑧，功名不立，非知也。故去忿恚之心⑧，而成终身之名，除感（忿）〔忽〕之耻⑩，而立累世之功⑫。故业与三王争流⑫，名与天壤相敝也⑬。公其图之⑭！"

燕将曰："敬闻命矣！"因罢兵到读而去⑮。故解齐国之围，救百姓之死，仲连之说也。

【注释】

①顾观光战国策编年系此策于周赧王三十一年，齐闵王十八年（前284年）。于鬯战国策注同顾编年，然其年表系"鲁仲连遗燕将书"于赧王三十七年（前278年）。通鉴系此于秦孝文王元

年(前 250 年),大事记同通鉴。林春溥战国纪年系此策于前
279 年。详本章末附录。

②莒:见西周策第十四章注④。　即墨:见齐策一第十七章注㉒。

③田单破燕杀骑劫,见第一章注㉕、㉖。

④燕将:或为乐毅之部将。　聊城:今山东省聊城西北。

⑤保:留守,固守。

⑥约之矢:把信绑在箭杆上。　约:束。　矢:箭。　鲁连:鲁仲
连,见齐策三第八章注②。

⑦遗:赠。

⑧倍:通"背",违背。　弃:不顾。

⑨怯:怕。　灭:没,毁掉。　名:名誉。

⑩一朝之忿:一时之愤;指因"谗"而激愤。

⑪无:通"亡",失。　燕王:惠王,见秦策三第二章注㉑。如鲁连
书在杀栗腹后,则当是燕王喜,孝王之子,燕第四十三君,前 254
年—前 222 年在位。

⑫亡:失,毁。

⑬威不信于齐:没有在齐国表现出自己的威武。　信:音、义通
"伸"。

⑭称:称道,称美。

⑮"知"同"智"。

⑯礼记儒行:"过言不再",注"不再,不更也。"广雅释诂四:"再,
二也"。则"不再计"言定计不优柔寡断,不犹豫不决。

⑰此其一时:犹"在此一念","在此一举"。言生、死、荣、辱、尊、
卑、贵、贱此八者取舍、得失的决定在此一时。

⑱无:勿,不。

⑲南阳:今山东省泰山以南一带地区。

⑳平陆:见齐策四第十一章注⑲。

㉑齐无南面之心:齐国无心南顾。

㉒亡:失。

㉓济北:即聊城。齐无心南顾楚、魏,以为南阳、平陆之害小,不如聊城之利大,故"定计而坚守之"。

㉔定计:定失南阳而得济北之计。所谓坚守,即坚守济北不与楚、魏战

㉕秦人下兵:当时秦、齐友善,故秦下兵救齐。

㉖不敢东面:不敢东攻齐的平陆。

㉗横秦之势合:齐、秦连横之势成。国语鲁语"诗所以合意",韦注:"合,成也。史记鲁仲连列传"合"正作"成"。

㉘齐、秦连横则楚国之势孤危。 形:势。

㉙"且弃"四句:齐国放弃南阳和平陆,一心要保住聊城,他必定要尽一切力量实现这一计划。 断:绝,弃。 右壤:指平陆。

㉚交:俱,皆。

㉛燕救不至:燕国不发兵助聊城。 救:广雅释诂二:"助也。"

㉜鲍注:"规,犹谋也;秦救之,而楚、魏退,无谋齐者。"

㉝鲍注:"据,相持也。"

㉞"与聊城"两句:齐、燕两国在聊城已相持一年,双方都已疲弱。 弊:疲、败、坏。

㉟姚校:"钱、刘、一'得'作'待'。" 鲍注:"不能得,不能胜齐。"金正炜战国策补释:"作'待'是也。待,犹御也,见韦昭国语解。" 建章按:"得"犹"待"也,见秦策三第十八章注㊻。金引国语,见鲁语。 即:则。

㊱决之:犹言决胜负。

㊲无再计:不要犹豫不决。见注⑯。

㊳过计:失策。

㊴迷惑:糊涂,混乱。

㊵栗腹:燕丞相。栗腹败于赵将廉颇在燕王喜四年,赵孝成王十
　　五年,齐王建十四年(前251年)。　史记鲁仲连列传"百"作
　　"十",鲍本亦作"十"。折:败。

㊶万乘:见秦策一第二章注㊿。

㊷戮:辱。

㊸寒心:恐惧。　　独立:孤立。　　燕王:燕王喜,见注⑪。

㊹不足恃:不可依靠。

㊺"距"通"拒",对抗。

㊻是墨翟之守也:和墨子一样的善守。　墨翟(约前480年—前
　　420年):据孙诒让考证,是鲁国人,是墨家的创始人。墨家和儒
　　家在春秋时期是很著名,颇有影响的两个学派。墨子现存五十
　　三篇。　墨子公输:"公输般九设攻城之机变,子墨子九距之;
　　公输般之攻械尽,子墨子之守圉有余。"可见墨子善守。

㊼食人:人吃人。　炊骨:以人骨为柴火。　此言战争中十分艰
　　苦,战士们坚持不动摇。

㊽士无反北之心:士卒坚守决无二心。　北:通"背"。

㊾孙膑:见齐策一第九章注②。　吴起:见秦策三第十八章注㉚。
　　孙膑、吴起皆善用兵,士卒皆无二心。此言善于训练士卒。

㊿能以见于天下:其能已为天下所明知。　以:通"已"。　见:淮
　　南子修务高诱注:"犹'知'也。"

(51)交游攘臂而议于世:朋友会兴奋地夸奖您。　交游:朋友。
　　攘臂:卷袖露臂。

(52)明:著。

(53)资:助。

(54)矫:改正。　革:改变。

(55)立:成。　鲍彪以"矫国革俗""于天下"连读。　史记鲁仲连
　　列传无"于天下"三字。　关修龄战国策高注补正:"'于天下'

属上，非；犹言‘可立功名于天下也’。” 建章按：鲍读误。上文言“能以见于天下矣”，此疑当作“功名可立于天下也”，而误倒。

(56)意者：王引之经传释词卷三：“‘或者’也。” 捐：弃。 亦：语中助词。

(57)游：行，往。

(58)“陶卫”有数说：(1)延笃：“陶、陶朱公，卫、卫公子荆。”(2)王劭：“魏冉封陶，商君姓卫，‘富比陶卫’谓此。”(以上均见鲁仲连列传索隐)(3)鲍彪：陶、穰侯邑，卫，自梁襄王后称君。”(4)于鬯战国策注：“魏策朱己曰‘东至陶、卫之郊’，则实指地言，盖小国之称。”(5)黄季刚：“卫，谓子贡。”(6)孙志祖读书脞录：“陶、卫，自当谓陶朱及子贡尔。”(黄、孙说均见王利器盐铁论校注刺权注(15□(7)杨宽商鞅变法(1955年版)：“所谓陶就是指定陶，越王勾践的大臣范蠡曾跑到这里经商，‘三致千金’。所谓卫就是指卫的国都濮阳，后来做到秦国相国的大商人吕不韦就是濮阳人。战国时人是时常把陶卫连称的。” 建章按：史记商君列传：“商君者卫之诸庶孽公子也，名鞅，姓公孙氏，其祖本姬姓也。”据此，言“商君姓卫”则非。又货殖列传：“范蠡变名易姓之陶为朱公，十九年之中，三致千金，子孙修业而息之，遂至巨万。故言富者皆称陶朱公。”贾谊过秦论亦云：“陶朱、猗顿之富。”又货殖列传“子贡废著鬻财于曹、鲁之间，赐最为饶益，结驷连骑，束帛之币，以聘享诸侯。”又仲尼弟子列传：“子贡好废举，与时转货赀，家累千金。”范蠡与子贡同入货殖列传可见其相同。又仲尼弟子列传：“端木赐卫人，字子贡。”梁玉绳说“左传称‘卫赐’。”则子贡卫人，仕卫，又称卫赐，且与范蠡同入货殖列传，此“卫”指“子贡”，宜矣。且此言人之富有，如平准书“富埒天子”，货殖列传“富埒卓氏”，穰侯列传“富于王室”，此“陶、卫”亦当指人。故取孙、黄说，陶、卫指范蠡、子贡。梁引左传在哀公十一年。

(59)姚校：“钱作‘寡人’。” 鲍本无“孤”字。 鲁仲连列传作“称孤”。 建章按：秦策三第十八章“世世称孤，而有乔松之寿”，楚策四第十二章：“遂南面称孤，因而有楚国。”此本作“称孤”，一本作“称寡”，抄者误合作“称孤寡”。当删“寡”字。

(60)显名：指归燕“功名可立”。 厚实：指游齐“富比陶、卫”。

(61)愿公熟计而审处一焉：希望您仔细考虑，慎重地确定一个。 处：国语晋语一“早处之”韦注：“定也。” 鲁仲连列传“也”作“焉”。王引之经传释词卷四：“‘也’犹‘焉’。”

(62)“效小节”句：专注于细微末节的人，是做不出更有声威的大事业的。 效：计较，专注意于。

(63)“恶小耻”句：不忍小耻的人，是建立不起光荣的美名的。 恶：畏，忌。

(64)“昔管仲”句以下：从前管仲射桓公，中其带钩，这是篡逆；他不顾公子纠而不殉难，这是怯懦，以后又带上脚镣手铐，这是受辱。齐襄公（前697年—前686年）时，国内乱，群弟恐祸及身，皆出奔。次弟公子纠奔鲁，管仲、召忽傅之；次弟小白奔莒，鲍叔牙傅之。后乱平，国内大臣欲迎小白返国立为君。鲁国闻知，亦发兵送公子纠，使管仲将兵截小白，射中小白带钩。小白装死，以误管仲。小白先入齐立为桓公。桓公请鲁国杀公子纠，鲁君迫于桓公之威，杀公子纠。其傅召忽自杀，管仲请囚，未死难，桓公发兵攻鲁，欲杀管仲。鲍叔牙劝桓公用管仲可以立霸业，桓公从。假意要求鲁国囚管仲返齐亲杀之。管仲至齐，鲍叔牙亲迎，脱桎梏，桓公以管仲为大夫，任国政。桓公既得管仲，与鲍叔牙、隰朋、高傒治理国政，辅佐桓公终成霸业。又见东周策第十一章注⑪管仲部分。 桎梏（zhìgù 至固）：脚镣手铐。　桓公：齐桓公，见东周策第十一章注⑨。　遗：忘。

⑥三行：指篡逆、怯懦、受辱三事。

⑥古时二十五家为"里"。　乡里：指乡里之人，犹言老乡。　通：交往。

⑥世主不臣：诸侯都不愿意要他为臣。

⑥使：假使。　穷抑：穷困抑郁。　幽：荀子王霸杨注："囚也。"

⑥使"管仲"句以下：如果管仲终身穷困抑郁，囚禁不出，惭愧不见人，那么管仲这一辈子也不免只做一些丢人现眼卑贱低下的事。　穷年没寿：一辈子。　穷：终。　没：尽，竟（终）。"年"与"寿"同义。

⑦荀子荣辱"僻五兵也"，于省吾双剑誃诸子新证："'屏'，'并'古通。"屏：去。此"并三行"与下文"去三北"正相应。　三行：见注⑥。　过：错，失。

⑦匡：正。

⑦九合诸侯：见秦策三第十八章注⑧。

⑦伍伯：即五霸。见秦策一第二章注④。

⑦曹沫：见齐策三第八章注⑤。淮南子泛论训"昔曹子为鲁将，三战不胜，亡地千里。及柯之盟，三战所亡，一朝而得之，勇闻于天下。"

⑦陈：通"阵"，战阵，战场。

⑦"使曹子"句以下：如果曹沫当时永远不离开战场，不去考虑以后的事，出战只知拼死，则不免做一个战败被擒的军官。　出：出战。

⑦"故去"两句：所以曹沫不顾三战三败之耻，退而与鲁君计谋。　去：弃。　鲁君：庄公，桓公之子，名同，鲁国第十六君，前693年—前662年在位。

⑦姚校："'也曹子'，曾无此三字。"　鲁仲连列传无"也曹子以为

遭齐"七字。　金正炜战国策补释："鹖冠子世兵篇亦无'曹子
以为遭'五字。"于鬯战国策注："'曹子以为遭'五字殊不可通，
恐是衍文。　建章按：遭，说文"遇也"。前文言"智者不慎时而
弃利"云云，则"遭"即指时遇。此言曹沫以为这正是时机。或
此五字为上两句之注，而误入正文者。

㉗吴补："'有'字恐误。史作'朝天下，会诸侯'。'朝天下'谓率
天下朝王也。"　建章按：此句可读作"齐桓公朝诸侯有天下"，
意思是齐桓公使诸侯朝己，俨然为诸侯之王。　朝诸侯：使诸
侯来朝。

㉘曹子以一剑之任：曹沫只凭着一把宝剑。　任：用，使。

㉙劫桓公于坛位之上：挟持桓公于会盟坛上。　劫：挟持。　坛：
土筑的高台，古时用于祭祀、朝会、盟誓等大典。

㉚"颜色"两句：面不改色，义正辞严。　悖：荀子王霸杨注：
"乱也。"

㉛丧：失。

㉜一朝：一旦，一下子。　反：还，复，收复。

㉝姚校："别本'惊'上有'诸侯'二字。"史记鲁仲连列传有"诸
侯"二字。　建章按：此四句皆为四字句。当据别本及史传补
"诸侯"二字。

㉞威信吴楚：声威远及吴、楚。　信：古通"伸"。　伸：广雅释诂
三："展也。"

㉟二公：指管仲、曹沫。

㊱绝世：与世辞绝。与"杀身"意同。

㊲恚(huì 汇)：怨恨。

㊳王念孙读书杂志："上既言'忿恚'，下不当复言'感忿'。荀子
议兵篇：'善用兵者感忽悠暗，莫知其所从出。'杨倞曰：'感忽、
悠暗，皆谓倏忽之间也。鲁连子曰：弃感忽之耻，立累世之功。'

所引鲁连子即是遗燕将书之文,然则'感忿'当是'感忽'之讹。荀子解蔽篇:'凡人之见鬼也,必以其感忽之间。'鸿烈缪称篇:'说之所不至者,容貌至焉;容貌之所不至者,感忽至焉。'义与此'感忽'并相近。" 建章按:依王说可有两解:(1)感忽:倏忽,急遽,卒然。苏轼留侯论有"卒然临之而不惊",此"感忽之耻"即突然来的意料不到的耻辱。(2)荀子议兵篇梁启雄简释:"感忽,隐微"。上文言"恶小耻者,不能立荣名",则"感忽之耻"即隐微不明显的小耻。

⑨ 累世:世世代代,千秋万代。

⑨ 三王:见秦策一第二章注㊼。汉书外戚传孝成班倢伃传:"奉共养于东宫兮,托长信之末流。"颜注:"流,谓等列也。"今尚有"第一流"之语。

⑨ "故业与"两句:所以,功业与三王争高低,声名与天地共存亡。 壤:地。 敝:坏。

⑨ 其:表希望、要求之义的虚词。 图:考虑。

⑨ 鲍改"到读"为"倒鞬",注:"鞬,弓衣;倒,示无弓。" 吴正"未详。或误字、衍文。" 黄丕烈战国策札记:"今本'读'作'梜'。鲍改、吴补皆非也。'到'即'倒'字,又以'读'为'梜'字耳。不当辄改。" 于鬯战国策注:"'读'、'梜'并是借字,其本字当为'鞼'。说文革部云'鞼,弓矢鞼也'。"

564 【附录】

　　吴正:鲁仲连说燕将下聊城,史不著年。其书引栗腹之败,此事在其后,故通鉴、大事记载于秦孝文元年,当燕王喜五年,齐王建十五年。自赧王三十一年,燕率五国伐齐,闵王死,襄王立;三十六,燕昭王卒;明年惠王立。越武成王、孝王而至王喜,凡三十四年。此盖二事误乱为一。自"燕攻齐"止"杀骑劫"二十五字,或它策脱简;而"初燕将"止

"诮之"十一字,亦它本所无也。且单由即墨起七十余城,即复为齐,不闻聊城尚为燕守。以齐之事势,岂有舍之三十余年而不攻,单之兵力,三十余年而不能下欤? 今曰"攻之岁余不下",可见为此时燕将守聊城事也。史称,毅破齐不下者独莒、即墨;单纵反间,亦言二城。而燕世家书聊、莒、即墨,策亦有三城不下之言,果一时事,则聊城亦为齐守,而非燕将为燕守者。此误因聊城不下,而引与莒、即墨乱也。考之单传,自复齐之后,无可书之事。齐襄王十九年,当赵孝成王元年,赵割地求单为将;次年遂相赵,必不复返齐矣。距聊城之役,凡十六年,单岂得复为齐将哉? 此因"岁余不下"之言,聊、莒、即墨之混,而误指以为单也。夫仲连之言,正谓栗腹败,燕国乱,聊城孤守,齐方并攻,势将必拔。其言初不涉湣、襄、昭、惠之际。所谓"楚攻南阳,魏攻平陆",闵王时,楚取淮北,单复齐后,盖已复之,不闻楚、魏交攻之事,二事必在后也。燕将被诮惧诛,连书亦无此意,此固乐毅而讹也。史又称,燕将得书自杀,单遂屠聊城,尤非事实。齐前所杀燕将,惟骑劫耳,不闻其他,此因骑劫而讹也。连之大意,在于罢兵息民。而其料事之明,劝以归燕降齐,亦度其计之必可者。排难解纷,又素所蓄积也。迫之于穷,而致之于死,岂其心哉? 夫其劝之,正将以全聊城之民,而忍坐视屠之哉? 燕将死,聊城屠,连何功美之称,而齐欲爵之哉? 策所云解兵而去者,当得其实,而史不可信也。故论此事者,一考之仲连之书,则史、策之舛误淆混者,皆可得而明矣。于鬯战国策注:"据连书引栗腹之事以疑此二十五字,不如以此二十五字以疑彼。古书之辞率有出入,如张仪说齐,言赵入渑池、割河间以事秦。考其实,仪说齐时未说赵也。盖因后人读书务贵文章可观,不无增饰,而未暇考核。鲍以连书为好事者拟,亦不为无见矣。"钱穆先秦诸子系年 155 节"鲁仲连考"说:"策文误併聊城事于湣、襄、昭、惠之际,其误尤甚于史记。吴师道已详辨之。余谓鲁连此书史公或亦采诸鲁连子十四篇中。鲁连十四篇,如田巴之辨,不帝秦之议,语出后人文饰,皆非当时信史。至此书虽无破绽,亦未能定其果为鲁连手笔与否。惟史、策之误说,则彰灼甚显也。"缪文远战国策新校注说:"此文首尾横决,乃习纵横者练习之作,故其于史事甚疏。"他的另一部著作战国策考辩也说"当系依托"。

四　燕攻齐齐破章

燕攻齐,齐破。闵王奔莒,淖齿杀闵王[①]。田单守即墨之城,破燕兵[②],复齐墟[③]。襄王为太子(徵)〔微〕[④],齐以破燕[⑤],田单之立疑[⑥],齐国之众皆以田单为自立也。襄王立[⑦],田单相之。

过菑水[⑧],有老人涉菑而寒,出不能行,坐于沙中。田单见其寒,欲使后车分〔之〕衣[⑨],无可以分者,单解裘而衣之[⑩]。襄王恶之,曰:"田单之施[⑪],将欲以取我国乎?不早图,恐后之[⑫]。"左右顾无人,岩下有贯珠者[⑬],襄王呼而问之曰:"女闻吾言乎[⑭]?"对曰:"闻之。"王曰:"女以为何若[⑮]?"对曰:"王不如因以为己善。"〔曰:"奈何?"曰〕[⑯]:"王嘉单之善[⑰],下令曰:'寡人忧民之饥也,单收而食之;寡人忧民之寒也,单解裘而衣之;寡人忧劳百姓[⑱],而单亦忧之,称寡人之意[⑲]。'单有是善,而王嘉之。(善)〔嘉〕单之善[⑳],亦王之善已[㉑]。"王曰:"善。"乃赐单牛酒,嘉其行。

后数日,贯珠者复见王曰:"王至朝日,宜召田单而揖之于庭,口劳之。"乃布令求百姓之饥寒者收谷之[㉒]。乃使人听于闾里[㉓]。闻丈夫之相与语[㉔],举曰[㉕]:"田单之爱人,嗟乃王之教泽也[㉖]!"

【注释】

①闵王:见东周策第十六章注②。 淖齿:见秦策三第十章注⑳。
淖齿杀闵王在周赧王三十一年,当齐闵王十八年。唐兰苏秦事
迹简表、杨宽战国大事年表均系于齐闵王十七年。 莒:见西
周策第十四章注④。

②田单破燕兵,见第三章注㉗。

③复齐墟:收复了齐国的失地。 墟:同"虚",说文丘部:"虚,大
丘也,古者九夫为井,四井为邑,四邑为丘,丘谓之虚。"

④襄王为太子微:齐襄王作太子时,逃跑躲藏起来。 孙诒让札
迻:"此'徵'当为'微',亦形之误,襄王易姓名,为太史敫家庸,
故曰:'微'也。" 建章按:尔雅释诂"隐、匿、蔽、窜,微也"注:
"微,谓逃藏也。"说文彳部:"微,隐行也。"当从孙说改"徵"为
"微"。

⑤以:通"已",鲍本即作"已"。

⑥田单之立疑:田单对于立"襄子"为国君犹豫不决。

⑦襄王:见齐策六第一章注㉑。

⑧菑:通"淄",见齐策三第三章注⑦。

⑨姚校:"一本'分'下有'之'字。" 建章按:有"之"字是,当据一
本补"之"字。

⑩裘:皮衣。 衣:穿。

⑪田单之施:田单笼络人心。国语晋语二"夫齐侯好示,务施与
力,而不务德。"韦注"施,惠也。"又晋语四"施舍分寡"韦注
"施,施德。"刘师培左盦集卷五:"'田单之施'类聚五引作'之
厚施',六十七'厚'又作'惠',则'施'上有脱字。"

⑫后之:我后于田单。意谓田单先下手。

⑬"左右顾"两句:看左右无人,殿堂下有一个串珠的匠人。 说
文"岩"字段玉裁注:"战国策'岩下有贯珠者',汉书(董仲舒

传)游于岩廊之上',皆谓殿下小屋,如厓岩之下可居也。天子之堂九尺,诸侯七尺,其上曰岩廊,其下曰岩下。" 姚校:"元和姓纂引战国策,'齐有贯殊'。则贯姓,殊名,非'贯珠者'。" 于鬯战国策注:"'殊'、'珠'字通,姚定为人姓名,于此文固可通;至下文'贯珠'下似不必复著'者'字,则竟似'贯珠'非姓名。" 建章按:于说是,此当是宫内穿珠之匠人,故两称"贯珠者"。依段说,则此乃回宫后之事。

⑭女:汝,你。

⑮若:如。

⑯姚校:"'王'下刘有'曰奈何曰'。" 建章按:有此四字语义通顺完整。然此四字当在"己善"下,此乃误置"善王"下。

⑰嘉:称赞。

⑱淮南子氾论训"以劳天下之民"高注:"劳,忧也"。礼记曲礼下"某有负薪之忧"疏:"忧,劳也。"则"忧劳"即忧,此犹言忧念。

⑲称寡人之意:很合我的心意。

⑳金正炜战国策补释:"上'善'字涉上下文而衍。" 于鬯战国策注:"通鉴无上'善'字;奚世榦云'上善字疑衍'。黄略改作'嘉'。" 建章按:上文言"嘉单之善",此乃复述上文,"善"当是"嘉"字形似而误。嘉:称赞,嘉奖。

㉑已:裴学海古书虚字集释卷一:"犹'也'也。"

㉒谷:广雅释诂一:"养也。"

㉓听:打听。 闾里:见齐策四第五章注⑲,此指群众中。

㉔"与语"上缺一字。于鬯战国策注:"'与'上一格疑非阙,姚校其前一行正多一字也。" 丈夫:古时二十岁成年男子称丈夫,此处泛指群众。

㉕"曰"上缺四字。黄丕烈战国策札记:"疑本有姚氏校语而删去者。"鲍本无缺字。 左襄六年传"君举不信群臣乎"注:"举,

皆也。"

㉖"田单之爱人"两句：田单的爱民，这是大王教导的结果呀。

裴学海古书虚字集释卷八："嗟，犹'此'也。"举此句为例。

泽：恩泽。封建社会皇帝或官吏给予臣恩惠叫"恩泽"。

五　貂勃常恶田单章

貂勃常恶田单曰①："安平君小人也②。"安平君闻之，故为酒而召貂勃曰③："单何以得罪于先生，故常见誉于朝④?"貂勃曰："跖之狗吠尧⑤，非贵跖而贱尧也，狗固吠非其主也。且今使公孙子贤而徐子不肖⑥，然而使公孙子与徐子斗，徐子之狗犹时攫公孙子之腓而噬之也⑦。若乃得去不肖者而为贤者狗⑧，岂特攫其腓而噬之耳哉⑨?"安平君曰："敬闻命。"明日，任之于王⑩。

王有所幸臣九人之属⑪，欲伤安平君⑫，相与语于王曰："燕之伐齐之时，楚王使将军将万人而佐齐⑬。今国已定而社稷已安矣⑭，何不使使者谢于楚王⑮?"王曰："左右孰可?"九人之属曰："貂勃可⑯。"貂勃使楚，楚王受而觞之⑰，数日不反。九人之属相与语于王曰："夫一人身而牵留万乘者⑱，岂不以据势也哉⑲?且安平君之与王也，君臣无礼而上下无别。且其志欲为不善⑳。内（牧）〔收〕百姓㉑，循抚其心㉒，振穷补不足㉓，布德于民㉔，外怀戎、翟，天下之贤士㉕，阴结诸侯之雄俊豪英㉖，其志欲有为也㉗，愿王之察之。"异日㉘，而王曰："召相单来。"田单免冠徒跣肉袒而进㉙，退而请死罪。五日，而王曰："子无罪于寡人，子为子之臣礼，吾为吾之王礼而已矣。”

貂勃从楚来㉚，王(赐)〔觞〕诸前㉛，酒酣，王曰：“召相田单而来。”貂勃避席稽首曰㉜：“王恶得此亡国之言乎㉝？王上者孰与周文王㉞？”王曰：“吾不若也。”貂勃曰：“然，臣固知王不若也。下者孰与齐桓公㉟？”王曰：“吾不若也。”貂勃曰：“然，臣固知王不若也。然则周文王得吕尚以为太公㊱，齐桓公得管夷吾以为仲父㊲，今王得安平君而独曰‘单’㊳。且自天地之辟，民人之治㊴，为人臣之功者，谁有厚于安平君者哉㊵？而王曰‘单’(单)㊶。恶得此亡国之言乎？且王不能守先王之社稷㊷，燕人兴师而袭齐墟，王走而之城阳之山中㊸。安平君以惴惴之即墨㊹——三里之城，五里之郭㊺——敝卒七千㊻，禽其司马㊼，而反千里之齐㊽，安平君之功也。当是时也，阖城阳而王(城阳)，天下莫之能止㊾。然而计之于道，归之于义㊿，以为不可(51)，故为栈道木阁(52)，而迎王与后于城阳山中，王乃得反，子临百姓(53)。今国已定，民已安矣，王乃曰‘单’，且婴儿之计不为此。王不亟杀此九子者以谢安平君(54)，不然，国危矣。”

王乃杀九子而逐其家，益封安平君以夜邑万户(55)。

【注释】

①貂勃：齐人，又作“刁勃”。　田单：见秦策三第十章注③。顾观光战国策编年、林春溥战国纪年并附此策于周赧王三十六年、齐襄王五年(前279年)，于鬯战国策年表系于周赧王三十八年。

②安平君：据史记田单列传齐襄王入临菑，封田单，号曰安平君。

又田敬仲完世家"襄王在莒五年入临菑",则封安平君当在前279年。

③故为酒而召貂勃曰:田单特别准备了酒宴,请貂勃赴宴,并对他说。　故:刘琪助字辨略卷四"特也"。　召:淮南子修务训高注:"犹'请'也。"

④"单何以"两句:我有什么得罪了先生,而在朝廷常常跟我过不去啊?　徐仁甫广古书疑义举例说:"貂勃明明毁谤田单,而田单偏谓之'见誉于朝'者,这是正言实反。这是说话的艺术,不能不这样。曾说:'誉,一作恶。'假如改为'见恶于朝',岂不唐突了吗?这就由于他不懂得正言实反这种修辞法。"　见誉:鲍注:"不欲正言其毁。"　姚校:"曾、一'誉'作'恶'。"

⑤跖之狗吠尧:各为其主。意思是说,只要给他好处,就会为你服务。如同狗被主人豢养,它就会为主人去咬别人;即使主人是大盗,它也会去咬圣王。　跖(zhí直):先秦传说中起义军领袖。古书说他是"大盗",故与古人认为的"圣王"尧对举。吠(fèi肺):狗叫。　尧:见秦策一第二章注㉒。

⑥于鬯战国策注:"此二人必亦被召者,当时在饮酒,故即借言之。"

⑦鲍本"时"作"将"。　于鬯战国策注:"作'将'盖是。"　建章按:管子小匡"可立而时",王念孙读书杂志:"齐语作'诚可立而授之'韦注曰'言可立以为大官而授之事也',此作'可立而时'者,'之'、'时'古字通,又脱'授'字耳。古'时'字作'旹',以'坐'为声,故二字可以通用。吕氏春秋胥时篇(按:即首时篇)'事在当时'作'事在当之',汉书张苍传'草立土德,时历制度',史记'时'作'之'。"裴学海古书虚字集释卷九:"之,犹'且'也,犹'将'也。"又"且,将也。"故"犹时"即"犹之""犹且""犹将",不必以为误。　攫(jué决):抓取。　腓(féi肥):腿

肚子。　噬(shì试)：咬。

⑧若乃得去不肖者而为贤者狗：至于让那只狗离开无能者，而找贤者当它的主人。　若乃：裴学海古书虚字集释卷七："转语词也。犹言'若夫'。'若夫'，'至乎'也。"

⑨岂特攫其腓而噬之耳哉：那岂止仅仅咬腿肚子而已。　特：只，仅仅。　耳：而已。

⑩明日任之于王：第二天，安平君上朝向齐王推荐了貂勃。　任：保举，推荐。

⑪幸：亲，爱，宠，信。

⑫伤：害。

⑬楚王：顷襄王，见秦策一第五章注⑩。　将军：指淖齿，见秦策三第十章注⑳。　于鬯战国策注："淖齿之来，实乐毅之诈谋，齐人不知，故犹以为'佐齐'。"

⑭社稷：见秦策一第五章注⑯。　安：定。

⑮于鬯战国策注引戴文光说："淖齿弑闵王，父仇未报，而遣使谢之，小人之愚君如此。"

⑯鲍注："欲去单之助。"使田单在朝廷孤立。

⑰觞：古代酒杯。　觞之：言设酒宴款待貂勃。

⑱姚校："一本'人'下有'之'字。"　牵：广雅释言"挽也"。　万乘：见秦策一第二章注⑩。此指楚王。

⑲岂不以据势也哉：貂勃在楚国受楚王款待而挽留，这是因为他依仗着国内田单的势力。　据：说文："杖持也。"段玉裁注："谓依杖而持之也。"

⑳志：意。　不善：言田单要谋反。

㉑鲍本"牧"作"收"。　建章按：管子侈靡"强者能守之，智者能牧之"，王念孙读书杂志："'牧'字于义无取，'牧'当为'收'，俗书'收'字作'牧'，与'牧'相似而误。又墨子号令"牧粟米布帛

金钱",王念孙读书杂志:"'牧'当为'收',字之误也。备城门篇'收诸盆瓮',备高临篇'以磨鹿卷收',今本'收'字并讹作'牧'。月令'农有不收藏积聚者,正义'收,俗本作牧。'"则此当据鲍本改"牧"作"收"。　收:争取,收买。

㉒循抚:抚慰,亦作"抚循"。

㉓振:救济。

㉔布:广雅释诂三:"施也。"　德:恩惠,福利。

㉕怀:安抚使归服。　戎:一般泛指我国西部的少数民族。　翟:同"狄",泛指我国北部的少数民族。战国后期,戎、翟融合为匈奴族。　建章按:易师"怀万邦也",高亨周易大传今注说:"尔雅释言:'怀,来也。谓招来。'礼记月令:'聘名士,礼贤者。'(礼贤者,有礼貌地对待贤者。)对"戎、翟"是"怀",对"贤士"是"礼",因为脱一"礼"字,则戎、翟和"贤士"都用一个"怀"字,显然,这不符合词的搭配要求。当于"天"上补一"礼"字。资治通鉴正作"礼天下之贤士"。

㉖雄:能力出众的人。　俊:才智出众的人。　豪:才能或力量出众的人。　英:才能或智慧出众的人。　阴结:暗中交结。

㉗有为:有所作为。指阴谋篡权。

㉘异日:他日。

㉙免冠:脱帽。　徒跣(xiǎn 险):赤脚步行。　肉袒:去衣露体。免冠徒跣肉袒:古时谢罪时表示恭敬或惶恐。

㉚来:左文七年传注:"犹'归'也。"

㉛吴补:"恐'赐'乃'觞'之讹。"　金正炜战国策补释:"'赐'当从吴说作'觞',穆天子传'觞天子于盘石之上',郭注'觞者所以进酒',因云觞耳。"　建章按:秦策五第七章"将军战胜,王觞将军",庄子徐无鬼"仲尼之楚,楚王觞之",吕氏春秋恃君览达郁"管仲觞桓公",诸"觞"字皆用作动词,意为"进酒"。前文亦

有"楚王受而觞之",见注⑰。吴说可从,当改"赐"作"觞"。

㉜避席:见秦策五第五章注㉖。 稽首:叩头至地,为最恭敬的跪拜礼,一般为臣拜君之礼。见秦策二第六章注⑲。

㉝恶:何。 吕氏春秋孟春纪贵公"昔先圣王之治天下也,必先公,公则天下平矣,平得于公。"高注"得,犹出也"。

㉞王上者孰与周文王:大王上与周文王比怎么样? 周文王:见秦策一第二章注㉖。

㉟齐桓公:见东周策第十一章注⑨。

㊱吕尚:见秦策一第二章注㉑。

㊲管夷吾:见东周策第十一章注⑪。

㊳独:王引之经传释词卷六"何也"。

㊴姚校:"'治'曾作'始'。" 于鬯战国策注:"字通,此当读'治'为'始'。" 建章按:管子君臣下"是故始于患者不与其事",于省吾双剑誃诸子新证:"'始'应读作'治',始、治并谐'台'声。史记夏本纪'来始滑',索隐曰'古文尚书作在治忽';书盘庚序'将治亳殷',正义引束皙云'孔子壁中尚书将始宅殷'。"可为"治""始"通之证。墨子尚同下"胡不审稽古之治为政之说乎",俞樾诸子平议:"'治'字乃'始'字之误。"淮南子本经训"太清之始也",王念孙读书杂志:"'始'当为'治',字之误也。"皆可为"治""始"相通之证,不必以为"误"。

㊵有:裴学海古书虚字集释卷二:"犹'能'也。" 厚:多,重,大。

㊶王念孙读书杂志:"此衍一'单'字,下文'今国已定,民已安矣。王乃曰单',鲍于'单'下补一'单'字,吴谓'与前连举不同',皆非也。上文曰'周文王得吕尚以为太公,齐桓公得管夷吾以为仲父,今王得安平君,而独曰单','单'字不连举,此文即承上言之,亦不当连举也。" 建章按:此非史记张丞相列传状周昌之口吃"期期"者,亦非状貌勃之怒气者,复"单"字无谓。王说

是,当删"单"字。

㊷鲍本"先"作"乎"。　建章按:墨子节葬下"夫众盗贼而寡治者",王念孙读书杂志:"'夫'字承上文而言,旧本'夫'讹作'先',今改正。"疑此"先"亦"夫"字之讹。

㊸第一章"田单复齐,遽迎太子于莒",则城阳即莒,今山东省莒县。

㊹金正炜战国策补释:"'惴'当作'偁',广韵'小也',字亦作'颛',汉书贾捐之传'颛颛独居一海之中',师古曰'颛与专同,专专犹区区也'。潜夫论救边篇'昔乐毅以博博之小燕破灭强齐','博博'、'颛颛'并同音而通假。"　于鬯战国策注:"尔雅释训云'惴惴,惧也。'邵晋涵正义云'惴惴,危惧也'。或作'区区'之义,似逊。"　建章按:金所引潜夫论正说明"博博"作"区区"解,"博博之小燕"与"强齐"对,此策下句言"三里之城、五里之郭"皆言"区区"之意。故此取金说,然不必"惴当作偁",惴惴、博博、颛颛并通耳。然"惴惴"作"岌岌可危"解亦通。又潜夫论救边汪继培笺:"'博博'即'惴惴'之误,'颛颛'与'惴惴'同。颛与专同,专专犹区区。"则"惴惴"即"区区"。

㊺"城"是内城,"郭"是外城。绕内城三里,绕外城五里。此指即墨。

㊻敝:疲,败。

㊼鲍注:"司马,主兵之官,谓骑劫。"骑劫:燕将。

㊽而反千里之齐:收复千里的失地。反:复,恢复。

㊾鲍注:"不通王而自王。"　吴补:"春秋后语'阖'作'舍'。下'城阳'二字因上文衍。"　金正炜战国策补释:"王冰素问阴阳离合论注'阖者,所以操禁锢之权'。作'阖'自通。'城阳天下'当从吴说衍'城阳'二字。"　建章按:从金说。此言田单败燕收复失地,国内人民拥戴,如果他在此时"挟持在城阳的襄王

而自立为王"（阖城阳而王），"天下莫之能止"。　王：读第四声，用作动词。

㊿"然而"两句：安平君完全从道义出发。计：考虑。　归：趋向，亦犹考虑。

51以为不可：认为不能违背道义。　可：能。

52栈道：在悬崖绝壁上凿孔支架木桩，铺上木板而成的架空的通道。亦称栈阁。后汉书隗嚣传："白水险阻，栈阁绝败。"李注："栈阁者，山路悬险，栈木为阁道。"此"栈道木阁"即"栈道"。

53子：秦策一第二章注53。　临：说文"监临也。"有治理的意思。　子临百姓：象对待孩子一样去治理百姓。义即治理国家。

54王引之经传释词卷十："不，词也。"则"王不亟杀"即"王亟杀。"亟：急立刻。　此九子：即"所幸臣九人之属"。　谢：请罪，道歉。

55益封安平君以夜邑万户：更将夜邑万户的收入给安平君田单。即增加夜邑为其封地。　益：更加，增。　夜邑：今山东省莱州市。

六　田单将攻狄章

田单将攻狄①，往见鲁仲子②，仲子曰："将军攻狄，不能下也。"田单曰："臣以五里之城，七里之郭③，破亡余卒，破万乘之燕④，复齐墟⑤，攻狄而不下何也？"上车弗谢而去⑥。遂攻狄，三月而不克之也⑦。

齐婴儿谣曰⑧："大冠若箕⑨，修剑拄颐⑩，攻狄不（能）下，垒〔于〕（枯）〔梧〕丘⑪。"田单乃惧。问鲁仲子曰："先生

谓单不能下狄<u>狄</u>,请闻其说。"<u>鲁仲子</u>曰:"将军之在<u>即墨</u>,坐
而织蒉^⑫,立则丈插^⑬,为士卒倡曰^⑭:'可往矣,宗庙亡矣,云
(曰)〔白〕尚矣,归于何党矣!'^⑮当此之时,将军有死之心,
而士卒无生之气,闻若言^⑯,莫不挥泣奋臂而欲战^⑰,此所以
破燕也。当今将军,东有<u>夜邑</u>之奉,西有<u>菑上</u>之虞^⑱,黄金
横带,而驰乎<u>淄</u>、<u>渑</u>之间^⑲,有生之乐,无死之心,所以不胜
者也。"<u>田单</u>曰:"<u>单</u>有心^⑳,先生志之矣^㉑。"

明日,乃厉气循城^㉒,立于矢、石之所(乃)〔及〕^㉓,援枹
鼓之^㉔,<u>狄</u>人乃下。

【注释】

①<u>田单</u>:见<u>秦策三</u>第十章注③。<u>狄</u>:即"<u>翟</u>",见第五章注㉕。

②<u>鲁仲子</u>:<u>鲁仲连</u>,见<u>齐策三</u>第八章注②。

③五里之城七里之郭:指<u>即墨</u>,第五章作"三里之城,五里之郭",
　　见注㊺。

④万乘:见<u>秦策一</u>第二章注㊿。

⑤复齐墟:见第四章注③。

⑥上车弗谢而去:<u>田单</u>因怒气而失礼。　谢:告辞。

⑦克:胜。

⑧婴儿谣:童谣,在儿童中流行的歌谣,形式比较简短。

⑨大冠:武官所戴之帽。　箕:簸箕。

⑩修:长。　拄:支。　颐:腮。<u>于鬯战国策注</u>:"<u>汉书盖宽饶传</u>云
　　'初拜为司马,冠大冠,带长剑。'则此司马之容也。"

⑪<u>姚校</u>:"能,音泥;丘,音溪。<u>晁</u>改作'垒于梧丘',<u>说苑</u>同。"　<u>鲍</u>
　　注:"垒,军壁也。言大不能降一垒,小不能枯一丘,言无人物。"
　　<u>吴补</u>:"<u>吴氏</u>韵补能,叶年题反;丘,叶法其反。<u>庐陵刘氏</u>请垒枯

577

丘,谓空守一丘为垒。说苑'攻狄不能下,垒于梧丘',齐景公田于梧,地名也。一本引北堂书钞同说苑无'能'字,一本'垒枯骨成丘',通鉴从之。各有不同,似'梧丘'义长。"王念孙读书杂志:"鲍、刘说皆谬,一本作'垒枯骨成丘',亦后人臆改。此当从说苑作'攻狄不下,垒于梧丘',于文为顺,于义为长。(今本说苑作'攻狄不能下','能'字亦后人据齐策加之,一本引说苑无'能'字者是。)北堂书钞引策文正与说苑同,今策文作'攻狄不能下','能'字因上文'将军攻狄不能下'而误衍耳。韵补以'能'字绝句,而以'下垒'连读,则文不成义矣。"于鬯战国策注:"'垒于梧丘'者,谓攻狄不下,故筑垒于梧丘之上,为守计也。"建章按:王说是,当据说苑、北堂书钞丘钞改作"攻狄不下,垒于梧丘"。"箕""颐"皆属"之"部,"丘"属段玉裁六书音均表第一部,"之"部字在第一部,故箕、颐、丘协韵。说文"丘"段注:"古音在一部,读如'欺'。"童谣大意说:高高的战帽象簸箕,长长的宝剑与人齐;攻打狄城不能下,梧丘筑垒空悲戚。

⑫而:王引之经传释词卷七:"犹'则'也。" 蒉(kuì 溃):盛土的草包。

⑬丈插:同"杖锸"。说文:"杖,持也。"锸(chā 插):挖土的工具。

⑭为士卒倡曰:身先士卒,号召他们说。 史记陈涉世家"为天下唱",索隐:"汉书作'倡';倡,谓先也。说文云'倡,首也。'"

⑮姚校:"别本'无可往矣,宗庙亡矣,今日丧矣,归何党矣'。说苑'宗庙亡矣,魂魄丧矣,归何党矣'。" 黄丕烈战国策札记:"此'曰'字当作'白','云白'者'魂魄'之省文。'尚'读为'儻',即说苑之'魂魄丧矣'。" 于鬯战国策注:"公羊文十三年传何诂云'党,所也;所,犹是齐人语也。'然则此齐歌,亦齐人语。"建章按:"可"通"何",见王念孙读书杂志晏子春秋外篇第二

章,又见睡虎地秦墓竹简第150页释文。"云曰"当从黄说。原义是:"往何处去呢? 国家要亡了,魂不在身了,无家可归了。"根据前后文大意是说:勇敢地杀上战场,神圣的祖国将要灭亡,我们个个就会到坟场,只有一条路,勇敢地杀上战场。

⑯若:王引之经传释词卷七:"犹'此'也。"

⑰泣:广稚释言:"泪也。"

⑱说苑"奉"作"封",太平御览卷三一一决战览引"奉"作"封"。艺文类聚衣冠部、通鉴并作"奉"。通鉴胡注"此盖言安平封邑益之以夜邑,夜邑在安平东,淄水在安平西,夜邑有租赋之奉,淄上有游观之乐。" 建章按:"奉""封"义并可通,各依本文可也。 虞:通"娱"。 菑上:即淄上,见齐策三第三章注⑦。

⑲黄金横带:此言腰间横挎着宝剑,发出闪闪的金光。 淄:见齐策三第三章注⑦。 渑:渑水,在今山东省淄博市临淄区西北。

⑳有心:有殊死、决死之心。上文言"有死之心""所以破燕";以后"无死之心""所以不胜"。

㉑单有心先生志之矣:我有决死之心,先生您就看吧。 志:礼记哀公问注:"读'识',知也。"

㉒厉气:激励士气。汉书百官公卿表上"中尉、秦官,掌徼循京师",汉纪孝惠纪"徼循"作"徼巡",汉书外戚赵皇后传"逡循固让",史记司马相如列传"逡巡避席",吕氏春秋孟夏季"命司徒循行县鄙"于鬯香草续校书"月令记宋本'循'作'巡'。"则"循""巡"古本通用。则此"循城"即巡行视察敌人的防务情况。

㉓立于矢石之所及:选择箭、弩能命中敌人的优越地势。 姚校:"刘本'乃'作'及'。" 金正炜战国策补释:"刘本作'立于矢、石之所及',是也,'乃'字涉上、下文而误。吕览贵直篇:'简子乃去犀蔽屏橹,而立于矢、石之所及,一鼓而士毕乘之。'注:

'及、至也。'又韩非外储说:'简子乃去楯橹,立矢、石之所及,鼓之,而士乘之,战大胜。'与此文并同。" 建章按:管子问"以重任行畏途,至远期,唯君子乃能及"王念孙读书杂志:"'唯君子乃能矣'本作'唯君子为能及矣',今本脱'为'字,'及'误为'乃',又误在'能'字上,群书治要、北齐书并作'唯君子为能及矣'。"淮南子俶真训"乃至神农黄帝",读书杂志:"'乃'当为'及',字之误也,文子上体篇正作'及'。"春秋繁露"安容言乃天地之元",俞樾诸子平议:"'乃'是'及'字之误,聚珍本曰'乃,他本作及',当从之。"此"及"易误为"乃"之证。当从刘本改"乃"作"及"。金引韩非子乃是难二之文。

㉔援:持。 枹(fú 浮):鼓槌。 鼓:击。

七 濮上之事章

濮上之事①,赘子死②,章子走③。盼子谓齐王曰④:"不如易余粮于宋⑤,宋王必说⑥。梁氏不敢过宋伐齐⑦。齐固弱⑧,是以余粮收宋也⑨;齐国复强,虽复责之宋,可⑩;不偿⑪,因以为辞而攻之,亦可⑫。"

【注释】

①濮上:濮水之上,指卫、齐接界的部分,今河南省濮阳县南。事:战事。 顾观光战国策编年系此策在周赧王三年,当齐宣王九年,魏襄王七年(前312年)。

②赘子:"赘"是名,如田婴称"婴子",田盼称"盼子"。史记六国年表魏哀(当是'襄'之误)王七年"虏声子于濮",魏世家集解载徐广引年表作"赘子",则今本史记年表作"声子"当误。

③章子:见秦策二第十五章注③。　走:逃。

④盼子:即田盼。竹书纪年魏惠王二十七年十二月"齐田盼败梁马陵",又二十九年"齐田盼及宋人伐我东鄙,围平阳",魏策二第十章"田盼,宿将也。"则盼子是齐国的久经征战的老将。

齐王:宣王,见东周策第一章注④。

⑤庄子则阳"四时殊气,天不赐,故岁成;文武大人不赐,故德备。"于省吾双剑誃诸子新证:"金文'锡'字作'易','赐'字作'睗',亦假'睗'为易。'不赐'即'不易'。"则此"易"即"赐"。说文:"赐,予也。"　宋:见秦策一第四章注②。

⑥宋王:史记宋微子世家:"剔成四十一年,剔成弟偃攻袭剔成,剔成败奔齐,偃自立为宋君,君偃十一年自立为王。"索隐"战国策吕氏春秋皆以偃谥曰康王。"前328年即位,称宋君偃,前318年自立为王,前286年齐闵王与魏、楚灭宋,三分其地。　说:同"悦"。

⑦梁氏:魏国。

⑧固:刘淇助字辨略卷四"实也"

⑨收:合,讨好。

⑩"齐国复强"两句:齐国如果又强盛起来,再可以向宋国讨回我们以前给他们的粮食。　复:又,再。　责:求,讨。　之:王引之经传释词卷九:"犹'于'也。"

⑪偿:说文:"还也。"

⑫因以为辞而攻之亦可:我们也就可以以此为借口出兵进攻宋国。因:则,就。"以"后省介词宾语"之"。　辞:借口。

八　齐闵王之遇杀章

齐闵王之遇杀①,其子法章变姓名,为莒太史家庸夫②。

太史敫女奇法章之状貌^③，以为非常人，怜而常窃衣食之^④，与私焉^⑤。莒中及齐亡臣相聚求闵王子^⑥，欲立之。法章乃自言于莒，共立法章为襄王^⑦。襄王立，以太史氏女为王后，生子建^⑧。太史敫曰："女无谋而嫁者^⑨，非吾种也^⑩，污吾世矣^⑪。"终身不睹^⑫。君王后贤，不以不睹之故失人子之礼也。

襄王卒，子建立为齐王。君王后事秦谨^⑬，与诸侯信^⑭，以故建立四十有余年不受兵^⑮。

秦始皇尝使使者遗君王后玉连环曰^⑯："齐多知^⑰，而解此环不^⑱？君王后以示群臣，群臣不知解。君王后引椎椎破之^⑲，谢秦使曰^⑳："谨以解矣^㉑。"

及君王后病且卒，诫建曰："群臣之可用者某。"建曰："请书之。"君王后曰："善。"取笔牍受言^㉒。君王后曰："老妇已亡矣。^㉓"

君王后死后，后胜相齐^㉔，多受秦间金、玉^㉕，使宾客入秦，皆为变辞^㉖，劝王朝秦，不修攻战之备。

【注释】

①齐闵王之遇杀：见第四章注①。　此章姚本与第七章连篇，鲍本另列一章，据文义，从鲍本。

②莒：见西周策第十四章注④。　太史：复姓。　庸夫：即佣夫，仆人。第二章"太子乃解衣免服，逃太史家，为溉园。"

③敫(jiǎo 矫)：姚校"刘作'徼'"。史记田单列传作"嫩"。　奇：异，特。

④"太史敫"句以下：太史敫的女儿看法章的相貌特异，认为不是

普通人,很爱他,常常偷偷地送给他衣服和吃的。 怜:爱。
窃:不让别人知道。 衣:给别人衣服穿。 食:给别人东
西吃。

⑤私:私通。

⑥莒中:即莒中人。 齐:指齐都临淄。 求:寻找。

⑦襄王:见第一章注㉑。

⑧建:齐王建,见齐策二第五章注③。

⑨管子法法"君臣之会,六者谓之谋",俞樾诸子平议:"说文女部
'媒,谋也',广雅释诂文同,是'谋'与'媒'声近义通。" 女:通
"汝",你。

⑩种:广雅释诂三:"类也。" 非吾种:犹言"非吾家所出",不是
我们家的人。

⑪世:见秦策四第二章注⑧。 污:玷污。 污吾世:犹言给我丢
人现眼。

⑫睹:说文"见也"。

⑬君王后事秦谨:君王后对待秦国很谨慎。 谨:慎,善。

⑭信:广雅释诂一:"敬也。"诚敬。

⑮史记田敬仲完世家:"君王后贤,事秦谨,与诸侯信,齐亦东边海
上,秦日夜攻三晋、燕、楚,五国各自救于秦,以故王建立四十余
年,不受兵。" 于鬯战国策注:"齐经大破后,方谋休息,其事秦
不得不谨,而秦遂其远交之计,事在势也。"

⑯鲍改"始皇"作"昭王",注:"后卒于庄襄之时,不逮始皇也。"
吴补:"字误。" 于鬯战国策注:"御览椎览引策及董(说)(七
国)考引春秋后语并作'始皇',然则后卒王建十六年殆未可信
与?故上文言'四十有余年',玩下文亦似后死不久齐即亡。"
建章按:(1)史记田敬仲完世家"秦王政立,号为皇帝,始君王
后贤",此"始"字当在"为"字下,当作"号为始皇帝"。秦本纪

"子政立,是为秦始皇帝,秦王政立二十六年,初并天下为三十六郡,号为始皇帝,始皇帝五十一年而崩。"据此,君王后当在始皇帝世。(2)又田敬仲完世家"以故王建立四十余年不受兵,君王后死,后胜相齐",据此,"君王后死"不当在王建十六年。则鲍改、吴补均不足据。　使使者:派遣使者。　遗:赠。　玉连环:一个套着一个而不能解开的一串玉环。

⑰知:同"智"。此言,齐国人都很聪明。

⑱王引之经传释词卷六:"能,犹'而'也,'能'与'而'古声相近,故义亦相通。"荀子王霸:"若是则人臣轻职业,让贤而,安随其后。"于省吾双剑誃诸子新证:"'而','能'古音近,字通,'让贤而'即'让贤能'。"　不:即"否"。

⑲椎(chuí 槌):上"椎"字用作名词,即椎子;下"椎"字用作动词,即敲击。　引:国语晋语八韦注:"取也。"

⑳谢:汉书周勃传颜注:"告也。"

㉑谨:表尊敬之意。　以:同"已"。

㉒取笔牍受言:取来笔和木简写遗言。　牍(dú 读):古代写字用的木简。

㉓鲍本"亡"作"忘",注:"详其旨盖怒建之不心受,托以病昏耳。"于鬯战国策注:"卢刻'亡'作'忘'。"　建章按:管子四称"不薪亡己",于省吾双剑誃诸子新证:"'亡'古'忘'字。"

㉔史记田敬仲完世家作"君王后死,后胜相齐",疑衍"死"下"后"字。

㉕间:间谍。

㉖变辞:史记三王世家"齐地多变诈",汉书郦食其传"齐人多变诈",此言因齐相后胜多受秦国间谍的金、玉,所以入秦之宾客反齐后,所言皆符合秦之利益,实为变诈之辞,故言"变辞"。

九　齐王建入朝于秦章

　　齐王建入朝于秦①，雍门司马〔横戟当马〕前曰②："所为立王者为社稷耶？为王(立王)耶③？"王曰："为社稷。"司马曰："为社稷立王，王何以去社稷而入秦④？"齐王还车而反。

　　即墨大夫与雍门司马谏而听之⑤，则以为可可为谋⑥，即入见齐王曰："齐地方数千里，带甲数百万⑦。夫三晋大夫皆不便秦⑧，而在阿、鄄之间者百数⑨，王收而与之百万之众⑩，使收三晋之故地⑪，即临晋之关可以入矣⑫；鄢郢大夫不欲为秦⑬，而在城南下者百数⑭，王收而与之百万之师⑮，使收楚故地，即武关可以入矣⑯。如此，则齐威可立，秦国可亡⑰。夫舍南面之称制⑱，乃西面而事秦⑲，为大王不取也。"齐王不听。

　　秦使陈驰诱齐王内之⑳，约与五百里之地㉑。齐王不听即墨大夫而听陈驰，遂入秦，处之共松柏之间㉒，饿而死。先是，齐为之歌曰㉓："松邪！柏邪！(住)〔往〕建共者客耶㉔！"

【注释】

　　①史记田敬仲完世家："君王后死，后胜相齐，多受秦间金，多使宾客入秦，秦又多予金客，皆为反间，劝王去从朝秦，不修攻战之备，不助五国攻秦，秦以故得灭五国。五国已亡，秦兵卒入临淄，民莫敢格者，王建遂降。"又秦始皇本纪："二十六年，齐王建

与其相后胜发兵守其西界，不通秦。秦使将军王贲从燕南攻齐，得齐王建。"秦始皇二十六年当齐王建四十四年（前221年）。　齐王建：见齐策二第五章注③。

②王念孙读书杂志："'雍门司马前'本作'雍门司马横戟当马前'，今脱去'横戟当马'四字。北堂书钞武功部戟类下出'横戟当马'四字，下引战国策曰'齐王建入朝于秦，雍门司马横戟当马前'，太平御览兵部戟类所引亦如此。司马横戟当马前而谏，故齐王还车而反，事相因而文亦相承也。"　建章按：当依王校补。　雍门：齐都临淄西门名。　司马：武官名。

③王念孙读书杂志："'立王'二字因与上下文相涉而衍，今删。"　建章按："立王"无义，王说是，当删。　社稷：国家的代称。

④去：舍，弃。

⑤即墨：见齐策一第十七章注㉒。　与：王引之经传释词卷一："犹'以'也。"以：因。

⑥姚校："下'可'字一作'以'。"　鲍注："衍'可'字；又疑'可为谋'本注字。"　金正炜战国策补释："下'可'字本作'以'，古书'以'作'㠯'，篆文与'可'字相似，因以致误。"　黄丕烈战国策札记："当作'与'，误作'以'，互易上文'大夫'下'以'，校者改为'与'，因形近而又讹为'可'。"　于鬯战国策注："当改作'与'，草书与'可'相似。"　建章按：姚校可从，黄说难通。

⑦带甲：战士。　鲍改"百"作"十"。　建章按：齐策一第十六章"苏秦说齐宣王曰'齐地方二千里，带甲数十万'"。

⑧夫三晋大夫皆不便秦：赵、魏、韩三国的大夫们都不愿为秦国去谋利。便：利。

⑨阿鄄：见秦策三第六章⑬。

⑩收：合。　鲍改"百"作"十"。

⑪收：收复。

⑫即:则也。　程恩泽国策地名考:"今陕西省朝邑县西南二里,东北有临晋关,春秋时谓之蒲关。"

⑬鄢郢:楚都,此指楚国。

⑭通鉴胡注"城南下即南城之下也;南城,齐威王使檀子所守者。"建章按:史记田敬仲完世家"威王曰,吾臣有檀子者,使守南城,则楚人不敢为寇东取"。则城南当指齐南与楚东接界之地。又仲尼弟子列传"子游既已受业,为武城宰",正义"括地志云' 在兖州,即南城也'。"或即武城。在今山东省费县、枣庄市之间。

⑮鲍改"百"作"十"。

⑯武关:秦国南边的关隘,在今陕西省商南县东南,河南省淅川西北。楚入秦必经之道。

⑰"如此"两句:这样,则可建立齐国强大的威势,可以灭掉秦国。

⑱南面:见齐策四第五章注㉚。　汉书高后纪"惠帝崩,太子立为皇帝,年幼,太后临称制。"注:"天子之言,一曰制书,二曰诏书。制书者,谓为制度之命也,非皇后所得称。今吕太后临朝,行天子事,断决万机,故称制诏。"此言掌握天下的统治权,即所谓称王于天下。

⑲西面:西向。　事:侍,服役。

⑳陈驰:不可考。鲍注:"齐客之入秦者。"　内(nà纳):说文"入也"。　之:指秦。

㉑约与五百里之地:以"五百里之地"为约诱使齐王入秦。　与:以,见注⑤。　以:用,拿。

㉒处之共松柏之间:就把他安置在边远的共邑,居住在荒僻的松柏之间。　共:在今甘肃省泾川县北。此据程恩泽国策地名考引洪亮吉说。

㉓先是齐为之歌曰:史记田敬仲完世家:"王建遂降,迁于共。故齐人怨王建不蚤(早)与诸侯合从攻秦,听奸臣宾客,以亡其国,

歌之曰。"策云"先是",当指齐国亡,秦迁王建处共之后,王建饿死之前。

㉔"松邪！柏邪"句：松树啊！柏树啊！让齐王去共邑饿死的，就是那些善于变诈的宾客啊！　　邪：王引之经传释词卷四"犹'兮'也"。庄子养生主"必有不蕲言而言,不蕲哭而哭者。"注："……不在理上往……"释文："一本'往'作'住'。"列子杨朱"宾客在庭者日百住"注："住,一本作'往'。"淮南子精神训"轻举独住,忽然入冥"王念孙读书杂志："'住'当为'往',谓轻举而独行也,若作'住',则与'忽然入冥'句义不相属矣。隶书从'彳'、从'亻',从'坒'、从'主'之字多相乱,故'往'误为'住'。"汉书地理志"为庐舍,住十余岁",王念孙读书杂志："'往'讹作'住'。"墨子非攻中"往,而靡弊腑冷不反者"毕云："'往',旧作'住',一本如此。"据此"住"当是"往"之误。

往：广雅释诂一："至也。"

十　齐以淖君之乱秦章

齐以淖君之乱秦①。其后秦欲取齐②,故使苏涓之楚,令任固之齐。

齐明谓楚王曰③："秦王欲楚不若其欲齐之甚也④。其使涓来,以示齐之有楚⑤,以资固于齐⑥。齐见楚⑦,必受固⑧。是王之听涓也,适为固驱以合齐、秦也⑨。齐、秦合,非楚之利也。且夫涓来之辞,必非固之所以之齐之辞也⑩。王不如令人以涓来之辞谩固于齐⑪,齐、秦必不合。齐、秦不合,则王重矣。王欲收齐以攻秦⑫,汉中可得也⑬。王即欲以秦攻齐⑭,淮、泗之间亦可得也⑮。"

【注释】

①姚校:"一本'秦'上添'仇'字。" 鲍本编此篇于楚策,于"秦"字上补"事"字。 黄丕烈战国策札记:"鲍所补谬甚,与下文全不合。此有脱,但未详。" "淖君"旧谓楚之"淖齿"。 建章按:淖齿杀齐闵王,在周赧王三十一年(前284年),下文言"王欲收齐以攻秦,汉中可得也。"秦取楚汉中在周赧王三年(前312年),至前284年相隔29年。如依姚校,则此句是说:齐国因淖君之乱仇视秦国。

②取:争取,联合。

③齐明:见东周策第四章注③。

④秦王欲楚不若其欲齐之甚也:秦王想联合楚国不如他想联合齐国更为迫切。

⑤"其使涓来"两句:秦国派苏涓来楚,是对齐国表示秦、楚亲善。有:友。见齐策三第五章注⑤。

⑥以资固于齐:这样来帮助任固在齐国的活动。资:助。

⑦姚于"见"下校:"一作'有'。" 关修龄战国策高注补正:"当作'"见"下有"有"字',言齐见秦有楚交。" 建章按:姚校语有脱误,关说是。此与上文"以示齐之有楚"相应,当作"齐见有楚"。

⑧受:吕氏春秋季春纪圜道高注:"亦'应'也。"犹言"同意","响应"。 "齐见"两句:齐国见秦、楚两国友好亲善,一定会响应任固。

⑨"是王之听涓也"两句:这样,大王同意苏涓,正好是帮助任固去做联合齐、秦的工作。 听:听从。 适:正是,恰恰。 驱:驱使,奔走。

⑩鲍注:"涓之辞必厚楚而薄齐;固之辞必厚齐而薄楚。"

⑪"王不如"句:大王不如派人去齐国把苏涓来楚国说的一套(厚

楚薄齐的）话说出来，让齐国轻慢不相信<u>任固</u>。

⑫收：联合。

⑬<u>汉中</u>：见<u>秦</u>策一第二章注②。

⑭即：<u>王引之</u><u>经传释词</u>卷八："犹'<u>若</u>'也"。

⑮<u>程恩泽</u><u>国策地名考</u>卷四："<u>淮</u>、<u>泗</u>之间即所谓<u>淮北</u><u>泗上</u>也。盖<u>淮水</u>自西而东，<u>泗水</u>自北而南，俱至今<u>清河县</u>合流入海。在其间者今<u>江苏</u>之<u>徐州</u>及<u>淮安</u>北境，<u>山东</u>之<u>济宁</u>及<u>兖州</u>南境、<u>安徽</u>之<u>泗州</u>皆是也。"

战国策注释卷十四

楚 策 一

楚:亦称荆,芈(mǐ 米)姓国。周成王(前 1063 年—前 1027年)封文王、武王以来功臣后裔,熊绎被封为子爵,这是楚受封之始,都丹阳(今湖北省秭归县东)。熊绎的祖先就是归附周文王、随周武王伐纣的苗人酋长。西周时期熊绎子孙不断扩大领土,立国号为楚。东周时期,楚更强大,前 704 年楚君熊通(第十七君,本子爵,僭称王,前 740 年—前 690 年)自号武王,其子文王熊赀(第十八君,前 689 年—前 677 年)迁都郢(今湖北省江陵县北之纪南城),国土方千里,楚在春秋时先后并吞四十五国,疆土最大。楚庄王(第二十二君,前 613 年—前 591 年)为春秋五霸之一。楚昭王(第二十八君,前 515 年—前 488 年)十二年(前 504 年)迁都鄀,称鄀郢(今湖北省宜城市东南)。楚惠王(第二十九君,前 488 年—前432 年)五十六年(前 433 年)前曾迁都西阳(今湖北省黄冈市东),后又迁回鄀郢。楚顷襄王(第三十七君,前 298—前 263 年)二十一年(前 278 年)由鄀郢徙都于陈(今河南省淮阳县)楚考烈王(第三十八君,前 262 年—前 238 年)二十二年(前 241 年)又徙都寿春(今安徽省寿县)。楚王负刍(第四十一君,前 227 年—前 223 年)

五年(前 223 年)秦灭楚。其疆域从今四川省东端起,有今湖北省全部,兼有今湖南省东北部、江西省北部、安徽省北部、陕西省东南部、河南省南部、江苏省淮北中部。全境西北和秦接界,北与韩、郑、宋接界,东和越接界,西和巴接界,南和百越接界。

张正明楚都辨说:"楚国迁都计有八次:第一次,由丹淅丹阳迁荆山丹阳;第二次,由荆山丹阳迁今称楚皇城的郢;第三次,由今称楚皇城的郢迁今称纪南城的郢;第四次,由今称纪南城的郢迁上鄀;第五次,由上鄀迁今称纪南城的郢;第六次,由今称纪南城的郢迁陈;第七次,由陈迁巨阳;第八次,由巨阳迁寿春。"(江汉论坛 1982 年第 4 期)何光岳荆楚的来源及其迁移说:"楚共迁都十次,可考的有七处。"(求索 1981 年第 4 期)

一　齐楚构难章

齐、楚构难[①],宋请中立[②]。齐急宋,宋许之[③]。子象为楚谓宋王曰[④]:"楚以缓失宋[⑤],将法齐之急也[⑥]。齐以急得宋,后将常急矣。是从齐而攻楚[⑦],未必利也。齐战胜楚,势必危宋;不胜,是以弱宋干强楚也[⑧]。而令两万乘之国常以急求所欲[⑨],国必危矣。"

592 【注释】

①难(nàn):公羊隐四年传注:"兵难也。"　构难:接兵,作战。
于鬯战国策年表系此策于周赧王三年(前 312 年)。
②请:广雅释诂三:"求也。"　宋:见秦策一第四章注②。
③急:迫,胁迫。　许之:同意助齐。
④宋王:王偃,见齐策六第七章注⑥,此在王偃十七年。

⑤楚以缓失宋:楚国因为没有胁迫宋,所以失掉宋国的援助。

⑥法:效法。

⑦从:随,跟。

⑧干:犯,触犯。

⑨"而令"句:如果宋国让两个万乘之国齐、楚经常进行胁迫,以达

到各自的愿望。 而:王引之经传释词卷七:"犹'如'也。"

万乘:见秦策一第二章注㊿。

二 五国约以伐齐章

五国约以伐齐①。昭阳谓楚王曰②:五国以破齐,秦必
南图③。"楚王曰:"然则奈何?"对曰:"韩(氏辅)〔珉转〕国
也④,好利而恶难⑤。好利,可营也⑥;恶难,可惧也⑦。我厚
赂之以利⑧,其心必营;我悉兵以临之⑨,其心必惧(我)⑩。
彼惧吾兵而营我利,五国之事必可败也。约绝之后,虽勿
与地⑪,可。"楚王曰:"善。"

乃命大公事之韩,见公仲曰⑫:"夫牛阑之事⑬,马陵之
难⑭,亲(王)〔主〕之所见也⑮,王苟无以五国用兵⑯,请效列
城五⑰,请悉楚国之众也,以嗌于齐⑱。"

(齐之)〔韩人〕反赵、魏之后⑲,而楚果弗与地,则五国之
事困也⑳。

【注释】

①姚校:"刘作'约秦'。" 鲍本"齐"下有"秦"字,注:"衍'齐'
字。秦惠后七年,赵、韩、魏、燕、齐共攻秦,此十二年。" 吴补:

"'齐'字疑误衍。"又正:"五国伐秦可考,策并言齐不可考。怀王为从长,率五国伐秦之明年,齐败魏、赵于观津,即策所谓'齐反赵、魏'者欤?" 于鬯战国策注:"此策年不可考。" 建章按:此仍依姚本。

②昭阳:见秦策一第十三章注⑳。

③"五国以"两句:五国与齐战,消耗了力量,秦必乘机南攻楚。鲍本无"破"下"齐"字。 以:裴学海古书虚字集释卷一:"犹'若'也。"

④姚校:"钱集'辅'作'转'。" 鲍注:"言可为楚之助。" 关修龄战国策高注补正:"盖转变无定,下文乃说其事。" 于鬯战国策注:"或云'辅国,言其国小不能自立,不辅秦即辅楚。'与作'转'义可通。" 金正炜战国策补释:"下文云'好利恶难',则不得以国言。疑此文本作'韩珉专国也','珉'损为'民',复误为'氏','辅'当从钱作'转',广雅释言'专,转也',因借'转'为'专'。'其心必营','其心必惧',皆谓珉也,故楚王遂'命大公事之韩见公仲','公仲'即'珉'字。" 建章按:逸周书大明武篇"艺因伐用,是谓强转,"王念孙读书杂志:"'转',当为'辅',字之误也;辅,助也。"此可为"转""辅"易互误之证。汉书卷三十五吴王濞传"燕王北定代、云中,转胡众入萧关"王念孙读书杂志:"'转'读为'专',专,谓统领之也。史记作'抟',索隐云'抟,音专;专,谓专统领胡兵。'又田仲敬完世家'抟三国之兵',徐广曰'抟,音专。专,犹并合制领之谓也。'下文云'王专并将其兵'义与此同。专、抟、转声相近,故'专'又通作'转'。"则金说可从,'辅'字难通。当改"氏"作"珉","辅"作"转"。 此句言:韩相国韩珉在国内独断专行。

⑤好利而恶难:贪图私利,害怕危难。 好:喜爱。 恶:憎,畏。

⑥好利可营也:贪图私利,可以利诱他。 营:吕氏春秋孟夏季尊

师高注:"惑。"即"诱惑"。

⑦恶难可惧也:害怕危难,可以威胁他。 惧:使惧;使动用法。

⑧此句当作"我厚赂以利之",与下句"我悉兵以临之"相对为文。 赂:赠,送。

⑨临:威胁,进逼。

⑩鲍本无"惧"下"我"字。 建章按:据以上各句,此"我"字衍,当据鲍本删。

⑪与地:指上文"厚赂",割地。

⑫大公事:未详,或为官名。 公仲:韩相国,即上文"韩珉"。

⑬牛阑之事:未详。于鬯战国策注:"今河南汝州鲁山县仍有牛阑水,入滍水,战国时为楚境,盖韩伐楚,楚与韩战于此,必楚胜韩败,引之所以惧韩也。"

⑭马陵之难:周显王二十八年(前341年),齐败魏于马陵。齐策一第七章马陵之役"魏破,韩弱,韩、魏之君因田婴北面而朝田侯。" 于鬯战国策注引此说:"韩实不得其利,且以见齐兵之劲。引之亦以惧韩也。"

⑮鲍本"王"作"主",注:"主,谓公仲。" 金正炜战国策补释:"作'主'是也,郑司农周礼太宰注'主,谓公卿大夫。'韦昭国语解'大夫称主。'" 建章按:当据鲍本改"王"作"主"。见第十七章注③。 亲主之所见也:即"主之所亲见也",都是您亲身了解的。 见:知。见西周策第九章注⑰。

⑯"王苟"句:大王如果不与五国联合伐齐。 以:广雅释诂三:"与也。"

⑰效:献出。 列城:诸城,如"列位""列国"。 此即上文"营我利"。

⑱"请悉"句:(不然)我们就出动全部兵力和齐国共同对敌。诗小雅鹿鸣之什常棣"兄弟阋于墙",释文:"墙,本或作'廧'。"

释名释宫室:"墙,障也,所以自障蔽也。"障蔽,即"抵御"之义。

⑲金正炜战国策补释:"'齐'当作'韩',承上'齐'字而误。上'之'字当从鲍本作'人'。" 建章按:墨子明鬼下"而有复信众之耳目之请哉",孙诒让墨子间诂:"'众之'疑当作'众人',下同。"庄子知北游"唯无所伤者为能与人相将迎",于省吾双剑誃诸子新证:"敦煌古抄本'人'作'之'。"韩非子五蠹"楚之有直躬",陈奇猷韩非子集释:"松皋园曰'之字为人字之误。'案,本书'人'、'之'二字多互误。"此皆可作"人"误作"之"之证。上文言韩"惧吾兵而营我利,五国之事必可败也。约绝之后,虽勿与地,可。"此言"楚果弗与地",正与上文相应。上文言"韩",此亦当为"韩","齐"字当从金说改作"韩"字。 此句言韩国与赵、魏两国解约以后。

⑳"则五国"句:五国联合谋齐之事就落了空。 国语晋语三"知而背之,不信;谋而困人(按:'人'疑当作'之'),不智"注:"谋不中为困。"

三 荆宣王问群臣章

荆宣王问群臣曰①:"吾闻北方之畏昭奚恤也②,果诚何如③?"群臣莫对④。江一对曰⑤:"虎求百兽而食之⑥,得狐,狐曰:'子无敢食我也⑦。天帝使我长百兽⑧,今子食我⑨,是逆天帝命也⑩。子以我为不信,吾为子先行,子随我后,观百兽之见我而敢不走乎⑪?'虎以为然,故遂与之行。兽见之皆走。虎不知兽畏己而走也,以为畏狐也。今王之地方五千里⑫,带甲百万⑬,而专属之昭奚恤⑭。故北方之畏奚恤也,其实畏王之甲兵也,犹百兽之畏虎也。"

【注释】

①荆宣王:楚宣王,见齐策一第十章注⑤。

②北方:指当时中原各诸侯国。韩非子内储说下说四"昭奚恤之用荆也",陈奇猷集释引尹桐阳曰:"昭姓,奚恤名,楚宣王时为令尹。"楚国未设将军,对外作战时,令尹也是全国最高军事统帅。

③果诚何如?:到底怎么样? 果:广雅释诂一:"信也。"信,亦诚。 果诚:犹言果真,真的,到底。

④群臣莫对:群臣无一人回答。 莫:裴学海古书虚字集释卷十:"'无'也。"

⑤江一:又作"江乙"(第四章),又作"江尹"(第六章),又作"江乞"(韩非子内储说上七术)。于鬯战国策注:"乙、乞、一皆迭韵,尹、一双声,并得通用。"

⑥求:索,找,寻。

⑦无:裴学海古书虚字集释卷十:"犹'不'也。"

⑧天帝:上天。 使:派。 长百兽:做群兽的领袖。长:广雅释诂一:"君也。"此用作动词。

⑨今:王引之经传释词卷五:"犹'若'也。"

⑩是:此。 逆:违背。

⑪走:逃跑。

⑫方五千里:二千五百万平方里。

⑬带甲:战士。

⑭属:吕氏春秋孟春纪贵公高注:"托也。"此言由昭奚恤独揽大权。

四 昭奚恤与彭城君议于王前章

昭奚恤与彭城君议于王前①,王召江乙而问焉②。江乙曰:"二人之言皆善也,臣不敢言其后,此谓虑贤也③。"

【注释】

①昭奚恤:见第三章注②。　彭城君:于鬯战国策注疑即齐靖郭
君田婴。　彭城:今江苏省徐州市。　王:楚宣王,见齐策一第
十章注⑤。

②江乙:见第三章注⑤。

③"臣不"两句:我不敢对他们的话发表议论,(否则)这将是议论
贤者。　虑:广雅释诂四:"议也。"

五　邯郸之难章

邯郸之难①,昭奚恤谓楚王曰②:"王不如无救赵③,而以
强魏④;魏强,其割赵必深矣⑤。赵不能听⑥,则必坚守,是两
弊也⑦。"

景舍曰:"不然,昭奚恤不知也⑧。夫魏之攻赵也,恐楚
之攻其后。今不救赵,赵有亡形,而魏无楚忧,是楚、魏共
赵也⑨。害必深矣⑩!何以'两弊'也?且魏(令)〔全〕兵以
深割赵⑪,赵见亡形,而有楚之不救己也⑫,必与魏合而以谋
楚。故王不如少出兵,以为赵援。赵恃楚劲⑬,必与魏战,
魏怒于赵之劲,而见楚救之不足畏也,必不释赵。赵、魏相
弊⑭,而齐、秦应楚,则魏可破也⑮。"

楚因使景舍起兵救赵。邯郸拔,楚取睢、濊之间⑯。

【注释】

①姚校:"刘连。"谓刘本与上章连为一章。 邯郸之难:见齐策一
 第六章注①。

②昭奚恤:见第三章注②。 楚王:宣王,见齐策一第十章注⑤。

③无:不,勿。

④以:犹口语的"来"。 强:助,加强。

⑤割:取也。 深:重,多,甚。

⑥听:顺从,听从。

⑦魏强攻,赵坚守,则两败俱伤,故言"两弊"。弊:疲,败。

⑧知:了解,明白。

⑨共赵:谓共攻赵。

⑩害:同"割",见容庚金文编。

⑪齐策一第十四章"足下岂如全众而合二国之后哉",姚本"全"
 误作"令"。此"令"亦当作"全",误与彼同。全兵:完兵,即兵
 力未受损伤。

⑫而:裴学海古书虚字集释卷七:"犹'又'也。"又卷二:"有,犹
 '以'也。"皆举此句为例。以:因也。则"而有"即"又因。"

⑬赵恃楚劲:赵国依靠楚国的援助。 恃:仗持,依靠。

⑭赵魏相弊:赵、魏两国互相削弱。

⑮"而齐、秦"两句:齐、秦两国乘楚助赵而赵、魏相攻之机,进攻魏
 国,则魏国可以攻破。"(因为楚助赵攻魏,齐、秦两国亦攻魏,故
 言"齐、秦应楚"。)

⑯睢濊之间:睢水、濊水之间地,当在今河南省杞县、宁陵一带,魏
 之东南境,楚之东北境。

六 江尹欲恶昭奚恤于楚王章

江尹欲恶昭奚恤于楚王^①,而力不能^②,故为梁山阳君

请封于楚③。楚王曰:"诺"。昭奚恤曰:"山阳君无功于楚国,不当封。"江尹因得山阳君与之共恶昭奚恤。

【注释】

①江尹:见第三章注⑤。　昭奚恤:见第三章注②。　楚王:宣王,见齐策一第十章注⑤。　恶:毁伤。

②能:孙经世经传释词补:"犹'足'也。"

③"故为"句:所以,他就为当时在楚国的魏国山阳君请求封地。

七　魏氏恶昭奚恤于楚王章

魏氏恶昭奚恤于楚王①,楚王告昭子②。昭子曰:"臣朝夕以事听命,而魏入吾君臣之间③,臣大惧。臣非畏魏也。夫泄吾君臣之交④,而天下信之⑤,是其为人也近(苦)〔君〕矣⑥。夫苟不难为之外,岂忘为之内乎⑦? 臣之得罪无日矣⑧。"王曰:"寡人知之,大夫何患⑨?"

【注释】

①魏氏:指上章江尹、山阳君,因二人皆来自魏。　昭奚恤:见第三章注②。　楚王:宣王,见齐策一第十章注⑤。

②昭子:即昭奚恤。

③"臣朝夕"句:我早晚侍奉大王,而魏人却介入我君臣之间进行离间。

④"夫泄"句:他们泄漏我们君臣的关系。　夫:彼,指魏人。

⑤而天下信之:而诸侯又听信那些离间之辞。

⑥"是其"句:这种人一定是接近国君的人。　金正炜战国策补

释:"'苦'当为'君'之讹也,言其人已得近幸于君侧。" 横田惟孝战国策正解说同金。 建章按:史记苏秦列传"王何不使辩士以此苦言说秦",王念孙读书杂志:"'苦'当为'若',字之误也。'此若言'犹云'此言',燕策作'若此言'。连言'此若'者,古人自有复语耳。"墨子非儒下"是若人气",孙诒让墨子间诂:"'若',道藏本作'苦',吴钞本同。"则此"苦"字本当作"若"。管子小问"除君苟疾,与若之多虚而少实",王念孙读书杂志:"'若'当为'君'。"则策文本作"君",误作"若",又误作"苦"。

⑦"夫苟"两句:如果在外边对人造谣中伤,还能不在朝廷进行挑拨离间吗? 苟:诚,真是,假如。 不:王引之经传释词卷十:"词也。"则不难,难也。 难:中山策第五章高注:"恶也。"犹言说坏话。 之:王引之经传释词卷九:"犹'于'也。" 帛书战国纵横家书第九章苏秦谓齐王章(二)"臣不敢忘(妄)请",则此"忘"即"妄"。妄:说文:"乱也。"杨子法言问神:"无验而言谓之妄。"此指"魏氏恶昭奚恤""魏入吾君臣之间""泄吾君臣之交"。

⑧"臣之"句:我获罪的日子不远了。 无日:没有几天了。

⑨"寡人"两句:我明白了,大夫还有什么可以顾虑的呢? 大夫:此处为一般任官者的尊称。

八 江乙恶昭奚恤章

江乙恶昭奚恤①,谓楚王曰②:"人有以其狗为有执而爱之③。其狗尝溺井④,其邻人见狗之溺井也,欲入言之。狗恶之,当门而噬之⑤。邻人惮之,遂不得入言⑥。邯郸之难,楚进兵大梁,取矣⑦。昭奚恤取魏之宝器⑧,(曰)〔臣〕居魏知之,故昭奚恤常恶臣之见王⑨。"

【注释】

①江乙:见第三章注⑤。　昭奚恤:见第三章注②。　恶:憎;毁谤。

②楚王:宣王,见齐策一第十章注⑤。

③"人有"句:有人因为他的狗有力凶猛,所以很喜爱它。　鲍注:"执,言善守。"　金正炜战国策补释:"鲍说非也。'执'当为'埶'之讹,荀子议兵篇'隆埶诈尚功利','埶'与'诈'义相近,此盖以其狗为黠而爱之也。修身篇'体倨固而心埶诈',今本'埶'亦误'执',"　建章按:管子明法"夫尊君卑臣,非计亲也,以埶胜也",王念孙读书杂志引刘曰:"执,当为埶。"墨子大取"外执无能厚吾利者",孙诒让墨子间诂:"执,疑'埶'之讹。"荀子礼论"象生执也",于省吾双剑誃诸子新证:"'执'乃'埶'字之讹。"诸家皆以"执"为"埶"字之讹,然帛书战国纵横家书第十七章"执(势)无齐患",释文以"执"同"势"。按:说文新附:"势,经典通用埶。"淮南子修务训"各有其自然之势"注:"势,力也。"

④"其狗"句:这只狗曾往井里撒尿。　溺(niào尿):同"尿"。

⑤"狗恶之"两句:狗怨恨他,堵在门口就咬他。　噬(shì试):咬。

⑥"邻人"两句:邻居怕狗咬,就不能进门去告诉它的主人。惮:怕。

⑦"邯郸之难"三句:魏国围攻赵都邯郸时,楚国如果进攻魏都大梁,就可以攻下。　邯郸之难:见齐策一第六章注①。　大梁:魏都,今河南省开封市。

⑧"昭奚恤"句:昭奚恤收了魏国给他的宝器。

⑨"臣居魏"两句:我住在魏国时知道昭奚恤收贿赂的事,所以他常常忌恨我,不让我和大王见面。 姚校:"曾作'昌臣'。" 鲍本"昌"作"臣"。 建章按:"昌"乃因与"臣"形近而误者。曾本乃因一本作"昌",一本作"臣",误合作"昌臣"者。当据鲍本改"昌"作"臣"。"臣"为江乙之自称。

九　江乙欲恶昭奚恤于楚章

江乙欲恶昭奚恤于楚①,谓楚王曰②:"下比周则上危③,下分争则上安④,王亦知之乎? 愿王勿忘也。且人有好扬人之善者,于王何如⑤?"王曰:"此君子也⑥,近之。"江乙曰:"有人好扬人之恶者,于王何如?"王曰:"此小人也⑦,远之。"江乙曰:"然则且有子杀其父,臣弑其主者⑧,而王终已不知者何也⑨? 以王好闻人之美⑩,而恶闻人之恶也⑪。"王曰:"善,寡人愿两闻之⑫。"

【注释】

①"江乙欲"句:江乙想在楚国毁谤楚相昭奚恤。 江乙:见第三章注⑤。 昭奚恤:见第三章注②。

②楚王:宣王,见齐策一第十章注⑤。

③下:指群臣。 比周:亲近密切,互相勾结,结党营私。比:亲,近。周:密,切。 上:指国君。

④鲍注:"分,则不比;争,则不周。为'扬恶'张本。"

⑤"且人有"句:有这么一个人,他喜欢赞扬别人的优长,大王以为这个人如何?

⑥君子:见齐策四第五章注㊻。

603

⑦小人:"君子"的反面,指人格卑鄙的人。

⑧弑(shì 试):古时臣杀死君主,子杀死父母称"弑",而不说"杀";有时也混用。

⑨终已:终究。已:竟,终。

⑩以:因。

⑪恶:憎,厌,不喜欢。

⑫此句言:好,我两方面的话都听。

十 江乙说于安陵君章

江乙说于安陵君曰①:"君无咫尺之(地)〔功〕②,骨肉之亲③,处尊位,受厚禄,一国之众,见君莫不敛衽而拜④,抚委而服⑤,何以也?"曰:"王过举而已⑥,不然,无以至此。"江乙曰:"以财交者,财尽而交绝;以色交者,华落而爱渝⑦。是以嬖女不敝席⑧,宠臣不避轩⑨。今君擅楚国之势⑩,而无以深自结于王,窃为君危之⑪。"安陵君曰:"然则奈何?""愿君必请从死,以身为殉⑫,如是必长得重于楚国⑬。"曰:"谨受令⑭。"

三年而弗言。江乙复见曰:"臣所为君道⑮,至今未效⑯。君不用臣之计,臣请不敢复见矣。"安陵君曰:"不敢忘先生之言,未得间也⑰。"

于是,楚王游于云梦⑱,结驷千乘⑲,旌旗蔽日⑳,野火之起也若云蜺㉑,(兕)虎嗥之声若雷霆㉒,有狂兕牂车依轮而至㉓,王亲引弓而射㉔,壹发而殪㉕。王抽旃旄而抑兕首㉖,仰天而笑曰:"乐矣,今日之游也! 寡人万岁千秋之后㉗,谁与乐此矣㉘?"安陵君泣数行而进曰㉙:"臣入则编席㉚,出则陪乘㉛,大王万岁千秋之后,愿得以身试黄泉㉜,蓐蝼蚁㉝,又何如得此乐而乐之㉞。"王大说,乃封坛为安陵君㉟。

君子闻之曰:"江乙可谓善谋,安陵君可谓知时矣!"

【注释】

①江乙:见第三章注⑤。 说:游说,劝别人听从自己的意见。

安陵君:李慈铭越缦堂读书记三:"江乙所说之安陵君即楚策四庄辛所言之鄢陵君也。鄢、安古通用,故鄢亦作安。鄢陵,楚地,即召陵,在今河南许州郾城区东四十五里。"据下文安陵君名坛,汉书人表作"繵",说苑权谋作"缠"。于鬯战国策注:"缠、繵、坛亦皆叠韵可通假。"下文"乃封坛为安陵君",则此时尚未封,乃追称。

②鲍改"地"作"功"。 建章按:秦策五第八章"虽有高世之名无咫尺之功者不赏",燕策一第五章苏秦"谓燕王曰:臣东周之鄙人也,见足下,身无咫尺之功",赵策四第十八章"人主之子也,骨肉之亲也,犹不能恃无功之尊"云云,与此句意同。又说苑权谋:"江乙往见安陵缠曰'子之先人岂有矢石之功于王乎?'"据此鲍改是。 咫尺:见秦策五第八章注㊺。

③骨肉:见秦策三第九章注㉙。

④敛衽:礼拜时,整饰衣服,表示恭敬之意。 敛:约束,整饰。衽:衣襟。

⑤鲍注:"抚物、委物,必下其手,皆卑下意。" 吴正:"抚,犹伛也;委,曲也。" 于鬯战国策注:"抚委,盖状倒也,草木倒地曰芜蒌,亦此意。奚世榦云:'委,疑读为绥;抚绥,伏地,或古有是语,方与上敛衽对文。'" 建章按:荀子哀公"绅、委、章甫有益

605

于仁乎？"杨注："委，委貌，周之冠也。"抚：广雅释诂四："定
也。"定：尔雅释天郭注："正也。"则抚委：正冠；与上文"敛袵"
相对为文。端正帽子亦表示恭敬之意。 服：恭顺。

⑥过：错误。 举：提拔。

⑦华落：以草木之花落喻人之色衰。 华：同"花"。 渝：变（指
态度、感情）。

⑧嬖（bì 闭）：宠爱。 嬖女：爱妾一类的人。 敝：破。

⑨"嬖女"两句：宠爱的美妾床上的席子还没有睡破，就被遗弃了；
宠信的大臣马车还没有用破，就被黜退了。 鲍注："避，犹退；
车敝则退去，今不及然。"

⑩擅：专。 势：权。

⑪"而无以"两句：却没有什么依靠与楚王有深厚的关系，我为您
感到危险。

⑫"愿君"句：希望您一定向楚王请求从死，亲自为他殉葬，以表示
对楚王深爱与忠心。 从死：殉葬。古代逼迫死者的妻、妾、宠
幸者、奴隶随同埋葬；也指用俑和财物、器具随葬。

⑬重：尊。

⑭谨受令：敬尊您的教导。 令：命，教。

⑮道：言，说。

⑯效：广雅释言："验也。"犹"实行"。

⑰间：时机。

⑱云梦：古泽薮名，古云梦本为二泽，分跨今湖北省长江南北。江
北为云，江南为梦，面积广八九百里，今湖北省京山市以南，枝
江市以东，蕲春县以西及湖南省北部边境华容县以北，皆其区
域。后世淤成陆地，遂并称之曰"云梦"。今曹湖、洪湖、梁子
湖、斧头湖等数十湖泊，星罗棋布，若连若断，皆古"云梦"之遗
迹。史记司马相如列传对"云梦"有细致生动的描写，为古时游

乐之地,物产亦极富。

⑲结驷千乘:大队人马络绎不绝。　结:连。

⑳旌:古代的一种旗子,旗杆顶上用五色羽毛做装饰。　旌旗:各
种旗子。

㉑野火:纵火以烧林木使兽出。一说:夜猎,悬灯,林木之中起火,
烧于野泽。　蜺:同"霓",大气中有时跟虹同时出现的一种彩
色圆弧,形成的原因和虹相同,颜色比虹淡。　于鬯战国策注:
"轮钞、宠幸聚、兕览引此皆无'也'字,说苑权谋苑亦无'也'
字,与下句对。"　建章按:无"也"字顺。

㉒李慈铭越缦堂读书记:"'兕'字衍,涉下文'狂兕'而误也,说苑
权谋作'虎狼之噑若雷霆'。"　于鬯战国策注:"卢刻'兕'作
'兒',疑'兒即因上'蜺'字而衍,后人因下文有'兕'字,复漫改
作'兕'耳,轮钞引作'兕',又宠幸聚作'兕虎之噑',兕览引
作'兕虎之声',说苑作'虎狼之噑',皆止四字,明此必多一字。
说文口部'噑,咆也'。"　建章按:下句始及"兕",此"兕"字显
系衍文,李、于说是,当删"兕"字。　霆:霹雷。

㉓"有狂兕"句:犀牛象发狂一样地横冲直撞。　兕(sì 四):雌犀
牛,此泛指犀牛。　牂:疑是"撞"字借字。　依:靠。

㉔引:拉。

㉕殪:杀死。

㉖抽:拔。射猎时,各种旗帜插于地上,以壮声势,此时,楚王顺手
拔起一只旗杆。　旃(zhān 占):一种旗,汉书田蚡传"立曲旃"
注:"旃,旗之名也。"榖梁昭八年传:"置旃以为辕门"注"旃,旌
旗之名。"　旄(máo 毛):古代用牦牛尾做装饰的旗子。　抑:
压,按。

㉗万岁千秋之后:即死后。

㉘谁与:"与谁"的倒装。　今考类聚三十二引作'谁与同乐此矣,

安陵君缠泣数行。'"坛'、'缠'字通,则'泣'上本有'坛'字,'乐'上亦当补'同'字矣。"

㉙刘师培左盦集卷五:"下言'乃封坛安陵君',则'泣'上当补'坛'字。" 进:上前。

㉚"臣入"句:我在宫内和大王接席而坐。这是说安陵君是楚王的宠臣,关系亲密,他们坐席挨着坐席,随时侍奉楚王。 编:连接,挨近。 刘师培左盦集卷五:"类聚三十三引'编'作'侍'。"

㉛陪乘:同楚王坐一辆车。

㉜试:广雅释诂三:"尝也。" 左隐元年传"不及黄泉,无相见也。"注"地中之泉,故曰黄泉"指人死后埋葬的地穴。 此言:楚王死后安陵君也愿意同入墓穴,为楚王殉葬。极言安陵君对楚王的一片忠心。此即用江乙"请从死"之谋。 刘师培左盦集卷五:"类聚三十三所引'愿'上有'臣'字。"

㉝蓐:草垫子,草席。 蝼蚁:蝼蛄(土狗子)和蚂蚁。 此言:楚王死后,安陵君愿意殉葬,做他的草席,这样楚王的尸体就可以避开蝼蚁的侵害。文选任昉为范始兴作求立太宰碑表李注引作"犬马臣愿得式黄泉蓐蝼蚁"。

㉞于鬯战国策注:"'如'盖'知'字之误;说苑作'安知乐此者谁'可证。"金说同于。 建章按:如,若也。此言射猎之乐怎么比得上"身试黄泉,蓐蝼蚁"更乐呢!不必以为"'如'字误"。说苑与此句意思有别。

㉟此时始封为安陵君,前乃追称。

十一 江乙为魏使于楚章

江乙为魏使于楚①,谓楚王曰②:"臣入竟③,闻楚之俗:

不蔽人之善，不言人之恶。诚有之乎④?"王曰："诚有之。"
江乙曰："然则白公之乱得无遂乎⑤? 诚如是，臣等之罪免
矣⑥。"楚王曰："何也?"江乙曰："州侯相楚⑦，贵甚矣而主
断⑧，左右俱曰'无有'⑨，如出一口矣。"

【注释】

①江乙:见第三章注⑤。

②楚王:宣王，见齐策一第十章注⑤。

③竟:同"境"。

④诚:真。

⑤"然则"句:那么，白公之乱是不是就可以成功了呢？ 白公之
乱:楚平王(前528年—前516年)太子建遭少师费无忌谗害，
自父城(故城在今河南省宝丰县)逃至宋，后避宋乱，逃至郑，被
郑国所杀。太子建之子名胜，在吴。平王之长庶子子西为楚令
尹，召公子胜，使居吴境(吴、楚交界处，约在安徽省巢县)，号称
白公。白公欲报父仇，请攻郑，令尹子西、司马子期未许。晋伐
郑，子西、子期助郑，白公怒，劫楚惠王，杀了子西、子期，欲立新
君。后来，原楚司马沈尹戌之子叶公子高攻白公，白公自杀，惠
王复位。史称"白公之乱"。事详左哀十六年传。 遂:成功。

⑥既然楚之俗"不言人之恶"，则罪无从有，因此，"罪可免"。

⑦于鬯战国策注:"楚世家'考烈王元年，纳州于秦'，则州为楚所
灭，故得纳秦。此言州侯，或疑其时州正灭入于楚，乃即昭奚恤
之封号，倘未可知也。此与后策庄辛所言州侯自是异人，此宣
王时，彼襄王时。" 建章按:见下备考。

⑧主断:专断。

⑨无有:谓无有"主断"之事，即上文所谓"不言人之恶"。

①"江乙为魏使于楚……臣等之罪免矣。"又见于韩非子内储说上七术说一,文字稍有不同,内容无异。"州侯相楚……如出一口矣"。又见于韩非子内储说下六微说一,全文如下,"州侯相荆,贵而主断,荆王疑之,因问左右,左右对曰'无有',如出一口也。"

②江乙与昭奚恤皆楚宣王时臣,且昭奚恤又为宣王之令尹。韩非子集释引太田方曰:"州侯,楚襄王佞臣也。"又楚策四第四章"庄辛谓楚襄王曰:君王左州侯,右夏侯……"。宣王(前369年—前340年),楚襄王(前298年—前263年),中经威王、怀王两世,相隔四十余年。江乙何以言及后四十余年的州侯呢。故韩非子分为两事记载。

③但观"州侯相楚",于鬯以为"州侯即昭奚恤之封号",则江乙与州侯为同时,然又当为楚宣王时,则庄辛所言之"州侯"当别一人。第十章"江乙说于安陵君",李慈铭越缦堂读书记以为"此安陵君即楚策四庄辛所言之鄢陵君也。"果如此,则江乙又为楚襄王时人。于、李二说不知孰是。

④何以韩非分两事记载,而战国策却连为一事。观韩非子文,荆王疑州侯主断,因问左右。而左右之答与荆王之问甚合。战国策此章"臣等之罪免矣,"语义甚明,何必再问。楚王问"何也?",而江乙所答,总觉有"答非所问"之嫌。则国策似据韩非子将两事合为一事者。

十二　郢人有狱三年不决者章

郢人有狱三年不决者①,故令请其宅以卜其罪②。客因为之(谓)〔请〕昭奚恤曰③:"郢人某氏之宅,臣愿之。"昭奚恤曰:"郢人某氏不当服罪^④,故其宅不得^⑤。"客辞而去。昭奚恤已而悔之。因谓客曰^⑥:"奚恤得事公^⑦,公何为以故与奚恤^⑧?"客曰:"非用故也。"曰:"(谓)〔请〕而不得^⑨,有说色^⑩,非故如何也^⑪?"

【注释】

①郢:楚旧都,在今湖北省江陵县东北。 狱:诉讼之事,打官司。

②诉讼之人如判罪,则其住宅充公,别人可以请求购买;如诉讼之人判无罪,则其住宅仍归己有,别人不得购买。以此可以探知诉讼者是否已判罪,故郢人令人购买他的住宅以探知其情。
卜(bǔ 补):本是占卜,此处作"预料"解。

③据下文"奚恤得事公",可知"客"当是昭奚恤之客。 昭奚恤:见第三章注②。 姚校:"钱'客因谓',刘'客因请之'。" 鲍本"为之谓"作"谓之",并改"谓"为"请"。与刘同。 建章按:下文昭奚恤说"请而不得","请"亦误作"谓",如作"谓",则不通。鲍改是,当据刘本及鲍本改"谓"作"请"。广雅释诂三:"请,求也。"

④服:说文:"用也。"不当用罪,即无罪。

⑤故其宅不得:所以他的房子您还不能买。 姚校:"一作'不可得'。" 建章按:此似当作"不可得"。

⑥因:则,就。客未走远,召而使其返。

⑦奚恤得事公:我任用您办事。 事:说文:"职也。"职者,任职。荀子解蔽"故群臣去忠而事私"杨注:"事,任也。"

⑧"公何为"句:您为什么用欺诈对待我呢? 孙诒让札迻:"'故'犹'诈'也,大戴礼记文王官人篇云'以故取利',荀子王制篇云'幽险诈故',淮南子主术云'是以上多故,下多诈',高

注云'故,诈(按:今本'诈'作'巧'),是其义也。"荀子王霸"而
好诈故",王念孙读书杂志:"故,诈也。"王引之经义述闻卷十
三"以故自说"条下云:"故,诈也。"并举此句为例。(二王举证
甚多,今省。) 后汉书冯衍传下"岁忽忽而日迈兮,寿冉冉其不
与",注:"与,犹待也。"

⑨请而不得:你要求买房子而没有买到。请:求。见注③。

⑩说:同"悦"。 色:表情。客"有说色"是因为可以得郢人的
贿赂。

⑪非故如何:这不是欺诈又是什么呢? 如:王引之经传释词卷
七:"犹'而'也。"

十三 城浑出周章

城浑出周①,三人偶行②,南游于楚③,至于新城④。城浑
说其令曰⑤:"郑、魏者楚之奂国⑥,而秦、楚之强敌也。郑、
魏之弱,而楚以上梁应之⑦;宜阳之大也⑧,楚以弱新城围
之⑨。蒲反、平阳相去百里⑩,秦人一夜而袭之,安邑不知⑪;
新城、上梁相去五百里,秦人一夜而袭之,上梁亦不知也。
今边邑之所恃者,非江南、泗上也⑫?故楚王何不以新城为
主郡也⑬,边邑甚利之。"新城公大说⑭,乃为具驷马乘车、五
百金之楚⑮。城浑得之,遂南交于楚,楚王果以新城为
主郡。

【注释】

①城浑:鲍注:"周人。" 杨宽战国史:"楚的城浑对新城令说"云
云。 出:离开。

②广雅释诂三:“耦,谐也。”“偶”同“耦”,则偶行:同行。

③游:行,往。

④新城:故城在今河南省洛阳市南七十五里,此地楚、韩交界处,两属,此指楚之新城。

⑤于鬯战国策注:“秦纪云‘孝公并诸小乡聚集为大县,县一令’,又商君传云‘集小都乡邑聚为县,置令丞”。则县官之名令,似起于秦孝用商君法。楚在春秋时,县官皆称公,即前策白公之类,而此下文亦言‘新城公’,此则云‘说其令’,然则其官名固名令矣。史荀卿传‘为兰陵令’,亦楚有令之证。”

⑥“郑魏者”句:郑、魏对楚国来说是弱国。　建章按:耎(ruǎn软):广雅释诂一:“弱也。”

⑦程恩泽国策地名考:“上梁,当在河南归德府,亦汉梁国,地距新城约五百里,秦为砀郡,故楚地,汉初改称梁国,必非无因也。”　金正炜战国策补释:“‘上梁’疑当为‘上蔡’。”　应:对付。

⑧宜阳:今河南省宜阳县。　周赧王八年,秦武王四年,韩襄王五年(前307年)秦使甘茂拔宜阳。顾观光战国策编年系此策于周赧王十五年,则此时宜阳已为秦所有。

⑨鲍改“围”作“图”。　金正炜战国策补释:“‘围’当为‘圉’,鲍改非也。正韵‘圉,捍也。’诗桑柔‘孔棘我圉’,笺‘圉,当作御’,庄子缮性篇‘其来不可圉’,注‘与御同’。淮南诠言篇‘一人动以围强敌’,‘围’亦当作‘圉’,误与此同。”　于鬯战国策注:“说文口部云‘围,守也。’顾考云‘围,当作圉,即御字’。”　建章按:此或是“圉”之误。然“围”通“违”。围之:即违之,逆之拒之。见齐策三第一章注(51)。

⑩于鬯战国策注:“下文云‘秦人一夜而袭之,安邑不知,’又云‘新城、上梁相去五百里,秦人一夜而袭之,上梁亦不知也’,盖

秦人一夜袭新城,而上梁不知,正以新城与上梁相去五百里耳。以彼例此,则当云'蒲反、安邑相去百里,秦人一夜而袭之,安邑不知'谓秦人一夜袭蒲反,而安邑不知,正以蒲反与安邑相去百里耳。然则即谓策文有误,要误在此'平阳'二字当作'安邑'耳。故蒲反自当指河东,今故城在山西蒲州府永济县东南,安邑今故城在山西解州夏县北。夏县与永济正相去百里,于义甚协。下文有'安邑',不知此句实至显而无可疑者。此文上言'平阳',下言'安邑',则平阳若非误字,即是'安邑'之异称。" 建章按:平阳有四:(1)故城在今山西省临汾市西南,此原为韩之旧都;(2)故城在今河北省临漳县西南,此为赵地;(3)故城在今河南省滑县南,离蒲反甚远;(4)故城在今山东省曲阜市南。此四平阳皆非离蒲反百里之"平阳"。于说甚是,此"平阳"当是下文之"安邑"。 "蒲反"又写作"蒲坂""蒲阪"。

⑪于鬯战国策注:"安邑在蒲反东,故秦袭蒲反而安邑不知;所以然者,以安邑与蒲反相隔而不相统属耳。"

⑫于鬯战国策注:"疑此'也'字当读为'邪'。泗上郡即淮北郡,江南、泗上既为郡,则边邑有所恃。江南郡边楚南,泗上郡边楚东北;南之各边邑恃有江南统属,东北之各边邑恃有泗上统属,故曰'今边邑之所恃者非江南、泗上邪?'独西北之各边无所统属,则无所恃,故宜以新城为主郡也。"

⑬新城本为县,要求升格为"主郡",故"新城公大说"。

⑭鲍注:"楚县尹称公。"又见注⑤。 说:同"悦"。

⑮具:备。 驷马乘车:四匹马拉的车子。 五百金:五百斤金。金:铜。

⑯楚王:怀王,见东周策第八章注③。

十四　韩公叔有齐魏章

韩公叔有齐、魏^①，而太子有楚、秦^②，以争国^③。郑申为楚使于韩^④，矫以新城、阳人予太子^⑤。楚王怒，将罪之^⑥。对曰："臣矫予之，以为国也。臣为太子得新城、阳人，以与公叔争国而得之，齐、魏必伐韩，韩氏急，必悬命于楚^⑦，又何新城、阳人之敢求？太子不胜，然而不死^⑧，今将倒冠而至^⑨，又安敢言地^⑩？"楚王曰："善。"乃不罪也^⑪。

【注释】

①韩公叔有齐魏：韩公叔有齐国和魏国作后援。　于鬯战国策注："韩公叔即公叔伯婴，公子咎亦实即韩公叔。"　建章按：韩非子内储说下说二"公叔相韩而有攻齐"（攻：同"功"，善。）有：通"友"。　顾观光战国策编年系此策于周赧王十五年（前300年），于鬯战国策年表同。

②于鬯战国策注："太子即几瑟，大事记解题谓'虮虱尝立为太子'，虮虱即几瑟。'尝立为太子'，既立定矣，则又何争，此足见当时太子之称犹之公子泛称。称几瑟为太子犹秦策称子傒为太子耳，非果立为太子者也。"

③于鬯战国策注："争国，争为太子。"

④郑申：韩策二第十章"申"作"彊"。于鬯战国策注："'申'或即'彊'之坏。"

⑤矫：假托。　新城：见第十三章注④。　阳人：在新城东南，今河南省汝阳县东北。

⑥楚王：怀王，见东周策第八章注③。　罪之：惩处郑申。

⑦"韩氏急"两句:韩国紧急,必然要完全依靠楚国去救援。 悬命于楚:命运决定于楚。

⑧鲍改"然"作"幸"。韩策二第十章"然"作"走"。 建章按:鲍改义胜。幸,篆作"羍",走,篆作"𧺆","幸"字下半坏,或误作"走"。

⑨今:王引之经传释词卷五:"与'即'同义",卷八:"即与'则'同。" 倒冠:言其慌急之状。

⑩"太子"句以下是说:几瑟如不能取胜,而侥幸活着,则将慌急地逃奔楚国,又怎么敢提起新城、阳人的事呢?

⑪裴学海古书虚字集释卷三:"也,犹'之'也。"举此句说:"'也'训'之',指郑申言,上文'楚王怒,将罪之','之'字亦指郑申言。" 罪:惩处。

十五　楚杜赫说楚王以取赵章

楚杜赫说楚王以取赵①,王且予之五大夫②,而令私行③。

陈轸谓楚王曰④:"赫不能得赵,五大夫不可收也⑤,(得)〔是〕赏无功也⑥。得赵而王无加焉,是无善也⑦。王不如以十乘行之⑧事成,予之五大夫。"王曰:"善。"乃以十乘行之。杜赫怒而不行。

陈轸谓王曰:"是不能得赵也。"

【注释】

①杜赫:见齐策一第十章注③。 楚王:鲍彪编此策在怀王世,见东周策第八章注③。 取:争取。

②"王且"句:楚王将给杜赫五大夫的爵位。　且:将。　五大夫:秦、楚、赵、魏皆设有此爵,依秦爵为第九级,为大夫的最高级。

③私行:不代表国家,而以个人身分去赵。

④陈轸:见秦策一第十一章注①。

⑤"赫不能"两句:此言既以个人身分去赵,如不能争取赵,则无功无过,而爵位已定,不可收回。

⑥姚校:"'得'一作'是'。"　鲍改"得"作"是"。　建章按:"得"字无义,一本是。"是"字篆作"<ruby>昰</ruby>",因形近而误作"<ruby>見</ruby>"(即"见"),又因上下文"得"而误作"<ruby>㝵</ruby>"(即"得")。当据姚校改"得"作"是"。　是:此。正与下文"是无善也"相对。

⑦"得赵"句:如果杜赫争取到了赵国,那么,他已经是五大夫了,就无法再提升了。这样,就是忘人之善。　裴学海古书虚字集释卷十:"无,字又或作'亡',或作'忘'。"则此"无善"即"忘善"。

⑧行:广雅释诂一:"往也",又释诂二:"去也。"　之:指赵。

十六　楚王问于范环章

楚王问于范环曰①:"寡人欲置相于秦②,孰可?"对曰:"臣不足以知之。"王曰:"吾〔欲〕相甘茂,可乎③?"范环对曰:"不可。"王曰:"何也?"曰:"夫史举,上蔡之监门也④。大不如事君,小不如处室⑤,以苟廉闻于世⑥,甘茂事之顺焉⑦。故惠王之明⑧,武王之察⑨,张仪之好谮⑩,甘茂事之,取十官而无罪⑪,茂诚贤者也,然而不可相秦。秦之有贤相也,非楚国之利也。且王尝用滑于越⑫,而纳句章⑬,昧之难⑭,越乱,故楚南察濑胡⑮,而野江东⑯。计王之功所以能如此者,越乱而楚治也。今王以用之于越矣^⑰,而忘之于秦,臣以为王钜速忘矣^⑱！王若欲置相于秦乎？若公孙郝者可^⑲。夫公孙郝之于秦王,亲也^⑳。少与之同衣,长与之同车,被王衣以听事^㉑,真大王之相已^㉒。王相之,楚国之大利也。"

【注释】

①楚王:怀王,见东周策第八章注③。 范环:史记甘茂列传作"范蜎",集解引徐广曰:"'蜎'一作'虾'。"索隐:"战国策作'蠉'。"韩非子内储说下说六"范环"作"干象"。于鬯战国策注:"沈寿经明经遽谓'范环,即环渊也',果然否? 环渊固楚人。"钱穆先秦诸子系年146节"附论詹何环渊年世"说:"其事又见史记甘茂传:'甘茂奔齐,齐使甘茂于楚。……楚王问范蜎。'茂奔齐在秦昭王元年(前306年),秦迎妇于楚在二年(前305年),然则怀王、范环问答亦在是时也。疑范环、范蜎皆'蜎环'字讹,蜎环即环渊,值楚怀晚节。其游齐稷下则当宣王末,或湣王时。其人尚应与庄周并世。而詹何与中山公子牟问答,中山亡已值楚怀暮年,则詹何、环渊宜亦得并世,而环渊稍前,詹何稍后。殆或有类于荀况之于孟轲,否则庄周之于公孙龙也。汉志顾谓'环渊师老子',其然,岂其然?"蒙文通越史丛考说:"韩非子内储说下载干象对楚王曰,史记甘茂列传载范蜎对楚怀王言,楚策一载范环对楚王曰,三书所载同为一事,而文字略异。蜎、环一音之转,范蜎即范环也。据甘茂列传事在楚怀王二十四年(前305年)。" 建章按:汉书艺文志道家:"蜎子十三篇,名渊,楚人,老子弟子。"王应麟汉艺文志考证:"史记'环渊,楚人,学黄、老道德之术,著上下篇。'索隐、正义皆无注,

今案<u>文选</u><u>枚乘</u>七发‘便蜎、詹何之伦’注云：‘<u>淮南子</u>，虽有钩针
芳饵，加以<u>詹何</u>、蜎蠉之数，犹不能与罔罟争得也。’‘<u>宋玉</u>与<u>登</u>
<u>徒子</u>偕受钓于<u>玄渊</u>’。七略：‘蜎子，名渊。’三文虽殊，其人一
也。”则<u>沈</u>、<u>王</u>说或是。　<u>顾观光</u>战国策编年、于<u>鬯</u>战国策年表
并系此策于<u>周赧王</u>十年，<u>楚怀王</u>二十四年（前 305 年）。

②寡人：古王、侯自称之辞。

③<u>姚</u>校：“一作‘吾欲相’。”　<u>建章</u>按：<u>史记</u><u>甘茂</u>列传作“寡人欲”，
<u>韩非子</u>内储说下作“吾欲”，与<u>姚</u>引一本合，当补“欲”字。　<u>甘</u>
<u>茂</u>：见<u>秦</u>策一第六章注②。

④<u>上蔡</u>：故城在今<u>河南省</u><u>上蔡县</u>西十里。　监门：看守城门的
小吏。

⑤“大不”两句：大事不能治国，小事不能治家。　<u>姚</u>校：“‘如’一
作‘知’。”<u>甘茂</u>列传“如”字并作“为”。<u>韩非子</u>无两“如”字，<u>鲍</u>
改两“如”字作“知”。　<u>建章</u>按：为：<u>王引之</u>经传释词卷二：“犹
‘如’也。”如：<u>裴学海</u>古书虚字集释卷七：“犹‘为’也。”并举此
句为例。又卷七：“如，犹‘能’也。”　事君：犹治国。　处室：
犹治家。

⑥以苛廉闻于世：以刚直严厉知名于世。　苛：严。　廉：<u>荀子</u>不
<u>苟</u>杨注：“棱也。”即有棱角。

⑦此句言：刚直严厉的人不易相处，可是<u>甘茂</u>和他相处得很好。

⑧惠王：<u>秦惠王</u>，见<u>秦</u>策一第一章注⑱。　明：英明。

⑨武王：<u>秦武王</u>，见<u>秦</u>策二第五章注①。　察：犹言精干。

⑩<u>张仪</u>：见<u>秦</u>策一第三章注⑫。　潜(zèn)：诬陷，中伤。

⑪“甘茂事之”两句：<u>甘茂</u>为他们这些人做事，一连提升了十次，也
没有获罪。　之：指<u>惠王</u>、<u>武王</u>、<u>张仪</u>。

⑫此句言：大王曾派<u>召滑</u>到<u>越</u>国去做事。　滑：<u>召滑</u>。　越：见<u>西</u>
<u>周</u>策第九章注⑥。

⑬纳:入,取。　　句章:故城在今<u>浙江省</u><u>慈溪市</u>西南。句读勾。

⑭<u>鲍</u>注:"眛,<u>唐眛</u>,<u>楚</u>将。此二十八年<u>秦</u>、<u>齐</u>、<u>韩</u>、<u>魏</u>共攻<u>楚</u>,杀
眛。"<u>金正炜</u><u>战国策补释</u>:"<u>竹书纪年</u>'<u>於越</u>太子<u>诸咎</u>弑其君
<u>翳</u>',此云'眛之难',(<u>史</u>作'义之难')疑即此事,作'眛'、作
'义'皆由音训相近而讹也。"　<u>于鬯</u><u>战国策注</u>:"<u>鲍</u>以为<u>唐眛</u>,
必非,<u>眛</u>死尚在后四年,此不得豫述之。且'眛之难'与<u>齐策</u>'<u>邯
郸</u>之难'、'<u>南梁</u>之难',前<u>策</u>'<u>邯郸</u>之难',后<u>策</u>'<u>长沙</u>之难',<u>齐</u>、
<u>燕策</u>两言'<u>权</u>之难'诸句法一律。故<u>张释</u>云'凡如此类句,并以
地言,无以人名者。<u>眛</u>盖<u>越</u>地,后文云:<u>越</u>乱<u>楚</u>治,非<u>秦</u>、<u>齐</u>、<u>韩</u>、
<u>魏</u>攻<u>楚</u>之时矣。'案<u>张</u>说甚是,惟未指<u>眛</u>地之所在。盖<u>越</u>地未见
有名'眛'者,<u>鬯</u>疑即'姑蔑'也。'蔑''眛'一声之转,<u>左哀十三
年传</u>'见<u>姑蔑</u>之旗',<u>杜解</u>云'<u>姑蔑</u><u>越</u>地,今<u>江东</u><u>太末县</u>。'是<u>越</u>
有<u>姑蔑</u>矣。'<u>姑蔑</u>'或单称'<u>蔑</u>',又通作'<u>眛</u>',犹<u>鲁</u>地亦有'<u>姑
蔑</u>',<u>左宣十二年传</u>'败诸<u>姑蔑</u>'是也,而<u>隐元年</u>则云'盟于<u>蔑</u>',
解云:'<u>蔑</u>,<u>姑蔑</u>,<u>鲁</u>地。'则单称'<u>蔑</u>'矣,而<u>公</u>、<u>穀</u>作'盟于<u>眛</u>',
则通作'<u>眛</u>'矣。<u>鲁</u>地的'<u>姑蔑</u>'既单称'<u>蔑</u>',而通作'<u>眛</u>',则<u>越</u>
地之'<u>姑蔑</u>'安知不亦单称'<u>蔑</u>'而通作'<u>眛</u>'乎?'<u>眛</u>','<u>眜</u>'同
'未'声,一也。<u>晋</u><u>太末县</u>属<u>东阳郡</u>,<u>汉志</u>属<u>会稽郡</u>,今故城为<u>浙
江</u><u>衢州府</u><u>龙游县</u>治,其北有<u>姑蔑城</u>。所谓'<u>眛</u>之难'者<u>鬯</u>即追
述败<u>越</u>取地至<u>浙江</u>之役,以下文'<u>江东</u>'知之。盖南战于<u>眛</u>,而
北收其<u>江东</u>之地,亦兵家之常技矣。<u>茂传</u>作'而内行章义之难'
与上文为一句,疑有误字,或即'<u>蔑</u>'字之讹。<u>裴解</u>引<u>徐广</u>曰:
'一云,内句章,<u>眛</u>之难',则与<u>策</u>合矣。"　<u>建章</u>按:"<u>於越</u>太子
<u>诸咎</u>弑其君<u>翳</u>"依<u>竹书纪年</u>在<u>魏武侯</u>二十年(前376年),距此
策七十余年,此策言"王尝用<u>滑</u>于<u>越</u>",则时间相距甚远。<u>荀子</u>
<u>议兵</u>"兵殆于<u>垂沙</u>,<u>唐蔑</u>死。"<u>杨</u>注"<u>眛</u>与<u>蔑</u>同。"此取<u>于</u>说,"眛"
当指"<u>姑蔑</u>"。

⑮鲍本"胡"作"湖",注:"察,犹治也。"　吴正:"'察'作'塞'
胜。"甘茂列传"察濑胡"作"塞厉门",黄丕烈战国策札记:
"'厉','濑'同字,'胡','门'形相近也。"　金正炜战国策补
释:"'察'当从史作'塞'。礼记月令'完要塞'注:'要塞,边城
要害处也。'此言以濑湖为楚之边塞。'野'字史作'郡',义并
得通。"　于鬯战国策注:"顾考'濑湖与江东连文,疑即今之濑
溪也,在溧阳县北。'程考'古固城是吴濑诸县地,春秋吴所筑
濑诸邑,汉置溧阳县于此,其西南五里为固城湖,殆所谓濑湖
也。此于战国时为越地,又与金陵邑相近,自此以东则江东
矣。'依传文,'察'作'塞'则是,谓塞断此湖,使越兵不能渡而
救江东也。"　建章按:鲍注"察,犹治也",亦可通。湖,以"胡"
得声,皆虞韵,当可通假。

⑯鲍注:"以江东为野。"　甘茂列传"野"作"郡",正义:"吴、越之
城皆为楚之都邑。"　建章按:作"野""郡"皆可通。或作"治",
易系辞上"冶容诲淫",释文:"冶,郑、陆、虞、姚、王肃作'野'。"
列女传齐孝孟姬传颂:"孟姬好礼,……终不野容。""治",误作
"冶",又写作"野"。治,制也。

⑰以:通"已。"

⑱"臣以为"句:我以为大王何以忘得这样快!　钜:通"讵",何
也。(均见裴学海古书虚字集释卷五)。

⑲若:王引之经传释词卷七:"犹'则'也。"

⑳秦王:昭王,见西周策第一章注⑭。　亲也:公孙郝(奭)、樗里
疾的母亲都是韩国人。见秦策二第六章注㉒。

㉑被王衣以听事:穿着秦王的衣服上朝。　听事:任事,从事。

㉒已:裴学海古书虚字集释卷一:"犹'矣'也。"

十七　苏秦为赵合从章

苏秦为赵合从^①，说楚威王曰^②："楚，天下之强国也；大王，天下之贤（王）〔主〕也^③。楚地西有黔中、巫郡^④，东有夏州、海阳^⑤，南有洞庭、苍梧^⑥，北有汾陉之塞、郇阳^⑦，地方五千里，带甲百万^⑧，车千乘^⑨，骑万匹，粟支十年，此霸王之资也^⑩。夫以楚之强，与大王之贤，天下莫能当也^⑪。今乃欲西面而事秦^⑫，则诸侯莫不南面而朝于章台之下矣^⑬。秦之所害于天下莫如楚^⑭，楚强则秦弱，楚弱则秦强，此其势不两立。故为王至计^⑮，莫如从亲以孤秦^⑯。大王不从亲，秦必起两军：一军出武关^⑰，一军下黔中^⑱。若此，则鄢郢动矣^⑲。臣闻'治之其未乱，为之其未有'也^⑳。患至而后忧之，则无及已^㉑。故愿大王之早计之。大王诚能听臣，臣请令山东之国奉四时之献^㉒，以承大王之明制^㉓，委社稷宗庙^㉔，练士厉兵^㉕，在大王之所用之^㉖。大王诚能听臣之愚计，则韩、魏、齐、燕、赵、卫之妙音美人必充后宫矣^㉗。赵、代良马橐他必实于外厩^㉘。故从合则楚王^㉙，横成则秦帝^㉚。今释霸王之业，而有事人之名，臣窃为大王不取也^㉛。

"夫秦，虎狼之国也^㉜，有吞天下之心。秦，天下之仇雠也，横人皆欲割诸侯之地以事秦^㉝，此所谓养仇而奉仇者也^㉞。夫为人臣而割其主之地，以外交强虎狼之秦，以侵天下，卒有秦患^㉟，不顾其祸。夫外挟强秦之威^㊱，以内劫其主^㊲，以求割地，大逆不忠，无过此者。故从亲则诸侯割地以事楚;横合则楚割地以事秦。此两策者,相去远矣㊳,有亿兆之数。两者大王何居焉㊴?故弊邑赵王使臣效愚计㊵,奉明约㊶,在大王命之㊷。"

楚王曰:㊸"寡人之国,西与秦接境,秦有举巴、蜀并汉中之心㊹。秦,虎狼之国,不可亲也。而韩、魏迫于秦患,不可与深谋,〔与深谋〕㊺,恐反人以入于秦㊻,故谋未发而国已危矣㊼。寡人自料,以楚当秦,未见胜焉㊽。内与群臣谋,不足恃也。寡人卧不安席,食不甘味㊾,心摇摇〔然〕如悬旌,而无所终薄㊿。今〔主〕君欲一天下(51),安诸侯,存危国(52),寡人谨奉社稷以从(53)。"

【注释】

①大事记、林春溥战国纪年、顾观光战国策编年、于鬯战国策年表俱编此策于周显王三十年,楚威王七年(前 333 年)。 苏秦:见东周策第五章注③。 合从:见秦策三第十四章注①。

②楚威王:见秦策一第二章注(101)。

③史记苏秦列传泷川资言考证:"枫、三本'贤王'作'贤主'。"长短经七雄略"贤王"亦作"贤主"。 建章按:汉书西南夷传"各自以一州王,不知汉广大",王念孙读书杂志:"'王'当为'主',上文云'名为外臣,实一州主',南粤传云:'此亦一州之主',皆其证。太平御览四夷部十一引此正作'主',史记及通鉴,汉纪十一同。"管子重令"明主能胜其攻",王念孙读书杂志:"今本'主'讹作'王',以意改。"又四时"其主信明圣",读书杂志:"'主'与'臣'相对为文,各本作'王'非。"此皆"主"易讹作"王"之证。又第十九章"今楚万乘之强国也,大王天下之贤主也",作"贤主",则此亦当作"贤主"。当据泷川资言引枫、三

本及长短经改"王"作"主"。

④黔中:见秦策一第二章注④。　　巫郡:见秦策一第五章注㊾。

⑤夏州:程恩泽国策地名考:"夏州首尾长七百余里,其在江陵者谓之夏水口,乃夏水之首,亦名夏首;在汉阳者谓之睹口(狄箓:今曰汉口),乃夏水之尾,亦名夏浦。策云'东有夏州',其地在楚东境,当指汉阳言。"　　海阳:国策地名考引刘伯庄云:"楚并吴、越地,东至海,海阳盖楚之东南境。"

⑥洞庭:今湖南省洞庭湖。　　苍梧:故城即今广西壮族自治区苍梧县。

⑦史记苏秦列传"汾陉之塞郇阳"作"陉塞郇阳",集解引徐广曰:"一本'北有汾陉之塞'也。"　　于鬯战国策注:"疑策本无'郇阳'二字,据裴引徐说,是史一本无'郇阳'二字,可援以例策,盖后人援史本作'陉塞郇阳'者校策,因误入二字耳。御览警备览引春秋后语作'此有汾阴',亦无'郇阳'二字。"　　建章按:(1)前三句"西有""东有""南有"后皆为两地名,四字,则此句亦当为两地名,四字。(2)楚世家"成王十六年,齐桓公以兵侵楚至陉山",又"威王死,怀王立,魏伐楚,取(当为'败')我陉山,"魏世家"惠王后元六年,魏伐楚,败之陉山",韩策一第五章'韩南有陉山'。则"陉山"是韩、楚交界的要隘,故齐桓公侵楚,魏惠王伐楚皆经过陉山。此言"陉塞",足以说明此种形势。汾、陉接近,不过百里,提"陉塞",汾亦在其中矣。(3)作为北界,当言与强秦之界,故举"郇阳",其地有关,亦要隘之处。据以上三点,策文本当作"北有陉塞、郇阳",或作"北有汾陉、郇阳"。当删"之塞"二字。　　陉:见秦策二第十五章注①。　　汾:程恩泽国策地名考:"汾丘在襄城县。陉山在东北,汾丘在西南,相距不过百里,即所谓'汾陉之塞'也。"　　郇阳:今陕西省旬阳县。

⑧带甲:战士。

⑨四匹马拉的战车为一乘。

⑩霸王:见东周策第十五章注②。　资:资财,资本。

⑪当:敌。

⑫面:向。　事:侍。

⑬史记苏秦列传"南"作"西"。　鲍改"南"作"西",注:"章台,秦台,在咸阳,见楚记。"　金正炜战国策补释:"'莫'字疑当作'其',释词'其犹将也。'汉书文帝纪'宗室将相王列侯以为其宜寡人',史记作'莫宜',可为此证。"　程恩泽国策地名考"既云'西面事秦',又云'南面朝章台',殊参差不合,史迁知其难通,故于下句亦改作'西面'。疑策文'不'字盖衍;言楚既西面事秦,则诸侯无南面事楚者,所谓'秦强则楚弱'也。梦溪笔谈'亳州城父县,陈州商水县,荆州江陵,长林监利县俱有章华台。'此当主江陵。"　于鬯战国策注:"'不'字或语辞,'莫不'即'莫'也。"　建章按:此不当改为"西"。此言如楚西面事秦,则诸侯不南面朝楚,楚必失去诸侯。苏秦乃以秦、楚相对立的地位而言,故下文言"势不两立",这样更能打动楚王。诗大雅皇矣"监观四方,求民之莫。"传:"莫,定也。"庄子大宗师"莫然有间,而子桑户死",释文引崔注:"莫,定也。"左襄三十一年传"辞之绎矣,民之莫矣",注:"莫,犹定也。"则"莫不南面"即"定不南面。"于说亦通。不必以为"误""衍"。

⑭害:患,担忧。

⑮鲍本"王至"作"大王"。苏秦列传同鲍本。　金正炜战国策补释:"'至'即'王'字误衍,鲍本与史文同。　建章按:长短经亦作"大王"。庄子逍遥游"至人无己"注:"无己故顺物,顺物而王矣",释文:"'而王',本亦作'至'。"又"藐姑射之山"下注:"今言王德之人"释文"'王德',本亦作'至'。"又天下篇"教则

不至"释文:"'不至'一本作'不王'。"可见"王""至"易误。"至计"义难通,当据鲍本、列传改"王至"作"大王"。本文称楚威王皆称"大王"。

⑯从亲:即合纵。

⑰武关:见齐策六第九章注⑯。此为陆路。

⑱于鬯 战国策注:"张释云:'黔中,疑当作汉中,时秦未举巴蜀'。" 建章按:巫郡、黔中郡原为楚地,前280年(秦昭王二十七年)取黔中,后为楚所收复。前277年(秦昭王三十年)秦又攻取巫郡和黔中郡,合并为黔中郡,次年黔中郡的十五邑又为楚所收复。秦完全占有黔中郡,已在战国末年。(见杨宽战国史战国郡表)此或是沿汉水而下,两路皆可至楚都鄢郢。当改"黔中"为"汉中"。汉中:见秦策一第二章注②。

⑲鄢郢:见秦策三第十五章注⑥。

⑳其:于。老子六十四章作"为之于未有,治之于未乱。"

㉑已:矣。

㉒山东之国:见秦策一第二章注㉒。 奉:广雅释诂二:"进也。"
献:贡。

㉓承:奉行,遵行。 制:诏(皇帝颁发的命令)。

㉔委:托。 社稷:国家。 宗庙:帝王或诸侯祭祀祖宗的地方。

㉕厉:与"练"同义。

㉖在:于,由,随,任。疑"在"为"任"字之误。汉书卷七十二王吉传"权谲自在"王念孙读书杂志:"'在'当为'任'之误,言事不师古,而自任权谲。"淮南子诠言"故天下可得而不可取也,霸王可受而不可求也;在智则人与之讼,在力则人与之争",王念孙读书杂志:"'在'皆当为'任'字之误。言当因时而动,不可任智任力也。上文曰'失道而任智者必危',又曰'独任其智,失必多矣,故好智穷术也;好勇危术也',皆其证。"韩非子南面:"人

主之过,在己任在臣矣。"顾广圻、陈奇猷皆以为"'在'字乃'任'字之形近而误衍者"。又八经:"揣中则私劳,不中则在过。"王先慎、陶鸿庆、陈奇猷皆认为"'在'为'任'之误"。(皆见韩非子集释)

㉗妙音美人:善歌的美女。 后宫:见齐策四第三章注⑪。

㉘代:见秦策一第五章注㊐。 橐他:骆驼。"他"与"驼"通。
厩:马圈。

㉙"从合"句:合纵阵线成功,则楚国可以称王。 合:国语鲁语下韦注"成也。" 王:称王;用作动词。

㉚横:连横阵线。见秦策一第二章注①。 帝:称帝;用作动词。

㉛"臣窃"句:我实在不敢赞同这种做法。见西周策第九章注③。

㉜虎狼:贪狠暴戾如虎狼。是说秦国势强凶狠有吞灭六国之意。

㉝横人:主张合纵这一派的游说之士称呼主张连横这一派的人为横人。此指张仪等。

㉞养仇而奉仇:奉养仇敌。

㉟卒:通"猝",突然。

㊱挟:说文:"俾持也。"即恃,依仗之义。

㊲劫:胁迫。

㊳去:距。

㊴居:处,犹"择"。

㊵弊邑:敝国,谦称。苏秦代表赵国出使,故称"弊邑"。 赵王:肃侯,见秦策一第二章注㊟。 效:献。

㊶明:通"盟"。帛书战国纵横家书第十二章,"遂明功秦",第二十章"使明周室而焚秦符",两"明"字释文皆注"盟"。
奉:遵。

㊷在:于,随,任。见注㉖。

㊸楚王:威王,见秦策一第二章注⑩⑩。

㊹举:夺取。　巴蜀汉中:见秦策一第二章注②。苏秦列传泷川资言考证引通鉴胡三省注曰:"巴、蜀非楚地,连言之也。"

㊺姚校:"集、刘下更有'与深谋'三字,曾无。"鲍本复"与深谋"三字。苏秦列传同鲍本。　建章按:俞樾古书疑义举例第六十五条"古人遇重文,止于字下加'〻'画以识之,传写乃有致误者。"此于"与深谋"下本有"〻"表示迭"与深谋"三字,传写误脱耳。而集本、刘本、鲍本、列传尚未误脱,当据补。

㊻关修龄战国策高注补正:"'反人'犹言背反之人。"　建章按:疑"人"是"入"字误衍。　入:犹言入告。或言投靠。皆可通。

㊼吕氏春秋审应览重言"齐桓公与管仲谋伐莒,谋未发而闻于国",注:"发,行。"

㊽淮南子修务训"今使六子者易事,而明弗能见者何",注:"见,犹知也。"未见:未知,未料,犹今言"不见得","不一定"。

㊾卧不安席食不甘味:见齐策五注(226)、(227)。

㊿苏秦列传"如"上有"然"字。文选张衡思玄赋李注引有"然"字。又张景阳杂诗李注引有"然"字,"而无所终薄"作"终无所泊"。太平御览卷三四〇旌览、卷三七六心览引此并有"然"字。当据补"如"上"然"字。　心摇摇然如悬旌:是说心神不定,象旗子随风飘摇不定一样。　薄:广雅释言:"附也。"　无所终薄:是言终究无所依托。

(51)姚校:"曾作'今主君'。"苏秦列传亦作"主君"。　建章按:东周策第六章苏厉称周君为"主君",秦策二第六章乐羊称魏文侯为"主君",齐策一第十六章齐王称苏秦为"主君",魏策一第十章魏王称苏秦为"主君",帛书战国纵横家书第二十七章麛皮称工奚洫为"主君"。则"主君"非专称国君者,为一般的尊称。此当据曾本、苏秦列传补"主"字。　一:统一。

(52)安诸侯存危国:安定诸侯,拯救危国。

十八 张仪为秦破从连横章

张仪为秦破从连横说楚王曰①："秦地半天下，兵敌四国②，被山带河③，四塞以为固④。虎贲之士百余万⑤，车千乘，骑万匹⑥，粟如丘山⑦。法令既明，士卒安难乐死⑧。主严以明，将知以武⑨。虽无出兵甲⑩，席卷常山之险⑪，折天下之脊⑫，天下后服者先亡。且夫为从者⑬，无以异于驱群羊而攻猛虎也，夫虎之与羊不格明矣⑭。今大王不与猛虎而与群羊⑮，窃以为大王之计过矣⑯。

"凡天下强国非秦而楚⑰，非楚而秦，两国敌侔交争⑱，其势不两立。而大王不与秦⑲，秦下甲兵据宜阳⑳，韩之上地不通㉑；下河东，取成皋㉒，韩必入臣于秦。韩入臣，魏则从风而动㉓。秦攻楚之西，韩、魏攻其北，社稷岂得无危哉㉔？且夫约从者，聚群弱而攻至强也㉕。夫以弱攻强，不料敌而轻战，国贫而骤举兵㉖，此危亡之术也㉗。臣闻之，'兵不如者，勿与挑战；粟不如者，勿与持久㉘。'夫从人者㉙，饰辩虚辞㉚，高主之节行㉛，言其利而不言其害，卒有楚祸㉜，无及为已㉝，是故愿大王之熟计之也。

"秦西有巴、蜀㉞，方船积粟起于汶山，循江而下㉟，至郢三千余里㊱。舫船载卒㊲，一舫载五十人，与三月之粮，下水而浮㊳，一日行三百余里，里数虽多，不费马汗之劳㊴，不至十日而距(扞)〔扜〕关㊵；(扞)〔扜〕关惊，则从竟陵已东尽城守矣㊶，黔中、巫郡非王之有已㊷。秦举甲出之武关㊸，南面而攻，则北地绝^⑭。秦兵之攻楚也，危难在三月之内，而楚恃诸侯之救^⑮，在半岁之外，此其势不相及也。夫恃弱国之救，而忘强秦之祸，此臣之所以为大王（之患）〔患之〕也^⑯。且大王尝与吴人五战三胜^⑰，而（亡）〔王〕之阵卒尽矣^⑱，有偏守新城^⑲，而居民苦矣。臣闻之：'攻大者易危，而民弊者怨于上^⑳。'夫守易危之功^㉑，而逆强秦之心^㉒，臣窃为大王危之。且夫秦之所以不出甲于函谷关十五年以攻诸侯者^㉓，阴谋有吞天下之心也。楚尝与秦构难，战于汉中^㉔，楚人不胜，通侯执珪死者七十余人^㉕，遂亡汉中^㉖。楚王大怒，兴师袭秦，战于蓝田^㉗，又卻^㉘，此所谓两虎相搏者也^㉙。夫秦、楚相弊^㉚，而韩、魏以全制其后^㉛，计无过于此者矣^㉜，是故愿大王熟计之也。

秦下兵攻卫阳晋^㉝，必（开）〔关〕扃天下之匈^㉞，大王悉起兵以攻宋^㉟，不至数月而宋可举^㊱，举宋而东指，则泗上十二诸侯尽王之有已^㊲。凡天下所信约从亲坚者苏秦^㊳，封为武安君而相燕^㊴，即阴与燕王谋破齐^㊵，共分其地，乃佯有罪，出走入齐，齐王因受而相之^㊶。居二年而觉，齐王大怒，车裂苏秦于市^㊷。夫以一诈伪反覆之苏秦，而欲经营天下^㊸，混一诸侯^㊹，其不可成也亦明矣。今秦之与楚也接境壤界，固形亲之国也。大王诚能听臣，臣请秦太子入质于楚^㊺，楚太子入质于秦，请以秦女为大王箕帚之妾^㊻，效万家之都，以为汤沐之邑^㊼，长为昆弟之国，终身无相攻击。臣以为计无便于此者^㊽。故敝邑秦王使使臣献书大王之从车下风^㊾，须以决事^㊿。"

楚王曰：“楚国僻陋，托东海之上^⑪。寡人年幼，不习国家之长计。今上客幸教以明制^⑫，寡人闻之，敬以国从。”乃遣使车百乘，献（鸡骇）〔骇鸡〕之犀、夜光之璧于秦王^⑬。

【注释】

①张仪：见秦策一第三章注⑫。　从：合纵，见秦策三第十四章注①。　连横：见秦策一第二章注①。　据史记楚世家怀王十八年，秦分汉中之半以和楚，张仪使楚，说楚王以叛从约而与秦合亲，约婚姻。当周赧王四年（前311年）。顾观光战国策编年、于鬯战国策年表并系此策于是年。　建章按：后文言“车裂苏秦于市”，苏秦之死见东周策第五章注④。依唐兰说，苏秦死于前284年，张仪何以能知二十八年以后的事。唐兰说此篇是“拟作”（见彼文司马迁所没有见过的珍贵史料注⑫，在战国纵横家书内。）　说：劝别人听自己的意见。　楚王：怀王，见东周策第八章注③。

②四国：犹言诸侯。

③被山：是说四境有山险阻隔。　带河：是说东边又绕以黄河。

④四塞：是说四边构筑城堡。

⑤书牧誓序“武王……虎贲三百人”孔疏：“若虎之贲（奔）走逐兽，言其猛也。”则虎贲：勇士。此指战士。贲，通“奔”。

⑥骑：一人一马谓“一骑”。

⑦粟：谷子，此指粮食。

⑧安难乐死：在困难面前安然自得，在死亡面前毫不畏惧。

⑨以：而。　知：同“智”。　武：勇。

⑩虽无出兵甲：假如秦国出兵。　虽：王引之经传释词卷八引玉篇曰：“词两设也。”又卷十：“无，为发声也。”

⑪席卷常山之险：取得恒山的险隘，象卷席一样的轻而易举，一无所

留。<u>陈垣</u><u>史讳举例</u>卷八:"<u>汉文帝</u>,<u>高祖</u>子,名'<u>恒</u>',代字'<u>常</u>',如<u>恒山</u>郡改'<u>常山</u>'。"<u>恒山</u>:五岳之北岳,在今<u>河北省</u><u>曲阳县</u>北。

⑫折天下之脊:控制了诸侯要害之地。　折:切断。　脊:背脊,比喻要害之地。

⑬且夫:见<u>齐策</u>一第十六章注㉛。　为从者:搞合纵阵线的人。

⑭"夫虎"句:弱羊敌不过猛虎,这是很明显的。　格:斗,敌,拒。

⑮与:亲近,友好。下句同。

⑯过:错。

⑰而:则,即。下句同。

⑱两国敌侔交争:<u>秦</u>、<u>楚</u>两国不相上下,互相争夺。　敌侔:对等,势均力敌。　交:俱

⑲而:<u>王引之</u><u>经传释词</u>卷七:"犹,'如'也。"

⑳下甲兵:出兵东进。　宜阳:今<u>河南省</u><u>宜阳县</u>。

㉑<u>吴补</u>:"上地,后语作'上党地'。"　<u>于鬯</u><u>战国策</u>注:"<u>荀子</u>议兵篇<u>杨</u>注云'上地,上党之地'。则上地即上党。上地宜阳虽隔河,而南北相望,故据宜阳则上党不通。"　<u>建章</u>按:帛书战国纵横家书第十三章注③、④也说上地指上党。　上党:见<u>东周策</u>第十三章注⑥。

㉒河东:见<u>秦策</u>四第三章注⑤。　成皋:见<u>秦策</u>三第七章注①。

㉓从风:见<u>秦策</u>一第二章注㉒。

㉔社稷:见<u>秦策</u>一第五章注㉟。

㉕至:极。

㉖骤:<u>广雅</u>释诂三:"数也。"数:屡次,频繁。

㉗术:<u>广雅</u>释诂一:"法也。"办法。

㉘持久:长期对抗不下。

㉙从人:主张合纵的人,如<u>苏秦</u>等人。

㉚饰辩虚辞:夸夸其谈,巧言辩说。　<u>文选</u><u>司马迁</u><u>报任少卿书</u><u>李</u>

注引"虚"作"曼"。

㉛高:赞杨。

㉜卒:通"猝",突然。

㉝无及为已:则无所措手足。　已:同"矣"。

㉞巴蜀:见秦策一第二章注②。前316年(周慎靓王五年、秦惠王后元九年)秦灭巴、蜀。

㉟方船:并两船。　汶山:四川省岷山。　循:顺。　江:指长江。

㊱郢:楚旧都,今湖北省江陵县北。

㊲舫船:同"方船"。　舫:尔雅释言:"泭也。"方言卷九:"泭谓之箪,箪谓之筏;筏,秦晋间之通语也。"三国志吴志嫔妃传吴主权徐夫人传:"宜伐芦苇以为泭,佐舡渡军。"则前文言"方船",系运粮之船,此言"舫船"系运兵之筏。

㊳下水而浮:犹言浮水而下。

㊴鲍本"马汗"作"汗马"。　张仪列传"马汗"作"牛马"。　建章按:韩非子五蠹:"弃私家之事,而必汗马之劳。"史记晋世家"矢石之难,汗马之劳,此复受次赏";又越王勾践世家"马汗之力不效",又"王所待于晋者,非其马汗之力也。"则"汗马""马汗"两词并存。马汗:比喻征战的劳苦。

㊵程恩泽国策地名考:"地理志'巴郡鱼复县有江关。'郡国志作'扞关'。水经注'江水东出江关,入南郡界,又自关东径弱关、扞关。'括地志'阳关,今涪州永安县治阳关城也;扞关,今硖州巴山县界故扞关也;江关,今夔州鱼复县南二十里江州南岸对白帝城是。'合而考之,阳关最西,江关次之,弱关又次之,扞关最东,相去各一二百里。在鱼复者固江关,非扞关也。"　建章按:陈直史记新证:"封泥考略卷四,五十三页有'扞关长印','扞关尉印'两封泥。吴世芬考即续汉书郡国志巴郡鱼复县之扞关。据此当作'扞关',今作'扞关',为传写之误文。"韩非子

说林下"弱子扞弓"，王念孙读书杂志余编上"'扞'当为'扜'，吕氏春秋壅塞篇'扜弓而射之'高注曰：'扜，引也。'淮南原道篇'射者扜乌号之弓'高注曰：'扜，张也。'山海经大荒南经'有人方纾弓射黄蛇'郭注曰：'扜'挽也，音'纾'。'今本吕览、淮南'扜'字皆误作'扞'，唯山海经不误，则赖有郭音也。"则陈说"扞"为"扜"字之误可信，当改。下同。　距：至。

㊶"则从"句：自竟陵以东，只有守备之力。　竟陵：故城在今湖北省江陵县东北，潜江市西北。　已：通"以"。　尽：当读"仅"，小尔雅广言："尽，止也。"

㊷黔中：见秦策一第二章注④。　巫郡：见秦策一第五章注㊽。　已：同"矣"。以上言水路进攻。

㊸"秦举甲"句：秦国发兵出武关。　武关：见齐策六第九章注⑯。

㊹据上句"出武关"，则"北地"当指与韩、魏接壤的楚北边之地。

㊺史记张仪列传王念孙读书杂志："楚策'待'作'恃'，涉下文'恃弱国之救'而误，当依史记改。"韩非子难三"恃尽聪明"，陈奇猷集释："'恃'、'待'古通用。吕氏春秋无义篇'不穷奚待'，史记天官书'不待告'，皆以'待'为'恃'。老子'万物恃之以生'，则以'恃'为'待'。是二字通用之证。说文'待，竢也；恃，赖也。'则作'恃'、作'待'，于此文皆通。"　建章按：此从陈说，作"恃"作"待"于此文亦皆可通。下"恃"字同。裴学海亦说"'恃'、'持'、'恃'、'待'四字同从'寺'声，古皆通用。"（见古书虚字集释卷六）

㊻下文"臣窃为大王危之"，东周策第一章"弊邑固窃为大王患之"，又"臣窃为大王私忧之"，彼皆言"危之""患之""忧之"，则此句"之患"误倒。当改作"患之"。

㊼于鬯战国策注："此吴即实为越；吴入越，而称越为吴。盖如邯、郫入卫，魏入唐，而不灭其旧名，则自古有例矣。"　建章按：前

473 年越灭吴。

㊽金正炜战国策补释："'亡'当为'王'，声之误也。" 建章按：管子乘马数"王国始守"，俞樾诸子平议卷六："'王国'乃'亡国'之误。"则"王""亡"易误。 阵卒：列卒，师卒，即战士。

㊾有偏守新城：又远守新得之城。 有：通"又"。（见战国纵横家书第一、六章） 偏：后汉书东夷传赞注："远也。"

㊿"攻大者"两句：进攻强大的敌人，则易遭危险；人民疲惫穷困，则易怨君上。 弊：敝，疲。 于：其。

(51)守：汉书外戚传上"数守大将军光"注："求请之。"此言"追求"。

(52)逆：违背。

(53)甲：兵。

(54)构难：交战。 "战于汉中"在前 312 年（周赧王三年，秦惠王更元十三年，楚怀王十七年）。

(55)通侯：秦爵共二十级，第二十级为彻侯，通侯即彻侯。 执珪：见东周策第二章注⑬。

(56)亡：失。此在前 312 年（周赧王三年）。

(57)蓝田：见秦策四第一章注②。

(58)卻：退，败。

(59)搏：斗，击。

(60)秦楚相弊：秦、楚两国互相削弱。弊：破，坏，毁。

(61)韩魏以全制其后：韩、魏两国却保存其实力，乘机控制楚国的后方。

(62)过：错。

(63)阳晋：见齐策一第十六章注㊲。

(64)"秦下兵"两句：秦国出兵进攻卫国的阳晋，必然卡住了诸侯交通的要道。 姚校："一作'晋必大开'，曾'大开'，一作'关'。" 鲍改"开"作"关"。 史记张仪列传"必开扃"作"必大关"。 黄丕烈战国策札记:"此当是策文作'必肩天下之匈','开'、'关'字皆所记史记异文,而误入者。'关'、'肩'同义。" 建章按:"开"字无义,不可通。"开"当为"关"。淮南子道应训"东开鸿濛之光",王念孙读书杂志:"'开'当为'关','关'字俗书作'開','开'字俗书作'開',二形相似,故'关'误作'开'。"逸周书第一"辟开修道",史记西南夷列传"开蜀故缴",王念孙读书杂志均说"'开'当作'关'。"此"关"与"肩"义同,为复词,不必强合史。后汉书方术传"关肩于明灵之府。" 匈:同"胸",犹言要隘,要道,要害。

㉖大王悉起兵以攻宋:大王动员全国的兵力进攻宋国。 悉:全。

㉖举:攻下。

㉖泗上:在今江苏省西北部,楚之北界。 十二诸侯:见秦策五第一章注⑯。 已:矣,也。

㉖苏秦:见东周策第五章注③。

㉖苏秦封为武安君在赵肃侯(前349年—前326年)世。

㉚燕王:于鬯战国策注以为易王(前332年—前321年)。 建章按:如以苏秦死于前284年,则燕王当是燕昭王(前311年—前279年),见秦策三第二章注㉒。

㉑齐王:如以苏秦死于前284年,则当是齐闵王(前300年—前284年),见东周策第十六章注②。

㉒车裂:见秦策一第一章注㉙。

㉓经营:犹言谋划控制。

㉔混一:统一。

㉕质:见秦策二第十五章注④。

㉖箕:簸箕。 帚:笤帚。 箕、帚皆清扫用的工具。古人谦言嫁女为"侍箕帚",言侍奉洒扫之事。

㉗汤沐之邑:即汤沐邑。周制,诸侯朝见天子,天子赐以王畿以内

封邑，供诸侯住宿和斋戒沐浴，此即"汤沐邑"。后来，皇帝、皇后、公主等收取赋税的私邑也称汤沐邑。此指后者。

㊞便：利。

㊟从车：军车。 下风：比喻低下的地位，一般用作谦辞。此本当言献书楚王，不敢直称"楚王"，故言"从车下风"，如"陛下""执事"之类。

㊚须：等待。

㊛东海：自淮河口至浙江口。

㊜今上客幸教以明制：现在承蒙贵宾英明的教导。 制：法度，术数。

㊝抱朴子登涉："通天犀角有一赤理如縆，自本彻末；以角盛米置群鸡中，鸡欲往啄之，未至数寸，即惊却退，故南人名通天犀为骇鸡犀。"后汉书西域传大秦国："有夜光璧，明月珠，骇鸡犀。"艺文类聚犀聚引策作"骇鸡之犀"。太平御览卷八〇六璧览、卷八九〇犀览引此并作"骇鸡之犀"，当据改。 夜光璧：宝璧名。

十九　张仪相秦章

张仪相秦①，谓昭雎曰②："楚无鄢郢、汉中，有所更得乎③？"曰："无有。"曰："无昭雎、陈轸④，有所更得乎?"曰："无所更得。"张仪曰："为仪谓楚王：'逐昭雎、陈轸，请复鄢郢、汉中⑤。'"昭雎归报楚王⑥，楚王说之⑦。

有人谓昭雎曰："甚矣，楚王不察于争名者也⑧。韩求相工陈籍而周不听⑨，魏求相綦母恢而周不听⑩，何以也？周〔曰〕：'是列县畜我也⑪。'今楚、万乘之强国也⑫，大王、天下之贤主也。今仪曰：逐君与陈轸，而王听之，是楚自行不如周^⑬，而仪重于韩、魏之王也。且仪之所行，有功名者秦也，所欲贵富者魏也。欲为攻于魏，必南伐楚。^⑭故攻有道，外绝其交，内逐其谋臣^⑮。陈轸夏人也，习于三晋之事^⑯，故逐之^⑰，则楚无谋臣矣。今君能用楚之众，故亦逐之，则楚众不用矣。此所谓内攻之者也^⑱，而王不知察^⑲。今君何不见臣于王^⑳，请为王使齐交不绝。齐交不绝，仪闻之，其效鄢郢、汉中必缓矣^㉑。是昭雎之言不信也，王必薄之。^㉒"

【注释】

①张仪：见秦策一第三章注⑫。　于鬯战国策年表系此策于周赧王四年，秦惠文王后元十四年（前311年）。　建章按：张仪复相秦在前317年，前309年仪死于魏，姑从于。

②昭雎：楚之谋臣。

③"楚无鄢郢"句：楚国失去鄢郢、汉中，还会有象鄢郢、汉中这样的城邑吗？　鄢郢：楚都，见秦策三第十五章注⑥。　汉中：见秦策一第二章注②。

④鲍本"雎"作"过"。　黄丕烈战国策札记："'无昭雎陈轸'、'逐昭雎陈轸'、'有人谓昭雎'，三'雎'字皆作'过'者为是，下文三'君'字皆称'过'也，故下文云'昭雎之言不信也'，若谓'雎'，何得云尔，可为明证。作'雎'者相涉致误耳。"　于鬯战国策注："或云：'昭雎、陈轸皆表见于战国者，若昭过则无闻，不得与轸并举，仪亦何所惮而欲使楚逐之。姚本通篇无一作昭过，鲍本中间有三昭过，窃恐二本并有误。上文'谓昭雎'，下文'昭雎归报楚王'，'是昭雎之言不信'，三'昭雎'乃当作'昭过'，鲍本适反之，而中间三'昭雎'，姚本却不误也。'案据史楚

世家虽其后谏怀王入秦，又主谋立太子，是其人固智士，堪与陈
轸并称，而宜为仪所忌惮者。或说似当以无据斥之。惟后策却
言'仪善睢'（按：楚策三第五章），与此欲逐睢反背。战国人情果
不可测与？" 建章按：依鲍本及黄说，全文可贯通，姑从之。 陈
轸：见秦策一第十一章注①。

⑤前312年（秦惠王后元十三年）取楚汉中。 于鬯战国策注：
"秦拔鄢郢在昭王二十八、九，周赧之三十六、七，去此时远甚，
当存疑。秦策止云'仪欲以汉中与楚'，不及鄢郢，盖得事实
（按：秦策一第九章）"。

⑥楚王：怀王，见东周策第八章注③。

⑦说：同"悦"。

⑧楚听秦，是自卑也，故云"楚王不察于争名者也"。

⑨工陈籍：见东周策第十章注②。

⑩蒃母恢：见西周策第十一章注⑤

⑪姚校："一作'周曰'是。" 鲍本"周"下补"曰"字。 金正炜战
国策补释："此当有'曰'字，涉下'是'字上体而误脱也。" 建
章按：无"曰"字难通。当从姚校一本补"曰"字。 列县：即普
通的一个县。如"列国""列位"。 畜：犹对待。

⑫万乘：见秦策一第二章注㊿。

⑬吕氏春秋开春论爱类"故仁人之于民也，可以便之，无不行
也"，注："行，为也。"亦可解作"使"。

⑭欲为攻于魏必南伐楚：要想从魏国取得大功，必定要向南进攻
楚国。帛书战国纵横家书、睡虎地秦墓竹简"攻"通"功"。

⑮"故攻"三句：所以，要进攻就要有一定的方法，在外交上要使对
方与其盟国断交，对内要想法除掉其得力的谋臣。

⑯三晋：赵、魏、韩。

⑰故：裴学海古书虚字集释卷五："犹'若'也。"下"故亦逐之"同。

⑱"此所谓"句:这就是所谓内攻的战术。

⑲而王不知察:可是大王并不了解这一点。 察:吕氏春秋审分览慎势高注:"知也。"

⑳见:犹举荐,推荐。

㉑"齐交"句以下是说:楚、齐不断交,张仪听说后,他就会拖延拿出鄢郢和汉中。 其:指张仪。 效:献。 缓:拖延。

㉒"是昭雎"两句:这样,昭雎所说的秦国会归还鄢郢、汉中的话,大王就不会相信,而大王也就不会再重用昭雎了。

二十 威王问于莫敖子华章

威王问于莫敖子华曰①:"自从先君文王以至不穀之身②,亦有不为爵劝,不为禄勉③,以忧社稷者乎④?"莫敖子华对曰:"如(华)〔章〕不足知之矣⑤。"王曰:"不于大夫,无所闻之⑥。"莫敖子华对曰:"君王将何问者也?彼有廉其爵⑦,贫其身⑧,以忧社稷者;有崇其爵⑨,丰其禄⑩,以忧社稷者;有断脰决腹⑪,一瞑而万世不视⑫,不知所益,以忧社稷者⑬;有劳其身,愁其志⑭,以忧社稷者;亦有不为爵劝、不为禄勉,以忧社稷者。"

王曰:"大夫此言将何谓也⑮?"莫敖子华对曰:"昔令尹子文⑯,缁帛之衣以朝⑰,鹿裘以处⑱;未明而立于朝,日晦而归食⑲;朝不谋夕⑳,无一(月)〔日〕之积㉑。故彼廉其爵,贫其身,以忧社稷者,令尹子文是也。

"昔者叶公子高㉒,身获于表薄㉓,而财于柱国㉔;定白公之祸,宁楚国之事㉕;恢先君以掩方城之外㉖,四封不侵㉗,名不挫于诸侯㉘。当此之时也，天下莫敢以兵南乡㉙，叶公子高食田六百畛㉚。故彼崇其爵，丰其禄，以忧社稷者，叶公子高是也。

“昔者吴与楚战于柏举㉛，两御之间夫卒交㉜。莫敖大心抚其御之手㉝，顾而大息曰㉞：‘嗟乎！子乎！㉟楚国亡之（月）〔日〕至矣㊱！吾将深入吴军，若扑一人㊲，若挼一人㊳，以与大心者也㊴，社稷其为庶几乎㊵！’故断脰决腹，壹瞑而万世不视，不知所益，以忧社稷者，莫敖大心是也。

“昔吴与楚战于柏举，三战入郢，（寡君）〔君王〕身出㊶，大夫悉属㊷，百姓离散。棼冒勃苏曰㊸：‘吾被坚执锐㊹，赴强敌而死，此犹一卒也，不若奔诸侯㊺。’于是羸粮潜行㊻，上峥山㊼，逾深溪㊽，蹠穿膝暴㊾，七日而薄秦王之朝㊿，（雀）〔崔〕立不转㉛，昼吟宵哭㉜，七日不得告㉝，水浆无入口，癫而殚闷㉞，旄不知人㉟。秦王闻而走之㊱，冠带不相及㊲，左奉其首㊳，右濡其口㊴，勃苏乃苏㊵。秦王身问之㊶：‘子孰谁也？㊷’棼冒勃苏对曰：‘臣非异㊸，楚使新造（蛊）〔鳌〕棼冒勃苏㊹。吴与楚人战于柏举，三战入郢，寡君身出㊺，大夫悉属，百姓离散。使下臣来告亡㊻，且求救。’秦王顾令，不起㊼。‘寡人闻之，万乘之君得罪于士，社稷其危㊽，今此之谓也。’遂出革车千乘，卒万人，属之子满与子虎㊾，下塞以东㊿，与吴人战于浊水而大败之㊱，亦闻于遂浦㊲。故劳其身，愁其思，以忧社稷者，棼冒勃苏是也。

“吴与楚战于柏举，三战入郢，君王身出，大夫悉属，百姓离散。蒙穀给斗于宫唐之上㊳，舍斗奔郢㊴，曰：‘若有孤⑦⑤，楚国社稷其庶几乎！’遂入大宫⑦⑥，负鸡次之典⑦⑦，以浮于江，逃于云梦之中⑦⑧。昭王反郢⑦⑨，五官失法⑧⑩，百姓昏乱；蒙穀献典，五官得法，而百姓大治。(此)〔比〕蒙穀之功多，与存国相若⑧①，封之执圭⑧②，田六百畛⑧③。蒙穀怒曰：‘穀非人臣，社稷之臣⑧④，苟社稷血食⑧⑤，余岂(悉)〔患〕无君乎⑧⑥？’遂自弃于(磨)〔歷〕山之中⑧⑦，至今无冒⑧⑧。故不为爵劝，不为禄勉，以忧社稷者，蒙穀是也。”

王乃大息曰：“此古之人也，今之人焉能有之耶？”莫敖子华对曰：“昔者先君灵王好小要⑧⑨，楚士约食⑩⑨，冯而能立⑨①，式而能起⑨②。食之可欲，忍而不入⑨③；死之可恶，然而不避⑨④。章闻之：‘其君好发者⑨⑤，其臣抉拾⑨⑥。君王直不好⑨⑦，若君王诚好贤，此五臣者⑨⑧，皆可得而致之⑨⑨。”

【注释】

①威王：楚威王，见秦策一第二章注⑩⑩。　莫敖：据史记楚世家泷川资言考证楚莫敖之官间与司马之官并列于令尹之下，楚国的令尹相当于他国的宰相。　顾观光战国策编年系此策于周显王三十年(楚威王元年，前339年)。

②文王：楚武王之子，名熊赀，楚国第十八君，前689年—前677年在位。　不穀：见秦策二第一章注⑳。

③爵：爵位，官阶。　劝：说文“勉也。”“劝”“勉”皆有为某事而尽力的意思。此有“追求”的意思。　禄：俸禄，薪水。

④“自从”句以下是说：从先君文王到现在，真有这样既不追求爵位，也不追求俸禄，而忧虑国家安危的大臣吗？　社稷：见秦策一第五章注㊱。

⑤姚校:"孙本'华'作'章'。" 黄丕烈战国策札记:"'章'当是'子华'之名。" 于鬯战国策注:"下文云'章闻之',则作'章'似是。" 建章按:孙本和下文皆作"章",当据改。

⑥不于大夫无所闻之:要是不问您,我是无从知道的。 闻:知。

⑦廉:廉洁,奉公守法。

⑧贫其身:犹言安于贫困。

⑨崇:抬高,提升。

⑩丰:增加。

⑪脰(dòu 豆):颈,脖子。 决腹:破腹。

⑫瞑:闭目,犹言死。

⑬"有断脰"句以下是说:有不怕断头,不怕破腹,视死如归,不顾个人利益,而忧虑国家安危的。

⑭劳其身愁其志:犹孟子告子下"苦其心志,劳其筋骨"之义。

⑮大夫此言将何谓也:您这些话,说的都是谁呢? 何:裴学海古书虚字集释卷四"谁也。"

⑯子文:即鬭縠於菟(读"斗构乌兔"),春秋时楚人,父鬭伯比与邧女私通,生子文,弃之于野,虎乳养之,后又收养。楚人谓乳曰縠,谓虎曰於菟,因名鬭縠於菟,字子文,后事楚成王(前 671 年—前 626 年)为令尹,亦称令尹子文。尝毁家以缓国难。(见左传宣四年、庄三十年)

⑰缁(zī 资):黑色。 帛:丝织物的总称。 朝:上朝,犹今上班。

⑱鹿裘:鹿皮衣。鹿皮是兽皮中最贱的一种。 处:居家。

⑲日晦:太阳落山。 晦:暗,昏。

⑳朝不谋夕:早晨吃完饭还顾不上晚饭。 谋:打算,顾及。

㉑鲍本改"月"为"日"。 建章按:国语楚语下"昔鬭子文三舍令尹,无一日之积,恤民之故也。"既言"朝不谋夕",则作"日"者是。当改"月"作"日"。

㉒叶公子高：即沈诸梁，为楚昭王（前515年—前489年）司马沈尹戌之子，字子高。因封于叶（今河南省叶县），故称叶公，又称叶公诸梁。

㉓鲍注："表，野外；薄，林也；言其初贱。" 于鬯战国策注："柱国，既为官，表薄或亦小官名。存疑。" 建章按：（1）荀子非相"叶公子高微小短瘠，行若将不胜其衣然；白公之乱也，令尹子西，司马子期皆死焉，叶公子高入据楚，诛白公，定楚国，如反手尔……长短，大小，美恶形相，岂论也哉？"与此数句义可参考。广雅释诂三："获，辱也。"薄，有轻微、轻鄙之义。则此"身获于表薄"言身体外表看起来单薄微弱，其貌不扬之义，即荀子所谓"微小短瘠，行若将不胜其衣然。"（2）疑"薄"为"著"之误。左昭十一年传"朝有著定"，又"会朝之言，必闻于表著之位"，注："朝内列位常处谓之表著。"疏："著定，伫立定处，故谓朝内列位常处也。"所谓"表"，即设表柱以为位。既然朝廷有其常位，则必为有爵禄之官，故言"身获于表著"。叶公子高为楚司马沈尹戌之子，何得言"初贱"。鲍注误。

㉔韩非子十过"斩山木而财之"，陈奇猷集释引王先慎曰："御览七百五十六引作'材'，财、材、裁三字并通。"则"财于柱国"者言有柱国之材。 柱国：见东周策第二章注⑬。

㉕"定白公"三句：平定了白公之祸，使楚国内乱得以安宁。 白公之祸：见第十一章注⑤。

㉖此言：发扬了先君的遗德，影响到方城之外（犹言：影响到外国）。恢：大，发扬，扩大。 撜：同"掩"，遮被，此有影响、波及之义。 方城：见西周策第八章注⑦。据左哀十六年传载：白公为乱时，叶公子高在蔡，方城之外的人都劝叶公子高，希望他赶快到楚国去平乱。以后听说白公杀了楚国的贤大夫、管仲的七世孙管修，叶公子高认为他不能成事，就到楚国去。到了楚

国,大伙都说:"国人望君,如望慈父母焉",又说"国人望君,如望岁焉"(如同农民盼望一年的收成一样),又说"若见君面,是得艾也(人们只要看到您的面容心里就踏实了)"。

㉗四封不侵:四方的诸侯都不敢来侵犯。　封:境界。

㉘名不挫于诸侯:此言楚国虽经白公之乱,其威名在诸侯中未受损伤。挫:毁,伤。

㉙南乡:向楚国进兵。乡:通"向",即往,进。

㉚食田:意谓赐田,封田。　畛(zhěn诊):田间小路。　六百畛:是说封赐的田很多。

㉛前506年(周敬王十四年,鲁定公四年,吴王阖庐九年,楚昭王十年)吴、楚战于柏举,楚军大败,吴军攻入楚都郢,楚昭王逃至随国。　柏举:在今湖北省麻城市附近。

㉜御:驾马,乘车。　两御之间:即两军对垒之间。　夫卒:士卒,士兵,战士。

㉝王应麟困学纪闻卷六"申包胥似张子房"条下云:"所谓'莫敖大心深入吴军而死',以左氏考之,即左司马戌也。戌者,叶公诸梁之父也。"吴师道从此说。　梁玉绳汉书人表考卷五"戌为司马,不为莫敖;此表戌与大心并列,当属两人。"　淮南子修务高注以为"大心,楚成得臣子玉之孙。"于鬯战国策注以为"殆非也。左文十一年传有'成大心',十二年传称'大孙伯',实子玉之子,亦非子玉之孙;且既在鲁文公时,前去柏举之战甚远,必不可当此大心。"　建章按:姑存疑。　广雅释诂三:"抚,持也"。御:驾车者。

㉞大息:即"太息",叹息。

㉟嗟乎子乎:即"嗟乎嗞乎",或"嗟嗞乎",叹息声,犹言唉!唉!王引之经传释词卷八:"说文'嗞,嗟也。''嗟'与'嗟'同;广韵'嗞嗟,忧声也。'倒言之则曰'嗟嗞',或作'嗟兹',或作'嗟

子’。”并引此句为例。

㊱姚校:“‘月’一作‘日’。” 鲍改“月”为“日”。 建章按:作“月”无义。韩非子说林上“居一月自问张谴”,顾广圻说:“‘月’当作‘日’。”陈奇猷集释:“顾说是,形近而误。”此亦形近而误。当据姚引一本改“月”为“日”。

㊲若:汝,你。下句同。 扑:击。

㊳捽(zúo 昨):揪。

㊴与:助。

㊵社稷其为庶几乎:国家差不多还有希望。 社稷:秦策一第五章注(55)。 为:王引之经传释词卷二:“犹‘将’也。” 庶几:犹“尚有希望”。

㊶王念孙读书杂志:“‘寡君’当为‘君王’,此涉下棼冒勃苏之词而误也。棼冒勃苏对秦王言之,故称‘寡君’,此是子华述昭王出奔之事,当称‘君王’,不当称‘寡君’也,下文述蒙縠之事正作‘君王身出’。” 建章按:王说是,当据改。 出:逃。 君王:楚昭王,楚国第二十八君,平王之子,楚世家作“太子珍”,国语楚语下注、伍子胥列传“珍”作“轸”,左昭二十六年传又作“太子壬”。前515年—前489年在位。

㊷属:附,跟随。

㊸棼冒勃苏:楚世家作“申包胥”,(为楚之大夫,与伍子胥友善。)泷川资言考证“‘棼冒’即‘蚡冒’,‘勃苏’即‘包胥’,‘包胥’盖武王兄蚡冒之后,楚之公族,食邑于申,因以为氏耳。”

㊹被:通“披”。 坚:指盔甲(古代军人作战时的服装;盔,保护头;甲,保护身体。用金属或皮革制成。) 执:拿。 锐:指锋利的武器。

㊺“此犹”两句是说:所起的作用也不过象一个普通士卒而已,不如向诸侯去求援。 也:裴学海古书虚字集释卷三:“犹‘耳’

也。" 奔:释名释姿容:"变也,有急变,奔赴之也"。

㊻赢:担,负。 潜:密秘。

㊼峥山:高山峻岭。

㊽深溪:深水溪谷。

㊾蹠(zhí 直)穿:脚掌磨破了。 膝暴(pù 铺):裤子磨破了,露出膝盖。

㊿秦王:哀公,始皇本纪作"毕公",索隐引始皇本纪作"祕公",秦第十八君,景公之子,前 536 年—前 501 年在位。 薄:广雅释诂一:"至也。"

(51)王念孙读书杂志:"'雀'当作'雈',字之误也。'雈'与'鹤'同,一切经音义卷二曰'鹤,古文作雈',汉酸枣令刘熊碑'雈鸣一震',即'鹤鸣'也。'鹤立',竦身而立也。文选求通亲亲表'实怀鹤立企伫之心',李善注引此策'鹤立不转',初学记人事部、太平御览人事部引此并与文选注同,鸿烈修务篇曰'申包胥鹤跱而不食',皆其明证。" 建章按:吴越春秋阖闾内传"雀立"作"鹤倚",当依王说改"雀"为"雈"。求通亲亲表向注:"鹤立,举踵以望恩泽也。"

(52)吟:呻吟,哀叹,哀歌。 刘师培左盦集卷五:"初学记十七引'哭'作'泣'。"

(53)不得告:言未能面告秦王。

(54)癫(diān 颠):晕倒。 殚:尽,绝。 闷:郁结而不通。 刘师培左盦集卷五:"初学记十七所引'口'上有'于'字。"

(55)癫而殚闷旄不知人:头昏眼花,气绝晕倒,不省人事。 旄:通"眊",昏乱,昏迷。

(56)走之:跑向棼冒勃苏。

(57)冠:帽。 带:衣带。 不相及:没有来得及系好。

(58)奉:同"捧"。 其:指棼冒勃苏。

㊾黄帝内经素问卷二十二至真要大论"寒入下焦,传为濡泻"注:
"濡,谓水利也。"此言灌汤水。

㊿苏:醒。

�...

⑤⑨黄帝内经素问卷二十二至真要大论"寒入下焦,传为濡泻"注:
"濡,谓水利也。"此言灌汤水。

⑥⓪苏:醒。

⑥①身:亲,亲自。

⑥②子孰谁也:你是什么人? 你是干什么的? 孰:王引之经传释
词卷九"何也。"吴越春秋阖闾内传"公为何谁矣?"与此同。

⑥③臣非异:我不是别人。杨树达词诠卷七:"异,旁指指示代名词,
与'他'义同。"举此句为例。

⑥④新造蟁:新成为罪人的人。因梦冒勃苏七日七夜哭诉失态于秦
廷,故自称为"新罪人。" 蟁:当作"蟁"。说文弦部"蟁,弼戾
也。"段注:"此'乖戾'正字,今则'戾'行而'蟁'废矣。史记、汉
书多用'蟁'。"史记司马相如列传"若枯旱之望雨,蟁
夫为之垂
涕。"集解引徐广曰:"蟁,音戾。"索隐引张揖曰:"蟁,古戾字。"
尔雅释诂"戾,辜也。"说文:"辜,犯法也。秦以'辜'似'皇'字,
改为'罪'。"

⑥⑤寡君:指楚昭王,见注㊷。

⑥⑥下臣:梦冒勃苏谦称。 告亡:向秦王告诉亡国之祸。

⑥⑦左定四年传"秦伯曰:'寡人闻命矣,子姑就馆,将图而告。'对
曰:'寡君越在草莽,未获所伏,下臣何敢即安?'立倚于庭墙而
哭。"吴越春秋阖闾内传:"秦伯使辞焉,曰'寡人闻命矣,子且
就馆,将图而告。'包胥曰'寡君今在草野,未获所伏,臣何敢即
安?'复立于庭,倚墙而哭。"据此,当读作"秦王顾令,不起。'言
秦王一再要梦冒勃苏起来,而梦冒勃苏坚持不起。 固:裴学
海古书虚字集释卷五:"犹'必'也,字又或作'顾'。"

⑥⑧其:王引之经传释词卷五:"将也。"

⑥⑨左定五年传、吴越春秋阖闾内传"满"并作"蒲",据内传二人皆
秦公子。左传定公五年:"申包胥以秦师至。秦子蒲、子虎帅车

五百乘以救楚。"杨伯峻注说:"楚策一谓'出革车千乘,卒万人,属之子满与子虎'云云,'满'盖'蒲'之字误。新序节士篇亦误作'满'。"据新序节士,子蒲为秦大夫。

⑦⑩塞:边关,或当指武关,距楚近。

⑦①浊水:水名,在今湖北省襄阳市北。

⑦②亦闻于遂浦:即亦闻战于遂浦。"亦闻"者,传闻又一说。 遂浦:不详。此句疑旁注误入正文者。

⑦③蒙穀:楚臣。 宫唐:或为地名,未详。 鲍本"给"作"结"。 金正炜战国策补释"'给'当从鲍本作'结'。" 建章按:(1)管子正世"有爱人之心,而实合于伤民。"俞樾诸子平议:"'合'与'给'通。"则给斗即"合斗"。(2)疾,通"捷";即,通"节";藉,通"借"。以音例之,则"给"可通"结"。不必改字。

⑦④舍斗奔郢:蒙穀撇开吴军,跑到楚都。

⑦⑤时楚昭王奔随,生死未可知,故言"若有孤",谓若有孤子可继位。

⑦⑥姚校:"曾一无'大'字。"后汉书李通传注引无"大"字。 建章按:疑衍"大"字。

⑦⑦姚校:"'鸡',一本作'离'。"李通传注引"鸡"作"离"。 建章按:董说七国考引刘向别录曰:"楚法书曰'鸡次之典',或曰'离次之典'。离次者,失度之谓也。"疑"鸡"为"离"之形近而讹。

⑦⑧云梦:见第十章注⑱。

⑦⑨史记楚世家"昭王十一年九月归入郢",当周敬王十五年(前505年)。

⑧⑩五官:见齐策一第四章注②,彼为齐制,可参考。此"五官"或即"百官"之义。

⑧①"比蒙穀"两句:比较之下,蒙穀立了大功,等于使楚国得到保

全。　　王念孙读书杂志:"'此'当为'比',言比较其功,与存国相等也。后汉书李通传注引此作'校蒙毅之功',是其证。"于鬯战国策注:"周礼司勋职云'战功曰多。''功多'二字似连文,非'多少'之'多'。则不去可。"　　建章按:王、于说皆是。荀子哀公"然则夫章甫、絢屨、绅带而缙笏者此贤乎?"俞樾诸子平议:"'此'当作'比';比,皆也,'比贤乎',犹言皆贤乎。"韩非子忠孝"非其亲者知谓之不孝,而非其君者天下此贤之","此"亦"比"字之误,"比贤"即"皆贤"。皆"此""比"形近易讹之证。　　管子八观"功多为上,禄赏为下。"注"'战功'曰多,谓积劳之臣,论其功多,则居于众上。"注文亦以"功多"为连文。

⑧执圭:见东周策第二章注⑬。

⑧田六百畛:见注㉛。

⑧"毅非"两句:我并不是贪图爵禄的大臣,而是忧虑国家安危的大臣。意思是说:我献典是为了国家能治理得好,而不是为了爵禄。

⑧血食:见秦策四第九章注㉛。　　社稷血食:国家能祭祀祖先。意思是:国家能保全,没有灭亡。

⑧余岂患无君乎:我难道是忧虑自己没有官做吗?　　姚校:"'余岂悉'一作'余岂患'。"　　鲍本"悉"作"患"。"悉"乃形与"患"近而误,当依鲍本改"悉"作"患"。又横田惟孝战国策正解:"'无君'与孟子'三月无君则吊'之'无君'同,谓不仕也。"(按:见滕文公下)

⑧遂自弃于歷山之中:于是隐居于歷山之中。　　墨子非攻下"焉磨为山川",王念孙读书杂志:"'磨'当为'歷','歷'与'历'通。世人多见'磨'少见'歷',故书传中'歷'字多讹作'磨'。史记及山海经注'歷'字今本皆讹作'磨',又逸周书世俘篇'伐歷',楚策'遂自弃于歷山之中',今本亦讹为'磨'。"

㊳鲍注:"冒,谓犯法。" 吴正:"一本'无冒'作'无位'。" 王念
孙读书杂志:"引之曰:'冒,当为冐,字之误也;冐,俗作冑,比胄
字只少一笔。无冐,谓无后也。周语:"晋怀公无胄",韦注曰:
"胄,后也"。'" 金正炜战国策补释:"王念孙读书杂志以冒为
冐之误是也。惟'无冐'亦非谓无裔胄;国语晋语'以定晋国而
无后,其子孙不可不崇也',注:'无后,子孙无在显位者。'此
'无冐'之义即与之同,故亦作'无位'。" 金其源读书管见:
"尚书大传云'古者圭必有冒,不敢专达也;天子执冒以朝诸侯,
见则覆之。故冒圭者,天子所与诸侯为瑞。'无冒者,承上'执
圭'言,若封执圭则有冒矣,未封执圭,故曰'无冒'。" 建章
按:尚书顾命孙星衍注疏引白虎通文质篇:"合符信者,谓天子
执瑁以朝诸侯,诸侯执珪以觐天子。瑁之为言冒也,上有所覆,
下有所冒也。"又引尚书大传曰:"诸侯执所受瑁与璧朝于天子,
无过者复得其珪以归;其邦有过者留其珪。"朱骏声说文通训定
声:"冒,假借为瑁。"则"无冒"即无爵位。

㊴灵王:共王之子、康王之弟、郏敖之叔,名围,楚国第二十六君,
前540年—前529年在位。 好:喜爱。 小要:细腰。"要"
同"腰"。

㊵约食:节食,减食。相传灵王喜爱细腰,楚国士人都减食使腰
细,以讨好灵王的欢心。

㊶冯而能立:是说因减食而体弱无力,扶着东西才能站起来。冯:
通"凭"。依靠。

651

㊸式:通"轼",车前横木。坐车与人为礼,起而凭轼倾身,表示敬
礼。轼用作动词,即"凭轼"。此"式"即"凭"义。式而能起:义
同前句。

㊹食之可欲忍而不入:想吃东西,为减食而使腰细,忍着饿而
不吃。

㉠死之可恶然而不避：饿死虽然使人畏惧，却不逃避。　死：久饿则必死。　恶：畏惧。

㉕发：说文："射发也。"即射箭。

㉖其君好发者其臣抉拾：国君喜射箭，大臣也会去学射箭。　抉拾：也作"决拾"，古代射箭用具。　抉：用骨做成，戴在右手大拇指上，用以钩弦，即以后做为装饰品的"扳指儿"。　拾：用皮做的护臂，拉弓时戴在左膀。

㉗君王直不好：君王只是不喜好这样的大臣。　直：只。

㉘五臣：指上述令尹子文、叶公子高、莫敖大心、棼冒勃苏、蒙穀。

㉙皆可得而致之：都可以被大王罗致来的。　致：使来。　之：指五臣。

战国策注释卷十五

楚　策　二

一　魏相翟强死章

魏相翟强死①。为甘茂谓楚王曰②："魏之几相者③，公子劲也④。劲也相魏，魏、秦之交必善。秦、魏之交完，则楚轻矣⑤。故王不如与齐约，相甘茂于魏⑥。齐王好高人以名⑦，今为其行人，请魏之相⑧，齐必喜。魏氏不听，交恶于齐；齐、魏之交恶，必争事楚⑨。魏氏听，甘茂与樗里疾贸首之仇也⑩，而魏、秦之交必恶，又交重楚也。"

【注释】

　　①顾观光战国策编年、林春溥战国纪年、于鬯战国策年表皆以此策当在周赧王十年，楚怀王二十四年（前305年）。

　　②甘茂：见秦策一第六章注②　　楚王：怀王，见东周策第八章注③。

③几：史记晋世家索隐"望也。"希望。

④于邑战国策注："潘和鼎云'史秦纪"昭王八年魏公子劲、韩公子长为诸侯"，公子劲当即其人，盖魏人也。'案魏人而善秦者。"

⑤秦魏之交完则楚轻矣：秦、魏两国友好，则楚国在诸侯中的地位就要降低。　完：全，无缺损，善。

⑥相甘茂于魏：使甘茂为魏相。　相：用作动词。

⑦齐王好高人以名：齐王以好居人上而出名。　齐王：宣王，见东周策第一章注④。　高人：高人一等，身居人上。

⑧今为其行人请魏之相：现在替他的外交使节活动，让他在魏国做相国。　行人：外交使节。

⑨齐魏之交恶必争事楚：齐、魏两国的关系恶化，他们一定争着拉拢楚国。　事：犹言表示友好。

⑩樗里疾：见西周策第三章注①。据史记樗里子列传秦武王立，樗里子为左丞相；昭王立，樗里子又益尊重。据甘茂列传秦昭王初立，甘茂离开了秦国，则此时樗里子独相秦。文选潘安仁马汧督诔刘良注："以己首易人之首为仇也。"　建章按："贸首之仇"即势不两立之义。

⑪"魏氏听"句以下是说，魏国如果同意甘茂任相国，甘茂与现在的秦相樗里疾是势不两立的仇人，那么魏、秦两国的关系一定恶化。这样，他们两国又都要倚重于楚国。　交：俱，都。

二　齐秦约攻楚章

齐、秦约攻楚①，楚令景翠以六城赂齐②，太子为质③。昭雎谓景翠曰：④"秦恐⑤，且因景鲤、苏厉而效地于楚⑥。公出地以取齐⑦，鲤与厉且以收地取秦，公事必败⑧。公不如令王重赂景鲤、苏厉使入秦，(秦)〔齐〕恐⑨，必不求地而合于楚。若齐不求,是公与约也⑩。"

【注释】

①史记楚世家:"怀王二十八年秦乃与齐、韩、魏共伐楚,杀楚将唐昧,取我重丘而去。"此在赧王十四年(前 301 年)。顾观光战国策编年系此策于下年。钱穆先秦诸子系年 95 节"附苏代苏厉考"说:"此事在楚怀王二十九年(前 300 年),时苏厉仍留楚,而与秦交密也。"

②景翠:楚将。　赂:说文:"遗也。"即赠。

③太子:即以后的顷襄王,见秦策一第五章注㊿。　质:见秦策二第十五章注④。　此言:楚国派大将景翠以六城赠给齐国,并以太子为质,与齐国结好。

④昭雎:楚之谋臣。

⑤秦恐:秦国担心齐、楚两国联合。

⑥且:即,就,就要。　因:通过。　景鲤:楚怀王的宠臣。　苏厉:苏秦之弟。　效:献。

⑦取:争取。

⑧败:毁,此言受到报怨。景翠以五城与齐结约,而景鲤、苏厉接受秦的献地而与之结约,故景翠必受到报怨。

⑨姚校:"一本'秦'下有'齐'字。"　吴正:"'秦'字疑当作'齐'。"于鬯战国策注:"吴校是也,此'秦'盖涉上而误。二人入秦,齐疑秦、楚合,故恐。"　建章按:吴、于说是,当改"秦"作"齐"。

⑩若齐不求是公与约也:如果齐国不向楚国索地(而与齐国联合),那么您可一举而共结两国之约。　与:犹共。

三 术视伐楚章

术视伐楚①，楚令昭鼠以十万军汉中②。昭雎胜秦于重丘③，苏厉谓宛公昭鼠曰：④"王欲昭雎之乘秦也⑤，必分公之兵以益之⑥。秦知公兵之分也，必出汉中⑦。请为公令(辛)〔芈〕戎谓王曰⑧'秦兵且出汉中'。则公之兵全矣⑨。"

【注释】

①鲍注："术视，秦人。" 顾观光战国策编年系此策于周赧王九年（前306年），于鬯战国策年表从之。

②鲍注："昭鼠为宛尹。" 军：驻扎。 汉中：见秦策一第二章注②。

③昭雎：楚之谋臣。 重丘：在今河南省泌阳县东北。

④苏厉：苏秦之弟。

⑤王：楚怀王，见东周策第八章注③。 乘：侵，逐。 乘秦：言乘胜秦于重丘之势继续逐秦。

⑥益：增，助。 之：指昭雎。

⑦出：说文："进也。"此句言秦必进军汉中。

⑧芈戎：见秦策五第三章注⑤。 此言让我为您使芈戎对楚王透露。

⑨全：保全。

四 四国伐楚章

四国伐楚①，楚令昭雎将以距秦②。楚王欲击秦，昭(侯)

〔雎〕不欲③。桓臧为昭雎谓楚王曰④：“雎战胜，三国恶楚之强也⑤，恐秦之变而听楚也，必深攻楚以劲秦⑥。秦王怒于战不胜⑦，必悉起而击楚，是王与秦相罢⑧，而以利三国也。战不胜秦，秦进兵而攻。不如益昭雎之兵⑨，令之示秦必战⑩。秦王恶与楚相弊而令天下⑪，（秦）可以少割而收（害）也⑫。秦、楚之合，而燕、赵、魏不敢不听，三国可定也⑬。”

【注释】

①四国：秦、燕、赵、魏。因有昭雎为将，疑与上策同时，在周赧王九年（前306年）。

②距：抗。

③鲍本"侯"作"雎"。　建章按：墨子非命下"非将勤劳其惟舌"，王念孙读书杂志"'喉'误为'唯'，因误为'惟'耳，潜夫论断讼篇'慎己喉舌'，今本'喉'作'唯'，其误正与此同。凡从'侯'从'隹'之字，隶书往往讹混。"韩非子说财"使诸侯淫说其主"，于省吾新证："'侯'乃'唯'字之误。"则此"侯"乃"雎"字之误，当据鲍本改。

④于鬯战国策注："桓臧者当昭雎之人也。"　楚王：楚怀王，见东周策第八章注③。

⑤恶：忌恨。

⑥深：重，加紧。　劲：加强。

⑦怒：激愤。　秦王：昭王，见西周策第一章注⑭。

⑧悉起：动员全国兵力。　罢：通"疲"，削弱。

⑨益：增，加强。

⑩管子版法解"往事毕登"，王念孙读书杂志："宋本'毕'作'必'，

古字假借也。<u>立政</u>篇'小大必举',<u>列子杨朱</u>篇'无不必致之',<u>韩子大体</u>篇'物不必载',<u>秦策</u>'四国必从','必'并与'毕'同。" 毕:<u>尔雅释诂</u>:"尽也。" 必战:决战到底。 示:表明。

⑪ <u>鲍</u>本"下"下补"利"字。 吴正:令天下,谓以相敝令于天下使知。"<u>黄丕烈</u>战国策札记:"'令'乃'全'字之讹。吴说亦未是。" <u>金正炜</u>战国策补释:"'令'当为'合',言二国相敝,天下将得以其间合从也。全,完也;与'弊'相对为文。" 恶:惧,担心。 弊:疲,犹言"削弱"。 令:<u>尔雅释诂</u>上:"善也。"善有惠、福、利益、好处之义。 此句言:秦国担心与楚国这样互相削弱而让三国得利。

⑫ <u>鲍</u>注:"秦见楚将必战,必割地与楚和,战伐之害可息也。收犹息。"吴正:"秦恶与楚相敝而不战,则楚可以少割地,而收秦。一本无'害'字是。"<u>黄丕烈</u>战国策札记:"此因上文'割'字而误衍,'害'、'割'同字。" <u>金正炜</u>战国策补释:"'割'谓楚,非谓秦,次'秦'字疑衍。" <u>建章</u>按:据吴正,此文本无"秦"字,如为"秦割地",则不当言"可以",此乃<u>桓臧</u>对楚王语,"可以"乃对楚言。吴、金说是。"收害"无义;收:合也。此言,秦王既然怕与楚国互相削弱,而让诸侯得利,那么楚可以少割地,就可以与秦国联合。下文正言"秦、楚之合"。此盖为楚着想。吴、黄说是。当据以删"秦"字、"害"字。

⑬ "秦楚之合"以下三句:因秦、楚联合,则燕、赵、魏三国不敢不听从,于是三国就会止兵不进攻楚国。 定:<u>荀子儒效</u>:"反而定三革"注"息也。"

五　楚怀王拘张仪章

<u>楚怀王拘张仪</u>①,将欲杀之。<u>靳尚为仪谓楚王曰</u>②:"拘

张仪,秦王必怒③;天下见楚之无秦也④,楚必轻矣。"又谓王之幸夫人郑袖曰⑤:"子亦自知且贱于王乎⑥?"郑袖曰:"何也?"尚曰:"张仪者,秦王之忠信有功臣也。今楚拘之,秦王欲出之⑦。秦王有爱女而美,又简择宫中佳(玩)丽好玩习音者⑧,以欢从之⑨;资之金玉宝器⑩,奉以上庸六县为汤沐邑⑪,欲因张仪内之楚王⑫,楚王必(爱)〔受〕⑬。秦女依强秦以为重⑭,挟宝、地以为资⑮,势为王妻以临(于)〔子〕⑯。楚王惑于虞乐⑰,必厚尊敬亲爱之而忘子⑱,子益贱而日疏矣。"郑袖曰:"愿委之于公⑲,为之奈何?"曰:"子何不急言王,出张子。张子得出,德子无已时⑳,秦女必不来,而秦必重子㉑。子内擅楚之贵,外结秦之交,畜张子以为用,子之子孙必为楚太子矣,此非布衣之利也㉒。"郑袖遽说楚王出张子㉓。

【注释】

①楚怀王:见东周策第八章注③。　张仪:见秦策一第三章注⑫。据史记楚世家怀王十八年拘张仪,当周赧王四年(前311年)。楚怀王因张仪欺楚以商於之地故,愿得张仪。欺楚事详秦策二第一章。

②靳尚:楚怀王宠臣,与张仪友善。

③秦王:惠王,见秦策一第一章注⑱。

④无秦:失秦,无秦交。

⑤幸夫人:爱夫人。

⑥子:尊称。　贱于王:失宠于怀王。

⑦秦王欲出之:秦王希望把他放出来。

⑧简：选。　佳丽：美貌的女子。　好：喜爱。　玩习：熟巧于某
种技能。　鲍本删上"玩"字。　吴正："一本无上'玩'字。"
建章按："佳丽"已为复合词，"玩"字因下"玩"字衍，当删。

⑨以欢从之：让那些"佳丽好玩习音者"使<u>秦</u>王之爱女高兴，并作
她的陪嫁。　之：指<u>秦</u>王爱女。

⑩资：赠。　之：指<u>秦</u>王爱女。

⑪奉：献。　上庸：见<u>秦策</u>二第六章注⑫。　汤沐邑：见<u>楚策</u>一第
十八章注⑦。

⑫因：通过。　内：入，进献。　之：指<u>秦</u>王爱女。

⑬<u>金正炜</u>战国策补释："'爱'当为'受'，涉下文'必厚尊敬亲爱
之'而误。"　建章按：(1)<u>管子</u>明法解"欲以爱爵禄而避刑罚
也"，<u>王念孙</u>读书杂志："'爱'当依<u>朱</u>本作'受'，受、爱字相似，
又涉上'爱主'而误。"(2)<u>太平御览</u>诡诈览引"爱"作"受"。
(3)作"爱"与下文"必厚尊敬亲爱之"之"爱"意复。此当改
"爱"作"受"。

⑭重：尊。

⑮<u>史记</u>留侯世家"宜缟素为资"，集解引<u>晋灼</u>曰："资，藉也。"此言
"凭借"。

⑯<u>鲍</u>本"势"下补"必"字。　吴补："'势'下疑有缺字。"　<u>黄丕烈</u>
战国策札记："<u>鲍</u>、<u>吴</u>皆非，此无缺，读以八字为一句。"(按：<u>黄</u>意
"势为王妻以临于<u>楚</u>"为一句)　<u>金正炜</u>战国策补释："'于'为
'子'字之讹，'<u>楚</u>'字当属下句，文义自明；<u>鲍</u>、<u>吴</u>及<u>黄氏</u>之说并
非也。"　建章按：<u>金</u>说甚确。(1)<u>汉书</u>地理志"临乐子山"，<u>王</u>
<u>念孙</u>读书杂志"'子'字涉上注'臐子国'而衍(自景祐本以下皆
作'子'，毛本又讹作'于'。)"可为"子"误作"于"之证。(2)
"子"指<u>郑袖</u>，下文"忘子"，"子益贱"，皆从<u>郑袖</u>说以利害，此言
<u>秦</u>女为<u>楚</u>王妻，则驾临于<u>郑袖</u>之上，亦是打动<u>郑袖</u>之辞。当依

金说改"于"为"子"。

⑰惑:迷,迷恋。　虞:通"娱"。

⑱之:指秦王爱女。

⑲委:拜托。　公:靳尚。

⑳"子何"句以下是说:您何不马上劝大王,让他释放张仪。张仪
得到释放,就会对您感激不尽。　德:感激。　已:止,尽。

㉑"秦女"两句:而秦王之女一定不会到楚国来,秦王(因为您使张
仪得到释放)也一定会看重您。

㉒此非布衣之利也:这可不是一般老百姓平平常常的利益。其利
可使子孙为王,故言"非布衣之利"。

㉓遽:即,马上。　说:说服。

六　楚王将出张子章

楚王将出张子①,恐其败己也②。靳尚谓楚王曰③:"臣
请随之,仪事王不善,臣请杀之④。"

楚小臣⑤,靳尚之仇也,谓张旄曰⑥:"以张仪之知⑦,而
有秦、楚之用⑧,君必穷矣⑨。君不如使人微要靳尚而刺
之⑩,楚王必大怒仪也⑪。彼仪穷⑫,则子重矣。楚、秦相
难⑬,则魏无患矣。"

张旄果令人要靳尚刺之。楚王大怒秦⑭,构兵而战⑮。
秦、楚争事魏⑯,张旄果大重。

【注释】

①楚王:怀王,见东周策第八章注③。　张子:张仪,见秦策一第
三章注⑫。释放张仪之事参看第五章。　出:犹言"释放"。

661

②败:害。　姚校:"'败'一作'欺'。"作"欺"亦通。

③靳尚:见第五章注②。

④于鬯战国策注:"靳尚恐王不果出仪,故为是语。"

⑤小臣:失名,盖王之亲近侍从之臣,能闻靳尚之语者。

⑥鲍注:"旄,魏之用事者。"　于鬯战国策注:"此时或适在楚,故小臣即得谓之。"　建章按:韩非子内储说下说三"犀首与张寿为怨,陈需新入,不善犀首,因使人微杀张寿,魏王以为犀首也,乃诛之。"陈奇猷引顾广圻曰:"张寿,张旄也;陈需,田需也。大致与战国策楚策所云'张旄果令人要靳尚刺之'为一事,传之不同也。"不知何所据。

⑦知:通"智"。

⑧秦王要通过张仪送秦女给楚王,郑袖要通过张仪止秦女入楚,故言"有秦、楚之用"。

⑨穷:困。

⑩微:说文:"隐行也。"即秘密。　要(yāo 腰):通"邀",阻截。刺:杀。

⑪楚王以为张仪暗杀了靳尚,故"大怒仪"。此嫁祸于人之计。

⑫彼:同"夫",发语词。

⑬难:敌,仇,武装冲突。

⑭楚王以为张仪暗杀了靳尚,故"大怒秦"。

⑮构兵而战:秦、楚两国交兵。　构:结,交。

⑯争事魏:争相与魏国交好。

七　秦败楚汉中章

秦败楚汉中①。楚王入秦,秦王留之②。游腾为楚谓秦王曰:③"王挟楚王而与天下攻楚④,则伤行矣⑤;不与天下共攻之,则失利矣。王不如与之盟而归之⑥。楚王畏⑦,必不敢倍盟⑧;〔倍盟〕⑨,王因与三国攻之,义也⑩。"

【注释】

①鲍注:"此(怀王)三十年,秦伐楚取八城,宜得汉中。" 顾观光战国策编年,于鬯战国策年表皆系此策于楚怀王三十年,当周赧王十六年(前299年)。 汉中:见秦策一第二章注②。

②楚王:怀王,见东周策第八章注③。 史记楚世家:"怀王三十年,秦复伐楚,取八城。秦昭王遗楚王书曰'寡人愿与君王会武关,面相约,结盟而去。'楚怀王见秦王书患之;欲往,恐见欺;无往,恐秦怒。怀王子子兰劝王行,于是往会秦昭王。昭王诈令一将军伏兵武关,号为秦王。楚王至,则闭武关,随与西至咸阳,朝章台如蕃臣,不与亢礼。秦因留楚王,要以割巫、黔中之郡。"此即"王入秦,秦王留之"的实事。

③游腾:见西周策第三章注⑤。此似又为楚臣。

④天下:即下文"三国",前301年齐、魏、韩共攻楚,当指此三国。

⑤伤行:犹言不义之行。

⑥两"之"字指楚王。史记楚世家:"秦因留楚王,要以割巫、黔中之郡,楚王欲盟。"此"盟"字即指"欲盟"之事。

⑦畏:畏秦。

⑧倍:通"背"。 盟:指"要以割巫、黔中之郡"。

⑨鲍本"倍"作"背",并补"背盟"二字。 吴补:"宜复有'背盟'二字。" 建章按:俞樾古书疑义举例卷五之六十五条"重文作、画而致误例"云:"古人遇重文,止于字下加'丶'画以识之,传写乃有致误者。"此本于"倍盟"下当有"丶",而误脱。于文义当补"倍盟"二字。

⑩义:犹言名正言顺,合情合理。楚世家:"楚王欲盟,秦欲先得

地。楚王怒曰：‘秦诈我，而又强要我以地。’不复许秦，秦因留之。”则秦王未用游腾之说。

八　楚襄王为太子之时章

楚襄王为太子之时，质于齐①。怀王薨②，太子辞于齐王而归③。齐王隘之④：“予我东地五百里⑤，乃归子；子不予我，不得归。”太子曰：“臣有傅⑥，请追而问傅⑦。”傅慎子曰⑧：“献之。地所以为身也，爱地不送死父，不义⑨。臣故曰献之便⑩。”太子入，致命齐王曰⑪：“敬献地五百里。”齐王归楚太子。

太子归，即位为王⑫。齐使车五十乘⑬，来取东地于楚。楚王告慎子曰：“齐使来求东地，为之奈何？”慎子曰：“王明日朝群臣⑭，皆令献其计。”

上柱国子良入见⑮。王曰：“寡人之得（求）〔来〕反⑯，（王）〔主〕坟墓⑰，复群臣⑱，归社稷也⑲，以东地五百里许齐。齐令使来求地⑳，为之奈何？”子良曰：“王不可不与也㉑。王身出玉声㉒，许强万乘之齐而不与㉓，则不信，后不可以约结诸侯。请与而复攻之。与之，信；攻之，武㉔。臣故曰‘与之’。”

子良出，昭常入见。王曰：“齐使来求东地五百里，为之奈何？”昭常曰：“不可与也。万乘者，以地大为万乘。今去东地五百里，是去战国之半也㉕，有万乘之号，而无千乘之用也，不可。臣故曰‘勿与’。常请守之。”

昭常出，景鲤入见㉖。王曰：“齐使来求东地五百里，为之奈何?"景鲤曰:"不可与也。虽然,楚不能独守。王身出玉声,许万乘之强齐也而不与,负不义于天下。楚亦不能独守㉗,臣请西索救于秦㉘。"

景鲤出,慎子入。王以三大夫计告慎子曰:"子良见寡人曰:'不可不与也,与而复攻之'。常见寡人曰:'不可与也,常请守之。'鲤见寡人曰:"不可与也,虽然,楚不能独守也,臣请索救于秦。寡人谁用于三子之计㉙?"慎子对曰:"王皆用之。"王怫然作色㉚,曰:"何谓也?"慎子曰:"臣请效其说,而王且见其诚然也㉛:王发上柱国子良车五十乘㉜,而北献地五百里于齐;发子良之明日,遣昭常为大司马㉝,令往守东地;遣昭常之明日,遣景鲤车五十乘,西索救于秦。"王曰:"善"。乃遣子良北献地于齐;遣子良之明日,立昭常为大司马,使守东地;又遣景鲤西索救于秦。

子良至齐,齐使人以甲受东地㉞。昭常应齐使曰㉟:"我典主东地,且与死生㊱,悉五尺至六十㊲,三十余万,弊甲钝兵㊳,愿承下尘㊴。"齐王谓子良曰:"大夫来献地,今常守之何如㊵?"子良曰:"臣身受命弊邑之王㊶,是常矫也㊷,王攻之㊸。"齐王大兴兵攻东地,伐昭常。未涉疆㊹,秦以五十万临齐右壤㊺,曰:"夫隘楚太子弗出,不仁;又欲夺之东地五百里,不义。其缩甲则可㊻,不然,则愿待战㊼。"

齐王恐焉。乃请子良南道楚㊽,西使秦㊾,解齐患。士卒不用,东地复全。

【注释】

①楚襄王：即楚顷襄王，见秦策一第五章注㊿。　史记楚世家"怀王二十九年使太子为质于齐，"当周赧王十五年(前 300 年)。

质：见秦策二第十五章注④。

②据史记楚世家怀王在位共三十年，见东周策第八章注③。

薨：见齐策一第五章注⑪。

③齐王：闵王，见东周策第十六章注②。

④隘：犹阻止，不许。

⑤东地：即"东国，"楚东与齐接壤之地，见西周策第一章注⑯。

⑥傅：辅佐之官。

⑦追：管子七臣七主："驰车充国者追寇之马也"注"犹召也。"

⑧慎子：不必是法家慎到。

⑨"献之"句以下是说：答应割给齐东地五百里。为了安身才爱土地，而因为爱土地，却不为父亲送葬，这是不义。

⑩便：利。

⑪致命：致辞，反命；此对上之尊辞，意思即"告诉"。

⑫王：顷襄王。

⑬一车四马为乘。

⑭朝：召见。

⑮上柱国：见东周策第二章注⑬。

⑯鲍注："求反国而得。"　王念孙读书杂志："'求'当为'来'，隶书二形相似，上下文又有'求'字，故'来'讹为'求'。逸周书周祝篇'观彼万物，且何为来'，孟子离娄篇'舍馆定然后来见长者乎'，史记李斯传'来丕豹、公孙支于晋'，今本'来'字并讹作'求'。鲍曲为之说也。太平御览人事部引此正作'来反'。"

建章按：王说是，当据改。今本太平御览"来反"作"来及"，"及"字当误。

⑰鲍本"王"作"主"。<u>太平御览</u>引"王"亦作"主"。古书"主"常误为"王",见<u>楚策</u>一第二章注⑮、第十七章注③。当据<u>鲍</u>本及<u>御览</u>引改"王"作"主"。"主坟墓"谓主办其父<u>怀王</u>丧葬之事。

⑱复群臣:又见群臣。

⑲归社稷:犹言使国家恢复。<u>怀王</u>死,太子在<u>齐</u>,国无主;太子返国,立为<u>顷襄王</u>,故言"归社稷"。

⑳<u>姚</u>校:"'令'一作'今'。" <u>姚</u>本及<u>四部丛刊</u>本复"齐"字,惜<u>阴轩丛书</u>本"齐"字不复。 <u>御览</u>引"令"作"今"。 <u>建章</u>按:作"今使者来求地"义胜。

㉑与:予,给,许。

㉒王身出玉声:大王说话一字千金。 身:亲。 玉:敬辞,如玉体、玉照、玉音、玉容等。

㉓疑"强"字当在"齐"字上,下文即如此。 而:如。 万乘:见<u>秦策</u>一第二章注㊿。

㉔与之信攻之武:割地,这是守信用;进攻,这是不示弱。

㉕<u>金正炜</u><u>战国策补释</u>:"'战'字疑衍,或'国'为'葡'字之讹,<u>管子</u>权修篇'外不可以应敌,内不可以固守,故曰有万乘之号而无千乘之用,而求权之无轻不可得也。'<u>昭常</u>盖援<u>管子</u>之文申以其说。" <u>于鬯</u><u>战国策注</u>引<u>潘和鼎</u>说甚详,兹略引如下:"'战国'是'东国'之讹,'东'误为'单',又加'戈'旁耳。<u>楚</u>之<u>淮北</u>有千里,亦即<u>楚东国</u>地有千里,'去东地五百里',非'割东国之半'乎?<u>楚</u>地方五千里,去东地五百里,是去十分之一,故下文曰'有万乘之号而无千乘之用',言以万乘之国而少千乘之地也。" <u>建章</u>按:疑"战"字有误,姑从<u>潘</u>说。

㉖<u>景鲤</u>:<u>怀王</u>的宠臣。

㉗<u>姚</u>校:"曾圈去以上二十七字"。 <u>关修龄</u><u>战国策高注补正</u>:"'王身'止'不与'十五字,是<u>子良</u>之言重出,<u>鲤</u>既曰'不可与

也',不可更有此语。'楚亦不能独守'即本文重复,但'负不义于天下'一句上下无见,似上文错乱,宜移在'不信'下。乃'独守'连'臣请',文义方顺。" 建章按:此节文字似有错误,录两家说供参考。

㉘索:求。

㉙寡人谁用于三子之计:我不知道他们三个人的办法,到底谁的好?

㉚怫然作色:即"勃然作色",生气而变脸色的样子。

㉛"臣请"两句:请允许我说出我的道理,大王将会知道确实是如此。

㉜发:派遣。

㉝大司马:总领军事的长官。

㉞甲:指武装。因恐楚有变,故以武装受地。

㉟应:答,对。

㊱"我典"两句:我是主管东地的大司马,我当与东地共存亡。 典:主管。

㊲孟子滕文公上:"虽使五尺之童適市,莫之或欺。"吕氏春秋重己:"使五尺竖子引其棬。"童子、竖子皆未成年之称,古时五尺相当于今三尺半。 悉五尺至六十:是说自儿童至六十岁之老人全部征集入伍。

㊳弊甲:破旧的甲胄。 钝兵:不锋利的兵器。

㊴承下尘:言接于齐之战马之后,战马过处,尘土飞扬,故言"承下尘"。下:谦词。此句即"愿与齐战"的委婉说法。

㊵如:裴学海古书虚字集释卷七:"犹'为'也。"则"何如"即何为?为什么?

㊶弊邑:敝国。

㊷矫:公羊僖三十三年传"矫以郑伯之命而犒师焉",注:"诈称

曰娇。"

㊸之:指昭常。

㊹涉:汉书高帝纪赞"涉魏而东"注引晋灼曰:"犹入也。" 疆:指东地之界。

㊺齐右壤:齐西之地。

㊻缩甲:收兵。

㊼待战:等着开战。

㊽请:求。 南道楚:是说告诉楚国(齐、楚讲和)。

㊾西使秦:齐国又派人出使秦国(声明不攻楚国)。

九 女阿谓苏子章

女阿谓苏子曰:①"秦栖楚王②,危太子者公也③。今楚王归④,太子南⑤,公必危。公不如令人谓太子曰:'苏子知太子之怨己也,必且务不利太子⑥。太子不如善苏子,苏子必且为太子入矣'。"苏子乃令人谓太子。太子复请善于苏子⑦。

【注释】

①钱穆先秦诸子系年 95 节"附苏代苏厉考"说:"此条应在怀王三十年入秦之后,此苏子当亦苏厉也。此亦苏厉主亲秦,为楚谋不忠之证。"缪文远战国策新校注说:"此章记女阿对苏子言:'秦栖楚王、危太子者,公也。'据史记,楚怀王入秦被留乃秦之预谋,与苏子无涉,不合一也。又楚怀王被留,无复返事,此章言'今楚王归',不合二也。策言'太子南,公必危'。楚太子归国,何致危及苏子? 不合三也。策言苏子'危太子',而文末云

'太子复请善于苏子',鲍注谓'详此,亦无走(按:'走'为'危'之讹)太子事',数行之间,前后矛盾,有如梦呓,不合四也。战国时,两国交质,表示两国亲善,楚国无君,齐自当送太子返国,何得太子善苏子而始得入,惴惴如不可保者? 不合五也。策文通体皆误,乃拟托文字中拙劣之作也。" 女阿:姓女,名阿。

苏子:苏秦,见东周策第十八章注①。 此与第八章同时。

②史记吴太伯世家"栖于会稽"索隐:"鸟所止宿曰栖。" 栖:阻,留,拘留。 楚王:怀王,见东周策第八章注③。

③太子:楚怀王太子,即顷襄王,见秦策一第五章注⑩。 齐策三第一章"楚王死,太子在齐质。苏秦谓薛公曰'君何不留楚太子以市其下东国……郢中立王,君因谓其新王曰:与我下东国,吾为王杀太子。'"故言"危太子者公也"。 危:犹谋害。

④楚王归:言楚王死于秦而归葬。

⑤于鬯战国策注:"南者,出齐而未入楚,故下文云'苏子必且为太子入也'。" 金正炜战国策补释:"'太子南'是太子已归楚,不待苏子为之求入;疑'入'或为'人'之讹。言太子善苏子,则苏子亦将党于太子也。" 建章按:于、金说并可通,此取于说。

⑥必且务不利太子:苏子一定会专门设法不利于太子。 且:将。务:专事。

⑦复:又。 善:善待。

战国策注释卷十六

楚　策　三

一　苏子谓楚王章

苏子谓楚王曰①："仁人之于民也,爱之以心,事之以善言②;孝子之于亲也,爱之以心,事之以财③;忠臣之于君也,必进贤人以辅之。今〔大〕王之(大臣)父兄④,好伤贤以为资⑤,厚赋敛诸臣、百姓⑥,使王见疾于民⑦,非忠臣也;大臣播王之过于百姓⑧,多赂诸侯以王之地,是故退王之所爱⑨,亦非忠臣也。是以国危。臣愿无听群臣之相恶也⑩,慎大臣、父兄⑪,用民之所善⑫,节身之嗜欲⑬,以〔与〕百姓⑭。人臣莫难于无妒而进贤。为主死易,垂沙之事⑮,死者以千数。为主辱易⑯,自令尹以下,事王者以千数⑰。至于无妒而进贤,未见一人也。故明主之察其臣也,必知其无妒而进贤也。贤之事其主也⑱,亦必无妒而进贤。夫进贤之难者,贤者用,且使己废⑲;贵,且使己贱,故人难之。"

671

【注释】

①苏子:苏秦,见东周策第十八章注①。 楚王:怀王,见东周策第八章注③。 因文中有垂沙之事,故顾观光战国策编年系此策于周赧王十四年(前301年)。 建章按:或当在垂沙之事后。

②"仁人"三句:有仁爱之心的人,对人民用真心实意去爱他们,用善言去抚慰他们,让他们为自己服务。 管子枢言:"贵之所以能成其贵者,以其贵而事贱也;贤之所以能成其贤者,以其贤而事不肖也。"于省吾双剑誃诸子新证:"上文云'贱固事贵,不肖固事贤',此言'贵而事贱,贤而事不肖',与上文不符。'事'本应作'使',金文'事'、'使'同字。此文应作'以其贵而使贱','以其贤而使不肖'。贱事贵,故贵可以使贱;不肖事贤,故贤可以使不肖。"此"事"字亦当读作"使"。 使:役,用。

③事:侍,奉,奉养。

④鲍本"王"上有"大"字。 于鬯战国策注:"'大'字本在'王'上,'臣'字衍,下文别出'大臣',此但当言'父兄'。" 建章按:于说是。"父兄好伤贤","大臣播王之过",此是两事,从两种人说,故下文又言"慎大臣父兄"。此如作"大臣"则重复。此因为下文"慎大臣父兄"而误。当依鲍本"王"上补"大"字,依于说删"臣"字。 父兄:宗室、贵族。

⑤伤:毁损,诽谤。 资:凭借,资本。

⑥厚:重。 赋敛:赋税。

⑦见疾:被怨恨。

⑧播:宣扬。

⑨退:背,反。

⑩愿:愿王。 无:通"勿"。 相恶:互相攻讦。

⑪慎:审慎使用。

⑫用:说文:"可施行也。"又方言六:"行也。" 善:称道,喜爱。民所善而行之,则不"见疾于民"。

⑬节:节制。 身:自己。 嗜:爱好。 欲:欲望。

⑭鲍本"以"下补"与"字。 建章按:补"与"字,是。节嗜欲所得以与百姓,正应上"厚赋敛"句。当依鲍本"以"下补"与"字。

⑮垂沙之事:前301年(周赧王十四年,楚怀王二十八年)齐相孟尝君田文合从齐、魏、韩三国攻楚,齐将匡章、魏将公孙喜、韩将暴鸢联军进攻楚的方城,在泚水旁的垂沙大败楚军,杀死楚将唐昧(或作"唐蔑")。此战役的战场有说在方城(史记秦本纪),有说在泚水旁(吕氏春秋处方篇),有说在垂沙(荀子议兵篇及本篇),有说在长沙(楚策四第七章),有说在陉山(赵策四第十六章),有说在重丘(楚策二第三章)。盖此役战场比较广,上述各地战事都有波及,故记叙有所不同,除"长沙"外,各地相距不远。 垂沙:在今河南省唐河县西南。或说"'长'、'垂'一声之转也"。

⑯为主辱易:屈居国君之下也很容易。 辱:屈辱。

⑰令尹:楚国的中央最高行政长官,相当于别国的宰相。 此言为人臣者,事王必大礼参拜,以尽人臣之礼,此屈于王之下也,故上句言"为主辱"。

⑱鲍本"贤"下有"臣"字。 建章按:疑此"贤"下脱"臣"字。

⑲且:则,就。下句同。

二 苏秦之楚章

苏秦之楚,三(日)〔月〕乃得见乎王①。谈卒②,辞而行③。楚王曰:"寡人闻先生若闻古人④,今先生乃不远千里而临寡人⑤,曾不肯留⑥?愿闻其说。"对曰:"楚国之食贵于玉,薪贵于桂⑦,谒者难得见如鬼⑧,王难得见如天帝。今令臣食玉炊桂⑨,因鬼见帝⑩。"王曰:"先生就舍⑪,寡人闻命矣⑫。"

【注释】

①苏秦:见东周策第十八章注①。　王念孙读书杂志:"'三日'当作'三月',艺文类聚火部、太平御览饮食部及文选张协杂诗注引此并作'三月'。据下文云'王难得见如天帝',则当作'三月'明矣。下文'汪明见春申君,俟间三月而后得见',事与此同也。"　建章按:如为"三日"不当言"难得见",当依王校改"日"作"月"。　林春溥战国纪年、顾观光战国策编年、于鬯战国策年表并系此策于周显王三十六年,楚威王七年(前333年)。　乎:于。　王:威王,见秦策一第二章注⑩。　吴正:"一本标'类要引北堂书钞作宣王'。"鲍彪系于威王世。太平御览卷九五七引春秋后语作"威王"。

②卒:终,完,毕。

③谈卒辞而行:谈完,告辞就走了。　行:走,去。

④古人:言古之贤人。

⑤临:尔雅释诂下:"视也。"　见:说文:"视也。"　则临:见也。

⑥曾不肯留:为何不肯留。方言卷十:"曾,何也,湘潭之原,荆之南鄙,谓'何'为'曾',若中夏言'何为'也。"

⑦"楚国之食"两句:楚国的粮食比玉还贵,楚国的柴火比桂还贵。桂皮、桂枝可入药,又可做调料和香料。

⑧谒者:见齐策一第三章注③。

⑨食玉炊桂:是说拿玉当粮食吃,拿桂当柴火烧。　炊:烧火做饭。

⑩王念孙读书杂志:"'今令臣食玉炊桂,因鬼见帝',语意未了,

其下必有脱文;类聚、御览、文选注引此并有'其可得乎'四字,
当是也。" 杨树达古书疑义举例续补:"此文'因鬼见帝'之
下,似尚当有结束之词,乃楚王闻言惭愧,不待苏秦之词毕,而
即出言以止之。若在后人,必为足成数语,而当时楚王惭赧之
情不可得而见矣。" 建章按:杨说意胜。"见帝"下可用删
节号。

⑪就:广雅释诂二:"归也。" 舍:客馆,犹今招待所。 此句是说
不让苏秦离楚国。

⑫闻命:尊命。

卷十六 楚策三

三 楚王逐张仪于魏章

楚王逐张仪于魏①。陈轸曰②:"王何逐张子?"曰:"为
臣不忠不信。"曰:"不忠,王无以为臣③;不信,王勿与为约。
且魏臣不忠不信,于王何伤④? 忠且信,于王何益? 逐而听
则可,若不听,是王令困也⑤。且使万乘之国免其相⑥,是城
下之事也⑦。"

【注释】

①鲍注:"仪初相魏时,此七年。" 顾观光战国策编年系此策于周
显王四十七年。 建章按:鲍注指楚怀王七年,正当周显王四十
七年,魏惠王后元十四年(前322年),于鬯战国策年表同。 楚
王:怀王,见东周策第八章注③。 张仪:见秦策一第三章
注⑫。

②陈轸:见秦策一第十一章注①。

③无:王引之经传释词卷十:"勿也。"

675

④伤:害。

⑤是王令困也:这样就使大王尴尬而下不来台。出令而不行故曰困。

⑥万乘:见秦策一第二章注㊿。

⑦"且使"两句:鲍彪注说:"此言魏耻之。桓十三年注:'城下之盟,诸侯所耻。'"吴师道正说:"十二年。"城下之盟,是说敌人兵临城下时,被迫接受的屈辱盟约。此言:让一个万乘的大国按照别国的命令罢免本国的相国,就像是订立城下之盟那样的奇耻大辱。

四 张仪之楚章

张仪之楚,贫①。舍人怒而〔欲〕归②。张仪曰:"子必以衣冠之敝③,故欲归。子待我为子见楚王④。"当是之时,南后、郑袖贵于楚⑤。

张子见楚王,楚王不说⑥。张子曰:"王无所用臣,臣请北见晋君⑦。"楚王曰:"诺。"张子曰:"王无求于晋国乎?"王曰:"黄金、珠、玑、犀、象出于楚⑧,寡人无求于晋国。"张子曰:"王徒不好色耳⑨?"王曰:"何也?"张子曰:"彼郑、周之女,粉白(墨)〔黛〕黑⑩,立于衢闾,非知而见之者以为神⑪。"楚王曰:"楚,僻陋之国也,未尝见中国之女如此其美也⑫,寡人之独何为不好色也?"乃资之以珠玉⑬。

南后、郑袖闻之大恐,令人谓张子曰:"妾闻将军之晋国⑭,偶有金千斤⑮,进之左右⑯,以供刍秣⑰。"郑袖亦以金五百斤⑱。

张子辞楚王曰:"天下关闭不通,未知见日也,愿王赐之觞⑲。'王曰:"诺。"乃觞之。张子中饮,再拜而请曰:"非有他人于此也,愿王召所便习而觞之⑳。"王曰:"诺。"乃召南后、郑褏而觞之。张子再拜而请曰㉑:"仪有死罪于大王。"王曰:"何也?"曰:"仪行天下遍矣,未尝见人如此其美也。而仪言得美人,是欺王也。"王曰:"子释之㉒。吾固以为天下莫若是两人也㉓。"

【注释】

①张仪:见秦策一第三章注⑫。　鲍编此策于怀王十六年,顾观光战国策编年同鲍。　于鬯战国策注:"怀王之世,仪两至楚,一在十六,一在十八,此恐是十八年事。怀王赦仪,厚礼之如故,此殆正在赦仪而出之时。屈原传云'厚币用事者臣靳尚',盖其所资,当已尽用之于靳尚矣,则贫也亦宜。周赧四年。"
建章按:此从于说,周赧王四年,楚怀王十八年(前311年)。

②舍人:犹从人,见齐策二第二章注㉗。　鲍本"而"下有"欲"字。　建章按:有"欲"字是,下文"故欲归"可证。当补"欲"字。

③敝:破。

④楚王:怀王,见东周策第八章注③。

⑤南后:楚怀王后。　郑褏:(褏同"袖"):楚怀王宠夫人。

⑥说:同"悦"。

⑦晋君:于鬯战国策注:"据仪传说楚之后即说韩,则此晋君或指韩王,故下文言'郑、周之女'也。"

⑧珠:珍珠。　玑:不圆的珠子。　珠玑:用为装饰。　犀:犀牛皮,用做战衣。　象:象牙,用为装饰。

⑨徒:止,就。

⑩姚校:"'墨黑'别本作'黛黑'"。　王念孙读书杂志:"别本是也。楚辞大招、列子周穆王篇、鸿烈修务篇并云'粉白黛黑',郭璞子虚赋注、文选西都赋注、史记司马相如传正义、后汉书班固传注、艺文类聚人部、太平御览人事部引策文并作'粉白黛黑'。"　建章按:韩非子显学"故善毛嫱、西施之美,无益吾面,用脂泽粉黛则倍其初。"说文黑部"黱,画眉墨也"。段注"'黛'者'黱'之俗,楚辞、国策遂无作'黱'者"。则此"墨"当作"黛"。

⑪"彼郑、周"句以下是说:那郑国和周国的女子打扮得十分漂亮,站在大街的巷口,如果不是知道她们,而第一次见到,真以为是仙女下凡。　衢:大道,四通八达之道。　间:见齐策四第五章注⑳。　衢间:犹大街上的胡同口。

⑫中国:指中原地带的诸侯国。

⑬资:给,赠。

⑭妾:妇人谦称。

⑮金正炜战国策补释:"偶,'窃'之坏字。"　建章按:庄子齐物论"答焉似丧其耦",陆德明经典释文引司马云:"耦,身也。"俞樾诸子平议:"'丧其耦'即下文所谓'吾丧我'也。"耦同偶。则偶,我。

⑯进:献。

⑰供刍秣:给牲口买草料的钱。此言"金千斤"为数太少,谦言耳。

⑱以:广雅释诂三:"予也。"予:给。

⑲觞:酒器。此言饮酒。

⑳便习:便嬖,即亲近的人。

㉑请:有"告罪"之义。

㉒释之:不必挂怀,不必放在心上。

㉓吾固以为天下莫若是两人也:我本来就认为天下的女人没有谁

比她们俩更美的了。

五　楚王令昭雎之秦重张仪章

楚王令昭雎之秦重张仪^①。未至，惠王死^②。武王逐张仪^③。楚王因收昭雎以取齐^④。

桓臧为雎谓楚王曰^⑤："横亲之不合也^⑥，仪贵惠王而善雎也^⑦。今惠王死，武王立，仪走，公孙郝、甘茂贵^⑧。甘茂善魏，公孙郝善韩^⑨。二人固不善雎也，必以秦合韩、魏^⑩。韩、魏之重仪，仪有秦而雎以楚重之^⑪。今仪困秦而雎收楚^⑫，韩、魏欲得秦，必善二人者^⑬。〔二人者〕将收韩、魏轻仪而伐楚，方城必危^⑭。王不如复雎，而重仪于韩、魏^⑮。仪据楚势，挟魏重，以与秦争^⑯。魏不合秦，韩亦不从，则方城无患。"

【注释】

①"楚王"句：楚王派昭雎去秦，帮助张仪取得秦的重用。　史记秦本纪："武王元年，张仪东出之魏。"又魏世家："哀王（当是襄王）九年张仪归于魏。"与此"武王逐张仪"合，当周赧王五年，楚怀王十九年（前310年），顾观光战国策编年、于鬯战国策年表并系此策于是年。　楚王：怀王，见东周策第八章注③。昭雎：楚之谋臣。　张仪：见秦策一第三章注⑫。

②惠王：秦惠王，见秦策一第一章注⑱。

③武王：秦武王，见秦策二第五章注①。

④全文未涉齐事，疑"齐"乃"秦"字，方与前后文内容相偕。秦武王既逐张仪，楚如善张仪，则会激怒秦，故收捕昭雎为了取悦于

秦。　收:说文:"捕也。"

⑤桓臧:当是昭雎之人。

⑥横亲:指秦与韩、魏的连横阵线。　合:国语鲁语下韦注"成也。"

⑦"横亲"两句:秦、韩、魏连横阵线没有成功,是因秦惠王推举张仪,而张仪又和昭雎友善。　贵惠王:贵于惠王,被惠王推崇。

⑧公孙郝:楚策一第十六章"公孙郝之于秦王,亲也。"并其注⑳。甘茂:见秦策一第六章注②。　贵:被重用。

⑨韩策一第十九章"公孙郝党于韩,而甘茂党于魏。"

⑩"二人"两句:甘茂和公孙郝两人本来就不和昭雎友善,一定使秦国和韩、魏结成连横阵线。

⑪"韩、魏之重仪"两句:韩、魏两国当初倚重张仪,是因为张仪有秦国作靠山,而昭雎又要以楚国之势去帮助张仪取得秦国的重用。

⑫今仪困秦而雎收楚:现在张仪被秦国驱逐,而昭雎又被楚国收捕。　困秦:困于秦,被秦困。　收楚:被楚收,被楚捕。

⑬"韩、魏欲"两句:韩、魏两国要想得到秦国的友好关系,必须要与甘茂、公孙郝友善。

⑭姚校:"一本有两'二人'字。"　鲍本补"二人者"三字。　建章按:据上下文意,此误脱"二人者"三字,当补,见楚策二第七章注⑨引俞樾说。　收:尔雅释诂:"聚也。"即"联合"之义。方城:见西周策第八章注⑦。

⑮"王不如"两句:大王不如恢复昭雎的地位,而使张仪取得韩、魏两国的重用。

⑯"仪据"三句:张仪依靠楚国的力量,依仗魏国对他的重用,去与秦国对抗。　据:诗柏舟传:"依也。"　挟:说文:"俾持也。"

六　张仪逐惠施于魏章

张仪逐惠施于魏^①。惠子之楚,楚王受之^②。

冯郝谓楚王曰^③:"逐惠子者张仪也,而王亲与约^④,是欺仪也^⑤,臣为王弗取也。惠子为仪者来,而恶王之交于张仪,惠子必弗行也^⑥。且宋王之贤惠子也,天下莫不闻也^⑦。今之不善张仪也^⑧,天下莫不知也。今为事之故,弃所贵于仇人^⑨,臣以为大王轻矣。且为事耶^⑩,王不如举惠子而纳之于宋^⑪。而谓张仪曰:'请为子勿纳也^⑫。'仪必德王^⑬。而惠子穷人^⑭,而王奉之,又必德王。此不失为仪之实,而可以德惠子。"楚王曰:"善。"乃奉惠子而纳之宋。

【注释】

①张仪:见秦策一第一章注⑫。　惠施:宋人,魏惠王相。为名家代表之一,他的著作已全部失散,部分事迹和思想保留在庄子、荀子、韩非子、吕氏春秋等书中。　顾观光战国策编年系此策于周赧王五年,楚怀王十九年,魏襄王九年(前310年)。于鬯战国策年表同。

②楚王:怀王,见东周策第八章注③。

③冯郝:楚臣。

④与约:与惠施结约。

⑤楚王重张仪于韩、魏,现又与张仪所逐之人相结约,故言对张仪欺诈。

⑥"惠子为"三句:惠施是因为张仪排挤他而来到楚国的,那么他会怨恨大王与张仪结交,(如果惠施知道这种情况,)他一定不

会来到楚国的。

⑦宋王：君偃，见齐策六第七章注⑥。　闻：知。　贤：善待。

⑧之：其，指惠施。

⑨"今为"两句：今大王因与惠施结约，就为张仪的仇人惠施抛弃了张仪。　事：指上文"亲与约"。　所贵：指张仪。　仇人：张仪的仇人惠施。

⑩"臣以为"两句：我以为大王这样做法是轻率呢？还是因为国家大事才与他相约呢？　矣：王引之经传释词卷四："犹'乎'也。"　且：王引之经传释词卷八："犹'抑'也。"抑即"或"。耶：同"邪"，疑问词。

⑪"举"疑为"奉"之形误，下文"乃奉惠子而纳之宋"正与此句相应，又有"而王奉之"亦不言"举"。颜师古匡谬正俗卷三："奉谓恭而持之。"又淮南子修务篇"今无五圣之天奉"，高注："奉，助也。"皆可通。　纳：入；此处有"送"义。

⑫请为子勿纳也：我是因为您没有接待惠施。

⑬德：感激。

⑭穷人：言受排挤遭困窘之人。

七　五国伐秦章

五国伐秦①，魏欲和②，使惠施之楚③。楚将入之秦而使行和④。

杜赫谓昭阳曰⑤："凡为伐秦者楚也⑥。今施以魏来，而公入之秦，是明楚之伐，而信魏之和也⑦。公不如无听惠施⑧，而阴使人以请听秦⑨。"昭子曰："善。"因谓惠施曰："凡为攻秦者魏也⑩，今子从楚为和，楚得其利⑪，魏受其怨^⑫。子归,吾将使人因魏而和。"

惠子反,魏王不说^⑬。杜赫谓昭阳曰:"魏为子先战^⑭,折兵之半^⑮,谒病不听^⑯,请和不得^⑰,魏折而入齐、秦^⑱,子何以救之^⑲? 东有越累^⑳,北无晋^㉑,而交未定于齐、秦^㉒,是楚孤也。不如速和。"昭子曰:"善。"因令人谒和于魏^㉓。

【注释】

①五国:魏、韩、赵、楚、燕。史记六国年表周慎靓王三年魏、韩、赵、楚、燕五格皆书"击秦不胜",秦格亦书"五国共击秦,不胜而还"。　顾观光战国策编年、于鬯战国策年表并系此策于是年,当秦惠王后元七年,魏襄王元年,楚怀王十一年(前318年)。

②"魏欲和"当在五国击秦不胜之后。

③惠施:见第六章注①,此时当是魏相。

④人:犹送。　之:指惠施。　使行和:让惠施进行议和的事。

⑤杜赫:见齐策一第十章注③,此时为楚臣。　昭阳:楚怀王将。

⑥凡为伐秦者楚也:统帅五国伐秦的是楚国。　春秋繁露深察名号"凡者独举其大事也。"犹言统领。五国伐秦,楚为从约长,故言"凡为伐秦者楚也"。

⑦"今施"四句:现在惠施奉魏王之命来楚国,而您把他送到秦国,这显然是告诉秦国,楚国是主张攻秦的,魏国是主张议和的。

⑧无:同"勿"。

⑨姚校:"'听',刘作'德'"。　鲍注:"以和请于秦,而听其命。"金正炜战国策补释:"作'德'者是也,'请'亦当为"讲"字之讹。"　于鬯战国策注:"'德秦'谓阴使人请和,以德秦,则'以请'二字或倒。"　建章按:从刘本及金说。

⑩史记张仪列传:"哀王立,张仪复说哀王,哀王不听(按:当是魏

683

襄王),于是张仪阴令秦伐魏,魏与秦战,败。"此即周慎靓王三年事。当时楚怀王为从约长,而实际作战是魏、赵、韩三国。为了强调秦、魏的矛盾,以便提出"魏受其怨"的说词,故言"凡为攻秦者魏也"。

⑪楚提出媾和,则将提出有利于秦的条件,秦必感激楚,故言"楚得其利"。

⑫因为带头攻秦的是魏,(所谓"凡为攻秦者魏也"),故言"魏受其怨"。

⑬魏王:襄王,见东周策第十九章注⑧。

⑭魏为子先战:魏国为您打头阵。

⑮折:损。

⑯谒病:告困。言外之意是"求援"。

⑰请:求。

⑱折:转。　入:投向。

⑲"谒病"四句:求援没有答应,请和又不可能,魏转向投入秦、齐的怀抱,您怎么挽救这种局势?

⑳东有越累:东边要顾虑越国。　累:忧。　杨宽以为楚灭越在楚怀王二十三年(前 306 年)。(见彼战国史 330 页及注)。朱德熙、裘锡圭以为"鼎铭证明越国之亡必在公元前 314 年之后,与杨说相合"(见彼文平山中山王墓铜器铭文的初步研究,1979年文物第一期)。中国历史年代简表以为前 355 年楚灭越,以此章证之,疑有误。

㉑据上下文义,"晋"下当脱"援","晋援"与"越累"正对。

㉒交:关系。　未定:还不巩固。

㉓因令人谒和于魏:于是派人去告诉魏国,与秦国议和。

八　陈轸告楚之魏章

陈轸告楚之魏^①。张仪恶之于魏王，曰^②："轸犹善楚，为求地甚力。"左爽谓陈轸曰："仪善于魏王，魏王甚信之，公虽百说之，犹不听也^③。公不如以仪之言为资而得复楚^④。"陈轸曰："善。"因使人以仪之言闻于楚^⑤。楚王喜，欲复之^⑥。

【注释】

①鲍改"告"作"去"。　吴补："恐当作'去'。"　建章按：史记高祖本纪"高祖为亭长时，常告归之田。"集解引李斐曰："休谒之名也，吉曰告，凶曰宁。"引孟康曰："古者名吏休假曰告。"则"告"本有离去之义，不必改字。　陈轸：见秦策一第十一章注①。　系年说各异，姑从顾观光战国策编年在周显王四十七年（前332年）。

②张仪：见秦策一第三章注⑪。　魏王：惠王，见秦策四第五章注⑦。恶：毁谤。

③公虽百说之犹不听也：您即使费尽唇舌，魏王也不会听您的。犹：仍，还。

④"公不如"句：您不如借助于张仪毁谤您的话，还可以返回楚国去。　资：助。　复：返。

⑤闻：淮南子主术训高注："犹'达'也。"又吕氏春秋审应览重言高注："知也。"

⑥又见魏策一第十五章，与此章小异。

九 秦伐宜阳章

秦伐宜阳①。楚王谓陈轸曰②："寡人闻韩侈巧士也③，习诸侯事，殆能自免也④。为其必免，吾欲先据之以加德焉⑤。"陈轸对曰："舍之，王勿据也。以韩侈之知，于此困矣⑥。今山泽之兽，无黠于麋⑦。麋知猎者张网前而驱己也⑧，因还走而冒人至数⑨。猎者知其诈，伪举网而进之⑩，麋因得矣。今诸侯明知此多诈伪⑪，举网而进者必众矣⑫。舍之，王勿据也。韩侈之知于此困矣。"楚王听之。宜阳果拔，陈轸先知之也⑬。

【注释】

①周赧王七年秦甘茂伐韩宜阳，八年拔宜阳，当楚怀王二十一、二十二年（前309、前308年）。　宜阳：见秦策二第六章注⑦。

②楚王：怀王，见东周策第八章注③。　陈轸：见秦策一第十一章注①。

③韩侈：当作"韩朋"，见秦策二第六章注㉔、第九章注④。　巧士：智士。

④殆能自免也：他必能自免于危亡。吕氏春秋不苟论自知："座殆尚在于门，翟黄往视之，任座在于门。"高注："殆，犹必也。"下文正言"必免"。

⑤"吾欲"句：我想事先掌握他，多给他一些好处。　加：礼记少仪注"犹'多'也"。　德：惠，好处。

⑥"以韩侈"句：即使以韩侈的智谋，也得被困于这次战役。　知：通"智"。

⑦黠(xiá狭):狡猾。　麋(mí迷):麋鹿,即四不象。

⑧驱己:驱赶自己陷进网里去。

⑨"因还走"句:因此它就回过头来对着猎人跑,怎么赶它,它总是
　　这样。　还:反。　走:跑。　冒:犯,抵触,对着。　人:猎人。
　　数:多次。

⑩进之:迎着它。

⑪此:指韩朋。

⑫此以兽网捕麋为喻,意思是说,想捉韩朋的诸侯很多。

⑬陈轸先知之也:陈轸事先就预料到了。

十　唐且见春申君章

<u>唐且</u>见<u>春申君</u>曰①:"<u>齐</u>人饰身修行得为益②,然臣羞而
不学也。不避绝江河,行千余里来③,窃慕大君之义④,而善
君之业⑤。臣闻之,<u>贲</u>、<u>诸</u>怀锥、刃而天下为勇⑥,<u>西施</u>衣褐
而天下称美⑦。今君相万乘之<u>楚</u>⑧,御<u>中国</u>之难⑨,所欲者不
成,所求者不得,臣等少也⑩。夫枭棋之所以能为者⑪,以散
棋佐之也⑫。夫一枭之不如不胜五散亦明矣⑬。今君何不
为天下枭,而令臣等为散乎?"

【注释】

①<u>唐且</u>:见<u>秦策</u>三第十四章注⑧,"且"通"雎"。　<u>春申君</u>:<u>楚</u>人,
　姓<u>黄</u>名<u>歇</u>,事<u>楚顷襄王</u>,为太子傅,辅太子立,是为<u>考烈王</u>,以<u>歇</u>
　为相,封<u>春申君</u>,赐<u>淮北</u>地十二县,后封于<u>江东</u>。<u>史记</u>有<u>春申君</u>
　列传。　<u>顾观光</u>战国策编年系此于<u>周赧王</u>五十三、<u>考烈王</u>元年
　(前262年)。　<u>于鬯</u>战国策注:"下文言'御<u>中国</u>之难,所欲者

687

不成'云云,则此策当在春申君合从伐秦后,传言'春申君相二十二年,合从西伐秦,楚王为从长,春申君用事,至函谷关,秦出兵攻诸侯兵,诸侯兵皆败走。'所谓'所欲不成'者也。且下策或谓楚王鲍正编在考烈二十二年,据文选让宣城郡公表李注引彼策亦为唐雎,则两策并是一策矣,其在考烈二十二年,非元年,似属可信,实秦始皇六年也。" 此从于说,当前241年。

②"齐人"句:齐人修身养行为了有爵禄。 饰:修。 为:王引之经传释词卷二:"犹'有'也。" 益:指爵禄。

③"不避"两句:我不避江河之险,行千余里之路来此。 绝:渡。

④窃:自称的谦辞。 "君"称"大君"犹"王"称"大王"。

⑤而善君之业:来辅佐您完成功业。 善:修治。

⑥贲:孟贲,见秦策三第九章注㊴。 诸:专诸,吴堂邑(今江苏省六合县北)人,助公子光刺死吴王僚。与孟贲并为古代勇士。史记刺客列传有专诸传。 怀:藏。 锥、刃:尖刺、匕首之类的小武器。 为:通"谓"。

⑦西施:相传古时的美女。 褐:粗布。 此两句义为:勇士虽持微细之器,美女虽穿粗陋之衣,尚足以成其勇士、美女之实;从另一方面说,孟贲、专诸徒手则不为勇,西施裸体则不称美。此两句以孟贲、专诸比春申君,以锥、刃、褐自比。即下文言"今君相万乘之楚……臣等少也""君为天下枭,臣等为散"之义。

⑧万乘:见秦策一第二章注㊿。

⑨御:小尔雅广言:"抗也。" 中国:指中原诸侯。 难:敌人,仇敌。 此句即注①引春申君列传所言合从伐秦之事。

⑩"所欲者"三句:可是想完成的没有完成,想得到的没有得到,是因为缺少象我这样的人啊。

⑪古时棋戏有"六博",有棋盘,共十二道。棋子十二,六白,六黑,分排在两端。六子中一子叫枭,五子叫散,以"枭"为贵,以

“散”辅佐之。玩时,两人对奕,二人投骰行棋,双方进逼,杀枭者取胜。如同今之象棋,帅为贵,卒为“散”,杀帅者取胜。　史记田敬仲完世家:“不救寡人,寡人弗能拔。”索隐“能,犹胜也”。广雅释诂二:“能,任也。”史记白起列传:“是时,武安君病不任行。”正义“任,堪也”。尔雅释诂:“堪,胜也。”则能、任、堪、胜义同。　为:裴学海古书虚字集释卷二“犹‘之’也。”则“枭棋之所以能为者”即“枭棋之所以胜之者”。或此句本当作“枭棋之所以能为贵者”,篆文“贵”作“”,“者”作“”,二字形似,以为字复,而误删“贵”字。韩非子外储说左下说三:“博者贵枭,胜者必杀枭,杀枭者,是杀所贵也。”

⑫佐:辅,助。

⑬“夫一枭”句:单独一个枭棋,不能战胜五个散棋,这也是很明显的。　姚校:“刘无‘不如’二字。　建章按:一本作“夫一枭之不如五散亦明矣”,一本作“夫一枭之不胜五散亦明矣”,两本义同,误合为一,故作“不如不胜”。

战国策注释卷十七

楚　策　四

一　或谓楚王章

　　或谓楚王曰①："臣闻从者欲合天下以朝大王②,臣愿大王听之也。夫因诎为信③,(旧)〔奋〕患有成④,勇者义之⑤;摄祸为福⑥,裁少为多⑦,知者官之⑧。夫报报之反,墨墨之化⑨,唯大君能之⑩。祸与福相贯⑪,生与亡为邻⑫,不偏于死,不偏于生,不足以载大名⑬。无所寇艾,不足以横世⑭。夫秦捐德绝命之日久矣⑮,而天下不知。今夫横人嗫口利机⑯,上干主心,下牟百姓⑰,公举而私取利,是以国权轻于鸿毛,而积祸重于丘山⑱。"

691

【注释】

　　①林春溥战国纪年从鲍注系此策于秦始皇六年,楚考烈王二十二年(前214年)。则楚王为考烈王,楚国第三十八君,顷襄王之

子熊完,前262年—前238年在位。

②从者:主张合纵政策的人。

③诎:通"屈"。 管子七臣七主于省吾双剑誃诸子新证:"'信'古'伸'字。" 越王勾践被吴王夫差打败,向夫差称臣,屈于夫差。后勾践用大夫种及范蠡之谋,厉精图治,二十二年终灭吴。此即所谓"因诎为信"之义。

④鲍本"旧"作"奋",注:"奋于患难,以能有成。" 于鬯战国策注:"卢见曾刻姚本'旧'作'奋',此误。" 建章按:韩非子六反"然则虚旧之学不谈",陈奇猷韩非子集释:"迁评本、王道焜本'旧'作'奋'。作'奋'者非也。"此可证"旧(舊)""奋(奮)"形似易误。当从鲍本、曾刻姚本改"旧"作"奋"。奋:愤,激励。司马迁报任安书"盖文王拘而演周易,仲尼厄而作春秋,屈原放逐乃赋离骚,左丘失明厥有国语,孙子膑脚兵法修列,不韦迁蜀世传吕览,韩非囚秦说难孤愤,诗三百篇,大底圣贤发愤之所为作也。"(见汉书司马迁传或昭明文选)此即所谓"奋患有成"之义。

⑤勇者义之:勇者应该如此。 义:广雅释言:"宜也。"

⑥摄祸为福:因为遭受灾祸,却可以转祸为福。 摄:收,此言遭受。老子五十八:"祸兮,福之所倚。"淮南子人间训有"塞翁失马,安知非福"的故事,其义略同。

⑦裁:截取。此与"摄祸为福"之义相类。

⑧"摄祸"三句大意是,"祸"与"福","少"与"多",只有聪明人才理解它们的辩证关系,所以才从事于那种事,也就是说才不避"祸",不嫌"少"。礼记乐记:"欣喜欢爱,乐之官也。"注:"官犹'事'也。"

⑨报报之反墨墨之化:"诎"与"信","患"与"成","祸"与"福","少"与"多",它们之间反反复复,相反相成的变化,是没有一

定规则的,它们都是在无形中进行变化的。　报:广雅释言"复

也"。　墨:释名释书契:"晦也。"　墨墨:晦暗不明。

⑩大君:"君"可称"大君"如"王"可称"大王"。此指楚王。

⑪祸与福相贯:有祸就有福,有福就有祸。　贯:通。

⑫生与亡为邻:有生就有死,有死就有生。　亡:死。　邻:近。

⑬这三句可有两解:(1)不出生入死,不可能成就王霸之大业。

(2)为了正义,当死而苟生,为了正义,当生而轻死,不可能成就

王霸之大业。　偏:专。下句同。白虎通四时:"载之言成也。"

小尔雅广诂:"载,成也。"　国语周语"勤百姓以为己名",注:

"名,功也"。"功"亦"业"。

⑭"无所"两句:没有经过战争、灾祸的考验和磨炼,不可能具有盖

世的本领。　周礼大宗伯"以恤礼哀寇乱",注:"兵作于外为

寇,作于内为乱。"　艾:通"刈"。刈:广雅释诂一:"杀也。"

横世:犹盖世。

⑮"夫秦"句:长期以来,秦国抛弃道德,肆意亡命,无所畏惧。

捐:弃。　绝命:亡命,不顾性命。

⑯"今夫"句:现在鼓吹连横阵线的一伙,夸夸其谈,以利相诱。

横人:主张连横事秦的一帮说客。　嗑口:夸夸其谈。　机:诈

变,诱惑。

⑰"上干"两句:对上惑乱其主上之心意,对下侵害百姓的利益。

干:淮南子说林高注:"乱也。"　主:指横人所事之主,即诸

侯。　汉书景帝纪:"吏以货赂为市,渔夺百姓,侵牟万民。"李

奇曰:"牟,食苗根虫也,侵牟食民,比之蟊贼也。"则牟有侵害之

义。牟,为"蟊"的借字,说文:"蟊,古文'蟊'。"

⑱"公举"三句:国家一有行动,那伙鼓吹连横阵线的家伙就乘机

谋取私利,(诸侯妄听其说,被秦控制)所以,国家权力比鸿毛还

轻,而积祸比丘山还重。　举:行,动。　丘:山。

二　魏王遗楚王美人章

魏王遗楚王美人^①，楚王说之^②。夫人郑袖知王之说新人也^③，甚爱新人：衣服玩好，择其所喜而为之；宫室卧具，择其所善而为之。爱之甚于王。王曰："妇人所以事夫者，色也^④；而妒者，其情也。今郑袖知寡人之说新人也，其爱之甚于寡人，此孝子之所以事亲，忠臣之所以事君也！"

郑袖知王以己为不妒也，因谓新人曰："王爱子美矣。虽然，恶子之鼻。子为见王^⑤，则必掩子鼻^⑥。"新人见王，因掩其鼻。王谓郑袖曰："夫新人见寡人，则掩其鼻，何也？"郑袖曰："妾知也。"王曰："虽恶必言之^⑦。"郑袖曰："其似恶闻君王之臭也^⑧。"王曰："悍哉^⑨！"令劓之^⑩，无使逆命^⑪。

【注释】

①楚王：怀王，见东周策第八章注③。楚怀王世，魏历惠王和襄王两君，此处的魏王当是惠王或襄王中的一个。　遗（wèi谓）：赠。

②说：同"悦"。

③袖：汉书董贤传颜注："古'袖'字。"下同。　新人：即魏王遗楚王之美人"。

④事：侍。　色：美色。

⑤为：王引之经传释词卷二："犹'如'也。"

⑥掩：同"掩"。

⑦"虽恶"句：即使不好听，你也全都说出来。

⑧恶：讨厌。

⑨悍:凶暴。此处是楚王发怒,说她胆大妄为。

⑩劓(yì意):古代割去鼻子的酷刑。

⑪无使逆命:坚决执行劓刑,不许违令。

三　楚王后死章

　　楚王后死①,未立后也。谓昭鱼曰②:"公何以不请立后也?"昭鱼曰:"王不听,是知困而交绝于后也③。""然则不买五双珥④,令其一善而献之王,明日视善珥所在,因请立之。"

【注释】

①鲍彪编此策于楚怀王世。

②昭鱼:见东周策第六章注①。

③"王不听"两句:大王如果不听从我的请求,我不仅十分尴尬,而且新立的王后,就会和我的关系恶劣。　知:同"智"。　昭鱼请立后,而王不听,必立他人为后;后非昭鱼所请立者,必怨恨昭鱼,故言"交绝于后"。

④吴补:"'不买'上宜有'何'字。"　建章按:不:语词,无义,"不买"即买,见秦策三第十七章注⑩。　珥:见齐策三第二章注④。　"然则"句以下是说:那么,您就买五双耳环,献给大王,其中一双是最好的;明天看看谁戴那双最好的耳环,您就请求立谁为王后。

四　庄辛(谓)〔谏〕楚襄王章

　　庄辛(谓)〔谏〕楚襄王曰①:"君王左州侯,右夏侯,辇从鄢陵君与寿陵君②，专淫逸侈靡③，不顾国政，郢都必危矣④！"襄王曰："先生老悖乎⑤？将以为楚国祅祥乎⑥？"庄辛曰："臣诚见其必然者也⑦，非敢以为〔楚〕国祅祥也⑧；君王卒幸四子者不衰⑨，楚国必亡矣。臣请辟于赵⑩，淹留以观之⑪。"

庄辛去之赵，留五月，秦果举鄢郢、巫、上蔡、陈之地⑫。襄王流揜于城阳⑬。于是使人发驺⑭，征庄辛于赵⑮。庄辛曰："诺。"

庄辛至，襄王曰："寡人不能用先生之言，今事至于此，为之奈何？"庄辛对曰："臣闻鄙语曰⑯：'见菟而顾犬，未为晚也⑰；亡羊而补牢⑱，未为迟也。'臣闻昔汤、武以百里昌，桀、纣以天下亡⑲。今楚国虽小，绝长续短⑳，犹以数千里㉑，岂特百里哉㉒？

"王独不见夫蜻蛉乎㉓？六足四翼，飞翔乎天地之间，俛啄蚊虻而食之㉔，仰承甘露而饮之㉕，自以为无患，与人无争也。不知夫五尺童子方将调(鈆)〔饴〕胶丝㉖，加己乎四仞之上㉗，而下为蝼蚁食也㉘。

"蜻蛉其小者也，黄雀因是以㉙。俯噣白粒㉚，仰栖茂树，鼓翅奋翼㉛，自以为无患，与人无争也。不知夫公子王孙左挟弹㉜，右摄丸㉝，将加己乎十仞之上㉞，以其(类)〔颈〕为招㉟。〔倏忽之间，坠于公子之手。〕㊱昼游乎茂树，夕调乎酸咸㊲。(倏忽之间，坠于公子之手。)

"夫〔黄〕雀其小者也㊳，黄鹄因是以㊴。游于江海，淹乎大沼㊵，俯噣(鳝)〔鳇〕鲤㊶，仰啮陵衡㊷，奋其六翮㊸，而凌清风⑭,飘摇乎高翔⑮,自以为无患,与人无争也。不知夫射者,方将修其碆卢⑯,治其矰缴⑰,将加己乎百仞之上,彼礛磻⑱,引微缴⑲,折清风而抎矣⑳。故昼游乎江河,夕调乎鼎鼐㉑。

　　"夫黄鹄其小者也,蔡圣侯之事因是以㉒。南游乎高陂㉓,北陵乎巫山㉔,饮茹溪〔之〕流㉕,食湘波之鱼㉖,左抱幼妾,右拥嬖女㉗,与之驰骋乎高蔡之中㉘,而不以国家为事㉙。不知夫子发方受命乎宣王,系己以朱丝而见之也㉚。

　　"蔡圣侯之事其小者也,君王之事因是以㉛。左州侯,右夏侯,(辈)〔輂〕从鄢陵君与寿陵君㉜,饭封禄之粟㉝,而戴方府之金㉞,与之驰骋乎云梦之中㉟,而不以天下国家为事。不知夫穰侯方受命乎秦王㊱,填黾塞之内㊲,而投己乎黾塞之外㊳。"

　　襄王闻之,颜色变作㊴,身体战栗。于是乃以执珪而授之㊵,〔封之〕为阳陵君㊶,与淮北之地也㊷。

【注释】

①庄辛:据说苑善说襄成君始封之日章称"楚大夫庄辛"。　楚襄王:即顷襄王,见秦策一第五章注㊿。　于鬯战国策年表系此策于周赧王三十八年,楚顷襄王二十二年(前 277 年)。　于鬯战国策注引潘和鼎说:"荀子臣道篇杨注引策‘庄辛谏襄王’,强国篇注引策‘庄辛谏楚襄王’两引‘谓’字作‘谏’。"　建章按:新序杂事二作"庄辛谏楚襄王",文选卷二十三阮籍咏怀诗李注引此"谓"作"谏",全文内容亦是进谏之意。当依各书引改"谓"作"谏"。

②州侯、夏侯、鄢陵君、寿陵君：皆楚襄王宠臣。又见楚策一第十
一章注⑦。　辇(niǎn 捻)：古代人推挽之车。又专指君、后所
乘之车。

③淫逸：没有节制地寻欢作乐。　侈靡：奢侈浪费。

④楚顷襄王二十一年(前 278 年)由鄢郢徙都于陈，此策如在顷襄
王二十二年，则郢都当指陈(今河南省淮阳县)。

⑤老悖(bèi 背)：犹言老糊涂。　悖：错乱。

⑥"先生"两句：您是老糊涂了呢？还是妖言惑乱楚国人呢？
将：王引之经传释词卷八："犹'抑'也。"抑：或。　祆祥：犹言
妖孽。　祆：通"妖"。　祥：尚书咸有一德传"妖怪"。

⑦诚：确实。　然：如此。

⑧上文言"楚国祆祥"新序杂事二作"臣非敢为楚妖"，此"国"上
当补"楚"字。

⑨卒幸：始终宠爱。　不衰：不减。　四子：指州侯、夏侯、鄢陵
君、寿陵君。

⑩辟：同"避"。

⑪淹留：停留。

⑫史记六国年表楚表"顷襄王十九年，秦击我，与秦汉北及上庸
地；二十年，秦拔鄢、西陵；二十一年秦拔我郢，烧夷陵，王亡走
陈；二十二年，秦拔我巫、黔中"。则庄辛之赵当在顷襄王二十
二年，此四年中，楚未失上蔡、陈。此"上蔡"当是"上庸"之误，
'陈'字误衍。新序杂事二："于是不出十月，王果亡巫山、江
汉、鄢郢之地。"金正炜战国策补释："史记楚世家：顷襄王二十
一年，'秦将白起遂拔我郢，烧先王墓夷陵。楚襄王兵散，遂不
复战，东北保于陈城。二十二年，秦复拔我巫、黔中郡。'白起
传：'白起攻楚，拔鄢、邓五城。其明年，攻楚，拔郢，烧夷陵，遂
东至竟陵。楚王去郢，东走徙陈。'秦本纪载：武王二十八年，取

鄢、邓。二十九年,取郢。与起传同。是楚失鄢郢,不在一岁。此云五月,盖误,疑当作五年。襄王十九年,楚割上庸、汉北地予秦。辛去楚,当在顷襄十八年,迄于秦人取巫,适为五年也。"钱穆先秦诸子系年145节"庄子见赵惠文王论剑乃庄辛非庄周辨"说:据金正炜战国策补释云:"庄辛留赵实久。" 鄢郢:见秦策三第十五章注⑥。如依六国年表先拔鄢,次年拔郢,则鄢在今湖北省宜城市西南,郢距宜城市很近,或即"都"。 巫:今四川省巫山东。 上庸:见秦策二第六章注⑫。

⑬流揜(即"掩"):流亡。 城阳:(1)即成阳,在今河南省息县西北。(2)今河南省信阳市北有城阳。(3)疑"城阳"为"阳城"之误倒,襄王"亡走陈",阳城在陈之西。(4)域阳即"东北保于陈城"之"陈城",即徙都于陈之陈。 建章按:"襄王流揜于城阳"在"秦果举鄢郢、巫、上庸"之后,则城阳或即指陈。

⑭发驺:犹言派专车。 驺(zōu 邹):古时掌马的官,也掌驾车,一般指侍从车骑。

⑮征:召请。

⑯鄙语曰:俗话说。

⑰菟:同"兔"。 顾:回头看,想起。 为:通"谓"。下句同。

⑱亡:丢失。 牢:养牲畜的圈,此处指羊圈。

⑲"臣闻"句:我听说,从前商汤、周武王最初不过只是百里小国的诸侯,却终于能昌盛起来;夏桀和殷纣虽然拥有天下,却终于灭亡。 汤:见秦策一第二章注㉕。 武:周武王,见秦策一第二章注㉗。 桀:见秦策一第二章注㉕。 纣:见秦策一第二章注㉗。

⑳绝长续短:截长补短,拼成方形。 绝:断,截。

㉑犹以:尚且有。 以:裴学海古书虚字集释卷一:"犹'有'也。"

㉒岂:裴学海古书虚字集释卷五:"'何'也。" 特:但,只,止。

㉓独:岂,就。　夫:语助词,或解作"彼",那。　蜻蛉:与蜻蜓形极似;唯蜻蛉飞行之区域不广,蜻蜓能飞远。

㉔俛:同"俯"。　虻(méng 蒙):似蝇而比蝇稍大,如牛虻。

㉕承:接。

㉖不知:没料到。　夫:彼,那。　鲍彪改"鈆"作"饴"。　吴补:"'鈆'当作'饴'。"　于鬯战国策注:"卢刻正作'饴'。"　建章按:鲍改是,当据卢刻改"鈆"作"饴"。　饴:糖浆。　胶:粘合。

㉗"加己乎"句:蜻蛉正在离地面四仞的空中飞着,却被胶丝加在它的身上。即粘住了蜻蛉。　己:指蜻蛉。　乎:于。　仞:八尺;一说七尺。

㉘蝼:蝼蛄,俗称喇喇蛄,又称土狗子。　蚁:蚂蚁。　蝼蚁:指小生物。

㉙黄雀因是以:黄雀不以蜻蛉为戒鉴,而遭到同蜻蛉同样的命运。　黄雀:如麻雀而色黄。　因是以:犹此已,也是这样。

㉚啄:同"啄"。　白粒:米粒。　刘师培左盦集卷五:"类聚九十二引'粒'作'粮'。"

㉛鼓:动。　奋:振。

㉜公子王孙:古代诸侯或贵族子弟的通称。　挟:通"夹",持,带。

㉝摄:持。

㉞己:指黄雀。

㉟吴补:"一本标后语云'以其颈为的','的'或为'招'。"　王念孙读书杂志:"'类'当为'颈',字之误也;招,的也;言以其颈为准的也。文选阮籍咏怀诗引此作'以其颈为的',艺文类聚鸟部、太平御览羽族部并引此云'左挟弹,右摄丸,以加其颈'。'招'、'的'古声相近,故字亦相通。"　建章按:"招"、"的"即"箭靶子"。此言:他们却把它的脖子当作活靶子。

战国策注释

㊱姚校："三同,集无以上十字,曾本云一本有此十字。" 王念孙读书杂志："无此十字者是也,一本有者,后人妄加之耳。'夕调乎酸咸'谓烹之也,既烹之矣,何又言倏忽之间,坠于公子之手乎? 下文说'黄鹄之事',至'昼游乎江河,夕调乎鼎鼐'以上更不赘一语,此独于'夕调乎酸咸'之下,加二语以成蛇足,甚无谓也。文选咏怀诗注及艺文类聚、太平御览引战国策并无此十字,新序杂事篇亦无此十字。" 金正炜战国策补释："'倏忽'以下十字,当在'昼游'句上,误淆于下,不必为衍文。" 于鬯战国策注："奚世斡云'此盖有错文,置二语于"以其类为招"下,则文义自顺,若策文本无此二语,则何来此十字乎? 王氏欲删减之,不可也。'鬯谓,非错简,或故作倒文。" 建章按:此取金、奚说。倏(shū 殊)忽:很快地。

㊲调乎酸咸:用酸咸调味。意即做成菜肴。

㊳姚校："一本'夫黄雀'。" 建章按:上文言"黄雀",此当相应。当据一本补"黄"字。

㊴黄鹄(hú 湖):黄鹤。一切经音义二引广志："鹄,形似鹤,色苍黄。"湖北省武昌区西有黄鹤山,一名黄鹄山。庄子庚桑楚"越鸡不能服鹄卵"陆德明经典释文："'鹄'本亦作'鹤'。"则"鹄"与"鹤"古通。

㊵淹:淹留,休息。 大沼:大水池。

㊶鲍改"鳝"为"鳝",注:"字书无'鳝'字。" 王念孙读书杂志："'鳝鲤'当从新序作'鳏鲤'。小雅周颂'鳏鲤'连文,鲍改谬。类聚鸟部、御览羽族部引此并作'鳏鲤'。" 建章按:诗经小雅鱼丽"鱼丽于罶鳏鲤。"毛传:"鳏,鲇也。"又周颂潜"鲦、鲿、鳏鲤"传同。尔雅释鱼郭注:"鳏,今偃额白鱼。"本草纲目鳞部曰:"鲇乃无鳞之鱼,大首偃额,生流水者青白色,生止水者青黄色。"则鳏是鲇,即"鲶"。当从王说改"鳝"为"鳏"。

㊷啮(niè聂):咬食。　蔆:同"菱",即菱角。　蘅:通"荇"(xìng杏),水草。

㊸奋:鼓动,振动。　翮(hé核):大羽毛之茎,此指鸟的翅膀。

㊹凌清风:乘风飞翔。　凌:驾,乘。

㊺"飘摇"句:乘风而高飞,翱翔于太空。　飘摇:在空中随风飘动。　翔:盘旋而飞。

㊻鲍本"荮"作"筊",改作"砮"注:"字书无'筊'字,砮与筊声相近;集韵'砮可为镞'。卢、旅同,黑弓也。"　吴正:"下文'磻'即'砮',此不当复有,弞弓把中恐是此字形声讹。"　闵本注:"'筊'一作'砮',砮可为镞,砮与筊声相近也。一云'字书无筊字,恐即弞字形声误。'"　黄丕烈战国策札记:"筊当读为蒲,左氏所谓董泽之蒲也,新序作'修其防罻',不与此同。今本荮作砮,乃误涉鲍也。"　建章按:荮卢,当指箭、弓。荮,或因音近借"砮",为箭头,见下注㊽。古有"卢弓",即黑色之弓,见书文侯之命,疑"卢"为"卢弓"之省称。

㊼治:义同上句的"修"。　鲍改"缯"作"矰"。　吴正:"'缯'、'矰'通,见三辅黄图。"　建章按:新序杂事二:"修其防罻,加缯缴其颈。"文中子魏相:"吾特游缯缴之下也。"可证"缯"与"矰"古通,不必改字。　矰(zēng增):一种用丝绳系住以便于射飞鸟的短箭。　缴(zhuó浊):系在箭上的丝绳,射鸟用。矰缴:箭杆上系有丝绳的射鸟的工具。

㊽彼礛磻:黄鹄被利箭射中了。　鲍本"彼"作"被",鲍改"礛"作"剬",注:"集韵'剬,利也。'"　于鬯战国策注:"被、彼、礛、剬并可通用。"　建章按:被,有"受到","射中"义。据上文吴正"磻"即"砮"(见注㊻),楚世家"则出宝弓,砮新缴"集解引徐广曰:"以石傅弋缴曰砮,砮音波。"此言砮为石制箭头,箭杆上并系有细绳,鸟被射中,则可引绳而取鸟,故下句有"引微缴"。

702

㊾引微缴:黄鹄被带绳的利箭射中,拖着细绳。 引:牵,拖。
微:荀子非相杨注:"细也。" 缴:后汉书赵壹传注:"以缕系箭
而射者也。"又见注㊽。

㊿"矰清风"句:随风从半空中坠落。 矰:广雅释诂一:"曲也。"
抎:吕氏春秋季夏纪音初高注:"坠,音曰'颠陨'之'陨'。"通
"陨"。

51"故昼游"句:白天还自由自在地在江河翱游,晚上却成了锅里
的清燉天鹅。 鼎:古代煮东西用的炊具。 鼐(nài 耐):大
鼎。 刘师培左盦集卷五:"类聚九十引'河'作'湖'。"

52鲍彪改"圣"作"灵",注:"春秋及史无'圣侯'。" 吴补:"'圣'
当作'灵',或者古通称欤。"下文"宣王"鲍改作"灵王"。 程
恩泽国策地名考:"原注'高蔡'即上蔡,盖误。其改'圣侯'为
'灵侯','宣王'为'灵王'尤为武断。荀子(强国)'子发将西
伐蔡,克蔡,获蔡侯,归,致命曰:蔡侯奉其社稷而归之楚,舍属
二三子而理其地。既,楚发其赏,子发辞。'淮南子(道应训)
'子发攻蔡,逾之,宣王郊迎,列田百顷,而封之执圭,子发辞不
受。'二说相符,并与策文合。又云'其后子发为上蔡令盘罪威
王而出奔。'威王,宣王子也,于时亦非不相及。惟以为上蔡,则
其地稍差。然子发所伐为高蔡,所宰为上蔡,不害其为两地也。
盖蔡虽一灭于灵王,再灭于惠王,复并于悼王,其后仍国于楚之
西境,所谓高蔡者。相其地望,当在今湖北之巴东建始一带,故
曰'北陵巫山,饮茹溪流,食湘波鱼。'而荀子亦云'西伐蔡'也。
若是上蔡、下蔡,则其地并在楚之东南,何得言'西'。且距巫山
绝远,又何有'茹溪'、'湘波'之可言乎? 楚世家云'宣王六年,
三晋益大,魏惠王尤强,'故蔡亦往朝之,与乎十二诸侯之列。
迨致子发获蔡侯归,而蔡乃真不祀矣。然则以荀子、淮南、史记
证之,国策,其人,其地,其时无不若合符节。与春秋楚灭蔡事

毫不相涉。<u>鲍彪</u>不知<u>蔡</u>屡复国，率意妄改，反以古人为失考，亦可谓不知量矣。" <u>狄子奇地名考笺</u>："<u>吴氏</u>补注亦谓'圣'当作'灵'，其谬一也。" <u>建章</u>按：如改"<u>蔡圣侯</u>"为"<u>蔡灵侯</u>"（前542—前531年）则与下文<u>楚宣王</u>（前369—前340年）相距163年。如改后文"<u>宣王</u>"为"<u>灵王</u>"（前540—前528年）虽与<u>蔡灵侯</u>相应，然<u>子发</u>明为<u>宣王</u>臣，又势必改<u>子发</u>。今从<u>程</u>说，<u>蔡圣侯</u>当是"<u>高蔡</u>"之君。

㉝<u>高陵</u>：犹言高丘。

㉞<u>陵</u>：登。 <u>巫山</u>：见<u>秦策</u>一第二章注④。

㉟下句言"食<u>湘波</u>之鱼"，此"流"字上当补"之"字，<u>文选阮籍咏怀</u>诗注引此"流"字上正有"之"字。 <u>饮</u>（yìn 印）：给牲畜水喝。<u>茹溪</u>：水名，在今<u>四川省巫山县</u>北。 <u>流</u>：<u>说文</u>："水行也。"此"流"指水。

㊱<u>湘波</u>：即今<u>湖南省湘江</u>，自南往北流入<u>洞庭湖</u>。

㊲<u>嬖女</u>：国君宠爱的女子。

㊳<u>于鬯战国策注</u>："<u>鲍</u>云'<u>高蔡</u>即<u>上蔡</u>'，非也。<u>顾</u>考云'策言<u>巫山</u>、<u>湘波</u>，则<u>蔡</u>地当与<u>洞庭</u>相近，距初封之<u>上蔡</u>千有余里，故<u>荀子</u>言"西伐<u>蔡</u>"，不言北伐<u>蔡</u>。<u>鲍</u>以<u>上蔡</u>释<u>高蔡</u>，大误'。<u>新序</u>云'游乎<u>高蔡</u>之囿'，则似'<u>高蔡</u>'为囿名，以下文'云梦'例之，却亦一说。<u>狄子奇地名考笺</u>云'<u>新序</u>以为囿名，亦似有名，然必与国都相近'。"又<u>荀子强国</u>："<u>子发</u>将西伐<u>蔡</u>"，<u>于鬯香草续校书</u>："<u>蔡</u>，<u>高蔡</u>也，见<u>战国楚策</u>。<u>高蔡</u>之国实在<u>楚</u>之<u>西南</u>。<u>潘和鼎</u>云'<u>高蔡</u>乃蛮越之国，亦单称<u>蔡</u>，适与<u>蔡国</u>同名。其国有今<u>湖南长沙府澧州</u>之地，北则阑入<u>湖北</u>之西境，至<u>四川巫山县</u>，与<u>楚</u>接界'。盖得其大略矣。" <u>建章</u>按：<u>于</u>所引<u>顾</u>、<u>狄</u>、<u>潘</u>各说与注㉜<u>程</u>说正合。则<u>高蔡</u>非今<u>河南省</u>之<u>上蔡</u>，亦非今<u>安徽省</u>之<u>下蔡</u>，而在<u>楚</u>之西南。所谓"南游""北陵"，"饮<u>茹溪</u>"，"食<u>湘波</u>"，总

战国策注释

言"驰骋乎高蔡之中"。

⑤"而不"句:而不管国家大事。　事:说文:"职也。"

⑥"不知"两句:没料到,楚宣王令子发兵围蔡国,蔡圣侯却成了阶
下死囚。　子发:名舍,曾任楚令尹。　宣王:楚宣王,见齐策
一第十章注⑤。　系:捆起来。　已:指蔡圣侯。　以:用。
朱丝:红丝绳。　见之:去见楚宣王。

⑥君王:指楚襄王。

⑥鲍本"辈"作"辇"。　建章按:上文作"辇从","辈"乃"辇"之
形误,当改。

⑥饭:吃。　封禄之粟:指从采邑取得的粮食。

⑥鲍注:"方,四方;金,其所贡也。""戴"作"载"。　关修龄战国
策高注补正:"方府盖因形得名也,'封禄''方府'二者王所私
蓄以供奉用也。"　横田惟孝战国策正解:"方府,府名,犹长府,
以形名也,盖言二者(指封禄,方府)以充军国之用也,而王供之
侈费也。"　于鬯战国策注:"方府当如周礼'大府'、'王府'、
'内府'、'外府'之比,史越世家言'楚王使使者封三钱之府',
方府,不知即此否。鲍说似未惬。"　建章按:钱大昕十驾斋养
新录卷五"古无轻唇音"条下举例说:"古读'方'为'旁','方'
又读'谤',古读'封'为'邦'。"则此"方"当读"邦","邦府"疑
即"国库"。墨子修身"君子以身戴行"孙诒让间诂:"'戴'
'载'古通,春秋隐十年经'伐戴',穀梁作'伐载';释名释姿容
云:'戴,载也。'"

⑥驰骋:骑马奔驰。此言骑马游逛。　云梦:见楚策一第十章
注⑱。

⑥穰侯:见秦策一第五章注⑥。　秦王:昭王,见西周策第一章注
⑭。前278年(秦昭王二十九年)穰侯为秦相,使白起攻下了楚
都鄢郢,即所谓"方受命乎秦王"。

⑥填:通"镇"。言镇守、驻守。　黾塞:即韩策一第二十四章"渑
隘之塞",史记春申君列传"黾隘之塞",在今河南省信阳市南,
湖北省应山县北,一名平靖关,为楚北险隘关口。白起攻下楚
都鄢郢,在黾塞之南,故言"内"。

⑥投:广雅释诂一:"弃也。"　已:指楚襄王。　白起攻下楚都,楚
王被迫逃到陈,在黾塞之北,故言"外"。

⑥金正炜战国策补释:"礼记哀公问'孙子愀然作色而对曰'郑
注:'作,犹变也。''作'即'怍'之借字。礼记曲礼'容毋怍'注:
'怍,颜色变也。'祭义'孝子临尸而不怍'注:'色不和曰怍。'管
子弟子职'颜色勿怍'注:'怍,谓变其容貌。'"　建章按:朱骏
声说文通训定声豫部:"怍,假借为'作'。"则颜色变作:神情改
变,即神态惊惧。

⑦执珪:见东周策第二章注⑬。　之:指示代词,指庄辛。

⑦姚校:"曾'为'上有'封之'二字。"　建章按:新序"为"上有
"封庄辛"三字,文选注引"为"上有"封以"二字。此当从姚校
曾本"为"上补"封之"二字。

⑦与:荀子富国杨注:"谓'赐与'。"

五　齐明说卓滑以伐秦章

　　齐明说卓滑以伐秦①,滑不听也。齐明谓卓滑曰:"明
之来也,为樗里疾卜交也②。明说楚大夫以伐秦③,皆受明之
说也,唯公弗受也,臣有辞以报樗里子矣。"卓滑因重之④。

【注释】

　　①齐明:见东周策第四章注③。　于鬯战国策注:"卓滑,楚诸大

夫之一。或云此在疾相韩时,则在赧七年,楚怀之二十一年,似为近之。" 建章按:依于说,则齐明自韩至楚,当前308年。

②樗里疾:见西周策第三章注①。 卜交:测知关系善与不善。听从齐明之游说,则交善;不听则交不善。

③说:说服,劝说。

④鲍彪注说:"此明因败为成之说也。樗里,滑之所欲交也。滑不听明,明惧见轻,为善于疾,而言以此报疾,故滑重之。" 横田惟孝战国策正解说:"唯滑不受伐秦之说,是善秦者也,疾可以交焉,故曰'有辞以报樗里子'。盖明非实为疾卜交也,其说不行,惧以轻,故以此取重也。"

六　或谓黄齐章

或谓黄齐曰①:"人皆以谓公不善于富挚②。公不闻老莱子之教孔子事君乎③?示之其齿,之坚也④,六十而尽,相靡也⑤。今富挚能⑥,而公重不相善也⑦,是两尽也⑧。谚曰:'见君之乘,下之;见杖,起之。'⑨今也,王爱富挚,而公不善也,是不臣也⑩。"

【注释】

①黄齐:于鬯战国策注以为楚人。

②谓:通"为"。 富挚:鲍彪以为楚人。

③"公不闻"句:您没听说老莱子教孔子如何侍奉国君吗? 老莱子:史记老子列传"老莱子亦楚人也,著书十五篇,言道家之用,与孔子同时云。"正义:"太史公疑老子或是老莱子,故书之。列仙传云'老莱子楚人,当时世乱,逃世耕于蒙山之阳。'"梁玉绳

汉书人表考卷四"马迁作传疑老莱子、太史儋即老子,路史附会之。" 建章按:史记仲尼弟子列传"孔子之所严事,于周则老子,于卫蘧伯玉,于齐晏平仲,于楚老莱子。"故梁玉绳史记志疑说"老莱子与老聃判然二人"。 孔子:见秦策三第十八章注⑥。

④姚校:"一本'齿'下有'曰齿'二字。" 建章按:有"曰齿"二字似胜,然无此二字,亦可通。 示之其齿:老莱子指着他的牙齿(其)对孔子(之)说。 之坚也:牙齿(之)很坚硬。 之:吕氏春秋音初高注"其"。

⑤"六十"句:人到了六十岁,牙齿就要损坏完了,这是因牙齿经常互相磨损的缘故。 汉书济北王传"臣下渐靡使然",王念孙读书杂志:"靡与摩同。"摩同"磨"。

⑥荀子天论"耳目鼻口形能",王念孙读书杂志:"能,读为'態'。古字'能'与'耐'通,故亦与'態'通。" 庄子秋水"未得国能",于鬯香草续校书:"诗民劳篇陆释引书郑注云'能,姿也。'楚辞大招篇王逸章句云'態,姿也。'能、態二字同训'姿';明'能'即'態'矣。" 建章按:此"能"即韩非子有度篇"数至能人之门"之"能人",亦即荀子臣道"巧敏佞说,善取宠乎上,是態臣者也"之"態臣"。 能:姿容,容态。 能人:善以谄媚阿谀以取宠于国君之人。 此言富挚是楚王宠爱之人。故下文言"王爱富挚"。

⑦重:吕氏春秋先识览悔过高注:"深,即'甚'。"

⑧是两尽也:这是两败俱伤的做法。

⑨"谚曰"以下:常言说得好:"见到国君的车马,自己如在车上,就应该下车;见到国君的木杖,自己如果坐着,就应该站起来。"这都是臣下对国君表示尊礼之意。

⑩连上文是说:见到国君的车乘和木杖,尚且尊礼之,现在对国君

所宠爱的富挚却不与他友善,这不是做人臣的本分。　不臣:
非臣之礼,不是做人臣应该有的态度。

七　长沙之难章

长沙之难^①,楚太子横为质于齐^②。楚王死^③,薛公归太
子横^④。因与韩、魏之兵,随而攻东国^⑤。太子惧。昭盖曰:
“不若令屈署以新东国为和于齐以动秦^⑥。秦恐齐之败东
国^⑦,而令行于天下也,必将救我。”太子曰:“善。”遽令屈
署以东国为和于齐。秦王闻之惧^⑧,令(辛)〔芈〕戎告楚
曰^⑨:“毋与齐东国^⑩,吾与子出兵矣^⑪。”

【注释】

①长沙之难:即垂沙之役,见楚策三第一章注⑮,在周赧王十四
　　年,楚怀王二十八年(前301年)。

②楚太子横:即楚顷襄王,见秦策一第五章注㊿。　史记楚世家
　　“怀王二十九年使太子为质于齐。”　质:见秦策二第十五章
　　注④。

③楚王:怀王,据史记楚世家怀王之死在前288年,见东周策第八
　　章注③。

④薛公:孟尝君田文,见东周策第十六章注①。

⑤东国:东地,楚东与齐接壤之地。

⑥“不若”句:不如派屈署假称给齐国东地,和齐国讲和,以此诱劝
　　秦国。　新东国:即东国。　为:通“伪”。　动:淮南子精神训
　　高注:“犹‘惑’也。”何浩春秋战国时期楚屈氏世系考述说:“从
　　活动时间上看,屈署应为屈匄及屈盖的子侄辈。屈署为武将,

709

有可能是屈匄之子。"（中南民族学院学报 1984 年第 4 期）

⑦金正炜战国策补释："'败'当为'取'字形相似而误。楚'以新
东国为和于齐'，两国将不构兵，不得言'败'。"于鬯战国策注
同金。　建章按：墨子大取"诸非以举量数命者，败之尽是也。"
孙诒让间诂："败，疑当为'取'，形近而误。"此亦可为"取"易误
为"败"之证。取金、于说。

⑧秦王：昭王，见西周策第一章注⑭。

⑨芈戎：见秦策五第三章注⑤。

⑩毋：通"勿"。

⑪与：王引之经传释词卷一："犹'为'也。"　左僖九年传"凡在
丧，公侯曰'子'"。楚襄王之父怀王新丧，故秦王称楚襄王为
"子"。

八　有献不死之药于荆王者章

有献不死之药于荆王者①，谒者操以入②。中射之士问
曰③："可食乎？"曰："可。"因夺而食之。王怒，使人杀中射
之士。中射之士使人说王曰④："臣问谒者，谒者曰'可
食'。臣故食之⑤。是臣无罪，而罪在谒者也。且客献不死
之药，臣食之，而王杀臣，是死药也。王杀无罪之臣，而明
人之欺王⑥。"王乃不杀。

【注释】

①荆王：楚王。无考。

②谒者：见齐策一第三章注③。　操：持，拿。此言拿着药。
以：而。　入：进宫。

③中射之士：左右侍从之官。

④于鬯战国策注："'使人'二字疑涉上衍，而类聚药类引策及说林篇并有'使人'二字。"　建章按：北堂书钞卷三十一亦有"使人"二字。但据下文皆第一人称语。于疑亦非无据。

⑤"谒者曰'可食'"之"可食"是说"此乃可食之物"，非谓"中射之士可食"。中射之士"夺而食之"，乃以为"谒者允许其食"，实为辩辞。

⑥而明人之欺王：这就说明有人拿所谓'不死之药'欺骗大王。而：王引之经传释词卷七："犹'乃'也。"

九　客说春申君章

客说春申君曰①："汤以亳②，武王以鄗③，皆不过百里，以有天下。今孙子④，天下贤人也，君籍之以百里势⑤，臣窃以为不便于君。何如？"春申君曰："善。"于是使人谢孙子⑥。孙子去之赵，赵以为上卿⑦。

客又说春申君曰："昔伊尹去夏入殷⑧，殷王而夏亡⑨。管仲去鲁入齐⑩，鲁弱而齐强⑪。夫贤者之所在，其君未尝不尊，国未尝不荣也。今孙子，天下贤人也，君何辞之？"春申君又曰："善。"于是使人请孙子于赵。

孙子为书谢曰："'疠人怜王'⑫，此不恭之语也。虽然，不可不审察也。此为劫弑死亡之主言也⑬。夫人主年少而矜材⑭，无法术以知奸⑮，则大臣主断(国)〔图〕私⑯，以禁诛于己也⑰，故弑贤长而立幼弱⑱，废正適而立不义⑲。春秋戒之曰⑳：'楚王子围聘于郑㉑，未出竟㉒，闻王病㉓，反㉔，问疾，遂以冠缨绞王，杀之，因自立也。齐崔杼之妻美㉖，庄公通之㉗。崔杼帅其君党而攻庄公㉘。〔庄公〕请与分国㉙，崔杼不许；欲自刃于庙㉚，崔杼不许。庄公走出，逾于外墙㉛，射中其股㉜，遂杀之，而立其弟景公㉝。'近代所见：李兑用赵㉞，饿主父于沙丘，百日而杀之㉟；淖齿用齐㊱，擢闵王之筋㊲，县于其庙梁㊳，宿夕而死㊴。夫疠虽痈肿胞疾㊵，上比前世，未至绞缨射股；下比近代，未至擢筋而饿死也。夫劫弑死亡之主也，心之忧劳，形之困苦，必甚于疠矣。由此观之，疠虽怜王可也。"因为赋曰㊶："宝珍隋珠㊷，不知佩兮。（袜）〔襡〕布与（丝）〔锦〕不知异兮㊸。闾姝子奢，莫知媒兮㊹。嫫母（求之又）〔力父〕，（甚喜之）〔是之喜〕兮㊺。以瞽为明，以聋为聪㊻，以是为非，以吉为凶。呜呼上天，曷惟其同㊼！"

　　诗曰㊽："上天甚神㊾，无自瘵也㊿。"

【注释】

　　①春申君：见楚策三第十章注①。史记春申君列传"春申君相楚八年，以荀卿为兰陵令。" 梁玉绳史记志疑："长平之战在春申君为相之三年，救邯郸在六年。" 建章按：长平之战在秦昭王四十七年，救邯郸在五十年，则相楚八年当在秦昭王五十二年，楚考烈王八年（前255年）。林春溥战国纪年、顾观光战国策编年、于鬯战国策年表编此策均在此年。

　　②汤以亳：商汤以亳为根据地。 汤：见秦策一第二章注㉕。亳（bó 帛）：汤都，在今河南省商丘市北。

　　③武王以鄗：周武王以鄗为根据地。 武王：周武王，见秦策一第

二章注㉗。 鄗（hào 浩）：周武王之都，在今陕西省西安市西南。亦写作"镐""滈"。

④孙子（约前313年—前238年）：即荀况，赵人，亦称荀卿、孙卿。我国古代著名的唯物主义思想家，战国末年儒家大师。据史记荀卿列传说，他曾到过齐国稷下讲学，曾经三次做过祭酒。后来受到齐人的毁谤，入楚，在楚国做过兰陵令。也曾到过秦国。晚年与弟子从事著述，有荀子传世。

⑤"君籍"句以下是说：如果您给他百里之地，以为资助，我认为将会对您不利。您看怎么办？ 籍：古通"藉"。藉，借。 孟子公孙丑上"得百里之地而君之，皆能以朝诸侯，有天下。"（是说：如果给伯夷、伊尹、孔子他们百里之地，他们可以为君，使诸侯朝拜，统一天下。）此言荀卿也有这种才能。

⑥谢：说文"辞去也。"

⑦姚宏注说："荀子未尝为上卿。后语作'上客'，当是。"金正炜战国策补释说："按韩诗外传亦云'孙子去而之赵，赵以为上卿'，此策不必为误。墨子耕柱篇'子墨子使管黔敖游高石子于卫，卫君致禄甚厚，设之于卿'，史记田世家'赐列第为上大夫，不治而议论'，汉书陈平传'赐爵卿'，张晏曰：'礼秩如卿，不治事。'孟、荀之上卿，盖致禄而已，非仕之也。齐策'赐之上卿，命而处之'，即此类也。" 建章按：金引韩诗外传为卷四第二十五章。又史记荀卿列传、荀子刘向叙录均不言荀子为上卿，是否指"列大夫"。 上卿：爵位名，官职相当于宰相。据张岱年荀况生平大事简表（见荀子新注附录一），此时荀子约七十二岁左右。

⑧史记殷本纪"伊尹名阿衡"，梁玉绳汉书人表考："伊氏，尹字，名挚，为汤右相。" 夏：夏朝，约前21世纪—前16世纪，开国之君为禹，末世之君为桀，史记有夏本纪。 殷：殷朝，又称商

朝,约前16世纪—前11世纪,开国之君为汤,末世之君为<u>纣</u>,<u>史记</u>有<u>殷本纪</u>。

⑨王:读第四声,用作动词,称王。

⑩管仲:见<u>东周策</u>第十一章注⑪。　　<u>鲁</u>:见<u>齐策</u>一第二章注⑨。
<u>齐</u>:见<u>齐策</u>一。

⑪<u>管仲</u>去<u>鲁</u>入<u>齐鲁</u>弱而<u>齐</u>强:事见<u>齐策</u>六第三章注㉔。

⑫疠:<u>吴</u>补"癞也。"恶疮,即麻疯病。　　<u>韩非子奸劫弑臣</u>"谚曰
'厉怜王'。"则此为古谚语。　　疠人怜王:生疠病的人是人所共
厌恶的,被人臣杀死的国君还不如生疠病的人,所以生疠病的
人反而可怜国君了。

⑬"此为"句:这句话是对一般被大臣胁迫而杀死的国君说的。
劫:胁迫。　　弑:古时臣杀死国君,子女杀死父母叫"弑"。

⑭矜(jīn 金):自夸。

⑮法术:指国君治国、用人的策略、制度、手段以及某些具体方法。
奸:指坏人坏事。

⑯<u>鲍彪</u>于"国"字断句,注:"专断其国。"　　<u>建章</u>按:此当于"私"字
断句,"国"为"图"字形误。<u>韩诗外传</u>卷四作"大臣以专断图
私,以禁诛于己也",正作"图私"。<u>韩非子奸劫弑臣</u>"大臣犹将
得势擅事主断,而各为其私急",文字虽异,然"为其私"即"图
私",其义则同。当改"国"为"图"。

⑰以禁诛于己也:一切权力归于自己。　　禁诛:禁令惩罚;即
法令。

⑱弑:杀,灭;此可作"废"解。

⑲适:通"嫡"。依宗法制度,有继承君位之权者称"正适",如正
妻所生之长子。　　不义:指无继承君位之权者。

⑳<u>左</u>昭元年传:"冬,<u>楚公子围</u>将聘于<u>郑</u>,<u>伍举</u>为介,未出竟,闻王
有疾而还。<u>公子围</u>至,入问王疾,缢而弑之。"则此春秋当指"<u>左</u>

传"。

㉑楚王:共王,楚第二十三君,庄王之子,名审,前590年—前560
年在位。 围:楚共王之子,康王之弟,后为楚灵王,见楚策一
第二十章注⑧。 聘:古代国与国遣使访问。 郑:见西周策第
十四章注③。

㉒竟:同"境"。

㉓王:楚郏敖,康王之子,名员,楚国第二十五君,前544年—前
541年在位。

㉔反:同"返"。

㉕缨:古代帽子上用来系在颔下的带子。 绞王杀之:把郏敖
绞死。

㉖崔杼(zhù注):齐庄公时的大夫。庄公六年,棠邑大夫棠公死,
崔杼往吊,见棠公之妻美,强娶之。后与庄公私通,崔杼杀庄
公,立庄公异母弟杵臼,是为景公,崔杼为右相,庆封为左相。
后庆封灭崔氏,崔杼自杀。(事详左襄二十五年传、史记齐太公
世家)

㉗庄公:齐庄公,灵公之子,名光,姜齐第二十三君,前553年—前
548年在位。 通:私通。 之:指崔杼之妻。

㉘君党:即"群党",见东周策第二十一章注⑧。左襄二十五年传
"侍人贾举止众从者而入",韩非子奸劫弑臣"崔子之徒贾举率
崔子之徒而攻公",史记齐太公世家"崔子之徒持兵从中起"。
言"众从者""崔子之徒",即此"君党"之义。

㉙鲍本"请"上复"庄公"二字。 建章按:于文义当据鲍本补"庄
公"二字,见楚策二第七章注⑨。 请:请求。 与:介词,其后
省宾语"之",指崔杼。

㉚欲自刃于庙:齐庄公请求在宗庙自杀。 自刃:自杀。

㉛走:逃。 逾:爬过。

㉜股:大腿。

㉝景公:<u>庄公</u>异母弟,名<u>杵臼</u>,<u>姜齐</u>第二十四君,前 547 年—前 490 年在位。

㉞李兑用赵:<u>李兑</u>在<u>赵国</u>专权。　<u>李兑</u>事见<u>秦策</u>三第十章注㉔。

㉟杀之:指饿死主父。　杀:<u>楚辞国殇</u>注:"死也。"

㊱淖齿事见<u>秦策</u>三第十章注⑳。

㊲擢:抽。　闵王:<u>齐闵王</u>,见<u>东周策</u>第十六章注②。

㊳县:通"悬"。　庙梁:宗庙的大梁。

㊴宿夕:见<u>秦策</u>三第十章注㉓。

㊵胞疾:胎中的病,即先天性的病。　胞:<u>说文</u>:"谓儿生裹也。"即胎衣。

㊶赋:是韵文和散文的综合体。

㊷隋珠:古代传说中的明珠。<u>淮南子览冥训</u>:"譬如<u>随侯</u>之珠,<u>和氏</u>之璧,得之者富,失之者贫。"注:"<u>隋侯</u>,<u>汉</u>东之国,姬姓诸侯也。<u>隋侯</u>见大蛇伤断,以药敷之,后蛇于江中含大珠以报之,因曰<u>隋侯</u>之珠,盖明月珠也。"俗称"夜明珠"。

㊸<u>姚</u>校:"'祎',<u>孙</u>作'襍'。"　<u>王念孙读书杂志</u>:"<u>孙朴</u>本是也,<u>荀子</u>及<u>外传</u>并作'襍布与锦'。此<u>策</u>'锦'作'县',盖'锦'讹作'绵',转写为'縣',又讹为'县'耳。'襍布与锦'不知别异,言美恶不分也。"　<u>建章</u>按:<u>王</u>引"县",今本作"丝",于<u>鲍战国策</u>注引<u>卢刻</u>本作"县"。<u>王</u>说是,当据<u>荀子赋</u>、<u>韩诗外传</u>四、<u>孙</u>本改"祎"作"襍",并依<u>荀子</u>、<u>外传</u>改"丝"作"锦"。　襍:与"杂"同,混。

㊹闾姝:相传古代的美女,<u>荀子</u>、<u>韩诗外传</u>作"闾娵"。　<u>荀子赋</u>"子奢"<u>王念孙读书杂志</u>:"<u>汪</u>云'都、奢古本一音,不必改字。'"<u>子奢</u>即"子都",相传为古之美男。　知:<u>裴学海古书虚字集释</u>卷六:"犹'之'也。"则"莫知媒":莫媒之,没有人给他们说媒。

意思是没人要。

㊺嫫母力父是之喜兮:嫫母、力父他们却受人喜爱。 嫫母:相传古之丑女。 "求之又"荀子、韩诗外传作"力父"。王念孙读书杂志:"'又'即'父'之讹,篆文'父'字作'ㄨ','又'字作'ㄨ',二形相似。'甚喜之'当从荀子、外传作'是之喜','是'与'甚',字之误。隶书'是'字作'昰','甚'字或作'甚',二形相似,故'是'讹为'甚'。'是之喜'与'莫之媒'相对为文,'喜'读平声,与'媒'为韵也。"金正炜战国策补释:"王氏据荀子订正此文,皆不误。'求'当为'力',篆文'力'作'ㄌ','求'作'ㄦ',二形相近,因以致误。'之'字涉上下文而衍。'嫫母力父,是之喜兮'正与荀子文同。" 建章按:原文难通,从王、金说改。"力父"杨倞注:"未详。"可能是丑男。古今人表有"力牧",梁玉绳说:"荀子及外传有'力父',与嫫母并称,疑是力牧。"

㊻瞽(gǔ 鼓):眼瞎。 聪:听觉灵敏。

㊼曷:通"何"。 惟:语助。 赋的意思是:珍宝、隋珠不知戴啊,布、锦混杂乱安排啊! 世间美人没人要啊,丑人反而被人爱啊! 人说瞎子是千里眼啊,聋子硬当作顺风耳啊! 正确硬要说是错啊,吉利硬要说是祸啊! 唉呀! 唉呀! 老天爷啊! 为什么人间颠倒黑白,混淆是非,如此相同啊! 曷惟其同:梁启雄荀子简释"此谓:怎能连结异心志者而为志同道合者呢! 就是说:试问有什么好方法能使昏君改变他的错误思想来和我的正确思想连结而使我们同心同德呢!"一说:"怎么能和这些人同道呢?"录此两说供参考。

㊽诗:诗经小雅苑柳。

㊾诗经作"上帝甚蹈",言上帝喜怒无常。 蹈:变动。与此异。

㊿"上天"两句:上天神明,(如要违犯)自取灾祸。 无:王引之

卷十引孟康注汉书货殖传曰:"无,发声助也。" 瘵
(zhài 债):病,灾祸。

十　天下合从章

天下合从①,赵使魏加见楚春申君曰②:"君有将乎?"
曰:"有矣。仆欲将临武君③。"魏加曰:"臣少之时好射,臣
愿以射譬之,可乎?"春申君曰:"可。"加曰:"异日者④,更
(嬴)〔羸〕与魏王处京台之下⑤,仰见飞鸟,更(嬴)〔羸〕谓魏
王曰:'臣为王引弓虚发而下鸟⑥。'魏王曰:'然则射可至
此乎?'更(嬴)〔羸〕曰:'可'。有间,雁从东方来,更(嬴)
〔羸〕以虚发而下之。魏王曰:'然则射可至此乎?'更(嬴)
〔羸〕曰:'此孽也⑦。'王曰:'先生何以知之?'对曰:'其飞
徐而鸣悲。飞徐者,故疮痛也;鸣悲者,久失群也。故疮未
息而惊心未(至)〔去〕也⑧,闻弦音(引)而高飞,故疮〔裂而〕
陨也⑨。'今临武君尝为秦孽,不可为拒秦之将也⑩。"

【注释】

①林春溥战国纪年、于鬯战国策年表并系此策于始皇六年,楚考
　烈王二十二年(前 241 年)。　合从:见秦策三第十四章注①。

②春申君:见楚策三第十章注①。当时为楚相。

③钱穆先秦诸子系年 157 节"附庞煖即临武君考"说:"观于荀子
　议兵篇,临武君盖亦赵臣耳,未见为楚将之迹。今疑临武君殆
　即庞煖。自春申相楚,而山东合从之事,前后凡三。楚为从长,
　击秦,魏加之使,盖在最后一役。其事当秦始皇六年,赵悼襄王

四年(前 241 年),楚世家谓春申君用事,而赵世家则谓庞煖将赵、楚、魏、燕之锐师以攻秦。则此役也,春申为之主,而使赵将庞煖为之帅。魏加谓临武君不可以为距秦之将,其后果无功,所论验矣。则楚策之临武君即赵世家庞煖可知。” 仆:自称的谦词。 将:用作动词,意思是:任命……为将。 临武君:楚将的封号,姓名不详。

④异日者:昔日,从前。

⑤于鬯战国策注:"荀子议兵篇注引'嬴'作'蠃',文选魏都赋云'控弦简发妙拟更蠃',彼与上文'宁'、'灵'、'茎'等字叶,则必作'蠃'矣,刘渊林注引策亦作'蠃'。列子汤问篇云'甘蝇古之善射者,彀弓而兽伏鸟下',张注引此'更蠃虚发而鸟下'以证彼。则'更蠃'又作'甘蝇','甘''更'、'蝇''蠃'并一声之转。" 建章按:文选王融永明十一年策秀才文注引策作"蠃",韵府群玉卷六阳韵引策作"蠃"。当改"嬴"为"蠃",下同。京台:高台,楚台名。

⑥引:拉。 虚发:只拉弓弦而无箭。 下鸟:使鸟下。

⑦孽:有两解:(1)诗小雅白华序:"以孽代宗"疏:"孽者'蘖'也,树木斩而复生,谓之蘖。"蘖,古同"枿",引申为尚未复原的创伤,故下文言"故伤"。(2)孟子尽心上:"独孤臣孽子,其操心也危,其虑患也深。"此鸟曾受箭伤,故惧危虑患若"孽子",故言"此孽也"。此言这雁有隐痛在身。

⑧息:广雅释诂一:"安也。"此言痊愈。 鲍本"至"作"去"。建章按:文选王融策秀才文引"至"作"去",荀子议兵篇杨注引及韵府群玉引并"至"作"去"。此当改"至"作"去"。

⑨"故疮未息"句以下是说:(飞雁)旧伤未愈,心有余悸,听到弦声,惊骇高飞,伤口破裂,所以坠落。 鲍本作"闻弦者音烈而高飞,故疮陨也"。吴补:"姚及一本无'者'字,'烈'作'引',其

义为是。'者','音'之讹而衍也;'烈','引'之讹也。" 黄丕
烈战国策札记:"'烈'者'裂'之误,当本在'疮'字下。云'故疮
裂而陨也',各本皆有错脱。" 建章按:文选注引正作"闻弦音
而高飞",无"引"字、"烈"字,姚本"引"字当是"烈"字缺误。
黄改义胜,可从。然"列"古同"裂",而"烈"又同"列",故"烈"
本与"裂"通,不当以为误。

⑩"今临武君"两句:现在临武君曾被秦国打败,心有余悸,他不能
担任抗秦的将领。

十一 汗明见春申君章

汗明见春申君①,候(问)〔间〕三月而后得见②。谈卒③,
春申君大说之④。汗明欲复谈,春申君曰:"仆已知先生⑤,
先生大息矣⑥。"汗明憱焉曰⑦:"明愿有问君,而恐固⑧。不
审君之圣孰与尧也⑨?"春申君曰:"先生过矣,臣何足以当
尧⑩。"汗明曰:"然则君料臣孰与舜⑪?"春申君曰:"先生即
舜也。"汗明曰:"不然,臣请为君终言之。君之贤实不如
尧,臣之能不及舜。夫以贤舜事圣尧,三年而后乃相知也。
今君一时而知臣,是君圣于尧,而臣贤于舜也。"春申君曰:
"善。"召门吏为汗先生著客籍⑫,五日一见。

汗明曰:"君亦闻骥乎⑬?夫骥之齿至矣⑭,服盐车而上
太行⑮。蹄申膝折⑯,尾湛胕溃⑰,漉汁洒地⑱,白汗交流⑲;中
阪迁延⑳,负辕不能上。伯乐遭之㉑,下车攀而哭之,解紵衣
以幂之㉒。骥于是俛而喷㉓,仰而鸣,声达于天,若出金石声
者㉔,何也? 彼见伯乐之知己也。今仆之不肖㉕,阨于州

部㉖,堀穴穷巷㉗,沉洿鄙俗之日久矣㉘。君独无意渐拔仆也㉙? 使得为君高鸣屈于梁乎㉚?"

【注释】

① 汗明:未详。 顾观光战国策编年、于鬯战国策年表并系此策于周赧王五十三年,楚考烈王元年(前262年)。史记春申君列传"考烈王元年,以黄歇为相,封为春申君。" 春申君:见楚策三第十章注①。

② 姚校:"一作'候间'。" 太平御览卷四○五宾客览引此"问"作"间"。 建章按:淮南子氾论训"故人有厚德,无问其小节",王念孙读书杂志:"'问'当为'间',今本'间'误为'问'。"春秋繁露五行相生"比相生,而问相胜也"。俞樾诸子平议:"'问'乃'间'字之误。"又山川颂"不遗小问",俞说:"'问'乃'间'字之误,说苑杂言篇正作'不遗小间'。"可见"间"易讹为"问"。当据姚校及太平御览引改"问"作"间"。 国语鲁语下:"昔栾氏之乱,齐人间晋之祸,伐取朝歌。"注"间,候也"。 候间:言伺望,等候,等待。

③ 卒:终,毕。

④ 说:同"悦"。

⑤ 仆:古时男子自我谦称。

⑥ 王念孙读书杂志:"'先生息矣',犹孟尝君言'先生休矣'。'息'上不当有'大'字,此因上文'大'字而误衍耳,太平御览人事部引此无'大'字。" 金正炜战国策补释:"汉书枚乘传'兵不得下壁,军不得大息',汉纪'大'作'休'。当由'休'误作'伏',隶续'伏'与'大'字同。" 建章按:今本御览作"仆已知先生意矣",疑有脱误。王、金说皆可通。此取金说。

⑦ 憨:集韵:"戚也。"戚:忧。

⑧固:固执不通,固陋。

⑨"不审"句:不知您和尧比谁更圣明。 审:淮南子说山训高注
"知也。" 尧:见秦策一第二章注㉒。

⑩臣:自称的谦辞。 当:比得上,配得上。

⑪料:估计。 舜:见秦策一第二章注㉓。

⑫召:通知。 门吏:犹今之传达。 著:登记。 客籍:宾客
名册。

⑬骥:千里马。

⑭齿至:到了驾车的年龄。

⑮服:后汉书张衡传注:"驾也。" 太行:见秦策三第九章注⑩。

⑯蹄申膝折:蹄伸直,膝弯屈。皆用劲的样子。

⑰鲍注:"湛,沉同,汗多故然。胕,当作'肤',与'膚'同,亦汗出
于肤,如溃。" 关修龄战国策高注补正:"湛,重也,盖尾重而垂
也;胕,肚也;溃,乱也;劳力固然。" 横田惟孝战国策正解:"疑
'胕溃'当作'胸喘',汉书王褒传'胸喘肤汗'是也。" 建章按:
如以鲍说,则与下文"白汗交流"重复。"尾湛","胕溃",当皆
用力之状。说文:"湛,没也。"尾湛:是说用力时尾夹在两股之
间。王褒传"庸人之御驽马,亦伤吻敝策,而不进于行,汋喘肤
汗,人极马倦。"淮南子精神训"盐汗交流,喘息薄喉",亦"汗"
与"喘"并提。"胸喘"正是用力之状,即气喘。横田说可从。

⑱黄帝内经素问卷十疟论"无刺漉漉之汗",王注:"漉漉,言汗大
出。"漉汗:即汗。

⑲淮南子精神训高注:"白汗咸如盐,故曰盐汗。"

⑳中阪:半坡。 迁延:不进。

㉑伯乐:春秋时似有两伯乐,一为秦穆公(前 659 年—前 621 年)
时人,为秦人,善驯马。一为赵简子(前 518 年—前 482 年)时
人,为赵人,善于识别马的优劣。(详韩非子说林下陈奇猷集

释）　遭:遇。

㉒纻衣:麻布衣。　幂(mì 密):罩,覆盖。

㉓俛:通"俯"。

㉔吴补:"此'声'字宜衍。"　建章按:当因上"声"字误衍。

㉕不肖:不才,没出息。

㉖阨:困。　州部:基层的行政机构。

㉗堀穴穷巷:见秦策一第二章注㉙。

㉘沉:没,埋没。　洿(wū 污):低洼的地方;此言地位低下。　鄙俗:低下。

㉙姚校:"湔,音'荐'。"　鲍本"拔"作"祓",注:"湔,手浣也;祓,去恶也。"　建章按:文选广绝交论"顾眄增其倍价,翦拂使其长鸣",注引此作"独无湔拔仆也",说:"'湔拔','翦拂'音义同也。"钱大昕十驾斋养新录卷五:"古无轻唇音",则"拔"与"祓""拂"乃重轻唇音之别。湔拔、湔祓、翦拂义并同,有"称誉""推荐"之义。　也:王引之经传释词卷四:"犹'乎'也。"

㉚"君独"两句:您难道就不想推荐我,让我能够借您的助力,施展我的抱负,在梁崭露头角吗?　得:能。　为:裴学海古书虚字集释卷二:"犹'因'也。"　高鸣:喻得志,施展自己的本领。汉书叙传上:"未见运世无本,公德不记,而得屈起在此位者也。"文选班彪亡命论"屈起"作"倔起",史记秦始皇本纪"倔起什伯之中"。此"屈"即"屈起"的省文,当读"倔"。意思是突然兴起,崭露头角。　梁:魏国,或为地名。

十二　楚考烈王无子章

楚考烈王无子①,春申君患之②,求妇人宜子者进之甚众③,卒无子④。

赵人李园持其女弟欲进之楚王⑤,闻其不宜子⑥,恐又无宠⑦。李园求事春申君为舍人⑧。已而谒归⑨,故失期⑩。还谒,春申君问状⑪,对曰:"齐王遣使求臣女弟⑫,与其使者饮,故失期。"春申君曰:"聘入乎⑬?"对曰:"未也。"春申君曰:"可得见乎?"曰:"可。"于是园乃进其女弟,即幸于春申君⑭。知其有身⑮,园乃与其女弟谋。

园女弟承间说春申君曰⑯:"楚王之贵幸君⑰,虽兄弟不如。今君相楚王二十余年,而王无子,即百岁后⑱,将更立兄弟⑲。即楚王更立⑳,彼亦各贵其故所亲,君又安得长有宠乎㉑?非徒然也㉒,君用事久㉓,多失礼于王兄弟,兄弟诚立,祸且及身,奈何以保相印、江东之封乎㉔?今妾自知有身矣㉕,而人莫知。妾之幸君未久,诚以君之重而进妾于楚王㉖,王必幸妾㉗。妾赖天而有男,则是君之子为王也,楚国封尽可得㉘,孰与其临不测之罪乎㉙?"春申君大然之㉚。乃出园女弟谨舍㉛,而言之楚王。楚王召人,幸之,遂生子男,立为太子,以李园女弟立为王后。楚王贵李园,李园用事。

李园既入其女弟为王后,子为太子,恐春申君语泄,而益骄㉜,阴养死士㉝,欲杀春申君以灭口。而国人颇有知之者。

春申君相楚二十五年,考烈王病。朱英谓春申君曰:"世有无妄之福㉞,又有无妄之祸;今君处无妄之世,以事无妄之主,安不有无妄之人乎?"春申君曰:"何谓无妄之福?"曰:"君相楚二十余年矣,虽名为相国,实楚王也。五子皆相诸侯㉟。今王疾甚,旦暮且崩㊱,太子衰弱,疾而不起,而君相少主,因而代立当国㊲,如伊尹、周公㊳。王长而反政㊴,不即遂南面称孤㊵,因而有楚国㊶。此所谓无妄之福也。"春申君曰:"何谓无妄之祸?"曰:"李园不治国,〔而〕王之舅也㊷,不为兵将,而阴养死士之日久矣。楚王崩,李园必先入,据本议㊸,制断君命㊹,秉权而杀君以灭口㊺。此所谓无妄之祸也。"春申君曰:"何谓无妄之人?"曰:"君先仕臣为郎中㊻,君王崩,李园先入,臣请为君剚其胸杀之㊼。此所谓无妄之人也。"春申君曰:"先生置之㊽,勿复言已㊾。李园,软弱人也,仆又善之,又何至此?"朱英恐,乃亡去㊿。

后十七日,楚考烈王崩,李园果先入,置死士止于棘门之内[51]。春申君后入,止棘门[52]。园死士夹刺春申君,斩其头[53],投之棘门外。于是使吏尽灭春申君之家。而李园女弟——初幸春申君有身,而入之王——所生子者遂立为楚幽王也[54]。

是岁秦始皇立九年矣[55]。嫪毐亦为乱于秦,觉,夷三族[56],而吕不韦废[57]。

【注释】

①楚考烈王:见楚策四第一章注①。　林春溥战国纪年、顾观光战国策编年、于鬯战国策年表并系此策于秦始皇九年,考烈王二十五年(前238年)。

②春申君:见楚策三第十章注①。　患之:为楚考烈王无子之事而忧虑。

③求:寻找。　妇人宜子者:指富有生育能力的女子。　进:献。

④卒:终。

⑤李园:据越绝书卷十四,李园为春申君属吏。 持:犹"携"。
女弟:妹妹。

⑥其:指楚考烈王。 不宜子:是指考烈王无生育能力。

⑦无宠:失宠。

⑧舍人:见齐策二第二章注㉗。

⑨已而:后来。 谒归:请归,请假回家。

⑩故:有意,故意。 失期:误期。

⑪问状:此言询问误期之因。

⑫齐王:王建,见齐策二第五章注③。此乃诈言。

⑬聘人乎:犹言下了聘礼没有?如今言订婚没有?

⑭即:就。 幸于春申君:此言李园之妹与春申君同居。

⑮有身:怀孕。

⑯承间:找机会。

⑰贵:尊重。 幸:宠信。

⑱即:若。 百岁后:指死后。

⑲更立:继立。

⑳即:则。

㉑安:何,怎么。 得:能。

㉒非徒然:不仅仅如此。

㉓用事:执政。

㉔奈何:如何。 以:能。 江东:指今江苏省长江下游南岸一带。此当是某一部分地区。

㉕妾:古代妇女谦称。

㉖诚:裴学海古书虚字集释卷九:"犹'若'也。" 重:尊,此犹言地位。

㉗幸:宠爱。此与注⑭之"幸"义同。

㉘楚国封尽可得:整个楚国就会为你所有。 封:疆域;此言

国家。

㉙“孰与”句:这与遭受不测的灾祸相比,那一种结果更好呢?
临:犹遭。

㉚然:同意。　之:指李园妹妹的意见。

㉛“乃出”句:于是就把李园的妹妹安置在另一所住处,并为她严
加警卫。　出:说文:“进也。”　谨舍:严加警卫的住处。因李
园妹怀孕,不能泄漏。　谨:严禁。

㉜“而益骄”当在“子为太子”句下。

㉝死士:敢死之士,此处犹言刺客。

㉞易无妄“六三:无妄之灾。或系之牛,行人之得,邑人之灾。”高
亨周易大传今注“无妄之灾,其灾非出于曲邪谬乱,乃出于粗心
大意,考虑不周等是也。爻辞所言似是古代故事。盖有邑人某
系其牛于某处,而己离去,又无人看守,牛脱缰而走,行路之人
得其牛,邑人失其牛。邑人因粗心大意,致失其牛,即所谓‘无
妄之灾’。”后以“无妄”为“意外的”“非常的”“未可预料的”
之意。

㉟相:任相国,用作动词。　史记春申君列传无此六字。

㊱崩:见齐策一第五章注⑪。

㊲代立当国:即摄政(代行国君之职)。

㊳史记殷本纪“汤举(伊尹)任以国政。汤崩,太子太丁未立而
卒,于是乃立太丁之弟外丙;帝外丙即位三年崩,立外丙之弟中
壬;帝中壬即位四年崩,伊尹乃立太丁之子太甲,帝太甲既立三
年,不明暴虐,不遵汤法,乱德,于是伊尹放之于桐宫。三年,伊
尹摄行政当国。”又周本纪“武王崩,太子诵代立,是为成王;成
王少,周初定天下,周公恐诸侯叛,周公乃摄行政当国。”　伊
尹:见第九章注⑧。　周公:见东周策第二章注⑨。

㊴反政:还政,归还政权。

㊵不即：否则。　南面称孤：见齐策四第五章注㉚。

㊶“不即”两句：否则干脆就取而代之，因此就完全据有楚国。因而：因此。

㊷姚校：“钱、刘‘王’上有‘而’字。”　建章按：春申君列传亦有“而”字，当补“而”字。而：又，则。　诗小雅伐木“以速诸父，以速诸舅”传：“天子谓同姓诸侯、诸侯谓同姓大夫皆曰父，异姓则称舅。”国语晋语三“公曰：舅所病也”，注：“诸侯谓异姓大夫曰舅”。　又春申君列传索隐引战国策“王”作“君”。

㊸王利器盐铁论本议校注引此句说“‘本议’就是根本的议计的意思，本书西域篇‘今乃留心于末计，虽本议，不顺上意，未为尽于忠也。’拿‘本议’和‘末计’对言，意义更为明白可据。”　建章按：前文言“李园恐春申君语泄，阴养死士，欲杀春申君以灭口”，则“本议”也可以说是“既定的计谋”。

㊹制断：专断。　君命：楚王之命；指新立之少主。

㊺秉权：掌权，独揽大权。

㊻郎中：武装侍卫于宫中之官。

㊼广韵“劕”与“揰”同。广雅释诂一：“揰，刺也。”疏证：“揰、劕、冲并通，集韵类篇引广雅作‘劕’。”劕读“冲”。

㊽置：搁起来。

㊾已：通“矣”。

㊿亡：逃。

(51)于鬯战国策注：“涉下文‘止’字衍‘止’字。”　建章按：管子霸形于省吾双剑誃诸子新证：“金文‘之’字通作‘止’，此古字之仅存者；今言‘禁止’之‘止’假‘足止’之‘止’为之，二字有别。小篆‘之’作‘㞢’。”则此“止”与下文之“止”皆“之”字，因小篆作“㞢”，与“士”形近，故误衍。春申君列传即无“士”下“止”字。当删。　棘门：亦作“戟门”，古“棘”与“戟”通。古时宫门插戟,故宫门别称"戟门"。

㉒止:即"之",见注㉑。　之:至。

㉓据春申君列传其死在秦始皇九年、楚考烈王二十五年(前238
年)。

㉔楚幽王:考烈王之子,名悍,楚第三十九君,前237年—前228年
在位。

㉕秦始皇:见秦策三第十八章注㉝。

㉖嫪毐(làoǎi 涝矮):秦始皇相吕不韦之舍人。史记秦始皇本纪
"八年,嫪毐封为长信侯,宫室、犬马、衣服、苑囿、驰猎恣毐;事
无大小,皆决于毐。九年,(毐)为乱,王知之,令相国昌平君、昌
文君发卒攻毐。车裂以徇,灭其宗"。嫪毐事又见史记吕不韦
列传。　夷:杀尽。　史记秦本纪"文公二十年,法初有三族之
罪"集解引张晏说:"父母、兄弟妻,子也。"父、母为上世,兄、弟、
妻为当世,子为后世。集解引如淳曰:"父族、母族、妻族也。"

㉗史记吕不韦列传"始皇九年,有告嫪毐实非宦者,常与太后私
乱,生子二人,皆匿之。与太后谋曰:'王即薨,以子为后。'于是
秦王下吏治,具得情实。事连相国吕不韦,王欲诛相国,为其奉
先王功大,及宾客辩士为游说者众,王不忍致法。秦王十年十
月,免相国吕不韦。其与家属徙处蜀。吕不韦自度稍侵,恐诛,
乃饮鸩而死。"

十三　虞卿谓春申君章

　　虞卿谓春申君曰①:"臣闻之(春秋)② '于安思危,危则虑
安③'。今楚王之春秋高矣④,而君之封地不可不早定也。
为(主)君虑封者,莫若远楚⑤。秦孝公封商君⑥,孝公死,而
后不免杀之⑦;秦惠王封冉子⑧,惠王死,而后王夺之。公孙

鞅功臣也，冉子亲姻也，然而不免夺、死者，封近故也。太公望封于齐⑨，邵公奭封于燕⑩，为其远王室矣⑪。今燕之罪大而赵怒深⑫，故君不如北兵以德赵⑬，践乱燕以定身封⑭，此百代之一时也⑮。”

君曰：“所道攻燕⑯，非齐则魏⑰。魏、齐新怨楚，楚君虽欲攻燕，将〔道何〕〔何道〕哉？⑱”对曰：“请令魏王可⑲。”君曰：“何如？”对曰：“臣请到魏，而使所以信之。”

乃谓魏王曰：“夫楚亦强大矣，天下无敌，乃且攻燕。”魏王曰：“乡也⑳，子云‘天下无敌’；今也，子云‘乃且攻燕’者，何也？”对曰：“‘今为马多力’㉑，则有矣；若曰‘胜千钧’则不然者㉒，何也？夫千钧非马之任也。今谓‘楚强大’，则有矣；若〔夫〕‘越赵、魏而斗兵于燕’，则岂楚之任也〔我〕〔哉〕㉓？非楚之任，而楚为之，是敝楚也。敝楚〔见〕强〔魏也〕〔楚〕㉔，其于王孰便也㉕？”

【注释】

①钱穆先秦诸子系年 132 节“春申君乃顷襄王弟不以游士致显辨”说：“黄氏编略系虞卿游说在考烈王十五年（前 248 年）春申徙吴时，其时春申久有封地，何云‘以完身封’乎？且谓‘楚王春秋高’，亦不似。”锺凤年国策勘研姚本战国策分目录说：“依史虞卿未尝至楚，且春申受封已久，策辞诸多不合。” 虞卿：姓虞，史失其名，战国游说之士；赵孝成王时，为上卿。史记有虞卿列传。 于鬯战国策年表系此策于秦庄襄王二年，楚考烈王十五年（前 248 年）。 春申君：见楚策三第十章注①。

②吴补及于鬯战国策注并以为“春秋二字衍”。 建章按：帛书战

国纵横家书第二十三章无"春秋"二字。易系辞下"君子安而
不忘危",吕氏春秋慎大览:"故贤主于安思危,于达思穷,于得
思丧。"此疑当时流传之习语。从吴、于说删"春秋"二字。

③于:广雅释诂二:"居也。" 虑:思。

④楚王:楚考烈王,见楚策四第一章注①。 春秋高:言年老。
"春秋"指年岁。

⑤赵策四第三章:"为君虑封,莫若于宋。"帛书战国纵横家书无
"主""者"字。前后文皆曰"君",此当删"主"字。

⑥秦孝公:见秦策一第一章注②。 商君:见秦策一第一章注①。

⑦鲍于"后"下补"王"字。 金正炜战国策补释:"'不免'二字当
作'王',涉下文'然而不免夺、死'而误。" 于鬯战国策注:"奚
世榦云:此句盖作'孝公死而后王杀之'与下文'惠王死而后王
夺之'一例。'不免'二字涉下文'不免夺、死者'而衍。" 建章
按:帛书战国纵横家书作"秦孝王死,公孙鞅杀。"文各异。

⑧秦惠王:见秦策一第一章注⑱。 穰侯魏冉之封,据史记穰侯
列传在秦昭王十六年(前291年)。帛书战国纵横家书第二十
三章作"惠王死,襄子杀",注:"襄子,指穰侯。"而秦惠王封穰
侯,史无载,疑别一"冉子"。

⑨太公望:吕尚,见秦策一第二章注⑦。

⑩邵公奭:见秦策三第十五章注⑨。

⑪为:因。 矣:也。

⑫前251年燕伐赵,赵使廉颇破燕,杀将栗腹;前250年赵再围燕
都;前249年赵又围攻燕都。燕、赵连年交兵,故言"燕罪大,赵
怒深"。 深:重。

⑬"故君"句:所以您不如出兵北上,进攻燕国,而施惠于赵国。

⑭践:破,灭。 乱:恶,劣。 定身封:确定自己的封地。

⑮此百代之一时也:这是千载难逢的机会啊。 百代:百世,三千

年;三十年为一世。

⑯所道攻燕:攻燕所经之路。

⑰则:即,就。

⑱东周策第一章"何途之从而致之齐","何途之从而出","道"即"途","何道"即"何途之从"的省略说法。上文言"所道攻燕",此言"何道",正相应。帛书战国纵横家书作"虽欲攻燕,将何道哉",长短经七雄略引同战国纵横家书,并无"楚君"二字,当改"道何"为"何道"。

⑲"请令"句:还是请魏王同意吧。

⑳乡也:从前,刚才。

㉑为:通"谓"。

㉒千钧:三万斤。三十斤为一钧。

㉓姚校:"'我'一作'哉'。"鲍改"我"为"哉"。 建章按:韩策一第二十二章"若"下有"夫"字,"我"作"哉"。帛书战国纵横家书、长短经七雄略"若"下有"夫"字,"也我"作"哉"。当据补"若"下"夫"字,改"我"作"哉"。

㉔姚校:"一本'敝楚见强魏也'作'强楚敝楚'。"鲍本"见"作"是"。 建章按:韩策一第二十二章"敝楚见强魏也"作"强楚敝楚"。帛书战国纵横家书亦作"强楚敝楚"。当据韩策一、一本及战国纵横家书改作"敝楚强楚"。 敝:疲弱。

㉕"敝楚"两句:使楚国败弱,还是使楚国强大,这两者,何者于王有利? 其:犹"此"。指"敝楚""强楚"二者。 便:利。孰:何: 姚校:"曾云:'此下恐欠'。"

战国策注释卷十八

赵 策 一

赵:嬴姓,其先造父为周穆王养马,后赐造父以赵城(今山西省赵城镇西南),由此为赵氏。至造父以下六世至奄父,奄父生叔代,叔代以下五世至赵夙,其孙赵衰事晋献公之子晋公子重耳。赵衰随重耳逃亡十九年,重耳返国为晋文公(前636年—前620年),赵衰任国政。赵衰卒,子赵盾嗣;盾卒,子朔嗣。朔子赵武于晋平公(前557年—前532年)十二年(前546年)为晋国正卿。赵武传赵景叔,景叔传赵鞅,即赵简子(前518年—前458年),简子传赵襄子(前457年—前425年)。赵烈侯六年(前403年)周威烈王始命烈侯赵籍为侯。至赵武灵王(前325年—前299年)始称王,至王迁,于秦始皇十九年(前228年)为秦所灭。其国土有今陕西省东北部,山西省中部,兼有河北省东南部,并有山东省西边一角及河南省的北端。全境东北与东胡和燕国接界,东与中山及齐国接界,南与卫、魏、韩三国交错接界,北与楼烦、林胡接界,西与韩、魏两国交错接界。国都原在晋阳(今山西省太原市),前425年赵献侯迁都中牟(今河南省鹤壁市西),前386年赵敬侯迁到邯郸(今河北省邯郸市)。

一　知伯从韩、魏兵以攻赵章

知伯从韩、魏兵以攻赵^①，围晋阳而水之^②，城(下)不沉者三板^③。(郗)〔郤〕疵谓知伯曰^④："韩、魏之君必反矣^⑤。"知伯曰："何以知之?"(郗)〔郤〕疵曰："以其人事知之^⑥。夫从韩、魏之兵而攻赵^⑦，赵亡，难必及韩、魏矣^⑧。今约胜赵^⑨而三分其地。今城不没者三板，臼、灶生蛙^⑩，人马相食，城降有日，而韩、魏之君无憙志^⑪，而有忧色，是非反如何也^⑫?"

明日，知伯以告韩、魏之君曰^⑬："(郗)〔郤〕疵言君之且反也^⑭。"韩、魏之君曰："夫胜赵而三分其地，城今且将拔矣^⑮。夫(三)〔二〕家虽愚^⑯，不弃美利于前，背信盟之约，而为危难不可成之事，其势可见也。是疵为赵计矣，使君疑二主之心，而解于攻赵也^⑰。今君听谗臣之言，而离二主之交，为君惜之。"趋而出。(郗)〔郤〕疵谓知伯曰："君又何以疵言告韩、魏之君为^⑱?"知伯曰："子安知之?"对曰："韩、魏之君视疵端而趋疾^⑲。"

(郗)〔郤〕疵知其言之不听，请使于齐，知伯遣之。韩、魏之君果反矣。

【注释】

①知伯:见西周策第三章注⑥。　韩非子难三："夫六晋之时，知氏最强，灭范、中行，而从韩、魏之兵以伐赵。"王先慎据太平御览改"而从"为"又率"，说："说苑亦作'又率'。"裴学海古书虚

字集释卷七:"王改非也。'而'与'又'同义,'从'与'率'同义,御览作'又率'者则据说苑以改韩子耳。古谓'率'曰'从',故战国策赵策作'智伯从韩、魏兵以攻赵',文与韩子同,又齐策'昔吴王夫差,以强大天下先,强袭郢而栖,身从诸侯之君',亦谓'身率诸侯之君'也。"陈奇猷韩非子集释:"裴说是。'从'字本作'𠈇',为二人相随之形,解之为一人率领,一人随行,亦未为不可,故古以'从'为'率'。" 建章按:淮南子人间训作"智伯率韩、魏二国伐赵",则"从"通"率"。王引说苑在敬慎。吕祖谦大事记、顾观光战国策编年、于鬯战国策年表俱系此策于周贞定王十六年,赵襄子五年(前453年)。

②晋阳:今太原市。 水:以水灌;用作动词。

③鲍彪改"下"为"之"。 吴补:"疑衍,或是'之'字。" 金正炜战国策补释:"'下'字即'不'字误衍。" 建章按:秦策四第四章"城不沉者三板耳",史记赵世家"城不浸者三板",说苑权谋"城不没者三板",艺文类聚灶聚引此作"城不没者三板",下文亦云"城不没者三板",皆无"下"字,金说是。当删"下"字。高二尺为一板。

④姚校:"元和姓纂'郗'。" 吴补:"孙本作'郗'。" 于鬯战国策注:"今此黄刻姚本下文一云'郗'字,又姚校引元和姓纂亦作'郗',则其本当是'郗'字,与吴引孙本同,传写误为'郄'耳。说苑作'絺','絺'、'郗'并谐'希'声,可通借,此可证作'郗'为是。" 建章按:郗旧读chī,今读xī。当改作"郗",下同。通鉴周纪一亦作"絺疵"。

⑤韩魏之君:韩康子、魏宣子,亦作"魏桓子",见秦策四第四章注⑯。

⑥人事:犹言人的行为表现。

⑦夫:发语词,无义。

⑧难:犹祸患。

⑨今:王引之经传释词卷五:"犹'若'也。"

⑩臼(jiù 旧):春米的器具,用石头做成,中部凹下。 灶:用砖、土坯等砌成的生火煮饭的设备。 臼灶生蛙:因为晋阳城内积水,臼与灶内有水,蛙即栖息其中,故云。

⑪憙(xǐ 喜):悦。 志:意。

⑫是非反如何也:这不是谋反又是什么? 如:裴学海古书虚字集释卷七:"犹'而'也。"又:"而,犹'又'也。"

⑬以:把,拿。介词"以"后省宾语"之",指郄疵说的那一番话。

⑭王引之经传释词卷九引吕氏春秋季夏纪音初篇高注:"之,其也。"又卷五:"其,将也。"又卷八引吕氏春秋音律篇高注:"且,将也。"则"之且"即"将"之义。

⑮且将:将。 拔:攻下。

⑯姚校:"'三'钱、刘作'二'。" 鲍改"三"作"二"。 说苑权谋"三"作"二"。 建章按:下文言"背信盟之约",即郄疵所言韩、魏君"且反"之义;下文又言"二主之心""二主之交",则"三"当改为"二"。

⑰解:同"懈"。

⑱"君又"句:您为何又拿我的话去告诉韩康子和魏宣子呢?

⑲视端:眼睛直视,发愣。 趋疾:很快就走过去了。这都说明韩康子、魏宣子看到郄疵,惊慌畏惧的神情。

二 知伯帅赵、韩、魏而伐范、中行氏章

知伯帅赵、韩、魏而伐范、中行氏①,灭之②。休数年,使人请地于韩③。韩康子欲勿与④,段规谏曰⑤:"不可。夫知伯之为人也,好利而鸷复⑥,来请地不与,必加兵于韩矣。

君其与之⑦。与之彼狃⑧，又将请地于他国，他国不听，必乡之以兵⑨。然则韩可以免于患难，而待事之变。"康子曰："善。"使使者致万家之邑一于知伯⑩。知伯说⑪，又使人请地于魏，魏宣子欲勿与，赵葭谏曰⑫："彼请地于韩，韩与之；请地于魏，魏弗与，则是魏内自强，而外怒知伯也⑬。然则其错兵于魏必矣⑭。不如与之。"宣子曰："诺。"因使人致万家之邑一于知伯。知伯说。

又使人之赵，请（蔡）〔蔺〕、皋狼之地⑮，赵襄子弗与。知伯因阴结韩、魏将以伐赵。赵襄子召张孟谈而告之曰⑯："夫知伯之为人，阳亲而阴疏，三使韩、魏⑰，而寡人弗与焉⑱，其移兵寡人必矣。今吾安居而可⑲？"张孟谈曰："夫董（阏）安于，简主之才臣也⑳，世治晋阳㉑，而尹泽循之㉒，其余政教犹存㉓，君其定居晋阳。"君曰："诺。"

乃使延陵（王）〔生〕将车骑先之晋阳㉔，君因从之。至，行城郭㉕，案府库㉖，视仓廪㉗，召张孟谈曰："吾城郭之完㉘，府库足用，仓廪实矣，无矢奈何㉙？"张孟谈曰："臣闻董子之治晋阳也㉚，公宫之垣皆以（狄）〔荻〕蒿（苫）〔苦〕楚廧之㉛，其高至丈余，君发而用之㉜。"于是发而试之，其坚则箘簬之劲不能过也㉝。"君曰："〔矢〕足矣㉞，吾铜少若何㉟？"张孟谈曰："臣闻董子之治晋阳也，公宫之室，皆以炼铜为柱质㊱，请发而用之，则有余铜矣。"君曰："善。"号令以定，备守以具㊲。三国之兵乘晋阳城㊳，遂战。三月不能拔，因舒军而围之㊴，决晋水而灌之㊵。

围晋阳三年㊶，城中巢居而处㊷，悬釜而炊㊸，财食将尽，士卒病羸㊹。襄子谓张孟谈曰："粮食匮，城力尽㊺，士大夫病㊻，吾不能守矣，欲以城下㊼，何如？"张孟谈曰："臣闻之'亡不能存，危不能安，则无为贵知(士)也㊽'。君释此计㊾，勿复言也。臣请见韩、魏之君。"襄子曰："诺。"

张孟谈于是阴见韩、魏之君㊿，曰："臣闻'唇亡则齿寒(51)'，今知伯帅二国之君伐赵，赵将亡矣，亡则二君为之次矣。"二君曰："我知其然。夫知伯为人也，麁中而少亲(52)，我谋未遂而知(53)，则其祸必至，为之奈何？"张孟谈曰："谋出二君之口，入臣之耳，人莫之知也。"二君即与张孟谈阴约三军，与之期(曰)〔日〕(54)；夜遣〔张孟谈〕入晋阳(张孟谈)，以报襄子(55)，襄子再拜之。

张孟谈因朝知伯而出，遇知过辕门之外(56)。知过入见知伯，曰："二主殆将有变(57)。"君曰："何如？"对曰："臣遇张孟谈于辕门之外，其志矜(58)，其行高(59)。"知伯曰："不然，吾与二主约谨矣(60)，破赵三分其地，寡人所亲之(61)，必不欺也。子释之(62)，勿出于口。"知过出见二主(63)，入说知伯曰："二主色动而意变(64)，必背君〔矣〕(65)，不如(令)〔今〕杀之(66)。"知伯曰："兵着晋阳三年矣(67)，旦暮当拔之(68)，而飨其利(69)，乃有他心(70)？不可，子慎勿复言。"知过曰："不杀则遂亲之。"知伯曰："亲之奈何？"知过曰："魏宣子之谋臣曰赵葭，〔韩〕康子之谋臣曰段规(71)，是皆能移其君之计(72)，君其与二君约(73)，破赵则封二子者各万家之县一，如是则二主之心可不变，而君得其所欲矣。"知伯曰："破赵而三分其地，又封二子者各万家之县一，则吾所得者少，不可。"知过见君之不用也言之不听㉔,出,更其姓为辅氏,遂去不见。

张孟谈闻之,入见襄子曰:"臣遇知过于辕门之外,其视有疑臣之心,入见知伯,出更其姓。今暮不击,必后之矣㉕。"襄子曰:"诺。"使张孟谈见韩、魏之君,曰:"夜期㉖。"杀守堤之吏,而决水灌知伯军。知伯军救水而乱,韩、魏翼而击之㉗,襄子将卒犯其前㉘,大败知伯军,而禽知伯㉙。

知伯身死、国亡、地分,为天下笑,此贪欲无厌也㉚。夫不听知过亦所以亡也㉛。知氏尽灭,唯辅氏存焉。

【注释】

①知伯:见西周策第三章注⑥。　赵:赵襄子,见秦策一第五章注⑩。韩魏:韩康子、魏宣子(亦作"魏桓子"),见秦策四第四章注⑬。范中行氏:见秦策三第十八章注⑬。　顾观光战国策编年、于鬯战国策年表并系此策于周贞定王十六年(前453年)。

②据史记晋世家知、赵、韩、魏共灭范、中行氏在晋出公十七年,周贞定王十一年(前458年)。

③请:广雅释诂三:"求也。"

④与:予,给。

⑤于鬯战国策注:"段规,韩相。"　建章按:国语晋语九韦注"段规,魏桓子之相。"据下文"韩康子之谋臣曰段规",疑韦注误。

⑥姚校:"四本只作'复',刘作'愎'。"　建章按:"复"与"愎"通,"很"与"狠"通。　鸷复:凶狠,凶残,暴虐。

⑦其:此处表"希望"的语气,犹言"还是"。

⑧韩非子十过篇"与之彼狃",旧注:"狃,习也;得地于韩,将生他求也。"陈奇猷韩非子集释引高亨说:"说文'狃,犬性骄也'。'与之彼狃'谓与之彼骄也,旧注未切。"　建章按:皆可通。狃

(niǔ 扭),惯也,"惯"有"纵容"之义,现代汉语还说"不要惯坏了孩子"。此言如果满足了他的要求,惯坏了他的恶性,他还会贪得无厌。即韩非子旧注之义。狃又有"贪"义。

⑨乡:通"向",犹言"进攻"。

⑩致:献,送。 万家之邑:大县。

⑪说:同"悦"。

⑫赵葭:魏宣子臣。魏策一第一章、韩非子说林上、通鉴作"任章",吕氏春秋审分览知度、淮南子人间训作"任登",说苑权谋作"任增"。

⑬自强:自恃强大。 怒知伯:使知伯怒。

⑭错:通"措"。 措:礼记中庸疏:"犹'用'也。"

⑮鲍彪改"蔡"为"蔺",注:"蔡非赵地。" 吴补:"'蔡'或'蔺'字讹。"通鉴胡注:"古文'蔺'字与'蔡'字近,或者'蔡'字其'蔺'字之讹也。" 建章按:史记赵世家"又取蔺、郭狼",泷川资言考证:"汉地理志西河郡有蔺、皋狼,'郭狼'疑是'皋狼'。" 蔺故城在今山西省吕梁市离石区西,皋狼故城在离石区西北。

⑯张孟谈:赵襄子之臣。

⑰三使韩魏:言三次与韩、魏通使相约。

⑱寡人弗与焉:犹言知伯未与赵襄子结约。

⑲安居:何处,犹言如何对付。 而:则。

⑳韩非子十过、七术、内储说上说二、淮南子道应训并作"董阏于",韩非子难言、又观行、吕氏春秋仲秋纪爱士、史记赵世家、说苑臣术、建本、政理、汉书古今人表并作"董安于"。王念孙读书杂志:"'阏'与'安'一字也,今作'董阏安于'者,一本作'阏',一本作'安',而后人误合之耳。"今删"阏"字。 赵世家集解引韦昭曰"安于,简子家臣。" 简主:赵简子,名鞅,赵襄子

之父。

㉑晋阳:今山西省太原市。

㉒国语晋语九、韩非子十过、吕氏春秋恃君览达郁、似顺论、说苑贵德"尹泽"并作"尹铎"。于鬯战国策注:"'泽'、'铎'并谐'睪'声,通借字。"文选司马相如难蜀父老"而罗者犹视乎薮泽",王念孙读书杂志余编下:"'泽'字古读若'铎',说见唐韵正。" 似顺论高注:"尹铎者,赵简子家臣也。" 循:遵循。之:指董安于治理晋阳之方。

㉓韩非子十过无"政"字。魏策一第八章"此吴起余教也。"燕策二第九章"夫齐霸国之余教而骤圣之遗事也。"疑衍"政"字。余:犹"遗"。

㉔鲍彪改"王"作"君",注:"此襄子臣,不得称'王'。" 王应麟困学纪闻卷十:"韩子十过篇云'赵襄子召延陵生',战国策云'延陵王'"误也,鲍氏改'王'为'君',亦未之考。" 陈奇猷韩非子十过集释引洪颐煊曰:"元和姓纂引作'延陵正',亦与'王'字同讹。"陈奇猷说:"顾广圻、曾廷枚说同。" 建章按:墨子公孟"乡者先生之言,有可闻者焉。"孙诒让间诂:"'生',旧本讹'王'。"史记十二诸侯年表"穆侯弗生元年",王念孙读书杂志:"索隐曰'世家名费生'。今晋世家讹作'费王'。"此为"生"易讹为"王"之证。当改"王"作"生"。 将:率领。

㉕行:视察,巡视。吕氏春秋季夏纪"命虞人入山行木",高注:"行,察也,视山木。"

㉖案:检查,查验。 府库:见秦策一第五章注⑩。

㉗仓廪:见西周策第四章注⑧。

㉘之:裴学海古书虚字集释卷九"犹'已'也"。

㉙无矢奈何:没有箭怎么办?

㉚董子:即上文"董安于"。

㉛"公宫"句:官署垣墙都以秋、蒿、苦、楚加固。　公宫:官署(办公处)。　垣(yuán 元):墙。王引之经义述闻卷二十八尔雅下"萧萩"条下说:"校勘记曰:'萩字,唐石经及宋元诸本并同,明闽本、监本、毛本误作荻。诗采葛正义引释草,今亦误作荻。按:释文音秋,说文'萩,萧也,从艸秋声。'此'萧萩'与'蘪蘪'、'的薂'、'菉莉',皆所谓迭韵也。家大人曰'萧之萩,犹楸之为橚声本相同,言者有轻重耳。世人多闻荻,寡闻萩,故诸书萩字多讹作荻。'中山经'大山有草,其叶状如萩而赤华'郭注'萩亦蒿也,音秋',韩子十过篇'公宫之垣皆以萩蒿楛楚'(陆机疏曰'萧,今人所谓萩蒿者是也'),赵策作'秋蒿苦楚'。而今本山海经、韩子、战国策'萩','秋'二字皆讹作'荻'(姚本战国策'秋'讹作'狄','苦'讹作'苦',鲍本又改'狄'为'荻'。)"桂馥札朴卷七"荻蒿"条说同。　建章按:当依王说改"狄"为"秋",改"苦"为"苦"。"秋"同"萩","苦"同"楛"。萩:一种蒿类植物,茎尤高大。楛(hù 户):指荆一类的植物,茎可制箭杆。　楚:即牡荆,茎可做箭杆。　廧:同"墙"。此用作动词。

㉜发:取出。

㉝箘(jùn 郡):竹,可做箭杆。　簵(lù 路):竹名,可做箭杆。劲:强。　过:超过。

㉞鲍本"足"上有"矢"字。　韩非子十过作"君曰,吾箭已足矣"。建章按:此当"足"上补"矢"字。矢:箭。

㉟若何:即"奈何",怎么办?

㊱朱骏声说文通训定声履部"礩,柱下石也,据御览引说文有此字。"广雅释室:"础,礩也。"即垫在房屋柱子底下的石头。此"质"当是"礩"之借字。

㊲号令以定守备以具:号令已经发出,御防的器具已经齐备。以:通"已"。　具:备。

㊳国语周语中"乘人不义",韦注:"乘,陵也。"此言迫近。

㊴舒:散开,言不迫近城。

㊵晋水:在晋阳之南。

㊶于鬯战国策秦策一第五章注以为"三年"指周贞定王十四、十五、十六年,即前455年、前454年、前453年。金正炜战国策补释说:"高诱吕览义赏篇注:'智伯率韩、魏之君,围赵襄子于晋阳三月。'此文'年'当为'月'之误。"韩非子初见秦"知伯率三国之众以攻赵襄主于晋阳,决水而灌之三月",卢文弨群书拾补说:"秦策、赵策俱作三年。"王先慎韩非子集解说:"此误,下十过篇正作'三年'。"高亨韩非子补笺说:"按史记六国表:'赵襄子立四年,与智伯分范、中行地。五年,败智伯晋阳,与韩、魏三分其地。'以此计之,作'灌之三月'是也。赵策及十过篇作'三年',皆误,当依此订正,天下岂有决水灌城历三年之久之事哉?王先慎说失之。"陈奇猷韩非子集释说:"高说是。"

㊷巢居而处:因为被水淹没,所以在树上结巢居住。

㊸悬釜而炊:灶被水淹没,所以吊起锅煮饭。

㊹羸(léi 雷):瘦弱。

㊺鲍彪改"城"作"财"。韩非子十过"城"作"财"。淮南子人间训作"城中力已尽"。

㊻病:疲困。

㊼下:荀子成相杨注:"降也。"

㊽"亡不能存"三句:国家将要灭亡,而不能去保存它;国家有了危险,而不能去安定它,那何必敬重有才智的人呢?金正炜战国策补释:"国语吴语'危事不可以为安,死事不可以为生,则无为贵智矣'。鬼谷子谋篇'亡不可以为存,而危不可以为安,然而无为而贵智矣'。并无'士'字,淮南子人间篇作'何谓贵智',韩非十过篇作'则无为贵智矣'。足证此文'士'字为衍。"

王念孙淮南子人间训杂志说同金。　建章按：金、王说是，当删“士”字。裴学海古书虚字集释卷十：“无，犹‘何’也。”

㊾释：放弃。

㊿阴：密秘。

(51)唇亡则齿寒：古之谚语，见左僖五年传。意思是说嘴唇没有了，牙齿就会受寒。比喻关系密切，利害相关。

(52)鲍本“麄”作“麤”，注：“‘粗’同，疏也。”　吴正：“粗厉少仁爱。”　建章按：左襄十七年传“晏婴麄衰斩”陆德明经典释文：“‘麄’本作‘麤’。”此言知伯心粗暴而不仁爱。

(53)遂：成。　知：犹言被发现。

(54)吴于“期”下补“日”字，曰：“姚本原有‘日’字。”韩非子十过“曰”作“日”。通鉴亦作“日”。　建章按：吴所见姚本作“日”，此“曰”字误，当改作“日”。

(55)韩非子十过作“夜遣孟谈入晋阳以报二君之反于襄子”。陈奇猷集释引此说：“当作‘夜遣张孟谈入晋阳以报襄子’。”　建章按：陈据韩非子改策文。策文有误，陈改可从。

(56)知过：亦作“知果”，国语晋语九又作“智国”。晋语九韦注：“智果晋大夫，智氏之族。”说苑尊贤：“智过去君弟，变姓名，免为庶人”，则知过为知伯之弟。按“知”“智”通。　辕门：古时行军，以车为屏藩。出入之处，竖起两辆车子，使两车的辕相交接，成一半圆形的门，称“辕门”，即“营门”。

(57)殆：裴学海古书虚字集释卷六：“犹‘必’也。”

(58)其志矜：他的神情傲慢。　志：意，此言神情。　矜：傲慢，自大。

(59)行高：犹言趾高气扬。

(60)金正炜战国策补释：“‘谨’当读如‘结’，一声之转也。公桓三年传‘结言而退’，榖传作‘谨言而退’，‘结’、‘谨’故得通用。”　建章按:管子禁藏"谨其忠臣",俞樾诸子平议卷五:"'谨'当读'结',言与其忠臣相结也,'结'与'谨'一声之转。故古或通用。"则此"约谨"即"约结"。

㉒所亲之:言亲与韩、魏结约。

㉒释之:对此放心。

㉒二主:指韩康子、魏宣子。

㉒色、意:言神情。 动、变:言异常,不正常。

㉒背:叛。 后汉书苏竟传注引此作"必背君矣",文选阮瑀为曹公作书与孙权李注引此亦有"矣"字,赵蕤长短经卷八钓情引此亦有"矣"字。当据补"矣"字。

㉒王念孙读书杂志:"'令'亦当作'今',言不如即杀之也"(此在秦策部分),金正炜战国策补释同王说。 建章按:当改"令"作"今",并可参看秦策三第二章注⑲,第十四章注③,齐策二第二章注㉖。

㉒着:附,处。

㉒当:王引之经传释词卷六:"犹'将'也。"

㉒古"享"同"飨"。左僖二十三年传"又享其生禄"注:"享,受也。"

㉚乃:却。 他心:指杀韩康子、魏宣子。

㉛鲍彪补"康"上"韩"字。韩非子十过有"韩"字。 建章按:此"康"上脱"韩"字,当补。知过称"魏宣子","韩康子",乃后人追述之词,故称其谥。

㉜"是皆"句:赵葭、段规他们都是能够改变国君计谋的人。

㉝其:表希望、要求的虚词,犹言就,还是。

㉞王念孙读书杂志:"'君之不用','言之不听',语意相复。此本作'知果见言不听',其'君之不用也'五字,衍文耳。文选为曹公与孙权书注、后汉书苏竟传注引此并作'智果见言之不听',韩

子十过篇作'智果见其言之不听也',皆无'君之不用'句。" 于
鬯战国策注:"两李注恐本节引此文耳。或谓'言之不听'即以
解'君之不用'之义,则又当谓是古注语矣。" 金正炜战国策
补释:"'用'当为'明'之讹,言知过见君之不明,言之又不见
听,故去也。语固非复,策文不必与韩非、后汉书皆同。韩策
'公仲明',古今人表作'公中用',二形相近,易以讹误。" 建
章按:姑从金说。

⑦⑤后之:是说晚于知伯行动。意即失去先下手为强的良机。

⑦⑥鲍本"曰"作"日"。 韩非子十过作"至于期日之夜"。 淮南
子人间训作"至其(即'期')日之夜"。 金正炜战国策补释:
"'曰'当作'目','以夜为期',正应上文'今暮不击必后之矣'。
淮南人间篇'至其日之夜','其'即'期'之省,足证所期在夜。"
于鬯战国策注:"谓期于今夜,上文言'期日',今则不及期而
行之。十过篇云'至于期日之夜',人间训云'至其日之夜',盖
谓至于期日之前一夜也。本约明日为期,因闻知过之谏,惧知
伯觉,故不待明日,而即于今夜也。赵世家云'三月丙戌,三国
反灭知氏',然则当是乙酉之夜。鲍本'曰'作'日'恐非。'夜
期'者孟谈语也。" 建章按:韩非子、淮南子"杀守堤之吏"上
并有"赵氏"二字,则张孟谈语止"夜期"一句。如以金说,则
"以夜期"非张孟谈语,亦不当与下句连读。金、于说皆可通。
然于说:"人间训'至其日之夜'盖谓'至于期日之前一夜'也。"
不知何所据。 夜期:约定就在当夜。

⑦⑦翼而击之:左右夹击。

⑦⑧犯:说文:"侵也。"此言"进攻"。

⑦⑨禽:同"擒"。史记晋世家:"哀公四年,赵襄子、韩康子、魏桓子
共杀知伯,尽并其地。"索隐:"如纪年之说,此乃出公二十二年
事。"当周贞定王十六年(前453年)。

㉚厌：满足。

㉛夫：即"彼"，指知伯。

三　张孟谈既固赵宗章

张孟谈既固赵宗①，广封疆②，发(五)〔千〕百③，乃称简之塗以告襄子④，曰："昔者前国地君之御有之曰⑤：'五百之所以致天下者⑥，约两⑦：主势能制臣，无令臣能制主⑧。故贵为列侯者⑨，不令在相位；自将军以上，不为近大夫⑩。'今臣之名显而身尊，权重而众服，臣愿捐功名⑪，去权势以离众⑫。"襄子恨然曰⑬："何哉？吾闻辅主者名显，功大者身尊，任国者权重⑭，信忠在己而众服焉⑮。此先圣之所以集国家、安社稷乎⑯！子何为然⑰？"张孟谈对曰："君之所言，成功之美也；臣之所谓，持国之道也。臣观成事⑱，闻往古，天下之美同，臣、主之权均，之能美，未之有也⑲。前事之不忘，后事之师⑳。君若弗图，则臣力不足㉑。"怆然有决色㉒。襄子去之。卧三日，使人谓之曰㉓："晋阳之政㉔，臣下不使者何如㉕？"对曰："死僇㉖。"

〔为〕张孟谈曰㉗："左司马见使于国家，安社稷㉘，不避其死，以成其忠，君其行之㉙。"君曰："子从事㉚。"乃许之。张孟谈便厚以便名㉛，纳地释事㉜，以去权尊㉝，而〔亲〕耕于(负亲之)〔肙〕丘㉞。故曰：贤人之行，明主之政也㉟。

耕三年，韩、魏、齐、燕负亲以谋赵㊱，襄子往见张孟谈而告之曰："昔者知氏之地，赵氏分则多十城，(复来)而今诸侯〔复来〕孰谋我，为之奈何㊲？"张孟谈曰："君其负剑而御臣以之国⊗，舍臣于庙㊴，授吏大夫㊵，臣试计之。"君曰："诺。"张孟谈乃行其妻之楚㊶，长子之韩，次子之魏，少子之齐。四国疑而谋败㊷。

【注释】

①张孟谈:赵襄子臣，事见第二章。　宗:尊，主。　此句是说张孟谈既巩固了赵襄子的政治地位。　顾观光战国策编年、于鬯战国策年表并系此策在周贞定王十六年，赵襄子五年（前453年）。

②广封疆:指分得知伯之地。　封疆:国土。　广:扩大。

③横田惟孝战国策正解："上'五百'疑当作'阡陌'，下'五百'当'五伯'。盖'阡陌'旧作'千百'，刘向所谓'半字'也，传写误依下'千'作'五'。'广封疆，发阡陌'，即商君传所谓'开阡陌封疆'也。岂孟谈先商鞅而为此欤？"　建章按:广雅释诂三"发，开也"。史记商君列传"开阡陌封疆"，汉书食货志上作"开仟伯"，管子四时"修封疆，正千伯"，注:"'千伯'即'阡陌'。"汉书匡衡传"南以闽佰为界"注:"佰者田之东西界也。"谷梁僖三十三年传"师行，百里子与蹇叔子送其子"陆德明经典释文:"'百'本作'伯'。"孟子万章上"百里奚虞人也"，韩非子说难"百里奚为虏"，又难言"伯里子道乞"。可见古"阡""仟""千"相通，"陌""佰""伯""百"相通。横田说是，当改"五"作"千"，但不必以为"千百"为"阡陌"之"半字"。

④"乃称"句:称颂赵简子当初治国之道，把它告诉给赵襄子。金正炜战国策补释:"'简'谓简子，襄子之父也。'塗'当为'迹'，'迹'误为'途'，因复传写作'塗'。凡前人所遗留者曰迹，庄子天运篇'六经，先王之陈迹也'，武灵王平昼章'念简、襄之迹'，义与此同。"　横田惟孝战国策正解:"'简'下疑脱

‘子’或‘主’字,简子,襄子父也。‘塗’道也,盖谓简子治国家
之道。" 建章按:金、横田说皆可通,此取横田说,然不必以为
脱“子”或“主”字。

⑤金正炜战国策补释:"‘前’当为‘简’,隶书从‘竹’之字,并作
‘⺮’,蕳与‘前’字形相似,因以致误。‘地’当作‘主’,古书
‘主’作‘坐’,地作‘埊’,故‘主’讹为‘地’。‘国’字当在‘君’
字之下,误淆于上也。释名释言语‘御,语也,尊者将有所欲,先
语之也。’‘语’、‘御’一声之转,字亦得通,鲁语‘主亦有以语肥
也’,礼记坊记疏引作‘御’可证。‘简主君国之御’谓简子君临
赵国的遗训,此盖孟谈称简子之言以告襄子。" 建章按:穀梁桓
十四年传“郑伯使其弟御来”,陆德明经典释文:“御,本亦作
‘御’,左氏作‘语’。”春秋繁露尧舜不擅移“君也者掌令者也。”
此句难通,或疑有脱误;金说可通,姑从之。则此句是说“从前
先君简主治理赵国,有遗训说。”

⑥五百:五伯,五霸,见注③,秦策一第二章注㊼。 致天下:使诸
侯来朝;犹言统帅、领导诸侯。

⑦约:简括,概括。 两:两句,指下文两句。

⑧“五百”句以下是说:五霸能够统帅诸侯的原因,概括起来,有两
条:其一,国君之势足以控制群臣;其二,不能群臣之势控制国
君。 主:国君。制:控制。

⑨列侯:又称“通侯”,犹穰侯、应侯。

⑩为:裴学海古书虚字集释卷二:“犹‘使’也。” 横田惟孝战国
策正解:“‘近大夫’亲近大夫也,谓居内为政者。盖二者挟权
势,恃功劳,易以制主。”

⑪捐:弃。

⑫离:附。 离众:意思是说,自己为群众的一员,而不是居群众
之上,让群众听自己的。

⑬襄子恨然:<u>襄子</u>不高兴的样子。　恨:<u>说文</u>:"怨也。"

⑭任国:当国,即执政。　任:<u>国语鲁语下</u><u>韦</u>注:"当也。"

⑮"信忠"句:心怀忠信,大家都会服从他。

⑯"此先圣"句:这就是先圣使国家安定的原因啊!　集:<u>广雅释</u><u>诂</u>一:"安也。"　"集国家"与"安社稷"义同。　乎:犹"也"。

⑰子何为然:您为何要这样说呢?　为:<u>王引之</u><u>经传释词卷二</u>:"犹'谓'也。"

⑱下句言"闻往古",则"成事"当指当今之既成之事。

⑲"臣观"句以下是说:根据当前以及往古的事实,我认为,天下一切美善都是相同的;可是,臣下与国君的权力如果完全相等,而还能美善的,是从来没有过的。　均:等。　之:其。　未之有:"未有之"的倒装。

⑳"前事"两句:记取过去的教训,可以作为今后做事的借鉴。

㉑"君若"两句:您如不考虑这方面的问题,我的力量是不够的。(是说:如果重蹈覆辙,我将无能为力。)

㉒怆(chuàng 创)然:悲凄的样子;犹言一阵心酸。　决:通"诀",离别。

㉓谓之曰:对<u>张孟谈</u>说。　之:指<u>张孟谈</u>。

㉔晋阳之政:犹言国家大事。　晋阳:<u>赵</u>都。

㉕使:<u>尔雅释诂</u>:"从也。"

㉖死僇:处以死刑。　古"僇"同"戮"。戮,<u>广雅释诂</u>三:"罪也。"

㉗<u>金正炜</u><u>战国策补释</u>:"'<u>张孟谈</u>'上当有'为'字,盖或为<u>孟谈</u>言于<u>襄子</u>也。"　<u>建章</u>按:据下文当补"为"字。

㉘<u>金正炜</u><u>战国策补释</u>:"'<u>左司马</u>'即'<u>孟谈</u>'。'使'字疑'便'字之误,<u>吕览似顺篇</u>'夫便国而利于主','便国家'与'安社稷'为对文,'于'字衍也。<u>汉书食货志</u>'郡不出铁者,置小铁官使属在所县',<u>史记</u>'使'作'便',二形相近易致传写之讹。"　<u>建章</u>

按:汉书匈奴传"天下莫不咸嘉使",王念孙读书杂志:"'便'与'使'形相近,因误为'使'。"韩非子诡使"入则乱民,出则不便也",卢文弨曰:"'便',一本作'使'。"陈奇猷说:"迁评本'便'作'使',误字也。"此皆为"便"误为"使"之证。金说可从。此句本当为"左司马见便国家,安社稷"。便:利。

㉙金正炜战国策补释:"诗苑柳笺'行,亦放也'。春秋传曰'予将行之',此云'行之',犹后世所谓放归田里。" 建章按:其:表要求、希望。 之:指张孟谈。

㉚从事:犹言代替张孟谈的职务。

㉛张孟谈便厚以便名:张孟谈既有尊贵的地位,又有很好的声誉。 便:成就。 厚:尊贵。 以:而,又。

㉜纳地释事:可是他归还了大好的封地,放弃了宰相的尊位。
左襄二十九年传:"子速纳邑与政"注:"纳,归诸公。"则纳地言归还其封地。 释事:放弃宰相之职。 事:说文:"职也。"

㉝以去权尊:张孟谈既不要权力,又不要地位。 以:而。
去:弃。

㉞而亲耕于昌丘:张孟谈到昌丘去种庄稼。 金正炜战国策补释:"潜夫论志氏姓篇'张孟谈相赵襄子,以灭智伯,遂逃功赏,耕于昌山。'此文当为'亲耕于昌丘',涉下文'负亲以谋赵'而淆误也。" 于鬯战国策注同金。 建章按:依金、于说改。
昌:为"蜎"之古字(见说文通训定声乾部),读如"渊"。山海经海内经郭注:"不死之山即员丘也。"未知是此否。

751

㉟"贤人"两句:所以说,只有英明的国君当政,才会有贤能的大臣。

㊱鲍彪改"燕"作"楚",注:"言五国昔约亲,今背之。" 吴补正:"下文有'楚'无'燕',必有一误。上言'负亲之丘',不应此义顿异,恐'负亲'字衍,或上有缺文。" 于鬯战国策注:"关修龄

补正云'鲍义可从,吴驳未允'。 建章按:赵与四国本结盟,现在四国背约,准备进攻赵国。 负:犹言"背约"。 谋:图。

㊲"昔者"句以下:从前瓜分知伯的土地,我们多分了十城,现在诸侯又积极地打我们的主意,这可怎么办? 吴正:"'复来'字恐舛误在上,当云'而今诸侯复来',句似顺。" 建章按:吴说或是。 孰:荀子荣辱杨注:"甚也。"

㊳其:表希望的虚词,犹"就"。 负剑:为我背剑。 御臣:为我驾车。 以:而。 国:国都晋阳。

㊴舍臣于庙:让我住在宫内前殿。 庙:犹言宫内前殿。 舍:止,居。

㊵"君其负剑"至此,言张孟谈要赵襄子对他尊礼相待,公开让诸侯知道张孟谈复任而尊宠,这样以便派遣其妻、子入四国,以败其谋。 吏大夫:赵官名。

㊶行其妻之楚:派其妻出使楚国。以下三句句首皆省"行其"二字,义同此。 淮南子说山训:"慈石能引铁,及其于铜,则不行也。"注:"行犹使也,不能使随也。"

㊷四国疑而谋败:张孟谈既为赵尊宠之臣,派其妻、子出使四国,四国皆以为赵与己交深,亦互相猜疑彼与赵交深,故可瓦解四国之谋。

四 晋毕阳之孙豫让章

752

晋毕阳之孙豫让①,始事范、中行氏而不说②,去而就知伯③,知伯宠之。及三晋分知氏,赵襄子最怨知伯④,而将其头以为饮器⑤。豫让遁逃山中曰⑥:"嗟乎! 士为知己者死,女为悦己者容⑦。吾其报知氏(之仇)矣⑧。"

乃变姓名为刑人⑨，入宫涂厕⑩，欲以刺襄子。襄子如厕⑪，心动⑫，执问涂者⑬，则豫让也。刃其〔扞〕〔杇〕⑭，曰："欲为知伯报仇。"左右欲杀之。赵襄子曰："彼义士也⑮，吾谨避之耳。且知伯已死，无后，而其臣至为报仇，此天下之贤人也。"卒释之。

豫让又漆身为厉⑯，灭须去眉，自刑以变其容⑰，为乞人而往乞，其妻不识，曰："状貌不似吾夫，其音何类吾夫之甚也⑱。"又吞炭（为哑）变其音⑲。其友谓之曰："子之道甚难而无功，谓子有志则然矣，谓子智则否。以子之才而善事襄子，襄子必近幸子；子之得近，而行所欲⑳，此甚易而功必成。"豫让乃笑而应之曰："是为先知报后知㉑，为故君贼新君㉒，大乱君臣之义者无此矣㉓。凡吾所谓为此者，以明君臣之义，非从易也㉔。且夫委质而事人㉕，而求弑之，是怀二心以事君也。吾所谓难，亦将以愧天下后世人臣怀二心者。"

居顷之，襄子当出㉖，豫让伏所当过桥下。襄子至桥而马惊。襄子曰："此必豫让也。"使人问之，果豫让。于是赵襄子面数豫让曰㉗："子不尝事范、中行氏乎？知伯灭范、中行氏，而子不为报仇，反委质事知伯。知伯已死㉘，子独何为报仇之深也？"豫让曰：臣事范、中行氏，范、中行氏以众人遇臣，臣故众人报之；知伯以国士遇臣，臣故国士报之㉙。"襄子乃喟然叹泣曰㉚："嗟乎！豫子㉛！豫子之为知伯，名既成矣，寡人舍子，亦以足矣㉜。子自为计㉝，寡人不舍子。"使兵环之㉞。豫让曰："臣闻明主不掩人之义㉟，忠臣不爱死以成名。君前已宽舍臣，天下莫不称君之贤。今日之事，臣故伏诛^㊱，然愿请君之衣而击之，虽死不恨。非所望也，敢布腹心^㊲。"于是襄子义之^㊳，乃使使者持衣与豫让。豫让拔剑三跃，呼天击之^㊳，曰："而可以报知伯矣^㊵。"遂伏剑而死^㊶。

死之日，赵国之士闻之，皆为涕泣^㊷。

【注释】

①毕阳：春秋时晋国的义士，事见国语晋语五。吕氏春秋仲秋纪论威高注："豫让，晋毕阳之孙，因族以为氏。"王符潜夫论志氏姓："魏氏……豫氏，皆毕氏，本姬姓也。" 姚本与第三章连篇，鲍本分为两章，据文义，从鲍本。

②范氏：指范昭子吉射。 中行氏：指中行文子荀寅。又见秦策三第十八章注㉝。 说：同"悦"。

③去：被辞退。 就：归，到。 知伯：见西周策第三章注⑥。汉书贾谊传："豫让事中行之君，智伯伐而灭之，移事智伯。"与此异。

④赵襄子：见秦策一第五章注⑩。 淮南子道应训："赵简子以襄子为后，董阏于曰：'无恤贱，今以为后，何也？'简子曰：'是为人也，能为社稷忍羞。'异日，知伯与襄子饮，而批（击）襄子之首。大夫请杀之。襄子曰：'先君之立我也，曰："能为社稷忍羞"，岂曰能刺人哉？'处十月，知伯围襄子于晋阳，襄子疏队而击之，大败知伯。破其首以为饮器。"此即所谓"最怨知伯"。

⑤将：持，拿。 饮器：盛酒之器。 古书记此颇异，"将"有作"漆"者，"饮"有作"溲"者。史记刺客列传豫让传正义引刘云："酒器也；每宾客设之，示恨深也。"

⑥遁:逃。

⑦为:为了。　知己:彼此相知,情谊深切。　悦:喜爱。　容:修饰,打扮。

⑧王念孙读书杂志:"'之仇'二字,后人所加也。'吾其报知氏'者,承上'为知己者死'言之,谓报知氏之恩,非谓报知氏之仇也。下文曰'知伯以国士遇臣,臣故国士报之',又曰'而可以报知伯矣',并与此句同义。后人以下文多言为知伯报仇,故加'之仇'二字,不知彼自言'报仇',此自言'报恩'也。史记刺客传曰'今智伯知我,我必为报仇而死,以报智伯',此虽兼'报仇'言之,而'报智伯'三字,仍谓'报恩',非谓'报仇'也。太平御览人事部引此策有'之仇'二字,则所见本已误,文选报任少卿书注引此正作'吾其报知氏矣'。"　建章按:"报知氏"与上文"知伯宠之"正相应。当依王说删"之仇"二字。

⑨刑人:判刑罚做苦工的人。

⑩宫:赵襄子的宅中。　涂:释名释宫室:"杜也,杜塞孔穴也。"此言整修。

⑪如:往。

⑫文选宋玉高唐赋"悠悠忽忽怊怅自失,使人心动"李注:"动,惊也。"

⑬执问涂者:就抓起整修厕所的人审问。　执:说文:"捕罪人也。"

⑭说文:"杇,所以涂也,秦谓之杇,关东谓之槾。"段注:"此器今浙江以铁为之,或以木。战国策'刃其杅',杅,谓涂厕之杇,今本皆作'扞',缪甚。'刃其杅'谓皆用木而独刃之。"　林春溥开卷偶得卷九:"'扞'盖'杅'字之讹,说文'杇,所以涂也,从木,秦谓之杇,关东谓之槾。''刃其杅',言以铁为杅,而加刃焉,所以为利器也。今人此器多以铁为之,此其明证。"　金正炜战国策补释亦引说文,云:"古文'杇'同'杅',因误为'扞',曾本作

'杵',亦非。盖施刀于涂器,欲以贼襄子。" 于鬯战国策注:
"黄略亦改作'杆',义主段。今其器有铁有木。" 建章按:当
从段、林、金说改"扞"作"杇"。即泥瓦工用的抹子,现在亦有
铁抹子和木抹子。"刃"用作动词,"刃其杆",是说在木抹子上
安装利刃,刺杀赵襄子。"杇""杆""圬"皆通用。

⑮义士:旧指忠勇、守节、侠义之士。

⑯厉:通"癞"。

⑰自刑以变其容:毁坏自己的面容。 刑:犹言毁伤。

⑱类:似,象。

⑲王念孙读书杂志:"此策原文本作'又吞炭以变其音',今本'为
哑'二字乃后人据史记加之也,不知'为哑'即是'变其音',故
战国策言'变音'而不言'为哑',史记言'为哑',而不言'变音'
也。史记索隐引此策曰'豫让吞炭以变其音',吕氏春秋恃君
篇曰'豫让灭须去眉,自刑以变其容,又吞炭以变音',鸿烈主术
篇曰'豫让漆身为厉,吞炭变音',皆其明证也。" 建章按:王说
是,当删"为哑"二字。

⑳之:王引之经传释词卷九:"犹'若'也。" 而:又卷七"犹'乃'
也"。 行:为,做。

㉑是为先知报后知:这是为从前的知己报复现在的知己。 报:
报复。

㉒贼:害,杀害。

㉓吕氏春秋恃君览毕沅说:"'无此'犹言'无如此',吴师道疑其
'有缺字',非也。"

㉔此言:我所以要这样做,是为了表明君臣的大义,并不是挑选容
易的事去做。 谓:裴学海古书虚字集释卷二:"犹'以'也。"

㉕委质:见秦策四第十章注⑫。 事人:为人服役。

㉖当:将。

㉗数：数说，责备。

㉘刘师培<u>左盦</u>集卷五："类聚三十三所引'已'上有'亦'字。"

㉙吕氏春秋季冬纪不侵"<u>豫让</u>之友谓<u>豫让</u>曰'子之行何其惑也，子尝事<u>范氏</u>、<u>中行氏</u>，诸侯尽灭之，而子不为报，至于<u>智氏</u>，而子必为之报，何故？'<u>豫让</u>曰：'我将告子其故。<u>范氏</u>、<u>中行氏</u>，我寒而不我衣，我饥而不我食。而时使我与千人共其养，是众人畜我也；夫众人畜我者，我亦众人事之。至于<u>智氏</u>则不然，出则乘我以车，入则足我以养，众人广朝，而必加礼于我所，是国士畜我也；夫国士畜我者，我亦国士事之。"　国士：一国中杰出的人物。　遇：待。

㉚"襄子乃"句：于是<u>赵襄子</u>慨叹而悲伤地说。　喟（kuì 愧）然：叹气的样子。

㉛豫子：对<u>豫让</u>的敬称。

㉜舍子：指<u>豫让</u>伪装涂者，被识破，<u>赵襄子</u>卒释之。　以：通"已"。

㉝计：考虑。

㉞环：绕，围。

㉟掩：掩盖，埋没。

㊱故：通"固"。　伏诛：认罪就戮；承认罪行，甘愿受死刑。但这里只是借用这个词汇，并没有表示屈服的意思，从下文<u>豫让</u>的行动可以看出。

㊲"然愿"句以下是说：但我希望拿来你的衣服，让我用利剑击斩它，（以表示我报仇雪恨的心意），虽死无憾。我敢冒然提出我衷心的愿望，不知能不能满足我的心意。　望：愿望。　布：披露。腹心：内心意愿。刘师培<u>左盦</u>集卷五："类聚三十三所引于'而击之'三字下有'以致报仇之意'句，此因传写致挩者也。"

㊳于是襄子义之：<u>赵襄子</u>认为<u>豫让</u>说的很有道理。　义之：以<u>豫让</u>为有理。

㊴姚校:"钱无'呼天'二字,刘作'呼天而击之'。" 建章按:太平
御览卷四八一人事部无"呼天"二字,事类赋卷十二衣赋同策。

㊵而:裴学海古书虚字集释卷七:"犹'此'也。" 刘师培左盦集
卷五:"类聚三十三引'而'作'吾','可以'下有'下'字。则
'报'上有挩字。"

㊶伏剑:持剑自刭。

㊷韩非子奸劫弑臣:"豫让为智伯臣也,上不能说人主使之明法
术、度术之理,以避祸难之患,下不能领御其众,以安其国。及
襄子之杀智伯也,豫让乃自黔劓,败其形容,以为智伯报襄子之
仇。是虽有残刑杀身以为人主之名,而实无益于智伯若秋毫之
末。此吾之所下也,而世主以为忠而高之。"

五 魏文侯借道于赵攻中山章

魏文侯借道于赵攻中山①,赵侯将不许②。赵利曰③:
"过矣!魏攻中山而不能取,则魏必罢,罢则赵重④。魏拔
中山,必不能越赵而有中山矣。是用兵者,魏也,而得地
者,赵也。君不如许之。许之大劝⑤,彼将知(矣)〔君〕利之
也,必辍⑥。君不如借之道,而示之不得已⑦。

758 【注释】

①魏文侯:见秦策二第六章注⑮。 中山:见中山策。 顾观光
战国策编年系此策于周威烈王十八年。 于鬯战国策年表系
此策于周考王九年。 韩非子说林上"赵侯"作"赵肃侯",陈
奇猷引松皋园说:"魏文、赵肃侯相去殆六十年,宜作'烈侯'为
正。" 建章按:史记魏世家"文侯十七年伐中山",赵世家、六

国年表同。依竹书纪年魏文侯十七年是三十八年,当赵烈侯元年,周威烈王十八年(前408年)。

②赵侯:烈侯,名籍,献侯子,为赵国第一君,前409年—前387年在位。

③赵利:赵臣,韩非子说林上作"赵刻"。

④罢:通"疲"。 赵重:赵国在诸侯中的地位就会提高。

⑤大:通"太"。 劝:力,劲。 大劝:太卖劲儿,犹言太痛快。

⑥"许之大劝"句以下:(可是)答应得太痛快,他会认为您是想利用他进攻中山而取利,他就会中止进攻中山。 姚校:"刘无'矣'字。" 鲍本"矣"作"赵"。 韩非子说林上"矣"作"君"。 建章按:"矣"字无义,必有误。作"赵""君"皆可通。"君""矣"形近,且前后文皆言"君",从韩非子改"矣"作"君"。 淮南子说山训"象解其牙,不憎人之利之也",注:"利,犹取也。"之:指魏。利之:犹言取利于魏。因此"利"可解释作"利用"。 辍(chuò 绰):中止。

⑦"君不如"两句:您不如答应借道给他,但又表示,这完全是(因为赵、魏两国的友好关系)不得已而为之。

六　秦、韩围梁章

秦、韩围梁,燕、赵救之①。谓山阳君曰②:"秦战而胜三国③,秦必过周、韩而有梁④;三国而胜秦,三国之力虽不足以攻秦,足以拔郑⑤。计者,不如构三国攻秦⑥。"

【注释】

①鲍系此策于周显王七年,魏惠王九年,林春溥战国纪年系于前

759

一年,顾观光战国策编年系于周赧王三十二年,魏昭王十三年,于鬯战国策年表同顾。顾说:"此策山阳君乃韩臣,明见韩策,鲍以'韩'字为衍文,谬甚。然则此策宜入韩,今在赵,非也,鲍移入魏更非。"于鬯战国策年表正编在韩格。　建章按:史记秦本纪"昭王二十四年,秦至大梁,燕、赵救之,秦军去。"昭王二十四年正周赧王三十二年(前283年)。

②山阳君:韩臣。

③而:如。　三国:魏、燕、赵。

④周:东周、西周。

⑤拔:灭。　郑:即韩。

⑥"计者"句:为韩国的安全考虑,不如和魏、燕、赵三国联合与秦国和好。　构:结。　三国:梁(魏)、燕、赵。　攻:尔雅释诂:"善也。"即和,好。

七　腹击为室而巨章

腹击为室而巨①,荆敢言之主②。谓腹子曰③:"何故为室之巨也?"腹击曰:"臣羁旅也④,爵高而禄轻,宫室小而帑不众⑤。主虽信臣,百姓皆曰:'国有大事⑥,击必不为用。'今击之巨宫⑦,将以取信于百姓也⑧。"主君曰⑨:"善。"

760

【注释】

①腹击:姓腹名击。一说"腹击"名。鲍注:"腹击,他国人仕赵。"巨:大。

②荆敢:姓荆名敢。　之:于。

③疑"谓"上脱"主"字,下文"主君曰善"可知。　于鬯战国策注:

④羁旅:见秦策二第六章注㉑。

⑤帑:说文“金币所藏也”。则帑即指金、币。 众:尔雅释诂“多
也”。韩非子亡征:“羁旅侨士,重帑在外,上间谋计,下与民事
者,可亡也。”陈奇猷集释:“重帑,谓富于财帛。”两“帑”字
义同。

⑥大事:指对外战事。

⑦宫:与前文“为室而巨”之“室”义同。 之:裴学海古书虚字集
释卷九“犹‘为’也”。

⑧将:乃。

⑨主君:即上文“主”。

八 苏秦说李兑章

苏秦说李兑曰①:“雒阳乘轩(车)〔里〕苏秦②,家贫亲
老③,无罢车驽马④,桑轮蓬箧⑤,羸縢〔履蹻〕,负书担橐⑥;
触尘埃,蒙霜露,⑦越漳、河⑧,足重茧⑨,日百(而舍)〔舍,而〕
造外阙⑩,愿见于前,口道天下之事⑪。”李兑曰:“先生以鬼
之言见我则可,若以人之事,兑尽知之矣。”苏秦对曰:“臣
固以鬼之言见君,非以人之言也。”李兑见之。苏秦曰:“今
日臣之来也暮,后郭门⑫,藉席无所得⑬,寄宿人田中,傍有
大丛⑭。夜半,土梗与木梗斗⑮,曰:‘汝不如我,我者、乃土
也。使我逢疾风淋雨⑯,坏沮⑰,乃复归土。今汝非木之根,
则木之枝耳⑱。汝逢疾风淋雨,漂入漳、河,东流至海,氾滥
无所止⑲。’臣窃以为土梗胜也⑳。今君杀主父而族之㉑,君
之立于天下危于累卵。君听臣计则生,不听臣计则死。”李

兑曰：“先生就舍^㉒，明日复来见兑也。”苏秦出。

李兑舍人谓李兑曰^㉓：“臣窃观君与苏公谈也^㉔，其辩过君，其博过君，君能听苏公之计乎？”李兑曰：“不能。”舍人曰：“君即不能^㉕，愿君坚塞两耳，无听其谈也^㉖。”明日复见，终日谈而去。舍人出送苏君，苏秦谓舍人曰：“昨日我谈粗而君动^㉗，今日精而君不动，何也^㉘？”舍人曰：“先生之计大而规高^㉙，吾君不能用也。乃我请君塞两耳无听谈者^㉚。虽然，先生明日复来，吾请资先生厚用^㉛。”明日来，（抵）〔抵〕掌而谈^㉜，李兑送苏秦明月之珠、和氏之璧^㉝、黑貂之裘、黄金百镒^㉞。苏秦得以为用，西入于秦。

【注释】

① 钱穆先秦诸子系年 95 节“附苏代苏厉考”说：“苏秦与李兑不相接，策文多以苏代讹苏秦，此殆亦苏代之讹。李兑弑赵君，在燕昭王十六年（前 296 年），其时苏代尚在齐，岂苏代当由齐奔燕之际，自以前隙已深，尚不敢遽往，而赴赵，乃由李兑介之欤？然策多舛，昔人已多辨者，殆不足信。” 苏秦：见东周策第五章注③。 李兑：见秦策三第十章注㉔。 顾观光战国策编年系此策于周赧王二十年，赵惠文王四年（前 295 年）。

② 雒阳：即今河南省洛阳市。 吴补：“一本‘乘轩里’，既曰‘乘轩车’，而下又云‘无罢车驽马’，则此作‘里’为是。” 建章按：史记苏秦列传正义引此“车”正作“里”，与吴引一本合。当据改“车”为“里”。

③ 亲：指父母；秦策一第二章“苏秦将说楚王，路过洛阳，父母闻之，清宫除道。”

④ 罢：敝，破。 驽：笨，劣。

⑤桑轮:桑树做的车轮。　蓬箧:车箱。　接上句即"无桑轮蓬箧",与上句义同。

⑥"赢縢"下当脱"履蹻"二字,与"负书担橐"四字句正相对。见秦策一第二章注⑩。　"縢":同"滕"。

⑦触尘埃蒙霜露:白天迎着尘土上路,晚上忍受霜露睡觉。　触、蒙义同,犹犯,被。

⑧鲍彪改"漳河"为"河漳"。　建章按:自洛阳至邯郸,越黄河、漳河。然下文言"漂入漳、河",不改亦可。

⑨足重茧:因旅途遥远,脚上磨起了一层一层茧子。　重:累,层。

⑩庄子天道"百舍重趼",淮南子修务训"百舍重趼",宋策第二章"百舍重茧",贾子新书劝学"百舍重茧","百舍"皆连文,韵府群玉铣韵引此作"日百舍,而造外阙"。此"而舍"乃"舍而"之误倒。　百舍:宋策高注"百里一舍也。"　舍:止宿;言日行百里而止宿。　造:访,来到。　阙:古代宫殿、祠庙和陵墓前的高建筑物,通常左右各一,建成高台,台上起楼观。以两阙之间有空缺,故名"阙"或"双阙"。泛指帝王的住所。此是李兑僭礼(封建时代,指地位在下的冒用地位在上的名义或礼仪、器物叫僭)。

⑪"愿见"两句:希望能够拜见,谈论天下大事。

⑫吕氏春秋恃君览长利"戎夷违齐如鲁,天大寒而后门",注:"后门,日夕门已闭也。"　郭门:外城门。

⑬管子山权数"革筑室赋籍藏龟"注:"籍,席也。"仪礼士虞礼"藉用苇席"注:"藉犹荐也,古文藉为席。"古文"籍"通"藉"。则此"藉""席"义同,"藉席"为复音词,即"席"。　藉席无所得:找不到寄宿之所;故下句言"寄宿人田中"。

⑭大丛:即"神丛",见秦策三第十一章注②。　傍:同"旁"。

⑮齐策三第三章有"土偶人"与"桃梗",此"土梗"及"木梗"即土

偶与木偶。一切经音义二十引庄子司马注"土梗，土人；木梗，亦木人耳。" 斗：相争吵。

⑯淋雨：即"霖雨"，连日大雨。

⑰沮：坏。

⑱则：乃。

⑲氾滥：沉浮；随着波浪起伏，跟着流水漂荡。氾，同"泛"。

⑳胜：优越。

㉑主父：赵武灵王，见秦策二第十五章注⑩。 于鬯战国策注："主父之弑，未闻其宗多死，此句本不合'族'字。尤遑笔成之。"

㉒就舍：犹言请回招待所休息吧。

㉓舍人：见齐策二第二章注㉗。

㉔窃：私下，对自己的意见一种谦卑的表示。 苏公：苏秦。

㉕即：王引之经传释词卷八："犹'若'也。"

㉖僖二十二年传"无幸焉"，王引之经义述闻卷二十五："无，犹'莫'也。"

㉗粗：说文"疏也"。即简略，粗略。

㉘精：细。

㉙"先生之计"句：先生所设的计谋宏大而高远。 "计""规"义同。规：图，谋。

㉚乃：王引之经传释词卷六："犹'是'也。"

㉛资：助。 用：财用，费用。 厚：多。

㉜抵掌而谈：见秦策一第二章注⑱。

㉝明月之珠：俗称夜明珠，即隋珠，见楚策四第九章注㊷。 和氏之璧：春秋时楚人卞和所发现的一块宝玉。见韩非子和氏篇。

㉞二十两或二十四两为一镒。

九　赵收天下章

赵收天下，且以伐齐①。苏秦为齐上书说赵王曰②："臣闻古之贤君，德行非施于海内也③，教顺慈爱非布于万民也④，祭祀时享非当于鬼神也⑤。甘露降，(风雨时)〔时雨〕至⑥，农夫登，年谷丰盈⑦，众人喜之，而贤主恶之⑧。今足下功力非数痛加于秦国⑨，而怨毒积恶非曾深凌于(韩)〔齐〕也⑩。臣窃外闻大臣及下吏之议，皆言(主)〔王〕前专据以秦为爱赵而憎(韩)〔齐〕⑪。臣窃以事观之，秦岂得爱赵而憎(韩)〔齐〕哉⑫？欲亡韩吞两周之地，故以(韩)〔齐〕为饵⑬，先出声于天下⑭，欲邻国闻而观之也⑮。恐其事不成，故出兵以佯示赵、魏⑯。恐天下之惊觉，故(微)〔征〕韩以贰之⑰。恐天下疑己，故出质以为信⑱。声德于与国⑲，而实伐空韩⑳。臣窃观其图之也，议秦以谋，计必出于是㉑。

"且夫说士之计，皆曰韩亡三川㉒，魏灭晋国㉓，恃韩未穷而祸及于赵㉔。且物固有势异而患同者，又有势同而患异者。昔者，楚人久伐而中山亡㉕。今燕尽(韩)〔齐〕之河南㉖，距沙丘㉗，而至钜鹿之界三百里㉘，距于扞关，至于榆中千五百里㉙。秦尽韩、魏之上党㉚，则地与国都邦属而壤挈者七百里㉛。秦以三军强弩坐羊唐之上，即地去邯郸〔百〕二十里㉜。且秦以三军攻王之上党而危其北，则勾注之西非王之有也㉝。今鲁勾注禁常山而守㉞，三百里通于燕之唐、曲吾㉟，此代马胡(驹)〔狗〕不东㊱，而昆山之玉不出也㊲。

此三宝者又非王之有也。今从于强秦(国)之伐齐㊳,臣恐其祸出于是矣㊴。

"昔者,五国之王尝合横㊵而谋伐赵,参分赵国壤地㊶,著之盘盂,属之雠柞㊷,五国之兵有日矣㊸。(韩)〔齐〕乃西师以禁秦国㊹,使秦发令素服而听㊺,反温、枳、高平于魏㊻,反(王公什清)〔巠分、先俞〕于赵㊼,此王之明知也㊽。

"夫(韩)〔齐〕事赵宜正为上交㊾,今乃以抵罪取伐㊿,臣恐其后事王者之不敢自必也(51)。今王收〔齐〕(52),天下必以王为得(53)。(韩)〔齐〕(危)〔抱〕社稷以事王(54),天下必重王。然则(韩)〔秦〕义,王以天下就之(55);(下至韩慕)〔秦暴〕,王以天下收之(56),是一世之命制于王已(57)。臣愿大王深与左右群臣卒计而重谋,先事成虑而熟图之也(58)。"

【注释】

①顾观光战国策编年系此策于周赧王三十二年,于鬯战国策年表同顾。帛书战国纵横家书附唐兰苏秦事迹简表系此书在周赧王三十年。　范祥雍苏秦合纵六国年代考信说:"赵策一赵收天下章'苏秦为齐上书说齐王'(建章按:策作'说赵王',此误。)原文和史记赵世家,二文差异明显,曾引起历代学者争论,姚宏、鲍彪、姚鼐、张琦主从史记,吴师道、梁玉绳、黄丕烈、吴汝纶主从国策(吴汝纶以'伐齐'、'为齐'之'齐'字有误)。全祖望经史问答举五缪以纠赵世家之失。这个争论至近来马王堆帛书战国纵横家书出土似可平息(详见于拙著战国策笺证)。战国纵横家书第21章有此文,大部分同于史记。从文章内容辨之,也当以史记为长。策文首无年代,则为国策的常例。惟

言'苏秦为齐上书',而后文所述,乃属燕破全齐,赵欲乘危灭齐之事,距策、史所记苏秦之死已多年,决非其时,故'苏秦'必误。"(中华文史论丛 1985 年第 4 辑)马雍帛书别本战国策各篇的年代和历史背景说:"第 21 篇,苏厉献惠文王书,文见战国策赵策一及史记赵世家,文字颇有出入。帛书未题作者姓名,战国策作苏秦,史记作苏厉。史记列于赵惠文王十六年,即秦昭王二十四年,齐襄王元年,相当于公元前 283 年。据书中所云,此时燕已尽得齐之河南,与史记所列年代的形势相符。惟此时齐湣王已出亡,苏秦先死,故此书作者不得为苏秦,当从史记作苏厉为是。"吕祖谦大事记说:"是时齐地皆入于燕,独有莒、即墨仅耳,苏厉之书皆不及之,恐非此时耳。况乐毅方为燕经略全齐,岂得为赵将攻魏哉!年表所书秦伐赵,拔两城,必有所因,世家所载未可据也。"林春溥战国纪年、黄式三周季编略、顾观光国策编年、于鬯战国策年表均依赵世家系此于周赧王三十二年(前 283 年)。诸祖耿战国策集注汇考、缪文远战国策考辨并同。唐兰说:"(战国纵横家书第二十一章)此篇赵策说是'赵收天下,且以伐齐'时的苏秦上书是对的,史记列在赵惠文王十六年,说是'秦复与赵数击齐',苏厉为赵王书。这是公元前 283 年。前一年(前 284 年)乐毅率五国兵伐齐,一共打了三仗,第一是北地之役,第二是济西大战,齐兵败后,各国都不再进兵了。只有乐毅率燕兵长驱入临淄,即帛书老子甲本后的佚书明君篇所说的'邦郊'之战。齐闵王逃走,最后到莒邑,为淖齿所杀。乐毅连下齐国七十余城。齐太子法章变姓名为莒太史家佣仆,很久才敢暴露而被莒人立为王。这个时候哪有秦国约赵攻齐的事。齐国已无君,苏厉即使写信,为谁写呢? 从文中内容看,秦国当时虽说伐齐,实际是先伐韩,就是公元前 285 年秦国败韩于夏山一事,这时五国攻齐还在酝酿时期,燕国还未正式参加。秦国与赵会中阳,谋伐齐,并派蒙武攻齐河东,与此书情况完全符合,可见史记是弄错了。(赵世家在惠文王十六年既说'赵乃辍谢秦,不击齐',可接着又说'王与燕王遇,廉颇将攻齐昔阳取之',自相矛盾。其实攻齐昔阳是与燕国争得地,由此也可以证明此时秦、赵没有共伐齐。)应从赵策。"(战国纵横家书附录司马迁所没有见过的珍贵史料)唐兰是说,写信人是苏秦,时间是前285年,即苏秦被齐湣王车裂的前一年。曾鸣说:"文中说'声德与国,实伐空韩',是指前286年秦败韩于夏山一事。史记赵世家作苏厉为齐遗赵王书,列在赵惠文王十六年(前283年)是错误的,那时齐闵王已在上年被杀,齐太子还在莒太史家,乐毅已拔燕七十余城,苏厉为谁写此信? 即使写给赵王,还有什么用? 马雍同志从史记是错误的。"(关于帛书战国策中苏秦书信若干年代问题的商榷28页注②,文物1975年第8期) 建章按:前283年发生下列事:①燕、赵联合攻齐。秦国想乘机灭魏,使秦的本土能和新得的陶邑等地相连接。秦国大军曾逼近魏都大梁,燕、赵出兵救魏,秦方退兵(见杨宽战国史350页)。②赵将廉颇攻取齐的昔阳(同上365页)。③秦、韩围魏都大梁,燕、赵援救。有人为韩臣山阳君献策,与燕、赵、魏联合和于秦(见赵策一第六章)。④秦将伐魏,孟尝君说燕、赵援魏,秦向魏割地求和(见魏策三第七章)。⑤燕国遭荒年,赵欲伐燕,赵恢教楚使说赵王,赵王乃止(见燕策二第八章)。这一年,国际关系如此复杂,赵国如何能联合诸侯共伐齐。　收:尔雅释诂:"聚也。"即"联合"之义。

②苏秦:见东周策第十八章注①。赵世家作"苏厉"。　　赵王:惠文王,见东周策第二十二章注⑤。

③德行非施于海内:犹言政治措施未达于全国。　非:未。　施:行,达。

④"教顺"句:他的思想教育、仁爱之心未遍及百姓。　顺:古通
"训"。布:遍。

⑤"祭祀"句:祭神祭鬼随时供享,不等鬼神亲临。　享:说文"献
也"。　当:广雅释诂三:"直也。"直:即"值"。

⑥鲍本无"至"字。史记赵世家"风雨时至"作"时雨至",帛书战
国纵横家书第二十一章同世家。据世家、战国纵横家书改。
甘露降时雨至:犹言风调雨顺。　甘露:义同"时雨"。犹言雨
下得正当其时。

⑦农夫登年谷丰盈:赵世家作"年谷丰孰,民不疾疫",战国纵横家
书作"禾谷絳(丰)盈"。　横田惟孝战国策正解:"当作'年谷
登,农夫丰盈'。谷熟曰登。"　建章按:礼记曲礼下"年谷不
登",淮南子主术训"岁登民丰",可见"年谷登"即"年谷丰熟"
之意。横田说当是。

⑧而贤主恶之:而贤主(因无德而享福)却心情忧惧不安。　恶:
忧惧,畏惧,心不安。见东周策第七章注②,楚策一第二章
注⑤。

⑨"今足下"句:现在您对秦国既未出大力,又未建奇功。　史记
赵世家无"痛"字,"国"作"也"。帛书战国纵横家书作"今足下
功力非数加于秦也"。　建章按:史记武安侯列传"非痛折节以
礼诎之"索隐:"痛,甚也。"

⑩"而怨毒"句:而齐国对您也未深恶痛绝。　史记赵世家"韩"
作"齐"。帛书战国纵横家书"韩"亦作"齐",战国纵横家书注
释:"'齐',赵策误作'韩'。赵策此篇中有十个'韩'字是'齐'
字之误。"　建章按:当依赵世家、战国纵横家书改"韩"作
"齐"。　怨:荀子哀公"富有天下而无怨财"杨注:"读为
'蕴',言富有天下而无蕴蓄私财也。"则"怨"有"积""蓄"的
意思。　毒:广雅释诂三:"恶也。"则"怨毒""积恶"义同。

凌:加,被。

⑪"臣窃外闻"两句:可是,我听说,群臣都在议论,都说大王以前总认为秦爱赵而恨齐。　史记赵世家无"臣窃"下二十五字。帛书战国纵横家书作"下吏皆以秦为忧赵而曾(憎)齐",战国纵横家书注释:"下吏,指赵国官吏。忧,赵策、赵世家均作'爱',似以战国纵横家书作'忧'为是。"　建章按:逸周书大开篇"祷无忧玉",王念孙读书杂志:"'忧',当是'爱'字之误。"墨子七患"游者忧反",又读书杂志:"'忧反'当为'爱反'。"则战国纵横家书之"忧"恐为"爱"字之误。　"韩"当为"齐",见注⑩。　后文皆言"王",此"主"当为"王"之形误。　据:广雅释诂四:"定也。"　专据以:有"完全认定"的意思。

⑫"韩"当为"齐"。见注⑩。

⑬"韩"当为"齐"。见注⑩。　饵:鱼饵;引申为以物引诱。

⑭先出声:事先制造舆论;事先放出空气。

⑮史记赵世家、帛书战国纵横家书无"先出声"以下十四字。　庄子人间世"寡不道以欢成",于省吾双剑誃诸子新证:"欢,应读作'观',天运'名誉之观',释文'观,司马本作欢'。逸周书太子晋'远人来欢',下文作'远人来观',墨子经上'方柱隅四欢也','四欢'即'四观。'"此"观"亦当读作"欢"。欢:愉快,此处作"放心"解,以达到"饵"(迷惑)诸侯的目的,即让诸侯皆以为秦伐齐,而失去警惕。故下文言"恐其事不成","恐天下之惊觉","恐天下之疑己",均与此"欢"相应。鲍彪以为"观之"是"观其爱赵。"恐未当。

⑯出兵以佯示赵魏:假意向齐出兵,故作姿态,做给赵、魏看。

⑰"微韩",史记赵世家作"征兵于韩"。　于鬯战国策注:"'微',当作'征',征韩兵也。既征兵于韩,以示不伐韩,若真欲伐齐也;恐天下惊觉,故为是以疑之。"　建章按:于说是,当据赵世

家改"微"作"征"。　尔雅释诂:"贰,疑也。"　贰之:迷惑天下之耳目也。

⑱出质以为信:派出人质,使其确信无疑。　质:见秦策二第十五章注④。

⑲"声"与下句"实"对,则声有"表面上""名义上"的意思。　德:恩惠,好处。　与国:盟国。

⑳空:诗小雅节南山传:"穷也。"又论语先进皇疏:"穷匮也。"此犹言"孤立"。

㉑"臣窃观"句:我看秦国的意图,估计他的计谋一定就是这样。　议:裴学海古书虚字集释卷一:"与'仪'同,度也。"度:估计,推测。　以:裴学海集释卷一:"犹'之'也。"

㉒亡:失。　三川:今河南省伊水、洛水、河水(即黄河)一带:三川是进攻周、韩的要冲。韩国的三川在今河南省宜阳县一带。

㉓晋国:晋都,指晋国的旧都安邑,今山西省夏县。吕氏春秋季夏纪明理高注:"国,都也。"

㉔史记赵世家作"市朝未变而祸已及矣"。战国纵横家书21章作"市□□(建章按:战国纵横家书凡例说"帛书中涂去及未写全的废字,释文用□□代替")朝未罢过(祸)及于赵"。注释:"市朝,即早市。史记孟尝君列传:'日暮之后,过市朝者掉臂而不顾。'是说市集已散,只剩场地了。市朝未罢比喻时间很短。"金正炜战国策补释说:"市、恃音近,朝、韩形似,因以致误。穷与终通,市朝未终,亦犹未变也。"裘锡圭古代文史研究新探说:"补释据赵世家定策文'恃韩'为'市朝'之误,甚是。训'穷'为'终'恐非。帛书作'市朝未罢',策文'穷'字似当是'罢'之形近误字。"

㉕前301年,秦、齐、韩、魏攻楚,杀唐眜,取重丘;前300年,秦攻楚,杀景缺;前299年,秦伐楚,取八城;前298年,秦攻楚,取十

五城;前297年,<u>楚怀王逃之赵</u>,<u>赵</u>不纳;前296年(<u>赵惠文王三</u><u>年</u>),<u>赵</u>灭<u>中山</u>。故说"楚人久伐而<u>中山</u>亡"。 <u>中山</u>本恃<u>齐</u>、<u>魏</u>,而对<u>赵</u>失去警惕,楚连年被<u>秦</u>兵进攻,<u>齐</u>、<u>魏</u>也参战,<u>赵</u>国即乘此机会灭掉<u>中山</u>。 楚人久伐:即楚人久被伐。

㉖"韩"当作"齐"。见注⑩。 河南:指黄河南、定陶北、齐西南之地,疑即<u>济西</u>。

㉗沙丘:在今<u>河北省平乡县</u>东北二十里。

㉘钜鹿:在今<u>河北省平乡县</u>。

㉙扞关:<u>赵之扞关</u>当在<u>陕西省肤施县</u>一带,肤施即今<u>陕西省绥德县</u>东南。 榆中:即<u>陕西省绥德县</u>北<u>榆林市</u>。

㉚上党:见东周策第十三章注⑥。

㉛地:指"尽<u>韩</u>、<u>魏</u>之<u>上党</u>"。 国都邦:统言之即指国。 属:连接。 壤挈:国界相连接。 挈:释名释姿容"结也"。

㉜三军:上军、中军、下军,此指全军。 强弩:指武器精锐。坐:<u>左桓十二年传</u>"楚人坐其北门"注:"犹'守'也。" 羊唐:即<u>羊肠</u>,羊肠阪道在今<u>山西省太行山</u>,有南口与北口,此指北口,在今<u>山西省壶关</u>。 即:则。 去:离,距。 邯郸:在今<u>河北省邯郸市</u>西南。 帛书战国纵横家书"二十里"作"百二十里",当据补"百"字。

㉝勾注:<u>勾注山</u>,在今<u>山西省代县</u>西北二十里。

㉞"今鲁勾注"句:如果秦国陈兵<u>勾注</u>,控扼<u>常山</u>。 今:<u>王引之经传释词</u>卷五"犹'若'也"。 <u>说文玑部</u>"<u>旅</u>,古文'旅',古文亦为'鲁卫'之'鲁'"。则此"鲁"即"旅"。 <u>左庄二十二年传</u>"庭实旅百"注:"旅,陈也。" 禁:<u>礼记王制</u>"以时入而不禁"疏"谓防遏。" 常山:<u>恒山</u>,在今<u>山西省</u>北。

㉟唐:今<u>河北省唐县</u>。 曲吾:即曲逆,在今<u>河北省顺平县</u>东南。

㊱史记赵世家"驹"作"犬",正义:"郭璞曰'胡地野犬似狐而

小'。"帛书战国纵横家书"驹"作"狗",彼注释:"赵策作'驹',误。" 建章按:"马"与"驹"复,当据赵世家、战国纵横家书改"驹"作"狗"。 代:今山西省东北部及河北省蔚县一带。胡:指北方少数民族。

㊲"此代马"两句:这样,代马、胡狗、昆山美玉将不会为您所有。

昆山:昆仑山,产美玉。

㊳鲍彪改"国"为"与"。帛书战国纵横家书作"今从强秦久伐齐"。史记赵世家作"王久伐齐"。 建章按:"国"字当涉"秦"字衍。 从:随。 之:裴学海古书虚字集释卷九"犹'而'也"。

㊴出:生。 是:此。

㊵五国:指秦、齐、魏、韩、燕。 合横:连横。

㊶参:即"三"。 壤地:土地,国土。

㊷著之盘盂属之雠柞:把五国的盟约刻在盘盂上,写在册籍里。

孙诒让札迻:"疑'雠柞'当读为'畴籍'。'雠'、'畴'、'柞'、'籍'并声近假借字。古典册篇章或谓之畴,书洪范云'天乃锡禹洪范、九畴',汉书五行志释之云'天锡禹大法九章'是也。'著之盘盂,属之雠柞'谓五国约誓之言,书之彝器与册籍也。" 帛书战国纵横家书"属之雠柞"作"属之祝譜(籍)",彼注释:"祝籍,祭祀的簿籍。赵策作'雠柞','祝'与'雠','籍'与'柞'并音近而误。" 建章按:"属"与"著"义同。书召诰"敢之雠民百君子",陆德明经典释文"'雠'字或作'酬'。"一切经音义八"训,古文'醻'。"朱骏声说文通训定声孚部"詶,假借为'醻'。"则酬、雠、醻古本通用。玉篇卷九:"酬,说文:'诅也。'"管子四称"众所怨诅"注"诅,祝之也。"则祝,诅义同。韩非子爱臣,于省吾双剑誃诸子新证:"'籍'与'作'古音近,字通;墨子辞过'作敄'即'籍敄';淮南子氾论'履天子之籍'注:'籍,或作阼’；仪礼特牲馈食礼‘尸以醋主人’注‘古文醋作酢’。是皆从‘昔’从‘乍’字通之证。”则“柞”亦“籍”，此“雠柞”即战国纵横家书“祝籍”，不必以为“误”。　盘：浴器。　盂：食器。雠柞：祝籍，册籍。

㊸之：说文“出也”。

㊹齐乃西师以禁秦国：齐国却背约攻秦。　“韩”当作“齐”，赵世家、战国纵横家书“韩”并作“齐”，当据改。　禁：止，拒，抗。

㊺鲍注：“今令其国素服者，兵败以丧礼自居也，史不书。”　赵世家作“秦废帝请服”，帛书战国纵横家书作“史(使)秦废令疏服而听”。　金正炜战国策补释：“‘发令’二字疑即‘废帝’之讹。”　关修龄战国策高注补正：“疑‘秦’旧‘索’字，传写误为‘素’。盖言秦王发令于国，索服于齐，而听齐以归二国侵地。”　于鬯战国策注：“义似史长，‘废’‘发’本通，‘废帝’者释帝号也，事在周赧王二十七年，依竹书在齐湣王十四年，正齐全之际，与下文‘反枳’亦可合。秦之取枳在前一年也。或云‘发’读为‘废’，‘废令’谓废先时伐赵之令也。‘素’读‘匍’，匍、素迭韵。”　建章按：王念孙说：“‘废’与‘发’古同声而通用。”(详彼汉书食货志)，于省吾也说：“发，废古字通。”(详彼双剑誃管子五行新证)作“发令”“废令”解，均可通。　礼记文王世子“公素服不举”，郑注：“素服于凶事为吉，于吉事为凶，非丧服也。”左传三十三年传，秦晋殽之战，秦败，三军逃归，“秦伯素服郊次，乡师而哭”。是说秦穆公穿着素色的衣服，心情十分沉痛悲伤地在郊外迎接败军。此言齐向西进军，迫使秦败服，听命于齐。故下文有反地于魏、赵。

㊻温：今河南省温县。　枳：今河南省济源市东南。　高平：今河南省孟州市。

㊼赵世家“三公什清”作“至分、先俞”，集解引徐广曰：“一作‘王

公'。"帛书战国纵横家书作"王公，符俞"。　建章按："坙"金
文作"**坙**"，缺笔则误为"王"，"分"篆文作"**从**"，"公"篆文作
"**公**"，二形相似，故"分"或误为"公"。史记赵世家集解说："徐
广曰：'一作王公；坙，音胡鼎反。尔雅曰："西俞，雁门是。"'正
义说："坙，音邢，'分'字误，当作'山'字耳。括地志云：'勾注
山，一名西陉山，在代州雁门县西北四十里。'俞，音戌。郭注
云：'西隃，即雁门山也。'按：西、先声相近。盖陉山、西隃二山
之地，并在代州雁门县，皆赵地也。"　建章按：诗大雅绵"率西
水浒"，陈奂诗毛氏传疏说："水经漆水注引诗'西'作'先'，
'先'假借字，古西、先声通也。"文选宋玉神女赋"毛嫱鄣袂不
足程式，西施掩面比之无色"，李善注引慎子曰："毛嫱先施则天
下之美妓也。"李善注："先施、西施一也。"按"西"为脂韵心纽，
"先"为文韵心纽。文、真旁转，脂、真对转，又为同纽双声，故
西、先通假。

㊽之：裴学海古书虚字集释卷九："犹'所'也。"战国纵横家书正
作"所明知也"。

㊾赵世家作"齐之事王宜为上佼"。帛书战国纵横家书作"夫齐之
事赵宜正为上交"。　建章按：周礼宰夫"岁终则令群吏正岁
会"注："'正'犹'定'也。"管子小匡王念孙读书杂志："'正'与
'定'古字亦通。"吕氏春秋仲冬纪"以待阴阳之所定"高注：
"定，犹'成'也。"上文"齐西师以禁秦国"，使"秦反坙分、先俞
于赵"，即所谓"齐事赵"，此"正"字作"定""成"解皆可通。
"韩"字当改作"齐"见注⑩。

㊿乃：竟。　抵罪：触罪，归罪，获罪。　取伐：受伐。

�"臣恐"句：我担心后事王者必不可能有自信，顾虑是否也会遭
到齐国一样的不测后果。汉书韩信传"且汉王不可必"，颜注：
"必，谓必信之。"

(52)鲍于"收"下补"齐"字。赵世家作"今王毋与天下攻齐"。帛书战国纵横家书作"今王收齐"。 金正炜战国策补释:"鲍于'收'下补'齐'字,是也。'收齐'与'毋攻齐'义同。" 建章按:当据"收"下补"齐"字。

(53)赵世家"得"作"义"。帛书战国纵横家书"得"作"义矣"。 建章按:广雅释诂三"得,德也"。庄子徐无鬼"无藏逆于得"陆德明经典释文:"得,司马本作'德。'"则"得","德"通。贾子道德说:"义者德之理也。"则德,犹义。

(54)鲍改"韩"作"齐"与"得"连读,又于"危"上补"齐"字。姚校:"曾'危'作'抱'。" 赵世家作"齐抱社稷而厚事王"。帛书战国纵横家书作"齐抙(保)社稷事王"。 金正炜战国策补释:"左襄二十五年传'陈侯免拥社'注:'拥社,抱社主示服。'此言'危社稷','危'即'抱'之脱误。" 建章按:释名释姿容:"抱,保也,相亲保也。"当据曾本、赵世家、帛书战国纵横家书改"危"作"抱"。 抱社稷:抱社主、稷主之神,表示完全服从。并据赵世家、帛书战国纵横家书改"韩"作"齐",见注⑩。

(55)"然则"两句:如果秦国按道理行事,大王就可以和他联合。 鲍改"韩"为"齐"。赵世家作"义,王以天下善秦",泷川资言考证:"古钞本、枫山、三条本'义'上、'王'下有'秦'字,当依补;'秦义'与下文'秦暴'对言。"帛书战国纵横家书"韩"作"齐"。 建章按:"韩"当作"齐",见注⑩。仪礼既夕"若就器则坐奠于陈"注:"就,犹'善'也。"就之:与秦亲善,与秦联合。

(56)鲍改"韩"为"齐"。 金正炜战国策补释:"'韩慕'当作'齐暴'。或从史作'秦暴'。'下至'疑是'不幸'之讹。'以'犹'与'也。言不幸而秦肆其暴,则王合天下以禁之。" 关修龄战国策高注补正:"若史,则于下文不续,宜除'下至韩慕'四字而承以'王以天下收之',文义略顺。" 赵世家作"秦暴,王以天下禁之"。　帛书战国纵横家书作"齐逆,王以天下□之"。

建章按:此"韩慕"当从赵世家作"秦暴"。"然则"以上皆言赵不宜与秦伐齐,"宜正为上交",否则"后事王者""不敢自必";如"收齐",则"天下必以王为得","天下必重王"。但与秦国应采取什么态度呢?"然则"以下对秦采取两手,即:如果"秦义",则"王以天下就之";如果"秦暴",则"王以天下收之"。如作"齐",则此两句与前文不协。"下至"当衍,赵世家、帛书战国纵横家书无此二字。　收:广雅释诂一:"取也。"

⑰是一世之命制于王已:这样,天下的命运将控制在大王一人之手。　已:裴学海古书虚字集释卷一:"犹'矣'也。"

⑱"大王"两句:我希望大王与左右大臣重新周密谋划,事先深谋远虑,认真策划才是。　"卒计而重谋"帛书战国纵横家书作"羊(详)计某言"。　建章按:卒,尔雅释诂:"尽也。""详"亦"尽","卒计"即"详计"之义。

十　齐攻宋奉阳君不欲章

齐攻宋①,奉阳君不欲②。客谓奉阳君曰③:"君之春秋高矣④,而封地不定,不可不熟图也。秦(之)〔人〕贪⑤,韩、魏危⑥,(卫)〔燕〕、楚(正)〔僻〕⑦,中山之地薄⑧,宋罪重⑨,齐怒深,残(伐)乱宋⑩,定身封⑪,德强齐⑫,此百代之一时也⑬。"

【注释】

①顾观光战国策编年系此策于周赧王二十九年,于鬯战国策年表同顾。　建章按:赧王二十九年当齐闵王十六年,赵惠文王十

三年(前286年),乃齐闵王灭宋之年。

②奉阳君:李兑,见秦策三第十章注㉔。

③于鬯战国策注:"依后策(按:赵策四第三章)'齐人乃令公孙衍说李兑以攻宋而定封焉',则此'客'者'衍'也。" 徐中舒以为"客,是由'苏秦'涂改而成"。(见论战国策的编写及有关苏秦诸问题,历史研究1964年第一期徐文)

④春秋高:言年老。

⑤王念孙读书杂志、于鬯战国策注并引赵策四第三章"秦人贪"以为此"之"字当为"人"。 建章按:"之"当是"人"字之误,见楚策一第二章注⑲。

⑥韩魏危:言如封于韩、魏,其地因近秦,故危。

⑦鲍改"卫"作"燕",改"正"作"僻",注:"上章'卫'作'燕'。'僻'、'匹'声近,'匹'又讹作'正'字。" 于鬯战国策注:"后策作'燕楚僻','僻'即读为'僻';谓封燕、楚,一僻在北,一僻在南。 建章按:当从鲍改。"上章""后策"并指赵策四第三章。 僻:远。

⑧中山:见中山策。据杨宽战国史附录战国大事年表"前406年魏灭中山",则此指中山故地。 薄:土质贫瘠。

⑨宋罪重:宋康王之罪深重。见宋卫策第八章。宋康王:见齐策六第七章注⑥。

⑩"伐"字当衍,赵策四第三章亦无"伐"字,又见秦策三第五章注⑤。残乱宋:消灭无道之宋。

⑪定身封:确定自己的封地。

⑫德强齐:齐怒宋很深,如与齐共伐宋,则有恩德于齐。

⑬此百代之一时也:这真是千载难逢的良机啊!见楚策四第十三章注⑮。

十一　秦王谓公子他章

秦王谓公子他曰^①：“昔岁殽下之事^②，韩为中军^③，以与诸侯攻秦。韩与秦接境壤界^④，其地不能千里^⑤，展转不可约^⑥。日者，秦、楚战于蓝田^⑦，韩出锐师以佐秦，秦战不利，因转与楚^⑧，不固信盟^⑨，唯便是从^⑩。韩之在我，心腹之疾，吾将伐之，何如？”公子他曰：“王出兵〔临〕韩^⑪，韩必惧，惧则可以不战而深取割。”王曰：“善。”乃起兵，一军临荥阳^⑫，一军临太行^⑬。

韩恐，使阳城君入谢于秦^⑭，请效上党之地以为和^⑮。令韩阳告上党之守靳𪩘曰^⑯：“秦起二军以临韩^⑰，韩不能有^⑱。今王令韩兴兵以上党入和于秦^⑲，使阳言之太守^⑳，太守其效之^㉑。”靳𪩘曰：“人有言‘挈瓶之知，不失守器^㉒’，王则有令^㉓，而臣太守，虽王与子亦其猜焉^㉔。臣请悉发守以应秦^㉕，若不能卒，则死之^㉖。”韩阳趋以报王^㉗，王曰：“吾始已诺于应侯矣^㉘，今不与^㉙，是欺之也。”乃使冯亭代靳𪩘。

冯亭守三十日，阴使人请赵王曰^㉚：“韩不能守上党，且以与秦，其民皆不欲为秦^㉛，而愿为赵。今有城市之邑（七十）〔十七〕^㉜，愿拜内之于王^㉝，唯王才之^㉞。”赵王喜，召平（原）〔阳〕君而告之曰^㉟：“韩不能守上党，且以与秦，其吏民不欲为秦，而皆愿为赵。今冯亭令使者以与寡人，何如？”赵豹对曰：“臣闻圣人甚祸无故之利。”王曰：“人怀吾义，何谓‘无故’乎^㊱？”对曰：“秦蚕食韩氏之地^㊲，中绝不令相通㊳,故自以为坐受上党也㊴。且夫韩之所以内赵者,欲嫁其祸也㊵。秦被其劳㊶,而赵受其利,虽强大不能得之于小弱,而小弱顾能得之强大乎㊷?今王取之,可谓有故乎㊸?且秦以牛田水通粮㊹,其死士皆列之于上地㊺,令严政行,不可与战,王自图之。"王大怒曰:"夫用百万之众,攻战逾年历岁,未(见)〔得〕一城也㊻,今不用兵而得城(七十)〔十七〕㊼,何故不为?"赵豹出。

王召赵胜㊽、赵禹而告之曰:"韩不能守上党,今其守以与寡人,有城市之邑(七十)〔十七〕㊾。"二人对曰:"用兵逾年,未(见)〔得〕一城㊿,今坐而得城,此大利也。"乃使赵胜往受地。

赵胜至曰:"敝邑之王使使者臣胜,太守有诏,使臣胜谓曰(51):'请以三万户之都封太守(52),千户封县令,诸吏皆益爵三级(53),民能相集者,赐家六金(54)。'"冯亭垂涕而勉曰(55):"是吾处三不义也:为主守地而不能死,而以与人,不义一也;主内之秦(56),不顺主命,不义二也;卖主之地而食之(57),不义三也。"辞封而入韩,谓韩王曰:"赵闻韩不能守上党,今发兵已取之矣。"

韩告秦曰:"赵起兵取上党。"秦王怒,令公孙起、王齮以兵遇赵于长平(58)。

【注释】

①林春溥战国纪年、顾观光战国策编年并系此策于周赧王五十三年,于鬯战国策年表同,当秦昭王四十五年、赵孝成王四年(前262年)。　秦王:昭王,见西周策第一章注⑭。

②秦策四第三章"三国攻秦，入函谷，……王召公子池而问焉。"
"公子他"即"公子池"，此"毂下之事"即彼"入函谷"之役。彼
役在前296年，距此已三十五年。　毂：见秦策一第二章注⑤。

③韩为中军：韩国为诸侯联军的主帅。　中军：古时行军，分左、
中、右三军，中军发号施令，主帅所在。

④壤界：与"接境"义同。

⑤能：孙经世经传释词补："犹'足'也，犹'及'也。"

⑥展转不可约：韩国反复无常，不能和他结盟约。　展转：反复
无常。

⑦日者：从前。　蓝田：见秦策四第一章注②。

⑧与：从，合，亲。

⑨固：坚守。

⑩唯便是从：唯利是图。　便：利。　从：就，追逐，求。

⑪林春溥战国纪年从古史于"兵"下增"临"字。　建章按：西周
策第八章"楚请道于二周之间以临韩、魏，周君患之。"又第十二
章"韩兼两上党以临赵，即赵羊肠以上危。"楚策一第二章："我
悉兵以临之，其心必惧。"句式与此同。当从古史于"兵"下补
"临"字。　临：伐。

⑫荥（xíng 形）阳：即荥阳，见秦策三第九章注⑩⑤。

⑬太行：见秦策三第九章注⑩⑦。

⑭阳城君：或以为是韩相成阳君。

⑮效：献。　上党：见东周策第十三章注⑥。

⑯䣹：字书无此字。

⑰起：发，派出。　临：进攻。

⑱鲍本"有"作"支"。　金正炜战国策补释："'有'字当从鲍本作
'支'。"　于鬯战国策注："卢刻'有'作'支'。案或'存'字之
误。"　建章按：礼记哀公问"不能爱人，不能有其身。"注："有，

犹保也。”不必改字。

⑲鲍注：“兴兵，恐守不效地故。” 横田惟孝战国策正解：“‘韩兴兵’疑当作‘阳城君’，一本无‘韩’字。” 于鬯战国策注：“或云‘韩兴兵’盖阳城君之名，而字或有误；或云三字当衍。” 建章按：疑“韩兴兵”三字有误，据上文，或为“阳城君”三字之误。 王：韩桓惠王，釐王之子，韩国第十君，前272年—前239年在位。史失其名。

⑳阳：韩阳自称。 之：王引之经传释词卷九：“犹‘于’也。”

㉑其：表祈求、希望的语气词。 效：献，致。

㉒挈瓶之知不失守器：是说“即使是只有用瓶子汲水的一点小聪明，也不愿把瓶子借给别人。”汲水用的瓶子装不了多少水，所以用“挈瓶”比喻知识浅薄。知：通“智”。这里的意思是：虽然我只不过是一个小小的太守，但我仍然要坚守我的职责。左昭七年传：“人有言曰：虽有挈瓶之知，守不假器，礼也。夫子从君，而守臣丧邑，虽吾子亦有猜焉。”

㉓则：裴学海古书虚字集释卷八：“犹‘固’也。”

㉔“王则”句以下是说：大王固然有令，而我要尽太守的职责，虽然是大王和您，我也不能不猜疑。 其：裴学海古书虚字集释卷五：“犹‘必’也。” 猜：疑，不信。 焉：之，指韩阳告太守之言。

㉕“臣请”句：我要求发动一郡之兵来抵抗秦国。 应：抵抗，对抗。

㉖若不能卒则死之：如果不能完成使命，就是为国牺牲，也在所不惜。 卒：尽，此言尽职守。

㉗趋：疾行。此有“即刻”之意。 报：告。

㉘诺：答应。 应侯：范雎，见秦策三第八章注①。

㉙今：若。 与：予，给。

㉚请:告,求。　赵王:惠文王,见东周策第二十二章注⑤。

㉛为:王引之经传释词卷二:"犹'与'也。"

㉜史记赵世家"七十"作"十七"。秦策一第五章言"(韩)上党十七县"。韩非子初见秦作"七十",陈奇猷集释引卢文弨说:"'七十'策作'十七'是。"又引顾广圻说:"赵世家彼亦作'十七'。"王念孙读书杂志也说:"作'十七'是也。"于鬯战国策注:"通鉴胡注'城市邑,言邑之有城市者,指言大邑也'。顾考云'上党之地,赵大于韩,赵上党二十四县,见齐策,不应韩上党反有七十县,则策文误倒'。"　建章按:荀子礼论于省吾双剑誃诸子新证:"古文'七'作'十','十'作'十',汉世犹然,二字形近,故易讹也。"则此"七十"乃形近,而误倒,当改正。顾考引齐策是齐策二第五章。

㉝内:同"纳",致、献的意思。　之:指上党十七邑。　王引之经义述闻卷三十一:"于,亦'与'也。"

㉞唯:同"惟",犹愿、希望。　才:通"裁",决定。

㉟史记赵世家"惠文王二十七年,封赵豹平阳君。"集解引战国策曰:"赵豹平阳君,惠文王母弟。"又白起列传"赵孝成王与平阳君、平原君计之",且下文有"赵豹对曰",则此"原"当为"阳"。

㊱"人怀"两句:人家因为我的仁义而归顺于我,怎么能说"无故"呢?　怀:广雅释诂二:"归也。"

㊲蚕食:象蚕吃桑叶一样。比喻逐步侵占。　韩氏:韩国。

㊳史记白起列传:"昭王四十五年,伐韩之野王,野王降秦,上党道绝。""中绝不令相通"即指此。言国都与上党中断而不得相通。

㊴故自以为坐受上党也:所以,他们以为不动一兵一卒就可以轻易地拿下上党。

㊵"且夫"两句:而且韩国所以要把上党献给赵国,这是想嫁祸于赵国啊。　嫁:转移。

㊶被:受。　劳:苦,害。

㊷顾:刘淇助字辨略卷四:"犹'岂'也。"

㊸可:能。　故:犹"道理","理由"。

㊹牛田水:关修龄战国策高注补正引穆文熙说:"牛田,秦地,盖近上党者。"　通粮:运粮。

㊺其死士皆列之于上地:勇敢决死的战士都安排在上地。　上地:即上文所指的"上党"。见东周策第十三章注⑥。

㊻王念孙读书杂志:"'见'当为'㝵','㝵'古'得'字,形与'见'相近,因讹为'见',下句曰'今不用兵而得城七十'即其证也。史记赵世家正作'未得一城'。"　建章按:王说是。又见齐策三第十一章注⑥、齐策五注⑧,当据赵世家改"见"为"得"。

㊼"七十"当为"十七",见注㉜,

㊽赵胜:平原君,见秦策三第十三章注⑥。

㊾"七十"当为"十七",见注㉜。

㊿"见"当为"得",见注㊻。

(51)此言:敝国赵王派我来,太守以前有要求,赵王让我转告。　鲍于"胜"下补"告"字。　于鬯战国策注:"卢刻'太'上有'告'字。"　黄丕烈战国策札记:"今本'太'上有'告'字,乃误涉鲍也。策文本如此,不误,述冯亭所云也,下文'使臣胜谓曰'方是告冯亭,鲍补甚误。"　金正炜战国策补释:"此文疑当作'敝邑之王有诏使使者臣胜谓太守曰',文既淆乱,又误复'使臣胜'三字,遂致义不可通。鲍氏补'告'字,嫌与'谓曰'义复。"　建章按:策文本可通,录诸说供参考。

(52)史记白起列传"因封冯亭为华阳君",下文言"辞封而入韩"所记各异。

(53)益:增,加,晋升。

(54)"民能"句:百姓能安定服从的,每家赐金六斤。　集:左昭十七年传注:"安也。" 一金:金一斤。

⑤⑤鲍改"勉"为"免",注"免,辞也"。 吴补:"此书'勉'、'免'通。" 黄丕烈战国策札记:"此以'勉'为'俛'字也,吴说未是。" 金正炜战国策补释:"'勉'与'俛'同,又同'俯'。" 于鬯战国策注:"史乐书'宾牟贾起,免席而请',此'勉'或亦是'免席',彼张义云'免,犹避也。'赵世家作'垂涕不见使者','避'与'不见'义虽不同,亦相近。" 建章按:帛书战国纵横家书第十二章"吾县免(勉)于梁(梁)是(氏)",荀子君道"赏克罚偷",王念孙读书杂志"'克'当为'免','免'与'勉'同。"下文冯亭言"三不义",又"辞封而入韩",则作"免"义解为是,不必改字,鲍解作"辞",于解作"避"皆可通。此言"推辞"。

⑤⑥内:见注㉝。

⑤⑦卖主之地而食之:出卖了国君之地,而自己因此升官发财。 食:荀子礼论杨注:"谓禄廪。"

⑤⑧史记白起列传:"秦昭王四十七年,秦使左庶长王龁攻韩,取上党,上党民走赵,赵军长平,以按据上党民。"又:"秦乃阴使武安君白起为上将军,而王龁为尉裨将。"又:"秦王闻赵食道绝,王自之河内,赐民爵各一级,发年十五以上,悉诣长平。……赵将军赵括,出锐卒自搏战,秦军射杀赵括,括军败,卒四十万人降武安君。"则此"公孙起、王齮"即白起、王龁(hé 河)。 遇:犹会战。 长平:见秦策一第五章注㊷。秦昭王四十七年当赵孝成王六年(前 260 年)。 白起:见西周策第六章注②。

785

十二 苏秦为赵王使于秦章

苏秦为赵王使于秦①,反②,三日不得见。谓赵王曰:"秦乃者过柱山③,有两木焉④:一盖呼侣,一盖哭⑤。问其故,对曰:'吾已大矣,年已长矣;吾苦夫匠人且以绳墨案规矩刻镂我⑥。'一盖曰:'此非吾所苦也,是故吾事也⑦;吾所苦夫铁钻然,自入而出夫人者⑧。'今臣使于秦,而三日不见,无有谓臣为'铁钻'者乎⑨?"

【注释】

①苏秦:见东周策第十八章注①。顾观光战国策编年系此策于周显王三十六年。于鬯战国策注:"前策言'送苏秦明月之珠'云云,'苏秦得以为用,西入于秦',是自赵入秦;此言自秦反赵。据史苏秦传谓'秦方诛商鞅,疾辩士,弗用,乃东至赵',与此可合。而与秦策'去秦而归',为归洛阳者不合。岂去秦反赵,去赵归周,而彼约言之邪?然则实周显三十一,赵肃侯十二年。" 建章按:依于说,当前 338 年。 赵王:肃侯,见秦策一第二章注⑦。于引"前策"是第八章,"秦策"是秦策一第二章。

②反:同"返"。

③秦:苏秦自称。 乃:广雅释诂一:"往也。" 乃者:往者,从前。程恩泽国策地名考卷三:"底柱山,今在河南省陕州东四十里,黄河中,此自秦返赵所经之路,然以砥柱为柱山,未之前闻也。"砥柱山在今河南省三门峡东黄河中。

④有两木焉:那儿有两棵树。 木:树。 焉:于此。

⑤一盖呼侣一盖哭:一棵树在呼唤侣伴,一棵树在哭泣。 盖:裴学海古书虚字集释卷五:"犹'则'也。"

⑥"吾已大矣"三句:我已长大了,工匠要用绳墨裁锯我,要用规矩雕刻我,因此我很痛苦。 夫:裴学海古书虚字集释卷十:"犹'于'也。" 绳墨:木工用来打直线的墨斗。 规:画圆形的工具。 矩:画直角或方形的曲尺。 镂:雕刻。

战国策注释

⑦是故吾事:这是我的本分。　故:通"固",本来。

⑧"苦夫"之"夫"犹"若"(见<u>古书虚字集释</u>卷十)。　自:<u>裴学海</u>
<u>古书虚字集释</u>卷八:"犹'且'也。"而:犹"且"。　"出夫"之
"夫"犹"于"(见注⑥)。　此言:我所感到痛苦的是,这就象人
用铁钻木一样,想钻进就钻进,想退出就退出。"自入而出夫人
者"即"且入且出于人者",意思是:人想入就入,想出就出。

⑨"今臣"句以下是说:现在您派我出使秦国,我返回赵国,您又三
天不见我,岂能没有人认为,您把我当做铁钻钻木一样,想钻进
就钻进,想退出就退出,任意摆布吗?　无:<u>裴学海古书虚字集</u>
<u>释</u>卷十:"犹'得无'也。"则"无有"即得无有,能没有,岂能
没有。

十三　甘茂为秦约魏以攻韩宜阳章

<u>甘茂</u>为<u>秦</u>约<u>魏</u>以攻<u>韩宜阳</u>①,又北之<u>赵</u>②。<u>冷向</u>谓<u>强国</u>
曰③:"不如令<u>赵</u>拘<u>甘茂</u>勿出,以与<u>齐</u>、<u>韩</u>、<u>秦</u>市④:<u>齐王</u>欲求
救<u>宜阳</u>⑤,必效<u>县狐氏</u>⑥;<u>韩</u>欲有<u>宜阳</u>⑦,必以<u>路涉</u>、<u>端氏</u>赂
<u>赵</u>⑧;<u>秦王</u>欲得<u>宜阳</u>⑨,不爱名宝⑩。且拘<u>茂</u>也,且以置<u>公孙</u>
<u>赫</u>、<u>樗里疾</u>⑪。"

【注释】

①<u>甘茂</u>:见<u>秦策</u>一第六章注②。　<u>宜阳</u>:见<u>秦策</u>二第六章注⑦。

　<u>于鬯战国策年表</u>据<u>秦策</u>二第六章系此策于<u>周赧王</u>七年,<u>赵武灵</u>
<u>王</u>十八年(前308年)。

②北之<u>赵</u>:为<u>秦</u>联合<u>赵</u>。

③<u>冷向</u>:<u>秦</u>臣。　<u>鲍</u>注:"<u>强国</u>,<u>赵</u>人。"<u>于鬯战国策</u>注:"或疑是

相国。"

④"不如"两句：不如让赵王拘留甘茂，不让他出来活动，这样齐、韩、秦三国必然贿赂赵国。　市：买通，贿赂。

⑤金正炜战国策补释："周礼大司徒注'故书求为救'，又古音读'救'为'求'，故'救'亦时误为'求'。此为一本作'求'，一本作'救'，误并入正文也。'齐王欲救宜阳'与下文'韩欲有宜阳'，'秦王欲得宜阳'文乃一律。"　建章按：据上下文义，"求""救"二字当衍一字。　齐王：宣王，见东周策第一章注④。

⑥据程恩泽国策地名考说，疑即汉书地理志北海郡的"瓡"。于鬯战国策注："赵拘茂，则宜阳不攻，齐不烦救韩矣，故效县狐氏于赵，欲其久拘而勿出也。"

⑦有：保住。

⑧路涉：地名，无考。　端氏：故城在今山西省沁水县东北。　韩赂赵，也是要赵久拘甘茂，不让他出来进行攻宜阳的活动。

⑨秦王：武王，见秦策二第五章注①。

⑩不爱名宝：是说以名宝赂赵，使甘茂出，进行攻宜阳的活动。

⑪"且拘茂也"两句：而且，赵国拘留甘茂，秦国将因而任用公孙赫、樗里疾，（这样赵国将有恩于此二人）。　于鬯战国策注："'置'或'悳'之误，'悳'即'德'字，赫、疾不善茂，故拘茂，是德二人。"　建章按："置"字于义无取，于说是。逸周书本典篇"言弗发"条下王念孙读书杂志："'置'与'德'同，系辞传'劳而不伐，有功而不德'，释文'德，郑、陆、蜀才作"置"'，郑云，置当为德。'荀子哀公篇'言忠信而心不德'，大戴记哀公问五义篇'德'作'置'。"则"置"即"德"，不必以为误。　公孙赫：即公孙郝，楚策一第十六章"公孙郝之于秦王，亲也，少与之同衣，长与之同车，被王衣以听事。"　樗里疾：见西周策第三章注①。

十四　谓皮相国曰章

谓皮相国曰①："以赵之弱而据之建信君、涉孟之雠②，然者何也③？以从为有功也④。齐不从⑤，建信君知从之无功。建信者安能以无功恶秦哉⑥？不能以无功恶秦，则且出兵助秦攻魏⑦；以楚、赵分齐，则是强毕矣⑧。建信、春申从，则无功而恶秦；(秦)分齐，(齐)亡魏则有功而善秦⑨。故两君者奚择有功之无功为知哉⑩？"

【注释】

①鲍注："皮相国，赵相。"　顾观光战国策编年系此策于秦始皇六年，赵悼襄王四年，齐王建二十四年(前 241 年)。于从顾，注："此因建信君、春申君合从，齐不从，而说之从，皮相国盖齐相。"
建章按：据文义从于说。

②鲍注："'据'犹'任'。"　孙诒让札迻："'雠'亦与'俦'通，尔雅释诂郭注云：'雠犹俦也。'广雅释诂云：'雠，辈也。'涉孟与建信君盖皆赵臣。"　金正炜战国策补释同孙说。　建信君：赵国贵幸之臣。

③"以赵之弱"两句：拿这样弱的赵国，却任用建信君、涉孟这样的人，这是为什么？　然：如此。

④以从为有功：以为合纵阵线能够成功。　从：合纵阵线。　有：裴学海古书虚字集释卷二："犹'能'也。"　功：尔雅释诂："成也。"

⑤不从：不参与合纵阵线。

⑥姚校："者，一作'君'。"　建章按：荀子儒效："此君义信乎人

789

矣。”王念孙读书杂志：“君，当为‘若’字之误也。”韩非子外储说左下说二“君知能谋天下”，顾广圻说：“‘君’当作‘若’。”陈奇猷集释：“顾说是，‘君’、‘若’形近而误。”则此本作“建信君”，“君”误作“若”，后又误作“者”。此句言：建信君怎么能明明知道合纵阵线不能成功，而与秦国的关系恶化呢？

⑦“不能”两句：建信君既不能因合纵阵线不能成功而伤害与秦国的关系，那就会出兵帮助秦国去进攻魏国。

⑧“以楚、赵”两句：或者他与楚国联合瓜分齐国，则必可自强。以：裴学海古书虚字集释卷一：“犹‘或若’之义。” 毕：古通“必”。

⑨吴正：“‘秦分齐，齐亡魏’当是‘分齐亡魏’，而衍‘秦’、‘齐’二字。”黄丕烈战国策札记：“吴说是也。上文‘则且出兵助秦攻魏，以楚、赵分齐’即其事。”金正炜同黄说。 建章按：据上下文当从吴、黄、金说改。

⑩奚：何。 之：王引之经传释词卷九：“犹‘与’也。” 知：裴学海古书虚字集释卷六：“犹‘之’也。” 此策是游说齐国使其参加合纵阵线。齐国如不参加合纵阵线，则赵国建信君、楚国春申君有两条路可供选择：第一条，如参加合纵阵线，可是齐国不参加，则知合纵必败，又伤害了与秦国的关系；第二条，如赵、楚联合瓜分齐国，赵助秦灭魏，既有利，又不伤害与秦的关系。所以，建信君与春申君必然选择第二条路，那就与齐不利。以此说动齐国，迫使他参加合纵阵线，则赵、楚就选择第一条道路。这样，就组成了合纵阵线。

十五 或谓皮相国章

或谓皮相国曰[1]：“魏杀吕辽，而卫兵[2]，亡其北阳[3]，而梁危。河间封不定，而(齐)〔赵〕危④。文信不得志⑤，三晋倍⑥，之忧也⑦。今魏耻未灭⑧，赵患又起⑨，文信侯之忧大矣。齐不从，三晋之心疑矣⑩。忧大者不计而构⑪，心疑者事秦急⑫。秦、魏之构，不待割而成⑬。秦从楚，魏攻齐⑭，独吞赵⑮，齐、赵必俱亡矣。"

【注释】

①此章当与第十四章时间同。　皮相国：见第十四章注①。

②鲍注："吕辽，魏臣，秦所重者。"　吴正："'魏臣'，无考。后章作'吕遗'，未知孰是。又言'收河间，何异杀吕遗'，则吕为秦重者。'卫兵'，卫被兵也；'兵'，秦兵也。"　于鬯战国策注："疑辽既所重，倘即文信之族，故后策云'今收河间，于是与杀吕遗何以异'，则秦臣也。"　建章按：据文义，"吕辽"从于说，为秦臣。余从吴解。"后章""后策"同指赵策三第十九章。　卫兵：秦出兵攻卫。

③姚校："北，一作'比'。"　程恩泽国策地名考卷十七："汉志南阳郡有比阳，今河南南阳府泌阳县西有比阳故城。但此地高作'北阳'，本无定所。"于鬯战国策注："潘和鼎云'北阳，即濮阳，水北曰阳，谓之北阳，犹山南曰阳，谓之南阳也。始皇六年秦并濮阳郡，即策所谓"亡其北阳"矣。'"　建章按：据上句"而卫兵"，则"北阳"当与卫近。潘说可从。　亡：失，此言攻下。

④河间封不定而赵危：赵国的河间还未封于文信侯，赵国总是惴惴不安。　河间：见秦策一第五章注㉖。　鲍改"齐"作"赵"。建章按：据下文"赵患又起"，从鲍改。　危：荀子解蔽杨注："谓不自安戒惧之谓也。"

⑤文信：文信侯吕不韦，见秦策五第五章注①。　不得志：指上文

"河间封不定"。

⑥三晋:见东周策第十四章注⑨。　倍:通"背"。

⑦之忧也:这是文信侯所忧虑的。　之:裴学海古书虚字集释卷
九:"'是'也,一为'此'字之义。"

⑧于鬯战国策注:"指亡北阳之耻。耻未息,必合从。"

⑨赵国为了确保河间的安全,一定要组织合纵阵线,这是秦的忧
患,故言"赵患又起"。

⑩"齐不从"两句:齐国不与赵、魏、韩三国组织合纵阵线,则赵、
魏、韩三国就担忧合纵之谋会失败。　疑:礼记杂记下注:"犹
'恐'也。"

⑪忧大者不计而构:受秦威胁最大的魏国不必与秦国商量,也会
和他联合的。　上文言"梁危",下文言"秦、魏之构",则"忧大
者"指魏(梁)。

⑫心疑者事秦急:而三心二意的国家,则急于要与秦国妥协。

⑬"秦、魏之构"两句:秦、魏两国不必等到割地就可以先实现
联合。

⑭秦从楚魏攻齐:(秦、魏已联合)就会让楚、魏攻齐。　从:同
"纵",纵容,使,让。

⑮因为有楚、魏去对付齐国,所以秦国可以"独吞赵"。

十六　赵王封孟尝君以武城章

赵王封孟尝君以武城①。孟尝君择舍人以为武城吏,
而遣之曰②:"鄙语岂不曰:'借车者驰之,借衣者被之'
哉③?"皆对曰:"有之。"孟尝君曰:"文甚不取也。夫所借
衣、车者,非亲友则兄弟也。夫驰亲友之车,被兄弟之衣,

文以为不可④。今赵王不知文不肖,而封之以武城,愿大夫之往也⑤,毋伐树木,毋发屋室⑥,訾然使赵王悟而知文也谨⑦,使可全而归之⑧。"

【注释】

①此策顾观光战国策编年系于周赧王三十二年,赵惠文王十六年(前283年)。　赵王:赵惠文王,见东周策第二十二章注⑤。　孟尝君:见东周策第十六章注①。　武城:即东武城,故城在今山东省武城西北。

②舍人:见齐策二第二章注㉗。　吏:地方官。　遣:派。

③"鄙语"三句:俗话不是说,借来的车就去使劲地跑(容易损坏),借来的衣服就披在外面(易招尘土)。意思是借来的东西就不知爱惜。

④"夫驰"三句:赶着亲友的车使劲地跑,把兄弟的衣服披在外面,我以为不能这样做。

⑤大夫:指前文"择舍人以为武城吏"。

⑥发:通"废"。废:毁,破坏。

⑦訾:嗟叹之辞。据上下文,此"訾然"犹言"你们要注意啊"。悟:后汉书张酺传注:"晓也。"　谨:慎,严,善;此言善于治理。

⑧"訾然"两句:你们要注意,让赵王了解我善于治理,这样,我们才可以完全属有武城。　归:犹"属"。

793

十七　谓赵王曰章

谓赵王曰①:"三晋合而秦弱,三晋离而秦强②,此天下之所明〔见〕也③。秦之有燕而伐赵④,有赵而伐燕;有梁而

伐赵,有赵而伐梁;有楚而伐韩,有韩而伐楚,此天下之所
明见也。然山东不能易其路⑤,兵弱也。弱而不能相壹⑥。
是何(楚)〔秦〕之知,山东之愚也⑦?是臣所为山东之忧也。
虎将即禽⑧,禽不知虎之即己也,而相斗,两罢⑨,而归其死
于虎⑩。故使禽知虎之即己⑪,决不相斗矣。今山东之主不
知秦之即己也,而尚相斗,两敝⑫,而归其国于秦,知不如禽
远矣。愿王熟虑之也!

"今事有可急者⑬,秦之欲伐韩、梁,东窥于周室甚⑭,惟
寐亡之⑮。今南攻楚者,恶三晋之大合也⑯。今攻楚休而复
之,已五年矣,攘地千余里⑰。今谓楚王⑱:'苟来举玉趾而
见寡人⑲,必与楚为兄弟之国,必为楚攻韩、梁⑳,反楚之故
地㉑。'楚王美秦之语㉒,怒韩、梁之不救己,必入于秦㉓。有
谋㉔,故(杀)〔发〕使之赵㉕,以燕饵赵㉖,而离三晋㉗。今王美
秦之言㉘,而欲攻燕;攻燕,食未饱而祸已及矣㉙。楚王入
秦,秦、楚为一,东面而攻韩㉚。韩南无楚,北无赵,韩不待
伐,割挈马(兔)〔免〕而西走㉛。秦与韩为上交㉜,秦祸安移
于梁矣㉝。以秦之强,有楚、韩之用㉞,梁不待伐(矣)㉟,割挈
马(兔)〔免〕而西走㊱。秦与梁为上交,秦祸案攘于赵矣㊲。
以强秦之有韩、梁、楚㊳,与燕之怒㊴,割必深矣㊵,国之举㊶。
此臣之所为来。臣故曰'事有可急为者'。

"及楚王之未入也㊷,三晋相亲相坚㊸,出锐师以戍韩、
梁西边㊹,楚王闻之,必不入秦,秦必怒而循攻楚㊺,是秦祸
不离楚也,便于三晋㊻。若楚王入,秦见三晋之大合而坚
也,必不出楚王㊼,即多割㊽,是秦祸不离楚也,有利于三

晋^⑩。愿王之熟计之也。"

　　急,<u>赵王</u>因起兵南戍<u>韩</u>、<u>梁</u>之西边。<u>秦</u>见<u>三晋</u>之坚也,果不出<u>楚王</u>,印而多求地^⑩。

【注释】

　　①<u>吴补</u>:"在<u>赧王</u>十六年",<u>顾观光</u>战国策编年、<u>林春溥</u>战国纪年、<u>于鬯</u>战国策年表从<u>吴</u>,当<u>赵武灵王</u>二十七年(前 299 年)。　<u>赵王</u>:<u>武灵王</u>,见秦策二第十五章注⑩。　<u>吴师道</u>以为"谓"者"<u>陈轸</u>谓"。<u>陈轸</u>:见秦策一第十一章注①。

　　②<u>三晋</u>:<u>赵</u>、<u>魏</u>、<u>韩</u>。　而:<u>王引之</u>经传释词卷七:"犹'则'也。"合:联合。　离:分裂。

　　③下文有"此天下之所明见也"句。第九章有"此王之明知也",帛书战国纵横家书第二十一章有"此天下所明知也"。　见:知也,见秦策二第一章注㉑。则此"明"下当补"见"字。

　　④有:广雅释诂一"取也"。此犹言"控制"。　<u>吴补</u>:"'有'者善之也。"则犹言"联合",亦通。

　　⑤<u>山东</u>:指除<u>秦</u>以外的诸侯。见秦策一第二章注㉒。　易:改变。路:道,办法。此犹言"形势"。

　　⑥壹:同"一",统一,团结。

　　⑦<u>鲍</u>改"楚"作"秦"。　<u>吴补</u>:"'楚'当作'秦'。"　<u>建章</u>按:据前后文义,当改"楚"作"秦"。　知:通"智",聪明。

　　⑧<u>于鬯</u>战国策注:"说文皀部云'即,即食也'。又厹部云'禽,走兽总名'。禽字义本专属兽,其称鸟为禽,反是假借。后人专以禽属鸟,或以为鸟兽通称,皆非探本之论。"

　　⑨相斗:指兽互相搏斗。　两罢:犹言两败俱伤。　罢:通"疲"。

　　⑩归其死于虎:犹言给老虎送死。

　　⑪故使:若,如果。

⑫即:此犹言"吞并","消灭"。　两敝:义同"两罢"。

⑬今事有可急者:现在情况非常紧急。

⑭东窥于周室甚:秦国想急于取周而代之。

⑮惟寐亡之:这是他一直耿耿于怀的大事。　寐:睡。　亡:通"忘"。

⑯恶:担心,畏惧。见东周策第七章注②。　合:联合。

⑰"今攻"句以下:现在秦国进攻楚国,打打停停,停停打打,已经五年了,扩充了国土有千余里。

⑱今谓楚王:秦王现在对楚王说。

⑲"苟来"句:如果能劳您的大驾来与我会晤。　举玉趾:即"来"的尊礼之辞。

⑳为:王引之经传释词卷二:"犹'与'也。"

㉑反:犹言"收回"。

㉒楚王美秦之语:楚王听信了秦王的甜言蜜语。　美:善,好。用作动词。

㉓怒:责怪,怨恨,大为不满。　入:倒向。

㉔有谋:秦又要设谋。　有:通"又"。

㉕姚校:"'杀'刘作'发'。"　鲍改"杀"作"发"。　建章按:淮南子泰族训王念孙读书杂志:"说苑谈丛篇亦云'夫智者不妄为,勇者不妄发',今本'发'误作'杀'。"管子五行"君危,不杀",俞樾诸子平议:"'杀'当为'发',声之误也。"此当依刘本改"杀"作"发"。　之:至。

㉖以燕饵赵:用灭掉燕国来引诱赵国。　饵:诱。

㉗离:分　于鬯战国策注:"使赵攻燕,是分离三晋之势也。"　三晋:见东周策第十四章注⑨。

㉘今王美秦之言:见注㉒。

㉙食未饱:犹言一顿饭还没吃完。

战国策注释

796

㉚面：向。

㉛姚校："曾'兔'作'免'。" 鲍注："割地挈而走秦,疾于马兔。"
金正炜战国策补释："周礼夏官田仆'凡田,王提马而走',注
'提,犹举也。'广雅释诂'挈,提也。''挈马'与'提马'义同。
'兔'当从曾作'免','免'与'俛'通,言韩不待伐割,即将挈马
而俛入于秦也。又或为'挈国'之讹,俗书'國'作'国','馬'作
'马','国'右画'丨'脱误于下,因讹为'馬'。秦策'臣载主挈
国以与王约','挈国西走'犹言'举国为内臣',汉书匈奴传'携
国归死扶伏称臣','挈'与'携'为义同也。" 帛书战国纵横家
书第二十五章"楚不待伐,割挈(絷)马免而西走",注"絷,缚住
马的绳索。免,脱跑。割絷马免而西走,形容很快就投奔秦国。
赵策一说'割挈马兔(免)而西走','絷'作'挈',是字形之
误。" 于鬯战国策注："'割'、'挈'二字平列;割,割地,挈,谓
其国也。东周策云'兔兴马逝',是'马兔'状其疾。" 建章按:
礼记缁衣"周田观文王之德"注:"古文'周田观文王之德'为
'割申劝宁王之德','割'之言'盖'也。"疏"'割'、'盖'声相
近,故'割'读为'盖'。尔雅释言"盖、割,裂也"。郝懿行疏"盖
者,释文云'古害反',舍人本作害。'是'害''盖'通,又与'割'
同。'盖'、'割'、'害'三字以声为义也"。则此"割"古通
"盖"。盖:裴学海古书虚字集释卷五:"犹'则'也。"既言"不待
伐",不当言"割"地,"伐"且"不待",岂得言"割",故知此"割"
字不当解作"割地"。 "兔"当依曾本及帛书战国纵横家书改
作"免",管子小问王念孙读书杂志:"'俛'字古通作'免'。"俛
即"俯",低头服从。 挈:持,引,牵。 走:奔。 此言:韩国
南面失去楚国,北面失去赵国,韩王不等秦国进攻,就会牵着战
马,俯首贴耳,听命于秦国。

㉜上交:极为友好的关系。

㉝"秦与韩"两句:秦、韩两国结为友好联盟,秦国的为害就转移到魏国。 安:王引之经传释词卷二:"犹'于是'也,乃也,则也。" 移:转。

㉞有楚韩之用:言有楚、韩为秦所役使。意即楚、韩听命于秦。汉书贾谊传"彭越用梁则又反"注引晋灼:"用,役用之也。"

㉟姚校:"一无'矣'字。" 鲍注:"衍'矣'字。" 建章按:依前句,当删"矣"字。

㊱割挈马免而西走:见注㉛。

㊲鲍本"攘于"作"环中"。 孙诒让札迻:"上文云'秦祸安移于梁矣',以文义校之,鲍本则似不误。'环'与'还'通,'环中赵'言还中于赵,与上'移于梁'义同,而文则异。后卷苏秦合从说赵王,亦云'秦无韩、魏之隔祸中于赵矣'。" 于鬯战国策注:"劝学篇注引亦作'攘',则唐本如此。说文手部云'攘,推也。'是'攘'义原与'移'义可合,上文用'移',此文用'攘',亦文异意同之例。" 帛书战国纵横家书第二十五章"秦与楚为上交,秦祸案环(还)中梁(梁)矣",鲍本与帛书合。 建章按:"攘于"疑是"环中"的形误。然"攘于赵"亦可通。

㊳"以强秦"句:以如此强大的秦国,又有韩、魏、楚三国为他所驱使。

㊴"燕之怒"即燕怒赵,因赵欲攻燕。

㊵割:与"害"通,见注㉛,又见秦策三第八章注⑱ 深:重。

㊶国之举:国将灭亡。 鲍于"此"字断句,注:"国,谓赵;举,犹行。"于鬯战国策注:"恐'国之举'有脱文。" 建章按:"国之举"即"国以举"。晏子春秋谏下第二十"古之及今"于省吾双剑誃诸子新证:"'之'犹'以'也。'古之及今',言'古以及今'。墨子兼爱下'自古之及今',非命中作'自古以及今',即其证也。"裴学海古书虚字集释卷一:"以,犹'且'也。"齐策二

第一章"三十日而举燕国",高注:"举,拔也。"

㊷未入:未入秦。

㊸坚:坚守盟约。

㊹戍:说文:"守边也。"

㊺墨子非儒下"宗丧循哀"孙诒让间诂:"循,史记、孔丛作'遂',
　王云:'循、遂一声之转'。"则"循""遂"可通。遂:即,就。　孙
　引史记见孔子世家,引孔丛子见诘墨篇。

㊻便:利。

㊼鲍注:"恐其合晋。"故"不出楚王"。

㊽楚王要求归国,秦以此要挟,故可"多割"。　即:则。

㊾有:通"又"。接前"便于三晋"句。

㊿姚校:"刘改'卬'作'印'。"　鲍注:"衍'印'字。"　吴补:"字
　误衍。姚云'刘改作"印"',亦难通。"　金正炜战国策补释:
　"'卬'疑'即'字之讹,与上文'必不出楚王,即多割'相应,尔雅
　释诂'即,尼也',尼诂为'止',则'即'亦犹'止'也;谓止楚王而
　要以多割,如齐策'留太子而市楚之东国'也。又诗氓'来即我
　谋'笺'即,就也。'此言就其在秦而劫之,使多出地耳。刘改
　'印'无义。"　金其源读书管见:"说文作'卬,望欲有所庶几
　也。'段注云:'庶几,犹几也。'淮南子原道训'而以少正多'注:
　'而,能也。''卬而多求地'者,言庶几能多求地也。并非'误
　衍',亦不必作'印'。"　建章按:"卬"与"仰"通。广雅释诂三:
　"仰,恃也"。"恃"通"持",挟持。则此"卬"即挟持之义。秦王
　"不出楚王"的目的就是为了挟持,而向楚国要求多割地。

战国策注释卷十九

赵　策　二

一　苏秦从燕之赵章

苏秦从燕之赵^①，始合从说赵王曰^②："天下之卿相、人臣，乃至布衣之士^③，莫不高贤大王之行义^④，皆愿奉教陈忠于前之日久矣^⑤。虽然，奉阳君妒^⑥，大王不得任事^⑦。是以外宾客，游谈之士无敢尽忠于前者^⑧。今奉阳君捐馆舍^⑨，大王乃今然后得与士民相亲^⑩，臣故敢献其愚，效愚忠^⑪。为大王计，莫若安民无事，请无庸有为也^⑫。安民之本，在于择交。择交而得，则民安；择交不得，则民终身不得安。请言外患：齐、秦为两敌，而民不得安；倚秦攻齐，而民不得安；倚齐攻秦，而民不得安。故夫谋人之主^⑬，伐人之国，常苦出辞断绝人之交^⑭，愿大王慎勿出于口也^⑮。

"请屏左右^⑯，(曰)〔白〕言所以异阴阳而已矣^⑰。大王诚能听臣，燕必致毡、裘、狗、马之地^⑱，齐必致海隅鱼盐之地⑲，楚必致橘柚云梦之地⑳，韩、魏皆可使致封地汤沐之邑㉑，贵戚父兄皆可以受封侯。夫割地效实，五伯之所以覆军禽将而求也㉒；封侯贵戚，汤、武之所以放杀而争也㉓。今大王垂拱而两有之㉔，是臣之所以为大王愿也。大王与秦㉕，则秦必弱韩、魏㉖；与齐，则齐必弱楚、魏。魏弱则割河外㉗，韩弱则效宜阳㉘。宜阳效则上郡绝㉙，河外割则道不通，楚弱则无援。此三策者不可不熟计也㉚。

“夫秦下轵道则南阳动㉛，劫韩包周则赵自销铄㉜，据卫取淇则齐必入朝㉝。秦欲已得行于山东㉞，则必举甲而向赵㉟。秦甲涉河逾漳据番吾则兵必战于邯郸之下矣㊱。此臣之所以为大王患也。

“当今之时，山东之(建)〔战〕国莫如赵强㊲。赵地方二千里㊳，带甲数十万㊴，车千乘，骑万匹㊵，粟支十年㊶；西有常山，南有河、漳，东有清河㊷，北有燕国。燕固弱国，不足畏也。且秦之所畏害于天下者，莫如赵㊸。然而秦不敢举兵甲而伐赵者何也㊹？畏韩、魏之议其后也㊺。然则韩、魏，赵之南蔽也㊻。秦之攻韩、魏也则不然：无有名山大川之限，稍稍蚕食之㊼，傅之国都而止矣㊽；韩、魏不能支秦，必入臣㊾。韩、魏臣于秦，秦无韩、魏之隔，祸中于赵矣㊿。此臣之所以为大王患也。

“臣闻尧无三夫之分(51)，舜无咫尺之地(52)，以有天下(53)。禹无百人之聚(54)，以王诸侯(55)。汤、武之卒不过三千人，车不过三百乘，立为天子(56)。诚得其道也。是故明主外料其敌国之强弱，内度其士卒之众寡、贤与不肖(57)，不待两军相当⑱，而胜败、存亡之机节固已见于胸中矣⑲。岂掩于众人之言⑳，而以冥冥决事哉㉑！

"臣窃以天下地图案之㉒，诸侯之地，五倍于秦，料诸侯之卒，十倍于秦。六国并力为一，西面而攻秦㉓，秦破必矣；今见破于秦㉔，西面而事之，见臣于秦。夫破人之与破于人也，臣人之与臣于人也，岂可同日而言之哉！

"夫横人者，皆欲割诸侯之地以与秦成㉕，与秦成，则高台〔榭〕㉖，美宫室㉗，听竽瑟之音㉘，察五味之和㉙，前有轩辕㉚，后有长庭㉛，美人巧笑㉜，卒有秦患㉝，而不与其忧㉞。是故横人(曰)〔日〕夜务以秦权恐猲诸侯㉟，以求割地。愿大王之熟计之也。

"臣闻明(王)〔主〕绝疑去谗㊱，屏流言之迹㊲，塞朋党之门㊳，故尊主广地强兵之计㊴，臣得陈忠于前矣㊵。故窃为大王计，莫如一韩、魏、齐、楚、燕、赵六国从亲以傧(畔)秦㊶，令天下之将相相与会于洹水之上㊷，通质刑白马以盟㊸，约曰：'秦攻楚，齐、魏各出锐师以佐之㊹，韩绝食道㊺，赵涉河、漳，燕守常山之北㊻。秦攻韩、魏㊼，则楚绝其后㊽，齐出锐师以佐之，赵涉河、漳，燕守云中㊾。秦攻齐，则楚绝其后，韩守成皋㊿，魏塞午道[51]，赵涉河、漳、博关，燕出锐师以佐之。秦攻燕，则赵守常山，楚军武关[52]，齐涉渤海[53]，韩、魏出锐师以佐之。秦攻赵，则韩军宜阳[54]，楚军武关，魏军河外[55]，齐涉(渤海)〔清河〕[56]，燕出锐师以佐之。诸侯有先背约者，五国共伐之。六国从亲以摈秦，秦必不敢出兵于函谷关以害山东矣[57]！如是则伯业成矣[58]。"

赵王曰:"寡人年少,莅国之日浅^⑰,未尝得闻社稷之长计^⑱,今上客有意存天下,安诸侯^⑲,寡人敬以国从。"乃封苏秦为武安君^⑳,饰车百乘^㉑,黄金千镒^㉒,白璧百双^㉓,锦绣千纯^㉔,以约诸侯。

【注释】

①苏秦:见东周策第十八章注①。 史记燕世家"文公二十八年,苏秦始来见说文公,文公予车马金帛以至赵,赵肃侯用之,因约六国为从长。"当周显王三十五年,赵肃侯十六年(前334年)。通鉴、大事记、顾观光战国策编年记苏秦至赵合从皆在次年,于鬯战国策年表同燕世家。钱穆先秦诸子系年95节"附苏代苏厉考"说:"此文不能定在何年。然细考所言,适合周赧王二十九年、三十年(前286、前285年)间之情势。……要之,此策前后乖舛,无足信。"缪文远战国策考辨说:"此策首尾横决,伪证显著,故诸家俱有怀疑之言。此策乃全不晓战国史事者所为也。……今定此策为依托。"郭人民战国策校注系年说:"苏秦传谓燕文侯资苏秦车马以至赵,说赵肃侯。而赵世家不记此事。今据战国纵横家书记载,苏秦至赵,说奉阳君李兑,约五国伐秦,赵封苏秦为武安君,在赵惠文王十二年。司马迁误将苏秦事迹提前四十余年,故苏秦传所叙年代,多与史事不符。今采用战国纵横家书系此事于赵惠文王十二年,燕昭王二十六年,齐闵王十六年,当周赧王二十九年(前286年)。"(按:当是赵惠文王十三年,齐闵王十五年)

②合从:见秦策三第十四章注①。 赵王:肃侯,见秦策一第二章注㊆。

③卿:古时中央高级官员。 相:国相,宰相。 乃:裴学海古书

<u>虚字集释</u>卷六:"犹'以'也。"　布衣:古时平民穿的粗布衣服,故称平民为布衣。也多称没有做官的知识分子为"布衣"。

④"莫不"句:没有那一个不赞扬大王主张正义的行为。　高:<u>广雅释诂</u>一:"敬也。"　贤:尊崇。

⑤奉教:领教,受教。　陈:犹献出,拿出。

⑥奉阳君:<u>李兑</u>,见<u>秦策</u>三第十章注㉔。　妒:嫉妒贤能。

⑦得:能。　任:当,使令。　任事:执掌国家大事;此即<u>赵策</u>一第三章"任国"之义。

⑧<u>姚</u>校:"<u>钱、刘</u>去'宾'字。"　<u>鲍</u>于"客"字断句,注:"外,疏之也。"<u>王念孙读书杂志</u>:"'外客'谓外来之客,<u>鲍</u>云'疏之',非是。<u>史记苏秦列传</u>'宾客游士',此作'外客游谈之士',文本不同。今本作'外宾客'者,后人据<u>史记</u>旁记'宾'字,因误入正文耳。<u>杨倞</u>注<u>荀子臣道篇</u>引此有'宾'字,则所见本已误,<u>文选蜀都赋</u>注、<u>上吴王书</u>注引此并无'宾'字,今据以订正。"　<u>于鬯战国策</u>注:"<u>鲍</u>读'客'字句,义亦可。据<u>苏秦传</u>则外宾客游谈之士当连读,且文气胜。盖宾客、游谈之士非本国之人,故加一'外'字。<u>王</u>说备参。"　<u>建章</u>按:"宾客""游谈之士",本系外来者,不必又加一"外"字,<u>王</u>、<u>于</u>说难从。此言因为疏远宾客,(此笼统言),因此,"游谈之士无敢尽忠于前"(此为具体的结果)。此取<u>鲍</u>说。

⑨捐馆舍:抛弃馆舍;旧时系"死亡"的讳辞。如"山陵崩""填沟壑"之类。

805

⑩乃今然后:犹言"而今而后",即"从今以后"。

⑪<u>鲍</u>本"献其愚效愚忠"作"尽其愚忠"。<u>苏秦列传</u>作"进其愚虑"。　<u>黄丕烈战国策札记</u>:"此策文当是'献其愚'下脱'虑'字,'效愚忠'三字别为句。"　<u>金正炜战国策补释</u>:"此文当作'献其愚,效其忠',次'愚'字涉上而误。<u>黄</u>氏补'虑'字,则

'其'字为衍,且'献其愚'于义自足,其说亦未为安。" 建章按:赵策二第四章"臣固敢竭其愚忠",与苏秦列传句式同,疑衍"效愚"二字。或此句本当作"臣故敢献其愚","效愚忠"乃旁注误入正文者。

⑫"为大王计"三句:为大王着想,不如让人民安定闲适,不要多事扰烦。 无庸:不用,不要。庸:说文:"用也。"

⑬夫:语助。

⑭苦出辞:犹言口出恶言。 苦:淮南子时则训高注:"恶也。"

⑮"愿大王"句:请大王千万谨慎,切勿说这样的话。 无:勿。出于口:指上文"苦出辞"。

⑯请屏左右:请回避左右的人。 屏:除去,排除。

⑰鲍注:"阴阳,谓从横。" 史记苏秦列传"请屏左右"作"请别白黑",无"曰言"二字。 索隐:"战国策云'请屏左右白言所以异阴阳',其说异此。" 黄丕烈战国策札记:"此'曰'即'白'之讹。" 于鬯战国策注:"'白'言'明言'。" 建章按:吕氏春秋季冬纪士节"吾将以身死白之"高注:"白,明也。"当依索隐引改"曰"作"白"。此言,让我说明合从、连横的利弊。

⑱毡:毛毡。 裘:毛皮。

⑲海隅:犹言海边。

⑳柚:柚子,也叫"文旦"。 云梦:见楚策一第十章注⑱。

㉑封地:指下文封"贵戚父兄"之地。 汤沐之邑:见楚策一第十八章注⑱。

㉒五伯:见秦策一第二章注㊼。 覆:礼记中庸注:"败也。" 禽:同"擒"。

㉓汤:见秦策一第二章注㉕。 武:见秦策一第二章注㉗。 孟子梁惠王下"汤放桀,武王伐纣","放""杀"即指此。

㉔垂拱:见齐策五注㉕。 两有之:指上文"割地效实""封侯贵

戚"。

㉕与:联合。

㉖弱:左襄十七年传注:"侵易也。""侵易"犹言侵略。

㉗河外:见齐策一第十七章注⑰。

㉘效:致,献。　宜阳:见秦策二第六章注⑦。

㉙于鬯战国策注:"宜阳、上郡相距甚远。此上郡乃'上党'之别
称也。"　建章按:上党,见西周策第十一章注②。帛书战国纵
横家书第十三章注③以为"上地,指赵之上党",也就是"赵策所
说的赵的上郡"。

㉚三策:指"上郡绝","道不通","无援"。

㉛轵道:今河南省济源市东南。(此从吴师道说)　南阳:见西周
策第十章注④。　动:动乱,危急。苏秦列传"动"作"危"。

㉜周:周都洛阳。　于鬯战国策注引张琦国策释地:"赵都邯郸去
韩殊远,'赵'疑当作'魏','劫韩'则逼魏,故'自销铄'。下云
'秦欲已得行乎山东,则必举甲而下赵',明此主韩、魏言,不主赵
矣。秦兵自韩及齐,亦不容遗魏不数也。"　建章按:张说是。
销铄(shuò 硕):熔化金属。此言削弱,败。

㉝卫:见秦策三第六章注⑫。　淇:淇水,在今河南省东北部;此
指黎阳。故城在今河南省浚县东北。

㉞行:指"行权",即称霸。　山东:指赵、魏、韩、楚、燕、齐六国。
见秦策一第二章注㉒。

㉟举甲:犹言"发兵"。

㊱涉河:渡过黄河。　逾漳:渡过漳河。　番吾:见齐策一第十七
章注⑬。　邯郸:见秦策一第五章注⑯。

㊲山东:见秦策一第二章注㉒。　"建国"当作"战国",秦策四第
八章有"山东战国有六",见秦策四第八章注⑰。

㊳方二千里:四百万平方里,见秦策一第五章注㉘。

㊴带甲:战士。

㊵车:战车。一车四马为一乘。　骑:史记项羽本纪正义:“单乘曰骑。”此言战马。

㊶粟支十年:粮食可供十年。

㊷常山:见楚策一第十八章注⑫。　河:黄河。　漳:漳河。　清河:即济水。

㊸“且秦”句:在诸侯中秦国最担忧的就是赵国。　害:淮南子修务训高注:“患也。”

㊹举兵甲:出师,发兵。

㊺议:广雅释诂四“谋也”。

㊻南蔽:南面的屏障。

㊼稍稍:渐渐。　蚕食:见赵策一第十一章注㊲。

㊽“傅之”句:一直可以逼近韩、魏的国都。　傅:小尔雅广诂:“近也。”于鬯战国策注:“‘止矣’犹言‘已矣’。”

㊾“韩、魏”句:韩、魏两国不能对付秦国,就一定会屈服于秦国。臣:服,屈服。

㊿中(zhòng 众):如箭中靶。此言“及”。

(51)尧:见秦策一第二章注㉒。　左襄二十五年传注:“百亩为夫。”则三夫为三百亩。　分:犹地位,此犹言“地盘”。

(52)咫(zhǐ 纸):古代八寸。　咫尺:言距离很小。　舜:见秦策一第二章注㉓。

(53)以:而。

(54)禹:见秦策一第二章注㉔。　聚:史记舜本纪“一年而所居成聚”正义:“谓村落也。”

(55)以王诸侯:而成为诸侯之王。王,用作动词。

(56)立:通“位”,见秦策四第八章注⑪。　天子:见齐策四第五章注㉘。

57 度:推测,估计。

58 当:敌。

59 姚校:"一本无'节'字。" 苏秦列传亦无"节"字。 鲍注:"节、节目。" 建章按:墨子号令"即有惊",毕云:"即,旧作'节',以意改。"于省吾双剑誃诸子新证"宝历本'节'作'即','节'、'即'古字通,下文'节不法',言'即不法'也,齐刀,'即墨'作'节墨'。"帛书战国纵横家书第五章"节(即)有恶臣者","节"亦"即"。 即:裴学海古书虚字集释卷八:"犹'则'也。" 见:吕氏春秋季夏纪明理高注:"明。"

60 姚校:"钱、刘'掩'作'闇'。" 建章按:礼记月令"处必掩身"注:"掩、犹隐翳也。"与"闇"义同。

61 冥冥:昏暗,糊里糊涂。

62 案:检察,察验。

63 面:向。

64 见破于秦:被秦国灭掉。 破:灭。 姚校:"一本无'见破于秦'四字。" 鲍本无"今见破于秦"五字,鲍于"西面"上补"今"字。 苏秦列传亦无"见破于秦"四字,与姚见一本合。 金正炜战国策补释:"'见破于秦'涉下文而衍,一本无者是也。" 于鬯战国策注:"下文言'破于人',则'见破于秦'当有。" 建章按:下文"破于人"与"破于秦"相应,"臣于人"与"臣于秦"相应。于说是。

65 成:平,讲和。

809

66 鲍本"台"下补"榭"字。 苏秦列传"台"下有"榭"字。 建章按:当补"榭"字,与"美宫室"对文。书秦誓上:"推宫室台榭。"榭:建在土台上的敞屋。

67 宫:上古房屋的通称。秦汉以后指帝、后、太子等居住的房屋。

68 竽:古簧管乐器,形似笙而略大。 瑟:古拨弦乐器,形似琴,通常为二十五弦。

⑥察:辨别;此言品尝。　和:适度;此言味美。

⑦鲍注:"天文志'权轩辕,象后宫',此言美人之所处也。"　史记苏秦列传作"前有楼阙轩辕",索隐:"战国策云'前有轩辕',又史记俗本亦有作'轩冕'者,非本文也。"　泷川资言考证:"中井积德曰'轩辕不可晓,岂谓饰舆邪?'顾炎武曰:'轩辕当作轩县,周礼小胥"正乐县之位,诸侯轩县",注谓:"轩县者阙其南面"。'按:轩辕,犹言舆车也。"　关修龄战国策高注补正:"疑'辕'作'冕';轩,轩车也;冕,冕服也。此谓横人而说者,岂以为诸侯乎? 至轩辕言'美人之所处',则大谬矣。"　金正炜战国策补释:"'后宫'不得称'前',且与下句'后有长庭'义复。此文就横人言,故后云'有秦患而不与其忧',则尤不得云'有轩辕'矣。疑当作'轩县',音近而误。周礼小胥'王'宫县;诸侯,轩县。'司农注:'宫县,四面县;轩县,去其一面。'家语正论篇'请曲县之乐',诸侯轩县,轩县阙一面,故谓曲县之乐。'六国僭王,其臣亦拟诸侯,故得有轩县于前也。"　建章按:左成二年传"请曲县"注:"轩县也。周礼:天子乐宫县,四面;诸侯轩县,阙南方。"　贾谊新书审微:"礼:天子之乐,宫县;诸侯之乐,轩县。"诸侯之乐,室内三面县乐器,缺南面,因形曲,谓之"曲县",即"轩县"。县,通"悬"。此"轩辕"当是"轩县"音误,是说前有舞乐,后有宫女,故下文言"美人巧笑"。

⑦长庭:指后宫美人所居处。

⑦巧:犹美、娇。

⑦卒:通"猝",突然。

⑦卒有秦患而不与其忧:一旦秦祸临头,横人却不与诸侯共忧患。　其:指诸侯。

⑦鲍本、史记苏秦列传"曰"并作"曰"。资治通鉴周纪二显王三

十六年(前333年)作"是以衡人日夜务以秦权恐猲诸侯"。通鉴纪事本末秦并六国周显王三十六年作"是故衡人日夜务以秦权恐猲诸侯"。绎史卷一一八作"是故夫衡人日夜务以秦权恐猲诸侯"。"曰"并作"日"。　建章按:当改"曰"作"日"。"恐猲"即"恐赫""恐吓""恐喝""恐猲"。详桂馥札朴卷一"赫"字解。

⑦⑥鲍本、史记苏秦列传"王"并作"主"。前文作"明主",此"王"当为"主"字之误。　绝疑:不疑惑。　绝:论语子罕皇疏:"无也。"无:犹"不"。　去谗:不听信谗言。

⑦⑦屏:除去,抵制。　流言:没有根据的话(多指背后造谣、诬蔑、挑拨的话)。

⑦⑧塞朋党之门:堵塞结党营私之门。　朋党:见齐策一第十七章注⑩。

⑦⑨故:王引之经传释词卷五:"犹'则'。"

⑧⑩陈:犹"献"。

⑧①一:犹"联合"。　从亲:合纵。　史记苏秦列传无"傧"字。黄丕烈战国策札记:"此句'傧'字当因下句而衍。"　建章按:齐策四第十一章"臣愿王明释帝以就天下,倍约傧秦",赵策二第三章"大王收率天下以傧秦",且下文亦言"摈秦"。此"畔"字当是校书者据史记旁注而误入正文者。　"傧"通"摈":对抗。

⑧②洹水:见秦策一第五章注⑩⑥,并⑩⑤。

811

⑧③通:犹"交换"。　质:质子,见秦策二第十五章注④。　刑白马以盟之:杀白马,结盟誓,共订盟约。见齐策三第七章注⑯。

⑧④佐:助。

⑧⑤食道:粮道。　于鬯战国策注引张琦战国策释地说:"是时秦未有巴、蜀、汉中,伐楚必出武关。韩自宜阳道卢氏而西可绝其

食道。"

⑧常山:见楚策一第十八章注⑫。 程恩泽国策地名考:"'常山之北'为今易州、宣化之地,即燕上谷郡,此与秦之攻楚何与?曰:为赵守也。盖赵既悉师涉河、漳,则其国空虚,秦若潜师由上郡朔方而来,必有意外之变,故使燕守此,以防其后,正见六国从亲之意。下文'燕守云中'亦然。"

⑧史记苏秦列传正义:"谓道蒲津之东攻之。"

⑧苏秦列传索隐:"谓出兵武关,以绝秦兵之后。"

⑧云中:故城在今内蒙古自治区呼和浩特市与托克托之间。

⑨成皋:见秦策三第七章注①。

⑨午道:史记张仪列传"今秦发三将军,其一军塞午道",索隐:"此午道当在赵之东,齐之西也,午道地名也。" 于鬯战国策注:"楚世家正义谓'在博州西境',案博州古城今在山东省聊城县西北十五里。"

⑨博关:见齐策一第十七章注㉑。据彼"悉赵涉河指博关"则此"博"上当脱"指"字,或"漳"字当是"指"字之误。见齐策一第十七章注⑳。

⑨军:驻扎。 武关:见齐策六第九章注⑯。

⑨史记苏秦列传正义:"齐从沧州渡河至瀛州。" 于鬯战国策注引张琦战国策释地说:"瀛州今河间府。"

⑨宜阳:见秦策二第六章注⑦。

⑨河外:见齐策一第十七章注⑰。

⑨史记苏秦列传"渤海"作"清河"。 王念孙读书杂志:"齐之救赵,无烦涉渤海,史记'渤海'作'清河'是也。苏秦说齐王曰'齐西有清河',说赵王曰'赵东有清河',是清河在齐、赵之间。齐、赵相救必涉清河,齐、赵相攻亦必涉清河。张仪说齐王曰'大王不事秦,秦悉赵兵涉清河指博关',说赵王曰'今秦告齐使

兴兵度清河,军于邯郸之东'皆是也。今作'渤海'者,因上文有
'齐涉渤海'而误。上文曰'秦攻燕,则赵守常山,楚军武关,齐
涉渤海,韩、魏出锐师以佐之',渤海在燕、齐之间,故齐之救燕,
必涉渤海也。" 建章按:当据王说改"渤海"作"清河"。

⑱函谷关:见秦策一第二章注⑤。

⑲伯:同"霸"。 伯业:霸王之业。 伯王:见东周策第十五章
注②。

⑳莅国:执掌国政。 浅:短。

㉑"未尝"句:不知道为国家长远打算。 闻:知。 社稷:见秦策
一第五章注㊱。

㉒"今上客"句:现在贵宾有心保卫天下,安定诸侯。 上客:尊
客,贵客。

㉓饰车:装饰华贵之车,古时大夫以上所乘。

㉔镒:见东周策第二十二章注③。

㉕璧:见秦策四第十章注㉑。

㉖纯:绸帛一匹为一纯。

二 秦攻赵章

秦攻赵①,苏子为谓秦王曰②:"臣闻明王之于其民也,
博论而技艺之③,是故官无乏事而力不困④;于其言也,多听
而时用之⑤,是故事无败业而恶不章⑥。臣愿王察臣之所
谒⑦,而效之于一时之用也⑧。臣闻怀重宝者,不以夜行⑨;
任大功者,不以轻敌。是以贤者任重而行恭,知者功大而
辞顺。故民不恶其尊⑩,而世不妒其业。臣闻之:百倍之国
者⑪,民不乐后也⑫;功业高世者,人主不再行也⑬;力尽之

民,仁者不用也⑭;求得而反静,圣主之制也⑮;功大而息民,用兵之道也。今用兵终身不休,力尽不罢,赵怒必于其已邑,赵仅存哉⑯!然而四(轮)〔输〕之国也,今虽得邯郸,非国之长利也⑰。意者⑱,地广而不耕,民羸而不休⑲,又严之以刑罚,则虽从而不止矣⑳。语曰:'战胜而国危者,物不断也㉑;功大而权轻者,地不入也㉒。'故过任之事,父不得于子㉓;无已之求,君不得于臣㉔。故微之为著者强,察乎息民之为用者伯,明乎轻之为重者王㉕。"

秦王曰:"寡人案兵息民㉖,则天下必为从㉗,将以逆秦。㉘"苏子曰:"臣有以知天下之不能为从以逆秦也㉙。臣以田单、如耳为大过也㉚。岂独田单、如耳为大过哉㉛?天下之主亦尽过矣!夫虑收亡齐、罢楚、敝魏与不可知之赵㉜,欲以穷秦、折韩㉝,臣以为至愚也㉞。夫齐威、宣㉟,世之贤主也,德博而地广㊱,国富而用民㊲,将武而兵强㊳。宣王用之㊴,后富韩威魏㊵,以南伐楚㊶,西攻秦,为齐兵困于殽塞之上㊷,十年攘地㊸,秦人远迹不服㊹,而齐为虚戾㊺。夫齐兵之所以破,韩、魏之所以仅存者,何也?是则伐楚、攻秦而后受其殃也。今富非有齐威、宣之余也㊻,精兵非有富韩劲魏之库也㊼,而将非有田单、司马之虑也㊽。收破齐、罢楚、弊魏、不可知之赵㊾,欲以穷秦、折韩,臣以为至误。臣以从一不可成也㊿。客有难者51,今臣有患于世,夫刑名之家皆曰52:'白马非马'也53。已如白马实马54,乃使有白马之为也55。此臣之所患也56。

"昔者秦人下兵攻怀57,服其人58。三国从之59,赵奢、鲍佞将^⑥，楚有四人起而从之。临怀而不救，秦人去而不从^⑥。不识三国之憎秦而爱怀耶^⑥？忘其憎怀而爱秦邪^⑥？夫攻而不救，去而不从，是以三国之兵困^⑥，而赵奢、鲍接之能也^⑥。故裂地以败于齐^⑥。田单将齐之良，以兵横行于中十四年^⑥，终身不敢设兵以攻秦折韩也，而驰于封内^⑥，不识从之一成恶存也^⑥。"

于是秦王解兵不出于境^⑦，诸侯休，天下安，二十九年不相攻^⑦。

【注释】

①鲍移此策在秦策，定此策在赵孝成王九年，当周赧王五十八年（前 257 年）。 林春溥战国纪年、顾观光战国策编年并从鲍说。于鬯战国策注："黄式三编略在周赧五十六年。考秦策谓应侯曰'君禽马服'云云，据史白起传'谓者'乃苏代也，彼策正在赧五十六年，即长平之役，此下言'苏子'可合。" 鲍彪注说："自昭讫始皇定天下，无年不战，则天下不相攻之说不可晓也。"吴师道补说："二十九年不相攻，必有误字。辩士增饰之词固多，然不应如此之甚。" 钱穆先秦诸子系年 95 节"附苏代苏厉考"说："此文有'田单将齐之良，以兵横行十四年'之语，则其事应在赵孝成王时，其时，代、厉皆已没世，不知此苏子又何指。" 缪文远战国策考辨说："战国时期从无诸侯二十九年不相攻事，是此策乃全不识史事者之所为也。" 郭人民战国策校注系年说："策文'虽得邯郸，非国之长利也'，则此当是秦、赵长平之战后，秦军围邯郸时事。当系于秦昭王四十八年，赵孝成王七年，当周赧王五十六年（前 259 年）。" 马非百秦集史在使节表中根据史记白起列传说："昭王四十八年十月，秦复定上

党郡。秦军分为二：王龁攻皮牢，拔之；司马梗定太原。韩、赵恐，使苏代厚币说秦相应侯曰云云。于是应侯言于秦王，王听之，割韩垣雍、赵六城以和。" 史记白起列传泷川资言考证说："策无'韩、赵恐，使苏代厚币'八字，盖史公以意补之也。"泷川所言"策"，指秦策三第十五章。

②于鬯战国策注："苏代先说范雎，因说秦王，故黄略云'于是范雎使苏代见秦王'，秦昭襄四十八年。" 建章按：徐中舒说"'苏子'当为'苏秦'"。（见历史研究1964年第一期140页）然苏秦死于前284年（唐兰说），或前285年（徐中舒说），如依林、顾、于编此策之年，则徐说不知何据。 秦王：昭王，见西周策第一章注⑭。徐中舒文引此句于"为"下补"赵"字。

③"臣闻"两句：我听说，英明的国君对于他的老百姓广泛地选拔，根据他们不同的技术和能力任用他们。 论：吕氏春秋仲春纪当染"古之善为君者劳而论人"注："犹'择'也。" 技艺：用作动词。

④"是故"句：所以，百官各尽其能，有用不完的才干。 困：穷，尽。

⑤时：广雅释诂一："善也。"

⑥"是故事"句：所以，国家进行的各种事业就不会败坏，而错误也不会太大。 业：诗商颂长发毛传："危也。" 恶：说文："过也。" 章：孝经内事图注："大也。"

⑦所谒：所说的。 谒：说文"白也"。

⑧"而效"句：在实践过程中加以验证。 效：验证。 用：方言六"行也。"犹言实践。

⑨重宝：珍宝。 以：裴学海古书虚字集释卷一："犹'能'，犹'可'也。"

⑩恶：憎恶。 尊：尊位。

⑪吕氏春秋仲冬纪至忠"子培贤者也,又为王百倍之臣。"高注:"子培之贤百倍于人。"此"百倍之国"是说国之大百倍于他国。

⑫民不乐后也:人民希望不再有战争的困扰。 鲍注:"争先附之。"吴正:"地既广矣,民不乐其后之复有事也。" 关修龄战国策高注补正:"'后'恐'从'字讹,言地广事烦,故民不乐服从。" 横田惟孝战国策正解:"'后'恐'复'讹,言地既广矣,民不乐复有事也。" 建章按:据下文"功大而息民,用兵之道也","今用兵终身不休,力尽不罢","后"当是"复"之形误。管子任法"法立而还废之,令出而后反之",王念孙读书杂志:"'后'当依朱本作'复',字之误也。"墨子备城门"后使辛急为垒壁,以盖瓦后之"。王念孙读书杂志引王引之说:"两'复'字皆作'后'。"韩非子难三"死君后生臣不愧而后为贞",于省吾双剑誃诸子新证:"此本作'死君复生,臣不愧而后为贞'。"可见"复"易误作"后"。

⑬"功业"两句:治理卓越的国家,国君就不再劳烦百姓。 高世:超世。 行:使,使民。

⑭"力尽"两句:人民已经精疲力竭,真正仁爱的国君是不会再去役使他们的。

⑮"求得"两句:此言,要想达到某种目的,不去扰烦百姓,这是圣贤国君的治理办法。 静:安,宁,犹言"无为"。

⑯"今用兵"句以下是说:现在用兵,使人民终身不得休息,精疲力竭,还不歇止。秦国恼怒赵国,他一定会把赵国当作秦国国土的一部分,这样,赵国就所存无几了。 "赵怒",鲍改作"怒赵"。 于:王引之经传释词卷一:"犹'为'也。" 哉:经传释词卷八:"犹'矣'也。"

⑰"然而"三句:可是,赵国是个四通八达的国家,现即使占领了赵

国(兵疲力尽,四方来伐),也不是秦国的长远利益啊。 吴正:
"姚本作'四输'是,言四面输写之国。" 于鬯战国策注:"卢刻
'轮'作'输',则与吴所引合。" 建章按:荀子正名"辞也者,兼
异实之名以论一意也。"王念孙读书杂志:"'论'当为'谕',字
之误也。淮南子齐俗训'不足以谕之',今本'谕'误作
'论'。"则"俞"易误作"仑"。当依吴引姚本、于引卢刻本改
"轮"作"输"。四输,犹言四通八达。 邯郸,赵的国都,此言
赵国。

⑱意者:或者。

⑲羸:疲,弱。

⑳"意者"句以下是说:或者,(秦国占领了赵国的土地,由于四方
来伐)地虽广,而不能耕,人民疲困而不得休息,再加上给他们
施用严刑峻法,虽然以力压服了他们,终究是待不住的。 从:
服从。 止:尔雅释诂:"待也。"

㉑"语曰"两句:常言说,打了胜仗,可是国家还处在危险的状态,
这是因为战争不止的缘故。此即应上文"民羸而不休"。 物:
事,此指战事。 断:绝,止,停。

㉒"功大"两句:建立卓越的功业,可是国家的统治权力还施展不
开,这是因为(虽然得了大片土地,可是人民不服,实际上)土地
还没有真正为自己所有。此即应上文"虽从而不止"。

㉓"故过"两句:所以,推行错误的措施,父亲也不能要求于自己的
儿子。 过任:错误的任务。

㉔"无已"两句:无止境的要求,国君也不能要求自己的大臣。
无已:没有止境。

㉕吴补:"'故'下当有缺字,以下文推之可见。" 于鬯战国策注:
"或补'识乎'二字。" 建章按:补"识乎"二字,与下两句"察
乎""明乎"始协,然未知确否。姑从于说。此三句是说:所以,

战国策注释

知道由微弱(因不断发展而至)昭著,可以使国家强盛;懂得使人休息,善于使用民力,不至疲竭,可以称霸于诸侯;明白积微弱而至于举足轻重这个道理,可以称王。此三句是劝秦王不要忽视轻、微,要人民休息,养精蓄锐,勿攻赵。

㉖案兵:不出兵打仗。 案:止。 息民:使人民休息。

㉗为从:搞合纵联盟。

㉘逆:对抗。

㉙有:裴学海古书虚字集释卷二:"犹'能'也。'有'训'能',犹'以'训'能'也。" 则"有以":能。

㉚田单:见秦策三第十章注③。 如耳:见秦策四第四章注③。过:错。

㉛独:只。

㉜姚校:"曾改'亡'作'破'。"下文"亡齐"作"破齐"。 建章按:"亡""破"义同,均有"破败""丧乱"之义,不必改字。 虑:裴学海古书虚字集释卷六:"犹'大凡'也,'大氐'也。'大氐'亦作'大抵'也。" 不可知:言存亡不可知。

㉝穷:困。 折:伤害,挫败。 时秦、韩正和好,故秦、韩并提。

㉞"夫虑"句以下是说:大抵,去联合破败的齐、楚、魏三国,再加上那个存亡未知的赵国,却想去找秦国的麻烦,还要想打败韩国,我认为这是最愚蠢的做法。 至:极,最。

㉟齐威:齐威王,见秦策四第十章注⑲。 宣:齐宣王,见东周策第一章注④。

㊱德博而地广:仁德博大,土地广阔。

㊲鲍改"用民"为"民用"。 吴补:"当作'民用'。" 于鬯战国策注:"鲍改是。'用'疑读为'勇'。" 建章按:据"德博""地广""国富""将武""兵强",则此或当作"民用"。民用,作"人民听从使唤"亦可。

㊳武：指善用兵。

㊴上文言"齐威、宣"，此言"宣王"，实即以一代全，指齐威王、齐宣王。 之：指上文"德博而地广，国富而民用，将武而兵强"这些条件。

㊵"宣王"两句：他们凭借着这些条件进逼韩国，威胁魏国。 鲍改"富"作"破"。 吴补："'富'字因下误，疑为'逼'。" 建章按："富""逼"皆从"畐"，可通假。又据钱大昕"古无轻唇音"说（见十驾斋养新录卷五），"富"亦读"逼"。

㊶以：而。

㊷"为齐"句：秦国被齐军困阻在殽塞以西。 殽塞：即殽山，亦即函谷，见秦策一第二章注⑤。

㊸十年攘地：十年来，齐国开拓疆域。 攘：鲍注："推也，犹'拓'也。"

㊹"秦人"句：秦人远避，而心不服。

㊺齐为虚戾：齐国终究国土成为废墟，人民惨遭屠杀。 庄子人间世"昔者尧攻丛枝、胥敖，禹攻有扈，国为虚厉。"陆德明经典释文引李颐说："居宅无人曰虚，死而无后曰厉。"成玄英疏："境土丘虚，人民灭绝。"虚厉，也作"虚戾"。

㊻"今富"句：现在诸侯没有齐威王、齐宣王时那样富有。 余：说文"饶也"。

㊼"精兵"句：论兵器，也没有当初齐威王、齐宣王进逼韩国，威胁魏国时那样的武器库。

㊽司马：司马穰苴，见齐策六第一章注⑦。 虑：尔雅释诂："谋也。"

㊾据上文"弊魏"下当有"与"字。

㊿一：王引之经传释词卷三："语助也。"

(51)难：责问。

○52刑名之家:战国时诸子百家学派之一;或称辩者,或称"刑(形)名之家"。主要代表有惠施、公孙龙。

○53白马非马:"白马不是马",这是公孙龙的著名论题,详公孙龙子白马篇。

○54已如:犹言"然而"。

○55鲍注:"如使白马实马,必有'白马'之为,而天下之马不皆为白马,故曰'非马'。"

○56鲍注:"言难者皆无端若此,故可患;而今非若此也。" 横田惟孝战国策正解:"此四十二字,疑他章错简。" 建章按:无"客有难者……此臣之所患也"四十二字,前后文义并无间隙;有此四十二字,比喻不甚明确。

○57于鬯战国策注:"怀,故城在河南怀庆府武陟县西南十一里。魏安釐九年,周赧四十七年当即此所谓'攻怀'事。" 建章按:史记六国年表魏格"安釐王九年,秦拔我怀城"。

○58服其人:打败魏军。 服:周书谥法:"败也。"

○59三国从之:赵、齐、楚三国要去援救怀地。 三国:据下文当是赵、齐、楚三国。

○60姚校:"'佞'一作'接'。" 于鬯战国策注:"下文作'接',必有一误。" 赵奢:初为赵国田部吏(征收田赋的官吏),因治租有法,平原君荐于赵王,赵王用以治赋,民富而府库实。后赵王使将兵与秦战于阏与,大破秦军,赵惠文王赐号为马服君,与廉颇、蔺相如同位。史记有传,附廉颇蔺相如列传后。 鲍佞:齐将。

○61秦人去而不从:秦军撤退,又不去追击。

○62"不识"句:不知三国是憎恨秦国呢,还是爱惜怀地呢? 识:知。

○63忘其:或者。见王引之经传释词卷十。

㉔是以:因此。　困:疲劳困窘。

㉕鲍本"接"作"佞",注:"以不救不从为能,知秦之不可当也。"
关修龄战国策高注补正:"一本标注云'能,犹不能。言不救不
从者,以三国困,两人不能也。'"　横田惟孝战国策正解:"诸
本'罢'作'能',今从一本。罢,驽也,言不救不从者,以兵困马
驽也。"　建章按:囡本书眉标注"能,犹不能也"。疑"之"或当
是"不"字之误。墨子非攻下"儯食饮之时"孙诒让间诂:"'之
时'当为'不时'。"又号令"从淫之法"于鬯香草续校书:"'之'
盖'不'字之误。'"

㉖鲍注:"此下申言上殽函之败。"　吴正:"'裂地败齐'当是指五
国伐齐之事;三国之不救怀,卒裂地以败齐。皆言从之不能
合。"　金正炜战国策补释:"'败于齐'于文不合,疑当作'裂地
以效于秦','效'、'败'字形相近;'齐'字涉下句'将齐之良'
而误。"　横田惟孝战国策正解:"诸侯裂地赂秦以败齐。"　于
鬯战国策注:"句不可解,事亦不见,当详。鲍、吴说并非。"　建
章按:齐策五"战攻之败",金正炜亦说:"'败'当为'效'之讹。"
(见注㉟)。如依金说,前后文尚可贯通。

㉗于鬯战国策注:"自田单起兵复齐,至秦攻怀时,当有十四年之
数,然则此仍承上攻怀而言。下文且言'终身',是单已死而溯
前事也。而上文言'田单如耳为大过',彼田单为可疑矣。若谓
此时单未死,正与如耳谋合从,则'十四年'或当作'二十四
年',脱'二'字。"　建章按:中:国中。

㉘鲍注:"言不出战,所谓'横行于中'。"　建章按:封内:犹言
国内。

㉙"不识"句:不知合纵联盟又怎么能组成呢。　恶:犹"何"。

㉚"于是"句:于是,秦王松懈了战备,而不出国境。　解:同
"懈"。

⑦吴补:"二十九年不相攻"必有误字,辩士增饰之词固多,然不应
如此之甚。"

三 张仪为秦连横说赵王章

张仪为秦连横说赵王曰①:"弊邑秦王使臣敢献书于大
王御史②。大王收率天下以傧秦③,秦兵不敢出函谷关十五
年矣④。大王之威行于天下山东⑤,弊邑恐惧慑伏⑥,缮甲厉
兵⑦,饰车骑⑧,习驰射⑨,力田积粟⑩,守四封之内⑪,愁居慑
处⑫,不敢动摇⑬,唯大王有意督过之也⑭。今秦以大王之
力,西举巴、蜀,并汉中⑮,东收两周,而西迁九鼎⑯,守白马
之津⑰。秦虽辟远⑱,然而心忿悁含怒之日久矣⑲。今(宣)
〔寡〕君有微甲钝兵⑳,军于渑池㉑,愿渡河逾漳,据番吾㉒,
迎战邯郸之下㉓,愿以甲子之日合战㉔,以正殷纣之事㉕。敬
使臣先以闻于左右㉖。

"凡大王之所信以为从者㉗,恃苏秦之计㉘,荧惑诸侯㉙,
以是为非,以非为是,欲反覆齐国而不能㉚,自令车裂于齐
之市㉛。夫天下之不可一亦明矣。今楚与秦为昆弟之国㉜,
而韩、魏称为东蕃之臣㉝,齐献鱼盐之地,此断赵之右臂也。
夫断右臂而求与人斗,失其党而孤居,求欲无危,岂可得
哉㉞?今秦发三将军:一军塞午道㉟,告齐,使兴师,度清
河㊱,军于邯郸之东;一军军于成皋㊲,驱韩、魏而军于河
外㊳;一军军于渑池㊴。约曰:'四国为一,以攻赵,破赵而四
分其地。'是故不敢匿意隐情,先以闻于左右㊵。臣切为大
王计㊶,莫如与秦遇于渑池㊷,面相见而身相结也㊸。臣请案

兵无攻[44],愿大王之定计[45]。"

赵王曰:"先王之时[46],奉阳君相[47],专权擅势[48],蔽晦先王,独制官事[49],寡人宫居,属于师傅,不得与国谋。先王弃群臣[50],寡人年少,奉祠祭之日浅[51],私心固窃疑焉。以为一从不事秦[52],非国之长利也。乃且愿变心易虑[53],剖地谢前过以事秦[54]。方将约车趋行[55],而适闻使者之明诏[56]。"于是乃以车三百乘入朝渑池,割河间以事秦[57]。

【注释】

①吕祖谦大事记"张仪说赵连横事秦"在周赧王四年,顾观光战国策编年、于鬯战国策年表并同。当秦惠王更元十四年,赵武灵王十五年(前311年)。 张仪:见秦策一第三章注⑫。 赵王:赵武灵王,见秦策二第十五章注⑩。 连横:见秦策一第二章注①。

②弊邑:敝邑,见秦策二第十五章注⑥。 秦王:秦惠王,见秦策一第一章注⑱。 大王御史:表面上指国君的下属御史,实际上指国君本人。古人对于统治者国君不敢直接指称,只称其手下人,以代替国君自己。如称"执事",意思与称"陛下"同。

③收:联合。 率:率领。 傧:同"摈",对抗,抵制。 周显王三十五年,赵肃侯十六年(前334年),苏秦约六国合纵,赵为纵约长,见第一章。

④函谷关:见秦策一第二章注⑤。

⑤吴补:"一本无'山东'字。"史记张仪列传无"天下"字。 关修龄战国策高注补正:"策所谓'天下'即'山东'也,宜除其一。" 于鬯战国策注"此或后人以史校策误入正文。" 建章按:"天下"与"山东"意复,当依吴引一本删"山东"二字。 山东:指

六国。

⑥慑伏:即"慑服",因恐惧而顺从或屈服。

⑦缮:修补。 厉:同"砺",磨。 兵:兵器。

⑧饰:整修。

⑨习驰射:操练骑射。

⑩力田:努力耕种。

⑪守四封之内:坚守国内。 封:境,疆界。

⑫"愁居"与"慑处"义同,犹言居处不安。

⑬不敢动摇:不敢轻举妄动。

⑭"唯大王"句:想着大王有意责备敝国秦王的过错。 唯:同"惟",思。 督:汉书尹翁归传注:"责也。" 过:广雅释诂一:"责也。" 督过:责备。

⑮举:攻下。 并:吞并。 巴、蜀、汉中:见秦策一第二章注②。史记秦本纪"秦惠文王后元九年(前316年)司马错伐蜀灭之。"又"秦惠文王后元十三年(前312年)攻楚汉中,取地六百里,置汉中郡。"

⑯两周:东周、西周。 九鼎:见东周策第一章注①。史记张仪列传梁玉绳志疑:"'包两周,迁九鼎'此不过大言之耳;收取两周,非惠王;迁鼎亦无其事。"

⑰白马之津:即白马之口,见秦策一第五章注㉟。 于鬯战国策注:"白马津属魏,是越国履远,虽在魏而属于秦者也,故曰'守'。"

⑱辟:同"僻"。

⑲忿悁(yuān 冤):气愤。 忿:同"愤"。 悁:说文:"忿也。"

⑳鲍改"宣"作"寡",改"微"作"敝"。 吴补:"字讹,当作'寡';'微',史作'敝'。" 金正炜战国策补释:"易说卦'其于人也,为寡发',释文'寡,本又作宣。'唐人书'寡'字作'宜',如李邕

书<u>李思训</u>神道碑'寡欲'作'宣欲',二形相似,传写易讹。'微甲'当从<u>史</u>作'敝甲'。" <u>建章</u>按:金说是,"宣"无义,当改作"寡"。 诗柏舟"日居月诸,胡迭而微",笺云:"微,谓亏伤也。"国语晋语四"(<u>重耳</u>)自<u>卫</u>过<u>曹</u>,<u>曹共公</u>止其舍,谍其将浴,设微薄而观之",注:"微,蔽也。""蔽"通"敝",与"亏伤"义同。则不必改从<u>史</u>。 微甲钝兵:犹言破铠甲、钝兵器;乃谦卑委婉之辞。

㉑军:驻扎。 渑池:见<u>齐</u>策一第十七章注⑱。

㉒河:<u>黄河</u>。 漳:<u>漳河</u>。 据:据守。 番吾:见<u>齐</u>策一第十七章注⑬。

㉓邯郸:<u>赵</u>都,见<u>秦</u>策一第五章注㉖。

㉔<u>武王</u>伐<u>纣</u>在甲子之日,此暗喻<u>赵</u>为<u>纣</u>,以胁迫之。

㉕以正殷纣之事:犹言按照<u>武王</u>伐<u>纣</u>之事那样办理。 吕氏春秋季秋纪顺民"昔者<u>汤</u>克<u>夏</u>而正天下"注:"正,治也。" 纣:见<u>秦</u>策一第二章注㉗。

㉖"敬使"句:<u>秦王</u>特以此事敬告大王陛下。 闻:犹告知。 左右:犹上文"御史"之义。见注②。

㉗凡:大抵。

㉘韩非子难三"恃尽聪明",<u>陈奇猷</u>集释:"'恃'、'待'古通用。吕氏春秋无义篇'不穷奚待',史记天官书'不待告',皆以'待'为'恃',老子'万物恃之以生',则以'恃'为'待'。是二字通用之证。故此作'恃',论衡作'待',其实一也。"又当读为"特"。汉书韩延寿传"<u>延寿</u>遂待用之",<u>王念孙</u>读书杂志:"'待'读为'特',谓特用此门卒为掾也;庄子逍遥游'<u>彭祖</u>乃今以久特闻'<u>崔譔</u>本'特'作'待'。'待''特'声相近,故字相通。"特:但、只,只不过。

㉙荧惑:惑乱,迷惑。<u>鲍彪</u>于"荧"上补"秦"字。史记张仪列传无

"之计"二字,复"苏秦"二字。　于鬯战国策注:"此蒙文而省,不补可。"

㉚反覆:颠覆。

㉛依徐中舒说苏秦死于周赧王三十年(前285年),此策如系年在前311年,何以在二十七年前预知苏秦车裂于齐市。此必有误。存疑。楚策一第十八章"凡天下所信约从亲坚者苏秦,封为武安君而相燕,即阴与燕王谋破齐,共分其地,乃佯有罪,出走入齐,齐王因受而相之,居二年而觉,齐王大怒,车裂苏秦于市。"

㉜昆弟:兄弟。　横田惟孝战国策正解:"秦女嫁楚,故曰'昆弟之国'。"

㉝东蕃:犹言东面的属国。古代称分封及臣服的国家为蕃国。"蕃"同"藩"。

㉞得:能。

㉟午道:见第一章注㉑。

㊱清河:见齐策一第十六章注④。　度:同"渡"。

㊲成皋:见秦策三第七章注①。

㊳河外:黄河之南,今河南省北部。

㊴渑池:见齐策一第十七章注⑱。

㊵"是故"两句:因此不敢隐瞒,事先通知大王陛下。　"匿意"与"隐情"同义。匿:隐藏。

827

㊶切:通"窃",谦指自己的意见。

㊷遇:会,会晤。

㊸身:亲。　结:交。

㊹案:止。　无:勿。

㊺之:王引之经传释词卷九:"其也。"　其:表要求、希望等语气的虚词。

㊻于邑 战国策注:"先王,指肃侯。" 赵肃侯:见秦策一第二章注⑦。

㊼奉阳君:即李兑,见秦策三第十章注㉔。

㊽专:义同"擅"。 权:义同"势"。

㊾蔽晦:蒙蔽。 独制:专断。 官事:国政,国家大事。

㊿弃群臣:离开人世。

51奉祠祭:言办理国家大事。 祠:祭祀。 浅:短。

52一从:合纵。

53"乃且"句:这才重新考虑,另定政策。 乃:王引之经传释词卷六:"犹'且'也。"则"乃且"即乃。乃:才。 "变心"与"易虑"义同。

54"剖地"句:割地赔礼,与秦友好。 剖:分,割。 谢前过:承认以前的错误。 事:侍。

55"方将"句:正要备车出发。 方将:正要。

56"而适"句:适逢贵宾来到,使我能够领受明教。 闻:受。 诏:吕氏春秋审分览高注:"教也。"

57河间:见秦策一第五章注⑯。 事:犹献。

四 武灵王平昼闲居章

武灵王平昼闲居①,肥义侍坐②,曰:"王虑世事之变,权甲兵之用③,念简、襄之迹④,计胡、狄之利乎⑤?"王曰:"嗣立不忘先德⑥,君之道也⑦;错质务明主之长⑧,臣之论也⑨。是以贤君:静,(而)有道民便事之教⑩;动,有明古先世之功⑪。为人臣者:穷⑫,有弟长辞让之节⑬;通⑭,有补民益主之业⑮。此两者君臣之分也⑯。今吾欲继襄主之业,启胡、翟之乡⑰,而卒世不见也⑱。敌弱者⑲,用力少而功多,可以无尽百姓之劳⑳,而享往古之勋㉑。夫有高世之功者㉒,必负遗俗之累㉓;有独知之虑者,必被庶人之(恐)〔怨〕㉔。今吾将胡服骑射以教百姓㉕,而世必议寡人矣㉖。"肥义曰:"臣闻之,疑事无功,疑行无名㉗。今王即定负遗俗之虑,殆毋顾天下之议矣㉘。夫论至德者不和于俗,成大功者不谋于众㉙。昔舜舞有苗㉚,而禹袒入裸国㉛,非以养欲而乐志也㉜,欲以论德而要功也㉝。愚者闇于成事㉞,智者见于未萌㉟。王其遂行之㊱。"王曰:"寡人非疑胡服也,吾恐天下笑之。狂夫之乐,知者哀焉㊲;愚者之笑,贤者戚焉㊳。世有顺我者,则胡服之功未可知也㊴。虽驱世以笑我㊵,胡地、中山吾必有之㊶。"

王遂胡服。使王孙緤告公子成曰㊷:"寡人胡服,且将以朝㊸,亦欲叔之服之也。家听于亲,国听于君,古今之公行也。子不反亲,臣不逆主,先王之通谊也㊹。今寡人作教易服㊺,而叔不服,吾恐天下议之也。夫制国有常㊻,而利民为本㊼;从政有经,而令行为上㊽。故明德在于论贱㊾,行政在于信贵㊿。今胡服之意非以养欲而乐志也㉛。事有所出,功有所止㋵;事成功立,然后德且见也㋶。今寡人恐叔逆从政之经,以辅公叔之议㋷。且寡人闻之:事利国者行无邪㋸,因贵戚者名不累㋹。故寡人愿募公叔之义㋺,以成胡服之功㋻。使緤谒之㋼,叔请服焉㋽。"公子成再拜曰:"臣固闻王之胡服也㋾,不佞寝疾,不能趋走㋿,是以不先进㌀。王今命之㌁,臣固敢竭其愚忠㌂。臣闻之:中国者㌃,聪明睿知之所居也^㉖，万物财用之所聚也，贤圣之所教也^㉘，仁义之所施也^㉙，诗、书、礼、乐之所用也^㉚，异敏技艺之所试也^㉛，远方之所观赴也^㉜，蛮夷之所义行也^㉝。今王释此而袭远方之服^㉞，变古之教，易古之道^㉟，逆人之心^㊱，畔学者^㊲，离中国^㊳，臣愿大王图之^㊴。"

使者报王。王曰："吾固闻叔之病也^㊵。"即之公叔成家^㊶，自请之^㊷，曰："夫服者，所以便用也；礼者，所以便事也^㊸。是以圣人观其乡而顺宜^㊹，因其事而制礼^㊺，所以利其民而厚其国也^㊻。(被)〔祝〕发文身，错臂左衽^㊼，瓯越之民也^㊽。黑齿雕题^㊾，鳀冠秫缝^㊿，大吴之国也^⑨。礼、服不同，其便一也^⑨。是以乡异而用变^⑨，事异而礼易^⑨。是故圣人苟可以利其民，不一其用^⑨；果可以便其事，不同其礼^⑨。儒者一师而礼异，中国同俗而教离^⑨，又况山谷之便乎^⑨？故去就之变，知者不能一^⑨；远近之服^⑩，贤圣不能同。穷乡多异^⑩，曲学多辨^⑩，不知而不疑，异于己而不非者，公于求善也^⑩。今卿之所言者，俗也^⑩。吾之所言者，所以制俗也^⑩。今吾国东有河、薄洛之水^⑩，与齐、中山同之^⑩，而无舟楫之用^⑩。自常山以至代、上党^⑩，东有燕、东胡之境^⑩，西有楼烦、秦、韩之边^⑩，而无骑射之备^⑩。故寡人且聚舟楫之用^⑩，求水居之民^⑭，以守河、薄洛之水，变服骑射，以备其参胡、楼烦、秦、韩之边^⑮。且昔者，简主不塞晋阳以及上党^⑯，而襄(王)〔主〕兼戎取代^⑰，以攘诸胡^⑱，此愚知之所明也^⑲。先时中山负齐之强兵^⑳，侵掠吾地，系累吾民^㉑，引水围鄗^㉒，非社稷之神灵，即鄗几不守^㉓。先王忿之，其怨未能报也。今骑射之服[124]，近可以备上党之形[125]，远可以报中山之怨。而叔也顺中国之俗[126]，以逆简、襄之意[127]，恶变服之名[128]，而忘国事之耻[129]，非寡人所望于子。"公子成再拜稽首曰[130]："臣愚不达于王之议[131]，敢道世俗之(间)〔闻〕。今欲继简、襄之意，以顺先王之志，臣敢不听(今)〔令〕[132]。"再拜，乃赐胡服。

赵文进谏[133]，曰："农夫劳〔力〕而君子养焉[134]，政之经也[135]；愚者陈意而知者论焉[136]，教之道也[137]；臣无隐忠，君无蔽言，国之禄也[138]。臣虽愚，愿竭其忠[139]。"王曰："虑无恶扰[140]，忠无过罪[141]，子其言乎[142]。"赵文曰："当世辅俗，古之道也[143]；衣服有常，礼之制也[144]；(修)〔循〕法无愆，民之职也[145]。三者先圣之所以教，今君释此，而袭远方之服，变古之教，易古之道，故臣愿王之图之。"王曰："子言世俗之(间)〔闻〕[146]。常民溺于习俗，学者沉于所闻[147]，此两者所以成官而顺政也，非所以观远而论始也[148]。且夫三代不同服而王[149]，五伯不同教而政[150]。知者作教，而愚者制焉[151]；贤者议俗，不肖者拘焉[152]。夫制于服之民，不足与论心[153]；拘于俗之众，不足与致意[154]。故势与俗化[155]，而礼与变俱[156]，圣人之道也[157]；承教而动，循法无私，民之职也。知学之人，能与闻迁[158]；达于礼之变，能与时化[159]。故为己者不待人[160]，制今者不法古[161]，子其释之[162]。"

赵造谏曰[163]："隐忠不竭，奸之属也[164]；以私诬国[165]，(贱)〔贼〕之类也[166]。犯奸者身死，(贱)〔贼〕国者族宗[167]。反此两者，先圣之明刑，臣下之大罪也[168]。臣虽愚，愿尽其忠，无遁其死[169]。"王曰："竭意不讳，忠也；上无蔽言，明也[170]。忠不辟危⑰，明不距人⑱。子其言乎。"赵造曰："臣闻之：圣人不易民而教⑲，知者不变俗而动⑳。因民而教者，不劳而成功；据俗而动者，虑径而易见也㉑。今王易初不循俗，胡服不顾世，非所以教民而成礼也㉒。且服奇者志淫，俗辟者乱民㉓。是以莅国者，不袭奇辟之服㉔，中国不近蛮夷之行㉕，非所以教民而成礼者也㉖。且循法无过，(修)〔循〕礼无邪㉗，臣愿王之图之㉘。"王曰："古今不同俗，何古之法㉙？帝王不相袭，何礼之循㉚？宓戏、神农教而不诛㉛；黄帝、尧、舜诛而不怒㉜。及至三王，观时而制法，因事而制礼；法度制令，各顺其宜，衣服器械，各便其用㉝。故礼世不必一其道㉞，便国不必法古㉟；圣人之兴也，不相袭而王㊱；夏、殷之衰也，不易礼而灭㊲。然则反古未可非㊳，而循礼未足多也㊴。且服奇而志淫，是邹、鲁无奇行也㊵？俗辟而民易，是吴、越无俊民也㊶。是以圣人利身之谓服，便事之谓教㊷。进退之(谓)节，衣服之制，所以齐常民，非所以论贤者也㊸。故圣与俗流㊹，贤与变俱㊺。谚曰：'以书为御者，不尽于马之情；以古制今者，不达于事之变。'㊻故循法之功，不足以高世㊼；法古之学，不足以制今㊽。子其勿反也㊾。"

【注释】

①史记赵世家"武灵王十九年召楼缓谋曰：'吾欲胡服。'楼缓曰：'善'。群臣皆不欲。于是肥义侍。……遂胡服招骑射。……二十五年，使周绍胡服傅王子何。" 竹书纪年："魏襄王十七年，邯郸君命将、大夫、适子、戍吏皆貉服(水经河水注)。"魏襄王十七年当周赧王十三年，赵武灵王二十四年(前302年)。顾

观光战国策编年、于鬯战国策年表皆系此策于赵武灵王十九年
（前307年）。　于鬯战国策注："大事记解题云'邯郸者、赵，
即武灵胡服事也，特年与史记不同。'案魏襄十八年与十七年止
相差一年矣。朱右曾纪年存真云'前此议之而未行，至此始皆
貉服。'亦一说也。"　杨宽战国史"公元前307年，赵武灵王实
行军事改革，'胡服骑射'"。　建章按：史记赵世家明言"武灵
王十九年遂胡服招骑射"，此当从史记在赵武灵王十九年，周赧
王八年（前307年）。　武灵王：见秦策二第十五章注⑩。　平
昼：犹言平日。

②肥义：武灵王父赵肃侯之臣，武灵王时为信臣，惠文王时为相国
并为傅。　侍：侍候，陪伴。

③权：衡量。

④简：赵简子，见赵策一第二章注⑳。　襄：赵襄子，见秦策一第
五章注⑩。　简、襄皆赵国的祖先。　迹：脚印。此比喻作"功
业"。

⑤"王虑"句以下大意：大王是不是在考虑当今形势的变化？是不
是在衡量军事力量的使用？是不是在追念要完成先主的功业？
是不是在估计消灭胡、狄的利益？　胡狄：中国古代对北方少
数民族的通称。"狄"亦作"翟"。

⑥嗣：继承。　立：古"位"字，见秦策四第八章注⑪。　先德：指
上文"简、襄之迹"。

⑦"嗣立"两句：继承王位，不忘先主的功业，这是国君应该做
的。　道：荀子王霸杨注："行也。"

⑧荀子大略"错质之臣不息鸡豚"，杨注："错，置也。质，读为
'贽'，置贽，谓执贽而置于君。"吕氏春秋审分览执一"今日置
质为臣，其主安重"，高注："置，犹委也。"国语晋语九"臣闻之：
委质为臣，无有二心；委质而策死，古之法也"，韦注："言委贽于

君,书名于册,示必死也。"则"错质""置质""委质"皆同,古时臣向君献礼,表示献身于君,为君服务。 "主长"与上句"先德"相对为文,"主长"即"主之长",犹"先德"即"先之德",疑衍"之"字。 明:广雅释诂四:"发也。"又国语周语中韦注"显也"。则"明"有发扬光大之义。 务:专力于。 长:特长。

⑨"错质"两句:为国君服务,力图使国君的特长发扬光大,这是大臣应该明确的。 论:吕氏春秋仲夏纪适音高注:"明。"

⑩姚校:"一本无'静'下'而'字。" 建章按:下文"动有""穷有""通有",二字之中皆无"而"字,当从一本删"静"下"而"字。静:安,定,宁;此言无事之时,平时。 道:同"导"。 便:吕氏春秋仲冬纪忠廉高注:"犹'成'也。" 教:淮南子主术训高注"令也"。此言政令。

⑪"静有"两句:因此,英明的国君,平时要制定教导人民,便利人民的政令;战时要建立超越古代,盖世无双的功业。 明:淮南子说林训高注:"犹'盛'也。" 明古:盛于古,超过古。 先世:先于世,高于世。

⑫穷:困,不做官。

⑬弟:同"悌",尊敬兄长。 弟长:尊敬长辈。 节:操守,品德。

⑭通:达,做大官。

⑮"为人臣者"三句:做人臣的,无官闲居时,有尊敬长辈,谦恭辞让的品德;在朝做官时,有造福人民,辅佐国君的贡献。 补:益。益:助。

⑯分:本分。

⑰启:开发。 翟:同上文"狄"。 乡:吕氏春秋慎行论求人高注:"亦'国'也。"

⑱而卒世不见也:我的这些打算,终此一生也是不会被人了解的。 卒:尔雅释诂:"终也。" 秦策四第二章"负筥必以魏殁

世事秦"。高注:"世,身。" 见:知。见秦策二第一章注㉑。

⑲"敌弱者":进攻弱小的胡、狄。 敌:对抗,对敌。 弱者:指胡、狄。

⑳"可以"句:可以不致使百姓搞得精疲力竭。 尽:竭,用尽。劳:力,疲。

㉑享:受,得到,收到。 往古:指先主赵简子、赵襄子。 勋:功勋。

㉒高:超。

㉓"夫有"两句:要想建立盖世功业的人,必然遭到一般庸俗人的议论和反对。 负:史记黥布列传索隐:"犹'被'也。"即"遭""受"。 遗俗:犹言流俗。汉书武帝纪"士或有负俗之累",注引晋灼曰"负俗谓被世讥论也"。则"累"有议论、批评、非难、反对、诽谤诸义。

㉔"有独知"两句:有独特见解的人,必然遭到世俗人的怨恨。吴补:"一本标'恐,刘作怨。'" 闵本眉标"恐,刘作'怨'"。史记赵世家作"有独智之虑者,任骜民之怨"。 建章按:汉书赵充国传"恐怒亡所信乡",王念孙读书杂志:"'恐'当为'怨'字之误也。吕氏春秋长攻篇'财匮而民怨',韩子六反篇'赋敛常重,财用不足,而下怨上。'今本'怨'字并误作'恐'。"此"恐"亦当是"怨"字之误。 知:通"智"。 虑:犹言"见解"。

㉕将:孙经世经传释词补:"犹'以'也。" 胡服:胡人的服装(短装)。 骑射:训练骑马射箭。 以:相当于现代汉语用作连词的"来"。

㉖世:犹言"一般人"。 议:议论,批评。

㉗疑事无功疑行无名:谋事如犹豫不决,就不会成功;行动如瞻前顾后,就没有成果。 名:广雅释诂三:"成也。"

㉘"今王"两句:现在大王就下决心,准备受世俗人的议论批评吧,

您一定不要对人们的议论、批评有所顾虑。　即:就。　负遗俗之虑:即上文"负遗俗之累"。　殆:裴学海古书虚字集释卷六:"犹'必'也。"　毋:勿。

㉙"夫论至德"两句:议论最高德行的人,是不同于世俗之论的;建立伟大功业的人,是不与众人计谋的。

㉚昔舜舞有苗:从前舜帝跳苗族的舞蹈。　韩非子五蠹"当舜之时,有苗不服。乃修教三年,执干戚舞,有苗乃服"。　舜、苗:见秦策一第二章注㉓。

㉛禹:见秦策一第二章注㉔。　袒:不穿衣服。　裸国:不穿衣服的国家。即古代落后的原始部落。夏代无裸体之习,禹入裸国亦随俗而"袒"。此亦"应时""施宜"之意。举舜、禹两位古代"圣人",在于证明习俗是可以改变的,为"胡服骑射以教百姓"找根据。

㉜"非以"句:这并不是放纵情欲,欢娱心意。　养:左昭二十年传注:"长也。"　长:滋生,增益。故可引申为"放纵"。　乐:欢,娱。用作动词。"乐志"即使心意欢娱。

㉝"欲以"句:(这)都是(随俗而行)表明因时因地的原则,为了建立功业。　论:明。见注⑨。　要(yāo 邀):求。

㉞愚者闇于成事:愚蠢的人对于即将成功的事也看不清楚。闇:同"暗",不明。

㉟智者见于未萌:聪明的人在事情还没有露头的时候就能觉察到。　萌:萌芽,露头。

㊱王其遂行之:大王您就(按照您的打算)实行吧。　其:表希望的虚词。　遂:就。

㊲哀:惆怅。

㊳戚:悲伤。

㊴顺:同意。　胡服之功:实行胡服的效果。　未可知:难以

估计。

㊵商君书更法"拘世以议寡人"，于鬯香草续校书："'拘世'无义，战国策赵策云'虽驱世以笑我'，即此'拘世以议寡人'也。则此'拘'当读为'驱'。区声、句声，古音同部，故得通借。小戴乐记'区萌'即'句萌'，其例也。'驱世'者谓尽驱世上之人，极言之耳。"

㊶中山：见秦策一第五章注㊸。

㊷王孙緤（xiè 泄）：赵国的贵族。　公子成：赵肃侯之子，赵武灵王之弟，故下文称"亦欲叔之服之也"。　徐中舒说："叔乃伯仲叔季兄弟行次之称。"（见论战国策的编写及有关苏秦诸问题，历史研究 1964 年第一期）

㊸以朝：以胡服上朝，即穿胡服上朝。

㊹谊：同"义"，道理。

㊺作教：发令，下令。　作：兴，起，发。　易服：改革服装。

㊻制国：治国。　常：常规，原则，法则。

㊼本：根本。

㊽经：汉书司马迁传注："常法。"原则。　令行：法令通行。　上：首要的。

㊾"故明德"句：所以，要想建立出色的政绩，必须为人民着想。　明德：显著的政绩。　论：淮南子说山训"以近论远"高注："知也。"　贱：指老百姓。

㊿"行政"句：要想贯彻政令，必须使贵戚以身作则。　行政：使政令能施行。　左宣十五年传"臣能承命为'信'"，则"信贵"，使贵戚能接受君命。

(51)养欲乐志：见注㉜。

(52)"事有"两句：凡事只要有了开始，成功就有了基础。　出：韩非子解老："始之谓出。"　止：说文："下基也。"

(53)且:裴学海古书虚字集释卷八:"犹'必'也。" 见:同"现",表现出来。

(54)逆:违反。 经:原则。 辅:助。 议:广雅释诂四:"谋也。"虑,考虑。

(55)行:实行起来。 邪:错误。

(56)"因贵戚"句:办事只要借助贵戚的力量,法令实施就不会受阻碍。 因:依,赖,借助。 名:国语周语下韦注:"号令也。"累:坏影响,破坏。

(57)"故寡人"句:希望求得公子成的正义支持。 愿:希望。 募:广雅释诂三:"求也。" 汉书公孙弘传:"明是非,立可否,谓之义。"

(58)以成胡服之功:来促进这次改穿胡服的成功。

(59)使:派。 谒:拜见。 之:指公子成。

(60)服:穿。 焉:裴学海古书虚字集释卷二:"犹'之'也。"指胡服。

(61)"臣固闻"句:我已经听说大王要在全国推行胡服。 之:裴学海古书虚字集释卷九:"其也。" 其:表示"将要"的虚词。

(62)不佞:自我谦称,见秦策二第二章注⑧。 寝疾:卧病。 不能趋走:犹言不便行动。

(63)是以不先进:因此没有及时进言。 进:献,进言。

(64)王今命之:现在大王既然亲自下令给我。之:第一人称代词。

(65)竭其愚忠:犹言尽我一点愚忠。 竭:尽。

(66)中国:中原地带。

(67)睿(ruì 锐):英明而有远见。 知:同"智"。

(68)贤圣之所教也:圣人贤人在那里进行教育。

(69)仁义之所施也:实行的是仁义的制度。 施:行,实行。

(70)诗书礼乐之所用也:是读诗、书,行礼、乐的地方。 诗:诗经。

书:尚书。

⑦"异敏"句:是使用各种绝妙精巧技艺的地方。 异敏技艺:即异技敏艺。 异:特殊。 敏:<u>广雅释言</u>:"亟也。"亟:通"极"。 试:<u>说文</u>:"用也。"

⑦远方:远方诸侯。 观:参观。 赴:<u>尔雅释诂</u>:"至也。"

⑦"蛮夷"句:是那些发展迟缓的国家学习的楷模。 蛮夷:指落后的国家,即那些未开化的部族。 义:同"仪",犹"法则",模范。

⑦释:放弃。 此:指"中国者……蛮夷之所义行也。"这些内容。 袭:承袭,照样做,生搬硬套。 远方之服:指<u>胡</u>服。

⑦易:改变。 道:办法。

⑦逆:违反。 心:意愿。

⑦畔学者:背离了圣贤的教导。 畔:通"叛",违背。 学者:指古代圣贤。

⑦离中国:抛掉固有的风俗。 离:<u>广雅释诂二</u>:"去也。"

⑦"臣愿"句:希望大王考虑这一切。 之:指<u>公子成</u>上面说的一番话。

⑧固:犹"就"。 闻:知。 病:此处是双关语,既含有生病的意思,又含有"以<u>胡</u>服为患,反对<u>胡</u>服"的意思。

⑧即:马上。 之:至。

⑧请:请求。

⑧"夫服者":服装是为了穿起来方便,行礼是为了办起事来方便。

⑧"是以"句:圣人治国,观察当地的风俗,因地制宜。 <u>于鬯战国策注</u>:"乡犹'俗'。" 顺宜:因地制宜。

⑧因其事而制礼:根据不同的情况定立制度。 因:根据。 礼:制度,法度。

⑧"所以"句:以此使人民享受幸福,使国家能够强盛。 所以:以

此,用这个来。

⑧姚校:"被,三本同作'祝'。" 淮南子原道训"九疑之南,陆事寡而水事众,于是民人被发文身,以像鳞鱼"。高注"被,翦也"。王念孙读书杂志:"引之曰,诸书无训被为翦者,'被发'当作'劗发',注当作'劗,翦也'。赵世家之'翦发',赵策作'祝发',钱、曾、刘本并同,俗本亦改为'被发'。" 建章按:左哀七年传"断发文身",榖哀十三年传"祝发文身"注:"祝,断也。"列子汤问"祝发而裸"释文:"祝,断绝其发也。"王念孙以为本作"祝发","改为被发"者当依姚校改"被"作"祝"。 错臂:鲍注"以两臂交错而立,言无礼容。" 左衽:中国古代衣服,衣襟都在右边,或为对襟。衣襟在左边,称左衽。 衽:衣襟。

⑧史记赵世家索隐:"刘氏云,'今珠崖、儋耳谓之瓯人,是为瓯越。'"程恩泽国策地名考卷十六:"大约在广东、广西者为南越,亦名扬越,芈姓;在福建、浙江者为东越,亦名瓯越,姒姓。" 建章按:珠崖、儋耳,在今海南省。瓯越当是我国古代东南沿海一带少数民族。

⑧楚辞屈原招魂"雕题黑齿"王注:"雕画其额,齿牙尽黑。" 题:额头。

⑨鳀(tí 题):又名鮧、鳀(见本草纲目鳞部)。 鳀冠:戴着鳀鱼皮做的帽子。 赵世家泷川资言考证:"秫缝,盖折草茎作丝,用缝衣也。"尔雅释草郭注:"秫,谓粘粟也。"即粟茎做的蓑衣。

⑨大吴:或为南方的部族。

⑨"礼服"句:礼法、服装虽然各不相同,但都是有利于国家,方便人民为原则,这一点却是一致的。

⑨"是以"句:因此,地域不同,而措施、办法也就有所不同。 乡:荀子赋"四时易乡"注:"犹'方'也。"方:即地方、地域。 用:犹措施、办法、做法。说文:"可施行也。"

㊺事异而礼易:情况不同,礼法制度也就有所改变。

㊻"是故"两句:因此,圣人治理国家,如果有利于人民,采取的措施就不是一成不变的。 苟:如果。 一:统一。 用:见注㊼。

㊼"果可"两句:如果对做事方便,那么礼法制度也就不必强求划一。 果:若。

㊽"儒者"两句:虽然儒家开山祖师是<u>孔子</u>,可是礼法传下来却各不相同;中原地带有共同的风俗,可是进行教化却各不相同。 离:<u>广雅释诂</u>一:"分也。"又<u>吕氏春秋孟夏纪诬徒高注</u>:"别。"即区别。

㊾"又况"句:更何况处在偏僻山区的人怎么能不因地制宜呢? 便:利,宜。

㊿"故去"两句:所以,对事物的选择、取舍,变化多端,聪明人也难于要求统一。 去就:取舍,选择。 知:同"智"。

⑩远近:不同地域。

⑩穷乡多异:穷乡僻壤,少见而多怪。 异:<u>孟子梁惠王上注</u>:"怪也。"

⑩曲学多辨:学问浅陋,知道得有限,听到一点与自己了解不同的东西就容易争辩。 曲:<u>释名释语言</u>:"局也。" 曲学:所学有局限,片面,而不全面。 辨:同"辩"。辩:<u>左襄二十九年注</u>:"犹'争'也。"

⑩"不知"三句:自己不了解的事,不随便怀疑,不同于自己的意见,不轻意反对,这才是实事求是、追求真理的态度啊! 非:<u>说文</u>:"违也。"即反对。 公:<u>广雅释诂</u>一:"正也。"犹言实事求是。

⑩卿:古时君对臣比较亲近的称呼,犹言"您"。或友好之间表示亲热的称呼。 俗:<u>周礼合方氏疏</u>:"谓民所承袭。"此犹言承袭

⑩传统。

⑩制俗:改变传统。　制:决断,裁定。引申为改变。

⑩河:黄河。　薄洛之水:指漳水。　程恩泽国策地名考卷八:"漳水津名'薄洛津'。"

⑩连上句是说:赵国东边,与齐国以黄河为界,与中山以漳河为界。故言"同之"。之:指黄河、漳河。

⑩无舟楫之用:没有使用船只。此言:却没有水军。　楫:船桨。舟楫:指船只。

⑩常山:见楚策一第十八章注⑫。　代:见秦策一第五章注⑦⑨。上党:见东周策第十三章注⑥。

⑩东胡:我国古代东北部一个少数民族,在内蒙古南部,辽宁一带。

⑪楼烦:见齐策五注⑭。

⑫"东有"句以下是说:赵国东与燕国、东胡相接,西与楼烦、秦、韩为邻,却没有骑兵。　备:淮南子修务训高注:"犹'用'也。"

⑬且:将。　聚舟楫之用:犹言准备战船。

⑭求水居之民:招募水居之民组织水军。　求:犹言招募。

⑮鲍据赵世家改"其"作"燕",吴补:"'参'当作'东',字讹。"建章按:上文言"东有燕、东胡之境,西有楼烦、秦、韩之边,而无骑射之备",此"变服"句正是针对上文而言,"其参"改作"燕东"正与上文合。"以备"句赵世家作"以备燕、三胡、秦、韩之边",索隐"林胡、楼烦、东胡是'三胡'也"。然策文有"楼烦",故不当为"参胡",疑"参"为后人从世家误改者。

⑯"且昔者"句:从前简主没有把自己禁锢在晋阳和上党一带地方。　简主:赵简子。　塞:禁锢。　晋阳:见秦策一第五章注⑪。

⑰姚校:"集、刘、钱'王'作'主'。"　鲍本"王"作"主"。　建章

按:秦策一第五章"智伯帅三国之众以攻<u>赵襄主</u>于<u>晋阳</u>",<u>赵策</u>二第七章"昔者先君<u>襄主</u>与<u>代</u>交地",皆言"<u>襄主</u>",当据<u>姚</u>校及<u>鲍</u>本改"王"作"主"。　　兼:并吞。　　戎:古代对西方少数民族的通称。

⑱以攘诸胡:是说,击退<u>胡</u>人,积极开拓疆域。　　攘:诗小雅车攻序传:"除也,却也。"　　诸胡:泛指胡人。

⑲知:同"智",聪明人。　　明:清楚了解。

⑳负:恃,依仗。

㉑系累:捆绑,掳掠。

㉒鄗(hào 郝):在今河北省柏乡县北二十里。

㉓"非社稷"两句:要不是社稷神灵的保护,鄗地几乎守不住。　即:则。<u>王引之经传释词</u>卷八:"'则'与'即'古同声而通用。"

㉔今骑射之服:现在实行骑射。　　服:<u>管子牧民</u>注:"行也。"

㉕"近可以"句:近可以防守<u>上党</u>这样形势险要之地。　　备:守备。

㉖顺:因袭。　　俗:旧习。

㉗逆:违背。　　意:遗愿。

㉘恶:憎厌,此犹言"反对"。　　名:号令,命令。见注㊱。

㉙国事之耻:指上文所言<u>中山</u>"侵略吾地"云云。

㉚再拜稽首:见秦策二第六章注⑲。

㉛达:了解,体会。　　议:<u>广雅释诂</u>四:"谋也。"谋略。

㉜敢道世俗之闻:我竟然说了一些一般俗人的言论。　　<u>姚</u>校:"'间'一作'闻'。"　　<u>鲍</u>本"间"作"闻"。　　<u>赵世家</u>"间"作"闻"。　　<u>建章</u>按:<u>管子任法</u>"无闻识博学辩说之士",<u>王念孙读书杂志</u>:"'间识'当为'闻识',下文'闻识博学之人'即其证。"<u>贾子宗首</u>"上弗蚤图,疑且岁间所不欲焉",<u>俞樾诸子平议</u>"'间'乃'闻'字之误,<u>仪礼士虞礼篇郑</u>注'不言养礼毕于尸闻嫌',又曰'此记更从死起异人之闻,其义或殊',两'闻'字今

皆误作'间',此文'闻'误作'间',正与彼同"。此皆"闻"误作
"间"之证。当从姚校、鲍本及世家改"间"为"闻"。

⑬鲍本"今"作"令"。 赵世家"今"作"命乎"。 闵本"今"作
"令"。 建章按:下章有"臣敢不听令乎,再拜赐胡服",如作
"今",连上、属下读皆不可通。"令"误作"今"古书及本书屡
见,不烦举证。当依鲍本、闵本改"今"作"令"。 敢:怎么敢。

⑬赵文:赵国的贵族。

⑬鲍于"劳"下补"力"字。 吴补:"'劳'下恐有缺字。" 于鬯战
国策注:"补'力'字与下文'陈意'为偶。" 建章按:汉书终军
传"罢者退而劳力",注:"劳力,归农亩也。"左襄九年传"君子
劳心,小人劳力",孟子滕文公上"或劳心,或劳力","劳力"连
用,明农夫之事。鲍补,于说可从,当于"劳"下补"力"字。
君子养:供养君子。

⑬经:常,天经地义。

⑬"愚者"句:愚蠢的人提出要求,贤智者加以论定。 知:同
"智"。

⑬教之道也:这是教化的常规。

⑬"臣无"三句:做臣的知无不言,言无不尽,以尽其忠;做君的抱
着言者无罪,闻者足戒的态度,广开言路,这是国家的幸福。
蔽:堵塞。 禄:尔雅释诂:"福也。"

⑭竭:尽。 其:我的。

⑭虑:尔雅释诂:"谋也。" 无:勿,不要。 恶:担心,忌讳。
扰:吕氏春秋审分览高注:"乱也。"穀梁昭二十二年传"乱之为
言事未有所成也"。

⑭过:吕氏春秋离俗览适威高注:"责。" 罪:过错。

⑭连上两句是说:人家已经出谋划策,就不要计较他的失败;人家
已经竭尽忠心,就不要苛责他的过错,你就(放心地)说吧。

其:就,表希望、要求的虚词。

⑭“当世”两句:顺应当时的形势,随合当地的风俗,这是自古以来不变的法则。　当:吕氏春秋 仲夏纪 大乐 高注:“合。”　辅:助,佐。此与“合”义近,有“顺应”,“应合”之义。

⑭“衣服”两句:衣服形式有一定的常规,这是礼仪不变的制度。常:常规,一定的形式。

⑭“循法”两句:遵守法制,不犯错误,这是老百姓应有的职责。鲍改“修”为“循”。　吴补:“此下文两有‘循法’字,为‘循’无疑。”　愆(qiān 谦):过失。

⑭“子言”两句:你所说的只是一般人的议论罢了。　“间”当作“闻”,见注⑬。

⑭“常民”两句:一般人总是一味地遵守旧的风俗习惯,而读书人又总是拘泥于书本知识。　“溺”“沉”义同,皆有迷惑于某一事物,偏爱于某一事物而不能自拔的意思。

⑭“此两者”两句:这两种情况,只是谨守职责,遵守法令而已,绝不是高瞻远瞩,绝不可能创造革新。　成:关修龄战国策高注补正:“犹‘守’也。”　官:说文:“吏事君也。”犹言“职守”“职责”。　政:政令,法令。　观远:高瞻远瞩。　论始:标新立异,创造革新。

⑮“且夫”句:而且夏、商、周三代服装不同,却都统一了天下。

⑮“五伯”句:五霸政令不同,却都能治理好国家。　五伯:见秦策一第二章注⑰。　教:法令,政令。　政:治理。

⑮知:同“智”。　制:受制,受约束。

⑮“贤者”两句:贤能的人移风易俗,愚蠢的人只知道因循守旧。议:仪礼有司彻注:“犹‘择’也。”又荀子王制注:“谓讲论也。”则“议”有讨论决定,选择取舍之义。

⑮“夫制”两句:那些受事物限制而不知变通的人,不能和他们深

入交谈。　服:尔雅释诂"事也"。

⑮"拘于俗"两句:那些被旧的礼俗束缚而抱残守缺的人,不能和他彻底论事。

⑯此句疑当作"故俗与势化",是说:所以,习俗跟着世势而变化。

⑰礼与变俱:礼法跟着习俗谐调统一。　俱:黄帝内经素问卷六三部九候论王注:"犹'同'也,'一'也。"两句合起来的意思是说:风俗习惯、礼法制度跟着时代的变化而变化。

⑱圣人之道也:这才是圣人治国的办法和准则。

⑲"承教"三句:根据国家的政令而行动,遵守法制决不营私,这是老百姓的本分。

⑯"知学"二句:真正有学问的人能够跟着新的见闻知识改变自己旧的习俗。　迁:改变。

⑯"达于礼"两句:真正通达礼法的人,能够根据时代的变化而变化。姚校:"一无'于'字"。　建章按:"达礼"与上句"知学"相对为文,或衍"于"字。

⑯故为己者不待人:所以,只知道为自己的人,是不会想到别人的。　待:周礼大府注:"犹'给'也。"

⑯制今者不法古:根据现实制法的人,是不墨守成法的。　法古:有食古不化,墨守成法之义。

⑯其:就。表"希望""要求"的虚词。　释:放心。

⑯赵造:赵国的贵族。

⑯"隐忠"两句:不竭尽忠心,这是奸佞一类的人。　隐:藏,不拿出来。　属:类。

⑯诬:国语晋语八杨注:"罔也;以恶取善曰诬。"犹言加害。

⑯连上句言:为了私利而危害国家,这是贼害一类的人。　姚校:"刘改'贱'作'贼'。"　于鬯战国策注:"改'贼'当是,古'贼''贱'二字多误,墨子书中尤多。"　建章按:墨子尚贤中"其为

政乎天下也,兼而憎之,从而贱之。"王念孙读书杂志:"'贱'当为'贼',字之误也。尚同篇'上下相贼',天志篇'下贼人',非儒篇'是贼天下之人者也',赵策'以私诬国,贼之类也',今本'贼'字并误作'贱'。"当依姚校、于、王说改"贱"为"贼"。

贼:吕氏春秋审应览不屈高注:"害。"

⑯"犯奸"两句:犯了奸佞罪的人,应该处死;犯了危害国家罪的人,应该灭族。 "贱"当为"贼",见注⑱。 族:灭。 宗:宗族。 族宗:古代一种酷刑,杀死犯罪者的家族,称"灭族",即此"族宗"。

⑰"反此"三句:犯有这两种罪的人,先圣明确规定要处刑,这是做臣的大罪。 姚校:"刘本无'反'字。" 鲍改"反"作"有"。建章按:"反"当是"友"字之误,墨子耕柱"子未智人之先有后生有反子墨子而反者",于省吾双剑誃诸子新证:"宝历本'反'均作'友'"。古"友"与"有"通。或无"反"字亦通。

⑰"臣虽愚"三句:我虽愚蠢,愿意竭尽忠心,绝不畏死。 遁:逃避。

⑰"竭意"两句:做臣的知无不言,言无不尽,无所顾忌,就是忠心;为君的有则改之,无则加勉,畅开言路,就是英明。 荀子解蔽杨注:"蔽者,言不能通明,滞于一隅,如有物壅蔽之也。"则"蔽言"是堵塞言路的意思。

⑰忠不辟危:竭尽忠心的大臣是无所畏惧的。 辟:同"避"。

⑰明不距人:英明的国君是不拒绝别人意见的。 墨子经上于省吾双剑誃诸子新证:"'距'、'拒'古籍通用。"

⑰易民:改变人民的要求。 教:进行教化。

⑯变俗:变更旧的礼俗。 动:犹言治理。

⑰"因民"两句:根据人民的要求进行教化,不用费力就会收到成效。 劳:尔雅释诂:"力极也。"

⑱"据俗"两句:根据人民的旧礼俗来治理国家,考虑起来方便,做起来也容易看见效果。 径:荀子性恶杨注"易也"。犹言"方便"。

⑲"今王"句以下:现在大王要改变最初的服饰,而不遵循旧的礼俗;实行胡服,而不顾人民的议论。这不能用来教化人民,建立制度。 初:说文:"始也,从刀、从衣,裁衣之始也。" 易初:改变最初的服饰。

⑱且服奇者志淫:而且奇装异服,惑乱人心。 淫:孟子滕文公下注"乱其心也"。

⑱俗辟者乱民:习俗不正,邪气乱民。 辟:同"僻",邪僻,奇特,不正当。

⑱莅国者:亲临国政的人,国君。 莅:临,到。 袭:左昭二十八年传注:"受也。"此犹言采用。

⑱近:说文"附也"。此犹言效法。 蛮夷:古时对少数民族轻蔑的称呼。

⑱"是以"句以下:所以,国君不采用奇装异服,中原之国不效法蛮夷的邪僻之行,这些都不是所应用来教化人民建立礼法制度的东西。

⑱"且循法"两句:而且,遵循旧的制度是不会犯错误的,遵循旧的礼俗是不会走上邪路的。

⑱臣愿王之图之:我希望大王深思熟虑。 之:吕氏春秋季夏纪音初高注:"其也。"表希望。

⑱"古今"两句:古与今不同习俗,我们效法哪个古代的习俗呢? 何古之法:即"法何古"的倒装。

⑱"帝王"两句:帝王的礼法也不是世代相承的,我们遵循谁的礼法呢? 袭:继承。

⑱宓戏:即伏羲,又称太皞,传说是中国古代东方部落的首领,教人民畜牧。 神农:见秦策一第二章注⑳。 诛:处死。此言

死刑。

⑲黄帝尧舜诛而不怒：黄帝、尧、舜有死刑，而没有妻、子连坐的酷刑。　黄帝：见秦策一第二章注㉑。　尧：见秦策一第二章注㉒。　舜：见秦策一第二章注㉓。　高亨商君书更法新笺："依文义，诛甚于教，怒又甚于诛。诛，杀也，则'怒'非'喜怒'之怒明矣。窃谓'怒'当读为'孥'，盖二字同声系，古得通用，或以二字形近而误也。孥者，一人有罪，妻子连坐也。孟子梁惠王下篇'罪人不孥'，赵注：'孥，妻子也。'而谓'不孥'，即不使妻子连坐之意。'黄帝、尧、舜诛而不怒'，言黄帝、尧、舜仅诛有罪之人，不及其妻子也。"（见彼商君书注译）　建章按：桓谭新论谴非"哀帝时，待诏伍客以知皇（当作"星"），好古道，数召（"召"下当有"见"字），后坐帝事（"帝"字衍）下狱，狱穷讯，得其宿与人言：'汉朝当生勇怒子如武帝者。'刻暴以为先帝为'怒子'，非所宜言，大不敬。"此"怒子"即"孥子"，则"怒""孥"当通，不必以为"形近而误"。又可作"帑"。

⑲"及至"句以下：到了三王时代，根据当时的形势而建立法度，根据当时的生活而制定礼制；法度、政令因地因时制宜，衣服器械依使用的方便而定。　三王：见秦策一第二章注㊼。

⑲故礼世不必一其道：所以治理人民，不必死守一种方法。　姚校"'礼'，一作'理'，一本无'其'字。"史记赵世家作"故礼也不必一道"。　商君书更法作"治世不一道"。　赵世家王念孙读书杂志："当依赵策作'理世不必一道'（今本赵策'理'字亦讹作'礼'，姚本云'一作理'。）'理世'治世也。"于鬯战国策注："王杂志是。"　金正炜战国策补释："此文本当作'治世'，唐人避'治'字，易为'理'，因转为'礼'。二句对文，无'齐'字者是。"　建章按：家语论礼"礼者理也"，礼记仲尼燕居"礼也者理也"，左庄二十三年传"夫礼，所以整民也"，则不必改作

"理","礼世"即"理世""治世"。

⑲便国不必法古：只要对国家有利,不必一定要效法古代。
便：利。

⑭"圣人"两句：圣人兴起,不必承袭古代礼法,也可以统一天下。

⑮"夏、殷"两句：夏桀、殷纣正是由于他们不改变旧的礼法,所以
才灭亡。 夏桀：见秦策一第二章注㉕。 殷纣：见秦策一第
二章注㉗。

⑯然则反古未可非：那么,推翻古礼法,未必就一定要排斥。
非：批评,排斥。

⑰循礼未足多：遵循旧礼法,未必就一定值得赞扬。 多：说文
"重也"。重：尊,尚。

⑱这两句是说：服正者思想未必就好,服奇者思想未必就坏。如
果说服奇者思想一定就坏,那么邹、鲁之士儒冠儒服,很遵守古
礼,他们都一定没有坏思想坏行为啰？ 而：则。 是：那么。
邹：见齐策五注㉘。 鲁：见齐策一第二章注⑨。 也：同
"邪",表疑问的语气词。 邹、鲁两国皆遵古礼,知识分子皆儒
冠、儒服。

⑲"俗辟"两句：如果说风俗奇特,人民的品质就一定会变坏,那
么,吴、越两国那样的奇风异俗,他们那儿就一定不会出现优秀
人才啰？ 辟：见注⑱。 易：变,指变坏。 吴：见秦策二第二
章注⑬。 越：见西周策第九章注⑥。 俊民：优秀人才。 上
文"祝发文身,错臂左衽,黑齿雕题,鳀冠秫缝",皆吴、越之民
俗；"俗辟"即指此。

⑳"是以"两句：因此,圣人为了有利于身体,才制作衣服,为了便
于做事,才进行教化。 之：王引之经传释词卷九："犹'则'
也。" 谓：又卷二："犹'为'也。"

㉑"进退"句以下：送往迎来的礼节,衣服制作的制度,是为了让普

通老百姓取得一致,而不是用来衡量贤者的。　于鬯<u>战国策</u><u>注</u>:"世家作'进退之节',与下句偶,此'谓'字涉上衍。"　建章按:"谓"字当衍。"进退之节"承"便事之谓教","衣服之制"承"利身之谓服",如加"谓"字,则失去前后文的联系。　齐:一致,划一。　常民:普通老百姓。　论:评论,衡量。

⑳故圣与俗流:所以,圣人治国与客观情况一致。　流:<u>管子侈靡</u>注:"移也。"则流犹变。

⑳贤与变俱:贤人治国与变化了的情况相协调。　俱:犹一致,协调。见注⑮。

⑳"谚曰"以下:常言说得好:"按照书本上的方法去驾马车,就不可能完全符合马的实际情况,充分发挥马的能力;用古代的礼法制度来治理现代的国家,就不可能符合现代国家的实际情况,把国家治理得好。"　御:<u>说文</u>"使马也"。即驾车马。　达:<u>广雅释诂一</u>:"通也。"相通犹言"符合"。

⑳"循法"两句:所以,死守古法,其结果,不可能创新,超过现世。

⑳"法古"两句:效法古代的礼法,这种理论不可能用来治理现代的国家。

⑳子其勿反也:你还是不要反对<u>胡服</u>骑射吧。

五　王立周绍为傅章

王立<u>周绍</u>为傅^①,曰:"寡人始行县^②,过<u>番吾</u>^③,当子为子之时^④,践石以上者^⑤,皆道子之孝。故寡人问子以璧^⑥,遗子以酒食,而求见子。子谒病而辞^⑦。人有言子者,曰:'父之孝子,君之忠臣也。'故寡人以子之知虑为^⑧:辨足以道人^⑨,危足以持难^⑩,忠可以写意^⑪,信可以远期^⑫。诗云:

'服难以勇⑬,治乱以知⑭,事之计也⑮;立傅以行,教少以学,义之经也⑯。'循计之事,失而〔不〕累⑰;访议之行⑱,穷而不忧⑲。故寡人欲子之胡服以傅王(乎)〔子〕⑳。"

周绍曰:"王失论矣,非贱臣所敢任也㉑。"王曰:"选子莫若父,论臣莫若君。君,寡人也㉒。"周绍曰:"立傅之道六㉓。"王曰:"六者何也㉔?"周绍曰:"知虑不躁达于变㉕,身行宽惠达于礼㉖,威严不足以易于位㉗,重利不足以变其心㉘,恭于教而不快㉙。和于下而不危㉚。六者傅之才,而臣无一焉㉛,隐中不竭,臣之罪也㉜。傅命仆官㉝,以烦有司㉞,吏之耻也㉟。王请更论㊱。"

王曰:"知此六者,所以使子㊲。"周绍曰:"乃国未通于王胡服㊳。虽然,臣,王之臣也,而王重命之,臣敢不听令乎?"再拜。赐胡服。

王曰:"寡人以王子为子任,欲子之厚爱之,无所见丑㊴。御道之以行义㊵,勿令溺苦于学㊶。事君者,顺其意不逆其志㊷;事先者,明其高不倍其孤㊸。故有臣可命,其国之禄也㊹。子能行是以事寡人者毕矣㊺。书云:'去邪无疑,任贤勿贰'㊻。寡人与子,不用人矣㊼。"遂赐周绍胡服衣冠,(具)〔贝〕带㊽、黄金师比㊾,以傅王子也。

852

【注释】

①王:赵武灵王,见秦策二第十五章注⑩。　周绍:史记赵世家作"周袑"。赵世家有"赵袑为右军"语,于鬯战国策注:"或谓赵袑亦即'周袑',犹东周策'赵累'鲍本作'周累'。"　傅:太傅,为古代中央"三公"之一。此为辅佐王子的人。赵世家:"武灵王

二十五年使周袑胡服傅王子何。"当周赧王十四年(前 301 年)。

②寡人:古代王、侯自称。　行:巡,巡视,巡察。

③番吾:见齐策一第十七章注⑬。

④当子为子之时:当你幼年时。

⑤鲍注:"践石,谓能骑乘者。礼:'洗王石'注'乘马石'。"　关修龄战国策高注补正:"周礼隶仆有'乘石',是乘车所践之石也。此盖指大夫以上。"　金正炜战国策补释:"践石以上犹云'历阶而升',谓番吾之谒王者耳。"　于鬯战国策注:"惠士奇礼说云:'乘石,升车之石。淮南齐俗训注:"人君升车有乘石"是也,一名践石。'引此文而云:'谓国之有司不独人君为然矣'。或谓:'践石,疑战国时赵所置小官,并不必据周礼"乘石"为说。'"　建章按:马叙伦读书续记卷一:"京师大室,门相对列二石,盖践以乘马者,名乘马石,其来已古。战国策赵武灵王云'践石以上者'是也,亦名'马台'。今京师贵家马台多雕文石。"则"践石以上者"谓乘马有践石的官员。

⑥故寡人问子以璧:所以我赠送给你玉璧。　问:广雅释诂三:"遗也。"即"赠"。　璧:见秦策四第十章注㉑。

⑦谒:尔雅释诂:"告也。"

⑧知:同"智"。　虑:谋。

⑨辨足以道人:明辨是非,诱进善导。　道:同"导(導)"。

⑩危足以持难:才干超群,力挽狂澜。　鲍注:"危,言有危苦之节。"　吴正:"危,高状也。"　于鬯战国策注:"上文,'辨',下文'忠'、'信',皆自绍言,则吴说当是。或云:'危,当读为恑,说文心部云"恑,变也。"此谓其机变能持患难。'"　金正炜战国策补释:"广雅释诂'危,正也。'庄子缮性篇'危然处其所'注'危然,独正之貌。'鲍、吴说并非。"　建章按:汉书荆、燕、吴传赞"事发相重,岂不危哉",王念孙读书杂志:"'危'读为'诡',

诡者奇异之称,犹言岂不伟哉耳,'危'与'诡'古同声而通用。汉书天文志'司诡星',史记天官书'诡'作'危',淮南说林篇'尺寸虽齐必有诡',文子上德篇'诡'作'危',是其证也。"礼记缁衣"民言不危行,而行不危言矣。"王引之经义述闻卷十六"'危'读为'诡',古字'诡'与'危'通。"汉书刘辅传:"此其言必有卓诡切至,当圣心者"注:"诡,异于众也。" 持:救助'把握,掌握。 难:险恶的局势。

⑪忠可以写意:忠心耿耿,尽力竭志。 写:广雅释诂一:"尽也。" 意:心,志。

⑫鲍注:"远期,久而不渝。"

⑬服难以勇:勇敢可以赴难。 服:说文:"用也。" 服难,犹言"赴难"。鲍彪改"诗"为"谚"。

⑭知:同"智"。

⑮事之计也:这是办事成功的要略。 计:谋,略。

⑯"立傅"三句:幼年立傅,端正德行,以学进行教育,这是达到正义的坦途。 经:吕氏春秋仲春纪当染高注:"道。"

⑰"循计"两句:根据"要略"去做事,有了差错,也不致苦累。 循:随,根据。 计:上文"事之计"之"计",见注⑮。 鲍于"累"上补"不"字。 吴补:"以下句例之,此恐缺'不'字。" 建章按:鲍补、吴说皆是。此当补"不"字。 失:过失。 荀子王制"累多而功少"注:"累,忧累也。""忧累"犹言"苦累"。

⑱吴正:"'访议'疑'放义',谓放于义也。"于鬯战国策注:"'放'、'访','义'、'议'并通。" 建章按:广雅释诂四:"放,依也。"此"义"即上文"义之经"之"义",正义。

⑲连上句言:根据"正义"去做事,遭到困窘也不忧苦。 穷:困。忧:苦、愁、患。

⑳鲍改"乎"作"子" 吴补:"'乎'当为'子'。大事纪改。" 金

正炜战国策补释："'王乎'自是'王子'之讹。此由'子,误为'于',于乎古通。吕览审应篇'然则先生圣于'高注'于,乎也。'故复写为'乎'。楚策'势为王妻以临子',今本'子'误为'于',即与此同。" 建章按:于上下文义,鲍改、吴、金说皆是。当改"乎"作"子"。 王子:即以后的赵惠文王,见东周策第二十二章注⑤。

㉑"王失论"两句:大王选错了,这不是我这样人能胜任的职务。失:误,错。 论:犹"择",见第二章注③。

㉒左昭十一年传:"择子莫如父,择臣莫如君。"国语晋语七:"择臣莫若君,择子莫若父。"此"论"亦作"择"解。 君寡人也:这个君就是我呀。

㉓立傅之道六:任命王子的傅有六条标准。

㉔六者何也:哪六条标准?

㉕知虑不躁达于变:智谋深稳,又通于时变。 躁:广雅释诂三:"扰也。"

㉖身行宽惠达于礼:待人宽厚,又通于礼法。 身:亲,指本人。惠:仁、爱施于人。

㉗威严不足以易于位:威武不可屈其志。 不足以易于位:犹言坚持原则而不动摇。 不足以:不可以,不能够。 易:改变。于:裴学海古书虚字集释卷一:"犹'其'也。" 位:犹言立场。

㉘重利不足以变其心:富贵不可乱其心。

㉙恭于教而不快:严肃认真,遵守教令,一丝不苟。 教:教令。横田惟孝战国策正解:"不快,谓不苟从。"

㉚和于下而不危:谦虚谨慎,对待下属,平易近人。 危:诡,异于众。见注⑩。

㉛"六者"两句:这六条是担任王子之傅应具备的德才标准,而我连一条也不够。 焉:于此。此:指"六者"。

㉜"隐中"两句:如果说我不竭尽忠心,那就是我的罪过。淮南子泰族训"至中复素"王念孙读书杂志:"'中'与'忠'同,刘本依文子改'中'为'忠',而庄本从之,亦未达假借之义。"管子禁藏"忠人之和"俞樾诸子平议:"'忠'当读为'中',枚氏古文尚书仲虺之诰'建中于民'释文曰'中,本或作忠。'是'中'、'忠'通用也。"上章赵造说"隐忠不竭"与此同,见上章注⑯。

㉝鲍注:"仆,犹辱。" 横田惟孝战国策正解:"立傅之命非其人,是辱官也。"

㉞横田惟孝战国策正解:"辱官,不得不变置,是烦有司也。" 有司:指官吏,办事的人,犹言"当局"。

㉟"傅命"三句大意:大王任命不称职的人,这是有辱傅的职称;以此来劳烦有司,这就有辱王命。 关修龄战国策高注补证:"命傅非其人是耻也,不欲斥言王,故曰'吏'也。"

㊱王请更论:请求大王重新选择任命。

㊲"知此"两句:我了解这六条标准,所以才任命你做王子之傅。

㊳乃国未通于王胡服:可是,全国还不理解大王实行胡服之意。
乃:裴学海古书虚字集释卷六:"犹'然'也。" 通:晓,明了,理解。

㊴丑:淮南子说林训高注:"恶也。" 见丑:讨厌他。 无所见丑:不要嫌弃他。

㊵御道之以行义:即"以行义御道之"。意思是说,以正义的道德去教导他。 御:周礼九嫔注:"犹进也,劝也。" 道:通"导"。之:指王子。

㊶溺苦于学:犹言醉心于书本学习。 溺:沉没,沉醉。 苦:吕氏春秋孝行览本味高注:"勤也。" 上章武灵王说"学者沉于所闻"(见注⑭),可见他是反对只从书本上学习的。

㊷"事君者"句:侍奉王子,要以胡服的道理去教导他,不要违背了

这个意思。　金正炜战国策补释:"'事君不逆其志',谓胡服以傅王子。"

㊸"事先者"句:(一旦我要不在人世)对于我,要发扬独特的地方,不要违背王子继承的意志。　金正炜战国策补释:"先,盖即'王'之自谓也。孤,谓王子何。"　建章按:明:发扬光大。其:指"先",即赵武灵王。　高:超越。　倍:通"背"。

㊹"故有"两句:所以,有你这样的人可以任命,这是国家的幸福啊。　禄:福。见上章注⑬。

㊺子能行是以事寡人者毕矣:你能按照这样为我去做,这就算你已经做到了应该做的一切。　毕:尔雅释诂:"尽也。"

㊻"书云"句:尚书上说"铲除邪恶的东西,不要犹豫不决;任用贤能的大臣,不要三心二意。　尚书大禹谟:"任贤勿贰,去邪勿疑。"　无:勿。　贰:三心二意。

㊼"寡人"两句:我信任你,不再任用别人。　吕氏春秋贵直论"王胡不与野士乎"高注:"与,犹'用'也。"

㊽史记匈奴列传作"具带",姚校引匈奴列传作"贝带",匈奴列传索隐引战国策作"贝带",淮南子主术训作"贝带",注:"以大贝饰带,胡饰。"　建章按:墨子经说下"荆之贝也",于省吾双剑诶诸子新证:"绵眇阁本、堂策槛本、宝历本,'贝'作'具'。"可见"贝""具"二字形近易误。当据淮南子高注及匈奴列传索隐引国策改"具"为"贝"。

㊾史记匈奴列传作"胥纰",集解引徐广说:"或作'犀毗'。"汉书匈奴传上作"犀毗",颜注:"犀毗,胡带之钩,亦曰'鲜卑',亦谓'师比',总一物也,语有轻重耳。"　师比:胡人皮带钩。

六　赵燕后胡服章

赵燕后胡服①,王令让之②,曰:"事主之行,竭意尽力③,

微谏而不哗④,应对而不怨⑤,不逆上以自伐⑥,不立私以为名⑦。子道顺而不拂⑧,臣行让而不争⑨。子用私道者家必乱,臣用私义者国必危⑩。反亲以为行,慈父不子;逆主以自成,惠主不臣也⑪。寡人胡服,子独弗服,逆主,罪莫大焉⑫。以从政为累,以逆主为高行,私莫大焉⑬。故寡人恐亲犯刑戮之罪,以明有司之法⑭。"赵燕再拜稽首曰⑮:"前吏命胡服,施及贱臣⑯,臣以失令过期⑰,更不用侵⑱,辱教⑲,王之惠也⑳。臣敬(循)〔修〕衣服㉑,以待(今日)〔令甲〕㉒。"

【注释】

①赵燕:于鬯战国策注:"赵公族。" 后:晚,不及时。此策时间当在第五章之后,与其接近。

②让:责,批评。

③"事主"两句:为国君效劳,尽心竭力。 事:服役,效劳。

④微谏而不哗:委婉规劝而不宣扬。 汉书艺文志"昔仲尼没而微言绝"。注:"微言、不显之言也。" 哗:大声嚷嚷。

⑤应对而不怨:受到国君的怒斥而不怨恨。 应:广雅释言"受也"。 战国纵横家书第十二章"对"同"怼"。怼:穀梁庄三十一年传注"恚恨也",怨怒。

⑥不逆上以自伐:不违背国君的意志而居功自傲。 逆:违背。 伐:书大禹谟疏:"自言己功曰伐。"

⑦不立私以为名:不据私利而树立个人威信。 立:有"建立""据有"之义。 私:利。 名:美名,威名。

⑧子道顺而不拂:做儿子的应该逊顺而不违背父母的意愿。 拂:违背。

⑨臣行让而不争:做人臣的应该谦让而不与国君相争。

⑩“子用私道”两句：做儿子的一心为私，家庭必遭破败；做人臣的一心为私，国家必然危险。

⑪“反亲”四句：违背父母而胡作非为，慈爱的父亲也不把他当作自己的儿子；违背国君而另搞一套，仁惠的国君也不把他当作自己的臣下。

⑫罪莫大焉：罪过之大莫过于此。 焉：于此。

⑬“以从政”三句：以实行胡服为忧累负担，以违背国君为特立独行，私心之大莫过于此。 鲍注：“政，胡服之政。” 于鬯战国策注：“恐‘累’下脱一字，下句‘高行’与此偶，可证。” 建章按：于说是，然不知脱何字。

⑭“故寡人”两句：所以，我担心你要触犯刑法而杀身，以正国法。 刑戮：因犯法而杀身。

⑮稽首：见秦策二第六章注⑲。

⑯“前吏”两句：前已有令要胡服，而且命令已下达给我。 施：行。贱臣：赵燕自称。

⑰失令：犹言没有执行命令。 过：误。

⑱更不用侵：却没有惩罚我。 更：却。 用：以。 侵：左庄二十九年传疏：“侵者加陵之意。” 不用侵：不以法加于我。

⑲辱教：辱蒙赐教。指前文“王令让之”。

⑳王之惠也：这是大王对我的宽惠。

㉑姚校：“‘循’一作‘修’。” 建章按：此当作“修”，见上章注⑭⑥。
修：治备。 衣服：指胡服。

㉒以待令甲：敬承尊命。 鲍本“今日”作“令曰”，注：“令，善也。” 黄丕烈战国策札记：“今本‘今日’作‘令甲’。” 金正炜战国策补释：“‘今’当为‘命’，‘日’字疑衍。” 建章按：史记惠景间侯者年表“长沙王者著令甲”，泷川资言考证：“令有先后，故令甲、令乙、令丙，若今第一、第二、第三篇。”汉书宣帝纪“令

甲,死者不可生",文颖曰:"令甲者,前帝第一令也。"如淳曰:
"令有先后,故有令甲、令乙、令丙。"师古曰:"如说是也。甲、乙
者若今之第一、第二篇耳。"则"今日"当是"令甲"之误,"令甲"
即"令"。贾谊新书等齐:"天子之言曰'令','令甲','令乙'
是也。"可证。

七　王破原阳以为骑邑章

王破原阳以为骑邑[①]。牛赞进谏曰[②]:"国有固籍[③],兵
有常经[④];变籍则乱,失经则弱[⑤]。今王破原阳以为骑邑,是
变籍而弃经也。且习其兵者轻其敌[⑥],便其用者易其难[⑦]。
今民便其用,而王变之,是损君而弱国也[⑧]。故'利不百者
不变俗,功不什者不易器[⑨]。今王破卒散兵以奉骑射[⑩],臣
恐其(攻)〔收〕获之利不如所失之费也[⑪]。"

王曰:"古今异利,远近易用[⑫];阴阳不同道,四时不一
宜[⑬]。故贤人观时,而不观于时[⑭];制兵,而不制于兵[⑮]。子
知官府之籍,不知器械之利[⑯];知兵甲之用,不知阴阳之
宜[⑰]。故兵不当于用,何兵之不可易[⑱]?教不便于事,何俗
之不可变[⑲]?昔者先君襄主与代交地[⑳],城境封之[㉑],名曰
'无穷之门'[㉒],所以昭后而期远也[㉓]。今重甲(循)〔修〕兵,
不可以逾险[㉔];仁义道德不可以来朝[㉕]。吾闻'信不弃功,知
不遗时'[㉖]。今子以官府之籍乱寡人之事,非子所知[㉗]。"

牛赞再拜稽首曰[㉘]:"臣敢不听令乎?"(至)〔王〕遂胡服
率骑入胡[㉙],出于遗遗之门[㉚],逾九限之固[㉛],绝五径之险[㉜],
至榆中[㉝],辟地千里。

【注释】

①原阳:故城在今<u>内蒙古自治区</u><u>呼和浩特市</u>东南。　骑邑:骑士所居(据<u>鲍</u>注)。　<u>顾观光</u>战国策编年系此策于<u>周赧王</u>九年、<u>赵武灵王</u>二十年(前306年),<u>于鬯</u>战国策年表同。　王:<u>赵武灵王</u>,见秦策二第十五章注⑩。

②<u>牛赞</u>:史记<u>赵世家</u>"<u>武灵王</u>二十一年攻<u>中山</u>,<u>牛翦</u>将车骑",<u>于鬯</u>战国策注引<u>李楷</u>尚史以为<u>牛赞</u>与<u>牛翦</u>为一人,说:"<u>翦</u>、<u>赞</u>一声之转。"

③国有固籍:国家有成文法典。　固:与"故"通。　籍:指法典。

④兵有常经:军队有固定兵制。　经:法。

⑤"变籍"两句:改变法典,国家就要混乱;抛弃兵制,军队就要削弱。　失:同下文"弃"。

⑥且习其兵者轻其敌:再说,熟习以前的兵制,就容易克敌制胜。

⑦便其用者易其难:用惯了以前的武器,就不会有什么困难。便:方便,熟悉。　用:器用。　易其难:不以为难。

⑧<u>金正炜</u>补释:"'君'字疑本为'群',脱损半字而讹也。<u>吕览召类</u>篇'群者众也。'此言自弃其众。"　<u>建章</u>按:"君"通"群",非"脱损半字而讹",见东周策二十一章注⑧。

⑨"利不百"两句:没有百倍的利益,就不改变习俗;没有十倍的功效,就不改换器具。　<u>商君书更法</u>篇"臣闻之:利不百,不变法;功不十,不易器。"可见这是当时的成语。

⑩"今王"句:现在大王抛弃本国的军事制度和兵器,而实行胡人骑射。　破:破坏;　散:弃。　"破""散":言散弃不用。卒:言<u>赵</u>国旧兵制。　兵:武器。　奉:奉行,实行。

⑪<u>金正炜</u>战国策补释:"'攻'当作'攸',二形相似而误。尔雅释言:'攸,所也。'"　<u>建章</u>按:下句"所失之费"正与此"攸获之利"对句,<u>金</u>说可从。当改"攻"作"攸"。

⑫"古今"两句:古与今对待利益各不相同,远与近使用器具各不相同。　易:国语晋语五:"犹'异'也。"

⑬"阴阳"两句:阴阳变化不同道理,四时气候各不统一。

⑭"故贤"两句:所以,贤能的人根据客观条件行动,而不为客观条件所限制。

⑮制兵而不制于兵:操纵兵器,而不为兵器所操纵。

⑯"子知"两句:你只知道官府的旧法典,而不知道兵器要便于使用。

⑰"知兵"两句:只知道一般的使用兵器、铠甲,而不知道根据阴阳的变化去使用兵器和铠甲。

⑱"故兵"两句:所以,兵器如果使用不便当,为什么就不可以改变呢?

⑲"教不"两句:教导如果不符合于客观情况,为什么旧的礼法就不能改变呢?　便:说文:"安也。"安:适,合,符合。

⑳襄主:赵襄子,见秦策一第五章注⑩。　代:见秦策一第五章注⑲。交地:接壤。

㉑城境:在边界筑城;"城"用作动词。　封:国语楚语上韦注:"厚也"。犹言"加强"。

㉒汉书地理志右北平郡"无终"颜师古注说:"故无终子国。"王先谦补注说:"顾炎武云:'无终为故无终子国。'证以史记、范书、韦昭国语注、水经注、魏土地记,'无终之为今玉田县无可疑者。然左传襄四年无终子如晋请和诸戎,昭元年晋中行穆子败无终及群狄于太原,汉书樊哙传击陈豨破,得綦毋卬、尹潘军于无终、广昌,则去玉田千余里,岂无终国先在云中代郡之境,而后迁右北平欤'? 赵一清云:'顾说是也,不然右北平去太原东北二千余里,嘉父安得远涉而与晋和。'先谦案:'无终'一作'无穷',终、穷字通,史记云'遂至代,北至无穷'也。一统志:'故

城今蓟州治。'玉田乃唐初析置之无终,非汉县。"左传襄公四年:"无终子嘉父使孟乐如晋。"杨伯峻注说:"无终,山戎国名。疑本在今山西太原市东,后为晋所并,迁至今河北涞源县一带,又奔于今蓟县治,最后被逼至张家口市北长城之外。此时则犹在山西。诸书所云蔚县、玉田是无终故地,皆不确。" 建章按:中国历史地图集第一册无终在今蓟县。张家口市北有无穷之门。 名:城门之名。

㉓所以昭后而期远:以此昭示后世子孙,希望久远之利。

㉔姚校:"'循'一作'修'。" 鲍注:"循,言其因旧。" 吴正:"循,行也,言被重甲执兵而行,不可以逾险,不若胡服骑射之便利。" 建章按:修兵,如戈、矛之属,与"重甲"对文,西周策第三章"长兵在前,强弩在后","长兵"即此"修兵"。"修"误为"循",见第五章注⑭。 逾:通过。 险:险隘之地。

㉕仁义道德不可以来朝:讲究仁义道德,是不可能让胡人降服的。
　　朝:诸侯拜王谓朝;此犹言拜降。

㉖"吾闻"句:我听说"忠信不放弃建功,聪明不忘记时机"。
　　知:同"智"。 遗:忘,失。

㉗"今子"句:现在你拿官府的旧法典来破坏我的事业,这是你所不了解的。

㉘稽首:见秦策二第十六章注⑲。

㉙姚校:"'至',集、刘作'王'。"丛刊本"至"作"王"。 建章按:此当依姚校及丛刊本改"至"作"王",见楚策一第十七章注⑮。

㉚程恩泽国策地名考卷九:"顾祖禹曰'今陕西榆林镇废胜州,北有榆溪塞,汉曰广长榆塞,即国策所云"出于遗遗之门,逾九限之固,绝五径之险"者也。又苏厉为齐遗赵惠文王书"秦之上郡近挺关至于榆中者千五百里"亦即此也。'虽非确诂,而大意不甚相远。"靳生禾赵武灵王史迹考略说:"遗遗之门,一称挺关,

古属榆中,故址当今内蒙毛乌素沙漠东缘及陕西榆林西北(中国历史地图集第一册37—38图)。"(河北师范大学学报1982年第1期) 金正炜战国策补释:"疑即上文所云'无穷之门',故书残缺二字,昔人于其间连注'遗'字以识之,与作'□□'例同,后人乃误并入文耳。" 于鬯战国策注:"'遗遗'当是胡言也。" 建章按:疑"遗遗之门"即"扞关"。

㉛金正炜战国策补释以为"九限"本当为"九原",又作"九阮",误作"九限"

㉜鲍本"俓"作"径"。 黄丕烈战国策札记:"'俓'当是'陉'之假借耳。"陉:山口。尔雅释山说:"山绝,陉。"郭璞注说:"连中断绝。"邢昺疏说:"谓山形连延,中忽断绝者名陉。"唐李吉甫元和郡县志说:"太行首始河内,北至幽州,凡八陉:一轵关陉,二太行陉,三白陉,四滏口陉,五井陉,六飞狐陉,七蒲阴陉,八军都陉。此皆两山中隔以成隘道也。" 绝:通过。 险:即元和郡县志所谓"隘道",要隘,即险要之地。

㉝榆中:见赵策一第九章注㉙。

战国策注释卷二十

赵　策　三

一　赵惠文王三十年章

赵惠文王三十年,相都平君田单问赵奢曰[1]:"吾非不说将军之兵法也[2],所以不服者,独将军之用众[3]。用众者,使民不得耕作,粮食挽赁不可给也[4]。此坐而自破之道也[5],非单之所为也。单闻之,帝王之兵,所用者不过三万,而天下服矣。今将军必负十万、二十万之众乃用之[6],此单之所不服也。"

马服曰[7]:"君非徒不达于兵也[8],又不明其时势[9]。夫吴干之剑,肉试则断牛马[10],金试则截盘匜[11];薄之柱上而击之,则折为三[12],质之石上而击之,则碎为百[13]。今以三万之众而应强国之兵[14],是'薄柱'、'击石'之类也。且夫吴干之剑材难[15],夫毋脊之厚,而锋不入[16];无脾之薄,而刃不断[17]。兼有是两者[18],无钩、夹、镡蒙须之便[19],操其刃而刺[20],

则未入而手断。君无十（余）〔万〕、二十万之众㉑，而为此钩、夹、镡蒙须之便㉒，而徒以三万行于天下㉓，君焉能乎㉔？且古者，四海之内分为万国。城虽大，无过三百丈者㉕；人虽众，无过三千家者。而以集兵三万距此㉖，奚难哉㉗？今取古之为万国者，分以为战国七，能具数十万之兵㉘，旷日持久，数岁，即君之齐已㉙。齐以二十万之众攻荆㉚，五年乃罢；赵以二十万之众攻中山㉛，五年乃归。今者，齐、韩相方㉜，而国围攻焉，岂有敢曰：'我其以三万救是'者乎哉？今千丈之城、万家之邑相望也㉝，而索以三万之众围千丈之城㉞，不存其一角㉟，而野战不足用也㊱，君将以此何之㊲？都平君喟然大息曰㊳：单不至也㊴！"

【注释】

①鲍改"都平"作"平都"，注："史单无'都平'之称，魏策三言'平都'，今从之"。 吴正："此称'都平君'，仍齐相之称。'都平'即'安平'也，故大事记俱作'安平君'，魏策长平之役平都君云云，不言是田单也。惠文三十年正赵奢破秦军阏与后一岁，单未至赵也。疑'三十年'下有缺文。" 战国策龙骧无"惠文王三十年"六字。 金正炜战国策补释："'相'上疑脱'齐'字，是时单犹未相赵也。吴据大事记以'都平君'即'安平君'当是，鲍改'平都'无据。"于鬯战国策注："吴谓'缺文'盖是，而云'三十年单未至赵，则安知后策言'求安平君将'者必不在是年乎？盖燕攻赵，求安平君将，得燕三城事正此'三十年'下所缺之文矣。自惠文三十年至孝成二年，历六年，其得燕城前一年，则已五年矣，所谓'旷日持久数岁'也。"史记赵世家"孝成王二年，田单为相。"故林春溥战国纪年，顾观光战国策编年并系此策于

周赧王五十一年,赵孝成王二年(前264年)。 建章按:金说"相"上脱"齐"字,或是。此策当在周赧王四十六年(前269年)。 田单:见秦策三第十章注③。 赵奢:见赵策二第二章注⑩。

②于鬯战国策注:"奢传云'括徒能读其父书'。括,奢之子也,是奢有书传世。此'兵法'当指其所著书。"

③"所以"两句:我所不佩服将军的,只是将军用兵多。

④"用众"句以下:用兵多,耕种的人就少,粮食运输就供不上。 挽:拉车。 墨子号令"符传疑"于省吾双剑誃诸子新证:"赁,古'任'字。"睡虎地秦墓竹简"赁"即"任"。任:淮南子道应训高注:"载也。" 挽赁:运输的意思。 给:供。

⑤坐而自破:犹言坐以待毙。 道:办法。

⑥负:说文:"恃也。"此犹"有"。 乃:才。

⑦马服:即赵奢。

⑧非徒:不只,不仅。

⑨其:裴学海古书虚字集释卷五:"犹'于'也。"

⑩"夫吴干"两句:吴国干将这样的宝剑试肉可以砍断牛马。 姚校:"荀子注引作'吴干将之剑'。" 鲍注:"吴王使干将铸之,故云。" 建章按:吕氏春秋慎行览疑似"患剑之似吴干者"高注:"吴干吴之干将者也。"干将:见齐策五注⑫。金正炜战国策补释"吴、干皆国名,其民并以铸剑称于时,故言剑必称吴称'吴干'。"

⑪盘匜(yí夷):皆古代盥洗用具。洗手时把匜中的水倒手上,下边用盘盛接。

⑫"薄之"两句:往柱上击,则剑断为三截。 薄:广雅释诂一:"至也。" 折:断。

⑬"质之"两句:往石上击,则剑就碎为百片。 庄子刻意:"此天

地之平,而道德之质也。"俞樾诸子平议:"'质''至'古通用,'至'可为'质','质'亦可为'至矣'。"

⑭应:说文:"当也。"犹言应付,对付。

⑮"且夫"句:而且,很难有像吴国干将这样优质的宝剑。 且夫:而且。夫:语助。 汉书楚元王传赞:"仲尼称材难。"颜注:"贤材难得。"此"材"犹言"优质"。

⑯"夫毋"两句:剑脊薄,则剑刃易卷。 毋:同"无"。 脊:剑两面中线高起的部分。 于鬯战国策注:"疑此'入'字当如'卷'字义。盖'毋脊之厚'即脊薄也,脊薄剑末锋易卷。" 而:则。

⑰"无脾"两句:剑脾厚,则剑刃不可断物。 鲍注:"脾,近刃处。"

⑱是两者:此两种特点。指剑脊不薄,剑脾不厚。

⑲姚校:"'须'曾作'顷'。" 鲍本"钓"作"钩","罜"作"竿",而改作"竿",注:"钩,剑头环。竿与杆同,集韵:'柄也。'镡,珥鼻也。" 吴正:"'竿'一本作'罜'是,下同;罜,即'咢'字,锷同,刃锋也。" 横田惟孝战国策正解:"'罜'疑'夹'之讹,夹与铗通,剑柄所握者。镡,剑口旁横出者。'顷'疑'头'字之讹。盖谓三物蒙剑首也。" 建章按:"钓"当依鲍本作'钩'。 镡:说文"剑鼻也"。徐锴曰:"剑鼻,人握处之下也。"广雅释器:"剑珥谓之镡。"则镡谓剑柄与剑身相接处两旁突出的部分,形似鼻,似耳,故名剑鼻,剑珥。余姑从横田说。

⑳因为没有钩、夹、镡,所以只能握住剑刃。

㉑吴补:"'余'恐即上文'万'字"。 建章按:上文田单说"今将军必负十万二十万之众乃用之",此"十余二十万之众"乃用田单之说。吴说是,当改"余"作"万"。

㉒而:王引之经传释词卷七:"犹'以'也。"

㉓徒:只,就。

㉔“君无”句以下：您如果没有十万、二十万的军队，即使有剑环、剑柄、剑珥这样的便利，只用三万人，就想在天下逞威，这怎么可以呢？　焉：安，怎么。

㉕关修龄战国策高注补正："万家之城千丈，则三千家之城当三百丈。"城周围三百丈。

㉖而：如。　鲍注："集，谓平时团集，非乌合也。"　距：同"拒"。

㉗“而以”两句：如果用训练有素的三万军队对付这些国家，还有什么困难呢？　奚：何。

㉘金正炜战国策补释："诗民劳‘柔远能迩’，笺：‘能，犹如也。’"

㉙即：则。　之：至。　已：犹"也"。　此当指前284年燕昭王攻入齐都临淄之事。

㉚荆：楚。此当指前301年齐、魏、韩联军攻楚，杀楚将唐昧事。

㉛中山：见秦策一第五章注㉝。此当指前296年赵惠文王灭中山事。

㉜诗经大雅生民"实方实苞"疏："郑以‘方谓苗生齐等’。"则"齐、韩相方"者言齐、韩势均力敌。

㉝相望：互相怨敌。

㉞而：裴学海古书虚字集释卷七："犹‘如’也。"　索：求，要求。

㉟不存其一角：只不过能包围城的一个角。裴学海集释卷十"不，乃也"。

㊱而：则。　足：够。　也：犹"矣"。

㊲君将以此何之：您还想用这点兵力干什么？

㊳喟然：长叹息的样子。　大息：太息，叹息。

㊴单不至也：我的见解不如您呀！　不至：犹言没有考虑到这些。

二　赵使(机)〔仇〕郝之秦章

赵使(机)〔仇〕郝之秦①，请相魏冉②。宋突谓(机)〔仇〕

郝曰③:"秦不听,楼缓必怨公④。公不若阴辞楼子曰⑤:请无急秦王⑥。秦王见赵之相魏冉之不急也,且不听公言也⑦。是事而不成⑧,〔以德楼子;事成,〕⑨魏冉固德公矣。"

【注释】

①史记穰侯列传"机郝"作"仇液",索隐:"'仇液'战国策作'仇郝',盖是一人而记别也。"此当依索隐引战国策改"机"作"仇"。 史记秦本纪昭王十二年(周赧王二十年)"楼缓免,穰侯魏冉为相。"六国年表昭王七年"魏冉为相"。泷川资言考证"魏冉之相在昭王十二年,此或薛文为相之误。"昭王十二年"楼缓免,穰侯魏冉为丞相"。唐兰苏秦事迹简表"秦昭王九年赵派楼缓相秦,仇赫相宋。"可见六国年表"昭王七年,魏冉为相"难信。则此策当在秦昭王九年之后。林春溥战国纪年于凼战国策年表并系此策于秦昭王十二年,周赧王二十年(前295年),姑从之。

②魏冉:即穰侯,见秦策一第五章注㉝。

③宋突:据史记穰侯列传为仇郝之客。索隐引战国策"突"作"交"。 建章按:赵策四第八章亦有"宋突谓仇郝"语。

④楼缓:见秦策四第三章注③。 仇郝要求秦相魏冉,如秦不同意,楼缓仍为相,则楼缓必恨仇郝,与他不利。

⑤若:如。 阴:暗地里。 辞:告诉。 楼子:楼缓。

⑥请无急秦王:让我请求秦王不要急着任用魏冉。 无:勿。急:催促。 秦王:昭王,见西周策第一章注⑭。

⑦赵之相魏冉之不急:赵国不急着要求任用魏冉。 且:裴学海古书虚字集释卷八:"犹'必'也。"

⑧是:尔雅释言:"则也。" 而:裴学海古书虚字集释卷七:"犹'如'也。"

⑨鲍彪据穰侯列传补"以德楼子事成"六字。　　吴补:"恐策有脱
　文。"　　建章按:据上下文义当依穰侯列传补此六字,无此六字,
　语义不接。　　德楼子:楼缓一定会感激您。

三　齐破燕章

　　齐破燕①,赵欲存之②。乐毅谓赵王曰③:"今无约而攻
齐,齐必仇赵。不如请以河东易燕地于齐④。赵有河北⑤,
齐有河东,燕、赵必不争矣⑥,是二国亲也⑦。以河东之地强
齐,以燕以赵辅之⑧,天下憎之,必皆事王以伐齐,是因天下
以破齐也⑨。"王曰:"善。"乃以河东易齐⑩。
　　楚、魏憎之⑪。令淖滑、惠施之赵⑫,请伐齐而存燕。

【注释】

①林春溥战国纪年、顾观光战国策编年、于鬯战国策年表并系此
　策在周赧王元年,齐宣王七年,燕王哙七年,赵武灵王十二年
　(前314年)。　　建章按:史记燕世家(齐宣王)"因令章子将五
　都之兵,以因北地之众,以伐燕。士卒不战,城门不闭,燕君哙
　死,齐大胜燕。""齐破燕"即指此,在燕王哙七年。
②史记赵世家:"武灵王十一年,王召公子职于韩,立以为燕王"。
　陈梦家说:"'一'应作'二',今本误。"(见彼六国纪年)此即赵
　欲存燕之实事。此言赵王助燕,不使燕国绝嗣,故言"存之"。
③乐毅:见齐策六第一章注⑧。　　赵王:武灵王,见秦策二第十五
　章注⑩。
④横田惟孝战国策正解:"'燕地',齐破燕所得之地,即下文'河
　北'是也。河北近赵,河东近齐,故赵以河东易之。"　　河东:漳

871

河以东,接近齐国的地区。

⑤河北:齐国北部,黄河北岸接近燕国的地区。

⑥关修龄战国策高注补正:"燕以为二国相亲,必不与赵争河北之地。"

⑦二国:指齐、赵。

⑧姚校:"刘去'以'字。" 建章按:以:诗经召南江有汜笺"犹'与'也"。 辅:助。

⑨是:此。 因天下:借助诸侯之力。

⑩乃以河东易齐:于是拿河东之地与齐国交换河北之地。

⑪之:指齐。

⑫淖滑:楚使。 惠施:魏使,见楚策三第六章注①。

四 秦攻赵蔺离石祁拔章

秦攻赵蔺、离石、祁,拔①。赵以公子郚为质于秦②,而请内焦、黎、牛狐之城③,以易蔺、离石、祁于(赵)〔秦〕④。赵背秦,不予焦、黎、牛狐。秦王怒⑤,令公子缯请地⑥。赵王乃令郑朱对曰⑦:"夫蔺、离石、祁之地,旷远于赵⑧,而近于大国⑨。有先王之明,与先臣之力,故能有之。今寡人不逮⑩,其社稷之不能恤⑪,安能收恤蔺、离石、祁乎⑫?寡人有不令之臣,实为此事也,非寡人之所敢知⑬。"卒倍秦⑭。

秦王大怒,令卫胡(易)〔易〕伐赵,攻阏与⑮。赵奢将救之⑯。魏令公子咎以锐师居安邑,以挟秦⑰。秦败于阏与,反,攻魏几⑱。廉颇救几⑲,大败秦师。

战国策注释

872

【注释】

① 杨宽战国史:"前282年秦派了白起攻赵,攻取了赵的蔺(今山西省吕梁市离石区西)、祁(今山西省祁县东南)两城。次年,秦又攻取了赵的离石。"(350页)顾观光战国策编年系此策在周赧王四十六年,秦昭王三十八年,赵惠文王三十年(前269年)

② 郚(wú吾):赵公子名。 质:质子,见秦策二第十五章注④。

③ 内:同"纳"。 焦:故地在今河南省三门峡市西。 黎、牛狐,疑有误。

④ 鲍改"赵"为"秦"。 于鬯战国策注:"'赵'盖涉下'赵'字而误,卢刻作'秦'。" 建章按:蔺、离石、祁已为秦拔,当依鲍改及卢刻改"赵"为"秦"。

⑤ 秦王:昭王,见西周策第一章注⑭。

⑥ 缯:秦公子名。 请:广雅释诂三:"求也。"

⑦ 郑朱:第十二章"郑朱,赵之贵人也"。

⑧ 旷:广雅释诂一:"远也。"

⑨ 大国:指秦。

⑩ 鲍注:"不逮,不及先王。"

⑪ 社稷:见秦策一第五章注㊱。 恤:忧,顾。

⑫ "其社稷"两句:连国家都顾不上治理得好,怎么还顾得上蔺、离石、祁呢? 恤:说文:"忧也,收也。"则"收恤"即"恤"。

⑬ "寡人有"三句:我的大臣不好,(所谓交换)都是他们干的,我一点也不知道。 令:尔雅释诂:"善也。"

⑭ 卒:终,竟。 倍:通"背"。

⑮ 秦本纪"昭王三十八年中更胡伤攻赵阏与,不能取"。史记穰侯列传作"胡阳"。 黄丕烈战国策札记:"'易'当作'易','易'、'伤'同字。" 于鬯战国策注:"'阳'、'伤'并谐'易'声,

假借也。” 建章按：当改“易”作“易”。秦有卫尉。中更为秦
第十三级爵。 秦昭王三十八年当周赧王四十六年（前269
年。） 阏与：今山西省和顺县西。

⑯赵奢：见赵策二第二章注⑩。

⑰咎：魏公子名。 安邑：见秦策一第四章注③。 释名释姿容：
“挟，夹也，在旁也。”挟秦：赵、魏两国夹攻秦国。

⑱鲍注：“魏几，魏将。” 吴正：“几，邑名，正义云‘或属齐，或属
魏，当在相、潞之间’。” 程恩泽国策地名考卷十一：“策明言
魏几，则几为魏地无疑。洪亮吉曰：‘几城在今大名府元城县东
南’。” 建章按：几在今河北省大名县东南，在阏与东南四百余
里，何以秦绕道至几？终觉可疑。 史记廉颇蔺相如列传索隐
正义引战国策并“反”作“及”。

⑲廉颇：赵国良将，赵惠文王十六年（前283年），廉颇为赵将伐
齐，大破齐，拜为上卿，以勇气闻名于诸侯。赵孝成王十五年
（前251年），以尉文封相国廉颇为信平君。史记有廉颇列传。

五 富丁欲以赵合齐魏章

富丁欲以赵合齐、魏①，楼缓欲以赵合秦、楚②。富丁恐
主父之听楼缓而合秦、楚也③。

司马浅为富丁谓主父曰④：“不如以顺齐⑤。今我不顺
齐伐秦⑥，秦、楚必合而攻韩、魏。韩、魏告急于齐，齐不欲
伐秦，必以赵为辞⑦，则〔不〕伐秦者赵也⑧，韩、魏必怨赵。
齐之兵不西，韩必听秦违齐。违齐而亲⑨，兵必归于赵矣⑩。
今我顺而齐不西⑪，韩、魏必绝齐，绝齐则皆事我⑫。且我顺
齐，齐无（而）〔不〕西⑬。日者⑭，楼缓坐魏三月⑮，不能散齐、

魏之交。今我顺而齐、魏果西⑯，是罢齐敝秦也⑰，赵必为天下重国⑱。”

主父曰：“我与三国攻秦，是俱敝也。”曰：“不然，我约三国而告之（秦）以未构中山也⑲。三国欲伐秦之果也，必听我⑳，欲和我㉑。中山听之，是我以（王因）〔三国〕饶中山而取地也㉒；中山不听，三国必绝之，是中山孤也。三国不能和我，虽少出兵可也㉓。我分兵而（孤乐）〔乐孤〕中山㉔，中山必亡。我已亡中山，而以余兵与三国攻秦，是我一举而两取地于秦、中山也㉕。”

【注释】

①富丁：鲍注：“赵人。” 顾观光战国策编年系此策于周赧王十七年，赵惠文王元年（前298年），于鬯战国策年表同。

②楼缓：见秦策四第三章注③。

③主父：赵武灵王，见秦策二第十五章注⑩。

④鲍注：“司马浅，赵人。”

⑤顺：从，和。 以：表语气，无义。

⑥今：王引之经传释词卷五：“犹‘若’也。”下文“今我顺”同。
　　顺：随，从，和。

⑦必以赵为辞：齐国必然以赵国不联齐伐秦为借口。 辞：借口。

⑧鲍于“则”下补“不”字。 吴补：“‘则’下宜有‘不’字。” 建章按：据上下文意当于“则”下补“不”字。

⑨横田惟孝战国策正解：“诸本‘亲’下无‘秦’字，今从一本。”
　　建章按：上句言“听秦违齐”，此言“违齐而亲”，自是“亲秦”。

⑩兵必归于赵矣：韩国必然进攻赵国。 归：广雅释诂一：“往也。”

⑪上文“今我不顺齐伐秦”，此句当是“今我顺齐伐秦而齐不西”

的省略。　齐不西:齐国不西向伐秦。

⑫绝齐则皆事我:韩、魏两国与齐国绝交都会为我所用。

⑬鲍改"而"作"不"。　吴补:"字讹。或上文有误。"　于鬯战国
策注:"卢刻正作'不',而黄札谓其误涉鲍。"　建章按:上文言
"今我顺而齐不西"云云,故此言"齐无不西"。"而"当是"不"
字形误。管子地员"大者不类",尹注:"则以麻之大而类也。"
于省吾双剑誃诸子新证:"注文'而'字当作'不','而''不'篆
文相似而讹,正文可证。"墨子尚贤上"莫不敬惧而施",于省吾
双剑誃诸子新证:"'而'本应作'不','而','不'篆文形近而
讹。"韩非子外储说右上"嗣公知之,故不驾鹿"陈奇猷集释:
"王先慎曰'乾道本"不"作"而",顾广圻云"而当作不"。案张
榜本作"不",今据改。'王改是,今从之,迂评本亦作'不'。"此
皆"不"字误作"而"字之证。当依鲍改。

⑭日者:从前。

⑮坐:说文:"止也。"此犹言"居住"。

⑯我顺:即"我顺齐伐秦"之省略。见注⑥、⑪。

⑰罢:同"疲"。　敝:疲。

⑱赵必为天下重国:赵国必将成为诸侯中举足轻重的国家。

⑲鲍注:"衍'秦'字。"　吴补:"恐衍"。　于鬯战国策注:"此
'秦'字恐即当移在上文'亲'字下,脱彼而衍此。时赵正伐中
山,故告以未与中山构和,则兵分而少矣。"　建章按:"秦"字无
义,从鲍、吴、于说删"秦"字。此言我约会三国,把赵国未与中
山媾和之事告诉他们。　中山:见秦策一第五章注⑧。

⑳"三国欲"两句:三国决定伐秦,他们一定会听从赵国。　果:
决,断。

㉑欲和我:此言韩、魏、齐三国使赵与中山媾和,再伐秦。

㉒"中山听之"两句:中山如果同意与赵国媾和,这样,我们以三国

之力使<u>中山</u>屈服,让他割地。　<u>鲍</u>改"王因"作"三国"。<u>吴</u>补:
"当作'三国',字讹。"　<u>王念孙</u>读书杂志:"改'王因'为'三
国'是也。'饶'当为'挠'字之误也。'挠'为'挠乱我同盟'之
'挠'。以三国挠<u>中山</u>而讲,则<u>中山</u>不得不听,不得不割地,故曰
'<u>中山</u>听之,是以三国挠<u>中山</u>而取地也。'魏策曰'今<u>韩</u>受兵三年
矣,<u>秦</u>挠之以讲,<u>韩</u>知亡,犹弗听。'是其证。"又读书杂志补遗:
"<u>管子</u>版法篇'疏远微贱者,无所告溯,则下饶。''饶'与'挠'
同。"　<u>于鬯</u>战国策注:"饶即'挠'之借字,犹'构'即'讲'之借
字。<u>赵</u>时攻<u>中山</u>,必欲得地然后与<u>中山</u>讲,故上言'讲',此言
'取地'。"　<u>建章</u>按:当从<u>鲍</u>改"王因"作"三国"。国语晋语二
"抑挠志以从君"注:"挠,屈也。"杂志补遗引<u>管子</u>当是版法解,
<u>魏策</u>是<u>魏策</u>三第八章。

㉓因为三国不能使<u>赵国</u>和<u>中山</u>媾和,<u>赵国</u>少出兵助三国攻<u>秦</u>,三
　国也无话可说。

㉔<u>鲍</u>注:"衍'乐'字。"　<u>吴</u>正:"字误,或衍。"　<u>金正炜</u>战国策补
　释:"'孤'字因上文'是<u>中山</u>孤也'而衍,'乐'即'烁'之缺损。
　<u>秦策</u>'先得<u>齐、宋</u>则<u>韩</u>氏烁。'注'烁,消烁也'。五国伐秦章'即
　<u>赵</u>自消烁矣'。<u>鲍、吴</u>说并非。"<u>关修龄</u>战国策高注补正:"'乐'
　疑作'伐',更当作'伐孤<u>中山</u>',乃应'<u>中山</u>孤'也,盖言少兵以
　伐孤立之<u>中山</u>也。"　<u>于鬯</u>战国策注:"<u>关</u>说义是,所改或未必
　当。"　<u>建章</u>按:诗<u>大雅</u>桑柔"捋采其刘",传:"刘,爆烁而希
　也。"释文:"'烁'本又作'乐'或作'落'同。""烁"与"铄"同,汉
　书艺文志"耀金为刃"注:"耀与铄同,谓削也。"此"孤乐<u>中山</u>"
　本当作"乐孤<u>中山</u>",即"烁孤<u>中山</u>",意即削弱孤立的<u>中山</u>。

㉕是:尔雅释言:"则也。"

六　魏因富丁且合于秦章

魏因富丁且合于秦^①，赵恐，请效地于魏^②，而听薛公^③。教子欬谓李兑曰^④："赵畏横之合也^⑤，故欲效地于魏而听薛公。公不如令主父以地资周㝡^⑥，而请相之于魏。周㝡以天下辱秦者也^⑦，今相魏^⑧，魏、秦必虚矣^⑨；齐、魏虽劲^⑩，无秦不能伤赵。魏〔王〕〔不〕听^⑪，是轻齐也；秦、魏虽劲，无齐不能得赵。此利于赵而便于周㝡也^⑫。"

【注释】

①魏因富丁且合于秦：魏国通过富丁将与秦国联合。　因：以，借助，通过。　富丁：见第五章注①。　顾观光战国策编年，于此战国策年表系年同前章。姚本与上章连篇，鲍本另列一章，据文义，从鲍本。

②效：献。

③薛公：即孟尝君田文，见东周策第十六章注①。　此年（前298年）薛公自秦返齐。"听薛公"即听齐之命。

④教子欬谓李兑曰：有人告子欬对李兑说。　鲍注："或者教之欬赵人。"吴正："无考。"　金正炜战国策补释据吕氏春秋无义篇有"赵急求李欬"文，疑"子欬"即李欬之讹。　李兑：见秦策三第十章注㉔，此时为赵相。　教：吕氏春秋孟春纪贵公高注："犹'告'也。"

⑤横：连横阵线。　合：成功。

⑥主父：赵武灵王，见秦策二第十五章注⑩。　资：助。　周㝡：见东周策第九章注⑧。

⑦周㝠以天下辱秦者也：周㝠在诸侯中对秦国很不友好。　辱：广雅释诂四："恶也。"

⑧今：王引之经传释词卷五"犹'若'也"。

⑨虚：间，嫌隙，不合。

⑩劲：强。

⑪金正炜战国策补释："'王'当为'不'之讹，鲍以'齐亦恶㝠'，固为失据，吴云：魏用齐所厚以为相是轻也'，亦谬于理。上言魏相㝠则齐、魏无秦，此言秦、魏无齐，自以魏不听为言也。燕策'齐、赵之交，一合一离，燕不与齐谋赵，则与赵谋齐。'鲍本'不'误为'王'，正与此同。"　建章按：金说是，于前后文义，当改"王"作"不"。金引见燕策二第五章。

⑫此利于赵而便于周㝠：（所以，请求魏国任命周㝠为相国）这样做，既有利于赵国，又有利于周㝠。

七　魏使人因平原君请从于赵章

魏使人因平原君请从于赵①，三言之，赵王不听②。出遇虞卿曰③："为人，必语从④。"虞卿入，王曰："今者，平原君为魏请从⑤，寡人不听。其于子何如⑥？"虞卿曰："魏过矣。"王曰："然，故寡人不听。"虞卿曰："王亦过矣。"王曰："何也？"曰：凡强、弱之举事⑦，强受其利，弱受其害。今魏求从，而王不听，是魏求害，而王辞利也。臣故曰'魏过，王亦过'矣。"

879

【注释】

①平原君：见秦策三第十三章注⑥。　于㔸战国策年表系此策于

卷二十　赵策三

秦昭王五十三年(前 254 年)　因：由,通过。

②"三言之"两句：平原君向赵王谈了三次,赵王不同意。　赵王：孝成王,惠文王之子,名丹,赵国第八君,前 265 年—前 245 年在位。

③虞卿：见楚策四第十三章注①。

④为入必语从：您如果进去见赵王,一定会谈到合纵联盟之事。　为：王引之经传释词卷二："犹'如'也。"

⑤为魏请从：为魏国请求与赵国结成合纵联盟。

⑥其于子何如：你的意见如何?

⑦凡强弱之举事：大凡强国与弱国谋事。　举：吕氏春秋孟冬纪异宝高注："犹'谋'也。"

八　平原君请冯忌章

平原君请冯忌曰①："吾欲北伐上党,出兵攻燕②,何如?"冯忌对曰："不可。夫以秦将武安君公孙起乘七胜之威③,而与马服(之)子战于长平之下④,大败赵师,因以其余兵围邯(战)〔郸〕之城⑤。赵以(亡)〔七〕败之余众⑥,收破军之敝守⑦,而秦罢于邯郸之下⑧,赵守而不可拔者,以攻难而守者易也。今赵非有七克之威也⑨,而燕非有长平之祸也。今七败之祸未复,而欲以罢赵攻强燕⑩,是使弱赵为强秦之所以攻,而使强燕为弱赵之所以守⑪,而强秦以休兵承赵之敝⑫。此乃强吴之所以亡,而弱越之所以霸⑬。故臣未见燕之可攻也⑭。"平原君曰："善哉!"

【注释】

①姚校:"刘本'请'作'谓'。" 鲍本"请"作"谓"。 金正炜战国策补释:"仪礼聘礼'君使士请事',注'请,犹问也'。左昭七年传'以请先君之觊',注'请,问也。'国语吴语'乃命董谒请其事',注'请,问也。'则作'请'固不误。" 于鬯战国策注:"书钞论兵钞、御览攻围览引亦作'谓'"。 建章按:吕氏春秋孝行览首时"客请之王子光",高注"请,问也"。金说是,诸作"谓"者,恐系不解"请"字之义,而以意改者。 林春溥战国纪年系此策于周赧王五十九年(前256年),于鬯战国策年表同。 于鬯战国策注:"冯忌,平原君客也。" 平原君:见秦策三第十三章注⑥。

②于鬯战国策注:"张释云'长平之役,上党尽入于秦,或平原欲复取之。但上党在邯郸之西,非'北伐'也。与出兵攻燕非一事。冯忌之言绝不及上党,疑衍句耳。'案御览引作'寡人欲出兵攻燕何如',无'北伐上党'四字。则张以为'衍'确有证。而称'寡人'书钞引'吾'字亦作'寡人',可疑"。 建章按:疑"北伐上党"四字误衍。

③武安君公孙起:白起,分别见西周策第六章注②,赵策一第十一章注㊿。 鲍注:"七胜,胜赵。" 威:力,势。

④王念孙读书杂志:"'马服之子'本无'之'字,后人以赵括为赵奢之子,因加'之'字耳,不知当时人称赵括为'马服子',沿其父号而称之也。'马服子'犹言'马服君',秦策'君禽马服君乎'(按:秦策三第十五章,无下'君'字。)史记白起传作'马服子',韩世家曰'秦杀马服子卒四十余万于长平',皆其证也,太平御览兵部引此策正作'马服子'。" 建章按:当依王说删"服"下"之"字。 长平之战:见齐策二第七章注①。

⑤各本"战"皆作"郸",北堂书钞引亦作"郸"。 建章按:当改

“战”为“郸”。

⑥王念孙读书杂志：“‘亡败’当作‘七败’，上言秦七胜，故此言赵七败。下文曰‘今七败之祸未复’是也。‘亡’、‘七’字相近，故‘七’讹为‘亡’。此时赵犹未亡，不得言‘亡败之余众’。” 于鬯战国策注：“御览引‘亡’作‘十’。” 建章按：“七”与“十”古书常互误，（见赵策一第十一章注㉜）御览引作“十”可为王说之证。

⑦收破军之敝守：又收集残兵败卒而死守邯郸。 金正炜战国策补释：“‘军’下‘之’字犹‘而’也，淮南氾论篇‘使鬼神能玄化，则不待户牖之行。’太平御览引作‘而行’，国语晋语‘民罢力以完之，又斃死以守之。’‘斃’与‘敝’通”。 建章按：裴学海古书虚字集释卷九：“之，犹‘而’也。”金引在晋语九。

⑧罢：同“疲”，困。

⑨克：胜。

⑩罢：同“疲”。

⑪“是使”两句：这就是让弱赵替强秦去进攻，而让强燕固守去消耗弱赵。

⑫而强秦以休兵承赵之敝：而强秦就要以其养精蓄锐之兵力乘赵国攻燕国疲惫之机。 敝：疲。

⑬强吴攻齐，弱越乘吴之敝，故吴亡而越霸。

⑭故臣未见燕之可攻也：因此，我看不出燕国是可以进攻的。

九 平原君谓平阳君曰章

平原君谓平阳君曰①：“公子牟游于秦②，且东，而辞应侯③。应侯曰：‘公子将行矣，独无以教之乎④？’曰：‘且微君之命命之也，臣固且有效于君⑤。夫贵不与富期，而富至⑥;富不与粱肉期,而粱肉至⑦;粱肉不与骄奢期,而骄奢至;骄奢不与死亡期,而死亡至。累世以前,坐此者多矣⑧。'应侯曰:'公子之所以教之者厚矣'。仆得闻此,不忘于心。愿君之亦勿忘也⑨。"平阳君曰:"敬诺⑩。"

【注释】

①平原君:见秦策三第十三章注⑥ 平阳君:赵豹,见赵策一第十一章注㉟。

②公子牟:魏牟,魏国的贵族。汉书艺文志道家有公子牟四篇。游:行,往。

③应侯:范雎,见秦策三第八章注①。

④"公子将行"两句:公子就要回国了,就没有什么要指教我的吗? 独:就。 之:指代范雎。

⑤"且微"两句:您就是不提起,我本来就要说说我的愚见的。且:王引之经传释词卷八:"犹'若'也。" 微:无。 命:教,告。 臣:古时自我的谦称。 固:本来。 且:当。 效:献。

⑥夫贵不与富期而富至:已经尊贵了,不去追求富裕,而富裕也就会来的。 与:以。 期:求。

⑦粱肉:指精美的膳食,如白米、细面、鸡、鸭、鱼、肉之类。

⑧"累世"两句:世世代代因为这样而败毁的实在太多了。 坐:释名释姿容:"挫也。" 挫:国语吴语韦注:"毁折也。"

⑨之:语助。

⑩敬诺:犹言遵命。

十 秦攻赵于长平章

秦攻赵于长平①,大破之②,引兵而归。因使人索六城于赵而讲③。赵计未定。楼缓新从秦来④，赵王与楼缓计之曰⑤："与秦城何如不与(何如)⑥？"楼缓辞让曰："此非人臣之所能知也⑦。"王曰："虽然，试言公之私⑧。"楼缓曰："王亦闻夫公甫文伯母乎⑨？公甫文伯官于鲁，病死。妇人为之自杀于房中者二八⑩。其母闻之，不肯哭也。相室曰⑪：焉有子死而不哭者乎⑫？其母曰：'孔子贤人也⑬，逐于鲁，是人不随⑭。今死，而妇人为死者十六人。若是者，其于长者薄，而于妇人厚。'故从母言之，之为贤母也⑮；从妇言之，〔之〕必不免为妒妇也⑯。故其言一也，言者异，则人心变矣⑰。今臣新从秦来，而言'勿与'，则非计也⑱；言'与之'，则恐王以臣之为秦也，故不敢对。使臣得为王计之，不如予之。"王曰："诺"。

虞卿闻之⑲，入见王，王以楼缓言告之。虞卿曰："此饰说也⑳。"(秦既解邯郸之围，而赵王入朝，使赵郝约事于秦，割六县而讲)㉑王曰：何谓也？"虞卿曰："秦之攻赵也，倦而归乎？(王以)〔亡〕其力尚能进，爱王而不攻乎㉒？"王曰："秦之攻我也，不遗余力矣，必以倦而归也。"虞卿曰："秦以其力攻其所不能取，倦而归，王又以其力之所不能攻以资之，是助秦自攻也。来年，秦复攻王，王无以救矣。"

王又以虞卿之言告楼缓。楼缓曰："虞卿能尽知秦力之所至乎㉓？诚知秦力之不至㉔，此弹丸之地㉕，犹不予也㉖，令秦来年复攻，王得无割其内而媾乎㉗？"王曰："诚听子割矣㉘，子能必来年秦之不复攻我乎？"楼缓对曰：'此非臣之所敢任也。昔者三晋之交于秦，相善也㉙。今秦释韩、魏而

独攻王,王之所以事秦,必不如韩魏也。今臣为足下解负
亲之攻㊿,启关通敝㊿,齐交韩、魏㊿,至来年而王独不取于
秦,王之所以事秦者,必在韩、魏之后也㊿。此非臣之所敢
任也。"

王以楼缓之言告虞卿,〔虞卿〕曰㊿:"楼缓言不媾,来
年秦复攻,王得无更割其内而媾。今媾,楼缓又不能必秦
之不复攻也,虽割何益? 来年复攻,又割其力之所不能取
而媾也,此自尽之术也㊿。不如无媾。秦虽善攻,不能取六
城;赵虽不能守,而不至失六城㊿。秦倦而归,兵必罢。我
以五城收天下㊿,以攻罢秦,是我失之于天下,而取偿于秦
也,吾国尚利。孰与坐而割地自弱以强秦㊿? 今楼缓曰'秦
善韩、魏而攻赵者,必王之事秦不如韩、魏也。'是使王岁以
六城事秦也,即坐而地尽矣㊿。来年秦复求割地,王将予之
乎? 不与,则是弃前贵而挑秦祸也㊿;与之,则无地而给之。
语曰:'强者善攻,而弱者不能自守。'今坐而听秦,秦兵不
敝,而多得地,是强秦而弱赵也㊿。以益愈强之秦,而割愈
弱之赵,其计固不止矣㊿。且秦虎狼之国也,无礼义之心,
其求无已㊿,而王之地有尽。以有尽之地,给无已之求,其
势必无赵矣。故曰'此饰说也'。王必勿与。"王曰:"诺。"

楼缓闻之,入见于王,王又以虞卿言告之。楼缓曰:
"不然,虞卿得其一㊿,未知其二也。夫秦、赵构难㊿,而天下
皆说㊿,何也? 曰:'我将因强而乘弱㊿。'今赵兵困于秦,天
下之贺战〔胜〕者㊿,则必尽在于秦矣。故不若亟割地求和
以疑天下㊿,慰秦心。不然,天下将因秦之怒㊿,(秦)〔乘〕赵

之敝^⑤，而瓜分之。赵且亡，何秦之图^⑤？王以此断之，勿复计也^⑤。"

虞卿闻之，又入见王曰："危矣，楼子之为秦也^⑤！夫赵兵困于秦，又割地为和，是愈疑天下，而何慰秦心哉？是不亦大示天下弱乎^⑥？且臣曰'勿予'者，非固勿予而已也。秦索六城于王^⑥，王以五城赂齐^⑥。齐，秦之深仇也^⑥，得王五城，并力而西击秦也^⑤，齐之听王，不待辞之毕也^⑥。是王失于齐，而取偿于秦^⑥，一举结三国之亲^⑥，而与秦易道也^⑥"。赵王曰"善"。因发虞卿^⑥，东见齐王^⑥，与之谋秦。

虞卿未反^⑥，秦之使者已在赵矣。楼缓闻之，逃去。

【注释】

①此策顾观光战国策编年、于鬯战国策年表并系在周赧王五十五年（前 260 年）。 长平：见秦策一第五章注⁷³。

②前 262 年秦、赵战于长平，前 260 年秦大破赵，活埋战俘四十余万。

③史记虞卿列传："长平大败，遂围邯郸。秦既解邯郸围，而赵王入朝，使赵郝约事于秦割六县而媾。"则"引兵"乃是引"围邯郸"之兵。

④楼缓：见秦策四第三章注③。

⑤赵王：孝成王，见第七章注②。

⑥与秦城何如不与：给秦城，还是不给，那个有利？ 王念孙读书杂志："此以'与秦城'为句，'何如不与'为句，'不与'下本无'何如'二字。齐策'田侯召大臣而谋曰，救赵孰与勿救'犹此言'与秦城何如不与'也。后人误读'与秦城何如'为句，因于'不与'下加'何如'二字，而不知其谬也，太平御览人事部引此

作'与秦地何如勿与"，　杨树达古书句读释例第七："王说是，惟'与秦城何如不与'当以七字作一句读,王作两句读非是。"

建章按:当依王、杨说删"何如"二字,王引齐策为齐策一第六章。

⑦鲍注:"衍'人'字。"虞卿列传、新序善谋上皆无"人"字。　金正炜战国策补释:"疑'人臣'为'外臣'之讹,'外'损半字,因讹为'人'。魏策'为疾谓楚王曰,外臣疾使臣谒之。'"　于鬯战国策注:"御览权谋览引无'人'字。"　建章按:赵策四第十二章"今外臣交浅而谈深可乎?"魏策四第十九章"子为肖谓齐王曰,肖愿为外臣。"故金说可参考。金引为魏策二第十六章。

⑧虽然试言公之私:虽然这样,就请谈谈您个人的想法吧。　私:私心,私意。

⑨国语鲁语下:"公父文伯之母,季康子之从祖叔母也。"注:"祖父昆弟之妻"也。又"季康子问于公父文伯之母",注:"康子,鲁正卿,季悼子曾孙、桓子之子季孙肥也。文伯,鲁大夫,季悼子之孙,公父穆伯之子公父歜也。母,穆伯之妻敬姜也。""甫"古通"父"。

⑩吴补:"史及新序并作'二人',是'八'字乃'人'字之讹。"　黄丕烈战国策札记:"吴说非也,史记、新序'二人'皆'二八'之讹。"　建章按:孔丛子记义"内人从死者二人",韩诗外传第一"宫女缦经而从者十人",不言"为死"。公父文伯之死又见鲁语下、家语曲礼子贡问,皆不言"为死"。鲁语下:"公父文伯卒,其母戒其妾曰'吾闻之,好内,女死之;好外,士死之。今吾子夭死,吾恶其以好内闻也。二三妇请从礼而静,是昭吾子也。'"故于鬯战国策注:"盖容有欲为之死者,而敬姜止之耳。"即使有欲为之死,而其母止之,岂可有十六人为之死呢?

⑪相室:见秦策三第十六章注⑥。

⑫焉:何,岂。

⑬孔子:见秦策三第十八章注㉔。

⑭是人:指公父文伯。

⑮之:裴学海古书虚字集释卷九:"犹'则'也。"

⑯黄丕烈战国策札记:"史记作'故从母言之,是为贤母;从妻言之,是必不免为妒妻。'新序有两'是'字,无两'之'字。此当'必'上脱一'之'字。"裴学海引此句,即依黄札记于"必"上补"之"字。 建章按:据上文"之为贤母也",则此"必"上当补"之"字。

⑰"故其言"三句:由此看来,同样的一句话,因为说话的人不同,表达的思想感情也不同。 心:意。 变更,不同。

⑱则非计也:犹言可不应该这么考虑。 而:孙经世经传释词再补:"犹'若'也。"

⑲虞卿:见楚策四第十三章注①。

⑳饰说:饰辞,托词,吹嘘,粉饰之词,假话。

㉑鲍注:"衍'秦既解邯郸'至'六县而媾'二十四字。" 吴补:"此二十四字脱简误在此,史以为章首者。此策实非邯郸围解后事也。" 黄丕烈战国策札记:"史记以此篇列后'秦赵战长平赵不胜'篇之下,首有二十四字。此下至'其势必无赵矣','楼缓'尽为'赵郝'列于前;下接'赵计未定',至'此饰说也';下接'王必无与',至末。新序亦如此。考此,乃策文先后,本不与史记同,或就此间标史记文而误入正文,遂致与'赵计未定'上文复出。吴氏以为脱简者,非是。当删此二十四字。其余次序仍策文之旧。" 建章按:删此二十四字,前后文正相贯通,足证本无此二十四字,乃误人者。

㉒"秦之攻赵也"四句:秦国进攻赵国,是打得疲倦了才撤回呢?还是尚有余力进攻,因为爱王才不进攻了呢? 王引之经传释

词卷十引此句"王以其"作"亡其",说:"'亡其'今本依史记虞卿传改作'王以其,钱本、刘本并作'亡其',与新序善谋篇合。" 于鬯战国策注:"'亡其'字转语,策中屡见,此当从钱、刘为是。" 建章按:吕氏春秋开春论审为"君将揽之乎,亡其不与?"又爱类"必得宋乃攻之乎,亡其不得宋且不义犹攻之乎"?可见"亡其"乃当时习用的转语词,王、于说皆是。当据钱、刘本改"王以"作"亡"。

㉓虞卿能尽知秦力之所至乎:虞卿能够完全了解秦国可能有的战斗力吗?

㉔诚:确。 不至:犹言不够。

㉕此:指上文所言"六城"。

㉖犹:裴学海古书虚字集释卷一:"若也。"

㉗令:使,假使。 得无:岂不。 割其内:于鬯战国策注"将不止六城"。

㉘史记虞卿列传、新序善谋"诚"并作"请"。王念孙晏子春秋内篇杂上杂志:"'请'与'诚'声相近,故字亦相通。墨子尚同、节葬、明鬼、非乐诸篇并以'请'为'诚',此'诚'之通作'请'者也。吴语'员请先死','请问战何以而可',吴越春秋夫差内传、勾践伐吴外传'请'并作'诚',此又'请'之通作'诚'者也。"并举此句为例。

㉙裴学海古书虚字集释卷八举此句,说:"'相'训'胥'与'皆'同义。尔雅曰'胥,皆也'。"

㉚足下:见秦策二第十二章注⑫。 鲍注:"赵尝亲秦,而复负之,故秦攻之;今为讲,所以解也。"又见赵策一第三章注㊱。

㉛启关通敝:打开关塞,以礼通好。 启:开。 敝:通"币"。

㉜齐交韩魏:和韩、魏一样地对待秦国。 齐:等,同。

㉝"至来年"两句:到了明年,大王还是不与秦国友好,那么大王对

待秦国的态度一定不如<u>韩</u>、<u>魏</u>两国好。　　取：<u>释名释言语</u>："趣也。"同"趋"，犹言接近，友好。

㉞"曰"为"<u>虞卿</u>曰"，或"<u>虞卿</u>"下当复"<u>虞卿</u>"二字，而误脱。见<u>东周策</u>第二章注⑮引<u>俞樾</u>说。<u>虞卿列传</u>、<u>善谋</u>上皆复"<u>虞卿</u>"。当补。

㉟尽：竭，空虚。　　自尽：自取空虚，犹言自取灭亡。

㊱而：<u>裴学海古书虚字集释</u>卷七："犹'亦'也。"

㊲我以五城收天下：我以五城与诸侯联合。　　收：合，联合。

㊳孰与坐而割地自弱以强<u>秦</u>：这与等着割地给<u>秦</u>国，削弱自己而加强<u>秦</u>国，两者相比，那个办法更好呢？　　弱以：即弱于。

㊴"是使"两句：这是让大王每年送六座城给<u>秦</u>国呀，那么眼看着<u>赵</u>国的国土就这样丧失殆尽。　　即：则。

㊵"来年"句以下：明年<u>秦</u>国再来要求割地，大王给不给呢？不给吧，则是抛弃了以前送给<u>秦</u>国的土地，而给<u>赵</u>国引来祸患。　　<u>鲍</u>改"贵"作"资"。<u>吴</u>补："恐作'资'。"　　<u>虞卿列传</u>"贵"作"功"，<u>新序</u>同传。　　<u>金正炜战国策补释</u>："'贵'疑'责'字之误，'责'与'债'同。<u>吕览慎大览</u>'分财弃责'，此即其义，犹<u>秦策</u>所云'契折于<u>秦</u>也'。"　　<u>建章</u>按：<u>庄子知北游</u>"运量万物而不匮"，<u>于省吾双剑誃诸子新证</u>："'匮'、'遗'古字通。<u>礼记祭义</u>'而老穷不遗'释文'遗，一本作匮，是其证。'<u>庄子天下</u>"道则无遗者矣"，<u>陆德明经典释文</u>："'遗'本作'贵'。"则"贵""遗"亦当通。

㊶强<u>秦</u>：加强<u>秦</u>国。　　弱<u>赵</u>：削弱<u>赵</u>国。

㊷"以益"三句：去加强愈强的<u>秦</u>国，而削弱愈弱的<u>赵</u>国，这样的作法，<u>秦</u>强<u>赵</u>弱，一定是没完没了。　　以：犹"去"，"来"。　　益：加强。　　割：削弱。　　固：必，一定。

㊸无已：不止。

㊹得：吕氏春秋审分览君守高注“犹‘知’也”。

㊺构难：交战。

㊻说：同“悦”。

㊼乘：陵，胜。

㊽鲍于“战”下补“胜”字。虞卿列传、新序“战”下并有“胜”字。建章按：第十二章亦作“天下之贺战胜者”，齐策二第四章亦有“再拜贺战胜”句。此当补“胜”字。

㊾亟：急，速。　疑：迷惑。

㊿怒：广雅释诂二：“健也。”健，亦强。与下句之“敝”正相对。

(51)姚校：“‘秦’一作‘乘’。”　鲍本“秦”作“乘”。虞卿列传、新序“秦”并作“乘”。　建章按：“秦”字或因声、形相近而误，当依姚校、鲍本、传、序改“秦”作“乘”。

(52)赵且亡何秦之图：赵国就要灭亡了，还能对秦国怎么样呢？

(53)“王以此”两句：大王就这样决定，不要再打别的什么主意了。断：决定。　复：再。　计：谋，考虑。

(54)危矣楼子之为秦也：楼缓完全是为了秦国，这可是太危险了。楼子：楼缓。

(55)是不亦大示天下弱乎：这不是公开地向诸侯暴露赵国的软弱吗？　示：表明，暴露。

(56)索：求，要。

(57)赂：赠送。

(58)齐秦之深仇也：齐国是秦国的大仇人。　深：重大。

(59)并：合。

(60)“齐之听王”两句：不等把话说完，齐国会完全听从你的。

(61)虞卿列传、新序于“而取偿于秦”下并有下列六十七字：“而齐、赵之深仇可以报矣，而示天下有能为也。王以此发声，兵未窥于境，臣见秦之重赂至赵，而反媾于王也。从秦为媾，韩、魏闻之，必尽

重王。重王,必出重宝以先于王。则是王。” 于鬯战国策注“策
无此文,则下文‘三国’不显,疑有脱。 建章按:据“一举结三国
之亲,而与秦易道”,则秦、赵不在“三国”之数。此六十七字正说
明“结三国之亲”的内容和根据。故当据传、序补此六十七字。

⑥三国:齐、韩、魏。

⑥“一举”两句:这样,大王一举而与齐、韩、魏三国结成友好联盟,
完全改变了以前的地位和形势。当初要求和解者,出自赵;赵
既要割地给秦,而且孤立,赵被动。现在要求和解者,出自秦;
赵与齐、韩、魏三国联合,赵得重赂,秦孤立,赵主动。形势改
变,是所谓“易道”。

⑥发:遣,派。

⑥齐王:王建,见齐策二第五章注③。

⑥反:同“返”。

十一 秦攻赵平原君使人请救于魏章

秦攻赵①,平原君使人请救于魏②。信陵君发兵至邯郸
城下③,秦兵罢④。

虞卿为平原君请益地⑤,谓赵王曰⑥:“夫不斗一卒⑦,不
顿一戟⑧,而解二国患者,平原君之力也⑨。用人之力,而忘
人之功,不可。”赵王曰:“善。”将益之地⑩。

892

公孙龙闻之⑪,见平原君曰:“君无覆军杀将之功,而封
以东武城⑫赵国豪杰之士多在君之右⑬,而君为相国者⑭,以
亲故。夫君封以东武城,不让无功⑮;佩赵国相印,不辞无
能;一解国患,欲求益地。是亲戚受封,而国人计功也。为
君计者,不如勿受便。”平原君曰:“谨受令⑯。”乃不受封。

【注释】

①顾观光战国策编年、于鬯战国策年表并系此策于周赧王五十八年(前 257 年)。

②平原君:见秦策三第十三章注⑥。 请:求。

③信陵君:见齐策三第十二章注⑤。 邯郸:见秦策一第五章注⑦⑥。

④此在魏安釐王二十年,周赧王五十八年(前 257 年),秦攻赵之第三年。

⑤虞卿:见楚策四第十三章注① 益:增加。

⑥赵王:孝成王,见第七章注②。

⑦不斗一卒:言没有一名士兵去参加战斗;即不费一兵。

⑧顿:损、坏。 戟:古代兵器,矛、戈合体,既能直刺,又能横击。此泛指兵器。

⑨横田惟孝战国策正解:"'二'字疑衍,言解国患者平原君之力也。"建章按:下文有"一解国患,欲求益地",横田说可从,当删"二"字。

⑩之:指平原君。

⑪公孙龙子迹府:"公孙龙,六国时辩士也。……龙与赵穿会赵平原君家。……公孙龙,赵平原君之客也。"约前 320 年—前 250 年时赵国人,是名家学派的主要代表人物之一。其主要哲学思想,保存在公孙龙子一书中。这部书,西汉时有十四篇,现在仅存六篇。

⑫程恩泽战国策地名考:"今山东临清州武城县西十里有东武城故城,即平原君封邑也。"

⑬右:古时以右为尊上。

⑭相国:宰相。

⑮让:辞。

⑯令：教导。

十二 秦赵战于长平章

秦、赵战于长平①，赵不胜，亡一都尉②。赵王召楼昌与虞卿曰③："军战不胜，尉复死，寡人使卷甲而趋之④，何如？"楼昌曰："无益也，不如发重使而为媾⑤。"虞卿曰："夫言媾者⑥，以为不媾者军必破，而制媾者在秦。且王之论秦也⑦，欲破王之军乎？其不耶⑧？"王曰："秦不遗余力矣，必且破赵军。"虞卿曰："王聊听臣⑨，发使出重宝以附楚、魏⑩，楚、魏欲得王之重宝，必入吾使⑪。赵使入楚、魏，秦必疑天下合从也，且必恐。如此，则媾乃可为也⑫。"

赵王不听，与平阳君为媾，发郑朱入秦，秦内之⑬。赵王召虞卿曰："寡人使平阳君媾秦，秦已内郑朱矣，子以为奚如⑭？"虞卿曰："王必不得媾，军必破矣，天下之贺战胜者，皆在秦矣。郑朱，赵之贵人也，而入于秦，秦王与应侯必显重以示天下⑮。楚、魏以赵为媾，必不救王⑯。秦知天下不救王，则媾不可得成也。"

赵卒不得媾⑰，军果大败。王入秦，秦留赵王，而后许之媾。

【注释】

①林春溥战国纪年、顾观光战国策编年、于鬯战国策年表并系此策于周赧王五十五年，赵孝成王六年（前260年）　长平：见秦策一第五章注⑦。

②鲍注:"都尉,军尉也。"

③赵王:孝成王,见第七章注②。 楼昌:于鬯战国策注引沈寿经
云:"昌盖缓兄弟。" 虞卿:见楚策四第十三章注①。

④"军战不胜"三句:我军不胜,又死一都尉,我想下令全军,紧束
铠甲,偷袭秦军。 史记虞卿列传"卷"作"束",义同。 趋
之:往秦军。

⑤重使:贵使,高级使臣。 媾:讲和,和谈。

⑥夫:彼,那些。

⑦论:犹估量。

⑧其:犹"或"。 不:读作"否"。

⑨聊:广雅释诂三:"且也。"

⑩附:亲,近。

⑪入:纳,接待。

⑫为:广雅释诂三:"成也。"

⑬"赵王不听"四句:赵王不听虞卿的计谋,与平阳君决定,与秦国
和谈,派郑朱去秦,秦国接待了郑朱。 平阳君:见赵策一第十
一章注㉟。

⑭奚如:何如。是说和谈的结果如何。

⑮"郑朱"句以下:郑朱是赵国的高级人物,去到秦国,秦王和应侯
一定会大张旗鼓,郑重其事地向诸侯宣传。 秦王:昭王,见西
周策第一章注⑭。 应侯:范雎,见秦策三第八章注①。

⑯"楚、魏"两句:楚、魏两国以为赵国已经和秦国订立了和约,一
定不会出兵救援。 为媾:已经订立了和约。

⑰卒:终究。

895

十三 秦围赵之邯郸章

秦围赵之邯郸①,魏安釐王使将军晋鄙救赵②。畏秦,

止于荡阴③,不进。

魏王使客将军新垣衍间入邯郸④,因平原君谓赵王曰⑤:"秦所以急围赵者,前与齐湣王争强为帝,已而复归帝,以齐故⑥。今齐湣王已益弱⑦。方今唯秦雄天下⑧,此非必贪邯郸,其意欲求为帝。赵诚发使尊秦(昭)王为帝⑨,秦必喜,罢兵去。"平原君犹豫未有所决。

此时鲁仲连适游赵⑩,会秦围赵⑪。闻魏将欲令赵尊秦为帝⑫,乃见平原君曰:"事将奈何矣?"平原君曰:"胜也何敢言事⑬?百万之众折于外,⑭今又内围邯郸而不能去⑮。魏王使将军新垣衍令赵帝秦,今其人在是⑯。胜也何敢言事?"鲁连曰⑰:"始吾以君为天下之贤公子也,吾乃今然后知君非天下之贤公子也⑱。梁客新垣衍安在⑲?吾请为君责而归之⑳。"平原君曰:"胜请召而见之于先生㉑。平原君遂见新垣衍曰:"东国有鲁连先生㉒。其人在此,胜请为绍介而见之于将军。"新垣衍曰:"吾闻鲁连先生,齐国之高士也㉓;衍,人臣也;使事有职,吾不愿见鲁连先生也。"平原君曰:"胜已泄之矣㉔。"新垣衍许诺。

鲁连见新垣衍而无言。新垣衍曰:"吾视居(北)〔此〕围城之中者㉕,皆有求于平原君者也。今吾视先生之玉貌㉖,非有求于平原君者,曷为久居此围城之中而不去也㉗?"鲁连曰:"世以鲍焦无从容而死者㉘,皆非也。(令)〔今〕众人不知,则为一身㉙。彼秦者㉚,弃礼义而上首功之国也㉛,权使其士㉜,虏使其民㉝;彼则肆然而为帝㉞,过而遂正于天下㉟,则连有赴东海而死矣㊱,吾不忍为之民也㊲!所为见将军者㊳，欲以助赵也。”新垣衍曰：“先生助之奈何㊴？”鲁连曰：“吾将使梁及燕助之，齐、楚则固助之矣㊵。新垣衍曰：“燕，则吾请以从矣㊶；若乃梁㊷，则吾乃梁人也，先生恶能使梁助之耶㊸？”鲁连曰：梁未睹秦称帝之害故也；使梁睹秦称帝之害，则必助赵矣。”新垣衍曰：“秦称帝之害将奈何？”鲁仲连曰：“昔齐威王尝为仁义矣㊹，率天下诸侯而朝周㊺，周贫且微㊻，诸侯莫朝，而齐独朝之。居岁余㊼，周烈王崩㊽，诸侯皆吊，齐后往。周怒，赴于齐曰㊾：‘天崩地坼㊿，天子下席(51)，东藩之臣田婴齐后至(52)，则斫之(53)！’威王勃然怒曰(54)：‘叱嗟(55)！而母婢也(56)！’卒为天下笑(57)。故生则朝周(58)，死则叱之，诚不忍其求也(59)。彼天子固然，其无足怪(60)。”

新垣衍曰：“先生独未见夫仆乎？十人而从一人者，宁力不胜，智不若耶？畏之也。”鲁仲连曰：“然梁之比于秦，若仆耶(61)？”新垣衍曰：“然。”鲁仲连曰：“然吾将使秦王烹醢梁王(62)。”新垣衍怏然不悦(63)，曰：“嘻！亦太甚矣，先生之言也(64)。先生又恶能使秦王烹醢梁王？”鲁仲连曰：“固也(65)，待吾言之：昔者，鬼侯、（之）鄂侯、文王，纣之三公也(66)。鬼侯有子而好(67)，故入之于纣(68)，纣以为恶(69)，醢鬼侯。鄂侯争之急(70)，辨之疾(71)，故脯鄂侯(72)。文王闻之，喟然而叹(73)，故拘之于牖里之车百日(74)，而欲舍之死(75)。曷为与人俱称帝王，卒就脯醢之地也(76)？

“齐闵王将之鲁(77)，夷维子执策而从(78)，谓鲁人曰：‘子将何以待吾君(79)？’鲁人曰：‘吾将以十太牢待子之君(80)。’

〔夷〕维子曰⑧¹:'子安取礼而来待吾君⑧²?彼吾君者⑧³,天子也。天子巡狩⑧⁴,诸侯辟舍⑧⁵,纳于筦键⑧⁶,摄衽抱几⑧⁷,视膳于堂下⑧⁸;天子已食⑧⁹,退而听朝也⑨⁰。'鲁人投其籥,不果纳⑨¹,不得入于鲁。将之薛⑨²,假途于邹⑨³。当是时,邹君死,闵王欲入吊。夷维子谓邹之孤曰⑨⁴:'天子吊,主人必将倍殡枢⑨⁵,设北面于南方⑨⁶,然后天子南面吊也。'邹之群臣曰:'必若此,吾将伏剑而死。'故不敢入于邹。邹、鲁之臣,生则不得事养⑨⁷,死则不得饭含⑨⁸,然且欲行天子之礼于邹、鲁之臣,不果纳。今秦万乘之国⑨⁹,梁亦万乘之国,俱据万乘之国,交有称王之名⑩⁰,赌其一战而胜⑩¹,欲从而帝之⑩²,是使三晋之大臣不如邹、鲁之仆妾也⑩³。

"且秦无已而帝⑩⁴,则且变易诸侯之大臣⑩⁵,彼将夺其所谓不肖⑩⁶,而予其所谓贤;夺其所憎,而与其所爱。彼又将使其子女谗妾为诸侯妃姬⑩⁷,处梁之(官)〔宫〕⑩⁸,梁王安得晏然而已乎⑩⁹?而将军又何以得故宠乎⑪⁰?"

于是新垣衍起,再拜谢曰:"始以先生为庸人,吾乃今(日)而知先生为天下之士也⑪¹。吾请去,不敢复言帝秦。"

秦将闻之,为却军五十里⑪²。适会魏公子无忌夺晋鄙军以救赵击秦⑪³,秦军引而去⑪⁴。

于是平原君欲封鲁仲连,鲁仲连辞让者三,终不肯受。平原君乃置酒,酒酣,起,前,以千金为鲁连寿⑪⁵。鲁连笑曰:"所贵于天下之士者,为人排患、释难,解纷乱而无所取也。即有所取者⑪⁶,是商贾之人也⑪⁷,仲连不忍为也⑪⁸。"遂辞平原君而去,终身不复见。

【注释】

①钱穆先秦诸子系年 155 节"鲁仲连考"说:"余考赵策不帝秦篇盖袭史记,详玩其文体而可知。史作湣王,齐策作闵王,而今赵策不帝秦篇亦作湣王(按:策作闵王),其为采自史记甚显。(文中'此时鲁仲连适游赵,会秦围赵'云云,在史记时有此类语法。又前后叙事极斗凑。在策文径自秦围赵说起,至此亦云'此时鲁仲连适游赵,会秦围赵'云云,殊为不称。当云'齐人鲁仲连游赵闻之',即得也。推此类寻之,自见乃策文袭史记,非史袭策文矣。国策袭史记,昔人多有论及,此篇亦其一例。)余读其文,亦多讹。邯郸之围,湣王已死二十余年,文云'今齐湣王已益弱',似其人尚存,一误也。余据纪年考齐威王与周烈王不同时,此云'齐威王为仁义,率诸侯朝周,周烈王崩,齐威王后至',则齐威、周烈同时,乃与史记六国表合。然又曰'尊秦昭王为帝',鲍注:'称谥,非当时语。'吴注:'追书之辞。'然则此文自出后人追记文饰,语已多误,决非鲁连当日之言,更非鲁连亲笔所记。其言齐湣不可信,言齐威又可知也。(雷氏义证亦谓:'烈王字未确,刘向国策序所谓"错乱相糅莒","本字多误"矣。史记因此遂谓齐威王十年当周烈王七年。此时齐威王尚未立,惟威之末年周显王陟,是赵策烈王或显王之讹,史记承其误而不悟,故凡言田齐事多与周、秦以前古书不合。'今按史记之误,乃由漏去两世,非由据赵策,且赵策此文,亦未必定先于史记也。)余疑史公此文或亦采自鲁连子十四篇中。"缪文远战国策考辨说:"策文为依托之作,不可视为信史。"顾观光战国策编年、于鬯战国策年表并系此策于周赧王五十八年(前 257 年)。 邯郸:赵都,见秦策一第五章注⑯。

②魏安釐王:名圉(yǔ 雨),昭王之子,魏国第六君,前 276 年—前 243 年在位。"釐"同"僖"。 魏世家:"安釐王二十年,秦围邯

郸,信陵君无忌,矫夺将军晋鄙兵以救赵。"即前 257 年。

③荡阴:故城在今河南省汤阴县西南,亦称汤阴。

④客将军:非本国人而做将军,故称客将军。　魏王:安釐王。
新垣:复姓。　间:秘密。

⑤因:通过。　平原君:见秦策三第十三章注⑥。　赵王:孝成
王,见第七章注②。

⑥前 288 年(齐闵王十三年,秦昭王十九年)二王并称帝,秦为西
帝,齐为东帝。十月称帝,十二月齐用苏秦计,自动取消帝号,
复称王,秦因此亦复称王,故言"以齐故"。　已而:已然,以后。

⑦鲍本无"已"字,注:"衍'闵王'字,今乃襄王耳,史亦误。"　吴
正:"谓今之齐视闵王已益弱。"　建章按:此句疑有误。姑从
吴说。

⑧方今:当今,现在。　雄:称雄。用作动词。

⑨金正炜战国策补释:"生而称谥,皆后人追述之辞。或本旁注误
入正文。"　建章按:此取后说,"昭"字当是旁注,误入正文者。
删"昭"字。　诚:苟,如果。

⑩鲁仲连:见齐策三第八章注②。　适:恰,正好。　游:行,
去,到。

⑪会:正巧碰上。

⑫将欲:要,准备。

⑬胜:平原君自称。

⑭前 260 年(赵孝成王六年),秦将白起大破赵兵于长平,活埋赵
降兵四十余万人。此言"百万"乃夸张之辞。　折:损,毁。

⑮内:深入国内。邯郸是国都,故言"内"。　去:言退秦兵。

⑯其人:那人,指新桓衍。　是:此,这儿。

⑰鲁连:即鲁仲连。

⑱乃今然后:而今,现在。

⑲梁:即魏。 安在:在何处。

⑳责:斥责。 归之:使之归。 之:指代新垣衍。

㉑胜请召而见之于先生:我去请他来见您。 姚校:"钱、刘作'为召而见之'。" 鲍本"召"上有"为"字。 鲁仲连列传作"为绍介而见之"。 召:吕氏春秋似顺论分职"令召客者酒酣"注:"请也。"又广雅释诂一:"呼也。"

㉒东国:指齐国。据下文"鲁连先生,齐国之高士也",齐国在赵国之东。

㉓高士:品德行为高尚之士。旧时亦多称隐士。

㉔泄:泄漏。 之:指新垣衍在赵国这件事。

㉕鲍本"北"作"此"。鲁仲连列传"北"亦作"此"。于鬯战国策注:"卢刻北,作'此'。" 建章按:"北"字无义,乃"此"字形误,当改"北"为"此",后文即作"此"。

㉖玉貌:古代称人容貌的敬辞。如玉体、玉音、玉趾,皆敬辞。此犹言:我看见先生的样子。

㉗曷为:何为,为什么。

㉘鲍焦:相传周时的隐士,因为不满当时的社会,抱树绝食而死。事略见庄子盗跖、韩诗外传一、新序节士及盗跖疏。 从容:鲁仲连列传索隐:"自宽容。"所谓"自宽容"就是说:什么事都要想得开;即心胸开阔,宽宏大量。则"无从容"即不从容,犹言心胸狭窄,气度狭隘。

㉙众人:一般人。 为一身:为个人打算。 鲍本"令"作"今",当依鲍本改"令"作"今"。此两句暗示鲁仲连并非为了个人打算。

㉚彼:那个。 者:表示语气的提顿。

㉛上:通"尚",崇尚,提倡。 首功:指在战场斩敌首(头)而立功。秦国分爵位为二十级,作战时,斩得敌人的头愈多,爵位愈

高。　上首功:就是鼓励在战场上多杀敌人,来立功。即鼓励建立军功。

㉜权使其士:对待士人,尽耍手腕。　权:权诈,权术;名词用做状语。　士:指一般求官的知识分子。

㉝虏使其民:把老百姓当奴隶使用。　虏:俘虏;古人把俘虏当作奴隶,此虏即奴隶;名词用作状语。

㉞彼:指秦国。　则:王引之经传释词卷八:“犹‘若’也。”　肆然:犹言肆无忌惮。

㉟过而遂正于天下:甚至竟然统治了诸侯。　鲁仲连列传王念孙读书杂志:“高诱注吕氏春秋知士篇曰:‘过犹甚也。’言秦若肆然而为帝,甚而遂为政于天下,则吾有死而已,不忍为之民也。”　遂:就,竟。　正:尔雅释诂:“长也。”

㊱连:鲁仲连自称。　有:犹言“宁可”。　矣:犹“耳”。

㊲“则连”两句:那我宁愿跳入东海而死,也不能做他的顺民。　忍:说文:“能也。”

㊳所为:所以。

㊴先生助之奈何:先生怎么样来帮助赵国。　奈何:如何,怎么样。

㊵固:本来。

㊶燕则吾请以从矣:燕国吗,我想他是会听从您的。　墨子尚同中“是故上下情请为通”,王念孙读书杂志:“此本作‘是故上下请通’,‘请’即‘情’字也,墨子书多以‘请’为‘情’。今作‘情请为通’者,后人旁记‘情’字,而写者遂误入正文,又涉上文而衍‘为’字。”荀子正名“正名而期,质请而喻”王念孙读书杂志:“‘请’读为‘情’,古者‘情’‘请’同声而通用。礼论篇‘情文俱尽’,史记礼书‘情’作‘请’,徐广曰‘古情字或假借为请’。”则此“请”即“情”。犹意,想。　以:裴学海古书虚字集释卷一:

"犹'能'也。"

㊷若乃:至于,见齐策六第五章注⑧。

㊸恶:何,怎么。　耶:表疑问的语气词。

㊹齐威王:见秦策四第十章注⑲。　为仁义:行仁义之政。

㊺此当在周烈王六年(前370年),依史记六国年表当齐威王九年(前348年)。集解引徐广曰:"齐威王朝周。"

㊻微:弱小。

㊼居:待。

㊽周烈王:名喜,安王之子,前375年—前369年在位。　崩:见齐策一第五章注⑪。

㊾赴:同"讣",讣告,报丧。

㊿天崩地坼:比喻天子死。　坼(chè彻):裂。

(51)天子:指继承周烈王的新君周显王。　下席:指孝子离开原来的宫室睡在草席上守丧。

(52)藩:说文"屏也"。古代诸侯被看作周天子的屏障,为的是保护王室,所以称诸侯为藩国。齐国在东,故称东藩。　田婴齐:齐威王名字。

(53)斫:斩杀。　之:指齐威王。

(54)勃然:生气时怒容满面。

(55)叱嗟(chìjiē斥阶):怒斥声。

(56)叱嗟而母婢也:犹言,呸,你妈那贱货!　史记正义:"骂烈王后也。"　而:你的。

(57)卒:终于。　为天下笑:是说齐威王被诸侯耻笑。

(58)生:指周烈王活着的时候。

(59)"故生"三句:所以周天子活着的时候,就去朝拜他,等他死了,却又斥骂他,实在因为他忍受不了周王对他的苛求的缘故。言外之意是说,周天子虽已衰微,在诸侯眼里没有什么威信,可是还要摆出天子的威势来。现在秦国本已强大，一旦称帝就更加会作威作福。　求：指苛求。

⑥⓪"彼天子"两句：作天子的本来就是这样任意地作威作福，这也无足奇怪。言外之意是说：秦国一旦称帝，则后患无穷。

⑥①"然梁"两句：这么说，魏国和秦国的关系是仆人和主人的关系啰。

⑥②然：那么。　烹醢：古代的酷刑。　烹：煮杀。　醢（hǎi 海）：剁成肉酱。

⑥③怏然：不高兴的样子。

⑥④嘻亦太甚矣先生之言也：嘿！您说的未免也太过分了。　嘻：惊叹声。

⑥⑤固也：当然。

⑥⑥鲍本、鲁仲连列传并无"侯"下"之"字。"鬼"读为"久"，后人注"久"字于"鬼"旁，又将"久"字误作"之"字而写入正文者，此衍"之"字，当删。鬼侯、鄂侯、文王三人皆为纣王时的诸侯。鬼侯又称九侯，封地在今河北省临漳县境；鄂侯的封地在今河南省沁阳市境；文王即周文王，封地在今陕西省西安市鄂邑区一带。纣：见秦策一第二章注㉗。　公：指诸侯。

⑥⑦子：女儿，上古时，子为男、女的通称。　好：貌美。

⑥⑧故：乃。　入：进献。

⑥⑨恶：丑。　史记殷本纪："九侯有好女，入之纣；九侯女不喜淫，纣怒杀之，而醢九侯"。

⑦⓪鄂侯争之急：鄂侯一再规劝纣王。　左传二十四年传"兄弟阋于墙"注"阋，讼争貌"。陆德明经典释文："争，本又作'诤'。"孝经谏争章"天子有争臣，士有争友，父有争子"，注："争，谓谏也。"帛书战国纵横家书第一章"燕事小大之诤（争），必且美矣"，第四章"齐勺（赵）未尝谋燕，而俱诤（争）王于天下"，则

"争"与"诤"古本通用,此"争"当解作"诤",劝谏的意思。礼记
曲礼上"招摇在上,急缮其怒",注:"急,犹坚也。"史记鲁仲连
列传、资治通鉴"争之急"并作"争之强"。按:争之强即强争
之。强:固,坚,一再。

⑦辨之疾:极力为鬼侯辨护。　辨:同"辩"。

⑦脯鄂侯:把鄂侯做成肉干。　脯(fǔ 斧):肉干。这里用作动词。

⑦喟然:叹气的样子。

⑦拘:囚。　牖(yǒu 有)里:也写作"羑里",在今河南省汤阴县
北。　鲍本、鲁仲连列传"车"并作"库"。资治通鉴"车"作
"库"。墨子节葬下"虚车府",孙诒让间诂引俞樾诸子平议说:
"俞云:'车,乃库字之误。'"韩非子显学:"儒者破家而葬。"王
瑗仲诸子学派要诠引墨子节葬篇"虚车府",自注说:"车乃库
字之讹。"(转引自陈奇猷韩非子集释)则此"车"当是"库"字之
误。韩诗外传卷三第二十四章:"夫奚不若子产之治郑? 一年
而负罚之过省,二年而刑杀之罪亡,三年而库无拘人。"建章按:
当从鲍本、鲁仲连列传、资治通鉴作"库"。广雅释宫云:"狱,
犴也。夏曰夏台,殷曰羑里,周曰囹圄。"列传、外传皆言"拘",
则库即指狱。

⑦姚校:"钱本添'舍'字。"鲍本、鲁仲连列传"舍"并作"令"。
　建章按:舍:犹"置"。

⑦"曷为"两句:梁国和秦国都是诸侯王,是平等的国家,为什么梁
国就心甘情愿居于"脯""醢"的地位呢?　曷:说文"何也"。
鲁仲连列传无"帝"字,魏与秦皆未称"帝",疑衍"帝"字。

⑦齐闵王:即齐湣王,见东周策第十六章注②。据史记田敬仲完
世家闵王四十年燕、秦、楚、赵、魏、韩联合攻齐,闵王逃至卫,闵
王态度傲慢,卫人怒,于是逃到邹、鲁,又因为态度傲慢,邹、鲁
君不接待。史记闵王四十年,依竹书纪年当是闵王十八年,周

湣王三十一年(前 284 年)。　鲁:见齐策一第二章注⑨。

⑱夷维子:闵王之臣。夷维是姓,子是男子之美称,如"孔子""孟子"之"子"。　策:马鞭。

⑲据下文,"何以",意思是说用什么礼节?　待:接待。

⑳十太牢:牛、羊、猪各十只。古时祭祀或宴会,牛、羊、猪三样齐全称太牢。

㉑鲍本、鲁仲连列传"维"上并有"夷"字。　建章按:"夷维是复姓,当补"夷"字。

㉒"子安"句:你们哪能用这样的礼仪来款待我们的国君呢?因为十太牢是款待诸侯之礼,而夷维子是要鲁人以天子之礼款待闵王,所以提出质问。

㉓彼:同"夫",发语词。

㉔巡狩:天子视察诸侯国。

㉕诸侯辟舍:是说天子到诸侯国中,诸侯应当离开自己的宫室,让给天子,自己避居在外。　辟:同"避"。

㉖纳:交出。　筦键:筦钥,即开锁的钥匙。　筦:同"管"。　盐铁论禁耕:"天子适诸侯,升自阼阶,诸侯管键,执策而听命,示莫为主也。"　纳于:交给,亦可通。于:语助。或"于"作"与""予""给"解。

㉗摄衽:铺好席。　摄:持,整。　衽:席。　抱几:放好几。抱:持,捧。　几:矮小的桌子,如茶几、炕几。古人的几用来倚靠身体,有玉几、雕几、彤几、漆几、素几等。

㉘视膳:犹言在旁伺候别人吃饭。

㉙已食:吃完饭。

㉚听朝:上朝办公。

㉛投其籥:指闭关下锁。　籥:同"钥"。　不果纳:拒绝齐闵王入境。

㊈薛：故城在今山东省滕州市东南。

㊉假途：借道。　邹：见齐策五注㊈。

㊊孤：父死则子称为孤，此指已死邹君之子。

㊋将倍殡柩：把灵柩移到相反的方向，即从北面移到南面。　倍：通"背"。古代以坐北向南为正位，所以诸侯的灵柩停放在北面。天子吊诸侯，应面向南，所以必须把灵柩移到南面，好让天子吊时面向南。

㊌设北面于南方：把灵柩放在坐南向北的位置。　设：置，放。面：向。北面：向北。

㊍事养：犹言侍奉。

㊎饭含：把米放在死人口中叫"饭"。把玉放在死人口中叫"含"。不得饭含：言穷。

㊏万乘：见秦策一第五章注㊿。

⑩交：彼此，都。

⑩鲍本、鲁仲连列传"赌"并作"睹"。于鬯战国策注："字并'者'声，可通。"

⑩帝之：尊秦为帝。帝用作动词。

⑩"是使"句是说，弱小的邹、鲁之臣尚且不肯尊齐为帝，现在竟然要三晋的大臣尊秦为帝。这么说来，堂堂三晋的大臣竟然连小国邹、鲁之臣都不如啊。　三晋：赵、魏、韩三国。　徐仁甫广古书疑义举例四十四相比用夸张例说："'邹、鲁之仆妾'即上文所谓'邹、鲁之臣'，这里不说'臣'，而说'仆妾'，显然是为了避上句'大臣'的重复，又因为相比而运用了夸张。"

⑩且秦无已而帝：秦不达到称帝的目的是不休止的。　已：止。帝：称帝，用作动词。

⑩"且秦"两句：秦国一定想要达到称帝的目的，到那时，他就要撤换诸侯的大臣。　变易：撤换。

⑩⑥彼将夺其所谓不肖：他就要撤换一些他认为不称职的。　夺：
犹言撤换。

⑩⑦予：犹言任命。

⑩⑧子女：指女。　谗妾：忌贤妒能，善于毁谤人的贱女人。　妃：
妻。　姬：妾。

⑩⑨鲍本、鲁仲连列传"官"作"宫"。　建章按："官"当改作"宫"。

⑩⑩梁王：魏安釐王。　晏然：安然，平安地。　已：止，了结。

⑩⑪而将军又何以得故宠乎：而将军还能够巩固魏王对您的宠信
吗？　故：通"固"，巩固。

⑩⑫衍"日"字。见齐策四第一章注⑤⑦。

⑩⑬为：裴学海古书虚字集释卷二"犹'因'也"。　却军：退兵。

⑩⑭魏公子无忌：信陵君，见齐策三第十二章注⑤。　晋鄙：魏国将
军。无忌杀将军晋鄙夺其军，击秦救赵，事详史记魏公子列传。

⑩⑮秦军引而去：秦军撤退而去。　引：礼记玉藻"则必引而去君之
党"注："却也。"

⑩⑯金正炜战国策补释："春秋繁露循天之道篇'寿之为言犹雠
也'。此言进酒鲁连，固以千金为之雠也。'雠'与'酬'通。"则
寿即报酬，献礼致敬。后汉书明帝纪注："寿者，人之所欲，故卑
下奉觞进酒皆言上寿。"又仪礼士冠礼注："饮宾客，而从之以财
货曰酬，所以申畅厚意也。"

⑩⑰即：若。

⑩⑱商贾：古时商指行商，贾指坐商；此处商贾是商人的统称。

⑩⑲忍：能。见注⑤⑦。

十四　说张相国章

说张相国曰①："君安能少赵人，而令赵人多君②？君安

能憎赵人,而令赵人爱君乎?夫膠、漆至黏也,而不能合远③。鸿毛至轻也,而不能自举④。夫飘于清风,则横行四海⑤。故事有简而功成者,因也⑥。今赵万乘之强国也⑦,前漳、滏⑧,右常山,左河间,北有代⑨;带甲百万⑩,尝抑强齐四十余年⑪,而秦不能得所欲。由是观之,赵之于天下也不轻⑫。今君易万乘之强赵⑬,而慕思不可得之小梁⑭,臣窃为君不取也。"君曰:"善。"自是之后,众人广坐之中,未尝不言赵人之长者也⑮,未尝不言赵俗之善者也。

【注释】

①说:说服别人。　张相国:赵之相国。　建章按:文选吴质答东阿王书李注引作"鲁仲连说张相国曰"云云。

②"君安能"两句:您怎么能对赵国人感情薄,而要求赵国人对您感情深厚呢?　少:薄;用作动词。　多:深,厚;用作动词。

③"夫膠漆"句:膠和漆是最粘的东西,却不能把两个距离很远的东西粘合在一起。　黏:尔雅释言:"胶也。"陆德明经典释文:"黏字又作'黏'。"说文:"黏,黏也;或从'刃'。"读作"昵",即"粘"字。

④举:举起。

⑤"夫飘"句:大雁的羽毛借着清风的力量,就能在四海之内各处飘荡。

⑥"故事有简"句:任何一件即使是很简单的事情,能够成功,总得借助于客观的条件。　有:尔雅释训:"虽也。"即使。　因:依,赖。犹言借助于外力。

⑦万乘:见秦策一第二章注㊿。

⑧漳滏:漳水和滏水,均在今河北省邯郸县南。

⑨常山:见楚策一第十八章注⑪。　河间:见秦策一第五章注
　　⑯。　代:见秦策一第五章注⑲。

⑩带甲:战士。

⑪抑:遏制。

⑫赵之于天下也不轻:赵国在诸侯中,并非是一个无足轻重的
　　国家。

⑬易:轻视。左襄四年传:"贵货易土"注:"易,犹轻也。"

⑭慕思:即思慕。　得:吕氏春秋孝行览义赏高注:"犹'知'也。"
　　梁:魏。　不可得:犹言不可预料捉摸。

⑮长:优长。

十五　郑同北见赵王章

　　郑同北见赵王①,赵王曰:"子南方之传士也②,何以教
之?"郑同曰:"臣南方草鄙之人也③,何足问④?虽然,王致
之于前,安敢不对乎⑤?臣少之时,亲尝教以兵。"赵王曰:
"寡人不好兵⑦。"郑同因抚手仰天而笑之⑧,曰:"兵固天下
之狙喜也⑨,臣故意大王不好也⑩。臣亦尝以兵说魏昭王⑪,
昭王亦曰:'寡人不喜。'臣曰:'王之行能如许由乎⑫?许
由无天下之累,故不受也⑬。今王既受先王之传⑭,欲宗庙
之安⑮,壤地不削⑯,社稷之血食乎⑰?'王曰:'然。'今有人
操随侯之珠⑱,持丘之环⑲,万金之财⑳,时宿于野㉑,内无孟
贲之威㉒,荆庆之断㉓,外无弓弩之御㉔,不出宿夕㉕,人必危
之矣。今有强贪之国,临王之境,索王之地,告以理则不
可,说以义则不听。王非战国守圉之具㉖,其将何以当之㉗?

王若无兵,邻国得志矣^㉘。"<u>赵王</u>曰:"寡人请奉教^㉙。"

【注释】

①<u>郑同</u>:<u>鲍彪</u>以为是<u>郑</u>人。<u>于鬯</u>战国策注以为是<u>楚</u>人。 <u>顾观光</u>战国策编年系此策于<u>周赧王</u>三十八年(前277年)。<u>魏昭王</u>死于此年。 <u>赵王</u>:<u>惠文王</u>,见东周策第二十二章注⑤。

②<u>姚</u>校:"'傅'一作'博'。"<u>鲍</u>本"傅"作"博"。<u>孙诒让</u>札逐:"'传'当为'儒',隶书'儒'或作'傅',<u>墨子</u>非儒下篇'儒者迎妻',今本'儒亦误作'传',与此正同。" <u>建章</u>按:墨子非儒下"因用传术",<u>王念孙</u>读书杂志:"'传术'当为'儒术',晏子春秋外篇'行之难者在内,而儒者无其外。''儒'亦误作'传'。"<u>于省吾</u>双剑誃墨子新证:"绵眇阁本'传'正作'儒'。"如依<u>孙</u>说,则"传"当作"儒"。 儒士:<u>孔子</u>一派的学者。

③草鄙:犹言鄙陋。

④何足问:有什么值得问我的呢? 足:<u>刘淇</u>助字辨略卷五:"犹'可','能'也。"

⑤致之于前:"已经提出问题"的委婉的说法。 对:回答。

⑥<u>于鬯</u>战国策注:"亲,谓其父。" 兵:作战。 <u>郑同</u>还没有说完,<u>赵王</u>打断了他的话。

⑦寡人:见东周策第一章注⑯。 好:喜爱。

⑧<u>于鬯</u>战国策注:"<u>仪礼</u>乡射礼<u>孔</u>义云:'抚者抚拍之义'。"则抚手:拍手。

⑨<u>鲍</u>注:"狙,玃属而狡黠,言兵家如之而可喜。" <u>吴正</u>:"狙,犹<u>扬雄</u>所谓'狙,诈也。'言此固诈者之所喜。" <u>金正炜</u>战国策补释:"'狙'疑当作'驵'尔雅释言'奘驵也。'郭注'今<u>江东</u>呼大为驵。'或作'怚',方言'剧也'。'喜'当作'害'字形相似,又涉下文'寡人不喜'而误。墨子非攻篇'此实天下之巨害也。'

与此文正同。" 于鬯战国策注："狙喜，盖古语，若言戏耳。"

　　建章按：管子问"夫兵事者危物也"，老子三十一章"夫唯兵者不祥之器"，吕氏春秋仲秋纪论威"凡兵，天下之凶器也"，晏子春秋内篇谏下"从邪者迩，导害者远"，王念孙读书杂志："'导害'当是'道善'，字之误也。""善"可误为"害"，则"喜"与"害"形亦近而易误。故金说可取。"狙害"者甚害、大害、巨害。然又疑"狙喜"或是"狙道"之讹，"喜"古文作"𢠢"，又可作"𢡆"，与"𥏡（道）"形近，故"狙喜"疑实系"狙道"之误，孙子计篇："兵者，诡道也。"与此"兵固天下之狙道也"义同。

⑩姚校："故，一作'固'。"　吴补："故，固通。"　意：猜想，猜度。

⑪魏昭王：见东周策第二十章注①。

⑫许由：字仲武，阳城槐里人，相传为尧时隐士。尧欲让天下给许由，许由洗耳而不受，逃至颍水之阳、箕山之下隐居，葬于箕山。其事迹略见皇甫谧高士传、庄子让王、史记伯夷列传。

⑬"许由无"两句：许由没有想得天下这种欲望的牵累，所以尧帝让天下给他，他不接受。

⑭传：犹言世袭的王位。

⑮宗庙：见秦策一第五章注㊱。

⑯壤土：此言国土。

⑰社稷：见秦策一第五章注㊱。　血食：见秦策四第九章注㉛。社稷血食见楚策一第二十章注㊺。

⑱随侯之珠：见楚策四第九章注㊷。

⑲金正炜战国策补释："慎子内篇有此文作'持百丘之环'。"　建章按："持"与上句"操"字对文，疑"持"下脱"百"字。　环：平圆形中有孔的玉器，孔的直径为全直径的1/2。

⑳"万"上当脱一字，与上文"操""持"相排比，疑为"怀"字，左桓十年传："周谚有之：'匹夫无罪，怀璧其罪'。"楚辞九章怀沙：

"怀瑾握瑜兮,穷不知所示。"

㉑吴补:"时,一本标作'特'。"　金正炜战国策补释:"时,当从一本作'特'。特,独也。或为'将'字之讹,管子五辅篇'慎将宿',广雅释古'将,行也;宿,止也。'"　建章按:易归妹"迟归有时",王引之经义述闻卷一:"'待''时'俱以'寺'为声,故二字通用,方言'莘、离、时也。'广雅'时'作'待',隐七年穀梁传注引此正作'迟归有待'。"晏子春秋杂上"不待时而入见"王念孙读书杂志:"'不待时而入见',本作'不时而入见','时'即'待'字也,古书'待'字多作'时',外下篇'晏子不时而入见',即其证。"汉书韩延寿传"延寿遂待用之",王念孙读书杂志:"'待'读为'特',庄子逍遥游篇'彭祖乃今以久特闻,'崔譔本'特'作'待'。'待''特'声相近,故字相通。"则此"时"字即可作"特"解,不必以为误。　特:广雅释诂三:"独也。"

㉒孟贲:见秦策三第九章注㊺。　威:广雅释诂二"力也"。

㉓荆庆:或以为荆庆即"荆卿",就是古代勇士成荆。或荆庆为成荆及庆忌,皆古代勇力之士。　断:果敢。

㉔弩:利用机械力射箭的弓。

㉕出:超过。　宿夕:见秦策三第十章注㉓。

㉖王非战国守圉之具:大王如果没有守卫国家防御敌人的武器设备。管子轻重甲"守圉之国,用盐独甚"注:"圉与'御'同。"

㉗当:敌,对抗,对付。　鲍本无"将"字。　建章按:其:王引之经传释词卷五:"犹'将'也。"疑"将"字乃旁注误入正文者。

㉘得志:犹言得意,满意。此犹言就可为所欲为了。

913

㉙奉教:领教,受教,接受教导。

十六　建信君贵于赵章

建信君贵于赵①。公子魏牟过赵②,赵王迎之③。顾反^④。至坐前有尺帛^⑤，且令工以为冠。工见客来也，因辟^⑥。赵王曰："公子乃驱后车^⑦，幸以临寡人^⑧，愿闻所以为天下^⑨。"魏牟曰："王能重王之国若此尺帛，则王之国大治矣。"赵王不说^⑩，形于颜色^⑪，曰："先（生）〔王〕不知寡人不肖^⑫，使奉社稷^⑬，岂敢轻国若此。"魏牟曰："王无怒^⑭，请为王说之。"曰："王有此尺帛，何不令前郎中以为冠^⑮？"王曰："郎中不知为冠。"魏牟曰："为冠而败之^⑯，奚亏于王之国^⑰？而王必待工而后乃使之。今为天下之工，或非也^⑱，社稷为虚戾^⑲，先王不血食^⑳，而王不以予工^㉑，乃与幼艾^㉒。且王之先帝^㉓，驾犀首而骖马服，以与秦角逐^㉔，秦当时适其锋^㉕。今王憧憧^㉖，乃辇建信以与强秦角逐^㉗，臣恐秦折王之椅也^㉘。"

【注释】

①建信君：赵国贵信之臣。顾观光战国策编年系此策于秦始皇三年，赵悼襄王元年（前244年）。于鬯战国策注以为"近之"。

②魏牟：见第九章注②。

③赵王：悼襄王，见秦策五第六章注㉓。

④顾反：返回来。 顾：返。

⑤"至"当作"王"，见楚策一第十七章注⑮。太平御览卷八一八布帛览引策作"赵王坐前有尺帛"，虽是节引，但"坐"读"座"无疑。汉书梅福传"当户之法坐"颜注："法坐，王听朝处。"后汉书孔融传："坐上客常满。"可见古"坐"通"座"。 帛：丝织物的总称。

⑥辟：同"避"。

914

⑦驱后车:似犹言"枉驾",敬词。

⑧幸:敬词,犹言"承蒙"。 临:来。

⑨愿闻所以为天下:很希望听公子谈谈如何治理国家的道理。
为:治理。

⑩说:同"悦"。

⑪形:广雅释诂三:"见也。""见"即"现",表现出,显露出的意
思。 颜色:面部表情。

⑫姚校:"'生'一作'王'"。 鲍改"生"作"王"。 建章按:依
文义,当从姚校改"生"作"王"。 不肖:见秦策三第九章
注㊿。

⑬奉社稷:犹言掌理国政。

⑭无:通"勿"。

⑮前郎中:犹言王身边的一般办事人员。 为:做。

⑯败之:把帽子做坏了。 败:毁,坏。

⑰奚:何。 亏:损害。

⑱为:治理。 或:裴学海古书虚字集释卷二:"犹'则'也。"

⑲社稷为虚戻:言国家被灭亡。 社稷:见秦策一第五注㊐。
虚戻:见赵策二第二章注㊺。

⑳先王不血食:不能再祭祀先王之灵。亦犹言国家被灭亡。

㉑王不以予工:大王却不把国家大事交给真正能把国家治理好的
人。"以"后省介词宾语"之",代"社稷"。 予:交给。 工:
巧,善于(某事)。犹言真正善于办理国家大事的人。

㉒乃:竟然。 与:给,交给。 艾:孟子万章上注:"美好也。"
幼艾,本是指年轻貌美之人,此指以年轻美貌而受国君特殊爱
信之臣。即所谓"宠臣""嬖臣"。

㉓先帝:即先王。

㉔"且王"三句:大王的先祖有犀首、马服这样的能谋善战的大臣

来和秦国角逐。此是以驾车马为比喻。 犀首:指公孙衍,见秦策一第十章注⑧。 马服:指赵奢,见赵策二第二章注60。

角逐:争相取胜。

㉕秦当时适其锋:秦国当时也和赵国势均力敌。 适:通"敌"。

㉖憧憧(chōng 冲):广雅释训:"往来也。"

㉗辇(niǎn 碾):古代用人拉的车,后多指帝、后专用的车。此处用作动词,是说赵王与建信君同车。

㉘折:毁坏。 椅:同"輢",朱骏声说文通训定声:"輢,车之两傍人可倚之处也。" "今王"句以下:现在大王来来往往与建信君同车,要去与秦国角逐,我担心秦国会毁掉赵国啊!

十七 卫灵公近雍(疽)〔疽〕弥子瑕章

卫灵公近雍(疽)〔疽〕、弥子瑕。二人者,专君之势,以蔽左右①。(复涂侦)〔侏儒〕谓君曰②:"昔日臣梦,见君③。"君曰:"子何梦?"曰:"梦见灶(君)④。"君忿然作色⑤,曰:"吾闻(梦)见人君者⑥,梦见日。今子曰'梦见灶(君)',而言'〔见〕君'也⑦。有说则可,无说则死。"对曰:"日并烛天下者也,一物不能蔽也⑧。若灶则不然,前之人炀,则后之人无从见也⑨。今臣疑人之有炀于君者也⑩,是以梦见灶(君)。"君曰:"善。"于是因废雍(疽)〔疽〕、弥子瑕,而立司空狗⑪。

【注释】

①"卫灵公"两句:卫灵公宠爱雍疽、弥子瑕,他们就劫持了君权,蒙蔽左右,使上下不能通气。 卫灵公:襄公之子,名元,前534

916

年—前493 在位。　鲍本"疽"作"疽"。　建章按：孟子万章
上作癰疽，韩非子难四作"雍鉏"，史记孔子世家作"雍渠"，说苑
至公作"雍雎"，杨伯峻孟子译注引翟灏考异说："均以声同通借
耳。"则此"疽"当改作"疽"（jū 居）。据孔子世家雍疽为宦
官。　弥子瑕：卫灵公的嬖臣。

② 韩非子内储说上、难四"复涂侦"并作"侏儒"。　吴补："恐此
'复涂侦'字或'侏儒'之讹。"内储说上陈奇猷集释："吴说是。
'涂'、'诛'迭韵，'侦''儒'双声且形近，故'侏'误'涂'，'儒'
误'侦'也。'复'、'侏'又迭韵，故'侏'亦可误'复'，于是一本
作'涂侦'，一本作'复侦'，校者合之，遂成'复涂侦'矣。"此从
吴、陈说改'复涂侦'作'侏儒'。　侏儒：古代杂技艺人。参见
齐策五注⑳。

③ 昔日臣梦见君：前几天，我做了一个梦，现在果然见到君上了。

④ 金正炜战国策补释："'君'字涉下句'君忿然作色'而衍，韩非
内储说上及难四'梦见灶者为见公也'，皆无'君'字。黄帝死
为灶神，说见淮南子，'灶君'之称于古无征。"　建章按：下文
"若灶则不然，前之人燀，则后之人无从见也"，显然是说"灶"，
而不是说"灶君"。金说是。当据韩非子删"灶"下"君"字。下
文"灶"下"君"字同此。

⑤ 忿然：发怒的样子。　作色：（怒气）表现在脸上。

⑥ 内储说上作"吾闻：见人主者梦见日"，难四同。此作"梦见人君
者"非其意，"见"上"梦"字因上下文"梦"字而误衍，当据韩非
子删"见"上"梦"字。

⑦ 内储说上此句作"奚为见寡人而梦见灶?"难四同，句末有"乎"
字。皆言"见寡人"。此上文言"昔日臣梦，见君"，亦言"见
君"，则此句"君"上脱"见"字，当补"见"字，义始完。

⑧ "日并烛"两句：太阳普照大地，任何东西也遮蔽不了。　烛：吕

氏春秋审分览知度“照”。

⑨“若灶”句以下：可是，像灶就不同了；有人在灶口烤火，（他遮住
了火），所以他后面的人就烤不到火。列子黄帝“舍者避席，炀
者避灶”，注：“司马云：‘对火曰炀。’”玉篇卷二十一：“炀，对
火。”“对火”是向火取暖的意思，就是“烤火”。

⑩炀于君：这是用一人在灶口烤火，后边的人则烤不到火，比喻国
君被人蒙蔽，即上文“二人者，专君之势，以蔽左右”之义。

⑪立：犹言任用。 金正炜战国策补释：“司空狗即史狗，左襄二
十九年传‘季札适卫说蘧瑗、史狗’注：‘史朝之子文子。’”韩非
子陈奇猷集释同金说。 黄丕烈战国策札记：“此公子牟引卫
事以告王，宜连上，卫灵公未入战国也。” 横田惟孝战国策正
解：“此章盖策士引公事，以告时君也，首尾必有阙文。” 于鬯
战国策注：“策既列入赵，自是引古，但并入上章，亦无结束，若
入下章，又无引起。今仍提行，庶不没相传之旧，示谨也。横田
说盖近之。”

十八　或谓建信章

或谓建信①：“君之所以事王者，色也②；(菁)〔葺〕之所
以事王者，知也③。色老而衰，知老而多。以日多之知，而
逐衰恶之色④，君必困矣。”建信君曰：“奈何？”曰：“并骥而
走者，五里而罢，乘骥而御之，不倦而取道多⑤。君令(菁)
〔葺〕乘独断之车，御独断之势⑥，以居邯郸，令之内治国事，
外刺诸侯⑦，则(菁)〔葺〕之事有不言者矣⑧。君因言王而重
责之，(菁)〔葺〕之轴今折矣⑨。”建信君再拜受命，入言于
王，厚任(菁)〔葺〕以事能重责之⑩。未期年⑪，而葺亡

走矣[12]。

【注释】

①建信:建信君,见赵策一第十四章注②。

②第十六章魏牟说建信"幼艾",即此所谓"色"。

③"菁"后文又写作"茸"。"骨"与"耳"常混,然字书无"菁"字,为了一律,皆改作"茸"。茸读器。　知:同"智"。

④逐:竞争。　恶:丑陋。

⑤"并骥"句以下:和千里马一道奔跑,跑五里就会疲惫不堪;驾上千里马拉的车子,不会疲倦,而且跑的路程还多。　罢:通"疲"。

⑥"乘独断之车"与"御独断之势"义同,是让茸孤立无援。"乘"与"御"义同,犹言控制。

⑦刺诸侯:犹言与诸侯较量,与诸侯周旋。　刺:探知,斥候。

⑧"君令"句以下:您就让茸待在国都邯郸,独立地进行工作,对内处理国家大事,对外与诸侯周旋。这样,失败的命运就要落到他的头上。

⑨"君因言"两句:您就对大王说,(派他重任)对他严格要求,茸一定会垮台的。　轴折:车毁坏,比喻要失败。　今:即,则。

⑩厚任茸以事:派给茸重大的任务。　能:王引之经传释词卷六:"犹'而'也。"

⑪期年:周年。

⑫亡走:逃跑。

十九　苦成常谓建信君章

苦成常谓建信君曰①:"天下合从,而独以赵恶秦,何也②？魏杀吕(遗)〔辽〕，而天下交之③。今收河间④，(于)是与杀吕(遗)〔辽〕何以异⑤？君唯释虚伪疾⑥，文信犹且知之也⑦。从而有功乎⑧，何患不得收河间⑨？从而无功乎，收河间何益也？"

【注释】

①苦成常:苦成是姓。　建信君:见赵策第十四章注②。　于鬯战国策年表系此策在始皇六年、赵悼襄王四年(前241年)。

②"天下"两句:诸侯组织合纵联盟以抗秦,为什么秦国偏偏只对赵国仇恨最深呢？疑下文"是"上"于"字当在"秦"字上。此当是"赵恶于秦"。

③"吕遗"当是赵策一第十五章"吕辽"之误。墨子非攻下"燔溃其祖庙"王念孙读书杂志:"引之曰:'燔溃'当为'燔燎',隶书'寮'字与'贵'字相似,故字之从'寮'者或误从'贵'。"并举此文为例。　交之:与魏国交好。

④河间:见秦策一第五章注⑦⑥。

⑤姚校:"一无'于'字。"见注②。　是:此。　魏杀吕辽,见赵策一第十五章。

⑥唯:通"虽"。　释:除去,不顾。　虚:嫌隙,指秦、赵之间矛盾。　伪疾:装病,托病。

⑦文信:文信侯吕不韦,见秦策五第五章注①。

⑧从而有功乎:合纵联盟如果成功。　而:王引之经传释词卷七:"犹'如'也。"　乎:裴学海古书虚字集释卷四:"语之余也(见说文),无意义之句末助词也。"

⑨得:能。

二十 希写见建信君章

希写见建信君①，建信君曰："文信侯之于仆也②，甚无礼。秦使人来仕③，仆官之丞相，爵五大夫④。文信侯之于仆也，甚矣其无礼也。"希写曰："臣以为今世用事者⑤，不如商贾⑥。"建信君悖然曰⑦："足下卑用事者而高商贾乎⑧？"曰："不然，夫良商不与人争买卖之贾⑨，而谨司时⑩。时贱而买，虽贵已贱矣；时贵而卖，虽贱已贵矣⑪。昔者文王之拘于牖里⑫，而武王羁于玉门⑬，卒断纣之头⑭，而县于大白者⑮，是武王之功也。今君不能与文信侯相伉以权⑯，而责文信侯少礼，臣窃为君不取也⑰。"

【注释】

①希写：希是姓。　建信君：见赵策一第十四章注②。

②文信侯：吕不韦，见秦策五第五章注①。　仆：古代男子自我谦称。

③仕：求官。

④"仆官之"两句：我让他做丞相，并且给他五大夫的爵位。　官：任某为官；用作动词。

⑤用事者：执政者。

⑥商贾即商人。商，指行商；贾，指坐商。

⑦悖然：同"勃然"，生气时怒容满面。

⑧足下：见秦策二第十二章注⑫。　卑：犹言贬低。　高：抬高。

⑨良商不与人争买卖之贾：高明的商人不去与人争论价格。

　贾：小尔雅广言："价也。"

⑩而谨司时:而是去仔细观察等待物价涨落的时机。　谨:仔细(观察)。　司:伺,等待。　时:(物价涨落的)时机。

⑪"时贱"句以下:观察物价将要上涨,当其贱时就买进,即使贵一点,也是很贱的;观察物价将要下落,当其贵时就卖出,即使贱一点,也是很贵的。横田惟孝战国策正解:"讽建信能不与文信争,观时而动,虽暂屈,而卒能得伸也。"

⑫文王:见秦策一第二章注㉖。　牖里:见第十三章注⑦④。

⑬武王:见秦策一第二章注㉗。　程恩泽国策地名考引顾祖禹说"玉门,成皋西门也,国策武王有玉门之难,即此。今河南汜水县西二里有古崤关,即虎牢也,玉门在此。""武王羁于玉门"事,各书所记稍异,姑不详辨。

⑭纣:见秦策一第二章注㉗。

⑮史记周本纪:"武王持大白旗,以麾诸侯。……以黄钺斩纣头,县大白之旗。"　县:同"悬"。

⑯亢:同"抗",抗衡,较量,对抗。

⑰"今君"句以下:现在,您无力与文信侯在权力上对抗较量,而又去责备文信侯做事无礼,我实在不理解您这样做,到底有什么可取之处。　横田惟孝战国策正解:"不观时而与人争,乃不如商贾也。"

二十一　魏(虺)〔魁〕谓建信君章

魏(虺)〔魁〕谓建信君曰①:"人有置系蹄者②,而得虎。虎怒③,决蹯而去④。虎之情非不爱其蹯也⑤。然而不以环寸之蹯害七尺之躯者⑥,权也⑦。今有国,非直七尺躯也⑧。而君之身于王,非环寸之蹯也⑨,愿公之熟图之也⑩。"

【注释】

①王念孙读书杂志:"说文、玉篇、广韵、集韵、类篇皆无'尠'字,'尠'当为'魁','魁'隶或作'尲',(汉扬君石门颂'奉尲承约','尲'即'魁'字。'斗'字隶书作'什',或作'斤',故'魁'字或作'尲'。)其右半与'介'字相近,故讹而为'尠'。吴云'一本作尲',楚辞九叹'讯九尲与六神','尲'一作'魁',皆其证也。文选陈琳檄吴将校部曲文注引此正作'魏魁。'" 建章按:桂馥札朴卷五"系蹄"条下引此亦作"魏魁"。当依王说改"尠"为"魁"。 建信君:见赵策一第十四章注②。

②系蹄:捕兽的绳套。

③怒:犹言奋力挣扎。

④李本鲍补"决"字。檄吴将校部曲文李注引此"决"作"跌"。桂馥札朴卷五"摩跌"条下引此"决"亦作"跌"。 决:断。 蹯(fán 凡):兽足,蹄子。

⑤虎之情非不爱其蹯也:实际上虎并非不爱自己的蹄子。 情:秦策二第四章高注:"实也。"

⑥环寸:圆圆的一寸大小,是说很小。

⑦"然而"句:然而不能因为爱惜小小的蹄子而害了自己的性命,这就需要权衡轻重、得失。 权:衡量轻重,权衡。 七尺之躯:即身体,此言性命。

⑧"今有国"两句:现在赵王拥有一个国家,这就不仅仅是一个人的性命而已。 直:但,特,仅仅。

⑨"而君"两句大意:建信君和赵王的关系,还不如虎蹄子之于老虎;老虎爱它的蹄子,但在紧急和必要的时候,也会舍弃蹄子而保全性命;那么,赵王更会为了国家而舍弃建信君的。

⑩愿:希望。 熟图:深思熟虑。

二十二　秦攻赵鼓铎之音闻于北堂章

秦攻赵①,鼓铎之音闻于北堂②。希卑曰:"夫秦之攻赵不宜急如此③,此召兵也④。必有大臣欲衡者耳⑤。王欲知其人,旦日赞群臣而访之⑥,先言横者,则其人也。"建信君果先言横⑦。

【注释】

①顾观光战国策编年、于鬯战国策年表并编此策于秦始皇十一年（前236年）。

②鼓铎之音闻于北堂:秦国进攻赵国,击铎之声在城内屋里都可以听见。　鼓:振,摇动。　铎:古代宣布政令或有战争时用的大铃。　音:声。

③急:紧急,切近。

④此召兵也:这击铎之声恐怕是内应者以击铎为信号。

⑤必有大臣欲横者耳:可见大臣中一定有主张与秦国结成连横阵线的人。　衡:同"横",连横。

⑥旦日:第二天。　赞:说文:"见也。"此言"召集"。　访:尔雅释诂:"谋也。"此言"共同商议"。

⑦建信君:见赵策一第十四章注②。

二十三　齐人李伯见孝成王章

齐人李伯见孝成王①,成王说之,以为代郡守②,而居③

无几何④,人告之反⑤。<u>孝成王</u>方馈,不堕食⑥。无几何,告者复至,<u>孝成王</u>不应⑦。已,乃使使者言⑧:"<u>齐</u>举兵击<u>燕</u>⑨,恐其以击<u>燕</u>为名,而以兵袭<u>赵</u>,故发兵自备⑩。今<u>燕</u>、<u>齐</u>已合⑪。臣请要其敝⑫,而地可多割⑬。"自是之后⑭,为<u>孝成王</u>从事于外者⑮,无自疑于中者⑯。

【注释】

①<u>孝成王</u>:<u>赵孝成王</u>,见第七章注②。

②说:同"悦"。 代:见<u>秦</u>策一第五章注⑦⑨。 郡:郡下统县。 代郡:下统三十六县。 守:郡的首长。

③而:乃,就。 居:处,犹言就任。

④无几何:没多久。

⑤之:指<u>李伯</u>。

⑥<u>王念孙读书杂志</u>:"高注<u>鸿烈诠言篇</u>曰:'馈,进食也。'又注<u>吕氏春秋必己篇</u>及<u>鸿烈说林</u>、<u>修务</u>二篇并曰:'堕,废也。'此言<u>孝成王</u>方进食闻告反之言,而不为之废食耳。"

⑦复至:又来报告。 不应:不予理睬。

⑧已:以后。 乃使使者言:<u>李伯</u>派使者报告<u>孝成王</u>说。

⑨举兵:发兵。

⑩自备:自卫。

⑪合:言已交战。

⑫要:<u>汉书文帝纪颜</u>注引<u>文颖</u>曰:"劫也。"犹言乘(虚而入)。 敝:疲言疲惫之机。

⑬而:<u>王引之经传释词</u>卷七:"犹'则'也。"

⑭是:此。

⑮为:被。 从事于外者:派出去工作的官员。

⑯无自疑于中者:都相信孝成王不会怀疑自己。　　中:朝廷,此指赵孝成王。

战国策注释卷二十一

赵 策 四

一 为齐献书赵王章

为齐献书赵王(使臣与复丑)曰①:"臣一见而能令王坐而天下致名(宝)〔实〕②。而臣窃怪王之不试见臣③,而穷臣也④。群臣必多以臣为不能者,故王重见臣也⑤。以臣为不能者非他,欲用王之兵成其私者也⑥;非然,则交有所偏者也⑦;非然,则知不足者也⑧;非然,则欲以天下之重恐王⑨,而取行于王者也⑩。臣以齐循事王⑪,王能亡燕,能亡韩、魏,能攻秦,能孤秦。臣以(为)齐致尊名于王⑫,天下孰敢不致尊名于王⑬? 臣以齐致地于王,天下孰敢不致地于王? 臣以齐为王求名于燕及韩、魏,孰敢辞之⑭? 臣之能也,其前可见已⑮。齐先重王,故天下尽重王;无齐,天下必尽轻王也。秦之强,以无齐之故重王⑯,燕、〔韩〕、魏自以无齐故重王⑰。今王无齐,独安得无重天下⑱? 故劝王无齐者,非知不足也,则不忠者也;非然,则欲用王之兵成其私者也;非然,则欲轻王以天下之重取行于王者也⑲;非然,则位尊而能卑者也⑳。愿王之孰虑无齐之利害也。"

【注释】

①姚校:"曾无'使臣与复丑'五字。"鲍本无此五字。吴补:"其文未详,恐他简脱误。" 建章按:从姚校及鲍本删此五字。

②鲍改"宝"作"实",注:"即下'致地。'" 建章按:下文有"致尊名于王","致地于王"。东周策第一章"存危国美名也,得九鼎厚实也"。齐策六第三章"二者显名厚实也"。鲍改可从。

③试:有"姑且"之义。

④而穷臣:却这样困阻我不能见到您。 穷:困。

⑤故王重见臣也:所以,大王怕见我。犹言不愿见。 重:汉书孔光传注:"难也。" 难:释名释言语:"惮也,有所忌惮也。"

⑥私:谓报私仇,取私功。

⑦"非然"句:要不然,就是在外交上对某国有偏爱。 偏:偏爱。

⑧知:同"智"。

⑨非然则欲以天下之重恐王:要不然,就是他们想借重诸侯之力来威胁大王。 重:借重。 恐:犹言威胁。

⑩而取行于王者也:让大王按照他们的主张去行事。 取行:犹言遵行,施行。

⑪臣以齐循事王:我能够让齐国顺从大王。 循:顺。 事:侍从。

⑫鲍注:"衍'为'字。" 建章按:下文"臣以齐致地于王","臣以齐为王求名于燕及韩、魏","臣以"下皆无"为"字,鲍说是,当删"臣以"下"为"字。 以:裴学海古书虚字集释卷一:"犹'使'也。"下文"以齐致地"同。 致:送,献。

⑬孰:谁。

⑭辞:推脱,不同意。　之:指"求名"。

⑮臣之能也其前可见已:我的能力就在于能预知未来。　前:指
　事情未发生之前。　已:同"矣"。

⑯鲍注:"衍'之'字。"　建章按:下句"故重王"上无"之"字。

⑰鲍补"韩"字。　建章按:上文有"燕、韩、魏",当从鲍补"韩"。

⑱"今王无齐"两句:如果大王没有齐国的关系,又怎么能受到诸
　侯的尊重呢?　今:王引之经传释词卷五:"犹'若'也。"　独:
　犹言就,又。　安得:怎么能。　无:语助,见王引之经传释词
　卷十。　重天下:重于天下。

⑲"轻"疑"恐"字之误,见注⑨、⑩。

⑳非然则位尊而能卑者也:要不然,那就是因为他们都是一些地
　位尊贵而才能却低劣的人。

二　齐欲攻宋章

　　齐欲攻宋①,秦令起贾禁之②。齐乃捄赵以伐宋③。秦
王怒④,属怨于赵⑤。李兑约五国以伐秦⑥,无功,留天下之
兵于成皋⑦,而阴构于秦。又欲与秦攻魏,以解其怨⑧,而取
封焉⑨。

　　魏王不说⑩。〔苏秦〕之齐谓齐王曰⑪:"臣为足下谓魏
王曰⑫:'三晋皆有秦患⑬,今之攻秦也,为赵也⑭。五国伐
赵⑮,赵必亡矣。秦逐李兑,李兑必死。今之伐秦也,以救
李子之死也。⑯今赵留天下之甲于成皋⑰,而阴鬻之于秦⑱,
已讲⑲,则(令)〔合〕秦攻魏⑳,以成其私封,王之事赵也何得
矣㉑?且王尝济于漳㉒,而身朝于邯郸㉓,抱阴成、负(嵩)〔葛

(薛)〔孽〕,以为赵蔽㉔,而赵无为王行也㉕。今又以何阳、姑密封其子㉖,而乃(令)〔合〕秦攻王㉗,以便取(阴)〔陶〕㉘。人比然而后(如)〔知〕贤不,如王若用所以事赵之半收齐,天下有敢谋王者乎㉙? 王之事齐也,无入朝之辱,无割地之费,齐为王之故,虚国于燕、赵之前㉚,用兵于二千里之外,故攻城野战,未尝不为王先被矢石也㉛。得二都㉜,割河东㉝,尽效之于王㉞。自是之后,秦攻魏,齐甲未尝不岁至于王之境也。请问王之所以报齐者可乎㉟? 韩珉处于(赵)〔楚〕㊱,去齐三千里,王以此疑齐曰:"有秦阴㊲。"今王又挟故薛公以为相㊳,善韩徐以为上交㊴,尊虞商以为大客㊵,王固可以反疑〔于〕齐乎? (于)㊶,魏王听此言也甚诎㊷,其欲事王也甚循㊸,其怨于赵㊹。臣愿王之(曰)〔日〕闻魏而无庸见恶也㊺。臣请为王推其怨于赵㊻,愿王之阴重赵而无使秦之见王之重赵也。秦见之且亦重赵,齐、秦交重赵㊼,臣必见燕与韩、魏亦且重赵也,皆且无敢与赵治㊽。(五)〔三〕国事赵㊾,赵从亲以合于秦㊿,必为王高矣[51]。臣故欲王之偏劫天下[52],而皆私甘之也[53]。王使(臣)以韩、魏与燕劫赵[54],使丹也甘之[55];以赵劫韩、魏,使(臣)〔甘〕也甘之[56];以三晋劫秦,使顺也甘之[57];以天下劫楚,使珉也甘之[58]。则天下皆逼秦以事王[59],而不敢相私也[60]。交定,然后王择焉[61]。"

【注释】

①顾观光战国策编年系此策于周赧王二十九年,于鬯战国策年表系此策于周赧王二十七年,唐兰苏秦事迹简表(见帛书战国纵横家书)"五国攻秦""五国之兵留于成皋""齐闵王第二次攻

宋"并系于周赧王二十八年(前287年)。此从唐表。　　宋:见秦策一第四章注②。

②金正炜战国策补释以为起贾为"秦人"。　　禁:广雅释诂三:"止也。"

③鲍改"捄"作"援"。　　姚校:"捄一作'收'。"　　吴补:"捄,大事记作'取'。"　　建章按:此从姚校。收:联合。

④秦王:昭王,见西周策第一章注⑭。

⑤国语晋语四"齐、秦不得其请,必属怨焉。"注:"属,结也。"

⑥李兑:见秦策三第十章注㉔。　　李兑约五国伐秦:见秦策三第七章注①。

⑦成皋:见秦策三第七章注①。

⑧解:消除。　　其:指秦。

⑨封:封地。

⑩魏王:昭王,见东周策第二十章注①。　　说:同"悦"。

⑪鲍彪"不说之"连读,"齐"下补"人"字。　　吴正:"'之齐'上有缺文,当是人姓名。"徐中舒说:"赵策四'魏王不说,谓齐王曰:"臣为足下谓魏王曰(略)。''谓齐王曰'上应有'苏秦'二字。'苏秦'二字被涂去后,寻绎上下文就好像是魏王谓魏王曰,涂改的痕迹,是显然可见的。"(见战国策的编写及有关苏秦诸问题,历史研究1964年第一期)　　建章按:"之齐"上当缺人名,此从徐说补"苏秦"二字。　　齐王:闵王,见东周策第十六章注②。

⑫足下:见秦策三第八章注㉕。

⑬三晋:赵、魏、韩。

⑭上文言"秦王怒,属怨于赵,故'攻秦为赵'"。

⑮五国:当是秦、燕、齐、韩、魏。

⑯李子:李兑。

⑰甲:兵,军。

⑱阴:暗暗地,秘密地。　鬻:出卖。　之:指燕、齐、韩、魏。

⑲讲(講):同"媾",结约。

⑳金正炜战国策补释:"'令'当作'合',上文之所云'与秦攻魏,以解其怨',即'合'之义也。后文'而乃令秦攻王,'亦当作'合秦'。"　建章按:汉书韩信传"令齐、赵共击楚彭城",王念孙读书杂志:"'令'当依史记作'合',谓汉与齐、赵合,而共击楚也。"管子霸言"诸侯皆令,已独孤,国非其国也",王念孙读书杂志:"'令'当为'合',字之误也。"则此"令"亦当是"合"之形误。金说是,依金说改"令"作"合",下文"乃令"同。

㉑"以成"两句:来达到李兑个人取得封地的目的,您对赵国友善又有什么好处呢?

㉒济:渡过。　漳:漳河。

㉓身:亲。　邯郸:赵都,今河北省邯郸市。

㉔吕氏春秋慎大览下贤:"周公旦抱少主而成之。"注:"抱,奉也。"淮南子说林训"负子而登墙,谓之不祥",注:"负,抱也"。则抱、负皆为"奉献之义"。　葛孽:故城在今河北省邯郸市肥乡区西南。"薛"当是"孽"。　阴成:与葛孽近。　"蒿",当是"葛"字之误衍。　蔽:犹言屏障。

㉕而赵无为王行也:而赵国也未见得为您所用。　无:不。　行:国语吴语一注:"犹'用'也。"

㉖何:通"河"。河阳:在今河南省孟州市西,与孟津隔黄河相望。　姑密:靠近河阳北。　子:李兑之子。

㉗"令"当作"合",见注⑳。　而:王引之经传释词卷七:"犹'乃'也。""而乃"即"乃"。

㉘阴:当为"陶",见齐策四第十一章注⑲。陶即今山东省荷泽市定陶区。程恩泽国策地名考以为"当为定陶近地,非即'陶'。"

㉙"人比"句以下:人与人只有对比,才能知道贤与不贤;而大王如

果拿出对待<u>赵</u>国一半的心意去对待<u>齐</u>国,诸侯有谁敢图谋大王呢? <u>鲍</u>本"如贤"作"知贤"。 <u>金正炜战国策补释</u>:"'如贤'之'如'作'知'者是也,此文当以'不'字断句,'不'与'否'同,'若'犹'或'也。" <u>于鬯战国策注</u>:"'然而后'即'然后'也,'贤不如'即'贤不肖'也"。 <u>建章</u>按:<u>晏子春秋内篇谏上</u>第十八章"公曰'是谁也?'<u>晏子</u>曰'据也。'公曰'何如?'"<u>王念孙读书杂志</u>:"何如'二字与上下文义不相属,疑当作'何以知之',言何以知其为<u>据</u>。故晏子对曰'大暑而急驰,非<u>据</u>孰敢为之。'今本'知'误作'如',又脱'以'、'之'二字。"<u>吴则虞集释</u>:"<u>指海</u>本改作'何以知之'。"<u>墨子非儒下</u>:"如其亡也,必求焉,伪亦大矣。"<u>王念孙读书杂志</u>:"引之曰'如'当为'知',言既知其亡而必求之,则伪而已矣。"则当依<u>鲍</u>本改"如"作"知"。如:<u>王引之经传释词</u>卷七:"犹'然、而'也。"

㉚"虚国"句:会动员全国兵力开赴<u>燕</u>、<u>赵</u>两国的边境。

㉛"未尝"句:没有不为您打头阵,而首当其冲的。 被:受。矢:箭。 石:古代作战时,用从高向下滚动,以打击敌人的石头,称作"礌石"。

㉜都:都城,都邑。

㉝河东:<u>漳</u>河以东,与<u>齐</u>、<u>魏</u>接界之地。

㉞效:献。

㉟"请问"句:请问大王用什么来报答<u>齐</u>国呢? 可:通"何",见<u>齐策</u>六第六章注⑮。 乎:<u>裴学海古书虚字集释</u>卷四:"犹'也'也。"

㊱<u>姚</u>校:"<u>刘</u>'岷'一作'岷'。<u>刘</u>'赵'作'楚'。" <u>建章</u>按:<u>韩</u>岷,<u>韩策</u>作"韩珉",<u>史记田敬仲完世家</u>作"韩聂",<u>帛书战国纵横家书</u>第七章作"韩虞",当为一人,曾为<u>齐</u>相。又下文有"去<u>齐</u>三千里",当从<u>姚</u>校改"赵"作"楚",且后文又有"以天下劫<u>楚</u>,使岷

也甘之",亦合。

㊲有秦阴:韩珉与秦有私交,疑其与秦有阴谋。　阴:私。　秦策四第二章"珉欲以齐、秦劫魏而困薛公,"韩策三第三章"秦王曰,韩珉与我交",可见韩珉与秦有私交。

㊳薛公:孟尝君田文,见东周策第十六章注①。因田文原在齐,今在魏,故言"故薛公"。

㊴韩徐:人姓名,见东周策第十三章注⑧。　上交:犹言知己。

㊵大客:贵宾。

㊶裴学海古书虚字集释卷五:"故,'今'也,字或作'固'。"　可:通"何",见注㊵。　鲍本"齐乎"上有"于"字。黄丕烈战国策札记:"'疑'下有'于'字,错在'乎'下。"　建章按:当据鲍本及黄说乙转"于"字于"齐乎"上。

㊷诎:荀子议兵杨注"服也"。

㊸循:顺从。

㊹黄丕烈战国策札记:"'其'字乃'甚'之误,四字为一句。"　建章按:墨子尚同上"甚明察以审信",于省吾双剑誃诸子新证:"嘉靖本、绵眇阁本、堂策槛本、宝历本'甚'均作'其','其'乃'綦'之省文,从'系'乃后起字。荀子王霸'目欲綦色,注'綦,极也。''綦'或为'甚',传写误耳。按此亦'綦'、'甚'易讹之证。'綦'之作'其'本书习见。"又兼爱下"故约食为其难为也"俞樾诸子平议谓:"'其'当作'甚。'"于省吾双剑誃诸子新证:"俞改非是。其,应读'綦',綦,极也。"又耕柱"人之其不君子者",苏时学谓:"其,当为'甚'字之误。"于省吾双剑誃诸子新证:"'其'即'綦'之省文,不烦改字。"则此"其"即"綦"之省文,"甚","极"的意思。

㊺"臣愿王"句:我希望大王即日让魏王了解大王对他很友好。鲍改"曰"作"亟"。　建章按:"曰"当是"日"之误,见赵策一第二

章注㊿④,赵策二第一章注⑦⑤。　闻:知。庸:同“用”。　见恶:言齐王对魏不善。

㊻臣请为王推其怨于赵:我要求为您把秦国对魏国的怨恨转移到赵国。　推:转移。

㊼交:俱。

㊽于鬯战国策注:“汉书韩安国传颜注:‘治谓当敌也,今人犹云对治。’”则治有“对抗”“为敌”的意思。

㊾鲍本“五”作“三”。于鬯战国策注:“‘三国’谓燕、韩、魏,‘五国’则并数齐、秦矣,似与下‘合于秦’碍。盖上文言齐、秦特重赵耳,非‘无敌与赵治’者。从鲍似优。”　建章按:管子乘马数“人君之守高,下岁藏三分,十年则必有五年之余。”王念孙读书杂志:“引之曰:‘五’当为‘三’。岁藏十分之三,至十年则余三十分,每十分而当一年,故三十分而为三年之余也。”墨子非命上“大方论数,而五者是也。”孙诒让间诂:“毕云:‘五’当为‘三’,即上先王之宪、之刑、之誓是。”此皆“三”易误为“五”之证,当依鲍本及于说改“五”作“三”。

(50)于鬯战国策注:“合秦亦‘从亲’,犹史乐毅传言‘令赵啖说秦’亦为合纵也。从之义本不必六国所专。”

(51)鲍注:“言赵居齐上。”　于鬯战国策注:“‘高’盖‘商’之误。‘商’,‘敌’之省。”　建章按:裴学海古文虚字集释卷二:“‘为’犹‘比’也。”尔雅释亲注:“高者言最在上。”鲍注不误。韩非子五蠹“则耿介之士寡而高价之民多矣”,陈奇猷集释引松皋园说:“广绝交论注引‘高价’作‘商贾’。”则此“高”字或为“商”之误。于说可备。

(52)臣故欲王之偏劫天下:所以,我想让大王使诸侯之间互相冲突。　鲍本“偏”作“徧”。　建章按:墨子非攻下:“偏具此物而致从事焉:“王念孙读书杂志:“古多以‘偏’为‘徧’。”徧:同

"遍。" 劫:以武力威胁。

(53)私:秘密,暗暗地。 甘:言以好言劝说。此言而大王暗暗从中调解。

(54)王使以韩魏与燕劫赵:大王让韩、魏、燕三国与赵国冲突。 关修龄战国策高注补正:"恐衍'臣'字。" 于鬯战国策注:"下文有'使臣也甘之'句,则此不当言'臣'。" 建章按:"以",古文作"目",此"臣"字乃"目"字误衍。下文皆为"以赵劫韩、魏","以三晋劫秦","以天下劫楚",故此"臣"字当删。

(55)使丹也甘之:派公玉丹从中调解。于鬯战国策注:"丹,盖即公玉丹,齐闵之臣也。"

(56)姚校:"臣,一作'甘'。"横田惟孝战国策正解:"诸本'使甘'作'使臣',今从一本。甘,人名也。" 建章按:当据一本改"臣"作"甘"。

(57)于鬯战国策注:"顺,当即顺子;顺,齐公子。"

(58)岷:韩岷,见注㊱。

(59)则天下皆逼秦以事王:这样,诸侯堵塞了与秦国交往之途,而都与大王友善。 逼:方言卷六:"满也,腹满曰逼。"有堵塞之义。

(60)而不敢相私也:诸侯不敢暗暗与秦国交往。

(61)交定:指齐国与诸侯定交。 王择焉:言五国与赵国亲善,或诸侯与齐国亲善,那一种情况对大王有利,于此二者进行选择。

三 齐将攻宋章

齐将攻宋①,而秦、楚禁之②。齐因欲与赵③,赵不听。齐乃令公孙衍说李兑以攻宋,而定封焉④。

李兑乃谓齐王曰⑤:"臣之所以坚三晋以攻秦者⑥,非以为齐得⑦,利秦之毁也⑧,欲以使攻宋也⑨。而宋置太子以为王⑩，下亲其上而守坚⑪，臣是以欲足下之速归休士民也⑫。今太子走⑬，诸善太子者皆有死心⑭，若复攻之，其国必有乱⑮，而太子在外，此亦举宋之时也⑯。

"臣为足下使公孙衍说奉阳君曰⑰：'君之身老矣，封不可不早定也。为君虑封，莫若于宋，他国莫可。夫秦人贪，韩、魏危⑱，燕、楚辟⑲，中山之地薄⑳，莫如于（阴）〔陶〕㉑，失今之时，不可复得已。宋之罪重㉒，齐之怒深，残乱宋㉓，得大齐㉔，定身封，此百代之一时也以㉕。

"奉阳君甚食之㉖，唯得大封㉗，齐无大异㉘，臣愿足下之大发攻宋之举，而无庸致兵㉙，姑待（巳）〔己〕耕㉚，以观奉阳君之应足下也。县（阴）〔陶〕以甘之㉛，（循有）〔有循〕燕以临之㉜，而臣待忠之封㉝，事必大成㉞；臣又愿足下有地效于襄安君以资臣也㉟。足下果残宋，此两地之（时）〔封〕也，足下何爱焉㊱？若足下不得志于宋㊲，与国何敢望也㊳？足下以此资臣也，臣循燕观赵，则足下击溃而决天下矣㊴。"

【注释】

①同第二章，当在周赧王二十八年（前287年）。　宋：见秦策一第四章注②。

②姚校："'楚'一作'阴'。"　吴补："姚本'楚'作'阴'。"　建章按：下文无楚事，"楚"疑当作"阴"。阴：暗暗，秘密。

③因：则，就。　与：联合。

④徐中舒论战国策的编写及有关苏秦诸问题（见历史研究1964年第一期）认为"公孙衍"当是"苏秦。"苏秦：见东周策第五章注③。　定封：确定封地。　李兑：见秦策三第十章注㉔。

宋:见秦策一第四章注②。

⑤吴师道正说:"下'李兑'二字必误。下云'使公孙衍说奉阳君',即述上文令公孙衍说李兑'也,其下岂得为兑言乎?又后有'循燕观赵'语,以为兑言则不通。"黄丕烈战国策札记说:"吴氏定奉阳君为李兑,其说最确。元和顾氏广圻曰:'此下皆当为苏代谓齐王语,当是李兑下有缺文也。'详其所著思适斋笔记。"唐兰司马迁没有见过的珍贵史料说:"篇中'谓齐王'的'李兑'是'苏秦'之误。"杨宽马王堆帛书战国纵横家书的史料价值说:"'李兑乃谓齐王曰','李兑'当为'苏秦'之误。"(唐、杨文均见战国纵横家书)　建章按:下章五国伐秦无功章有"苏代谓齐王曰'臣以为足下见奉阳君矣'",则可知本章第一段"公孙衍"、第三段"使公孙衍"有误。缪文远战国策新校注改第一段的"公孙衍"为"苏秦",删第三段的"使公孙衍"四字。这样第三段的"臣"为"苏秦"自称,正与第一段"齐乃令苏秦说李兑"呼应。　齐王:闵王,见东周策第十六章注②。

⑥坚三晋:使三晋坚定。　三晋:赵、魏、韩。

⑦非以为齐得:并非为了齐国给赵国好处。　得:通"德",见赵策一第九章注㊜。

⑧利秦之毁也:而是为了便于摧败秦国。　毁:破,败。

⑨秦受三晋之攻,无暇救宋,齐则可乘机攻宋,故言"欲以使攻宋也"。

⑩太子:当是宋王偃之子。宋王偃即宋康王,见齐策六第七章注⑥。　置:立。

⑪下亲其上而守坚:全国尊亲国君,而坚守保卫宋国。　上:指国君。

⑫足下:见秦策二第十二章注⑫,此指齐闵王。　归:犹言撤军。

⑬走:逃。

⑭诸善太子者皆有死心:那些死保太子的党羽一定追随太子。

⑮因王之党与太子之党相攻,故"国必有乱"。

⑯举:灭。　时:时机。

⑰徐中舒说"公孙衍"为"苏秦"之误。又说"奉阳君应即为公子成而非李兑。"　公子成:见赵策二第四章注㊷。

⑱因韩、魏两国近秦,故"危"。

⑲辟:同"僻",僻远。

⑳中山:见秦策一第五章注㉘。　薄:土地贫瘠。

㉑阴:当为"陶",见齐策四第十一章注⑲。下同。

㉒宋之罪重:指宋康王之罪,见宋卫策第八章。

㉓残:灭。　乱:犹言无道。

㉔得:通"德",见注⑦。　大齐:犹言"强齐"。赵策一第十章作"德强齐",见彼注⑫。

㉕此百代之一时也以:这是千载难逢的良机啊!　百代:见楚策四第十三章注⑮。　以:同"已"。

㉖奉阳君其食之:奉阳君一定很愿意采纳苏秦的意见。　金其源读书管见:"汉书谷永传'不食肤受之愬'注'食,犹受纳也'。"　建章按:依金说则"食"有接受、采纳的意思。

㉗唯:通"虽"。

㉘齐无大异:犹言"于齐无大异"。此言奉阳君之封与不封对于齐无大害:异:怪,害。

㉙徐中舒说:"无庸致兵,不必再致他国之兵。"　致:召来,依赖。

㉚鲍本无"姑待巳耕"四字。　备要本、畿辅本"巳"作"已",建章按:据文意"巳""已"疑为"己"之误。　待:通"恃"。见赵策二第三章注㉘。　耕:犹"力"。　姑待己耕:且凭自己的力量。

㉛县:同"悬","悬赏"之"悬"。　甘:喜、乐。有引诱之义。

㉜下文有"循燕观赵",则此"循有"当作"有循"。 有:同"又"。
循:顺。 临:控制,威胁。 之:指赵。

㉝而臣待忠之封:而我将要忠实的给他封地。 之:裴学海古书
虚字集释卷九:"犹'以'也。"

㉞事:灭宋之事。

㉟鲍注:"襄安君,盖赵人。" 关修龄战国策高注补正:"襄安,盖
燕人,言效地襄安,约为与国以资臣,则齐果得残宋。" 于鬯战
国策注:"关说与下文'循燕'语似合。或襄安君即襄城君,为楚
令尹也。" 建章按:帛书战国纵横家书第四章有"襄安君",注:
"应是燕国王族,可能是燕昭王之弟。" 效:献。 资:助。

㊱"足下果残宋"三句:您真的灭了宋国,那么这两处封地,您又何
必吝惜呢? 鲍注:"言有齐又得宋。" 吴正:"两地,言齐与赵
可并得宋地。此谓齐王言,岂得言'有齐'乎?" 关修龄战国
策高注补正:"宋方今时,齐与秦、赵相争欲得,无适为主,非我
则彼,故曰'两地'。" 金正炜战国策补释:"'时'当为'封',即
上文所云:县阴以甘奉阳君,效地于襄安君也。'封'说文作
'𡉚','时'古文作'旹',二形相近而误。周书谥法解"啬于赐
与曰爱',孟子梁惠王篇'吾何爱一牛'何晏注'爱,啬也'。"
建章按:此取金说。左昭二十七年传"使延州来季子聘于上国"
注:"季子本封延陵,后复封州来,故曰延州来。"疏:"封,谓赐之
为采邑耳。" 爱:吝啬,吝惜。

㊲不得志于宋:不能灭宋。

㊳与国:盟国,此指燕国。 望:言希望齐国割地给燕国。

㊴则足下击溃而决天下矣:那么,您就会轻而易举地消灭宋国而
控制诸侯。 击溃:破溃疡。比喻轻而易举。 决:断,定,制。

四 五国伐秦无功章

五国伐秦无功①，罢于成皋②。赵欲构于秦③，楚与魏、韩将应之④，(秦)〔齐〕弗欲⑤。

苏代谓齐王曰⑥："臣以为足下见奉阳君矣⑦。臣谓奉阳君曰：'天下散而事秦⑧，秦必据宋⑨，魏冉必妒君之有(阴)〔陶〕也⑩。秦王贪⑪，魏冉妒，则(阴)〔陶〕不可得已矣。君无构，齐必攻宋。齐攻宋，则楚必攻宋，魏必攻宋，燕、赵助之。五国据宋⑫，不至一、二月，(阴)〔陶〕必得矣。得(阴)〔陶〕而构，秦虽有变，则君无患矣。若不得已而必构，则愿五国复坚约⑬，愿得赵⑭，足下雄飞⑮，与韩氏大⑯，吏东免齐王⑰，必无召昧也⑱。使臣守约⑲，若与有倍约者⑳，以四国攻之；无倍约者，而秦侵约，五国复坚而宾之㉑。今韩、魏与齐相疑也，若复不坚约而讲㉒，臣恐与国之大乱也㉓。齐、秦非复合也，必有踦重者矣㉔。后合与踦重者㉕，皆非赵之利也。且天下散而事秦，是秦制天下也。秦制天下，将何以天下为？臣愿君之蚤计也㉖。

"'天下(争)〔事〕秦，〔秦〕有六举㉗，皆不利赵矣。天下(争)〔事〕秦，秦王受负海(内)之国㉘，合负亲之交㉙，以据中国㉚，而求利于三晋，是秦之一举也。秦行是计，不利于赵，而君终不得(阴)〔陶〕，一矣。

"'天下(争)〔事〕秦，秦王内韩珉于齐㉛，内成阳君于韩㉜，相魏怀于魏㉝，复合衍㉞，交两王㉟，王贲、韩他之曹㊱，皆起而行事^㊲，是秦之一举也。秦行是计也，不利于赵，而君又不得(阴)〔陶〕，二矣。

"'天下(争)〔事〕秦，秦王受齐，受赵^㊳，三强三亲^㊴，以据魏而求安邑^㊵，是秦之一举也。秦行是计，齐、赵应之，魏不待伐，抱安邑而(信)〔倍〕秦^㊶，秦得安邑之饶^㊷，魏为上交^㊸，韩必入朝，秦过赵已安邑矣^㊹，(是秦之一举也，秦行是计)^㊺不利于赵，而君必不得(阴)〔陶〕，三矣。

"'天下(争)〔事〕秦，秦坚燕、赵之交以伐齐，收楚与韩呡而攻魏^㊻，是秦之一举也。秦行是计，而燕、赵应之。燕、赵伐齐，兵始用，秦因收楚而攻魏，不至一、二月，魏必破矣。秦举安邑而塞女戟^㊼，韩之太原绝^㊽，下轵道^㊾、南阳、高，伐魏绝韩^㊿，包二周^㉛，即赵自消烁矣^㉜。国(燥)〔烁〕于秦^㉝，兵分于齐^㉞，非赵之利也，而君终身不得(阴)〔陶〕，四矣。

"'天下(争)〔事〕秦，秦坚三晋之交，攻齐，国破(曹)〔财〕屈^㉟，而兵东分于齐。秦桉(兵)攻魏^㊱，取安邑，是秦之一举也。秦行是计也，君桉救魏，是以攻齐之已弊(救)与秦争战也^㊲。君不救也，韩、魏焉免西合^㊳？国在谋之中，而君有终身不得(阴)〔陶〕^㊴，五矣。

"'天下(争)〔事〕秦，秦按为义^㊵，存亡继绝^㊶，固危扶弱，定无罪之君，〔是秦之一举也。秦行是计〕，必起中山与(胜)〔滕〕焉^㊷。秦起中山与(胜)〔滕〕，而赵、宋同命^㊸，何暇言(阴)〔陶〕，六矣。故曰君必无讲^㊹，则(阴)〔陶〕必得矣。'

"奉阳君曰：'善。'乃绝和于秦，而收齐、魏，以成取

942

（阴）〔陶〕⑮。"

【注释】

① 钱穆先秦诸子系年 95 节"附苏代苏厉考"说："李兑约五国伐秦事，史记失载，鲍彪以为在楚顷襄王十二年，即周赧王二十八年（前 287 年）其时苏代又复在齐也。其所告李兑'五国复坚约'，'秦侵约，则五国坚而宾之'，此即以后策士所传苏氏从约也。" 建章按：钱穆所说"苏代"，据第四、五章，当是"苏秦"。此策当系于周赧王二十八年（前 287 年），见第二章注①。

② 成皋：见秦策三第七章注①。

③ 构：结约。

④ 应：响应。 之：指"赵欲构于秦"这一行动。

⑤ 鲍本"秦"作"齐"。 于鬯战国策注："此误。" 建章按：据下文，当依鲍本改"秦"作"齐"。 弗欲：犹言不同意。

⑥ 徐中舒考证，"苏代"当是"苏秦"。 建章按：第三章"公孙衍"徐中舒亦以为是"苏秦"，都游说奉阳君。徐说或是。 齐王：闵王，见东周策第十六章注②。

⑦ 以：同"已"。 足下：见秦策二第十二章注⑫。 奉阳君：见第三章注⑰。

⑧ 散：诸侯合纵联盟瓦解。 事：犹言服从。

⑨ 据：占据。 宋：见秦策一第四章注②。

⑩ 魏冉：即穰侯，见秦策一第五章注㊿。 阴：当为"陶"，见第二章注㉘

⑪ 秦王：昭王，见西周策第一章注⑭。

⑫ 五国：齐、楚、魏、韩、赵。 据：犹言攻。

⑬ 五国：当指章首之五国。见注⑫。

⑭ 得：通"德"，惠，善行。此犹言亲善。

⑮雄飞:喻奋发有为。

⑯金正炜战国策补释:"'大'字疑'夶'之误,'夶'即'比'之古文,周礼大司马'比小事大'注'比,犹亲也'。国语吴语注'比,合也。' 建章按:"大"字无意,金说可从。

⑰管子小匡"使使民恭敬以劝"。于省吾双剑誃诸子新证"上'使'字应作'吏',金文'使''吏'同字。"则此"吏"亦"使"字。

金正炜战国策补释:"'免'或本作'兑','说'之损也。" 建章按:帛书战国纵横家书第十一章"燕王甚兑",释文"兑"即"悦",则金说是,然以为"兑,'说'之损"则非。则"兑齐王"即使齐王悦。

⑱珉:韩珉,即韩珉,是韩人,与齐、秦两国友好。见第二章注㊱、㊲。此言苏秦劝奉阳君与诸侯合从,则齐国必不召韩珉。

⑲金正炜战国策补释:"'臣'当为'坚'之坏文,下云'无倍约者,而秦侵约,五国复坚而宾之'。以其言'复',正见此文之为'坚'矣。" 建章按:金说是。

⑳与:与国,鲍本"与"下有"国"字。 倍:通"背"。

㉑宾:通"摈",排斥,此处犹言对抗。 之:指秦。

㉒讲:指私自与秦勾结。

㉓与国:同盟国。

㉔踦重:偏重。是说齐、秦两国对立,其它几国各依附两国,则齐、秦两国力量偏重而不平衡。

㉕上句言"复合""踦重",此正接上句,"后"当是"复"字之误。见赵策二第二章注⑫。

㉖蚤:通"早"。

㉗前文皆言"事秦",此"争"字因与"事"字形近而误,当改作"事",下同。吕氏春秋孟冬纪异宝"其主俗主也,不足与举",注:"举,犹谋也。"下文有"秦行是计",正与此"谋"字义合。据

上下文，"秦"字当复，"秦"下本有"&"，误脱耳。见楚策二第
七章注⑨。

㉘鲍注："衍'内'字，山东皆负海。" 吴正："三晋非负海也，恐
'负'字因下文衍。" 金正炜战国策补释："鲍衍'内'字是也。
'负海之国'谓齐，见中山策"。 于鬯战国策注："吴似长。"
建章按：齐策一第十七章"从人说大王者，必谓齐西有强赵，南
有韩、魏，负海之国也。"可见"负海之国"专指齐，鲍说"衍'内'
字"，是；而说"山东皆负海"则非。此当谓秦、齐两国联合，故下
文言"求利于三晋"。如依吴说则不通。当删"内"字。广雅释
诂三："受，亲也。"

㉙负亲：指五国背约离散。

㉚据：犹言控制。 中国：指中原的国家。秦在西，与东边的齐国
和亲，则可以控制中原。故可以"求利于三晋"所以，中国即指
三晋。

㉛韩珉：即韩呡。见注⑱。

㉜成阳君：曾为韩相。

㉝魏怀：未详。

㉞金正炜战国策补释："'衍'疑当作'衡'，与'横'同。" 建章按：
姑从金说。合衡即连衡。

㉟两王：当为赵、楚两国之王。

㊱王贲韩他：或为赵、楚之臣，与秦国友好。 曹：辈。

㊲起：起用，任用。 行事：掌权。

㊳受：亲。见注㉘。

㊴金正炜战国策补释："'三亲'之'三'疑当作'已'，吕览察传篇
'夫己与三相近'，此由'已'误'己'，复讹为'三'也。" 建章
按："三亲"无义，此从金说，当作"已亲"。

㊵以：裴学海古书虚字集释卷一："犹'乃'也。" 据：犹胁迫。

安邑：见秦策一第四章注③。

㊶"魏不待伐"两句：魏国不待进攻，就会献出安邑，而增加秦国的地盘。　抱：奉献。见第二章注㉔。　鲍本"信"作"倍"。建章按：墨子贵义"市贾信徙"毕沅说："当为'倍徙'，下同"。于省吾双剑誃诸子新证："宝历本正作'倍徙'，下同。"晏子春秋内篇问上"故及义而谋，信民而动，未闻存者也"。王念孙读书杂志："'及'当为'反'，'信'当为'倍'。"此"倍"因形近而易误作"信"之证。左传三十年传"焉用亡郑以倍邻"，注："倍，益也。"当依鲍本改"信"作"倍"。

㊷饶：富，多。

㊸上交：关系友好。

㊹秦过赵已安邑矣：秦国必然要求赵国像魏国献给安邑一样也献给他土地。　过：广雅释诂一："责也。"责：说文："求也。"已：同"以"。

㊺上文"据魏而求安邑"下已有此二句，依本文叙述"六举"的体例，此两句不当有。"一矣"与"二矣"两段句例同，"三矣"与"四矣"两段句例同，"五矣"与"六矣"两段句例同，此两句当在下文"定无罪之君"下。

㊻关修龄战国策高注补正："'楚'与'韩呡'似为不伦，恐衍'呡'字。"金正炜战国策补释："'呡'字涉上文'内韩呡于齐'而衍。"建章按：据文义，此言楚、韩、魏三国，不涉及人，关及金说皆是，当删"呡"字。"收"与"与"义同，"联合"的意思。

㊼于鬯战国策注："顾考云'女戟乃魏地之近韩者也'。"　建章按：史记苏秦列传索隐："女戟，在太行山之西"。

㊽史记苏秦列传正义引刘伯庄云："'太原'，当为'太行'。"　泷川资言考证："或云：太原是时半入于韩，所以别于赵。"　程恩泽国策地名考："韩既分得安邑，亦无难兼有太原也。"　于鬯

战国策注:"太原,赵地,此为韩太原,当非赵之太原,则是太行耳。" 建章按:此从正义刘伯庄说。见秦策三第九章注⑩,第十八章注⑬。

㊾轵道:见赵策二第一章注㉛。

㊿鲍改"高"作"而"。 于鬯战国策注:"或云'高'下脱'平'字,前策云'反温、枳、高平于魏',高平与枳连称。" 建章按:姑从鲍,当改"高"作"而",前文有"而塞女戟"句。

51二周:东周、西周。

52即:则。 消烁:同"消铄",见赵策二第一章注㉜。

53姚校:"'燥'一作'烁'。" 建章按:秦策五第一章"秦先得齐、宋,则韩氏铄,韩氏铄,则楚孤而受兵也。"铄:消铄,即承上句"赵自消烁"。作"燥"者,因形似而误,当依姚校改"燥"作"烁"。

54上文言"燕、赵伐齐",赵既出兵伐齐,则兵力分散,故言"兵分于齐"。

55鲍改"曹"作"财"。 吴补:"'曹,一本作'财。'" 金正炜战国策补释:"作'曹'者声之误也,群书治要引晏子内篇'君不屈民财者得其利。'汉书贾谊传'然而天下不屈者殆未有也。'注'屈谓财力尽也'。郑当时传'财力益屈'注:'屈,尽也。'" 建章按:鲍改与吴引一本正合,金所引,皆"财"与"屈"并用,可知"曹"系"财"之声误。当从鲍改及吴引一本改"曹"作"财"。

56王念孙读书杂志:"'兵'字后人所加也,'桉'语词,犹言'于是'也。言秦使三晋攻齐,国破、财屈,而兵分于秦,于是攻魏取安邑,则三晋不能救也。下文'君桉救魏','秦桉为义',三'桉'字义并同也。后人不知'桉'为语词,而于'桉'下加'兵'字,'桉兵'与'攻魏'连文,而其义遂不可通矣。" 建章按:"桉"即"案",通"按"。王说是,当删"桉"下"兵"字。

(57)“是以攻齐”句:这是用进攻齐国已经疲惫的军队去与秦国作战。鲍本“弊”作“敝”。 吴正:“一本无‘救’字。‘救’即‘敝’字讹衍。” 建章按:“救”字赘,当依吴引一本删“救”字。 “敝”同“弊”。弊:疲惫,破败。

(58)“君不救也”两句:您不去救援魏国,韩、魏两国怎么能避免与秦国联合呢? 焉:怎么。 西合:与秦联合。

(59)有:通“又”。

(60)为:通“伪”,伪装。

(61)存亡继绝:存亡国继绝世。意思是说,复兴已经灭亡了的国家,接续已经断绝了的世家。

(62)于鬯战国策注:“林纪年‘胜,恐滕字之误,策谓宋王偃灭滕,是时滕已亡,故云尔。’此说甚得。史惠景间侯者表‘滕侯’,索隐引刘氏作‘胜’可证。‘滕’‘胜’本声通借字,并不当谓‘误’,但国名或不应用借字耳,下句同。中山灭于赵,滕灭于宋,故下文赵、宋并称。”金说同林。 建章按:当依林、金说改“胜”作“滕”。滕国约有今山东省滕州市西南地。

(63)金正炜战国策补释说:“广雅释诂:‘起,立也。’宋策:‘于是灭滕伐薛,取淮北之地。’中山灭于赵,滕灭于宋,秦起复二国,故曰‘赵、宋同命’也。” 而:则。

(64)讲(講):同“构”,“媾”,见注③。

(65)于鬯战国策注:“黄略补‘之约’二字。” 建章按:国语吴语“吴、晋争长未成”注:“成,定也。”此句当依黄说解作“以定取陶之约”,但不必补字。

五 楼缓将使章

楼缓将使①,伏事②,辞行,谓赵王曰:“臣虽尽力竭知③,

死不复见于王矣④。"王曰:"是何言也⑤？固且为书而厚寄卿⑥。"楼子曰:"王不闻公子牟夷之于宋乎⑦？非肉不食⑧。文张善宋⑨,恶公子牟夷⑩,寅然⑪。今臣之于王,非宋之于公子牟夷也,而恶臣者过文张,故臣死不复见于王矣。"王曰:"子勉行矣⑫,寡人与子有誓言矣⑬。"楼子遂行。

后以中牟反,入梁⑭。候者来言⑮,而王弗听,曰:"吾已与楼子有言矣⑯。"

【注释】

①楼缓:见秦策四第三章注③。

②伏事:密其事;此言密其出使的任务,只限于赵王和楼缓了解。广雅释诂四:"伏,藏也。"则伏有密而不宣之义。

③知:通"智"。

④楼缓出使,密其任务,所行之事,不为人所理解,必招来谗言谤议,而获罪,故言"死不复见于王矣"。

⑤是:此,这。

⑥固且为书而厚寄卿:我一定写信给你出使的国家,说明委你以重任。赵王误解了楼缓的顾虑,故言此。 固:裴学海古书虚字集释卷五:"犹'必'也。" 且:又卷八:"犹'必'也。" 固且:一定。 为书:写信给出使之国。 寄:托。 卿:指楼缓,古时君对臣亲近的称呼。

⑦"王不闻"句:大王没有听说公子牟夷在宋国的事吗？ 宋:见秦策一第四章注②。

⑧非肉不食:言宋公子牟夷地位尊贵。左庄十年传:"肉食者谋之"注:"肉食,在位者。"疏:"盖位在大夫乃得食肉也。"

⑨鲍注:"文张他国人,宋王善之。"

⑩恶:谗,诽谤。

⑪鲍改"寅"作"宋","然"下补"之"字,注:"言牟夷之亲,而文张以游客能使宋听其说,况己乎。" 吴正:"'寅然'上下有缺误。" 金正炜战国策补释:"说文:'寅,髌也。'徐曰:'髌,斥之意。'又'寅'字或书作'寅','宾'字古文作'寅',此或'宾'之讹也,庄子徐无鬼篇音义'"宾"或作"摈",弃也。'论语先进篇邢疏:'然,犹"焉"也。'鲍本补字不知义之所在,就注义求之,其所据本'寅'或为'由','由'与'犹'通。惟'牟夷'下当有阙文。" 于鬯战国策注:"'寅'盖读为'瞚',字亦作'瞬','瞬然'犹言'一瞬'耳,然则下有缺文,上当无缺无误。牟夷盖为宋出使他国,被谗而得罪者。沈寿经明经云'寅然,形其当时被刑之貌也。'则不谓有缺文。" 建章按:淮南子原道训:"欲寅之心亡于中。"王念孙读书杂志:"'寅'当为'宾'字之误也'宾'与'肉'同,干禄字书云'宾肉,上俗下正。'广韵亦云'肉,俗作宾'。'欲肉'者欲食肉也。"集韵屋韵:"肉,俗作'宾'。"龙龛手鉴卷四:"肉,或俗作宾。"此亦"宾"误"寅"。"肉然"即"肉焉",即对公子牟夷施以肉刑,故下文言"臣死"。因为"恶臣者过文张"。

⑫吕氏春秋审应览具备:"子之书甚不善,子勉归矣。"注:"勉,犹'趣'也。"说文:"趣,疾也。" 勉行矣:犹言快出发吧。

⑬礼记曲礼下"约信曰誓"。

⑭中牟:赵邑,见齐策五注㉛。 反:叛。 梁:魏。 章首有"伏事",即与"中牟反,入梁"照应。

⑮候者:伺候者,即侦察人员。 言:报告。

⑯楼子:楼缓。 言:指上文"誓言"。

六　虞卿请赵王曰章

虞卿请赵王曰①："人之情,宁朝人乎②? 宁朝于人也③?"赵王曰:"人亦宁朝人耳④,何故宁朝于人?"虞卿曰:"夫魏为从主,而违者范座也⑤。今王能以百里之地,若万户之都⑥,请杀范座于魏;范座死,则从事可移于赵⑦。"赵王曰:"善。"乃使人以百里之地请杀范座于魏。魏王许诺⑧,使司徒执范座而未杀也⑨。

范座献书魏王曰:"臣闻赵王以百里之地请杀座之身。夫杀无罪范座⑩,座薄故也⑪;而得百里之地,大利也。臣窃为大王美之⑫。虽然,而有一焉⑬:百里之地不可得,而死者不可复生也,则(主)〔王〕必为天下笑矣⑭。臣窃以为与其以死人市⑮,不若以生人市使也⑯。"

又遗其后相信陵君书曰⑰:"夫赵、魏敌战之国也⑱,赵王以咫尺之书来⑲,而魏王轻为之杀无罪之座,座虽不肖⑳,故魏之免相(望)〔室〕也㉑。尝以魏之故㉒,得罪于赵。夫国内无用臣㉓,外虽得地,势不能守㉔。然今能守魏者,莫如君矣。王听赵杀座之后,强秦袭赵之欲,倍赵之割㉕,则君将何以止之? 此君之累也㉖。"信陵君曰:"善。"遽言之王而出之㉗。

卷二十一　赵策四

【注释】

①姚校:"'请'一作'谓'。　鲍本"请"作"谓",编此篇于魏策。　建章按:国语吴语"乃令董褐请事",注:"请,问也。"又

"敢请乱故"注:"敢问先期乱次之故?"吕氏春秋孝行览首时
"客请之王子光"高注:"请,问也。"据下文皆问句,则"请"字不
误。史记魏世家系此事在魏安釐王十一年,当周赧王四十九年
(前266年)。顾观光战国策编年、于鬯战国策年表从世家。

赵王:惠文王,见东周策第二十二章注⑤。　虞卿:见楚策四第
十三章注①。

②宁:愿,宁愿。　朝:朝拜,朝见,尊礼相见。古代诸侯见天子、
臣见君、子见父母皆可谓"朝"。

③"人之情"三句:按人之常情,愿意受别人朝见呢? 还是愿意朝
见别人?　也:王引之经传释词卷四:"犹'乎'也。"

④亦:裴学海古书虚字集释卷三:"犹'惟'也。"并引此句为例。
此犹言"当然""自然"之义。

⑤从主:合纵联盟的盟主。　违者:据下文,是说反对赵国为盟主
者。　范座:魏之故相。

⑥今:王引之经传释词卷五:"犹'若'也。"如果。若:又卷七"犹
'或'也"。　万户之都:万户的大县。

⑦从事可移于赵:合纵联盟的盟主可由赵国担任。(这样则可受
人朝拜。)

⑧魏王:安釐王,见赵策三第十三章注②。

⑨司徒:或主管刑法。

⑩史记魏世家:"使吏捕之,围而未杀。座(同"座")因上屋骑危
(栋上)谓使者曰'与其以死座市,不如以生座市。有如座死,赵
不予王地,则王将奈何,故不若与先定割地,然后杀座。'魏王曰
'善'。"

⑪姚校:"刘无下'座'字。"　鲍、吴并以为衍"座"字。　建章按:
当删一"座"字。　薄:吕氏春秋慎大览报更高注:"轻,少也。"
犹言"小"。　故:广雅释诂三:"事也。"　则此句言:杀掉无罪

的范座,小事一桩。正与下句为对文。如果选"座"字,则此句言:杀掉无罪的范座,是因为我是个小人物的缘故。与下句不协。

⑫美:善,好。此犹言"庆贺"。　之:指杀范座,得百里之地。

⑬虽然,而有一焉:即使这样,可还有一层。　而:裴学海古书虚字集释卷七:"犹'尚'也。"

⑭鲍本"主"作"王"。　黄丕烈战国策札记:"今本'主'作'王'。"　建章按:墨子辞过"当今之主",孙诒让间诂:"主,长短经作'王'。"韩非子十过"昔者戎王使由余聘于秦",陈奇猷集释:"卢文弨曰'王',宋本作主,下同。'王先慎曰:'秦本纪作王。'奇猷案:'作主者误也,他书未有作戎主者。'"可见"主"与"王"易互误,此当依鲍本及黄引今本改"主"作"王"。

⑮国语越语下"如此不已,又身与之市。"韦注:"市,利也。"此言求利。

⑯姚校:"一本无'使'字。"　鲍彪改"使"作"便"。　魏世家同一本。　建章按:"使"字无义,当据姚引一本及魏世家删"使"字。

⑰遗:给。　后相:范座免相,后以信陵君为相,故称后相。　信陵君:魏公子无忌,见齐策三第十二章注⑤。

⑱敌战:势均力敌。　敌:对等,相当。

⑲咫尺:见秦策五第八章注㊺。此言短、轻,犹言随便,无足轻重。

⑳不肖:不贤,无能。

㉑姚校:"望,刘作'室'。"　鲍注:"衍'望'字。"　金正炜战国策补释:"'望'作'室'者当是。管子地图篇'相室之任也',韩非八经篇'相室约其廷臣,廷臣约其官属',汉书五行志'易相室',颜注:'相室犹言相国。'"　建章按:韩非子孤愤"相室剖符",陈奇猷韩非子集释引松皋圆说:"三晋以大夫为诸侯,犹仍

旧号,故呼相国为相室。" 于鬯香草续校书说同松皋圆。二人举证省。据此则当依姚引刘本改"望"作"室"。

㉒尝与"常"通,常犹"定""必"。见裴学海古书虚字集释卷九。

㉓鲍注:"用,言可任者。" 金正炜战国策补释:"'用'疑当为'周',左哀十六年传'周仁之谓信'注:'周,亲也。'孟子梁惠王篇'王无亲臣矣,昔者所进,今日不知其亡也。''周臣'犹'亲臣'也。" 建章按:荀子王霸"以是用挟于万物",王念孙读书杂志:"'用'当为'周',字之误也,'周挟'即'周浃',君道篇曰'以方皇周浃于天下',礼论篇曰'方皇周挟'。"墨子非儒下"远施用遍"王念孙读书杂志:"'用'本作'周'。"韩非子存韩"左右计之者不用",陈奇猷韩非子集释引顾广圻说:"用,当作'周'。"皆可为"周"易误为"用"之证。国语鲁语下:"忠信为周。"论语为政"君子周而不比"集解引孔注:"忠信为周。"则周臣:忠信之臣。当依金说改"用"为"周"。

㉔势:力。韩非子八说:"势,胜众之资也。"

㉕"强秦"句:强秦就会按照赵国那样的做法,以一倍于赵国的割地要求杀你。 袭:承继,按照。 欲:要求。

㉖累:忧,患。

㉗遽:即刻,马上。 出之:把范痤释放了。 出:荀子大略杨注:"去也。"

七 燕封宋人荣蚠为高阳君章

燕封宋人荣蚠为高阳君[1],使将而攻赵。赵王因割济东三城(令)卢、高唐、平原[合]陵地城(邑市)[市邑]五十七[2],命以与齐,而以求安平君而将之[3]。马服君谓平原君曰[4]:"国奚无人甚哉[5]!君致安平君而将之[6],乃割济东三令城市邑五十七以与齐^⑦，此夫子与敌国战^⑧，覆军杀将之所取，割地于敌国者也。今君以此与齐，而求安平君而将之，国奚无人甚也！且君奚不将奢也^⑨？奢尝抵罪居燕，燕以奢为上谷守^⑩，燕之通谷要塞奢习知之^⑪。百日之内，天下之兵未聚，奢已举燕矣^⑫。然则君奚求安平君而为将乎？”平原君曰：“将军释之矣，仆已言之仆主矣^⑬，仆主幸以听仆也^⑭。将军无言已^⑮。”马服君曰：“君过矣，君之所以求安平君者，以齐之于燕也，茹（肝）〔肝〕涉血之仇耶^⑯。其于奢〔也〕不然^⑰。使安平君愚，固不能当荣蚠^⑱；使安平君知^⑲，又不肯与燕人战。此两言者^⑳，安平君必处一焉^㉑。虽然，两者有一也^㉒。使安平君知，则奚以赵之强为^㉓？赵强则齐不复霸矣。今得强赵之兵，以杜燕将^㉔，旷日持久数岁^㉕，令士大夫余子之力^㉖，尽于沟垒^㉗，车、甲、羽、毛裂敝^㉘，府库仓廪虚^㉙，两国交以习之^㉚，乃引其兵而归^㉛。夫尽两国之兵^㉜，无明此者矣。”

夏军也^㉝，县釜而炊^㉞，得三城也。城大无能过百雉者^㉟。果如马服之言也^㊱。

【注释】

①蚠：同“蚡”。　林春溥战国纪年系此策于周赧王五十年，顾观光战国策编年同；于鬯战国策注以为此策起于周赧王四十六年，止于周赧王五十年（前269年—前265年）。　前286年齐灭宋距此策已二十余年，则此“宋人”乃故宋地之人。

②姚校：“一本无‘陵’字。”　鲍本“邑市”作“市邑”，又改“令”作“合”。　建章按：赵王，惠文王，见东周策第二十二章注⑤。

"令"当依鲍改作"合",然当在"原"字下,见第二章注⑳。"陵"字无义,当依姚引一本删。下文即"市邑",当依鲍本改"邑市"作"市邑。" 卢:故城在今山东省济南市长清区西南二十五里。 高唐:故城在今山东省高唐县东。 平原:故城在今山东省平原县西南。 三城:指卢、高唐、平原。合计有城、市、邑五十七处,并非三城外又有城市邑五十七。

③安平君:田单,见秦策三第十章注③。

④马服君:赵奢:见赵策二第二章注⑩。 平原君:见秦策三第十三章注⑥。

⑤国奚无人甚哉:国家就这样没有人才吗! 奚:何。

⑥致:召来,请来。

⑦姚校:"一本无'令'字。" 鲍"令"改"合",其上补"城"字。
建章按:据上文,姑从鲍改。此句当为"乃割济东三城合城市邑五十七以与齐。"

⑧于鬯战国策注:"或云'夫子'之称,在当时有所指,盖必赵将而为奢及平原君所尊事者;非平原也。且前策公孙龙见平原君曰'君无覆军杀将之功',明平原未尝为将。" 建章按:疑指赵将廉颇。

⑨且:裴学海古书虚字集释卷八:"犹'而'也。"

⑩上谷:见秦策五第六章注㉙。

⑪通谷:犹隘口。 习:晓,熟习。

⑫举:拔,灭。

⑬释之矣:犹言算了吧。 仆:古时男子的自我谦称。 仆主:指赵孝成王,见赵策三第七章注②。

⑭古时说帝王的某种行为,则说"幸"。如到某处,说"幸某处";喜爱某人,说"幸某人"。此"主幸以听"即主已同意。 以:同"已"。

⑮无:同"毋""勿"。　已:犹"矣""也"。

⑯鲍本及畿辅本"肝"作"肝",当改作"肝"。　茹:食,吃。　涉血:同"喋血",杀人血流满地。　茹肝涉血之仇:犹言不共戴天之仇。此当指前284年燕将乐毅攻入齐都临淄,前279年齐将田单反攻,收复齐的失地七十多城。两国有深仇。

⑰鲍本"奢"下有"也"字。　建章按:据上句"以齐之于燕也",当依鲍本补"也"字。

⑱当:敌。

⑲知:同"智"。

⑳两言者:两种论调,两种看法。

㉑处:居,犹言"选择"。　焉:于此。　"此"指两种论调。

㉒有:广雅释诂一:"取也。"此犹言选取,确定。

㉓则奚以赵之强为:那他为什么要让赵国强盛呢?

㉔杜:犹阻,拒。

㉕旷日持久:荒废时日,拖延很久。

㉖余子:庶子,众子,即从军者。

㉗尽于沟垒:战士之力不用于作战,全用来挖战壕、筑堡垒。此即前文所谓"不肯与燕人战""以杜燕将"之义。

㉘车:战车。　甲:铠甲。　释名释兵:"矢,又谓之箭。其体曰干,其旁曰羽,如鸟羽也;鸟须羽而飞,矢须羽而前也。"因此"羽"亦指箭。　书禹贡"荆州厥贡羽毛齿革",史记夏本纪、汉书地理志序"毛"并作"旄"。汉书苏武传"节旄尽落",后汉书张衡传"苏武以秃节效贞"注引汉书"旄"作"毛",则"毛"与"旄"通。此处指军旗、战旗。　敝:破,坏。

㉙府库:见秦策一第五章注⑩。　仓廪:见西周策第四章注⑧。　虚:空虚。

㉚姚校:"曾、刘作'交敝'。"　金正炜战国策补释:"'习'字当读

如‘慴’，广韵‘伏也’，集韵‘惧也’，史记项羽纪‘一府中皆慴伏’索隐引说文，眷失气也’。此言燕、赵之力俱罢，即皆慴服于齐。" 建章按：此取金说。

㉛其兵：当指燕、赵两国之兵。

㉜两国：指燕、赵两国。

㉝鲍改"夏"作"是"。 吴补："未详，恐上下文有缺误。大事记无‘夏……炊’七字，云，已而得三城。" 于鬯战国策注："卢刻‘夏’作‘是’。" 建章按：此疑有缺误。

㉞县釜而炊：见赵策一第二章注㊸。 县：同"悬"。

㉟左隐元年传："都城过百雉，国之害也。"雉，为古代计算城墙面积的单位，长三丈高一丈为一雉。

㊱马服：马服君。

八　三国攻秦赵攻中山章

三国攻秦①。赵攻中山②，取扶柳③，五年以擅呼沱④。齐人戎郭⑤。

宋突谓仇郝曰⑥："不如尽归中山之新埊⑦。中山案此，言于齐曰⑧：‘四国将假道于卫⑨，以过章子之路⑩。’齐闻此必效鼓⑪。"

958

【注释】

①周赧王十七年齐、韩、魏联军攻秦，次年继续攻秦，十九年三国联军攻入秦的函谷关（见秦策四第三章注②），当前298年—前296年。

②史记赵世家："武灵王二十六年，复攻中山。"当前300年。 中

山:见秦策一第五章注㉝。

③扶柳:故城在今河北省衡水市冀州区西北二十里。

④自赵武灵王二十六年复攻中山,五年当是赵惠文王三年,据赵
世家此年"赵灭中山"。　擅:专,全部占有。　呼沱:又作"呼
沱""呼池",见秦策一第五章注㉝。呼沱河流经中山国。　擅
呼沱:控制中山境内呼沱河一带之地。

⑤金正炜战国策补释:"以全章文义求之,疑当作'齐人戍郭',
'郭'即下文所谓'鼓'也,说文'鼓,郭也'。又为一声之转,古
文二字得通用。后汉郡国志:'钜鹿下,曲阳有鼓聚,故翟鼓子
国。'齐以赵擅呼沱,故戍鼓以逼赵。"　建章按:金说当是,故鼓
在今河北省晋州市西。　戍:说文:"兵也。"此言出兵守卫
鼓邑。

⑥宋突:宋人。　仇郝:见东周策第十九章注②,仇郝为赵臣,此
时相宋,仍亲赵,故宋突欲借仇郝而为中山谋。

⑦管子山权数"天毁埊凶旱水泆",玉篇卷二:"埊,古'地'字。"龙
龛手鉴卷一山部:"埊,古文,音地。"　新埊:据上文"取扶柳,五
年以擅呼沱",则当指呼沱河一带之地。

⑧案:荀子不苟杨注"据也"。犹言根据。　此:指"赵尽归中山
之新埊"这件事。　言:告诉。

⑨金正炜战国策补释:"'四'字疑'西'之误,中山在齐、赵之间,
固可谓赵为'西国'也。"　建章按:金说当是,当时"齐人戍郭"
即为了防赵,可见齐、赵两国关系已很紧张。赵策三第十三章
"东国有鲁连先生",则中山言赵自可称"西国"。当改"四"为
"西"。　卫:见秦策三第六章注⑫。　假:借。

⑩金正炜战国策补释:"'过'当为'遇'之误,吕览悔过篇'晋若遇
师,必于殽。'此亦谓章子归路。'章子'或即戍鼓之将也。"
建章按:吕氏春秋仲秋纪决胜:"巧拙之所以相过",高注:"过,

绝也。"不必以为误。此言来切断守卫在鼓邑的章子驻军的后路。

⑪效:致,献。此处犹言放弃,不屯兵守卫,此就上文"戎郭"而言。赵虽"尽归中山之新垒"然却自齐国取得鼓。

九 赵使赵庄合从章

赵使赵庄合从①,欲伐齐。齐请效地,赵因贱赵庄。

齐明为谓赵王曰②:"齐畏从人之合也③,故效地。今闻赵庄贱,张懃贵④,齐必不效地矣。"赵王曰:"善。"乃召赵庄而贵之。⑤

【注释】

①据史记赵世家,赵庄是赵将。赵世家"武灵王十三年,秦虏将军赵庄"。故顾观光战国策编年系此策于周赧王二年(前313年)。 合从:见秦策三第十四章注①。

②齐明:见东周策第四章注③。 据此种句式,"为"下当补"赵庄",说见赵策二第二章注②。 赵王:武灵王,见秦策二第十五章注⑩。

③合:国语鲁语下韦注:"成也。"

④鲍注:"懃盖败从者。"

⑤乃召赵庄而贵之:于是,召见赵庄,恢复他在赵国尊贵的地位。

十 翟章从梁来章

翟章从梁来①,甚善赵王②。赵王三延之以相③,翟章辞不受。

田驷谓柱国韩向曰④:"臣请为卿刺之⑤。客若死,则王必怒而诛建信君⑥。建信君死,则卿必为相矣;建信君不死,以为交⑦,终身不敝⑧。卿因以德建信君矣⑨。"

【注释】

①翟章:或为魏人。 梁:魏。 顾观光战国策编年系此策于秦始皇三年(前244年)。

②赵王:依顾观光战国策编年则为悼襄王,见秦策五第六章注㉔。

③延:请,聘请。

④柱国:据下文,柱国位在国相下。

⑤臣:自我谦称。 卿:犹"您",见赵策二第四章注⑩④。 刺:杀。

⑥诛:杀。 赵王怀疑建信君杀了翟章,欲以专权,故怒而诛之。

建信君:赵王宠臣。

⑦交:朋友。

⑧敝:犹言颓败,失意。

⑨卿因以德建信君矣:您则以此有恩于建信君啰。

十一 冯忌为庐陵君谓赵王章

冯忌为庐陵君谓赵王曰①:"王之逐庐陵君,为燕也②?"王曰:"吾所以重者,无燕,秦也③。"对曰:"秦三以虞卿为言④,而王不逐也;今燕一以庐陵君为言,而王逐之。是王轻强秦而重弱燕也。"王曰:"吾非为燕也,吾固将逐之⑤。""然则王逐庐陵君,又不为燕也。行逐爱弟⑥,又兼无燕、秦⑦,臣窃为大王不取也⑧。"

①冯忌:平原君门客,见赵策三第八章注①。　庐陵君:据下文当是赵王之弟。　据顾观光战国策编年及于鬯战国策注赵王当是孝成王,见赵策三第七章注②。

②也:王引之经传释词卷四:"犹'邪'也。"表疑问的语气词。

③"吾所以"句:我所尊重的不是燕国,是秦国。　重:尊。　无:王引之经传释词卷十:"非也。"

④虞卿:见楚策四第十三章注①。

⑤吾固将逐之:我本来就要驱逐庐陵君。

⑥行:文选曹丕与吴质书李注"犹'且'也"。犹言"既"。

⑦无:同"亡",犹言"失"。依全文的意思,此"秦"字系因上文"无燕,秦也"误衍。

⑧窃:私心。　臣为大王不取:见西周策第九章注③。

十二　冯忌请见赵王章

冯忌请见赵王①,行人见之②。冯忌接手免首③,欲言而不敢。王问其故,对曰:"客有见人于服子者④,已而请其罪⑤。服子曰:'公之客独有三罪⑥:望我而笑,是狎也⑦;谈语而不称师,是倍也⑧;交浅而言深,是乱也。'客曰:'不然。夫望人而笑,是和也;言而不称师,是庸说也⑨;交浅而言深,是忠也。昔者尧见舜于草茅之中⑩,席陇亩而荫庇桑⑪,阴移而授天下传⑫,伊尹负鼎俎而干汤⑬,姓名未著而受三公⑭。使夫交浅者不可以深谈⑮,则天下不传,而三公不得也。'"赵王曰:"甚善。"冯忌曰:"今外臣交浅而欲深谈可乎⑯?"王曰:"请奉教⑰。"于是冯忌乃谈。

【注释】

①冯忌：见第十一章注①。　请：广雅释诂三："求也。"顾观光战国策编年系此策于周赧王五十六年(前 259 年)，则赵王当是孝成王，见赵策三第七章注②。

②行人：犹后世接待各国外交使节的官员。左昭二十年传"乃见鲔设诸焉"疏："见，谓之绍介使之见光。"则"见"有介绍的意思。

③"接"与"交"义同，通用。接手：即交手，谓拱手；见秦策一第五章注㉞。　管子小问"由由乎兹免"王念孙读书杂志："'俛'字古通作'免'。"金正炜战国策补释说同王。俛即"俯"。　免首：低头。表示尊礼。

④淮南子齐俗训"服子"作"宓子"，高注："宓子，子贱也。"史记仲尼弟子列传"宓不齐，字子贱。"钱大昕十驾斋养新录卷五"古无轻唇音"条下举"伏羲氏"亦称"庖牺氏"读若"虙羲氏"，则"服子"即"宓子"乃轻唇音与重唇音之别。见：介绍。

⑤已而：不久。　请：国语吴语韦注："问也。"　罪：易解象疏："谓误失。"　此言我有个朋友，介绍一个人给服子；不久问服子，那个人有什么错误。

⑥独：裴学海古书虚字集释卷六："犹'乃'也。"即"竟然"之义。

⑦狎：广雅释诂三："轻也。"犹言轻慢，轻佻。

⑧语：说文"论也"。　倍：通"背"，即"叛"。吕氏春秋孟夏纪尊师："说义不称师，命之曰叛。"

⑨"言而"两句：平常随便说说，不必一定要称师。　荀子不苟"庸言必信之"杨注："庸，常也。""庸说"即"庸言"，平常的言论。

⑩尧：见秦策一第二章注㉒。　舜：见秦策一第二章注㉓。　草茅：草莽，荒野。

⑪席:犹坐。　陇亩:犹言地头。　陇:同垄,田埂。　亩:垄。
　　荫庇:荫蔽。

⑫姚校:"刘去'传'字。"　关修龄战国策高注补正:"阴,暑景也;阴移,谓少顷之间。"　建章按:"授天下"与下文"受三公"相对为文,"传"或为下文"天下不传"误衍。

⑬伊尹:见楚策四第九章注⑧,第十二章注㊳。　鼎:古代煮食物用的器具,三足两耳。　俎:古代切肉用的砧板。　干:求见。
　　汤:见秦策一第二章注㉕。史记殷本纪:"伊尹名阿衡。阿衡欲干汤而无由,乃为有莘氏媵臣(陪嫁奴隶),负鼎俎,以滋味说汤,至于王道。"

⑭姓名未著:姓名还未登册,是说不久,很快。　三公:辅佐国君掌握军政大权的最高长官。

⑮使夫:假使,如果。

⑯外臣:非赵臣,即冯忌自谓。因怕如服子获"三罪",故先问之。

⑰请奉教:犹言我敬受您的教导。

十三　客见赵王曰章

　　客见赵王曰①:"臣闻王之使人买马也,有之乎?"王曰:"有之。""何故至今不遣?"王曰:"未得相马之工也。"对曰:"王何不遣建信君乎②?"王曰:"建信君有国事,又不知相马。"曰:"王何不遣纪姬乎③?"王曰:"纪姬妇人也,不知相马。"对曰:"买马而善④,何补于国⑤?"王曰:"无补于国。""买马而恶⑥,何危于国⑦?"王曰:"无危于国。"对曰:"然则买马善而若恶⑧,皆无危、补于国;然而王之买马也,必将待工。今治天下,举错非也⑨,国家为虚戾⑩,而社稷不血食⑪,然而王不待工⑫,而与建信君何也?”赵王未之应也⑬。

客曰:“(燕郭)〔郭燕〕之法⑭,有所谓(桑)‘〔柔〕雍’者⑮,王知之乎?”王曰:“未之闻也。”“所谓(桑)‘〔柔〕雍’者,便辟左右之近者⑯,及夫人、优爱孺子也⑰。此皆能乘王之醉昏而求所欲于王者也。是能得之乎内⑱,则大臣为之枉法于外矣⑲。故日月〔彫〕晖于外,其贼在于内⑳,谨备其所憎,而祸在于所爱㉑。”

【注释】

①顾观光战国策编年系此策于秦始皇三年,当赵悼襄王元年(前244年)。 赵王:悼襄王,见秦策五第六章注㉔。

②建信君:赵国贵幸之臣。

③纪姬:赵王之妃。

④而:裴学海古书虚字集释卷七:“犹‘如’也。”

⑤补:益。

⑥恶:坏,不好。

⑦危:损害,危害。

⑧若:王引之经传释词卷七:“犹‘或’也。”“而”“若”义同;而若:或。

⑨举错:指国家的政治措施。

⑩虚戾:见赵策二第二章注㊺。此犹言国家衰败,将成为废墟。

⑪社稷:见秦策一第五章注(56)。 血食:见秦策四第九章注(61)。社稷不血食:国家不能进行祭祀。犹言国家要灭亡了。

⑫工:犹言善治国家的人。

⑬未之应:即“未应之”的倒装。 之:指上面提的问题。

⑭姚校:"刘作'淫',曾作'郭偃之法。(原'淫'、'法'二字误倒)" 吴补:"一本标'刘本作郭偃之法',晋掌卜大夫,郭偃乃卜偃也。" 王念孙读书杂志:"'燕'字当在'郭'字下,'燕'、'偃'声相近。'郭燕之法'即'郭偃之法'商子更法篇引'郭偃之法'云云,是其证也。" 建章按:当改作"郭燕",容庚金文编"燕"与"郾""匽"同字。三国志魏书高柔传"偃息养高",韩愈连理木颂"不宁燕息",则"燕""偃"通。高亨商君书新笺"卜偃、郭偃可能是一人,而考其事迹与言论,则似两人。"(附于商君书注译)国语晋语四"文公问于郭偃"韦注:"郭偃,卜偃。"

⑮姚校:"'桑'曾作'柔'。" 刘锺英战国策辨讹:"王引之本作'柔痈',言'柔媚其君,以为患于内。'"王念孙读书杂志:"作柔痈'者是也。'痈',即'痈疽'之'痈','便辟左右、夫人、孺子'皆柔媚其君,以为患于内,故曰'柔痈'。痈,雍字通;柔,'桑'字之误耳。" 建章按:当据姚校及王说改"桑"作"柔"。帛书战国纵横家书第十六章"痈"通"雍",下同。

⑯便辟:亲近宠爱者。辟,通"嬖"。

⑰鲍彪注"优爱,甚爱"。即"宠爱"。 孺子:年轻的美女。

⑱是:此,指便辟、左右、夫人、优爱、孺子这些人。 得:得手,满足了愿望。

⑲枉法:执法者为了私利而歪曲破坏法律。

⑳姚校:"东坡本'日月彤晖于外。'" 孙诒让札迻:"说文日部云'晖,光也'。今字作'晕'。韩非子备内篇云'故日月晕团围于外,其贼在内',与此文同,吕氏春秋季夏纪明理篇高注云'晕,气围绕日周匝,有似军营相围守,故曰晕也。'彤,疑即'周'之借字。" 建章按:公襄十五年传"晋侯周卒"陆德明经典释文:"'周'一本作'雕'。""雕""彤"古通用;又"晖"与"晕"同。则"彤晖"即"周晕",义与韩非子"晕围"义同。当日环食时,太阳

的中心部分黑暗,边缘仍然明亮,形成光环;"彤晖""晕围"即指日环食时的"光环"。因为太阳的中心部分黑暗,所以说"贼在于内"。 贼:害。此当据<u>姚</u>校并参考<u>韩非子</u>于"晖"上补"彤"字。

㉑人之情,对其所憎恶者,总是小心谨慎地加以戒备;而对其所亲爱者,则从情放任。然而事实是:祸患不在"所憎",恰恰发生在"所爱"。此乃总结前文"便辟"云云之义。

十四　秦攻魏取宁邑章

<u>秦</u>攻<u>魏</u>,取<u>宁邑</u>①,诸侯皆贺。<u>赵王</u>使往贺②,三反,不得通③。<u>赵王</u>忧之,谓左右曰:"以<u>秦</u>之强,得<u>宁邑</u>,以制<u>齐</u>、<u>赵</u>④。诸侯皆贺,吾往贺而独不得通,此必加兵我,为之奈何?"左右曰:"使者三往不得通者,必所使者非其人也。曰<u>谅毅</u>者,辨士也⑤,大王可试使之。"

<u>谅毅</u>亲受命而往。至<u>秦</u>,献书<u>秦王</u>曰⑥:"大王广地<u>宁邑</u>⑦,诸侯皆贺,敝邑寡君亦窃嘉之⑧,不敢宁居,使下臣奉其币物三至王廷,而使不得通。使若无罪,愿大王无绝其欢;若使有罪,愿得请之⑨。"<u>秦王</u>使使者报曰⑩:"吾所使<u>赵</u>国者⑪,小大皆听吾言,则受书、币,若不从吾言,则使者归矣。"<u>谅毅</u>对曰:"下臣之来,固愿承大国之意也⑫,岂敢有难⑬?大王若有以令之,请奉而西行之⑭,无所敢疑。"

于是<u>秦王</u>乃见使者,曰:"<u>赵豹</u>、<u>平原君</u>数欺弄寡人⑮,<u>赵</u>能杀此二人,则可;若不能杀,请今率诸侯受命<u>邯郸</u>城下⑯。"<u>谅毅</u>曰:"<u>赵豹</u>、<u>平原君</u>亲寡君之母弟也⑰,犹大王之

有叶阳、泾阳君也^⑱。大王以孝治闻于天下^⑲,衣服(使)之便于体^⑳,膳啗(使)之嗛于口^㉑,未尝不分于叶阳、泾阳君。叶阳君、泾阳君之车马衣服无非大王之服御者。臣闻之:有覆巢毁卵而凤皇不翔,刳胎焚夭而骐骥不至^㉒。今使臣受大王之令^㉓,以还报敝邑之君,畏惧不敢不行,无乃伤叶阳君、泾阳君之心乎^㉔?"秦王曰:"诺,勿使从政^㉕。"谅毅曰:"敝邑之君有母弟不能教诲,以恶大国^㉖,请黜之^㉗,勿使与政事,以称大国^㉘。"秦王乃喜,受其弊而厚遇之^㉙。

【注释】

①林春溥战国纪年系此策于周赧王二十九年(前286年)说:"古史以'宁邑'作'安邑',载在赵惠文王十二年,必有所据。"顾观光战国策编年、于鬯战国策年表并从之。　建章按:诗周南葛覃"归宁父母","葛覃小序"则可以归安父母"。汉书王莽传"夙夜永念,非敢宁息"。又翟方进传"战战兢兢,不敢安息"。则"宁"与"安"通用。宁邑与安邑或一地而异名。　安邑:见秦策一第四章注③。　姚本与上章连篇,鲍本另为一章。据文义,从鲍本。

②赵王:惠文王,见东周策第二十二章注⑤。　使:派使臣。

③通:说文:"达也。"　不得通:言不能达于秦王。即秦王未接见赵使。

④刘锺英战国策辨讹:"'弱'讹作'齐'。"　于鬯战国策注:"绎史载此'齐'作'弱'。"　建章按:全文无言齐事者,可依刘、于说改"齐"作"弱"。

⑤鲍注:"曰,犹'有'。"　于鬯战国策注:"李锴尚史谅毅传云盖赵人也。"　建章按:管子五辅于省吾双剑誃诸子新证:"'辩'、

'辨'古字通。"

⑥秦王:昭王,见西周策第一章注⑭。

⑦广:犹开拓。

⑧敝邑:犹言敝国。　寡君:称本国国君谦卑的说法。　汉书礼乐志郊祀歌天门十一:"休嘉砰隐溢四方"颜注:"嘉,庆也。"广雅释言:"庆,贺也。"

⑨请:犹言请罪。

⑩使者:此指接待使节的官员。

⑪使:命,役使。此犹言要求。

⑫承:尊奉,奉行。

⑬难:对抗,拒绝。

⑭鲍注:"衍'西'字。"　吴补:"疑'西'字讹或衍"。　金正炜战国策补释:"'西'即'而'字之误而衍也,汉书匈奴传'西减北地以西戍卒半'刘敞曰'西当作而',正与此同。"　于鬯战国策注:"'西'字形涉'而'字而衍。"　建章按:韩非子说疑"必以其众人之口断之"陈奇猷集释:"迁评本'必'作'而'。"疑此本作"必",误作"而",又改作"西"。"必行"与下句"无所敢疑",意义正吻合,语气亦相称。

⑮赵豹:史记赵世家"惠文王二十七年,封赵豹平阳君。"集解:"战国策曰:'赵豹平阳君、惠文王母弟'。"所引"平阳君"当是"平原君"。　平原君:见秦策三第十三章注⑥。　欺弄:欺骗戏弄。

⑯今:即。本言率诸侯与赵战于邯郸城下,不言"战"而言"受命",这是外交辞令。　邯郸:赵都,见秦策一第五章注⑯。

⑰寡君:指赵惠文王。　亲寡君之母弟:寡君之亲母弟。

⑱于鬯战国策注:"秦纪云'叶阳君悝出之国,'是叶阳名悝。又云'封公子市宛、公子悝邓',索隐云'悝号高陵君,昭襄王弟

也。'则<u>叶阳</u>即<u>高陵</u>。盖<u>悝</u>封<u>邓</u>,<u>邓</u>在今<u>河南许州郾城县</u>,当<u>南阳府叶县</u>东南,故又称<u>叶阳</u>,犹<u>芈戎</u>称<u>新城君</u>又称<u>华阳君</u>也。<u>穰侯</u>传云'<u>昭王</u>同母弟曰<u>高陵君</u>、<u>泾阳君</u>。<u>泾阳君</u>即<u>公子市</u>。'"

⑲<u>艺文类聚说聚</u>、<u>太平御览</u>卷四六〇<u>游说览</u>引"治"并作"悌"。<u>刘锺英战国策辨讹</u>:"<u>渊鉴</u>内涵'治'作'悌'。" <u>建章</u>按:据下文言<u>昭王</u>与<u>叶阳君</u>、<u>泾阳君</u>之关系,当是"孝悌"。

⑳<u>姚校</u>:"<u>刘</u>本无'使'字。" <u>鲍注</u>:"衍'使'字。" <u>晏子春秋</u>内篇谏上<u>王念孙读书杂志</u>引下句无"使"字。 <u>金正炜战国策补释</u>:"于文不当有'使'字,宜从<u>刘</u>本省。" <u>建章</u>按:于文无"使"字是,<u>艺文类聚</u>、<u>太平御览</u>引此并无"使"字,当依<u>刘</u>本删"使"字,下句同。 便:利。

㉑膳:食,美食。 啗(dàn 淡):食,熟食。 嗛(qiè 切):满足,快意。同"慊"。

㉒"臣闻之"三句:我听说:把鸟的巢打翻,把鸟卵捣破,凤凰就不会飞来了;把兽胎破开,把幼兽杀死,麒麟就不会跑来了。意思是说:禽兽尚且忌讳杀其同类,更何况人呢。 有:<u>裴学海古书虚字集释</u>卷二:"犹'谓'也。" 皇:通"凰"。 翔:飞,此言"飞来"。 刳:剖开。 焚:<u>左襄二十四年传注</u>:"毙也。" 夭:幼兽。 骐骥:见<u>齐策</u>四第三章注⑩。<u>吕氏春秋</u>有始览应同"覆巢毁卵,则凤凰不至;刳兽食胎,则麒麟不来"。<u>史记孔子世家</u>"刳胎杀夭则麒麟不至……覆巢毁卵则凤凰不翔。何则?君子讳伤其类也"。<u>淮南子本经训</u>:"刳胎杀夭,麒麟不游;覆巢毁卵,凤凰不翔。"<u>高注</u>:"为类所害,故不来游。"

㉓今:若,如果。

㉔无乃:岂不。表示反问。

㉕诺勿使从政:好吧,不要让<u>赵豹</u>、<u>平原君</u>他们参与政事。

㉖以恶大国:得罪了大国。 大国:指<u>秦国</u>。

㉗黜:罢免。

㉘以称大国:使贵国满意。 称:称心满意。

㉙受:接受。 弊:通"币"。 厚遇:优待。

十五 赵使姚贾约韩魏章

赵使姚贾约韩、魏①,韩、魏以友之②。举茅为姚贾谓赵王曰③:"贾也,王之忠臣也,韩、魏欲得之,故友之,将使王逐之,而〔已〕〔己〕因受之④。今王逐之,是韩、魏之欲得⑤,而王之忠臣有罪也⑥。故王不如勿逐,以明王之贤,而折韩、魏〔招之〕〔之招〕⑦。"

【注释】

①姚贾:秦策五第八章"韩非曰:贾,梁监门子,尝盗于梁,臣于赵而逐"。刘锺英战国策辨讹:"正字通'赵有大夫廆贾',廆,音赵,疑即此人也。" 建章按:广韵:"廆,又姓,战国策,赵有大夫廆贾。"

②以:裴学海古书虚字集释卷一:"犹'则'也。" 友:广雅释诂三:"亲也。"

③鲍改"举茅"为"茅举"。 建章按:姓苑有举姓。

④"将使"两句:韩、魏想让大王(猜疑姚贾)把他驱逐掉,他们就可以接纳姚贾啰。 鲍本"巳"亦作"巳",畿辅本作"巳",备要本、李本并作"己"。建章按:前句"将使王逐之"主语是韩、魏,此句主语亦是韩、魏,"己"即指韩、魏。当据备要本、李本改"巳"作"己"。 受:接纳。

⑤得:中,完成,满足。

⑥而王之忠臣有罪也:而大王却让忠臣背了罪名。

⑦"故王"三句:所以大王不如不要驱逐姚贾,以此表明大王的贤能,同时也瓦解了韩、魏两国想争取姚贾的阴谋。 姚校:"刘点此'招之'二字,曾'招之'作'之招'。" 鲍改"招之"作"之招"。 建章按:曾本作"之招"是。招:射箭的靶子。这是把姚贾比作"靶子",韩、魏两国竞相射中,意即两国都在争夺姚贾。 折:毁,断,破坏。

十六　魏败楚于陉山章

魏败楚于陉山①,禽唐明②。楚王惧③,令昭应奉太子以委和于薛公④。主父欲败之⑤,乃结秦连(楚)宋之交⑥,令仇郝相宋⑦,楼缓相秦⑧。(楚)〔秦〕王禽赵、宋⑨,〔楚〕、(魏)〔齐〕之和卒败⑩。

【注释】

①陉山之役在周赧王十四年(前301年),见秦策二第十五章注①。据下文言"主父"、言"仇郝相宋"、"楼缓相秦",此策当在周赧王十七年(前298年)。

②禽:同"擒"。 唐明:又作唐昧、唐蔑、唐蔑(见梁玉绳汉书人表考),楚将,兵败被杀。

③楚王:怀王,见东周策第八章注③。

④委:委质,此言以太子为质子,见秦策二第十五章注④。吕氏春秋似顺论处方"齐令章子将而与韩、魏攻荆(即楚)……果杀唐蔑,章子可谓知将分矣"。又秦策四第一章"三国(按:齐、韩、魏)谋攻楚,恐秦之救也,或说薛公"。杨宽战国史"孟尝君担

任<u>齐</u>的相国时,在合纵成功后,就向<u>楚</u>发动攻势。公元前301年<u>齐</u>、<u>魏</u>、<u>韩</u>三国联军进攻<u>楚</u>的<u>方城</u>,结果在<u>泚水</u>旁的<u>垂沙</u>大败<u>楚</u>军,杀死<u>楚</u>国将领<u>唐蔑</u>(或作<u>唐昧</u>),<u>齐</u>、<u>韩</u>、<u>魏</u>三国大胜,<u>楚</u>国向<u>齐</u>屈服,派<u>太子横</u>为质,向<u>齐</u>国求和"。又见<u>楚策</u>三第一章注⑮。 <u>薛公</u>:<u>孟尝君田文</u>,见<u>东周策</u>第十六章注①。

⑤<u>主父</u>:<u>赵武灵王</u>,见<u>秦策</u>二第十五章注⑩。前299年<u>武灵王</u>传位给王子<u>何</u>,即<u>赵惠文王</u>,自称"<u>主父</u>"。 败:破坏。 之:指<u>楚</u>、<u>齐</u>两国联合。

⑥<u>姚</u>校:"<u>曾</u>去'楚'。" <u>建章</u>按:下文只言"相<u>宋</u>""相<u>秦</u>",未及"楚","楚"字当在下文"<u>赵宋</u>"下,误置于此。 <u>宋</u>:见<u>秦策</u>一第四章注②。

⑦<u>仇郝</u>:即"<u>仇赫</u>",见<u>东周策</u>第十九章注②。

⑧<u>楼缓</u>:见<u>秦策</u>四第三章注③。

⑨<u>鲍</u>改"禽"作"合"。 <u>建章</u>按:"禽"同"擒",有"持""控制"之义。据上下文义"楚"字当是"秦"字之误。此言<u>秦</u>王控制了<u>赵</u>、<u>宋</u>两国,形成<u>秦</u>、<u>赵</u>、<u>宋</u>联盟,与<u>齐</u>、<u>韩</u>、<u>魏</u>联盟对抗之势。当改"楚"作"秦"。

⑩<u>鲍</u>改"魏"作"齐"。 <u>建章</u>按:上文言"<u>楚</u>王惧,令<u>昭应</u>奉太子以委和于<u>薛公</u>",此言"<u>楚</u>、<u>齐</u>之和卒败",正与"<u>主父</u>欲败之"之义合。当依<u>鲍</u>改"魏"作"齐"。

十七　秦召春平侯章

　　<u>秦</u>召<u>春平侯</u>①,因留之②。<u>世钧</u>为之谓<u>文信侯</u>曰③:"<u>春平侯</u>者,<u>赵</u>王之所甚爱也④,而郎中甚妒之⑤,故相与谋曰:'<u>春平侯</u>入<u>秦</u>,<u>秦</u>必留之。'故谋而入之<u>秦</u>⑥。今君留之,是空绝<u>赵</u>⑦,而郎中之计中也⑧。故君不如遣<u>春平侯</u>,而留<u>平</u>

都侯。春平侯者,言行于赵王⑨,必厚割赵以事君⑩,而赎平都侯。"文信侯曰:"善。"因与接意而遣之⑪。

【注释】

①春平侯:赵之宠臣。史记赵世家正义以为赵悼襄王太子。金正炜战国策补释引列女传"赵悼后通于春平侯,多受秦赂,而使王诛其良将李牧。"以为"正义非也"。 泷川资言考证引中井积德曰:"据'甚爱'、'妒之','言行信'等语,春平君必王之亲臣,非'太子'。"此从金及中井积德说。

②因:而、则,就。

③"世钧"赵世家作"泄钧"。 建章按:黄丕烈战国策札记:"'世''泄'同字。"韩非子内储说上陈奇猷集释引顾广圻曰:"世、泄同字。" 文信侯:吕不韦,见秦策五第五章注①。

④赵王:悼襄王,见秦策五第六章注㉓。

⑤郎中:见楚策四第十二章注㊻。

⑥之:裴学海古书虚字集释卷九:"犹'于'也。"

⑦空:白白地,无谓地。 绝赵:与赵国断交。

⑧中:得,犹言实现。

⑨行:用,信用。

⑩厚:多。

⑪因与接意而遣之:于是盛情为春平侯钱行。 接:小尔雅广诂:"达也。" 遣:放回,送回。 之:指春平侯。

十八 赵太后新用事章

赵太后新用事①,秦急攻之。赵氏求救于齐。齐曰:

“必以长安君为质②，兵乃出。”太后不肯，大臣强谏③。太后明谓左右〔曰〕④：“有复言令长安君为质者，老妇必唾其面！”

左师触（詟）〔龙言〕愿见太后⑤。太后盛气而（揖）〔胥〕之⑥。入而徐趋⑦，至而自谢⑧，曰：“老臣病足，曾不能疾走⑨，不得见久矣。窃自恕⑩，而恐太后玉体之有所郄也⑪，故愿望见太后。”太后曰：“老妇恃辇而行⑫。”曰：“日食饮得无衰乎⑬？”曰：“恃鬻耳⑭。”曰：“老臣今者殊不欲食⑮，乃自强步，日三四里，少益耆食⑯，和于身也⑰。”太后曰：“老妇不能。”太后之色少解⑱。

左师公曰：“老臣贱息舒祺最少⑲，不肖⑳。而臣衰㉑，窃爱怜之㉒。愿令得补黑衣之数㉓，以卫王（官）〔宫〕㉔，没死以闻㉕。”太后曰：“敬诺。年几何矣。”对曰：“十五岁矣。虽少，愿及未填沟壑而托之㉖。”太后曰：“丈夫亦爱怜其少子乎㉗？”对曰：“甚于妇人。”太后笑曰：“妇人异甚㉘。”对曰：“老臣窃以为媪之爱燕后贤于长安君㉙。”曰：“君过矣㉚，不若长安君之甚。”

左师公曰：“父母之爱子，则为之计深远。媪之送燕后也，持其踵为之泣㉛，念（悲）其远也，亦哀之矣㉜。已行，非弗思也，祭祀必祝之，（祝）曰㉝：‘必勿使反㉞。’岂非计久长，有子孙相继为王也哉㉟？”太后曰：“然。”

左师公曰：“今三世以前，至于赵之为赵，赵主之子孙侯者，其继有在者乎㊱？”曰：“无有。”曰：“微独赵，诸侯有在者乎㊲？”曰：“老妇不闻也。”“此其近者祸及身，远者及其子孙㊳。岂人主之子孙〔侯者〕则必不善哉㊴？位尊而无功,奉厚而无劳,而挟重器多也㊵。今媪尊<u>长安君</u>之位㊶,而封之以膏腴之地㊷,多予之重器,而不及今令有功于国㊸,一旦山陵崩㊹,<u>长安君</u>何以自托于<u>赵</u>？老臣以媪为<u>长安君</u>计短也,故以为其爱不若<u>燕后</u>。”太后曰：“诺。恣君之所使之㊺。”

于是为<u>长安君</u>约车百乘㊻,质于<u>齐</u>,<u>齐</u>兵乃出㊼。

<u>子义</u>闻之曰㊽：“人主之子也,骨肉之亲也㊾,犹不能恃无功之尊,无劳之奉,而守金玉之重也,而况人臣乎㊿？”

【注释】

①<u>赵太后</u>：<u>赵惠文王</u>妻、<u>赵孝成王</u>母,<u>赵威后</u>。 用事：执政。此策当系在<u>周赧王</u>五十年,<u>赵孝成王</u>元年(前265年)。

②<u>长安君</u>：为<u>赵太后</u>之少子。 质：见<u>秦策二</u>第十五章注④。

③强：极力,一再。 谏：规劝国君、尊长或朋友,使改正错误和缺点。

④<u>史记赵世家</u>“右”下有“曰”字。<u>帛书战国纵横家书</u>“右”下有“曰”字。<u>太平御览</u>卷三八七<u>睡览</u>引“右”下有“曰”字。 <u>建章</u>按：<u>东周策</u>第二十八章“正语之曰”,此类句形皆有“曰”字,不胜枚举。当补“曰”字。

⑤<u>史记赵世家</u>“耆”作“龙言”二字。<u>帛书战国纵横家书</u>同<u>赵世家</u>。<u>王念孙读书杂志</u>举数证言“耆”当作“龙言”二字。 <u>建章</u>按：<u>资治通鉴</u>作“左师<u>触龙</u>愿见太后”,<u>姚</u>校：“一本无‘言’字。”可见<u>宋</u>时有作“触龙言”者,有作“触龙”者,并无作“耆”字的。当改“耆”作“龙言”二字。<u>通鉴胡</u>注：“春秋时<u>宋</u>国之官有左右师,上卿也。<u>赵</u>以触龙为左师,盖冗散之官,以优老臣者也。”

⑥史记赵世家"揖"作"胥"。帛书战国纵横家书同赵世家。王念孙读书杂志:"隶书'胥'字作'胥',因讹为'耳',后人又加'手'旁耳。下文言'入而徐趋',则此时尚未入,太后何缘'揖之'。"

建章按:当改"揖"作"胥"。胥:待。

⑦论语子罕:"过之,必趋。"包注:"趋,疾行也。"这是表示一种敬意。

⑧谢:告罪,道歉。

⑨病足:脚有病,害脚病。　曾:竟。

⑩窃:私心;表示谦卑之意。　恕:原谅。

⑪而:裴学海古书虚字集释卷七:"犹'又'也。"　玉体:称人身体的敬辞。　史记司马相如列传"徼𥝠受诎"集解:"郭璞曰'𥝠,疲极也。'"索隐:"司马彪云'𥝠,倦也。'"广雅释诂一:"御,劳也。"方言十二:"御,傛(倦)也。"王念孙读书杂志:"御、𥝠、𥝠、𥝠,并字异而义同。"此"𥝠"为"御"的别体,当读作"御(jué绝)"。

⑫辇:见楚策四第四章注②。

⑬日:每天。　得无衰乎:可没有减少吧?

⑭恃鬻耳:也只靠吃点稀粥罢了。　鬻:同"粥"。

⑮今者:最近。　殊:特别,非常。

⑯耆:同"嗜"。"嗜"后起字。

⑰帛书战国纵横家书"和"作"智",注释:"'智'通'知',赵策与赵世家并作'和',字形之误。方言三:'知,愈也。南楚病愈者或谓之知。'这是说有益身体。"　建章按:和:淮南子俶真训高注:"适也。"亦通。

⑱解:通"懈"。懈:广雅释诂二:"缓也。"

⑲贱:称有关自己事物的谦词。　息:儿子。　少:年轻。

⑳不肖:见秦策三第九章注⑥。

㉑衰:淮南子主术训:"年衰志悯"高注:"老也。"

㉒怜:爱。　爱怜:痛爱。

㉓黑衣:宫廷卫士穿的衣服,皆黑色,此处指"卫士"。　补……
数:凑数,补缺。

㉔官:赵世家、帛书战国纵横家书、通鉴、鲍本作"宫"。当改作
"宫"。

㉕没:赵世家、帛书战国纵横家书、通鉴皆作"昧",姚校:"一作
'昧'。"　建章按:王引之经义述闻卷十八"没没"条:"'昧'与
'没'古同声而通用。"昧:冒。　此言我冒着死罪来报告您。

㉖填沟壑:指"死",是自谦的说法。　壑(hè贺):沟。　及:趁。

㉗丈夫亦爱怜其少子乎:男子汉也痛爱他的小儿子吗?　穀文十
二年传"男子二十而冠,冠而列",注:"礼,二十而冠,冠而在丈
夫之列。"则"丈夫"为成年男子的通称。

㉘妇人异甚:妇女们痛爱的还要厉害。　异:尤,特别。

㉙媪(ǎo袄):对老妇人的敬称。　燕后:赵太后之女,为燕王之
后。贤:胜。

㉚过:错。

㉛周礼考工记辀人郑玄注:"踵,(车)后承轸者也。"古时挽留车
上人,常常附手于车,或攀其辕,或把车后之踵("持其踵"),故
有"攀车""攀辇""攀辕""攀舆"之说。见国语晋语八、东观汉
记第五伦、后汉书孟尝传。

㉜"念其远也"两句:想到她远远地离开了您,心里也为她而感到
悲痛啊。　赵世家、帛书战国纵横家书、通鉴皆无"悲"字。横
田惟孝战国策正解:"坊本阙'悲'字"。　建章按:下句"亦哀
之矣",如有"悲"字,义赘。当依各书删"悲"字。

㉝赵世家、帛书战国纵横家书、通鉴均作"祭祀则祝之曰"。　建
章按:则:裴学海古书虚字集释卷八:"犹'必'也。""必"与下

"必"字复。下"祝"字因上"祝"字误衍。当依赵世家等改"必"作"则",删下"祝"字。这样始符合当时说话时的口气。

㉞公庄二十七年传"直来曰来,大归曰来归"。注:"直来,无事而来也,诸侯夫人尊贵,既嫁,非有大故不得反。大归者,废弃来归也。"所谓"大故"当是指被废弃。所以祝燕后"必勿使反",即希望她不要被废弃。

㉟"岂非"句:难道不是考虑得很远,保佑燕后的子孙世世代代能继承王位吗? 荀子大略"友者所以相有也",于省吾双剑誃诸子新证:"'有''右'古字通。"古文"右""佑""祐""侑"通。又礼记哀公问"不能有其身"注:"有,保也。"史记赵世家、战国策曾巩本"有"作"为",帛书战国纵横家书无"有"字,太平御览卷四五六引"为"作"有"。王引之经义述闻卷三十一"为"字条下说:"'为'可训为'有','有'亦可训为'为'。"并举例说:"赵策'岂非计久长有子孙相继为王也哉',史记赵世家'有'作'为';燕策'故不敢为辞说',新序杂事篇'为'作'有'。"按:所举燕策,为燕策二第九章;新序为杂事三第六章。

㊱"今三世"四句:从现在往前数三代,一直到赵烈侯时代,赵国每一代国君的子孙,凡受封为侯,他们的后代继承为侯的,现在还有吗? 三世:指赵孝成王、赵惠文王、赵武灵王。 赵之为赵:第一个"赵"指赵氏,第二个"赵"指赵氏为诸侯。周威烈王二十三年、赵烈侯六年(前403年)韩、赵、魏三国始列为诸侯。

㊲微独:不但,不仅仅。 诸侯有在者乎:是"诸侯之子孙侯者,其继有在者乎"的省略。

㊳自赵烈侯以后,赵国数次发生诸子争夺君位的内乱,有的失败身死,如赵武灵王长子章,因争位被杀死(此所谓"近者祸及身");有的逃往外国,子孙世代流落异乡,如成侯之子缫与太子语争位,缫败,逃往韩国(此所谓"远者及其子孙")。

㊴赵世家、帛书战国纵横家书、通鉴、鲍本"孙"皆作"侯"。　裘锡圭古代文史研究新探战国策"触詟说赵太后"章中的错字说："战国策鲍彪本已据史记改'孙'字为'侯'。帛书本此字亦作'侯',赵策'孙'字肯定是误字。帛书本此句'不善'上有'必'字,则与赵策同,史记脱去此字。上引'赵主之子孙侯者'句,帛书本无'孙'字。此句与'岂非人主之子侯则必不善哉'句前后相应,'孙'字显然不应有。而且左师见太后是为了说服太后,让她送爱子长安君到齐国去当人质。'赵主之子侯者'正是紧扣长安君的身份说的。从这一点看,'孙'字也不应该有。史记此句也误衍'孙'字,更显出帛书本的可贵。"　建章按:触龙打动赵太后的说词有下列几层:第一层,批评赵太后"爱燕后贤于长安君"。因为太后不承认,所以才反驳。这是触龙早有所料,故意设的"圈套"。第二层,引入正题,"岂非计久长,有子孙相继为王也哉"!这就正式提出要为后代子孙着想,而不是为一个人着想的问题。太后完全同意,所以才干脆地用一个"然"字表达了她的心情。第三层,触龙进一步提出"今三世以前,至于赵之为赵,赵主之子孙侯者,其继有在者乎"的问题,步步紧逼,逼太后亲口承认"无有""老妇不闻也"。然后用子之矛攻子之盾,说出"此其近者祸及身,远者及其子孙"。自然而然地最后一层提出"岂人主之子孙〔侯者〕则必不善哉"的结论。显然,全部说词都是着眼于"子孙",只有为赵家的子孙后代长远打算,赵太后最后才答应"恣君之所使之"。如果这样认识可以成立的话,那么帛书战国纵横家书中这一篇就不一定作为校正今本战国策的根据。也许帛书"侯"前讹夺了"孙"字,也未可知。就在帛书本篇的下文"远者及其孙",就讹夺了"子"字。

㊵挟:持,拥有。下文有"多予之重器""守金玉之重",则重器当指金玉珍宝。

㊶尊:用作动词,犹言抬高,使……显贵。

㊷膏腴(yú 鱼):肥沃。

㊸不及:不如,不趁。　意思是说:现在让长安君出质于齐,则"有功于国"。

㊹山陵崩:见秦策五第五章注⑳。

㊺杨树达古书疑义举例续补举汉书曹参传"自从其所谏参",又疏广传"宜从丈人所劝说君买田宅",又薛宣传"自从其所问宣不教戒惠吏职之意",又匈奴传"将从使者所求也",魏志田畴传"自从君所言",说:"凡云'从其所'者,皆谓'由其意'也。'从'者,'由'也;'所'者,'意'也。"则"恣君之所使之"意思是:随你的意安排他吧。恣:任凭。　使之:去安排他吧。

㊻约车:准备车辆。　四匹马拉的车为一"乘"。

㊼乃出:这才出动。

㊽子义:人名,赵之贤士。

㊾骨肉:见秦策三第九章注㉙。

㊿"人主"句以下:国君的儿子是骨肉之亲,如果他都不能因为对国家没有功勋而处于显贵的地位,没有劳绩而得到优厚的俸禄,并拥有大量金玉财宝,更何况做人臣的呢?!

十九　秦使王翦攻赵章

秦使王翦攻赵[1],赵使李牧、司马尚御之[2]。李牧数破走秦军[3],杀秦将桓齮。王翦恶之[4],乃多与赵王宠臣郭开等金,使为反间[5],曰:'李牧、司马尚欲与秦反赵[6],以多取封于秦。'赵王疑之[7],使赵葱及颜聚代将[8],斩李牧,废司马尚。后三月,王翦因急击,大破赵,杀赵(军)〔葱〕[9],虏赵王迁及其将颜聚，遂灭赵⑩。

【注释】

①史记秦始皇本纪，十八年王翦攻赵，当赵王迁七年（前229年）。　王翦：秦始皇大将，助始皇平定六国，始皇师之。史记有王翦列传。

②李牧：见秦策四第八章注㉗。　司马尚：赵之将军。

③李牧数破走秦军：李牧数次打败秦军。　破：败。　走秦军：使秦军逃。　走：逃。

④恶：畏，患，担忧。

⑤反间：利用间谍离间敌方内部，使其落入我方圈套而取胜。

⑥与：犹言勾结。

⑦赵王：赵王迁，见秦策五第七章注⑤。

⑧赵葱（cōng 聪）：赵将，葱与蒽、蒽、怱同。　颜聚：赵将。

⑨史记李牧传"军"作"葱"。　建章按：上句言"大破赵"即大破赵军，此不当言"杀赵军"，且"杀赵军"无义。当从史改"军"作"葱"。正与下句协。

⑩灭赵：在秦始皇十九年（前228年）。

战国策注释卷二十二

魏　策　一

　　魏：姬姓，文王之子毕公高之后。传至毕万事晋献公（前676年—前651年），晋献公十六年（前661年）以魏封毕万，为大夫，世为晋卿。周威烈王二十三年（魏文侯四十四年，前403年）始命魏桓子之子魏文侯斯为诸侯。其疆域甚散漫，在今陕西省境内者：沿黄河有今韩城市的南部；在渭河以南，有华阴市左右地。在今山西省境内者：有西南部，并伸入东南部。在今河南省境内者：有北部，并兼有黄河以南一部分沿河地。在今河北省境内者：有今大名、广平间地。并有今山东省冠县地。其主要地区为：今山西省西南部的河东和今河南省北部的河内，以今山西省东南部的上党为交通孔道。传至王假，于秦始皇二十二（前225年）为秦所灭。史记有魏世家。到目前为止，关于魏迁都的年代大概有四种说法：（一）魏惠王六年（前364年）说。郦道元水经渠水注引竹书纪年，岑仲勉两周文史论丛史记六国表和对近人考订之商榷，陈梦家六国纪年，范祥雍古本竹书纪年辑校订补附篇战国年表（公元系年差一年为前365年）主此说。（二）魏惠王九年（前361年）说。史记魏世家集解说："汲冢纪年曰'梁惠成王九年四月甲寅，徙都大梁'也。"

（索隐说："纪年以为惠王九年，盖误也。"）杨宽战国史，徐中舒先秦史论稿主此说。（三）魏惠王三十一年（前340年）说。史记魏世家："惠王三十一年，秦、赵、齐共伐我。秦将商君诈我将军公子印，而袭夺其军破之。秦用商君，东地至河，而齐、赵数破我。安邑近秦，于是徙治大梁。"稽古录，资治通鉴，段长基历代统纪表，林春溥战国纪年、战国年表主此说。（四）吴汝煜在关于魏国徙都大梁时间一文中进行了详细考证后说："具体徙都时间应在魏惠王十八年（前353年）四月一日。"（文史总第19辑）

一 知伯索地于魏桓子章

知伯索地于魏桓子①，魏桓子弗予。任章曰②："何故弗予？"桓子曰："无故索地，故弗予。"任章曰："无故索地，邻国必恐。重欲无厌③，天下必惧。君予之地，知伯必骄；骄而轻敌，邻国惧而相亲。以相亲之兵，待轻敌之国④，知氏之命不长矣。周书曰："将欲败之，必姑辅之；将欲取之，必姑与之。⑤"君不如与之，以骄知伯。君何释以天下图知氏⑥，而独以吾国为知氏质乎⑦？"君曰："善。"乃与之万家之邑一。知伯大说⑧。因索（蔡）〔蔺〕、皋梁于赵⑨。赵弗与，因围晋阳⑩。韩、魏反于外，赵氏应之于内，知氏遂亡⑪。

984

【注释】

①知伯：见西周策第三章注⑥。 魏桓子：见秦策四第四章注⑬。知氏亡于周贞定王十六年（前453年），顾观光战国策编年正系此策于是年。

②任章：魏桓子臣，见赵策一第二章注⑫。

③重欲无厌:犹言贪得无厌。　重:<u>左成二年传</u>注:"犹'多'也。"
　　厌:满足。

④待:<u>国语鲁语下</u>韦注:"犹'御'也。"

⑤<u>王应麟困学纪闻</u>卷二:"<u>任章</u>引<u>周书</u>,岂<u>苏秦</u>所读<u>周书</u>、<u>阴符</u>者
　　钦?<u>老氏</u>之言、<u>范蠡</u>、<u>张良</u>之谋皆出于此。"　<u>建章</u>按:<u>老子</u>三十
　　六章:"将欲歙之,必固张之;将欲弱之,必固强之;将欲废之,必
　　固兴之。"

⑥释:舍弃。

⑦"君何释"两句:您为什么放弃以诸侯共同图谋<u>知伯</u>的做法,而
　　偏偏要我国单独受<u>知伯</u>的进攻呢?　质:<u>荀子劝学</u>杨注:"射
　　侯。"即箭靶。此借喻为出兵攻击的对象。

⑧说:同"悦"。

⑨<u>赵策一</u>第二章作"<u>蔡</u>、<u>皋狼</u>","<u>蔡</u>"当作"<u>蔺</u>",见彼注⑮。<u>于鬯</u>
　　<u>战国策</u>注:"'狼'、'梁'迭韵通用字。"

⑩<u>晋阳</u>:今<u>山西省太原市</u>,当时<u>赵</u>都。

⑪<u>赵</u>、<u>魏</u>、<u>韩</u>共灭<u>知氏</u>详<u>赵策一</u>第一章。

二　韩赵相难章

　　<u>韩</u>、<u>赵</u>相难①。<u>韩</u>索兵于<u>魏</u>②,曰:"愿得借师以伐<u>赵</u>。"
<u>魏文侯</u>曰③:"寡人与<u>赵</u>兄弟,不敢从。"<u>赵</u>又索兵以攻<u>韩</u>,<u>文</u>
<u>侯</u>曰:"寡人与<u>韩</u>兄弟,不敢从。"二国不得兵,怒而反。已,
乃知<u>文侯</u>以讲于己也④,皆朝<u>魏</u>。

【注释】
　　①<u>姚</u>本与上章连篇,<u>鲍</u>本另列一章。据文义,从<u>鲍</u>本。　相难:构

难,犹言开战。

②索:求。

③魏文侯:见秦策二第六章注⑮。

④以:通"已"。　讲:和解。　韩、赵两国皆未借得援兵,皆知魏国与对方为兄弟之国,因此双方皆未敢出兵,后来才知道魏国与自己是盟国。

三　乐羊为魏将而攻中山章

乐羊为魏将,而攻中山①。其子在中山,中山之君烹其子,而遗之羹②,乐羊坐于幕下而啜之③,尽一盃④。

文侯谓觌师赞曰⑤:"乐羊以我之故,食其子之肉。"赞对曰:"其子(之肉尚)食之⑥,其谁不食⑦。"

乐羊既罢中山⑧,文侯赏其功⑨,而疑其心。

【注释】

①杨宽战国史说:"中山在公元前406年被魏攻灭。大约在公元前380年左右复国。"注说:"史记乐毅列传只说'中山复国',不言在何时。吕祖谦大事记解题卷一周威烈王十八年下说:'及文侯子武侯之世,赵世家书与中山战于房子,是时盖已复国。'王应麟通鉴地理通释也有相同的看法。"又说:"从公元前300年起赵便大举进攻中山,经过五年的进攻,把中山灭亡了。"陈应祺在略谈灵寿古城址所反映中山国的几个问题一文中说:"魏文侯于公元前408年发动了魏灭中山之战,公元前406年中山国灭亡。经十多年后中山再次复国。史记魏世家记:武侯九年(前388年)'翟败我于浍',就是中山一次败魏复国的战

争。……到公元前296年赵惠文王灭中山国。"(1984年4月出版的中国考古学会第三次年会论文集) 乐羊：魏文侯将。

中山：见中山策。魏文侯后元二十六年攻中山，后元二十八年灭中山，当周威烈王十八年至二十年(前408年—前406年)。

②遗：赠。 羹(gēng 耕)：用肉或菜调和五味做成带汤的食物。

③啜：喝，吃。

④盃：同"杯"。

⑤文侯：魏文侯，见秦策二第六章注⑮。 姚校："觌，后语作'堵'。"鲍本"师"作"斯"。 韩非子说林上"觌"作"堵"。

建章按：左昭二十年传有"褚师圃"，王伯祥左传读本注："盖以官为氏，褚师，掌市禁之官也。"觌、堵、褚皆从"者"，例得通假。下文"赞对曰"，则"觌师"即"褚师"为复姓。

⑥姚校："一本无'之肉尚'三字。"韩非子说林上此句作"其子而食之"。太平御览卷八六一羹览引无"之肉尚"三字。韵府群玉庚韵引此亦无此三字。 建章按：无此三字意已足，此三字或为后人所补。当据姚引一本及太平御览、韵府群玉引删"之肉尚"三字。

⑦姚校："'其'一作'且'。" 建章按：其：裴学海古书虚字集释卷五："犹'且'、'则'也。"

⑧闵本注："'罢'一作'拔'。" 建章按：罢：广雅释诂二："归也。"王念孙疏证："少仪云：'朝廷曰退，燕游曰归，师役曰罢。'"此言胜中山而归，故下句言"赏其功"。又史记高祖功臣侯者年表"成侯，建元四年，恭侯霸军元"，泷川资言考证："汉表'霸军'作'罢军'。"则"罢"通"霸"。白虎通义通号："霸，犹迫也，把也，迫胁诸侯，把持其政"。则"罢中山"即"霸中山"犹言"拔中山""灭中山"。

⑨史记乐毅列传："乐羊为魏文侯将，伐取中山，魏文侯封乐羊以灵寿。"

四 西门豹为邺令章

西门豹为邺令①,而辞乎魏文侯②。文侯曰:"子往矣,必就子之功③,而成子之名。"西门豹曰:"敢问就功成名,亦有术乎④?"文侯曰:"有之:夫乡邑老者,而先受坐之⑤;士子入,而问其贤良之士,而师事之⑥;求其好掩人之美而扬人之丑者,而参验之⑦。夫物多相类而非也⑧:幽莸之幼也似禾⑨;骊牛之黄也似虎⑩;白骨疑象⑪;武夫类玉⑫。此皆似之而非者也⑬。"

【注释】

①西门豹:姓西门。 邺:今河北省临漳县西南。 史记滑稽列传有褚少孙补西门豹传。

②乎:于。 魏文侯:见秦策二第六章注⑮。

③就:成。

④术:方法。

⑤"夫乡邑"两句:乡邑中的年长者,应当先让他们承办诉讼之事。 而:当,宜。 左昭二十三年传"晋人使与邾大夫坐"注:"坐、讼曲直"。犹言处理诉讼案件。

⑥"士子入"三句:入境之人,聘请德才兼备者,你要尊他们为老师。 问:聘,访。 贤良:有德行、有才能者。

⑦参验:检验。

⑧类:似,像。

⑨幽莸之幼也似禾:莸草的幼苗像禾苗。 幽莸:即莸草,似稷而不结实。

⑩骊牛之黄也似虎：骊牛的毛色像老虎。　骊牛：毛色黄黑相杂
　　之牛。　骊，又作犁、犁。王引之经义述闻卷三十一：“骊，与
　　‘犁’通。”

⑪疑：似。　象：象牙。

⑫武夫：即玟玖，像玉的石块。

⑬此皆似之而非者也：这些都是所谓似是而非的事物啊！

五　〔魏〕文侯与虞人期猎章

〔魏〕文侯与虞人期猎①。是日②，饮酒乐，天雨。文侯
将出，左右曰：“今日饮酒乐，天又雨，(公)〔君〕将焉之③？”
文侯曰：“吾与虞人期猎，虽乐，岂可不一会期哉④？”乃往，
身自罢之⑤。魏于是乎始强⑥。

【注释】

①艺文类聚田猎类、雨类两引、太平御览卷四六八乐览、卷八三一
　　猎览亦两引“文”上并有“魏”字，事类赋雨类引、类说引“文”上
　　并有“魏”字，韩非子外储说左上“文”上亦有“魏”字。　建章
　　按：篇首不当无“魏”字，盖误脱，当据上引各书于“文”上补
　　“魏”字。　虞人：看守帝王苑囿的小吏。　期猎：约定要打猎。

②是日：到了约定的那一天。

③艺文类聚田猎类、太平御览乐览、猎览引并“公”作“君”。　建
　　章按：此当作“君”，据类聚、御览引改“公”作“君”。　焉之：何
　　至，哪里去。

④可：能。　一：语助。　会期：犹言赴约。

⑤乃往身自罢之：还是去了，把自己搞得很疲倦。　罢：通“疲”。

⑥魏于是乎始强：魏国因此开始强盛了。　是：此，指文侯诚信。

乎:语助。

六　魏文侯与田子方饮酒而称乐章

　　魏文侯与田子方饮酒而称乐①。文侯曰:"钟声不比乎? 左高②。"田子方笑。文侯曰:"奚笑③?"子方曰:"臣闻之:君明则乐官④,不明则乐音。今君审于声⑤,臣恐君之聋于官也⑥。"文侯曰:"善。敬闻命⑦。"

【注释】

①魏文侯:见秦策二第六章注⑮。　田子方:见齐策三第六章注
　⑪。　称乐:举乐,张乐。犹言让人演奏音乐。　饮酒而称乐:
　一边饮酒一边听音乐。

②钟声不比乎:钟的声音不和协吧? 　比:和协。　左高:左边的
　声音有些高。此为编钟。

③奚笑:何笑,笑什么?

④乐:喜爱;此处犹言关心。　官:犹言国家政事。

⑤审:了解。　声:音,音乐。

⑥臣恐君之聋于官也:我担心您对政事会一无所知啊。　聋:淮
　南子说林训高注:"无知也"。

⑦敬闻命:敬尊您的指教。　命:教。

990

七　魏武侯与诸大夫浮于西河章

　　魏武侯与诸大夫浮于西河①,称曰②:"河山之险,岂不亦信固哉③!"王(钟)〔错〕侍(王)〔坐〕曰④:"此晋国之所以

强也⑤。若善修之，则霸王之业具矣⑥。"吴起对曰⑦："吾君之言，危国之道也；而子又附之，是危也⑧。"武侯忿然曰："子之言有说乎？"

吴起对曰："河山之险，信不足保也⑨，是伯王之业不从此也⑩。昔者三苗之居⑪，左彭蠡之波⑫，右(有)洞庭之水⑬，文山在其南⑭，而衡山在其北⑮；恃此险也，为政不善，而禹放逐之⑯。夫夏桀之国⑰，左天门之阴⑱，而右天溪之阳⑲，庐、睪在其北⑳，伊、洛出其南㉑；有此险也，然为政不善，而汤伐之㉒。殷纣之国㉓，左孟门㉔，而右漳、釜㉕，前带河㉖，后被山㉗；有此险也，然为政不善，而武王伐之㉘。且君亲从臣而胜降城㉙，城非不高也，人民非不众也，然而可得并者㉚，政恶故也。从是观之，地形险阻，奚足以霸王矣㉛？"

武侯曰："善。吾乃今(日)闻圣人之言也！西河之政，专委之子矣㉜。"

【注释】

①魏武侯：见齐策五注㉔。 西河：今陕西省与山西省间之黄河古称西河。 大夫：见楚策一第七章注⑨。 浮：乘船游玩。

②称：犹言赞叹。

③"河山"两句：河山形势这样险阻，难道不是真正很巩固了吗？信：真正，实在。

④姚校："'钟'一作'错'。" 鲍改"侍王"为"侍坐"。 建章按：吕氏春秋仲冬纪长见、恃君览观表皆有"吴起治西河之外，王错潜之于魏武侯"语，当据姚校改"钟"为"错"。赵策二第四章"武灵王平昼闲居，肥义侍坐曰"，且武侯亦未称王，当依鲍改

"王"作"坐"。

⑤晋国:即魏国。秦本纪王念孙读书杂志:"三家分晋,魏得晋之故都,故魏人自称晋国,而韩、赵则否。"

⑥霸王:见东周策第十五章注②。 具:齐备,具有。

⑦吴起:见秦策三第十八章注㉚。

⑧附:随声附和。 鲍本"是"下有"重"字。黄丕烈战国策札记:"有'重'者当是。"重:更加。

⑨保:持,恃,依靠。

⑩是:裴学海古书虚字集释卷九:"犹'而'也。" 伯:通"霸"。 从:由,自,因。 此:指上文"河山之险"。

⑪三苗:见秦策一第二章注㉓。

⑫彭蠡:即今之鄱阳湖。

⑬姚校:"一本无'有'字"。 建章按:荀子大略于省吾双剑誃诸子新证"'有'、'右'古字通"。此盖上"右"字误衍,史记吴起列传无"有"字。当删"右"下"有"字。

⑭文山:未详。"文"字鲍本作"汶"。汶山:今四川省汶山,即岷山。

⑮衡山:在今湖南省衡阳市北。

⑯禹:见秦策一第二章注㉔。秦策一第二章"舜伐三苗",论衡恢国篇也说,尧、舜放流驩兜、共工、三苗、鲧,"死于不毛"。与此异。童书业春秋左传研究认为"虞代有三苗为患,故禹征伐之。"

⑰夏桀:见秦策一第二章注㉕。

⑱天门:即今山西省晋城市南天井关。此就桀都安邑说,故在其东北。

⑲天溪:于鬯战国策注:"岂即函谷与?"函谷关在安邑之西南。

⑳庐睪:疑为山名。

㉑伊洛:今河南省伊水、洛水。

㉒汤:见秦策一第二章注㉕。　伐:诛,败,灭。

㉓殷纣:见秦策一第二章注㉗。

㉔孟门:太行山险隘。

㉕漳釜:漳水、滏水。釜:通"滏"。

㉖河:黄河。　带:犹绕。　黄河在朝歌之南,故言"前"。

㉗山:太行山。　被:傍,靠。　太行山在朝歌之西又绕北,故言"后"。

㉘武王:见秦策一第二章注㉗。

㉙且君亲从臣而胜降城:而且君王亲自和我战胜敌人,攻下敌城。　降:下,攻下。

㉚并:兼并。

㉛矣:王引之经传释词卷四:"犹'乎'也。"

㉜委:托,任。

八　魏公叔痤为魏将章

魏公叔痤为魏将①,而与韩、赵战浍北②,禽乐祚③。魏王说④,(迎郊)〔郊迎〕⑤,以赏田百万禄之⑥。公叔痤反走⑦,再拜辞曰:"夫使士卒不崩⑧,直而不倚,挠(拣)而不辟者,此吴起余教也⑨,臣不能为也。前脉形垈之险⑩,阻决利害之备⑪,使三军之士不迷惑者⑫,巴宁、爨襄之力也⑬。县赏罚于前,使民昭然信之于后者⑭,王之明法也。见敌之可〔击〕也⑮,鼓之,不敢怠倦者,臣也⑯。王特为臣之右手不倦赏臣何也⑰。若以臣之有功⑱,臣何力之有乎⑲?"王曰:"善。"于是索吴起之后,赐之田二十万;巴宁、爨襄田各十万。

王曰:"公叔岂非长者哉!既为寡人胜强敌矣,又不遗贤者之后⑳，不撌能士之迹㉑，公叔何可无益乎㉒？故又与田四十万㉓，加之百万之上㉔，使百四十万㉕。故老子曰㉖："圣人无积：尽以为人，己愈有；既以与人，己愈多㉗。"公叔当之矣㉘。

【注释】

①史记吴起列传"公叔为相"，梁玉绳史记志疑说："公叔即魏公叔痤，索隐以为'韩之公族'，妄也。但魏策有痤战胜浍北，辞赏田以让起后一篇，吴师道曰：'痤以计疑起于武侯，起去之楚。浍北之战乃归功于起之余教，而使其嗣受赏，何其前后之戾耶？'余谓让功必非公叔痤，国策误耳。"林春溥战国纪年说："吴起去魏，吕氏春秋以为王错谮之魏武侯，则非痤也。百家传记往往有可以证史之误者，此类是也。" 公叔：姓。痤，名。据史记商君列传，公叔痤为魏相。周显王七年，魏惠王九年（前362年）魏战败赵、韩联军于浍北擒乐祚。顾观光战国策编年、于鬯战国策年表并系此策于是年。

②浍（huì 会）：浍水，在今山西省翼城县南，西流经曲沃，入汾水。

③禽：同"擒"。 乐祚（zuò 坐）：鲍注"赵将"。

④魏王：惠王，见秦策四第五章注⑦。 说：同"悦"。

⑤鲍本"迎郊"作"郊迎"。 建章按：西周策第七章"君自郊迎"，秦策五第六章"赵王郊迎"，魏策二第九章"因郊迎惠施"，皆言"郊迎"。于鬯战国策注："卢刻作'郊迎'。"当据鲍本及卢刻改"迎郊"作"郊迎"。

⑥周礼载师注："赏田者赏赐之田。"又司勋注："赏地，赏田也，在远郊之内"。 禄：赏赐。 之：公叔痤。

⑦反走：回避，表示辞谢之意。

⑧崩：溃散。

⑨"夫使"句以下：使士卒不溃不散，强毅不屈，百折不挠，这是吴

起教导的影响啊！　姚校："一本无'而'字。"　鲍本"挠拣"作"拣挠"，注："挠，折也，喻敌之压己。"　建章按："挠而不辟"与"直而不倚"正为对文，且鲍彪未注"拣"字，可见"拣"为"挠"之误衍。　直：刚正，强毅。　倚：倾斜，屈服。　辟：通"避"。

⑩鲍本"形埊"作"地形"。　建章按：本书皆作"地形"，无作"形地"者，当据鲍本改作"埊形"。埊：古"地"字，见赵策四第八章注⑦。　脉：同"脈"，又通"眽"，作"视"解，有"观察"的意思。险：险阻，险隘。

⑪金正炜战国策补释："'阻'疑本作'阴'，玉篇'阴，默也。'俗书'陰'作'阴'，见字汇补，与'阻'字形相近而误。作'阴'亦属下句，则文不参差。"　建章按：金说义胜。"前脉埊形之险"，与"阴决利害之备"相对为文，是说：事前审察了解复杂险阻的地形，暗暗决定安排得失利害的力量。　备：用，调度，安排。

⑫三军：见赵策一第九章注㉜。

⑬巴宁爨（cuàn 窜）襄：二人，即后文所谓"能士"。

⑭"县赏罚"两句：定立赏罚制度于前，使民诚信尊守于后。　县：汉书食货志下注："谓开立之"。犹言"定立"。

⑮鲍本"也"作"击"。　囷本注："'可也'一作'可击'。"　陈继儒战国策龙骧："'也'字一作'击'，或'可'下有'攻'字。"　张文燿战国策谭棷引张洲曰："公叔痤不贪浍北之功以受赏，极得居功之法，而曰'见敌之可击，鼓之，不敢怠。'"云云。　关修龄战国策高注补证："一本作'见敌之可击也'。"　横田惟孝战国策正解："高本'可'下无'击'字'坊本同，今从一本。"　建章按：据文义"可"下当有"击"字，而上引各本"可"下确有"击"字，当据补"可"下"击"字。

⑯"见敌"句以下：看见敌人可以进攻，就击鼓进军，不敢懈怠，这是我所做的。　怠倦：犹言"懈怠"。

⑰王特为臣之右手不倦赏臣何也:大王只为我有这双不敢懈怠的手而赏赐我就可以了。　鲍本"何"作"可"。　太平御览卷八二一资产部引"何"作"可"。　金正炜战国策补释:"鼓,非一手之力,'右'当读为'有',古文'有'作'又','右'字亦作'又',故'有'、'右'字通。'有手'正与'有功'相应。"　建章按:管子重令"凡君国之重器",俞樾诸子平议:"宋本作'右国',当从之,'右'读为'有',后人不知'右'之通为'有',而疑'君'之坏字,因臆改之耳。"　晏子春秋外篇第七景公置酒于泰山章"庸可惧乎",王念孙读书杂志:"可,读曰'何','何'、'可'古字通。"

⑱之:裴学海古书虚字集释卷九:"犹'为'也。"

⑲"若以臣"两句:如果认为我有功,可我又有什么功呢?　何力之有:即"有何力"。说文:"治功曰力。"

⑳遗:忘掉。　贤者之后:吴起的后代。

㉑揜:同"掩",犹言"埋没"。　能士:指巴宁、爨襄二人。　迹:事迹,功绩。

㉒公叔何可无益乎:公叔怎么能不增加赏赐呢?　益:增加。

㉓与:予,给。

㉔之:裴学海古书虚字集释卷九:"犹'于'也。"

㉕使:犹言"使成为"。

㉖老子:见齐策四第五章注㉓。此引见老子第八十一章。

㉗"圣人无积"句以下:圣人不为个人积蓄,他全心全意为人做事,他得到的就愈多;他给予人的愈多,他自己就更加富有。　尽:全部,全心全意。　为:助,替。　既:广雅释诂一:"尽也。"与:给。姚校:"'尽',刘作'既'。"

㉘公叔当之矣:公叔痤算得上是这样的人了。　当:相称。

九　魏公叔痤病章

魏公叔痤病^①，惠王往问之^②，曰："公叔病，即不可讳^③，将奈社稷何^④？"公叔痤对曰："痤有御庶子公孙鞅^⑤，愿王以国事听之也^⑥。为弗能听^⑦，勿使出竟^⑧。"王弗应^⑨，出而谓左右曰："岂不悲哉！以公叔之贤，而谓寡人必以国事听鞅，不亦悖乎^⑩！"

公叔痤死，公孙鞅闻之，（已葬）〔亡奔〕^⑪，西之秦，孝公受而用之^⑫。秦果日以强，魏日以削^⑬。此非公叔之悖也，惠王之悖也。悖者之患，固以不悖者为悖^⑭。

【注释】

①公叔痤：见第八章注①。　公叔痤死于周显王八年，魏惠王十
　年（前361年），顾观光战国策编年、于鬯战国策年表并系此策
　于是年。

②惠王：魏惠王，见秦策四第五章注⑦。　问：探问。

③即：若，如。　不可讳：忌讳言"死"，而说"不可讳"。

④"公叔病"三句：公叔病了，如果有什么不幸，国家大事可怎么办
　呢？　社稷：见秦策一第五章注㊱。

⑤御庶子：比家臣稍贵。　公孙鞅：即商鞅，见秦策一第一章
　注①。

⑥听：从，授。

⑦为：王引之经传释词卷二："犹'如'也。"

⑧竟：同"境"。

⑨王弗应：魏王没有吭声。

⑩不亦悖乎:岂不太糊涂了吗? 亦:益,甚,太。 悖(bèi):乱,惑,糊涂。

⑪姚校:"'已葬'刘作'出奔'。" 建章按:"已葬"殊无取,"已葬"当是"亡奔"之误。"亡"误作"已",见秦策三第八章注㉓。又秦策一第一章高注"鞅由是亡奔秦",或即用此文。当改"已葬"为"亡奔"。

⑫孝公受而用之:孝公接待了他,并且任用了他。 孝公:秦孝公,见秦策一第一章注②。

⑬"秦果日以强"两句:秦国果然渐渐就强盛起来,魏国渐渐削弱了。 以:乃,就。

⑭"悖者之患"两句:糊涂人的祸患,本来就是把不糊涂的人当作糊涂的人造成的啊!

十　苏子为赵合从说魏王章

苏子为赵合从说魏王曰①:"大王之地②,南有鸿沟③、陈④、汝南⑤,有⑥许⑦、鄢⑧、昆阳⑨、邵陵⑩、舞阳⑪、新郪⑫,东有淮⑬、颖⑭、沂⑮、黄⑯、煮枣⑰、海盐⑱、无疎⑲,西有长城之界⑳,北有河外㉑、卷㉒、衍㉓、燕㉔、酸枣㉕,地方千里。地名虽小,然而庐(田虎)〔虎田〕舍㉖,曾无所刍牧牛马之地㉗。人民之众,车马之多,日夜行不休已,无以异于三军之众㉘。臣窃料之㉙,大王之国,不下于楚。然横人谋王,外交强虎狼之秦,以侵天下,卒有国患㉚,不被其祸㉛。夫挟强秦之势㉜,以内劫其主㉝,罪无过此者。且魏,天下之强国也;大王,天下之贤主也。今乃有意西面而事秦㉞,称东藩㉟,筑帝宫㊱,受冠带㊲,祠春秋㊳,臣窃为大王愧之㊴。

"臣闻越王勾践以散卒三千，禽夫差于干遂[40]，武王卒三千人[41]，革车三百乘[42]，斩纣于牧之野[43]。岂其士卒众哉？诚能振其威也。今窃闻大王之卒：武力二十余万[44]，苍头二(千)〔十〕万[45]，奋击二十万[46]，厮徒十万[47]，车六百乘，骑五千匹。此其过越王勾践、武王远矣。今乃劫于(辟)〔群〕臣之说[48]，而欲臣事秦。夫事秦必割地效(质)〔实〕[49]，故兵未用而国已亏矣[50]。凡群臣之言事秦者，皆奸臣，非忠臣也。夫为人臣，割其主之埊以求外交，偷取一旦之功，而不顾其后[51]，破公家而成私门[52]，外挟强秦之势以内劫其主，以求割埊，愿大王之熟察之也。"

"周书曰[53]：'绵绵不绝，缦缦奈何；毫毛不拔，将成斧柯[54]。前虑不定，后有大患，将奈之何[55]？大王诚能听臣[56]，六国从亲[57]，专心并力，则必无强秦之患。故敝邑赵王使使臣献愚计[58]，奉明约[59]，在大王诏之[60]。"

魏王曰："寡人不肖[61]，未尝得闻明教。今主君以赵王之诏诏之[62]，敬以国从[63]。"

【注释】

①苏子：据史记苏秦列传是苏秦，见东周策第五章注③。　顾观光战国策编年、于鬯战国策年表并系此策于周显王三十六年（前333年）。　合从：见秦策三第十四章注①。　魏王：惠王，见秦策四第五章注⑦。

②埊：古"地"字，见赵策四第八章注⑦。下同。

③鸿沟：自今河南省中牟县至商水之贾鲁河。

④陈：见秦策一第五章注51。

⑤汝南：此当指今河南省东南部之汝水以南之地。

⑥有：通"又"。

⑦许：见秦策四第九章注⑬。

⑧鄢：即鄢陵，故城在今河南省鄢陵县西南。 史记苏秦列传"鄢"作"郾"，即今河南省郾城。"鄢"与"郾"通。

⑨昆阳：今河南省叶县。

⑩邵陵：即召陵，见秦策四第九章注⑭。

⑪舞阳：今河南省舞阳县西。

⑫新郪：在今河南省沈丘东、安徽省太和北。

⑬淮：淮水，魏既有新郪，距淮水近。

⑭颍：颍水，经河南省东，入安徽省与淮水会。此当指在河南省的一段。

⑮沂(yí 宜)：程恩泽国策地名考："岂淮北泗上之邑，魏固有时得之耶。"

⑯黄：或当是黄池，在今河南省封丘南。

⑰煮枣：见东周策第二章注⑳。

⑱鲍本、苏秦列传并无"海盐"。地未详。

⑲姚校："曾作'无胥'。"苏秦列传"疎"亦作"胥"，索隐："其地阙。"

⑳长城：与秦国为界。寿鹏飞历代长城考言之甚详。

㉑河外：见赵策二第三章注㊳。

㉒卷：在今河南省新乡市与郑州市之间。

㉓衍：见秦策四第九章注⑲。

㉔燕：南燕，今河南省封丘县北八十里。

㉕酸枣：今河南省延津县西二十里。 卷、衍、燕、酸枣均在黄河故道之南。

㉖姚校："曾作'田舍庐庑'。"苏秦列传同曾本。 建章按：此当

作"庐庑田舍"，当改"田庑"为"庑田"。广雅释室："庐，舍也；庑，舍也。"

㉗"然而"两句：虽然到处都是茅屋草舍，竟然连打草放牧牛马的地方也没有多少。　曾：竟。　刍：喂牛马的草。　牧：放牧，牧养。

㉘无以异：没有什么不同。　三军：全军。

㉙料：估计，估量。

㉚卒：终。　有：广雅释诂一："取也。"此犹言受、遭。　国：魏国。

㉛此言横人"不被其祸"。　被：受。

㉜挟：持，此犹言凭借，依靠。

㉝以：而。　劫：威逼，威胁。

㉞乃：竟。　事秦：屈服于秦国，服侍秦国。

㉟东藩：见赵策二第三章注㉝。

㊱筑帝宫：为秦王建筑宫室，作为他来视察或游玩时的行宫。

㊲受冠带：接受秦王赐给的服饰。此言接受秦国的政治制度。

㊳祠春秋：春秋两季给秦国纳贡，以助秦国祭祀之用。

㊴愧：惭愧，耻辱。

㊵越王勾践：见秦策三第十八章注⑫。　散卒：犹言残兵败将。
禽：同"擒"。　夫差：见秦策三第十八章注㊺。　干遂：即干隧，见秦策四第九章注㊵。

㊶武王：见秦策一第二章注㉗。　蓝永蔚春秋时期的步兵："'卒三千人'其实是虎贲三千之误。"虎贲：见楚策一第十八章注⑤。

㊷革车：战车。　乘：见秦策一第二章注㉗。

㊸见秦策一第二章注㉗。　牧之野：即牧野。

㊹武力：武卒，武士，战士。此与下文"苍头"别，指精锐之士卒。

㊺鲍本"二千"作"二十"史记苏秦列传亦作"二十"。　建章按：史记项羽本纪集解"战国策魏有苍头二十万"。苏秦列传索隐"荀卿'魏有苍头二十万'是也"。此当改"千"作"十"。　苍

头：苏秦列传索隐“谓以青巾裹头以异于众”。

㊻奋击：见秦策一第二章注⑧。

㊼厮徒：见东周策第一章注㉔。

㊽鲍本“辟”作“群”。苏秦列传亦作“群”。　建章按：下文“群臣之言事秦者”，则此“辟”当是“群”字之形误。　劫：胁迫。

㊾姚校：“质，刘作‘实’。”苏秦列传亦作“实”。　建章按：赵策二第一章“夫割地效实，五伯之所以覆军禽将而求也”。韩非子五蠹：“事大必有实，则举图而委，效玺而请矣。”“实”即“举图”“效玺”，此文之“效实”即“割地”。当据刘本及苏秦列传改“质”为“实”。

㊿亏：损，削弱。

(51)“夫为人臣”句以下：作为人臣，割取国君的土地，去和诸侯勾结，窃取一时的功绩，而不顾其后果。　一旦：一时。

(52)破公家而成私门：损失国家的土地而完成自己一时的功绩。破公家：指“割地”。　成私门：指“一旦之功”。

(53)周书：又名逸周书。汉书艺文志六艺略书类载周书七十一篇，自注：“周史记”。颜注引刘向云：“周时诰誓号令也，盖孔子所论百篇之余也。”崔述丰镐考信别录：“周书之作，盖在战国、秦、汉之间。彼固取前世王侯卿大夫之行事而揣度言之，复杂取传记之文以附益之者。”（别录卷三）郭沫若说：“逸周书中可信为周初文字者仅有三二篇，其它则均系伪托，惟非伪托于一人或一时。”（中国古代社会研究附录七古代用牲之最高记录）。此指和寤。

(54)“绵绵不绝”四句：微弱时不除掉，长大了就难以消灭；微弱时不拔掉，长大了就得用斧子。　逸周书和寤篇曰：“绵绵不绝，蔓蔓若何。”广雅释诂二：“绵，小也。”诗大雅绵“绵绵瓜瓞”疏：“绵绵，微细之辞。”素问脉要精微论“绵绵，其去如弦绝”注：“绵绵，言微微似有，而不甚应手。”　缦缦：通“蔓蔓”，谓长大，

茂盛。　成:诗齐风猗嗟"仪既成兮"笺"犹备也"。淮南子修
务训高注:"备,犹用也。"　柯:斧柄。斧柯:斧子。

⑤⑤"前虑不定"三句:事前不当即立断,事后必有大祸,这将怎
么办?

⑤⑥诚:裴学海古书虚字集释卷九:"犹'若'也。"

⑤⑦六国:赵、魏、韩、燕、齐、楚六国。　从亲:结成合纵联盟。

⑤⑧敝邑:对本国的谦称。　赵王:肃侯,见秦策一第一章注⑦。
　使臣:苏秦自称。

⑤⑨奉明约:遵盟约,见楚策一第十七章注⑦。

⑥⓪在:随,任,见楚策一第十七章注㉖。　诏:教,命。

⑥①不肖:见秦策三第九章注㊳。

⑥②主君:对苏秦的尊称。　之:第一人称代词,指赵王。

⑥③敬以国从:我完全同意参加合纵联盟。

十一　张仪为秦连横说魏王章

张仪为秦连横说魏王曰①:"魏地方不至千里,卒不过
三十万人。埊四平②,诸侯四通,条达辐凑③,无有名山大川
之阻④。从郑至梁⑤,不过百里;从陈至梁⑥,二百余里。马
驰人趋,不待倦而至梁。南与楚境⑦,西与韩境,北与赵境,
东与齐境,卒戍四方⑧,守亭障者参列⑨,粟粮漕庾,不下十
万⑩。魏之埊势故战场也⑪。魏南与楚而不与齐⑫,则齐攻
其东;东与齐而不与赵,则赵攻其北;不合于韩,则韩攻其
西;不亲于楚,则楚攻其南。此所谓四分五裂之道也⑬。

"且夫诸侯之为从者,〔将〕以安社稷⑭,尊主、强兵、显
名也。合从者⑮,一天下⑯,约为兄弟,刑白马以盟于洹水之

上⑰，以相坚也。夫亲昆弟同父母尚有争钱财⑱，而欲恃诈伪反覆苏秦之余谋⑲，其不可以成亦明矣。

"大王不事秦，秦下兵攻河外⑳，拔卷、衍、燕、酸枣㉑，劫卫取〔晋阳〕〔阳晋〕㉒，则赵不南；赵不南，则魏不北；魏不北，则从道绝，从道绝，则大王之国欲求无危不可得也。秦挟韩而攻魏㉓，韩劫于秦，不敢不听。秦、韩为一国㉔，魏之亡可立而须也㉕，此臣之所以为大王患也。为大王计，莫如事秦，事秦，则楚、韩必不敢动；无楚、韩之患，则大王高枕而卧，国必无忧矣。

"且夫秦之所欲弱〔者〕莫如楚㉖，而能弱楚者莫若魏。楚虽有富大之名，其实空虚；其卒虽众多，言而轻走易北㉗，不敢坚战㉘；〔悉〕魏之兵㉙，南面而伐，胜楚必矣。夫亏楚而益魏，攻楚而适秦㉚，内嫁祸安国㉛，此善事也。大王不听臣，秦甲出而东㉜，虽欲事秦而不可得也。

"且夫从人多奋辞㉝，而寡可信，说一诸侯之王㉞，出而乘其车㉟，约一国而反，成而封侯之基㊱。是故天下之游士，莫不日夜搤腕瞋目切齿以言从之便，以说人主㊲。人主览其辞，牵其说㊳，恶得无眩哉㊴？臣闻：积羽沉舟㊵，群轻折轴㊶，众口铄金㊷，故愿大王之熟计之也。"

魏王曰："寡人（惷）〔蠢〕愚㊸，前计失之。请称东藩，筑帝宫，受冠带，祠春秋㊹，效河外㊺。"

【注释】

①张仪：见秦策一第三章注⑫。　连横：见秦策一第二章注①。

顾观光战国策编年、于鬯战国策年表并系此策于周慎靓王四年（前 317 年）。　魏王:襄王,见东周策第十九章注⑧。

②垆四平:土地平旷。　垆:古"地"字,见赵策四第八章注⑦。

③"诸侯"两句:诸侯与魏国四通八达,从四面八方聚集到魏国。条达:通达,畅通。　辐凑:车条集中于车毂(轴皮)上,比喻人或物集中于一处。

④名:秦策二第一章高注:"大也。"

⑤从郑之梁:秦国通过韩国进入魏都大梁。　郑:韩国的首都,今河南省新郑市。

⑥陈:楚国的首都,见楚策一"楚"注。此言秦国借道楚国进攻魏都大梁。

⑦境:接界,接壤。

⑧因魏国"无有名山大川之阻",所以只凭士卒戍守四方。

⑨杨宽说:"亭是边疆土台(四方土堆)上的建筑,是瞭望台性质的,为国防上最前线的守望处所。障是规模较大的城堡,有尉驻守。"(见所著战国史 295 页)　参:广雅释诂一:"分也。"列:散布。　"四方""参列"是说分散不集中。

⑩粟粮:粮食。　漕:水路运输。　庾(yǔ 羽):露天的粮仓。

⑪故:通"固"。

⑫与:友好,联合。下同。

⑬此所谓四分五裂之道也:这就是所谓四分五裂之地啊!　四分五裂:分散,不统一。　据上文"魏之垆势,故战场也",此"道"犹言"地"。

⑭史记张仪列传"以"上有"将"字。长短经七雄略引"以"上亦有"将"字。　建章按:此当补"将"字,将:裴学海古书虚字集释卷八:"犹'则'也。"左襄二十六年传:"晋人为孙氏故,召诸侯,将以讨卫也。"左襄十六年传"胜以直闻,不告女,庸为直乎? 将

以杀尔父"。国语晋语一:"行之克也,将以害之;若其不克,其因以罪之。"孟子梁惠王上:"吾何快于是? 将以求吾所大欲也。"此种句式,皆作"将以"。

⑮史记张仪列传"合"作"今"。长短经引作"今为从者"。 建章按:汉书儒林孔安国传"分析合二十九篇",王念孙读书杂志:"引之曰:'合'字盖'今'字之误。"本书对主张合从政策之人皆称"从人""为从者""从人者",对主张连横政策之人皆称"横人""横者",未见称"合从者""连横者"。此因二字形近而"今"误作"合"。当依张仪列传、长短经引改"合"作"今"。

⑯一:联合。

⑰刑白马以盟:见齐策三第七章注⑯,又见赵策二第一章注㉝。
　　以:而。　洹水:见秦策一第五章注⑯。

⑱昆弟:兄弟。　尚有争钱财:为了钱财尚且争斗。

⑲春秋公羊传注疏序"此世之余事"疏:"余,末也。"则"余谋"犹言下策。

⑳下兵:发兵,出兵。　河外:见齐策一第十七章注⑰。

㉑卷衍燕酸枣:见第十章注㉒、㉓、㉔、㉕。

㉒史记张仪列传"晋阳"作"阳晋"。　泷川资言考证:"策讹作'晋阳'。"　于鬯战国策注"此'晋阳'为'阳晋'倒,即卫'阳晋'"。　建章按:上句言"攻河外,拔卷、衍、燕、酸枣"与卫阳晋接近。如依程恩泽国策地名考即今山西省虞县之晋阳,则何以自东远道撤兵而西,于理难通。当以张仪列传改"晋阳"为"阳晋"。　阳晋:见齐策一第十六章注㊱。

㉓挟:挟持,控制。下句"劫"与此义同。

㉔张仪列传"一"下无"国"字是,此当删"国"字。

㉕须:待。此言魏国的灭亡马上可以等到。意即魏国马上就被灭亡。

㉖张仪列传"弱"下有"者"字。　建章按:此言"秦国想要使其削弱的那个国家"。依此种句式,当有"者"字。如:"(能以众击寡者)则吾之所与战者,约矣。"(孙子兵法虚实)亦为此种句式。当据张仪列传"弱"下补"者"字。

㉗言:裴学海古书虚字集释卷五:"犹'然'也。"鲍本"言"正作"然"。"轻"与"易"同义,容易。　走:逃。　北:败。

㉘敢:裴学海古书虚字集释卷五:"犹'能'也。"

㉙连下两句:魏国动员全国兵力,南下攻楚,战胜楚国毫无疑问。张仪列传"魏"作"梁",上有"悉"字。　建章按:"魏"上有"悉"字,前后文义完整。西周策第十一章"秦悉塞外之兵与周之众,以攻南阳",秦策五第七章"请为大王悉赵兵以遇",魏策三第七章"魏王悉韩、魏之兵,又西借秦兵,以因赵之众,以四国攻燕",与此数句"悉"字用例同。当依张仪列传补"魏"上"悉"字。

㉚王念孙读书杂志:"适者'悦'也,言攻楚而悦秦也。一切经音义六引三苍曰'适,悦也。'上文云'秦之所欲弱,莫如楚;而能弱楚者,莫如魏。'故魏攻楚,即所以悦秦。韩策张仪说韩曰:'夫攻楚而私其地,转祸而悦秦,计无便于此者。'是其证。"

㉛"内"当读作"乃",因声近。囷本"内"正作"乃",注:"'乃'一作'内'。"　嫁祸:指"亏楚""攻楚"。　安国:指"益魏""适秦"。

㉜甲:兵。

㉝奋辞:夸夸其谈。

㉞金正炜战国策补释:"'王'当为'主'。"　建章按:"主"易误为"王",见楚策一第十七章注③。又秦策四第九章"欲以力臣天下之主,臣恐有后患。"高注:"主,谓诸侯。"与此"诸侯之主"正合。当依金说改"王"为"主"。

㉟而:则。

㊱"出而"句以下:出来乘坐国君赐的车子,结约一国去反对秦国,就成为他封侯的资本。　而:裴学海古书虚字集释卷七"犹'其'也"。

㊲搤(è 饿)腕:用左手握住右腕。　瞋(chēn 抻)目:发怒或激愤时睁大眼睛。　切齿:牙齿相磨。都是形容激愤的神情。从:合纵。便:利。　以说人主:来让人主高兴。

㊳览同"揽":持,控制。　牵:牵制。

㊴恶:何,怎么。　无:不。　眩:迷惑。

㊵积羽沉舟:羽毛虽轻,堆积多了也可以把船压沉。比喻坏事虽小,积多可以酿成大祸。

㊶群轻折轴:东西虽轻,堆积过多,也能压断车轴。比喻坏事虽小,任其滋长,也能造成大的恶果。

㊷众口铄金:众口所毁,可以熔化金属。比喻流言蜚语,可以混淆是非。以上三句皆为当时的谚语,故说"臣闻"。

㊸李本"惷"作"惷"。丛刊本同姚本。囚本"惷"作"惷"同李本。　建章按:礼记哀公问"寡人惷愚冥顽",仪礼士昏礼"某之子惷愚",陆德明经典释文:"惷,愚也。"今本仪礼"惷"误作"惷"。淮南子墬形训"其人惷愚",皆"惷愚"连文。说文:"惷,愚也。"又"惷,乱也"。此当据李本,囚本改"惷"作"惷"(chōng 冲)。

㊹称东藩筑帝宫受冠带祠春秋:见第十章注㉟、㊱、㊲、㊳。

㊺效:献。　河外:见注⑳。

十二　齐魏约而伐楚章

齐、魏约而伐楚①,魏以董庆为质于齐②。楚攻齐,大败之^③，而魏弗救。<u>田婴</u>怒^④，将杀<u>董庆</u>。<u>盱夷</u>为<u>董庆</u>谓<u>田婴</u>曰^⑤："<u>楚</u>攻<u>齐</u>，大败之，而不敢深入者，以<u>魏</u>为将内之于<u>齐</u>而击其后^⑥。今杀<u>董庆</u>，是示<u>楚</u>无<u>魏</u>也^⑦。<u>魏</u>怒，合于<u>楚</u>，<u>齐</u>必危矣。不如贵<u>董庆</u>以善<u>魏</u>，而疑之于<u>楚</u>也^⑧。"

【注释】

①<u>林春溥</u>战国纪年、<u>顾观光</u>战国策编年、<u>于鬯</u>战国策年表皆系此策于<u>周显王</u>三十六（前 333 年）。

②质：见秦策二第十五章注④。

③<u>楚</u>攻<u>齐</u>大败之：指前 333 年<u>楚威王</u>围攻<u>齐国</u>的<u>徐州</u>，大败<u>齐</u>将<u>申事</u>。

④<u>田婴</u>：见齐策一第一章注②。

⑤<u>盱夷</u>：<u>齐</u>臣。

⑥"<u>楚</u>攻<u>齐</u>"四句：<u>楚国</u>进攻<u>齐国</u>，大败<u>齐国</u>，而不敢深入<u>齐国</u>，因为<u>楚国</u>以为<u>魏国</u>要让<u>楚</u>深入<u>齐</u>境，然后从后面截击<u>楚国</u>。　以魏为：即"以为<u>魏</u>"。　内之于齐：让<u>楚</u>深入于<u>齐</u>境。内：入。

⑦"今杀<u>董庆</u>"两句：现在杀了<u>董庆</u>，那就是公开告诉<u>楚国</u>，<u>齐国</u>和<u>魏国</u>断绝了关系。

⑧"不如"两句：不如尊重<u>董庆</u>，以此表示与<u>魏国</u>亲善，而使<u>楚国</u>迷惑。　贵：尊重。　疑：迷惑。

十三　苏秦拘于魏章

<u>苏秦</u>拘于<u>魏</u>^①，欲走而之（韩）〔<u>齐</u>〕^②，<u>魏</u>氏闭关而不通。<u>齐</u>使<u>苏厉</u>为之谓<u>魏王</u>曰^③："<u>齐</u>请以<u>宋</u>地封<u>泾阳君</u>^④，而<u>秦</u>不

受也。夫秦非不利有齐而得宋埊也⑤,然其所以不受者,不信齐王与苏秦也⑥。今秦见齐、魏之不合(也)如此其甚也⑦,则齐必不欺秦,而秦信齐矣。齐、秦合,而泾阳君有宋地,则非魏之利也⑧。故王不如复东苏秦⑨,秦必疑齐而不听也⑩。夫齐、秦不合,天下无(忧)〔变〕⑪,伐齐成,则埊广矣。"

【注释】

①鲍本"秦"改作"代"。燕策一第十一章作执"代"。史记苏秦列传同燕策。徐中舒论战国策的编写及有关苏秦诸问题以为"国策和史记中所载苏秦、苏代之事往往混淆,不易分辨"。(历史研究1964年第一期)钱穆先秦诸子系年95节"附苏代苏厉考"说:"此与燕策一乃一事,魏策苏秦乃苏代之讹,其事应在秦昭王时,固文中有齐请以宋封泾阳君云云也。此事应在与甘茂相遇后数年间。"唐兰以为此是苏秦,说:"前286年,齐闵王终于召回韩夤作相,齐、秦也联合了。于是第三次伐宋。由于宋国内乱,齐国攻灭了宋,宋王偃逃到魏国,死于温。齐国这一大胜利,使各国都震动了。魏国首先把安邑和河内献给秦国以求和,并把苏秦拘了。齐国派苏厉去游说,才放回齐国(见魏策一)。"(司马迁所没有见过的珍贵史料,收入战国纵横家书)缪文远战国策考辨说:"史记误将苏秦年代提早,并将苏秦卒年提至燕王哙死时(周赧王元年,前314年),遂将此后苏秦事迹皆涂改为苏代或苏厉。(参徐中舒师:论战国策的编写及有关苏秦诸问题)过魏被拘者当依此章为苏秦,燕策及史记作苏代并误。鲍本改此一章之苏秦为苏代,亦系误从史记。" 顾观光战国策编年系此策于周赧王二十九年(前286年),齐灭宋之年。依徐中舒及唐兰说,此时苏秦尚在。

②走:逃。　之:至。　鲍改"韩"作"齐"。　建章按:据全文之
义,当从鲍改。

③苏厉:苏秦弟,游说之士。　之:指苏秦。　魏王:昭王,见东周
策第二十章注①。

④泾阳君:见秦策三第十章注④。　宋:见秦策一第四章注②。

⑤"夫秦"句:秦国并不是看不出与齐国友好,又得宋地之利。
有:与"友"同义,见齐策三第五章注⑤。　埊:古"地"字。见
赵策四第八章注⑦。

⑥齐王:闵王,见东周策第十六章注②。　秦疑齐王、苏秦和魏亲
善,故"不信"。

⑦鲍注:"衍'如'上'也'字。"　建章按:燕策一第十一章、苏秦列
传"如"上无"也"字。楚策三第四章"仪未尝见人如此其美
也"。此种句式"如"上亦无"也"。当删"如"上"也"字。

⑧宋与魏接界,泾阳君有宋地,不利于魏,故言"非魏之利"。

⑨故王不如复东苏秦:所以大王不如让苏秦仍然回到齐国去。
东:指齐国。齐在魏之东。

⑩魏国释放苏秦,让他返齐,则秦国必然怀疑齐、魏联合,故言"疑
齐"。　不听:不相信齐国。

⑪天下无变:诸侯间关系没有变化。　吴补:"忧,一本标'一作
变'。"闵本注:"忧,一作'变'。"　燕策一第十一章、苏秦列传
"忧"并作"变"。　建章按:东周策第二十一章"天下不能伤齐
而有变,臣请救之;无变,王遂伐之。"正是此义。　此因"忧"
"变"字形相似而误,当据一本、燕策、苏秦列传改"忧"作"变"。

1011

十四　陈轸为秦使于齐章

陈轸为秦使于齐①,过魏,求见犀首②,犀首谢陈轸③。陈

轸曰："轸之所以来者,事也;公不见轸,轸且行④,不得待异日矣⑤。"犀首乃见之。陈轸曰："公恶事乎,何为饮食而无事?(无事必来⑥)犀首曰:"衍不肖,不能得事焉,何敢恶事?"陈轸曰:"请移天下之事于公⑦。"犀首曰:"奈何?"陈轸曰:"魏王使李从以车百乘使于楚⑧,公可以居其中而疑之⑨。公谓魏王曰:'臣与燕、赵故矣,数令人召臣也⑩,曰:"无事必来。"今臣无事,请谒而往⑪,无久,旬五之期⑫。'王必无辞以止公⑬。公得行,因自言于廷曰⑭:'臣急使燕、赵,急约车为行具⑮。'"犀首曰:"诺。"谒魏王,王许之,即明言使燕、赵⑯。

诸侯客闻之⑰,皆使人告其王曰:"李从以车百乘使楚,犀首又以车三十乘使燕、赵。"齐王闻之,恐后天下得魏⑱,以事属犀首⑲,犀首受齐事。魏王止其行使⑳。燕、赵闻之,亦以事属犀首。楚王闻之曰:"李从约寡人,今燕、齐、赵皆以事因犀首㉑,犀首必欲寡人㉒,寡人欲之㉓。"乃倍李从而以事因犀首㉔。魏王曰:"所以不使犀首者,以为不可㉕。(令)〔今〕四国属以事㉖,寡人亦以事因焉。"犀首遂主天下之事㉗,复相魏。

【注释】

①陈轸:见秦策一第十一章注①。 于鬯战国策注以为使齐在周显王四十六年,犀首相魏在次年周显王四十七年(前322年)。顾观光战国策编年系此策于此年。

②犀首:见秦策一第十章注⑧。

③谢:拒绝。

④且:乃,就。 行:广雅释诂二:"去也。"

战国策注释

⑤不得待异日矣:等不到以后了。　异日:来日,以后。

⑥"公恶事乎"两句:您讨厌事吗?为何有吃有喝而无事呢?　鲍注:"衍'无事必来'四字。"　吴补:"四字恐因下文衍。"　建章按:此四字无义,史记张仪列传亦无。当依鲍注、吴补删。

⑦请移天下之事于公:请允许我把诸侯的国事交给您。　移:转移,犹言交给。

⑧李从:当是魏臣,张仪列传作"田需"。　魏王:惠王,见秦策四第十章注⑳。

⑨公可以居其中而疑之:您可以在诸侯中使他们疑惑魏国。　其中:诸侯中。　之:指魏。

⑩故:旧交。　数:好几次。　召臣:要我去。　召:请。

⑪请谒:请求,请假。

⑫无久旬五之期:时间不长,只要十五天。　旬:十日。　之:裴学海古书虚字集释卷九:"犹'为'也。"

⑬辞:犹言"借口"。　以:犹口语的"来"。　止:犹言"拒绝"。

⑭因:则,就。　廷:通"庭",言大庭广众。说文:"廷,朝中也。"皆可通。

⑮约车:准备车马。　行具:出使应备之物。

⑯明:公开。

⑰客:指寄居他国外交活动者。　之:指犀首出使燕、赵这件事。

⑱后天下:后于诸侯。　得魏:与魏交好。

⑲事:国事。　属:委托。

⑳鲍本无"行"字。　于鬯战国策注:"卢刻无'使'字。"　横田惟孝战国策正解:"坊本'其行'作'其使'。"　关修龄战国策高注补正:"高'使'作'行'。犀首请而往,非'使'也。"　畿辅本按:"一无'使'字。"　建章按:此因一本作"行",一本作"使",抄者误合两本,故作"行使"耳。依诸本及关说当删"使"字。

卷二十二　魏策一

1013

㉑因:依,托。　鲍注:"魏为主约,故诸侯因衍以合魏。"

㉒犀首必欲寡人:犀首一定希望我以楚国大事委托他。

㉓寡人欲之:我就这么办吧。　欲之:即下句欲"以事因犀首"之义。

㉔倍:通"背"。此言背约。

㉕不可:不能任使。　可:裴学海古书虚字集释卷五:"犹'能'也。"

㉖鲍本"令"作"今"。　于鬯战国策注:"卢刻'令'作'今'。"当改"令"作"今",说见齐策二第二章注㉖。　四国:燕、赵、齐、楚四国。

㉗犀首遂主天下之事:犀首于是主持魏、赵、齐、楚、燕五国合纵联盟之事。

十五　张仪恶陈轸于魏王章

张仪恶陈轸于魏王曰①:"轸善事楚,为求壤埊也甚力(之)②。"左华谓陈轸曰③:"仪善于魏王,魏王甚爱之,公虽百说之,犹不听也。公不如〔以〕④仪之言为资而反于楚(王)⑤。"陈轸曰:"善。"因使人先言于楚王。

【注释】

①此章与楚策三第八章小异,可参看。

②鲍注:"衍'之'字。"冈本无"之"字。于鬯战国策注:"卢刻无'之'字。"　建章按:楚策无"之"字,当删"之"字。　埊:古"地"字,见赵策四第八章注⑦。

③左华:楚策"华"作"爽",未知孰是。

④鲍补"如"下"以"字。　于鬯战国策注:"卢刻'如'下有'以'

字。" 建章按:楚策"如"下有"以"字,当补"以"字。

⑤"公不如"句:您不如就借助于张仪毁谤您的话,还可以返回楚国。鲍注:"反,言报之。" 王念孙读书杂志:"鲍说非也。'楚'下本无'王'字,此因下有'楚王'而误衍耳。'反'训'归',非训'报',楚策'而得复楚'是其证。"金正炜战国策补释同王。 关修龄战国策高注补正、横田惟孝战国策正解并以为衍"王"字。 建章按:鲍本章末"楚"下无"王"字,当是误脱而衍于此者,后人又以鲍本此处误衍之"王"字误补于此。当依王说删"王"字。 而:杨树达词诠卷十:"'犹'也,'且'也。"

十六 张仪欲穷陈轸章

张仪欲穷陈轸①,令魏王召而相之②,来将悟之③。将行,其子陈应止其公之行④,曰:"物之湛者⑤,不可不察也⑥。"

郑强出秦⑦,曰应为知⑧:"夫魏欲绝楚、齐,必重迎公。郢中不善公者,欲公之去也,必劝王多公之车⑨。公至宋,道称疾而毋行⑩,使人谓齐王曰⑪:'魏之所以迎我者,欲以绝齐、楚也'。"

齐王曰:"子果无之魏⑫,而见寡人也,请封子。"因以鲁侯之车迎之⑬。

1015

【注释】

①张仪:见秦策一第三章注⑫。 陈轸:见秦策一第十一章注①。周显王四十七年(前322年)张仪相魏,时陈轸在楚。顾观光战国策编年系此策于周赧王六年(前309年)。

②魏王：惠王，见秦策四第五章注⑦。

③鲍改"悟"作"倍"。　姚校："悟，曾作'梧'。"　黄丕烈战国策札记："此以'悟'为'圄'字耳。"　建章按：黄说是。墨子非命上于省吾双剑誃诸子新证："吾、敔、圄、圉古通。"　圄（yǔ语）：囚禁，与"梧"义同。不必改字。

④公：广雅释亲："父也。"

⑤物：事。　湛：通"沉"，深，隐。

⑥察：慎。

⑦鲍注："强自秦出，在楚。"

⑧曰：裴学海古书虚字集释卷二"犹'谓'也"。　为：通"谓"。姚校："知，曾作'之'。"　金正炜战国策补释："'知'与'之'古通用。""之"指陈轸。　此言：对陈应说，要他对其父陈轸说。

⑨"郢中"三句：楚国对您不好，本来就想让您离开楚国，一定会劝楚王多给您预备车辆。　郢中：指楚人。　郢：楚都。

⑩宋：见秦策一第四章注②。　道：中途。　毋行：不要再前进。

⑪齐王：威王，见秦策四第十章注⑲。

⑫鲍本"果"作"东"，注："使东来齐。"　建章按：郑强的设谋，正是为了齐王邀陈轸，现在齐王邀陈轸去齐，用"果"字正与郑强的设谋相应。如作"东"，与下文"见寡人"义复。疑"果"字误于"子"下，而后人改作"东"者。或"果"可训"必"犹言"一定"，亦通。　无：毋，勿。　之：至。

⑬因：于是。　鲁侯之车：迎接鲁侯用过的车。　之：指陈轸。

十七　张仪走之魏章

张仪走之魏①，魏将迎之②。张丑谏于王③，欲勿内④，不得于王⑤。张丑退，复谏于王曰⑥："王亦闻老妾事其主（妇）

〔父〕者乎⑦？子长色衰⑧，重家而已⑨。今臣之事王，若老妾之事其主(妇)〔父〕者。"魏王因不纳张仪。

【注释】

① 张仪：见秦策一第三章注⑫。　走：吕氏春秋慎大览权勋高注"奔也"。犹逃。

② 类说引"魏"下有"王"字。

③ 张丑：曾为齐臣。

④ 内：同"纳"，接待。

⑤ 得：中(读第四声)，适，此言不中王之意，故鲍注："王不听也。"

⑥ 复：又，再。

⑦ 金正炜战国策补释："'主妇'当为'主父'之讹，燕策'妾知其为药酒也，进之则杀主父，言之则逐主母。'俗读'父'、'妇'同音，因以致误。仪礼特牲馈食礼注'主妇、主人之妻'。与此文不合。"　建章按：下文"今臣之事王，若老妾之事其主妇者"，以"主妇"比"王"，似不伦。当依金说改"妇"作"父"。

⑧ 类说引"子长"作"年长"。

⑨ 姚校："家，一本作'嫁'。"　鲍本"家"作"嫁"，注："重，犹再。"黄丕烈战国策札记："'嫁'字当是。"　金正炜战国策补释："西周策高注'嫁，卖'。又按：此文或以'家'喻'国'，'子长'则欲其承业；'色衰'则不复妒人，故曰'重家而已'。"　建章按：(1)据前后文，"子长"实觉无意，疑为"年长"之误。尔雅释诂："艾，长也。"广雅释诂一："艾，老也。"又"长，老也。"而"年老色衰"为常语。(2)鲍、黄以"嫁"为"出嫁"之"嫁"，然"年老色衰"何能出嫁。(3)金以"嫁"为"卖"解；又说"'色衰'则不复妒人，故曰'重家而已'。"两说皆可通。如以"嫁"作"卖"解，此句意为：年老色衰，把她卖掉算了。这是轻视之意，故下文之意谓魏

王不重视张丑。如以"色衰不复妒人"解，此句意为：年老色衰，只好一心为家。故下文之意谓：自己忠心为国。

十八　张仪欲以魏合于秦韩章

张仪欲以魏合于秦、韩而攻齐、楚[①]；惠施欲以魏合于齐、楚以案兵[②]。人多为张子于王所[③]。

惠子谓王曰[④]："小事也，谓可者谓不可者正半[⑤]，况大事乎？以魏合于秦、韩而攻齐、楚，大事也，而王之群臣皆以为可。不知是其可也，如是其明耶？而群臣之知术也，如是其同耶[⑥]？是其可也，未如是其明也？而群臣之知术也，又非皆同也[⑦]？是有其半塞也[⑧]，所谓劫主者，失其半者也[⑨]。"

【注释】

①鲍编此策于魏襄王之世。　吴正："当是惠王时。"　顾观光战国策编年系此策于周显王四十七年，当魏惠王后元十三年。于鬯战国策年表系此于周慎靓王三年，当魏襄王元年。　建章按：鲍据史记，吴据竹书纪年而时同。杨宽战国史附录战国大事年表公元前322年（周显王四十七年），魏惠王后元十三年"魏采用张仪的策略，改用张仪为相，把惠施逐走。"顾编年或是。　张仪：见秦策一第三章注⑫。

②惠施：见楚策三第六章注①。　案兵：止兵。齐、楚联合，秦、韩不敢加兵，则战争打不起来，故言"案兵"。

③人多为张子于王所：大臣们在魏王处都同意张仪。　多：尔雅释诂"众也"。犹言"都"。　为：杨树达词诠卷八："助也；读去

声。” 张子:张仪。　所:处。

④惠子:惠施。

⑤正:裴学海古书虚字集释卷九:“犹‘尚’也。”

⑥“不知”四句:到底不知道这真的是显而易见完全可以的呢? 还
　是群臣的智谋竟如此完全一致呢? 　而:裴学海古书虚字集释
　卷七:“犹‘抑’也。”抑,即“或者”。鲍本“而”作“亡”,亦“抑”
　也,见王引之经传释词卷十。　知术:智谋。

⑦“是其可也”四句:到底不知道这真的不是显而易见完全可以的
　呢? 还是群臣的智谋竟如此完全相反呢? 　是其可也:“不知
　是其可也”的省略。

⑧是有其半塞也:这样有一半人的意见都听不到。　塞:蔽塞,下
　情不能上达。

⑨“所谓”两句:这就是所谓偏听偏信,则可以失国啊! 　劫主:国
　君之权为人所夺,即失国。　失其半:一半人的不同意见不能
　上达。

十九　张子仪以秦相魏章

张子仪以秦相魏①,齐、楚怒而欲攻魏。

雍沮谓张子曰②:“魏之所以相公者,以公相则国家安,
而百姓无患。今公相而魏受兵,是魏计过也③。齐、楚攻
魏,公必危矣。”张子曰:“然则奈何?”雍沮曰:“请令齐、楚
解攻④。”

雍沮谓齐、楚之君曰⑤:“王亦闻张仪之约秦王乎⑥?
曰:‘王若相仪于魏,齐、楚恶仪,必攻魏。魏战而胜,是齐、
楚之兵折⑦,而仪固得魏矣⑧;若不胜(魏)⑨,魏必事秦⑩,以

持其国，必割地以赂王⑪。若欲复攻⑫，其敝不足以应秦⑬。'此仪之所以与秦王阴相结也。今仪相魏，而攻之，是使仪之计当于秦也⑭，非所以穷仪之道也⑮。"齐、楚之王曰："善。"乃遽解攻于魏⑯。

【注释】

①姚校："刘去'子'字。" 鲍注："衍'子'字。" 顾观光战国策编年系此策于周显王四十七年（前322年）。 于鬯战国策注："'仪'其名也，非其字也，例不当加'子'。但下文称'张子'，此亦'张子'读逗，不连'仪'读，可通，不必删。"又于鬯战国策年表系此策于周赧王五年（前310年）。 建章按：上章首言"张仪""惠施"，后言"张子""惠子"，策文未见有"苏子秦"，"惠子施"等等，古书亦未见有"孔子丘"，"孟子轲"等等，此当衍"子"字。张仪死于周赧王六年（前309年），顾、于系年未知孰是，姑从顾说。

②雍沮（jù 具）：鲍注："魏人。"

③受兵：被兵，犹言被进攻。 过：错，失。

④解：散，脱，放；此犹言放弃。

⑤齐君：威王，见秦策四第十章注⑲。 楚君：怀王，见东周策第八章注③。于鬯战国策注："御览游说览引春秋后传'君'作'王'，与下文合。"

⑥秦王：惠文王，见秦策一第一章注⑱。

⑦折：挫，损毁。

⑧得：通"德"，见赵策一第九章注㊾。 得魏：犹言有功于魏，则必为魏所信任。

⑨鲍注："衍'魏'字。" 于鬯战国策注："'不胜'者，魏不胜齐、

楚,鲍衍当是。御览引后传亦无。" 建章按:鲍、于说是,当删一"魏"字。

⑩事:服侍,听从。

⑪"若不"句以下:魏国如果战不胜齐、楚,他必然听从秦国,来保全自己的国家,一定会割地给大王。 略:给,献。

⑫复攻:言秦攻齐。

⑬敝:通"罢""疲",因齐、楚与魏战,故言。 应:应付,对付,对抗。

⑭当:吕氏春秋离俗览贵信高注:"犹'应'也。"应,即效应,效验。

⑮穷:困。 道:术,方法,办法。

⑯遽:即刻。

二十 张仪欲并相秦魏章

张仪欲并相秦、魏①,故谓魏王曰②:"仪请以秦攻三川③,王以其间约南阳④,韩氏〔必〕亡⑤。"

史厌谓赵献曰⑥:"公何不以楚佐仪求相之于魏,韩恐亡,必南走楚⑦。仪兼相秦、魏,则公亦必并相楚、韩也。"

【注释】

①张仪:见秦策一第三章注⑫。顾观光战国策编年、于鬯战国策年表并系此策于周显王四十七年(前 322 年)。

②魏王:惠文王,见秦策四第五章注⑦。前一年秦派张仪与齐、魏会于啮桑,此或仍为秦合魏。

③三川:见西周策第十二章注⑨。韩国的三川在今河南省宜阳县一带。

④间:隙,此犹言"机会"。　约:说文"缠束也"。则"约"有"控制"之义。　下策"魏攻南阳",又言"韩之南阳举",据此则"控制"亦"夺取"之义。　南阳:见西周策第十章注④。

⑤刘锺英战国策辨讹:"'氏'下脱'必'字。"　金正炜战国策补释:"'氏'下疑脱'必'字,下章'张仪已合秦、魏矣,其言曰:魏攻南阳,秦攻三川,韩氏必亡',即为此文之证。"　关修龄战国策高注补正:"言二国同攻一方,则韩氏必亡。"　于鬯战国策注:"下策云'魏攻南阳,秦攻三川,韩氏必亡',此'亡'上似亦当有'必'字。或'氏'即'必'字之误。"　建章按:无"必"字义固可通,然语气殊不足,诸说皆是,当据下章补"必"字。

⑥东周策第七章有"史厣","厣"通"厌",疑即其人。此当是张仪派往楚之使者。此句义当为"史厌为张仪谓昭戯曰"。或"史"即"使",战国纵横家书二十一章"史秦废令",释文"史"即"使"。则此句即"使厌谓赵献曰"。疑"赵"为"昭"之音误。"献"为"戯"之误,见东周策第六章注①。

⑦吕氏春秋孟秋季荡兵"民之号呼而走之"高注:"走,归。"

二十一　魏王将相张仪章

魏王将相张仪①,犀首弗利②,故令人谓韩公叔曰③:"张仪以合秦、魏矣④。其言曰⑤:'魏攻南阳,秦攻三川,韩氏必亡⑥。'且魏王所以贵张子者,欲得垫⑦,则韩之南阳举矣⑧。子盍少委焉⑨,以为衍功,则秦、魏之交可废矣。如此则魏必图秦而弃仪⑩,收韩而相衍⑪。"公叔以为信⑫,因而委之犀首以为功⑬,果相魏。

【注释】

①顾观光战国策编年、于鬯战国策年表并编此策于周显王四十七年(前322年)。　魏王:惠文王,见秦策四第五章注⑦。　张仪:见秦策一第三章注⑫。

②犀首:即公孙衍,见秦策一第十章注⑧。

③韩公叔:韩相,即公叔伯婴,见东周策第七章、楚策一第十四章。

④以:通“已”。

⑤此谓联合秦、魏两国的盟约。

⑥此三句见上章注③、④、⑤。

⑦史记犀首列传(附张仪列传后)作“欲得韩地也”。　墬:古“地”字,见赵策四第八章注⑦。

⑧举:拔,攻下。

⑨盍(hé何):裴学海古书虚字集释卷四:“‘何不’也。”犀首列传“盍”,正作“何不”。周礼大司徒注:“少曰委,多曰积,皆所以给宾客。”则“少委”即“委”之义,委,训“给”,此言“割给”。　焉:于之;之,指魏。

⑩图:谋,算计,谋算。魏既谋算秦,则与秦国的关系断绝。

⑪收韩:与韩国联合。

⑫姚校:“‘信’,曾作‘便’,刘作‘信’。”鲍本“信”作“然”。犀首列传“信”作“便”。　建章按:据姚校,本文当非“信”,或当是“然”字。“然”“便”“信”义皆可通。未知孰是。

⑬据上文“少委焉以为衍功”,则此句当是“委之以为犀首功”。

二十二　楚许魏六城章

楚许魏六城,与之伐齐而存燕①。张仪欲败之②,谓魏王曰:“齐畏三国之合也③,必反燕墬以下楚、〔赵〕④,楚、赵必听之，而不与魏六城。是王失谋于楚、赵，而树怨(而)于齐、秦也⑤。齐遂伐赵，取乘丘⑥，收侵地，虚、顿丘危⑦。楚破南阳、九夷⑧，内沛⑨，许、鄢陵危⑩。王之所得者，新观也⑪，而道途宋、卫为制⑫。事败为赵驱⑬，事成功县宋、卫⑭。"魏王弗听也⑮。

张仪告公仲⑯，令以饥故，赏韩王以近河外⑰。魏王惧⑱，问张子，张子曰："秦欲救齐，韩欲攻南阳⑲，秦、韩合而欲攻南阳无异也⑳。且以遇卜王㉑，王不遇，秦、韩之卜也决矣㉒。"魏王遂尚遇㉓，秦信韩㉔、广魏㉕、救赵㉖、尺楚人遽于葦下㉗。伐齐之事遂败。

【注释】

①顾观光战国策编年、于鬯战国策年表并系此策于周赧王元年（前314年）。

②张仪：见秦策一第三章注⑫。　败：破坏。

③于鬯战国策注："此时燕为齐取，不成国，'三国'者，楚、魏、赵也，故下文及'赵'。观赵策'楚、魏令淖滑、惠施之赵，请伐齐而存燕'，尤可证。"

④坔："古"地"字，见赵策四第八章注⑦。　下：谦卑。　下文"楚、赵必听之""失谋于楚、赵"，皆"楚、赵"连文，且赵亦参与"伐齐存燕"之事。"楚"下当补"赵"字。金正炜战国策补释亦认为"当补'赵'字"。

⑤"而于"之"而"当衍。　下文"秦欲救齐"，则齐、秦为盟国，故云"树怨于齐、秦"。

⑥乘丘：当是赵之乘丘，在今山东省荷泽市巨野县。

⑦虚：在今河南省延津县东。　顿丘：在今河南省清丰县西。皆

魏地。

⑧楚破:言秦破楚。 南阳:见秦策二第六章注⑦。 九夷:见秦策三第六章注⑨。皆楚地。

⑨内:侵入。 沛:在今江苏省沛县。

⑩许鄢陵:见秦策四第九章注㉒。皆魏地,魏之南境,与楚接。

⑪"王之"句以下:大王所得的就是新观而已,而要经过宋、卫两国才能控制。 新观:今山东省观城县,与河南省濮阳县毗邻。

⑫途:此犹言经过。 宋:见秦策一第四章注②。 卫:见秦策三第六章注⑫。

⑬事败:谓伐齐失败。 为赵驱:被赵国驱使。

⑭事成功县宋卫:伐齐成功,又被宋、卫两国所限制。 县:系,限。

⑮姚校:"刘连上,曾题。" 鲍本连下为一章。 关修龄战国策高注补正:"仪说不行,因教韩公仲也。"连下为一章。 于鬯战国策注:"下文云'伐齐之事遂败'。应策首语,则连者当"。 建章按:据文意,当连下为一章。

⑯公仲:韩相。

⑰鲍注:"赏,犹劝也。韩时饥,因劝之就粟于河外,河外近魏,故魏恐。"吴正:"此句不可解,恐'韩王'字当在'令'下,而衍一'以'字。谓公仲令韩王以饥故赏赐近河外之民。" 金正炜战国策补释:"以注文求之,'王'当为'𡌨'之误,即唐武后所造'人'字。管子大匡篇'管仲又请赏于国',左传十五年传'朝国人而以君命赏',为义并同。'近'当为'逐',涉注文'近魏'而误,说文'逐,迁徙也',与孟子'移民于河东'同义。吴氏所正并非。" 金其源读书管见:"淮南子说林训'毋赏越人章甫'注'赏,遗也。'诗大雅板'及尔出王'传'王,往也。''以'与'已'本同。此谓张仪告公仲,令以饥故将粟遗韩因饥流亡往魏

而已近河外者。所以使魏闻而惧秦、韩之合也。" 关修龄战国策高注补正:"赏,犹赐也;令请魏王以饥故,赐韩王以民就食于近河外之邑。" 横田惟孝战国策正解:"'赏'疑'贷'讹,仪以其说不行,教公仲令请魏王以饥故,贷韩王以近河外之地而移民就食。" 建章按:逸周书谥法篇王念孙读书杂志:"古者'王'、'往'同声而互训。大雅板篇'及尔出王'毛传'王,往也。'吕氏春秋顺说篇'桓公则难与往也'高注'往,王也。'是'王'与'往'声同义同而字亦相通。" "以近"之"以":杨树达词诠卷七"用同'于'。" 河外:见齐策一第十七章注⑰。 此言:张仪告诉韩相公仲,让他以韩国遭受饥荒为理由,请魏国给韩国援助,让饥民去靠近河外之地就食。(参考各说)

⑱魏王:襄王,见东周策第十九章注⑧。

⑲南阳:魏地,见秦策四第五章注③。

⑳无异:没有别的缘故。

㉑且以遇卜王:而且他们以大王是否参加会晤来推测大王的态度。 遇:会晤。 卜:推测。

㉒"王不遇"两句:大王如果不参加会晤,那么秦、韩两国对大王的了解就可以断定了。 决:断,定。

㉓魏王遂尚遇:魏王果然参加了会晤。 尚:举,奉行。

㉔秦信韩:秦、韩两国更加信赖。 信:白虎通情性:"诚也,专一不移也。"

㉕广魏:宽解了魏国的忧心。 广:宽,宽解。

㉖救赵:解救赵国的被进攻。 前言"齐遂伐赵",故此言"救赵"。

㉗鲍改"尺"作"斥","革"作"革",注:"遽,传遽;楚以传来许地,魏斥之也。" 吴补:"'革'疑'华'。" 金其源读书管见:"尺、斥古通。尔雅释器:'笞首谓之革。''革下',谓未及下马而在

辔下,犹马上也;谓及其未来而拒之,斥楚人之以传遽来与六城于马上也。" 金正炜战国策补释:"尺即'斥'之借字。'斥楚遽'者,不纳其来议伐齐之使。吴说近是,韩非显学篇'是以魏任孟卯之辩而有华下之患',秦策'天下有比志而军华下',或即其地。" 关修龄战国策高注补正:"言魏合秦反楚,而斥楚遽人也。" 建章按:"尺"通"斥",不必改字。"人"疑"之"字之误。庄子知北游"与人相将迎",于省吾双剑誃诸子新证:"敦煌古抄本'人'作'之',作'之'者是也。"荀子王霸"人主者,守至约而详",王念孙读书杂志:"宋钱本'人'作'之',元刻世德堂本同。钱本是也,'之主'者,是主也,是主者,指上文功一天下,名配尧禹之主而言。"墨子天志中"辟人,无以异乎轮人之有规"孙诒让墨子间诂:"'辟人'之'人'当作'之',上文云'辟之,无以异乎国君诸侯之有四境之内也',是其证。"左僖三十二年传"且使遽告于郑"注"遽,传车"。传车:古代驿站的专用车辆。革下,姑依吴、金说作"华下",见秦策一第五章注㊲。则此言:斥责了楚国派到华下的使者。

二十三　徐州之役章

徐州之役①,犀首谓梁王曰②:"何不阳与齐而阴结于楚③?二国恃王,齐、楚必战④。齐战胜楚,而与乘之⑤,必取方城之外⑥;楚战胜齐(败)⑦,而与乘之⑧,是太子之仇报矣⑨。"

【注释】

①徐州之役:见齐策一第一章注①。 顾观光战国策编年、于鬯

战国策年表并系此策于周显王三十六年(前 333 年)。

②犀首：见秦策一第十章注⑧。　梁王：魏惠王，见秦策四第五章注⑦。

③阳：公开。　与：友好。　阴：暗暗，秘密。

④鲍本无"楚"字，注："衍'齐'字。"　吴补："一本'齐'下有'楚'字。"金正炜战国策补释："既言'二国恃王'，不当复言'齐楚'，鲍本无'楚'字是，'齐'字非衍，盖'济'之省，左桓十一年传'盍请济师于王'注'济，益也。'犹今人言'接济'，后人不辨'齐'之为'济'，因增'楚'字，遂失本义。荀子王霸篇'以国齐义'注'齐，当为济'。与此正同。"　关修龄战国策高注补正："'齐楚'似注'二国'。"　于鬯战国策注："关说盖是，此旧注而误入正文也。"　建章按：金以为"楚"字乃后人所增，当是，然以为"齐"乃"济"字之省则非，所举王霸篇之"齐"乃"统一"之义，不当引以证此。此"齐"与"资"通，韩非子说林上于省吾双剑誃诸子新证"'齐'、'资'古通用。"资：助。则两句当是"二国恃王齐，必战"。意思是：齐、楚两国都依仗大王的帮助，他们必然开战。

⑤而与乘之：魏、齐联合利用楚国失败之弊。

⑥方城之外：见西周策第八章注⑦。

⑦姚校："一本无'败'字。"　鲍注："衍'败'字。"　建章按：据上文"齐战胜楚"，当据一本删"败"字。

⑧而与乘之：(楚国战胜齐国)就和楚国共同乘齐国战败疲惫之机。

⑨太子：魏惠王太子申，见秦策五第一章注⑰。

二十四　秦败东周章

秦败东周①，与魏战于伊阙②，杀犀武③，〔乘胜而留于境〕④。魏令公孙衍(乘胜而留于境)请卑辞割埊以讲于秦⑤。

为窦屡谓魏王曰⑥:"臣不知衍之所以听于秦之少多⑦,然而臣能半衍之割,而令秦讲于王⑧。"王曰:"奈何?"对曰:"王不若与窦屡关内侯⑨,而令赵王重其行,而厚奉之⑩。因扬言曰:'闻周、魏令窦屡以割魏于奉阳君而听秦矣⑪。'夫周君、窦屡、奉阳君之与穰侯,贸首之仇也⑫。今行和者,窦屡也;制割者,奉阳君也⑬。太后恐其不因穰侯也,而欲败之⑭,必以少割请合于王,而和于东周与魏也⑮。"

【注释】

①顾观光战国策编年、于鬯战国策年表系此策于周赧王二十二年(前293年)。

②伊阙:见西周策第二章注①。

③犀武:魏将。

④金正炜战国策补释:"'乘胜而留于境'六字当在'杀犀武'句下。秦兵既胜,而仍留魏境,欲深伐魏也,故使公孙衍请卑辞割地,以讲于秦。"关修龄战国策高注补正、于鬯战国策注并同金说。 建章按:此文倒误,故不成义,当依金、关、于说改。

⑤公孙衍:秦策一第十章注⑨。 卑辞:谦恭卑下的态度。 埊:古"地"字。见赵策四第八章注⑦。 讲(講):通"媾"。

⑥鲍注:"窦屡,魏人。" 于鬯战国策注:"或是周人,与下文'周、魏令窦屡'语亦合。" 魏王:昭王,见东周策第二十章注①。

⑦臣不知衍之所以听于秦之少多:我不知道公孙衍答应割给秦国多少土地。 听:许,答应。

⑧"然而"两句:但是我可以只割公孙衍的一半给秦,就能让秦国与大王媾和。

⑨关内侯:见秦策四第九章注㊿。

⑩鲍本"令"下有"之"字。 黄丕烈战国策札记:"有'之'字当
是。"金正炜战国策补释:"有'之'字是也,之,往也。" 关修龄
战国策高注补正:"高无'之'字,坊本误衍,十四字句。言魏令
赵王重窦屡之秦,而厚奉遗之也。盖使秦知赵重窦屡之行,因
扬言如下文。" 建章按:有"之"无"之"皆可通。

⑪奉阳君:李兑,见秦策三第十章注㉔。 以:通"已"。

⑫穰侯:见秦策一第五章注㊿。 贸首之仇:犹言不共戴天之仇。

⑬"今行"两句:现在进行议和的人是窦屡,控制割地的人是奉
阳君。

⑭"太后"两句:太后恐怕这些事不是因为穰侯而成功的,想从中
破坏。 太后:秦宣太后,见秦策二第十六章注①。 败:破
坏。 之:指周、魏与秦媾和事。

⑮"必以"两句:所以太后一定会要求秦王以少割地与东周和魏国
媾和。

二十五 齐王将见燕赵楚之相于卫章

齐王将见燕、赵、楚之相于卫①,约外魏②。魏王惧③,恐
其谋伐魏也,告公孙衍④。公孙衍曰:"王与臣百金⑤,臣请
败之⑥。"王为约车,载百金⑦。犀首期齐王至之(曰)〔日〕⑧,
先以车五十乘至卫⑨,间齐行以百金⑩,以请先见齐王⑪。乃
得见⑫,因久坐⑬,安从容谈⑭。三国之相怨⑮。

谓齐王曰⑯:"王与三国约外魏,魏使公孙衍来,今久与
之谈,是王谋三国也也⑰。"齐王曰:"魏王闻寡人来,使公孙
子劳寡人,寡人无与之语也⑱。"三国之不相信齐王之遇⑲,

遇事遂败。

【注释】

①顾观光战国策编年、于鬯战国策年表并系此策于周显王三十七年(前332年)。 齐王:威王,见秦策四第十章注⑲。 卫:见秦策三第六章注⑫。此言齐王将在卫国与燕、赵、楚三国的相国会晤。

②约外魏:没有邀请魏国参加。 外:犹"除"。

③魏王:惠王,见秦策四第五章注⑦。

④公孙衍:见秦策一第十章注⑧。

⑤百金:见东周策第二十二章注③。

⑥败:破坏。 之:指齐与燕、赵、楚会晤之事。

⑦姚校:"载,孙作'赍'。"

⑧犀首:公孙衍,见秦策一第十章注⑧。 期:估计。 鲍本"曰"作"日",依鲍本改,见西周策第十二章注⑫。

⑨一车四马为一乘。

⑩鲍于"行"下补"人"字。 吴正:"'行以百金'犹云行几金于某。"黄丕烈战国策札记:"今本'行'下有'人'字,乃误涉鲍也。" 金正炜战国策补释:"后汉书邓禹传注:'间,私也。'管子小匡篇'隰朋为行'注:'行,谓行人也。'鲍补无取。此言衍欲得先见齐王,故私齐行以百金。" 建章按:韩非子说林上"秦武王令甘茂择所欲为于仆与行事",俞樾诸子平议:"'事'字衍文,仆与行为官名。"金说是。行人:使臣,犹言外交工作人员、外交使节。

⑪"犀首"句以下:犀首估计齐王到达卫国的日期,先期以五十乘车到达卫国,秘密以百金给齐国使臣,要求先拜见齐王。

⑫金正炜战国策补释:"'乃'当为'及',形似而误。" 建章按:管

子问"唯君子乃能矣" 王念孙读书杂志:"本作'唯君子为能及矣',今本脱'为'字,'及'误为'乃',又误在'能'之上。"春秋繁露重政"安容言乃天地之元。"俞樾诸子平议:"'乃'是'及'字之误,聚珍本曰'乃,他本作及',当从之。"此"及"易误为"乃"之证。金说可从。

⑬因:则,而。

⑭安:王引之经传释词卷二:"犹'则'也。"

⑮三国之相怨:燕、赵、楚三国派来参加会晤的相国因齐王先与犀首谈,都感到不满。

⑯谓:言"有人谓"。当是犀首之同谋者。

⑰鲍本"也"字不复。黄丕烈战国策札记:"下'也'字当是'已'字之误,辄删者未是。" 建章按:王引之经传释词卷四:"也,犹'矣'也。"此"也矣"连用。

⑱公孙子:公孙衍。 劳:犹今言"看望"。 寡人:古时王、侯自称之词。 无:王引之经传释词卷十:"未也。"

⑲鲍改"不相"作"相不"。 吴补:"字殽次,当作'相不'。" 黄丕烈战国策札记:"今本'不相'作'相不'乃误涉鲍也。" 金正炜战国策补释:"此当乙正,上'遇'疑当作'语','语''遇'一声之转,又涉下'遇'字而误。" 建章按:上文有"三国之相怨",此当亦为"三国之相不信齐王之遇",此言,三国的相国都不信齐王发起的这次四国会晤。鲍改可从。

1032

二十六　魏令公孙衍请和于秦章

魏令公孙衍请和于秦①,綦母恢教之语曰②:"无多割③。"曰:"和成,固有秦重和,以与王遇④;和不成,则后必莫能以魏合于秦者矣。"⑤

【注释】

①公孙衍：见秦策一第十章注⑧。 顾观光战国策编年、于鬯战国策年表并系此策于周赧王二十二年(前 293 年)。

②綦母恢：见西周策第十一章注⑤。

③无：勿。

④"和成"三句：和成，必因秦重和而与王会晤。 吴补："一本标'孙本无'以'上'和'字'。" 黄丕烈战国策札记："无'和'字者是也。" 关修龄战国策高注补证："言无多割而成和，则秦重和也，必与王遇。" 于鬯战国策注："遇，盖谓际遇，言衍因秦重而际遇于魏王也。或云：'和以与王遇'五字恐尚有脱，非衍也，否则五字悉衍，不得只去一'和'字。" 建章按：固：吕氏春秋审分览任数篇高注"犹'必'也"。 有：裴学海古书虚字集释卷二："因也。" 以：而。 遇：会。

⑤"无多割"以下："勿多割地。"又说："如果求和成功，必因秦国重视魏国的求和，而与魏王会晤；如果求和不成功，那么以后一定不会有谁能让魏国与秦国联合了。" 关修龄战国策高注补正："以无多割而和不成，则重地也，人恶其贪冒，必莫令魏割地以合于秦矣。" 于鬯战国策注："衍以少割，故和不成，后之和魏于成者，若多割而能，则为衍笑矣，故'莫能'也。"

二十七　公孙衍为魏将章

公孙衍为魏将[①]，与其相田繻不善[②]。季子为衍谓梁王曰[③]"王独不见夫服牛骖骥乎？不可以行百步[④]。今王以衍为可使将，故用之也，而听相之计，是'服牛骖骥'也[⑤]。牛马俱死[⑥]，而不能成其功，王之国必伤矣[⑦]！愿王察之[⑧]。"

【注释】

①公孙衍:见秦策一第十章注⑧。 顾观光战国策编年系此策于周显王三十七年(前 332 年)。

②不善:关系不好。

③季子:于鬯以为即季梁,详彼战国策注及庄子则阳篇香草续校书。庄子则阳陆德明经典释文:"季子,魏臣。" 梁王:惠王,见秦策四第五章注⑦。

④"王独不见"两句:大王难道不了解耕牛驾辕,千里马拉长套吗?连百步也走不到。 独:就,难道。 夫:语中助词;或作"彼"解亦可。 服:驾辕。 服牛:以牛驾辕。 骖:驾在车两旁的马。 骖骥:以千里马驾在车两旁。 一般驾车总是主力驾辕。牛迟钝而驾辕,骥迅疾而拉长套,故不能相得,所以"不可以行百步"。 楚辞东方朔七谏谬谏:"驽骏杂而分兮,服罢牛而骖骥。"王注:"言选士用人杂用驽、骏,不异贤、愚,若驾罢牛,骖以骐骥,才力不同也。"可参考。

⑤姚校:"一作'之道'。" 于鬯战国策注:"当谓'也'上有'之道'二字。" 建章按:"也"上恐脱"之道"二字。

⑥金正炜战国策补释:"'死'当为'獘',缺损而误。'獘'与'弊'通,一切经音义'弊,古文作獘、敝二形',礼记檀弓释文'獘亦作弊',左隐元年传'必自獘'释文'獘,本作弊',燕策'秦、赵相弊',史记苏秦传作'秦、赵相獘',并可为证。" 建章按:金说当是。弊:疲,罢,力竭。

⑦伤:损,害。

⑧察:审慎,考虑。

战国策注释卷二十三

魏 策 二

一 犀首田盼欲得齐魏之兵以伐赵章

犀首、田盼欲得齐、魏之兵以伐赵^①，梁君与田侯不欲^②。

犀首曰："请国出五万人，不过五月而赵破。"田盼曰："夫轻用其兵者，其国易危；易用其计者，其身易穷。公今言破赵大易，恐有后咎^③。"犀首曰："公之不慧也^④。夫二君者固已不欲矣^⑤，今公又言有难以惧之^⑥，是赵不伐，而二士之谋困也^⑦。且公直言易，而事已去矣^⑧。夫难构而兵结^⑨，田侯、梁君见其危，又安敢释卒不我予乎^⑩？"田盼曰："善。"遂劝两君听犀首。犀首、田盼遂得齐、魏之兵。兵未出境，梁君、田侯恐其至而战败也^⑪，悉起兵从之，大败赵氏。

【注释】

①犀首:公孙衍,见秦策一第十章注⑧。　田盼:盼子,见齐策一第一章注④。　顾观光战国策编年系此策于周显王三十七年。

②梁君:魏惠王,见秦策四第十章注⑳。　田侯:齐威王,见秦策四第十章注⑱。

③咎:说文"灾也"。

④慧:聪明。　之:犹"其"也,或语中助词,皆可通。

⑤夫:裴学海古书虚字集释卷十:"犹'此'也。"

⑥姚校:"曾添'有'字"。　鲍本无"言"下"有"字。　建章按:据姚校,则姚本亦无"有"字。然有"有"字亦通。王引之经传释词卷三:"有,犹'为'也;'为'、'有'一声之转,故'为'可训为'有','有'亦可训为'为'。"　之:指"二君"。

⑦二士:指犀首、田盼。　姚校:"'士',一作'君'。"

⑧金正炜战国策补释:"墨子经说'且犹是也';'易'上疑脱'不'字,或'易'为衍文。"　关修龄战国策高注补正:"言谋困之后,虽直言易,而事机已去矣,不可复用也。"　于鬯战国策注:"'事已去',当指将兵已出境。"　建章按:裴学海古书虚字集释卷八:"且,犹'若'也。"　而:王引之经传释词卷七:"犹'则'也。"　事:战事。　广雅释诂一:"去、遂,行也"。则去、遂之义同。遂:成也,则"去"亦可训为"成"。　事已去:犹言战争已经开始。

⑨难(nàn)构:犹言双方交战。　难:敌对。　兵结:兵器相交。

⑩释:放置。　不我予:即"不给我"的倒装。

⑪至:言至赵。

二　犀首见梁君章

犀首见梁君曰①:"臣尽力竭知②,欲以为王广土取尊

战国策注释

名③,田需从中败君④,王又听之,是臣终无成功也。需亡,臣将侍;需侍,臣请亡⑤。"王曰:"需,寡人之股掌之臣也⑥,为子之不便也⑦,杀之、亡之,〔外之〕母谓天下何!内之无若群臣何也⑧!今吾为子(外之)令母敢入子之事⑨。入子之事者,吾为子杀之、亡之,胡如⑩?"犀首许诺。于是东见田婴,与之约结⑪,召文子而相之魏⑫,身相于韩⑬。

①犀首:见秦策一第十章注⑧。 于鬯战国策年表系此策于周显王四十五年(前324年)。 梁君:魏惠王,见秦策四第十章注⑳。

②知:同"智"。

③金正炜战国策补释:"魏王欲攻邯郸章'恃王国之大,兵之精锐,而攻邯郸以广地尊名',(按:魏策四第十七章)此文'取'字疑衍。" 建章按:此"广"字用作动词,与下"尊"字用作动词相对。金说当是。 广土取尊名:扩充土地,抬高声誉。

④吴补:"一本标'君、一作臣,又作之'。" 关修龄战国策高注补正:"高'君'作'臣'。" 横田惟孝战国策正解:"坊本'败臣'作'败君',一本作'败之'。" 金正炜战国策补释:"'君'字以一本作'臣'。" 于鬯战国策注:"卢刻'君'作'臣',是。" 建章按:"君"疑当作"者"。墨子兼爱下"天下无愚夫愚妇,虽非兼者。"王念孙读书杂志:"旧本'兼者'作'兼君',涉上下文'兼君'而误,今改正。"裴学海古书虚字集释卷九"者,犹'之'也;一为指事之词"。则此"者"即指代"犀首",故一本又作"败之",即"败者"。作"臣"者或以意改。

⑤需亡臣将侍需侍臣请亡:犹言有需无我,有我无需,不能并立于

卷二十三 魏策二

王侧。　亡:去,走。

⑥股掌之臣:据下文义,犹言亲近之臣。

⑦为:王引之经传释词卷二:"犹'如'也。"　之:犹"其"。

⑧鲍注:"内,谓亲之。称'群臣',则衍与焉。"　吴正:"言杀之、亡之,天下之人与内之群臣皆不以为然也。"又补:"'亡之'下一本标云有'外之'字。"　关修龄战国策高注补正:"一本有'外之'字,乃应'内之',可从。后错出于'为子'之下。"　横田惟孝战国策正解:"高本、坊本'母谓'上无'外之'二字,今从一本。"　金正炜战国策补释:"当有'外之'与下'内之'句相对为文,误淆次于下,本义遂湮;下文'为子'下不当有'外之'。'外之'、'内之'之'之','而'也。'谓……何'、'若……何'意同。此言虽特股掌之臣,杀之、亡之,外而天下,内而群臣,皆无奈我何也。"　黄丕烈战国策札记:"'母谓'上有'外之'者当是,此读'外之母谓天下何'七字为一句,与下'内之'为对文,涉'今吾为子外之'而脱。"　建章按:"杀之""亡之"之"之"指"田需"。裴学海古书虚字集释卷九:"之,犹'而'也。""外之""内之"即"外而""内而",亦即"外则""内则"。母:即"毋",(见西周策第十一章注⑤)同"无"。下同。　谓:王引之经传释词卷三:"'如'也,'奈'也。"金说是。

⑨"外之"当删,见注⑧。　入:犹参与,插手。

⑩胡如:何如。

⑪田婴:靖郭君,见齐策一第一章注②。

⑫文子:孟尝君田文,见东周策第十六章注①。　召:说文:"许也。"　相:助。　吴补:"田文为魏相。"

⑬吴补:"'身相韩',衍欲相韩也。"

三　苏代为田需说魏王章

苏代为田需说魏王曰[1]："臣请问文之为魏孰与其为齐也[2]?"王曰："不如其为齐也。""衍之为魏孰与其为韩也[3]?"王曰："不如其为韩也。"而苏代曰[4]："衍将右韩而左魏[5],文将右齐而左魏。二人者将用王之国,举事于世[6],中道而不可[7],王且无所闻之矣。王之国虽渗乐而从之,可也[8]?王不如舍需于侧[9],以稽二人者之所为。二人者曰[10]:'需非吾人也,吾举事而不利于魏,需必挫我于王。'二人者必不敢有外心矣。二人者之所为,之利于魏[11],与不利于魏,王厝需于侧以稽之[12]。臣以为身利而便于事[13]。"王曰:"善。"果厝需于侧。

【注释】

①钱穆先秦诸子系年95节"附苏代苏厉考"说:"魏策二,犀首东见田婴,召而相之魏,'苏代为田需说魏王'。此事不定在何年,当是魏襄王九年前,苏代或苏厉字讹,不能详说。"林春溥战国纪年"赧王元年,秦败韩师于岸门",自注说:"表、世家并云'走犀首岸门'。按:犀首魏将,而岸门之战与魏无涉。考魏策,犀首与田需不善,乃与田婴约结,召文子而相之魏,身相于韩,而苏代说魏王亦有衍将右韩而左魏之语,疑是时已在韩矣。"缪文远战国策考辨依何清谷公孙衍事迹考(文史第13辑),说:"此章事应在岸门战后,据史记六国表,是役在赧王元年(前314年)。" 苏代:见西周策第四章注②。 田需:见齐策四第九章注⑥。 魏王:惠王,见秦策四第十章注⑳。 于巤战国策年

表系此策于<u>周显王</u>四十五年(前324年)。

②文:<u>田文</u>,<u>孟尝君</u>,见<u>东周策</u>第十六章注①。　<u>高</u>注:"为,助也。"<u>姚</u>校:"<u>曾刘</u>无此注。"

③衍:<u>公孙衍</u>,见<u>秦策</u>一第十章注⑧。

④而:<u>王引之经传释词</u>卷七:"犹'乃'也。"又卷六:"乃,犹'于是'也。"

⑤右:亲。　左:疏。　将:<u>裴学海古书虚字集释</u>卷八:"犹'必'也。"

⑥举事:犹言谋事。

⑦中道:犹言中立。　而:则。

⑧<u>鲍</u>注:"言浸微浸弱如漏器然。言如漏器尚足乐,虽从二子可也;然从二子必亟亡,不得如是也。"　<u>吴</u>补:"渗乐,未详。"　<u>黄丕烈战国策札记</u>:"此当作'操药',形近而讹也,言国病甚。<u>鲍</u>所读非。"　<u>金正炜战国策补释</u>:"'渗乐'当是'消烁'之讹,'渗'、'消'篆文近似,'乐'则'烁'之损也。'消烁'字策数见。从,随也。言用二子则国将随之消烁矣。<u>鲍</u>注望文生义。"<u>关修龄战国策高注补正</u>:"疑'渗'当作'湛',<u>诗板</u>之篇曰'虽汝湛乐从',<u>郑</u>笺云'好乐嗜酒而相从'。是义可通,但突然错出,漫不接续,令人不可解也,若移置章末'事'下,文义方顺。"　<u>横田惟孝战国策正解</u>:"此十一字疑他章错简。<u>关君长</u>曰'渗作湛,移置末"事"下,文义方顺',若然,则'之国'二字衍文。"　<u>建章</u>按:虽,通"唯"。　渗乐:从<u>金</u>说作"消烁"解,见<u>赵策</u>二第一章注㉞、<u>赵策</u>四第四章注㉒。　也:犹"邪",表疑问的语气词,详<u>王引之经传释词</u>卷四。则"王之国"句是说,大王之国只有随着而削弱,能这样做吗?<u>关修龄</u>引诗乃<u>大雅抑</u>篇,"虽汝"当作"女虽"。　<u>姚</u>校:"'从'曾作'后'。"

⑨舍:安置。

⑩易困"曰,动悔有悔"疏:"曰者,思谋之辞也。"此"曰",犹言"暗想","暗自忖度"。

⑪之:裴学海古书虚字集释卷九:"其也。" 姚校:"刘去'之'。"

⑫厝:通"措",与上文"舍"义同。 稽:考察。

⑬身:尔雅释诂"我也",郭注:"今人亦自呼为身。" 身利:有利于自己。

四 史举非犀首于王章

　　史举非犀首于王①。犀首欲穷之②,谓张仪曰③:"请令王让先生以国④,王为尧、舜矣;而先生弗受,亦许由也⑤。衍请因令王致万户邑于先生⑥"。张仪说⑦,因令史举数见犀首⑧。王闻之而弗任也⑨,史举不辞而去⑩。

【注释】

①史举:见楚策一第十六章注④。 非:通"诽",说坏话。 犀首:公孙衍,见秦策一第十章注⑧。 顾观光战国策编年系此策于周显王四十七年(前322年)。 王:魏惠王,见秦策四第十章注⑳。

②穷:困住。

③张仪:见秦策一第三章注⑫。此时张仪相魏。

1041

④让:吕氏春秋恃君览行论"尧以天下让舜"高注:"犹'予'也。" 先生:指张仪。

⑤燕策一第九章"人谓尧贤者,以其让天下于许由,由必不受",荀子成相"尧、舜尚贤身辞让。许由、善卷重义轻利行显明。"则让天下于许由者当属尧。 许由:见赵策三第十五章注⑫。 尧

舜：见秦策一第二章注㉒、㉓。

⑥衍：公孙衍自称。　请：愿。　因：则，即。　致：给。

⑦说：同"悦"。

⑧数：屡次。

⑨鲍注："任，犹信也。举既非之，而数见之，故王疑之。"此言史举既然在魏王前说犀首的坏话，又老去拜见犀首，所以魏王怀疑史举。

⑩魏王疑史举而不用，又惧犀首穷之，故"不辞而去"。

五　楚王攻梁南章

楚王攻梁南①，韩氏因围(蔷)〔蔷〕②。成恢为犀首谓韩王曰③："疾攻蔷，楚师必进矣。魏不能支，交臂而听楚④，韩氏必危，故王不如释蔷。魏无韩患，必与楚战，战而不胜，大梁不能守⑤，而又况存蔷乎？若战而胜⑥，兵罢敝⑦，大王之攻蔷易矣。"

【注释】

①顾观光战国策编年系此策于周显王四十六年（前 323 年）。

楚王：怀王，见东周策第八章注③。

②姚校："'蔷'一本作'蔷'。"　鲍改作"黄"。　建章按：据下文当作"蔷"。关修龄战国策高注补正说："蔷，魏地，韩乘间围之。"

③犀首：公孙衍，见秦策一第十章注⑧，此时为魏将。　韩王：宣惠王，见楚策一第二章注⑮。

④文选司马相如喻巴蜀檄"交臂受事，屈膝请和"，张铣注："交

臂,拱手也。"韩策一第五章"交臂而服焉"。拱手:两手在胸前相抱表示恭敬。交臂:恭恭敬敬表示屈服。

⑤大梁:魏都,今河南省开封市。 而:如果。

⑥姚校:"刘添'而'字。" 鲍本无"胜"上"而"字。 建章按:姚所据本亦无"而"字,与鲍本同。无"而"字本可通。

⑦罢:通"疲"。

六 魏惠王死章

魏惠王死①,葬有日矣②。天大雨雪③,至于牛目④,坏城郭⑤,且为栈道而葬⑥。群臣多谏太子者曰⑦:"雪甚如此而丧行⑧,民必甚病之⑨,官费又恐不给⑩,请驰期更日⑪。"太子曰:"为人子而以民劳与官费用之故,而不行先王之丧,不义也。子勿复言。"

群臣皆不敢言,而以告犀首⑫。犀首曰:"吾未有以言之也⑬,是其唯惠公乎⑭!请告惠公。"

惠公曰:"诺。"驾而见太子曰:"葬有日矣。"太子曰:"然。"惠公曰"昔王季历葬于楚山之尾⑮,栾水啮其墓⑯,见棺之前和⑰。文王⑱曰:'嘻!先君必欲一见群臣百姓也夫⑲,故使栾水见之⑳。'于是出而为之张于朝㉑,百姓皆见之,三日而后更葬。此文王之义也。今葬有日矣,而雪甚,及牛目,难以行,太子为及日之故㉒,得毋嫌于欲亟葬乎㉓?愿太子更日,先王必欲少留,而扶社稷、安黔首也㉔,故使雪甚。因弛期而更为日㉕,此文王之义也㉖。若此而弗为,意者羞法文王乎㉗?"太子曰:"甚善。敬弛期,更择日。"

惠子非徒行其说也㉘,又令魏太子未葬其先王,而因又说文王之义㉙。说文王之义以示天下㉚,岂小功也哉㉛!

【注释】

①魏惠王死于周慎靓王二年(前319年),此策当系于此年。

②有日:犹言已确定日期。

③雨雪:下雪。

④至于牛目:言积雪很深。于鬯战国策注引戴文光云:"牛目离地约四尺,故举为雪深之证。"

⑤管子度地:"内为之城,城外为之郭。"即在城的外围加筑的一道城墙称"郭"。

⑥栈道:见秦策三第十八章注㉞,此言架木为道。

⑦太子:襄王,见东周策第十九章注⑦。

⑧丧行:意即"行丧",是说举行殡葬仪式。下文"不行先王之丧",即"行丧"。吕氏春秋开春论作"行葬"。

⑨病:困苦。

⑩不给:不足。

⑪孙诒让札迻:"弛者,易故期;更者,更择新日也。" 建章按:弛:尔雅释诂"易也"。 更:吕氏春秋开春论高注:"改也。"

⑫而:则、即、就。 以:把。其后省介词宾语"之",代"群臣皆不敢言"这件事。 犀首:见秦策一第十章注⑧。

⑬未:裴学海古书虚字集释卷十:"无也。" 以:又卷一:"犹'所'也。"

⑭是:此;指谏太子。 其:表示估计,犹言"大概"。 唯:只有。
惠公:魏惠王相惠施,见楚策三第六章注①。 姚校:"一本皆'惠子',恐'惠子'者是。"

⑮王季历:周武王的祖父;又作"王季"。 楚山:吕氏春秋开春论

战国策注释

"楚山"作"涡山",初学记卷十四葬记引吕氏春秋作"涡水",论衡死伪作"滑山"。汉书高帝纪王念孙读书杂志:"'猾'误为'祸','猾'之为'祸',犹'涡'之为'滑'。"则以为"滑山"当是"涡山"之误。楚山、涡山:皆古山名。 尾:(山)脚下。

⑯姚校:"爂,音'鸾',说文云'漏流也',一曰'渍也'。墓为漏流所渍,故曰'爂水啮其墓'。"

⑰和:棺材两头的横木板。 前和:棺材前端的横木板。

⑱嘻:感叹词。 文王:周文王,见秦策一第二章注㉖。

⑲先君:指王季历。 也夫:语尾叹词。

⑳见:出。

㉑鲍本无"张"下"于"字。吕氏春秋开春论亦无"于"字。论衡死伪亦无"于"字。北堂书钞卷九十二葬钞引亦无"于"字。 建章按:于:语中助词。张于朝:设朝。

㉒及日:及时;犹言按原定日期。

㉓得毋:得无;犹言"岂不"。 亟:疾,急。

㉔扶:有"亲近"之义。 安:安慰。 黔首:民。

㉕为:裴学海古书虚字集释卷二:"犹'其'也。"

㉖义:理所当然;合于礼。

㉗意者:或者。 法:效法。

㉘惠子:即上文"惠公"。 非徒:不但,不仅。 说:犹言主张。

㉙而因:因而,犹言"则","且"。

㉚示:告诉,宣扬。

㉛功:小尔雅广诂:"事也。"又墨子经下"唱和同患说在功",于省吾双剑誃诸子新证:"'功'、'工'古字通。"工:巧,能。小工:犹言小慧,小聪明。皆可通。

七 五国伐秦章

五国伐秦①，无功而还。其后齐欲伐宋②，而秦禁之。齐令宋郭之秦③，请合而以伐宋，秦王许之④。魏王畏齐、秦之合也⑤，欲讲于秦⑥。

谓魏王曰⑦："秦王谓宋郭曰：'分宋之城，服宋之强者，(六)〔大〕国也⑧。乘宋之敝，而与王争得者，楚、魏也⑨。请为王毋禁楚之伐魏也⑩，而王独举宋⑪。王之伐宋也，请刚柔而皆用之⑫。如宋者，欺之不为逆者⑬，杀之不为仇者也⑭。王无与之讲以取埊⑮，既已得埊矣，又以力攻之，期于啗宋而已矣⑯。'臣闻此言而窃为王悲⑰，秦必且用此于王矣⑱。又必且曰王以求埊⑲，既已得埊，又且以力攻王⑳，又必谓王曰使王轻齐㉑，齐、魏之交已丑㉒，又且收齐以更索于王㉓。秦尝用此于楚矣，又尝用此于韩矣，愿王之深计之也。秦善魏不可知也已㉔。故为王计：太上伐秦㉕，其次宾秦㉖，其次坚约而详讲㉗，与国无相离也㉘。秦、齐合，国不可为也已。王其听臣也㉙，必无与讲㉚。

"秦权重魏㉛，魏(再)〔冉〕明孰㉜，是故又为足下伤秦者㉝，不敢显也㉞。天下可令伐秦㉟，则阴劝而弗敢图也㊱。见天下之伤秦也，则先鬻与国而以自解也㊲。天下可令宾秦，则为劫于与国㊳，而不得已者㊴。天下不可㊵，则先去㊶，而以秦为上交以自重也㊷。如是人者，鬻王以为资者也㊸，而焉能免国于患㊹？免国于患者，必穷三节㊺，而行其上㊻。

上不可,则行其中(47);中不可,则行其下(48);下不可,则明不与秦(49),而生以残秦(50)。使秦皆无百怨百利(51),唯(已)〔亡〕之曾安(52)。令足下鬻之以合于秦(53)。是免国于患者之计也(54)。臣何足以当之(55)?虽然,愿足下之论臣之计也(56)。

“燕、齐,仇国也;秦,兄弟之交也(57)。合仇国以伐婚姻(58),臣为之苦矣(59)。黄帝战于涿鹿之野(60),而西戎之兵不至(61);禹攻三苗(62),而东夷之民不起(63)。以燕伐秦,黄帝之所难也(64),而臣以致燕甲而起齐兵矣(65)。

“臣又偏事三晋之吏(66)——奉阳君(67)、孟尝君(68)、韩呡(69)、周冣(70)、周韩馀为(71),徒从而下之(72),恐其伐秦之疑也(73)。又身自丑于秦(74)。扮之(75),请焚天下之秦符者,臣也(76);次传焚符之约者,臣也(77);欲使五国约闭秦关者,臣也(78)。奉阳君、韩馀为既和矣(79),苏脩、朱婴既皆阴在邯郸(80),臣又说齐王而往败之(81)。天下共讲(82),因使苏脩游天下之语(83),而以齐为上交(84),兵请伐魏(85),臣又争之以死(86)。而果西因苏脩重报(87)。臣非不知秦劝之重也(88),然而所以为之者,为足下也(89)。”

【注释】

①“五国伐秦,无功而还”当即“五国罢成皋”,见秦策三第七章注①。

②齐欲伐宋:见赵策四第二章注①。

③宋郭:或为齐人。

④秦王:昭王,见西周策第一章注⑭。

⑤魏王:昭王,见东周策第二十章注①。

⑥讲(講):通“媾”。

⑦鲍注:"此非苏代不能也。" 吴正:"赵策五国伐秦章'苏代说奉阳君'云云中,有与此章出入者,知此必代之辞也。" 闵本注:"一本'苏代谓魏王曰'。" 刘锺英战国策辨讹:"按韵府校补'谓'上'苏代'二字。" 徐中舒说:"'谓魏王曰'上应有'苏秦'二字。"(见彼论战国策的编写及有关苏秦诸问题载历史研究1964年第1期) 建章按:唐兰苏秦事迹简表前287年("五国罢成皋"之年)苏秦正是在赵、魏、齐、燕四国间进行"穿梭外交"。又吴引"苏代说奉阳君"系赵策四第四章,徐中舒亦以为"苏代"当是"苏秦"。据此,徐说或是。 苏秦:见东周策第五章注③。

⑧关修龄战国策高注补正:"一本'六'作'大',从之;大国,指齐也。" 横田惟孝战国策正解:"高本、坊本并'大国'作'六国',今从一本。" 建章按:作"六国"于义无取,关说当是。荀子君道"今人主有六患"俞樾诸子平议:"'六'疑'大'字之误。"又大略"立视前六尺而大之,六六三十六,三丈六尺"王念孙读书杂志:"引之曰:'大之'当为'六之',言以六尺而六之,则为三丈六尺也。"此为"六"与"大"形近易误之证。赵策三第四章"而近于大国",此"大国"指"秦国",韩策一第十七章"愿大国遂肆意于秦",此"大国"指"韩国",皆称对方为"大国"。此乃秦王称谈话的对方,即指齐国,因宋郭为齐国的使臣。

⑨史记宋微子世家"齐湣王与魏、楚伐宋,杀王偃,遂灭宋,而三分其地。"这可能确实是当时的形势,最后是否确为三家所灭,后人有所怀疑。

⑩为:王引之经传释词卷二:"犹'谓'也。" 毋:勿也。鲍本作"无",义同。 楚、魏相斗,则无暇顾宋,故秦王建议齐王"毋禁楚之伐魏"。

⑪而:则。 举:灭。

⑫柔:指下文"欺之"。　刚:指下文"杀之"。

⑬欺:诈。　逆:犹言背理。

⑭仇:仇怨。

⑮无:<u>王引之</u>经传释词卷十引<u>孟康</u>注汉书货殖传曰:"发声助也。"　垄:古"地"字,见<u>赵</u>策四第八章注⑦。

⑯期于:犹言"想要"。　啗:犹言"吞灭"。

⑰于悒:<u>战国策</u>注:"吕氏诬徒纪云'此学者之所悲也',高注云'悲,悼'。说文心部云'悼,惧也',然则'悲'亦当有'惧'义;又'悲'与'忧'义近。此盖谓'为王忧惧'也。"

⑱用此于王:用吞灭宋国的办法对付<u>魏</u>国。

⑲鲍改"曰"作"劫"。　<u>黄丕烈</u>战国策札记:"'曰'当作'因',形近之讹也,鲍改非。"　<u>金正炜</u>战国策补释:"'曰'当为'白','迫'之捝也。"　<u>建章</u>按:上文言"王无与之讲以取垄",则疑此"曰"字或为"合"字之误,篆文"合"字缺上半,与篆文"曰"字形似。

⑳<u>裴学海</u>古书虚字集释卷二:"又,犹'而'也。"<u>王引之</u>经传释词卷七:"而,犹'则'也。"则"又"犹"则",下同。

㉑鲍注:"衍'曰'字。"　<u>黄丕烈</u>战国策札记:"'谓'当作'讲','曰'当作'因',形近之讹也。"　<u>建章</u>按:黄说可从。

㉒鲍注:"丑,恶也。"犹言恶化。

㉓索:犹言求地。

㉔不可知:鲍注"不可信。"此犹言"不可测度","不可预料"。

㉕太上:最上,上策。

㉖宾:通"摈",犹言对抗。

㉗坚约:坚守从约。　详:通"佯",假装。

㉘与国:同盟国。

㉙其:表示希望、愿望的虚词。

㉚与讲:与秦联合。

㉛重:大。　下文有"臣非不知秦权之重也",疑衍"魏"字。

㉜魏冉:鲍本作"魏冉",是,当改"再"作"冉"。见秦策一第五章
注㊿。　明孰:明于事而熟于计。孰:同"熟"。

㉝又:通"有"。　为:读第四声。

㉞显:犹言公开。怕被秦国发觉。

㉟此即上文言"太上伐秦"。

㊱阴劝而弗敢图:此言秘密发动伐秦,不敢公开进行。

㊲先鬻与国而以自解:此言不能行上策——伐秦。　鬻:出卖。
解:解脱。

㊳为:读"伪",假装。　劫:胁迫。

㊴而不得已者:此言不能行中策——宾秦。

㊵天下不可:言既不能伐秦,又不能宾秦。

㊶则先去:犹言背离与国。

㊷以秦为上交以自重:此言不能行下策——坚约。详讲于秦。
上交:极为友好的关系。　重:保重。

㊸资:助。

㊹焉:安,何。

㊺穷:究,推究。　三节:即上文"太上""其次"云云。

㊻上:指"太上",即"伐秦"。

㊼中:指"宾秦"。

㊽下:指"坚约而详讲,与国无相离"。

㊾不与秦:犹言不与秦妥协。

㊿而生以残秦:此言只要活着,就要消灭秦国。犹言与秦国拼个
你死我活。　姚校:"'而'一作'两'。"则当读作"下不可,则明
不与秦两生以残秦"。

51百:犹言"多"。

(52)横田惟孝战国策正解:"一本'已'作'亡'。" 建章按:横田说当是,见秦策三第八章注㉓。当改'已'作'亡'。 之:指秦。曾:裴学海古书虚字集释卷八:"'则'也。"

(53)鲍"令"上补"无"字,"足"改"天",注:"所谓嚣王以秦为上交者。" 吴补:"'令'字上或有缺误。" 金正炜战国策补释:"'嚣之',犹言'舍是',承上文"三节"及"残秦"而言。鲍本'令'上补'无'字,又改'足下'为'天下',则与上下文义不属。" 横田惟孝战国策正解:"坊本'今足下'作'无令天下'。'今足下'以下九字疑当在'而'、'焉'之间。" 建章按:金与横田说皆可通。依金说,"令"当是"今"字之误,横田所据之本正作"今"。 之:指"残秦""亡之"。

(54)是:这样。

(55)臣:自我谦称。 当:任。

(56)论:吕氏春秋贵直论直谏高注:"犹'知'。"

(57)于鬯战国策注:"尔雅释亲郭注云:'古者皆谓婚姻为兄弟。'燕策苏秦曰'今燕虽弱小,强秦之少婿也。'彼在易,此在昭王时,盖旧兄弟矣。"

(58)合仇国:齐合燕。 伐婚姻:燕伐秦。

(59)苦:广雅释诂四:"穷也。"亦困也,难也。

(60)黄帝战于涿鹿之野:见秦策一第二章注㉑。

(61)黄帝伐蚩尤于涿鹿,涿鹿在北;西戎是西方的部族,不助黄帝,故曰"不至"。

(62)禹:见秦策一第二章注㉔。 三苗:见秦策一第二章注㉓。禹攻三苗:秦策一第二章谓"舜伐三苗"。

(63)东夷:东方的部族。 不起:言不发兵应禹。

(64)此当言"黄帝、禹之所难",省文耳。

(65)以:通"已"。 致燕甲:使燕出兵。 起齐兵:使齐发兵。

㉖偏:通"徧",即"遍"。　事:役,治。此犹言交往、打交道。

　三晋:赵、魏、韩三国,见东周策第十四章注⑨。　吏:官员。

㉗奉阳君:李兑,见秦策三第十章注㉔。

㉘孟尝君:见东周策十六章注①。此时在魏。

㉙韩呡:又作"韩珉",韩臣,见赵策四第二章注㊱。

㉚周㝡:见东周策第九章注⑥。

㉛吴补:"'韩馀'疑即赵策'韩徐';'周'、'韩'之间有脱字,不然衍'周'字。"　金正炜战国策补释:"吴氏以'周'、'韩'间有脱字是也,就策文所及,或'周霄'欤?吕览报更篇'与天下之贤者为徒'注'徒,党也。'"　黄丕烈战国策札记:"当云:'徒为从而下之',徒,但也,从,合从。"　于鬯战国策注:"'周'字即涉'周㝡'之'周'字而衍,'韩馀为'当一人,下文亦言'韩馀为'可证,赵策只言'韩徐'省称耳。'徐'、'馀'并'余'声,固通字也。东周策称'徐为',亦即此人。此若亦以'馀为'为一人,则'周韩'别一人,'周'字可不衍,存参。徒,犹辈也。鲍、吴、黄似皆考之未审。"　建章按:衍'㝡'下'周'字,或'周'、'韩'间有脱文,难定。　韩馀为:即'韩徐',见东周策第十三章注⑧。

㉜徒:吕氏春秋孟冬纪异用高注:"犹'但'也。"犹"特"。　从而:因此就。　下:谦恭。　之:指奉阳君等人。

㉝恐其伐秦之疑也:担心奉阳君等人对伐秦之事三心二意。

　其:指奉阳君等人。

㉞身自丑于秦:而不避秦国与自己关系恶化。　丑:说文:"可恶也。"

㉟黄丕烈战国策札记:"'扮'当作'初',形近之讹也。"　金正炜战国策补释:"黄说近似。"　刘锺英战国策辨讹:"'初'讹作'扮','肯'脱'日',则成'㞢'矣,'㞢'古'之'字也。"　建章按:下句为"次"云云,则黄、刘说当是。

⑯焚天下之秦符：犹言各诸侯与<u>秦</u>国断绝外交关系。　符：约，信。

⑰传焚符之约：联络诸侯各国结约与<u>秦</u>国断交。　传：<u>后汉书朱穆传</u>注："通也。"

⑱闭秦关：言不通<u>秦</u>。

⑲和：<u>说文</u>"相应也"。即"应和（hè 贺）"。　既和矣：犹言已经同意伐<u>秦</u>了。

⑳苏脩朱婴：<u>鲍</u>注"皆<u>三晋</u>之吏"。　<u>于鬯战国策</u>注："二人盖横人也。"　<u>帛书战国纵横家书</u>第三章注⑧："<u>苏脩</u>，<u>楚</u>国使者。"　<u>建章</u>按：据下文从<u>于</u>说。　<u>邯郸</u>：见<u>秦策</u>一第五章注⑯。　阴：秘密。

㉑<u>鲍</u>注："败<u>宋</u><u>郭</u>合<u>秦</u>之约。"　<u>于鬯战国策</u>注："败<u>苏</u>、<u>朱</u>之横。"　<u>建章</u>按：从<u>于</u>说。

㉒天下共讲：诸侯共结伐<u>秦</u>盟约。

㉓因使苏脩游天下之语：<u>秦</u>国就派<u>苏脩</u>说服诸侯勿接受联合攻<u>秦</u>的主张。　<u>于鬯战国策</u>注："'因'上著一'<u>秦</u>'字则义明；盖'使'者<u>秦</u>使之游说天下也。"　<u>建章</u>按：<u>说文</u>"语，论也"。

㉔上交：极友好的关系。

㉕<u>于鬯战国策</u>注："<u>秦</u>请<u>齐</u>兵伐<u>魏</u>也。'兵请'似倒。"

㉖臣又争之以死：我又以死去说服<u>齐</u>国不伐<u>魏</u>。　争：<u>吕氏春秋</u>仲春纪功名<u>高</u>注："谏也。"同"诤"。

㉗果：终。　重报：因<u>齐</u>不伐<u>魏</u>，因此<u>苏脩</u>再报<u>秦</u>王。　重：再。

㉘<u>鲍</u>改"劝"作"权"。　<u>吴</u>补："恐作'权'，上有。"　<u>于鬯战国策</u>注："'权'、'劝'并'蘼'声，通借字。"　<u>建章</u>按：<u>管子君臣</u>下"劝其所能"。<u>于省吾双剑誃诸子新证</u>："'劝'、'观'通。"则<u>于</u>说是，不必改字。

㉙足下：见<u>秦策</u>三第八章注㉕。

八　魏文子田需周宵相善章

　　魏文子、田需、周宵相善①，欲罪犀首②。犀首患之③，谓魏王曰：“今所患者，齐也。婴子言行于齐王④，王欲得齐⑤，则胡不召文子而相之⑥？彼必务以齐事王⑦。”王曰：“善。”因召文子而相之⑧。犀首以倍田需、周宵⑨。

【注释】

　　①鲍注：“衍‘魏’字；文子，田文。”　金正炜战国策补释：“‘文子’二字涉下文而衍，鲍‘衍魏字’恐非。”　关修龄战国策高注补正：“一本无‘魏’字，此恐衍文。”　于鬯战国策注：“下文召文子相以背田需、周宵，是文子实犀首党，非需、宵党，不应与需、宵亦相善。鲍‘衍魏字’不如衍‘文子’二字也。此与犀首见梁君策同时，魏惠改十二年，周显王四十五年。”　建章按：疑衍“文子”二字。　田需：见齐策四第九章注⑥。　周宵：又作“周霄”，孟子滕文公下赵岐注：“魏人也。”杨伯峻说：“考其年代，当在梁惠王与襄王之时。”周显王四十五年当前 324 年。

　　②犀首：见秦策一第十章注⑧。　罪犀首：加罪于犀首。

　　③患：忧，惧。　之：指“田需、周宵欲罪犀首”这件事。

　　④婴子：见齐策一第一章注②。　行：左昭十年传注：“用也。”齐王：威王，见秦策四第十章注⑲。　言行于齐王：是说齐威王对婴子言听计从。

　　⑤得齐：犹言与齐结成友好关系。

　　⑥胡：何。　召：吕氏春秋恃君览分职高注：“请也。”　相之：任文子为相国。　文子：婴子之子田文，见东周策第十六章注①。

⑦<u>关修龄</u><u>战国策</u>高注补正:"'彼'指<u>婴子</u>也。言其言行于<u>齐王</u>,而<u>魏</u>相其子,则必以<u>齐</u>事王。" <u>建章</u>按:"彼"指<u>文子</u>亦无碍。"必务"即"务必":必定。 以<u>齐</u>事王:<u>齐国</u>以友好态度对待<u>魏国</u>。

⑧因:则,即。

⑨<u>文子</u>因<u>犀首</u>而得相<u>魏</u>,因而感激<u>犀首</u>;则<u>犀首</u>使<u>文子</u>反对<u>田需</u>、<u>周宵</u>。 以:使。见<u>秦策</u>一第四章注②。

九 魏王令惠施之楚章

<u>魏王</u>令<u>惠施</u>之<u>楚</u>①,令<u>犀首</u>之<u>齐</u>②。钧二子者,乘数钧,将测交也。<u>楚王</u>闻之③。

<u>施</u>因令人先之<u>楚</u>言曰④:"<u>魏王</u>令<u>犀首</u>之<u>齐</u>,<u>惠施</u>之<u>楚</u>。钧二子者⑤,将测交也⑥。"<u>楚王</u>闻之⑦,因郊迎<u>惠施</u>⑧。

【注释】

①<u>林春溥</u><u>战国纪年</u>系此策于<u>周显王</u>三十六年(前 333 年)。 <u>于鬯</u><u>战国策注</u>以为"颇为近之"。彼<u>战国策</u>年表即取<u>林</u>说。 <u>魏王</u>:<u>惠王</u>,见<u>秦策</u>四第五章注⑦。 <u>惠施</u>:见<u>楚策</u>三第六章注①。

②<u>犀首</u>:见<u>秦策</u>一第十章注⑧。

③<u>鲍</u>于"者"句、"数钧"句。注:"衍'<u>楚王</u>闻之'四字。" <u>吴补</u>:"'<u>楚王</u>闻之'恐因下文衍。" <u>闵</u>本无"乘数钧"三字。黑字眉注:"旧本'子者'下有'乘数钧'三字,注云'解"钧"义也,作大字,误。'旧云'<u>楚王</u>闻之'四字因下衍。今按自'钧二子'下十二字皆衍。"红字眉批:"细玩此段'之<u>齐</u>'下只用'乘数钧'三字

即接'施因令人'句,方有致。去前三句,此处说来方有味。"

关修龄战国策高注补正:"高本有'乘数钧'三字,坊本无'乘数钧'、'楚王闻之'二句。愚谓'钧二子者'、'将测交也、楚王闻之'十二字皆因下文误衍,宜删。一本有'乘数钧',注云'车乘之数',盖高本之旧。注:'乘数钧,旧作大字排,大谬。''大字'一作'正文'。" 横田惟孝战国策正解:"'钧二子……王闻之'十五字因下文误衍。坊本无'乘数钧'三字。" 金正炜战国策补释:"'钧将测交也楚王闻之'九字涉后文而衍。施以'测交'动楚,因以自重于魏。" 于鬯战国策注:"奚世榦止衍上'钧二子者'四字。"并引鲍、关、横田诸说后说:"俱未敢定一是也。" 建章按:闵本红字眉批及关说合,二说可取。 乘数钧:是说魏王派去楚、齐两国的使臣用的车乘数相等。也就是说,用的礼仪级别相等。 钧:同"均"。(1)"乘数钧"不当删;否则,后文"钧二子者,将测交也"失去根据。(2)"将测交也,楚王闻之"不当先出;否则,惠施何必先派人去"测交"动楚呢? 岂非失去"先"派人去楚之义。(3)"乘数钧"义已足,"钧二子者"义赘;下文"钧二子者"即"乘数钧"的换一种说法。

④因:则。 令:派。 言:宣言。此犹制造舆论。

⑤"钧二子者"即复述上文"乘数钧"的换一种说法。

⑥测:预知,猜测。这是惠施的谋略。所谓"测交",就是说,看看楚、齐两国,那一国尊礼君使,则可知那一国对魏国厚。楚国对惠施尊礼,则惠施就可以在国内受到尊重。

⑦楚王:威王,见秦策一第二章注⑩。

⑧国君亲自郊迎使节,这是尊礼。

十 魏惠王起境内众章

魏惠王起境内众①,将太子申而攻齐。

客谓公子理之(傅)〔傅〕曰^②："何不令公子泣王太后^③，止太子之行？事成则树德^④，不成则为王矣^⑤。太子年少，不习于兵。田(肦)〔盼〕宿将也^⑥，而孙子善用兵^⑦。战必不胜，不胜必禽^⑧。公子争之于王^⑨，王听公子，公子(不)〔必〕封^⑩；不听公子，太子必败；败，公子必立^⑪；立，必为王也。"

【注释】

①魏惠王：见秦策四第五章注⑦。史记魏世家"惠王三十年，魏伐赵，赵告急齐，齐宣王（当是威王）用孙子计，救赵击魏，魏大兴师，使庞涓将，而令太子申为上将军。"当周显王二十九年（前340年）。顾观光战国策编年、于鬯战国策年表并系于周显王二十八年。此因据魏惠王三十年推算有不同，故差一年。
　　起：发动。　　境内：国内。

②鲍本"傅"作"傅"。闵本同鲍本。于鬯战国策注："作'傅'是。"　　建章按：当依鲍本、闵本改"傅"作"傅"。

③泣王太后：哭诉请求于王太后之前。　　王太后：魏惠王之母。

④事成：听从公子理，不派太子申将兵攻齐。　　树德：不派太子申出战，则太子申会感激公子理，故言"树德"。德：恩。

⑤为王：公子理可为王。下文即言"必为王"。

⑥鲍本"肦"作"盼"。闵本同鲍本。畿辅本"肦"作"盼"。于鬯战国策注："卢刻及鲍本'肦'作'盼'。"　　建章按：当据诸本改"肦"作"盼"。　　宿将：久经战阵的老将。

⑦孙子：孙膑，见齐策一第九章注②。

⑧禽：同"擒"。

⑨争之于王：指"止太子之行"事。

⑩鲍本、闵本、畿辅本"不"并作"必"。于鬯战国策注："卢刻'不'

作‘必。’” 建章按：当据诸本改“不”作“必”。又见秦策一第六章注③。 封：封赏。

⑪必立：必立为太子。

十一 齐魏战于马陵章

齐、魏战于马陵，齐大胜魏，杀太子申①，覆十万之军②。魏王召惠施而告之曰③："夫齐，寡人之仇也④，怨之至死不忘⑤。国虽小，吾常欲悉起兵而攻之⑥，何如？"对曰："不可。臣闻之，王者得度，而霸者知计⑦。今王所以告臣者⑧，疏于度而远于计。王固先属怨于赵⑨，而后与齐战。今战不胜，国无守战之备，王又欲悉起而攻齐⑩，此非臣之所谓也⑪。王若欲报齐乎⑫，则不如因变服折节而朝齐⑬，楚王必怒矣⑭。王游人而合其斗⑮，则楚必伐齐。以休楚而伐罢齐⑯，则必为楚禽矣⑰。是王以楚毁齐也⑱。"魏王曰："善。"乃使人报于齐，愿臣畜而朝⑲。

田婴许诺⑳。张丑曰㉑："不可。战不胜魏，而得朝礼㉒，与魏和而下楚㉓，此可以大胜也㉔。今战胜魏，覆十万之军，而禽太子申，臣万乘之魏㉕，而卑秦、楚㉖，此其暴(于)戾定矣㉗。且楚王之为人也，好用兵而甚务名，终为齐患者，必楚也。"田婴不听，遂内魏王㉘，而与之并朝齐侯再三㉙。

赵氏丑之㉚，楚王怒㉛，自将而伐齐，赵应之㉜，大败齐于徐州㉝。

【注释】

①史记魏世家"惠王三十年,魏伐赵,赵告急于齐,齐宣王(当是威王)用孙子计,救赵击魏。魏遂大兴师,使庞涓将,而令太子申为上将军,与齐人战,败于马陵。齐虏魏太子申,杀将庞涓,军遂大破。"又见齐策一第七章注⑯。

②覆:败。

③魏王:惠王,见秦策四第五章注⑦。 惠施:见楚策三第六章注①。

④寡人:国君自称。

⑤怨:恨。 之:指齐国。

⑥悉起兵:发动全国的兵力。

⑦王、霸:见东周策第十五章注②。 度:法度。 计:谋略。

⑧所以告臣者:对我说的那些。

⑨固:必。 属:结。见赵策四第二章注⑤。

⑩悉起:即上文"悉起兵"。

⑪鲍注:"谓,谓'得度'、'知计'。"

⑫报齐:对齐国进行报复。

⑬横田惟孝战国策正解:"'变服折节'谓变易人君之服,屈折人君之节。言魏自卑而朝齐,则楚王必怒齐之强暴矣。" 折节:屈己之尊,卑下于人。

⑭楚王:宣王,见齐策一第十章注⑤。鲍彪以为威王。(差一年)

⑮游:行,出。见秦策四第八章注⑳。 游人:犹言派出人。 合其斗:使齐、楚交战。

⑯休楚:楚未与人作战,故言。 罢齐:齐刚战胜魏,故言。罢:通"疲"。

⑰禽:同"擒",服,胜。

⑱毁:败,破。

⑲臣畜而朝:以人臣的身分朝拜齐王。即上文"变服折节"之义。

⑳田婴:见齐策一第一章注②。

㉑张丑:齐臣。

㉒关修龄战国策高注补正:"齐、魏和平,而得诸侯相朝之礼。"
于鬯战国策注:"'战不胜魏'谓两无胜败,非谓魏胜齐败也。
若魏胜齐败,齐岂能得朝礼乎? 关补盖是。" 建章按:这是假
设之辞。

㉓关修龄战国策高注补正:"魏无怨齐而结和亲。下,犹出,谓出
军于楚。"

㉔关修龄战国策高注补正:"齐、魏相和而可以胜楚也。"

㉕臣:制服。 万乘:见秦策一第二章注㊿。

㉖鲍本"卑"作"甲"注:"居二国之上。" 建章按:卑秦、楚,谓秦、
楚在齐之下。皆可通,义亦同。

㉗姚校:"曾添'于'字。" 鲍本无"于"字,注:"言二国谓齐暴戾
决矣。" 建章按:姚所见本无"于"字。诗小雅颊弁序"暴戾无
亲",史记伯夷列传"暴戾恣睢"索隐:"暴戾,谓凶暴而恶戾
也。"则"暴戾"本为一词。当删"于"字。 定:吕氏春秋仲冬
纪高注:"犹'成'也。"暴戾之恶名既成,诸侯就会有借口发兵,
故下文言"楚王好用兵,甚务名"。

㉘内:同"纳",接待。

㉙于鬯战国策注以为"三"指齐、魏平阿之会,甄之会,徐州之会,
各在周显王三十三、四、五年。 齐侯:指威王,见秦策四第十
章注⑲。

㉚赵氏:指肃侯,见秦策一第二章注㊲。 丑:羞、耻。见秦策五
第八章注㊵。

㉛楚王:威王,见秦策一第二章注⑩。史记楚世家"威王七年,伐
齐,败之于徐州。"当前333年。

㉜应:响应。

㉝徐州:见齐策一第一章注①。

十二　惠施为韩魏交章

惠施为韩、魏交,令太子鸣为质于齐[①]。王欲见之[②],朱仓谓王曰[③]:"何不称病,臣请说婴子曰[④]:'魏王之年长矣,今有疾,公不如归太子以德之[⑤]。不然,公子高在楚[⑥],楚将内而立之[⑦],是齐抱空质而行不义也[⑧]'。"

【注释】

①鲍改"韩"作"齐"。　钱穆先秦诸子系年104节"齐、魏、韩会平阿及齐、魏会甄考"说:"此条正指平阿事后。时惠王在位已四十七年(前323年),故朱仓云云。然则平阿之会有韩,非虚矣。且其前一年(前324年)韩宣惠王会惠成王于巫沙而始称王,故今年(前323年)魏与韩同会齐于平阿,盖以乞其认可。"陈梦家六国纪年说:"五国相王,当在周显王四十六年(前323年),是年平阿之会,疑为五国相王之一部分,韩、魏、齐相王也。"缪文远战国策考辨说:"据史记六国表,显三十三年齐、魏有平阿之会,当即策文所云惠施为〔韩〕〔齐〕、魏交,而令太子鸣质齐之事也。"系此章于显王三十三年(前336年)。林春溥战国纪年,于鬯战国年表亦系此章于显王三十三年。那么历史上有两次"平阿之会",六国年表只记了公元前336年的那一次。关修龄战国策高注补正:"言施合韩、魏交而畏齐也,谓王令鸣质于齐。此说往事也。"　建章按:依关说,不必改字。惠施:见楚策三第六章注①。　质:见秦策二第十五章注④。

②王:<u>魏惠王</u>,见<u>秦策</u>四第五章注⑦。 之:指已入质于<u>齐</u>的<u>魏太子鸣</u>。

③鲍注:"<u>朱仓</u>,<u>魏</u>人。"

④婴子:<u>田婴</u>,见<u>齐策</u>一第一章注②。

⑤德之:施恩于<u>魏</u>。

⑥公子高:<u>魏惠王</u>之子。

⑦内:<u>说文</u>"入也"。言送回<u>公子高</u>。 立之:立<u>公子高</u>为太子。

⑧<u>横田惟孝</u><u>战国策正解</u>:"<u>楚</u>纳<u>高</u>而立之,则是'<u>齐</u>抱空质'也;<u>王</u>病,留太子而不归,则是'不义。'" <u>建章</u>按:<u>太平御览</u>卷四六〇游说览引,下有"<u>王</u>从之,太子得还"二句。 抱空质:见<u>秦策</u>五第五章注㊳。

十三 田需贵于魏王章

<u>田需</u>贵于<u>魏王</u>①。<u>惠子</u>曰②:"子必善左右③。今夫杨,横树之则生,倒树之则生④,折而树之又生。然使十人树杨⑤,一人拔之,则无生杨矣⑥。故以十人之众⑦,树易生之物,然而不胜一人者,何也?树之难而去之易也。今子虽自树于<u>王</u>,而欲去子者众,则子必危矣⑧。"

1062 【注释】

①<u>田需</u>:见<u>齐策</u>四第九章注⑥。

②<u>惠子</u>:<u>惠施</u>,见<u>楚策</u>三第六章注①。

③<u>韩非子</u><u>说林</u>上"善"下有"事"字。<u>事类赋</u>卷二十五<u>柳赋</u>同<u>韩非子</u>。 <u>刘师培</u><u>左盦集</u>卷五:"<u>初学记</u>十八所引无'子必善左右'句,别有'勉哉'二字。盖'子'字以上原本有'勉哉'之文。"

④刘锺英战国策辨讹："艺文类聚、韵府下'则'字作'亦'。" 树：
种，植。

⑤然：裴学海古书虚字集释卷七："犹'如'也。"

⑥生：活。

⑦故：裴学海古书虚字集释卷五："犹'夫'也。"

⑧姚校："曾去'则'字。"韩非子说林上"子"上无"则"字。初学记
卷十八贵记引亦无"则"字。

十四 田需死章

田需死①。昭鱼谓苏代曰②："田需死，吾恐张仪、薛公、
犀首之有一人相魏者③。"代曰："然则相者以谁而君便之
也④？"昭鱼曰："吾欲太子之自相也⑤。"代曰："请为君北见
梁王，必相之矣⑥。"昭鱼曰："奈何？"代曰："君其为梁王，
代请说君⑦。"昭鱼曰："奈何？"对曰⑧："代也从楚来，昭鱼
甚忧。代曰：'君何忧？'曰：'田需死，吾恐张仪、薛公、犀
首有一人相魏者。'代曰：'勿忧也，梁王长主也⑨，必不相张
仪。张仪相魏，必右秦而左魏⑩；薛公相魏，必右齐而左
魏；犀首相魏，必右韩而左魏。梁王长主也，必不使相
也。'代曰⑪：'莫如太子之自相。是三人皆以太子为非固
相也⑫，皆将务以其国事魏⑬，而欲丞相之玺⑭。以魏之强，
而持三万乘之国辅之⑮，魏必安矣。故曰：'不如太子之
自相也'。"

遂北见梁王，以此语告之⑯，太子果自相。

①田需:见齐策四第九章注⑥。　史记魏世家系此事在哀王九年。实当襄王九年,周赧王五年(前310年),顾观光战国策编年正系于此年。于鬯战国策年表系此策于周显王四十六年(前323年)。姚本与上章连篇,依鲍本另起一章。

②昭鱼:即昭戯,见东周策第六章注①。　苏代:见西周策第四章注②。

③张仪:见秦策一第三章注⑫。　薛公:史记魏世家索隐以为田文,鲍彪以为田婴,梁玉绳史记志疑以为魏文子,说"国策误以'文子'为'薛公'。"　犀首:见秦策一第十章注⑧。

④而:裴学海古书虚字集释卷七"犹'于'也"。　便:利。

⑤太子:当是魏昭王,见东周策第二十章注①。

⑥梁王:襄王,见东周策第十九章注⑧。

⑦"君其"两句:昭鱼假设为梁王,苏代把他当作梁王作一次演习来游说。

⑧此下乃假设说梁王之辞。

⑨魏世家泷川资言考证引冈白驹曰:"长主,犹云贤主。"　关修龄战国策高注补证:"长,谓才德优长。"　建章按:广雅释诂一:"长,善也。"

⑩高注:"右,亲也。左,疏外也。"

⑪鲍彪据魏世家于"代曰"上补"王曰然则寡人孰相"八字。　吴正:"此乃苏代请昭鱼为王而设为说王之辞,无此句可也。"　魏世家泷川资言考证:"此八字史公以意补。"　建章按:"代曰"二字疑衍。

⑫鲍本"皆"作"不",注:"固,犹'久'也。"　吴补:"'不以'一本作'皆以',史同"。　魏世家"皆以"上有"者"字。　金正炜战国策补释:"鲍本作'不以',当由'必以'而讹。"　于鬯战国策

注:"作'不'固不可通,但作'皆'与下文'皆'字犯复。据世家疑此文'皆'字乃'者'字之误,而彼文'皆'字亦因'者'而衍,未知然否。" 建章按:于说近是。

⑬务:尽心,竭力。见秦策三第三章注⑩。 事:侍;有"讨好"之义。

⑭玺:印。此言三人皆欲为魏相。

⑮持:仗。 万乘:见秦策一第二章注㊿。秦、齐、韩皆为万乘之国,故言"三万乘"。

⑯此语:上文假设说梁王之辞。 之:指梁王。

十五 秦召魏相信安君章

秦召魏相信安君①,信安君不欲往。苏代为说秦王曰②:"臣闻之,'忠不必当,当(必不)〔不必〕忠③。'今臣愿大王陈臣之愚意④,恐其不忠于下吏⑤,自使有要领之罪⑥,愿大王察之⑦。今大王令人执事于魏⑧,以完其交⑨,臣恐魏交之益疑也⑩,将以塞赵也⑪?臣又恐赵之益劲也⑫。夫魏王之爱习魏信也甚矣⑬,其智能而任用之也厚矣⑭,其畏恶严尊秦也明矣⑮。今王之使人入魏而不用⑯,则王之使人入魏无益也。若用,魏必舍所爱习而用所畏恶,此魏王之所(以)不安也⑰。夫舍万乘之事而退⑱,此魏信之所难行也。夫令人之君处所不安,令人之相行所不能,以此为亲⑲,则难久矣。臣故恐魏交之益疑也。且魏信舍事⑳,则赵之谋者必曰㉑:'舍于秦㉒,秦必令其所爱信者用赵㉓。是赵存而我亡也,赵安而我危也㉔。'则上有野战之气,下有坚守之心㉕。

臣故恐赵之益劲也。

"大王欲完魏之交㉖，而使赵小心乎㉗？不如用魏信而尊之以名㉘。魏信事王，国安而名尊㉙；离王㉚，国危而权轻。然则魏信之事（主）〔王〕也㉛，上所以为其主者忠矣，下所以自为者厚矣㉜，彼其事王必完矣㉝。赵之用事者必曰：'魏氏之名族不高于我㉞，土地之实不厚于我㉟。魏信以（韩）魏事秦㊱，秦甚善之，国得安焉，身取尊焉㊲。今我讲难于秦㊳，兵为招质㊴，国处削危之形，非得计也㊵。结怨于外㊶，主患于中㊷，身处死亡之墅㊸，非完事也㊹。'彼将伤其前事㊺，而悔其过行㊻，冀其利㊼，必多割墅以深下王㊽。则是大王垂拱之割墅以为利重㊾，尧、舜之所求而不能得也，臣愿大王察之㊿。"

【注释】

①鲍系此策于哀王世。实当是襄王世。顾观光战国策编年系此策于周赧王四年。李学勤论新发现的魏信安君鼎一文说："信安君即魏信，同苏代同时，他任相的时间可据苏代的活动年代估计。因此，战国策校注以此章属于魏襄王世，顾观光国策编年附之于周赧王四年，相当魏襄王元年（前318年）。查策文，苏代说秦王云'臣又恐赵之益劲也'，可见当时赵国强盛，为秦国所畏忌。魏襄王时期，正是赵武灵王胡服骑射，逐步吞并中山的时候，与策文所述形势相合。"（见新出青铜器研究）于鬯战国策年表系此策于周赧王五十六年（前259年）。 建章按：姑从于表。 信安君：魏信。见注⑬。

②苏代：见西周策第四章注②。 为：为信安君。 说：说服别

人。　　秦王：昭王，见西周策第一章注⑭。

③姚校：“一本‘当’作‘党’。”　　鲍本“当”作“党”，注：“为信安说，疑于党之。”　　金正炜战国策补释：“扬子方言‘党、晓、哲、知也，楚谓之党。’广雅释诂‘党，智也。’此言忠者不必皆智，智者不必皆忠，故愿得陈其愚意也。鲍本不误，而注则非。庄子天下篇‘公而不当’释文‘当本作党’，与此同。”　　于鬯战国策注：“或云‘代自以外人，非党秦者，故云。’然下文云‘恐其不忠于下吏’，‘忠’字属秦言，则‘党’字亦属秦言。”　　建章按：金说是。于亦作“党与”解，故有岐义，方言见卷一，广雅释诂见卷三。又鲍本、闵本“必不忠”作“不必忠”，此恐因不解“当”字之义而妄改者。当依二本改。

④鲍于“愿”下补“为”字。　　吴补：“‘愿’下有缺字。”　　关修龄战国策高注补正：“因下文误衍‘大王’字。坊本补‘为’字非。”建章按：赵策二第一章“皆愿奉教陈忠于前之日久矣”“臣得陈忠于前矣”，则关说近是。

⑤下吏：见秦策二第十五章注⑧。此指秦王。

⑥要领：鲍注“斩刑也”。要：同“腰”。

⑦察：仔细考察；慎重考虑。

⑧执事于魏：犹言置相于魏。鲍注：“谓别置相以代信安。”

⑨完：完备。犹言改善，加强。　　交：外交关系。

⑩臣恐魏交之益疑也：我担心魏对秦、魏的关系更加疑惑。　　恐：担心。

⑪将以塞赵也：是不是要堵住魏、赵的关系呢？　　也：读“耶”，疑问词。

⑫于鬯战国策注：“‘塞赵’欲弱赵也，而反有必战之气，必守之心，故‘益劲’。义见下文。”　　劲：加强。

⑬魏王：安釐王，见赵策三第十三章注②。　　爱习：宠爱亲近。

魏信:鲍注:"即'信安',省言之。"

⑭其:裴学海古书虚字集释卷五:"犹'以'也"。以:因。 之:指信安君。 厚:重。此言重用。

⑮畏恶:畏惧。 严尊:尊敬。 严:国语楚语下注:"敬也。"

⑯今:王引之经传释词卷五:"犹'若'也。" 使人:即上文"执事于魏"之人,见注⑧。 姚校:"'今',曾作'令'。"误。

⑰姚校:"刘添'以'字。" 鲍本、闵本并无"所"下"以"字。 建章按:姚所见本固无"以"字,当删,下文正作"所不安"。

⑱鲍注:"谓去相位。" 舍:去,释,放弃。

⑲以此为亲:用这种办法搞好两国关系。

⑳舍事:即上文"舍万乘之事而退"。

㉑鲍改"赵"作"魏"。 谋者:于鬯战国策注:"用事者也。下文言'用事者',此言'谋者',异文同义。" 金正炜战国策补释:"鲍改于文不合。此承上文'将以塞赵'而言也。" 闵本眉注:"赵,一作'魏'。作'赵'是,改'魏'大误。"

㉒鲍注:"此'舍'犹弃夺其爱习,是秦弃魏也。" 吴正:"魏信见舍于秦。" 金正炜战国策补释:"犹云'息肩于秦',匡谬正俗云'舍者训"止",训"息"。'或为'合'字之讹。秦楚攻魏章(按:即下章)'魏王之恐也,见亡矣,必舍于秦',一本作'合'。秦攻魏急章(按:魏策四第二十六章)'天下必合吕氏而从嫪氏',大事记引作'舍',两形相近,传写易讹。鲍注大谬。" 横田惟孝战国策正解:"'舍'疑当作'合'。" 建章按:据上下文,金、横田说当是。韩非子外储说右上"皆合势之易也而道之难",顾广圻、松皋圆、吴汝纶、陈奇猷皆以为"合"当作"舍"(见陈奇猷韩非子集释),此亦"舍""合"易误之一证。

㉓用赵:在赵掌权,执政。

㉔我:"赵之谋者"自称。见注㉑。

㉕"则上有"两句:全国上下必有与秦国拼死交战、坚守御敌之决心。

㉖完:见注⑨。

㉗小心:是说小心谨慎事秦。

㉘尊之以名:任魏信为魏相。

㉙国:魏国。

㉚离王:言不事秦王。

㉛鲍本、闵本"主"并作"王"。　建章按:据上下文当依二本改"主"为"王"。又见赵策四第六章注⑭。

㉜自为:为自己打算。

㉝完:全,善。

㉞名族不高于我:是说赵、魏皆称"王",名号、地位相等。

㉟厚:吕氏春秋有始览务本高注:"多。"

㊱鲍注:"衍'韩'字。"　黄丕烈战国策札记:"此'韩'当作'辅',形近之讹也。"　于鬯战国策注:"黄说亦无据,且作'辅'则'以'字可商。"　建章按:闵本无"韩"字,此当衍"韩"字。

㊲公羊成三年传注:"得曰取。"与上句"得"为互文。

㊳讲难:交战。见楚策一第一章注①。讲、构、构古通用。

㊴兵:指赵兵。　招质:箭靶子。　招:吕氏春秋孟春纪本生高注:"埻的也。"埻(zhǔn 准):说文:"射臬也。"即箭靶的中心。质:箭靶,见魏策一第一章注⑧。

㊵得:吕氏春秋审应览淫辞高注:"犹'便'也。"便:利,安全。秦策四第七章有"是便计也"。

㊶外:指秦。

㊷鲍本、闵本"主"并作"生"。　建章按:前句"结怨",此当作"生患"。墨子明鬼下"主别兕虎"王念孙读书杂志:"'主别'本作'生列'。"考证不具引,孙诒让间诂:"王说是,今据正。"韩非子

八经"不听则谤主",顾广圻说:"'主'当作'生'。"陈奇猷说:"顾说是。"（见韩非子集释）可见"生"易误为"主"。

㊸坒:古"地"字,见赵策四第八章注⑦。

㊹完事:犹言万全之策。

㊺关修龄战国策高注补正:"'彼',指赵用事者也;'伤',忧思也;'前事',谓不合秦也。"

㊻过:错误。

㊼金正炜战国策补释:"'利'上当有'后'字,与上二字为对文,盖误脱也。" 于鬯战国策注:"利,谓国安身尊。"

㊽以:而。 下:服,臣服,尊服。

㊾姚校:"'之'一作'多'。" 鲍本、闵本"之"作"多"。 金正炜战国策补释:"'之'字当为'而',音近而误。" 建章按:垂拱,见齐策五注㉘。之:裴学海古书虚字集释卷九:"犹'而'也。"不必以为误。

㊿横田惟孝战国策正解:"言废信安与用之之利害王当察之。"

十六　秦楚攻魏章

秦、楚攻魏,围皮氏①。为魏谓楚王曰②:"秦、楚胜魏,魏王之恐也见亡矣,必(舍)〔合〕于秦③。王何不倍秦而与魏王④?魏王喜,必内太子⑤。秦恐失楚,必效城坒于王⑥,王虽复与之攻魏可也。"楚王曰:"善。"乃倍秦而与魏。魏内太子于楚。

秦恐,许楚城坒,欲与之复攻魏。樗里疾怒⑦,欲与魏攻楚,恐魏之以太子在楚不肯也。

为疾谓楚王曰:"外臣疾使臣谒之曰⑧:'敝邑之王欲效

城垒⑨,而为魏太子之尚在楚也,是以未敢。王出魏质⑩,臣请效之,而复固秦、楚之交⑪,以疾攻魏'⑫。"楚王曰:"诺。"乃出魏太子,秦因合魏以攻楚⑬。

【注释】

①顾观光战国策编年、于鬯战国策年表并系此策于周赧王九年(前 306 年)。 皮氏:见秦策一第十章注⑦。

②楚王:怀王,见东周策第八章注③。

③姚校:"'舍'一作'合'。"鲍本、闵本"舍"作"合"。 建章按:"舍"乃"合"字之误,见第十五章注㉒。当据姚引一本、鲍本、闵本改"舍"作"合"。

④倍:通"背"。 与:友好,联合。下文有"乃倍秦而与魏",疑此衍"王"字。

⑤必内太子:魏必以太子入质于楚。 内:入。 魏王:襄王,见东周策第十九章注⑧。

⑥效:献。 垒:古"地"字,见赵策四第八章注⑦。

⑦樗里疾:见西周策第三章注①。

⑧外臣:非楚臣。 于鬯战国策注:"'之'下似当有'王'字。"建章按:齐策三第一章有"使太子谒君",则于说当是。

⑨敝邑:对本国的谦称,此指秦。

⑩出:放回。 质:见秦策二第十五章注④。此指魏太子。

⑪固:故,旧。

⑫疾:急,即刻。

⑬因:则,即。

十七　庞葱与太子质于邯郸章

庞葱与太子质于邯郸①,谓魏王曰②:"今一人言市有虎③,王信之乎?"王曰:"否。""二人言市有虎,王信之乎?"王曰:"寡人疑之矣。""三人言市有虎,王信之乎?"王曰:"寡人信之矣。"庞葱曰:"夫市之无虎明矣。然而三人言而成虎。今邯郸去大梁也远于市④,而议臣者过于三人矣⑤。愿王察之矣⑥。"王曰:"寡人自为知⑦。"于是辞行,而谗言先至⑧。后太子罢质⑨,果不得见⑩。

【注释】

①姚校:"'葱'孙作'恭'。"韩非子内储说上"葱"作"恭"。新序杂事二"葱"作"恭"。 太子:魏太子。 质:见秦策二第十五章注④。 邯郸:见秦策一第十五章注⑦⑥。 顾观光战国策编年系此策于周显王二十九年。于鬯战国策年表系此策于周显王三十三年(前336年)。此从于表。

②魏王:惠王,见秦策四第五章注⑦。

③市:说文:"买卖所之也。"即今之市场。

④大梁:魏都,今河南省开封市。

⑤议:议论。 过:超过。

⑥察:犹言明辨。 矣:王引之经传释词卷四:"犹'也'也。"

⑦自为知:鲍注:"言不信人。"新序"自为知"作"知之矣"。 建章按:"知"与"之"通,见魏策一第十六章注⑧。则"自为知"即"自为之",犹言我自会应付,我自有主张。

⑧横田惟孝战国策正解:"'先至',谓身犹在途,而谗言先至也。"

⑨罢质:自赵归魏。

⑩横田惟孝战国策正解:"葱果不得见王,言王信谗也。"

十八　梁王魏婴觞诸侯于范台章

　　梁王魏婴觞诸侯于范台①。酒酣,请鲁君举觞②。鲁君兴,避席择言曰③:"昔者帝女(令)仪狄作酒而美④,进之禹⑤,禹饮而甘之⑥,遂疏仪狄⑦,绝旨酒⑧,曰:'后世必有以酒亡其国者⑨。'齐桓公夜半不嗛⑩,易牙乃煎敖燔炙⑪,和调五味而进之⑫,桓公食之而饱,至旦不觉⑬,曰:'后世必有以味亡其国者。'晋文公得南之威⑭,三日不听朝⑮,遂推南之威而远之,曰:'后世必有以色亡其国者。'楚王登强台⑯,而望崩山⑰,左江而右湖⑱,以临彷徨⑲,其乐忘死,遂盟强台而弗登⑳,曰:'后世必有以高台陂池亡其国者㉑'今主君之尊,仪狄之酒也㉒;主君之味,易牙之调也㉓;左白台而右闾须,南威之美也㉔;前夹林而后兰台,强台之乐也㉕。有一于此,足以亡其国。今主君兼此四者,可无戒与㉖!"梁王称善相属㉗。

【注释】

　　①梁王魏婴:即魏惠王,见秦策四第五章注⑦。史记魏世家作"魏罃"。婴、罃同属庚韵,字得通用。　觞:古时酒杯;此处用作动词,犹言宴请。　范台:太平御览卷四六八乐览引作"兰台"。国语晋语九"三卿宴于蓝台",注:"三卿,智襄子、韩康子、魏桓子。蓝台,地名。"疑范台、兰台、蓝台,实为一地。顾观光战国策编年、于鬯战国策年表并系此策于周显王十三年(前356年)。

②请鲁君举觞:梁王向鲁君劝酒。 据竹书纪年魏惠王十五年
（前356年）"鲁共侯来朝"。据史记鲁世家鲁穆公之子奋为鲁
共公,即共侯,即此"鲁君"。

③兴:起。 避席:见秦策五第五章注㉖。 择言:择其可使人从
善者而言。

④姚校:"一本无'令'字。" 于鬯战国策注:"书钞两处引并作
'黄帝女仪狄作酒',无'令'字,七启及七命李注又慧琳西域记
音义及御览所引皆无'令'字,王念孙读书杂字云'仪狄即帝女
之名,不当有令字'。" 建章按:赵蕤长短经引亦无"令"字。
当删"令"字。 帝:尧或舜。见秦策一第二章注㉒或㉓。

⑤进:献。 禹:见秦策一第二章注㉔。

⑥甘之:感到味很美。

⑦疏:疏远。

⑧绝旨酒:戒绝美酒。旨:说文:"美也。"

⑨以:因。

⑩齐桓公:见东周策第十一章注⑨。 嗛:不满足;或满足。此为
后一义。 关修龄战国策高注补证:"不嗛,不足也;盖言馁而
思食。" 姚注:"嗛,快也。"

⑪易牙:亦作"狄牙"（见论衡谴告、自纪）,为齐桓公的宠臣,善烹
饪。 敖:同"熬"。 燔:烤。 炙:同"燔"义。皆为烹调的
方法。

⑫和调五味而进之:做出美味可口的菜肴献给齐桓公。

⑬不觉:不醒。

⑭晋文公:见秦策五第八章注㊳。 南之威:即南威,古代美女。

⑮不听朝:因迷恋美色而不上朝。

⑯程恩泽国策地名考卷二十:"强台即荆台、章华台也。"引梦溪笔
谈:"荆州江陵、长陵、监利皆有章华台,皆云梦所在也。" 建章

按：国语吴语"昔楚灵王不君，其臣箴谏以不入。乃筑台于章华之上。"注："章华，地名。" 台：古代供游观用的高而平的建筑物。文选枚乘七发李注引作"京台"。

⑰程恩泽国策地名考卷二十："崩山即巫山、猎山、料山也。"巫山：在今湖北省西部。 建章按：梁玉绳瞥记卷五："淮南道应云'强台者，南望料山以临方皇'，注：'料山，山名；方皇，水名，一曰山名。文选应休琏与满炳书引料山作猎山，御览同。然则国策作'望崩山'误矣。"文选枚乘七发李注引作"南望猎山"。 姚校："'崩山'，一作'崇山'，艺文类聚引。"

⑱程恩泽据说苑正谏、后汉书边让传说："江，即洞庭也；湖，即彭蠡也。" 于鬯战国策注："艺文类聚游览聚及太平御览乐览引并无'而'字，道应训'湖'作'淮'。"

⑲姚校："一作'方湟'，艺文类聚引。" 程恩泽国策地名考卷二十："彷徨即'方淮'、'方皇'也，其地则云梦也。" 建章按：淮南子道应训高注："方皇，水名，一曰山名。"刘文典引文选应休琏与满公琰书李注引高注："方皇，大泽也。"

⑳"遂盟"句：于是发誓不再登强台。 盟：发誓。

㉑高台陂池：是说修筑高台陂池，一心贪玩游乐。 陂池：池塘。

㉒"今主君"两句：现在主君杯子里装的是像仪狄做的高级美酒。 主君：见楚策一第十七章注(51)。 尊：盛酒器。也写作"樽""罇"。

㉓"主君"两句：主君吃的菜肴都是像易牙这样的高级厨师烹调的。

㉔"左白台"两句：主君左边有白台，右边有闾须，都是像南威那样的美女。 董说七国考魏宫室"范台"条下云："白台、闾须，魏之美女。盖云：魏之美女可比南威。"又见楚策四第九章注㊹。

㉕夹林、兰台当是魏王游乐之处，故与楚之强台作比。

㉖与:同"欤"。

㉗梁王称善相属:梁惠王很称赞鲁君这一番议论,并告诉在座的诸侯要引以为戒。 关修龄战国策高注补正:"属酒相劝也。林西仲曰'颇服善'"。于鬯战国策注:"属诸侯无忘鲁君之言。" 建章按:汉书黄霸传"属令周密"注:"属,戒也。"此正应上句"可无戒与"!

战国策注释卷二十四

魏 策 三

一　秦赵约而伐魏章

秦、赵约而伐魏①,魏王患之②。芒卯曰③:"王勿忧也。臣请发张倚使谓赵王曰④:'夫邺⑤,寡人固刑弗有也⑥。今大王收秦而攻魏⑦,寡人请以邺事大王'⑧。"赵王喜,召相国而命之曰⑨:"魏王请以邺事寡人⑩,使寡人绝秦⑪。"相国曰:"收秦攻魏⑫,利不过邺⑬。今不用兵而得邺,请许魏⑭。"

张倚因谓赵王曰⑮:"敝邑之吏效城者已在邺矣⑯。大王且何以报魏⑰?"赵王因令闭关绝秦⑱。秦、赵大恶⑲。

芒卯应赵使曰⑳:"敝邑所以事大王者,为完邺也㉑。今郊邺者㉒,使者之罪也㉓,卯不知也㉔。"

赵王恐魏承秦之怒㉕,遽割五城以合于魏而支秦㉖。

【注释】

① 鲍彪及各家皆据史记魏世家系此策于魏昭王六年,当周赧王二十五年(前290年)。

② 魏王:昭王,见东周策第二十章注①。 患之:为此而担忧。

③ 芒卯:即孟卯,见西周策第十一章注㉑。

④ 张倚:鲍注:"魏人。" 赵王:惠文王,见东周策第二十二章注⑤。

⑤ 邺:见魏策一第四章注①。

⑥ "夫邺"句:邺邑这个地方,看样子是保不住的。姚校:"刑一作'形'。" 建章按:王引之经义述闻卷二十一"天地之刑"条下说:"形、刑古多通用。" 有:礼记哀公问注:"保也。"

⑦ 金正炜战国策补释:"下文云'魏王请以邺事寡人,使寡人绝秦',则此当作'今大王绝秦,而收魏','今'犹'若'也,说见释词。'绝'作'收','收'作'攻'涉下文'收秦攻魏,利不过邺'而误。" 建章按:据上下文义金说当是。

⑧ 事:犹言奉献。

⑨ 命:尔雅释诂:"告也。"

⑩ 请:要求,请求。见赵策一第二章注③。

⑪ 绝秦:与秦国断交。

⑫ 收:联合,见楚策三第五章注⑭。

⑬ 利不过邺:所获之利,也不过得到邺邑。

⑭ 许:答应,同意。

⑮ 因:则,乃。

⑯ 敝邑:敝国。 效:献。

⑰ 且:将。 何以报魏:用什么来报答魏国。

⑱ 关:赵、秦两国相通的关塞。

⑲ 恶:言两国关系恶化。

⑳应:对,回答。

㉑"敝邑"句:敝国事奉大王的原因,是为了保全邺邑。　完:全,保全。

㉒于鬯战国策注:"'郊'当读为'效','效'、'郊'亦字通,与上文'形''刑'一类也。"

㉓使者:指张倚。

㉔这都是推脱之辞。

㉕承:犹言"乘"。见齐策一第六章注⑫。

㉖遽:即刻。　支:拒,抵御。

　　芒卯谓秦王曰①:"王之士未有为之中者也②。臣闻明(王)〔主〕不(骨)〔胥〕中而行③。王之所欲于魏者,长羊、王屋、洛林之地也④。王能使臣为魏之司徒⑤,则臣能使魏献之。"秦王曰:"善。"因任之以为魏之司徒⑥。

　　谓魏王曰:"王所患者上地也⑦;秦之所欲于魏者,长羊、王屋、洛林之地也;王献之秦,则上地无忧患。因请以下兵东击齐⑧,攘地必远矣⑨。"魏王曰:"善。"因献之秦⑩。

　　地入数月,而秦兵不下。魏王谓芒卯曰:"地已入数月,而秦兵不下,何也?"芒卯曰:"臣有死罪。虽然,臣死则契折于秦,王无以责秦⑪。王因赦其罪⑫,臣为王责约于秦⑬。"

　　乃之秦,谓秦王曰:"魏之所以献长羊、王屋、洛林之地者,有意欲以下大王之兵东击齐也⑭。今地已入,而秦兵不可下^⑮，臣则死人也^⑯。虽然，后山东之士无以利事王者矣^⑰。"秦王懼然曰^⑱："国有事未澹下兵也^⑲，今以兵从^⑳。"

后十日，秦兵下，芒卯并将秦、魏之兵^㉑，以东击齐，启地二十二县^㉒。

【注释】

①顾观光战国策编年系此策于周赧王二十五年(前 290 年)，于鬯战国策年表同。　芒卯：见西周策第十一章注㉑。　秦王：昭王，见西周策第一章注⑭。

②鲍注："中，谓用事于诸侯之中，犹内应云。"　金正炜战国策补释：此谓通内之所欲于外，犹言'居间'也。"　关修龄战国策高注补正："'为之'犹'助于'也。言士助于诸侯之中者也。"　建章按：秦策五第五章"子傒有承国之业，又有母在中。""中"字之义类此。下文言"王能使臣为魏之司徒则臣能使魏献之。"即"为之中"之义。鲍、金、关说皆是。

③明主不胥中而行：英明的国君要等待有内应的帮助才好行动。本书皆作"明主"，"王"乃"主"字之误。见楚策一第二章注⑮。第十七章注③。赵策二第一章注⑯。　"胥"当改作"胥"，见赵策四第十八章注⑥。"不胥"即"胥"，见秦策二第一章"楚国不尚全乎"高注："不尚，尚也。"又见王引之经传释词卷十。

④长羊：未详。　王屋：今山西省南王屋山。　洛林：疑为林中，见齐策五注㊱。

⑤司徒：见赵策四第六章注⑨。

⑥任之："任"汉书汲黯传颜师古注引苏林曰："保举。""之"指芒卯。

⑦魏王：昭王，见东周策第二十章注①。　上地：见楚策一第十八

战国策注释

章注㉑。　金正炜战国策补释:"左昭十四年传注'上国,在国都以西,西方居上流,故谓之上国'。上地,犹上国也,魏之西地近秦,故为'王所患'。"

⑧下兵:出兵,发兵。

⑨攘:取。　远:广,多。

⑩因:就。

⑪"臣死"两句:臣因罪而处死,这等于把与秦国定的契约焚毁一样,大王就没有任何根据向秦国提出要求。　契:契约,券契。折:毁。责:求。

⑫因:裴学海古书虚字集释卷二:"犹'若'也。"　其:我的。

⑬责约于秦:按照原定契约向秦国提出要求。

⑭欲以下大王之兵:想着以此让大王出兵。

⑮可:说文"肯也"。

⑯臣则死人也:我就要获死罪。

⑰金正炜战国策补释:"文但就'山东之士'为言,于义未完;且与上文魏之献地欲以下兵击齐亦不相应。当作'后山东之主无以割事王者矣','士'之为'主','利'之为'割',并以形似而讹也。韩策'臣恐山东之无以驰割事王者矣',正与此文相类。"

建章按:原文本无碍,录此备参考。又疑"士"或为"之"字误衍,古"之"作"㞢"。金引韩策为韩策一第九章。

⑱懮(jué 决):广雅释诂一:"惊也。"

⑲澹:汉书食货志上注:"古'赡'字。足也。"足:能。

⑳从:合。此言与魏合兵。故下文言"芒卯并将秦、魏之兵"。

㉑将:率领。

㉒启地:开地。

三　秦败魏于华章

秦败魏于华①，走芒卯而围大梁②。须贾为魏谓穰侯曰③："臣闻魏氏大臣父兄皆谓魏王曰④：'初时惠王伐赵⑤，战胜乎三梁⑥，十万之军⑦，拔邯郸⑧，赵氏不割⑨，而邯郸复归⑩。齐人攻燕，杀子之⑪，破故国⑫，燕不割，而(燕)〔故〕国复归⑬。燕、赵之所以国全兵劲，而地不并乎诸侯者，以其能忍难而重出地也⑭。宋、中山数伐数割，而随以亡⑮。臣以为燕、赵可法，而宋、中山可无为也⑯。夫秦贪戾之国而无亲⑰，蚕食魏〔氏〕⑱，尽晋国⑲，战胜(睪)〔暴〕子⑳，割八县，地未毕入㉑，而兵复出矣。夫秦何厌之有哉㉒！今又走芒卯，入北地㉓，此非但攻梁也，且劫王以多割也㉔，王必勿听也。今王循楚、赵而讲㉕，楚、赵怒而与王争事秦㉖，秦必受之㉗。秦挟楚、赵之兵以复攻㉘，则国救亡不可得也已㉙。愿王之必无讲也㉚。王若欲讲，必少割而有质㉛；不然必欺㉜。'是臣之所闻于魏也㉝，愿君之以是虑事也㉞。

"周书曰㉟：'维命不于常'㊱，此言幸之不可数也㊲。夫战胜(睪)〔暴〕子而割八县㊳，此非兵力之精㊴，非计之工也㊵，天幸为多矣㊶。今又走芒卯，入北(地)〔宅〕㊷，以攻大梁，是以天幸自为常也㊸。知者不然㊹。

"臣闻魏氏悉其百县胜兵以止戍大梁㊺，臣以为不下三十万。以三十万之众，守(十)〔七〕仞之城㊻，臣以为虽汤、武复生㊼，弗易攻也。夫轻(信)〔倍〕楚、赵之兵㊽，陵(十

〔七〕仞之城^㊾，戴三十万之众^㊿，而志必举之[㋆]。臣以为自天（下）〔地〕之始分[㋒]，以至于今，未尝有之也。攻而不能拔，秦兵必罢[㋔]，（阴）〔陶〕必亡[㋕]，则前功必弃矣。今魏方疑[㋖]，可以少割收也[㋗]。愿之及楚、赵之兵未任于大梁也[㋘]，亟以少割收魏[㋙]。魏方疑，而得以少割为和，必欲之[㋚]，则君得所欲矣[㋛]。

"楚、赵怒于魏之先己讲也[㋜]，必争事秦[㋝]，从是以散[㋞]，而君后择焉[㋟]。且君之尝割晋国取地也，何必以兵哉[㋠]？夫兵不用，而魏效绛、安邑[㋡]，又为（阴）〔陶〕启两，机尽故宋[㋢]，卫效（尤惮）〔单父〕[㋣]秦兵已（令）〔全〕，而君制之[㋤]，何求而不得？何为而不成[㋥]？臣愿君之熟计[㋦]，而无行危也[㋧]。"

穰侯曰："善。"乃罢梁围。

【注释】

①华：华阳，在今河南省新郑市东南。华阳之战在周赧王四十二年（前273年）。　于鬯战国策年表系此策于是年。

②马非百秦集史郡县志下在"华阳亭"下说："赧王四十二年（前273年）赵、魏伐韩华阳　秦昭王使白起救韩，败魏军于华阳下，走芒卯，即此。故址在新郑县东南。"杨宽战国史说："公元前273年魏国投入赵的怀抱，赵、魏两国组织了联军向韩进攻，打到了华阳（今河南省郑州市南）。韩求救于秦，秦派白起大破赵、魏联军于华阳，斩首十五万。"马雍在帛书战国纵横家书各篇的年代和历史背景一文中说："华阳之战是一次规模很大的战役。史记关于这次战争的年代记载不一，其一说在公元前273年（魏世家、韩世家、穰侯列传、白起列传、六国表）；另一说

在公元前 274 年(秦本纪、赵世家)。当以前一说为准。因此，我们根据帛书和战国策的记事，可将这章的年代定在公元前 273 年，即秦昭王三十四年。但是史记穰侯列传却将本章系于昭王三十二年(前 275 年)，在华阳之战前二年，遂使本章与华阳之战无关，这是很大的错误。" 而：裴学海古书虚字集释卷七："犹'又'也。" 走芒卯：赶跑了魏将芒卯。 芒卯：见西周策第十一章注㉑。 大梁：魏都，今河南省开封市。

③史记穰侯列传作"梁大夫须贾说穰侯曰"。帛书战国纵横家书第十五章作"须贾说穰侯曰"。 建章按：吕氏春秋审应览应言毕沅校："'起贾'疑即'须贾'。"疑"谓"当是"说"之误。穰侯：见秦策一第五章注㉓。

④魏王：安釐王，见赵策三第十三章注②。

⑤惠王：梁惠王即魏惠王，见秦策四第五章注⑦。

⑥史记穰侯列传索隐说："三梁，即南梁也。"吴师道取此说。鲍彪注说："陈留、浚仪、大梁为三，皆魏地。"程恩泽国策地名考说："鲍、吴二说皆非是。鲍三梁为三地，不能转战于三处也。吴以三梁即南梁，此韩地，在今汝州，与赵远不相涉。水经注：'博水又东南，径三梁亭南，疑即古勺梁也。竹书纪年曰"燕人伐赵，围浊鹿。赵武灵王及代人救浊鹿，败燕师于勺梁"者也。今广昌东岭之东有山，俗名之曰浊鹿罗，城地不远，土势相邻，以此推之，或近是矣。'"(按：滱水注) 建章按：中国历史地图集第一册燕图，勺梁即三梁。在今河北定县东北。原注释不确，今取程说。 乎：于。 三梁：当是靠近邯郸之地。

⑦疑"十"上脱"覆"字。穰侯列传、战国纵横家书并无"十万之军"四字。

⑧邯郸：赵都，今河北省邯郸市。

⑨赵氏不割：赵国坚持不割地不妥协。

⑩陈梦家六国纪年说："周显王十八年六国表魏表云'归赵邯郸',赵表云'魏归邯郸,与魏盟漳水上'。赵、魏世家同。盖上年,魏虽败诸侯师于襄陵,然数败于桂阳及桂陵,复丧两城于秦,故终言好于赵。自围邯郸至此为第四年,故吕氏春秋不屈篇曰'围邯郸三年而弗能取',战国策魏策曰'十万之军拔邯郸,赵氏不割而邯郸复归'。"据杨宽战国史附录战国大事年表:前354年魏围邯郸,前353年魏攻入邯郸,前351年魏归赵邯郸。

⑪前316年(王哙五年)燕王哙把君位禅让给相国子之。子之执政后,遭到以太子平和将军市被为首的集团的反对。前314年,太子平和将军市被率其党羽进攻子之。子之反攻,杀太子平和将军市被。同年,齐宣王出兵破燕都蓟,王哙死,子之被擒,处醢刑。

⑫故国:指燕都蓟(北京市西南)。

⑬"燕不割"两句:燕国坚持不割地妥协,以后又收复了旧都。"燕国",穰侯列传作"故地",帛书战国纵横家书作"故国"。此"燕"字当作"故",因上"燕"字而误。此"故国"正指上句"破故国"。

⑭劲:强。　以:因。　忍难:忍受一时的艰难;难:国难。　而:裴学海古书虚字集释卷七:"犹'故'也。"　重:又。　出:西周策第一章高注"归也"。此言收复。　地:失地。

⑮宋:见秦策一第四章注②。　中山:见秦策一第五章注㊳。赵世家:"武灵王二十一年(前305年)攻中山,中山献四邑请和。"前303年攻中山,前300年复攻中山,攘地,前296年(赵惠文王三年)灭中山。前286年(齐闵王十六年)齐灭宋。

⑯法:效法。　无为:即无谓。可无谓:不可取。

⑰贪戾:贪顽暴虐。　无:不。　亲:信赖。

⑱穰侯列传作"蚕食魏氏",帛书战国纵横家书同传。 建章按:
前文有"魏氏大臣父兄",后文有"魏氏悉其百县胜兵",赵策一
第十一章有"秦蚕食韩氏之地"。"魏"下当补"氏"字。 蚕
食:见赵策一第十一章注㊲。

⑲魏迁都大梁后,秦攻占魏大片土地:前 330 年(魏惠王后元五
年)魏献河西地给秦,前 329 年秦攻取魏河东汾阴、皮氏、焦,前
328 年秦取魏蒲阳,迫使献上郡十五县给秦求和,前 290 年(魏
昭王六年)秦取魏大小 61 城,前 286 年秦攻魏河内,魏献旧国
都安邑。故穰侯列传索隐说:"河东、河西、河内并是魏地,即故
晋国。今言秦'蚕食魏氏',尽晋国之地也。"

⑳穰侯列传"皋"作"暴",帛书战国纵横家书同传。 王念孙读
书杂志:"此策作'皋子'者,说文'暴,晞也。''暴,疾有所趣
也。'此策'暴子'之'暴'盖本作'暴'字,隶省作'暴',又省作
'暴',形与'皋'字相似,俗书'皋'字作'皋',故'暴子'讹作
'皋子'矣。" 建章按:韩世家"釐王二十一年,使暴鸢救魏,为
秦所败,鸢走开封。""暴鸢"即"暴鸢",亦即此"战胜皋子"之
事。当依穰侯列传、战国纵横家书及王说改"皋"作"暴"。暴
子:韩将暴鸢。

㉑毕:尔雅释诂:"尽也。"犹言全部。

㉒"秦何厌之有"即"秦有何厌":秦国那有满足的时候。 厌:
满足。

㉓穰侯列传、战国纵横家书"北地"并作"北宅"。集解引徐广曰:
"魏惠王五年与韩会宅阳"。正义引竹书云:"宅阳,一名'北
宅'。"括地志云:"宅阳故城在郑州荥阳县西南十七里。" 建
章按:北地、北宅、宅阳疑为一地异名耳。

㉔梁:魏都大梁。 劫:管子大匡注:"谓兴兵胁之。"

㉕今王循楚赵而讲:如果大王背着楚、赵欲与秦和。穰侯列传

"循"作"背",战国纵横家书同传。　建章按:吕氏春秋孟春纪本生,于省吾双剑誃诸子新证:"金文从彳、从辵同用,如'还'作'儇'、'逼'作'徧'、'遗'作'馈'、'遠'作'褑'、'還'作'复','後'作'逡',均可证。"则"循"通"遁"。广雅释诂三:"遁,避也。"吕氏春秋慎大览报更高注:"遁,失也"。与穰侯列传"背"义合。

㉖事秦:向秦表示友好,讨好秦。

㉗秦必受之:秦国必与楚、赵联合。

㉘挟:持。　攻:攻魏。

㉙得:能。

㉚愿:希望。　必无讲:切不可与秦媾和。

㉛质:人质,见秦策二第十五章注④。

㉜穰侯列传作"不然必见欺",索隐:"恐不然必被秦欺也。"战国纵横家书同策。　建章按:齐策六第五章"单何以得罪于先生,故常见誉于朝",魏策三第六章"魏无见亡之危",燕策一第十二章"隗且见事,况贤于隗者乎,"根据本书上举被动句式用例,此当依穰侯列传作"必见欺"。或古代汉语有自动与被动不分之例,如左昭十年传"君伐,焉归",杨伯峻春秋左传注"君伐,君被子良攻伐"。左宣十二年传"与魏锜皆命而往",杨伯峻注"'皆命'即'皆受命'之义,亦犹宣二年传'命于楚',义即'受命于楚'也。"则此"必欺"即"必见欺""必被欺"。不必以为脱"见"字。

㉝是:此。

㉞虑:尔雅释诂:"谋也。"

㉟周书:见今尚书周书康诰。

㊱维命不于常:天命不是永久不变的。　于:为。　常:恒,久。

㊲此言幸之不可数也:这是说,幸运不可能经常获得。　数:

屡次。

㊳“辠”当作“暴”见注⑳。

㊴精：精强。

㊵工：完善。

㊶天幸为多：主要是由于天命所致。　多：重，重要。

㊷北宅：见注㉓。

㊸是以天幸自为常也：所以说天命自有其规律（而非人为）。
常：犹言规律。

㊹知者不然：聪明的人则不依靠天命。　知：同“智”。　然：如此。

㊺臣闻魏氏悉其百县胜兵以止戌大梁：我听说魏国已发动了全国强兵屯驻国都大梁。　姚校：“‘县’曾本作‘姓’。”　穰侯列传“兵”作“甲”，“止”作“上”。战国纵横家书“戌”上有“以”字，余同传。　金正炜战国策补释：“‘止’当为‘上’之误，吕览似顺篇‘简子上之晋阳’，盖晋阳在晋国之西也。韦昭国语解‘东行曰下’，故此以西戌为上。又左庄二十八年经疏‘国都为上，邑为下。’”　关修龄战国策高注补正：“胜兵，盖丁男勇力能胜于人者。止，谓止而不迁。”　于鬯战国策注：“作‘止’则‘止戌’当连读，作‘上’则当为句，窃谓此依史长。胜，任也。‘胜甲以上’者，谓在年十五、六以上。盖前此年幼未任甲。‘胜兵’与‘胜甲’则一义也，而非关所谓‘丁男勇力’之义也。然则‘县’字依曾作‘姓’亦正协。盖魏战败之后，正以丁勇多死，故悉其百姓之十五、六以上者守大梁也，此其所以犹有‘三十万之众’也。”　建章按：淮南子时则训高注：“百县，圻内之县；言‘百’指全数耳。”礼记檀弓下疏：“言‘百’者举其全数也。”县：广雅释诂四“国也”。则此“百县”乃“全国”之义。墨子节用中“足以将之则止”，孙诒让墨子间诂：“‘止’旧讹‘上’，今据道藏

本正。"又"虽上者三公诸侯至"孙𣏌诂:"旧云'上',旧作止,以意改。'"韩非子内储说上说六"于是三乡举而上之",陈奇猷韩非子集释:"'上之'原作'止之',今从藏本、赵本改。"又难三"故季氏之乱成而不上闻",陈奇猷集释:"藏本、迁评本、丛刊本'上'误'止'。"可见"上"与"止"易互误。因为大梁是国都,故言"上戍"。 戍:史记陈涉世家索隐:"屯兵而守之也。"

㊻穰侯列传"十"作"七",战国纵横家书同传。 建章按:周礼考工记下匠人疏:"古周礼说云'天子城高七雉,公之城高五雉,侯伯之城高二雉'。"初学记卷二十四引五经异义曰"天子之城九仞,公侯七仞,伯五仞,子男三仞"。如为"十仞"则超过天子之制。又"十"与"七"因形似易误,见赵策一第十一章注㉜。当依穰侯列传战国纵横家书改"十"作"七"。程瑶田通艺录释仞考订一仞为七尺,段玉裁说文解字注:"程说甚精当,仞说可定矣。"朱骏声说文通训定声也说:"程说精确,当从之。"陶方琦说文仞字八尺考:八尺为周尺,汉尺为七尺,五尺六寸为东汉末尺。

㊼汤:见秦策一第二章注㉕。 武:周武王,见秦策一第二章注㉗。

㊽夫轻倍楚赵之兵:随便地不顾楚、赵之兵。穰侯列传"信"作"背"。战国纵横家书"信"作"倍"。 于鬯战国策注:"此'信'字或'倍'字形误。"刘锺英战国策辨讹:"'倍'与'背'同,讹作'信'。" 金正炜战国策补释:"'信'当为'倍'字,形相似而讹。" 建章按:此"信"当是"倍"字之误,见齐策一第五章注㉑、赵策四第四章注㊶。背:荀子解蔽杨注:"弃,去也。"

㊾七仞:见注㊻。

㊿穰侯列传"戴"作"战"。 战国纵横家书"戴"作"犯"。 吴补:"一本标'孙作战'。" 建章按:疑"戴"当作"扑",金文"扑"作"𢾭",故误"战",或误作"戴"。史记荆轲传"举筑扑秦

皇帝”索隐:“扑,击也。”周本纪:“秦破韩、魏扑师武。”扑,亦击也。

(51)志:左哀十七年传注:“望也。”鬼谷子阴符:“志者,欲之使也。”此言想要,希望。　举:拔,攻下,取。　之:指大梁。

(52)穰侯列传“下”作“地”,战国纵横家书同传。　建章按:“天下”当是“天地”之误,见秦策三第十八章注㉔。作“天下”非其义。当据改。

(53)罢:通“疲”。

(54)穰侯列传“阴”作“陶邑”。　战国纵横家书“阴”作“陶”。　建章按:“阴”系“陶”之误,见齐策四第十一章注⑲。当据改。亡:失。

(55)方疑:正犹豫不决。指魏是否与秦合,尚犹豫不决。

(56)穰侯列传同策,索隐:“可以少割地而收魏也。”　战国纵横家书“割”下有“而”字。　建章按:据索隐、列传“割”下本有“而”字,与战国纵横家书合。策文亦当有“而”字。　收:联合。

(57)穰侯列传“之及”作“君逮”,“任”作“至”。战国纵横家书同传。金正炜战国策补释:“‘愿之’当从史作‘愿君’,或‘之’字衍。‘任’当为‘莅’之讹;莅通位;莅,临也。此策盖由‘位’误‘任’。”　刘锺英战国策辨讹:“高注‘注,聚也。’讹作‘任’;作‘至’,非。”　建章按:“之”或为“君”之误,“任”或为“注”之误。

(58)穰侯列传“收”下重“魏”字,战国纵横家书同传。鲍本重“魏”字,闵本亦重“魏”字。　建章按:上文“少割收”下无“魏”字,“割”下补“而”字,其意甚明;此承上句,不重“魏”字,读“收”字句,“割”下仍当有“而”字,意亦明。

(59)穰侯列传“和”作“利”,泷川资言考证:“枫山本‘利’作‘和’,与策合”。战国纵横家书同策。　建章按:墨子辞过“夫妇节而天地和”，于省吾双剑誃诸子新证：“宝历本‘和’作‘利’。按‘利’亦‘和’也，易乾‘元亨利贞’，子夏传‘利，和也。’左襄九年传‘利，义之和也’。”

⑥所欲：即下文所言。

⑥楚赵怒于魏之先己讲也：楚、赵因魏与秦先结盟而怒。 讲（講）：同“媾”。

⑥必争事秦：楚、赵必然与魏国争先恐后地与秦国交好。 事：侍奉。

⑥从：合纵联盟。 散：解散，瓦解。

⑥后择：犹言后发制人。

⑥穰侯列传作“且君之得地岂必以兵哉，割晋国”。 战国纵横家书作“且君之得地也，岂必以兵哉”。 建章按：疑“尝割晋国”为“取地”的旁注，而误入正文者；列传“割晋国”三字混入之迹更为明显。 之：裴学海古书虚字集释卷九：“犹‘亦’也。” 以：用。

⑥穰侯列传“夫”作“秦”，战国纵横家书同传。 建章按：疑“夫”为“秦”之坏文，见东周策第十七章注④。 效：献。 绛：战国时绛可能指今山西省闻喜、新绛、曲沃、绛县一带地方。 安邑：见秦策一第四章注③。史记六国年表“秦昭王二十一年（周赧王二十九年前286年）魏纳安邑及河内。”又吕氏春秋审应览应言“魏令孟卯割绛、汾、安邑之地以与秦王。”或所指为一事。

⑥穰侯列传作“又为陶开两道”，正义：“穰故封定陶，故宋及单父是陶之南道也；魏之安邑及绛，是陶北道。” 战国纵横家书作“有（又）为陶启两几”，注“疑‘几’字与‘畿’通，是疆界的意思。‘启两畿，尽故宋’，是说在陶的地方，开拓两边，把原来宋国的土地都吞并。旧说都从史记。” 建章按：“阴”当是“陶”之误，见注㊴。易系辞释文：“‘几’本作‘机’。”书孔安国序释

文:"'机'本作'几'。"则"机""几"通用;几:差不多。正义近是,或当依传补"道"字。

⑱穰侯列传作"卫必效单父"。　鲍本作"惮尤",改作"尤惮"。战国纵横家书作"而率(卫)效蝉尤",注:"魏策作'尤惮',是误倒。穰侯列传作'魏必效单父',蝉和惮并与单通用,'尤'为'父'字之误。单父原是鲁地,战国时属卫,在今山东省曹县,与定陶相近。"程恩泽国策地名考说:"当作'单父'为是。汉志,山阳郡有单父县,本春秋时鲁邑。宓子贱、巫马期为单父并宰。此地战国属卫,与曹、濮相近,南接虞城县界,故宋地也。其曰'为陶开两道'者,正义曰:'穰侯封定陶,绛、安邑是陶北道,故宋及单父是陶南道也。'今在曹州府单县南一里。"李学勤说:"单父在今山东曹县境,春秋时属鲁国,孔子弟子宓子贱曾在该地做官。到战国时,单父归卫所有。鼎铭单父的'父'字非常清晰,证明马王堆帛书战国纵横家书和今本战国策魏策把'单父'写作'蝉尤'、'尤惮',都是转抄致误。"(新出青铜器研究秦国文物的新认识)　建章按:鲍本原作"惮尤"与战国纵横家书合。此当依传改"尤惮"作"单父"。

⑲秦兵已全而君制之:秦不出兵,既保全了自己的实力,而您又可掌握主动权。　姚校:"史'秦兵已全'。"　穰侯列传"已令"作"可全"。战国纵横家书第十五章"已"作"苟"。裴锡圭认为"当从帛书作'苟全'。'苟'、'句'古通。本帛书48、85、130、132等行,都有读为'苟'的'句'字。史记'可'字应是'句'的形近误字。"(见古代文史研究新探读战国纵横家书释文注释札记)　建章按:"令"当作"全",见齐策一第十四章注⑫、楚策一第五章注⑪。　已:既。　制:控制,掌握。

⑳"何求"两句:要求无不满足,所做无不成功。

㉑愿:希望。　熟计:深思熟虑。

⑫无:毋,勿,切勿。　行危:冒险行事。

四　秦败魏于华魏王且入朝于秦章

秦败魏于华①,魏王且入朝于秦②。周䜣谓王曰③:"宋人有学者,三年反而名其母④。其母曰:'子学三年,反而名我者何也?'其子曰:'吾所贤者,无过尧、舜,尧、舜名⑤;吾所大者,无大天地⑥,天地名。今母贤不过尧、舜,母大不过天地,是以名母也。'其母曰:'子之于学者,将尽行之乎?愿子之有以易名母也;子之于学也,将有所不行乎?愿子之且以名母为后也⑦。'今王之事秦,尚有可以易入朝者乎?愿王之有以易之,而以入朝为后⑧。"魏王曰:"子患寡人入而不出邪⑨?许绾为我祝曰⑩:'入而不出,请殉寡人以头'⑪。"周䜣对曰:"如臣之贱也,今人有谓臣曰:'入不测之渊而必出,不出,请以一鼠首为女殉者。'臣必不为也。今秦不可知之国也⑫,犹不测之渊也;而许绾之首犹鼠首也。内王于不可知之秦,而殉王以鼠首,臣窃为王不取也⑬。且无梁孰与无河内急⑭?"王曰:"梁急。""无梁孰与无身急⑮?"王曰:"身急。"曰:"以三者⑯,身上也,河内其下也⑰。秦未索其下⑱,而王效其上⑲,可乎?"

王尚未听也。支期曰⑳:"王视楚王㉑,楚王入秦,王以三乘先之㉒;楚王不入,楚、魏为一㉓,尚足以捍秦㉔。"王乃止。王谓支期曰:"吾始已诺于应侯矣㉕,今不行者,欺之矣。"支期曰:"王勿忧也。臣使长信侯请无内王㉖,王待臣也。"

支期说于长信侯曰:"王命召相国㉗。"长信侯曰:"王何以臣为㉘?"支期曰:"臣不知也,王急召君。"长信侯曰:"吾内王于秦者,宁以为秦邪?吾以为魏也㉙。"支期曰:"君无为魏计,君其自为计㉚。且安死乎?安生乎?安穷乎?安贵乎㉛?君其先自为计,后为魏计。"长信侯曰:"楼公将入矣㉜,臣今从㉝。"支期曰:"王急召君,君不行,血溅君襟矣㉞。"

长信侯行,支期随其后。且见王,支期先入,谓王曰:"伪病者乎而见之㉟。臣已恐之矣㊱。"长信侯入见王,王曰:"病甚奈何!吾始已诺于应侯矣,意虽道死,行乎㊲。"长信侯曰:"王母行矣㊳!臣能得之于应侯㊴,愿王无忧。"

【注释】

①秦败魏于华阳在前273年,范雎封应侯在前266年。故于鬯战国策注说:"疑策首本无'秦败魏于华'一句,乃涉上策首而衍此五字。下文言'且'者,将也,即作发首语,亦无害。后汉书马援传李注引策自下文起,彼引虽未必依策原文,然无此句,似可举证如此。则此策从顾说在赧五十六,而不必谓赧五十六年有败华之事也。赧五十六当魏安釐十八年(前259年)。"刘锺英战国策辨讹以为"应侯"当是"穰侯"。据史记范雎蔡泽列传秦昭王四十一年(前266年)"逐穰侯",则又当在此年以前。

②魏王:安釐王,见赵策三第十三章注②。 入朝于秦:朝拜秦王。

③周訢:魏臣。

④"宋人"两句:宋国有个人出外求学,三年后回家,叫他母亲的名字。 名:用作动词,下同。 名其母:称其母之名。

⑤"吾所"句以下:我所认为的贤人,没有超过尧、舜的,可是人们

都直呼'尧'、'舜'。"按:尧、舜皆非"名"。见秦策一第二章注
㉒、㉓。

⑥"无大"之"大":易大过象:"大者,过也。"即超过。

⑦"子之于学者"以下:你对你所学的,要都实行吗?那就希望你
用别的称呼来称呼母亲的名字。你对你所学的,不都实行吗?
那就希望你晚一点称呼母亲的名字。

⑧"今王"句以下:现在大王去侍奉秦王,如果还有可以代替"朝拜
秦王"这个办法的,那就希望大王换一种办法,把"朝拜秦王"放
晚一点。

⑨子:对人的敬称。　患:担心。　寡人:国君自称。　邪:疑问
语气词。

⑩许绾(wǎn 晚):吕氏春秋审应览应言高注:"秦臣也。"　祝:
咒、詋、誷同字(见集韵宥韵)犹言发誓。

⑪"入而"两句:到秦国而不能反回魏国,就赌上他的脑袋。　殉:
为某人或某事牺牲。

⑫今秦不可知之国也:秦国多变,吉凶难以预测。　不可知:不能
推测,不能预料。

⑬臣窃为王不取也:见西周策第九章注③。

⑭且无梁孰与无河内急:失掉大梁和失掉河内,何者更紧要?
大梁:魏都,今开封市。　河内:见秦策四第九章注⑮。　急:
金正炜战国策补释:"要也。见文选应诏观北湖田收诗注。"

⑮身:指魏王本人。

⑯已:尔雅释诂"此也"。"已"与"以"通用,则"以三者"即此
三者。

⑰其:裴学海古书虚字集释卷五:"犹'则'也。"

⑱索:要求。

⑲效:献。

1095

⑳支期:于鬯战国策注:"魏王之近臣。"

㉑楚王:若依顾观光战国策编年则是考烈王,见楚策四第一章注
　　①。如依刘锺英战国策辨证则是顷襄王,见秦策一第五章
　　注㊿。

㉒三乘:关修龄战国策高注补证:"轻使也。"　先之:先于楚王
　　至秦。

㉓为一:团结一致。

㉔捍:抵御,抗拒。

㉕诺:答应。　应侯:见秦策三第八章注①。

㉖长信侯:鲍注"魏相之善应侯者。"　无内王:不让王进秦国。
　　无:不。　内:入,进。

㉗召:请。

㉘王何以臣为:大王让我去干什么?

㉙"吾内"两句:我送大王到秦国去难道是为了秦国吗?我是为了
　　魏国呀?　宁:岂,难道。

㉚"君无为"两句:你不要为魏国打算,你还是先为你自己打算
　　吧。　无:犹言勿,毋。　计:打算。　其:表示希望的虚词犹
　　言"还是"。

㉛鲍注:"问何所安。"　王引之经传释词卷二"言于死于生于穷
　　于贵也。鲍彪注失之"。　建章按:论语为政"察其所安"皇疏
　　"安,谓意气归向之也。"则"安"有打算、预备的意思。

㉜吴正:"楼缓、楼鼻、楼梧皆此时人,此楼公不知指何人。'于鬯战
　　国策注:"入,谓入宫见王。"

㉝臣今从:等楼公来了,一同去见魏王。　今:王引之经传释词卷
　　四:"可训为'即'。"

㉞血溅君襟:于鬯战国策注:"言王将诛之。"

㉟金正炜战国策补释:"广雅释诂'乎,极也'。谓疲极也。'乎'

战国策注释

字古与'呼'通,礼记檀弓篇'曾子闻之瞿然曰呼'注'呼,虚惫之声也'。邓析子无厚篇'故体痛者口不能不呼'。 建章按:据金说,乎,犹言病体沉重,痛疼难忍,呻吟呼喊之状。此乃支期教魏王伪装之情。

㊱恐:恐嚇,吓唬。 之:指长信侯。

㊲裴学海古书虚字集释卷三:"'抑'与'意'双声通用。"又"抑,犹'然'也"。此言:可是即使死在半路上,还是得去呀!

㊳母:同"毋",见西周策第十一章注⑤。毋:勿,不可。

㊴得:礼记乐记注:"谓晓其义。"此言长信侯将魏王病重之事告知应侯,并能取得应侯的谅解可以不让魏王入秦。所以才让王"母行","无忧"。

五 华军之战章

华军之战①,魏不胜秦。明年将使段干崇割地而讲②。

孙臣谓魏王曰③:"魏不以败之上割,可谓善用不胜矣;而秦不以胜之上割,可谓不能用胜矣④。今处期年乃欲割⑤,是群臣之私而王不知也⑥。且夫欲玺者段干子也⑦,王因使之割地⑧;欲地者秦也,而王因使之受玺。夫欲玺者制地,而欲地者制玺⑨,其势必无魏矣。且夫奸臣固皆欲以地事秦。以地事秦,譬犹抱薪而救火也,薪不尽则火不止。今王之地有尽,而秦之求无穷,是薪火之说也⑩。"魏王曰:"善。虽然,吾已许秦矣⑪,不可以革也⑫。"对曰:"王独不见夫博者之用枭邪⑬?欲食则食⑭,欲握则握⑮。今君劫于群臣而许秦⑯,因曰'不可革'⑰,何用智之不若枭也⑱?"魏王曰:"善。"乃案其行⑲。

【注释】

①姚校:"一本'华'下有'阳'字。" 鲍本作"华阳之战"。 建章按:本书有"雍氏之役""宜阳之役""陉山之事""邯郸之难""南梁之难""权之难""长沙之难""徐州之役""长平之役""襄陵之役"等,皆称地名,疑此当作"华阳之战"或"华之战"。华阳之战在周赧王四十二年(前273年),下文有"明年"云云,则此策当系于周赧王四十三年(前272年),顾观光战国策编年正系于此年,于鬯战国策年表在前一年。华阳,见第三章注①。

②史记老子列传"老子之子名宗,宗为魏将,封于段干。"泷川资言考证引姚范说:"'崇'疑即'宗'也,计'崇'之年,似不为老子之子。"

③孙臣:于鬯战国策注:"魏世家及后语'孙臣'并作'苏代'。"
魏王:安釐王,见赵策三第十三章注②。

④"魏不"句以下:魏国不在战败的当时给秦割地,真可算得善于应付战败这种劣势了;而秦国不在战胜的当时要求魏国割地,这真是不善于利用战胜这种优势啊。 金正炜战国策补释:"淮南览冥篇注:'上,犹初也。'又吕览情欲篇'临死之上,颠倒惊惧',上犹初时也。" 建章按:金说是,上谓初时,当时。
能:汉书百官公卿表上注:"善也。"

⑤期年:一周年。 乃:才,却。 欲:要求。

⑥是:此。 私:为自己打算。即下文"欲玺"。

⑦资治通鉴胡注:"玺,印也。言段干子欲得秦相印,故请魏割地。"

⑧使:派。 之:指段干崇。

⑨"夫欲"两句:想要得到官印的段干崇掌握着割地的权力;想要得到土地的秦国却掌握着给官印的权力。

⑩是薪火之说也：这和抱着柴火去救火一样。　说：<u>广雅释诂</u>二：
　　"论也。"又<u>周礼考工记凫氏</u>注："犹'意'也。"

⑪许：答应。

⑫革：改。

⑬独：就，难道。　博：棋戏。　枭：枭棋，见<u>楚策三</u>第十章注⑪。
　　邪：疑问语气词。　枭棋最贵，掷得枭者，当行子。"用枭"谓善
　　于使用枭棋。

⑭欲食则食：掷得枭者，视其有利于己者则行子。　食：<u>魏世家</u><u>泷</u>
　　<u>川资言考证</u>："行棋也。"

⑮欲握则握：视其不利于己者则止。　握：<u>泷川资言考证</u>："止也。"

⑯劫于群臣：被群臣胁迫。

⑰因：<u>王引之</u><u>经传释词</u>卷一："'犹'也。"尚且，还。

⑱何用智之不若枭也：为什么大王的智慧还不如博棋时"用枭"
　　呢？　用：<u>王引之</u><u>经传释词</u>卷一："词之'以'也。"

⑲乃案其行：不再使<u>段干崇</u>割地而讲。　案：止。见<u>东周策</u>第三
　　章注④。

六　齐欲伐魏章

　　<u>齐欲伐魏</u>①，魏使人谓<u>淳于髡</u>曰②："<u>齐欲伐魏</u>，能解<u>魏</u>
患，唯先生也。敝邑有宝璧二双③，文马二驷④，请致之先
生⑤。"<u>淳于髡</u>曰："诺。"

　　入说<u>齐王</u>曰⑥："<u>楚</u>，<u>齐</u>之仇敌也；<u>魏</u>，<u>齐</u>之与国也⑦。夫
伐与国，使仇敌制其余敝⑧，名丑而实危⑨，为王弗取也。"<u>齐</u>
<u>王</u>曰："善。"乃不伐<u>魏</u>。

　　客谓<u>齐王</u>曰："<u>淳于髡</u>言不伐<u>魏</u>者，受<u>魏</u>之璧、马也。"

王以谓淳于髡曰⑩："闻先生受魏之璧、马,有诸⑪?"曰："有之。""然则先生之为寡人计之何如⑫?"淳于髡曰:"伐魏之事不便,魏虽刺髡,于王何益? 若诚不便,魏虽封髡,于王何损⑬? 且夫王无伐与国之诽⑭,魏无见亡之危⑮,百姓无被兵之患⑯,髡有璧、马之宝,于王何伤乎⑰?"

【注释】

①此章鲍本在齐策。 于鬯战国策年表据林春溥战国纪年编此策于周显王三十六年(前 333 年)。

②淳于髡:见齐策三第四章注②。

③敝邑:对本国的谦称。 璧:见秦策四第十章注㉑。

④文马:左宣二年传注:"画马为文"。又疏引正义曰:"谓文饰雕画之若朱其尾鬣之类也。"说文有"鸡马",段玉裁说:"春秋传之'文马'非周书之'鸡马'也。" 二驷:八匹马。

⑤致:赠,送。

⑥齐王:威王,见秦策四第十章注⑲。

⑦与国:同盟国,友邦。

⑧"夫伐与国"两句:与盟国作战,这就使仇敌的楚国乘我们困疲之时进攻我们。

⑨与盟国作战,即所谓"名丑";丑:恶。楚国将乘其敝,即所谓"实危"。

⑩以:裴学海古书虚字集释卷一:"犹'乃'也。"

⑪诸:王引之经传释词卷九:"'之乎'也。"即"之乎"的合音。有诸:有这样的事吗?

⑫"然则"句:那么先生替我怎么打算的呢? "计之"的"之":裴学海古书虚字集释卷九:"犹'者'也。"

⑬姚校:"刘无'诚不'之'不'字。曾无下'便魏'之'魏'字。"
鲍注:"伐**魏**不便,**魏**所欲也,而髡止之,故**魏**刺之。虽刺髡,而
齐实不便,非益也。此设辞也。"　吴正:"强注,终不通。"补:
"'之事'下当无'不'字,义乃通,恐有讹舛。"　王念孙读书杂
志:"吴说是也。艺文类聚宝玉部、太平御览珍宝部引此并作
'伐**魏**之事便,**魏**虽刺髡,于王何益'。"　关修龄战国策高注补
正:"''不便'谓不利于齐,故髡止齐伐**魏**;髡以伐**魏**为齐不利而
止之,故**魏**使客刺髡;虽然,于王之事则无益。若诚不利,覆说
上文,言齐不伐为利,则**魏**虽封髡,而于王之事则无损。"　横田
惟孝战国策正解:"'伐**魏**',名丑实危,故曰'不利'。言伐**魏**之
事不利于齐,则**魏**虽杀髡,于王无益矣;言其伐之不利自若也。
王若知诚不利于齐,止而不伐,则**魏**虽封髡,于王无损矣;言其
不伐之利自若也。"　于鬯战国策注取吴说云:"便而不伐故无
益。不便而不伐故无损。其意总谓但当论伐之便不便,不当问
己之得贿与不得贿。"　建章按:取横田说,并于注后半之意。
"伐**魏**"句以下大意:伐**魏**之事,不利于齐(我劝齐王不伐**魏**),
魏国虽杀我,(王仍伐**魏**)而无益于王;如果真的齐王认识到伐
魏不利,而不伐**魏**,**魏国**虽封我,于王无损。

⑭且夫:而且。　诽:非议。

⑮见亡:被灭亡。

⑯被兵:遭受战争(灾祸)。

⑰伤:伤害,损害。

1101

七　秦将伐魏章

　　秦将伐**魏**[①],**魏**王闻之[②],夜见**孟尝君**[③],告之曰:"**秦**且
攻**魏**;子为寡人谋,奈何?"**孟尝君**曰:"有诸侯之救,则国可

存也。”王曰：“寡人愿子之行也。”重为之约车百乘④。

孟尝君之赵⑤，谓赵王曰⑥：“文愿借兵以救魏⑦。”赵王曰：“寡人不能。”孟尝君曰：“夫敢借兵者，以忠王也⑧。”王曰：“可得闻乎？”孟尝君曰：“夫赵之兵非能强于魏之兵，魏之兵非能弱于赵也⑨。然而赵之地不岁危，而民不岁死；而魏之地岁危而民岁死者何也？以其西为赵蔽也⑩。今赵不救魏，魏歃盟于秦⑪，是赵与强秦为界也⑫。地亦且岁危，民亦且岁死矣。此文之所以忠于大王也⑬。”赵王许诺，为起兵十万⑭，车三百乘。

又北见燕王曰⑮：“先日，公子常约两王之交矣⑯。今秦且攻魏，愿大王之救之。”燕王曰：“吾岁不熟二年矣⑰，今又行数千里而以助魏，且奈何？”田文曰：“夫行数千里而救人者，此国之利也。今魏王出国门而望见军⑱，虽欲行数千里而助人，可得乎？”燕王尚未许也。田文曰：“臣效便计于王⑲，王不用臣之忠计，文请行矣。恐天下之将有大变也。”王曰：“大变可得闻乎？”曰：“秦攻魏，未能克之也⑳，而台已燔㉑，游已夺矣㉒。而燕不救魏㉓，魏王折节割地以国之半与秦㉔，秦必去矣。秦已去魏，魏王悉韩、魏之兵㉕，又西借秦兵，以因赵之众以四国攻燕㉖，王且何利㉗？利行数千里而助人乎？利出燕南门而望见军乎㉘？则道里近而输又易矣，王何利㉙？”燕王曰：“子行矣，寡人听子”。乃为之起兵八万，车二百乘，以从田文。

魏王大说，曰：“君得燕、赵之兵甚众且亟矣㉚。”秦王大恐，割地请讲于魏。因归燕、赵之兵㉛，而封田文。

【注释】

①顾观光战国策编年、于鬯战国策年表并系此策于周赧王三十二年(前 283 年)。

②魏王:昭王,见东周策第二十章注①。

③孟尝君:见东周策第十六章注①。 于鬯战国策注据吕祖谦大事记以为魏昭王十年孟尝君相魏,"至此首尾及四年矣"。唐兰以为孟尝君在魏昭王五年相魏(见彼苏秦事迹简表,在战国纵横家书内)。

④重:庄重地,庄严地,郑重地。 约车:准备车。 乘:见秦策一第二章注⑦。

⑤之:至。

⑥赵王:惠文王,见东周策第二十二章注⑤。

⑦文:田文,孟尝君。

⑧以:裴学海古书虚字集释卷一:"犹'则'也。"

⑨能:孙经世经传释词补"语助也"。姚校:"曾无'能'字。"

⑩蔽:屏障。 秦如侵赵,魏在赵之西,正好为赵之屏障。

⑪魏歃盟于秦:魏就要与秦结盟。 歃盟:歃血为盟,见齐策三第七章注⑯。

⑫是赵与强秦为界也:这样赵国就等于直接和强秦为邻。

⑬"此文"句:这就是我所谓的忠于大王。 以:王引之经传释词卷一"犹'谓'也"。

⑭为起兵:为魏国发兵。"为"后省介语宾语"之",下文有"为之起兵"。

⑮燕王:昭王,见秦策三第二章注㉒。

⑯先日:从前。 公子常:或指燕公子,名常。或"常"亦即"尝"。皆通。

⑰吾岁不熟二年矣:我们连着两年年景不好。 岁:年成。 熟:

成,善。

⑱军:秦军。

⑲效:献。　便:利。

⑳克:胜。

㉑台:土筑的高台,供游观。　燔(fán 烦):焚烧。

㉒周礼天官序阍人"囿游亦为之"注:"囿,御苑也;游,离宫也。"又地官囿人"囿人,掌囿游之兽禁"注:"囿游,囿之离宫小苑观处也,养兽以宴乐视之。"疏:"离宫者,谓于王宫之外于苑中离别为宫,故名离宫。"则"游"与上句"台"对文,是国君宴乐射猎之场所。

㉓而:王引之经传释词卷七:"犹'如'也。"

㉔折节:见魏策二第十一章注⑬。

㉕悉韩魏之兵:率领全部韩、魏之兵。

㉖以因:且使,且凭。(见裴学海古书虚字集释卷一、二)。

㉗且:王引之经传释词卷八:"犹'尚'也。"

㉘"利行"两句:当魏、秦、韩、赵四国之兵进攻燕国,兵临城下时,到底是"行数千里而助人"有利呢? 还是出燕都南门犹望见四国之军有利呢? 这是针对燕王前面说的"今又行数千里而以助魏,且奈何"的反问。

㉙"则道里"两句:四国兵临城下,燕国与四国相距很近了,运输也方便了,这个时候,大王又有什么利? 这是一种诙谐的说法。

㉚亟:尔雅释诂:"速也。"

㉛姚校:"一本'因'上添'魏'字。"　建章按:于文义当补"魏"字,疑"魏"下本有"〴"而误脱。见楚策二第七章注⑨。

八　魏将与秦攻韩章

魏将与秦攻韩①,朱己谓魏王曰②:"秦与戎、翟同俗③,

有虎狼之心^④,贪戾好利而无信^⑤,不识礼义德行。苟有利焉,不顾亲戚兄弟^⑥,若禽兽耳。此天下之所同知也,非所施厚积德也^⑦。故太后母也,而以忧死^⑧;穰侯舅也^⑨,功莫大焉,而竟逐之^⑩;两弟无罪,而再夺之国^⑪。此于其亲戚兄弟若此,而又况于仇雠之敌国也^⑫。

"今大王与秦伐韩,而益近秦〔患〕^⑬,臣甚或之^⑭,而王弗识也^⑮,则不明矣。群臣知之,而莫以此谏,则不忠矣。今夫韩氏以一女子承一弱主^⑯,内有大乱,外安能支强秦、魏之兵^⑰,王以为不破乎^⑱?韩亡,秦尽有郑地^⑲,与大梁邻^⑳,王以为安乎?王欲得故地,而今负强秦之祸也^㉑,王以为利乎?

"秦非无事之国也^㉒,韩亡之后,必且便事^㉓;便事必就易与利^㉔;就易与利,必不伐楚与赵矣。是何也^㉕?夫越山逾河,绝韩之上党^㉖,而攻强赵,则是复阏与之事也^㉗,秦必不为也。若道河内^㉘,倍邺、朝歌^㉙,绝漳、滏之水^㉚,而以与赵兵决胜于邯郸之郊^㉛,是受智伯之祸也^㉜,秦又不敢。伐楚、道涉(而)谷^㉝,行三(十)〔千〕里^㉞,而攻(危)〔黾〕隘之塞^㉟,所行者甚远,而所攻者甚难,秦又弗为也。若道河外^㊱,背大梁^㊲,而右上蔡、召陵^㊳,以与楚兵决于陈郊^㊴,秦又不敢也。故曰'秦必不伐楚与赵矣',又不攻卫与齐矣^㊵。韩亡之后,兵出之日,非魏无攻矣。

"秦故有怀地^㊶、刑丘^㊷,(之)城垝津^㊸,而以之临河内^㊹,河内之共、汲莫不危矣^㊺。秦有郑地^㊻,得垣雍^㊼,绝荥泽^㊽,而水大梁^㊾,大梁必亡矣。王之使者大过矣,乃恶安陵氏于

秦㊿，秦之欲许之久矣㊾。然而秦之叶阳、昆阳与舞阳（高陵）邻㊾，听使者之恶也，随安陵氏而欲亡之㊾。秦绕舞阳之北，以东临许，则南国必危矣㊾。南国虽无危，则魏国岂得安哉？且夫憎韩不(受)〔爱〕安陵氏可也㊿，夫不患秦之不爱南国非也㊿。

　　"异日者㊿，秦乃在河西㊿，晋国之去梁也千里㊿。有(余)河山以兰之㊿，有周、韩而间之㊿。从林军以至于今㊿，秦(十)〔七〕攻魏㊿，五入(国)〔圉〕中㊿，边城尽拔，文台堕，垂都焚㊿，林木伐，麋、鹿尽㊿，而国继以围㊿。又长驱梁北㊿，东至陶、卫之郊㊿，北至乎阚㊿，所亡乎秦者㊿，〔山南〕、山北、河外、河内㊿，大县数百，名都数十㊿。秦乃在河西，晋国之去大梁也尚千里，而祸若是矣，又况于使秦无韩而有郑地㊿，无河山以兰之，无周、韩以间之，去大梁百里，祸必百此矣㊿。

　　"异日者，从之不成矣㊿，楚、魏疑而韩不可得而约也㊿。今韩受兵三年矣㊿，秦挠之以讲㊿，韩知亡，犹弗听，投质于赵㊿，而请为天下雁行顿刃㊿。以臣之观之㊿，则楚、赵必与之攻矣㊿。此何也！则皆知秦之〔欲〕无穷也，非尽亡天下之兵，而臣海内之民，必不休矣㊿。是故臣愿以从事乎王㊿，王速受楚、赵之约，而挟韩(魏)之质㊿，以存韩为务㊿，因求故地于韩，韩必效之㊿。如此则士民不劳而故地得，其功多于与秦共伐韩。然而无与强秦邻之祸㊿。

　　"夫存韩安魏而利天下，此亦王之大时已㊿，通韩之上党于共、莫㊿，使道已通㊿，因而关之㊿，出入者赋之㊿，是魏重质韩以其上党也⑧。共有其赋⑨，足以富国，韩必德魏、爱魏、重魏、畏魏，韩必不敢反魏。韩是魏之县也⑩。魏得韩以为县，则卫大梁⑭，河外必安矣⑩。今不存韩，则二周必危⑩，安陵必易⑩，楚、赵（楚）大破⑩，卫、齐甚畏⑩，天下之西乡而驰秦⑩，入朝为臣之日不久〔矣〕⑩！"

【注释】

①林春溥战国纪年系此策于周赧王五十三年（前262年），陆陇其战国策去毒、于鬯战国策注、马雍帛书战国纵横家书各篇的年代和历史背景并同林纪年。

②史记魏世家"朱己"作"无忌"。　吴补："'朱己'即'无忌'，字讹也。"　荀子强国杨注引魏世家作"朱忌"。　王念孙魏世家读书杂志："作'朱忌'者是，作'无忌'者，后人以意改之耳。魏策作'朱己'，己、忌古同声，则史记之本作'朱忌'甚明。杨倞引作'朱忌'，则唐时本尚未误。"　于鬯战国策注："不特非信陵君，而并非魏臣，玩策义，朱己者乃韩臣也。"　马雍文："'朱己'当是无忌'之讹，'无忌'即信陵君，此时正相魏。"　建章按：史未见言无忌任魏相，王、于说当是。　魏王：安釐王，见赵策三第十三章注②。

③戎：古代我国西方的少数民族。　翟：即"狄"，古字通用，古代我国北方的少数民族。

④有虎狼之心：虎是威猛之兽，狼性贪狠。此言秦国势强凶狠，有吞灭六国之意。

⑤荀子儒效杨注："庆，暴也。"

⑥古人称其父母亦谓"亲戚"。

⑦姚校："'厚'刘作'惠'。"　建章按：厚：吕氏春秋孟秋纪振乱高

注"重也"。又荀子富国杨注"贵也"。则"厚"亦有"惠"义。此言,不施恩惠于人,不积德行于己。

⑧太后:秦宣太后,见秦策二第十六章注①。 秦昭王四十一年(前266年)废太后,次年七月太后死,故言"忧死"。

⑨穰侯:见秦策一第五章注㊿。

⑩秦昭王四十一年(前266年)逐穰侯。

⑪两弟:泾阳君、高陵君,见秦策三第十章注④。 之:吕氏春秋季夏纪音初"其也"。 秦昭王四十一年(前266年)逐高陵、泾阳君于关外。

⑫魏世家帛书战国纵横家书并无"敌"字,"也"作"乎"。 吴补:"一本标'也作乎'"。 建章按:"敌"与"仇雠"义复,疑衍"敌"字。 也:王引之经传释词卷四:"犹'邪'也,'乎'也。"

⑬魏世家、战国纵横家书"伐"上有"共"字,"近秦"下有"患"字。 建章按:后文有"其功多于与秦共伐韩",此疑脱"共"字。又后文有"韩亡,秦尽有郑地,与大梁邻,王以为安乎?""韩亡之后,兵出之日,非魏无攻矣。""秦有郑地,得垣雍、决荥泽,而水大梁,大梁必亡矣。""王速受楚、赵之约,而挟韩(魏)之质,以存韩为务,因求故地于韩,韩必效之。……然而无与强秦邻之祸。"据此意则"近秦"下当误脱"患"字。

⑭或:古"惑"字。见汉书礼乐志王念孙读书杂志。

⑮识:说文:"知也。"

⑯吴补:"大事记云'韩世家不载其事,必是时韩王少,母后用事也'。"

⑰支:西周策高注:"拒也。"

⑱破:犹言败亡。

⑲郑地:即韩地。

⑳大梁:魏都,今河南省开封市。

㉑而:王引之经传释词卷七:"犹'则'也。" 今:又卷五:"训为'即'。" 负:被,遭。

㉒事:吕氏春秋季夏纪音律高注"兵戎事也"。

㉓魏世家、战国纵横家书"便"并作"更"。 建章按:更:公襄三十年传注:"复也。"则更事,意即又发动战争。疑"便"为"更"字之误。下同。

㉔就:犹求,取,选择。

㉕是:此。

㉖绝:吕氏春秋先识览知接高注"过也"。 上党:见东周策第十三章注⑥。

㉗复:重蹈。 阏与之事:见赵策三第四章注⑮⑯⑰。

㉘道:经过。 河内:见秦策四第九章注⑮。

㉙倍:通"背";此言逆,背向。 邺:见魏策一第四章注①。 朝歌:见秦策五第八章注㉙。

㉚漳滏之水:即今漳河及滏阳河。然战国时邺在漳河之南,今在其北;战国时滏水与漳河会合,今旧道不复有。

㉛王引之经传释词卷七说:"而,犹'以'也。"又:"'而'与'以'同义,故二字可以互用。"则此"而以"即"而"。 邯郸:赵都,今河北省邯郸市。

㉜史记魏世家、战国纵横家书并无"受"字。 智伯之祸:韩康子、魏桓子、赵襄子决晋水灭智伯。详赵策一第二章。

㉝史记魏世家"而"作"山",索隐:"道,犹行也;涉谷是往楚之险路。从秦向楚有两道,涉谷是西道,河内是东道。" 泷川资言考证引张文虎曰:"各本'涉'下衍'山'字,依索隐本删。" 鲍本改"而"作"山"。 黄丕烈战国策札记:"今本'而'作'山'乃误涉鲍也。今史记衍'山'字也,索隐作'道涉谷'策文亦本云'道涉谷',衍'而'字。" 王念孙读书杂志:"'山'字后人所

加也,'涉谷'地名。上文曰'道河内',下文曰'道河外',义并与'道涉谷'同。魏世家、索隐、刘伯庄音义皆其证也。" 程恩泽国策地名考卷三:"地理通释引此作'道涉谷'无'山'字。策盖衍一'山'字"。 于鬯战国策注:"'涉谷'为地名亦无他据,故梁玉绳史记志疑谓索隐无'山'字'未知然否',则亦不敢决也。或甘茂亡秦策'溪谷'即此,'涉而'合音为奚,'涉而谷'者'奚谷'也,'奚谷'者'溪谷'也。则'而'字又可存,亦未定然否。"

建章按:战国纵横家书无"而"字,是。"涉谷"疑即"斜谷"。"斜""蛇"同属麻韵,"斜"读 xié,亦读 xiá,"蛇"读 shé,亦读shá;"涉""斜"音近。又章炳麟新方言释言:"今浙江斜读如赊。"故"斜谷"可读作"涉谷"。秦伐楚,经汉中而下,斜谷正在汉中之北。郿县志"斜谷在郿县西南三十里,入谷口二百二十里,抵凤县界,出连云栈,复百五十里,出谷,抵褒城。"褒城在汉中西北约五十里,为斜谷南口,其北口在陕西省郿县西南。

㉞魏世家、战国纵横家书"十"并作"千"。 吴补:"作'千'者是。" 于鬯战国策注:"下文云'所行者甚远'则'千'字是。"

建章按:当据魏世家、战国纵横家书改"十"作"千",并见秦策三第十四章注⑩。

㉟魏世家"危隘"作"冥阨"。 战国纵横家书"危隘"作"冥㧴"。王念孙读书杂志:"'危'当为'黾',字之误也。草书'危'字作'**危**','黾'作'**邑**',二形相似,故'黾'误为'危'。今之平靖关在信阳州、应山县之间,其地即古之黾隘也。定四年左传作'冥阸',韩策作'澠隘',燕策作'鄳隘',楚策谓之'黾塞',并字异而义同。" 段玉裁说文邑部"鄳"字下注:"黾、冥、鄳一字,阸、隘一字,'危'即'黾'之字误也。" 于鬯战国策注:"魏世家张仪称'险隘之塞',似张本史记亦是'危'字,故以'险'字代之,但亦恐据误本耳。" 建章按:吕氏春秋有始览九塞有"冥阸",

墨子非攻中“出于冥隘之塞”，春申君列传“秦逾冥阨之塞而攻楚”。程恩泽国策地名考：“其地在今河南汝宁府信阳州东南九十里，湖北德安府应山县北六十五里。”即指此处，非泛指“危隘”，当据魏世家、战国纵横家书及诸说改“危隘”为“黾隘”。

㊱“道河外”这条路线是秦入楚的东路。　河外：见齐策一第十七章注⑰。

㊲背大梁：见注㉙。

㊳上蔡召陵：见秦策四第九章注(94)。因上蔡、召陵皆在陈之西，故言“右”。

㊴陈：见秦策一第五章注(51)。

㊵战国纵横家书“卫”作“燕”，注：“魏策与魏世家均误作‘卫’。韩亡之后，秦不攻楚、赵，又不东向攻燕、齐，那就只有攻魏了。据文义，这里是不可能把小国的卫与齐国并提的。古书‘燕’字常误为‘卫’。”

㊶魏世家、战国纵横家书“地”并作“茅”。　怀：见赵策二第二章注(57)。　茅：今河南省获嘉县东北有故茅城。

㊷刑丘：即邢丘，见秦策三第九章注(99)。

㊸魏世家、战国纵横家书“之城垝津”并作“城垝津”，索隐：“战国策云‘刑丘安城’，此少‘安’字耳。”　梁玉绳史记志疑：“‘城垝津’，筑城于垝津也。荀子强国注引史同，谓‘垝津即围津’，以曹参度围津为证。荀子传写误作‘圉津’，乃东郡白马之韦津也。围、韦、垝三字古通用借之。”　于鬯战国策注：“梁说恐无当。当各依本文，不容据史易策。地名怀，丘名刑，城名安，津名垝四名骈俪，文法甚整。”　战国纵横家书注：“魏策在‘城’字上误增‘之’字，史记索隐引作‘安城’，更误。”引荀子强国杨倞注说：“秦已占有围津，所以在此筑城。”　建章按：梁说是，当

据魏世家、战国纵横家书删"之"字。堤津即白马津、白马口,见秦策一第五章注⑧。

㊹魏世家、战国纵横家书并无"而""之"二字。　建章按:西周策"楚请道于二周之间,以临韩、魏","韩兼两上党以临赵",楚策一第二章"悉兵以临之",赵策一第十一章"秦起二军以临韩",韩策一第十五章"收韩、赵之兵以临魏",据此则或衍"而""之"二字。　河内:见秦策四第九章注⑮。

㊺史记魏世家作"河内共、汲必危"。战国纵横家书第十六章作"河内共墓必危",注⑰说:"共墓,魏世家作共汲。史记索隐说:'汲亦作波。波及汲皆县名,俱属河内。'案魏策此句作'河内之共汲莫不危矣',似原有莫字。后文'通韩上党于共、宁',魏策作共、莫,可证。墓与莫通。共,地名,在今河南省辉县。莫地未详,疑通沬,则在朝歌,今淇县东北。一说,墓为汲字之误,'汲'字形误作'没',没、墓音近,转写成墓。汲在今汲县。诸地均在堤津(滑县)之西。"　裘锡圭在读战国纵横家书释文注释札记中说:"后文'通韩上党于共、宁'句,魏世家与帛书全同。魏策三作'通韩之上党于共莫',当涉上文而误。大概策文中与帛书'河内共墓必危'相当的一句,原作'河内之共莫必危矣'('之'、'矣'二字原来也可能没有)。后来有人据魏世家在'共'字后加'汲'字,把'莫'误认为否定词,所以不得不改'必危'为'不危',以求文义可通。也有可能'必危'先讹作'不危',然后才有人据魏世家在'共'字后加'汲'字。注⑰疑'莫'通'沬',又疑'汲'字先讹作'没',又转写成'墓',都很难使人相信。疑策文'共莫'当从帛书读为'共墓',指共地的魏王室陵墓区。五十年代初期,考古工作者曾在'辉县固围村、琉璃阁、赵固、褚丘四地'发掘战国时魏国墓葬'五十多座'。'1950年末发掘的固围村1、2、3号墓,在已知的魏国墓葬中规格最

高,应是魏国王室的异穴合葬墓'。'规模比固围村三墓稍小的中形墓葬',在三十年代辉县琉璃阁和汲县山彪镇的发掘中曾经发现过(据中国社会科学院考古研究所编新中国的考古发现和研究 292 页,参看考古研究所辉县发掘报告、郭宝钧山彪镇与琉璃阁)。西晋初期发现的汲郡大冢,过去认为是魏襄王墓虽不一定正确,但极有可能也是属于魏王室的。由此可见,现在河南省的辉、汲之间,也就是战国时代魏国的共、汲之间,确有魏王室的陵墓区。此即所渭'共墓'。王室陵墓的安危是国君极为关心的事,所以劝说魏王者以'共墓必危'来打动他。"(见古代文史研究新探) 共:今河南省辉县东北九里。 汲:今河南省卫辉市西南二十五里。

㊻魏世家集解:"徐广曰'成皋、荥阳俱属郑'。"

㊼垣雍:今河南省原阳县西。

㊽荥泽:即荥泽,在今河南省荥阳县东,郑州市北。

㊾水:灌。

㊿"王之使者"两句:大王的使者在秦国竟然对安陵君不好,这是大错。过:错。 乃:竟。 安陵:小国,魏的附属国。在今河南省鄢陵北。安陵氏指安陵君。

○51"许"史记魏世家作"诛",泷川资言考证:"枫山、三条本'诛'作'许',与策合。" 帛书战国纵横家书第十六章作"秦之欲许久矣",注"许,地名,在今河南省许昌。这是说秦国希望得到许地。魏策作'欲许之',魏世家'许'字作'诛'均误。" 建章按下文言"秦绕舞阳之北,以东临许,则南国必危矣;南国虽无危,则魏国岂得安哉。"可见许对魏国的形势切要。许:见秦策四第九章注㊾。 "许"下"之":裴学海古书虚字集释卷九:"犹'也'也;犹'亦'也。"皆可通。

○52叶阳:今河南省叶县南。亦称"叶"。 昆阳:见魏策一第十章注⑨。　舞阳:见魏策一第十章注⑪。　魏世家、战国纵横家书并无"高陵"。汉书地理志颍水郡无高陵。

(53)魏世家泷川资言考证:"黄式三曰'随、堕古通用'。"　战国纵横家书"随"作"堕"。　建章按:堕,本作"隓";方言十三:"隓,坏也。"　之:指许。

(54)史记魏世家这三句作"南国必危,国无害已",战国纵横家书第十六章作"南国必危,国先害已"。裘锡圭在读战国纵横家书释文注释札记中说:"魏世家'国无害已'语,于义难通,当从帛书改作'国先害已'。盖'先'字先被误认为'无',又被改作'無'。今本策文当出自'先'已讹作'無'之本。盖传抄者因'国无害已'之语义不可通,遂以意增改成今本之文。"(见古代文史研究新探)　国:吕氏春秋季夏纪明理高注:"都也。"则南国即南都,即大梁,对旧都"安邑"而言。

(55)魏世家、战国纵横家书"受"并作"爱"。　建章按:韩非子难三"用术,则亲爱近习莫之得闻也"。陈奇猷集释"藏本'爱'作'受',误"。淮南子诠言训"名与道不两明,人受明则道不用",王念孙读书杂志:"'受'当为'爱'字之误也。"可为"爱"字易误为"受"字之证。此当从魏世家、战国纵横家书改"受"作"爱"。　且:王引之经传释词卷八:"犹'若'也。"

(56)之:裴学海古书虚字集释卷九:"犹'亦'也。"　非:又卷十:"'不可'也。"

(57)异日:往日,从前。

(58)乃:才。　河西:今黄河以西,陕西省东北部。

(59)"异日"句,史记魏世家作"异日者秦在河西、晋国,去梁千里,有河山以阑之,有周、韩以间之"。战国纵横家书第十六章作"异日者秦在河西,晋国去梁千里,有河山以阑之,有周、韩而间之"。"秦乃"句,史记魏世家作"秦乃在河西、晋,去梁千里,而祸若是矣"。战国纵横家书作"秦乃在河西，晋国去梁千里而祸若是矣"。裴锡圭说："'异日'句魏世家与帛书基本相同，只是'间之'上一字不作'而'而作'以'。魏策三多出的'之'、'也'、'余'三字当为后人所臆增。这从'河山以阑之'句跟'有周、韩而间之'句不相对称就可以看出来。'秦乃'句，魏世家亦与帛书基本相同，只是'晋'后脱'国'字。魏策三多出的'之'、'也'、'大'、'尚'等字也应是后人臆增的。'晋国'指包括安邑、曲沃等地在内的河东地区，以其为旧晋国的中心地区，直到战国后期仍有'晋国'之称。从文义看，上举两句中的'晋国'都应属上读。……在林军之役前，原属魏国的'晋国'之地已为秦国所有。所以上引文说'秦在河西、晋国'。河西与晋国是并列的。史记会注考证在为魏世家加标点时，其解释虽误，句读却是不错的。"（古代文史研究新探读战国纵横家书释文注释札记）　建章按：原标点误。并依裴校，"异日"句删"之""也"二字，"秦乃"句删"之""大""也""尚"四字。则"异日"句当为："异日者，秦乃在河西、晋国，去梁千里，有河山以兰之，有周、韩而间之。""秦乃"句当为："秦乃在河西、晋国，去梁千里，而祸若是矣"。　晋国：与上文"南国"对，指魏旧都安邑，见秦策一第四章注③。　梁：指新都大梁。

○60魏世家、战国纵横家书并无"余"字。　黄丕烈战国策札记："此当是策文衍'余'字，以'千里'与'百里'相较也，下文云'尚千里'，亦无'余'字之证。"金正炜战国策补释同黄说。　建章按：黄说是，当据魏世家、战国纵横家书删"余"字。　兰：通"阑"，阻隔。

○61间：隙，隔，与"阑"义同。

○62魏世家"林"作"林乡"。战国纵横家书同策。　林：即林中，见齐策五注㊱。　林军：指前283年（周赧王三十二年、秦昭王二十四年、魏昭王十三年）秦攻魏至大梁的这次战役。

㊷史记魏世家、战国纵横家书"十"并作"七"。　建章按：魏世家"昭王十三年，秦拔我安城，兵到大梁，去。"此即"林军之役"。"安釐王元年，秦拔我两城。""安釐王二年，又拔我二城，军大梁下，韩来救，予秦温以和。""安釐王三年，秦拔我四城，斩首四万。四年，秦破我及韩、赵，杀十五万人，走我将芒卯，魏将段干子，请予秦南阳以和。""安釐王九年，秦拔我怀。""安釐王十一年，秦拔我郪丘。"共七役。又"七"易误为"十"，见赵策一第十一章注㉜。当据魏世家、战国纵横家书改"十"作"七"。

㊸魏世家、战国纵横家书"国"并作"囿"。　建章按：下文言"文台堕，垂都焚，林木伐，麋鹿尽"则当是指"囿"。又下文言"国继以围"，则此不当先出"国"。据此则"国"为"囿"之形误。当据魏世家、战国纵横家书改"国"为"囿"。　囿：国君游乐、射猎的园地，见西周策第十一章注④。魏有温囿、梁囿。

㊹文台、垂都：当是囿中之地。　堕：毁坏。

㊺麋：四不像。

㊻国：都，指大梁。

㊼梁：大梁。

㊽陶：见秦策三第二章注②。　卫：卫都濮阳，见秦策三第六章注⑫。

㊾阚：又作"监"，在今山东省汶上县西南。

㊿乎：于。

51魏世家、战国纵横家书"山"上并有"山南"。　建章按：据文义，当依魏世家、战国纵横家书补"山南"。　山，有指华山者，有指太行、王屋山的，有指中条山者。据"秦七攻魏"所失之地（见注㊷）当指嵩山。

52史记魏世家作"大县数十，名都数百"，帛书战国纵横家书第十六章作"大县数十,名部数百"。裴锡圭说:"战国时代文献中屡见'州部'之称。韩非子显学:'故明主之吏,宰相必起于州部,猛将必发于卒伍。'同书问田:'公孙亶回,圣相也,而关于州部。'庄子达生:'宾(摈)于乡里,逐于州部。'战国策楚策四汗明见春申君章:'今仆之不肖,陋于州部,堀穴穷巷,沈洿鄙俗之日久矣。''名部数百'的'部'应即指州部。'名'当训'大'。战国策秦策二齐助楚攻秦章:'王不如因而赂之一名都。'注:'名,大也。'礼记礼器:'因名山升中于天。'注:'名,犹大也。'州部之州即州里之州。州部小于县,所以说'大县数十,名部数百'。如是名都,就大于一般的县了。(史记会注考证引中井积德曰:'盖县亦都也,然不可称名都。如邺、安邑之类,所谓名都。')魏世家作'大县数十,名都数百',显然不合理。史记集解引徐广谓'百'当作'十','十'当作'百';魏策三正作'大县数百,名都数十',都是有见于此,而以意改之的。其实'都'乃'部'的形近误字,'十'、'百'二字并无问题。"(见古代文史研究新探读战国纵横家书释文注释札记) 名都:大邑。

⑭无:说文亡部"亡也"。

⑮百此:百倍于此。

⑯从:合纵阵线。 矣:王引之经传释词卷四:"犹'也'也。"

⑰于鬯战国策注:"以下文检之'楚、魏'似应作'楚、赵'。疑已不可坚约,韩近秦,多变,约之尤难。" 建章按:于说似可从。楚、赵疑魏、韩又"不可得而约",魏孤立,则纵不成;下文"楚、赵必与之攻","王速受楚、赵之约","楚、赵大破",皆"楚、赵"连文。

⑱史记六国年表"周赧王五十一年(前264年),秦拔我陉城、汾旁(韩格);五十二年,秦攻韩取南阳;五十三年,秦攻韩取十城(秦格)。" 受兵:被秦兵进攻。

⑲秦挠之以讲:秦使韩屈服而讲和。 挠:屈。 之:指韩。

以:裴学海古书虚字集释卷一:"犹'乃'也。" 讲(講):同
"媾"。

⑧质:质子,见秦策二第十五章注④。

⑧鲍注:"雁行,言以次进。" 淮南子人间训王念孙读书杂志:
"雁行、锋行,皆谓前行也。" 关修龄战国策高注补正:"雁行,
谓结行以从军也。顿刃,谓折坏兵刃以战也。" 金正炜战国策
补释:"汉书严助传文颖曰:'颜行,犹雁行,在前行故曰颜也'。
史记越世家'所求于晋者,不至顿刃接兵。'正义'顿刃,筑营垒
也'。" 于鬯战国策注:"雁行,当时习语也。顿刃,犹按剑耳,
若云磨厉以须也。" 建章按:管子轻重甲篇"士争前战为颜
行",韩非子外储说左上"是则将以人主耕以为上(当作'食'),
服战雁行也",孙子应变"募吾村士,与敌相当,轻足利兵,以为
前行",史记建元以来侯者年表"至右贤王庭数为雁行",以上
数例如以"颜行","雁行"解为"以次进""结行以从军"则皆不
可通,如解为"前锋""先锋",皆可通。孙子中的"前行"即"雁
行"。又燕策一第四章"今使弱燕为雁行,而强秦制其后","雁
行"与"制其后"对,更可证明。 顿:文选陆士衡乐府吴趋行
李注:"整也。" 顿刃:准备好武器。或即"顿剑",见秦策二第
十五章注㉝。

⑧鲍于"之"下补"愚"字。 建章按:据文义鲍补是。

⑧攻:说文:"击也。"即战。

⑧魏世家"之"下有"欲"字。 鲍据世家于"之"下补"欲"字。
建章按:当补。

⑧亡:消灭。 臣:征服。 休:罢休。

⑧从:合纵联盟。 事:侍,服务,效劳。 乎:于。

⑧魏世家战国纵横家书无"魏"字。 建章按:据文义衍"魏"字,
当据魏世家、战国纵横家书删"魏"字。 挟:控制。

战国策注释

1118

⑧"存韩"则可以"求故地于韩",故以此"为务"。

⑧求:犹言讨还。　故地:被韩占去之地。　效:献。

⑩然:如此。　而:裴学海古书虚字集释卷七:"犹'又'也。"　与强秦邻:与强秦为邻。此言魏如果与秦共伐韩,韩亡,则魏国与秦国成为邻国,将直接受强秦的威胁,故言"与强秦邻之祸"。

⑨大时:大好时机。　已:犹"也"。

⑫上党:见东周策第十三章注⑥。　魏世家、战国纵横家书"莫"并作"宁"。宁:即修武,今河南省获嘉县。

⑬使道:两国通使之道。

⑭关:用作动词,设关卡。

⑮赋之:稽收赋税。

⑯是魏重质韩以其上党也:此句即"是韩以其上党为魏重质也"。　质:同"贽",礼品。

⑰共:共同。

⑱是:尔雅释言"则也"。

⑲则:广雅释言:"即也。"就。　卫:鲍注:"时已附梁"。战国纵横家书作"魏得韩以为县以率(卫)大梁(梁)、河北必安矣。"　建章按:卫:国语齐语注"蔽扞也"。此言魏得韩以为县,就用来扞蔽国都大梁。

⑩⑩河外:见齐策一第十七章注⑰。

⑩⑪二周:东周、西周。

⑩⑫易:言易其主;即安陵必为秦所有。

⑩⑬魏世家、战国纵横家书并无下"楚"字。　建章按:当据以删下"楚"字。

⑩⑭战国纵横家书"卫"作"燕"。见注⑩。

⑩⑮天下:诸侯。　西乡:向西。乡:即向。　驰:广雅释宫"奔也。"

⑩⑯姚校:"集本有'矣'字。"魏世家、战国纵横家书"久"下并有

1119

"矣"字。　建章按:当据以补"矣",语气始完。

九　叶阳君约魏章

叶阳君约魏^①,魏王将封其子^②。

谓魏王曰^③:"王尝身济漳^④,朝邯郸^⑤,抱葛(薛)〔蘖〕、阴成^⑥,以为赵养邑^⑦,而赵无为王有也^⑧。王能又封其子(问)〔何〕阳、姑(衣)〔密〕乎^⑨?臣为王不取也^⑩。"魏王乃止。

【注释】

①鲍注:"叶阳君,兑之封乎?"　吴补:"'叶'即'奉'之讹,李兑也。"林春溥战国纪年于周赧王二十九年,引此策谓"李兑亦号叶阳君"。李兑:见秦策三第十章注㉔。　于鬯战国策年表系此策于周赧王二十七年(前288年)。

②魏王:昭王,见东周策第二十章注①。　其子:李兑之子。

③刘锺英战国策辨讹:"'谓'上脱'齐明'二字。"不知何所据。

④济:渡过。　漳:漳河。

⑤邯郸:赵都,今河北省邯郸市。

⑥抱:奉献。　葛蘖阴成:均见赵策四第二章注㉔。

⑦养邑:养地,见西周策第五章注④。

⑧而赵无为王有也:(魏王曾以地为赵养邑)可是赵王却无地为王所取。　有:广雅释诂一:"取也。"

⑨何阳姑密:见赵策四第二章注㉖。　能:王引之经传释词卷六:"犹'乃'也。"

⑩臣为王不取也:见西周策第九章注③。

十　秦使赵攻魏章

秦使赵攻魏^①，魏谓赵王曰^②："攻魏者亡赵之始也。昔者，晋人欲亡虞而伐虢^③，伐虢者亡虞之始也^④。故荀息以马与璧假道于虞^⑤，宫之奇谏而不听^⑥，卒假晋道^⑦。晋人伐虢，反而取虞^⑧。故春秋书之^⑨，以罪虞公^⑩。今国莫强于赵，而并齐、秦^⑪，王贤而有声者相之^⑫，所以为腹心之疾者赵也^⑬。魏者，赵之虢也；赵者，魏之虞也^⑭。听秦而攻魏者，虞之为也^⑮。愿王之熟计之也^⑯。"

【注释】

①顾观光战国策编年系此策于周赧王四十六年。于鬯战国策注以为"无据"，系此策于周赧王二十五年（前290年）。

②赵王，惠文王，见东周策第二十二章注⑤。

③鲍本"伐"上有"先"字。闵本同鲍本。　亡：灭。　虞虢：见秦策一第十一章注②。　姚校："者，曾作'也'。"按：经传释词卷九"者，犹'也'也"。

④左僖五年传："晋侯复假道于虞以伐虢。宫之奇谏曰'虢，虞之表也；虢亡，虞必从之'。"　晋侯：献公，见秦策一第十一章注③。

⑤荀息：晋大夫。　左僖二年传："晋荀息请以屈产之乘与垂棘之璧，假道于虞以伐虢。"杜注："屈地生良马，垂棘出美玉。"穀梁传范注："屈邑产骏马，垂棘出良璧。"公羊传何注："屈产，出名马之地，垂棘出美玉之地。"王伯祥春秋左传读本："今山西石楼县东南四里有屈产泉，当从公羊传注为是。垂棘不详。"杨伯

峻春秋左传注"屈,即北屈。何休注公羊难于置信"。 假:借。

⑥宫之奇:虞国大夫。

⑦卒:终于。

⑧左僖五年传:"冬十二月丙子朔,晋灭虢,虢公丑奔京师。师还,馆于虞,遂袭虞灭之。"

⑨春秋:古代的历史书。

⑩春秋僖五年经"冬,晋人执虞公"杜注:"虞公贪璧、马之宝,距绝忠谏,称人以执,同于无道于其民之例。所以罪虞。"此即所谓"春秋书之,以罪虞公。"

⑪今国莫强于赵而并齐秦:现在诸侯没有比赵国强的,能与齐、秦并驾齐驱。 王引之经传释词卷六:"'能'与'而'古声相近,故义亦通。'能'与'而'同。" 并:广雅释诂四:"同也。"同:汉书律历志上:"谓齐,等。"

⑫王:赵惠文王。 而:且,又。 声者:有声望的人,有名望的人。 相:辅佐。

⑬所以为腹心之疾者赵也:秦国最痛切的祸害就是赵国。 腹心之疾:根本的祸患,最痛切的祸害。

⑭"魏者"两句:魏、赵两国同虞、虢两国一样是唇齿相依的关系,唇亡则齿寒。

⑮"听秦"两句:即上文"伐虢者亡虞之始也"的意思。

⑯熟计:同"熟虑";此句见齐策一第十五章注㉓。

十一　魏太子在楚章

魏太子在楚①。谓楼子于鄢陵曰②:"公必且待齐、楚之合也,以救皮氏③。今齐、楚之理必不合矣④。彼翟子之所恶于国者,无公矣⑤。其人皆欲合齐、秦外楚以轻公⑥,公必谓齐王曰⑦：'魏之受兵⑧，非秦实首伐之也⑨，楚恶魏之事王也⑩，故劝秦攻魏。'齐王故欲伐楚⑪，而又怒其不己善也⑫，必令魏以地听秦而为和⑬。以张子之强⑭，有秦、韩之重，齐王恶之，而魏王不敢据也⑮。今以齐、秦之重，外楚以轻公⑯，臣为公患之⑰。钧之出地以为和于秦也⑱，岂若由楚乎⑲？秦疾攻楚⑳，楚还兵㉑，魏王必惧，公因寄汾北以予秦而为和㉒，合亲以孤齐㉓，秦、楚重公，公必为相矣㉔。臣意秦王与樗里疾之欲之也㉕，臣请为公说之㉖。"

乃请樗里子曰㉗："攻皮氏，此王之首事也㉘，而不能拔㉙，天下且以此轻秦。且有皮氏于以攻韩、魏，利也㉚。"樗里子曰："吾已合魏矣㉛，无所用之㉜。"对曰："臣愿以鄙心意公㉝，公无以为罪㉞。有皮氏，国之大利也，而以与魏㉟；公终自以为不能守也㊱，故以与魏。今公之力有余㊲，守之何故而弗有也？"樗里子曰："奈何？"曰："魏王之所恃者，齐、楚也；所用者，楼鼻、翟强也。今齐王谓魏王曰：'欲讲，攻于齐。'王兵之辞也㊳，是弗救矣㊴。楚王怒于魏之不用楼子㊵，而使翟强为和也㊶，怨颜已绝之矣㊷。魏王之惧也见亡㊸。翟强欲合齐、秦外楚，以轻楼鼻；楼鼻欲合秦、楚外齐，以轻翟强。公不如按魏之和㊹，使人谓楼子曰：'子能以汾北与我乎？请合于楚外齐，以重公也㊺，此吾事也㊻。'楼子与楚王必疾矣㊼。又谓翟子：'子能以汾北与我乎？必为合于齐外于楚，以重公也。'翟强与齐王必疾矣。是公外得齐、楚以为用，内得楼鼻、翟强以为佐，何故不能有地于河东乎㊽？"

①此篇姚本与上章连篇,鲍本另列一章。据文义,从鲍本。 顾
观光战国策编年、于鬯战国策年表并系此策于周赧王九年(前
306 年)。 魏太子:魏襄王的太子。

②谓楼子于鄢陵曰:有人在鄢陵对楼子说。 谓:告,说,言。
楼子:楼廜,魏臣。 鄢陵:见秦策四第九章注⑬。

③皮氏:见秦策一第十章注⑦。

④理:情理,情势,形势。

⑤"彼翟子"句:那翟强在魏国最憎恨的人无过于你了。 翟子:
翟强,魏相。 恶:憎,恨。 无:无如。

⑥其人:翟强之人。 外:犹疏远。

⑦必谓:是翟强之人谓。这是假设之辞。"公"字衍,当删。 齐
王:宣王,见东周策一第一章注④。

⑧受兵:被兵,遭到进攻。指围皮氏。

⑨非秦实首伐之也:并非秦国本意要进攻魏国。

⑩事:友好,讨好。 王:齐王。

⑪故:通"固",本来。

⑫其:指楚。 不己善:不善己,不对齐友好。

⑬齐使魏与秦和,是想与魏联合伐楚。

⑭张子:张仪。见秦策一第三章注⑫。此是回忆从前之事,下文
"今以"云云可见。

⑮据:释名释姿容:"居也。"犹留,接待。 魏策一第十七章"张
仪走之魏,……魏王因不纳张仪。"据于鬯战国策年表此在周慎
靓王四年(前 317 年),疑或即指此。

⑯此连上大意是说:从前只有齐国一国就使魏王不接纳张仪;现
在有齐、秦两国的力量,又疏远你所凭借的楚国,这样就会降低
你的地位(魏国就更不敢接纳你)。

⑰患：担忧。

⑱钧之出地以为和于秦也：割地以联合秦国，或由齐、或由楚，都是一样。　钧：通"均"。

⑲岂若由楚乎：何如由楚乎？　岂：裴学海古书虚字集释卷五："何也。"

⑳疾：急。

㉑吴正："楚还兵者，复兵与秦合攻魏也，故魏王惧。"　还兵：犹言调转枪口。

㉒因：则，即。　寄：托，委，付，予。　汾北：于鬯战国策注据张琦战国策释地、顾观光七国地理考以为即皮氏。

㉓合亲：鲍注："秦、楚、魏合。"

㉔为相：为魏相。

㉕臣：自称的谦词。　意：测度，估计。　秦王：昭王，见西周策第一章注⑭。　樗里疾：见西周策第三章注①。　欲之：想让楼子相魏。

㉖说：游说。

㉗鲍本"请"作"谓"。　建章按：请，尔雅释诂"告也"。又说文"谒也"。皆可通。

㉘首事：头等重要的事。

㉙而：王引之经传释词卷七："犹'如'也。"　拔：攻下。

㉚有：占据，占有。　于：王引之经传释词卷一："犹'如'也。""以"后省掉介词宾语"之"，指代皮氏。　利：有利于秦。

㉛魏策二第十六章"樗里疾怒，欲与魏攻楚，恐魏之以太子在楚不肯也。"疑即此事。

㉜"吾已"两句：既已与魏联合，则不攻皮氏。攻取皮氏亦无用。

㉝心：意。　意：见注㉕。

㉞公无以为罪：您不要因此造成大错。　罪：过失，错误。

㉟"以"后省介词宾语"之",指代皮氏。此言而解兵不攻皮氏。

㊱皮氏在黄河以东,秦国越河而占据皮氏,故不易守。

㊲姚校:"公,曾作'攻'。" 鲍彪于"之"断句,注:"于守为有余。"

㊳鲍本"王"作"主"。注"言欲讲秦、攻秦皆于我。夫魏求救欲讲
而已,齐兼言'攻',故下言'主兵'。" 吴正:"'讲'当作'构',
'讲攻'犹言构兵。" 关修龄战国策高注补正:"'于'犹'由'
也,言其讲与攻咸由齐之所令,故曰'主兵之辞也'。" 金正炜
战国策补释:"'欲讲'疑当作'速讲'。玉篇'遬,籀文速字',墨
子书'速'皆作'遬',此由缺损而讹也。'攻'当为'故',草书
'故'作'㚑',与'攻'形似。'王兵'疑是'止兵'之误。此当
是:'速讲。故于齐,止兵之辞也'。言齐使魏速讲于秦,是止兵
之词,则其不复出兵以援魏可知矣。又或本为'阻兵',鲍本以
音同误'主',此复由'主'误'王',左闵二年传'狂夫阻焉'注:
'阻,止也'。" 建章按:鲍解可通,姑从之。"王"当为"主"
字之误,本书屡见不鲜。 于:杨树达词诠卷九:"与'以'同
义。" 主兵:犹言掌军事的主动权。

㊴是弗救矣:齐国本意并非救。

㊵楚王:怀王,见东周策第八章注③。

㊶而使翟强为和也:楚使翟强与齐、秦联合。

㊷怨颜已绝之矣:楚王怨魏,欲与魏绝交,已经表面化了。

㊸齐不救,楚绝交,已现亡形,"故魏王惧"。

㊹公:指樗里疾。 按:控制。 姚校:"魏,曾作'亲'"。

㊺以重公:以此抬高楼子的地位。

㊻此吾事:这是我力所能任之事。

㊼必疾:必定会得到迅速反应。

㊽有地:有皮氏。

中华国学文库

战国策注释 下

何建章 注释

中华书局

战国策注释卷二十五

魏　策　四

一　献书秦王章

（阙文）献书秦王曰①："（昔）〔臣〕窃闻大王之谋出事于梁②，谋恐不出于计矣③。愿大王之熟计之也④。梁者，山东之要也⑤。有蛇于此，击其尾其首救，击其首其尾救，击其中身首尾皆救⑥。今梁王天下之中身也⑦，秦攻梁者，是示天下要断山东之脊也⑧，是山东首尾皆救中身之时也⑨。山东见亡必恐⑩，恐必大合，山东尚强，臣见秦之必大忧⑪，可立而待也⑫。臣窃为大王计，不如南出事于南方⑬，其兵弱，天下必能救⑭，地可广大⑮，国可富，兵可强，主可尊。王不闻汤之伐桀乎⑯？试之弱密须氏以为武教⑰，得密须氏，而汤之服桀矣⑱。今秦国与山东为仇⑲，不先以弱为武教⑳，兵必大挫㉑，国必大忧。"秦果南攻蓝田鄢郢㉒。

【注释】

①本文末有"秦果南攻蓝田、鄢郢",据史记六国年表"周赧王三十七年(前278年)白起击楚拔郢",则此当在此年前。　秦王：昭王，见西周策第一章注⑭。

②"臣窃闻"句：我听说大王考虑要出兵魏国。　鲍本"昔"作"臣"。　建章按：本书屡见"臣窃闻"云云，"昔"当是"臣"之误。　出事：发生战事，有战事。

③谋恐不出于计矣：这计谋恐怕是错了。　鲍注："非得计也。"金正炜战国策补释："此本当作'谋者恐诎于计矣'。'者'误为'否'，又误为'不'，又误在'恐'字之上。'出'为'诎'字之讹，'诎'通'屈'，一切经音义十二引淮南许注：'屈，短。'"　建章按：王引之经传释词卷十"不，语词。"荀子君道"安值将卑埶出劳"，于省吾双剑誃诸子新证："'出'应读作'屈'，二字并谐'出'声。"屈：仪礼聘礼注："犹'错'也。"

④愿：希望。　熟计：深思熟虑。

⑤山东：见秦策一第二章注㉜。　要：同"腰"，犹言要害。

⑥中身：即"腰"。

⑦鲍本作"今梁者天下之脊也"。　建章按："王"字当误。下句言"秦攻梁者"，不言"攻梁王"。

⑧是示天下要断山东之脊也：这是告诉诸侯，秦国截断诸侯的要害。　脊：即"要""中身"。

⑨是：尔雅释言："则也。"

⑩上文言"皆救中身"，则"见亡"当是说"见魏亡"。

⑪忧：愁，患。

⑫可立而待：犹言就在眼前。

⑬疑"不如"下衍"南"字。　南方：指"楚"。

⑭鲍于"必"上补"不"字。　吴补："作'必不'语顺；又'必'字恐

当作'不'。" 建章按:墨子公孟"言仁义而不吾毁",于省吾双剑誃诸子新证:"'不'本应作'必',本书'不'、'必'多互讹。" 韩非子南面"事有功者必赏",陈奇猷韩非子集释以为"必"当作"不"。据文意,此"必"字当作"不"。

⑮姚校:"曾无'大'字。" 建章按:地,指秦地。广雅释诂一:"广,大也。"疑"大"为旁注误入正文者,且与下三句正为三字句。

⑯汤之伐桀:见秦策一第二章注㉕。

⑰史记周本纪文王受命三年"伐密须",集解引臣瓒、正义引括地志及杜预皆以为是"阴密县",故城在今甘肃省灵台县西南。此言,汤伐桀以前,先对弱小的密须国用兵,作为训练和整饬自己的武装力量。 试:尔雅释言"用也"。此言用兵。

⑱得密须氏而汤之服桀矣:消灭了密须国,汤就征服了夏桀。之:王引之经传释词卷九:"犹'则'也。"

⑲鲍本"国"作"欲"。 仇:敌。

⑳不先以弱为武教:不先用兵于弱楚,作为训练和整饬自己的武装力量。

㉑挫:损,毁,败。

㉒蓝田距秦都咸阳百余里,不当言"攻蓝田",疑误衍"蓝田"二字,或以为此乃谓:秦果南出蓝田攻鄢郢。 鄢郢:见秦策三第十五章注⑥。

二 八年谓魏王章

八年,(阙文)谓魏王曰①:"昔曹恃齐而轻晋②,齐伐釐、莒③,而晋人亡曹④。缯恃齐以悍越⑤,齐和子乱⑥,而越人亡缯⑦。郑恃魏以轻韩⑧,伐榆关而韩氏亡郑⑨。原恃秦、翟以轻晋⑩,秦、翟年谷大凶⑪,而晋人亡原。中山恃齐、魏以轻赵^⑫,齐、魏伐楚,而赵亡中山^⑬。此五国所以亡者,皆其所恃也^⑭。非独此五国为然而已也,天下之亡国皆然矣。夫国之所以不可恃者多^⑮,其变不可胜数也^⑯。或以政教不修^⑰,上下不辑^⑱,而不可恃者^⑲;或有诸侯邻国之虞^⑳,而不可恃者;或以年谷不登^㉑,稸积竭尽^㉒,而不可恃者。或化于利,比于患^㉓。臣以此知国之不可必恃也^㉔。今王恃楚之强;而信春申君之言^㉕,以是质秦^㉖,而久不可知^㉗,即春申君有变^㉘,是王独受秦患也^㉙。即王有万乘之国^㉚,而以一人之心为命也^㉛。臣以此为不完^㉜,愿王之熟计之也。

【注释】

①于鬯战国策年表编此策在秦始皇六年(前241年),注:"或云'八年'二字乃人姓名之误。" 魏王:景湣王,安釐王之子,名缯,又名午,魏国第七君,前242年—前228年在位。 姚校:"'谓'上阙文。"

②曹:周武王弟叔振铎的封国,春秋哀八年(曹伯阳十五年,前487年)被宋灭。故地在今山东省菏泽、定陶、曹县一带。 恃:依仗,依靠。 晋:周成王封弟叔虞于唐,叔虞子燮父改国号为晋。春秋时据有今山西省大部与河北省西南部地区,地跨黄河两岸。前453年赵、魏、韩三大夫瓜分了晋国,晋国国君只空有其名,前369年(晋桓公二十年)晋绝祀。

③吴正:"'釐'字即'莱',古字通。"莱:见齐策五注⑲。 莒:见西周策第十四章注④。

④左哀七年传:"秋,宋人围曹;冬郑师救曹,侵宋;晋人不救。"次年"春,宋公伐曹,遂灭曹。"韩非子饰邪:"曹恃齐而不听宋,齐攻荆而宋灭曹。"史记宋微子世家:"宋景公三十年,曹倍宋,又

倍晋,宋伐曹,晋不救,遂灭曹。"所记不同。　吴正:"即僖二十

八年晋侯伐曹分曹、卫田事。凡言亡非必国灭也。"

⑤缯:夏禹之后封于此,故城在今山东省枣庄市(旧峄县东)。鲍

本"以悍"作"而轻"。　悍:通"捍",拒。　越:见西周策第九

章注⑥。

⑥齐和子:或当指田和。太公田和相齐宣公。宣公卒,子康公立,

立十四年,淫于酒、妇人,不听政,太公田和乃迁康公于海上,专

齐国政,康公十九年(前386年)田和立为齐侯。

⑦左襄六年传"秋,莒人灭鄫,鄫恃赂也。"杜注:"鄫有贡赋之赂在

鲁,恃之而慢莒,故灭之。"与此异。

⑧郑:见西周策第十四章注③。

⑨伐:魏伐。因系言本国事,故省。　榆关:史记楚世家:"悼王十

一年,三晋伐楚,败我大梁、榆关。"正义:"当郑之南,大梁之

西。"　韩非子饰邪:"郑恃魏而不听韩,魏攻荆而韩灭郑。"

⑩原:见西周策第十四章注②。　翟:当是近秦之狄。

⑪年谷大凶:年成不好。西周策第十四章"宛恃秦而轻晋,秦饥而

宛亡。"

⑫中山:见秦策一第五章注⑧③。

⑬史记赵世家:"惠文王三年,灭中山"。

⑭鲍改"其"作"有"。　建章按:其:裴学海古书虚字集释卷五:

"犹'有'也。"

⑮国之所以不可恃者多:国家不能依靠的原因很多。

⑯数:说文"计也"。

⑰或以政教不修:或者是因为国内政治不上轨道。

⑱辑:尔雅释诂:"和也。"一致,统一。

⑲而:裴学海古书虚字集释卷七:"犹'故'也。"

⑳虞:忧虑,祸患。

㉑年谷：一年谷物的收获。　登：尔雅释诂："成也。"庄稼成熟。

年谷不登：年成不好，一年的收成不好。

㉒稸：同"蓄"，又作"畜"。　竭：尽。

㉓或化于利比于患：或者变成利益，或者接近祸患。　化：吕氏春秋季秋纪顺民高注"变也"。　比：广雅释诂三："近也。"

㉔不可必恃：必不可恃。

㉕春申君：见楚策三第十章注①。

㉖质：箭靶。见魏策一第一章注⑧。　质秦：是说为秦兵攻击的对象。

㉗久不可知：犹言夜长梦多。是说时间长了，变化就难以预测。

㉘即：王引之经传释词卷八："犹'若'也。"

㉙是：这样。

㉚即：王引之经传释词卷八："与'则'同。"　有：裴学海古书虚字集释卷二："犹'以'也。"　万乘：见秦策一第二章注㊿。

㉛一人：指春申君。

㉜不完：不是万全之计。

三　魏王问张旄章

魏王问张旄曰①："吾欲与秦攻韩，何如？"张旄对曰："韩且坐而胥亡乎？且割而从天下乎②？"王曰："韩且割而从天下。"张旄曰："韩怨魏乎？怨秦乎？"王曰："怨魏。"张旄曰："韩强秦乎？强魏乎③？"王曰："强秦。"张旄曰："韩且割而从其所强与所不怨乎？且割而从其所不强与其所怨乎④？"王曰："韩将割而从其所强与其所不怨。"张旄曰："攻韩之事王自知矣。"

【注释】

①于鬯战国策年表系此策于周赧王五十三年（前 262 年）。　魏王：安釐王，见赵策三第十三章注②。

②"韩且"两句：韩国将坐待灭亡呢？还是割地与诸侯结盟呢？胥：待。

③韩强秦乎强魏乎：韩国以为秦国强呢？还是以为魏国强呢？

④"韩且割"两句：韩国将与他认为的强国和无怨的国家结盟呢？还是与他认为的不强和怨恨的国家结盟呢？

四　客谓司马食其章

客谓司马食其曰①："虑久以天下为可一者，是不知天下者也②。欲独以魏支秦者③，是又不知魏者也。谓兹公不知此两者④，又不知兹公者也。然而，兹公为从，其说何也⑤？从则兹公重，不从则兹公轻。兹公之处重也，不实为期⑥。子何不疾及三国方坚也⑦，自卖于秦⑧，秦必受子⑨。不然，横者将图子以合于秦⑩。是取子之资⑪，而以资子之仇也⑫。"

【注释】

①鲍注："司马食其，魏人；食其，音'异基'。"

②"虑久以"两句：大抵，认为诸侯可以联合的，这是不了解诸侯的看法。　虑：刘淇助字辨略卷四："大计，大率，大氐。"　姚校："刘无'久'字。"可从。

③支：对抗。

④兹公：此公，此人。

⑤为从:主张合纵。

⑥"兹公之处重也"两句:此公搞合纵联盟也不是必然成功的。裴学海古书虚字集释卷九:"是,'此'也;字又作'实'。"则"不实为期"即"不知为期"。期:左哀十六年传注:"必也。"

⑦疾:马上。及:趁。 三国方坚:言赵、魏、楚正善交而欲攻秦。(此据于鬯战国策注)

⑧自卖于秦:这是建议司马食其暗暗与秦国拉关系。

⑨受:接受。

⑩横者:主张连横阵线的人。 图:谋;犹言利用。

⑪是取子之资:司马食其所凭借的就会为横人所利用。 资:凭借。取:用,利用。

⑫资:助。 子之仇:指横者。

五 魏秦伐楚章

魏、秦伐楚①,魏王不欲②。楼缓谓魏王曰③:"王不与秦攻楚,楚且与秦攻王。王不如令秦、楚战④,王交制之也⑤。"

【注释】

①姚校:"'魏秦'刘作'秦魏'。" 文选贾谊过秦论李注引此"魏秦"作"秦王"。 建章按:既言"魏秦伐楚",下句何以言"魏王不欲"。李引当是。 顾观光战国策编年、于鬯战国策年表并系此策于周赧王九年(前306年)。

②魏王:襄王,见东周策第十九章注⑧。

③楼缓:文选贾谊过秦论李注引高诱注:"魏相也。"

④令:广雅释诂一:"使也。"

⑤交:俱,并。 制:控制。 之:秦、楚。

六　穰侯攻大梁章

穰侯攻大梁[①],乘北郢[②],魏王且从[③]。谓穰侯曰[④]:"君攻楚得宛、穰以广陶[⑤],攻齐得刚、博以广陶[⑥],得许、鄢陵以广陶[⑦],秦王不问者,何也？以大梁之未亡也。今日大梁亡,许、鄢陵必议[⑧],议则君必穷[⑨]。为君计者,勿攻便[⑩]。"

【注释】

①穰侯:见秦策一第五章注㊿。　大梁:魏都,今河南省开封市。顾观光战国策编年、林春溥战国纪年并系此策于周赧王四十年(前 275 年)。

②魏策三第三章须贾给穰侯转述魏国大臣父兄对魏王说的话:"夫秦何厌之有哉！今又走芒卯,入北地。"此"北郢"疑即指"北地",见彼注㉓。　乘:国语周语中韦注"陵也"。与"入"义近。

③从:顺从。

④谓穰侯曰:有人对穰侯说。

⑤宛:见西周策第一章注⑤。　穰:见秦策一第五章注㊿。　陶:见秦策三第二章注②。　宛、穰兼属韩、楚。　广陶:扩大封地陶。　金正炜战国策补释:"魏冉封穰在前,益陶在后,此'穰'字疑'秅'之讹。汉志定陶与秅同属济阴郡,战国时本为宋地,三国分宋,秅或入于楚,故穰侯取以益陶。"

⑥刚:刚寿,齐邑,今山东省东平县西南。　博:见齐策六第一章注⑱。吴补:"刚博,当即是刚寿。"

⑦许:见秦策四第九章注㊼。　鄢陵:见同"许"。　于鬯战国策

注:"许、鄢陵者,或秦已封他人,而冉夺之以广陶,非始攻
得者。"

⑧鲍注:"议其不当得。"

⑨穷:窘。犹言理屈词穷。

⑩便:利。

七　白珪谓新城君章

　　白珪谓新城君曰①:"夜行者能无为奸②,不能禁狗使无吠己也③。故臣能无议君于王④,不能禁人议臣于君也。"

【注释】

　　①白珪:据梁玉绳汉书人表考,战国时有两白珪,一为周人,珪其
　　　名;一为魏人,丹名,珪字。此当是魏人白珪。其事迹散见吕氏
　　　春秋听言、先识、不屈、应言、举难、知分等篇及韩非子喻老。
　　　新成君:史记穰侯列传索隐"华阳君芈戎,后又号新成君。"又
　　　见秦策三第十章注④。然吴正:"未知即是此人否?"

　　②夜行者能无为奸:夜行者可以不做坏事。　无:王引之经传释
　　　词卷十:"不也。"　奸:邪,恶。

　　③禁:止。　吠己:对着自己叫。

　　④臣:白珪自我谦称。　君:指新城君。

八　秦攻韩之管章

　　秦攻韩之管①,魏王发兵救之②。昭忌曰③:"夫秦强国
也,而韩、魏壤梁④,不出攻则已⑤,若出攻,非于韩也,必魏

也。今幸而于韩，此魏之福也。王若救之，夫解攻者必韩之管也，致攻者必魏之梁也⑥。"魏王不听，曰："若不因救韩，韩怨魏，西合于秦，秦、韩为一，则魏危。"遂救之。

秦果释管而攻魏。魏王大恐，谓昭忌曰："不用子之计而祸至，为之奈何？"昭忌乃为之见秦王曰⑦："臣闻明主之听也⑧，不以挟私为政⑨，是参行也⑩。愿大王无攻魏，听臣也。"秦王曰："何也？"昭忌曰："山东之从⑪，时合时离何也哉⑫？"秦王曰："不识也⑬。"曰："天下之合也⑭，以王之不必也⑮；其离也，以王之必也⑯。今攻韩之管，国危矣。未卒而移兵于梁⑰，合天下之从，无精于此者矣⑱。以为秦之求索，必不可支也⑲。故为王计者，不如齐赵⑳。秦已制赵，则燕不敢不事秦㉑，荆、齐不能独从天下争敌于秦㉒，则弱矣㉓。"秦王乃止㉔。

【注释】

① 顾观光战国策编年系此策于周赧王三十九年。于鬯战国策注根据史记六国年表、魏世家以为此即"安城之役"，当是周赧王三十二年（前 283 年）。 管：今河南省郑州市。

② 魏王：昭王，见东周策第二十章注①。

③ 昭忌：当是魏臣。

④ 姚校："'梁'，刘作'秦'。"鲍改"梁"作"秦"。 金正炜战国策补释："'梁'当为'絜'之讹，'絜'与'挈'通。赵策'邦属而壤絜者七百里'。鲍改为'秦'，则上句文义不完。" 建章按："韩、魏壤"不词。本书国与国相接，皆言"壤界"，不胜枚举。壤絜即国土相接，亦作"壤挈"，见赵策一第九章注㉛。金说是。

⑤主语"秦"字,承上句"秦强国也"省。

⑥"夫解"两句:解除秦进攻韩的,必定是韩的管;招来秦进攻魏的,必定是魏的梁。意思是说,魏国如要去救韩,其结果是秦国必舍弃管而大梁必遭到进攻。

⑦秦王:昭王,见西周策第一章注⑭。

⑧听:听政。

⑨挟:持,根据。　私:私意。　为政:治理国家。

⑩是参行也:而是参考众说来行动。　是:裴学海古书虚字集释卷九:"犹'而'也。"

⑪山东之从:山东六国搞合纵联盟阵线。

⑫鲍本无"哉"字。

⑬识:吕氏春秋仲冬纪长见高注:"知也。"

⑭天下之合也:诸侯能组织起合纵联盟。

⑮以王之不必也:因为大王无信。　以:因。　必:信。见赵策一第九章注㉑。

⑯其:即上文"天下"。　离:散,瓦解。　这是说,大王言而有信,诸侯则无后顾之忧,诸侯不必组织合纵联盟,故言"离"。

⑰未卒:言攻管之事未结束。

⑱"合天下"两句是说:诸侯见王之多变,就会促使他们组织合纵联盟阵线,没有比这更甚的了。　吕氏春秋仲冬纪至忠:"今有树于此,而欲其美也;人时灌之,则恶之,而日伐其根,则必无活树矣。夫恶闻忠言,乃自伐之精者也。"高注:"精,犹'甚',甚于自伐其根者也。"

⑲以为:诸侯以为。　求索:对诸侯的土地的要求。　支:国语越语下:"犹'堪'也。"不可支:犹受不了。

⑳鲍据下句"制赵"改"齐"为"制"。　吴补:"疑字误,或上有缺

文。” 建章按:礼记少仪“凡羞有湇者,不以齐”注:“齐,和
也。”又列子杨朱“百年,寿之大齐”注:“齐,限也。”作“齐”,此
两义于本文皆可通,故未知“齐”“制”何者为误。

㉑事:侍,讨好,服。

㉒荆:楚。 从天下:使诸侯合纵。 争敌于秦:与秦抗衡。

㉓弱:诸侯不能联合,势单力孤,故言“弱”。

㉔止:止攻魏。

九　秦赵构难而战章

秦、赵构难而战①。谓魏王曰:“不如齐赵而构之②。秦
王不构赵③,赵不以毁构矣④,而构之⑤,秦、赵必复斗;〔斗〕
必重魏⑥,是并制秦、赵之事也⑦。王欲焉而收齐,赵攻荆⑧;
欲焉而收荆,赵攻齐。欲王之东长之,待之也⑨。”

【注释】

①构难而战:交战。 难:敌,拒,相与为仇。

②齐:通“资”,助也。见魏策一第二十三章注④。 构:构和。

③不构赵:不与赵构和。

④于鬯战国策注:“赵既止有毁折之兵,秦若不肯与赵和,赵惟有
出于战。所谓背城剪一,必以毁折之兵请和,亦其势也。”

⑤于鬯战国策注:“‘而构之’三字当涉上文衍。” 建章按:据上
下文当从于说。

⑥鲍本复“斗”字。 建章按:于文义当从鲍本补“斗”字,见楚策
二第七章注⑨。魏曾欲使秦、赵讲和,故两国重魏。

⑦制:制约,控制。

⑧焉:之,指"并制秦、赵之事"。　而:王引之经传释词卷七:"犹
　　'如'也。"　"王欲焉"两句:王要是这样,如联合齐则赵攻荆。
　　下句同此。

⑨"欲王"两句:愿王为东方之长,等着这一天吧。此为说魏王者
　　之言。

十　长平之役章

　　长平之役①,平都君说魏王曰②:"王胡不为从③?"魏王
曰:"秦许吾以垣雍④。"平都君曰:"臣以垣雍为空割也⑤。"
魏王曰:"何谓也⑥?"平都君曰:"秦、赵久相持于长平之下
而无决⑦。天下合于秦,则无赵;合于赵,则无秦。秦恐王
之变也,故以垣雍饵王也⑧。秦战胜赵,王敢责垣雍之割
乎⑨? 王曰'不敢⑩'。秦战不胜赵,王能令韩出垣雍之割
乎⑪? 王曰'不能'。臣故曰'垣雍空割也'。"魏王曰:
"善。"

【注释】

①林春溥战国纪年、顾观光战国策编年、于鬯战国策年表并系此
　　策于周赧王五十五年(前 260 年)。此秦、赵长平之战。　长
　　平:见秦策一第五章注⑦。

②平都君:于鬯战国策注以为即赵策四第十七章的平都侯,赵
　　臣。　魏王:安釐王,见赵策三第十三章注②。

③胡:何。　从:合纵联盟。于鬯战国策注:"时魏合秦,故下文云
　　'秦恐王之变'。"

④垣雍:见魏策三第八章注⑪。垣雍本魏地,失于韩,史记秦本

纪:"昭王四十八年(前259年)十月,韩献垣雍。"则秦以韩地许魏,即使韩归还魏。

⑤空割:犹言"空头支票"。

⑥何谓也:这怎么讲?

⑦无决:不分胜负,胜负未定。

⑧饵:诱饵,以利诱人。秦恐魏背己救赵,故以垣雍之利诱使魏不背秦。

⑨责:求,索,讨还。

⑩王念孙读书杂志:"'王曰不敢'与下文'王曰不能'两'王'字皆后人所加也。'曰不敢'、'曰不能'皆平都君之语,与上文自为问答。"

⑪出:交出。

十一 楼梧约秦魏章

楼梧约秦、魏①,将令秦王遇于境②。谓魏王曰③:"遇而无相④,秦必置相⑤。不听之⑥,则交恶于秦⑦;听之,则后王之臣⑧,将皆务事诸侯之能令于王之上者⑨。且遇于秦而相秦者⑩,是无齐也⑪,秦必轻王之强矣有齐者⑫,不若相之⑬,齐必喜。是以有雍者与秦遇⑭,秦必重王矣。"

【注释】

①楼梧:当是秦策五第四章"楼𫐐"。 于鬯战国策注因此策亦"楼梧约秦、魏",以为"此策亦当在彼年,周赧王四十九年(前266年)"。

②秦王:昭王,见西周策第一章注⑭。 遇:会晤。 境:两国交

界处。

③魏王:安釐王,见赵策三第十三章注②。　疑是翟强之徒谓魏王,见注⑫。

④于鬯战国策注:"时魏盖阙相。"

⑤秦必置相:秦王一定会推荐一人为魏相。

⑥姚校:"一本无'之'字。"　建章按:疑因下"听之"而衍"之"字。

⑦交恶于秦:秦、魏关系将恶化。

⑧后:礼记乐记注:"谓位在下也。"

⑨"将皆"句:(秦王推荐的魏相)将一味地讨好那些能够左右魏王的诸侯。据下"诸侯"似指秦、齐。

⑩相秦者:任命秦王推荐的人为魏相。则必亲秦。

⑪吴补:此时必魏合于齐。　建章按:是无齐也:就会觉得魏和齐疏远。

⑫金正炜战国策补释:"'之强'二字本在'有齐者'句上,而误入于'秦必轻王矣'句中也。魏之楼有秦,翟有齐,屡见于策文。此盖翟强之徒为强言于王者。此遇或即欲以秦重相魏,故强之徒败之,因以相强说王。'之强有齐者'句,言若强之有齐者也。韦昭国语解'若,之也',则'之'亦可训为'若',并见经传释词。"　建章按:此两句众说纷纭,皆难通,金说可通。此言,魏王如以秦王推荐的亲秦之人为魏相,则魏国即与齐国关系疏远,魏国孤立,则秦必轻魏。　之:裴学海古书虚字集释卷九:"犹'而'也。"不必训"若"。　有齐:即友齐,亲齐。

⑬之:指翟强之徒。

⑭鲍本"雍"作"齐"。　于鬯战国策注:"卢刻'雍'作'齐'。"
建章按:据前后文义,鲍本、卢刻作"齐"者是。连下句是说:这样,凭着魏、齐的友好关系与秦王会晤,秦王一定会看重魏王的。

十二　芮宋欲绝秦赵之交章

芮宋欲绝<u>秦</u>、<u>赵</u>之交^①，故令<u>魏氏</u>收<u>秦太后</u>之养地<u>秦王</u>于<u>秦</u>^②。

<u>芮宋</u>谓<u>秦王</u>曰^③：“<u>魏</u>委国于王^④，而王不受，故委国于<u>赵</u>也。<u>李郝</u>谓臣曰^⑤：‘子言无<u>秦</u>^⑥，而养<u>秦太后</u>以地^⑦，是欺我也。’故敝邑收之^⑧。”<u>秦王</u>怒，遂绝<u>赵</u>也。^⑨

【注释】

①芮(ruì)宋：<u>魏</u>人。

②养地：见<u>西周策</u>第五章注④。　疑衍“秦王”二字。　鲍本“于<u>秦</u>”作“怒”。　魏氏：<u>魏国</u>。　秦太后：<u>鲍彪</u>以为<u>宣太后</u>。见<u>秦策二</u>第十六章注①。

③秦王：<u>鲍</u>注“昭王”，见<u>西周策</u>第一章注⑭。

④委：托，交付。　委国：犹言听从(<u>秦王</u>)。

⑤李郝：<u>鲍</u>注“<u>赵</u>人”。

⑥子：指<u>芮宋</u>。　无<u>秦</u>：与<u>秦</u>不通好。

⑦养<u>秦太后</u>以地：给<u>秦太后</u>养地。

⑧敝邑：对本国的谦称。　收：收回。　之：<u>秦太后</u>养地。

⑨遂：于是。　绝<u>赵</u>：与<u>赵国</u>绝交。

十三　为魏谓楚王曰章

为<u>魏</u>谓<u>楚王</u>曰^①：“索攻<u>魏</u>于<u>秦</u>^②，<u>秦</u>必不听王矣，是智困于<u>秦</u>，而交疏于<u>魏</u>也^③。<u>楚</u>、<u>魏</u>有怨，则<u>秦</u>重矣^④。故王不

如顺天下遂伐齐⑤，与魏便地⑥，兵不伤⑦，交不变⑧，所欲必
得矣⑨。

【注释】

①顾观光战国策编年、于鬯战国策年表并系此策于周赧王三十一
　年（前284年）。　姚本与上章连篇，鲍本另列一章，据文义，从
　鲍本。　楚王：顷襄王，见秦策一第五章注㊿。

②索攻魏于秦：楚攻魏求助于秦。

③疏：疏远。

④"楚、魏"两句：楚、魏两国有怨恨，秦国在诸侯中就会被尊重。

⑤燕策一第十二章："燕昭王二十八年，遂以乐毅为上将军与秦、
　楚三晋合谋以伐齐。"故言"顺天下遂伐齐"。燕昭王二十八年
　即前284年。

⑥于鬯战国策注："'便'盖'更'字之误，'更地'即易地，谓伐齐得
　齐地，而与魏易之。"　建章按："更"易误为"便"，见魏策三第
　八章注㉓。于说当是。

⑦与诸侯共伐齐，故"兵不伤"。

⑧前文言"交疏于魏"，则此言与魏交不变。

⑨于鬯战国策注："上文言'攻魏'，则楚本欲得魏地耳，今以齐地
　易魏，是仍得所欲。"

十四　管鼻之令翟强与秦事章

　　管鼻之令翟强与秦事①。谓魏王曰②："鼻之与强，犹晋
人之与楚人也③。晋人见楚人之急，带剑而缓之；楚人恶其
缓而急之④。(令)〔今〕鼻之入秦之传舍⑤，舍不足以舍之⑥。

强之入，无蔽于秦者⑦。强，王贵臣也⑧，而秦若此其甚⑨，安可？"

【注释】

①吴正："'管鼻'恐即'楼鼻'。"　王念孙读书杂志淮南子氾论训补志引此以为"鼻"即"楼鼻"。　楼鼻：魏臣。　翟强：魏相。二人的关系见魏策三第十一章。　顾观光战国策编年、于鬯战国策年表并系此策于周赧王九年（前306年）。　管子枢言于省吾双剑誃诸子新证："金文'事'、'使'同字。""令"当是"合"字之误。合：同，和。　此言楼鼻和翟强同出使秦国。

②魏王：襄王，见东周策第十九章注⑧。　谓魏王曰：有人对魏王说。此人当是楼鼻之徒。

③魏策三第十一章"翟强欲合齐、秦外楚，以轻楼廪；楼廪欲合秦、楚外齐，以轻翟强。"二人不同道。"廪"同"鼻"。

④急：性急躁。　带剑而缓之：身佩宝剑，使自己行动缓慢一些。韩非子观行："西门豹之性急，故佩韦以自缓。""佩剑""佩韦"用意同。此言晋、楚人性行不同，又互相矫正。

⑤鲍本"令"作"今"。　建章按：据上下文，当依鲍本改"令"作"今"。　传（zhuàn 篆）舍：宾馆。

⑥鲍注："侍卫之盛，舍不能容。"　于鬯战国策注："言秦重鼻如此。"

⑦无蔽：犹言无处安身。

⑧翟强为魏相，故言"贵臣"。

⑨金正炜战国策补释："此盖鼻之徒毁强于王之辞也。言强见鼻之入秦如彼，乃极意矫之若此，正如晋、楚带剑之故为缓急也。然以王之贵臣而于秦若此其甚，则伤于国体，人安可乎？此当循上文晋、楚带剑之喻以求之，则知言者意之所属矣。下'秦'

字衍,或'而'字下有'人'字误脱也。" 建章按:金说意顺,录
以备考。

十五 成阳君欲以韩魏听秦章

成阳君欲以韩、魏听秦①,魏王弗利②。白圭谓魏王
曰③:"王不如阴侯人说成阳君曰④:'君入秦,秦必留君⑤,
而以多割于韩矣⑥。韩不听,秦必留君,而伐韩矣。故君不
如安行⑦,求质于秦⑧。'成阳君必不入秦⑨,秦、韩不敢合⑩,
则王重矣。"

【注释】

①成阳君:曾为韩相,此时当亦为相。 林春溥战国纪年、顾观光
战国策编年、于鬯战国策年表并系此策于周赧王二十五年(前
290 年)。 听:从。

②成阳君为韩打算,故魏王以为对魏不利。 魏王:昭王,见东周
策第二十章注①。

③白圭:见第七章注①。

④姚校:"'侯',一作'使'。" 鲍本"侯"作"使"。 金正炜战国
策补释:"管子侈靡篇'候人不可重也',注:'候人,谓谒候之来
入国者。'此文疑脱'使'字,'候人'非误。" 建章按:诗曹风候
人"彼候人兮"注:"候人,道路送宾客者。"国语周语中:"候不
在疆。"韦注:"候,候人,掌送迎宾客者。"金说是,"候"上当脱
"使"字。候,同侯,见睡虎地秦墓竹简 107 页。

⑤留:扣留。

⑥秦留成阳君,以此要求韩多割。

⑦安：尔雅释诂："止也。"

⑧质：见秦策二第十五章注④。

⑨秦必不出质，故"成阳君必不入秦"。

⑩鲍注："衍'敢'字。" 金正炜战国策补释："'敢'字当在'入秦'上，误淆于下也。" 建章按：敢：裴学海古书虚字集释卷五："犹'能'也。"

十六 秦拔宁邑章

秦拔宁邑①，魏王令(之)〔人〕谓秦王曰②："王归宁邑③，吾请先天下构④。"(魏)⑤魏王曰⑥："王无听⑦。魏王见天下之不足恃也⑧，故欲先构。夫亡宁者，宜割二宁以求构⑨；夫得宁者，安能归宁乎？"

【注释】

①于鬯战国策注："此魏之宁邑，即修武。"修武，见秦策一第五章注⑦。于又说："其事在周赧王五十八年(前 257 年)。"

②鲍本"之"作"人"。囚本同鲍本。 建章按："人"易误作"之"，见楚策一第二章注⑲、赵策一第十章注⑤。 秦王：昭王，见西周策第一章注⑭。

③归：归还。

④请：犹"愿"。 构：结盟。

⑤鲍注："衍'魏'字。" 吴补："衍〔魏字〕。" 建章按："魏"字衍。

⑥鲍本"王"作"冉"。 囚本不复"魏"字。 黄丕烈战国策札记："'冉'字当是。" 于鬯战国策注："冉免十年矣，恐此'魏'

字亦衍。此时王龁拔宁，‘王’字下脱‘龁’字也。" 建章按：从于说。

⑦无：王引之经传释词卷十："勿也。"

⑧不足恃：不可依靠。

⑨二宁：二倍于宁邑之地。

十七 秦罢邯郸章

秦罢邯郸①，攻魏，取宁邑②。吴庆恐魏王之构于秦也③，谓魏王曰："秦之攻王也，王知其故乎？天下皆曰王近也④？王不近秦⑤。秦之所去⑥。皆曰王弱也⑦？王不弱二周⑧。秦人去邯郸过二周而攻王者，以王为易制也。王亦知弱之召攻乎⑨？"

【注释】

①史记六国年表秦格昭王五十年泷川资言考证："秦围邯郸自昭王四十八年(前259年)至五十年始解。"当周赧王五十八年(前257年)"罢邯郸"。 邯郸：赵都，今河北省邯郸市。

②宁邑：见第十六章注①。

③吴庆：无考。 魏王：安釐王，见赵策三第十三章注②。 构：结盟。

④鲍注："近，亲也。天下以魏为亲秦，故外之，秦因攻之。" 于鬯战国策注："沈寿经明经云'当谓地近秦。'"

⑤关修龄战国策高注补正："吴庆反天下之言曰：王实不亲秦。" 于鬯战国策注："沈寿经明经云：'谓魏地其实与秦不为近，秦之攻魏非此故也。'" 金正炜战国策补释："'王不近秦'当为'王

不近赵',言魏之于秦不近于赵也。下文'秦去邯郸过二周而攻
王者以王为易制也'即承上而言,故知此当为'赵',作'秦'者,
因下'秦'字而误。"

⑥鲍注:"去,犹远。" 吴正:"王非亲秦,乃秦之所欲攻去者。"
关修龄战国策高注补正:"秦去魏不合。" 金正炜战国策补
释:"'去'盖'劫'之坏字。管子大匡篇注'劫谓兵胁之',汉书
高帝纪注'劫谓威胁之'。高注吴正并失其义。韩诗外传'子罕
遂去宋君而专其政','去'亦'劫'字之误,误与此正同。"于鬯
战国策注:"吴与上句连读最谬。"

⑦鲍注:"无秦之助。"

⑧鲍注:"言实不弱视二周,犹强也。" 关修龄战国策高注补正:
"庆又反言曰'实不弱二周,犹足以敌秦。'" 于鬯战国策注:
"沈寿经明经云'秦之攻魏,亦非此之故。'"

⑨鲍注:"若讲于秦,复示弱也。" 于鬯战国策注:"其实不弱,而
自以为弱,故易制,易制故致攻。" 建章按:上文各家所解颇
异,照录供参考。秦围赵都邯郸,信陵君、春申君救赵,秦将郑
安平被困降赵,秦大败于河东。于是"攻魏取宁邑"。自宁邑渡
黄河,即可直取魏都大梁。吴庆怕魏王与秦妥协结盟,故有下
面一段议论。秦国为什么要进攻魏国呢?是因为魏国距离秦
国近吗?可是并非近秦;是因为魏国国力很弱吗?可是魏国并
不比二周弱。所以吴庆说"秦国离开邯郸,通过二周而进攻魏国,
是因为大王容易控制,大王可知道软弱可以召来进攻吗?" 亦:
裴学海古书虚字集释卷三:"犹'其'也。"表疑问、商量的语气。
犹言"岂"。 "天下皆曰王近也? 王不近秦;皆曰王弱也? 王
不弱二周。"两种看法对称写出;也:犹邪。疑"秦之所去"衍文。

十八　魏王欲攻邯郸章

魏王欲攻邯郸①，季梁闻之②，中道而反③，衣焦不申④，头尘不（去）〔浴〕⑤，往见王曰："今者，臣来，见人于大行⑥，方北面而持其驾⑦，告臣曰：'我欲之楚。'臣曰：'君之楚，将奚为北面⑧？'曰：'吾马良。'臣曰：'马虽良，此非楚之路也⑨。'曰：'吾用多⑩，'臣曰：'用虽多，此非楚之路也。'曰：'吾御者善⑪。'此数者愈善，而离楚愈远耳。今王动欲成霸王⑫，举欲信于天下⑬。恃王国之大⑭，兵之精锐⑮，而〔欲〕攻邯郸⑯，以广地尊名⑰，王之动愈数⑱，而离王愈远耳⑲。犹至楚而北行也。"

【注释】

① 顾观光战国策编年系此策于周显王十五年（前354年）。　于鬯战国策注："若依策士屡言马陵之役始自攻邯郸，则又在周显王二十八年（前341年）。"　魏王：惠王，见秦策四第五章注⑦。邯郸：赵都，今河北省邯郸市。

② 季梁：魏臣。

③ 季梁当时出使，中途返魏。

④ 王念孙读书杂志："'焦'读为'癄'，广雅：'癄，缩也。'谓衣缩不申之也。"　建章按：缩，皱缩；申：同"伸"，平展。

⑤ 文选阮籍咏怀诗李注引"去"作"浴"。　王念孙读书杂志："作'浴'者是也。凡从'谷'从'去'之字，隶书往往混乱，此是'浴'字讹为'法'，后人因改为'去'耳。"　建章按：王念孙读书杂志卷十二荀子荣辱补遗："'谷'或作'去'。汉冀州刺史玉纯碑

‘卻扫闭门’，‘卻’字作‘却’，今俗书‘卻’、‘脚’二字亦作‘却’、‘脚’。”老子第六章“谷神不死”，陆德明经典释文：“‘谷’，河上本作‘浴’。”毕沅老子考异：“后汉陈相边韶建老子碑铭引‘谷’作‘浴’。”洪颐煊读老子：“‘浴’，‘谷’之借。”（均见马叙伦老子校诂）俞樾诸子平议：“河上本‘谷’作‘浴’者‘谷’之异文。”广雅释诂二“（谷），去也”王念孙疏证：“各本‘去’字讹作‘谷’，‘谷’下又有‘去’字。案‘去’字篆作‘𠂇’，隶作‘𠫔’，故讹而为‘谷’；上文‘祛’讹作‘裕’，‘朅’讹作‘碣’，正与此同。”则此“去”本当作“谷”，误作“去”，而“谷”又是“浴”的借字或异文，正与文选李注所引合。

⑥行：尔雅释宫：“道也。”又疑“大行”即“太行”，文选李注引正作“太行”。

⑦驾：说文：“马在轭中。” 持其驾：手持缰绳，驾着马车。文选李注引高诱注：“驾，驰。”今已佚。 方：正。

⑧将：裴学海古书虚字集释卷八：“犹‘而’也。” 奚：何。 面：广雅释诂四：“向也。” 北面：向北。

⑨楚之路：即去楚之路。

⑩用：高注：“资也。”路费，盘缠。

⑪御者：车夫，车把式。

⑫霸：霸业。 王：王业。见东周策第十五章注②。

⑬连上句：大王一举一动都想建立霸、王之业，取信于诸侯。

⑭恃：依靠，依仗。

⑮兵：武器。

⑯文选潘岳关中诗、阮籍咏怀诗李注两引“而”下有“欲”字。

建章按：首言“魏王欲攻邯郸”，此当补“欲”字。

⑰广地尊名：见魏策二第二章注③“广土尊名”。

⑱大戴礼记曾子立事：“行无求数，有名；事无求数，有成。”注：

"数,犹促速也。"促速:急促。此可引申为"卖劲儿"。

⑲连上句:大王这种错误的行动进行得愈卖劲儿,离建立王业的
目标就愈远。

十九　周肖谓宫他章

周肖谓宫他曰①:"子为肖谓齐王曰②:'肖愿为外臣③,
令齐资我于魏④。'"宫他曰:"不可,是示齐轻也⑤。夫齐不
以无魏者以害有魏者⑥,故公不如示有魏。公曰⑦:'王之所
求于魏者⑧,臣请以魏听⑨。'齐必资公矣。是公有齐⑩,以齐
有魏也⑪。"

【注释】

①周肖:即周宵,见魏策二第八章注①。　宫他:见东周策第二十
六章注①。　于鬯战国策注以此策当在周显王四十五年(前
324年)。

②齐王:威王,见秦策四第十章⑲。

③外臣:周肖本为魏臣,而为齐做事。韩非子说林下:"为我谓齐
王曰:'以齐资我于魏,请以魏事王。'"即此义。

④资:助。

⑤是:此,这样。　示齐轻:(这是)向齐国表示自己在魏国地位很
轻(不能举足轻重)。

⑥"夫齐不以"句:齐王不会资助一个在魏国地位很轻的人,而去伤
害一个在魏国有地位的人。　无魏:犹言在魏国无足轻重。　有
魏:犹言在魏国有举足轻重的地位。即重于魏。

⑦"公曰"下面两句是宫他教周肖如此对齐王说的。　公:指

周肖。

⑧王之所求于魏者:王对魏王的要求。

⑨臣请以魏听:我将使魏同意。　裴学海古书虚字集释卷八:"将,请也。"则请可训"将"。　以:同前卷一:"犹'使'也。"听:同意。

⑩有齐:重于齐。见注⑥。

⑪以齐有魏也:以重于齐的条件重于魏。

二十　周㝡善齐章

周㝡善齐①,翟强善楚②。二子者欲伤张仪于魏③。张子闻之,因使其人为见者啬夫④,(闻)〔间〕见者⑤。因无敢伤张子。

【注释】

①周㝡:见东周策第九章注⑥。　善:友好。

②翟强:曾为魏相,见楚策二第一章。

③二子:周㝡、翟强。　伤:谗毁,伤害。　张仪:见秦策一第三章注⑫。鲍注:此仪再相魏时。

④其人:张仪之人。　鲍注:"见者,㝡与强见王也。"于鬯战国策注:"见者,即群臣,㝡、强固在其中矣。"　啬夫:古代官名,县及县以下地方行政机构及都官的负责人都可称啬夫。都官是朝廷诸官直属机构。(见睡虎地秦墓竹简语书注释②)啬夫的工作内容繁多,如仓啬夫、田啬夫、发弩啬夫、库啬夫、苑啬夫、厩啬夫、司空啬夫等等(见睡虎地秦墓竹简)。此"见者啬夫"或当即谒者啬夫,为通报、传达国君召令者,故可在国君左右。

⑤鲍本"闻"作"间"。　建章按:史记酷吏列传"闻即奏事",王念孙读书杂志"'闻'当依汉书作'间',字之误也。"管子轻重甲"则空闻有以相给资",王念孙读书杂志:"'空闻'当依宋本作'空间'。"墨子公孟"有可闻者焉"毕沅注:"'闻'当为'间'。"可见"闻"易误为"间",当依鲍本改"闻"作"间"。史记陈涉世家"又间令吴广之次近所旁丛祠中",索隐引孔文祥云:"间,窃伺间隙,不欲令众知之也。"　见者:来见君者,包括周㝮、翟强。

二十一　周㝮入齐章

周㝮入齐①,秦王怒②,令姚贾让魏王③。魏王为之谓秦王曰④:"魏之所以为王通天下者,以周㝮也。今周㝮遁寡人入齐,齐无通于天下矣⑤。敝邑之事王,亦无齐累矣⑥。大国欲急兵,则趣赵而已⑦。"

【注释】

①周㝮:见东周策第九章注⑥。顾观光战国策编年、于鬯战国策年表并系此策于周赧王二十九年(前286年)。

②秦王:昭王,见西周策第一章注⑭。　秦王以为周㝮以魏结好于齐,故怒。

③姚贾:见秦策五第八章注⑤,彼在前233年,相距53年。于鬯战国策注:"疑即赵策之起贾。"起贾,见赵策四第二章注②,在前287年,与此策近。　魏王:昭王,见东周策第二十章注①。
　　让:说文:"相责让也。"

④之:指周㝮。

⑤鲍注:"齐、秦为敌,魏既以㝮通天下于秦,则外齐矣。㝮入齐,

天下不知，以谓魏使之齐，败齐事，因不通齐矣。" 吴正："齐、秦为敌，齐逐冣而魏收之，天下信魏之不与齐，故曰'为王通天下'。今冣遁入齐，则天下知魏绝冣而齐收之，齐何以通于天下乎？" 金正炜战国策补释："周冣以天下辱秦者也，魏故得以冣通知天下之谋秦；去魏入齐则无以通于天下。'齐无通'之'齐'承上而误复也。" 横田惟孝战国策正解："'为王'之'王'疑为'主'讹。言魏之所以为从主，通交于诸侯者，以冣主从约也。今冣遁魏入齐，则齐、魏交绝，诸侯知齐、魏交绝，则必不从矣，齐无通交于诸侯矣。" 于鬯战国策注："黄略改'王'为'齐'。下文云'齐无通于天下矣'，则所改当是。'天下'或谓专指'赵'，以下文'趋赵'证之，亦合。赵独得天下之称，见于策者不一。" 建章按：东周策第二十章与此同时，彼策有人劝魏王"与其出兵攻齐不如派周冣使齐"。周冣去齐为了联合齐、赵。现在秦王责魏王，魏王所言只是一种借口。本来是他派周冣入齐，可是现在却说"遁寡人"，可见掩盖其谋略。"为王"之"王"黄说或是，当是"齐"字误。大意是说：魏国帮助齐国联合诸侯是通过周冣，现在周冣逃离魏国入齐，诸侯以为齐、魏交绝，则联合必破，齐国与诸侯将失去联系。

⑥"敝邑"两句：魏国与秦国友好，也就不必顾虑齐国了。

⑦"大国"两句：如果贵国想出兵齐国，那么只管督促赵国就是了（魏国是没有问题的）。 大国：指秦国。 趣：管子国蓄注"读为'促'"。

二十二 秦魏为与国章

秦、魏为与国①。齐、楚约而欲攻魏，魏使人求救于秦，冠盖相望②，秦救不出。

魏人有唐且者,年九十余③,谓魏王曰④:"老臣请(出)西说秦⑤,令兵先臣出可乎⑥?"魏王曰:"敬诺。"遂约车而遣之⑦。

唐且见秦王,秦王曰:"丈人芒然乃远至此⑧,甚苦矣。魏来求救数矣⑨,寡人知魏之急矣。"唐且对曰:"大王已知魏之急,而救不至者,是大王筹筴之臣无任矣⑩。且夫魏一万乘之国⑪,称东藩⑫,受冠带⑬,祠春秋者⑭,以为秦之强足以为与也⑮。今齐、楚之兵已在魏郊矣,大王之救不至,魏急则且割地而约齐、楚,王虽欲救之,岂有及哉⑯?是亡一万乘之魏⑰,而强二敌之齐、楚也⑱。窃以为大王筹筴之臣无任矣。"秦王喟然愁悟⑲,遽发兵⑳,日夜赴魏。

齐、楚闻之,乃引兵而去㉑。魏氏复全㉒,唐且之说也。

【注释】

①与国:同盟国。林春溥战国纪年、顾观光战国策编年、于鬯战国策年表并系此策于周赧王四十九年(前266年)。

②史记魏世家泷川资言考证:"冠,冠冕;盖,车盖;使者往来不绝,故曰'冠盖相望'"。

③梁玉绳汉书人表考:"唐雎,本作'且',魏人,此时为安釐王十一年说秦昭王救魏,历四十二年,魏亡,又为安陵君说始皇于魏亡之后,则雎百卅余岁矣,何其寿也。"疑魏有两唐且。 魏世家、后汉书崔骃传注引"余"下并有"矣"字。

④魏王:安釐王,见赵策三第十三章注②。

⑤新序杂事三、艺文类聚老类引、魏世家、太平御览卷三八三寿老览引皆无"出"字。王念孙读书杂志:"'请'下不当有'出'字,

此涉下文'出'字而误衍耳。" 建章按："出"字无义,当据删"出"字。 说:说服别人。

⑥关修龄战国策高注补证："令秦兵先臣未归而出。"

⑦约车:准备车马。 遣之:派他去秦。

⑧丈人:老者的通称。 孟子公孙丑上赵注："芒芒,罢(疲)倦之貌。""芒然"即"芒芒然"。 乃:竟。

⑨数:屡,数次。

⑩筴:同"策"。 任:高注"能也"。

⑪万乘:见秦策一第二章注㊿。

⑫东藩:见赵策二第三章注㉝。

⑬受冠带:见魏策一第十章注㊲。

⑭祠春秋:见魏策一第十章注㊳。

⑮为与:帮助同盟国。 为:诗大雅凫鹥郑玄笺:"犹助也。"与:与国,同盟国。

⑯岂有及哉:还来得及吗? 有:裴学海古书虚字集释卷二:"犹'能'也。"又徐仁甫广释词卷三:"有,犹'可'。"

⑰亡:失。

⑱强:加强。 二敌之齐楚:两个与秦敌对的齐、楚。

⑲喟然:叹气的样子。 愁:忧。 悟:觉醒,明白。

⑳遽:即刻。

㉑引:带领。

㉒魏氏:魏国。 复全:还能保全。

二十三 信陵君杀晋鄙章

信陵君杀晋鄙①,救邯郸,破秦人,存赵国②,赵王自郊迎③。唐且谓信陵君曰④:"臣闻之曰:'事有不可知者,有不可不知者；有不可忘者，有不可不忘者。'"信陵君曰：
"何谓也？"对曰："人之憎我也，不可不知也⑤；吾憎人也，
不可得而知也⑥。人之有德于我也，不可忘也⑦；吾有德于
人也⑧，不可不忘也。今君杀晋鄙，救邯郸，破秦人，存赵
国，此大德也。今赵王自郊迎，卒然见赵王，臣愿君之忘之
也。"信陵君曰："无忌谨受教⑨。"

①据史记魏公子列传信陵君杀晋鄙在魏安釐王二十年，当周赧王
　五十八年（前257年）。　信陵君：见齐策三第十二章注⑤。
　晋鄙：魏将。

②魏公子列传"公子遂将晋鄙军，得选兵八万人，进兵击秦军，秦
　军解去，遂救邯郸，存赵。"　邯郸：赵都，今河北省邯郸市。

③赵王：孝成王，见赵策三第七章注②。

④魏公子列传"赵孝成王德公子之矫夺晋鄙兵而存赵，乃与平原
　君计，以五城封公子。公子闻之，意骄矜而有自功之色。客有
　说公子曰"云云。　唐且：见第二十二章注③。魏公子列传作
　"客"，今一百岁矣。

⑤"人之憎我"两句是说，知人憎恨，而能自我反省，去其恶。

⑥关修龄战国策高注补证："自知其由，则憎之深也。"　建章按：
　己憎人，不可让人知之，知之，则双方恨愈深。

⑦"人之有德"两句：别人对自己有好处，不能忘记。

⑧文选崔瑗座右铭李注引"吾有"作"吾之有"。据上句，疑此脱
　"之"字。

⑨无忌：信陵君之名。魏公子列传云："于是公子立自责，似若无
　所容者。赵王扫除自迎，执主人之礼，引公子就西阶。公子侧

1158

行辞让,从东阶上,自言皋过,以负于<u>魏</u>,无功于<u>赵</u>。<u>赵王</u>侍酒
至暮,口不忍献五城,以公子退让也。”

二十四　魏攻管而不下章

<u>魏</u>攻<u>管</u>而不下^①。<u>安陵</u>人<u>缩高</u>其子为<u>管</u>守^②。<u>信陵君</u>
使人谓<u>安陵君</u>曰^③:“君其遣<u>缩高</u>^④,吾将仕之以五大夫^⑤,使
为持节尉^⑥。”<u>安陵君</u>曰:“<u>安陵</u>,小国也,不能必使其民^⑦。
使者自往,请使道使者至(缟)〔<u>缩</u>〕<u>高</u>之所^⑧,复<u>信陵君</u>之
命^⑨。”<u>缩高</u>曰:“君之幸<u>高</u>也^⑩,将使<u>高</u>攻<u>管</u>也。夫(以)父攻
子守^⑪,人大笑也^⑫。是臣而下^⑬,是倍主也^⑭。父教子倍,亦
非君之所喜也。敢再拜辞。”

使者以报<u>信陵君</u>^⑮,<u>信陵君</u>大怒,遣大使之<u>安陵</u>^⑯,曰:
“<u>安陵</u>之地,亦犹<u>魏</u>也。今吾攻<u>管</u>而不下,则<u>秦</u>兵及我,社
稷必危矣^⑰。愿君之生束<u>缩高</u>而致之^⑱,若君弗致也,<u>无忌</u>
将发十万之师以造<u>安陵</u>之城〔下〕^⑲。”<u>安陵君</u>曰:“吾先君
<u>成侯</u>受诏<u>襄王</u>以守此地也^⑳,手受大府之宪^㉑。宪之上篇
曰^㉒:‘子弑父,臣弑君^㉓,有常不赦^㉔。国虽大赦,降城,亡子
不得与焉^㉕。’今<u>缩高</u>谨解大位^㉖,以全父子之义,而君曰
‘必生致之’,是使我负<u>襄王</u>〔之〕诏^㉗,而废大府之宪也,虽
死终不敢行。”

<u>缩高</u>闻之曰:“<u>信陵君</u>为人,悍而自用也^㉘。此辞反^㉙,
必为国祸。吾已全己无为人臣之义矣^㉚,岂可使吾君有<u>魏</u>
患也^㉛?”乃之使者之舍^㉜,刎颈而死^㉝。

<u>信陵君</u>闻<u>缩高</u>死,素服缟素辟舍^㉞,使使者谢<u>安陵君</u>

曰㉟:"无忌,小人也,困于思虑㊱,失言于君㊲,敢再拜释罪㊳。"

【注释】

①管:见魏策四第八章注①。顾观光战国策编年、于鬯战国策年
表并据通鉴系此策于秦庄襄王三年(前247年)。

②安陵:见魏策三第八章注㊿。 其:王引之经传释词卷五"犹
'之'也"。 管守:管地的长官。太平御览卷四二二人事部义
览引作"秦缩高鄢陵人也,其子仕秦,秦以为管守"。

③信陵君:见齐策三第十二章注⑤。 安陵君:楚襄王宠臣,见楚
策一第十章注①。

④姚校:"一本无'君'字。" 信陵君想让安陵君使缩高以父亲的
身分令其子勿坚守管,故言"遣缩高"。

⑤吾将仕之以五大夫:我将任命缩高为五大夫。 五大夫:见楚
策一第十五章注②。

⑥持节尉:通鉴胡注"军尉之执节者也,可以专杀。"

⑦不能必使其民:不能使其民一定从命。

⑧使:使人。或"使"同"吏"(管子小匡于省吾双剑誃诸子新证"金
文'使''吏'同字"。) 道:同"导"。 缟,当依鲍本改作"缩"。
所:处。

⑨复:小尔雅广言:"白也。"又广雅释诂一:"语也。"此犹言告诉,
传达。

⑩幸高:指"将仕之以五大夫"一事。

⑪姚校:一本无"以"字。 建章按:太平御览引通鉴并无"以"
字。此衍"以"字。

⑫吴补:"一本标'一作人之所大笑'。"通鉴"大"作"之"。太平御
览引"人"下有"之"字。 建章按:吴引一本胜。

⑬鲍本"是"作"见"。闵本"是"作"见"。太平御览引、通鉴"是"

并作"见"。 　建章按:"是"字当是"见"字之误。又管子问"是其事",于省吾双剑誃诸子新证:"'是'应读作'视'。"则不改字亦可。

⑭倍:通"背",叛。

⑮"以"后省介词宾语"之",之:指代缩高说的那番话。

⑯大使:重使。 　大:荀子性恶杨注:"重也。" 　之:至。 　太平御览引"陵"下有"君"字。通鉴作"安陵君所"。

⑰社稷:见秦策一第五章注㊱。

⑱愿君之生束缩高而致之:希望你活捉缩高把他押送来。 　束:缚。致:送。

⑲无忌:信陵君之名。 　造:尚书盘庚中传:"至也。" 　太平御览引"城"下有"下"字。通鉴亦有"下"字。 　建章按:宋卫策第三章"将移兵而造大国之城下。"则作"城下"是。

⑳于彪 战国策注引顾观光七国地理考:"安陵魏地,当为魏之分封,非赵分也。秦纪'昭襄八年,魏公子劲为诸侯',史表秦昭八年当魏哀二十年,依纪年则'哀'即'襄'矣。成侯者、安陵始封之君,疑即秦纪所谓公子劲者,故策云'安陵之地亦犹魏也'。" 　襄王:见东周策第十九章注⑧。

㉑手:尚书大传注:"亲也。" 　大府之宪:藏于中央太府之宪法大典。管子 立政:"正月之朔,百吏在朝,君乃出令布宪于国。……太史既布宪,入籍于太府。……宪既布,有不行宪者,谓之不从令,罪死不赦。"

㉒吴正:"上篇,犹言第一篇也。"

㉓弑:见楚策一第九章注⑧。

㉔有常:吴补"即常刑也"。 　建章按:周书大臣"有常不赦"注:"常者常刑也。" 　有:裴学海古书虚字集释卷二:"犹'于'也,犹'以'也。"犹言"按照"。

㉕"国虽"两句:国家虽有大赦之法,然而"降城""亡子"两项罪不在大赦之例。 降城:以城投降敌国。 亡子:其子不能坚守而逃亡。皆言缩高之子。

㉖解:汉书灌夫传注:"辞之也。"鲍本"解"作"辞",义同。 大位:指前文"五大夫",显贵的官位。

㉗鲍本"王"下有"之"字。太平御览引、通鉴"王"下并有"之"字。 建章按:当补"王"下"之"字。 负:违背。 诏:令。

㉘悍:强狠,凶猛。 自用:固执,任性。

㉙此辞反:使者把安陵君的这番话回报给信陵君。

㉚"吾已"句:我已经保全了我的做人臣的大义。 姚校:"一本'已无'作'己之'。" 鲍改"为"作"违"。 孙诒让札迻:"一本是也;此缩高言己之义已全也。鲍改非。" 建章按:当依姚校一本。

㉛岂可:怎么能。 吾君:安陵君。 魏患:指上文"将发十万之师以造安陵之城下"。 也:同"耶"。

㉜使者:信陵君派来的大使。 舍:住处。

㉝刎颈:自刎。

㉞鲍注:"衍上'素'字。"吴补"字衍。"太平御览引、通鉴并无"素服"二字。 建章按:"素服"与"缟素"义同,疑'素服'为"缟素"旁注而误入正文者。小尔雅广诂:"缟,素也。"缟素:白色衣服;此指凶服。 辟舍:离舍。

㉟谢:请罪。

㊱困于思虑:思虑糊涂。 困:惑,乱。

㊲失言:无意中说错了话。

㊳释罪:赦罪。

二十五　魏王与龙阳君共船而钓章

　　魏王与龙阳君共船而钓①,龙阳君得十余鱼而涕下②。王曰:"有所不安乎? 如是,何不相告也③?"对曰:"臣无敢不安也④。"王曰:"然则,何为涕出?"曰:"臣为王之所得鱼也⑤。"王曰:"何谓也?"对曰:"臣之始得鱼也,臣甚喜,后得又益大⑥,今臣直欲弃臣前之所得矣⑦。今以臣凶恶⑧,而得为王拂枕席⑨。今臣爵至人君⑩,走人于庭⑪,辟人于途⑫。四海之内,美人亦甚多矣,闻臣之得幸于王也⑬,必褰裳而趋王⑭。臣亦犹曩臣之前所得鱼也,臣亦将弃矣⑮,臣安能无涕出乎?"魏王曰:"(误)〔诶〕,有是心也⑯,何不相告也?"于是布令于四境之内⑰,曰:"有敢言美人者族⑱。"

　　由是观之,近习之人⑲,其挚诣也固矣⑳,其自纂繁也完矣㉑。今由千里之外,欲进美人,所效者庸必得幸乎㉒? 假之得幸㉓,庸必为我用乎㉔? 而近习之人,相与怨我,见有祸,未见有福;见有怨,未见有德,非用知之术也㉕。

【注释】

　　①龙阳君:宠臣,如卫君之弥子瑕,楚王之安陵君。

　　②涕:广雅释言:"泪也。"

　　③是:王引之经传释词卷九:"犹'之'也。"　如是何:如之何。为什么。　相告:告我。

　　④无:王引之经传释词卷十:"'不'也。"

　　⑤鲍改"王"作"臣"。　吴补:以己之得鱼推言王。　刘锺英战

1163

国策辨讹:"'臣'讹作'王'。" 建章按:艺文类聚人部宠幸聚引作"为臣之所得鱼也"。据下文"臣之始得鱼也","王"当是"臣"字之误。

⑥益:更。

⑦直:广雅释诂一:"正也。"

⑧鲍本"凶"上有"之"字。 吴补:"一本'今以臣凶恶'。按孟子'恶人'注,谓丑貌人。此疑衍'凶'字,或'之'字讹。" 刘师培左盒集卷五:"类聚八十四所引'臣'下有'之'字。" 建章按:说文"凶,恶也。"则"凶恶"为同义复词。恶:左昭二十八年传注"貌丑也。"则"凶恶",貌丑的意思。艺文类聚三十三宠幸聚引正与鲍本合,姚本当脱"之"字。又刘引类聚作"八十四"当误。文选阮籍咏怀诗李注引"凶"作"尭",疑即"之凶"误合之字。

⑨为王拂枕席:犹言与王共卧起。如汉代之宠臣,高祖时有籍孺,文帝时有邓通,武帝时有韩嫣,皆与帝共卧起。

⑩今臣爵至人君:此指封为龙阳君。

⑪走人于庭:在朝廷,大臣们都趋附龙阳君。 走:说文:"趋也,屈也。" 走人:使人趋附。 庭:通"廷"。

⑫辟人于途:在路上,人家为他让道。 辟:通"避"。

⑬幸:宠信。

⑭褰(qiān 牵):揭,提起。 趋:趋附。

⑮文选李注引、艺文类聚引、太平御览引并无"曩"下"臣"及"前"二字。 建章按:曩:从前。 臣之前所得鱼:即前文"臣之始得鱼"。

⑯王念孙读书杂志引王引之说:"'误'当为'诶',形近而讹也。" 又读书杂志补遗:"襄三十年左传'譆譆出出',说文引'譆'作'误'。" 譆(xī):悲叹的声音。 诶(éi):叹词。

⑰布令:下命令。　四境之内:全国。

⑱族:灭族,一人有罪灭三族或九族。

⑲近习:帝王的宠信、亲信。

⑳其挚诒也固矣:他们施展诒谀的手段,那是理所当然的。

㉑其自纂繁也完矣:他们掩护自己的办法,那是非常完备的。
　　高注:"谓帽覆也"。　鲍改"纂繁"为"幂繄",注:"幂,覆也。
　　言自芘自结于王。"　建章按:据高注,姑从鲍义。

㉒所效者:献的美女。　效,致,献。　庸 刘淇 助字辨略卷一
　　"岂也"。　得:能。　幸:贵幸,宠信。

㉓之:王引之 经传释词卷九:"犹'若'也。"

㉔我:指欲进美人者。　关修龄 战国策高注补正:"此假美女,泛
　　论疏远之人,欲进贤才也。"

㉕知:同"智"。

二十六　秦攻魏急章

　　秦攻魏急①。或谓魏王曰②:"弃之不如用之之易也,死
之不如弃之之易也③。能弃之弗能用之,能死之弗能弃之,
此人之大过也④。今王亡地数百里⑤,亡城数十而国患不
解⑥,是王弃之,非用之也。今秦之强也,天下无敌,而魏之
弱也甚,而王以是质秦⑦,王又能死,而弗能弃之,此重过
也⑧。今王能用臣之计,亏地不足以伤国⑨,卑体不足以苦
身,解患而怨报⑩。

　　"秦自四境之内,执法以下⑪,至于长挽者⑫,故毕曰⑬:
'与嫪氏乎⑭?与吕氏乎⑮?'虽至于门闾之下,廊庙之上⑯,
犹之如是也⑰。今王割地以赂秦,以为嫪毒功,卑体以尊

秦⑱,以因嫪毐⑲。王以国赞嫪毐⑳,以嫪毐胜矣㉑。王以国赞嫪氏㉒,太后之德王也㉓,深于骨髓,王之交最为天下上矣㉔。秦、魏百相交也,百相欺也㉕。今由嫪氏善秦,而交为天下上,天下孰不弃吕氏而从嫪氏㉖? 天下必(合)〔舍〕吕氏而从嫪氏㉗,则王之怨报矣。”

【注释】

①史记六国年表魏格“魏景湣王三年,秦拔我汲。”秦格“始皇八年,嫪毐封长信侯。”于鬯战国策注以为“‘急’‘汲’并谐‘及’声,若于拔汲之年,即读此‘急’为‘汲’,且无不可。”故彼战国策年表系此策于始皇七年,魏景湣王三年(前 240 年)。

②魏王:景湣王,见魏策四第二章注①。　或:有人;失其姓名。

③“弃之”两句:割地以图存,不如以地而攻之为易;守地而死之,不如割地以图存为易。(形势不同,“弃”“用”亦不同,各当其宜。)

④“能弃之”三句:愿割地而图存,不愿以地而攻之;愿为之死,不愿割地而图存,这是人的大错。

⑤亡:丧,弃,失。

⑥解:汉书五行志上颜注:“止也。”

⑦是:此,这样的条件。　质秦:见第二章注㉖。

⑧重:吕氏春秋仲春纪贵生高注:“大也。”

⑨亏地:犹言割地。　不足以:不至于。　伤:伤害。

⑩解患而怨报:孔丛子论势作“患除怨报矣”,则此“解患”当作“患解”与“怨报”为对文。　怨:吕不韦攻魏之怨。

⑪执法:执政之臣,尊贵者。

⑫长挽者:赶车的。　金正炜战国策补释:“‘长’当为‘伥’,‘伥’

损为‘辰’，又误为‘长’也。<u>扬子方言</u>：‘<u>燕</u>、<u>齐</u>之间养马者，谓之厮。又官婢女厮谓之厮。’厮，挽皆微贱之役。”

⑬故毕曰：一定都会问。　故：通“固”，一定。　毕：<u>刘淇助字辨略</u>卷五：“尽也，皆也。”

⑭与：<u>管子霸言</u>注：“亲也。”　嫪氏：<u>嫪毐</u>，见<u>楚策四</u>第十二章注㊌。

⑮吕氏：<u>吕不韦</u>，见<u>秦策五</u>第五章注①。

⑯门闾之下：犹言闾阎之人，平民。　廊庙之上：犹言达官贵人。

⑰“虽至”句以下是说：不管上下贵贱都是如此。

⑱<u>管子霸言</u><u>于省吾双剑誃诸子新证</u>：“丰，古‘体’字。”<u>晏子春秋</u>问上第二十一<u>于省吾双剑誃诸子新证</u>：“豊、礼古今字。”则“体”通“礼”。

⑲<u>孔丛子</u>“因”作“固”。此疑当作“固”，言以此巩固<u>嫪毐</u>在<u>秦国</u>的地位。故下文言“王以国赞<u>嫪毐</u>”。

⑳赞：<u>吕氏春秋</u>士容论务大<u>高</u>注：“助也。”

㉑以：<u>裴学海古书虚字集释</u>卷一：“犹‘则’也。”<u>孔丛子</u>“以”正作“则”。

㉒<u>孔丛子</u>无此句。恐因上文而复出。

㉓太后：<u>秦庄襄王</u>后。　德：感激。

㉔王之交最为天下上矣：<u>秦</u>、<u>魏</u>之交为诸侯中头等的关系。

㉕“<u>秦</u>、<u>魏</u>”两句：从前<u>秦</u>、<u>魏</u>的关系都是互相欺诈。

㉖孰：谁。

㉗<u>姚</u>校：“‘合’，一作‘舍’。”　<u>鲍</u>改：“合”作“舍”。　<u>吴</u>补：“恐‘合’字讹，<u>大事记</u>作‘舍’。”　<u>建章</u>按：“必”同“毕”，全都。见<u>秦策四</u>第八章注㉙。据文义，此当依<u>姚</u>校一本改“合”为“舍”。<u>韩非子外储说右上</u>：“皆合势之易也而道行之难。”<u>顾广圻</u>曰：“‘合’当为‘舍’，形近误。”<u>松皋园</u>、<u>吴汝纶</u>并改“合”为“舍”，

陈奇猷亦以为"合"当作"舍"。(见韩非子集释)孔丛子"合吕氏"作"弃吕氏",正与"舍"义同。 必：裴学海古书虚字集释卷十："犹'如'也。"

二十七 秦王使人谓安陵君章

秦王使人谓安陵君曰[①]："寡人欲以五百里之地易安陵[②]，安陵君其许寡人[③]？"安陵君曰："大王加惠[④]，以大易小，甚善。虽然，受地于先(生)〔王〕[⑤]，愿终守之，弗敢易。"秦王不说[⑥]。安陵君因使唐且使于秦[⑦]。

秦王谓唐且曰："寡人以五百里之地易安陵，安陵君不听寡人[⑧]，何也？且秦灭韩亡魏[⑨]，而君以五十里之地存者，以君为长者[⑩]，故不错意也[⑪]。今吾以十倍之地请广于君[⑫]，而君逆寡人者[⑬]，轻寡人与[⑭]？"唐且对曰："否，非若是也。安陵君受地于先(生)〔王〕而守之，虽千里不敢易也，岂直五百里哉[⑮]？"

秦王怫然怒[⑯]，谓唐且曰："公亦尝闻天子之怒乎？"唐且对曰："臣未尝闻也。"秦王曰："天子之怒，伏尸百万，流血千里。"唐且曰："大王尝闻布衣之怒乎[⑰]？"秦王曰："布衣之怒，亦免冠徒跣[⑱]，以头抢地尔[⑲]。"唐且曰："此庸夫之怒也[⑳]，非士之怒也[㉑]。夫专诸之刺王僚也[㉒]，彗星袭月[㉓]；聂政之刺韩傀也[㉔]，白虹贯日[㉕]；要离之刺庆忌也[㉖]，仓鹰击于殿上[㉗]。此三子者[㉘]，皆布衣之士也[㉙]，怀怒未发，休祲降于天[㉚]，与臣而将四矣[㉛]。若士必怒，伏尸二人[㉜]，流血五步[㉝]，天下缟素，今日是也[㉞]。"挺剑而起[㉟]。

秦王色挠㊱，长跪而谢之㊲，曰："先生坐，何至于此，寡人谕矣㊳。夫韩、魏灭亡，而安陵以五十里之地存者，徒以有先生也㊴。"

【注释】

①林春溥战国纪年、顾观光战国策编年、于鬯战国策年表并系此策于秦始皇二十二年(前225年)。　秦王：始皇，见秦策三第十八章注⑮。　安陵君：见魏策三第八章注㊿。

②易：交换。

③其：犹言"大概"。　许：同意，答应。

④加惠：给予恩惠。

⑤鲍本"生"作"王"。　于鬯战国策注："卢刻'生'作'王'。'生'字固误，'王'字恐未必是矣。或又云'当为主字之误，下同。'此较近。"　建章按：当从鲍本、卢刻改，见赵策三第十六章注⑫。下同。

⑥说：同"悦"。

⑦因：则，即。　使唐且：派唐且。　唐且(jǜ居)：此又一唐且。见第二十二章注③。　使于秦：出使秦国。

⑧听：从，同意。

⑨秦始皇十七年(前230年)灭韩，二十二年(前225年)灭魏。

⑩长者：忠厚老成的人。

⑪不错意：不置意，不介意，不把它放在心上。　错：通"措"，置。

⑫以十倍之地请广于君：以五百里之地换五十里之安陵，是为了增加扩大安陵国的地盘。这是欲并吞安陵的一种辞令。

⑬逆：犹言不同意。

⑭轻：看轻，看不起。　与：同"欤"，表疑问的语气词。

⑮直：王引之经传释词卷六："犹'特'也，'但'也。"

⑯怫然:生气的样子。

⑰布衣:见赵策二第一章注③。

⑱亦:裴学海古书虚字集释卷三:"犹'惟'也。"犹言"只不过"的意思。　徒跣(xiǎn 险):光着脚。　徒:空。　跣:赤脚。

⑲抢:庄子逍遥游陆德明经典释文引崔注:"著也。"即"触"。尔:通"耳",而已,罢了。

⑳庸夫:普普通通无能之辈。

㉑士:此处指有本领有胆识的人。

㉒王僚即吴王僚,是吴王寿梦第三子夷眛之子。寿梦之长子诸樊,诸樊之子公子光(即以后的吴王阖闾)欲杀僚自立为王,因伍子胥之荐,重用勇士专诸。专诸藏匕首于鱼腹中,进餐时,献鱼,因而刺杀了王僚。事见左昭二十七年传、史记刺客列传。

㉓彗星袭月:专诸刺杀王僚,感应上天,竟使彗星扫及月亮。　彗星:俗称扫帚星。

㉔聂政之刺韩傀:韩国大夫严仲子与韩相韩傀(一名侠累)有仇,严仲子乃恳请齐国勇士聂政刺杀韩傀。事见战国策韩策二第二十二章及史记刺客列传。

㉕白虹贯日:聂政刺杀韩傀,感应上天,一道白气直冲太阳。

㉖要离:吴国勇士。　庆忌:吴王僚之子。　公子光刺杀吴王僚后,庆忌逃至卫国。吴王阖闾(即公子光)即位后,欲杀庆忌,使要离诈得罪于吴王,投奔庆忌,令吴王焚其妻。终杀庆忌。事见吴越春秋阖闾内传。

㉗仓鹰击于殿上:要离刺杀庆忌,感应上天,有苍鹰飞扑殿上。仓:同"苍"。

㉘三子:指专诸、聂政、要离。

㉙布衣:见赵策二第一章注③。

㉚休祲降于天:三人之事感于上天,因而降下祥瑞的征兆。　休:

尔雅释诂:"美也。"广雅释诂一:"善也。"　祲:说文:"精气感祥。"　休祲:祥瑞之精气。

㉛与臣而将四矣:与上述三人合起来,我为第四个。意思是说,要效法专诸等三人刺杀秦王。　将:王引之经传释词卷八"犹'乃'也"。又孙经世经传释词补:"为也。"

㉜唐且杀秦王,而唐且亦必死,故言"伏尸二人"。

㉝流血五步:五步之内就要刺杀秦王。意思是,秦王死在眼前。

㉞天下缟素今日是也:全国要为秦王穿白挂孝,就在今天。　缟素:丧服。

㉟挺:说文:"拔也。"

㊱王引之经义述闻卷三十一"肤"字条下说:"挠,弱也;面有惧色,则示人以弱,故谓之'色挠'。"鲍注:"挠,扰也。"吴正:"挠,屈也"

㊲长跪:与"跽"的姿势同。见秦策三第九章注⑪。此处是说秦王惊慌、警惕的神情。　谢:道歉。

㊳谕:广雅释言:"晓也。"明白。

㊴徒:但,特,只是。　以:因。

战国策注释卷二十六

韩　策　一

韩：其先祖姬姓，其后裔事晋，封于韩原，从封姓韩氏。晋景公（前599年—前581年）时，韩厥为六卿之一，即韩献子，世为晋卿。周威烈王二十三年（前403年）始命韩景侯虔为诸侯。其疆域在今山西省的东南部和河南省的中部。西与秦、魏交界，南和楚交界，东南和郑交界，东和宋交界。国都原在平阳（今山西省临汾市西北），前416年韩武子迁都宜阳（今河南省宜阳县西），韩景侯时（前408年—前400年）又迁都阳翟（今河南省禹州市），前375年韩哀侯灭掉郑国，又迁都郑（今河南省新郑市）。传至王安，于秦始皇十七年（前230年）为秦所灭。史记有韩世家。

一　三晋已破智氏章

三晋已破智氏[①]，将分其地。段规谓韩王曰[②]："分地必取成皋[③]。"韩王曰："成皋石溜之地也[④]，寡人无所用之。"段规曰："不然，臣闻一里之厚而动千里之权者，地利也[⑤]。

万人之众而破三军者,不意也⑥。王用臣言,则韩必取郑
矣⑦。"王曰:"善。"果取成皋。至韩之取郑也⑧,果从成
皋始。

【注释】

①三晋:赵、魏、韩。见东周策第十四章注⑨。周贞定王十六年
(前453年)三晋瓜分智氏。　智氏:智伯,见西周策第三章
注⑥。

②段规:见赵策一第二章注⑤。　韩王:即韩康子,见赵策一第
二章,此乃追尊为王。韩康子:见秦策四第四章注⑬。

③成皋:见秦策三第七章注①。

④石溜:刘坚修洁斋闲笔卷三"犹言'石田',非膏壤也。"左哀十
一年传"得志于齐,犹获石田也,无所用之。"注:"石田不可
耕。"文选左思魏都赋刘渊林注:"石留之地,喻土地多石,犹人
物之有留结也。一曰壤漱而石也。或作'溜'字。"张铣注:"石
间有水曰'石留'。"

⑤丛刊本"一"作"百"。　关修龄战国策高注补正:"厚,重固,谓险
隘也。言据一里隘则震动于人有千里之权者,是赖地利也。"　建
章按:吕氏春秋仲秋纪论威高注:"动,移也。"又季秋纪知士高
注:"动,变也。"则动,有改变的意思,制服的意思。孙子地形篇
"夫地形者,兵之助也。料敌制胜,计险阨远近,上将之道也。
知此而用战者必胜,不知此而用战者必败"。又"知敌之可击,
知吾卒之可以击,而不知地形之不可以战,胜之半也"。又"知
彼知己,胜乃不殆;知天知地,胜乃不穷"。可见"地利"之作用。

⑥丛刊本"万"作"千"。　于鬯战国策注:"大事记、外纪及通鉴
前编'万'字皆作'千'。"　刘钟英战国策辨讹:"骈字类编
'万'作'千'。"　关修龄战国策高注补正:"以寡破众者,乘敌

之不意,以伐其无备也。” 建章按:孙子计篇:“攻其无备,出其不意。”即此意。 三军:上、中、下军,即全军。

⑦郑:见西周策第十四章注③。

⑧前375年(韩哀侯二年)韩灭郑。

二 大成午从赵来章

大成午从赵来①,谓申不害于韩曰②:“子以韩重我于赵③,请以赵重子于韩④,是子有两韩⑤,而我有两赵也。”

【注释】

①鲍本另列一章,然“大”字属前章末。韩非子内储说下与此同。据文义,据韩非子,另列一章。韩非子无“来”字。史记赵世家“成侯三年大戊午为相”,“戊”乃“成”字之误。陈奇猷韩非子集释内储说下引王先慎曰:“成,史作‘戊’,通志氏族略四谓‘大戊氏,晋公子大戊之后,或谓殷大戊后。’案徐广史注云‘戊一作成’,与韩策与本书合,则作‘戊’者形近而误也。路史后纪十注作‘郕’古字通。”赵肃侯十六年“大戊午扣马”谏肃侯,则前372年—前334年大成午在赵。韩世家“昭侯八年,申不害相韩。”在前355年。

②申不害(约前385年—前337年):郑国人,战国中期法家,曾任韩昭侯相,使韩“国治兵强”。著有申子六篇,已失传,仅存大体一篇,见群书治要卷三十六。史记老子韩非列传有传。

③重:尊,抬高地位。下同。

④请:愿,此言我愿。

⑤是:此,这样。

三　魏之围邯郸也章

　　魏之围邯郸也^①，申不害始合于韩王^②，然未知王之所欲也，恐言而未必中于王也^③。王问申子曰："吾谁与而可^④?"对曰："此安危之要^⑤，国家之大事也。臣请深惟而苦思之^⑥。"乃微谓赵卓、韩晁曰^⑦："子皆国之辩士也^⑧，夫为人臣者，言可必用，尽忠而已矣^⑨。"二人各进议于王以事^⑩。申子微视王之所说以言于王^⑪，王大说之。

【注释】

①史记魏世家："惠王十七年围赵邯郸。"当周显王十六年(前353年)。顾观光战国策编年即系此策于此年，于鬯战国策年表在前一年。

②申不害：见第二章注②。　始：初，开始。　合：吕氏春秋 仲秋纪论威高注"交"。此犹言接触，合作。　韩王：昭侯，亦称昭釐侯，名武，懿侯之子，韩国第六君，前362年—前333年在位。

③中于王：中王之意。中(zhòng)：合。

④吾谁与而可：和魏国友好呢? 还是和赵国友好呢? 　与：管子霸言注："亲也。"

⑤要：关键。

⑥请：要求。　惟：思，想，虑，谋。　苦：广雅释诂四："穷也。"犹尽力。

⑦微：说文："隐行也。"即密而不露。　赵卓韩晁：韩臣。韩非子内储说上作"赵绍，韩沓"，陈奇猷韩非子集释补："赵绍即赵卓，韩舀即韩晁，'沓'疑'舀'，形近之讹字。"

⑧辩士:能言善辩之士。

⑨"言可必用"两句:所言何必要为人所用,只要竭尽忠心就是了。

　　可:通"何",见齐策六第六章注⑮。

⑩二人各进议于王以事:即"二人各因事进议于王",意即二人各

　　在王前议论国家大事。

⑪微视:犹言窥探。　说:同"悦"。下"说"字同。

【参考】

　　韩非子内储说上:"赵令人因申子于韩请兵,将以攻魏。申子欲言之君,而恐君之疑己外市也,不则恐恶于赵。乃令赵绍、韩沓尝试君之动貌而后言之。内则知昭侯之意,外则有得赵之功。"

四　申子请仕其从兄官章

　　申子请仕其从兄官①,昭侯不许也②。申子有怨色。昭侯曰:"非所谓学于子者也③?听子之谒④,而废子之道乎⑤?又亡其行子之术,而废子之谒乎⑥?子尝教寡人循功劳,视次第⑦。今有所求,此我将奚听乎⑧?"申子乃辟舍请罪⑨,曰:"君真其人也⑩!"

【注释】

①申子请仕其从兄官:申不害向韩昭侯为他的堂兄求官做。　申子:申不害,见第二章注②。　从兄:堂兄。　资治通鉴系此于周显王十八年(前351年)顾观光战国策编年,于鬯战国策年表并同此。

②昭侯:见第三章注②。

③韩非子外储说左上："韩昭侯谓申子曰：'法度甚难（原作"易"，据下文改）行也。'申子曰：'法者见功而与赏，因能而受官。今君设法度而听左右之请（求也），此所以难行也。'"此即"所谓学于子者也"。　也：同"邪"，表疑问的语气词。

④谒：尔雅释言："请也。"指为堂兄求官。请：广雅释诂三："求也。"

⑤道：术，办法，主张。

⑥"听子之谒"四句：我难道是答应你的请求而抛弃你执法的主张呢？还是实行你的主张而不答应你的请求呢？　亡其：王引之经传释词卷十："转语词也，与'抑'同。"即"或者"的意思。

⑦循功劳：即"见功而与赏"，是说根据功劳的大小给予不同的奖赏。　"视次第"即"因能而受官"，是说根据能力的强弱委任不同的官职。

⑧此：杨树达词诠卷六："与'则'字用法同。"　奚：何。

⑨申子乃辟舍请罪：此言申不害不敢入正室，等待惩处。　辟舍：见赵策三第十三章注⑧。　请罪：请求惩处。

⑩其人：犹言那种人，是指人们理想的好国君。

五　苏秦为楚合从说韩王章

苏秦为楚合从说韩王曰①："韩北有巩、洛、成皋之固②，西有宜阳、常阪之塞③，东有宛、穰、洧水④，南有陉山⑤，地方千里⑥，带甲数十万⑦。天下之强弓劲弩⑧，皆自韩出。溪子、少府、时力、距（来）〔黍〕⑨，皆射六百步之外。韩卒超足而射⑩，百发不暇止⑪，远者达胸，近者掩心⑫。韩卒之剑（戟）⑬，皆出于冥山⑭，棠溪⑮、墨阳⑯、合伯（膊）⑰、邓师⑱、宛冯[19]、龙渊、大阿[20]，皆陆断马牛[21]，水击鹄雁[22]，当敌即斩[23]，坚甲盾[24]、鞮鍪[25]、铁幕[26]。革抉[27]、（呋）〔呿〕芮[28]，无不毕其[29]。以韩卒之勇，被坚甲，蹠劲弩[30]，带利剑，一人当百，不足言也。夫以韩之劲，与大王之贤，乃欲西面事秦[31]，称东藩[32]，筑帝宫[33]，受冠带[34]，祠春秋[35]，交臂而服焉[36]夫羞社稷而为天下笑[37]，无过此者矣[38]。是故愿大王之熟计之也[39]。大王事秦，秦必求宜阳、成皋[40]。今兹效之[41]，明年又益求割地[42]。与之[43]，即无地以给之[44]；不与，则弃前功，而后更受其祸。且夫大王之地有尽，而秦之求无已[45]。夫以有尽之地，而逆无已之求[46]，此所谓市怨而买祸者也[47]，不战而地已削矣。臣闻鄙语曰[48]：'宁为鸡口，无为牛后[49]'。今大王西面交臂而臣事秦，何以异于'牛后'乎？夫以大王之贤，挟强韩之兵[50]，而有'牛后'之名，臣窃为大王羞之。"

韩王忿然作色[51]，攘臂按剑[52]，仰天太息曰[53]："寡人虽死，必不能事秦。今主君以楚王之教诏之[54]，敬奉社稷以从[55]。"

【注释】

①苏秦：见东周策第五章注③。　鲍改"楚"作"赵"。　吴补："恐当作'赵'。"　闵本"楚"作"赵"。　于鬯战国策注："文选与孙权书李注及书钞弩钞、类聚说类、御览弩览引此亦皆作'楚'，下文亦云'楚王之教'，又下策张仪曰'逆秦而顺楚'，则此字虽可疑，未可轻改。"　合从：见秦策三第十四章注①。说：见秦策五第五章注⑧。　据史记苏秦列传"韩王"为"宣惠王"，梁玉绳史记志疑："此篇韩策置于昭侯时，是也；鲍注云：

'合在昭侯二十五年,宣之元年,从已解矣。'"　于鬯战国策注:"或云:下文韩王自言'寡人虽死,必不能事秦',不类新立主语气,适似将死之言,还当以为昭侯是。"　建章按:史记苏秦列传苏秦说赵肃侯下即系此策,且苏秦列传明言"今主君诏以赵王之教",则可知"楚"字当是"赵"字之误。韩王亦从鲍本为昭侯,然当是韩昭侯三十年,周显王三十六年(前333年),通鉴、顾观光战国策编年、于鬯战国策年表皆系于此年。韩昭侯:见第三章注②。

②巩:故城在今河南省巩县西。　洛:洛水。　成皋:见秦策三第七章注①。　史记苏秦列传无"洛"字。又秦本纪:"庄襄王元年,使蒙骜伐韩,韩献成皋、巩。"又范雎列传"王下兵而攻荥阳,则巩、成皋之道不通。"皆巩、成皋连言,疑衍"洛"字。

③宜阳:见秦策二第六章注⑦。　常阪:即商阪,史记苏秦列传正义:"即商山也,在商洛县南一里,亦曰楚山,武关在焉。"今陕西省商县东。　塞:阻,关隘险塞。

④史记苏秦列传泷川资言考证:"宛,今河南南阳县。穰,河南邓县东南。宛、穰皆在南,非在东也。"正义:"洧水,在新郑东南,流入颍。"洧,读"伪"。

⑤史记苏秦列传泷川资言考证:"陉山,在新郑西南三十里。"于鬯战国策注:"或谓如马徵麟订正七雄图,则当云:'东有巩、洛、成皋之固,西有宜阳、常阪之塞,南有宛、穰、洧水,北有陉山,方合地势耳。'马以为陉山在河北。"

⑥方千里:一百万平方里。

⑦带甲:战士。

⑧劲:强。　弩:弩弓,一种利用机械力量发射箭的弓。

⑨溪子:弩名。淮南子俶真训"溪子之弩"注:"为弩所出国名也。或曰:溪,蛮夷也,以柘桑为弩,因曰溪子之弩也。一曰:溪子,

阳郑国,善为弩匠,因以名也。" 少府:弩名,未详。 时力:春秋隐公十一年"夏,公会郑伯于时来",注"时来,郑也,荥阳县东有厘城,郑地也。"古"来""厘"同音,如"州黎"即"州来"。疑此"时力"即"时来",以地名为弓名。 距来:为"距黍"之误。苏秦列传王念孙读书杂志:"'距来'当为'距黍','黍'、'来'隶书相近,故'黍'讹为'来'。韩策作'距来',亦后人依史记改之。艺文类聚军器部,初学记武部,太平御览兵部并引广雅曰'繁弱,钜黍,弓也'。荀子性恶篇曰'繁弱,钜黍,古之良弓也。'文选闲居赋'溪子,巨黍,异絭同机'李善注引史记作'巨黍',距、钜、巨,古并通用。"当改"来"作"黍"。

⑩姚校:"刘'超'作'踮',钱作'帖'。" 史记苏秦列传索隐:"超足,谓超腾用势,盖起足蹋之而射也,故下云'蹶劲弩是也'。正义:"超足,齐足也;夫欲放弩,皆坐举足踏弩,两手引揍机,然始发之。" 建章按:"超足"疑即"超距"。汉书甘延寿传"投石拔距,绝于等伦",王念孙读书杂志:"'拔距','超距'也,故下文即云'超越亭楼',史记王翦传'方投石超距'徐广曰'超,一作拔',应劭以'拔距'为'超逾'是也,'距'亦超也,'超'亦拔也。"史记王翦列传"王翦使人问:'军中戏乎?'对曰:'方投石超距',于是王翦曰'士卒可用矣。'"据此,则"超足"大概是练习臂力的一种功法。又文选左思吴都赋"祖裼徒搏拔距投石之部",刘渊林注:"拔距,谓两人以手相案,能拔引之也。"甘延寿传颜注:"拔距者,有人连坐,相把据地,距以为坚,而能把取之。皆言其有手掣之力,超越亭楼。又言其趫捷耳。"据刘、颜解,也是一种训练臂力的活动。

⑪百发不暇止:练习发射,毫不间断。 百:多次。 不暇:没有空隙的时间。

⑫"远者"两句:人形箭靶,远距离发射,可以射中胸部;近距离发

射,可以射中其心。　掩:文选张衡东京赋薛注:"犹'及'也。"

⑬刘锺英战国策辨讹:"衍'戟'字,文选注无。"　于鬯战国策注:"御览剑览引无'戟'字。"　建章按:初学记剑记,太平御览卷三五六兜鍪览引并无"戟"字,下文不及"戟",当衍"戟"字。

⑭程恩泽国策地名考卷十三:"括地志'楚之冥阨亦曰冥山',冥山即黾塞也,盖在楚之北境,韩之南境。"见楚策四第四章注⑰。

⑮棠溪:故地在今河南省西平县西约六十里。顾祖禹读史方舆纪要:"今汝宁府西平县西北有棠溪村,接偃城县界,昔时产金甚精,所谓棠溪之金,天下之利也。"楚辞刘向九叹怨思王注:"棠溪,利剑也。"以地名为剑名。

⑯墨阳:淮南子修务训高注:"美剑名。"

⑰姚校:"曾无'伯'字。"　鲍本无"膊"字。　史记苏秦列传作"合赙",集解:"徐广曰'一作伯'。"索隐:"战国策作'合伯',春秋后语作'合相'。"梁玉绳史记志疑:"合赙,韩宝剑名,策作'合伯',索隐引后语作'合相','相'乃'柏'之讹,柏、伯古通。"　建章按:此乃一本作"伯",一本作"赙",而误并存,而"膊","赙",协声通用。当据索隐所见本及鲍本删"膊"字。

⑱邓师:史记苏秦列传索隐:"邓国有工,铸剑而师名焉。"

⑲宛冯:史记苏秦列传索隐:"徐广云:'荥阳有冯池,谓宛人于冯池铸剑,故号宛冯'。"

⑳越绝书越绝外传记宝剑:"楚王乃令风胡子之吴,见欧冶子、干将,使人作铁剑。欧冶子、干将凿茨山,泄其溪,取铁英,作为铁剑三枚:一曰龙渊,二曰泰阿,三曰工布。""龙渊"又作"龙泉","大"即"太",同"泰"。则龙渊、大阿本楚国的宝剑。

㉑史记苏秦列传"马牛"作"牛马"。文选曹植与杨德祖书李注引"马牛"作"牛马"。赵策三第一章"夫吴干之剑,肉试则断牛马"。疑此"马牛"为"牛马"误倒。

㉒文选刘越石扶风歌李注引"鹄雁"作"鸿雁"。又与杨德祖书李注引亦作"鸿雁"。初学记剑记引作"鸿雁"。于鬯战国策注："御览剑览引'鹄'作'鸿'。"疑此"鹄"当作"鸿"。　击:国语楚语下韦注"杀也。"　苏秦列传"击"作"截"。

㉓即:则。苏秦列传索隐引"即"作"则"。太平御览兜鍪览引"即"作"则"。

㉔苏秦列传无"盾"字,索隐引无"坚"字。太平御览兜鍪览引无"坚"字。　甲:铠甲。　盾:盾牌,护身挡刀箭的武器。

㉕墨子备水王念孙读书杂志:"鞮鍪,即兜鍪;兜鍪,胄也。"胄:头盔,古代打仗时戴的保护头部的帽子。

㉖铁幕:苏秦列传正义:"幕者,为铁臂衣之属。"桂馥札朴卷七:"幕,谓以铠覆于衣外也。释名:'留幕,冀州所名大褕下至膝者也。留,牢也;幕,络也。言牢络在衣表也。'"(按:释衣服)。　"当敌即斩"至"铁幕"连读。连上是说:上述这些宝剑,在陆地,可斩牛马;在水上,可斩鸿雁;在战场,可斩甲、盾、鞮鍪、铁幕。极言其锋利。

㉗革抉:用皮做的抉。　抉:见楚策一第二十章注㊏。

㉘鲍本"呋"作"呶"。苏秦列传、冈本并同鲍本。苏秦列传正义:"呶,音'伐',方言云'盾,自关东谓之瞂,关西谓之盾。'"索隐:"芮,谓系楯之绥也。"　建章按:"楯"同"盾"。当从鲍本、冈本改"呋"作"呶"。见方言卷九。

㉙毕:尔雅释诂"尽也"。　具:广雅释诂二:"备也。"

㉚蹑劲弩:此言踩弩机而发箭。　蹑:淮南子主术训高注:"蹈也。"踩,踏的意思。　劲:说文:"强也。"

㉛面:向。　事:侍,讨好。　刘师培左盦集卷五:"'韩之劲'类聚二十五引作'韩卒之劲',则'韩'下有挽字。"

㉜称东藩:见赵策二第三章注㉝。

㉝筑帝宫:见魏策一第十章注㊱。

㉞受冠带:见魏策一第十章注㊲。

㉟祠春秋:见魏策一第十章注㊳。

㊱交臂:见魏策二第五章注④。

㊲夫:裴学海古书虚字集释卷十"犹'则'也"。　羞社稷:使国家受侮辱。　社稷:见秦策一第五章注㊼。

㊳过:吕氏春秋季秋纪知士高注:"犹'甚'也。"

㊴是故愿大王之熟计之也:因此希望大王对此要深思熟虑啊。

㊵宜阳:见秦策二第六章注⑦。　成皋:见秦策三第七章注①。

㊶兹:吕氏春秋士容论任地高注:"年也。"　效:献。　之:指宜阳、成皋。

㊷益求:更进一步地要求。

㊸与:予,给。

㊹即:则。　以:而。

㊺已:止。　无已:没个完。

㊻逆:仪礼聘礼注:"犹'受'也。"接受。　刘师培左盦集卷五:"类聚二十五引'求无已'作'求无厌,'引'逆'作'应'。今本后人据史记改。足证姚本之讹。"

㊼市:本书高注皆解作"求也"。

㊽鄙语曰:俗话说。

㊾姚校:"颜氏家训引作'宁为鸡尸,不为牛从'。"　鲍注:"沈括辨以为鸡尸、牛从。今按秦称'牛后',盖以恶语侵韩,故昭侯怒而从之。'鸡尸'、'牛从'谬误也。"　吴正:"索隐引延笃云'宁为鸡尸,不为牛从。尸,鸡中主;从,牛子也。'沈说亦有所本也。"　王念孙读书杂志:"颜氏家训书证篇曰'太史公记曰,宁为鸡口,无为牛后。案延笃战国策音义曰:尸,鸡中之主;从,牛子。然则"口"当为"尸","后"当为"从",俗写误也。'文选为

曹公与孙权书‘昔苏秦说韩，羞以牛从’（李善本如此，今本作牛后，乃后人依五臣本改之。），李善注曰：‘战国策：宁为鸡尸，不为牛从。延叔坚注曰：“尸，鸡中主也，从，牛子也。”从或为后，非也。’是策文本作‘宁为鸡尸，不为牛从。’故颜、李、小司马所引并同，而今本作‘宁为鸡口，无为牛后’，则后人依史记改之也。史记作‘鸡口’、‘牛后’，亦传写之误，颜氏亦辨之矣。又案苏秦说赵王曰：‘臣人之与臣于人也，岂可同日而言之哉。’‘鸡尸’喻‘臣人’也，‘牛后’喻‘臣于人’也，故下文曰：‘交臂而臣事秦何以异于牛从乎？’后或谓韩公仲篇云‘若韩随魏以善秦，是为魏从也。’‘为魏从’，‘为牛从’两‘从’字当同义。（按：‘后或谓’以下，系读书杂志补遗，手抄本。）而史记正义乃云‘鸡口虽小犹进食，牛后虽大乃出粪。’其说甚为迂曲。鲍袭取其义，谓苏秦‘以恶语侵韩，’谬矣。”关修龄战国策高注补正：“‘后’，尻也，言鸡虽小，而口在上，故贵；牛虽大，而后在下，故贱也。”　于鬯战国策注：“朱芹群书杂记云：‘口与后叶，与汉书“宁为秋霜，无为槛羊”正同。若“尸”，“从”，则不叶矣。’黄略及朱骏声说文通训亦并云‘口、后韵语’。案以韵言之，作‘口’，‘后’自是，秦自言‘鄙语’，则‘牛后’之称，亦何嫌。然则岂延本反误与？据传作‘口’，‘后’，则史公所据策文或本是‘口’，‘后’，而延本误作‘尸’，‘从’，正未可知。与孙书云‘苏秦说韩，羞以牛后’，字亦作‘后’，王志以史传阮书并由后人改，不免武矣。说类，游说览引亦并与今本同。”　刘坚修洁斋闲笔卷三：“苏秦说韩‘宁为鸡口，毋为牛后’，今本国策，史记皆同，惟尔雅翼释貇篇‘宁为鸡尸，毋为牛从。’尸，主也，一群之主，所以将众者。从，从物者也，随群而往，制不在我矣。此于从横事颇相合。‘口’字当是‘尸’字之误，‘后’字当是‘从’字之误也。”　李慈铭越缦堂日记丙集云：“此说不可从。‘尸’字之义，不见所据。况'口'，'后'协韵，古语如是；'牛子为从'尤所未闻。"

(50)挟：持，握，拥有。

(51)忿然作色：见齐策四第五章注⑤。

(52)攘臂：卷袖露臂，表示激愤的神态。

(53)太息：叹息。

(54)主君：见楚策一第十七章注(51)。"楚"疑当为"赵"，见注①。教：令。诏：说文"告也"。

(55)敬奉社稷以从：见齐策一第十六章注㊺。

六 张仪为秦连横说韩王章

张仪为秦连横说韩王曰[1]："韩地险恶，山居，五谷所生[2]，非麦而豆[3]；民之所食，大抵豆饭，藿羹[4]；一岁不收，民不餍糟糠[5]；地方不满九百里，无二岁之所食。料大王之卒[6]，悉之不过三十万[7]，而厮徒负养在其中矣[8]，为除守徼、亭、鄣、塞[9]，见卒不过二十万而已矣[10]。秦带甲百余万[11]，车千乘[12]，骑万匹[13]，虎挚之士[14]，跿跔科头[15]，贯颐奋戟者[16]，至不可胜计也。秦马之良，戎兵之众，探前趹后[17]，蹄间三寻者[18]，不可称数也。山东之卒，被甲冒胄以会战[19]，秦人捐甲徒裎以趋敌[20]，左挈人头[21]，右挟生虏[22]。夫秦卒之与山东之卒也，犹孟贲之与怯夫也[23]；以重力相压[24]，犹乌获之与婴儿也[25]。夫战孟贲、乌获之士[26]，以攻不服之弱国，无以异于堕千钧之重[27]，集于鸟卵之上[28]，必无幸矣[29]。诸侯不料兵之弱，食之寡，而听从人之甘言好辞[30]，比周以相饰也[31]，皆言曰:'听吾计则可以强霸天下。'夫不顾社稷之长利㉜,而听须臾之说㉝,诖误人主者㉞,无过于此者矣。大王不事秦,秦下甲据宜阳㉟,断绝韩之上地㊱,东取成皋、(宜)〔荥〕阳㊲,则鸿台之宫、桑林之菀非王之有已㊳。夫塞成皋,绝上地㊴,则王之国分矣。先事秦则安矣,不事秦则危矣。夫造祸而求福,计浅而怨深,逆秦而顺楚,虽欲无亡,不可得也。故为大王计,莫如事秦。秦之所欲,莫如弱楚㊵,而能弱楚者,莫如韩。非以韩能强于楚也㊶,其地势然也。今王西面而事秦以攻楚㊷,为敝邑秦王必喜㊸。夫攻楚而私其地㊹,转祸而说秦㊺,计无便于此者也㊻。是故秦王使使臣献书大王御史㊼,须以决事㊽。"

韩王曰:"客幸而教之㊾,请比郡县㊿,筑帝宫,祠春秋,称东藩(51),效宜阳(52)。"

【注释】

①张仪:见秦策一第三章注⑫。 连横:见秦策一第二章注①。说:说服,游说。 顾观光战国策编年、于鬯战国策年表并系此策于周赧王四年(前311年)。 韩王:襄王,见东周策第十九章注⑧。

②五谷:说法不一,此当指谷物的一般统称。

③而:王引之经传释词卷七:"犹'则'也。"

④藿:史记太史公自序正义:"豆叶也。"

⑤民不餍糟糠:老百姓连糟糠也吃不饱。 餍:饱。

⑥料:预计,估计。

⑦悉之:总共。

⑧厮徒：见东周策第一章注㉔。 公宣十二年传"楚伐郑，厮役扈养死者数百人。"注："养马者曰扈，炊烹者曰养。""负养"或即"扈养"。

⑨为：王引之经传释词卷二："犹'如'也。" 除：广雅释诂二："去也。"即除去，除掉。 徼（jiào 轿）：汉书司马相如传下注引张揖曰："谓以木石水为界者也。" 亭障：见魏策一第十一章注⑨。 塞：左僖二十年传注："城郭墙堑谓之塞。"

⑩见卒：现有的士卒。 见：同"现"。

⑪带甲：战士。

⑫乘：古时一车四马叫"乘"。

⑬骑：一人一马为一骑。

⑭王念孙读书杂志："史记张仪列传'虎挚'作'虎贲'，是也。此盖'贲'讹为'赍'，又讹为'挚'耳，太平御览兵部引此策正作'虎贲之士'，楚策亦云'秦虎贲之士百余万，车千乘，骑万匹。'" 金正炜战国策补释："'虎挚'当从史作'虎贲'。" 于鬯战国策注："王说似迂曲，'虎挚'即'虎贲'，皆士卒勇称耳，仪传作'贲'，览引涵策于史，亦未可知。" 建章按：古未闻有"虎挚"之称者，王说当是。虎贲：见楚策一第十八章注⑤。

⑮吴补："跿，犹下文'徒裎'，此谓'徒跣'也，义与'科头'协。" 史记张仪列传索隐："跿跔，音'徒俱'二音，刘氏云'谓跳跃也。'又韵集云'偏举一足曰跿跔'。" 金正炜战国策补释："'跿跔'即'徒跣'之讹，与'科头'为对文，即上无兜鍪下无屝屦之谓也。" 张仪列传泷川资言考证引中井积德曰："跿跔，犹'徒跣'也"。 陈直史记新证："跿跔，疑为'徒跣'二字之假借，谓赤足不履，与'科头'义相举。" 建章按："跿"借为"徒"，徒：空。跔：集韵虞韵："趜，音躹，行貌，亦作'跔'。"则跿跔，即徒趜，与"徒跣"义同。集韵虞韵："跿，跿跔，跣也。" 科：广雅

释诂三:"空也。" 科头:不戴头盔。张仪列传集解:"科头谓不著兜鍪入敌。"

⑯鲍注:"贯颐,贯人之颐。" 吴正:"刘辰翁云:'贯颐,谓见射犹奋戟不顾死也。'" 张仪列传泷川资言考证引中井积德曰:"奋戟,奋挥戈戟也。" 王念孙读书杂志:"引之曰:贯,读为'弯弓'之'弯',史记伍子胥列传'伍子胥贯弓执矢向使者',索隐曰:'刘氏音贯为弯,谓满张弓也。'陈涉世家赞'士不敢贯弓而报怨',汉书作'弯'是'贯'即'弯'也。颐,弓名也,广韵作'弬',云:'弓名,出韵略。'古无'弬'字,借'颐'为之耳。'弯弓','奋戟'事同一类。" 建章按:吕氏春秋贵直论壅塞"中关而止"于省吾双剑誃诸子新证:"关,贯,弯一声之转,'中关'即'中弯'。"诗小雅小弁"遑恤我后"下注:"关弓而射之。"陆德明经典释文:"关,乌环反,下同,本亦作'弯'。"弬:玉篇卷十七:"之忍切,弓强。"广韵之韵:"弬,音移,弓名。"则王引"弬"当作"弬"。此连上言:虎贲之士不穿鞋,不戴盔,弯弓,持戟,奋不顾身。

⑰张仪列传索隐:"谓马前足探向前,后足跌于后。跌,谓后足抉地,言马之走势疾也。" 建章按:尔雅释宫:"传谓之突。"陆德明经典释文:"突,本或作'㭬',盖或体字。"㭬,篆作"𣎴",故误作"𣎴(探)。"此本作"突",谓冲突。"探前"即突前,是说向前冲。 跌:后汉书班彪传上李注:"奔也。"

⑱"探前"两句:战马前冲后奔,十分迅疾,一跃可有三寻。寻:八尺。

⑲被甲:穿上铠甲。 冒胄:戴上头盔。

⑳秦人捐甲徒裎以趋敌:秦国士卒不穿铠甲,袒胸露臂而战。犹言赤膊上阵。是说秦国士卒勇猛善战。 捐:说文:"弃也。" 裎(chéng呈)说文:"袒也。"即赤膊。

㉑挈（qiè 切）：提，举。　人头：砍下来的敌人的头。

㉒挟（xié 胁）：用胳膊夹住。　虏：俘虏。

㉓孟贲：相传为古代勇士。　怯夫：懦夫。

㉔相压：秦压山东六国。

㉕乌获：相传为古代的大力士。

㉖金正炜战国策补释："'战'当作'载'，字形相近，又涉上文'合战'而误。汉书戾太子传'发中厩车载射士'，此其义也。"　建章按：金说是。"载"误作"战"见秦策三第三章注④。

㉗异：区别，不同。　堕：掉下。　钧：古代三十斤为一钧。

㉘集：犹言"压"。

㉙无：王引之经传释词卷十："'不'也。"　幸：言幸免于破碎。

㉚甘言好辞：犹"花言巧语"。　从人：主张合纵联盟的游说之士。

㉛比周：互相勾结。　以：而。　相饰：自我吹嘘，自我标榜。

㉜社稷：见秦策一第五章注㊶。

㉝须臾：一时片刻，不多时候。

㉞诖（guà 挂）：广雅释诂二："欺也。"

㉟下甲：出兵。　据：占据。　宜阳：见秦策二第六章注⑦。

㊱上地：见楚策一第十八章注㉑。

㊲金正炜战国策补释："'宜阳'当从张仪传作'荥阳'，此涉上文而误。"　于鬯战国策注："仪传'宜'作'荥'，盖是。秦策云'举兵而攻荥阳，则成皋之路不通'（按：秦策三第九章），是成皋、荥阳相近，而皆在宜阳之东；若'宜阳'，则上既云'据'矣，不可通。"　建章按：金、于说是，当据史记张仪列传改"宜"作"荥"。成皋（亦作成皐）、荥阳：见秦策三第七章注①。

㊳鸿台之宫桑林之菀：史记张仪列传索隐"皆韩之宫苑。"顾祖禹读史方舆纪要说此宫、菀"皆在韩都城内"。菀：同"苑"，古时帝王游乐打猎的场所。　已：裴学海古书虚字集释卷一："犹

‘矣’也。”

㊴塞成皋绝上地:成皋被封锁,上地被断绝。

㊵弱楚:使楚弱。

㊶非以韩能强于楚也:并非因为韩国比楚国强。 以:因。

㊷面:向。

㊸鲍注:“衍‘为’字。” 吴补:“一本无‘为’字。” 闵本删“为”字。 史记张仪列传无“为敝邑”三字。 黄丕烈战国策札记:“当以‘为敝邑’三字别为句,‘为’读去声。鲍云‘衍’者非,一本亦误。”金正炜战国策补释同黄说。 于鬯战国策注:“疑‘敝邑’二字当在下文‘是故’之下,以同在‘秦王’之上而误耳。一本无‘为’字是。” 建章按:楚策一第十七章,苏秦为赵合纵说楚威王“故弊邑赵王使臣效愚计,奉明约,在大王命之。”又张仪为秦破纵连横说楚王“故敝邑秦王使使臣献书大王之从车下风”,赵策二第三章,张仪为秦连横说赵王,“弊邑秦王使臣敢献书于大王御史。”此种游说之词,已为习惯说法。“敝邑秦王”连读。 为:王引之经传释词卷二:“犹‘则’也。” 秦王:惠文王,见秦策一第一章注⑱。

㊹私:独据,独有。

㊺说秦:使秦高兴。说:同“悦”,使动用法。

㊻便:利,安。

㊼大王御史:见赵策二第三章注②。

㊽须以决事:敬待大王决裁。 须:荀子解蔽杨注:“待也。”

㊾客幸而教之:承蒙您教导我。 之:第一人称代词。

㊿请比郡县:愿做秦国的一个郡县。 请:愿。 比:礼记乐记注:“犹‘同’也。”

(51)筑帝宫祠春秋:见魏策一第十章注㊱、㊳。 称东藩:见赵策二第二章注㉝。

㊼效：献。

七　宣王谓摎留章

宣王谓摎留曰①："吾欲两用公仲、公叔②，其可乎？"对曰："不可。晋用六卿而国分③，简公用田成、监止而简公弑④，魏两用犀首、张仪而西河之外亡⑤。今王两用之，其多力者，内树其党；其寡力者，籍外权。群臣或内树其党，以擅其主⑥，或外为交，以裂其地，则王之国必危矣。"

【注释】

①宣王：韩非子说林上作"韩宣王"，即韩宣惠王，史失其名，昭侯之子，韩国第七君，前332年—前312年在位。　摎（jiū 纠）留：鲍注"韩人"。韩非子"摎"作"樛"，字通用。　姚本与上章连篇，鲍本另列一篇，据文义，从鲍本。

②吴补："二人更迭用，犹两用也。"　陆陇其战国策去毒："'两用'者，恐非左右参副之谓，是欲使之权均力敌，互相牵制耳。　建章按：下文有"简公用田成、监止"云云，则非"更迭用"，当是同时用，详下。　公仲：韩朋，亦作公仲朋，见秦策二第六章注㉔。公叔：韩相，或以为公叔伯婴。韩非子内储说下"公叔相韩，而有攻齐；公仲甚重于王"云云，则谓"欲两用"。

③六卿：范氏、中行氏、智氏、赵氏、魏氏、韩氏。　国分：智氏灭范、中行氏，赵、魏、韩氏又联合灭智氏，后三分晋国，成为赵、魏、韩三个独立的诸侯国。

④简公：齐简公，悼公之子，名壬，姜齐第二十七君，前484年—前481年在位。　田成：陈成子（田成子，田恒），简公相，田乞之

子。　监止:字子我,简公相,又作阚止。左哀十四年传"齐简公之在鲁也,阚止有宠焉,及即位,使为政,陈成子惮之。骤顾诸朝,诸御鞅言于公曰'陈、阚不可并也,君其择焉。'弗听。"其后田成杀阚止于郭关,又杀简公于舒州。韩非子内储说下:"田恒相齐,阚止重于简公,二人相憎而欲相贼也,田恒因行私惠以取其国,遂杀简公而夺其政。"韩非子说林上:"简公两用田成、阚止而简公杀。"又二柄:"人主者,以刑、德制臣者也;今君人者,释其刑、德而使臣用之,则君反制于臣矣。故田常上请爵禄而行之群臣,下大斗斛而施于百姓,此简公失德而田常用之也,故简公见弑。"史记田敬仲完世家:"田常成子与监止俱为左右相,相简公。田常心害监止,监止幸于简公,权弗能去,于是田常复修釐子之政,以大斗出贷,以小斗收。御鞅谏简公曰:'田、监不可并也,君其择焉。'君弗听。后田氏之徒追执简公于徐州。简公曰:'早从御鞅之言,不及此难。'田氏之徒恐简公复立而诛己,遂杀简公。"　建章按:监止即阚止。田成、田常、田恒、田常成子为一人。

⑤犀首:公孙衍,见秦策一第十章注⑧。　张仪:见秦策一第三章注⑫。　犀首、张仪并相魏而亡西河,史无明文。　于鬯战国策注:"(韩非子)难一篇作'魏两用楼、翟而亡西河',楼、翟者楼虒、翟强也,事见魏策,彼在周赧王九年,则韩宣以后事矣,更不合。而淮南氾论训又云'魏用楼翟、吴起而亡西河',以楼翟为一人,高注在魏文侯时,又太前。"

⑥擅其主:专主之权。

八　张仪谓齐王曰章

张仪"谓齐王曰①:'王不如资韩朋与之逐张仪于魏②。

魏因相犀首③,因以齐、魏废韩朋④,而相公叔以伐秦⑤。'公仲闻之⑥,必不入于齐⑦,据公于魏⑧,是公无患。"

【注释】

①鲍于"张"上补"谓"字,于"仪"下补"臣"字。编此策于魏策。

建章按:首句有误,故从鲍改尚可通。则当是:〔谓〕张仪:"〔臣〕谓齐王曰:'王不如资韩朋……以伐秦。'……是公无患。" 顾观光战国策编年、于鬯战国策年表并系此策于周显王四十七年(前322年)。 张仪:见秦策一第三章注⑫。 齐王:威王,见秦策四第十章注⑲。

②韩朋:见秦策二第六章注㉔。 资:助。张仪时相魏。于鬯战国策注:"朋与仪盖不相善,本欲逐仪于魏,故说齐王资之。"

③魏逐张仪则相犀首。 犀首:见秦策一第十章注⑧。

④于鬯战国策注:"犀首与朋亦不相善。"

⑤于鬯战国策注:"犀首不善秦,公叔亦不善秦,二人相,则可以伐秦,而韩朋废矣。盖朋不善仪而却善秦者。"

⑥之:指欲废韩朋而伐秦的主张。

⑦必不入于齐:言不接受齐王之助。即"不与齐王合作"。 入:国语吴语韦注:"受也。"

⑧据:依靠。见楚策三第五章注⑯。此言,韩朋为了保全自己不被废弃,必不与齐王"逐张仪于魏",相反会依靠在魏国的张仪。

九　楚昭(献)〔戲〕相韩章

楚昭(献)〔戲〕相韩①,秦且攻韩,韩废昭(献)〔戲〕。昭(献)〔戲〕令人谓公叔曰②:"不如贵昭(献)〔戲〕以固楚③,秦必曰楚、韩合矣④。"

【注释】

①昭献:当是"昭釐",见东周策第六章注①。下同。

②公叔:韩相。见秦策三第三章注③,楚策一第十四章注①。

③固楚:巩固楚、韩的关系。

④秦以为楚、韩联合,则不攻韩。

十　秦攻陉章

秦攻陉①,韩使人驰南阳之地②。秦已驰③,又攻陉,韩因割南阳之地④。秦受地,又攻陉。陈轸谓秦王曰⑤:"国形不便故驰⑥,交不亲故割。今割矣而交不亲⑦,驰矣而兵不止⑧,臣恐山东之无以驰、割事王者矣⑨。且王求百金于三川而不可得⑩,求千金于韩一旦而具⑪。今王攻韩,是绝上交而固私府也⑫,窃为王弗取也⑬。"

【注释】

①秦攻陉:见秦策三第十二章注①。

②王念孙读书杂志:"'驰'读为'移',移,易也,谓以南阳之地易秦地。下文曰'国形不便故驰',谓两国之地形不便,故交相易也。竹书纪年梁惠成王十一年,及郑驰地,我取枳道,与郑鹿。''驰地',谓易地也。'驰'字或作'施',而皆读为移"。　建章按:文选宋玉神女赋序李注:"驰,施也。"朱骏声说文通训定声随部:"驰,假借为'㢮'。"说文段玉裁注:"㢮,今字作'施','施'行而'㢮'废矣。"荀子儒效杨注:"施,读曰'移'。"王说是。

南阳:韩地,见秦策二第六章注⑦。姚校:"曾无'韩'字。"此不
当有"韩"字,或"韩"字当在"陉"字上。三句之主语皆为"秦"。
此句承上句省主语"秦"。 此言秦使人以地交换韩之南阳。

③据下文"秦受地",则"已驰"者,谓换地的谈判已完成。

④愿为双方交换,此谓韩单方将南阳割让给秦。

⑤据秦策三第十二章"秦攻韩围陉,范雎谓秦昭王曰"云云。 陈
轸:见秦策一第十一章注①。 秦王:昭王,见西周策第一章注⑭。

⑥形:地形。 便:利。

⑦今割矣而交不亲:现在韩已割地给秦,而两国关系仍不友好。

⑧驰矣而兵不止:两国换地的谈判已完成,而又出兵攻韩。

⑨"臣恐"句:我担心六国诸侯不会以换地、割地来侍奉大王了。

⑩三川:见西周策第十二章注⑨。秦策二第六章"秦武王谓甘茂
曰'寡人欲车通三川,以窥周室,而寡人死不朽乎'",秦策五第一
章"谓秦王曰:'今王破宜阳,残三川'"云云,可见秦一直想取
三川。

⑪具:广雅释诂二:"备也。"犹言"都有了","满足了"。

⑫上交:极为友好的关系。 固私府:犹抛弃从韩国可以获得的
一切。 固:国语鲁语上韦注:"废也。" 私府:私人的财货;指
上文"千金"。

⑬窃为王弗取也:"不同意这种做法"的委婉的说法。

十一 五国约而攻秦章

五国约而攻秦①,楚王为从长②,不能伤秦,兵罢而留于
成皋③。魏顺谓市丘君曰④:"五国罢,必攻市丘,以偿兵费。
君资臣⑤,臣请为君止天下之攻市丘。"市丘君曰:"善。"因
遣之⑥。

魏顺南见楚王曰："王约五国而西伐秦,不能伤秦,天下且以是轻王而重秦,故王胡不卜交乎⑦?"楚王曰："奈何?"魏顺曰："天下罢,必攻市丘以偿兵费。王令之勿攻市丘。五国重王,且听王之言⑧,而不攻市丘;不重王,且反王之言,而攻市丘。然则王之轻重必明矣。"故楚王卜交而市丘存。

【注释】

①五国约而攻秦:见秦策三第七章注①。

②楚王:顷襄王,见秦策一第五章注㊿。　从长:合纵联盟的盟主。

③成皋:见秦策三第七章注①。

④鲍改"市"作"沛"。　于鬯战国策注:"孔丛子'魏顺'作'子顺',下同。案:子顺,孔子八世孙也,史孔子世家子慎尝为魏相,子慎即子顺,此时犹未相魏也。"　孙诒让札迻:"疑'市丘'当为'帝丘','市'与'帝'形近。帝丘君即卫君也,汉地理志'东郡濮阳县故帝丘也',卫成公自楚丘徙此。史记卫世家云'嗣君五年贬号曰君,独有濮阳。'濮阳即帝丘也,其地亦正与成皋相近。战国时多以国都为称,若秦策四称赵王为邯郸君,韩策三称韩王为郑君是也。卫治濮阳,其称为'帝丘君'不亦宜乎。"　赵振铠以为"史记中没有'市丘'一名,鲍彪翻刻战国策时,大概在舆地书中找不到'市丘',遂擅改'市'字为'沛',却不知战国策韩策这段策文孔鲋曾加以篡改,收入孔丛子论势篇,仍作'市丘',足证'市丘'本不误","市丘在今河南延津县北十五里,大梁的西北"。(孙膑兵法擒庞涓中几个城邑问题的探讨,文物1976年第十期)　中国历史图集第一册定市丘在成

皋东南,今河南省荥阳县与郑州市之间。　建章按:若以"市丘君"为言,当依孙说。然孔丛子论势:"子顺遂见楚王曰'王约五国而西伐秦,事既不集,又久师于市丘,谤君者或以君欲攻市丘以偿兵费。'"若以"久师于市丘",则又当依中国历史图集所定,因图集所定距成皋只四十里,而濮阳距成皋四、五百里。

⑤资:助。

⑥因:则,即。　遣:派,使。

⑦卜交:测知诸侯是否重王。

⑧且:裴学海古书虚字集释卷八:"犹'必'也。"

十二　郑强载八百金入秦章

郑强载八百金入秦[①],请以伐韩[②]。泠向谓郑强曰[③]:"公以八百金请伐人之与国[④],秦必不听公。公不如令秦王疑公叔[⑤]。"郑强曰:"何如[⑥]?"曰:"公叔之攻楚也[⑦],以几瑟之存焉[⑧],故言先楚也[⑨]。今已令楚王奉几瑟以车百乘居阳翟[⑩],令昭(献)〔釐〕转而与之处[⑪]。旬有余,彼已觉[⑫]。而几瑟,公叔之仇也;而昭(献)〔釐〕,公叔之人也[⑬]。秦王闻之,必疑公叔为楚也[⑭]。"

【注释】

①顾观光战国策编年、林春溥战国纪年、于鬯战国策年表并系此策于周赧王十五年(前300年)。　一镒为"一金",见西周策第十一章注⑲。

②金正炜战国策补释:"郑为韩并,故其遗民仇韩。"

③泠向:秦策一第四章高注:"秦臣也。"

④人:指秦。　与国:盟国。

⑤秦王:昭王,见西周策第一章注⑭。　公叔:韩相,或以为公叔伯婴。

⑥何如:怎么做法。

⑦史记韩世家"襄王十一年(前301年)与秦伐楚,败楚将唐眛",则在此策之前一年。

⑧韩世家:"襄王十二年,太子婴死,公子咎、公子虮虱争为太子,时虮虱质于楚。""虮虱"即"几瑟",因几瑟为质于楚,故公叔攻楚,欲使楚杀几瑟。"存焉"即指在楚为质。又韩世家泷川资言考证:"虮虱亡在楚,非质于楚也。"

⑨于鬯战国策注:"去年攻楚,实秦、齐、韩、魏四国,言'先楚'者,盖谓韩言先三国而与楚战也。"

⑩楚王:怀王,见东周策第八章注③。　奉:犹言护送。　一车四马为一乘。　阳翟:今河南省禹州市,楚、韩交界处。于鬯战国策注:"'令',公叔令之也。'居阳翟',则将入韩矣。"

⑪昭献:乃"昭蔇"之误,见东周策第六章注①。　转:国语吴语韦注"入也"。　处:居。　于鬯战国策注:"盖欲谋杀几瑟也。"

⑫于鬯战国策注:"彼,指秦。"　横田惟孝战国策正解:"'旬有余,彼已觉'六字疑他章错简。"　建章按:彼,指几瑟。言几瑟发觉昭蔇'谋杀'之意图,昭蔇又与几瑟保持相安无事。

⑬而:可是。　人:党羽。　这两句说明秦王怀疑的根据。

⑭公叔之仇人与公叔之党羽能共处,可见韩、楚关系转好。但秦、楚关系恶化,故秦必伐韩。

十三　郑强之走张仪于秦章

郑强之走张仪于秦①,曰仪之使者必之楚矣②。故谓大宰曰③:"公留仪之使者④,强请西图仪于秦⑤。"故因而请秦王曰⑥:"张仪使人致上庸之地⑦,故使使臣再拜谒秦王⑧。"秦王怒,张仪走。

【注释】

①郑强:韩人。　张仪:见秦策一第三章注⑫。　此言郑强欲让张仪被秦驱逐。　顾观光战国策编年、于鬯战国策年表并系此策于周赧王五年(前310年)。鲍注:"谮之于秦,使逐之。"

②曰:郑强自言。　使者:犹言"助手"。　之:至。

③大宰:太宰,楚官,犹大夫。

④郑强让楚太宰留张仪之使者,造成"张仪使人致上庸之地"的错觉。

⑤请:裴学海古书虚字集释卷八:"犹'其'也,命令兼期望之词"。图:谋。

⑥姚校:"一本'而'作'西'。"　鲍本、闵本"而"并作"西"。　秦王:武王,见秦策二第五章注①。　请:说文"谒也"。拜谒。

⑦致:献。　上庸:见秦策二第六章注⑫。　于鬯战国策注:"秦策云'张仪欲以汉中与楚'(秦策一第九章),又楚策靳尚谓郑襄曰,秦王有爱女而美,'奉以上庸六县为汤沐邑,欲因张仪内之楚王'(楚策二第五章),其事并在去年。然则此虽诬仪,其言亦盖有因矣。"

⑧鲍注:"衍'秦王'二字。强伪为楚使白此于秦。"　闵本删"谒"下"秦王"二字。　黄丕烈战国策札记:"当是涉下而衍'秦'字耳。"　横田惟孝战国策正解:"'秦'疑作'大'。"　建章按:"秦"字当有误。第十六章"朋也,愿因茂以事王",则黄说或是。

战国策注释

1200

十四　宜阳之役章

宜阳之役^①,杨达谓公孙显曰^②:"请为公以五万攻西周^③,得之,是以九鼎印甘茂也^④。不然,秦攻西周,天下恶之^⑤,其救韩必疾^⑥,则茂事败矣^⑦。"

【注释】

①宜阳之役:见东周策第二章注①。

②刘锺英战国策辨讹:"韵府作'杨达,秦人'。"　公孙显:见秦策二第六章注㉒。

③西周:见东周策。

④九鼎:见东周策第一章注①。　印:容庚金文编"印、抑为一字,罗振玉说。"(见金文编512页)姚校引钱本、刘本"印"正作"印",即"抑"字。　鲍注:"茂与显争国,得九鼎,其功大,秦必弃茂用显。"

⑤西周,赧王所在,"劫天子,恶名也"(秦策一第七章),故言"天下恶之"。

⑥秦攻西周,必经韩之宜阳,故"救韩必疾",救韩即救西周。

⑦茂事:指甘茂攻宜阳。　此策是说:甘茂、樗里疾为秦左右相,甘茂攻宜阳如胜利,则地位更尊显。杨达为公孙显画策,出兵攻西周,其结果有二:如攻下西周,可得九鼎宝器,则公孙显之地位可尊显,可遏制甘茂;如攻不下西周,诸侯将出兵救韩,则甘茂攻宜阳之事必败,就不能建功。

【附注】

　　鲍本此章两载，一在韩策第十四章，一在秦策第二十六章。在韩策者"杨达"作"杨俒"，余皆同。两处注不同。

十五　秦围宜阳章

　　秦围宜阳①，游腾谓公仲曰②："公何不与赵蔺、离石、祁③，以质许地④，则楼缓必败矣⑤。收韩、赵之兵以临魏⑥，楼鼻必败矣⑦。韩、〔赵〕为一⑧，魏必倍秦⑨，甘茂必败矣⑩。以成阳资翟强于齐，楚必败之⑪。须⑫，秦必败。秦失魏，宜阳必不拔矣⑬。"

【注释】

　　①秦围宜阳：见东周策第二章注①。
　　②游腾：曾为西周臣（见西周策第三章注⑤），似又为楚臣（见楚策二第七章注③），在此策，又似为韩臣。　　公仲：韩相。
　　③蔺离石祁：见西周策第六章注②。　　鲍注："蔺、离石、祁，赵地，韩尝取之。"　　吴正："蔺、离石、祁不闻属韩，恐'与赵'下有缺文。"　　金正炜战国策补释："燕策'已得宜阳、少曲，致蔺石'，则地尝入于韩。"　　于鬯战国策注："燕策彼文亦尚可疑。"（按：燕策二第一章）
　　④鲍注："许，韩地，赵尝取之。质，易地也。"　　吴正："'以质许地'者，以质子而许之地也。"　　金正炜战国策补释："韩要赵以质，而归其地，则二国之交可合，然后收韩、赵之兵以临魏，魏不得不听。"　　关修龄战国策高注补证："言得赵质子，而许与之地。"　　于鬯战国策注："韩之有许地固宜，史魏世家'绕武阳之

北以东临许',张义亦谓其地属韩。"　建章按:取吴、金说。

⑤楼缓:见秦策四第三章注③。于𫘜战国策注:"缓当合秦、赵,腾
　欲韩、赵质地,韩、赵合,则缓败矣。"

⑥于𫘜战国策注:"韩、赵合,则因可以二国之兵临魏。"　收:合。

⑦楼鼻:即楼虏,见魏策三第十一章注②。　金正炜战国策补注:
　"缓之在赵,鼻之在魏,皆欲以其国合于秦者也。今赵、魏皆合
　于韩,故曰二子必败也。"

⑧姚校:"一本作'韩、赵为一'。"　鲍补"赵"字。　建章按:据文
　义,当依姚校引一本补"赵"字。

⑨倍:通"背",叛。

⑩魏叛秦,则甘茂孤立,故"必败"。　甘茂:见秦策一第六章
　注②。

⑪成阳:有数处,见楚策四第四章注⑬。此疑指今山东省菏泽市
　东北之成阳。　金正炜战国策补释:"翟强为魏合秦、齐以外
　楚,数见于策。资强于齐,楚将不利,故必败之。"　资:助。
　败:破坏。

⑫须:荀子王制杨注:"须臾也。"稍待。

⑬金正炜战国策补释:"秦攻宜阳,必先得魏。是策行,则秦失魏,
　而宜阳可全矣。"　建章按:鲍本此章下与第十六章连篇。

十六　公仲以宜阳之故仇甘茂章

公仲以宜阳之故仇甘茂①。其后,秦归武遂于韩②,已
而,秦王固疑甘茂之以武遂解于公仲也③。

杜赫为公仲谓秦王曰④:"(明)〔朋〕也,愿因茂以事
王⑤。"秦王大怒于甘茂,故樗里疾大说杜聊⑥。

【注释】

①公仲:韩相。　宜阳:见东周策第二章注①。　甘茂:见秦策一第六章注②。　此言公仲因甘茂攻下韩之宜阳而仇恨甘茂。前307年(周赧王八年、秦武王四年、韩襄王五年)秦取宜阳。

②史记韩世家"襄王六年(秦昭王元年,前306年)秦复与我武遂。"　泷川资言考证:"今山西临汾县西有武遂城。"　于鬯战国策注:"策每以宜阳与武遂连言,则武遂又与宜阳相近。盖宜阳在河之南,武遂在河之北,两地隔河相望,故秦拔宜阳,亦必涉河而城武遂。"

③秦王:昭王,见西周策第一章注⑭。　解:消除怨恨。　史记甘茂列传:"甘茂竟言秦昭王,以武遂复归之韩,向寿、公孙奭争之,不能得。向寿、公孙奭由此怨谗甘茂。"

④"杜赫",下文作"杜聊",鲍本均作"杜聊",注:"韩人"。"赫"与"聊"当有一误。

⑤公仲名朋,"明"是"朋"字之误,鲍改"明"作"朋"。见秦策二第六章注㉔。此言公仲希望借甘茂之力来侍奉大王。此乃有意让秦王感到公仲与甘茂关系密切,更证实和增加秦王对甘茂的疑心。

⑥甘茂、樗里疾为左右丞相,秦王疑甘茂并见疏,则樗里疾权重,故樗里疾大悦杜聊。　樗里疾:见西周策第三章注①。　杜聊:见注④。

十七　秦韩战于浊泽章

秦、韩战于浊泽①,韩氏急②。公仲(明)〔朋〕谓韩王曰③:"与国不可恃④。今秦之心欲伐楚⑤,王不如因张仪为和于秦⑥,赂之以一名都⑦,与之伐楚。此以一易二之计也^⑧。"韩王曰："善。"乃儌公仲之行^⑨，将西讲于秦^⑩。

楚王闻之大恐，召陈轸而告之^⑪。陈轸曰："秦之欲伐我久矣，今又得韩之名都一，而具甲^⑫，秦、韩并兵南乡^⑬，此秦所以庙祠而求也^⑭。今已得之矣^⑮，楚国必伐矣^⑯。王听臣，为之儌四境之内^⑰，选师言救韩^⑱，令战车满道路，发信臣^⑲，多其车，重其币^⑳，使信王之救己也^㉑。（纵）韩为不能听我^㉒，韩必德王也^㉓，必不为雁行以来^㉔，是秦、韩不和，兵虽至，楚国不大病矣^㉕；为能听我，绝和于秦^㉖，秦必大怒，以厚怨于韩^㉗。韩得楚救，必轻秦^㉘；轻秦，其应秦必不敬^㉙。是我困秦、韩之兵^㉚，而免楚国之患也。"

楚王大说，乃儌四境之内，选师言救韩^㉛，发信臣，多其车，重其币。谓韩王曰："弊邑虽小^㉜，已悉起之矣^㉝。愿大国遂肆意于秦^㉞，弊邑将以楚殉韩^㉟。"

韩王大说，乃止公仲^㊱。公仲曰："不可，夫以实（告）〔苦〕我者，秦也^㊲；以虚名救我者，楚也。恃楚之虚名，轻绝强秦之敌，必为天下笑矣^㊳。且楚、韩非兄弟之国也，又非素约而谋伐秦矣^㊴。秦欲伐楚，楚因以起师言救韩，此必陈轸之谋也。且王以使人报于秦矣^㊵，今弗行^㊶，是欺秦也。夫轻强秦之祸，而信楚之谋臣，王必悔之矣。"韩王弗听，遂绝和于秦。秦果大怒，兴师与韩氏战于岸门^㊷，楚救不至，韩氏大败^㊸。

韩氏之兵非削弱也，民非蒙愚也^㊹，兵为秦禽^㊺，智为楚笑〔者〕^㊻，过听于陈轸^㊼，失计于韩（明）〔朋〕也^㊽。

【注释】

①浊泽:今河南省长葛市。　此次战役大约自周慎靓王四年(前317年)至周赧王元年(前314年)。

②韩氏:韩国。

③"明"当作"朋",见秦策二第六章注㉔。帛书战国纵横家书第二十四章作"倗",即"朋",韩非子十过正作"朋",史记韩世家索隐:"韩相国名侈,'侈'即'倗'之讹,鲍彪改'明'作'朋'"。　韩王:宣惠王,见第七章注①。

④与国:盟国。　恃:依靠。

⑤心:意。

⑥因:通过。　为:裴学海古书虚字集释卷二:"犹'而'也。"帛书战国纵横家书"为"正作"而"。

⑦赂:给。　名都:大邑。

⑧史记韩世家正义:"'一',谓赂秦一名都;'二',谓使秦不伐韩,而又与之伐楚"。　易:交换。

⑨乃儆公仲之行:于是告诉公仲朋要谨慎行事。　儆:说文:"戒也。"

⑩讲(讲):通"媾",犹"联合"。

⑪陈轸:见秦策一第十一章注①。　楚王:怀王,见东周策第八章注③。

⑫具甲:供给武装力量。　具:准备。　甲:铠甲,指兵力。　秦得韩一名都,则增加了兵源。

⑬并:合。　乡:通"向"。

⑭庙祠而求:此正是秦在宗庙烧香祷告而希望得到的。　祠:祭祀。

⑮得之:得伐楚之愿。前文言"秦之欲伐我久矣",正应此。

⑯必伐:必被伐。

⑰为之:为此。　儆:警戒。　四境之内:全国。

⑱史记韩世家"选"作"起"。　帛书战国纵横家书"选"作"兴"。　建章按:"起"与"兴"义同。后文言"弊邑虽小已起之矣","楚因以起师言救韩",正与此"选师"相应。秦策一第七章"卒起兵伐蜀",齐策一第六章"乃起兵南攻襄陵",齐策二第一章"赵果遽起兵而救韩"。"起兵"即"起师"。则"选师"当是"起师"之误。此言公开宣布,发兵救韩。

⑲发信臣:派出可信的使臣。

⑳重其币:此言多带钱币以为援韩之资。以上皆为诈术,下文有"以虚名救我者楚也"可见。　重:左成二年传注:"犹'多'也。"

㉑使信王之救己也:让韩国相信楚国真的要救援韩国。

㉒鲍本无"纵"字,注:"使其或不能从我以与秦战。"　吴补:"一本'纵韩'。"与此同。　史记韩世家无"为"字。　帛书战国纵横家书无"纵"字。　王念孙读书杂志:"无'纵'字是也。'韩为不能听我'、'为能听我',两'为'字并与'如'字同义。史记韩世家无'为'字,则'纵'字之义可通。索隐单行本亦无'纵'字"。　建章按:此本无"纵"字,后人不晓"为"字之义,依韩世家补"纵"字,则"纵""为"义复矣。当从王说,据战国纵横家书、索隐单行本、鲍本删"纵"字。

㉓连上句是说,韩国如果不听我们的,他也会因为我们出兵援救而感激大王。　德:感激。

㉔必不为雁行以来:一定不会做攻打楚国的先锋。　雁行:先锋,见魏策三第八章注㉛。　以:而。

㉕"兵虽至"两句:即使秦兵打来,我们也不会有太大的担忧。病:忧虑。

㉖绝和于秦:拒绝与秦国联合。

㉗厚:吕氏春秋士容论辩士高注:"深也。"

㉘轻:看轻,轻慢。

㉙应:对待。

㉚是我困秦韩之兵:这样,我们就可以使秦、韩交兵而疲困。　史记韩世家"困"作"因"。泷川资言考证说:"李笠曰:'韩策因作困,谓困顿秦、韩之兵,是也。'愚按,作'因'自通,不必改字。"鲍彪本"困"作"因"。帛书战国纵横家书作"困"。郑良树竹简帛书论文集帛书本战国策校释说:"'困'当作'因',字之讹也。盖秦、韩联军伐楚,楚为免除此祸,乃举兵声言救韩,以分裂秦、韩合师之心,加重秦、韩两军之矛盾也,故此文承之而云:'是我因秦、韩之兵,免楚国之患也。'帛书本国策、今本国策皆作'困秦、韩之兵',乃与上文文义不相合矣!史记'困'正作'因',是其明证。"　建章按:郑说"以分裂秦、韩合师之心,加重秦、韩两军之矛盾",这与"可使秦、韩交兵而疲困"义近。

㉛选师:疑当作"起师",见注⑱。

㉜弊邑:对本国的谦称。

㉝"弊邑虽小"两句:弊国虽小,已经全国动员,发兵救韩了。

㉞愿大国遂肆意于秦:希望贵国就放心大胆地抵抗秦国。

㉟弊邑将以楚殉韩:敝国将与贵国共存亡。　殉韩:为韩国而牺牲。

㊱乃止公仲:于是让公仲朋不再通使秦国。

㊲姚校:"告,一作'困'。"　韩世家"告"作"伐"。　帛书战国纵横家书"告"作"苦"。　顾广圻韩非子识误:"告,当作'苦',形近之误。"　吴汝纶韩非子点勘:"告,当是'害'之坏字。"　金正炜战国策补释:"'告'字疑当作'苦',形似而讹。吕览权勋篇'触子苦之'注:'苦,病也。'汉书冯奉世传'或贪污为外国所苦'注'苦,为困辱之苦。'与'困'义近,故一本作'困'。"　建章按:顾、金说是,与战国纵横家书正合。广雅释诂四:"苦,穷也。"穷,亦"困"也。且本文秦亦未"告"韩何事,当改"告"为

"苦"。此言真正使我们受害的是秦国。

㊳"恃楚之虚名"三句:依靠楚国救援的谎言,而轻率地与强敌秦国绝交,一定会被诸侯讥笑的。

㊴又非素约而谋伐秦矣:又不是事先就约好要进攻秦国。　矣:王引之经传释词卷四:"犹'也'。"

㊵以:通"已"。

㊶行:行动。指与秦攻楚。

㊷岸门:今河南省长葛市。前 314 年(周赧王元年、秦惠文王更元十一年、韩宣惠王十九年)秦败韩于岸门。

㊸史记韩世家:"大破我岸门,太子仓质于秦以和。"据秦本纪,太子仓质于秦在前一年。

㊹蒙愚:愚蠢。

㊺禽:同"擒"。

㊻帛书战国纵横家书"笑"下有"者"字。　建章按:秦策二第一章"故楚之土壤士民非削弱,仅以救亡者,计失于陈轸,过听于张仪。""者"字与句末"也"相呼应,是这类句式的固定形式。"笑"下当补"者"字。

㊼过听:错误地听信。　过:错误。

㊽失计于韩朋也:就会失去韩朋的计谋。　"明"当作"朋",见注③。

十八　颜率见公仲章

颜率见公仲①,公仲不见。颜率谓公仲之谒者曰②:"公仲必以率为阳也③。故不见率也。公仲好内,率曰好士④;〔公〕仲啬于财⑤,率曰散施⑥;公仲无行⑦,率曰好义。自今以来⑧,率且正言之而已矣⑨。"

公仲之谒者以告公仲，公仲遽起而见之^⑩。

【注释】

① 颜率:见东周策第一章。　公仲:韩相。

② 谒者:见齐策一第三章注③。

③ 姚校:"阳,刘作'伤'。"　鲍注:"阳,佯通,不实也。"　金正炜
战国策补释:"'阳'当为'易'字之讹也。礼记乐记'易慢之心
入之矣'注'易,轻易也。'晏子外篇'出言不讳于君前谓之易',
庄子应帝王篇'是于圣人也,胥易',崔注:'易,相轻易也。'
'阳'字古作'易',与'易'相似,因以致误。姚云'刘作伤'亦
非。'易'亦作'傷',故误为'伤'。说文'傷,轻也',广雅释诂
同,一切经音义引苍颉'傷,慢也'。"　于鬯战国策注:"此言率
佯以好尚相反说公仲,如下文所云。"　建章按:于说义胜。类
说引"阳"作"伪"。

④ 左僖十七年传"齐侯好内,多内宠,内嬖如夫人者六人",仪礼既
夕记注:"内御,女御也。"则"好内"者谓好女色。　曰:古书虚
字集释:"则也。"

⑤ 鲍本"仲"作"公仲"。　建章按:类说引作"公仲",全篇皆言
"公仲",此当脱"公"字。　啬:吝啬。

⑥ 散:荀子修身杨注:"不拘检者也。"　散施:慷慨施舍。

⑦ 无行:行为不正当,行为不义。

⑧ 自今以来:自今以往,从今以后。

⑨ 正言:不再为公仲护短,将正言直谏。其实,前面说的三事,本
来就是直谏。　而已矣:就是了。

⑩ 遽:立刻。　见:接见。

十九 (韩)〔为〕公仲谓向寿章

(韩)〔为〕公仲谓向寿曰①："禽困覆车②。公破韩③，辱公仲，公仲收国复事秦④，自以为必可以封⑤。今公与楚解中⑥，封小令尹以桂阳⑦。秦、楚合，复攻韩，韩必亡。公仲躬率其私徒以斗于秦⑧，愿公之熟计之也。"

向寿曰："吾合秦、楚，非以当韩也⑨，子为我谒之公仲曰⑩："秦、韩之交可合也⑪。"对曰："愿有复于公⑫。谚曰：'贵其所以贵者，贵⑬。'今王之爱习⑭，公也，不如公孙郝⑮；其智能，公也，不如甘茂⑯。今二人者，皆不得亲于事矣⑰，而公独与王主断于国者⑱，彼有以失之也⑲。公孙郝党于韩，而甘戊党于魏⑳，故王不信也。今秦、楚争强，而公党于楚，是与公孙郝、甘茂同道也，公何以异之？人皆言楚之多变也，而公必之㉑，是自为贵也㉒。公不如与王谋其变也㉓，善韩以备之㉔，若此则无祸矣。韩氏先以国从公孙郝，而后委国于甘茂㉕，是韩，公之仇也㉖。今公言善韩以备楚，是外举不辟仇也㉗。"

向寿曰："吾甚欲韩合。"对曰："甘茂许公仲以武遂㉘，反宜阳之民㉙，今公徒令收之，甚难㉚。"

向子曰："然则奈何㉛？武遂终不可得已㉜。"对曰："公何不以秦为韩求(颖)〔颍〕川于楚㉝？此乃韩之寄地也㉞。公求而得之，是令行于楚，而以其地德韩也；公求而弗得，是韩、楚之怨不解，而交走秦也㉟。秦、楚争强，而公过楚以

（攻）〔收〕韩㊱，此利于秦。"

　　向子曰："奈何？"对曰："此善事也㊲。甘茂欲以魏取齐㊳，公孙郝欲以韩取齐，今公取宜阳以为功㊴，收楚、韩以安之㊵，而诛齐、魏之罪㊶，是以公孙郝、甘茂之无事也㊷。"

【注释】

①鲍本"韩"作"为"，与第十五章连篇。　史记甘茂列传作"韩公仲使苏代谓向寿曰"。　建章按：据下文，绝非韩公仲与向寿对话，从鲍本改"韩"作"为"。　公仲：韩相。　向寿：见秦策二第六章注④。　于鬯战国策年表依林春溥战国纪年、黄式三周纪编略系此策于周赧王九年（前306年）。

②禽困覆车：被逐之兽困急，犹能奔触颠覆猎者之车，与"困兽犹斗"义近。　禽：说文："走兽总名。"

③史记甘茂列传"秦使向寿平宜阳"，"向寿为秦守宜阳将以伐韩"。下文亦言"今公取宜阳以为功"。"破韩"即指此。

④收国：收拾残破的韩国。　复事秦：又来侍奉秦国。

⑤封：得秦封。

⑥史记甘茂列传"解中"作"解口地"，索隐："解口，秦地名，近韩，今将与楚也。"　程恩泽国策地名考卷三："郡国志：'洛阳县南有大解城，西南有小解城。'高士奇曰'两解城即所谓解口也'。"　于鬯战国策注："安知传文'口'字非'中'字误邪？在两解之间，因号'解中'，亦未可知矣。"

1212

⑦史记甘茂列传"桂阳"作"杜阳"，索隐："又封楚之小令尹以杜阳，杜阳亦秦地，今以封楚令尹，是秦、楚合也。"　于鬯战国策注："此或由籀文繁重之故，犹孟子滕文公篇'出而吐之'，作'出而哇之'，'哇'即'吐'之籀文。'桂'即'杜'之籀文，未审然否？杜阳县故城在陕西凤翔府麟游县西北，若桂阳，则楚地，

非策义矣。” 建章按：董说七国考楚官职“小令尹”条引此勾注：“一作‘杜阳’。”

⑧躬：吕氏春秋孟春纪高注：“亲也。” 斗于秦：与秦战。此即前文“禽困覆车”之谓。

⑨当：敌。 当韩：以韩为敌。

⑩子：指为公仲与向寿游说之人。 谒：告。 之：裴学海古书虚字集释卷九：“犹‘于’也。”

⑪合：联合，联盟。

⑫复：小尔雅广言：“白也。”史记甘茂列传“复”作“谒”，正是此义。此犹言：回您的话。

⑬贵其所以贵者贵：尊重别人所尊重的，就会受到别人的尊重。

⑭爱习：宠爱亲近。

⑮公孙郝：见秦策二第六章注㉒。

⑯甘茂：见秦策一第六章注②。

⑰不得亲于事：不能执掌国政。

⑱主断：专断。

⑲有以失之：即下文“公孙郝党于韩，甘茂党于魏”。

⑳鲍本“戊”作“茂”。 建章按：梁玉绳汉书人表考：“说苑杂言‘茂’作‘戊’，古通。”

㉑必：必信，见赵策一第九章注(51)。

㉒鲍注：“非贵所同贵。” 史记甘茂列传“贵”作“责”，泷川资言考证：“恩田仲任曰，‘言人皆言楚之善变改不可信，而向寿独言楚必无变改也，是自得责于王也。’方苞说同。策‘责’作‘贵’，史义长。” 横田惟孝战国策正解：“言党于楚，而必以为无变，非所以贵，而独自为贵也。” 于鬯战国策注：“沈寿经明经云‘非贵王之所贵’。茂传‘贵’作‘责’当误。” 建章按：韩非子定法“循名而责实”，陈奇猷集释：“吴鼒本‘责’误作‘贵’。”又

八经"参伍贵帑,固也"。王先慎集释:"'贵帑'当作'责帑',形近而误。"陈奇猷集释:"王说是。"此"贵"或为"责"字之形误。然各依本文解亦通。

㉓谋其变:考虑研究对付楚国的变化。

㉔备之:防备楚国一旦有变。

㉕"公孙郝党于韩",故"韩先以国从郝"。 委国于甘茂:以国事托于甘茂。

㉖是韩公之仇也:韩国既然先后以国从郝、茂,则韩国就是向寿之仇。

㉗左襄二十一年传:"叔向曰'祁大夫外举不弃仇,内举不失亲'。"吕氏春秋孟春纪去私:"孔子闻之曰'善哉,祁黄羊之论也! 外举不避仇,内举不避子。'"此言向寿不结党营私。

㉘甘茂许公仲以武遂:见第十六章注②、③。

㉙反宜阳之民:取宜阳,而放还其民。 宜阳:见秦策二第六章注⑦。

㉚今公徒令收之甚难:(从前甘茂与公仲和好的条件是,归还侵地武遂,并放回宜阳之民。)现在向寿要白白地与公仲和好,这可太难了。 徒:白白地。

㉛然则奈何:这可怎么办? 向子:向寿。

㉜武遂终不可得已:武遂已由甘茂答应公仲了,终究是不能以武遂为交换条件。

㉝鲍本、甘茂列传"颖"并作"颍",当改作"颍"。 甘茂列传泷川资言考证:"颍川,今河南许昌县地。"

㉞甘茂列传泷川资言考证引凌稚隆曰:"颍川本韩地,楚取之,故云'寄地'。"

㉟"是韩、楚之怨"两句:韩、楚两国结怨而不能解除,则两国将分别归向秦国,与秦结交。 走:吕氏春秋孟秋纪荡兵高注:

1214

"归。"

㊱吴补:"姚本'收韩',史同。" 于鬯战国策注:"'收'字是也,此与秦策'南收杨越',彼'收'亦误作'攻',同。"(按:见秦策三第十八章注⑬) 王念孙读书杂志:"'过楚'谓责楚也,'攻'亦当作'收','收韩'谓合韩于秦也。上文曰'今公徒收之甚难',下文曰'收楚、韩以安之',皆其明证。"(按:此条在秦策"南攻杨越"条下。) 建章按:王、于说皆是,金正炜战国策补释同,当据吴引姚本及甘茂列传改"攻"作"收"。 收:联合。

㊲横田惟孝战国策正解:"'善事'谓不独秦利,而亦为寿善也。"

㊳取:争取,联合。

㊴横田惟孝战国策正解:"拔宜阳者甘茂,而为寿功者,盖韩人怨茂而不服。今寿善韩,则服也。"

㊵收楚韩以安之:楚、韩合,则向寿守宜阳无忧患了。

㊶横田惟孝战国策正解:"诛,责也;齐、魏合,而不合于秦,以此为罪,责之也。"

㊷之:王引之经传释词卷九:"犹'则'也。" 无事:鲍注"言其失权"。

二十 或谓公仲曰章

或谓公仲曰①:"听者听国,非必听实也②。故先王听谍言于市③,愿公之听臣言也。公求中立于秦④,而弗能得也⑤,善公孙郝以难甘茂⑥,劝齐兵以劝止魏⑦,楚、赵皆公之仇也⑧。臣恐国之以此为患也,愿公之复求中立于秦也⑨。"

公仲曰:"奈何?"对曰:"秦王以公孙郝为党于公而弗之听⑩,甘茂不善于公而弗为公言,公何不因行愿以与秦王语⑪？行愿之为秦王臣也公⑫，臣请为公谓秦王曰⑬：'齐、魏合与离，于秦孰利⑭？齐、魏别与合，于秦孰强⑮？'秦王必曰：'齐、魏离则秦重，合则秦轻；齐、魏别则秦强，合则秦弱。'臣即曰⑯：'今王听公孙郝以韩、秦之兵应齐而攻魏⑰，魏不敢战，归地而合于齐⑱，是秦轻也，臣以公孙郝为不忠；今王听甘茂以韩、秦之兵据魏而攻齐⑲，齐不敢战，不求割地而合于魏⑳，是秦轻也，臣以甘茂为不忠。故王不如令韩中立，以攻齐、齐㉑，王言救魏以劲之㉒，齐、魏不能相听㉓，久离兵史㉔。王欲则信公孙郝于齐㉕，为韩取南阳㉖，易榖川以归㉗，此惠王之愿也㉘。王欲则信甘茂于魏，以韩、秦之兵据魏以（郄）〔郤〕齐㉙，此武王之愿也㉚。臣以为令韩以中立以劲齐㉛，最秦之大急也㉜。公孙郝党于齐而不肯言㉝，甘茂薄而不敢谒也㉞，此二人，王之大患也㉟。愿王之熟计之也㊱。'"

【注释】

①公仲：韩相国。　顾观光战国策编年、林春溥战国纪年、于鬯战国策年表并系此策于周赧王九年（前306年）。

②横田惟孝战国策正解："听国，言泛听于众也；实，言有实者，谓至言也。商君传'至言，实也'是也。"　金正炜战国策补释："'实'当为'贵'字形相似而讹也。韩非亡徵篇'听以爵不以众言参验，用一人为门户者，可亡也。'听贵，犹听爵，汉书龚遂传'吏民皆富贵'，官本'贵'作'实'，可为此证。"　建章按：下文"听谍言于市"，即此"听国"，也就是听众人之言，"听臣言"亦即此义。与"众言"相对者当是"贵言"，即"贵人之言"。"至言"何以不听？似逊于理。此取金说。

③市:众人聚集之处。

④于鬯战国策注:"不与齐攻魏,亦不与魏攻齐,故云中立。"

⑤于鬯战国策注:"秦不许韩中立。韩自去年秦拔宜阳,服事秦,故欲中立于齐、魏,而为制于秦也。"

⑥"公孙郝党于韩,甘茂党于魏。"此言公仲与公孙郝友好,而与甘茂对立。 难:周礼调人注:"相与为仇雠。"

⑦鲍本"劝齐"作"欢齐",注:"郝善齐,故善郝,则喜于齐之攻魏;茂善魏,故难茂,则可以止魏之攻齐。劝,言茂欲为之。" 吴补:"一本'劝齐兵',姚同。" 金正炜战国策补释:"'劝'及'欢'疑皆有误,或当作'勤',尔雅释诂:'勤,劳也。''劝止'之'劝'涉上而衍。此以'勤齐兵'与上句'善公孙郝','以止魏'与'难甘茂'相对为文,不当有'劝'字。楚辞九叹注:'止,制也。'" 横田惟孝战国策正解:"'兵'字及'劝止'之'劝'字恐衍。"说义难通,不具录。 于鬯战国策注:"沈寿经明经云:'句有误,下文言"郝应齐而攻魏,茂据魏而攻齐",既云"善郝以难茂",则当云"助齐以攻魏"也。'" 建章按:金说衍"劝止"之"劝",止,制也,皆是。"劝齐兵"之"劝"不误。劝:广雅释诂二:"助也。"金引九叹注在离世篇(亦作灵怀)。

⑧鲍注:"详此,则公仲与(友)齐者也,二国不善齐,故仇公仲。"

⑨复:还是,仍旧。

⑩秦王:昭王,见西周策第一章注⑭。 以公孙郝为党于公:认为公孙郝与公仲为同党。 弗之听:弗听之,不听信公仲。

⑪因:通过。 行愿:鲍注"人姓名。"于鬯战国策注:"汉有行巡,见光武纪。" 建章按:汉有行宏,为任城相;行祐,为赵相。

⑫鲍注:"无私,秦信之,故可因。"

⑬吴补:"请行愿为公仲言于秦王。" 关修龄战国策高注补正:"上文'何不'下蓄'令臣'二字,盖客设自说秦王之辞。" 建章

按:据下文,此取关说。

⑭"齐、魏合与离"两句:齐、魏联合与齐、魏分离,那种情况对秦有利? 孰:王引之经传释词卷九:"犹'何'也。"

⑮"齐、魏别与合"两句:齐、魏分离与齐、魏联合,那种情况可以加强秦国? 别:说文:"分也。"

⑯即:则,就。

⑰今:王引之经传释词卷四:"犹'若'也。"下同。

⑱韩非子内储说下于省吾双剑誃诸子新证:"归、馈、馈古籍尤多通用。"则"归地"即赠地,献地。

⑲据:依。见楚策三第五章注⑯、韩策一第八章注⑧。

⑳鲍改"不"作"亦"。 吴补:"'不'字疑衍,或'求'本'亦'字。"黄丕烈战国策札记:"今本'不'作'亦',乃误涉鲍也,吴说亦未是。此不误,言齐不求魏割地也,蒙上句为文。" 建章按:据上文鲍改是,见齐策二第八章注②。

㉑鲍注:"衍'齐'字。" 吴补:"疑衍。" 金正炜战国策补释:"'齐齐'当作'齐、魏',谓使齐、魏相攻,犹魏策所谓'合其斗',下'齐'字盖承上而误,鲍、吴以为'衍',非。" 于鬯战国策注:"谓以魏攻齐。" 建章按:依前后文义,从金说。

㉒劲:说文:"强也。" 劲之:加强魏。

㉓不能相听:各不相让。

㉔鲍本"久"作"必",又改"史"作"交"。 吴补:"字误,未详。"

建章按:离:史记曹世家(附管蔡世家后)索隐:"即'罹',被也。"遭,受。史:古同"使"。墨子尚贤上于省吾双剑誃诸子新证"'事'、'使'金文同字。"久离兵史:久遭战事。此连上句是说,齐、魏互不相让,就要长期进行战争。(此四字解释众说纷纭,然皆支离难通,不俱录。)

㉕刘淇助字辨略卷五:"则,语辞也,承上趋下,辞之急者也。"

信:荀子哀公杨注:"亦任也。"犹言派遣。

㉖南阳:本属韩,韩、魏易地,又属魏,见西周策第十二章注⑨。

㉗"为韩取南阳"两句:秦为韩取魏之南阳,交换韩的穀川,为秦所有。 穀川:水名,在今河南省西北,出黾池东流至洛阳市注入洛水。

㉘惠王:见秦策一第一章注⑱。

㉙姚校:"'郄'曾、一作'欲',一作'邰'。" 丛刊本"郄"作"拒"。李本"郄"作"却"。冈本"郄"作"却"。 建章按:作"却",作"却"皆是,此当改"郄"作"却",见秦策五第七章注㉑。却:退。

㉚武王:见秦策二第五章注①。

㉛姚校:"刘无'韩'下'以'字。" 鲍改"劲"作"攻"。 吴补:"恐当作'攻',从上文。" 冈本"劲"作攻"。 建章按:此当同前义,应作"以攻齐、魏",见注㉑。"韩"下"以"字因前后文"以"字衍。

㉜最秦之大急也:这是秦国最关紧要的事啊。

㉝于邑战国策注:"党于齐,故欲韩助齐攻魏,不肯言令韩中立。"

㉞鲍注:"茂羁旅之臣,故言'薄';此欲攻齐,故其辞与茂。" 吴正:"'薄'即上文'不善于公','薄'下或有缺字。" 于邑战国策注:"或云,'薄'当谓茂此时已见轻不用也。" 金正炜战国策补释:"'薄'下当有'于魏'二字,文义乃完。广雅释言:'薄,附也。''薄'与'党'义相近,二句本为对文。此策欲使齐、魏相敝,故郝不肯言,茂亦不敢谒,以二人一'党于齐',一'薄于魏'也。" 建章按:此取金说。

㉟二人:指公孙郝、甘茂。二人皆为私,而不忠于君,故为"王之大患"。

㊱熟计:深思熟虑。

二十一　韩公仲相齐章

韩公仲相齐^①，〔齐〕、楚之交善^②。秦(秦)〔与〕魏遇^③，且以善齐而绝齐乎楚^④。〔楚〕王使景鲤之秦^⑤，鲤与于秦、魏之遇^⑥。楚王怒景鲤，恐齐以楚遇为有阴于秦、魏也^⑦，且罪景鲤^⑧。

为谓楚王曰^⑨："臣贺鲤之与于遇也^⑩。秦、魏之遇也，将以合齐、秦而绝齐于楚也^⑪。今鲤与于遇，齐无以信魏之合己于秦而攻于楚也^⑫，齐又畏楚之有阴于秦、魏也^⑬，必重楚。故鲤之与于遇，王之大资也^⑭。今鲤不与于遇^⑮，魏之绝齐于楚明矣^⑯。齐(楚)信之^⑰，必轻王。故王不如无罪景鲤，以视齐于有秦、魏^⑱，齐必重楚，而且疑秦、魏于齐^⑲。"王曰："诺。"因不罪而益其列^⑳。

【注释】

①鲍编此章于楚策，注："衍'韩公仲相'四字，章内初不涉韩也。"吴补："此四字必错简。"　金正炜战国策补释："鲍、吴说并非也。此文当以'韩公仲相齐'为句，'齐'下当重'齐'字，因公仲之相齐，而齐、楚之交乃善也。公仲即韩珉，珉之相齐，屡见于策及史记。若去'韩公仲相'四字，是齐已与秦遇。下云'景鲤与于秦、魏之遇'，不当遗齐矣。"　顾观光战国策编年系此策于周赧王二年(前313年)。　建章按：或本当为"齐ˎ"，误脱"ˎ"，见楚策二第七章注⑨。

②依金说，"楚上当补"齐"字。

③鲍本作"秦与魏遇"。　建章按：史记六国年表魏格："襄王六

战国策注释

年(前313)与秦王会临晋。"魏世家"襄王六年,与秦会临晋"

(原作"哀王",误),则下"秦"字误无疑,当据鲍本改作"与"。

④乎:吕氏春秋离俗览贵信高注"於也。"王引之经义述闻卷三十
一"於"字条下说:"'於'与'与'同义,故二字可以互训。" 绝
齐乎楚:使齐、楚交绝。

⑤鲍本"王"上补"楚"字。 建章按:此或当脱"楚"字,见楚策二
第七章注⑨。 景鲤:楚怀王的宠臣。

⑥与:参加。秦策四第六章:"楚使者景鲤在秦,从秦王与魏王遇
于境。"

⑦"恐齐"句:楚王担心,齐国会以为景鲤参加这次会晤,是楚国与
秦、魏有私交。 阴:私。

⑧且:将。 罪:吕氏春秋仲秋纪高注:"罚也。"惩罚。

⑨为谓楚王曰:有人为景鲤对楚王说。 楚王:怀王,见东周策第
八章注③。

⑩与于遇:即上文"与于秦、魏之遇"。见注⑥。

⑪"秦、魏之遇也"两句:秦、魏会晤的目的,是要使齐、秦两国联
合,以拆散齐、楚的关系。 "于"字解见注④。

⑫无以:犹言不能,不会。 合己于秦:使齐与秦联合。 攻于
楚:与楚对立。

⑬畏:担心,害怕。

⑭资:利。

⑮今:王引之经传释词卷五:"犹'若'也。"

⑯绝齐于楚:见注④。

⑰鲍注:"衍'楚'字。" 吴补:"疑衍。" 金正炜战国策补释:
"'楚'字衍。" 刘锺英战国策辨讹:"衍'楚'字。" 关修龄战
国策高注补正:"'齐'下有'楚'字,非。" 建章按:"楚信之,必
轻楚王",无此理,当删"楚"字。

1221

⑱视：通"示"，见战国纵横家书第八章。疑"齐于"当为"于齐"之误倒。此言以此向齐国表示楚国与秦、魏两国有友好关系。

⑲疑秦魏于齐：是说，让齐国对秦、魏产生怀疑。

⑳因不罪而益其列：因此，楚王不加罪于景鲤，而且晋升了他的官阶。列：鲍注："位次也。"

二十二　王曰向也子曰天下无道章

王曰①："向也②，子曰③：'天下无道④。'今也，子曰：'乃且攻燕'者，何也？"对曰："今谓'马多力'，则有矣⑤；若曰'胜千钧'则不然者，何也？夫千钧非马之任也。今谓'楚强大'则有矣，若夫'越赵、魏而斗兵于燕'，则岂楚之任也哉⑥？且非楚之任⑦，而楚为之，是弊楚也⑧。强楚、弊楚⑨，其于王孰便也？"

【注释】

①上海古籍出版社战国策此章校："鲍本此篇与韩公仲相（第二十一章）连篇，且一并移入楚策。姚本则与韩公仲相分为两篇，均在韩策。据文义，从姚本仍分两篇，归韩策。又鲍本在上篇韩公仲相'因不罪而益其列'句注中云'下衍"王曰向也"止"孰便也"凡九十字'，今鲍本实有九十七字。王曰向也子曰天下无道篇中吴氏正曰又云，'姚本凡九十七字'，今姚本实有九十八字。鲍本'若越赵、魏而斗兵于燕'，姚本作'若夫越赵、魏而斗兵于燕'，姚本比鲍本多一'夫'字。"　建章按：此章与楚策四第十三章末段"魏王曰"以下小异，可参看。

②楚策"向"作"乡"通。

战国策注释

③楚策"曰"作"云"。

④楚策"道"作"敌"。此"道"当是"适"字之形误,"适"通"敌"。

⑤楚策"谓"作"为"。"为"通"谓"。

⑥楚策"哉"误为"我"。

⑦楚策无"且"字。

⑧楚策"弊"作"敝",同。

⑨楚策"强楚、弊楚"作"敝楚见强魏也",误。

二十三 或谓魏王章

或谓魏王①:"王儆四疆之内②,其从于王者③,十日之内,备不具者死④。王因取其游⑤,之舟上击之⑥。臣为王之楚,王胥臣反⑦,乃行。"

春申君闻之⑧,谓使者曰⑨:"子为我反⑩,无见王矣⑪。十日之内,数万之众今涉魏境⑫。"

秦使闻之,以告秦王⑬。秦王谓魏王曰:"大国有意必来,以是而足矣⑭。"

【注释】

①顾观光战国策编年系此策于周赧王五十八年(前257年),于鬯战国策年表系此于秦始皇六年(前241年)。姑从于。 魏王:景湣王,见魏策四第二章注①。 鲍编此于魏策。

②鲍本"儆"作"警"注:"将出兵,先令以警之。" 建章按:儆:说文"戒也"。同"警"。 四疆之内:犹言国内。

③从:随。于鬯战国策注:"从于王,言王亲行也。"

④备不具:准备还不齐全。 具:荀子正名杨注:"全也。"

⑤游(liú 流):古代旌旗的下垂饰物。说文㫃部"游"下段玉裁注"此字省作'斿',俗作'旒'"。

⑥鲍本"击(擊)"作"系(繫)"。 金正炜战国策补释:"'舟'当为'辀'之省,小尔雅广言:'辀,舆也。'考工记'辀人为辀'注'辀,车辕也。'取游系之辀上以张戎车之盛,所以信楚而威秦。" 建章按:之:王引之经传释词卷九:"犹'于'也。"各注皆以"舟"为"船",恐未必,此取金说。

⑦胥:待也。 反:返魏。

⑧春申君:见楚策三第十章注①。

⑨使者:魏王之使者。

⑩反:返魏。

⑪无见王:不必见楚王。王:楚考烈王,见楚策四第一章注①。

⑫今:王引之经传释词卷五:"可训为'即'。" 涉:汉书高帝纪颜注引晋灼:"犹'入'也。"

⑬"以"后省介词宾语"之",指春申君说的那番话。 秦王:始皇帝,见秦策三第十八章注⓲。

⑭鲍注:"秦恐楚、魏合,故言魏兵自足,不待楚也。" 横田惟孝战国策正解:"盖秦示知其情而折之也。" 于鬯战国策注:"若或说,则此语可解。" 建章按:此句疑有误。

二十四 观鞅谓春申曰章

观鞅谓春申曰①:"人皆以楚为强,而君用之弱②,其于鞅也不然③。先君者,二十余年未尝见攻④。今秦欲逾兵于渑隘之塞⑤,不(使)〔便〕⑥;假道两周倍韩以攻楚⑦,不可。今则不然,魏且旦暮亡矣⑧,不能爱其许、鄢陵与梧割以予秦^⑨,去百六十里^⑩。臣之所见者,<u>秦</u>、<u>楚</u>斗之日也已。"

【注释】

① <u>姚</u>校:"'观'一作'魏'。"　<u>鲍</u>本"观"作"魏",注:"<u>魏</u>人,为<u>魏</u>说。"<u>黄丕烈</u>战国策札记:"'观',<u>观津</u>也,'鞅',即<u>英</u>字,作'<u>魏</u>'者讹,<u>鲍</u>从之误甚。"<u>史记</u>春申君列传"<u>考烈王</u>元年,以<u>黄歇</u>为相,封为<u>春申君</u>。……<u>春申君</u>相二十二年,诸侯患<u>秦</u>攻伐无已时,乃相与合从,西伐<u>秦</u>。而<u>楚王</u>为从长,<u>春申君</u>用事。至<u>函谷关</u>,<u>秦</u>出兵攻诸侯兵,皆败走。<u>楚考烈王</u>以咎<u>春申君</u>,<u>春申君</u>以此益疏。客有<u>观津</u>人<u>朱英</u>谓<u>春申君</u>曰"云云,即此策。<u>于鬯</u>战国策年表据传系此策于<u>秦始皇</u>六年(前 241 年)。　<u>建章</u>按:帛书战国纵横家书第二十三章"<u>公孙鞅</u>"作"<u>公孙央</u>"。诗经小雅出车"旌旐央央"<u>陆德明</u>经典释文:"央,本亦作'英',同。"则<u>黄</u>说当是。　春申:<u>春申君</u>,见楚策三第十章注①。　<u>鲍</u>编此章于魏策。

② "人皆"两句:人们都认为<u>楚</u>国本是强国,然而君执政则变弱了。　之:<u>王引之</u>经传释词卷九:"犹'则'也。"

③ 其于鞅也不然:如果是我,就不会是这样。其:<u>裴学海</u>古书虚字集释卷五:"一为'如'字之义。"

④ <u>鲍</u>注:"先君者,先<u>春申</u>用事之人。"<u>史记</u>春申君列传"者"作"时",下有"善"字。<u>泷川</u>资言考证:"<u>枫山</u>、<u>三条</u>本无'善'字,与策合,各本误衍。"　<u>金正炜</u>战国策补释:"'者'当作'时',古书'时'作'旹',与'者'字相似,因以致误。"　<u>于鬯</u>战国策注:"史与策义别。"　<u>建章</u>按:下文言"不便""不可",这才是<u>秦</u>不攻<u>楚</u>的原因,非"先君时善<u>秦</u>",<u>泷川</u>以为衍"善"字当是。<u>徐仁甫</u>广释词卷九"者,犹'时'"。不必以为"误",则"史"与"策"义无别。　见攻:被<u>秦</u>进攻。

⑤金正炜战国策补释："今，犹'即'也。" 于鬯战国策注："'今'字盖衍，史无'今'字，有'何也'二字。" 建章按：今：王引之经传释词卷四："犹'若'也"。又卷八"即，犹'若'也"。 渑隘之塞：见楚策四第四章注㉖。

⑥吴补："'使'，史作'便'是，'不便'句绝，与'不可'对文。" 关修龄战国策高注补正："魏不使秦逾兵于渑隘之塞也，史作'便'，义易通。" 于鬯战国策注："沈寿经明经云'不使，当连下十三字作一句读。'" 金正炜战国策补释："'不使'当从史作'不便'，言先君之时，即秦欲加兵于楚，于势不便且不可也。" 建章按：吴、金说皆是，"使"当从史记春申君列传改作"便"，见赵策一第三章注㉘。

⑦假：借。 两周：东周、西周。 倍：通"背"，违背，逆。 春申君列传"韩"下有"魏"字。

⑧旦暮：比喻短期内。

⑨许：见秦策四第九章注㉝。 鄢陵：见同"许"。 程恩泽国策地名考卷十一："高士奇曰'隋书荥阳县有梧桐涧，'疑即'梧'也。" "与梧"春申君列传作"其计魏"。吴补："策有缺误。"黄丕烈战国策札记："策文与史记当皆有误。"鲍彪注说："梧属楚国，此时为魏。"吴师道正说："汉侯国梧属彭城，与许、鄢陵不相接。左传襄十年：'晋师城梧及制。'杜注：'皆郑旧地。'制即虎牢，梧必相近。"黄盛璋试论三晋兵器的国别和年代及其相关问题一文说："据此（按：指此章），许、鄢陵与梧此时皆为魏地，如割以与秦，则去楚只有百六十里，所以说，所见'秦、楚斗之日也已'。许在今许昌之东，鄢陵在今鄢陵之西，至于梧旧来有两说，（鲍彪说和吴师道说，省）程恩泽国策地名考从吴说，并引严启隆曰：'梧为虎牢旁邑。'高士奇曰：'隋书荥阳县有梧桐涧，疑即梧也。'杨守敬战国疆域图置梧于荥阳西南，盖即据此。查

史记春申君传紧接此后，即说'楚于是去陈徙寿春'，当时楚都在<u>陈</u>，如<u>梧</u>在<u>荥阳</u>附近，与<u>许</u>、<u>鄢</u>仍不相接，去<u>陈</u>亦不止百六十里，梧桐涧更不足据。<u>梧</u>应在<u>许</u>、<u>鄢陵</u>附近，去<u>陈</u>不远。"

⑩<u>鲍</u>于"去"上补"相"字，注："言<u>秦</u>伐<u>楚</u>之近，不须假道。"　春申君列传作"<u>秦</u>兵去<u>陈</u>百六十里"。　<u>建章</u>按：传义甚明。言<u>魏</u>将其<u>许</u>、<u>鄢陵</u>、<u>梧</u>割给<u>秦</u>国，则<u>秦</u>出兵进攻<u>楚</u>都<u>陈</u>，只有一百六十里。疑<u>策</u>有脱误。

二十五　公仲数不信于诸侯章

<u>公仲数</u>不信于诸侯^①，诸侯锢之^②。南委国于<u>楚</u>^③，<u>楚</u>王弗听。<u>苏代</u>为<u>楚</u>王曰^④："不若听而备于其反也^⑤。（明）〔<u>朋</u>〕之反也^⑥，常仗<u>赵</u>而畔<u>楚</u>^⑦，仗<u>齐</u>而畔<u>秦</u>。今四国锢之而无所入矣^⑧，亦甚患之^⑨。此方其为<u>尾生</u>之时也^⑩。"

【注释】

①<u>公仲</u>：<u>韩朋</u>，<u>韩</u>之相国。　数：屡次。　不：<u>王引之</u>经传释词卷十："无也。"

②锢：犹言封锁。

③南委国于<u>楚</u>：<u>鲍</u>注："以国事听之。"

④<u>姚</u>校："<u>刘</u>'为'下添'谓'字"。　<u>鲍</u>本"为"下有"谓"字。为：<u>王引之</u>经传释词卷二："犹'谓'也。"　<u>苏代</u>：见<u>西周策</u>第四章注②。

⑤反：<u>列子仲尼</u>注："变也。"反覆无信。

⑥<u>鲍</u>本"明"作"朋"。　<u>建章</u>按：当改"明"作"朋"，见第十六章注㉔，<u>秦策</u>二第六章注㉔。

⑦仗:依仗,依赖。　畔:通"叛"。

⑧今四国锢之而无所入矣:现在四国都对他进行封锁,他无法得逞了。　而:<u>王引之</u><u>经</u>传释词卷七:"犹'则'也。"　入:<u>广雅</u>释诂三:"得也。"

⑨亦甚患之:他也非常担忧。

⑩此方其为尾生之时也:现在<u>公仲</u>不象以前那样反覆无常,是他守信的时候了。言外之意是说,<u>楚王</u>可以接受<u>公仲</u>"委国"之请了。　尾生:<u>尾生高</u>,姓<u>尾生</u>名<u>高</u>,<u>鲁</u>人,相传是一个很守信的人。说他和一位女人约会,在桥下见面,到时候,女子没来,水暴涨,他抱住桥柱子不走,终于淹死。"尾""微"字通,故又作"微生高"。

战国策注释卷二十七

韩　策　二

一　楚围雍氏五月章

楚围雍氏五月①。韩令使者求救于秦②，冠盖相望也③，秦师不下殽④。韩又令尚靳使秦⑤，谓秦王曰⑥："韩之于秦也，居为隐蔽⑦，出为雁行⑧。今韩已病矣⑨，秦师不下殽。臣闻之，唇揭者其齿寒⑩，愿大王之熟计之。"宣太后曰⑪："使者来者众矣，独尚子之言是⑫。"召尚子入。宣太后谓尚子曰："妾事先王也⑬，先王以其髀加妾之身⑭，妾困不〔疲〕〔支〕也⑮；尽置其身妾之上，而妾弗重也⑯，何也？以其少有利焉⑰。今佐韩，兵不众，粮不多，则不足以救韩。夫救韩之危⑱，日费千金，独不可使妾少有利焉⑲？"

尚靳归书报韩王⑳，韩王遣张翠㉑。张翠称病，日行一县㉒。张翠至，甘茂曰："韩急矣，先生病而来。"张翠曰："韩未急也，且急矣㉓？"甘茂曰："秦重国知王也㉔，韩之急缓莫不知。今先生言不急,可乎?"张翠曰:"韩急则折而入于楚矣㉕,臣安敢来?"甘茂曰:"先生母复言也㉖。"

甘茂入言秦王曰:"公仲柄㉗,得秦师㉘,故敢捍楚㉙。今雍氏围,而秦师不下殽,是无韩也㉚。公仲且抑首而不朝㉛,公叔且以国南合于楚㉜。楚、韩为一,魏氏不敢不听,是楚以三国谋秦也。如此则伐秦之形成矣。不识坐而待伐,孰与伐人之利㉝?"秦王曰:"善。"果下师于殽以救韩㉞。

【注释】

①楚围雍氏之年见东周策第八章注①。此策系年与彼亦同。又西周策第四章"今围雍氏五月不能拔",与此合。

②据下文言"又令尚靳使秦""宣太后曰'使者来者众矣",则非一使者。

③冠盖相望:见魏策四第二十二章注②。

④秦师不下殽:秦兵未东出殽塞。 殽:见秦策一第二章注⑤。

⑤尚靳:韩臣。

⑥秦王:此当是武王刚丧,昭王初立。

⑦居:指平日无事之时。 隐蔽:犹言屏障。

⑧出为雁行:如在非常时期,出兵则为前锋。 雁行:见魏策三第八章注㉛。

⑨病:广雅释诂三:"难也。"灾难。

⑩韩非子存韩陈奇猷集释引孙人和说:"按'唇亡则齿寒',韩策作'唇揭',高注'揭,犹反也。'庄子胠箧、吕氏春秋权勋、淮南说林并作'唇竭',字同。'亡'乃'竭'之坏字,吕览高注:'竭,亡也。'与策注异,疑后人依误本左传(见僖五年)易之。" 建章按"揭,犹反"是鲍注,误为高注。此"唇揭齿寒""即唇亡齿

寒"之义,见赵策一第二章注⑤。

⑪宣太后:见秦策二第十六章注①　　于鬯战国策注:"上文'谓秦王',而此太后答,太后临政也。"

⑫尚子:尚靳。

⑬妾:古代女子自我谦称。　事:侍奉。　先王:秦惠文王,见秦策一第一章注⑱。

⑭髀(bì 避):大腿。　加妾之身:压在我的身上。

⑮姚校:"'疲'、钱、刘本作'支'。"　鲍本、闵本"疲"并作"支"。刘锺英战国策辨讹:"'弗支'讹作'不疲'。"　于鬯战国策注:"御览两引并作'弗支';此'疲'误。"　建章按:"不支"与"弗重"对比,详下文义。当改"疲"为"支"。

⑯弗重:不以为重。

⑰有利:是说舒服,愉快。

⑱韩之危:指韩被围。

⑲独:岂,难道。　焉:王引之经传释词卷二:"犹'乎'也。"于鬯战国策注:"太后意欲得韩赂。"

⑳鲍于"书"字断句,注:"以书归。"　王念孙读书杂志:"鲍说非也。此本作'尚靳归报韩王',谓靳自秦归,以宣太后之言报韩王也。'归'下不当有'书'字,太平御览兵部、人事部引此皆无'书'字。"　于鬯战国策注:"大事记引亦无'书'字。"　建章按:归:广雅释诂三:"遗也。""归"与"馈"通,亦"遗"义。遗:予,送,赠,献。燕策一第十三章"苏秦乃遗燕昭王书曰"云云。则"归书"即"遗书","馈书"。不必以为衍"书"字。　韩王:襄王,见东周策第十九章注⑧。

㉑遣:派,使。　张翠:韩臣。

㉒关修龄战国策高注补正:"古百里为县,战国盖然。此言缓行以示不急。"

㉓且：裴学海古书虚字集释卷八："犹'何'也。"

㉔重：吕氏春秋仲春纪贵生高注："大。" 知：同"智"。

㉕折：犹转。 入于楚：投向楚国。

㉖母：同"毋"，见西周策第十一章注⑤。

㉗韩非子二柄"明主之所导制其臣者，二柄而已矣。二柄者，刑、德也。何谓刑、德？曰，杀戮之谓刑，庆赏之谓德"。又八说："今生杀之柄在大臣，而主令得行者，未尝有也。"则"柄"权的意思；此处用作动词，掌权的意思。

㉘得秦师：言能得秦师之助。

㉙礼记学记疏："扞，谓拒扞也。"古"扞"通"捍"，或二字本同。则"捍"，有对抗、抵御的意思。

㉚无韩：失韩。 无：说文："亡也。"

㉛关修龄战国策高注补正："盖屈抑其首，耻于见人而不朝；言因秦不救之故也。" 不朝：不上朝，犹今谓不上班。

㉜公叔：亦韩相。 合：联合。

㉝"不识"两句：不知坐而等待被人进攻有利，还是进攻别人有利？ 识：知。

㉞果：竟，终，遂。见裴学海古书虚字集释卷五。 史记甘茂列传此下有"楚兵去"三字。

二 楚围雍氏章

楚围雍氏①，韩令冷向借救于秦，秦为发②，使公孙昧入韩。公仲曰③："子以秦为将救韩乎？其不乎④？"对曰："秦王之言曰⑤，请道于南郑、蓝田，以入攻楚⑥，出兵于三川以待公⑦，殆不合军于南郑矣⑧。"公仲曰："奈何⑨?!"对曰：

“秦王必祖张仪之故谋^⑩。楚威王攻梁^⑪，张仪谓秦王曰^⑫：‘与楚攻梁，魏折而入于楚^⑬。韩固其与国也^⑭，是秦孤也^⑮。故不如出兵以劲魏^⑯。’于是攻皮氏^⑰。魏氏劲^⑱，威王怒，楚与魏大战，秦取西河之外以归^⑲。今也，其将扬言救韩^⑳，而阴善楚^㉑，公恃秦而劲^㉒，必轻与楚战^㉓。楚阴得秦之不用也^㉔，必易与公相支也^㉕。公战胜楚，遂与公乘楚，易三川而归^㉖；公战不胜楚，塞三川而守之^㉗，公不能救也。臣甚恶其事^㉘。司马康三反之郢矣^㉙，甘茂与昭(献)〔獻〕遇于境^㉚，其言曰收玺^㉛，其实犹有约也^㉜。”公仲恐，曰：“然则奈何？”对曰：“公必先韩而后秦^㉝，先身而后张仪^㉞。以公不如亟以国合与齐、楚^㉟，秦必委国于公以解伐^㊱。是公之所以外者仪而已，其实犹之不失秦也^㊲。”

【注释】

①史记韩世家系此策于韩襄王十二年（周赧王十五年前300年），集解：“是楚前围雍氏，赧王之三年事。”林春溥战国纪年、黄式三周纪编略。于鬯战国策年表并依集解。

②史记韩世家作“秦未为发”，意思是秦未发兵救韩。疑脱“未”字。

③公孙昧：秦臣。于鬯战国策注：“自秦入。” 公仲：韩相。

④“子以秦为”两句：您以为秦国出兵救韩呢，还是不出兵救韩呢？ 其：裴学海古书虚字集释卷五：“犹‘或’也。” 不：王引之经传释词卷十：“或作‘否’，其实一也。”

⑤秦王：惠文王，见秦策一第一章注⑱。

⑥“请道”两句：一军由南郑攻楚，一军由蓝田经商洛攻楚。 道：由，从。 南郑：今陕西省汉中市。 蓝田：见秦策四第一章

注②。

⑦三川:见西周策第十二注⑨。　公:公仲。　此又一军。

⑧殆:裴学海古书虚字集释卷六:"犹'必'也。"　南郑:今河南省新郑市。即当时韩的国都,在雍氏东北。鲍注:"不与楚战。"指秦无意与楚战。

⑨史记韩世家"奈何"作"子以为果乎?"

⑩祖:广雅释诂一:"法也。"又释诂三:"本也。"即"因袭"的意思。　张仪:见秦策一第三章注⑫。　故谋:从前的计谋。

⑪楚威王:见秦策一第二章注⑩。"楚威王攻梁……秦取西河之外以归",可参看秦策一第十章。

⑫秦王:惠王,见秦策一第一章注⑱。

⑬折:转向:　入于楚:与楚联合。

⑭韩固其与国也:韩国本来就是魏的盟国,也会与楚联合。　与国:盟国。

⑮是:这样。

⑯劲:助,加强。鲍注:"阳为助魏,实欲其与楚战。"

⑰皮氏:见秦策一第十章注⑦。　鲍注:"楚攻之。"

⑱魏氏劲:言魏国受到秦国的帮助。

⑲西河:见秦策一第十章注⑤。

⑳扬言:公开宣扬说。

㉑阴:暗暗地。

㉒恃:依仗。　劲:犹言逞强。

㉓轻:轻敌,轻率。

㉔楚阴得秦之不用也:楚国暗中知道秦不为韩用。　得:吕氏春秋季春纪先己高注:"犹'知'也。"

㉕必易与公相支也:必轻易地和您交战。　易:轻。　支:西周策第二章高注:"犹'拒'也。"

㉖"公战胜楚"三句:韩战胜楚,秦就与韩乘楚之疲,取楚之地,再以其地交换韩的三川而归。 易:交换。 三川:此指韩的三川,见魏策一第二十章注③。

㉗塞三川而守之:秦于三川险隘处据守。言外之意即:秦已取三川矣。鲍本"塞"上复"楚"字。史记韩世家同鲍本。王念孙读史记杂志、黄丕烈战国策札记、金正炜战国策补释并以为"衍'楚'字,此谓'秦塞三川而守之'也。"又以为鲍据史记误添"楚"字耳。 建章按:不复"楚"字是。 塞:险隘。

㉘恶:吕氏春秋孟冬纪安死高注:"犹'患'也。"犹担忧。

㉙司马康:秦臣。史记韩世家"康"作"庚",集解引徐广曰:"一作'唐'。" 郢:此时为楚都鄢郢(今湖北省宜城市东南)。

㉚甘茂:见秦策一第六章注②。 昭献:当作"昭釐",见东周策第六章注①。 遇:会晤。 境:秦、楚边界。韩世家作"遇于商於"。

㉛鲍注:"玺,军符;收之者,言欲止楚之攻韩。" 史记韩世家索隐:"刘氏云诈言昭鱼来秦,欲得秦官之印玺;收,即取之义也。"正义:昭鱼遇商於,拟相秦收其相玺,而实类其终契谋伐韩也。"横田惟孝战国策正解:"言皆如不预韩事,其实约攻韩也。" 于鬯战国策注:"鲍义疑非。" 建章按:韩非子外储说左下:"梁车用法,而成侯收玺。"又八经:"任事者知不足以治职,则放官收(玺)。"陈奇猷韩非子集释:"收玺,即免职之官缴还印信。"此无"免职"之义。初秦、楚约伐韩,当有信符,今昭釐来秦,扬言收回信符,欲不攻韩。此取鲍说。

㉜"其言曰"两句:甘茂与昭釐会晤,扬言双方即休止伐韩之约,其实仍在相约伐韩。

㉝吴正:"先韩者,急图其国;后秦者,不望其救。"

㉞吴正:"先身者,善己之谋;后仪者,不堕人之诈。"

㉟以:裴学海古书虚字集释卷一:"犹'故'也。"　呕:广雅释诂
　　一:"急也。"

㊱秦必委国于公以解伐:韩与齐、楚联合,秦即孤立,必与韩妥协,
　　而放弃伐韩之谋。

㊲"是公之所以外者"两句:这样,您所疏远的只是张仪而已,其实
　　同样没有失去同秦的关系。　犹:裴学海古书虚字集释卷一:
　　"犹'同'也。"史记韩世家此句后有"于是楚解雍氏围"。

三　公仲为韩、魏易地章

　　公仲为韩、魏易地①,公叔争之而不听②,且亡③。史惕
谓公叔曰:"公亡,则易必可成矣④。公无辞以(后)〔复〕
反⑤,且示天下轻公⑥,公不若顺之。夫韩地易于上⑦,则害
于赵⑧;魏地易于下⑨则害于楚⑩。公不如告楚、赵。楚、赵
恶之⑪。赵闻之,起兵临羊肠⑫;楚闻之,发兵临方城⑬,而易
必败矣。"

【注释】

　　①公仲:韩相国。　易:交换。

　　②公叔:亦韩相国。当是两用公仲、公叔。　争:吕氏春秋仲春纪
　　　功名高注:"谏也。"　之:指公仲。

　　③且亡:将要离开韩国。　亡:去,出走。

　　④易:指魏、韩易地这件事。

　　⑤姚校:"钱、刘一'后'作'复'。"鲍本"后"作"复"。　建章按:
　　　"后"乃"复"字形误,见赵策二第二章注⑫。当依钱、刘一本及
　　　鲍本改"后"为"复"。

⑥示:文选张衡东京赋薛注:"教也。"此言且被诸侯轻视。

⑦于鬯战国策注:"北,上;南,下。故称北为上。此谓韩得魏之上党。"

⑧西周策第十二章:"韩兼两上党以临赵,即赵羊肠以上危。"故言"害于赵"。

⑨于鬯战国策注:"下谓南也。此言魏得韩之南阳、郑地、三川。"

⑩西周策第十二章:"魏有南阳、郑地、三川而包二周,则楚方城之外危。"故言"害于楚"。

⑪恶:患。见上章注㉘。

⑫临:进攻。　羊肠:见西周策第十二章注⑪。

⑬方城:见西周策第八章注⑦。

四　锜宣之教韩王取秦章

锜宣之教韩王取秦曰①:"为公叔具车百乘②,言之楚,易三川③。因令公仲谓秦王曰④:'三川之言曰⑤:"秦王必取我⑥。"韩王之心不可解矣⑦。王何不试以襄子为质于韩⑧,令韩王知王之不取三川也⑨。'因以出襄子而德太子⑩。"

【注释】

①锜(yǐ以)宣:锜,姓。此当是两用公仲、公叔之时。　取秦:与秦联合。

②四马一车为一乘。　具:备。

③之:至。　易三川:以韩之三川交换楚地。　三川:见西周策第十二章注⑨。

④因：裴学海古书虚字集释卷二："而也。"

⑤三川之言曰：三川（此指韩）人这么说。

⑥我：指三川。

⑦韩王之心不可解矣：韩王是不会放心的。　解：散，放，释。

⑧襄子：鲍注："秦诸公子，不善太子者。"　质：见秦策二第十五章
　　注④。

⑨鲍注："韩之易地，畏秦取之也；今秦入质，则不取可知。"

⑩因：则。　以：因。　出襄子：派襄子离开本国到韩国为质。襄子
　　与太子关系不好，襄子出国，则有利于太子，故言"德太子"。
　　德：惠，好处。

五　襄陵之役章

襄陵之役①，芈长谓公叔曰②："请毋用兵③，而楚、魏皆
德公之国矣④。夫楚欲置公子高⑤，必以兵临魏⑥。公何不
令人说昭子曰⑦：'战未必胜，请为子起兵以之魏⑧。'子有
辞以毋战⑨。于是以太子扁、昭扬、梁王皆德公矣⑩。"

【注释】

①鲍彪以此策为韩襄王十二年（周赧王十五年，前300年）事。顾
　　观光战国策编年依鲍系于此年。　金正炜战国策补释："此策
　　当即（魏策二第十二章）楚欲内公子高于魏时事。竹书纪年'惠
　　成后十二年，楚败我襄陵'，即此所云襄陵之役'。鲍、吴皆就韩
　　言，故所注全误。"　建章按：史记楚世家："怀王六年，楚使柱国
　　昭阳将兵而攻魏，破之于襄陵。"楚怀王六年即魏惠成王后元十
　　二年（前323年）。杨宽战国史也说："就在这年（前323年），楚

国为了迫使魏国投入楚的怀抱,要废立魏的太子嗣,送立流亡
在楚的魏公子高为太子,派柱国昭阳打败魏军于襄陵,取得了
八个邑。" 襄陵:见齐策一第六章注⑪。

②公叔:韩相。

③母:同"毋",见西周策第十一章注⑤。下"母战"同。

④德:感激。

⑤置:广雅释诂四:"立也。" 公子高:魏惠王之子,时在楚。见魏
策二第十二章。

⑥以兵临魏:楚国欲魏国立公子高为太子,所以用武装送公子高
返魏,即所谓"以兵临魏"。

⑦说:说服。 昭子:即后文"昭扬",楚的柱国(见东周策第二章
注⑬。)

⑧金正炜战国策补释:"'起兵以之魏'谓趣魏也。汉书文帝纪集
注:'之,趣也。'" 起兵:发兵。

⑨有:即"又"。

⑩"以"字疑衍。 "扁"疑"高"之误,即前文"公子高",现入国为
太子。 "扬"通"阳",见容庚金文编。 梁王:惠王,见秦策
四第五章注⑦。

六　公叔使冯君于秦章

公叔使冯君于秦,①恐留②,教阳向说秦王曰③:"留冯君
以善韩(臣)〔辰〕,非上知也④。主君不如善冯君,而资之以
秦⑤。冯君广王⑥,而不听公叔,以与太子争⑦,则王泽布而
害于韩矣⑧。"

【注释】

①公叔:韩相国。　冯君:鲍注"韩人"。　金正炜战国策补释:"'冯君'疑'公仲冯'。史记田世家'韩冯'徐广曰'即公仲侈',甘茂传,'公仲侈'徐广曰'一作冯','冯'与'朋'古字通,故策文'韩朋'史记作'冯',其实一人,后人不辨'冯'即'公仲',因以意增'君'字耳。"　顾观光战国策编年、于鬯战国策年表并系此策于周赧王十五年(前300年)。

②于鬯战国策注:"公叔不善秦,而使人于秦,则恐秦不善其使,而留之也。"

③秦王:昭王,见西周策第一章注⑭。

④姚校:集、钱、刘、曾'臣'作'辰'。"　金正炜战国策补释:"作'韩辰'当是,'辰'后公仲相韩,见韩相公仲珉使韩侈章(韩策三第十一章)与此文正合。'留冯以善辰'谓秦如留冯徒资辰于韩也。"　建章按:当据姚校及金说改"臣"作"辰"。　上知:上智,最聪明的办法;上策。

⑤金正炜战国策补释:"'主君'之'主'当作'王','君'字涉上下文而衍,下文固称'王'也。"　建章按:疑金说是。　资之以秦:以秦助冯。

⑥金正炜战国策补释:"'广'字本或作'厉',文选西都赋注引韩诗薛君章句:'厉,附也。''厉'、'广'字形相似,古书往往互误。"　建章按:史记礼书王念孙读书杂志:"'广鹜'当为'厉鹜',经、传中'厉'、'广'二字往往相乱。"广雅释诂三:"厉,近也。"与"附"义同。则金说当是。

⑦吴补:"秦主几瑟者。"　与:助也。

⑧鲍注:"国不和故。"　吴补:"'害'疑'善'字。"　建章按:韩策三第一章有"公择布而割也"之语,墨子迎敌祠:"移中中处,泽急而奏之。"毕沅谓"'泽'当为'择'。"礼记曲礼上"共饭不泽

手",注:"'泽'或为'择'。"则"泽""择"可通用。害:同"割",
见容庚金文编,则此"泽布而害"即"择布而割"。割:广雅释诂
一:"断也。"此言,根据上述情况,对韩的态度,何者有利,希望
大王选择确定。金正炜战国策补释以为"'泽'当作'择','害'
当作'割',并字之讹"。恐非。

七 谓公叔曰公欲得武遂于秦章

谓公叔曰:"公欲得武遂于秦[①],而不患楚之能扬河外
也[②]。公不如令人恐楚王[③];而令人为公求武遂于秦[④]。谓
楚王曰:'发重使为韩求武遂于秦[⑤]。秦王听[⑥],是令得行于
万乘之主也[⑦]。韩得武遂以恨秦[⑧],母秦患而得楚[⑨]。韩,楚
之县而已。秦不听,是秦、韩之怨深,而交楚也[⑩]。'"

【注释】

①史记六国年表秦格:"武王四年,拔宜阳城,涉河城武遂。"于次
年,韩格,"襄王六年,秦复与我武遂。"故顾观光战国策编年系
此于周赧王九年(韩襄王六年,前306年)。于鬯以为秦归韩武
遂在周赧王九年,而韩欲得武遂则在周赧王八年,故战国策年
表系此于赧王八年。　武遂:今山西省垣曲县东南旧垣曲
附近。

②鲍注:"扬,犹动。"　吴补:"'扬'疑'伤'之讹。"　金正炜战国
策补释:"'扬'、'伤'义并未安,疑当作'易'。言徒患武遂之入
秦,而欲得之,不思楚能以河外之地易于秦,亦足患也。"　关修
龄战国策高注补证:"扬,举;犹言取也。"　建章按:广雅释诂
一:"扬,举也。"此取关说。　患:忧,担心。

③金正炜战国策补释:"'恐'当作'怂',草书相似而误。广雅释诂:'怂,劝也。'字也作'耸',方言:'中心不欲,而由旁人之劝语,亦曰耸。''今人为公'当作'令王为公',承上'楚王'而言,'王'误作'玊'因传写为'人'。"横田惟孝战国策正解:"人,公叔之人也。"建章按:龙龛手鉴卷一第五十二生部"玊,古文'人'字。""恐"有"动"义亦可通,不必以为"误"。"人"从横田说亦可通。楚王:怀王,见东周策第八章注③。

④横田惟孝战国策正解:"人,楚王之人也。"

⑤发:派遣。重使:级别高的使节,犹言特使。

⑥秦王:昭王,见西周策第一章注⑭。

⑦令:楚令。万乘:见秦策一第二章注㊿。是:尔雅释言:"则也。"

⑧鲍改"恨"作"限"。吴补:"疑'限'。"于鬯战国策注:"'限''恨'亦同声通借。"建章按:释名释天:"艮,限也。"说文"艮,很也。"则"限""很"可通,又"很"通"恨",故于说是,不必改字。说文:"限,阻也。"

⑨母秦患而得楚:无秦患而利于楚。母:通"毋",见西周策第十一章注⑤。毋:即"无",见王引之经传释词卷十。得:通"德",见赵策一第九章注㊴。

⑩鲍于"交"下补"事"字。吴补:"恐'交'字下有缺文。"金正炜战国策补释:"'交'下当有'走'字,'走'与'楚'形相似,以致误夺。'交走'策文亦屡见。吕览荡兵篇'民之号呼而走之'注:'走,归。'"建章按:韩策一第十九章有"是韩、楚之怨不解,而交走秦也"的话,当从金说,"交"下补"走"字。

八 谓公叔曰乘舟章

谓公叔曰①:"乘舟,舟漏而弗塞,则舟沉矣。塞漏舟,而轻阳侯之波,则舟覆矣②。今公自以辩于薛公,而轻秦③,是塞漏舟而轻阳侯之波也④。愿公之察也。⑤"

【注释】

①文选刘琨答卢谌诗李注引、太平御览卷七一波览、卷七六八舟览引俱作"或谓公叔曰",类说引作"毕长谓公叔曰"。　公叔:韩相国。

②"塞漏舟"三句:只注意堵塞漏洞,而不顾波神,就会翻船。　淮南子览冥训:"武王伐纣,渡于孟津,阳侯之波,逆流而击,疾风晦冥,人马不相见。"高注:"阳侯,阳陵国侯也(按:原作"陵阳"氾论训、说山训高注并作"阳陵"。于鬯香草续校书以为"无'陵'字者是。"),其国近水,伕(溺)水而死,其神能为大波,有所伤害,因谓之阳侯之波。"楚辞屈原九章哀郢:"凌阳侯之氾滥兮。"洪兴祖补注引淮南子览冥训高注:"伕水而死"作"溺死于水。"又引应劭曰:"阳侯,古之诸侯,有罪自投江,其神为大波。"

③"今公"两句:现在您自以为致力于和齐国的关系,而忽视秦国。　辩:左昭元年传注:"治也。"犹言致力于。　薛公:见东周策第十六章注①。

④是:此。　于鬯战国策注:"'漏舟'比'薛公','阳侯之波'比'秦'。"

⑤太平御览舟览引作"愿公察之"。　建章按:韩策三第二十一章"愿君察之也",魏策一第二十一章"愿王察之"。　疑此"之察"为"察之"之误倒。

九　齐令周最使郑章

齐令周最使郑①,立韩扰而废公叔②。周最患之,曰:公叔之与周君交也③,令我使郑,立韩扰而废公叔,语曰:'怒于室者色于市④'。今公叔怨齐,无奈何也⑤,必〔绝〕周君而深怨我矣⑥。"史舍曰:"公行矣,请令公叔必重公。"

　　周冣行至郑,公叔大怒。史舍人见曰⑦:"周冣固不欲来使,臣窃强之⑧。周冣不欲来,以为公也;臣之强之也,亦以为公也。"公叔曰:"请闻其说。"对曰:"齐大夫诸子有犬⑨,犬猛不可叱⑩,叱之必噬人⑪。客有请叱之者⑫,疾视而徐叱之⑬,犬不动;复叱之,犬遂无噬人之心。今周冣固得事足下⑭,而以不得已之故来使,彼将礼陈其辞而缓其言⑮,郑王必以齐王为不急⑯,必不许也⑰。今周冣不来⑱,他人必来。来使者无交于公,而欲德于韩扰,其使之必疾,言之必急,则郑王必许之矣。"公叔曰:"善。"遂重周冣。王果不许韩扰⑲。

【注释】

　　①周冣:见东周策第九章注⑥。　　郑:郑被韩灭,韩迁都于新郑,故称韩为郑,下"郑王"同。　　文选贾谊过秦论李注引战国策高注:"周冣,周君之子也,仕于齐,故齐使之也。"

　　②公叔:韩相国。

　　③交:史记晋世家索隐:"犹'好'也。"

　　④左昭十九年传"谚所谓'室于怒,市于色'者。"注:"人忿于室家,而作色于市人"。意思是:让齐国和韩国关系恶化,也会影响到韩国与周君的关系。

　　⑤齐强韩弱,故虽怨,也"无奈何也"。　　无奈何:没有办法,无济于事。

⑥鲍本"必"下有"绝"字。　黄丕烈战国策札记:"今本'必'下有
'绝'字。"　建章按:据文义当依鲍本、今本补"必"下"绝"字。

⑦入见:入见公叔。

⑧之:周冣。

⑨诸子:嫡长子以外之子;亦称"庶子""余子""储子。"

⑩叱:呵斥。

⑪噬(shì 释):咬。

⑫之:指犬。

⑬于鬯战国策注引戴文光说:"'疾',非怒视,乃注目而熟视之,
则神气与相习狎而不惊"。于又说:"或云'疾'上或脱'不'
字。"　建章按:孟子梁惠王下"抚剑疾视",注:"疾视,恶视
也。"戴说于义甚惬,但与孟子之"疾视"又不同。疑"或云"是。

⑭金正炜战国策补释:"'固'与'故'通,旧也。"　足下:见秦策三
第八章注㉕。

⑮鲍注:"以礼陈说不急也。"横田惟孝战国策正解:"'礼陈而缓'
应'徐叱之'。"

⑯郑王:韩王。鲍以为齐王为闵王。

⑰横田惟孝战国策正解:"'不许'应'无噬人之心'。"

⑱今:王引之经传释词卷五:"犹'若'也。"

⑲果:终,竟。　不许韩扰:没有同意立韩扰为相。

十　韩公叔与几瑟争国章

　韩公叔与几瑟争国①。郑强为楚王使于韩②,矫以新
城、阳人合世子以与公叔争国③。楚怒④,将罪之⑤。郑强
曰:"臣之矫与之以为国也⑥。臣(曰)〔以〕世子得新城、阳
人⑦,以与公叔争国而得全。魏必急韩氏⑧,韩氏急,必且命

于楚^⑨，又何新城、阳人敢索^⑩？若战而不胜，走而不死^⑪，今且以至^⑫，又安敢言地。"楚王曰："善。"乃弗罪。

【注释】

①韩公叔：见楚策一第十四章注①　几瑟：韩襄王太子　争国：争为太子。　顾观光战国策编年、于鬯战国策年表并系此策于周赧王十五年（前 300 年）。

②郑强：楚策一第十四章作"郑申"，见彼注④。　楚王：怀王，见东周策第八章注③。

③姚校"刘改'桥'作'矫'"。"桥"通"矫"，见睡虎地秦墓竹简281 页。则本作"桥"，不误。矫：假托。　新城阳人：见楚策一第十四章注⑤。　鲍本"合"作"命"。楚策一第十四章"合"作"予"。合：晏子春秋内篇问上俞樾诸子平议说："即'给'也。"世子：即太子，此指几瑟。此言郑强假冒楚王之命，以新城、阳人两地给太子来和公叔争太子之位。

④据楚策一第十四章疑"楚"下脱"王"字

⑤罪之：惩处郑强。

⑥与：通"予"，给。

⑦金正炜战国策补释："'臣曰'二字义不相属，下文亦非对几瑟之辞。'曰'字或当为'以'，古书'以'作'㠯'，与'曰'字近似，因以致误。以，犹'以为'也。"　关修龄战国策高注补证与金说同。　建章按：韩非子外储说右上"左右引王之说之以先告客以为德，""先"上"以"原作"曰"，陈奇猷据秦本、迁评本改"曰"作"以"，说："盖'以'亦作'已'，形误为'曰'也。"（见韩非子集释）又十过"师旷不得已，"陈奇猷说"藏本'已'作'曰'，误。"（同上）。楚策一第十四章"曰"作"为"。以、已、㠯三字并同。以，为也；为犹"以"也。并见王引之经传释词，则此"曰"

当作"以"。

⑧楚策一第十四章作"<u>齐</u>、<u>魏</u>必伐<u>韩</u>",疑"全"为"<u>齐</u>"字之误。

急:迫,胁迫。

⑨虽命于<u>楚</u>:见楚策一第十四章注⑦。

⑩按古汉语句法习惯,"敢"上当脱"之"字,楚策一第十四章正有"之"字。

⑪<u>鲍</u>改"走"作"幸"。见楚策一第十四章注⑧。

⑫楚策一第十四章:"今将倒冠而至,"据前后文意,"以"上似有脱文。

十一　韩公叔与几瑟争国中庶子强谓太子章

<u>韩公叔与几瑟</u>争国①。中庶子<u>强</u>谓太子曰②:"不若及<u>齐</u>师未入③,急击<u>公叔</u>。"太子曰:"不可,战之于国中,必分④。"对曰:"事不成,身必危,尚何足以图国之全为⑤!"太子弗听,<u>齐</u>师果入,太子出走⑥。

【注释】

①<u>韩公叔与几瑟</u>争国:见第十章注①。

②中庶子:侍御左右的家臣。　<u>吴</u>补:"<u>强</u>,或是'<u>郑强</u>'。"

③若:如。　及:乘。　<u>鲍</u>注:"<u>齐</u>助<u>公叔</u>。"

④<u>鲍</u>本"必"上有"国"字。

⑤"事不成"三句:大事不成,自身必不保,那儿还有可能考虑国家的安全。　为:语助。

⑥出走:逃离<u>韩</u>国。

1247

十二 齐明谓公叔章

齐明谓公叔曰①："齐逐几瑟②，楚善之③。今楚欲善齐甚④，公何不令齐王谓楚王⑤：'王为我逐几瑟以穷之⑥。'楚听，是齐、楚合，而几瑟走也⑦；楚王不听，是有阴于韩也⑧。"

【注释】

①齐明：见东周策第四章注③。　公叔：韩相国。　顾观光战国策编年、于鬯战国策年表并系此策于周赧王十五年（前300年）。

②齐逐几瑟：齐国出兵把韩太子几瑟逐出韩国。上章言："齐师果入，太子出走。"

③楚善之：（几瑟逃到楚国）楚国善待他。第十七章："几瑟亡之楚。"

④今楚欲善齐甚：现在楚国很想和齐国搞好关系。

⑤齐王：闵王，见东周策第十六注②。　楚王：怀王，见东周策第八章注③。

⑥穷：困。

⑦走：奔，逃。

⑧鲍注："阴，言私厚之。然则公叔不可不备。"　建章按："有阴"疑当作"阴有"。王引之经义述闻卷三十一"有"条："'有'与'友'古字通，故'友'训亲，'有'亦可训亲。"则此言楚王如果不驱逐几瑟，那就是他暗亲于韩。

十三 公叔将杀几瑟章

公叔将杀几瑟也①。谓公叔曰："太子之重公也②。畏几瑟也。今几瑟死③，太子无患，必轻公。韩大夫见王老，冀太子之用事也④，固欲事之⑤。太子外无几瑟之患，而内收诸大夫以自辅也⑥公必轻矣。不如无杀几瑟⑦，以恐太子⑧，太子必终身重公矣。"

【注释】

①公叔:韩相国。　几瑟:韩太子。　系年同前章。

②太子:指公子咎。"太子"与"公子"之称甚混。疑"公"误为"太"。又白虎通义爵:"天子之子称太子。"则此"太子"又非嗣位之长子。

③今:王引之经传释词卷五:"犹'若'也。"

④冀:希望。　用事:执政。

⑤事:侍奉,讨好,结好。

⑥辅:助。

⑦无:勿。

⑧几瑟在,公子咎有敌手,则时时处于警惕状态,即所谓"恐太子"。　恐:说文:"惧也。"　恐太子:使公子咎警惧。

十四　公叔且杀几瑟也章

公叔且杀几瑟也①,宋赫为谓公叔曰②:"几瑟之能为乱也,内得父兄,而外得秦、楚也。今公杀之,太子无患③,必轻公。韩大夫知王之老,而太子定,必阴事之④。秦、楚若无韩,必阴事伯婴⑤,伯婴亦几瑟也。公不如勿杀,伯婴恐,必保于公⑥。韩大夫不能必其不入也⑦,必不敢辅伯婴以为乱。秦、楚挟几瑟以塞伯婴⑧,伯婴外无秦、楚之权,内无父兄之众,必不能为乱矣。此便于公^⑨。"

【注释】

①同第十三章注①。

②为:为几瑟。

③太子:指公子咎,见上章注②。

④阴事:暗暗事奉。　事:侍奉,讨好。结好。

⑤金正炜战国策补释:"秦、楚皆挟几瑟以有韩者也,几瑟死,则秦、楚若失韩矣,故改而阴结伯婴。"　于鬯战国策注:"疑公子咎、韩公叔、公叔伯婴,一人而三称谓也。"

⑥鲍本"必"下有"阴"字。则此言伯婴必阴托公叔以自保。

⑦韩大夫不能必其不入也:韩大夫不能保证几瑟不返国。　必:汉书韩信传颜注:"谓必信之。"

⑧塞:阻,遏,控。　挟:广雅释诂四:"辅也。"

⑨便:利。

十五　谓新城君章

谓新城君曰^①:"公叔伯婴恐秦、楚之内几瑟也^②,公何不为韩求质子于楚^③?楚王听^④,而入质子于韩,则公叔伯婴必知秦、楚之不以几瑟为事也^⑤,必以韩合于秦、楚矣。秦、楚挟韩以窘魏^⑥,魏氏不敢东^⑦,是齐孤也。公又令秦求质子于楚^⑧,楚不听,则怨结于韩^⑨。韩挟齐、魏以盼楚^⑩,楚王必重公矣^⑪。公挟秦、楚之重^⑫,以积德于韩^⑬,则公叔伯婴必以国事公矣^⑭。"

【注释】

①史记韩世家作"苏代又谓秦太后弟芈戎"集解引徐广及索隐都说"芈戎号新城君",史记穰侯列传:"宣太后同父弟曰芈戎,为华阳君。"索隐:"芈戎后又号新城君。"韩世家载此策在襄王十二年(周赧王十五年,前300年)。

②史记韩世家泷川资言考证引中井积德说"改'伯婴'为公子咎,则前后文相应,讹文耳,下文做此。" 建章按:于鬯认为"公子咎、韩公叔、公叔伯婴,一人而三称谓也。"见上章注⑤　内:接待。公叔伯婴与几瑟争国,几瑟出走,故恐秦、楚之接待几瑟。

③于鬯战国策注:"'质子',质楚王之子,而韩世家索隐、正义并误以质子为几瑟。不知以策考之,几瑟质楚尚在前,此时亡走入楚,非为质也。"

④楚王:怀王,见东周策第八章注③。

⑤史记韩世家泷川资言考证:"知秦、楚无意于立蚔蠋也。""蚔蠋"即"几瑟"。

⑥挟:持,胁。　窘:困,迫。

⑦魏氏:魏国。　不敢东:不敢与齐联合。

⑧又:裴学海古书虚字集释卷二:"犹'或'也。" 此接前文,"秦"下省"为韩"二字。

⑨怨结于韩:谓楚结怨于韩。

⑩鲍本"盻"作"眆" 韩世家"盻"作"围"。 于鬯战国策注:"'盻'当即'眆'之坏文,卢刻作'盼'。说文'眆,恨视也'。为'眆'义长。'围'与'眆'又音转相近,则'眆'或'围'字之借。" 建章按:眆(xì细)字意可通。"盻""盼"当是误字。

⑪史记韩世家正义:"言韩合齐、魏以围楚,楚必尊重芈戎,以求秦救矣。"

⑫挟:持。是说新城君对秦、楚地位很重要。

⑬德:恩。

⑭"则公叔伯婴"句:此言一旦公叔伯婴立为太子,则必以韩国尊
  奉新城君。

十六　胡衍之出几瑟于楚章

胡衍之出几瑟于楚也①,教公仲②:"谓魏王曰③:'太子
在楚④,韩不敢离楚也⑤。公何不试奉公子咎,而为之请太
子⑥。'因令人谓楚王曰:'韩立公子咎而弃几瑟,是王抱虚
质也⑦。王不如亟归几瑟,⑧几瑟入,必以韩权报仇于魏而
德王矣⑨。'"

【注释】

①胡衍之出几瑟于楚也:胡衍设法要几瑟自楚归韩。　出:西周
　策第一章高注"归也"。　顾观光战国策编年、于鬯战国策年
　表并系此策于周赧王十五年(前300年)。

②公仲:韩相国。

③谓魏王曰:(让公仲)对魏王说。　魏王:襄王,见东周策第十九
　章注⑧。

④太子:几瑟。

⑤几瑟在楚,韩如绝楚,则楚将伐韩,故言"韩不敢离楚"。　离:
　绝,叛。

⑥于鬯战国策注:"'而'下若添'使魏'二字便晓。盖'试奉公子
　咎'者,仲也,'为之请太子'者,使魏为之请也。"

⑦抱虚质:抱空质,见秦策五第五章注㊳。

⑧亟:即刻。

⑨魏曾为公子咎请立为太子,故几瑟归韩,掌权后,则向魏报仇。楚送回几瑟,而立为太子,故感激楚王。

十七　几瑟亡之楚章

　　几瑟亡之楚①,楚将收秦而复之②。谓芈戎曰③:"废公叔而相几瑟者楚也④。今几瑟亡之楚,楚又收秦而复之,几瑟入郑之日⑤,韩、楚之县邑⑥。公不如令秦王贺伯婴之立也⑦。韩绝于楚,其事秦必疾⑧,秦挟韩亲魏、齐⑨,楚后至者先亡⑩。此王业也。

　　①亡:逃奔。　顾观光战国策编年、于鬯战国策年表并系此策于周赧王十五年(前300年)。

　　②收:联合。　复之:把太子几瑟送回韩国。

　　③谓芈戎曰:有人对芈戎出谋说。　芈戎:见第十五章注①。

　　④公叔:公叔伯婴,与几瑟争为太子者。见第十四章⑤。　相:辅,助。

　　⑤郑:韩。

　　⑥鲍改:"邑"作"已"。　吴补:"策文如此句者,每作'已',然'邑'字自通。"　黄丕烈战国策札记:"'作已'是也,'邑字自通'非"。　建章按:鲍改及吴、黄说皆未是。史记孝文本纪"历日县长",王念孙读书杂志:"'县(縣)'当为'绵(縣)'字之误,汉书作'历日弥长','弥'亦'绵'也,故文十四年穀梁传'绵地千里'范宁注曰:'绵,犹弥漫也。'贾子壹通篇'弥道数千'犹'縣道数千'也。'绵'与'弥'声近而义同,故'绵'或作'弥',

若'縣'与'弥',则远而不可通矣。"淮南子原道训"旋县而不
究"高注"县,犹小也"。王念孙读书杂志:"诸书无训'县'为
'小'者,'县'当为'绵',字之误也,逸周书和寤篇曰'緜緜不
绝,蔓蔓若何',说文'绵,联微也',广雅'绵,小也'。故高注亦
训为'小'。"则此"县邑"当是"绵邑"之误,绵邑:小邑。此言,
几瑟反韩,一旦执政,必倒向楚国,韩国就像楚国的一个小邑而
已。此乃有意激芈戎之言。

⑦秦王:昭王,见西周策第一章注⑭。　伯婴:公叔伯婴,见注④。
于鬯战国策注:"时太子未定,故贺公叔伯婴,使疾立也。"

⑧其:韩。　事:侍奉,友好。　疾:急,力。

⑨挟:持:控制。　疑衍"齐"字。

⑩楚后至者先亡:楚策一第十八章"天下后服者先亡",即其义。

十八　冷向谓韩咎章

冷向谓韩咎曰[①]:几瑟亡在楚[②],楚王欲复之甚[③],令楚
兵十余万在方城之外[④]。臣请令楚筑万家之都于雍氏之
旁[⑤],韩必起兵以禁之[⑥],公必将矣。公因以楚、韩之兵奉几
瑟而内之郑[⑦]。几瑟得入而德公[⑧],必以韩、楚奉公矣。

【注释】

①冷向:秦臣。秦策一第四章作"泠向",又见赵策一第十三章。
韩咎:疑非太子咎,然第二十章"韩咎立为君"之语,则太子亦称
韩咎。则有两韩咎。　顾观光战国策编年、于鬯战国策年表并
系此策于周赧王十五年(前300年)。

②几瑟:韩太子。　亡:逃亡,逃奔。

③楚王欲复之甚:楚王很想把几瑟送回韩国。　楚王:怀王,见东
　周策第八章注③。

④方城之外:见西周策第八章注⑦。

⑤万家之都:万户的都城。此为屯兵。　雍氏:见东周策第八章
　注①。

⑥起兵:发兵。　禁:礼记王制疏:"谓防遏。"

⑦奉:尊,侍。　内:犹言迎接。　鲍本、史记韩世家并无"郑"。

⑧德:感激。　公:指韩咎。

十九　楚令景鲤入韩章

　　楚令景鲤入韩①,韩且内伯婴于秦②,景鲤患之③。泠向
谓伯婴曰:"太子入秦,秦必留太子而合楚,以复几瑟也④,
是太子反弃之⑤。"

【注释】

①景鲤:楚怀王的宠臣。　顾观光战国策编年于邲战国策年表并
　系此策于周赧王十五(前300年)。　姚本与上章连篇,鲍本分
　章,据文义,从鲍本。

②韩且内伯婴于秦:韩国准备把伯婴送到秦国去。　内:说文:
　"入也。"　伯婴:公叔伯婴,公子咎。现在已为太子。

③患之:为此而担忧。

④以复几瑟也:恢复几瑟为太子。

⑤弃:自弃。

二十　韩咎立为君而未定章

　　韩咎立为君,而未定也①。其弟在周②,周欲以车百乘

重而送之③,恐韩咎入韩之不立也④。綦母恢曰⑤:"不如以百金从之⑥。韩咎立,因(也)〔曰〕以为戒;不立,则曰来效贼也⑦。"

【注释】

①韩咎:即公叔伯婴,与几瑟争国者。 立为君:于鬯战国策注"即立为太子也。" 顾观光战国策编年系此策于周赧王十五年,于鬯战国策年表系此于周赧王十六年(前299年)。 建章按:史记六国年表韩格"襄王十三年,齐、魏王来,立咎为太子。"韩襄王十三年当周赧十六年,此从于表。姚本与上章连篇,鲍本分章,据文义,从鲍本。

②其弟:韩咎之弟。

③重:隆重。 韩非子说林下作"周欲重之"。 鲍本"以"作"立",当误。

④此句疑当作"恐入韩,韩咎之不立也",韩非子说林下无"入韩"二字。

⑤綦母恢:见西周策第十一章注⑤。

⑥韩非子作"不若以车百乘送之"。 建章按:韩非子义胜。此疑有误;或以为"百金"与上文"车百乘"误倒。

⑦"韩咎立"四句:如果韩咎立为太子,就说,送韩咎之弟,以车百乘,是为了戒备;如果韩咎未立为太子,就说,是为了押送罪犯的。 姚校:"刘改'因'作'曰',一本添'也'字"。 鲍本无"也"字。 王念孙读书杂志:"'因也'当为'因曰',与下文'则曰'相对为文,韩子说林篇作'得立,因曰为戒'是其证。" 金正炜战国策补释:"刘改非是,当从王说,荀子赋篇'其小歌曰'各本'曰'多作'也',可为此证。" 建章按:墨子耕柱:"是犹弇其目而祝于丛社也。"俞樾诸子平议:"'也'当作'曰',其下句

即祝词也,上文'而祝于丛社曰'是其证。"韩非子外储说右下说五"下令于民曰","曰",张本、今本、凌本并误作"也"(见陈奇猷韩非子集释引)。此当据韩非子说林改"也"为"曰"。

效:献,送。

二十一　史疾为韩使楚章

史疾为韩使楚[①],楚王问曰:"客何方所循[②]?"曰:"治列子圉寇之言[③]。"曰:"何贵[④]?"曰:"贵正[⑤]。"王曰:"'正'亦可为国乎[⑥]?"曰:"可。"王曰:"楚国多盗,'正'可以圉盗乎[⑦]?"曰:"可。"曰:"以'正'圉盗奈何?"顷间[⑧],有鹊止于屋上者[⑨]。曰:"请问楚人谓此鸟何?"王曰:"谓之鹊。"曰:"谓之乌可乎[⑩]?"曰:"不可。"曰:"今王之国有柱国、令尹、司马、典令[⑪],其任官置吏,必曰廉洁胜任。今盗贼公行,而弗能禁也,此乌不为乌,鹊不为鹊也[⑫]。"

【注释】

①此章鲍编入楚策。

②陈直史记新证:"汉代隶书'循''修'极相似,似且可通用。如汉书陈汤传:'司隶奏汤无循行。'景君碑碑阴题名有'循行',皆'修'字也。"　建章按:古书"修"作"循"不胜枚举,陈说或是。修:广雅释诂三:"治也。"正与下句"治"字相应。左昭二十九年传"官修其方"注:"方,法术。"

③列子:名圉寇,或作御寇、圄寇,春秋末期人,"汉书艺文志著录列子八篇,那是经过刘向、刘歆父子整理的,已不知在什么时候散失了。今天流传的列子八篇,肯定不是班固所著录的原

书。""是魏晋人的赝品。"（引文见杨伯峻列子集释前言及辨伪文字辑略）

④贵：吕氏春秋孟夏纪尊师高注："尚也。"犹言主张。

⑤杨伯峻列子集释前言："尔雅释诂邢昺疏引尸子广泽篇及吕氏春秋不二篇也都说'列子贵虚'，和庄子所说相合。至于史疾治列子圉寇之言而'贵正'则近于儒家的正名，不可能认为是列子的正宗，只能估计是战国说客因列子已不被人所真知，假借其名，以为游说的招牌而已。"

⑥为国：治国。

⑦圉：通"御"。又尔雅释言："圉，禁也。"

⑧顷间：一会儿。

⑨鹊：喜鹊。

⑩乌：乌鸦。

⑪柱国：见东周策第二章注⑬。　令尹：见齐策二第四章注⑦。
司马：军事长官。　典令：周礼春官典命："典命，掌诸侯之五仪，诸臣之五等之命。"不知是否即"典命"之遗制。

⑫为：广雅释诂三："成也。"这是说，今盗贼公行，而弗能禁，是因为任官置吏而不胜其任。　吴正："此言'循名任法'，有申、韩之意，而以为列圉寇所治，何欤？抑申、韩原于道德，本不异欤？"

二十二　韩傀相韩章

　　韩傀相韩①，严遂重于君②，二人相害也③。严遂政议直指④，举韩傀之过⑤。韩傀以之叱之于朝⑥。严遂拔剑趋之⑦，以救解⑧。于是严遂惧诛⑨，亡去游⑩，求人可以报韩傀者⑪。

至齐，齐人或言"轵深井里聂政⑫，勇敢士也，避仇隐于屠者之间⑬。"严遂阴交于聂政⑭，以意厚之⑮。聂政问曰："子欲安用我乎⑯？"严遂曰："吾得为役之日浅⑰，事今薄⑱，奚敢有请⑲？"于是严遂乃具酒⑳，觞聂政母前。㉑仲子奉黄金百镒，㉒前为聂政母寿㉓。聂政惊，愈怪其厚㉔，固谢严仲子㉕。仲子固进㉖，而聂政谢曰㉗："臣有老母，家贫，客游以为狗屠㉘，可旦夕得甘脆以养亲㉙。亲供养备㉚，义不敢当仲子之赐㉛。"严仲子辟人，因为聂政语曰㉜："臣有仇㉝，而行游诸侯众矣㉞。然至齐，闻足下义甚高㉟。故直进百金者，特以为夫人粗粝之费㊱，以交足下之欢㊲，岂敢以有求邪㊳？"聂政曰："臣所以降志辱身㊴，居市井者㊵，徒幸而养老母㊶。老母在，政身未敢以许人也㊷。"严仲子固让㊸，聂政竟不肯受㊹。然仲子卒备宾主之礼而去㊺

久之，聂政母死，既葬，除服㊻。聂政曰："嗟乎，政乃市井之人，鼓刀之屠㊼，而严仲子乃诸侯之卿相也，不远千里，枉车骑而交臣㊽，臣之所以待之至浅鲜矣㊾' 未有大功可以称者㊿。而严仲子举百金为亲寿，我虽不受，然是深知政也。㊷夫贤者以感忿睚眦之意㊸，而亲信穷僻之人㊹，而政独安可嘿然而止乎㊺？且前日要政㊻，政徒以老母㊼，老母今以天年终㊽，政将为知己者用㊾。"

遂西至濮阳㊿，见严仲子曰："前所以不许仲子者，徒以亲在。今亲不幸㊿，仲子所欲报仇者为谁？"严仲子具告曰㊿："臣之仇韩相傀，傀又韩君之季父也㊿，宗族盛㊿，兵卫设㊿，臣使人刺之，终莫能就㊿。今足下幸而不弃，请益具车

骑壮士⑥，以为羽翼⑥。"政曰："韩与卫，中间不远⑥，今杀人
之相，相又国君之亲，此其势不可以多人⑥。多人不能无生
得失，生得失则语泄，⑦语泄则韩举国而与仲子为仇也⑦，
岂不殆哉！"⑦遂谢车骑人徒⑦，辞⑦，独行，仗剑至韩。⑦

韩适有东孟之会⑦，韩王及相皆在焉⑦，持兵戟而卫者
甚众。聂政直入上阶，刺韩傀，韩傀走而抱(哀)〔烈〕侯⑦，
聂政刺之，兼中(哀)〔烈〕侯，左右大乱。聂政大呼，所杀者
数十人。因自皮面、抉眼⑦，自屠出肠⑧，遂以死。韩取聂政
尸于市⑧，县购之千金⑧。久之，莫知谁子。

政姊闻之⑧，曰："弟至贤，不可爱妾之躯，灭吾弟之名，
非弟意也⑧。"乃之韩，视之，曰："勇哉！气矜之隆⑧。是其
轶贲、育而高成荆矣⑧。今死而无名。父母既殁矣，兄弟无
有，此为我故也。夫爱身不扬弟之名，吾不忍也。"乃抱尸
而哭之曰："此吾弟轵深井里聂政也。"亦自杀于尸下。

晋、楚、齐、卫闻之，曰："非独政之能，乃其姊者亦列女
也⑧。"聂政之所以名施于后世者⑧，其姊不避菹醢之诛⑧。
以扬其名也。

【注释】

①韩傀：即侠累，韩烈侯相国。　顾观光战国策编年系此策于周
　　安王五年（前 397 年），是；于鬯战国策年表误系于周烈王五年
　　（前 371 年）。
②严遂：为韩烈侯宠臣，论衡书虚篇："严遂"又称"严翁仲。"
　　君：韩烈侯，景侯之子，名取韩国第二君，前 399 年—前 387 年在
　　位。　重：尊宠。

③二人:指韩傀,严遂。

④"政"与"正"同(见管子白心王念孙读书杂志说)。 政议直
　指:公正无私地议论,直言不讳地批评。荀子不苟:"君子崇人
　之德,扬人之美,非谄谀也;正义直指,举人之过,非毁疵也。"

⑤举:礼记杂记注:"犹'言'也。" 过:过失,错误。

⑥以之:因此。 叱:斥责,斥骂。 之指严遂。 朝:上朝时。

⑦趋:吕氏春秋孝行览必己高注"逐"。 趋之指追韩傀。

⑧以救解:因有人来救,所以脱险。 解:礼记曲礼上疏:"脱也。"

⑨诛:罪责。 因其"拔剑"于朝,故恐君罪责。

⑩亡去:逃离韩国。 游:无固定居处,犹言到处。

⑪报韩傀者:向韩傀报仇的人。

⑫轵:见赵策一第九章注㊻。 深井里:史记刺客列传聂政传正
　义:"在济源县南三十里。"

⑬聂政传:"杀人避仇,与母、姊如齐,以屠为事。" 屠者:以屠宰
　牲畜为业的人。

⑭严遂阴交于聂政:严遂暗地里与聂政交往。

⑮以意厚之:对待聂政深情厚意。

⑯子欲安用我乎:您是想有什么需要我做的吗? 安:何,什么。

⑰得:能。 为役:"和你交往"的谦敬说法。 日浅:日子不多。

⑱薄:迫,紧急。

⑲奚:何。 请:广雅释诂三:"求也。"

⑳具酒:摆开酒宴。

㉑觞聂政母前:亲自为聂政母敬酒。 觞:古代酒杯;此用作动
　词,犹言"把盏","敬酒"。

㉒仲子:鲍彪以为是严遂的字。 奉:献。 镒:二十两。

㉓前为聂政母寿:上前为聂政母致敬。见赵策三第十三章注⑯。

㉔厚:重。

㉕固谢:坚决辞谢。

㉖进:通"赆"赠送,见东周策第二章注⑱。

㉗谢:说文"辞去也"。此言,拒绝接受黄金百镒的赠礼。

㉘客游:离开本国,到处寄居。　狗屠:杀狗的屠夫。

㉙可旦夕得甘脆以养亲:早晚能买点甜脆可口的东西来奉养
　母亲。

㉚备:齐备。

㉛不敢当:担当不起;值不得。　敢:表谦敬。　当:担当,值。

㉜辟:通"避",回避。　因:而。　为:王引之经传释词卷二:"犹
　'与'也。"

㉝臣:自我谦称。

㉞而行游诸侯众矣:我在各国到处寻找能为我报仇的人已经不
　少了。

㉟"然至齐"两句:我到了齐国才听说足下讲义气声望很高。

　　然:王引之经传释词卷七:"乃也。"犹口语的"才","这才"。

　　足下:见秦策二第十二章注⑫

㊱鲍本"夫人"作"丈人",注:"丈人,亦尊称政也。"　吴补:"一本
　'夫人',史、姚同。韦昭云:'古者尊大姬为夫人,又或作大
　人'。"　聂政传作"大人"正义引韦昭云:"古者名男子为'丈
　夫,'尊妇姬为'大人',汉书宣元王传'王遇大人益解,为大人
　乞骸去',按'大人',宪王外祖母,古诗云'三日断五匹,大人故
　言迟'是也。"　泷川资言考证:"各本'大人'作'夫人',今从正
　义本,馆本策作'丈人'注云'一本夫人,或作大人。'李光缙曰:
　'古父母皆可称大人,范滂将就诛,与母诀曰,大人割不忍之爱,是
　也。'"　黄丕烈战国策札记:"'丈'字当是,颜氏家训有说。"　于
　鬯战国策注引张啸山舒艺室随笔云:"今本汉书及乐府诗集焦
　仲卿妻篇'丈人'字皆作'大人','丈人'、'大人'皆尊属通称,

无别乎男女也。" 王伯祥史记选:"蜀本、百衲本、黄本、汲古本都作'夫人',未必恰当"。 建章按:王充论衡气寿篇:"譬犹人形一丈,正形也。名男子为丈夫,尊公妪为丈人。"赵翼陔余丛考卷三十七:"其时(按:指汉以前)公卿大臣无'大人'之称者,可知其呼为'大人'者,则以施于父母伯叔。"据以上各说,"夫人""大人""丈人"各依本文可也,皆言聂政之母,鲍彪以为"尊称政",则误。 粝:粗粮。 粗粝之费:谦辞,犹言不足以当"甘脆"之费。

㊲以交足下之欢:来和您交好。

㊳岂敢以有求邪:那敢因此对您有什要求呢? 岂:裴学海古书虚字集释卷五:"何也。" 以:又卷一"因也"。"以"后省介词宾语"之"。

㊴臣所以降志辱身:聂政传索隐:"言其心志与身本应高洁,今乃卑下其志,屈辱其身。"

㊵公宣十五年传"什一行而颂声作矣"疏:"因井田以为市,故俗语曰'市井'者。古者邑居,秋冬之时,入保城郭,春夏之时,出居田野,即作田也,遂相交易井田之处,而为此市,故谓之'市井'。" 管子小匡:"处商必就市井"注"立市必四方,若造井之制,故曰'井市'。" 聂政传正义:"古者相聚汲水,有物便卖,因成市,故曰'市井'。" 则布井即市场,人们聚集做买卖的地方。

㊶徒幸而养老母:仅仅希望以此养活老母。 徒:只是,仅仅。 幸:汉书灌夫传颜注:"冀也。" 而:王引之经传释词卷七:"犹'以'也。"

㊷礼记曲礼上:"父母存,不许友以死。"

㊸让:吕氏春秋恃君览行论高注:"犹予也。"犹言"献给"。

㊹竟:终究。

㊺卒:最终,最后。 备:用,尽。 宾主之礼:当有馈赠。

㊻除服:守孝期满,脱去丧服。 于鬯战国策注:"战国时,久不行三年丧,既葬除服,盖当时通礼。"

㊼鼓:庄子骈拇陆德明经典释文"动也"。则鼓刀,犹动刀,持刀,操刀。 刘师培左盒集卷五:"类聚三十三引'以屠'作'之属','之属'与上'之人'对文。今本据史记改。足证姚本之讹。"

㊽枉车骑而交臣:委屈了他的身分来与我结交。 枉:委屈。

㊾臣之所以待之至浅鲜矣:我所报答他的,实在太微薄了。 浅:淮南子齐俗训高注:"薄也。" 鲜:少,微。

㊿未有大功可以称者:我没有大功可以配得上他对我这样的尊礼。 称:相称,配得上。

51然是深知政也:他这样做,乃是深深了解我,赏识我啊! 然:王引之经传释词卷七:"犹'乃'也。" 是:此,这样。

52贤者:指严仲子。 金正炜战国策补释:"齐策'除感忿之耻',王念孙杂志据荀子议兵篇注谓'感忿,为感忽之讹',此文亦当作'感忽',杨倞所谓'倏忽之间'也。'意'疑本为'怨'。'意'古作'悥','怨'误为'患',因转误'意'。" 建章按:史记范雎列传"一饭之德必偿,睚眦之怨必报","睚眦"与"一饭"相对比,意思是瞪一瞪眼睛那样的小怨恨。汉书杜钦传"报睚眦怨,"后汉书孔融传"睚眦之怨必仇,"则"意"或当为"怨"。王念孙说见齐策六第三章注㊾。依王说"感忿"当是"感忽",则"感忽之怨"即一时的小怨恨。与"睚眦"正相谐。

53穷:贫贱。 僻:远,疏远。 穷僻之人:指聂政。

54"夫贤者"三句:严仲子一心一意要报仇雪恨,竟然亲近相信我这个卑贱、疏远的人,而我怎么能不声不响就此算了呢? 独:王引之经传释词卷六:"犹'岂'也。"或"只""就"的意思。

安:何,怎么。　可:能。　嘿:同"默。"

㊄要:通"邀",求。

㊄政徒以老母:我只是因为老母的原故(没有应邀)。　徒:只是。　以:因。

㊄以天年终:老死。　天年:人的自然的寿命。

㊄用:汉书贾谊传引晋灼注:"役用之也。"犹言使用,出力。以上皆聂政默想。

㊄濮阳:见秦策五第五章注①

⑥鲍本"幸"下有"而死"二字。吴补:"一本无'而死'二字。"　黄丕烈战国策札记:"史记作'今不幸而母以天年终'。"　泷川资言考证:"枫、三本无'母以天年'四字,'终'作'死'。"　刘师培左盦集卷五:"类聚三十三所引易'不幸'二字为'已亡'。盖'不幸'以下原本有'已亡'二字(鲍本已有'而死'二字),亦姚本之挽句也。"　建章案:"不幸"讳言"死"。

⑥严仲子具告曰:严仲子把详细情况一一告诉聂政说。　具:荀子正名杨注:"全也。"

⑥季父:叔父。

⑥盛:广雅释诂三:"多也。"

⑥兵卫设:安排有卫兵。　设:陈,置。

⑥就:尔雅释诂:"成也。"

⑥益:增加,多。　益具:犹言多备,增派。

⑥羽翼:犹言助力。

⑥中间:犹言中隔,中间相隔。

⑥此其势不可以多人:在这种形势下,不可以多去人。

⑦"多人"两句:去行刺的人多了,就难保没有人被活捉;被人活捉了,就难保不泄漏行刺的秘密。　聂政列传索隐:"'无生得',战国策作'无生情',言所将人多,或生异情,故语泄;此云'生

得'，言将多人往杀侠累，后又被生擒而事泄。亦两俱通也。"**正义**："言多人，不生擒**韩**相，其言即泄漏也。又一曰，多人杀**韩**相，不能无被生擒，得之者，其言必泄。" **泷川资言考证**："枫、三本'得'下'失'字并无，按**索隐**、**正义**二本亦无失字，今本衍。'不能无生得'**索隐**、**正义**后解是。" **黄丕烈战国策礼记**："**史记**本作'生得'，策文本作'生情'，今本皆误。" **王念孙读书杂志**："**史记**本作'生得'，今本'得'下有'失'字，乃后人以意加之也；**战国策**本作'生情'，而今本亦作'生得失'，则又后人据**史记**改之也。" **金正炜战国策补释**："**诗大雅皇矣**笺：'执所生得者而言问之。'**公昭二十三年传**：'生得曰获。'**管子大匡篇**：'寡人愿生得之。'**汉书苏武传**：'**虞常**生得'注'被执获也。'**南史东昏纪**：'帝小有得失，潘则予杖'六朝人语，不类**周秦**。" **世说新语德行**："'**王子敬**病笃，道家上章，应首过，问**子敬**：'由来有何异同得失？'**子敬**云：'不觉有余事，唯忆与**郗**家离婚。'"**徐震堮校笺说**："'异同'、'得失'，乃偶词偏义之例，'异同'与'得失'各为一词，此处专着后者；而'得失'一词中，又取一'失'字。"

建章按：据**索隐**、**正义**、枫、三本**史记**本无"得"下"失"字，据**索隐**引**战国策**，此"得失"本作"情"。**泷川**、**黄**、**王**、**金**说可从。

补二例：**管子小匡**："若不生得，是君与寡君贼比也。"**史记始皇本纪**："**毐**等败走，即令国中，有生得**毐**赐钱百万。"

⑦举国：全国。 **聂政列传**索隐："**徐**注云'仇一作难'，**战国策**、**谯周**亦同。"

⑦殆：危险。

⑦谢：**说文**"辞去也"。 人徒：犹言随行人员。

⑦辞：辞行

⑦独行：单身。 仗剑：持剑。

⑦**程恩泽国策地名考卷十四**："**东孟**即酸枣无疑，今为**延津县**。"

酸枣:见秦策四第九章注⑯

⑦韩王:烈侯,此时未称王,追书耳。　相:韩傀。

⑧鲍彪改"哀"作"列"。　建章按:鲍改是,见东周策第二十八章注①。此事误记。王充论衡书虚篇已先辨其误,赵翼陔余丛考卷十五又"指其所以致误之由"。详见韩策三第五章注㊸。

⑦皮:说文"剥取兽革者谓之皮",此言剥去面皮。　抉:说文:"挑也。"挑出,剜出。　破其面形,使人不可认识,则可保守行刺者的秘密。

⑧自屠出肠:自己剖开肚子,拉出肠子。屠:说文:"刳也。"剖开。

⑧鲍本"尸"下有"暴"字,聂政列传同。太平御览卷四三九贞女览引亦有"暴"字。左桓十五年传"尸诸周氏之汪",注:"暴其尸以示戮也。"国语晋语"杀三郤而尸诸朝",注:"尸,陈也。"鲍本及史记"尸"下有"暴"字,则又为"舆尸"之尸,义与此异。

赵振铠以为当读作"韩取聂政尸于市县","刺客列传的'市'乃是'市县'、'市丘'的省称","市丘是在酸枣县的北面,在今河南延津县北十五里,大梁的西北"。(见文物 1976 年第 10 期孙膑兵法·擒庞涓中几个城邑问题的探讨)　建章按:赵引此文读作"尸于市县"恐未当,"县"即"悬",当连下读。如赵说,则市与东孟(见注⑦)切近,然中国历史地图集所定市丘的位置与赵文异,又见韩策一第十一章注④。

⑧县购之千金:即"悬购之以千金",悬千金之重赏,求刺杀韩傀者之姓名。　"县"同"悬"。　购:求(见说文)。

⑧姚宏注说:"(姊下)刘有'嫈'字。"鲍本"姊"下有"嫈"字,吴师道补说:"一本无'嫈'字。"史记刺客列传聂政传作"荣",集解说:"荣,一作'嫈'。"黄丕烈战国策札记说:"索隐云'战国策无"荣"字',有者当是误用史记添入耳。列女传亦无。"

⑧鲍注:"言往哭自吾意耳。"　横田惟孝战国策正解引林西仲说:

"贤,指其勇;爱身灭人之名,非政平日自命本意。" 于鬯战国
策注:"政之自灭其名,特因姊故,非其本意。一云:'其姊以政
之意为意;政之意必无自避其死,而灭人之名,故其姊亦不敢避
死。'鲍云似浅。" 建章按:于引"一云"与林说意合,当是"非
弟意也"之意。

⑧勇哉气矜之隆:勇敢啊! 豪气伟大而崇高。 矜:广雅释诂一:
"大也。" 之:裴学海古书虚字集释卷九:"犹'而'也。" 隆:
小尔雅广诂:"高也。"

⑧轶:广雅释诂三:"过也。"超过。 贲育:孟贲、夏育,相传古代
的勇士和力士。 成荆:淮南子齐俗训高注:"古勇士也。"亦作
"成庆"。

⑧乃:王引之经传释词卷六:"犹'且'也。" 列女:重名节,视死
如归的女子。列同"烈"。

⑧施:淮南子修务训"名施后世"高注:"延也"。犹言"流传"。

⑧菹醢(zūhǎi 租海):古代一种酷刑,把人剁成肉酱。

战国策注释卷二十八

韩　策　三

一　或谓韩公仲章

或谓韩公仲曰①："夫孪子之相似者②,唯其母知之而已;利害之相似者,唯智者知之而已。今公国,其利害之相似,正如孪子之相似也。得以其道为之③,则主尊而身安;不得其道④,则主卑而身危。今秦、魏之和成⑤,而非公适束之⑥,则韩必谋矣⑦:若韩随魏以善秦,是为魏从也⑧,则韩轻矣,主卑矣;秦已善韩,必将欲置其所爱信者⑨,令用事于韩以完之⑩,是公危矣。今公与安成君为秦、魏之和⑪,成固为福,不成亦为福。秦、魏之和成,而公适束之,是韩为秦、魏之门户也⑫,是韩重而主尊矣。安成君东重于魏,而西贵于秦,操右契而为公责德于秦、魏之主⑬,裂地而为诸侯⑭,公之事也⑮;若夫安韩、魏而终身相⑯,公之下服⑰,此主尊而身安矣⑱。秦、魏不终相听者也⑲,齐怒于不得魏⑳,必欲善韩以塞魏㉑;魏不听秦,必务善韩以备秦㉒,是公择布而割也㉓。秦、魏和,则两国德公㉔;不和,则两国争事公㉕。所谓'成为福,不成亦为福'者也。愿公之无疑也。"

【注释】

①韩公仲:韩相公仲朋。 于鬯战国策年表系此策于周赧王二十二年(前 293 年)。

②孪子:孪生子,双生子,双胞胎。这可能是当时的习语,淮南子修务训、吕氏春秋慎行览疑似均有此语。

③得以其道为之:能用正道去做。得:能。以:用。

④不得其道:为"不得其道为之"的省说。言不能用正道去做。

⑤今:王引之经传释词卷五:"犹'若'也。"

⑥于鬯战国策注:"卢见曾刻姚本及鲍本'束'上并有'两'字,义尤显。" 金正炜战国策补释:"释名释言语:'束,促也,相促近也。'无'两'字,义亦自足。"

⑦"今秦"句以下是说:如果秦、魏联合成功,恰恰又不是您促成的,那么韩国一定会遭到秦、魏的谋伐。 金正炜战国策补释:"'谋'者谓秦、魏合而图韩,与赵策'国在谋中'之义同。鲍注'谋谓和不坚,而复议之',非也。"于鬯注同金。 建章按:取金说。

⑧"若韩随魏"两句:如果韩国跟着魏国去讨好秦国,则韩国就成了魏国的随从。

⑨"秦已善韩"两句:秦国与韩国交好,一定会把宠爱信任的人安插到韩国。 置:安插。

⑩令用事于韩以完之:秦国让安插在韩国的信爱者控制韩国,来保住秦国的利益。 用事:掌握,控制。 完:说文:"全也。"又左昭十五年传注:"完,犹保守。"

⑪今：如果，见注⑤。　安成君：于鬯战国策注："鲍以为韩人，非。此即非公孙衍亦必是魏人。"　为：助。

⑫门户：言秦、魏必出入于韩。

⑬古代之契，刻字之后，剖为左右两半，即所谓左契、右契，双方各执一半，以作凭证。相当现在的收据、存根。老子七十九章"是以圣人执左契而不责于人"，任继愈译作"因此，'圣人'虽握有借据的存根，而不强迫人家偿还。"　责：求，要求。　德：惠，好处。

⑭裂地而为诸侯：分地而封公仲为侯。

⑮事：犹言分内之事。或谓意料中之事。

⑯相：言兼相韩、魏。

⑰下服：犹言又次一等了。　服：尔雅释诂："事也。"

⑱此主尊而身安矣：不管"裂地而为诸侯，"或"安韩、魏而终身相"，皆可使"主尊而身安"。　金正炜战国策补释："相，训为助。下服，犹云下国。上言'裂地而为诸侯'，则是韩、魏之附庸，故云'下服'；此言'安韩、魏'，即终身得资以相所封之国。"录以备参。

⑲秦魏不终相听者也：秦、魏不会永远友好下去。　听：广雅释诂一"从也"。

⑳吴补："'齐怒'，详文意，当作'秦怒'。"　关修龄战国策高注补正："吴云得之，言秦不得魏之和，则'秦、魏不终相听'是也。"于鬯战国策注引沈寿经云："以下文'两国'指秦、魏审之，自以作'秦怒'为是。但作'齐怒'亦自一义；此时魏或持齐、秦两端，既和秦，则齐怒矣，故下言'塞魏'，'塞魏'者，使魏不通秦也。鲍不改字，今亦未当轻易。"　建章按："怒于不得魏"即指"秦、魏不终相听"之意，因"不终相听"，故而"怒"。前后文皆无及"齐"事者，且此句下全言秦、魏、韩三国关系之事。此当从

吴说。

㉑秦因魏不与他联合，故而"怒"，则必然与韩友好，以此堵住魏、韩交好之途，孤立魏。

㉒务：专意于。　备：戒备，防备。

㉓是公择布而割也：根据以上分析，善秦或善魏，何者有利，您可自作抉择。　姚校："钱作'择豨而割之'，曾、刘作'择布'。"关修龄战国策高注补正："'择豨'、'择布'两通，布有精粗，豨有肥瘠，择而割之，以喻秦、魏有利与害，可以择其交也。"　建章按：据姚校，"也"钱、曾、刘并作"之"。韩策二第六章有"王择布而害于韩"之语，参看彼注⑧。

㉔德：感激。

㉕争事公：犹言秦、魏两国争着拉拢公仲。

二　或谓公仲章

或为公仲曰①："今有一举而可以忠于主、便于国、利于身，愿公之行之也②。今天下散而事秦③，则韩最轻矣④；天下合而离秦⑤，则韩最弱矣；合离之相续⑥，则韩最先危矣⑦。此君国长民之大患也⑧。

"今公以韩先合于秦⑨，天下随之，是韩以天下事秦，秦之德韩也厚矣⑩。韩与天下朝秦，而独厚取德焉⑪。公行之计⑫，是其于主也至忠矣⑬。

"天下不合秦，秦令而不听⑭，秦必起兵以诛不服⑮。秦久与天下结怨构难，而兵不决⑯，韩息士民以待其釁⑰。公行之计，是其于国也大便也。

"昔者周佼以西周善于秦⑱，而封于梗阳⑲；周启以东周善于秦^⑳,而封于平原^㉑。今公以韩善秦,韩之重于两周也无计^㉒,而秦之争机也万于周之时^㉓。今公以韩为天下先合于秦,秦必以公为诸侯,以明示天下^㉔。公行之计,是其于身大利也。愿公之加务也^㉕。"

【注释】

①公仲:见第一章注①。

②行之:行此"一举"之谋。

③天下散:诸侯合纵联盟解散。 事:侍奉。

④韩非子解老:"无势之谓轻。"

⑤离:秦策四第一章高注:"绝也。"

⑥合:即上文"天下合"。 离:即上文"天下散"。 相续:言时则合纵,时则连横,政策不定。

⑦此连上句是说,不管是合纵,还是连横,韩国总是首当其冲遭到危险。

⑧长:吕氏春秋孟秋纪荡兵高注:"率也。"领导。 长民:犹言治民,治理国家。

⑨今:王引之经传释词卷五:"犹'若'也。"

⑩德:感激。 厚:吕氏春秋士容论辩士高注:"深。"

⑪此言:秦国感激韩国,超过其他五国。

⑫之:王引之经传释词卷九:"是也。"即"此"。

⑬是:尔雅释言:"则也。"

⑭而:然,却。

⑮起兵:发兵。 以:犹口语的"来""去"。 诛:说文:"讨也。"

⑯构难:见楚策一第一章注①。 不决:胜负未决。

⑰釁(xìn 衅):同"衅",隙,可乘之机。

⑱周佼:西周臣。 西周:见西周策。

⑲梗阳:程恩泽国策地名考卷三"梗阳故城在今徐沟。"徐沟在今
　　山西省晋中市榆次区西南。

⑳周启:东周臣。　东周:见东周策。

㉑平原:见赵策四第七章注②。

㉒无计:无法计数。

㉓关修龄战国策高注补证:"言秦争得韩之机会,万于欲周之
　　时。"　万:万倍。

㉔"秦必以"两句:以此公开宣告诸侯,与秦联合者可以受封。

㉕加务:更加专意于此。

三　韩人攻宋章

　　韩人攻宋①,秦王大怒②,曰:"吾爱宋,与新城、阳晋同
也③。韩珉与我交,而攻我甚所爱④,何也?"苏秦为(韩)
〔齐〕说秦王曰⑤:"韩珉之攻宋,所以为王也。以(韩)〔齐〕
之强,辅之以宋⑥,楚、魏必恐,恐,必西面事秦⑦。王不折一
兵⑧,不杀一人,无事而割安邑⑨,此韩珉之所以祷于秦
也⑩。"秦王曰:"吾固患(韩)〔齐〕之难知⑪,一从一横⑫,此其
说何也⑬?"对曰:"天下固令(韩)〔齐〕可知也⑭。(韩)〔齐〕
故已攻宋矣⑮,其西面事秦,以万乘自辅⑯;不西事秦,则宋
地不安矣⑰。中国白头游敖之士⑱,皆积智欲离秦、(韩)
〔齐〕之交⑲。伏轼结靷西驰者⑳,未有一人言善(韩)〔齐〕者
也;伏轼结靷东驰者㉑,未有一人言善秦者也。皆不欲(韩)
〔齐〕、秦之合者,何也?则晋、楚智而(韩)〔齐〕、秦愚也㉒。
晋、楚合,必伺(韩)〔齐〕、秦㉓;(韩)〔齐〕、秦合,必图晋、楚。

请以决事。"秦王曰:"善。"㉔

【注释】

①史记田敬仲完世家"湣王三十八年(按竹书当为湣王十五年,前286 年)伐宋,秦昭王怒曰"云云。此时韩珉相齐,故吴师道说:"盖韩珉为齐伐宋也。首句不云'韩攻宋',而云'韩人',疑'人'即'珉'之讹。" 金正炜战国策补释:"此为韩珉相齐时事,吴说是也。田世家作'韩聂','聂'即'珉',说详王氏杂志。'珉'损为'民',而'民'、'人'古通用,因转为'人'。书无逸'怀保小民',汉书谷永传作'怀保小人',孝经'民之行也',释文'民,本作人',并可为证。又唐人讳'民'为'人',或由其时传写之讹。" 于鬯战国策注:"'韩人'二字必有一误,吴说尤与下文言'韩珉'可合。" 齐闵王十五年当周赧王二十九年,顾观光战国策编年系于此年。

②秦王:昭王,见西周策第一章注⑭。

③新城:于鬯战国策注:"故城在今河南密县东南三十里,与华阳相近。" 阳晋:程恩泽国策地名考卷十以为在今山西省虞乡西。

④鲍本"甚所"作"所甚"。 建章按:秦策三第十二章"地者,人主所甚爱也",秦策四第七章"景鲤,楚王所甚爱",疑此"甚所"乃误倒。

⑤史记田敬仲完世家"苏秦"作"苏代"。鲍彪从史改"秦"作"代"。吴补:"当作'代'。" 于鬯战国策注:"文选恨赋李注引下文'伏轼'句正作'苏代曰',盖苏秦死,于此三十余年矣。下文除'韩珉'之外,诸'韩'字,世家皆作'齐',并当以史为是。" 金正炜战国策补释:"篇中'韩'字皆当为'齐',此由不辨'韩人攻宋'之讹,悉改'齐'字以从之也。" 建章按:唐兰说

苏秦死于前284年,徐中舒说苏秦死于前285年,此"苏秦"或
即徐说"还未被删改干净的"。然文选李注引却作"苏代"。当
从史改"韩"作"齐",下同。　苏秦:见东周策第五章注③。唐
说见苏秦事迹简表(见战国纵横家书153页),徐说见历史研究
1964年第一期徐文。

⑥辅:助。齐并吞宋,故言"辅"。

⑦事:侍,讨好。　西面:向西。

⑧折:荀子修身杨注:"损也。"

⑨事:战争。　安邑:见秦策一第四章注③。

⑩祷于秦:为秦求福。　祷:说文:"告事求福也。"

⑪难知:难以测度。

⑫一从一横:或连横,或合纵,不可捉摸。故上句言"难知"。
　一:王引之经传释词卷三:"犹'或'也。"

⑬此其说何也:齐国如此地不可捉摸,可是苏秦还要来游说,为
什么?

⑭天下固令齐可知也:天下诸侯都知道,非我一人知道。

⑮故:通"固"。

⑯万乘:见秦策一第二章注⑩。此指秦。

⑰"不西事秦"两句:如果齐国不西事秦,即使得了宋地,也不会
安宁。

⑱中国白头游敖之士:诸侯中一生以游说为职业的人。即有丰富
游说经验的人。　敖:同"遨"。说文:"敖,出游也。"

⑲离:离间。

⑳伏轼结靷西驰者:备马乘车西去秦国的人。　伏轼:把住车前
横木。　结靷:拴好拉车的靷绳。　靷(yǐn引):引车前行的皮
带;一端系在车轴上,一端系在骖马胸部的皮革上。

㉑东驰:去齐国。

㉒则：裴学海古书虚字集释卷八"犹'以'也"。　以：因。　晋：赵、魏、韩。　于鬯战国策注："秦怒齐伐宋，自绝其交，愚也。"

㉓伺：说文新附"候望也。"犹言：窥测方向，待机而动；有"图谋"之义。

㉔史记田敬仲完世家此句下有："于是齐遂伐宋，宋王出亡，死于温。齐南割楚之淮北，西侵三晋，欲以并周室为天子，泗上诸侯，邹、鲁之君皆称臣，诸侯恐惧。"

四　或谓韩王章

或谓韩王曰①："秦王欲出事于梁②，而欲攻绛、安邑③，韩计将安出矣④？秦之欲伐韩以东窥周室甚⑤，唯寐忘之⑥。今韩不察，因欲与秦⑦，必为山东大祸矣。秦之欲攻梁也，欲得梁以临韩⑧，恐梁之不听也，故欲病之，以固交也⑨。王不察，因欲中立，梁必怒于韩之不与己，必折为秦用⑩，韩必举矣⑪。愿王熟虑之也。不如急发重使之赵、梁⑫，约复为兄弟，使山东皆以锐师（戍）〔戍〕韩、梁之西边⑬，非为此也⑭，山东无以救亡。此万世之计也⑮。秦之欲并天下而王之也⑯，不与古同⑰。事之虽如子之事父⑱，犹将亡之也。行虽如伯夷⑲，犹将亡之也。行虽如桀、纣⑳，犹将亡之也。虽善事之无益也，不可以为存，适足以自令亟亡也㉑。然则山东非能从亲㉒，合而相坚如一者㉓，必皆亡矣㉔。"

【注释】

①姚校："钱添'或'字。"　吴以此为陈轸之言。（说见齐策一第

十五章,<u>上海</u>版第 335 页）　　<u>于鬯</u>战国策注:"以<u>齐</u>、<u>赵</u>、<u>燕</u>数策比观之,<u>吴</u>说殊确。在<u>韩襄</u>十三年,<u>周赧</u>十六年(前 299 年),<u>黄式三</u>编略、<u>顾</u>编、<u>林</u>纪皆从之。"　　<u>建章</u>按:据<u>姚</u>校,本无"或"字。<u>于鬯</u>战国策年表同<u>黄</u>、<u>顾</u>、<u>林</u>。　　韩王:<u>襄王</u>,见东周策第十九章注⑧。

②秦王欲出事于梁:<u>秦王</u>打算出兵进攻<u>魏</u>国。　　秦王:<u>昭王</u>,见<u>西周策</u>第一章注⑭。　　出事:发生战事,有战事。

③绛:见<u>齐策</u>一第十五章注⑱。　　安邑:同"绛"注。

④<u>横田惟孝</u>战国策正解:"言与秦乎,与魏乎,将中立乎?"　　矣:<u>王引之</u>经传释词卷四:"犹'乎'也。"

⑤以:而。　　窥周室:犹言吞灭周室。　　窥:觊觎。　　甚:急切。

⑥寐:睡觉,睡着。

⑦与:合,友。

⑧临:进攻,威胁。

⑨病:疲困。　　交:<u>秦</u>、<u>魏</u>的关系。

⑩折:转向。　　为秦用:<u>魏</u>与<u>秦</u>联合伐<u>韩</u>。

⑪举:拔,灭。此中立之害。

⑫重使:高级使臣。　　之:至。

⑬山东:指六国,见<u>秦策</u>一第二章注㉒。　　<u>于鬯</u>战国策注:"卢刻及<u>鲍</u>本'戍'并作'戌',此误。"　　<u>建章</u>按:<u>闵</u>本、<u>畿辅</u>本"戍"并作"戌"。当改"戌"作"戍"。说文:"戍,守边也。"

⑭为:<u>王引之</u>经传释词卷二:"犹'如'也。"

⑮此万世之计也:这是长远利益之计。(这是联合<u>魏</u>国之利)。

⑯王:统治天下。

⑰不与古同:<u>齐策</u>一第十五章"古之五帝、三王、五伯之伐也,伐不道者;今<u>秦</u>之伐天下不然,必欲反之:主必死辱,民必死虏。"即所谓"不与古同"。

⑱事：侍奉。

⑲伯夷：见秦策三第十八章注⑬。

⑳桀：见秦策一第二章注㉕。　纣：见秦策一第二章注㉗。

㉑亟：广雅释诂一："急也。"又尔雅释诂："速也。"

㉒从亲：合纵联盟。

㉓相坚如一：团结如一，牢不可破。

㉔"然则"句以下：如此说来，山东六国如果不能组织合纵联盟，坚守如一的话，六国必将为秦国所灭。

五　谓郑王章

谓郑王曰①："昭釐侯，一世之明君也②，申不害，一世之贤士也③。韩与魏敌侔之国也④，申不害与昭釐侯执珪而见梁君⑤，非好卑而恶尊也⑥，非虑过而议失也⑦。申不害之计事曰⑧：'我执珪于魏，魏君必得志于韩⑨，必外靡于天下矣⑩，是魏弊矣⑪。诸侯恶魏必事韩⑫，是我免于一人之下⑬，而信于万人之上也⑭。夫弱魏之兵⑮，而重韩之权，莫如朝魏。'昭釐侯听而行之，明君也；申不害虑事而言之⑯，忠臣也。今之韩弱于始之韩，而今之秦强于始之秦⑰。今秦有梁君之心矣⑱，而王与诸臣不事为尊秦以定韩者⑲，臣窃以为王之明为不如昭釐侯⑳，而王之诸臣忠莫如申不害也。

"昔者，穆公一胜于韩原㉑，而霸西州㉒，晋文公一胜于城濮而定天下㉓。此以一胜立尊令㉔，成功名于天下。今秦数世强矣，大胜以（千）〔十〕数㉕，小胜以百数，大之不王㉖，小之不霸，名尊无所立，制令无所行，然而春秋用兵者，非以求主尊成名于天下也㉗？昔先王之攻，有为名者，有为实者。为名者攻其心㉘，为实者攻其形㉙。昔者，吴与越战，越人大败，保于会稽之上㉚，吴人入越而户抚之㉛。越王使大夫种行成于吴㉜，请男为臣，女为妾㉝，身执禽而随诸御㉞。吴人果听其辞，与成而不盟㉟，此攻其心者也。其后越与吴战，吴人大败㊱，亦请男为臣，女为妾㊲。反以越事吴之礼事越。越人不听也，遂残吴国㊳，而禽夫差㊴，此攻其形者也。今将攻其心乎，宜使如吴；攻其形乎，宜使如越。夫攻形不如越，而攻心不如吴，而君臣、上下、少长、贵贱，毕乎霸王，臣窃以为犹之井中而谓曰：‘我将为尔求火也㊵。’

“东孟之会㊶，聂政、阳坚刺相兼君㊷。许异蹴哀侯而殪之㊸，立以为郑君。韩氏之众无不听令者，则许异为之先也㊹。是故哀侯为君，而许异终身相焉。而韩氏之尊许异也，犹其尊哀侯也㊺。今日郑君不可得而为也，虽终身相之焉㊻，然而吾弗为云者㊼，岂不为过谋哉㊽！昔齐桓公九合诸侯㊾，未尝不以周襄王之命㊿。然则虽尊襄王(51)，桓公亦定霸矣(52)。九合之尊桓公也，犹其尊襄王也(53)。今日天子不可得而为也，虽为桓公，吾弗为云者，岂不为过谋而不知尊哉！韩氏之士数十万，皆戴哀侯以为君(54)，而许异独取相焉者，无他(55)，诸侯之君无不任事于周室也(56)。而桓公独取霸者，亦无他也(57)。今强国将有帝王之亹(58)，而以国先者(59)，此桓公、许异之类也(60)。岂可不谓善谋哉？夫先与强国之利(61)，强国能王，则我必为之霸(62)；强国不能王，则可以辟其兵(63)，使之无伐我。然则强国事成，则我立帝而霸(64)；强国之事不成,犹之厚德我也⑤。今与强国⑥,强国之事成,则有福;不成,则无患。然则先与强国者,圣人之计也。"

【注释】

①郑王:韩王。孔丛子论势"韩与魏有隙,子顺谓韩王曰"云云,与此篇开始部分小异。鲍编釐王。顾编年附秦昭王53年(前254年)。于鬯注"皆无据"。

②昭釐侯:见韩策一第三章注②。

③申不害:见韩策一第二章注②。 孔丛子"士"作"相"。

④敌侔:势均力敌。 敌:秦策五第一章高注:"强弱等也。" 侔(móu 谋):说文:"齐等也。"

⑤刘锺英战国策辨讹:"舆,载而行之也,讹作'与'。" 于鬯战国策注:"'与'读为'以',谓昭侯之朝梁,不害以之,非谓不害与昭釐并执珪而见梁君也。" 建章按:秦策一第四章高注:"以,犹'使'也。"此犹言"安排"。 周礼大宗伯:"以玉作六瑞,以等邦国:王执镇圭,公执桓圭,侯执信圭,伯执躬圭,子执穀璧,男执蒲璧。"圭同"珪"。珪:一种玉器,上圆,或剑头形,下方;举行典礼,或朝见时持之,爵位不同,所持之珪亦异。 梁君:魏惠王,见秦策四第五章注⑦。水经渠水注:"竹书纪年梁惠成王十七年,郑釐侯来朝中阳。"梁惠成王十七年当周显王十六(前353年)

⑥恶:憎。

⑦虑:尔雅释诂:"思也。" 过:失,错误。 议:评论。 "虑过而议失"犹言考虑错误,计划失当。

⑧计:广雅释诂四:"谋也。"

⑨刘锺英战国策辨讹:"'内'讹作'必'。"金正炜战国策补释说同刘。 建章按:刘、金说或是。 得志:实现了自己的愿望。

⑩靡于天下:被诸侯溃败。　靡:见秦策五第八章注④。

⑪弊:败。

⑫事:小尔雅广诂:"力也。"此犹言致力于。　事:吕氏春秋有始览谕大高注:"为也。"为:助。

⑬免:同俛(俯),尊礼。见赵策四第十二章注③。　一人:指上文"梁君"。

⑭老子二十一章于省吾双剑誃诸子新证:"'信'、'申'古通。"申:尔雅释诂:"重也。"重:尊。

⑮弱魏之兵:使魏兵弱。　弱:使弱;使动用法。下句用法同。

⑯虑事:同"计事",见注⑧。

⑰金正炜战国策补释:"'始之秦'当作'始之梁',故下文云'今秦有梁君之心矣',此与孔丛子不同。"　建章按:金说是,此乃秦与梁相比。

⑱关修龄战国策高注补正:"言秦欲韩尊己之心与梁君同。"

⑲事:致力。见注⑫。　为:王引之经传释词卷二:"犹'于'也。"

⑳"为不"之"为":王引之经传释词卷二:"犹'则'也。"

㉑穆公:秦穆公,成公之弟,名任好,秦国第十三君,前659年—前621年在位。左僖十五年传:"九月,晋侯逆秦师,壬戌,战于韩原。"鲁僖公十五年当秦穆公十五年,晋惠公六年(前645年)。韩原:故城在今陕西省韩城市南。

㉒左文三年传:"秦伯伐晋,济河焚舟,取王官及郊,晋人不出,遂自茅津济,封殽尸而还,遂霸西戎。"鲁文公三年当秦穆公三十六年(前624年)。此"西州"即西戎。

㉓晋文公:见秦策五第八章注㊳。　城濮:卫国地名,今河南省濮城镇南七十里即其故地。　姚校:"曾改'子'作'下'。"鲍本、闵本"下"并作"子"。　建章按:据左僖二十四年传,周襄王为其弟王子带所逐,逃至郑国。僖公二十五年(前635年),晋文

公出兵救周王,杀王子带,送襄王归国复位。僖公二十八年夏四月,晋文公与楚成王战于城濮,楚军大败。甲午,晋文公"作王室于践土","丁未,献楚俘于王","己酉,王策命晋侯为侯伯"。(引文见左僖二十八年传)又吕氏春秋贵直论:"文公即位二年,底之以勇,故三年而士尽果敢。城濮之战,五败荆人,围卫,取曹,拔石社,定天子之位,成尊名于天下。"据此,"定天子"故在城濮之战前,然城濮之战后亦有尊天子之行,说"定天子"亦无碍。且战国时,对此事亦有"定天子"之说。更何况姚所据本原亦作"定天子",故此"下"字当复原作"子"。

㉔金正炜战国策补释:"'一胜'承上'韩原'、'城濮'而言,'此'盖'比'字之讹。徐锴曰'比,皆也',策文'皆'与'比'通用。鲍本'此'亦当作'比',或注'皆'字于下,而误并入文者。"　建章按:"此"当是"皆"之误,见楚策一第二十章注㉛。　尊令:犹言"霸权"。

㉕鲍本、闵本"千"并作"十"。　刘锺英战国策辨讹:"'十'讹作'千'。"　于鬯战国策注:"作'十'是。"　建章按:据下句当依鲍本、闵本改"千"作"十"。

㉖之:王引之经传释词卷九:"犹'则'也。"

㉗以:王引之经传释词卷一"为也"。　上文言"立尊令,成功名",此当是"立尊成名"。管子地员:"先主一,而三之。"王念孙读书杂志:"引之曰:'主'当为'立'字之误也。史记律书云'置一、而九三之,以为法','置一'即'立一'。"管子君臣上:"主身者,正德之本也。"俞樾诸子平议:"'主'当作'立',涉上文两'主'字而误。下文曰'身立而民化,德正而官治','身立'、'德正'即承此文'立身'、'正德'而言。"此"立"误为"主"与彼误同。

　　也:王引之经传释词卷四:"犹'邪'也,'欤'也,'乎'也。"疑问语气词。金正炜补释亦谓"主"当是"立"。

㉘鲍注:"使之心服而已。"

㉙鲍注:"形在外者,谓地与民。"

㉚吴败越:见秦策五第一章注⑩。

㉛鲍注:"遍至其家,抚安之。" 建章按:下句有"越王使大夫种行成于吴"何以先"抚安"后"行成(求和)",于理难通。史记越王勾践世家"吴王悉发精兵击越,败之夫椒;越王乃以余兵五千人保栖于会稽。吴王追而围之"。非"抚安之"。 户:说文:"护也。"护:汉书王嘉传注:"监视也。"国语鲁语:"子以君命镇抚敝邑。"则"户抚"当是监视、镇抚之义。

㉜越王:勾践,见秦策三第十八章注㉑。 大夫种:见秦策三第十八章注㉚。 行成:求和。

㉝国语越语下:"(越王)乃令大夫种行成于吴,曰:'请士女女于士,大夫女女于大夫'。"史记越王勾践世家:"勾践乃令大夫种行成于吴,膝行顿首曰:'君王亡臣勾践使陪臣种敢告下执事:勾践请为臣,妻为妾。'"

㉞身执禽而随诸御:亲身跟着吴王服役之人一块进行劳役。 身:亲。 周礼春官大宗伯职:"以禽作六挚,以等诸臣:孤执皮帛,卿执羔,大夫执雁,士执雉,庶人执鹜,工商执鸡。"越王本是国君,却用臣礼,拿禽鸟做礼品,表示顺服。 御:广雅释言:"侍也。"

㉟与成而不盟:与越王讲和,但不结盟约。成:诗大雅緜毛传:"平也。"即讲和。

㊱此在鲁哀公二十二年(前 473 年)。

㊲臣、妾:皆仆役。

㊳残:灭。

㊴禽:同"擒"。擒夫差事见秦策三第十八章注㉟,秦策四第九章注㊵。

㊵犹:若,如,好象。 之:至。 尔:你。 求:取。 于鬯战国
策注:"此盖言韩不能攻秦,以诱其尊秦。" 姚本止此,"东孟之
会"以下为另一章;鲍本连下为一章。据文义,从鲍本。

㊶东孟:见韩策二第二十二章注㉚。

㊷聂政:战国时的刺客,其事迹见韩策二第二十二章、史记刺客列
传聂政传。 阳坚:聂政之副手,西周策第二十八章误作"阳
竖"。 相:韩傀。 君:韩烈侯,见韩策二第二十二章注②。

㊸许异:韩人。 哀侯当是"烈侯"之误,关于"哀侯"之误,众说
纷纭,现节录赵翼说以正之。"烈侯三年聂政杀韩相侠累,十三
年烈侯卒,子哀侯立,六年韩严弑其君哀侯。是使聂政杀侠累
者严遂,而弑哀侯者韩严也。夫哀侯被杀即卒,而子懿侯立,许
异又于谁之世而终身为相哉?则国策实误以烈侯时事而实之
哀侯也。政刺韩傀时并中烈侯,许异蹴烈侯,使之佯死以免难。
其时烈侯实未死,又在位十年,故许异终烈侯之世常为相。其
所以误系之哀侯者,何也?史记索隐引竹书纪年'韩山坚弑其
君哀侯'注云'山坚,韩严也。'始知弑哀侯者韩严,而非严遂。
国策及史记聂政传因'韩严'、'严遂'名姓略同,遂以两人为一
人,故有此错。通鉴及纲目亦未考订,遂袭其讹。惟史记韩世
家于烈侯时书'盗杀侠累'于哀侯时书'韩严弑其君哀侯',此
则分晰明确,最可据也。"(见陔余丛考卷十五) 蹴:踏,用脚
踩。 殪:尔雅释诂:"死也。" 此言许异故意踩烈侯,让他装
死,以避祸。下文"哀侯"皆当为"烈侯"。

㊹金正炜战国策补释:"荀子修身篇注:'先,谓首倡也。'此言郑
君之立,异有定安宗庙之功。"

㊺犹:通"由"。

㊻虽:裴学海古书虚字集释卷八:"犹'若'也。"

㊼为:王引之经传释词卷二:"犹'如'也。"

㊽"今日"句以下:现在的韩国国君不象以前烈侯那样受尊重了;如果还象以前那样,则可终身做他的相国。我之所以不这样说,这是因为那样说了,岂不是要犯"过谋"的错误吗?

㊾齐桓公:见东周策第十一章注⑨。　九合诸侯:见秦策三第十八章注⑦。

㊿以:用,凭。　周襄王:名郑,惠王之子,周第二十君,前651年—前619年在位。

(51)虽:通"惟""唯"。

(52)亦:裴学海古书虚字集释卷三:"犹'乃'也。"

(53)犹:通"由"。

(54)戴:国语周语上杨注:"奉也。"拥护。

(55)无他:没有别的原因。

(56)周室:犹言"周天子"。

(57)鲍注:"知所尊而已。"

(58)蘖:同"蘖",国语鲁语上注:"兆也。"　强国:鲍注:"谓秦。"

(59)关修龄战国策高注补正:"以国先合于秦。"

(60)此桓公许异之类也:可收到齐桓公、许异同样的效果。

(61)先与强国之利:先和强国拉好关系所得之利。　与:合,友。

(62)王:如周襄王。　霸:如齐桓公。

(63)辟:同"避"。

(64)鲍注:"立,言彼为帝,由我尊之。"　金正炜战国策补释:"鲍说非也。'立'当为'竝'之脱损半字。史记始皇纪'并河以东'服虔曰:'竝,音傍。傍,依也。'汉书鲍宣传'贫吏并公,受取不已'注:'并,依也,音步浪反。'又隽不疑传'丞相中千石至者立莫敢发言',汉纪孝昭纪、通鉴皆作'并不敢言','竝'误为'立'正与此同。"　建章按:礼记曲礼上:"妇人不立乘"疏:"立,倚也。妇人质弱,不倚乘,异男子也。男子倚乘,妇人坐乘,所以

异也。"又曲礼下:"立则磬折垂佩;主佩倚,则臣佩垂。"疏:
"立,倚也。倚,犹附也。"则"立帝"即倚靠帝,依附帝。不必以
为"立"字误。

⑥之:裴学海古书虚字集释卷九:"犹'且'也。"犹且,尚且。

⑥与强国:犹言韩与秦国友好。

六　韩阳役于三川而欲归章

韩阳役于三川而欲归①,足强为之说韩王曰②:"三川服
矣,王亦知之乎? 役且共贵公子③。"王于是召诸公子役于
三川者而归之④。

【注释】

①韩阳:于鬯战国策注:"韩公子。" 鲍本"役"作"役"注:"征伐
之役。" 役:广雅释诂一:"使也。"王念孙疏证:"役,古文'役'
字也。" 三川:见西周策第十二章注⑨。 顾观光战国策编
年、于鬯战国策年表并系此策于秦庄襄王元年(前249年)。

②足强:鲍注:"韩人。" 韩王:桓惠王,见赵策一第十一章注⑩。

③鲍注:"役,役人;公子,谓阳等辈;贵,言立之为君。"

④归之:让他们回来。

七　秦大国也章

秦大国也,韩小国也。韩甚疏秦①,然而见亲秦②。计
之③,非金无以也④。故卖美人⑤,美人之贾贵⑥,诸侯不能
买,故秦买之三千金⑦。韩因以其金事秦⑧,秦反得其金与

韩之美人^⑨。

　　韩之美人因言于秦曰^⑩:"韩甚疏秦。"从是观之^⑪,韩亡美人与金^⑫,其疏秦乃始益明^⑬。

　　故客有说韩者曰:"不如止淫用^⑭,以是为金以事秦,是金必行,而韩之疏秦不明。美人知内行者也^⑮,故善为计者,不见内行^⑯。"

【注释】

①疏:疏远。

②"韩甚疏秦"两句:韩国实际上很疏远秦国,可是表面上还要表示出与秦友好。　见:广雅释诂四:"示也。"

③计:考虑。

④无:王引之经传释词卷十:"不也。"　以:裴学海古书虚字集释卷一:"犹'可'也。"

⑤于鬯战国策注:"汉书外戚传云:'汉兴,因秦之称号,妾皆称夫人,及有美人号。'案秦制多本六国,则战国已有美人之号,此'美人'韩王之妾也,故下文云'知内行者',则非泛言美人矣。"　建章按:楚策四第二章:"魏王遗楚王美人,楚王说之。"魏策四第二十五章:"四海之内,美人亦甚多矣,闻臣之得幸于王也,必褰裳而趋王。"则"美人"是泛指。史记平原君列传:"平原君美人居楼上,临见大笑之。……而君之后宫,临而笑臣。……平原君笑曰,观此竖子,乃欲以一笑之故杀吾美人,不亦甚乎。"则"美人"似又指妾。姑从于说。

⑥贾:同"价"。

⑦故:裴学海古书虚字集释卷五:"犹'而'也。"

⑧事:侍,奉。

⑨反得:本为秦之金,现又归于秦,故谓"反得"。如此,则"美人"乃无代价而得者。

⑩因:则。

⑪从是观之:从此看来,由此看来。

⑫亡:失。

⑬其疏秦乃始益明:韩国疏远秦国,比当初更加明显了。　鲍注:"衍'于'字。"　建章按:疑鲍本之"于"字是"乃"字之旁注而误入正文者。　乃:裴学海古书虚字集释卷六:"犹'于'也。"益:更加。

⑭不如止淫用:不如禁绝奢侈挥霍。　淫:国语周语下韦注:"滥也。"又吕氏春秋仲夏纪古乐高注:"乱也。"

⑮内行:鲍注:"国中隐事。"即国家机密。

⑯见:见注②,此犹言暴露,泄漏。

八　张丑之合齐楚讲于魏章

张丑之合齐、楚讲于魏也①,谓韩公仲曰②:"今公疾攻魏之运③,魏急,则必以地和于齐、楚,故公不如勿攻也。魏缓则必战④。战胜,攻运而取之易矣;战不胜,则魏且内之⑤。"公仲曰:"诺。"

张丑因谓齐、楚曰:"韩已与魏矣⑥。以为不然,则盖观公仲之攻也⑦。"公仲不攻,齐、楚恐⑧,因讲于魏而不告韩⑨。

【注释】

①张丑:齐臣。　讲:构和。

②韩公仲:韩相国。

③运:通"郓",程恩泽国策地名考卷十二以为此当是西郓,故城在
　　今山东省郓城县东。未知然否。

④魏缓:指韩不攻魏。　必战:指魏与齐、楚战。

⑤横田惟孝战国策正解:"言魏与齐、楚战,胜,则兵敝,故取运易
　　矣;不胜,则魏将自内运于韩。盖韩与二国俱伐魏也。"

⑥与:合。

⑦"以为不然"两句:如果认为韩国没有和魏国联合,看看公仲是
　　否攻魏,就可判定。　裴学海古书虚字集释卷四"盍,'何不'
　　也,字或作'盖'"。

⑧恐:恐韩、魏联合。

⑨横田惟孝战国策正解:"齐、楚恐韩、魏合,因叛韩,而讲于魏,故
　　不告也。"

九　或谓韩相国章

或谓韩相国曰①:"人之所以善扁鹊者②,为有臃肿也;
使善扁鹊而无臃肿也,则人莫之为之也③。今君以所事善
平原君者,为恶于秦也④;而善平原君乃所以恶于秦也⑤。
愿君之熟计之也。"

【注释】

①姚校:"钱添'或'字。"　鲍本无"或"字。　建章按:据姚校,则
　　姚本亦无"或"字。

②扁鹊:见秦策二第五章注①。

③金正炜战国策补释:"'有'、'无'二字并衍,或后人以意补者,
　　省之即与下文吻合。"　于鬯战国策注:"'无'字似不当有,疑

后人误对上'有'字加此'无'字。此以'扁鹊'比'平原','臃肿'比'恶于秦';下文云'善所以恶于秦',则是善扁鹊而转致臃肿矣。不合云'无臃肿'。" 建章按:于说是,当删'无'字。"臃肿"用作动词,犹言"患臃肿"。使:假使。为之:指善扁鹊。

"人之"句以下是说:人们喜欢扁鹊的原因,是因为自己患了臃肿病;如果因为喜欢扁鹊,反而使自己患上臃肿病,那么,人们就不会喜欢扁鹊。

④鲍注:"所事,谓王。以见恶于秦,故善之,以支秦。" 关修龄战国策高注补正:"'以'读如'谓'言善平原君为事者,为己恶于秦也。" 横田惟孝战国策正解:"'以所'恐当作'所以'。" 金正炜战国策补释:"'以所事善平原君'当作'所以善平原君',与上文'所以善扁鹊',下文'乃所以恶于秦'相应为文。'所以'二字误倒,又衍'事'字,文义遂晦。或一本作'事',一本作'善',传写误并入文。" 于鬯战国策注:"关补读'以'如'谓'似不可,义亦得备。" 建章按:当从金说改,文义始通。

⑤"今君"句以下是说:现在您与平原君友善,是因为韩国被秦国憎恨;可是如果您与平原君友善,也会因此招来秦的憎恨。

十　公仲使韩珉之秦求武隧章

公仲使韩珉之秦求武隧①,而恐楚之怒也②。唐客谓公仲曰:③"韩之事秦也④,且以求武隧也,非弊邑之所憎也⑤。韩已得武隧,其形乃可以善楚⑥。臣愿有言,而不敢为楚计⑦。今韩之父兄得众者母相⑧,韩不能独立,势必不善楚⑨。王曰⑩:'吾欲以国辅韩珉而相之可乎⑪?'父兄恶珉⑫,珉必以国保楚⑬。"公仲说⑭,士唐客于诸公⑮,而使之主韩、楚之事。

【注释】

①金正炜战国策补释:"'公仲'即'韩珉',下云'楚王欲以国辅韩珉而相之',公仲闻之而悦,足证其为一人。此文或本作'韩使公仲珉之秦','韩使'二字淆次于下,致生疑义。" 建章按:公仲即韩珉,或作公仲珉,又见楚策一第二章注④、⑫。韩珉:见赵策四第二章注㊱。金说或是。 武隧:即武遂,见韩策二第七章注①。系年亦见彼注①。

②于鬯战国策注:"秦拔宜阳,楚围雍氏,皆此年事也。韩介于两大之间,故使秦,又恐楚之怒己合秦也。"

③鲍注:"唐客,楚人。"

④事:侍,奉,犹言讨好。

⑤于鬯战国策注:"韩欲得武隧而事秦,非真事秦也,故无憎。"

⑥形:西周策第十一章高注:"势也。" 于鬯战国策注:"此谓珉得武隧,则珉可得相;珉得相,则善楚。故曰'其势可以善楚'也。"

⑦唐客为楚人,怕被人怀疑为楚设谋,故先声明如此。

⑧横田惟孝战国策正解:"'今韩'上疑脱'谓楚王曰'四字。" 于鬯战国策注:"'今韩'上当脱'臣谓楚王曰'五字。" 父兄:公族。 母:"毋"之古字,见西周策第十一章注⑤。

⑨鲍注:"'必'下衍'不'字。" 吴补:"疑衍。" 横田惟孝战国策正解:"言父兄得众者不相,则不能独立朝以计国事,其势必善楚,恃之而自固也。" 金正炜战国策补释:"不能独立制于众也,势必不善楚,众欲善秦也。" 于鬯战国策注:"当衍'能'上'不'字,'能独立'即承'得众'言,'得众'而为相,则能'独立',能'独立',必不善楚。" 建章按:"今韩"句以下是说:今韩之公族,得到众人拥护却未相韩,他们在朝廷不能掌权,势必

不善楚。此为唐客对楚王说的设想。

⑩王:楚怀王,见东周策第八章注③。

⑪辅:助。

⑫恶:谗毁。

⑬保:左僖二十三年传注:"犹'恃'也。"依仗。

⑭说:同"悦"。悦唐客之言。

⑮姚校:"'士',钱作'仕'。" 鲍改"士"作"仕"。注:"盖荐之于韩之大臣乃得仕。" 关修龄战国策高注补证:"'士'疑作'事',旧音'事',因误。言公仲令唐客亲事大臣也。" 金正炜战国策补释:"'士'读为'仕',不烦改。'于'字误衍,论语宪问篇'与文子同升诸公'注'同升在公朝',疏'诸,于也。'此文亦谓仕之公朝。鲍注非也。" 建章按:士,同"仕",见睡虎地秦墓竹简293页;士:通"事",见于省吾双剑誃诸子新证213页;不必以为误。作"仕""事"解并通。"于""诸"疑衍其一。

十一　韩相公仲珉使韩侈之秦章

韩相公仲珉使韩侈之秦①,请攻魏,秦王说之。韩侈在唐②,公仲珉死。

韩侈谓秦王曰③:"魏之使者谓后相韩辰曰:'公必为魏罪韩侈④。'韩辰曰:'不可,秦王仕之,又与约事⑤。'使者曰:'秦之仕韩侈也,以重公仲也。今公仲死,韩侈之秦,秦必弗入,(人)⑥又奚为挟之以恨魏王乎⑦?'韩辰患之⑧,将听之矣⑨。今王不召韩侈⑩,韩侈且伏于山中矣⑪。"秦王曰:"何意寡人如是之权也⑫。(令)〔今〕安伏⑬?"召韩侈而仕之。

①鲍注:"衍'珉'字,下同。" 吴补:"'公仲'、'珉'策屡各见,此两言'公仲珉'不可晓。'公仲'即'公仲侈',此云公仲死,后韩侈云云,则'韩侈'别是一人也。文亦多难通,宜缺。" 黄丕烈战国策札记:"今本无'珉'字,乃误涉鲍也。" 于鬯战国策注:"此当云'韩相公仲侈使韩珉之秦',篇中'珉'、'侈'二字皆互误。上策言'公仲使韩珉之秦',下策谓'秦王称韩珉'云云,则此策为仲使珉,似可无疑。然则此策亦当在周赧八年韩襄五年,惟下文言'仲死',仲似不应即死于此,当再考。上策言'求武隧',此策言'请伐魏',则谓前后两使,亦可通。" 建章按:秦策二第八章高注:"公中,韩侈也。"又见秦策二第六章注㉔。则此"韩侈"当如吴说"别是一人"。姚本第十章、第十一章、第十二章连篇,鲍本分列为三篇,据文义,依鲍本。

②程恩泽国策地名考卷一:"唐,在今河南府洛阳县东,此自韩之秦必经之地,当是韩侈所在。" 金正炜战国策补释:"汉书杨雄传'平原唐其坛曼兮'注引邓展'唐,道也'。" 建章按:金说韩侈在途中。

③关修龄战国策高注补正:"韩侈在唐,且似非自说之言,疑'侈'下脱'使'字。" 金正炜战国策补释:"此文疑'韩侈'上脱'或为'二字,所言非侈自陈之辞也。竹书纪年'郑侯使韩辰归晋阳及向',此及其人。" 建章按:金说或是。金引竹书纪年在魏襄王四年(前315年)。则秦王是惠文王,见秦策一第一章注⑱。据下文"使者曰",关说亦可。

④因韩侈约秦攻魏,故要求为魏加罪于韩侈。

⑤约事:约伐魏。

⑥姚校:"曾有下'入'字。" 鲍本无"入"字。 金正炜战国策补释:"下'入'即'又'字误衍。" 建章按:据姚校、鲍本,下"入"

字当衍。　入:接待。

⑦奚:何,怎么。　奚为:犹言怎么能。　挟:恃,依靠。　之:指秦。　恨:违背,对抗。见齐策四第十章注⑧。　魏王:襄王,见东周策第十九章注⑧。

⑧患之:秦如不攻魏,则魏必怨韩,故言"患之"。

⑨将听之矣:韩辰将听从使者的要求,"为魏罪韩侈",这样或可解怨于魏。

⑩今:王引之经传释词卷五:"犹'若'也。"

⑪伏:广雅释诂四:"藏也。"

⑫权:鲍注:"变也。"当初秦王对韩侈"说之",现在使者又让秦王对韩侈"弗入",即所谓"变"。　此言:怎么能让我先后不一致呢。　或"意":汉书卷四十七梁孝王武传注:"疑也。"则此言:怎么能让人疑惑我是这样一个做事善变的人呢?

⑬黄丕烈战国策札记:"'令'当为'今',上文云'且伏于山中',故此问其今者,方安所伏也。"　建章按:黄说是,当改"令"作"今",见齐策二第二章注㉖。

十二　客卿为韩谓秦王章

　　客卿为韩谓秦王曰①:"韩珉之议②,知其君不知异君,知其国不知异国③。彼公仲者④,秦势能诎之⑤。秦之强,首之者⑥,珉为疾矣⑦。进齐、宋之兵⑧,至首(坦)〔垣〕⑨,远薄梁郭⑩,所以不及魏者⑪,以为成而过南阳之道⑫,欲以四国西首也⑬。所以不者⑭,皆曰以燕亡于齐⑮,魏亡于秦⑯,陈、蔡亡于楚⑰,此皆绝地形⑱,群臣比周以蔽其上⑲,大臣为诸侯轻国也⑳。

"今王位正㉑，张仪之贵，不得议公孙郝㉒，是从臣不事大臣也㉓；公孙郝之贵，不得议甘戊㉔，则大臣不得事近臣矣。贵贱不相事，各得其位，辐凑以事其上㉕，则群臣之贤不肖㉖，可得而知也，王之明一也㉗。

"公孙郝尝疾齐、韩而不加贵㉘，则为大臣，不敢为诸侯轻国矣㉙。齐、韩尝因公孙郝而不受㉚，则诸侯不敢因群臣以为能矣㉛。外内不相为㉜，则诸侯之情伪可得而知也㉝，王之明二也㉞。

"公孙郝、樗里疾请无攻韩㉟，陈四辟去㊱，王犹攻之也。甘茂约楚、赵而反敬魏㊲，是其讲我㊳。茂且攻宜阳，王犹校之也㊴。群臣之知㊵，无几于王之明者㊶。臣故愿公仲之国以侍于王㊷，而无自左右也㊸。"

【注释】

①于鬯战国策注："韩有客卿之官，他书无见。'客卿'二字乃上策之字，谓秦仕韩珉为客卿。此亦必在赧八年也。" 建章按：董说七国考引此句说："注云'韩重客卿，位在相国之下一等。'则韩亦有客卿。然董引注文，今本韩策无。 秦王：武王，见秦策二第五章注①。

②议：广雅释诂四："谋也。"

③异君、异国：皆指秦。

④公仲：韩相，即韩珉。

⑤势：秦策一第二章高注："力也。" 诎：广雅释诂一："屈也。"慑服。

⑥首：广雅释诂四："向也。"此犹言趋兵。

⑦为：王引之经传释词卷二："犹'则'也。" 疾：管子小问注："患

苦也。”

⑧进齐宋之兵：即“齐、宋之进兵”。

⑨姚校“曾‘坦’作‘垣’。” 鲍本正作“首垣”。 建章按：当依姚校、鲍本改“坦”作“垣”。 首垣：见秦策四第九章注⑲。

⑩薄：逼近。 梁郭：魏都大梁，见东周策第一章注⑯。

⑪不及：犹言不攻。

⑫成：于鬯战国策注：“谓与魏和也。” 南阳：见西周策第十二章注⑨。

⑬四国：鲍注：“韩、宋、齐、魏。” 首：见注⑥。

⑭不：否，犹言不西向攻秦。

⑮燕亡于齐：指前314年（周赧王元年、齐宣王六年、燕王哙七年）燕国内乱，齐伐燕，破燕，杀王哙。

⑯于鬯战国策注：“此当指魏亡安邑言。”在前352年（周显王十七年，秦孝公十年，魏惠王十八年）。

⑰前479年（周敬王四十一年）楚灭陈。前447年（周贞定王二十二年、楚惠王四十二年）楚灭蔡。

⑱吴正：“燕、魏亡地于齐、秦，陈、蔡亡国于楚，则地形已绝，不可复通，韩、齐、宋之于魏则不然。‘绝地形’以下当有缺文，引言秦事。” 金正炜战国策补释：“吴说当是。‘群臣比周’以下与此文不相属，或别为一章。”

⑲比周：见楚策一第九章注③。 蔽：蒙蔽。 上：国君。

⑳于鬯战国策注：“群臣比周，则不能知群臣贤不肖矣；大臣为诸侯，则不能知诸侯情伪矣。轻，盖读为‘倾’，迭韵假借。” 建章按：韩非子解老：“无势之谓轻。”

㉑王念孙读书杂志：“‘位’读为‘莅’，‘正’读为‘政’。僖三年榖梁传曰‘莅者位也’，‘位’与‘莅’义同而声相近，故字亦相通。秦策曰‘臣闻明主莅正’即‘莅政’也，‘政’‘正’古多通用。”

位正:执政。

㉒张仪:见秦策一第三章注⑫。　于鬯战国策注:"此时仪不但不在秦,且亦既死矣,其为追述秦武初年事无疑也。"　公孙郝:见秦策二第六章注㉒。

㉓鲍注:"从臣谓仪,大臣赫也;事,言不得干其事。"　吴正:"大事记'此秦武王未逐张仪前时事也。大臣、从臣之名,始见于此。大臣者张仪、甘茂也;从臣者公孙郝也。秦武不过防其交通,使之互相视察而已。"　建章按:上句言"不得议公孙郝",议,有"从中作梗"的意思,见秦策二第六章注㉒,则鲍注"事"之义正与上句"议"之义合。　从臣:侍从之臣。

㉔甘戊:即"甘茂",梁玉绳汉书人表考:"说苑杂言'茂'作'戊',古通。"见秦策一第六章注②。

㉕辐凑以事其上:从臣、大臣、近臣同心同德一致服务于君上。

辐凑:见魏策一第十一章注③。

㉖不肖:不贤,无能。

㉗以上呼应上文,言群臣不比周。

㉘鲍注:"言急于得二国。"　吴补:"'疾'字恐有误"。　关修龄战国策高注补正:"郝欲以韩取齐者,不可谓'疾'也,'疾'疑作'收'。"　金正炜战国策补释:"'疾'字疑当作'挟',俗书'挟'作'挟','疾'作'疾',二形相近而误。秦策'樗里疾、公孙郝二人者挟韩而议,王必听之',史记孟尝君传'挟晋以为重',此即其义,为公仲谓向寿章'韩氏先以国从公孙郝',又云'公孙郝欲以韩取齐',故云'挟齐、韩'也。"　于鬯战国策注:"黄略改'疾'为'捷'。鬯谓,说文疒部云'疒,倚也。'朱骏声通训云'疒,经传皆以疾为之,又云'疾从矢,疒声',则二字固得通借矣。此谓'倚齐、韩'与下文'为诸侯'义协。前策云'公孙郝党于韩',又云'公孙郝欲以韩取齐',明倚齐、韩矣。此言'疾',

下言'因','因'亦'倚'也;彼外倚内,此内倚外。" 建章按:于
说可取。或吕氏春秋孟秋纪禁塞:"故大乱天下者,在于不论其
义,而疾取救守。"高注:"疾,犹争也。"此言"争取"亦可通。

加:益,更。

㉙于鬯战国策注:"郝不加贵,故凡为大臣者,不敢私交诸侯以倾
己国。"

㉚于鬯战国策注:"因臣下而进,恐其伪也,故不受。"

㉛关修龄战国策高注补正:"'能'犹'善'也。言齐、韩因郝而秦
不受,是禁群臣外交也,则诸侯不敢因群臣以为善于秦矣。"
横田惟孝 战国策正解:"能,能交于秦。" 建章按:"能"通
"态",见楚策四第六章注⑥。韩非子有度于省吾双剑誃诸子
新证:"'态'、'慝'古字通。"慝:奸伪,邪恶。

㉜外:指诸侯。 内:指群臣。 为:助。

㉝易系辞下传"情伪相感"疏:"情,谓实情"。

㉞以上呼应上文,言大臣不为诸侯。

㉟樗里疾:见西周策第三章注①。 无:勿。

㊱鲍注:"陈,军陈,以不攻,故解散。" 吴补:"'四'疑当作
'而'。"于鬯:"鲍、吴二说似并未确。疑陈者,谓陈辞说也。
'辟去'即无攻之说。若云'当辟去者一,当辟去者二',犹上文
'王之明一,王之明二'之例。所陈凡四条,故曰'四辟去'。"
建章按:取于说。

㊲敬:通"儆",见睡虎地秦墓竹简108页。儆:说文:"戒也。"

㊳其:裴学海古书虚字集释卷五:"犹'且'也。" 我:指韩。 关
修龄战国策高注补正:"言茂讲三国于韩,盖说茂私交诸侯也。"

㊴金正炜战国策补释:"'校之者'谓计'攻'、'讲'之孰利也。以
上皆言王之专断于国,权不下移,故愿公仲举国一听。"

㊵知:同"智"。

㊶无:裴学海古书虚字集释卷十:"犹'得无'也。" 几:鲍注
"近也。"

㊷于鬯战国策注:"公仲相韩,故即称韩为公仲之国。"

㊸吴正:"谓公仲一心听王,不由左右。" 自:由,因,用。 无自:
犹言不用。

十三 韩珉相齐章

韩珉相齐①,令吏逐公畴竖②,大怒于周之留成阳君
也③。谓韩珉曰:"公以二人者为贤人也④?所入之国,因用
之乎⑤?则不如其处小国何也⑥?成阳君为秦去韩⑦,公畴
竖、楚王善之。今公因逐之,二人者必入秦、楚,必为公患,
且明公之不善于天下⑧。天下之不善公者,与欲有求于齐
者⑨,且收之,以临齐而市公⑩。"

【注释】

①顾观光战国策编年系此策于周赧王二十五年。于鬯战国策注
以为"其时成阳君用事于韩,此下文言'成阳君去韩',又可知必
在后矣"。 建章按:齐闵王十六年(前286年)韩珉相齐(史记
田敬仲完世家作"韩聂"),此时秦王欲为成阳君求相韩、魏,或
当在此年,即周赧王二十九年(前286年)。

②史记孔子世家有公华、公宾、公林,与季康子同时,此当是姓公,
名畴竖。

③鲍改"大"作"又"。秦策三第七章"成阳君以王之故,穷而居于
齐",则成阳君亦当是逐于齐而至周。

④也:读"邪",疑问词。

⑤之:指公畴竖、成阳君。

⑥何:通"可",见齐策六第六章注⑮。

⑦横田惟孝战国策正解:"谓为秦所善之,去韩。"

⑧明:显著,犹言"宣扬"。

⑨关修龄战国策高注补正:"谓求为齐相者。"

⑩收:收留。　之:指公畴竖、成阳君。　临:进逼。　市:国语齐
　语韦注:"取也。"　市公:犹言取公之相而代之。

十四　或谓山阳君章

或谓山阳君曰①:"秦封君以山阳②,齐封君以莒③。齐、秦非重韩,则贤君之行也④。今楚攻齐取莒,上及不交齐⑤,次弗纳于君⑥,是棘齐、秦之威而轻韩也⑦。"山阳君因使之楚⑧。

【注释】

①姚校:"钱添入'或'字。"姚所据本与鲍本同,并无"或"字。

　山阳君:楚策一第六章有山阳君,为魏臣;赵策一第六章有山阳君,为韩臣。　顾观光战国策编年系此策于周赧王三十九年(前276年),于鬯战国策年表系于周赧王三十二年(前383年)。于年表此策系年与赵策一第六章系年同。

②程恩泽国策地名考卷二:"山阳有二:今山东兖州府,今河南修武县。修武为是。"

③莒:见西周策第十四章注④。

④"齐、秦非重韩"两句:齐、秦要不是尊重韩国,那就是尊重您的品行,所以才这样做。

⑤鲍本无"及"字。　于鬯战国策注:"鲍本是。沈寿经明经云'及,至也,言甚则至于失邦交'。"　建章按:有"及"字无碍,此取沈说。

⑥纳:国语鲁语上韦注:"归也。"莒本封给山阳君,故此言"不归还"。

⑦棘(jí疾):方言卷三:"凡草木刺人,江、湘之间谓之棘。"又广雅释诂二:"梗、剡、棘、伤、茦、刺、壮,箴也。"则棘,亦可作"伤"解。"棘"字之解众说纷纭,不具录。

⑧因:则,即,就。　使:派。"使"后的宾语"之"即"谓山阳君者",省去了。　之:至。

十五　赵魏攻华阳章

赵、魏攻华阳①,韩谒急于秦②。冠盖相望③,秦不救④。韩相国谓田苓曰⑤:"事急,愿公虽疾⑥,为一宿之行⑦。"

田苓见穰侯⑧,穰侯曰:"韩急乎?何故使公来?"田苓对曰:"未急也。"穰侯怒曰:"是何以为公之(王)〔主〕使乎⑨?冠盖相望,告弊邑甚急⑩,公曰'未急'何也?"田苓曰:"彼韩急则将变矣⑪。"穰侯曰:"公无见王矣⑫,臣请(令)〔今〕发兵救韩⑬。"八日中,大败赵、魏于华阳之下。

1302

【注释】

①史记韩世家"釐王二十三年,赵、魏攻我华阳",当周赧王四十二年(前273年)。　华阳:见秦策一第五章注㊹。

②谒:尔雅释诂:"告也。"

③冠盖相望:见魏策四第二十二章注②。

④史记韩世家"釐王二十一(秦攻魏,)使暴鸢救魏",故"秦不
　救"。

⑤田苓:史记韩世家作"陈筮",集解引徐广说"一作陈筌",索隐
　引战国策作"田荼"。太平御览卷四六〇游说览作"由余"。

⑥疾:病。

⑦为:作,进行。　一宿:一夕。

⑧穰侯:见秦策一第五章注㊿。

⑨是:尔雅释言:"则也。"那么。　王:当是"主"之误,见楚策一
　第十七章注③。鲍本、韩世家并作"主"。　使:出使。

⑩弊邑:即敝邑,对本国的谦称。

⑪史记韩世家作"彼韩急,则将变而佗从,以未急,故复来耳"。通
　鉴胡注:"谓从赵、魏耳。"　彼:即"夫",见钱大昕十驾斋养新
　录卷五"古无轻唇音"条。或彼:犹"若",见裴学海古书虚字集
　释卷十。

⑫无:王引之经传释词卷十:"勿也。"　王:秦昭王,见西周策第一
　章注⑭。

⑬史记韩世家"令"作"今",当改作"今",即刻的意思,见秦策三
　第十四章注③。韩策二第一章张翠使秦,与此类似。

十六　秦招楚而伐齐章

秦招楚而伐齐①,冷向谓陈轸曰②:"秦王必外向楚之齐
者③。知西不合于秦④,必且务以楚合于齐⑤,齐、楚合,燕、
赵不敢不听。齐以四国敌秦⑥,是齐不穷也⑦。"向曰:"秦
王诚必欲伐齐乎⑧?不如先收于楚之齐者⑨。楚之齐者先
务以楚合于齐⑩,则楚必即秦矣⑪。以强秦而有晋、楚⑫,则

燕、赵不敢不听,是齐孤矣。向请为公说秦王⑬。"

【注释】

①招:说文"手呼也。"犹"约"。 顾观光战国策编年,于鬯战国策年表并系此策于周赧王二年(前 313 年)。 此章鲍彪编入楚策。

②冷向:即泠向,见秦策一第四章注①。 陈轸:奔走于秦、楚之间,时在秦。又见秦策一第十一章注①。

③秦王:惠文王,见秦策一第一章注⑱。 外:荀子王霸杨注:"疏也。"又吕氏春秋似顺论有度高注:"弃也。"于鬯战国策注:"'向'字疑涉上文衍。'楚之齐者'谓楚人之善齐者。"

④于鬯战国策注:"此句上当复有'楚之齐者'四字,下文可证。或云,蒙上而省,盖古书有上下两属例。" 建章按:俞樾古书疑义举例卷二有"蒙上文而省例",此即其例。

⑤且:将。 务:专意于,致力于。

⑥四国:齐、楚、燕、赵。 敌:抗。

⑦穷:困。

⑧诚:真的。

⑨收:联合。

⑩金正炜战国策补释:"'先'盖'无'字之误,'无'犹'不'也。燕策'是故谋者皆从事于除患之道,而先使除患无至者','先'亦当为'无',误与此同。"横田惟孝战国策正解说同金。 建章按:此从金说。

⑪"秦王"句以下是说:秦王真的一定要进攻齐国吗?不如先联合楚人之善齐者;楚人之善齐者不致力于和齐国搞联合,那就一定投向秦国。 即:方言十二:"就也。"接近,投向。

⑫鲍注:"衍'晋'字。"

⑬说：劝说。

十七　韩氏逐向晋于周章

韩氏逐向晋于周，周成恢为之谓魏王曰①："周必宽而反之②，王何不为之先言③，是王有向晋于周也④。"魏王曰："诺。"

成恢因为谓韩王曰⑤："逐向晋者韩也，而还之者魏也，岂如道韩反之哉⑥！是魏有向晋于周，而韩王失之也⑦。"韩王曰："善。"亦因请复之⑧。

【注释】

①鲍本"周"下有"使"字。　关修龄战国策高注补正："高无'使'字，恐'周'字亦衍。"　建章按：据下文，关说或是，成恢非周所使。

②宽：宽恕。　反之：让向晋返回周。此当是向晋出使周时，被韩逐。

③王何不为之先言：成恢向魏王建议，先于周提出送回向晋。

④是王有向晋于周也：这样，魏王就可以结交向晋，而向晋在周也可为魏所用。

⑤因：则。

⑥岂如道韩反之哉：何不如通过韩国把他召回呢。　岂：裴学海古书虚字集释卷五："何也。"　道：又卷六："犹'由'也。"　此句当在"而韩王失之也"句下作解。

⑦之：指向晋。　横田惟孝战国策正解："'王'疑衍。"　建章按："韩失"与"魏有"正相对，横田说或是。

⑧亦因请复之:因此也向周提出召回向晋。

十八 张登请费缧章

张登请费缧曰①:"请令公子年谓韩王曰②:'费缧,西周仇之,东周宝之③。此其家万金,王何不召之,以为三川之守④。是缧以三川与西周戒也⑤,必尽其家以事王⑥。西周恶之⑦,必效先王之器以止王⑧。'韩王必为之。西周闻之,必解子之罪⑨,以止子之事⑩。"

【注释】

①鲍本"请"作"谓",注:"张登,中山人;费缧,韩人。" 鲍系此策于韩釐王(前295年—前273年)之世。顾观光战国策编年系于周显王四十六年(前326年)。杨宽战国史战国郡表说"韩宣王(前332年—前312年)时设三川郡,"并引此章。 建章按:杨说与顾编年可合。 请:尔雅释诂:"告也。"秦策一第九章有"请秦王曰",见彼注②。 缧:读 xiè(泄)。

②鲍本"年"作"牟"。 吴补:"一本'牟'作'年',姚同。" 于鬯战国策注:"依鲍意,当是韩公子;或云是东周公子。" 建章按:赵策三第九章"公子牟游于秦,且东,而辞应侯"。前266年封为应侯,前255年应侯死,与此相距61年—72年,当不是"牟"。韩王:宣惠王,见韩策一第七章注①。

③宝:吕氏春秋仲夏纪侈乐高注:"重也。"

④三川:见西周策第十二章注⑨。 守:郡守。

⑤戒:诗经小雅采薇笺:"警敕军事也。"此言费缧在三川加强严密的军事设施,来警戒西周。 又玉篇卷十七戈部:"𢧵,古额

反,斗也。"疑"戒"或为"戬"字之误。

⑥尽其家:竭尽其家之万金。　事王:为王服务。

⑦恶:畏。见东周策第七章注②。

⑧效:献。　东周策第三章"西周者,故天子之国也,多名器重宝。"此"器"指"名器重宝"。　止王:止韩王勿以费缳为三川守。

⑨解罪:消除仇怨。　解:释。　罪:吕氏春秋仲冬纪至忠高注:"殃也。"此指前文"仇之"之义。

⑩子之事:指费缳为三川守之事。

十九　安邑之御史死章

安邑之御史死①,其次恐不得也②。输人为之谓安令曰③:"公孙綦为人请御史于王,王曰:'彼固有次乎④?吾难败其法⑤。'"因遽置之⑥。

【注释】

①此篇鲍本移至魏策。　建章按:史记白起列传秦昭王十四年"白起为左更,攻韩、魏于伊阙,……起迁为国尉,涉河取韩安邑以东到乾河。"索隐:"魏以安邑入秦,然安邑以东至乾河,皆韩故地,故云'取韩安邑'。"则韩本有安邑,鲍彪以安邑为魏旧都,故移至魏策,不必。　御史:在战国时代,本是国君的秘书性质。由于担任秘书工作,负责记录和接受、保管文件,就成为国君的耳目,带有监察的性质。(见杨宽战国史207页)此安邑之御史则是安邑令的秘书。

②其次:犹言副御史。　恐不得:担心自己不能接任御史之职。

③鲍注:"输,安邑里名。"并于"安"下补"邑"字。　吴补:"宜有

'邑'字,大事记有。" 金正炜战国策补释:"'输'疑作'谕',犹教也,与'讽'相近,授意于人,使为之请,盖其次所为也。" 于鬯战国策注:"'输人'恐又是御史以下之人,不必地名。" 建章按:输:告,语。见秦策一第十三章注③。不必以为误,亦非"里名"或"人"。 之:指"其次"。 "安令"或即是安邑令,省称耳。

④彼固有次乎:安邑的御史死了,本应该由副御史补任啊。 乎:裴学海古书虚字集释卷四:"犹'也'也。"

⑤败:破坏。

⑥因:则,就。 遽:立刻。 置:立,任命。 之:指"其次"。

二十　魏王为九里之盟章

魏王为九里之盟①,且复天子②。房喜谓韩王曰③:"勿听之也④,大国恶有天子⑤,而小国利之⑥。王与大国弗听,魏安能与小国立之。"

【注释】

①鲍本"里"作"重"。 韩非子说林上"九"作"曰"。 金正炜战国策补释:"周书作雒篇'俘殷献民迁于九里'注'九里,成周之地,近王化也。'作'重'者误。'九'、'曰'一声之转也。" 建章按:中国历史地图集九里(曰里)在今河南省登封市西北、巩义市西南。 林春溥战国纪年、于鬯战国策年表并系此策于周显王二十七年(前342年)。 魏王:惠王,见秦策四第五章注⑦,韩非子正作"魏惠王"。

②且:将。 复天子:犹言恢复周王天子之尊。

③韩非子"房喜"作"彭喜"。 建章按:钱大昕十驾斋养新录卷

五:"古无轻唇音"条下说"古读'方'如'旁',古音'逢'如'蓬'。"则"房喜"即"彭喜"。　韩王:昭侯,见韩策一第三章注②。

④听:同意。　之:尊周为天子之事。

⑤大国恶有天子:大国不希望有天子。　大国:如秦、齐、楚等国。　恶:憎恨。

⑥小国利之:尊天子对小国有利。　小国:如鲁、卫、宋、郑、中山等国。从房喜之言,韩亦归入大国之列。

二十一　建信君轻韩熙章

建信君轻韩熙①,赵敖为谓建信侯曰②:"国形有之而存,无之而亡者,魏也③。不可无而从者,韩也④。今君之轻韩熙者,交善楚、魏也。秦见君之交反善于楚、魏也,其收韩必重矣⑤。从则韩轻⑥,横则韩重⑦,则无从轻矣⑧。秦出兵于三川⑨,则南围鄢⑩,蔡、邵之道不通矣⑪。魏急,其救赵必缓矣⑫。秦举兵破邯郸⑬,赵必亡矣。故君收韩,可以无疐⑭。"

【注释】

①建信君:赵国贵幸之臣。　韩熙:韩臣。　顾观光战国策编年系此策于秦始皇三年(前244年),于鬯战国策年表系于秦始皇六年(前241年)。

②赵敖:韩熙之人。　为:为韩熙。　鲍改"侯"作"君",当是。

③"国形"句:赵与魏为邻,赵国有魏则存,无魏则亡。

④"不可"句即"从而不可无者、韩也",意即:要组织合纵联盟必须有韩。

⑤其收韩必重:秦国必着力于联合韩国。 收:尔雅释诂:"聚也。"

⑥从则韩轻:组织合纵联盟,则韩国小,就无足轻重。

⑦横则韩重:组织连横阵线,则韩国距秦近,韩必为秦所重。

⑧则无从轻矣:这样韩国就不会选择使自己处于无足轻重的那条路。意思是:韩国就会与秦联合。 无:裴学海古书虚字集释卷十:"犹'不'也。" 从:广雅释诂三:"就也。"犹言选择。

⑨三川:见西周策第十二章注⑨。此指韩。

⑩鄢:鄢陵,魏地,见秦策四第九章注㉝。

⑪蔡,上蔡;邵,邵陵,皆距魏近,并见秦策四第九章注㉞。秦策四第九章:"若是王(秦王)以十万戍郑,梁氏寒心,许、鄢陵婴城,上蔡、召陵不往来也,如此而魏亦关内侯矣。"即此意。

⑫缓:拖延,不积极。

⑬邯郸:赵都,今河北省邯郸市。

⑭横田惟孝战国策正解:"衅,隙也。言赵合韩,则无秦所伐之衅隙也。赵合韩,则自不轻韩熙,故令建信收韩也。" 甖同"衅"又同"衅"。见第二章注⑰。 可以无衅:是说,秦国要进攻赵国,就无空子可钻。

二十二 段产谓新城君章

段产谓新城君曰①:"夫宵行者能无为奸②,而不能令狗无吠己③。今臣处郎中④,能无议君于王,而不能令人母议臣于君⑤。愿君察之也⑥。"

【注释】

①新城君:见魏策四第七章注①,彼策"段产"作"白珪",余小异。此章鲍彪移至秦策。

②宵:说文"夜也"。 无:不。 为:做。 奸:坏事。

③吠己:对着自己叫。

④郎中:宫中侍卫之臣。

⑤母:同"毋",见西周策第十一章注⑤。 君:指新城君。

⑥察:明察。

二十三 段干越人谓新城君章

段干越人谓新城君曰①:"王良之弟子驾,云取千里马,遇造父之弟子②。造父之弟子曰:'马不千里③。'王良弟子曰:'马,千里之马也;服,千里之服也④。而不能取千里⑤,何也?'曰:'子繘牵长⑥。'故繘牵于事,万分之一也,而难千里之行⑦。今臣虽不肖⑧,于秦亦万分之一也,而相国见臣不释塞者⑨,是繘牵长也⑩。"

【注释】

①文选张华励志诗李注引作"段干越谓韩相新城君曰"。又颜延之应诏观北湖田收诗李注引作"段干越"。段干:复姓。王念孙读书杂志卷十六余编下引策文亦无"人"字。(见"结绶生繘牵"条)此"新城君"疑非第二十二章新城君芈戎。

②姚校:"一无'马'字。" 鲍断句作"王良之弟子驾,云取千里,马遇造父之弟子"。 文选李注两引皆作"王良之弟子驾千里之马,过京父之弟子"。 于鬯战国策注断句作"王良之弟子驾,云取千里马,遇造父之弟子",说:"'云取千里马'字有衍脱。" 王念孙读书杂志卷十六余编下引策文作"王良之弟子,驾千里马,遇造父之弟子。" 金正炜战国策补释断句作"王良之弟子

驾,云取千里,马遇<u>造父</u>之弟子"。说:"<u>广雅</u>释诂四'驾,乘也',<u>释名</u>释言语'取,趣也'。'马'当是'焉'字形相似而误,焉,犹于是也,乃也,<u>吕氏春秋</u>季春篇'天子焉使乘舟'注:'于是始乘舟。'<u>淮南子</u>缪称篇:'故人之甘甘,非正为蹠也,而蹠焉往'注:'言蹠乃往至也。'" <u>史记赵世家</u>:"皋狼生<u>衡父</u>,衡父生<u>造父</u>,造父幸于<u>周缪王</u>。<u>造父</u>取骥之乘匹,与桃林盗骊、骅骝、绿耳,献之缪王。缪王使造父御。" <u>吕氏春秋</u>分职高注:"<u>造父</u>,<u>嬴</u>姓,<u>飞廉</u>之子,善御,<u>周穆王</u>臣也。" <u>韩非子</u>外储说右下陈奇猷引松皋园说:"疑<u>造父</u>、<u>王良</u>同时之人也。谓为<u>周穆王</u>时人者,恐传闻之误耳。" <u>横田惟孝</u>战国策正解:"<u>造父</u>为<u>齐王</u>御,见<u>韩子</u>,盖<u>周</u>末人,此书亦可以证矣。其为<u>周穆王</u>御者,盖<u>列子</u>寓言,而<u>史</u>迁疏谬也,其见<u>管子</u>假托之书不足信据焉。<u>鲍彪</u>论其不得与<u>王良</u>同时,失考矣。" <u>梁玉绳</u>汉书人表考:"翟教授曰'<u>韩子</u>外储说右,<u>造父</u>为<u>齐王</u>驸驾,盖凡后之善御者,亦袭<u>造父</u>名也'。" <u>王良</u>:春秋末<u>赵</u>国大夫<u>赵简子</u>的车夫,为著名的驾御车马的能手。 建章按:此数句恐有误,姑从<u>文选</u>励志诗<u>李</u>注引"<u>王良</u>之弟子驾千里之马,遇<u>造父</u>之弟子。"

③<u>金正炜</u>战国策补释:"'马不千里'与下文'马千里之马也,服千里之服也'文不相应,'马'当作'驾',<u>广雅</u>释诂一'驾,行也'。"
建章按:<u>韩非子</u>外储说右下"然马过于圃池而驸马败者",陈奇猷集释引<u>顾广圻</u>曰"马,当作'驾'"。上文"<u>王子于期</u>为驸驾",故知此"马"为"驾"误。"驾不千里"即行不千里。金说可从。

④服:<u>说文</u>:"用也。"言驾马所用的一切。马所用的,车及车所用的。

⑤取:行。见注②。疑"里"下脱"者"字。

⑥子:通"之",见东周策第二十三章注②。 之:<u>吕氏春秋</u>音初高注:"其也。" 缫(mò 默):<u>广雅</u>释器:"索也。" 缫牵:马缰绳。

⑦"繮牵于事"三句：驾马用缰绳,这于全部驾马所需只不过占万分之一而已,可是却妨害了完成千里之行。　难：关修龄战国策高注补正："害也。"

⑧不肖：无能。

⑨文选励志诗李注引"释"作"怿",无"塞"字。怿(yì议)：喜欢,高兴。

⑩"今臣"句以下：现在我虽然无能,对于去影响秦国,也还有万分之一的作用,而相国见我却不高兴,这也正如"繮牵长,而难千里之行"一样啊。　相国：新城君,见注①。

战国策注释卷二十九

燕　策　一

燕：姬姓，其先召公，周武王灭纣，封召公于北燕，都蓟（今北京）。周显王四十六年（前323年，易王十年）燕君始称王。至燕王喜三十三年（秦始皇二十五年，前222年）为秦所灭。其疆域有今河北省北部和辽宁省西南部，并兼有今山西省的东北角。全境东北和东胡接界，西与中山、赵接界，南边靠海，并和齐接界。

一　苏秦将为从北说燕文侯章

苏秦将为从[1]，北说燕文侯曰[2]："燕东有朝鲜、辽东[3]，北有林胡、楼烦[4]，西有云中、九原[5]，南有呼沱、易水[6]。地方二千余里[7]，带甲数十万[8]，车七百乘[9]，骑六千匹[10]，粟支十年[11]。南有碣石、雁门之饶[12]，北有枣、（粟）〔栗〕之利[13]，民虽不由田作[14]，枣、栗之实足食于民矣。此所谓天府也[15]。夫安乐无事，不见覆军杀将之忧[16]，无过燕矣。大王知其所以然乎？夫燕之所以不犯寇被兵者[17]，以赵之为蔽于南

1315

也[18]。秦、赵五战，秦再胜而赵三胜[19]，秦、赵相弊[20]，而王以全燕制其后[21]，此燕之所以不犯难也[22]。

“且夫秦之攻燕也，逾云中、九原[23]，过代、上谷[24]，弥埊踵道数千里[25]，虽得燕城，秦计固不能守也[26]。秦之不能害燕亦明矣。今赵之攻燕也，发兴号令[27]，不至十日，而数十万之众军于东垣矣[28]。度呼沱[29]，涉易水，不至四、五日，距国都矣[30]。故曰：秦之攻燕也，战于千里之外；赵之攻燕也，战于百里之内[31]。夫不忧百里之患，而重千里之外，计无过于此者[32]。是故愿大王与赵从亲[33]，天下为一，则国必无患矣。”

燕王曰[34]：“寡人国小，西迫强秦，南近齐、赵[35]。齐、赵，强国也，今主君幸教诏之[36]，合从以安燕，敬以国从[37]。”于是赍苏秦车马金帛以至赵[38]。

【注释】

①苏秦：见东周策第五章注③。　为从：组织合纵联盟。　史记燕世家：“文公二十八年，苏秦始来说文公。”六国年表同，当周显王三十五年（前334年）。“燕文公”即“燕文侯”。顾观光战国策编年、于鬯战国策年表并系于此年。

②燕文侯：即燕文公，桓公之子，燕国三十六君，前361年—前333年在位。　说（shuì 税）：说服别人。

③辽东：今辽宁省辽河以东地。

④林胡：今内蒙古自治区呼和浩特市附近。　楼烦：见齐策五注⑭。

⑤云中：见赵策二第一章注(89)。　九原：今内蒙古自治区包头市

西北。

⑥呼沱:见秦策一第五章注⑦⑧。

⑦地方二千余里:四百余万平方里。

⑧带甲:战士。

⑨一车四马为一乘。

⑩骑:一人一马。

⑪粟支:见东周策第二章注⑤。

⑫碣石:山名,在今河北省昌黎县西北。　雁门:山名,在今山西省代县西北。　碣石在燕东,海中之货自此入;雁门在西北,沙漠之货自此入,皆达燕南,故曰"有碣石、雁门之饶"。　饶:广雅释诂一:"益也。"

⑬鲍本"粟"作"栗"。史记苏秦列传亦作"栗"。　黄丕烈战国策札记:"今本'粟'作'栗',案'栗'字是。"　畿辅本"粟"作"栗"。　冈本亦作"栗"。　建章按:后汉书孝献伏皇后记:"既至安邑,御服穿敝,惟以枣栗为粮。"可见枣和栗可以代粮。古人"枣栗"多连用,如榖庄二十四年传、国语鲁语上、礼记曲礼下。故此当改"粟"作"栗",且下句正作"枣栗"。

⑭鲍本无"由"字。史记苏秦列传无"由"字,"田"作"佃"。冈本无"由"字。　建章按:汉书高帝纪上颜注:"田,谓耕作也。"田作,即耕作。"由"当因"田"字衍。

⑮天府:见秦策一第二章注⑩。

⑯覆:礼记中庸注:"败也。"

⑰犯寇被兵:遭受敌兵进攻。　寇:吕氏春秋贵直论壅塞高注:"兵也。""犯寇"与"被兵"义同。

⑱以:因。　蔽:障,屏障。

⑲再胜:两胜。吴补:"设辞也。"

⑳弊:败,破坏,削弱。

㉑制:控制,制服。

㉒犯难:义同"犯寇被兵"。　难:秦策一高注:"犹'敌'也。"

㉓逾:越。

㉔代:见秦策一第五章注⑲。　上谷:见秦策五第六章注㉙。

㉕弥埊蹱道数千里:要行走数千里遥远的路程。　弥:左哀二十
　五年传注:"远也。"　埊:古"地"字,见赵策四第八章注⑦。
　蹱:说文:"一曰往来貌。"则有"行"义。

㉖计:国语吴语韦注:"虑也。"

㉗鲍本"兴号"作"号出"。史记苏秦列传、闵本同鲍本。　建章
　按:此恐误。

㉘军:驻扎。　东垣:在今河北省石家庄市正定县东南。

㉙度:通"渡"。

㉚鲍本"距"上有"而"字。史记苏秦列传、闵本同鲍本。　建章
　按:据上文"十日"下有"而"字,此当脱"而"字。　距:尚书益
　稷传:"至也。"　国都:燕都。

㉛赵与燕接界,相距很近,故曰"战于百里之内"。

㉜过:错。　张文燦战国策谭椒引茅坤曰:"燕所畏者赵,故亲赵
　以摈秦。"苏秦列传泷川资言考证引徐孚远曰:"欲燕亲赵,先
　以赵之威劫之,则其言易入。"

㉝从亲:结成合纵联盟。

㉞燕王:即燕文侯。

㉟鲍本"南"作"促"。　吴补:"一本'南近齐、魏'。"　苏秦列传
　作"西迫强赵,南近齐"。　黄丕烈战国策札记:"此策文当有
　误。"　建章按:策文当有误,据下句,则苏秦列传可从。　迫:
　说文:"近也。"

㊱今主君幸教诏之:今承蒙您的教导。　齐策一第十六章"今主
　君以赵王之教诏之",韩策一第五章"今主君以楚王("楚"疑当

作"赵")之教诏之"。　主君:见楚策一第十七章注㊶,此指苏秦。　诏:告。

㊲敬以国从:我完全同意参加合纵联盟。　从:同意。

㊳赍:赠,送。　以:而。

二　奉阳君李兑甚不取于苏秦章

奉阳君、李兑甚不取于苏秦①。苏秦在燕②,李兑因为苏秦谓奉阳君曰:"齐、燕离,则赵重;齐、燕合,则赵轻。今君之齐,非赵之利也③。臣窃为君不取也④。"

奉阳君曰:"何吾合燕于齐⑤?"对曰:"夫制于燕者,苏子也⑥。而燕弱国也,东不如齐,西不如赵,岂能东无齐、西无赵哉?而君甚不善苏秦,苏秦能抱弱燕而孤于天下哉⑦?是驱燕而使合于齐也⑧。且燕,亡国之余也⑨,其以权立,以重外,以事贵⑩。故为君计,善苏秦则取〔之〕⑪,不善亦取之,以疑燕、齐⑫。燕、齐疑,则赵重矣⑬。齐王疑苏秦⑭,则君多资⑮。"

奉阳君曰:"善。"乃使使与苏秦结交。

【注释】

①鲍彪以为此"奉阳君"乃"公子成",故删"李兑"二字。　吴正:"奉阳实'李兑',非'公子成',盖下'李兑'二字误羡耳。"　徐中舒说"'奉阳君'应是'公子成'而非'李兑'。"(见历史研究1964年第一期论战国策编写及有关苏秦诸问题)公子成:见赵策二第四章注㊷。　李兑:见秦策三第十章注㉔。　取:公羊成三年传注:"得,曰取。"　甚不取:犹言甚不融洽。　苏秦:见

1319

东周策第五章注③。　顾观光战国策编年系此策于周赧王三十一年（前284年），于鬯战国策注："可提前四、五年"，则当周赧王二十七年（前288年）。　建章按：唐兰苏秦事迹简表"公元前288年，奉阳君使使与苏秦建交。"（见战国纵横家书附录）或即指此"乃使使与苏秦结交"。钱穆先秦诸子系年95节"附苏代苏厉考"说："其时苏代已在燕用事矣。'苏秦'乃'苏代'字讹，昔人已多知之。"　唐表中的"奉阳君"当是"公子成"。

②据苏秦事迹简表此年（前288年）"燕王急召（苏秦）归燕"。

③鲍注："今君之齐，谓以燕合齐。"　金正炜战国策补释："'今君'下脱'合燕'二字，下文'何吾合燕于齐'即与此文相应。"于鬯战国策注："大事记改作'今君合燕于齐'。案下文云'何吾合燕于齐'，又云'是驱燕而使合于齐也'，其意则是矣。句有误。"　建章按：之：王引之经传释词卷九"犹'于'也"。疑脱"合燕"二字。

④"臣窃"句：见西周策第九章注③。

⑤何吾合燕于齐：我干吗以燕合于齐。

⑥制于燕：控制燕。　苏子：苏秦。

⑦苏秦能抱弱燕而孤于天下哉：苏秦岂持弱燕使自己孤立于诸侯之中呢？　能：徐仁甫广释词卷六："岂也。"

⑧"是驱燕"句：这是把燕国推到齐国一边去啊。

⑨亡国：指周赧王元年（前314年），齐乘燕国内乱，攻下燕都，杀燕王哙，醢相国子之。　余：有残破的意思。

⑩吴正："以权立者，谓燕破亡之余，太子平以权宜立；其势微弱，必重外，必事贵。'外'与'贵'，谓他国，齐、赵之属也。"　金正炜战国策补释："'其'，谓苏子也。谓其资燕权，以立进取之基，非终抱弱燕而孤于天下也。'以重外'当作'以外重'，言将藉外势以自重，如周冣在魏而有齐重之类。'以事贵'，言将约

从以取贵,如四国之因犀首以事也。" 建章按:此策全着眼于
"结交苏秦",此当是分析苏秦的情况,前后文皆如此。故金说
当是。

⑪鲍本"取"下有"之"字,注:"取,言与之交。"闵本亦有"之"字。
　　建章按:下句"亦取之",可见此当为"取之",当依鲍本、闵本补
"之"字。之:指苏秦。 此连下句:和苏秦关系好,要结交他,
和苏秦关系不好,也要结交他。

⑫以疑燕齐:使燕、齐互相猜疑。

⑬"燕、齐疑"两句:燕、齐互相猜疑,必然皆与赵联合,故言"赵
重"。

⑭齐王:闵王,见东周策第十六章注②。 疑苏秦:言疑苏秦合燕
于赵。

⑮君多资:苏秦将以燕助赵,故言"君多资"。 君:指公子成。
资:助。

三　权之难燕再战不胜章

　　权之难①,燕再战不胜,赵弗救。哙子谓文公曰②:"不
如以埊请合于齐③,赵必救我。若不吾救④,不得不事⑤。"文
公曰:"善。"令郭任以埊请讲于齐⑥。赵闻之,遂出兵救燕。

【注释】
　　①权之难:见齐策二第六章注①。
　　②哙子:燕文公孙,燕易王子。 文公:燕文公,见第一章注②。
　　③埊:古"地"字,见赵策四第八章注⑦。 请:广雅释诂三:
"求也。"
　　④若不吾救:"若不救吾"的倒装。古汉语否定句,代词宾语一般

置于谓语之前。

⑤鲍注:"燕、齐合,则赵轻,虽不救我,后必事我。" 金正炜战国策补释:"燕之所急,在得赵救,鲍说非也。'不事'犹言'无事','无'、'不'字古通用。赵不救燕,则燕、齐合,而赵且不能无事。盖以合齐怵赵,而策其不能不救燕也。齐策'齐急必以地合燕,而与赵战',亦即此意。" 刘锺英战国策辨讹:"'事',古'争'字,言赵不得不与齐争地也。" 关修龄战国策高注补正:"赵若不救我,则我不得不事于齐,故不如不请合于齐。"建章按:金、刘说皆可通。依金说,"事"当指齐、赵发生战事。依刘说,"事"当为"争"字之误。齐、赵争地,则必战,与金说一致。

⑥令郭任以垒请讲于齐:派郭任献地与齐结盟。 讲(講):通"媾""構";结,合。

四 燕文公时章

燕文公时,秦惠王以其女为燕太子妇①。文公卒②,易王立③。齐宣王因燕丧攻之④,取十城。

武安君苏秦为燕说齐王⑤,再拜而贺,因仰而吊。齐王桉戈而(郤)〔却〕⑥,曰:"此一何庆吊相随之速也⑦?"对曰:"人之饥所以不食乌喙者⑧,以为虽偷充腹⑨,而与死同患也⑩。今燕虽弱小,强秦之少婿也。王利其十城⑪,而深与强秦为仇。今使弱燕为雁行⑫,而强秦制其后,以招天下之精兵,此食乌喙之类也。"齐王曰:"然则奈何?"对曰:"圣人之制事也⑬,转祸而为福,因败而为功⑭。故桓公负妇人而名益尊⑮,韩献开罪而交愈固⑯,此皆转祸而为福,因败而为功者也。王能听臣，莫如归燕之十城，卑辞以谢秦⑰，秦知王以己之故归燕城也，秦必德王⑱。燕无故而得十城，燕亦德王。是弃强仇而立厚交也⑲。且夫燕、秦之俱事齐⑳，则大王号令，天下皆从。是王以虚辞附秦㉑，而以十城取天下也㉒。此霸王之业矣㉓。所谓转祸为福，因败成功者也。"

　　齐王大说㉔，乃归燕城。以金千斤谢其后，顿首途中㉕，愿为兄弟而请罪于秦。

【注释】

①据史记燕世家此事在燕文公二十八年（周显王三十五年，前334年）。钱穆先秦诸子系年97节"齐因燕文王丧伐取十城乃威王非宣王辨"说："秦惠王元年，当燕文公二十五年，三年，惠王始冠。古礼二十而冠，则其时惠王年不过二十，越二年，燕文公卒。岂秦惠王即有女为燕易王妻哉？惠王十年前，魏未尽纳上郡，秦与赵壤地不相接，岂遽远嫁其女为燕妇哉？策士造说者，谓苏秦相燕倡合纵，秦畏之，故嫁女以纳欢于燕，齐复畏燕之为秦婿而归之十城。其实燕在当时，犹不足畏，其势远不及齐威、宣之盛，而苏秦合纵之说亦乌有，无论秦嫁女之事也。惟苏秦说齐归燕十城，则其事或可有，而所以为说者已不传，今燕策所存，则后之策士造为之也。"　燕文公：见第一章注②。

　　秦惠王：见秦策一第一章注⑱。　燕太子：易王。

②文公二十九年卒，在周显王三十六年（前333年）。

③易王：燕文公太子，秦惠王之婿，燕国第三十七君，前332年—前321年在位。

④钱穆先秦诸子系年97节"齐因燕文王丧伐取十城乃威王非宣王辨"说："燕策误也。宣王伐燕在王哙时，其时齐乃威王，非宣

王。前二年,威王与魏会徐州相王,至是为威王之二十五年(前332年)。宣王之立尚在其后十三年(前319年)。通观余前后辨齐世系诸条,则国策之误自显。(绎史年表依通鉴,以齐伐燕丧之年为宣王元年,较史表移后十年,亦缘燕策一语而误。)史记以讨子之之乱为湣王,亦误。黄氏日钞谓孟子宣王伐燕两章,即因丧取十城事,亦与孟子原文不合。狄子奇编年辨之云:‘所取仅十城,不得云倍地。易王新立,又安用置君? 燕世家又言苏秦说齐归燕十城,则与孟子无涉,审矣。’(焦循孟子正义亦有辨,语详不录。)” 齐宣王:见东周策第一章注④。燕易王之立在前332年,当齐威王二十五年,此言“宣王”当误。艺文类聚卷二十五人部说类引无“宣”字。太平御览卷四六〇游说览上两引并有“宣”字,疑后人据史记误加者。

⑤苏秦:见东周策第五章注③。

⑥桉:通“按”。 郤:当作“却”,见秦策五第七章注㉑。鲍注:“却秦使退。”

⑦一:王引之经传释词卷三:“语助也。”

⑧乌喙:毒药,又名附子、乌头、天雄等。

⑨偷充腹:犹言苟且可以充饥。 刘师培左盦集卷五:“类聚二十五引‘腹’作‘肠’。”

⑩史记苏秦列传“死”上有“饿”字。

⑪利:广雅释诂二:“贪也。”

⑫雁行:前锋,先锋。见魏策三第八章注㉛。 今:王引之经传释词卷五:“犹‘若’也。”

⑬制事:治事,断事,举事。

⑭功:尔雅释诂:“胜也。”

⑮鲍注:“齐桓公也。好内而霸。” 吴正:“齐伐宋章苏代曰‘智者之举事也,转祸而为福,因败而成功。齐人紫败素也,而贾十

倍’。二章所称，文意正同。盖紫者妇人之服，紫败素，得厚利，所谓‘名益尊’也。” 金正炜 战国策补释：“鲍注与上文不合。桓公怨出宋夫人，宋受而嫁之蔡侯；桓公伐宋，诸侯救宋，大败齐师。事见管子大匡篇，于此文为近，唯证之以齐伐宋章，似以吴说为胜。鲍、吴注并不及‘负’字。疑本作‘服’，‘负’、‘服’字古通用，故此本作‘负’。淮南人间篇‘再鼓负辇粟而至’注‘服，驾牛也。’文、注字异正与此同。‘服妇人’谓服妇人之服色也。” 关修龄 战国策高注补正：“‘负妇人’丑行也，以成霸业而名益尊，是功掩其过。策士因桓多内嬖，为此诬说耳。”横田惟孝 战国策正解：“‘负妇人’盖谓妇人之累也。因妇人事侵蔡，负妇人之累也，遂伐楚而楚服，名益尊也。事见僖三年左传。” 于鬯 战国策注：“视蔡姬之事似近。” 王充 论衡书虚篇：“传书言：齐桓公负妇人而朝诸侯。此言桓公之淫乱无礼甚也。……桓公尊九九之人，拔宁戚于车下，责苞茅不贡，运兵攻楚，九合诸侯，一匡天下，千世一出之主也，而云‘负妇人于背’，虚矣。” 建章按：韩非子外储说右下“桓公披发而御妇人，日游于市”。晏子春秋问下景公问桓公何以致霸章“昔吾先君桓公，喜饮酒穷乐，食味方丈，好色无别。”东周策第十一章：“齐桓公宫中七市，女闾七百，国人非之”。据此则桓公确实是“累于妇人”，然而桓公并未因此缺点而影响他成就霸业。这与“转祸而为福，因败而为功”用意是一致的。 桓公：齐桓公，见东周策第十一章注⑨。 负：文选 李斯 上秦始皇书 李注：“犹‘累’也。”

⑯韩献开罪而交愈固：韩厥得罪了赵盾，可是赵盾和他的交情更巩固了。 赵盾推荐韩厥给晋灵公，任司马。秦、晋河曲之战，韩厥领兵，赵盾派人驾他的兵车违犯行军的行列。韩厥杀了赵盾派来的人。大家都说“韩厥干不长了。赵盾刚刚推荐提升他

为司马,可他转脸就不顾情面杀了<u>赵盾</u>派来的人。这样,谁还会安心啊!"<u>赵盾</u>却以尊礼召见了<u>韩厥</u>,说:"事君者,'比而不党',对国忠信负责,推荐守义不阿的人,这就是'比';对国家不负责任,安插无能的私人,这就是'党'。军事有严明的纪律,犯了纪律而不徇私隐瞒,这就是'义'。我推荐你给国君,怕你没有才干。推荐没有才干的人,这是最大的树党营私。报效国君,而树党营私,我怎么能治理好国家呢?所以我才以我的车违犯行军行列的事来观察你。果然你做得很好。主持<u>晋</u>国国政,不用你又用谁呢?"于是遍告朝廷诸大夫:"大家可以庆贺我了,我推荐<u>韩厥</u>为司马,推荐对了。我现在可以放心,对国家不会有罪过了。""<u>韩献</u>开罪而交愈固"当指此。(见<u>国语晋语</u>五) <u>韩献</u>:<u>韩献子</u>,名<u>厥</u>。 <u>赵盾</u>:<u>赵宣子</u>,<u>赵衰</u>之子,时为<u>晋</u>正卿,相当于相国。

⑰卑:谦卑。 谢:致歉。

⑱德:感激。

⑲<u>刘师培左盦集</u>卷五:"<u>类聚</u>二十五所引'是'下有'王'字。似亦<u>姚</u>本挩文。"

⑳之:<u>王引之经传释词</u>卷九:"犹'若'也。" 事齐:交好于<u>齐</u>。

㉑虚辞:指上文"卑辞以谢<u>秦</u>",因无实物,故言"虚辞"。

㉒取天下:指上文"天下皆从"。

㉓霸王:见<u>东周策</u>第十五章注②。

㉔说:同"悦"。

㉕顿首:<u>周礼春官大祝</u>:"辨九拜,一曰稽首,二曰顿首(下略)。"是九拜之一,即头叩地而拜。 途中:<u>鲍</u>注:"自卑之甚。"

五 人有恶苏秦于燕王者章

人有恶<u>苏秦</u>于<u>燕王</u>者①,曰:"<u>武安君</u>,天下不信人也②。

王以万乘下之③，尊之于廷④，示天下与小人群也⑤。"

武安君从齐来，而燕王不馆也⑥。谓燕王曰："臣东周之鄙人也⑦，见足下，身无咫尺之功⑧，而足下迎臣于郊，显臣于廷，今臣为足下使⑨，利得十城，功存危燕⑩，足下不听臣者⑪，人必有言臣不信，伤臣于王者。臣之不信，是足下之福也。使臣信如尾生⑫，廉如伯夷⑬，孝如曾参⑭，三者天下之高行，而以事足下，不可乎⑮？"燕王曰："可。"曰："有此，臣亦不事足下矣。"

苏秦曰⑯："且夫孝如曾参，义不离亲一夕宿于外，足下安得使之之齐？廉如伯夷，不取素餐⑰，污武王之义而不臣焉⑱，辞孤竹之君⑲，饿而死于首阳之山⑳。廉如此者，何肯步行数千里而事弱燕之危主乎？信如尾生，期而不来，抱梁柱而死。信至如此，何肯杨燕、秦之威于齐㉑，而取大功乎哉？且夫信行者，所以自为也，非所以为人也。皆自覆之术，非进取之道也㉒。

"且夫三王代兴㉓，五霸迭盛㉔，皆不自覆也。君以自覆为可乎㉕？则齐不益于营丘㉖，足下不逾楚境㉗，不窥于边城之外㉘。且臣有老母于周，离老母而事足下，去自覆之术㉙，而谋进取之道，臣之趋固不与足下合者㉚。足下（皆）〔者〕，自覆之君也㉛；仆者，进取之臣也。所谓以忠信得罪于君者也。"

燕王曰："夫忠信，又何罪之有也㉜？"对曰："足下不知也。臣邻家有远为吏者，其妻私人㉝。其夫且归，其私之者忧之。其妻曰：'公勿忧也，吾已为药酒以待之矣㉞。'后二日,夫至。妻使妾奉卮酒进之㉟。妾知其药酒也,进之则杀主父,言之则逐主母,乃阳僵弃酒㊱。主父大怒而笞之㊲。故妾一僵而弃酒㊳,上以活主父,下以存主母也。忠至如此,然不免于笞㊴,此以忠信得罪者也。臣之事,适不幸而有类妾之弃酒也㊵。且臣之事足下,亢义益国㊶,今乃得罪,臣恐天下后事足下者,莫敢自必也㊷。且臣之说齐,曾不欺之也㊸。使之说齐者㊹,莫如臣之言也㊺,虽尧、舜之智,不敢取也㊻。"

【注释】

① 顾观光战国策编年、林春溥战国纪年并系此策于周显王三十七年,燕易王元年(前 332 年)。钱穆先秦诸子系年 95 节"附苏代苏厉考"说:"与苏代谓燕昭王章乃一事,苏秦一条(指此章)即苏代之讹。苏代久在齐,今乃转而至燕,此即其初见燕王,自释前愆之辞也。其事应在秦将吕礼至齐后,当在燕昭二十年(前 292 年)前后。"　恶:毁,诽谤。　苏秦:见东周策第五章注③。　燕王:易王,见第四章注③。

② 武安君:此指苏秦。　不信人:不可信赖之人。史记苏秦列传作"左右卖国,反覆之臣也,将作乱"。

③ 下:荀子尧问:"赐为人下,而未知也。"杨注:"谦下也。"　之:指苏秦。　下之:犹言对苏秦谦敬。　万乘:见秦策一第二章注㊿。

④ 廷:朝廷。

⑤ 示天下与小人群也:这是告诉诸侯,燕王与小人为伍。　群:礼记曲礼上疏:"朋友也。"

⑥ 史记苏秦列传"馆"作"官"。　建章按:"馆"与"官"通,(见睡

虎地秦墓竹简 70、219 页）史记叔孙通列传"叔孙通因进曰'诸弟子、儒生,随臣久矣,与臣共为仪,愿陛下官之。'高帝悉以为郎。"又苏秦列传燕王听了苏秦一番话后,就说"先生复就故官"。则此言"不馆"是"不任用"的意思。

⑦史记苏秦列传"苏秦者东周雒阳人也",即今洛阳。　鄙人:乡野之人。谦词。

⑧足下:见秦策二第十二章注⑫。　咫尺:见秦策五第八章注㊺。

⑨使:谓使齐。

⑩史记苏秦列传"利"作"攻"。　泷川资言考证:"中井积德曰'当作收。'张文虎曰'疑衍'。"　建章按:此言有得十城之利,存危燕之功。不必以为"误""衍"。

⑪于鬯战国策注:"奚世斡云'听,疑馆字之误,秦传作而王不官臣者'。"　金正炜战国策补释:"'听'当为'德'字之讹也,'荷恩'为德。"　建章按:奚说是,此"不馆"与上文"不馆"呼应。长短经、御览游说览上同列传。

⑫尾生:见韩策一第二十五章注⑩。

⑬伯夷:见秦策三第十八章注㉞。

⑭曾参:见秦策五第八章注㉒。

⑮鲍本无"不"字。刘锺英战国策辨讹:"'丌'古'其'字也,讹作'不'。"　金正炜战国策补释:"'而'犹'若'也。'不'即'下'字误衍。"　建章按:王引之经传释词卷十:"不,词也。'不忌',忌也;'不迪',迪也。"此"不可乎?"即"可乎?"

⑯鲍注:"衍'苏秦曰'三字。"　闵本眉注:"'苏秦曰'三字衍,一本无。"

⑰不取素餐:不白吃饭。

⑱污武王之义而不臣焉:伯夷以为武王伐纣,为玷污了义,而不做武王之臣。　武王:见秦策一第二章注㉗。

⑲孤竹之君:见秦策三第十八章注⑬。

⑳首阳之山:见秦策三第十八章注⑬。

㉑杨:通"扬"。左文八年传"晋解扬",史记十二诸侯年表作"解扬"。左襄三年传"晋扬干",汉书古今人表作"杨干"。上章言"燕虽弱小,强秦之少婿也",所谓"杨燕、秦之威于齐"或即指此。

㉒"皆自覆"两句:那些讲究信、廉、孝的人,他们都是以此作为自护其名的办法,而非进取爵禄的办法。 鲍注:"覆,犹庇护也;自护其名。" 横田惟孝战国策正解:"皆,皆信、廉,孝也。"自覆:有保守,满足现状,无所作为的意思。 进取:有所作为,不保守的意思。

㉓三王:见秦策一第二章注⑰。 代:更迭,交替。

㉔五霸:见秦策一第二章注⑰。 迭:义同"代"。

㉕横田惟孝战国策正解:"'君'当作'若',字之误也,前后皆曰'足下'此不可独曰'君'。" 金正炜战国策补释:"'君'当为'若'字形相似而误。魏策'君其为梁王',鲍本'君'作'若'。'君'误'若',犹'若'之误'君'也。" 建章按:荀子儒效"此君义信乎人矣"王念孙读书杂志:"'君'当为'若',字之误也。'此若义'犹云'此义','若'亦'此'也,连言'此若'者,古人自有复语耳。"又富国"君卢屋妾",王念孙读书杂志:"'君'疑作'若','若庐屋之妾'也。"韩非子外储说左下:"君知能谋天下,断敢行大事,君因专属之国柄焉。"顾广圻韩非子识误:"'君'当为'若','知'即'智'字。"陈奇猷集释:"顾说是,'君''若'形近而误。松皋圆亦改'君'为'若'。"此皆可作"若"易误为"君"之证。"若""如"也,正与下句"则"字相应。此言,如果以自覆为可以的话。

㉖营丘:周武王封太公望于此,今山东省淄博市临淄东北。

㉗鲍注："衍‘楚’字。"　吴正："此正以燕、楚相达言之。"　金正炜战国策补释："后章‘齐不出营丘，楚不出疏章’，此文‘足’当为‘楚’之坏文，‘下’即‘不’字误衍。"　建章按：疑"楚境"当为"境楚"，此句当为"足下不逾境"。"楚"字属下。

㉘金正炜战国策补释："‘边城’疑是‘方城’之讹，或‘不窥’上脱‘赵’字。"　建章按：既言"外"，不当为"赵"；"方"字无由误为"边"，或"边城"即指"方城"。则此句当为"楚不窥于边城之外"。　窥：犹"觇觊"。

㉙去：弃。

㉚趋：犹言"志趣"，"志向"。　者：王引之经传释词卷九："犹‘也’也。"　合：广雅释诂四："同也。"

㉛王念孙读书杂志："‘皆’字义不可通，‘皆’当为‘者’。‘足下者’与‘仆者’相对为文，今作‘皆’者，因上文‘皆自覆之术，而误’。"　建章按：墨子号令"里击与皆守"于鬯香草续校书："‘皆’盖‘者’字形误。"横田惟孝战国策正解所用本正作"者"。当据横田所用本及王说改"皆"为"者"。

㉜又何罪之有也：又有什么罪呢？

㉝私人：与人私通。

㉞之：指"其夫"，即"远为吏者"。

㉟妾：小妻，俗称小老婆。　卮：古代盛酒的器皿。　进：通"赆"，见东周策第二章注⑲。　奉：广雅释诂三："持也。"

㊱阳：一切经音义十五引周书"诈也"。与"佯"通，假装的意思。　僵：倒地。　弃酒：把酒洒在地上。

㊲笞（chī 吃）：用竹板、荆条打。

㊳故：裴学海古书虚字集释卷五："犹‘夫’也。提示之词。"

㊳然：王引之经传释词卷七："犹‘乃’也。""竟然"的意思。

㊵适：恰好。　类：好象。

㊶亢义益国:高王之义,利王之国。　亢:广雅释诂四:"高也。"

㊷"臣恐"句:见赵策一第九章注㊾。

㊸"且臣之说齐"两句:我劝说齐王,(让他归还燕国十城)何尝不
　　是欺他呢?　曾:犹"何曾",见裴学海古书虚字集释卷八。
　　也:王引之经传释词卷四:"犹'邪'也。"表疑问的语气词。

㊹鲍注:"衍'之'字。"　建章按:王引之经传释词卷九"之,犹
　　'若'也。'假之',皆谓'假若'也。"则此"使之"即"使若",本
　　书屡见,亦即"假若"。

㊺莫:杨树达词诠卷一:"不也。"

㊻鲍注:"言无成功者,虽圣智不足取也。"　于鬯战国策注:"疑
　　'敢'字即因'取'字误衍。'不取'犹'无取'。"　建章按:裴学
　　海古书虚字集释卷五"'敢'犹'能'也。"齐策四第二章"可谓足
　　使矣"鲍注:"足,犹'能'。"则"敢"字不衍,鲍注不误。　取:言
　　取回齐侵燕之十城。

六　张仪为秦破从连横谓燕王章

张仪为秦破从连横①,谓燕王曰②:"大王之所亲莫如
赵。昔赵王以其姊为代王妻,欲并代③,约与代王遇于勾注
之塞④。乃令工人作为金斗,长其尾⑤,令之可以击人⑥。与
代王饮,而阴告厨人曰⑦:'即酒酣乐⑧,进热歠⑨,即因反斗
击之⑩。'于是酒酣乐,进⑪,取热歠⑫,厨人进斟羹⑬,因反斗
而击之⑭,代王脑涂地⑮。其姊闻之,摩笄以自刺也⑯。故至
今有摩笄之山⑰,天下莫不闻。

"夫赵王之狼戾无亲⑱,大王之所明见知也⑲。且以赵
王为可亲邪?赵兴兵而攻燕,再围燕都而劫大王,大王割

十城乃却以谢㉓。今赵王已入朝渑池㉑，效河间以事秦㉒。大王不事秦，秦下甲云中、九原㉓，驱赵而攻燕，则易水、长城非王之有也㉔。且今时赵之于秦，犹郡县也，不敢妄兴师以征伐。今大王事秦，秦王必喜，而赵不敢妄动矣。是西有强秦之援，而南无齐、赵之患。是故愿大王之熟计之也。"

燕王曰："寡人蛮夷辟处㉕，虽大男子，裁如婴儿㉖，言不足以求正，谋不足以决事。今大客幸而教之㉗，请奉社稷西面而事秦㉘。"献常山之尾五城㉙。

①张仪：见秦策一第三章注⑫。　破从连横：瓦解合纵联盟，组织连横阵线。　于鬯战国策年表、顾观光战国策编年并系此策于周赧王四年（前 311 年）。

②燕王：昭王，见秦策三第二章注㉒。

③赵王：指赵襄子，见秦策一第五章注⑪。　代：古国名，地在今河北省蔚县一带。　并：吞灭。

④遇：会晤。　勾注：见赵策一第九章注㉝

⑤为：广雅释诂三："成也。"　诗大雅行苇"酌以大斗"，陆德明经典释文："斗，又作'枓'。"说文："枓，勺也。"史记张仪列传索隐："凡方者为斗，若安长柄，则名枓。尾，即斗之柄，其形若刀也。"　长：用作动词，使长。　长其尾：把斗柄做长一些。

⑥之：指斗柄。

⑦阴：秘密，暗中。

⑧金正炜战国策补释："素问气交变大论注'即，至也'。吕览长攻篇注：'酣，饮酒合乐之时。'"

1333

⑨歠(chuò 绰):羹汤之类。

⑩即:立刻。 因:以,使,用。 史记张仪列传正义:"反,即倒斗柄击之。"泷川资言考证:"中井积德曰'反斗,谓反覆之,以斗底击头也。'" 于鬯战国策注:"'反斗'即谓以热歠反浇代王,即以斗击之,非谓以柄击。所以长其柄,便于取势也。" 建章按:公羊宣六年传:"膳宰也,熊蹯不熟,公怒,以斗擊而杀之。"淮南子齐俗训"炮烙生乎热斗"注:"庖人进羹于纣,热,以为恶,以热斗杀之。"则以斗杀人,由来已久。中井及于说近之。
之:代王。

⑪进:即上"进热歠"之省文。

⑫取:礼记丧大记注:"犹'受'也。"

⑬厨人进斟羹:厨人上前以斗倒出羹汤。

⑭因:乘势。

⑮脑涂地:脑浆溅在地上。

⑯摩:通"磨",礼记学记"相观而善之谓摩",说苑建本作"相观而善之曰磨"。 笄(jī 肌):古代束发用的簪子。 刺:尔雅释诂:"杀也。"

⑰摩笄之山:在今河北省涿鹿县东北。

⑱鲍注:"暴戾如狼。" 汉书严助传"今闽越王狼戾不仁"颜注:"狼性贪戾,凡言狼戾者,谓贪而戾。" 王念孙读书杂志汉书第十六"连语"条下说:"师古以'狼'为'豺狼'之'狼',非也。'狼'亦'戾'也,'戾'字或作'盭',广雅曰:'狼、戾,狼也。'又曰'狼、狠,盭也。'是'狼'与'戾'同义。燕策曰'赵王狼戾无亲',淮南要略曰'秦国之俗贪狼','狼戾'、'贪狼',皆两字平列,非谓如狼之戾,如狼之贪也。'狼戾'乃双声之字,不可分为二义。若必谓'如狼之戾,'则'乐岁粒米狼戾'又将何说乎?"
建章按:史记张仪列传作"很戾无亲",泷川资言考证引张文

虎曰"各本'很'讹'狼'今改。"南越列传索隐述赞："吕嘉狼
戾。"文选王褒洞箫赋李注引策作"狼戾"，马融长笛赋李注引
策作"狼戾"，四部丛刊六臣注本李注引策并作"狼戾"。又国
语晋语九"宵之很在面，瑶之很在心"韦注："很，很戾，不从人
也。"又吴越春秋勾践入臣外传"言悲辞苦，群臣泣之，虽则恨悷
之心，莫不感动。"则狼戾、狼戾、很戾、很戾、恨悷当相通，不必
以为"讹"。于鬯战国策注："此赵王，武灵也。"见秦策二第十
五章注⑩。

⑲史记张仪列传无"知也"二字。　建章按：疑"见知"二字衍一，
见赵策一第十七章注③

⑳史记张仪列传无"乃却"二字。　金正炜战国策补释："此当作
'割十城以谢，乃却'。"刘锺英战国策辨诬同金说。

㉑渑池：见齐策一第十七章注⑱。

㉒效：献。　河间：见秦策一第五章注⑯。　事：侍。

㉓下甲：出兵。　云中：见赵策二第一章注⑧。　九原：见第一章
注⑤。

㉔易水：在今河北省易县南。

㉕辟：通"僻"。

㉖裁：通"才"，仅。

㉗大客：见齐策一第十七章注㉓。　之：指燕王。

㉘社：土神。　稷：谷神。　社稷：国家，此指燕国。　西面：西
向。　事：侍。

㉙常山：见楚策一第十八章注⑪。　尾：史记张仪列传索隐"犹
'末'也。"正义："五城，谓常山之东五城，今易州界。"此言，于
是把常山之尾五城献给秦国。史记张仪列传此下说"燕王听
仪，仪归报，未至咸阳，而秦惠王卒，武王立。"

七　宫他为燕使魏章

宫他为燕使魏[1]，魏不听，留之数月。

客谓魏王曰[2]："不听燕使何也?"曰："以其乱也[3]。"对曰："汤之伐桀[4]，欲其乱也[5]。故大乱者可得其埊[6]，小乱者可得其宝。今燕客之言曰[7]：'事苟可听，虽尽宝、地犹为之也。'王何为不见?"魏王说[8]，因见燕客而遣之[9]。

【注释】

①东周策第二十六章有"昌他"，改作"宫他"，不知是否即彼"宫他"。林春溥战国纪年、于鬯战国策年表并系此策于周赧王三年（前312年）。　建章按：下文有"以其乱也"，或当指子之之乱，在燕王哙六年（周赧王元年）。

②魏王：襄王，见东周策第十九章注⑧。

③乱：因燕相子之而引起的燕国内乱，见齐策二第一章注⑥。

④汤：见秦策一第二章注㉕。　桀：同"汤"注。

⑤欲其乱也：汤欲桀之国乱。

⑥埊：古"地"字，见赵策四第八章注⑦。

⑦燕客：指宫他。

⑧说：同"悦"。

⑨遣之：把他派出去。

八　苏秦死章

苏秦死[1]，其弟苏代欲继之，乃北见燕王哙曰[2]："臣东周之鄙人也③，窃闻王义甚高、甚顺，鄙人不敏，窃释鉏、耨而干大王④。至于邯郸⑤，所闻于邯郸者，又高于所闻东周⑥。臣窃负其志⑦，乃至燕廷⑧，观王之群臣下吏，大王天下之明主也。"

王曰："子之所谓天下之明主者，何如者也⑨？"对曰："臣闻之，明主者，务闻其过⑩，不欲闻其善。臣请谒王之过⑪。夫齐、赵者，王之仇雠也⑫；楚、魏者，王之援国也⑬。今王奉仇雠以伐援国⑭，非所以利燕也⑮。王自虑此则计过。无以谏者，非忠臣也。"

王曰："寡人之于齐、赵也，非所敢欲伐也。"曰："夫无谋人之心，而令人疑之，殆⑯；有谋人之心，而令人知之，拙⑰；谋未发，而闻于外，则危。今臣闻王居处不安，食饮不甘⑱，思念报齐，身自削甲〔扎〕〔札〕⑲，曰'有大数矣⑳！'妻自组甲絣㉑，曰'有大数矣！'有之乎㉒？"

王曰："子闻之，寡人不敢隐也。我有深怨积怒于齐，而欲报之二年矣㉓。齐者，我仇国也㉔，故寡人之所欲伐也㉕。直患国弊，力不足矣㉖。子能以燕敌齐㉗，则寡人奉国而委之于子矣㉘。"对曰："凡天下之战国七㉙，而燕处弱焉。独战则不能㉚，有所附则无不重。南附楚，则楚重；西附秦，则秦重；中附韩、魏，则韩、魏重。且苟所附之国重㉛，此必使王重矣㉜。今夫齐王，长主也㉝，而自用也㉞。南攻楚五年㉟，蓄积散㊱，西困秦三年㊲，民憔瘁㊳，士罢弊㊴；北与燕战，覆三军，获二将㊵；而又以其余兵南面而举五千乘之劲宋㊶，而包十二诸侯㊷。此其君之欲得也㊸，其民力竭也㊹，安犹取哉^㊺？且臣闻之，数战则民劳^㊻，久师则兵弊^㊼。"

王曰："吾闻齐有清济、浊河，可以为固^㊽；有长城巨防^㊾，足以为塞。诚有之乎^㊿？"对曰："天时不与⁵¹，虽有清济、浊河，何足以为固？民力穷弊⁵²，虽有长城巨防，何足以为塞？且异日也⁵³，济西不役⁵⁴，所以备赵也⁵⁵；河北不师⁵⁶，所以备燕也。今济西、河北尽以役矣，封内弊矣⁵⁷。夫骄主必不好计⁵⁸，而亡国之臣贪于财。王诚能母爱宠子、母弟以为质⁵⁹，宝珠玉帛以事其左右⁶⁰，彼且德燕而轻亡宋⁶¹，则齐可亡已⁶²。"

王曰："吾终以子受命于天矣⁶³！"曰："内寇不与，外敌不可距⁶⁴。王自治其外，臣自报其内⁶⁵，此乃亡之之势也⁶⁶。"

【注释】

①苏秦死：见东周策第五章注③，在前284年。

②前284年当燕昭王二十八年，周赧王三十一年。　燕昭王：见秦策三第二章注㉒　钱穆先秦诸子系年95节"附苏代苏厉考"说："此文见史记，然篇中已涉及齐湣王举宋，此在燕昭王时，岂得见燕王哙而论此，此必后之策士所妄托。"　林春溥战国纪年系此章于周赧王二十九年（前286年），即齐灭宋之年，说："策以为苏代说燕王哙语，非也，史记亦承其误。今正。"　吕祖谦大事记系此于周赧王二十九年，说："论齐之亡形，莫详于此。战国策误以为说燕王哙，使哙能有志如是，岂至覆国乎！论其世、考其事，皆说昭王之辞也。"（转引自缪文远战国策考辨）此当衍"哙"字。　苏代：见秦策一第二章注㊼。

③东周之鄙人：见第五章注⑦。

④释：放下。　鉏：同"锄"。　耨：古代锄草的农具。　干：尔雅

释言:"求也。"

⑤邯郸:赵都,今河北省邯郸市。

⑥史记苏秦列传作"所见者绌于所闻于东周",泷川资言考证引徐孚远曰:"代至邯郸,而所闻不称,此隐语也。下文云,赵者燕之深仇,则是闻诸邯郸之言,将以间燕、赵也。"

⑦负:说文:"恃也。"

⑧史记苏秦列传"乃"作"及"。 建章按:"及"易误为"乃","及"义胜,见魏策一第二十五章注⑪。

⑨也:王引之经传释词卷四:"犹'邪'也。"疑问语气词。

⑩务:尔雅释诂:"强也。"又吕氏春秋孝行览高注:"犹'求'也。"则有专力搜求的意思。 闻:知,了解。 过:缺点,错误。

⑪谒:尔雅释诂:"告也。"

⑫仇雠:犹敌国。

⑬援国:犹盟国。

⑭奉:尊奉,侍奉。

⑮非所以利燕也:这不是使燕国获利的办法。

⑯王引之经义述闻卷三十一:"后人但知'殆'训为'危'、为'近',而不知又训为'疑',盖古义之失传久矣。" 建章按:王引公羊传何休注"襄五年"误作"襄四年"。

⑰拙:说文"不巧也"。

⑱不甘:不香,不合口味。

⑲荀子臣道王念孙读书杂志:"引之曰,削者,缝也,韩非子难篇'宾胥无善削缝',削、缝两字同义;吕氏春秋行论篇曰'庄王方削袂',燕策曰'身自削甲札'。盖古者谓'缝'为'削',而后世小学书,皆无此训,失其传久矣。" 鲍本"扎"作"札"。 左成十六年传"潘尪之党与养由基蹲甲而射之,彻七札焉"。徐中舒编注左传选"札,编组甲的叶片。七札,七层甲片"。 身:尔雅

释言:"亲也。"此言:<u>燕王</u>亲自动手缝缀铠甲上的甲片。当据<u>鲍</u>本改"扎"作"札"。

⑳数:<u>说文</u>:"计也。" 大数:大计,即下言欲伐<u>齐</u>之大计。<u>金正炜</u> <u>战国策补释</u>:"<u>礼记月令</u>'凡举大事,勿逆大数',<u>吕氏春秋仲秋</u> <u>纪</u>作'天数',<u>高</u>注'天数,天道'。已弱仇强,故委之天数,即后 文'吾终以子受命于天'之意。"录以备参。

㉑妻自组甲绷:<u>燕王</u>之妻亲自搓穿甲片的绳索。 绷(bēng 崩): <u>吴正</u>"穿甲之绳也。"

㉒有之乎:有这样的事吗?

㉓报之:报<u>齐国</u>之仇。 <u>鲍</u>注:"自即位至是。" <u>吴正</u>:"'二年'字 必误。" <u>于鬯</u> <u>战国策注</u>:"'二'下有脱文,当云二十余年。" <u>建</u> <u>章</u>按:此<u>燕昭王</u>二十八年,正"二十余年"。

㉔仇国:敌国。

㉕故:通"固"。

㉖直:特,但,只是。 患:担心。 弊:疲,弱。 矣:<u>王引之</u> <u>经传</u> <u>释词</u>卷四:"犹'耳'也。"

㉗敌:抗。

㉘奉国而委之于子:把<u>燕国</u>委托给您。

㉙战国:互相争战之国。

㉚不:<u>王引之</u> <u>经传释词</u>卷十:"无也。" 能:<u>吕氏春秋仲冬纪长见</u> <u>高</u>注:"力也。"

㉛且苟:若。见<u>王引之</u> <u>经传释词</u>卷八、卷五。

㉜此:<u>杨树达词诠</u>卷六:"与'则'字用法同。" 重:尊重。

㉝齐王:<u>闵王</u>,见<u>东周策</u>第十六章注②。 长主:见<u>魏策</u>二第十四 章注⑨。

㉞自用:<u>吴正</u>:"自恃其强也。"

㉟南攻楚五年:见<u>西周策</u>第一章注⑤。

㊱蓄积:指粮食蓄积。

㊲西困秦三年:见秦策四第三章注⑭。

㊳憔瘁:憔悴。人民因饥饿而憔悴。

㊴罢弊:疲惫。士兵因长期作战而疲惫。

㊵史记苏秦列传索隐:"徐广云'齐覆三军,而燕失二将';又战国策云'获二将',亦谓燕之二将,是燕之失也。"　泷川资言考证:"中井积德曰'三军、二将皆燕'。梁玉绳曰'此齐与燕战,事无考。'"　于鬯战国策注:"此必赵灭中山之役也,'战'下疑脱'中山'二字。六国表周赧二十齐格书'佐赵灭中山',赵格书'与齐、燕共灭(按:表作"伐")中山'。是实燕、齐合,与中山战,故曰'北与燕战中山',非谓齐与燕战也。脱'中山'二字,竟是燕、齐之战。燕方谋伐齐,而患国弊,力不足,若已覆齐三军,亦无用苏代矣。然史传亦无'中山'二字,则其脱已久。然则'覆三军'者,中山覆齐也;'获二将'者,疑亦中山获齐将。"　杨宽战国史:"齐、韩、魏覆灭了燕的三军,擒获了燕的二将(战国策燕策一苏代语)。"　建章按:"南攻楚"以下,至"包十二诸侯",主语皆是齐,"覆三军,获二将"当指齐。此取中井、杨说。

㊶其:指齐。　举:灭。　五千乘:见秦策一第二章注㊿。　劲:强。　前286年(周赧王二十九年,齐闵王十五年)齐灭宋。鲍本"而"作"西"。　金正炜战国策补释:"广雅释诂'余,久也'。'余兵'谓久役之兵,即后文所云'久师'也。"

㊷包:汉书贾谊传注:"取也。"　十二诸侯:见秦策五第一章注⑯。

㊸得:实现,见东周策第二十三章注⑧。

㊹竭:尽。

㊺安犹取哉:怎么能够有所作为呢?　安:何,怎么。　犹:尔雅释言:"可也。"裴学海古书虚字集释卷五:"可犹'能'也。"取:广雅释诂三:"为也。"

㊻数:屡次,频繁。　数战:与下"久师"同义。　劳:论语为政皇疏:"苦也"。

㊼弊:疲惫。

㊽清济浊河:见秦策一第五章注㊵。　可:裴学海古书虚字集释卷五:"犹'足'也。"

㊾长城巨防:见秦策一第五章注㊷。

㊿诚有之乎:真有这样的事吗?

51荀子议兵:"上得天时,下得地利,观敌之变动,后之发,先之至,此用兵之要术也。"此"天时"与彼"天时"当指天气变化情况。　与:秦策一第十章高注"犹'助'也。"

52民力穷弊:疑为"民穷力弊"。上文言"民憔瘁,士罢弊","民劳""兵弊"。

53异日:昔日,从前。

54济西:见齐策四第十一章注⑰。　不役:鲍注:"养兵以备敌。"

55备赵:齐策四第十一章"(齐)有济西,则赵之河东危。"齐与赵邻,故可以"备赵"。

56河北:当指黄河以北近燕之地,即第九章所谓"北地"。　不师:义同"不役"。

57封内:犹言国内。　弊:通"疲"。

58计:广雅释诂四:"谋也。"

59质:质子,见秦策二第十五章注④。言入齐为质。"母爱"之"母":古"毋"字,勿也。见西周策第十一章注⑤。

60事:侍奉,服侍。

61德:感激。　轻:易,容易。　鲍注:"然则前言'举',诚未亡也。"

62已:裴学海古书虚字集释卷一:"犹'矣'也。"苏秦列传泷川资言考证:"言轻易出师,以图灭宋,齐国力益疲,可伐而亡也。"

○63 关修龄战国策高注补证："言吾终用子之教,欲必伐齐,其有胜之者,受命于天矣。"此言:我还是按照天命接受您的教导。

○64 鲍注："寇,犹乱;与,犹和。言不能制内,则不可以拒外。"　金正炜战国策补释："广雅释诂'与,生也。'淮南说林篇注'不可,言不能也。'春秋考异邮'距冬至四十五日条风至'注'距,犹起也。'"　横田惟孝战国策正解："'内寇'谓齐在内为谋者;'外敌'谓其士卒也;与,党与也。"　建章按:鲍注、横田正解皆是,此言:不能制止内乱,则不可抵御外敌。　距:通"拒"。

○65 丛刊本同姚本,李本、闵本"报"并作"敝"。　鲍注："'治其外'谓谋敌齐;'敝其内'谓乱其内。"　吴补:"为燕间齐,敝其内也。"　横田惟孝战国策正解："报,应也;言为燕间齐,制其内寇,为内应也。"　建章按:此言,燕王领兵自外攻齐,苏秦在齐作内应。据鲍注,吴补丛刊本"敝"字误作"报"。

○66 亡之:灭齐。

九　燕王哙既立章

燕王哙既立①,苏秦死于齐②。苏秦之在燕也,与其相子之为婚③,而苏代与子之交。及苏秦死,而齐宣王复用苏代④。

燕哙三年⑤,与楚、三晋攻秦,不胜而还⑥。子之相燕,贵重主断⑦,苏代为齐使于燕,燕王问之曰:"齐宣王何如⑧?"对曰:"必不霸。"燕王曰:"何也?"对曰:"不信其臣。"苏代欲以激燕王以厚任子之也⑨。于是燕王大信子之。子之因遗苏代百金,听其所使。

鹿毛寿谓燕王曰⑩:"不如以国让子之。人谓尧贤者⑪,

以其让天下于许由⑫，由必不受，有让天下之名，实不失天下。今王以国让相子之，子之必不敢受，是王与尧同行也⑬。"燕王因举国属子之⑭，子之大重。

或曰："禹授益⑮，而以启为吏⑯，及老，而以启为不足任天下，传之益也。启与支党攻益⑰，而夺之天下，是禹名传天下于益，其实令启自取之⑱。今王言属国子之，而吏无非太子人者，是名属子之，而太子用事⑲。"王因收印，自三百石吏而效之子之⑳。子之南面行王事㉑，而哙老不听政㉒，顾为臣㉓，国事皆决子之。

子之三年㉔，燕国大乱，百姓恫怨㉕。将军市被、太子平谋，将攻子之。储之谓齐宣王㉖："因而仆之㉗，破燕必矣。"王因令人谓太子平曰："寡人闻太子之义，将废私而立公，饬君臣之义㉘，正父子之位㉙。寡人之国小，不足先后㉚。虽然，则唯太子所以令之㉛。"

太子因数党聚众㉜，将军市被围公宫㉝，攻子之，不克；将军市被及百姓乃反攻㉞。太子平、将军市被死已殉㉟。国构难数月㊱，死者数万众，燕人恫怨，百姓离意㊲。

孟轲谓齐宣王曰㊳："今伐燕，此文、武之时㊴，不可失也。"王因令章子将五都之兵㊵，以因北地之众以伐燕㊶。士卒不战，城门不闭，燕王哙死。齐大胜燕，子之亡㊷。二年㊸，燕人立公子平，是为燕昭王㊹。

【注释】

①史记燕世家"易王立十二年卒，子燕哙立"当周显王四十八年，次年乃王哙元年，当周慎靓王元年（前320年），见齐策二第一

章注⑥。

②苏秦之死,见东周策第五章注③,在前284年。

③第十章"燕相子之与苏代婚"。 苏代,见西周策第四章注②。

④鲍改"宣"作"湣"。燕世家泷川资言考证引顾炎武、赵翼说后云:"顾、赵二氏以伐燕为宣王事,其说确不可易。" 建章按:如以苏秦死于前284年,则当是齐闵王,见东周策第十六章注②。然上文明言"燕王哙既立",下文明言"燕王哙三年""子之三年"、"储子谓齐宣王",则此"齐宣王"不误。

⑤燕哙三年:当周慎靓王三年(前318年)。

⑥史记六国年表秦格:"秦惠文王更元七年,五国共击秦,不胜而还。"当周慎靓王三年。据六国年表"五国"是魏、韩、赵、楚、燕,与此合。

⑦贵重:尊贵。 主断:专断。 主:汉书佞幸传淳于长传注:"犹专也。"

⑧鲍注:"衍'宣'字。" 燕世家、韩非子外储说右下说三并无"宣"字,韩非子"如"下有"主也"二字。 黄丕烈战国策札记:"此追称,群书多矣,不必衍。" 建章按:虽追述之词,燕王亦不当称"齐宣王",此或为旁注误入者。

⑨厚:秦策二第一章高注"重也"。

⑩鹿毛寿:为苏代之所使者。韩非子作"潘寿",燕世家同策,集解引徐广曰:"一作'厝毛'。"索隐:"春秋后语亦作'厝毛寿'。"

⑪尧:见秦策一第二章注㉒。

⑫许由:见赵策三第十五章注⑫。

⑬行:列。

⑭举:全。 属:交给。

⑮禹:见秦策一第二章注㉔。 益:伯益,相传助夏禹治水有功,后成为夏禹的主要辅佐。 授益:授益国政。

⑯鲍本"启"下有"人"字,注:"以启臣为益吏。"韩非子、燕世家、
闵本同鲍本。金正炜战国策补释、于鬯战国策注并以为当补
"启"下"人"字。 建章按:当据补"启"下"人"字。 启:禹
之子。

⑰鲍本"支"作"友"。韩非子、闵本同鲍本。 燕世家"支"作
"交",泷川资言考证:"枫山、三条本'交'作'支',策作'友'。"
后汉书荀淑传"兄弟皆正身疾恶,志除阉官,其支党宾客,有在
二郡者,纤罪必诛",又祭彤传"诛破奸猾,殄其支党",论衡非
韩"治国犹治身也,治一身省恩德之行,多伤害之操,则交党疏
绝,耻辱至身"。 朱起凤辞通说:"支党、友党、交党本一事,而
支、友、交字各不同,盖三字古多通用也。汉书古今人表颜注
'雄陶已下,皆舜之支也',支即友字之假。后汉书梁冀传'美
人友通期',注:'友,姓也;东观记友作支。'此支、友通用之证
也。友、交隶书形相似,石交假为石友,是其明证。" 于鬯战国
策注:"姚本误。" 金正炜战国策补释亦以为"支""交"误。

⑱韩非子此句下有"此禹之不及尧、舜明矣"九字。

⑲韩非子、燕世家"太子"上有"实"字。

⑳韩非子、燕世家"吏"下有"以上""已上","已"同"以"。 效:
献,呈。

㉑南面:见齐策四第五章注㉚。

㉒老:鲍注"以老自休。" 不听政:不执政。

㉓顾:王引之经传释词卷五:"反也。"

㉔子之三年:当周慎靓王六年(前 315 年)。

㉕鲍本下文"怨"作"恐",改作"怨",燕世家并作"恐",泷川资言
考证:"枫山、三条本,'恐'作'怨',下文同,与策合。" 王念孙
读书杂志:"作'恫恐'者是也,作'恫怨'者,后人不晓'恫恐'之
义,因据大雅思齐篇改之耳。恫,亦恐也。苏秦传'恫疑虚喝',

'疑'亦恐也,或言'恫恐',或言'恫疑'其义一也。" 建章按:作"恫怨"不误,说文"恫,痛也。"国语楚语下:"使神无有怨痛于楚国。"方言卷十三:"讟,痛也。"注:"谤诬怨痛也。"汉书五行志上注:"讟,痛怨之言也。"说文"讟,痛怨也。"可见"痛怨"一词古已习用,"恫怨"即"痛怨",亦作"怨痛"。后汉书后纪下宋皇后纪:"天下臣妾,咸为怨痛。"风俗通十反:"虐刑以逞,民心怨痛。"

㉖储子:孟子离娄下赵注:"齐人也。"孟子告子下"孟子处于平陆,储子为相",则又为齐相。 魏源集孟子年表以为"此亦初见齐宣王事"。

㉗史记燕世家"仆"作"赴"。 金正炜战国策补释:"汉书邹阳传'卒仆济北',应劭曰'仆,僵仆也。'师古曰'仆音赴。'此亦当读如'赴',谓因燕民之怨太子之谋,以兵赴之,必破燕也。" 建章按:据钱大昕"古无轻唇音"所举之例看,古读"赴"如"仆",金说是。钱说见其十驾斋养新录卷五。

㉘饬:礼记月令疏:"整顿器物。"燕王哙为君,子之为臣,而现在"哙老不听政,顾为臣,国事皆决子之",故言"整顿君臣之义"。

㉙子继父位,这是大义,现在燕王哙禅位给子之,故言"正父子之位"。

㉚先后:用作动词。不足先后,犹言不可决定先后,即不能决裁。

㉛唯太子所以令之:完全听从太子的。

㉜因:则,即。 数:尔雅释诂:"疾也。" 数党聚众:急招党羽,聚集徒众。

㉝子之在王哙宫内,故"围公宫"。

㉞杨宽战国史以为"'将军市被及'五字为衍文。"(见战国史151页注②)此句解,众说纷纭,仅取杨说。

㉟已:通"以"。

㊱构难:遭难。 国构难:交战(见楚策一第一章注①),即内战。

㊲离意:人心涣散,离心离德。

㊳孟轲(约前372年—前289年):字子舆,战国邹人。为鲁国贵族孟孙氏的后代,为子思(孔子之孙)门人的学生。曾游历过齐、梁、宋、滕诸国,给齐宣王做过客卿。终不得志,“退而与万章之徒序诗书,述仲尼之意,作孟子七篇”(见史记孟子列传)。他主张人性善,“民为贵”“君为轻”。他的思想大都见于孟子一书。史记有孟子列传。

㊴于鬯战国策注:“文王伐崇,武王伐纣。” 文:周文王,见秦策一第二章注㉖。 武:周武王,见秦策一第二章注㉗。

㊵章子:见秦策二第十五章注③。 五都之兵:见齐策一第十六章注⑧。

㊶以:裴学海古书虚字集释卷一:“犹‘且’也。” 北地:见楚策一第十八章注㊹。杨宽也说:“齐宣王伐燕,还征发了靠近燕国的‘北地之众’。”(见彼战国史233页)。

㊷史记燕世家集解引汲冢纪年曰:“齐人禽子之,而醢其身也。”

㊸于鬯战国策注:“此‘二年’,周赧二年、三年也。燕无君,国为齐所取。”

㊹梁玉绳史记志疑:“职为王时,在哙死之后,昭王未立之先。职立二年卒,而始立昭王。而昭王并非太子,太子已同君哙及相子之死于齐难矣。徐孚远云‘太子平与昭王当是二人,或昭王名平,太子不名平。’徐说甚覈,世家误仍国策来耳。” 徐中舒说:“史记六国年表赧王元年为赵武灵王十二年(公元前314年),赵表此年下引徐广曰‘纪年云“立燕公子职”,’而赵世家于武灵王十一年下载‘王召公子职于韩,立以为燕王,使乐池送之’;公子职即燕昭王,金文有郾王戠戈,金文燕皆作匽或郾,郾王戠即史记之燕公子职亦即燕昭王。史记燕世家以公子平为昭王,实误。”(见历史研究1964年第一期论战国策的编写及有

关苏秦诸问题)杨宽战国史同徐说。　陈直史记新证:"'职'与'平'当为燕昭王之一字一名。证之周礼天官小宰云:'以官府之六职辨邦治,一曰治职以平邦国,以均万民,以节财用。''职'与'平'名、字正相适应,诸家之说皆非也。"　钱穆先秦诸子系年附"昭王乃职,非平"。史记燕召公世家索隐说:"上文太子平谋攻子之,而年表又云'君哙及太子、相子之皆死',纪年又云'子之杀公子平',今此文云'立太子平,是为燕昭王',则年表、纪年为谬也。而赵系家云:'武灵王闻燕乱,召公子职于韩,立以为燕王,使乐池送之。'裴骃亦以此系家无赵送公子职之事,当是遥立职而送之,事竟不就。则昭王名平,非职明矣。进退参详,是年表既误,而纪年因之而妄说耳。"　杨宽战国史151页注②说:"太子平已战死,燕世家索隐引竹书纪年说'子之杀公子平',燕世家集解、索隐引六国年表都作'君哙及太子、相子之皆死'。今本脱'太子'两字。战国策燕策一说'燕人立公子平,是为燕昭王','公子平'当是'公子职'之误。燕世家更误作'燕人共立太子平,是为燕昭王'。史记赵世家说:'〔赵武灵王〕十一年,王召公子职于韩,立以为燕王,使乐池送之。'集解引徐广说:'纪年亦云尔。'索隐又说:'纪年之书,其说又同。'六国年表集解引徐广说:'纪年云:"赵立燕公子职。"'可知竹书纪年记燕昭王是燕公子职而不是太子平,近年出土的燕国兵器有作'郾(燕)王戠(古"职"字)'的,足见燕昭王确是名职。"　陈梦家六国纪年说:"纪年及史记赵世家,周赧王元年齐破燕,赵召公子职于韩,立以为燕王,即昭王也。至周赧王三年(前312年),乐池以兵送昭王入燕,疑秦王使之也。昭王名职,铜器有郾王职。"　古本竹书纪年辑证说:"史记燕世家集解、索隐引六国年表云:'君哙及太子、相子之皆死。'(诗铭按:今本刊去'太子'二字,误。)是纪年、国策、六国年表皆称太子平已死,其后被立为昭王之公子平自不得为太子平。国策简札讹舛,史记燕世家照录策文,又有窜改,以致聚讼纷纭,莫衷一是。实则市被本太子平之党,攻子之不克,百姓乃反攻太子平及将军市被,二人皆'死已(以)殉国'。燕策称所立者为'公子平',称'公子'而不称'太子',其误当在'平'字,燕世家则改'公子'为'太子',益滋混乱。(战国策鲍彪、吴师道校注本更据燕世家之文改'公子'为'太子',误。)雷学淇竹书纪年义证卷四十云:'燕策立太子平句,本是立公子职之误,燕世家又承其讹也。'是。近世出土燕国兵器,有'郾(燕)王职'款,器多出燕下都,亦曾出于山东之益都、临朐,此'郾王职'即公子职,亦即燕昭王,兵器之出于山东,当为伐齐时所遗留。"

十 初苏秦弟厉因燕质子而求见齐王章

初,苏秦弟厉因燕质子而求见齐王①。齐王怨苏秦,欲囚厉燕质子为谢乃已②,遂委质为臣③。

燕相子之与苏代婚④,而欲得燕权,乃使苏代持质子于齐⑤。齐使代报燕,燕王哙问曰:"齐王其伯也乎⑥?"曰:"不能。"曰:"何也?"曰:"不信其臣。"于是燕王专任子之,已而让位,燕大乱。齐伐燕,杀王哙、子之⑦。燕立昭王⑧,而苏代、厉遂不敢入燕,皆终归齐⑨,齐善待之。

【注释】

①苏秦:见东周策第五章注③。 厉:苏厉,见东周策第六章注③。 质子:见秦策二第十五章注④。于鬯战国策注:"史苏代传云'使一子质于齐',盖燕哙之子也,厉因之,以求见于齐王,

当在周慎靓二年。" 齐王:宣王,见东周策第一章注④。 姚本此篇与第九章连篇,鲍本另列一章,据文义,从鲍本。

②为谢:为苏厉致歉谢罪。 乃已:才止,才罢休。

③遂委质为臣:苏厉遂为齐臣。 委质:见秦策四第十章注⑫。

④苏代:见西周策第四章注②。

⑤乃使苏代持质子于齐:使苏代扶助质子,交好于齐(而可借齐力使质子取重于燕)。 持:荀子礼论杨注:"扶助也。"

⑥伯:通"霸"。

⑦燕大乱齐伐燕杀王哙子之:见第九章。

⑧燕立昭王:见第九章注㊹。

⑨归齐:犹前文"委质为臣"之义。

十一　苏代过魏章

苏代过魏,魏为燕执代①。齐使人谓魏王曰②:"齐请以宋封泾阳君③,秦不受。秦非不利有齐而得宋埊也④,不信齐王与苏子也⑤。今齐、魏不和,如此其甚,则齐不欺秦。秦信齐,齐、秦合,泾阳君有宋地,非魏之利也⑥。故王不如东苏子⑦,秦必疑而不信苏子矣⑧。齐、秦不合,天下无变⑨,伐齐之形成矣⑩。"于是出苏(伐)〔代〕⑪,之宋⑫,宋善待之。

【注释】

①"苏代",魏策一第十三章作"苏秦",两策小异。见彼注①。此章鲍本与上章连篇,当非,魏策一第十三章与此小异可知。囨本分章。且吴补亦云"疑自为一章而复出。"

②魏王:昭王,见东周策第二十章注①。

③宋:指宋地,见秦策一第四章注②。　泾阳君:见秦策三第十章
　注④。

④"秦非"句:见魏策一第十三章注⑤。

⑤"不信"句:见魏策一第十三章注⑥。

⑥"今齐、魏不和"两句:见魏策一第十三章注⑦、⑧。

⑦"故王"句:见魏策一第十三章注⑨。

⑧"秦必疑"句:见魏策一第十三章注⑩。

⑨"齐、秦"句:见魏策一第十三章注⑪。

⑩"齐、秦不合",齐、魏关系亦不善(由"魏为燕执代"知之),故言
　"伐齐之形成"。

⑪鲍本"伐"作"代"。闵本亦作"代",苏秦列传亦作"代"。于鬯
　战国策注:"'伐'当作'代',卢刻不误。"　建章按:当据诸本改
　"伐"作"代"。

⑫鲍本据苏秦列传补"代"字,作"代之宋"。　之:至。

十二　燕昭王收破燕后即位章

　　燕昭王收破燕后即位①,卑身厚币,以招贤者②。欲将
以报仇③,故往见郭隗先生曰④:"齐因孤国之乱⑤,而袭破
燕,孤极知燕小力少,不足以报。然得贤士与共国⑥,以雪
先王之耻⑦,孤之愿也。敢问以国报仇者奈何⑧?"

　　郭隗先生对曰:"帝者与师处,王者与友处,霸者与臣
处,亡国与役处⑨。诎指而事之⑩,北面而受学⑪,则百己者
至⑫;先趋而后息⑬,先问而后嘿⑭,则什己者至⑮;人趋己
趋⑯,则若己者至⑰;冯几据杖⑱,眄视指使⑲,则厮役之人
至⑳;若恣睢奋击㉑,呴籍叱咄㉒,则徒隶之人至矣㉓。此古服

道致士之法也㉔。王诚博选国中之贤者㉕,而朝其门下㉖,天下闻王朝其贤臣,天下之士必趋于燕矣。”

昭王曰:“寡人将谁朝而可㉗?”郭隗先生曰:臣闻古之君人㉘,有以千金求千里马者,三年不能得,涓人言于君曰㉙:‘请求之。’君遣之㉚。三月得千里马,马已死,买其首五百金㉛,反以报君㉜。君大怒曰:‘所求者生马㉝,安事死马而捐五百金㉞?’涓人对曰:‘死马且买之五百金㉟,况生马乎?天下必以王为能市马㊱,马今至矣㊲。’于是不能期年㊳,千里之马至者三。今王诚欲致士,先从隗始;隗且见事㊴,况贤于隗者乎?岂远千里哉㊵!”

于是昭王为隗筑宫而师之㊶。乐毅自魏往㊷,邹衍自齐往㊸,剧辛自赵往㊹,士争凑燕㊺。燕王吊死问生㊻,与百姓同其甘苦。二十八年㊼,燕国殷富,士卒乐佚轻战㊽,于是遂以乐毅为上将军,与秦、楚、三晋合谋以伐齐,齐兵败,闵王出走于外㊾。燕兵独追北㊿,入至临淄(51),尽取齐宝,烧其宫室宗庙。齐城之不下者,唯独莒、即墨。(52)

【注释】

①燕昭王:见秦策三第二章注㉒。　收:收拾。　破燕:残破的燕国。见第九章。　燕昭王元年当周赧王四年(前311年)。

②卑身:对别人谦卑。　厚币:优厚的礼品;币:仪礼士相见礼疏“玉、马、皮、圭、璧、帛皆称币。”汉书食货志下注:“凡言币者,皆所以通货物易有无也,故金之与钱皆名为币也。”　招:汉书季布传颜注引孟康曰“求也。”

③仇:指齐国伐燕,杀其父王哙之仇。

④郭隗(wěi 伟):于邑战国策注:"燕处士。"

⑤孤:见秦策三第十八章注⑬。

⑥"与"后省代词宾语"之",指"贤士。" 共国:共同治理国家。

⑦以:犹现代汉语"来"。 雪:广雅释诂三:"除也。"

⑧敢:见秦策二第十三章注⑧。 奈何:怎么办? 以:裴学海古书虚字集释卷一:"犹'为'也。"

⑨"帝者"四句:成就帝业的国君,以贤者为师,同朝共事;成就王业的国君,以贤者为友,同朝共事;成就霸业的国君,以贤者为臣,同朝共事;亡国的国君,以低贱小人为臣,则不能保有国家。鹖冠子博选:"帝者与师处,王者与友处,亡主与徒处。"说苑君道"郭隗曰:帝者之臣,其名臣也,其实师也;王者之臣,其名臣也,其实友也;霸者之臣,其名臣也,其实宾也;危国之臣,其名臣也,其实虏也。"贾谊新书先醒:"楚庄王喟然叹曰:吾闻之曰,其君贤君也,而又有师者,王;其君中君也,而有师者,伯;其君下君也,而群臣又莫若者,亡。"与此义略同,录以参考。

⑩诎指而事之:舍弃己意而侍奉贤者。 法言渊骞于省吾双剑誃诸子新证:"'诎''屈'同字。" 指:汉书司马迁传颜注"意也"。"诎指"或解作"折节""屈尊"亦可。

⑪北面:向北。古人以为坐北向南为尊位,"北面"即面向老师。受学:接受老师的教导。

⑫百己者:超过自己百倍的人。

⑬先趋而后息:先于别人去劳役,后于别人去休息。 趋:犹"趋役",去劳役。"先趋",即论语为政"有事,弟子服其劳"的意思。

⑭先问而后嘿:先于别人向人求教,别人已经不求教了,自己还求教不止。 问:礼记学记"善问者如攻坚木"疏:"谓论难。"犹求教。 嘿:同"默"。

⑮什:一切经音义二引三苍:"十也。" 什己者:超过自己十倍的人。

⑯人趋己趋:与别人一样辛劳。意思是说国君以平等态度待人。

⑰若己者:和自己能力一样的人。

⑱冯(píng平)几:依靠着几案。 冯:通"凭",说文:"凭,依几也。" 几:古代老人坐时依靠的几案。 据杖:拄杖。 据:说文:"杖持也。"

⑲眄(miǎn免):一切经音义十一引三苍:"旁视。"即斜视。 指使:用指头指使人。

⑳"冯几"三句:只是靠着几案,柱着手杖,颐指气使,指手划脚的国君,那只有干杂活、服苦役的人为他服务。 厮役:旧称干杂事劳役的奴隶。后泛指受人驱使的奴仆。 厮:玉篇广部:"贱也。"古代干粗活的男性奴隶或仆役。 役:同"役"。

㉑恣睢奋击:蛮横无理,为所欲为。史记伯夷列传"暴戾恣睢",正义:"言凶暴恶戾,恣性怒白目也。"又李斯列传索隐:"恣睢,犹放纵也,谓肆情纵恣也。" 奋击:此处指"行为粗暴"。

㉒于邕战国策注:"'呴'疑'呵'字之误,汉食货志颜注云'呵,责怒也。'字通'诃',说文言部云'诃,大言而怒也。'籍,盖读为'譜'也,说文云'大声也',或体作'嘈',史记信陵君传张义云'嘈,大呼。'" 建章按:依于说,"呴籍"当读作"呵譜",即"呵责""斥责"的意思。史记淮阴侯列传"项王喑恶叱咤"索隐:"叱咤,发怒声。""叱咄"即"叱咤",大声斥责。

㉓"若恣睢"三句:国君对人暴虐粗野,随便发怒,任意呵斥,那只有唯唯诺诺、唯命是从的刑徒、奴隶为他服务。 徒:论衡四讳:"被刑谓之徒。"即刑徒,劳改犯。 隶:服贱役的奴隶。
徒隶之人:只是唯唯诺诺,唯命是从的人。

㉔服道:行正道,行王道。 服:左文十八年传注:"行也。" 致

士:得贤士,得人才。　致:招来。

㉕诚:裴学海古书虚字集释卷九:"犹'若'也。"　博选:广泛选择。

㉖朝其门下:亲自登贤者之门拜访。　朝:拜谒,拜见。

㉗将:当,应当。　谁朝:"朝谁"的倒装。　而:则。　可:合适。

㉘于鬯战国策注:"类聚馆类、御览卖买览、文选论盛孝章书李注引'君人'皆作'人君',新序亦作'人君'。"　建章按:韩非子爱臣有"此君人者所外也","此君人者之所识也",则作"君人"即"人君"。

㉙涓人:国语吴语韦注:"今中涓也。"汉书曹参传颜注:"涓,洁也,言其在内主知洁清洒扫之事;盖亲近左右也。"

㉚之:指涓人。

㉛一金为一斤金。

㉜反:同"返"。

㉝生:活。

㉞金正炜战国策补释:"老子'治人事天'注'事,用也。'"　建章按:裴学海古书虚字集释卷九举此句说:"'安事'即'何为',犹云'何故'也。新序杂事三'事'作'用','用'亦'为'也。"　捐:花费。

㉟且:尚。　之:裴学海古书虚字集释卷九"犹'以'也"。

㊱市:广雅释诂三:"买也。"　能:荀子劝学杨注:"善也。"

㊲今:王引之经传释词卷四:"与'即'同义。"

㊳能:孙经世经传释词补:"足也。"　期年:一周年。

㊴见事:被任用。　事:荀子王霸杨倞注:"任也。"

㊵岂远千里哉:他们岂会以千里之远而不到燕国来呢?"他们"指上句"贤于隗者"。

㊶师之:以郭隗为师。　刘师培左盦集卷五:"'宫'当从类聚六十三作'馆'。'馆'古作'官',因误作'宫'。"　官:馆舍。

㊷乐毅:见齐策六第一章注⑧。

㊸邹衍:齐国稷下学者,战国时期阴阳五行家的代表人物。据司马迁说,后于孟子,曾到齐、魏、赵、燕等国,各国国君皆礼遇之,燕昭王为之筑宫,亲往师之。他的著作,汉书艺文志著录邹子四十九篇和邹子终始王德五十六篇。史记有传,附孟子荀卿列传中。

㊹剧辛:赵人,曾为燕将,击赵。梁玉绳汉书人表考说:"剧辛始见燕策、鹖冠子世兵。剧姓,本赵人,仕燕(史李牧传索隐,本燕策)。为赵将庞煖所禽,自到死于赵。(鹖冠子、六国表、赵世家,而燕世家、李牧传云煖杀之。)" 钱穆先秦诸子系年144节"邹衍考"说:"韩非亡征篇:'凿龟数筴,兆曰大吉,而以攻燕者,赵也。凿龟数筴,兆曰大吉,而以攻赵者,燕也。剧辛之事燕,无功而社稷危。邹衍之事燕,无功而国道绝。赵先得意于燕,后得意于齐,自以为与秦提衡,将劫燕以逆秦,地削兵辱,主不得意而死。'此记赵悼襄王时事。剧辛以赵悼襄王三年(前242年)败死,时为燕王喜十三年,去燕昭王伐齐已四十二年。燕昭招贤,犹在其前。剧辛不在燕昭招贤时仕燕明矣。据韩非书,则邹衍乃与剧辛同僚,去信陵破秦十五年。其自齐赴赵,当齐王建时,在平原君晚节自赵往燕,则仕燕王喜,绝不与齐宣、燕昭相涉。史公云云,盖误于燕、齐方士之说耳。"又157节"庞煖剧辛考"说:"剧辛与公孙龙同时,又与邹衍齐名,亦学者,则史记剧子殆即剧辛,史、策谓其于燕昭王时至燕则误。"

㊺凑:聚集。

㊻燕王吊死问生:燕遭齐祸,燕王吊唁死者,慰问生者。

㊼燕昭王二十八年当周赧王三十一年(前284年)。

㊽乐佚:生活安适。 轻战:不怕战争。

㊾闵王:见东周策第十六章注②。 闵王出走:见齐策六第四章

注①。

⑩追北:追逐败逃的齐兵。 北:史记高祖本纪"楚独追北",集解引服虔曰:"师败曰北。"

⑪临淄:见齐策一第十六章注⑫。

⑫莒:见西周策第十四章注④。 即墨:见齐策一第十七章注㉒。

十三 齐伐宋章

齐伐宋,宋急。苏代乃遗燕昭王书曰①:"夫列在万乘②,而寄质于齐③,名卑而权轻。(秦)〔奉〕齐助之伐宋④,民劳而实费⑤。破宋,残楚淮北,肥大齐⑥,仇强而国弱也⑦。此三者,皆国之大败也⑧,而足下行之⑨,将欲以除害取信于齐也⑩?而齐未加信于足下,而忌燕也愈甚矣。然则足下之事齐也⑪,失所为矣⑫。夫民劳而实费⑬,又无尺寸之功⑭,破宋肥仇,而世负其祸⑮。(矣)〔夫〕(足下)以宋加淮北⑯,强万乘之国也⑰,而齐并之,是益一齐也⑱。(北)〔九〕夷方七百里⑲,加之以鲁、卫⑳,此所谓强万乘之国也,而齐并之,是益二齐也。夫一齐之强,而燕犹不能支也㉑,今乃以三齐临燕㉒,其祸必大矣。

"虽然,臣闻知者之举事也㉓,转祸而为福,因败而成功者也㉔。齐人紫败素也,而贾十倍㉕;越王勾践栖于会稽,而后残吴霸天下㉖。此皆转祸而为福,因败而为功者也。今王若欲转祸而为福,因败而为功乎?则莫如遥伯齐而厚尊之㉗,使使盟于周室㉘,尽焚天下之秦符㉙,约曰:'夫上(计)破秦,其次长宾之(秦)㉚。'秦挟宾(客)以待破,秦王必患之^㉛。秦五世以结诸侯^㉜，今为<u>齐</u>下^㉝；<u>秦</u>王之志：'苟得穷<u>齐</u>，不惮以一国都为功^㉞。' 然而王何不使布衣之人以'穷<u>齐</u>'之说说<u>秦</u>^㉟，谓<u>秦</u>王曰：'<u>燕</u>、<u>赵</u>破<u>宋</u>肥<u>齐</u>，尊<u>齐</u>而为之下者，<u>燕</u>、<u>赵</u>非利之也。弗利而势为之者何也？以不信<u>秦</u>王也。今王何不使可以信者接收<u>燕</u>、<u>赵</u>^㊱。今<u>泾阳</u>君若<u>高陵</u>君先于<u>燕</u>、<u>赵</u>^㊲，"<u>秦</u>有变，因以为质^㊳。" 则<u>燕</u>、<u>赵</u>信<u>秦</u>矣。<u>秦</u>为西帝，<u>赵</u>为中帝，<u>燕</u>为北帝，立为三帝而以令诸侯。<u>韩</u>、<u>魏</u>不听，则<u>秦</u>伐之；<u>齐</u>不听，则<u>燕</u>、<u>赵</u>伐之。天下孰敢不听？天下服听^㊴，因驱<u>韩</u>、<u>魏</u>以攻<u>齐</u>^㊵，曰："必反<u>宋</u>地^㊶，而归<u>楚</u>之<u>淮北</u>^㊷。" 夫反<u>宋</u>地，归<u>楚</u>之<u>淮北</u>，<u>燕</u>、<u>赵</u>之所同利也；并立三帝，<u>燕</u>、<u>赵</u>之所同愿也。夫实得所利，名得所愿，则<u>燕</u>、<u>赵</u>之弃<u>齐</u>也，犹释弊屣^㊸。今王之不收<u>燕</u>、<u>赵</u>^㊹，则<u>齐</u>伯必成矣^㊺。诸侯戴<u>齐</u>^㊻，而王独弗从也，是国伐也^㊼。诸侯戴<u>齐</u>而王从之，是名卑也。王不收<u>燕</u>、<u>赵</u>，名卑而国危；王收<u>燕</u>、<u>赵</u>，名尊而国宁。夫去尊宁而就卑危，知者不为也^㊽。' <u>秦</u>王闻若说也^㊾，必如刺心。然则王何不务使知士以若此言说<u>秦</u>^㊿，<u>秦</u>伐<u>齐</u>必矣。夫取<u>秦</u>，上交也⁵¹；伐<u>齐</u>，正利也⁵²。尊上交，务正利，圣王之事也。"

<u>燕昭王</u>善其书，曰："先人尝有德<u>苏氏</u>，<u>子之</u>之乱⁵³，而<u>苏氏</u>去<u>燕</u>。<u>燕</u>欲报仇于<u>齐</u>，非<u>苏氏</u>莫可。"乃召<u>苏氏</u>，复善待之⁵⁴。与谋伐<u>齐</u>，竟破<u>齐</u>，<u>闵王</u>出走⁵⁵。

【注释】

①<u>史记六国年表</u>"<u>魏昭王</u>十年，<u>宋王</u>死我<u>温</u>。"又<u>魏世家</u>"<u>昭王</u>十年，<u>齐</u>灭<u>宋</u>，<u>宋王</u>死我<u>温</u>。"又<u>田敬仲完世家</u>"<u>湣王</u>三十八年（按：

依竹书纪年当为十五年），齐伐宋，宋王出亡，死于温。"依史记六国年表均在周赧王二十九年（前286年）。又六国年表"秦昭王十九年（前288年）十月称帝，十二月复王"，则此信当在前288年上半年，或之前。顾观光战国策编年、于鬯战国策年表并系此策于此年。徐中舒说："国策所载苏秦事迹，史记多改为苏代。如果说苏秦反齐，是他们兄弟共同的事业，苏秦活动还是主要的；苏代或者苏厉往来各国之间，也只是为苏秦奔走，分担部分工作而已。"又改此"苏代"为"苏秦"。（见论战国策的编写及有关苏秦诸问题，历史研究1964年第一期）苏秦此书乃阻燕助齐、魏伐宋，其目的在乘齐伐宋之弊以攻齐也，正是为了实现他齐"西劳于宋，南罢于楚，则齐军可败，而河间可取"之谋。（见燕策一第十四章）　宋：见秦策一第四章注②。　遗：赠，送。　书：信。　燕昭王：见秦策三第二章注㉒。唐兰认为帛书战国纵横家书第20章"是战国末的纵横家的拟作，也见战国策燕策一和史记苏秦传，均作苏代遗燕昭王书"。并于注③说："此篇似摹拟苏秦的口气所作，燕策和史记均作苏代是错的。此与有名的苏秦合纵八篇，张仪连横诸篇，以及其它，当都是战国末纵横家的拟作，气势都很盛，跟真正的苏秦文笔，宛转而有条理，风格截然不同。拟作时对当时的历史已不很清楚。例如：①当时各国都相互有质子，秦国就曾派泾阳君到齐国为质，燕国寄质于齐，不能以此说'名卑而权轻'。②燕助齐攻宋，齐杀张魁是燕国的奇耻大辱，根本没有提到。③淮北在当时是宋地，帛书第一组14章是当时的真实史料，第8章'欲以残宋取淮北'，第14章'宋以淮北以齐讲'，均可证。此文说'以宋加之淮北'，下文更明说'反宋，归楚淮北'，以淮北为楚地，显然是错的。④五国攻秦是齐国发动，由赵国李兑出面去约的，此文的作者却要让燕昭王发动此事，说什么'莫若遥霸齐而尊之，使盟周室而焚秦符'。⑤攻秦是由齐、秦称帝引起的，秦昭王称帝才两个月，因齐国西师而被迫取消了，此文作者却异想天开，要搞三帝。况且燕在当时是弱国，如何可以称北帝？根据这些事实上的错误，此文必是后人拟作无疑。"（司马迁所没有见过的珍贵史料，收入战国纵横家书）

②列：国语周语中韦注："位次也。" 万乘：见秦策一第二章注㊿。

③鲍注："寄，犹'委'也。一说如质子寄寓。" 建章按：淮南子氾论训："周公属籍致政，北面委质，而臣事之。"注："北面委玉帛，执臣之礼。"后汉书冯衍传："委质为臣，无有二心。"李注："委质，犹屈膝也。"礼记月令疏引皇氏云："委，输也。"则此"寄质"当即"委质"之义；屈尊以服从于人的意思。

④鲍改"秦"作"奉"。史记苏秦列传作"奉万乘助齐伐宋"。 建章按：说文："奉，承也。"又"承，奉也，受也。"易归妹虞注："自下受上称承。"则"奉齐助之伐宋"意即受齐之命助之伐宋。"奉"可引伸为"尊"。

⑤实：左文十八年传注："财也。"

⑥残：犹"攻下"。 淮北：见齐策四第十一章注⑮。 肥：广雅释诂二"盛也。" 大：易大壮陆德明经典释文："大，壮，威盛强猛之名。"则"大齐"：强齐。

⑦仇：敌，指齐。 国：指燕。

⑧三者：破宋，残楚淮北，肥大齐。 败：礼记孔子闲居注："谓祸灾也。"

⑨足下：见秦策二第十二章注⑫。 行：去做。

⑩金正炜战国策补释："'也'读为'邪'。'害'犹忌也，下云'齐未加信'，'忌燕愈甚'，正承'除害'、'取信'两义而言。史记太史公自序'孔子为鲁司寇，诸侯害之'，汉书翟方进传'心害其能'，'害'字之义并同于'忌'。"

⑪事:侍奉,讨好。

⑫失所为矣:即所为失矣。　失:错。

⑬民劳而实费:劳民伤财。

⑭尺寸之功:义同咫尺之功,见秦策五第八章注㊺。

⑮世:世世代代。　负:遭,受。"然则"至"其祸"三十三字史记苏秦列传作"是王之计过矣"六字。

⑯"矣足下"苏秦列传、帛书战国纵横家书第二十章并作"夫"。
金正炜战国策补释:"上文'矣'字即此句首'夫'字之误,'足下'二字又涉上文而衍,史记正作'夫以宋加之淮北'。此节并就齐言,不当复云'足下'。"　横田惟孝战国策正解:"'足下'二字恐衍。"　建章按:金、横田说皆是,当据苏秦列传、战国纵横家书改"矣"作"夫",删"足下"二字。

⑰强:尔雅释诂"当也"。此言宋国已是五千乘之国,再加上淮北之地,就相当于万乘之国。

⑱"而齐并之"两句:齐国独吞了宋国和淮北之地,就等于又增加了一个齐国。　并:吞并。　之:指宋、淮北之地。　益:广雅释诂二:"加也。"

⑲史记苏秦列传王念孙读书杂志:"'北夷'当为'九夷',字之误也。燕策作'北夷',亦后人依史记改之。秦策云'楚苞九夷,方千里',魏策云'楚破南阳九夷',李斯上始皇书云'包九夷,制鄢郢',是'九夷'之地南与楚接。此言齐并淮北,'淮北'即楚地,齐并宋与淮北,则地与'九夷'接,故又言'齐并九夷'也。淮南齐俗训云:'越王勾践霸天下,泗上十二诸侯,皆率九夷以朝。'是'九夷'之地东与十二诸侯接,而鲁为十二诸侯之一,故此言并九夷与鲁、卫也。上文言'齐举宋而包十二诸侯',田完世家言'齐南割楚之淮北,泗上诸侯,邹、鲁之君皆称臣'。此言齐并宋与淮北,又言并九夷与鲁、卫。以上诸文彼此可以互证。

是今本之'北夷'乃'九夷'之误。" 金正炜战国策补释:"王念孙云'北狄当作九夷',足证索隐、正义之误。隶书'九'与'北'字相近,'九'字上画中断即讹为'北'矣。" 史记苏秦列传泷川资言考证:"'北夷'以方而言,王说拘。" 于鬯战国策注:"王说甚确。但谓字误,并云'策作北夷亦后人依史改'则恐未必然。倘'九夷'在楚之北,当时自有'北夷'之别称。" 建章按:王说当是,帛书战国纵横家书第二十章正作"九夷方一百里"。后汉书东夷传"东方曰夷,夷有九种,曰:畎夷、于夷、方夷、黄夷、白夷、赤夷、玄夷、风夷、阳夷。故孔子欲居九夷也。"九夷与鲁、卫接近,当指今山东、河南、安徽、江苏四省接界之地。又古皆言"方百里",未见言"方一百里"者,战国纵横家书"一"字当是"七"字之缺误,正与策合。当据战国纵横家书改"北"为"九"。

⑳鲁:见齐策一第二章注⑨。 卫:见秦策三第六章注⑫。

㉑支:西周策第二章高注:"犹'拒'也。"抵抗。

㉒今:王引之经传释词卷五:"犹'若'也。" 临:伐,见东周策第一章注①。

㉓知:通"智"。 举:礼记中庸疏:"犹'行'也。"

㉔功:尔雅释诂:"胜也。"

㉕齐人紫败素也而贾十倍:从前,齐桓公喜欢紫色,全国人也都喜欢紫色,于是,无色旧绢绸染成紫色,也能以十倍的价钱卖出。
紫:用作动词,染紫。 紫败素:把无色旧绢绸染成紫色。败:坏。 素:无色丝织品。 管子水地:"素也者五色之质也。"注:"无色谓之素。" 贾:同"价"。 韩非子外储说左上说五:"齐桓公好服紫,一国尽服紫,当是时,五素不得一紫。"

㉖越王勾践:见秦策三第十八章注⑫。余见秦策四第九章注⑳、㊸,秦策五第一章注⑩。

㉗"则莫如"句:不如远尊齐为霸主,而深敬之。

㉘使使盟于周室:派使臣和齐结盟。

㉙天下之秦符:诸侯与秦建立外交关系的信物。 符:符节,出使和建立外交关系等的信物。

㉚史记苏秦列传作"其大上计破秦,其次必长宾之"。 帛书战国纵横家书作"大(太)上破秦,其次必长悤(摈)之"。 建章按:(1)"大"误为"夫","夫上"似不成语,乃添"计"字,而成"上计"。"宾"字下当衍"秦"字。左僖二十四年传"大上以德抚民,其次亲亲以相及也。"左襄二十四年传"大上立德,其次立功,其次立言。"韩非子说疑"是故禁奸之法,太上禁其心,其次禁其言,其次禁其事。"吕氏春秋孟秋纪禁塞"凡救守者,大上以说,其次以兵。"未言"大上计"者,史亦衍"计"字,"大"同"太"。(2)"夫"与"大"通,后人不知,乃添"计"字,以"夫"为发语词。墨子三辩"无大后患",于省吾双剑誃诸子新证:"'夫'、'大'古字通,易比象'后夫凶',即'后大凶'也;大鼎'善夫'作'善大';大差监,'大差'即'夫差'。"则此当据战国纵横家书删"计"字及"之"下"秦"字。 宾:同"摈"。 此言上策,诸侯攻破秦国;其次,诸侯孤立秦国。

㉛"秦挟宾"两句:秦国受到孤立的威胁;坐以待斃,秦王一定深为忧虑。 史记苏秦列传无"客"字,泷川资言考证:"冈白驹曰'挟,带也;挟宾,犹云被宾。'帛书战国纵横家书亦无"客"字。 建章按:"挟宾"即"挟于宾",受摈之挟持。此"客"字当因"宾"字误衍,而为"宾客"。当据苏秦列传、战国纵横家书删"客"字。 秦王:昭王,见西周策第一章注⑭。

㉜史记苏秦列传"以结"作"伐",帛书战国纵横家书同列传。建章按:秦献公二十一年(前364年)"与晋战于石门,斩首六万";二十三年"与晋战于少梁,虏其将公孙痤";秦孝公十年

（前352年）"卫鞅为大良造，将兵围魏安邑，降之"；二十二年"卫鞅击魏，虏魏公子卬"；二十四年"与晋战雁门，虏其将魏错"；秦惠王元年（前337年）"楚、韩、赵、蜀人来朝"；七年（当是八年）"与魏战（梁玉绳史记志疑：即所谓雕阴之战），虏其将龙贾，斩首八万"；九年，"取汾阴、皮氏，围焦降之"；惠王更元七年（当是八年）"韩、赵、魏、燕、齐帅匈奴共攻秦，秦使庶长疾与战修鱼，虏其将申差，败赵公子渴，韩太子奂"，更元十一年"攻魏焦，降之，败韩岸门"；更元十三年"庶长章击楚于丹阳，虏其将屈匄，又攻楚汉中，取地六百里，置汉中郡"；秦武王四年（前307年）"拔宜阳"；秦昭王九年（当是七年）"攻楚，取八城，杀其将景快"（"快"当是"缺"）；十四年"攻韩、魏于伊阙，斩首二十四万，虏公孙喜，拔五城"。经五世，连年战败诸侯。　结：广雅释诂四："诎也。"　诎：秦策一第二章高注"服也"。则"结诸侯"即"服诸侯"。

㉝为齐下：屈于齐之下。诸侯合纵以孤秦，以齐为纵长，故言"为齐下"。

㉞史记苏秦列传无"一""都"二字。　帛书战国纵横家书作"秦王之心苟得穷齐，不难以国壹栖"。　得：能。　穷：困，窘。悛：说文"悔难也"。不悛：犹言不惜。　功：尔雅释诂："胜也。"　三句言，秦王所想，如果能够使齐国处于困境，则不惜用尽秦国之力而取得胜利。　"都"字当衍。

㉟而：王引之经传释词卷七："犹'则'也。"　布衣：见赵策二第一章注③。　之说：之论。　"说秦"之"说"：说服。

㊱接：广雅释诂二："合也。"　收：尔雅释诂："聚也。"　接收：联合。

㊲鲍本"今"作"令"。史记苏秦列传同鲍本而无"若"字。帛书战国纵横家书"今""若"皆作"如"，"赵"下有"曰"字。　建章

按:"今"或为"令"字之误,然"今"训"若"(见经传释词卷五)亦通。　若:王引之经传释词卷七:"犹'及'也,'与'也。"　泾阳君:见秦策三第十章注④。　高陵君:见秦策三第十章注④。于:王引之经传释词卷一:"犹'在'也。"此言"去","往"。

㊳"秦有变"两句:秦国的政策有变,就分别留在燕、赵为质。

㊴服听:服从。

㊵驱:犹"率领"。

㊶必反宋地:必须退还侵宋之地。

㊷而:且。

㊸释:抛弃。　弊屣(xǐ徙):破鞋。

㊹之:王引之经传释词卷九:"犹'若'也。"　收:联合。

㊺伯:同"霸"。

㊻史记苏秦列传两"戴齐"皆作"赞齐",战国纵横家书第二十章作"赞齐""伐齐"。裘锡圭说:"从文义看,作'赞齐'是对的。帛书作'伐齐',当涉上句的'是国伐也'而误。"(古代文史研究新探读战国纵横家书释文注释札记)按:"赞"与"戴"同义。戴:拥戴,拥护,尊奉。

㊼国伐:秦国被诸侯进攻。

㊽知:通"智"。

㊾若:王引之经传释词卷七:"此也。"

㊿务:专意。　知士:智士,善说之士。　以若此言:用这番议论。　说:说服。

(51)取秦:与秦国联合。　上:方言卷十二:"重也。"吕氏春秋季春纪尽数高注:"重,犹厚也"。　上交:厚交。苏秦列传正作"厚交"。

(52)正:尔雅释诂:"长也。"长(zhǎng)与长(cháng)同字。说文:"长,久远也。"本书屡用"长利"。则此"正利"即"长利"。

(53)子之之乱:见齐策二第一章注⑥及燕策一第九章。

㉞史记苏秦列传"苏氏"作"苏代"。　建章按:据前文,此当是
　"苏代"之误,然仍是"苏秦",见注①。

㉟竟破齐闵王出走:在周赧王三十一年(前284年)。上章言"于
　是,遂以乐毅为上将军,与秦、楚、三晋合谋以伐齐,齐兵败,闵
　王出走于外。"云云。

十四　苏代谓燕昭王章

苏代谓燕昭王曰①:"今有人于此,孝如曾参、孝己②,信
如尾生高③,廉如鲍焦、史鰌④,兼此三行以事王,奚如⑤?"王
曰:"如是足矣。"对曰:"足下以为足⑥,则臣不事足下矣。
臣且处无为之事⑦,归耕乎周之上埊⑧,耕而食之,织而衣
之⑨。"王曰:"何故也?"对曰:孝如曾参、孝己,则不过养其
亲(其)〔耳〕⑩;信如尾生高,则不过不欺人耳;廉如鲍焦、史
鰌,则不过不窃人之财耳。今臣为进取者也⑪。臣以为廉
不与身俱达⑫,义不与生俱立⑬。仁、义者,自完之道也⑭,非
进取之术也。"

王曰:"自忧不足乎⑮?"对曰:"以自忧为足,则秦不出
殽塞⑯,齐不出营丘⑰,楚不出疏章⑱。三王代位⑲,五伯改
政⑳,皆以不自忧故也。若自忧而足,则臣亦之周负笼耳㉑,
何为烦大王之廷耶㉒?昔者楚取章武㉓,诸侯北面而朝㉔;秦
取西山㉕,诸侯西面而朝。曩者使燕毋去周室之上㉖,则诸
侯不为别马而朝矣㉗。臣闻之,善为事者,先量其国之大
小,而揆其兵之强弱㉘,故功可成,而名可立也;不能为事
者㉙,不先量其国之大小,不揆其兵之强弱,故功不可成,而

名不可立也。今王有东向伐齐之心，而愚臣知之。”

王曰：“子何以知之？”对曰：“矜戟砥剑㉚，登丘东向而叹，是以愚臣知之。今夫乌获举千钧之重㉛，行年八十㉜，而求扶持㉝。故齐虽强国也，西劳于宋㉞，南罢于楚㉟，则齐军可败，而河间可取㊱。”

燕王曰：“善。吾请拜子为上卿㊲，奉子车百乘㊳，子以此为寡人东游于齐㊴，何如？”对曰：“足下以爱之故与㊵，则何不与爱子与诸舅、叔父负床之孙㊶？不得㊷，而乃以与无能之臣，何也？王之论臣何如人哉㊸？今臣之所以事足下者，忠信也。恐以忠信之故(见)〔得〕罪于左右㊹。”

王曰：“安有为人臣尽其力，竭其能而得罪者乎？”对曰：“臣请为王譬。昔周之上埊尝有之㊺。其丈夫官三年不归㊻，其妻爱人。其所爱者曰：‘子之丈夫来㊼，则且奈何乎㊽？’其妻曰：‘勿忧也，吾已为药酒而待其来矣㊾。’已而其丈夫果来，于是因令其妾酌药酒而进之(50)。其妾知之(51)，半道而立。虑曰(52)：‘吾以此饮吾主父(53)，则杀吾主父；以此事告吾主父，则逐吾主母(54)。与杀吾〔主〕父、逐吾主母者，宁佯踬而覆之(55)。’于是因佯僵而仆之。其妻曰：‘为子之远行来之(56)，故为美酒，今妾奉而仆之(57)。’其丈夫不知，缚其妾而笞之(58)。故妾所以笞者，忠信也(59)。今臣为足下使于齐，恐忠信不谕于左右也(60)。臣闻之曰：‘万乘之主，不制于人臣(61)；十乘之家，不制于众人(62)；匹夫徒步之士(63)，不制于妻妾。’而又况于当世之贤主乎？臣请行矣(64)，愿足下之无制于群臣也。”

【注释】

①徐中舒说"此'苏代'是由'苏秦'涂改而成的。"　苏代:见西周策第四章注②。　苏秦:见东周策第五章注③。　顾观光战国策编年系此策于周赧王二十九年(前286年),于鬯战国策注以为"移前二年可"。则此在前288年与田敬仲完世家"苏代自燕来入齐"之年正合。　燕昭王:见秦策三第二章注㉒。

②曾参:见秦策五第八章注㉒。　孝己:见秦策一第十二章注⑧

③尾生高:见韩策一第二十五章注⑩。

④鲍焦:见赵策三第十三章注㉘。　史鰌(qiū秋):字子鱼,卫国的大夫。他临死时嘱咐他的儿子,"不当治丧正堂",以此劝告卫灵公进贤臣蘧伯玉,退佞臣弥子瑕。古人称为"尸谏"。卫灵公从其谏。国语晋语二韦注引虞御史云:"廉,直也。"故孔子说"直哉史鱼"(论语卫灵公)。

⑤"兼此三行"句:兼有此孝、信、廉三种德行的人为王服务,怎么样?　周礼师氏注:"德、行,内外之称,在心为德,施之为行。"　事:侍。　奚:何。

⑥足下:见秦策二第十二章注⑫。

⑦臣且处无为之事:我将无事可做。

⑧归耕乎周之上坒:回家乡耕田种地去。　乎:于。　坒:古"地"字,见赵策四第八章注⑦。　上坒:程恩泽国策地名考卷一:"盖指洛阳言,以苏氏世为东周洛阳人也。"淮南子精神训:"胡王淫女乐之娱,而亡上地。"注:"上地,美地也。"然下文言"昔周之上坒尝有之",则当从程说。

⑨食(sì饲)之:供家里人吃。　衣(yì意)之:供家里人穿。　食、衣:皆用作动词。

⑩鲍本、闵本下"其"字作"耳"。　黄丕烈战国策札记:"作'耳'字是也。"　建章按:下两句句末,皆作"耳",当据鲍本、闵本改

作"耳"。

⑪进取:见第五章注㉒。

⑫廉不与身俱达:意思是,行虽廉,身却处穷困。　不达:即穷困。

⑬义不与生俱立:意思是,虽舍生而取义,却无所建树。战国纵横
家书第五章有"义不与王皆立"一句,与此"义不与生俱立"句
相当,裴锡圭说:"'生'字显然是'王'字之误。"　建章按:赵策
三第十六章"先生不知寡人不肖","生"即为"王"字之误,见该
章注释⑫。又赵策一第二章"乃使延陵王将车骑先之晋阳",
"生"误为"王",见该章注释㉔。可见"王"与"生"形似,易互
误。裴说可从。则此句是说:虽一身正气,却不能为王建功立
业。　立:所谓立德,立功,立名。

⑭自完:犹"自覆",见第五章注㉒。

⑮自忧不足乎:能够自养还不满足吗?　鲍注:"忧,亦'完'也;不
完则忧,故曰'完'又曰'忧'。"　金正炜战国策补释:"'忧'即
'优'之省也,诗长发'敷政优优',说文引作'布政忧忧'。'自
忧'即'自完',鲍说是也。惟云'不完则忧',殊非字义。'自
优'犹'自足'也。"　关修龄战国策高注补正:"前章'忧'作
'覆';言自忧国事,不足保国乎?"　建章按:墨子七患"仕者持
禄,游者忧佼",管子明法篇"小臣持禄养交",晏子春秋问篇
"士者持禄,游者养交",荀子臣道篇"苟合偷容,以之持禄养交
而已耳",则"忧佼"即"养交"。"忧"字为"养"字之误。或此
"忧"字亦为"养"字之误。"自养"即"自覆"之义。

⑯骰塞:见秦策一第二章注⑤。

⑰营丘:见第五章注㉖。

⑱"疏章",帛书战国纵横家书第五章作"雎章",注:"雎、章,即
沮、漳,两个水名。左传哀公六年:'江、汉、沮、章,楚之望也。'
今湖北省汉水西有漳水和沮水,合为沮漳河,在江陵西入长江。

燕策苏代章作'疏章',沮、疏音近。"

⑲三王:见秦策一第二章注㊼。　代位:即更立,更迭相继而立。

⑳五伯:见秦策一第二章注㊼。　改政:义同"代位"。

㉑之:至。　负笼:背土筐。　之周负笼:即上文"归耕乎周之上垦"之义。

㉒何为烦大王之廷耶:为什么要玷污大王的宫廷呢? 意思是说:为什么还要屈辱大王为我安排工作呢?　何为:为何。　烦:淮南子俶真训注"辱也。"

㉓章武:于鬯战国策注:"在沧州东北。"

㉔面:向。

㉕西山:史记韩世家泷川资言考证:"河南宜阳,鲁山一带皆是。"

㉖曩者:从前。　母:同"毋",勿也。见西周策第十一章注⑤。去:史记李斯列传索隐:"犹'失'也。"　于鬯战国策注:"'周室'当是山名。"未知是否。

㉗鲍本"马"作"驾",注:"言同轨而朝燕,与朝秦、楚同。"　横田惟孝战国策正解:此言秦、楚务进取,而燕不能然也。"　建章按:一切经音义八引三苍:"马曰驾。"后汉书马融传李注:"六驾,六马也。"可知"马"通"驾"。

㉘揆(kuí 魁):估量。　其:敌国。

㉙能:汉书百官公卿表上颜注:"善也。"

㉚矜:吕氏春秋审应览重言:"手足矜者,兵革之色也。"高注"严也。"　砥:磨。严整长戟,磨利宝剑,都是作战的准备。

㉛乌获:见秦策三第九章注㊳。　钧:古代三十斤为一钧。

㉜行年八十:已八十岁了。见齐策四第八章注⑦。

㉝"今夫"句以下:现在齐国力已疲惫,象力士乌获已是八十老翁,需要人搀扶一样。　扶持:搀扶。

㉞齐闵王十五年(前286年)灭宋。　宋:见秦策一第四章注②。

㉟齐闵王十五年割楚之淮北。　罢：通"疲"。

㊱河间：见秦策一第五章注㊶。

㊲拜：犹"任命"。　上卿：见秦策二第十二章注㉒。

㊳奉子车百乘：为您准备百乘的车队。　奉：左僖三十三年传注"与也"。即"给"。　乘：见秦策一第二章注⑦。

㊴"子以此"句：您现在就为我去一趟齐国。意思是，去齐国为我游说。鲍注："为燕间齐。"　寡人：见东周策第一章注⑯。游：秦策四第八章高注"行。"

㊵据下文"何不与"，则"与"指上文"奉子车百乘"而言。

㊶"子与"之"与"：及，和。　负床之孙：未详。

㊷不得：鲍注："此属皆不得，不得与车。"

㊸何如人：何等样人。

㊹第五章："足下者，自覆之君也；仆者，进取之臣也，所谓以忠信得罪于君者也。"齐策六第五章"单何以得罪于先生?"此"见罪"当是"寻罪"之误，"寻"即"得"，见齐策三第十一章注⑥。下文正作"得罪。"当改"见"为"得"。　左右：不敢直言"燕王"，故言"左右"。

㊺昔周之上地尝有之：从前周的洛阳曾有这样的事。

㊻官：礼记杂记下注："犹'仕'也。"做官。

㊼子：指"其妻"。古时女亦称"子"。见秦策二第二章注⑥。

㊽且：将。

㊾为：作，做。

㊿因：则，即。　妾：非正妻。　进：献上。

51知之：知道是毒酒。

52虑曰：心里想。

53饮吾主父：让吾主父饮。　主父：即"其丈夫"。

54逐吾主母：使吾主母被逐。　主母：即"其妻"。

(55)鲍补"父"上"主"字。吴补:"此宜有'主'字。" 建章按:当补"主"字。 佯:假装。 踬(zhì 智):摔倒。 覆之:把毒酒倾翻。 与…宁…:与其…宁肯…,与其…不如…。

(56)左文七年传:"若吾子之德,莫可歌也,其谁来之。"注:"'来'犹'归'也。" 之:裴学海古书虚字集释卷九:"犹'者'也。"

(57)奉:捧酒。 仆:跌倒。

(58)笞:见第五章注㊲。

(59)故:犹"夫"。见第五章注㊳

(60)不谕于左右:不被您了解。

(61)万乘:见秦策一第二章注㊿。

(62)孟子梁惠王上:"万乘之国,弑其君者,必千乘之家;千乘之国,弑其君者,必百乘之家。"杨伯峻孟子译注:"古代的执政大夫有一定的封邑,这封邑又叫采地,拥有这种封邑的大夫叫家。有封邑当然也有兵车。公卿的封邑大,可以出兵车千乘,大夫的封邑小,可以出兵车百乘。"疑"十"为"千"字之缺误。见秦策三第十四章注⑨,并见上引杨注可知。

(63)匹夫徒步:见齐策四第五章注⑱。

(64)行:广雅释诂二:"去也。"

十五　燕王谓苏代章

燕王谓苏代曰[①]:"寡人甚不喜訑者言也[②]。"苏代对曰:"周塈贱媒[③],为其两誉也[④]。之男家曰:'女美'[⑤]。之女家曰'男富。'然而周之俗,不自为取妻[⑥]。且夫处女无媒,老且不嫁[⑦];舍媒而自衒[⑧],弊而不售[⑨]。顺而无败,售而不弊者,唯媒而已矣。且事非权不立,非势不成[⑩]。夫使人坐受成事者⑪,唯訑者耳。"王曰:"善矣。"

【注释】

① 苏代:见西周策第四章注②。

② 寡人:见东周策第一章注⑯。　訑(tuó 驼):说文"沇(兖)州谓欺曰訑。"

③ 坒:古"地"字。见赵策第四第八章注⑦。　贱媒:轻视媒人。

④ 为:裴学海古书虚字集释卷二:"犹'因'也。"　两誉:两边说好话;两边讨好。

⑤ 之:至。下同。

⑥ 不自为取妻:不能自作主张娶妻的。是说,不通过媒人是不能娶妻的。　取:通"娶"。

⑦ 且夫:而且。　且:裴学海古书虚字集释卷八:"犹'而'也。"

⑧ 舍媒而自衒:不通过媒人而自我夸饰。　舍:犹"不要"。　衒(xuàn 眩):广雅释诂三:"卖也。"后汉书蔡邕传"故伊挚有负鼎之衒"李注:"衒,自媒衒也。"

⑨ 弊而不售:困在家里嫁不出去。　鲍本"弊"作"敝",注:"敝,犹败;无成事也。"　于鬯战国策注:"敝,谓失节也。售,谓嫁也。"　建章按:弊、敝、蔽、獘皆通。广雅释诂二:"蔽,障也。"说文:"獘,顿仆也。"则弊,犹困窘。

⑩ 后汉书冯衍传:"顺而成者,道之所大也;逆而功者,权之所贵也。"李注:"于正道虽违逆,而事有成功者,谓之权。所谓反经合义者也。"荀子臣道杨注"权,变也。"则"权":权变,变通,权宜。　立:广雅释诂三:"成也。"　势:后汉书崔骃传李注:"谋略也。"

⑪ 于鬯战国策注:"人为我訑,则己受其成。"

战国策注释卷三十

燕　策　二

一　秦召燕王章

秦召燕王①,燕王欲往。苏代约燕王曰②:"楚得枳而国亡③,齐得宋而国亡④,齐、楚不得以有枳、宋事秦者,何也⑤?是则有功者⑥,秦之深仇也。秦取天下非行义也,暴也。

"秦之行暴于天下⑦,正告楚曰⑧:'蜀地之甲⑨,轻舟浮于汶⑩,乘夏水而下江⑪,五日而至郢⑫。汉中之甲⑬,乘舟出于巴⑭,乘夏水而下汉⑮,四日而至五渚⑯。寡人积甲宛⑰,东下随⑱,知者不及谋⑲,勇者不及怒,寡人如射隼矣⑳。王乃待天下之攻函谷㉑,不亦远乎?'楚王为是之故,十七年事秦㉒。

"秦正告韩曰:'我起乎少曲㉓,一日而断太行㉔,我起乎宜阳㉕,而触平阳㉖,二日而莫不尽繇㉗。我离两周而触郑㉘,五日而国举㉙。'韩氏以为然,故事秦。

"秦正告魏曰:'我举安邑^㉚,塞女戟,韩氏太原卷^㉛。我下枳道、南阳、封、冀^㉜,包两周^㉝,乘夏水^㉞,浮轻舟^㉟,强弩在前,铦戈在后^㊱。决荥口^㊲,魏无大梁^㊳;决白马之口^㊴,魏无济阳^㊵;决宿胥之口^㊶,魏无虚、顿丘^㊷。陆攻则击河内^㊸,水攻则灭大梁。'魏氏以为然,故事秦。

"秦欲攻安邑,恐齐救之,则以宋委于齐^㊹,曰:'宋王无道^㊺,为木人以写寡人^㊻,射其面。寡人地绝兵远,不能攻也。王苟能破宋有之^㊼,寡人如自得之。'已得安邑,塞女戟,因以'破宋'为齐罪^㊽。

"秦欲攻齐^㊾,恐天下救之,则以齐委于天下^㊿,曰:'齐王四与寡人约,四欺寡人,必率天下以攻寡人者三^㊱。有齐无秦,无齐有秦^㊲,必伐之,必亡之!'已得宜阳、少曲^㊳,致蔺石^㊴,因以'破齐'为天下罪。

"秦欲攻魏重楚^㊵,则以南阳委于楚曰^㊶:'寡人固与韩且绝矣^㊷!残均陵^㊸,塞鄳隘^㊹,苟利于楚,寡人如自有之。'魏弃与国而合于秦^㊺,因以'塞鄳隘'为楚罪^㊻。

"兵困于林中^㊼,重燕、赵^㊽,以胶东委于燕^㊾,以济西委于赵^㊿。(赵)〔已〕得讲于魏^㊱,至公子延^㊲,因犀首属行而攻赵^㊳。兵伤于离石^㊴,遇败于马陵^㊵。而重魏,则以叶、蔡委于魏^㊶。已得讲于赵,则劫魏,魏不为割^㊷。困则使太后、穰侯为和^㊸,(赢)〔嬴〕则兼欺舅与母^㊹。适燕者曰:'以胶东'^㊺,适赵者曰:'以济西',适魏者曰:'以叶、蔡',适楚者曰:'以塞鄳隘',适齐者曰:'以宋'。此必令其言如循环^㊻,用兵如刺蜚绣^㊼,母不能制,舅不能约^㊽。龙贾之战^㊾、岸门之战⑧、封(陆)〔陵〕之战⑧、高商之战⑧、赵庄之战⑧，秦之所杀三晋之民数百万⑧。今其生者皆死秦之孤也⑧。西河之外⑥、上雒之壄⑧、三川⑧，晋国之祸，三晋之半⑧。秦祸如此其大，而燕、赵之秦者⑩，皆以争事秦，说其主⑨，此臣之所大患。"

燕昭王不行⑫，苏代复重于燕⑬，燕反约诸侯从亲⑭，如苏秦时。或从或不⑮，而天下由此宗苏氏之从约。代、厉皆以寿死⑯，名显诸侯。

【注释】

①顾观光战国策编年系此策于周赧王三十年。林春溥战国纪年在周赧王三十一年。黄式三周纪编略在周赧王三十六年。于鬯战国策年表从黄式三编略。　建章按：史记苏秦列传"召苏代，与谋伐齐，竟破齐，湣王出走。久之。"下即接此策。燕破齐在周赧王三十一年。下文言"楚王十七年事秦。"楚顷襄王二年，楚怀王死于秦，自顷襄王三年至十九年，正十七年，楚、秦无冲突，是所谓"事秦"。顷襄王二十年，秦攻下楚都鄢郢。顷襄王十九年当周赧王三十五年，周赧王三十一年至三十五年，与"久之"可合。则此策似当在周赧王三十五年（前280年）。钱穆先秦诸子系年95节"附苏代苏厉考"说："此事不定在何年，当亦昭王晚节。苏代是时年寿已高，殆亦不久而卒。其文极骏快锋利，能曲折道达秦人之罪恶，宜乎为后之策士言挟秦者所推崇也。"　燕王：昭王，见秦策三第二章注㉒。　召：广雅释言："靓（请）也。"吕氏春秋分职"召客"，高诱注："召，请也。"

②苏代：见西周策第四章注②。　约：鲍注："犹'止'也。"

③史记苏秦列传泷川资言考证："枳今四川涪陵县。周赧王三十

六年秦拔楚鄢、西陵；‘国亡’，言失国都。”然则此策在周赧王三十六年。

④周赧王二十九年（前286年）齐灭宋。周赧王三十一年，六国合纵攻齐，燕将乐毅攻入齐都临淄，齐闵王逃至莒，即所谓“国亡”。

⑤得：能。　以：因。　事：侍。

⑥有功者：指齐灭宋，楚得枳。

⑦暴：暴露。

⑧正告：公开直言不讳地宣告。　告：作“警告”解亦可。

⑨甲：秦策五第七章高注：“兵。”

⑩史记苏秦列传正义：“汶，音‘泯’，谓泯江从蜀而下。”

⑪夏水：苏秦列传索隐：“谓夏潦之水盛涨时也”。　江：长江。

⑫郢：楚都，今湖北省江陵县北之纪南城。

⑬汉中：今陕西省南汉中市。

⑭史记苏秦列传索隐：“巴，水名，与汉水近。”巴水出汉中市西乡县西南。

⑮汉：汉水，在今陕西省南部，源于宁强县北嶓冢山，流经汉中，东流入湖北省，东南流至武汉入长江。

⑯五渚：于鬯战国策注：“秦策云‘取洞庭、五都’，‘五都’即‘五渚’。”见秦策一第五章注㊾。

⑰寡人：秦王自称。　积甲宛：积兵于宛。　宛：见西周策第一章注⑤。宛本楚、韩两属之地，史记秦本纪：“昭王十五年，大良造攻楚取宛。”又韩世家：“釐王五年，秦拔我宛。”秦昭王十五年当周赧王二十三年（前292年），韩釐王五年当周赧王二十四年（前291年）。

⑱随：今湖北省随县。

⑲知：通“智”。

⑳史记苏秦列传索隐:"易曰:'射隼于高墉之上,获之,无不利。'秦王言我今伐楚,必当捷获也。"　隼(sǔn 损):一种猛禽。此言秦伐楚,轻而易举。索隐引见易解。

㉑王:指楚王。　函谷:见西周策第一章注⑬。

㉒楚王:顷襄王,见秦策一第五章注㊿。余见注①。

㉓起:起兵,发兵。　乎:于。　少曲:睡虎地秦墓竹简编年纪注㉙"韩地,今河南济源东北少水弯曲处。"

㉔断太行:见秦策三第九章注⑩。

㉕宜阳:见秦策二第六章注⑦。秦取韩宜阳据史记秦本纪、六国年表在秦武王四年(周赧王八年,前 307 年)。然苏秦列传泷川资言考证说:"秦拔宜阳,周赧王三十四年。"

㉖触:犹言进逼。下文"触郑"索隐:"触击于郑"。　平阳:见秦策四第四章注⑭。

㉗鲍"繇我"连读,注:"繇,'由'同。"　史记苏秦列传索隐:"繇,音'摇',摇动也。"正义:"繇,动也。"泷川资言考证:"宽永本标记引陆氏曰'繇,繇役也,言韩国莫不尽繇役也。'按董份说同,似长。"　吴曾祺战国策补注:"繇,戍也,言自平阳以东,无不戍守矣。"　建章按:此取陆说。

㉘史记苏秦列传正义:"离,历也。"　二周:东周、西周。　郑:韩都新郑,今河南省新郑市。此言秦经二周进击韩都。

㉙举:拔。　国拔:攻下韩都。

㉚安邑:见秦策一第四章注③。

1379

㉛赵策四第四章"秦举安邑而塞女戟,韩之太原绝。""氏"通"是"(见战国纵横家书 27、38 页。)管子山权数房注:"之,是也。"则疑"氏"与"之"通。苏秦列传正义引刘伯庄云:"卷,犹断绝。"疑即据赵策四第四章"太原绝"。余见赵策四第四章注㊼、㊽。

㉜姚校:"旧无'我'字,曾有。"　鲍本、闵本并无"我"字。　建章

按:赵策四第四章"下轵道、南阳、高伐魏绝韩"。苏秦列传索隐:"封,封陵也;冀,冀邑,皆在魏境。"余见赵策四第四章注㊾、㊿。　封:封陵,今山西省风陵渡。　冀:冀邑,今山西省河津市有冀亭。

㉝两周:东周、西周。

㉞夏水:见注⑪。

㉟浮:广雅释训:"行也。"

㊱铦:锋利。　戈:古代兵器,横刃长柄。

㊲姚校:"一作荥阳之口。"　苏秦列传索隐:"荥泽之口,与今汴河口通,其水深,可以灌大梁,故云'无大梁'也。"荥泽:见魏策三第八章注㊽。

㊳大梁:魏都,今河南省开封市。

㊴白马之口:见秦策一第五章注㊞。

㊵济阳:见秦策四第九章注㉑。

㊶宿胥之口:在今河南省浚县西南。

㊷虚:见秦策四第九章注⑯。　顿丘:见魏策一第二十二章注⑦。

㊸河内:见秦策四第九章注⑮。

㊹委:齐策一第二章高注:"付也。"

㊺宋王:王偃,见齐策六第七章注⑥。

㊻鲍本"写"作"象"。　史记苏秦列传泷川资言改"写"作"象"。　黄丕烈战国策札记:"史记作'写','写'字是。"　于鬯战国策注:"御览偶象览引春秋后语作'像'可证。国语越语'王命工以良金写范蠡之状',彼'写'实亦'象'之误,后策云'今宋王铸诸侯之象',言'铸',则非'木'矣。盖或亦有以金者,而秦王之象则木矣。"　金正炜战国策补释:"周髀算经'笠以写天'注'写,犹象也',越语'王命工以良金写范蠡之状而朝礼之'注'以善金铸其形状'。'写'、'象'义同,史亦作'写'。"　建章

按：韩非子外储说左上"卜子妻写弊袴也"，陈奇猷说："写、象义同。十过篇'抚琴而写之'，谓抚琴而仿象之也。日知录卷三十二考'写'字甚详，亦以'写'为仿象之义，可参阅。"则此作"写"字不误。

㊼王：齐闵王，见东周策第十六章注②。

㊽史记苏秦列传索隐："秦令齐灭宋，仍以破宋为齐之罪名。"

㊾鲍改"齐"作"韩"。　苏秦列传"齐"作"韩"。　于鬯战国策注："卢刻姚本正作'韩'，下文言'宜阳、少曲'，则作'韩'为是。"　建章按：如是"攻齐"，不应"以齐委于天下"，当改"齐"为"韩"。

㊿史记乐毅列传："齐，霸国之余业也，地大人众，未易独攻也。王必欲伐之，莫如与赵及楚、魏。于是使乐毅约赵惠文王，别使连楚、魏，令赵啖秦以伐齐之利。"　泷川资言考证引中井积德说："啖，谓饵之。"委，即其义。此言以齐饵天下也。

(51)必：犹言坚决。

(52)"无齐有秦"苏秦列传作"有秦无齐"，疑策误倒。

(53)宜阳：见秦策二第六章注⑦。　少曲：见注㉓。

(54)姚校："'石'，三本同作'君'。"　鲍于"石"上补"离"字。　吴补："蔺、离石，见前，据文恐有'离'字。"　苏秦列传泷川资言考证："蔺石赵地，非韩地，此疑有误，策同。"　金正炜战国策补释："作'君'当是，蔺、石地不属韩，且与'至公子延'文同，知当作'蔺君'，盖韩之质秦者也。鲍本'蔺'下补'离'字误。"程恩泽国策地名考："鲍补'离'字是，此赵地而韩取之者也。"

(55)鲍注："恐楚击其后。"　苏秦列传正义："畏楚救魏。"　重：难，惮。见赵策四第二章注⑤。

(56)南阳：见西周策第十二章注⑨。此指韩之南阳。

(57)苏秦列传正义："韩先事秦，今楚取南阳，故言'与韩且绝矣'。"

(58)均陵：在今湖北省均县以北，河南省卢氏县以南一带地。

(59)鄳隘：见楚策四第四章注(67)。

(60)与国：盟国，此指楚国。

(61)于鬯战国策注："徐孚远史记测议云'楚、魏本与国，楚有事南阳，不及救魏，魏弃楚合秦，秦欲伐楚，即以塞鄳阨为罪也'。按当即指此年秦攻鄢郢事。"

(62)林中：见齐策五注㊱。此言秦兵困于林中。

(63)重燕赵：畏燕、赵救魏。见注(55)。

(64)胶东：今山东省胶河以东。　委：见注㊹。

(65)济西：见齐策四第十一章注⑰。

(66)鲍本"赵"作"已"，闵本同鲍本。　苏秦列传作"赵"，泷川资言改作"已"云："各本'已'作'赵'，今从枫、三本，策亦作'已'。"　王念孙苏秦列传读书杂志："'赵'当从燕策作'已'。言秦兵困于魏之林中，恐燕、赵来击，则以胶东委于燕，以济西委于赵。已得讲于魏，则又移兵而攻赵也。下文'已得讲于赵'是其证。今作'赵'者，涉上下诸'赵'字而误。此谓秦得讲于魏，非谓赵得讲于魏也。索隐曰'讲，和也，解也，秦与魏和也。'则小司马本不误。"　建章按：王说是，当依鲍本、闵本、小司马本、枫山本、三条本改"赵"作"已"。

(67)苏秦列传索隐："'至'当为'质'，谓以公子延为质也。"鲍依索隐改"至"为"质"。　关修龄战国策高注补正、金正炜战国策补释、于鬯战国策注并以为"至"即"致"。　建章按：俞樾庄子刻意平议："'至'、'质'古通用，'至'可读'质'，'质'亦可读'至'。"则不必以为误，两通，即可作"质"解，亦可作"致"解。当是秦公子。

(68)犀首：见秦策一第十章注⑧。　横田惟孝战国策正解："属行，谓相属而起兵也；言秦使公子延因犀首相属起兵而攻赵也。"

69离石:见西周策第六章注②。

70程恩泽国策地名考卷八:"山西榆社县西北九十里赵地也,策所指应在此。"狄子奇笺:"与太原府太谷县接。"

71而:王引之经传释词卷六:"犹'如'也。" 叶:今河南省叶县。蔡:今河南省上蔡县。

72史记苏秦列传不复"魏"字。 金正炜战国策补释:"此盖误复'魏'字,文以六字句,谓前以叶、蔡委于魏,今劫魏而不为之割也。"关修龄战国策高注补正同金说。 于鬯战国策注:"此处盖有阙文。" 建章按:全上古汉魏六朝文引不复"魏"字。似误衍"魏"字。 劫:挟持。

73太后:秦宣太后,见秦策二第十六章注①。 穰侯:见秦策一第五章注63。

74鲍本"赢"作"赢",注"赢,谓胜。" 苏秦列传"赢"作"赢",索隐:"赢,犹胜也。"正义:"赢,宽假也。"泷川资言考证:"赢,当从'贝'。" 于鬯战国策注:"言秦兵为诸侯困,则使太后、穰侯以为和;胜,则欺服诸侯,是即'欺其舅与母'也。" 建章按:韩非子外储说左下于省吾双剑誃诸子新证:"赢、赢、字通。"当据鲍本改"赢"作"赢"。 舅:指穰侯。 母:指宣太后。

75"适"古通"谪",作"责"解,既可作"求"义,又可作"责备"义,此两义并用。最初,秦欲攻安邑,则"以宋"求于齐(此用"求"义);既得安邑,则又以"破宋"为罪齐的根据(此用"责备"义)。如此等等。

76此必令其言如循环:这样循环推论下去是没完没了的。这是说秦的圆滑、诈谲。

77姚校:"钱本添入'蛮'字。" 鲍本无"绣"字,注"蛮,集韵'虫名';喻易也"。 苏秦列传无"绣"字,正义:"犹过恶之人有罪,刺之则易也。言秦谴谪诸国,以兵伐之,若刺举有罪之人,言易也。" 黄丕烈战国策札记:"此必策文作'绣',史记作'蛮',遂两存也。今本删去'绣'字者误。" 于鬯战国策注:"'刺绣'当是喻其勤密。" 建章按:全上古文引无"蛮"字。蛮:尔雅释虫:"蠦蜰。"郝懿行义疏:"说文云'臭虫负蠜也'。"刺:尔雅释诂"杀也"。则可有两解:(1)用兵如刺蛮:言秦用兵胜敌,轻而易举,如杀死臭虫一样。(2)用兵如刺绣:言秦善用兵,甚为工巧。

⑱秦策三第十章范雎说秦昭王"闻秦之有太后、穰侯、泾阳、华阳,不闻其有王",又说"今太后擅行不顾,穰侯出使不报"与此"母不能制、舅不能约"殊异。

⑲史记魏世家"襄王五年,秦败我龙贾军四万五千于雕阴,围我焦、曲沃,予秦河西之地。"襄王五年当魏惠文王更元五年(周显王三十九年,前 330 年)。 龙贾:魏将。

⑳岸门之战:见韩策一第十七章注㊷。

㉑鲍本"陆"作"陵"。苏秦列传同鲍本。 建章按:楚辞刘向九叹忧苦"巡陆夷之曲衍兮"王注:"大阜曰陆;夷,平也;衍,泽也。言巡行陵陆,经历曲泽之中。"王念孙读书杂志卷十六余编下:"'巡陆夷'及注内'大阜曰陆',两'陆'字皆当作'陵',义见尔雅。此因'陵'、'陆'字相似,又涉注内'陆'字而误。"战国纵横家书第十二章"平陵虽(唯)成(城)而已"注:"平陵应即是宋地的平陆。'陵'字与'陆'字古书多乱。"魏世家哀王十六年(即襄王十六年,前 303 年)"秦拔我蒲阪、阳晋、封陵。"睡虎地秦墓竹简编年记"昭王四年(前 303 年)攻封陵"注:"封陵,魏地,水经注作风陵,即今山西芮城西南风陵渡。"则此"陆"字乃"陵"字之形误,当依鲍本、苏秦列传及王说改"陆"作"陵"。

㉒史记苏秦列传集解:"此战事不见。" 于鬯战国策注:"或云即高唐,见赵策,赵地也,'唐'、'商'迭韵。鬯疑是'高安'之误,

赵世家'成侯四年,与秦战高安',张义云'盖在河东。'未审然否。"高唐:见赵策四第七章注②。

⑧史记苏秦列传集解:"赵肃侯十二年,赵庄与秦战败,秦杀赵庄河西。" 建章按:赵世家"十二"作"二十二","赵庄"作"赵疵"。

⑧三晋:赵、魏、韩,见东周策第十四章注⑨。

⑧死秦之孤:死于秦战者的孤儿。

⑧西河之外:见秦策一第十章注⑤。

⑧上雒:上洛,见秦策四第五章注②。 坔:古"地"字,见赵策四第八章注⑦。

⑧据"西河之外""上雒之坔",疑"三川"下缺字。三川:见西周策第十二章注⑨

⑧苏秦列传泷川资言考证引方苞曰:"西河、上雒、三川,皆秦所并三晋之地也,晋国之被秦祸,几亡失三晋之半也。"

⑩吴补:"'之'下恐有脱字。" 苏秦列传索隐:"燕、赵之人往秦者,谓游说之士也。" 泷川资言考证引方苞曰:"'之秦'谓奉使于秦者。" 黄丕烈战国策札记"史记文正同,吴氏说未是"。
关修龄战国策高注补正:"一本'之'下有'私交'二字。" 横田惟孝战国策正解:"诸本'之'下无'私交'二字,"今从卢本。
于鬯战国策注:"戴文光云:'秦者'谓秦之私人也,事燕、赵者。" 建章按:韩策三第十六章"秦王必外向楚之齐者",于鬯说:"'楚之齐者',谓楚人善齐者。"则此"燕、赵之秦者"谓燕、赵人之善秦者。

⑨以:裴学海古书虚字集释卷一:"因也。" 事:侍,讨好。 说其主:游说燕、赵之主。

⑨不行:不去秦。

⑨重:尊。

㉔金正炜战国策补释:"'反'当为'乃'字之讹也。"

㉕不:读"否",鲍本"不"作"否"。

㉖寿死:享其天年。

二　苏代为奉阳君说燕于赵章

苏代为奉阳君说燕于赵以伐齐①,奉阳君不听。乃入齐恶赵②,令齐绝于赵③。齐已绝于赵,因之燕④,谓昭王曰⑤:"韩为谓臣曰⑥:'人告奉阳君曰:"使齐不信赵者,苏子也⑦;(今)〔令〕齐王召蜀子使不伐宋〔者〕⑧,苏子也;与齐王谋道取秦以谋赵者⑨,苏子也;令齐守赵之质子以甲者⑩,又苏子也。"请告子以请⑪,齐果以守赵之质子以甲⑫,吾必守子以甲⑬。'其言恶矣⑭。虽然,王勿患也⑮。臣故知入齐之有赵累也⑯。出为之以成所欲⑰,臣死而齐大恶于赵⑱,臣犹生也。(令)〔今〕齐、赵绝⑲,可大纷已⑳。持臣非张孟谈也㉑,使臣也如张孟谈也,齐、赵必有为智伯者矣㉒。

"奉阳君告朱讙与赵足曰㉓:'齐王使公王(曰)〔丹〕命说曰㉔:"必不反韩珉㉕",今召之矣;"必不任苏子以事",今封而相之㉖;令"不合燕"㉗,今以燕为上交㉘。吾所恃者顺也㉙,今其言变有甚于其父㉚。顺始与苏子为仇,见之知无厉㉛,今贤之两之㉜,已矣,吾无齐矣㉝!'

"奉阳君之怒甚矣。如齐王王之不信赵,而小人奉阳君也㉞,因是而倍之㉟。不以今时大纷之㊱,解而复合,则后不可奈何也㊲。故齐、赵之合,苟可循也㊳,死不足以为臣患,逃不足以为臣耻,为诸侯不足以为臣荣,被发自漆为厉不足以为臣辱㊴。然而臣有患也：臣死而齐、赵不循㊵，恶交分于臣也㊶，而后相效㊷，是臣之患也㊸。若臣死而必相攻也，臣必勉之而求死焉㊹。尧、舜之贤而死㊺，禹、汤之知而死㊻，孟贲之勇而死㊼，乌获之力而死㊽，生之物固有不死者乎㊾？在必然之物㊿，以成所欲(51)，王何疑焉？

“臣以为不若逃而去之(52)。臣以韩、魏循自齐而为之(53)，取秦深结赵以劲之(54)。如是则近于相攻。臣虽为之，累燕(55)。奉阳君告朱讙曰：‘苏子怒于燕王之不以吾故(56)，弗予相，又不予卿也(57)，殆无燕矣(58)。’其疑至于此，故臣虽为之，不累燕(59)，又不欲王(60)。伊尹再逃汤而之桀，再逃桀而之汤(61)，果与鸣条之战，而以汤为天子(62)；伍子胥逃楚而之吴，果与伯举之战，而报其父之仇(63)。今臣逃而纷齐、赵(64)，始可著于春秋(65)。且举大事者(66)，孰不逃(67)？桓公之难，管仲逃于鲁(68)；阳虎之难，孔子逃于卫(69)；张仪逃于楚(70)；白珪逃于秦(71)；望诸相中山也(72)，使赵，赵劫之求埊(73)，望诸攻关而出逃；外孙之难(74)，薛公释戴(75)，逃出于关(76)，三晋称以为士(77)。故举大事，逃不足以为辱矣。”

卒绝齐于赵，赵合于燕以攻齐，败之。

【注释】

①鲍改“为”作“谓”。　金正炜战国策补释：“此文疑有淆误，当作‘苏代为燕说奉阳君于赵以伐齐’，鲍改亦非。”　关修龄战国策高注补正：“‘于’读为‘与’，言燕与赵合，以伐齐。”　林春溥战国纪年引此直书“苏代为燕说奉阳君于赵以伐齐”，系此于周赧王三十年。顾观光战国策编年系此于周赧王三十一年。

于鬯战国策注："当云'苏代为燕说奉阳君于赵以伐齐'，此倒装法。鲍改非，关补亦非。据后策苏代自齐献书，称及五年，则此入齐时当在赧王二十七年，燕昭王二十四年。" 徐中舒以为此"苏代"应为"苏秦"。（见历史研究 1964 年第一期论战国策的编写及有关苏秦诸问题 147 页）唐兰也说此"苏代是苏秦之误"（见彼司马迁所没有见过的珍贵史料一文，收入战国纵横家书内）。钱穆先秦诸子系年 95 节"附苏代苏厉考"直书为"苏代为燕说奉阳君于赵以伐齐"，说："苏代之为燕谋齐，首在绝齐、赵之交，犹张仪为秦谋楚，先绝楚、齐之交也。代见李兑而计不行，乃又转至齐。其见李兑，不定在何年，当在赵惠文王元年以前，此策乃终言之，故及后事。" 建章按：唐兰苏秦事迹简表编帛书战国纵横家书第四章在周赧王二十七年（前 288 年），与于引后策合。编年从于说。此句意从金、于说。 奉阳君：见秦策三第十章注㉔。

② 乃：于是。 入：苏秦入。 恶：说坏话。

③ 绝：绝交。

④ 因：则。 之：至。

⑤ 昭王：燕昭王，见秦策三第二章注㉒。

⑥ 韩为：见东周策第十三章注⑧。 臣：苏秦自称。

⑦ 苏子：苏秦。

⑧ 鲍本"今"作"令"，"宋"下补"者"字。闵本亦作"令"。徐中舒引此亦改作"令"。 建章按："令"易误为"今"不烦举证，当据鲍本、闵本改"今"作"令"。 齐王：闵王，见东周策第十六章注②。诗经豳风东山"蜎蜎者蠋"，说文虫部"蜀"字下引作"蜎蜎者蜀"；齐策四第五章"颜阒"，汉书古今人表作"颜歜"；尔雅释山"独（獨）者蜀"；方言卷十二郭注："蜀，犹独耳。"可见从"蜀"之字多可通用。则此"蜀子"当即"触子"。于鬯、金正炜、徐中舒

1388

皆以为"蜀子"即吕氏春秋慎大览权勋之"觸子"。 据上下文当从鲍补"宋"下"者"字。

⑨丛刊本"道"作"遁"。 李本"与"作"使","道"作"遁"。闵本同李本。 道:广雅释诂二:"说也。" 取:争取,联合。

⑩甲:武装士卒。 质子:见秦策二第十五章注④。

⑪子:指苏秦。 "以请"之"请":通"情",见赵策三第十三章注㊶。 情:实,事实。见秦策二第四章注④。

⑫以:通"已",见韩非子奸劫弑臣于省吾双剑誃诸子新证、战国纵横家书35页。

⑬于邑战国策注:"言赵亦使甲士守代所在处,而杀之。故下文以为'言恶',言'有赵累'及'臣死'云云。"

⑭其言恶矣:这话可真不吉利。

⑮虽然王勿患也:虽然这样,大王不必为我担忧。

⑯故:古通"固"。 累:犹"破坏",见赵策二第四章注㊶。

⑰"臣故知"两句:虽然有赵国的破坏,有自身的危险,可是我仍然去到齐国,为的是完成大王想要达到的目的。 出:说文:"进也。"管子大匡注:"出,谓欲适他国。" 所欲:大王想要达到的目的。

⑱齐大恶于赵:齐、赵关系严重恶化。

⑲鲍本、闵本"令"并作"今"。 建章按:前文言"齐已绝于赵",此"令"字显系"今"之误,当从二本改。

⑳纷:广雅释诂三:"乱也。" 已:裴学海古书虚字集释卷一:"犹'矣'也。"

㉑持:古通"特",见秦策三第八章注㉘。特:但。 张孟谈:赵襄子足智多谋的贤相。事见赵策一第二章。

㉒智伯:见西周策第三章注⑥。智伯密与韩、魏谋,欲灭赵襄子,瓜分其地;张孟谈为赵襄子谋策,终于联合韩、魏,反灭智伯而

三分其地。

㉓鲍注:“朱讙、赵足皆赵人。” 建章按:此以上姚本另列一章,鲍本与上文连为一章。据文义,从鲍本。

㉔吕氏春秋季秋纪审己“齐湣王亡居于卫,谓公玉丹曰”云云,又正名“齐湣王是以知说士,而不知所谓士也……此公玉丹之所以见信”云云,又过理“齐湣王亡居卫,谓公王丹曰”云云,高注:“公王丹,湣王臣也。”毕沅曰:“‘公王丹’即‘公玉丹’,古‘玉’字作‘王’,三画匀。”战国纵横家书第一章第四章并提到“公玉丹”,据唐兰苏秦事迹简表第一章、第四章分别系在前288年和前290年,与此章系年亦甚接近,故此“曰”当是“丹”字之坏文,当改“曰”为“丹”。杨宽战国史343页注引此文即直书“公王丹”。 说文:“兑,说也。”战国纵横家书第十一章“兑”通“悦”,可见此“说”即“兑”字,即上文言“奉阳君”之自称。鲍注“说,奉阳君名”。吴补“‘说’即‘兑‘之讹”。非。

㉕韩珉:见赵策四第二章注㊱。 据赵策,韩珉在楚,故言“不反”。反:同“返”。

㉖于鬯战国策注:“齐封代。史不书。”此言齐任命苏秦为相。

㉗鲍改“令”作“必”。 金正炜战国策补释:“以上文推之,作‘必’者当是。”

㉘上交:极友好的关系。见燕策一第十三章注(51)。

㉙秦策二第十五章:“陉山之事,赵且与秦伐齐,齐王惧,令田章以阳武合于赵,而以顺子为质。”赵策四第三章:“以三晋劫秦,使顺也甘之。”此“顺子”“顺”即齐公子,金正炜战国策补释、吴师道以为此“顺”疑即彼“顺子”,横田惟孝、于鬯亦有此议。

㉚于鬯战国策注:“‘父’闵王也。上文言‘使公玉’,而其事之反覆若彼。意奉阳必尝诘责于齐,因诘责于其所恃之顺子,而顺子言变,甚于王也。” 有:通“又”。

㉛金正炜战国策补释:"方言:'厉,合也。'广雅释诂:'厉,合也。'
'知无厉',谓知其不合。" 建章按:方言无此训,见广雅释
诂二。

㉜金正炜战国策补释:"'两(兩)'或为'尔(爾)'字讹,释名释典
艺:'尔,昵也。'" 建章按:书牧誓"武王戎车三百两"传:"车
称两。"后汉书范滂传注:"两,车也。"则"贤之",尊贤苏秦。
"两之",给以乘车的待遇。

㉝此段大意:"奉阳君告诉朱谨和赵足说:'齐王派公玉丹对我说
"一定不要召回韩珉",可现在召回了韩珉;说"一定不任用苏
秦",可现在任命他为相国;说"一定不与燕联合",现在却以燕
为上交。我所依仗的是顺子,可现在比他父亲还善变。顺子当
初与苏秦为仇敌,谁见到都知道他们总是不和,可现在却尊贤
苏秦,并给他以乘车的待遇。完了,我要失去齐国了!'"

㉞鲍注:"衍'王'字。" 吴补:"衍字"。 于鬯战国策注:"或云
'王'当为'壬'之误;'壬','听'之省。'听',犹闻也。言如齐
王闻是言,必不信赵,而贱奉阳也。" 建章按:如:裴学海古书
虚字集释卷七:"犹'以'也。" 王之:威尊。这是说奉阳君之
怒甚,是因为齐王威尊而不信赵,又小看奉阳君的原因。

㉟于鬯战国策注:"上文云'今以燕为上交',可见齐、燕方合,故
谓燕因齐不信赵,贱奉阳遂倍齐。" 倍:通"背",叛也。

㊱不以今时大纷之:齐、赵两国现在纷乱不和,当以此时伐齐。

㊲"解而复合"两句:齐、赵两国约已解除,如果约解而复合,则伐
齐之良机已失,不可复得。

㊳鲍注:"循,言顺燕。代本以二国之合,必不顺燕,今乃合而顺
之,故有'死'、'逃'之罪。" 吴正:"言二国之合,必害于燕;苟
顺而无害,国之利也。故己之'死'、'逃'、'荣'、'辱'皆不足
论。" 张文爟战国策谭槭引陆深曰:"'苟可循也'句疑有讹,

注皆不通。或'可'上当有'不'字,方接得下文;或'可'即'不'字讹。代意谓使代死而齐、赵不相顺可也;使齐、赵以交之分,为由于代恶之,而复相顺,此代所以为患,而未死也。" 金正炜战国策补释:"'循'与'遁'通。广雅释诂:'遁,欺也。'又'合'与'构'义同,诗青蝇'构我二人'笺:'合,犹交乱也。'文选西京赋'要绍修态'薛注:'修,为也。'言构齐、赵使之交乱,苟有可为,死不足患,逃不足耻。" 于鬯战国策注:"姚云'循,钱一作修。'此时齐、赵绝,上文所谓'齐已绝于赵'也。代谓今以绝之,后两国之合,若不复可以循好,则己之'死'、'逃'、'荣'、'辱'皆不足论。'可'上增'不'字,当,'循'作'脩'亦当。惟下文亦出'循',即不改自可。" 建章按:苏秦活动的目的,在于务使"齐、赵绝",而鲍、吴说与此不合。张、金、于说皆可通,于说"即不改自可"未必,然于之解说可。

㊴被发自漆为厉:见秦策三第九章注㉞。"死不足"句以下亦参看注㉞。

㊵疑此"不"字当在上文"苟可循也"之"可"上。或"不"为语词,无义(见王引之经传释词卷十)。循:通"修"。此言臣死则齐、赵关系修好。

㊶恶交分于臣也:使齐、赵交绝的罪过会一齐都落在我的头上。恶:说文"过也"。此言过恶,罪恶;此指使齐、赵交绝的罪过。交:小尔雅广言:"俱也。"

1392

㊷而后相效:燕也会仿效齐、赵,加罪于我,而与齐、赵恢复外交关系。

㊸是臣之患也:这才是我所担忧的啊。

㊹"若臣死"两句:如果我身死而齐、赵互相攻打起来,我情愿求死。

㊺尧舜之贤而死:尧、舜是天下的贤人,但终究要死。下仿此。

尧、舜：见秦策一第二章注㉒、㉓。

㊻禹汤：见秦策一第二章注㉔、㉕。　知：同“智”。

㊼孟贲：相传古代的勇士。

㊽乌获：相传古代的大力士。

㊾裴学海古书虚字集释卷五：“顾，犹‘岂’也，字又或作‘固’。”举此句为例。

㊿在必然之物：人死是事物的必然。　广雅释诂二：“在，凥也。”凥：古“居”字。吕氏春秋离俗览高注“居，处也”。　物：小尔雅广诂：“事也”。“在必然之物”即“处必然之事”，秦策三第九章有“死者，人之所必不免也，处必然之势”的话。

(51)以成所欲：来完成利燕的谋划。

(52)于鬯战国策注：“佯得罪于燕而逃。”

(53)姚校：“自，一作‘日’。”　于鬯战国策注：“韩、魏当由畏齐故循顺齐。”　建章按：姚、于说均难通。疑“自”字衍。　循：顺。为：助。赵策四第三章“县陶以甘之，有循燕以临之”，“臣循燕观赵”。可参看。

(54)取秦深结赵以劲之：联秦结赵以加强韩、魏。　劲：说文：“强也。”

(55)为之：指上文苏秦的安排。　鲍本上句“相攻”下有“也”字，疑当在此“累燕”下，读“耶”。

(56)以：用。　吾：指奉阳君。　不：语词（见王引之经传释词卷十）。

(57)“弗予相”两句：不任苏秦相，又不任苏秦卿。　予：与，给。

(58)于鬯战国策注：“代怒赵，而今在燕，恐失燕交，故曰‘无燕’。”

(59)于鬯战国策注：“奉阳恐失燕交，疑至于此，其欲燕甚矣，必不攻燕而攻齐。故曰‘不累燕’。”　建章按：此“不累燕”正与上文“累燕？”一问一答相呼应。

⑥⓪金正炜战国策补释:"'欲王'当作'辱王',音近而误。国语晋语'辱之近行'注'辱谓被以不义',苏子以逃去燕,故所不及于王也。"

⑥①伊尹:见楚策四第九章注⑧。 汤:见秦策一第二章注㉕。桀:见秦策一第二章注㉕。 再逃:孟子告子下:"五就汤、五就桀者,伊尹也。"则"再逃"是说多次逃。

⑥②果:吕氏春秋仲冬纪忠廉高注:"终也。" 王引之经义述闻卷三十一"于"字条下说:"'于'与'与'同义,故二字可以互训。"鸣条:尚书汤誓序:"伊尹相汤伐桀,升自陑,遂与桀战于鸣条之野。"孔传:"(鸣条)地在安邑之西。" 安邑:见秦策一第四章注③。 史记夏本纪:"汤遂率兵以伐夏桀,桀走鸣条。桀谓人曰:'吾悔不遂杀汤于夏台,使至此。'汤乃践天子位。"

⑥③伍子胥报父仇:见秦策一第十二章注⑨,楚策一第二十章注㉛。伯:通"柏"。

⑥④纷:乱。

⑥⑤始:读"殆",见西周策第四章注⑬。 春秋:古代的历史书。

⑥⑥且举大事者:进行伟大事业的人。

⑥⑦孰:谁。

⑥⑧桓公:齐桓公,见东周策第十一章注⑨。 管仲:见东周策第十一章注⑪。 桓公之难管仲逃于鲁:见秦策五第八章注㉟。

⑥⑨阳虎:即阳货,春秋时鲁国执政大夫季氏的家臣。季氏几代专鲁政,阳虎又把持季氏的权柄。前502年(鲁定公八年)阳虎和公山弗扰等五人合谋杀害季桓子,没有成功,逃往齐国。"阳虎之难"即指此。据史记孔子世家:"定公十四年,孔子遂适卫。孔子恐获罪焉,居十月,去卫,将适陈,匡人闻之,以为鲁之阳虎。阳虎尝暴匡人,匡人于是遂止孔子。孔子状类阳虎,拘焉五日。"论语子罕也说"子畏(拘)于匡",庄子秋水"孔子游于

匡,宋人围之数匝"。此为两件事,并非谓"阳虎之难时孔子逃于卫",此皆就"逃"而言。如荀子赋"比干见刳,孔子拘匡"亦两件事,皆就"困"而言。

⑦ 秦使张仪以商於之地欺楚,楚怀王悟,于十七年(前312年)与秦战于丹阳,秦取楚汉中之郡。后与秦战又败于蓝田。怀王十八年,秦分汉中之半与楚和,楚王愿得张仪,不愿得地。张仪至楚,怀王囚张仪欲杀之。张仪赂靳尚及怀王夫人郑袖,怀王放走张仪。屈原使齐返,谏楚怀王杀张仪,怀王悔,使人追张仪,不及。(见史记楚世家)当即指此。　张仪:见秦策一第三章注⑪。

⑦ 金正炜战国策补释:"史记邹阳传集解引张晏曰'白圭为中山将,亡六城。君欲杀之,亡入魏,文侯厚遇之,还拔中山。'疑即其事,'秦'字盖误。"　白珪:见魏策四第七章注①。珪:同"圭"。

⑦ 中山策第三章鲍注:"蓝诸君,中山相也。"　吴补:"燕策'望诸相中山',恐即此人,与乐毅同号者。"　中山:见秦策一第五章注⑧。

⑦ 劫:挟持。　埊:古"地"字,见赵策四第八章注⑦。

⑦ 外孙之难　鲍注:"未详。"

⑦ 鲍本"戴"作"载",注:"不乘车也。"　于鬯战国策注:"薛公,盖田文。'载'、'戴'通,依'戴'字义,盖谓不冠。"　薛公:见东周策第十六章注①。

⑦ 鲍注:"齐湣王二十五年,田文入秦,秦囚,欲杀之,因秦幸姬得出,驰去,变姓名,出关。"　建章按:依竹书纪年当齐湣王二年(前299年);事详史记孟尝君列传。

⑦ 三晋:赵、魏、韩,见东周策第十四章注⑨。　士:说苑修文:"辨然否,通古今之道谓之士。"

三　苏代为燕说齐章

苏代为燕说齐①，未见齐王②，先说淳于髡曰③："人有卖骏马者④，比三旦立市⑤，人莫之知⑥。往见伯乐曰⑦：'臣有骏马，欲卖之，比三旦立于市，人莫与言⑧。愿子还而视之⑨，去而顾之⑩，臣请献一朝之贾⑪。'伯乐乃还而视之，去而顾之，一旦而马价十倍。今臣欲以骏马见于王⑫，莫为臣先后者⑬。足下有意为臣伯乐乎⑭？臣请献白璧一双⑮，黄金千镒⑯，以为马食⑰。"淳于髡曰"谨闻命矣。"入言之王而见之⑱，齐王大说苏子⑲。

【注释】

①苏代：见西周策第四章注②。　顾观光战国策编年、于鬯战国策年表并系此策于周慎靓王二年(前319年)。　说：说服。

②齐王：宣王，见东周策第一章注④。

③淳于髡：见齐策三第四章注②。

④骏马：犹千里马。

⑤比：鲍注"犹'连'也。"　旦：早晨。

⑥人莫之知：即人莫知之。古汉语否定句，宾语如为代词，一般置谓语之前。此言没有人发现这是千里马。　知：吕氏春秋仲春纪情欲高注："犹'觉'也。"　或言没有人识别这是千里马。知：礼记大学疏："识也。"

⑦伯乐：庄子马蹄"伯乐善治马"，陆德明经典释文："姓孙名阳善驭马。"梁玉绳汉书人表考有详说，文繁不录。

⑧人莫与言：关修龄战国策高注补证："无与言马，且问价者。"

⑨愿子还而视之：希望您绕着我的马细看一番。　愿：希望。

　　还：左襄十年传注："绕也。"

⑩去而顾之：在您离开以后，再回头来看看我的马。　去：离。

⑪鲍改"贾"作"费"。　吴补："'贾'疑'费'字。"　于鬯战国策

　　注："'费'义似长。"

⑫骏马：苏代自比。此犹言我想去拜见齐王。

⑬诗大雅緜"予曰有先后"传："相导前后曰先后。"疏："臣能相导

　　礼仪，使依典法在君前后，故曰先后也。"则先后：犹引导，介绍。

⑭足下：见秦策二第八章注㉕。　为：做，充当。

⑮璧：见秦策四第十章注㉑。

⑯王念孙读书杂志："秦策言'白璧百双，黄金万溢'，此献白璧一

　　双，则黄金不得有千溢之多，且与下'以为马食'之意不合。太

　　平御览兽部引此'千'作'十'，于义为长。"　于鬯战国策注：

　　"御览引后语'千'作'十'。"　镒：同"溢"，二十两。

⑰横田惟孝战国策正解："'为马食'，为马食之资也。礼少仪'君

　　将适他，臣如致金玉货贝于君，则日致马资于有司'。"　建章

　　按：韩非子内储说下说三："公子甚贫，马甚瘦，王何不益之马

　　食?"此犹言供刍草之费。是说微薄之义。

⑱言之王：言于王。

⑲说：同"悦"。

四　苏代自齐使人谓燕昭王章

　　苏代自齐使人谓燕昭王曰①："臣闻离齐、赵②，齐、赵已
孤矣③，王何不出兵以攻齐? 臣请为王弱之④。"燕乃伐齐
攻晋⑤。

　　令人谓闵王曰⑥："燕之攻齐也，欲以复振古埊也⑦。燕

兵在晋而不进，则是兵弱而计疑也。王何不令苏子将而应燕乎⑧？夫以苏子之贤，将而应弱燕，燕破必矣。燕破则赵不敢不听，是王破燕而服赵也。"闵王曰："善。"

乃谓苏子曰："燕兵在晋，今寡人发兵应之，愿子为寡人为之将。"对曰："臣之于兵，何足以当之⑨，王其改举⑩。王使臣也，是败王之兵，而以臣遗燕也⑪。战不胜，不可振也⑫。"王曰："行⑬，寡人知子矣。"

苏子遂将，而与燕人战于晋下⑭，齐军败。燕得甲首二万人⑮。苏子收其余兵以守阳城⑯，而报于闵王曰："王过举，令臣应燕。今军败，亡二万人，臣有斧质之罪⑰，请自归于吏以戮⑱。"闵王曰："此寡人之过也，子无以为罪⑲。"

明日，又使燕攻阳城及狸⑳。又使人谓闵王曰："日者㉑，齐不胜于晋下，此非兵之过，齐不幸而燕有天幸也。今燕又攻阳城及狸，是以天幸自为功也。王复使苏子应之，苏子先败王之兵，其后必务以胜报王矣。"王曰："善。"乃复使苏子，苏子固辞，王不听。遂将以与燕战于阳城。燕人大胜，得首三万。齐君臣不亲，百姓离心。燕因使乐毅大起兵伐齐㉒，破之。

【注释】

①顾观光战国策编年系此策于周赧王三十一年（前284年），林春溥战国纪年、黄式三周季编略并编在赧王三十年，于鬯战国策年表从顾编年。　建章按：史记赵世家"惠文王十四年，相国乐毅将赵、秦、韩、魏、燕攻齐。"索隐："年表及韩、魏等系家，五国攻齐在明年。然此下文十五年重击齐，是此文为得，盖此年同

伐齐耳。"唐兰苏秦事迹简表(见战国纵横家书)取赵世家说。
徐中舒以为"苏代"为"苏秦"(见历史研究1964年第一期徐
文。)此策当是在六国始攻齐之年,故从林、黄说。 苏秦:见东
周策第五章注③。 燕昭王:见秦策三第二章注㉒。

②鲍改"闻"作"间",注:"间,犹倾也。" 吴补:"当作'间'。"正:
"间,隔也。" 建章按:第二章苏秦即进行离间齐、赵的活动。
故鲍改是,然注无取。此"间离"即"离间"之义。管子轻重甲
"则空闻有以相给资"王念孙读书杂志:"'空闻'当依宋本作
'空间'。"史记酷吏列传张汤传"罪常释,闻即奏事",王念孙读
书杂志:"'闻'当依汉书(按:见张汤传)作'间',字之误也。"墨
子公孟"乡者先生之言,有可闻者焉"毕云:"'闻'当为'间'。"
此可为"间"易误为"闻"之证。

③关修龄战国策高注补证:"恐衍'赵'字,齐离于赵故孤。" 于
鬯战国策注:"黄略亦删'赵'字。" 建章按:下文言"攻齐",则
此"赵"字当衍。

④弱:左襄二十六年传注:"败也。" 之:指齐。

⑤金正炜战国策补释:"下云'燕兵在晋而不进',知此'攻'字当
是'次'字之讹。公羊庄三年经:'公次于郎'注:'次者,兵舍止
之名。'左庄三年传'凡师一宿为舍,再宿为信,过宿为次。'穀梁
元年传'言次非救也。'注'次,止也。'"于鬯战国策注亦"疑
'攻'字为'次'字之误。" 吴正:"晋,地名,下文云'晋下'可
见。"横田惟孝战国策正解:"晋,齐地名。"

1399

⑥闵王:见东周策第十六章注②。 令人:苏秦派人。

⑦振:礼记中庸注"犹'收'也。" 古:通"故"。 垒:古"地"字,
见赵策四第八章注⑦。 古垒:指王哙所失之地。

⑧苏子:苏秦。 将:率兵。 应:迎击。

⑨何足以当之:怎么可以担当带兵的重任。

⑩王其改举：大王还是重新选人吧。　其：表示希望、要求的语气词。

⑪遗：赠送。

⑫振：小尔雅广言"救也"。

⑬行：你就干嘛！

⑭晋下：即上文"晋"。

⑮甲：秦策五第七章高注"兵"。

⑯阳城：今河北省保定市与定县间有阳城，未知是否此"阳城"。

⑰斧质：见秦策一第五章注⑭。

⑱请自归于吏以戮：自愿报官而受死罪。　戮：说文："杀也。"

⑲"此寡人"两句：这是我的错误，你没有理由获罪。

⑳狸：在今河北省任丘市与文安县之间。

㉑日者：后汉书窦融传注："往日也。"

㉒乐毅：见齐策六第一章注⑧。　起兵：发兵。

五　苏(代)〔秦〕自齐献书于燕王章

苏(代)〔秦〕自齐献书于燕王曰[①]："臣之行也[②]，固知将有口事[③]，故献御书而行[④]，曰：'臣贵于齐[⑤]，燕大夫将不信臣；臣贱，将轻臣；臣用，将多望于臣[⑥]；齐有不善，将归罪于臣；天下不攻齐，将曰善为齐谋；天下攻齐，将与齐兼鄮臣[⑦]。臣之所(重)处重卵也'[⑧]。王谓臣曰：'吾必不听众口与谗言，吾信汝也，犹刬刘者也[⑨]。上可以得用于齐，次可以得信，(于)下苟无死，女无不为也[⑩]。以女自信，可也[⑪]；与之言曰："去燕之齐"，可也[⑫]。期于成事而已[⑬]。'

"臣受令以任齐，及五年[⑭]。齐数出兵，未尝谋燕。齐、赵之交，一合一离^⑮，燕（王）不与齐谋赵，则与赵谋齐^⑯。齐之信燕也，至于虚北埊行其兵^⑰。今王信田伐与参去疾之言^⑱，且攻齐，使齐大（马骏）〔骇〕，而不（言）〔信〕燕^⑲。

"今王又使庆令臣曰^⑳：'吾欲用所善'^㉑。王苟欲用之^㉒，则臣请为王事之^㉓。王欲醳臣^㉔，剸任所善^㉕，则臣请归醳事^㉖。臣苟得见，则盈愿。"^㉗

【注释】

①顾观光战国策编年、于鬯战国策年表并系此策于周赧王三十一年（前284年），马雍文以为在前286年"苏秦由赵返齐"时（马文见战国纵横家书），徐中舒以为此"苏代"当是"苏秦"（见历史研究1964年第一期徐文）。马雍说："苏秦于公元前286年中由赵国到了齐国，他说服了齐王，使齐王不把蒙邑封给奉阳君；并挑拨了齐、赵的关系，使齐、赵邦交恶化。就在此时，燕王忽派盛庆传令苏秦，说他要另外委派人来代替苏秦的职务。苏秦感到自己很受委屈，便写了一封很长的书信给燕王，这就是帛书第四篇。其年代当在公元前286年，因为该篇中提到'通宋使'，可见此时宋尚未灭，而齐湣王之灭宋即在此年。第四篇中有三段文字见于今本战国策燕策二，其余大部分文字，今本战国策悉已脱落。战国策又误将'臣之行也'一段作为全篇的开端，次序颠倒，文理不衔接。尤其错误的是战国策将本篇的作者题为苏代，而在帛书中却明明点出作者是苏秦（'臣秦拜辞事'，此文属战国策脱落部分）。"（帛书战国纵横家书各篇的年代和历史背景，收入战国纵横家书）　建章按：本文有"今王信田伐与参去疾之言且攻齐"，第四章定六国始攻齐之年为前285年（周赧王三十年），则此策当在此年或前一年。此三段见于战

国纵横家书第四章,而第四章有"臣秦拜辞事",则此"代"当是"秦"无疑。 燕王:昭王,见秦策三第二章注㉒。

②之:是,此。

③"臣之行也"两句:我这次到齐国来,本来就料到会有人进谗言。 书仲虺之诰"予恐来世以台为口实",左襄二十三年传"若不恤其患,而以为口实",国语楚语下"使无以寡君为口实",韦注:"口实,毁弄。"即今之"话柄""话把儿"。疑"事"为"实"借字。

④御书:后汉书后纪上"女御序于王之燕寝"注:"御,谓进御于王也。"则"御书"谓卑对尊之上书。此乃尊敬之词。

⑤臣贵于齐:我在齐国如果被重用。

⑥臣用将多望于臣:齐国如果任用我,燕国大臣就会怨恨我。 望:汉书爰盎传颜注:"责怨之也。"

⑦兼:共同,一道。 鲍改"郾"作"贸",注:"贸,犹卖。" 吴补:"'贸'当作'卖',互易也。字增'邑'讹。" 金正炜战国策补释:"'贸'字未有训为'买'者,疑当作'贾'。说文'贸'作'𧵣'长笺以为当作'賈',与'贾'字形相似,故以致误。周书命训篇'极赏则贾其上'注'贾,卖。'" 建章按:尔雅释言注:"交易物为贸。"则"郾臣"即以臣为交易物,"出卖我"的意思。帛书"郾"作"弃"。

⑧战国纵横家书"所"下无"重"字。吴正:"'处'上恐多'重'字。" 金正炜战国策补释:"上'重'字衍,吴校是也。" 于鬯战国策注:"吴衍上'重'字,则读'处'字句,义最通。" 建章按:秦策四第十章"当是时,卫危于累卵",秦策五第四章"君危于累卵",赵策一第八章"君之立于天下,危于累卵",史记春申君列传"王无重世之德"索隐:"'重世'犹'累世'也。"则"重卵"即"累卵"。当据战国纵横家书删"重"字。

⑨鲍本"刬刬"作"列眉",注:"言无可疑。"　吴补:"'列眉'未详。一本'犹刬刬者也',姚同。龙龛手鉴'刬、古刘字'。愚谓即'刘'字也。'刬刬'者斩断果决之意。"　金正炜战国策补释:"'刬刬'二字并即'列'字之误,而复也者,亦'眉'字形似而讹,言吾之信汝,朗若列眉之易察也。"　刘锺英战国策辨讹:"'刬刬'音'产乂',王以芟草为喻也。"　金其源读书管见:"春秋元命苞'天有摄提,人有双眉'注云'摄二星颇曲,人眉似之。'故梁简文帝诗云'星眉照马邑',是'列眉'即'列星'也。汉书礼乐志云'信星彪列',则'犹列眉也'者,犹言列星之可信也。"　于邑战国策注:"'刬'当是'刘'籀文。"　战国纵横家书作"鱼(吾)信若乃(犹)龁也",注:"若,与汝通。龁说文解为'齧也',齧即啮字。凡咬断食物时,上下齿必相对,用以比两人情投意合,没有参差不齐。燕策作'犹刬刬者也',鲍本作'犹列眉也',未详。"　建章按:此句大意是说"我信任你是肯定的",或"我信任你是很明显的"。何以有两种不同的内容,究可疑。

⑩"上可以得用于齐"四句:你在齐国从好的方面说,可以取得齐国的重用;退一步说,也可以取得他们的信任;往最坏处想,如果你还活着,还可以做你要做的事。　于邑战国策注于"齐""下""死""也"断句,注:"'信'读为'伸'。"　战国纵横家书作"大可以得用于齐,次可以得信,下笱(苟)毋死,若无不为也。"

　建章按:淮南子说山训高注:"上,大也。"则战国纵横家书之"大"即策文之"上"。上:吕氏春秋孝行览义赏高注:"首也。"

　得:吕氏春秋慎大览高注:"取也。"　论语宪问集解"末为下"。有"上",有"次",自当有"下"。"信"下"于"字当是误补,宜据战国纵横家书删。

⑪以女自信可也:因此,你就放心好了。　以:裴学海古书虚字集释卷一:"因也。"　帛书战国纵横家书作"以奴(孥)自信,

可",注释:"是带了家属去,用以取得信任。"疑"奴"为"汝"之误。 女:通"汝"。

⑫"与之言"两句:你就对齐国说"我是从燕国到齐国的"好了。此句下帛书战国纵横家书尚有"甚者,'与谋燕',可"(甚至于可以说"我是同齐国共同谋燕的"好了)。疑战国策误脱。

⑬期于成事而已:我们只是希望把要做的事做成就行了。

⑭"臣受令"两句:我接受大王之命,在齐任职,已有五年了。 帛书战国纵横家书作"臣受教任齐交五年"(我接受大王之命,办理燕、齐的邦交,已有五年了。)

⑮一:王引之经传释词卷三:"犹'或'也"。 帛书战国纵横家书此句上尚有"壹美壹恶"一句,疑战国策误脱。

⑯鲍本无"不"字,注:"衍'王'字。" 吴正:"一本'不与齐谋赵,则与赵谋齐',疑'王'即'不'字之讹。" 于鬯战国策注:"一本当是,则此本亦衍'王'字。" 帛书战国纵横家书无"王"字,"不"作"非"。 建章按:疑本作"燕非","非"字脱去一半,"爿"即误为"王",后之校书者于"王"旁注"不"字,刻书者又误刻入"不"字。苏秦给燕王写信,不应称"燕王",当从一本及战国纵横家书删"王"字。

⑰"齐之信燕"两句:齐国很信任燕国,甚至靠近燕国的齐国北部边境也不驻扎军队,而把军队用在其他方面。 虚:广雅释诂三:"空也。" 北垞:北地。垞:古"地"字,见赵策四第八章注⑦。 行:素问八政神明论:"移也。"

⑱田伐、参去疾:燕臣。

⑲鲍本作"使齐犬马而不言燕"注:"犬、马言己贱齐如之,又不泄燕之谋。" 吴补:"一本'犬马骎',姚同。字书无'骎'字,恐即'贱'。" 刘锺英战国策辨讹:"'惊骇'讹作'大马骎','信'讹作'言'。" 帛书战国纵横家书作"使齐大戒而不信燕" 建章

按:周礼大司马"鼓皆駴",陆德明经典释文:"駴,本亦作'骇',
胡楷反。"文选曹植七启"于是駴钟鸣鼓"李注:"駴,古'骇'。"
周礼太仆"始崩戒鼓"注:"古书'戒'为'骇'。"可见駴、骇、戒古
本通用。此本当作"使齐大骇而不信燕。""戒"金文作"𢦏"(戒
鬲)与"戔"形相似,故"大駴"误作"大駴",又一本误作"犬
马",于是合两本为"大马駴"耳。刘说与战国从横家说基本合,
当改"駴"作"駴",改"言"作"信"。骇:文选陆机辨亡论注引
苍颉:"警也。"此四句言:现在大王听信田伐和参去疾的话,准
备进攻齐国,使齐国大为警惕,不再信任燕国了。

⑳今王又使庆令臣曰:现在,大王又派盛庆传您的话说。 庆:据
帛书战国纵横家书第二、三、四章,即盛庆,燕臣。

㉑吾欲用所善:我要任用我认为可用的人。

㉒王苟欲用之:大王如果有可意的人,想要用他。 鲍本作"王苟
欲用所善王欲用之"。帛书战国纵横家书作"王筍(苟)有所善
而欲用之"。 建章按:比较三本,则鲍本接近战国纵横家书,
可知战国纵横家书在鲍彪前也许有流传,或流传本已残缺。鲍
本第二"欲"字乃涉前后两"欲"字而衍。"有"金文作"𩰫",
"用"金文作"用"。"用"似"用";"𩰫"似"𦙾",而误作"用",故
"有"误作"用"。"而"金文作"𠂇",因竖画残缺,讹作"王"。
鲍本句义不清,显然有误;姚本句可通,然意不完。当依战国纵
横家书。

㉓则臣请为王事之:那么,我愿听从大王的号令。 1405

㉔醳:史记张仪列传索隐"古'释'字。" 醳臣:解我的职。

㉕剸:荀子荣辱杨注"与'专'同。"

㉖"王欲醳臣"三句:大王想要解我的职,专任大王可意的人,那
么,我请求回燕国解职。

㉗臣苟得见则盈愿:如果我能见大王一面就心满意足了。

马雍说:"苏秦于公元前 286 年中由<u>赵国</u>回到<u>齐国</u>,他说服了<u>齐王</u>,使<u>齐王</u>不把<u>蒙邑</u>封给<u>奉阳君</u>;并挑拨了<u>齐</u>、<u>赵</u>的关系,使<u>齐</u>、<u>赵</u>邦交恶化。就在此时,<u>燕王</u>忽派<u>盛庆</u>传令<u>苏秦</u>,说他要另外委派人来代替<u>苏秦</u>的职务。<u>苏秦</u>感到自己很受委屈,就写了一封很长的书信给<u>燕王</u>,这就是帛书第四章。

"第四章的年代当在公元前 286 年,因为该章中提到'通<u>宋</u>使',可见此时<u>宋</u>尚未灭,而<u>齐湣王</u>之灭<u>宋</u>即在此年。……

"第四章中有三段文字见于今本<u>战国策</u>·<u>燕策二</u>,其一段自'臣受教任<u>齐</u>交五年'至'使<u>齐</u>大戒而不信<u>燕</u>',第二段自'臣之行也'至'期于成事而已',第三段自'今王使<u>庆</u>令臣曰'至篇末。其余大部分文字<u>战国策</u>悉已脱落。<u>战国策</u>又误将'臣之行也'一段作为全篇的开端,次序颠倒,文理不衔接。尤其错误的是<u>战国策</u>将本章的作者题作<u>苏代</u>,而在帛书中却明明点出作者是<u>苏秦</u>('臣<u>秦</u>拜辞事',此文属<u>战国策</u>脱落部分)。"(见<u>战国纵横家书</u><u>马雍</u>文)。

六　陈翠合齐燕章

<u>陈翠</u>合<u>齐</u>、<u>燕</u>,将令<u>燕王</u>之弟为质于<u>齐</u>^①,<u>燕王</u>许诺。太后闻之大怒,曰:"<u>陈公</u>不能为人之国,亦则已矣,焉有离人子母者^②? 老妇欲得志焉^③。"

<u>陈翠</u>欲见太后。王曰:"太后方怒子,子其待之^④。"<u>陈翠</u>曰:"无害也。"遂入见太后曰:"何臞也^⑤?"太后曰:"赖得先王雁、鹜之余食^⑥,不宜臞。臞者,忧公子之且为质于<u>齐</u>也。"<u>陈翠</u>曰:"人主之爱子也,不如布衣之甚也^⑦。非徒不爱子也,又不爱丈夫子独甚^⑧。"太后曰:"何也?"对曰:

"太后嫁女诸侯,奉以千金⑨,赍垒百里⑩,以为人之终也⑪。今王愿封公子,百官持职⑫,群臣效忠,曰:'公子无功,不当封。'今王之以公子为质也,且以为公子功而封之也。太后弗听,臣是以知人主之不爱丈夫子独甚也。且太后与王幸而在,故公子贵;太后千秋之后,王弃国家⑬,而太子即位,公子贱于布衣。故非及太后与王封公子,则公子终身不封矣。"

太后曰:"老妇不知长者之计。⑭"乃命公子束车制衣为行具⑮。

【注释】

①陈翠:燕之老臣。　质:见秦策二第十五章注④。

②"陈公不能"三句:陈公不能为人治理国家也就算了,怎么还去分离人家母子呢?　为:小尔雅广诂:"治也。"　则:广雅释言:"即也。"就。

③得志:鲍注:"以杀辱之为快。"

④子其待之:你且等太后怒息之后再去吧。　其:裴学海古书虚字集释卷五:"犹'且'也。"　之:又卷九:"犹'也'也。"

⑤臞(qú渠):史记司马相如列传集解引徐广曰:"瘦也。"

⑥赖得先王雁鹜之余食:我还可以吃到先王鸭、鹅吃剩下的食。这是"不愁吃"的谦虚说法。　雁:说文:"鹅也。"　鹜:尔雅释鸟注:"鸭也。"

⑦布衣:见赵策二第一章注③。　此"人主"指太后。

⑧"非徒"两句:不仅不爱儿女,而且特别不爱儿子。　非徒:不但,不仅。　子:男、女统称。见秦策二第二章注⑥。　丈夫子:专指儿子。　独:犹"特"。

⑨奉:送。　千金:金千斤。

⑩赍:说文:"持遗也。"以物赠人。　坔:古"地"字,见赵策第四第
　八章注⑦。

⑪以为人之终也:闺女出嫁,也算了却了做父母的一桩心事,(立
　封儿子也算了却了做父母的一桩心事。)

⑫持职:守职,尽职。

⑬"千秋之后""弃国家":皆"死"的委婉说法。

⑭长者:德高望重的人;也是对老者的尊称。此指陈翠。　计:
　考虑。

⑮束车:准备车马。　制衣:制作服装。　为行具:准备出行所用
　的一切。

七　燕昭王且与天下伐齐章

燕昭王且与天下伐齐①,而有齐人仕于燕者,昭王召而
谓之曰:"寡人且与天下伐齐,旦暮出令矣。子必争之②,争
之而不听,子因去而之齐。寡人有时复合和也③,且以因子
而事齐④。"当此之时也,燕、齐不两立⑤,然而常独欲有复收
之之志若此也⑥。

【注释】

①史记燕世家"昭王二十八年,与秦、楚、三晋合谋以伐齐。"当周
　赧王三十一年(前284年),顾观光战国策编年、于鬯战国策注
　并以为在此年。　燕昭王:见秦策三第二章注㉒。

②争:通"诤",见帛书战国纵横家书第二、十页。规劝。

③鲍本无"和也"二字,注:"预言不胜,与齐合。"　吴补:"一本

‘复合和也’。” 建章按:秦策二‘令田章以武阳合于赵”高注:
“合,和也。”吕氏春秋有始览“夫物合而成”高注:“合,和也。”
疑此“和也”二字是高注误入正文者。 有:裴学海古书虚字集
释卷二:“犹‘如’也。”

④寡人有时复合和也且以因子而事齐:即“有时复合,寡人且以因
子而事齐”。意思是:如果燕、齐两国有恢复和好之时,我将借
助您去齐国活动。以:裴学海古书虚字集释卷一:“犹‘且’
也。”“且以”即“且”,孟子告子上“且以为君”,杨伯峻译作“而
且为君王”,亦以为“且以”即“且”。且:将。 因:依,赖。
事:侍。

⑤不两立:势不两立。

⑥独:裴学海古书虚字集释卷六:“犹‘犹’也。” 复收之:两国又
和好。 志:意。

八　燕饥赵将伐之章

燕饥①,赵将伐之②。楚使将军之燕,过魏,见赵恢。赵
恢曰:“使除患无至,易于救患③。伍子胥、宫之奇不用④,烛
之武、张孟谈受大赏⑤。是故谋者皆从事于除患之道⑥,而
先使除患无至者⑦。今予以百金送公也,不如以言⑧。公听
吾言而说赵王曰⑨:‘昔者吴伐齐,为其饥也⑩,伐齐未必胜
也,而弱越乘其弊以霸⑪。今王之伐燕也,亦为其饥也,伐
之未必胜,而强秦将以兵承王之西⑫,是使弱赵居强吴之
处,而使强秦处弱越之所以霸也⑬。愿王之熟计之也’。”

　　使者乃以说赵王⑭,赵王大悦,乃止。燕昭王闻之,乃
封之以地⑮。

【注释】

①林春溥战国纪年、顾观光战国策编年并系此策于周赧王三十二年(前283年)。于鬯战国策注:"魏策燕王曰'吾岁不熟二年矣'(按,魏策三第七章),彼秦将伐魏,事在此年,则可合。"说文"谷不熟为饥"。即遭荒年。

②赵伐燕在赵惠文王十六年(前283年)。

③鲍注:"除之使不至。" 于鬯战国策注:"楚使本之燕,燕受伐,于燕,'救患'也;赵伐人,于赵,'除患'也。恢意,不如先说赵。"

④于鬯战国策注:"吴被越伐,虞被晋伐。子胥、之奇二人者但能说吴、虞之君,而不能往说越、晋,是'救患'而不能'除患'也。" 伍子胥:见秦策一第十二章注⑨。 宫之奇:见秦策一第十一章。

⑤于鬯战国策注:"郑被秦、晋伐,赵被知、韩、魏伐;之武能说秦,孟谈能说韩、魏之君,是能'除患'者也。" 烛之武:郑文公大夫,事见左僖三十年传。 张孟谈:为赵襄子的相,事见赵策一第二章。

⑥于鬯战国策注:"言当说伐人者。"

⑦言先消除祸患之根源,使其不至。亦即:使伐人者不伐,则无受伐矣。 者:王引之经传释词卷九:"犹'也'也。"

⑧鲍本"予"作"与",注:"公谓楚使。" 吴补:"一本作'予',姚同。" 建章按:方言卷十三:"垾,予也。"郭注:"予,犹'与'。"广雅释诂三:"予,与也"。此言,现在,与其以百金送您,不如以言送您。

⑨赵王:惠文王,见东周策第二十二章注⑤。

⑩为:王引之经传释词卷二:"犹'以'也。"

⑪弊:疲。

⑫而强秦将以兵承王之西:强秦将乘赵伐燕国的机会,出兵进攻

<u>赵国</u>的西境。　承:吴正:"此书'乘'、'承'通。"

⑬"居……处""处……所":义同,犹"处在……的地位"。　以:
而。　霸:指<u>秦国</u>灭掉<u>赵国</u>而称霸于诸侯。

⑭"以"后省介词宾语"之","之"代上述所言。

⑮之:指"楚使将军"。

九　昌国君乐毅为燕昭王合五国之兵而攻齐章

<u>昌国君乐毅</u>为<u>燕昭王</u>合五国之兵而攻<u>齐</u>①,下七十余城,尽郡县之以属<u>燕</u>②。(三)〔二〕城未下③,而<u>燕昭王</u>死④。

<u>惠王</u>即位⑤,用<u>齐</u>人反间⑥,疑<u>乐毅</u>,而使<u>骑劫</u>代之将⑦。<u>乐毅</u>奔<u>赵</u>⑧,<u>赵</u>封以为<u>望诸君</u>⑨。<u>齐田单</u>欺诈<u>骑劫</u>⑩,卒败<u>燕军</u>⑪,复收七十城以复<u>齐</u>⑫。<u>燕王</u>悔,惧<u>赵</u>用<u>乐毅</u>,承<u>燕</u>之弊以伐<u>燕</u>⑬。<u>燕王</u>乃使人让<u>乐毅</u>⑭,且谢之曰⑮:"先王举国而委将军⑯,将军为<u>燕</u>破<u>齐</u>,报先王之仇,天下莫不振动⑰,寡人岂敢一日而忘将军之功哉! 会先王弃群臣⑱,寡人新即位,左右误寡人。寡人之使<u>骑劫</u>代将军者,为将军久暴露于外⑲,故召将军且休计事⑳。将军过听㉑,以与寡人有郤㉒,遂捐<u>燕</u>而归<u>赵</u>㉓。将军自为计则可矣㉔,而亦何以报先王之所以遇将军之意乎㉕?"

<u>望诸君</u>乃使人献书报<u>燕王</u>曰㉖:"臣不佞㉗,不能奉承先王之教㉘,以顺左右之心㉙,恐抵斧质之罪㉚,以伤先王之明㉛,而又害于足下之义㉜,故遁逃奔<u>赵</u>。自负以不肖之罪,故不敢为辞说㉝。今王使使者数之罪㉞,臣恐侍御者之不察先王之所以畜幸臣之理㉟,而又不白于臣之所以事先王之

心㊱，故敢以书对㊲。

"臣闻贤圣之君，不以禄私其亲㊳，功多者授之㊴；不以官随其爱㊵，能当之者处之㊶。故察能而授官者，成功之君也；论行而结交者㊷，立名之士也。臣以所学者观之，先王之举错㊸，有高世之心㊹，故假节于魏王，而以身得察于燕㊺。先王过举㊻，擢之乎宾客之中㊼，而立之乎群臣之上㊽，不谋于父兄㊾，而使臣为亚卿㊿。臣自以为奉令承教[51]，可以幸无罪矣[52]，故受命而不辞。

"先王命之曰：'我有积怨深怒于齐[53]，不量轻弱[54]，而欲以齐为事[55]。'臣对曰：'夫齐，霸国之余教也，而骤胜之遗事也[56]，闲于兵甲[57]，习于战攻[58]。王若欲攻之，则必举天下而图之[59]。举天下而图之，莫径于结赵矣[60]。且又淮北、宋地，楚、魏之所同愿也[61]。赵若许约，楚、魏（宋）尽力[62]，四国攻之，齐可大破也。'先王曰：'善。'臣乃口受令[63]，具符节[64]，南使臣于赵[65]。顾反命[66]，起兵随而攻齐[67]。以天之道，先王之灵[68]，河北之地，随先王举而有之于济上[69]。济上之军，奉令击齐，大胜之。轻卒锐兵[70]，长驱至（国）〔齐〕[71]，齐王逃遁走莒[72]，仅以身免。珠玉财宝，车甲珍器，尽收入燕；大吕陈于元英[74]，故鼎反乎历室[75]；齐器设于宁台[76]，蓟丘之植，植于汶皇[77]。自五伯以来[78]，功未有及先王者也。先王以为惬其志[79]，以臣为不顿命[80]，故裂地而封之[81]，使之得比乎小国诸侯[82]。臣不佞[83]，自以为奉令承教[84]，可以幸无罪矣，故受命而弗辞。

"臣闻贤明之君，功立而不废[85]，故著于春秋[86]；蚤知之士^{⑧⑦},名成而不毁,故称于后世^{⑧⑧}。若先王之报怨雪耻,夷万乘之强国^{⑧⑨},收八百岁之畜积^{⑨⑩},及至弃群臣之日,余令诏后嗣之遗义^{⑨①},执政任事之臣^{⑨②},所以能循法令^{⑨③},顺庶孽者^{⑨④},施及萌隶^{⑨⑤},皆可以教于后世^{⑨⑥}。

"臣闻善作者,不必善成;善始者,不必善终^{⑨⑦}。昔者,五子胥说听乎阖闾^{⑨⑧},故吴王远迹至于郢^{⑨⑨}。夫差弗是也^{⑩⑩},赐之鸱夷而浮之江^{⑩①}。故吴王夫差不悟先论之可以立功^{⑩②},故沉子胥而不悔;子胥不蚤见主之不同量^{⑩③},故入江而不改^{⑩④}。夫免身全功,以明先王之迹者,臣之上计也^{⑩⑤}。离毁辱之非^{⑩⑥},堕先王之名者^{⑩⑦},臣之所大恐也^{⑩⑧}。临不测之罪,以幸为利者,义之所不敢出也^{⑩⑨}。

"臣闻古之君子^{⑩⑩},交绝不出恶声^{⑪⑪};忠臣之去也,不洁其名^{⑪②}。臣虽不佞^{⑪③},数奉教于君子矣^{⑪④}。恐侍御者之亲左右之说^{⑪⑤},而不察疏远之行也^{⑪⑥}。故敢以书报,唯君之留意焉^{⑪⑦}。"

【注释】

①乐毅:见齐策六第一章注⑧。　燕昭王:见秦策三第二章注㉒。

　五国:燕、赵、韩、魏、楚。史记燕世家"昭王二十八年,以乐毅为上将军,与秦、楚、三晋合谋以伐齐。"当周赧王三十一年(前284年)。

②尽郡县之以属燕:把攻下的七十余城都划为直属燕国的郡县。此在燕昭王三十二年。

③姚注:"聊、即墨、莒。"　吴补:"毅传'唯莒、即墨未下',燕世家云'聊、莒、即墨未下',盖因燕将守聊城不下之事而误。"　梁玉

绳史记志疑以为燕世家衍"聊"字。　金正炜战国策补释:"寰宇记引春秋后语'唯即墨与莱未拔',又齐策'燕将收聊城,田单攻之不克',则'聊'固为燕下矣。此文'三城'当是'二城'之误,注文'聊'字亦后人妄增也。"　于鬯战国策注:"御览易将览引策正作'唯莒、即墨二城未下',与史乐毅传、田单传并合,此为确证。此'二'字误为'三'实后人惑于燕世家妄改之也。"　建章按:燕世家索隐:"余篇及战国策并无'聊'字。"据以上诸说,此"三"字当是"二"字之误无疑。

④燕昭王之死在三十三年(周赧王三十六年前279年)。

⑤惠王:燕惠王,见秦策三第二章注㉑。

⑥反间:见赵策四第十九章注⑥。　用:以,因。

⑦骑劫:燕将。　代之将:接替乐毅为上将军。

⑧奔:投奔。史记乐毅列传"降赵"。

⑨史记乐毅列传:"赵封乐毅于观津,号曰望诸君。"观津:见韩策一第二十四章注①。　裴学海古书虚字集释卷一:"以,犹'其'也。"

⑩田单:见秦策三第十章注③。

⑪卒:尔雅释诂:"终也。"

⑫鲍本作"收复七十余城"。　史记乐毅列传作"尽复得齐城"。建章按:上文言"下七十余城",传言"尽",则鲍本当是。

⑬承:见第八章注⑫。　弊:疲惫。

⑭让:责备。

⑮谢之:向乐毅表示歉意。

⑯先王:指燕昭王。　举国:(把)全国。　委:委托,交给。

⑰振动:犹言惊骇。

⑱会:适逢。　讳言"死",故云"弃群臣"。

⑲久暴露于外:是说长期在外过着风餐露宿的军戎生活。

⑳召：吕氏春秋似顺论分职高注："请也。" 且休：暂时休整一下。 计事：商量军国大事。

㉑将军过听：您误听了外面的流言蜚语。

㉒以：因。 郄：同"隙"，隔阂，不合，嫌隙。

㉓捐：说文："弃也。" 归：广雅释诂一："往也。"

㉔自为计：为个人打算。

㉕遇：待。这句委婉地责备乐毅不报燕昭王知遇之恩。

㉖望诸君：见注⑨。 报：回答。 燕王：惠王。

㉗不佞：见秦策二第二章注⑧。

㉘史记乐毅列传、新序杂事三"先王之教"并作"王命"。 关修龄战国策高注补正："林西仲云'召回之命，国策作先王之教，费解。'盖言毅之奔赵，是不能奉承昭王令伐齐之命也。" 于鬯战国策注："据毅传及新序此句当指惠王。" 建章按：上文言"何以报先王之所以遇将军之意"，故此言"不能奉承先王之教"，显然，"教"即指燕惠王所说的"意"。

㉙上文惠王说："左右误寡人"，此"不能顺左右之心"正是针对惠王之言而发。因乐毅"不能顺左右之心"，所以左右造言而"误寡人"。

㉚抵：小尔雅广言："当也。"犹受，获。 斧质：见秦策一第五章注⑭。

㉛伤：损，害。 先王：燕昭王。 明：知人用人之明。

㉜足下：见秦策三第八章注㉕。 害义：无罪而杀乐毅，则落个不义，故言"害义"。

㉝为：王引之经传释词卷二："犹'有'也。" 辞说：犹"辩解"。

㉞数：数说，责备。 之：指乐毅。

㉟侍御者：指燕惠王。犹"执事"，"陛下"之类。见秦策五第五章注(51)。 畜：汉书陈汤传颜注："爱，养也。"犹言任用。幸，宠，

信任。

㊱白:明白,了解,理解。　事:侍奉。

㊲对:应,答,回答。

㊳不以禄私其亲:不拿爵禄让其亲爱者独受恩厚。　私:仪礼燕礼注:"谓独受恩厚也。"

㊴授之:授给他爵禄。

㊵不以官随其爱:不拿官职让其宠爱者去充任。　随:大戴礼记武王践阼注:"任也。"

㊶能当之者处之:让才能胜任某种职务的人去担任某种职务。处,担任。

㊷论行:考论德行。　结交:结交朋友。

㊸举错:行为,措施。

㊹有高世之心:有高出一般国君的理想。

㊺"故假节"两句:所以我能借魏王外交使节的身分与燕王交接。假:借。　节:符节,此指外交使臣所持的符节,凭此可出入国境,略似今护照。　魏王:昭王,见东周策第二十章注①。　礼记中庸"言其上下察也"。王引之经义述闻卷十六:"'际'与'察'古同声"。卷三十二又说:"借'察'为'际'。"小尔雅广言:"际,接也。"史记乐毅列传"乐毅沙丘之乱,乃去赵适魏。"后"为魏昭王使于燕,燕昭王以为亚卿"。　或"察":广雅释诂一:"至也。"亦通。

㊻过:破格。　举:吕氏春秋孝行览遇合高注:"用也。"

㊼擢:方言三:"拔也。"　之:指乐毅。下句同。　乎:于。下句同。

㊽而立之乎群臣之上:安排我担任超过群臣的官职。　立:吕氏春秋孟秋纪荡兵高注:"置也。"安排。

㊾谋:议论,商量。　父兄:史记乐毅列传正义引杜预云:"同姓群

臣也。"

⑩亚卿:<u>全祖望</u><u>经史问答</u>云:"<u>孟子</u>之世,七国官制尤草草。大抵三卿者指上卿、亚卿、下卿而言。<u>乐毅</u>初入<u>燕</u>乃亚卿,是其证也。或曰,一卿是相,一卿是将,其一为客卿,而上下本无定员,亦通。"(见<u>杨伯峻</u><u>孟子译注</u><u>告子</u>下"三卿"<u>注</u>引)

⑪奉令承教:当时套语。"奉令"和"承教"义同,意思是敬受教令。

⑫幸:侥倖。

⑬积怨深怒:郁积很久的深仇大恨。<u>齐国</u>破<u>燕</u>,杀父之仇未报,故云。

⑭不量轻弱:不考虑<u>燕国</u>的弱小。意思是想要和<u>齐国</u>决死战。

⑮欲以齐为事:我要集中一切力量向<u>齐国</u>报仇。　事:<u>小尔雅</u><u>广诂</u>:"力也。"

⑯"夫齐"两句:<u>齐国</u>曾为霸主,仍然受到这种影响;而且它屡战屡胜,仍然还有这种余力。　<u>鲍</u>本,<u>乐毅列传</u>、<u>新序</u><u>杂事</u>三并无"教"下"也"字,此当衍。　骤:<u>左襄</u>二十年<u>传注</u>:"数也。"数:屡次。

⑰闲于兵甲:娴于使用武器。<u>说文</u>:"闲,阑也。"<u>段玉裁注</u>:"闲,古借为'娴习'字。"　下文有"习于战攻",此"闲"不当解作"习"。<u>荀子</u><u>修身</u>:"多见曰闲。"则"闲"有"多"义。

⑱习于战攻:精于作战艺术。

⑲<u>乐毅列传</u>、<u>新序</u><u>杂事</u>三"举"并作"与"。　<u>建章</u>按:<u>周礼</u><u>地官</u><u>保氏</u>"凡祭祀、宾客、会同,丧纪、军旅,王举则从。"<u>王引之</u><u>经义述闻</u>卷八:"'与'本字,'举'借字也。"<u>韩非子</u><u>解老</u>"是以行轨节而举之也。"<u>于省吾</u><u>双剑誃诸子新证</u>:"'举'应读作'与',二字古多通用。"　举天下:联合诸侯。　图之:谋取<u>齐国</u>,对付<u>齐国</u>。

⑳"举天下"两句:联合诸侯谋取<u>齐国</u>,没有比联合<u>赵国</u>收效更快

的了。　乐毅列传作"莫若结于赵"。　新序杂事三作"莫若径结赵"。　径:史记大宛列传集解引如淳曰:"疾也。"

⑥①"且又"两句:而且楚想得齐的淮北之地,魏想得现属齐的宋国旧地。　淮北:见齐策四第十一章注⑮。　宋:见秦策一第四章注②,前286年齐灭宋。

⑥②新序杂事三无"宋"字。　黄丕烈战国策札记、金正炜战国策补释、关修龄战国策高注补正、横田惟孝战国策正解、于鬯战国策注皆以为衍"宋"字。　建章按:下句言"四国攻之",指燕、赵、楚、魏,不当有"宋",盖因上文"宋地"而误衍,当删"宋"字。

⑥③金正炜战国策补释:"'囗'当为'躬',古书'躬'作'躶',因损缺为'囗'。仪礼士昏礼注:'躬,犹亲也。'或本作'□'阙文之识。"

⑥④具:备好。　符节:古时用作凭证的信物,质与形因其用不同而各异。此作外交使节所用的凭证。亦可单用如上文"故假节于魏王",秦策三第十章"剖符于天下"。

⑥⑤新序杂事三无"臣"字。　建章按:史记乐毅列传作"先王以为然,具符节,南使臣于赵",主语是"先王"故云"南使臣于赵"。策文主语为"臣",则不当为"臣南使臣于赵"。此当是后人依乐毅列传误补"臣"字。或"善"下"臣"字当衍。

⑥⑥顾:穀梁庄二十八年传疏:"犹'待'也。"待到,等到。　反命:犹"回报"。

⑥⑦起兵:发兵。

⑥⑧以天之道先王之灵:托上天的福和先王的神威。　以:因。

⑥⑨"河北"两句:赵、魏等国随着先王都发兵助我。　史记乐毅列传作"河北之地随先王而举之济上"。新序杂事三同列传。史记乐毅列传作"随先王,而举之济上",泷川资言考证说:"'而举之济上',燕策作'举而有之于济上',新序杂事三无'济上'

二字。中井积德曰:'数句难通。'"按:据新序,疑策文衍"于济

上"三字。　建章按:河北之地,黄河以北之地,指赵、魏。

举:荀子天论杨注:"谓起兵动众。"　济上:济水之上。

⑦轻卒:轻便的士卒。　锐兵:精锐的武器。

⑦姚校:"'国'钱作'齐'。"新序杂事三"国"作齐。王念孙读

书杂志:"作'齐'者原文,作'国'者后人据史记乐毅列传改之

也。后人以上文既言'击齐',此不当复言'至齐',故改为'至

国'。不知'至齐'之'齐',与'击齐'之'齐'异义;'至齐'谓至

齐都,犹言'至国'也,齐策云'冯煖自薛长驱到齐',亦谓到齐

都也。文选东京赋注、为曹洪与魏文帝书注、为石仲容与孙浩

书注、晋记总论注引策文并作'至齐',新序杂事篇亦作'至

齐',又文选天监三年策秀才文注引史记'轻卒锐兵,长驱至

国',然则史记作'国'而战国策作'齐'明矣。"　建章按:依钱

本、新序、文选注引策文及王说改"国"作"齐"。

⑦齐王:闵王,见东周策第十六章注②。　逃遁:逃跑。　走:奔。

莒:见西周策第十四章注④。

⑦仅以身免:仅仅只身逃脱。

⑦史记乐毅列传索隐:"大吕,齐钟名。元英,燕宫殿名也。"　陈:

陈列。

⑦史记乐毅列传正义:"括地志云:'历室,燕宫名也。'高诱云:

'燕哙乱,齐伐燕,杀哙,得鼎,今反归燕故鼎'。"　反:同

"返",归。

⑦器:祭器,见齐策二第二章注⑲。　设:陈列。　宁台:燕国的

台名。

⑦蓟丘:燕都,相传即今北京德胜门外的土城关,亦称"蓟门"。

"之植"之"植":种植之物。　"植于"之"植":种植。　于:杨

树达词诠卷九"与'以'同义。"　汶:汶水,在齐境。　皇:鲍

本、乐毅列传、新序杂事三并作"篁"。金正炜战国策补释：
"'皇'即'篁'之省。"篁：说文："竹田也。" 乐毅列传索隐：
"言燕之蓟丘所植，皆植齐王汶上之竹也。"

⑦⑧五伯：见秦策一第二章注㊼。

⑦⑨惬其志：满足了自己的愿望。 其：裴学海古书虚字集释卷五：
"犹'于'也。"

⑧⓪不顿命：犹言没有不完成任务的。 顿：左襄四年传注："坏也。"

⑧①裂地而封之：分地封我为昌国君。

⑧②使之得比乎小国诸侯：使我能有相当于小国诸侯的地位。
比：相当。 乎：于。

⑧③不佞：不才，无能。

⑧④奉令承教：见注�。

⑧⑤废：毁，坏。

⑧⑥著：记载。 春秋：泛指历史书。

⑧⑦蚤知之士：有先见之明的人。 蚤：汉书彭越传注："古
'早'字。"

⑧⑧称于后世：被后代人所赞扬。

⑧⑨夷：平，征服。 万乘：见秦策一第二章注㊿。

⑨⓪八百岁：前1066年周武王克殷，封姜尚于齐营丘（据范文澜中
国通史简编西周东周年表及史记齐太公世家），至前284年乐
毅破齐，共782年，"八百岁"是约数。 蓄积：指上文所说的
"珠玉财宝，车甲珍器"等。

⑨①史记乐毅列传作"余教未衰"，泷川资言考证说："盖史公改
修。"新序杂事三作"余令诏后嗣之义法"。 建章按：吕氏春
秋顺民："先君有遗令曰：'先攻越。越，猛虎也。'"说苑敬慎：
"常摐有疾，老子往问焉，曰：'先生疾甚矣，无遗教语诸弟子者
乎？'""遗令"即"遗教"，为临终前的告诫，嘱咐。此"余令"即

"遗教"。裴学海古书虚字集释卷九:"之,犹'为'也;一为'作'字之义。"则此句是说:燕昭王临终告诫继位太子的话成为传世的政策法令。 余令:遗教。 诏:说文:"告也。" 后嗣:后代。 遗义:传下来的政策法令。

㉜执政任事之臣:执掌政权,管理政事的大臣。

㉝循:说文:"顺行也。"遵循。

㉞墨子非攻下:"必顺虑其义而后为之行。"于省吾双剑誃诸子新证:"'顺''慎'古字通。" 庶孽:国君妾所生的儿子,即庶子。依宗法制度,庶子不能继承君位。 乐毅列传、新序杂事三并无"者"字,此当衍"者"字。

㉟施:施恩。 萌隶:普通老百姓。 萌(máng 氓):吕氏春秋离俗览义高注:"民也。" 隶:列子仲尼注:"犹群辈也。"

㊱"余令"句以下大意:执掌政权、管理政事的大臣,以此(指前文"传世的政策法令")作为执行法令、处理好嫡庶关系的依据,并把遗教推行到普通百姓之中,都可以用来教育后代。

㊲"善作者"四句:善于开创的,不一定善于完成;有好的开头的,不一定有好的结局。这是说,善始善终是很不容易的。

㊳"昔者"句:从前伍子胥的意见被阖闾所接受。 鲍本、乐毅列传、新序杂事三"五"并作"伍"。 建章按:墨子节葬下、备穴于省吾双剑誃诸子新证并说:"'伍'、'五'字通。"睡虎地秦墓竹简"士伍"作"士五"。 五子胥:见秦策一第十二章注⑨。 阖闾:见秦策三第九章注㊽。

㊴故吴王远迹至于郢:所以吴王能深入楚国的郢都。 吴王:即阖闾。 郢:见秦策一第五章注㊽。

㊵弗是:不认为正确,不听,不信任。 尚书太甲上"先王顾諟天之明命"疏:"'諟'与'是'古今之字异。"方言六"諟,亦审。"说文:"諟,理也。"段玉裁注:"是者諟之假借字。理,犹今人言是、

正也。"

⑩赐之鸱夷而浮之江：杀死伍子胥，装在皮口袋里，投入长江。
　　赐之：给伍子胥。　　鸱夷：皮革做的口袋。　　浮之江：浮于
　　长江。

⑩悟：明白，了解。　　先论：生前的主张。指劝夫差拒绝越国求和
　　及停止攻打齐国的主张。

⑩见：发现，看出。　　主：指夫差和阖闾。　　不同量：器量不同。
　　量，器度，器量，才识。

⑩此连上句：子胥不能事先预知夫差、阖闾才能之不同，以致惨遭
　　杀戮而沉江，却至死不变。　　乐毅列传、新序杂事三"改"并作
　　"化"，索隐："言子胥怀恨，故投江而神不化，犹为波涛之神
　　也。"　　王念孙读书杂志："小司马误解'化'字，化者变也；至于
　　'入江而不化'，犹言至死不变耳。燕策'改'亦变化。上文曰
　　'不悔'与'不化'意亦相近。"　　建章按：索隐说荒诞，取王说。

⑩"夫免身全功"三句：离开燕国，免遭大祸，保全功业，光大先王
　　的功业，这是我的上策。　　夫：发语词。

⑩离：通"罹"，遭受。　　毁辱：诋毁，侮辱。　　非：通"诽"，诽谤。

⑩堕先王之名：燕惠王受齐人反间，疑乐毅，毅奔赵，现欲召回加
　　诛，则坏先王知人之名。即所谓"堕先王之名"。　　堕：方言十
　　三"坏也"。毁坏。

⑩"离毁辱"三句：身遭诋毁、侮辱的诽谤，破坏了先王的英名，这
　　是我最大的恐惧。

⑩"临不测之罪"三句：面临不测的重罪，而希望谋取私利，去与赵
　　国图谋燕国，从道义上讲，我是不能做出这等事的。　　以幸为
　　利：而希望与赵谋燕。后汉书邓骘传(附邓禹传)论注："乐毅
　　忠于燕昭王，其子惠王立而疑乐毅，乐毅惧而奔赵，赵王谓乐毅
　　曰：'燕力竭于齐，其主信谗，国人不附，其可图乎？'毅伏而垂涕

曰'臣事昭王,犹事大王也,臣若获戾于它国,没身不忍谋赵徒隶,况其后嗣乎'。"

⑩君子:见齐策四第五章注⑱。

⑪史记乐毅列传正义:"言君子之人,交绝,不说己长而谈彼短。"

⑫"忠臣"两句:忠臣离开本国去到别国,不说国君的坏话,不标榜自己。 洁:同"絜",诗经邶风谷风疏:"饰也。"又史记五帝本纪正义:"明也。"则洁,有标榜的意思。

⑬不佞:见秦策二第二章注⑧。

⑭数奉教于君子矣:屡受君子们的教导。言外之意是:不会乘燕之敝而伐燕。

⑮"恐侍御者"句:我担心您只相信左右的。 侍御者:见注㉟。 亲:信。

⑯而不察疏远之行也:而不明白被您疏远的人的所做所为。 疏远:指乐毅。

⑰唯:同"惟",犹言"希望"。 留意焉:对此事深思。

卷三十 燕策二

十 或献书燕王章

或献书燕王①:"王而不能自恃②,不恶卑名以事强③;事强可以令国安长久④,万世之善计。以事强而不可以为万世⑤,则不如合弱⑥。将奈何合弱而不能如一⑦?此臣之所为山东苦也⑧。

"比目之鱼不相得则不能行⑨,故古之人称之,以其合两而如一也。今山东合弱而不能如一,是山东之知不如鱼也⑩。又譬如车士之引车也⑪,三人不能行,索二人、五人,而车因行矣⑫;今山东三国弱而不能敌秦⑬,索二国因能胜

1423

秦矣;然而山东不知相索,智固不如车士矣。胡与越人言语不相知[14],志意不相通,同舟而凌波[15],至其相救助如一也;今山东之相与也,如同舟而济[16],秦之兵至,不能相救助如一,智又不如胡、越之人矣。三物者[17],人之所能为也[18],山东之主遂不悟[19],此臣之所为山东苦也。愿大王之熟虑之也。

"山东相合,之主者不卑名[20],之国者可长存,之卒者出士[21],以戍韩、梁之西边[22],此燕之上计也。不急为此[23],国必危矣,主必大忧[24]。今韩、梁、赵三国以合矣[25],秦见三晋之坚也[26],必南伐楚。赵见秦之伐楚也,必北攻燕。物固有势异而患同者。秦久伐韩,故中山亡;今久伐楚,燕必亡[27]。臣窃为王计,不如以兵南合三晋,约戍韩、梁之西边。山东不能坚为此[28],此必皆亡[29]。"燕果以兵南合三晋也。

【注释】

①姚校:"钱本添'或'字。"则姚所据本无"或"字。 吴师道以为此陈轸之言。说详齐策一第十五章,语繁不录。 于鬯战国策注:"吴说至确。" 顾观光战国策编年、林春溥战国纪年、于鬯战国策年表并依吴说系此策于周赧王十六年(前299年)。 陈轸:见秦策一第十一章注①。 燕王:昭王,见秦策三第二章注㉒。第五章"献书于燕王曰"、第九章"献书报燕王曰",疑此"王"下当有"曰"字,鲍本"王"下为"燕"字。

②而:王引之经传释词卷六:"犹'如'也。" 不能自恃:不能依靠实力而保护自己。

③"不"上蓄"则"字。 恶:憎,怕,嫌。 卑名:处于人下卑贱之

名。　事:侍奉。

④令:<u>广雅释诂一</u>:"使也。"

⑤以:<u>裴学海古书虚字集释卷一</u>:"犹'若'也。"　而:却。　万世:指国安长久。

⑥合弱:弱国联合。

⑦此句即"合弱而不能如一,将奈何"?　如一:团结一致。

⑧<u>鲍本</u>"所"下有"以"字。　苦:忧,患,愁。

⑨<u>尔雅释地</u>:"东方有比目鱼焉,不比不行,其名谓之鲽。"<u>郭</u>注:"状似牛脾,鳞细,紫黑色,一眼,两片相合乃得行。"　不相得:不能互相配合。

⑩知:同"智"。

⑪引:牵,拉。

⑫"索二人"句:二人、五人合力则可使车前进。　索:<u>楚辞惜誓王</u>注:"合为索。"

⑬<u>金正炜战国策补释</u>:"'三'当为'之',草书相似而误。"　敌:抗。

⑭胡:指北方少数民族。　越:见<u>西周策</u>第九章注⑥。

⑮凌:<u>文选张衡思玄赋</u>旧注:"乘也。"

⑯济:<u>尔雅释言</u>:"渡也。"

⑰三物:指比目鱼、车士、<u>胡</u>与<u>越</u>人言语三件事。　物:<u>小尔雅广诂</u>:"事也。"

⑱<u>孟子告子下</u>音义引<u>丁</u>云:"为,犹解说也。"此犹言"理解"。

⑲遂:<u>广雅释诂三</u>:"竟也。"　悟:明白。

⑳之:<u>王引之经传释词卷九</u>:"其也。"　者:又"犹'也'也。"

㉑之卒者出士:他们终究会出兵。　卒:<u>尔雅释诂</u>:"终也。"　士:兵士。

㉒以戍韩梁之西边:驻扎在<u>韩</u>、<u>魏</u>西部边境(防备强<u>秦</u>)。　戍:说

文："守边也。"

㉓为：王引之经传释词卷二："犹‘于’也。"

㉔鲍本"主"作"王"。全上古汉魏六朝文"主"作"王"。 建章
按：此为对燕王说话，不当称"主"，下文即"臣窃为王计"，此当
作"王"。

㉕以：王引之经传释词卷一引郑注礼记檀弓曰："‘以’与‘已’字
本同。"

㉖三晋：韩、魏、赵，见东周策第十四章注⑨。

㉗燕必亡：燕必被赵亡。

㉘坚决守此：坚决守住韩、魏的西边。

㉙此：杨树达词诠卷六："与‘则’字用法同。"

十一　客谓燕王曰章

客谓燕王曰①："齐南破楚②，西屈秦③，用韩、魏之兵④，
燕、赵之众⑤，犹鞭筴也⑥。使齐北面伐燕⑦，即虽五燕不能
当⑧。王何不阴出使，散游士⑨，顿齐兵⑩，弊其众⑪，使世世
无患。"燕王曰："假寡人五年⑫，寡人得其志矣⑬。"苏子曰：
"请假王十年。"燕王说⑭，奉苏子车五十乘⑮，南使于齐。

谓齐王曰⑯："齐南破楚，西屈秦，用韩、魏之兵，燕、赵
之众，犹鞭筴也。臣闻当世之举王⑰，必诛暴正乱⑱，举无
道⑲，攻不义。今宋王射天笞埊⑳，铸诸侯之象㉑，使侍屏
匽㉒，展其臂㉓，弹其鼻㉔，此天下之无道不义，而王不伐，王
名终不成。且夫宋，中国膏腴之地㉕，邻民之所处也㉖，与其
得百里于燕，不如得十里于宋。伐之，名则义，实则利，王
何为弗为㉗？"齐王曰："善。"遂与兵伐宋㉘，三覆宋㉙，宋

遂举^㉚。

燕王闻之,绝交于齐,率天下之兵以伐<u>齐</u>^㉛。大战一,小战再,顿<u>齐国</u>^㉜,成其名。

故曰:"因其强而强之,乃可折也;因其广而广之,乃可缺也^㉝。"

【注释】

①<u>徐中舒</u>说"'客'与下文'苏子'应即为一人。此事见于<u>燕策一</u><u>苏代谓燕昭王曰</u>章,则作'<u>燕王</u>曰善,吾请拜子为上卿,奉子车百乘,子以此为寡人东游于<u>齐</u>',所说内容,除车五十乘百乘数字微有不同外,其余都是一致的。可见两策文中的客,<u>苏子</u>和<u>苏代</u>,都是由<u>苏秦</u>涂改而成的。"(见<u>论战国策的编写及有关苏秦诸问题</u>,<u>历史研究</u>1964 年第一期)<u>唐兰</u>说"这个'苏子'也一定是'<u>苏秦</u>'。"(见<u>司马迁所没有见过的珍贵史料</u>,收入<u>战国纵横家书</u>)。 <u>林春溥战国纪年</u>、<u>黄式三周纪编略</u>并编此在<u>周赧王</u>二十七年(前 288 年),<u>顾观光战国策编年</u>系此于<u>周赧王</u>三十一年(前 284 年),<u>唐兰</u>以为"是前 294 年"(见<u>战国纵横家书</u>第142 页<u>注</u>㉑。) <u>建章</u>按:<u>齐灭宋</u>在<u>赧王</u>二十九年(前 286 年),当系于此。 <u>苏秦</u>:见<u>东周策</u>第五章注③。 <u>燕王</u>:<u>昭王</u>,见<u>秦策三</u>第二章注㉒。

②<u>齐南破楚</u>:见<u>西周策</u>第一章注⑤。

③<u>西屈秦</u>:<u>秦策四</u>第三章:"三国攻秦,入<u>函谷</u>。……卒使<u>公子池</u>以三城讲于三国,之兵乃退。"故言"屈"。

④<u>西周策</u>第一章:"<u>薛公</u>以<u>齐</u>为<u>韩</u>、<u>魏</u>攻<u>楚</u>,又与<u>韩</u>、<u>魏</u>攻<u>秦</u>。"故言"用<u>韩</u>、<u>魏</u>之兵"。

⑤<u>燕策一</u>第八章<u>苏代</u>说<u>燕昭王</u>:"夫<u>齐</u>、<u>赵</u>者,王之仇雠也,<u>楚</u>、<u>魏</u>

者,王之援国也,今王奉仇雠以伐援国,非所以利燕也。"彼"奉仇雠"即燕奉齐、赵,即此"齐用燕、赵之众"。

⑥犹鞭筴也:齐国对诸侯任意驱使。　鞭筴:马鞭子,驱使。筴:同"策"。

⑦面:向。

⑧即:则。　当:敌,抵抗。

⑨阴:秘密。　出使:派出使者。　散游士:分散说客去游说诸侯。

⑩顿:困。　疑"齐"为"其"之音误,下文"弊其众"可证。

⑪弊:疲。

⑫假寡人五年:等我五年。　寡人:见东周策第一章注⑯。

⑬得其志:实现愿望。

⑭说:同"悦"。

⑮奉:犹言备。　乘:见秦策一第二章注⑦。

⑯齐王:闵王,见东周策第十六章注②。

⑰鲍注:"兴起之王。"　吴补:"'举'字恐因下误衍。"　王念孙读书杂志:"吴说是也。'当世之王'谓受命之君也,'王'上不当有'举'字,太平御览人事部引此无'举'字。"　金正炜战国策补释:"'举王'当是'兴王',故鲍氏释为'兴起之王'。'兴'误为'与',复为'举'也。国语晋语:'故兴王赏谏臣逸王罚之。'吕览论人篇:'三代之兴王以罪为在己,故曰功而不衰,以至于王。'王以为'当世之王,为受命之君也'恐非。"　建章按:论人篇"兴王"与"亡主"对,则古确有"兴王"一词,故金说可从。然"举"有"兴起"之义,或"举王"即"兴王",不必以为误。

⑱诛暴正乱:惩罚暴乱。

⑲举无道:灭无道之君。

⑳宋王:见齐策六第七章注⑥。　史记宋微子世家宋王:"盛血以

韦囊,县而射之,命曰射天。"殷本纪:"帝武乙无道,为偶人谓之天神。与之博,令人为行,天神不胜,乃僇辱之。为革囊盛血印而射之,命曰'射天'。"孟子滕文公下:"宋将行王政,齐、楚恶而伐之。"周广业孟子出处时地考以为宋王"初政尚有可观者,其晚节不终"。杨伯峻注:"全祖望、焦循则怀疑国策、史记的记载,认为是当时齐、楚国诬陷之言。"　答地:做地神而鞭答之。　埊:古"地"字,见赵策四第八章注⑦。

㉑铸诸侯之象:言以铜铸造诸侯之像。

㉒使侍屏匽:把诸侯的像如同侍者一样立在路旁。　屏:礼记明堂位疏"树也"。　匽:周礼宫人注:"路厕也。"

㉓展其臂:此言(使诸侯之像)伸直其臂以示恭谨之貌。　展:广雅释诂三:"直也。"

㉔弹:说文:"行丸也。"左宣二年传:"晋灵公不君,厚敛以彫墙;从台上弹人,而观其辟丸也。"　弹其鼻:以弹丸射其鼻。

㉕膏腴:肥沃。

㉖鲍注:"齐民鄰宋者处之。"　金正炜战国策补释:"'邻民'疑即'邻毗'之讹;由'毗'误'旽'因转为民,毗与比通。'所处'二字当有一衍;或一本作'所',一本作'处',校者旁注,传写误併入正文。"　关修龄战国策高注补正:"邻,近也;言宋近于齐民之所处也。"　横田惟孝战国策正解:"邻,四邻;邻民,犹言杂民。"　建章按:杨子太玄卷六止"行可邻也"俞樾诸子平议:"'邻'者'遴'之假字。"杨子法言问明李注:"遴集者,类聚群游得其所也。"则"邻民"即遴集之民,亦类聚群游之民。宋国的定陶是战国最富庶的商业城市,所以是"类聚群游之民之所处。"

㉗何为弗为:为何不伐宋?

㉘韩非子解老于省吾双剑誃诸子新证:"举、与二字古多通用。"

与兵:发兵。

㉙覆:礼记中庸注:"败也。"

㉚举:拔,灭。齐灭宋在前286年。

㉛前284年(周赧王三十一年)六国合从攻齐,燕将乐毅攻入齐都临淄。

㉜顿:国语周语上注:"败也。"

㉝"因其强"四句:齐本强,借其强而使其伐宋,以逞其强;燕乃伐齐,可败之。齐本大,借其大而使其灭宋,以增其地;燕乃伐齐,可取之。 老子三十六章:"将欲歙之,必固张之;将欲弱之,必固强之;将欲废之,必固兴之;将欲夺之,必固与之。"吕氏春秋恃君览行论:"湣王以大齐骄而残,田单以即墨城而立功。诗曰:'将欲毁之,必重累之;将欲踣之,必高举之。'其此之谓乎。"皆与此意同。

十二 赵且伐燕章

赵且伐燕,苏代为燕谓惠王曰①:"今者臣来,过易水②,蚌方出曝③,而鹬啄其肉④,蚌合而拑其喙⑤。鹬曰:'今日不雨,明日不雨,即有死蚌⑥。'蚌亦谓鹬曰:'今日不出,明日不出,即有死鹬。'两者不肯相舍⑦,渔者得而并禽之⑧。今赵且伐燕,燕、赵久相支⑨,以弊大众⑩,臣恐强秦之为渔父也。故愿王之熟计之也。"惠王曰:"善。"乃止。

【注释】

①吴师道正说:"燕惠、武成皆与赵惠王相及,此策时不可考。"钱穆先秦诸子系年95节"附苏代苏厉考"说:"此事不定在何年,

然必在燕昭破齐之后。" 建章按:韩非子定法"乃城其陶邑之封",张觉韩非子全译注释说:"据史记秦本纪、穰侯列传、范雎列传,昭王十六年(前291年)复相魏冉,乃封魏冉于穰,复益封陶。昭王三十四年(前273年),益赵以兵,伐齐,齐襄王使苏代阴遗穰侯书,于是穰侯不行,引兵而归。"则或与此策有关。

苏代:见西周策第四章注②。 惠王:赵惠文王,见东周策第二十二章注⑤。

②易水:在今河北省易县南。

③方:正。

④鹬(yù 欲):一种水鸟,常在水边或田野捕食小鱼或贝类。

⑤拑:夹住。 喙(huì 会):鸟兽的嘴。

⑥姚校:"谣语、谚语皆叶,后语'必见死蚌脯'即多一字,艺文类聚引云'蚌将为脯',如此则叶韵,然不闻蚌、鹬得雨则解也。陆农师乃云'今日不两,明日不两,必有死蚌。''两'谓辟口。一今作雨,非是。'恐别有所据。" 王念孙读书杂志:"陆说甚为纰谬,训'两'为'辟口',既属无稽,谓'两'与'蚌'为韵,又与古音不合。此当作'今日不雨,明日不雨,蚌将为脯。'姚云'不闻蚌、鹬得雨则解'非也。'蚌将为脯'者,谓不雨则蚌将枯死,非谓蚌、鹬得雨则解也。今案作'蚌将为脯'者,战国策原文也。(艺文类聚人部及太平御览人事部谏诤游说二部并引作'蚌将为脯',今据以订正。艺文类聚鳞介部及御览羽族部并引作'即见蚌脯',又御览兵部引作'即有蚌脯',皆后人据它书改之也。)作'必见蚌脯'者,春秋后语文也。误本战国策作'即有死蚌'者,因下文'即有死鹬'而误也。陆所见本作'今日不两,明日不两'者,误本之尤甚者也。乃不知'两'与'蚌'之非韵,而转以作'雨'者为非,又妄解'两'为'辟口',以曲成其说,甚矣其谬也。而姚且疑其'别有所据',毋亦眩于名而不知其实乎。" 金正炜

战国策补释:"蚌生近水,非必仰'雨'为命,鹬啄蚌肉,蚌箝鹬喙,相恐之辞,惟当各矜所胜。陆之改'雨'为'两',固为不根;王以失雨枯死,亦嫌无据。疑'雨'本作'甬',因以形似误'雨'。'甬'与'涌'通,徐锴云'甬之言涌也,若泉涌出也'。广雅释诂'涌,出也'。素问至真要大论'酸苦涌泄为利'注'涌,吐也'。此谓不吐出所啄之肉,蚌即将死也,与'今日不出,明日不出,即有死鹬'相对为文。'蚌'字古音如'奉',正与'涌'为韵。" 建章按:涌,属肿韵,蚌,属讲韵,同属段玉裁六书音韵表第九部,此取金说。

⑦舍:同"捨"。

⑧渔者得而并禽之:渔夫一点不费劲地就把它们都捉住了。"得"不当是"获得"之"得"。得:吕氏春秋审应览淫辞高注:"犹'便'也。"

⑨刘师培左盦集卷五:"'久相支'类聚三十二(裕孚案:当作"二十五")引作'互相交兵',则'交'下有挩字。'久支'亦系讹文。" 建章按:"互相交兵",今艺文类聚作"久相交兵"。支:拒,敌,对抗。

⑩弊:疲。

十三　齐魏争燕章

齐、魏争燕①。齐谓燕王曰②:"吾得赵矣③。"魏亦谓燕王曰:"吾得赵矣。"燕无以决之④,而未有适予也⑤。

苏子谓燕相曰⑥:"臣闻辞卑而币重者⑦,失天下者也;辞倨而币薄者⑧,得天下者也。今魏之辞倨而币薄。"燕因合于魏,得赵⑨,齐遂北矣⑩。

【注释】

①顾观光战国策编年、于𨞂战国策年表并编此策于周赧王三十一年(前 284 年),林春溥战国纪年在前一年。 争燕:皆欲联合燕国,故言"争"。

②燕王:昭王,见秦策三第二章注㉒。

③吾得赵矣:言齐已与赵合。下同。 得:左哀二十四年传注:"相亲说也。"

④燕无以决之:燕国没什么根据来判定这件事。

⑤适:后汉书南匈奴传李注:"犹'所'也。" 予:管子宙合注:"许也。"

⑥姚校:"一作'苏代',曾作'苏子'。" 鲍本作"苏代"。

⑦重:厚。

⑧倨:傲。 薄:吕氏春秋慎大览报更高注:"轻,少也。"

⑨因:则。

⑩北:国语吴语韦注:"军败奔走曰北。" 鲍注:"魏昭王十二年(前 284 年)与秦、赵、韩、燕伐齐,败之,燕独入临淄。" 关修龄战国策高注补正:"此败,谓齐为燕所败,终言之也。"

战国策注释卷三十一

燕　策　三

一　齐韩魏共攻燕章

齐、韩、魏共攻燕[①]，燕使太子请救于楚[②]。楚王使景阳将而救之[③]。暮舍[④]，使左右司马各营壁地[⑤]，已[⑥]，植表[⑦]。景阳怒，曰："女所营者[⑧]，水皆至灭表[⑨]，此焉可以舍[⑩]?"乃令徙[⑪]。明日大雨，山水大出，所营者，水皆灭表。军吏乃服。于是遂不救燕，而攻魏雝丘[⑫]，取之，以与宋。

三国惧[⑬]，乃罢兵[⑭]。魏军其西，齐军其东，楚军欲还，不可得也[⑮]。景阳乃开西和门[⑯]，昼以车骑，暮以烛，见通使于魏[⑰]。齐师怪之，以为燕、楚与魏谋之，乃引兵而去。齐兵已去，魏失其与国[⑱]，无与共击楚，乃夜遁[⑲]。楚师乃还。

【注释】

①史记秦本纪"昭王三十五年(前272年)，佐韩、魏、楚伐燕。"又

燕世家"惠王七年（前 272 年），韩、魏、楚共伐燕。"又楚世家"考烈王六年（前 257 年），楚遣将军景阳救赵。"梁玉绳史记志疑"此盖因前十五年（前 272 年）齐、韩、魏共伐燕，燕请救于楚，楚王使景阳将而救之。见国策，史缘此致误。"杨宽战国史战国大事年表于前 272 年书"秦、楚助韩、魏攻燕。"未知是否为一事。姑定为前 272 年（周赧王四十三年）事。 鲍彪移此篇于楚策。

②请："广雅释诂三:"求也。"

③楚王:顷襄王，见秦策一第五章注㊿。

④舍:左僖十五年传注："止也。"犹"驻扎"。

⑤左、右司马为大司马之属官，景阳此时或当为大司马。 营:建，筑。 壁:鲍注:"军垒。"

⑥已:言军垒已建成。

⑦鲍本"稙"作"植"。 于鬯战国策注:"卢见曾刻本'稙'作'植'。吕氏慎小论高注'表，柱也。'案为军舍必四角先立柱。" 建章按:"稙"或通"植"。植:方言十二:"立也。"

⑧女:通"汝"。

⑨金正炜战国策补释:"策文'皆'、'比'通用。此文'皆'当为'比'，涉下文'皆灭表'而误也。韩非外储说'比至已诛之矣'，汉书高帝纪'自度比至皆亡之'注'比，及也。'" 建章按:墨子非攻中:"皆列其舟车之众。"天志下作"比列其舟车之卒"，俞樾诸子平议:"'皆列'即'比列'。"秦策一第五章"闻战顿足徒裼，犯白刃，蹈煨炭，断死于前者比是也"。韩非子初见秦"比"作"皆"。汉书贾谊传"于是皆选天下之士"，大戴礼保傅篇"皆"作"比"。齐策五"中山千乘之国也，而敌万乘之国二，再战比胜"，"比胜"即"皆胜"。孟子告子上:"比天之所与我者，先立乎其大者，则其小者不能夺也。"王引之经传释词卷十:"家

大人曰：'比'犹'皆'也。言耳、目与心，皆天之所与我者，而心为大。"则此"皆"即"比"，不必认为"误"。此言，你们所造的营垒，等到水来了，表就会淹没的。

⑩焉：何，怎么。

⑪徙：迁移。

⑫雕丘：雍丘，今河南省杞县。

⑬三国：齐、韩、魏。

⑭罢兵：言不攻燕。

⑮得：能。

⑯周礼夏官大司马"以旌为左右和之门"，郑注："军门曰'和'，今谓之垒门，立两旌以为。"

⑰鲍本无"见"字。　吴补："姚本'车'作'军'，'通'作'见'。"黄丕烈战国策札记："吴氏引出别本。"　金正炜战国策补释："'见'当为'炬'，俗书'炬'作'炅'，因误为'见'。"　关修龄战国策高注补证："烛，照烛也；使人出军门，若使魏之状，欲人见之，故然。见，犹示也，以欺三国。"关于"烛"字句。　横田惟孝战国策正解："一本'暮以'之'以'作'则'。"　于鬯战国策注："'见'字或读上属，谓夜则以烛见其车骑也。"　建章按：见，广雅释诂四："示也。"此言，白天用车骑，晚上用烛火，（向三国）表示楚与魏通使。

⑱与国：盟国。

⑲遁：说文："迁也。"此言转移。

1437

二　张丑为质于燕章

张丑为质于燕①，燕王欲杀之，走且出境②，境吏得丑③。丑曰："燕王所为将杀我者④，人有言我有宝珠也，王欲得之。今我已亡之矣⑤,而燕王不我信⑥。今子且致我⑦,我且言子之夺我珠而吞之,燕王必当杀子⑧,刳子腹及子之肠矣⑨。夫欲得之君⑩,不可说以利⑪。吾要且死⑫,子肠亦且寸绝⑬。"境吏恐而赦之⑭。

【注释】

①张丑:齐臣。　质:见秦策二第十五章注④。

②走且出境:准备逃出燕国。　走:吕氏春秋慎大览权勋高注:"奔也。"

③境吏:边防人员。

④为:王引之经传释词卷二:"犹'以'也。"

⑤亡:失。

⑥不我信:不信我。

⑦致我:把我送交燕王。　致:说文:"送诣也。"

⑧当:王引之经传释词卷六:"犹'将'也。"

⑨刳:剖。

⑩欲得之君:贪得之君。

⑪不:王引之经传释词卷十:"语词。"

⑫要:总归。　且:裴学海古书虚字集释卷八:"犹'必'也。"

⑬绝:断。　刘师培左盦集卷五:"类聚八十四所引'子'下有'之'字'末有'矣'字。"

⑭赦:尔雅释诂:"舍也。"艺文类聚八十四宝玉聚引"赦"作"放"。

三　燕王喜使栗腹章

燕王喜使栗腹以百金为赵孝成王寿①,酒三日②,反报曰③："赵民其壮者皆死于长平④,其孤未壮,可伐也。"王乃召昌国君乐间而问曰⑤："何如?"对曰："赵,四达之国也⑥,其民皆习于兵⑦,不可与战。"王曰："吾以倍攻之,可乎?"曰："不可。"曰："以三⑧,可乎?"曰："不可。"王大怒。左右皆以为赵可伐,遂起六十万以攻赵⑨:令栗腹以四十万攻鄗⑩,使庆秦以二十万攻代⑪。赵使廉颇以八万遇栗腹于鄗⑫,使乐乘以五万遇庆秦于代⑬。燕人大败。乐间入赵。

燕王以书且谢焉⑭,曰："寡人不佞⑮,不能奉顺君意⑯,故君捐国而去⑰,则寡人之不肖明矣⑱。敢端其愿⑲,而君不肯听,故使使者陈愚意⑳,君试论之㉑。语曰:'仁不轻绝,智不轻怨。'君之于先王也㉒,世之所明知也。寡人望有非则君掩盖之㉓,不虞君之明罪之也㉔;望有过则君教诲之,不虞君之明罪之也㉕。且寡人之罪,国人莫不知,天下莫不闻㉖,君微出明怨以弃寡人㉗,寡人必有罪矣㉘。虽然,恐君之未尽厚也。谚曰㉙:'厚者不毁人以自益也㉚,仁者不危人以要名㉛。'以故掩人之邪者,厚人之行也㉜;救人之过者,仁者之道也㉝。世有掩寡人之邪,救寡人之过,非君(心)〔恶〕所望之㉞?今君厚受位于先王以成尊,轻弃寡人以快心,则掩邪救过,难得于君矣。

"且世有薄于故厚施,行有失而故惠用㉟。今使寡人任不肖之罪㊱,而君有失厚之累㊲,于为君择之也,无所取之㊳。国之有封疆㊴,犹家之有垣墙,所以合好掩恶也。室不能相和㊵,出语邻家㊶,未为通计也㊷;怨恶未见,而明弃之㊸,未〔为〕尽厚也㊹。寡人虽不肖乎㊺,未如殷纣之乱也㊻;君虽不得意乎,未如<u>商容</u>、<u>箕子</u>之累也^㊼。然则不内盖寡人^㊽,而明怨于外,恐其适足以伤于高而薄于行也^㊾,非然也。苟可以明君之义,成君之高,虽任恶名不难受也^㊿。本欲以为明寡人之薄,而君不得厚;扬寡人之辱^{�},而君不得荣。此一举而两失也。义者不亏人以自益,况伤人以自损乎!愿君无以寡人不肖,累往事之美^㊁。

"昔者<u>柳下惠</u>吏于<u>鲁</u>^㊂,三黜而不去^㊃。或谓之曰^㊄:'可以去。'<u>柳下惠</u>曰:'苟与人之异,恶往而不黜乎^㊅?犹且黜乎,宁于故国尔^㊆。'<u>柳下惠</u>不以三黜自累^㊇,故前业不忘;不以去为心^㊈,故远近无议^㊉。今寡人之罪,国人未知,而议寡人者遍天下。语曰:'论不修心^㊀,议不累物^㊁,仁不轻绝^㊂,智不简功^㊃。'弃大功者,辍也^㊄;轻绝厚利者,怨也^㊅。辍而弃之,怨而累之,宜在远者^㊆,不望之乎君也^㊇。今以寡人无罪,君岂怨之乎?愿君捐怨^㊈,追惟先王^㊉,复以教寡人。意君曰^㊀:'余且慝心以成而过,不顾先王以明而恶^㊁。'使寡人进不得修功,退不得改过,君之所揣也^㊂,唯君图之^㊃!此寡人之愚意也。敬以书谒之^㊄。"

<u>乐间</u>、<u>乐乘</u>怨不用其计,二人卒留<u>赵</u>不报^㊅。

1440 【注释】

①<u>燕王喜</u>:见<u>齐策</u>六第三章注⑪。　栗腹:<u>燕</u>相。　百金:百斤金。　<u>赵孝成王</u>:见<u>赵策</u>三第七章注②。　为赵孝成王寿:见<u>赵策</u>三第十三章注⑪。据<u>史记</u>燕世家此在燕王喜四年(前251年)。

②<u>史记</u>燕世家"寿"作"酒",无"酒三日"三字。　<u>陈直</u>史记新证:

"原文'酒'疑作'醻',实为'寿'字。"　于鬯战国策注:"世家
'寿'作'酒'。'酒'、'酬'并'酉'声字,明此'酒'字衍。"　建
章按:赵策三第十三章"平原君乃置酒,酒酣,起,前,以千金为
鲁连寿",见注⑬;韩策二第二十二章:"于是,严遂乃具酒,酳聂
政母前。仲子奉黄金百镒,前,为聂政母寿。""酒"字疑后人依
史记误添。

③反:通"返"。

④长平:见齐策二第七章注①。

⑤乐间:燕惠王将乐毅之子。乐毅奔赵,惠王以乐间为昌国君。
见史记乐毅列传。

⑥史记乐毅列传"四达"作"四战",索隐:"言赵数距四方之敌,故
云'四战之国'。"正义:"东邻燕、齐,西边秦、楼烦,南界韩、魏,
北迫匈奴。"四达,则谓四面与诸侯相通。

⑦习:秦策五第五章高注:"晓。"　兵:武器,此言作战。

⑧三:言三倍。

⑨遽:即,立刻。

⑩鄗:见赵策二第四章注⑫。

⑪庆秦:燕将。　代:见赵策一第九章注㊱。

⑫廉颇:见赵策三第五章注⑲。　史记燕世家正义引战国策"八
万"作"二十万"。　遇:齐策一第一章高注:"敌也。"

⑬乐乘:史记乐毅列传:"乐间之宗也。"

⑭新序杂事三载此书,以为燕惠王遗乐毅。吴师道补、顾炎武
日知录卷二十六"史记"条、马骕绎史、张国铨新序校注皆以
为新序是。　梁玉绳史记志疑以为"燕惠遗毅,燕喜遗间,或
系二事"。　于鬯战国策注疑而未定。　建章按:燕策二第九
章"燕王乃使人让乐毅且谢之曰"云云,据此疑"书"下当脱
"让"字。史记殷本纪泷川资言考证:"史乐毅传燕惠王遗乐间

书云(略)。当误。”

⑮不佞:见秦策二第二章注⑧。

⑯奉顺:尊从。

⑰捐:弃。

⑱不肖:见秦策三第九章注⑬。

⑲鲍注:"端,犹专也。愿,欲复用也。" 新序杂事三"端"作"谒"。建章按:疑"端"为"谒"之形误,谒:尔雅释诂:"告也。" 愿:尔雅释诂:"思也。"犹心意。

⑳陈愚意:犹言转达我的心意。 陈:述说。

㉑君试论之:请你抉择。 论:荀子王霸杨注:"选择也。"

㉒先王:如果此为燕王喜与乐间书,则当是惠王。

㉓寡人望有非则君掩盖之:我如果有不当之处,希望你能为我掩盖。望:希望。

㉔虞:尔雅释言:"度也。" 不虞:没想到。 罪之:加罪于我。

㉕鲍本"罪"作"弃"。 黄丕烈战国策札记:"'弃'字当是,异于上句也;新序上句作'弃',此句作'罪',互易。" 金正炜战国策补释说:"按次'罪'字与上文复,当从鲍本作'弃'。" 建章按:金、黄说皆是。当从鲍本改"罪"作弃"。

㉖新序杂事三作"寡人之罪,百姓弗闻"。 建章按:下文"君微出明怨以弃寡人"这样才"寡人必有罪矣",后文有"今寡人之罪,国人未知",前文又有"寡人望有非则君掩盖之",可见此两"不"字并为语词,见王引之经传释词卷十。

㉗君微出明怨以弃寡人:你逃匿出国,公开怨恨,而抛弃我。微:尔雅释诂下注"谓逃藏也"。

㉘必:裴学海古书虚字集释卷十:"犹'则'也。"

㉙谚曰:俗话说。

㉚厚者:敦厚之人。 毁:广雅释言:"亏也。" 益:利。

㉛危:礼记儒行注:"欲毁害之也。" 要:吕氏春秋孟夏纪劝学高注:"求也。"追求。

㉜邪:恶。 厚人:即"厚者"。

㉝救:说文:"止也。"犹言纠正。 道:荀子王霸杨注:"行也。"

㉞"世有"句以下是说:世间有掩盖我的邪恶,纠正我的过错的,不希望于你,又希望于谁呢? 鲍本"心"作"恐",改作"埶"。 新序杂事三"心"作"恶"。 王念孙读书杂志:"作'恶'是也,恶,何也,言非君何所望之也。作'恐'者,'恶'之讹,作'心'者,'恶'之脱耳。鲍改谬矣。" 黄丕烈战国策札记、金正炜战国策补释说同王。 建章按:当据新序改"心"作"恶"。

㉟鲍本"于"作"而",注:"世虽薄我,我反厚施之;行与我不合,反惠爱而任用之。" 吴正:"有过失,当弃,反顺用之。" 新序杂事三作"且世有厚薄,故施异;行有得失,故患同。" 金正炜战国策补释:"鲍本、姚本并有脱误。" 于鬯战国策注:"恐策有误。" 建章按:裴学海古书虚字集释卷一:"于,犹'而'也。"此文不误,取鲍注前句与吴正。新序与此异。

㊱任:鲍注:"负也。"犹言:受,被,遭。见赵策二第四章注㉓。

㊲上文言"厚者不毁人","掩人之行者,厚人之行也","世有薄于故厚施",现在乐间却离开燕国,弃王喜而去,故言"失厚"。 累:议论批评。见赵策二第四章注㉓。

㊳于:王引之经传释词卷一:"犹'如'也。" 之:裴学海古书虚字集释卷九:"犹'者'也。"

1443

㊴封疆:边界。 封:小尔雅广诂:"界也。" 疆:广雅释诂三:"界也。"

㊵尚书立政"乃有室大竞"疏:"室,犹'家'也。"

㊶出语:说出去。

㊷"室不"三句,家里不和睦,把家里的矛盾,宣扬出去,这可不符

合一般常理的做法。犹言家丑不可外扬。　通:荀子正名杨注:“谓得其理。”

㊸见:读“现”。

㊹鲍本、新序“尽”上并有“为”字。　建章按:据上“未为通计也”,此当补“为”字。

㊺乎:裴学海古书虚字集释卷四:“犹‘耳’也。”下同。

㊻殷纣:见秦策一第二章注㉗。　乱:国语鲁语上“恶也”。

㊼商容:史记殷本纪“商容,贤者,百姓爱之,纣废之。”武王斩纣头,“表商容之间”,索隐引郑玄说“商家典乐之官”。　箕子:见秦策三第九章注(51)。　累:秦策一第九章高注:“忧也。”犹患,祸。

㊽内盖:犹上文“家之有垣墙,所以合好掩恶”之义。

㊾新序杂事三“伤于高”作“伤高义”。

㊿任:楚辞屈原九章悲回风王注:“负也。”犹遭,被。

(51)鲍本、新序杂事三、畿辅本“杨”并作“扬”。于鬯战国策注“‘杨’读‘扬’。”

(52)美:当指上文“厚受位于先王以成尊”之义。

(53)柳下惠:于鬯战国策注“即柳下季”。见齐策四第五章注⑥。新序杂事三“吏”做“为理”。　论语微子:“柳下惠为士师,三黜。”杨伯峻译“柳下惠做法官,多次地被撤职”。　建章按:国语周语中韦注:“理,吏也。”礼记月令注:“理,治狱官也,有虞氏曰士,夏曰大理,周曰大司寇。”则“吏”“理”“士师”义同。此“吏”用作动词,即“为吏”。　黜:说文:“贬下也”。

(54)不去:不离开鲁国。

(55)之:指柳下惠。

(56)“苟与人”两句:如果与一般庸俗人不同,到那儿去不被撤职呢?新序杂事三无“之”字。　建章按:王引之经传释词卷九“之,语助也。”

(57)“犹且”两句:都是一样被撤职,我宁愿在本国被撤职。　犹:王引之经传释词卷一:“犹‘均’也。”　且:裴学海古书虚字集释卷八:“犹‘是’也。”　乎:又卷四:“犹‘也’也。”　尔:又卷七:“犹‘耳’也。”

(58)新序杂事三无“三”字。　建章按:据下句“不以去为心”,则此当为“不以黜自累”,“三”字乃因上文“三黜”而误衍。

(59)心:意,犹言考虑。

(60)“柳下惠不以”四句:柳下惠不因被贬斥,陷于忧祸,而放弃他的一生事业;也不去考虑离开本国,所以古今没有人对他非议。　远近:于鬯战国策注“谓古今”。

(61)金其源读书管见:“礼礼运‘义之修而礼之藏’注:‘修,饰也。’‘论不修心’者,谓由衷之言,不加修饰也。”

(62)关修龄战国策高注补证:“累物,犹害人。”

(63)轻绝:轻率地绝交。

(64)“论不”句以下:忠言不伪饰,至论不害人,仁人不轻绝,智者不弃功。鲍注:“简,与‘附’反,犹弃也。”

(65)弃大功者辍也:弃人之大功,就会使人情绝。情绝,则仇恶。故新序“辍”作“仇”。　辍:尔雅释诂:“已也。”止,绝。

(66)轻绝厚利者怨也:轻率绝交,贪求私利,结果就容易产生怨恨。

(67)“辍而弃之”三句:辍而弃之,怨而累之,这种情况应该发生在疏远的大臣之中。

(68)乎:于。　君:指乐间。

(69)捐:抛弃。

(70)惟:尔雅释诂:“思也。”

(71)意君曰:或者你会说。　王引之经传释词卷三:“抑,词之转也。字或作‘意’。”又见王念孙读书杂志。

⑦新序杂事三"愿"作"快"。　金正炜战国策补释:"'愿'当作'惬(愿)',形似而讹也。说文'惬,快也。'昌国君乐毅章'先王以为惬其志',与此意同。小尔雅广诂:'而,汝也。'顾,犹念也。上文'今君厚受位于先王以成尊,轻弃寡人以快心。'文正相应。新序作'快心','惬心'即'快心'。"　建章按:金说是。

⑦姚校:"揣,曾作'剬'。"　新序杂事"揣"作"制"。王念孙读书杂志:"'揣'者'剬'之讹,'剬'者'制'之讹,言君之幸教寡人与否,皆在于君,故曰'君之所制也',新序杂事篇作'此君所制',是其明证也。篆文'制'字作'𡠹',隶作'𠛄',形与'剬'相近,因讹而为'剬'矣。"　于鬯战国策注:"剬、制二字义本相通,说文刀部云'剬,断齐也。''制'下亦有'裁断'之释,明义同矣。故张守节史记论字例谓'制字作剬',是史记中'制'字本皆作'剬'字也。剬、揣并谐'耑'声,则读'揣'不("不"疑"为")'剬'亦无不可。从新序作'制',亦所不必。"　建章按:广雅释诂一:"剬,断也。"秦策一第二章高注"揣,定也"。断、定义近。则此作"揣","剬""制"其义同。于说是,不必改,从新序。

⑦唯:同"惟",希望。　图:考虑。

⑦谒:告。

⑦鲍本无下"乐"字。　金正炜战国策补释:"'乐乘'及'二人'四字并衍。"　于鬯战国策注:"此及'乐乘',却与燕世家毅传可合;与上文乐乘为赵将不合。乐乘既为赵将,则非新奔者矣,何与于此书?"　卒:终,竟。

四　秦并赵章

秦并赵,北向迎燕①。燕王闻之②,使人贺秦王③。使者过赵,赵王系之④。使者曰:"秦、赵为一,而天下服矣。兹之所以受命于赵者,为秦也⑤。今臣使秦,而赵系之,是秦、赵有郤⑥。秦、赵有郤,天下必不服,而燕不受命矣。且臣之使秦,无妨于赵之伐燕也。"赵王以为然而遣之⑦。

使者见秦王曰:"燕王窃闻秦并赵,燕王使使者贺千金⑧。"秦王曰:"夫燕无道,吾使赵有之⑨,子何贺?"使者曰:"臣闻全赵之时,南邻为秦,北下曲阳为燕⑩,赵广三百里,而与秦相距五十余年矣⑪,所以不能反胜秦者⑫,国小而地无所取⑬。今王使赵北并燕,燕、赵同力,必不复受于秦矣⑭。臣切为王患之⑮。"秦王以为然,起兵而救燕⑯。

【注释】

①鲍注:"并,合也。" 关修龄战国策高注补正:"赵恃合于秦,以兵北向燕。" 史记赵世家"悼襄王九年,赵攻燕,取貍、阳城。"当秦始皇十一年(前236年),顾观光战国策编年、于鬯战国策年表并系于此年, 迎:史记五帝本纪正义:"逆也。"敌,攻。

②燕王:王喜,见齐策六第三章注⑪。

③秦王:始皇帝,见秦策三第十八章注⑮。

④系:犹言扣留。 赵王:悼襄王,见秦策五第六章注㉓。

⑤"兹之"句:燕国所以听命于赵国,是因为秦合赵之故。 鲍改"兹"作"燕"。 吴补:"恐'燕'字讹。" 于鬯战国策注:"鲍以'兹'与下文'今'字复,故改之,然义亦可晓。" 建章按:不必改作"燕",其义自指燕。

⑥郤:同"隙"。嫌隙,矛盾。赵扣留贺秦之燕使,故言"秦、赵有郤"。

⑦遣之:放掉燕使者。

⑧贺千金:以千金之礼贺。　千金:千斤金。

⑨有:广雅释诂一:"取也。"

⑩鲍注:"下曲阳、属钜鹿。"　金正炜战国策补释:"赵不得谓秦为'南',且与下句文不一律。疑本作'西上南邻为秦',汉书楚元王交传'因西攻南邻入武关',汲古本作'南阳',此文'邻'字亦有讹误,未详所当作。素问五运行大论'所谓上下者'注:'下,北也。'燕在赵北,谓之'下',秦在赵西,故知当为'上',相对为文也。鲍注虽本汉志,但战国时,曲阳不必即有'下'称。"于鬯战国策注:"言秦为赵南邻,燕为赵之北邻。张琦释地云'地不入燕界,盖饰辞也。'"　建章按:"南邻为秦"句似有脱误。　下曲阳:在今河北省晋县西。

⑪距:通"拒",见赵策二第四章注⑰。此言抵抗。

⑫不能反:犹"反不能"。

⑬于鬯战国策注:"无所取地于他国。"

⑭受于秦:受命于秦。

⑮鲍本"切"作"窃"。　于鬯战国策注:"卢刻作'窃'。"　建章按:"切"通"窃",自我谦辞。　患:担忧。

⑯起兵:发兵。　史记六国年表赵格:"悼襄王九年(前236年),秦拔我阏与、邺,取九城。"即此"救燕"。

五　燕太子丹质于秦章

燕太子丹质于秦,亡归①。见秦且灭六国,兵以临易水②,恐其祸至。太子丹患之③,谓其太傅鞠武曰④:"燕、秦不两立,愿太傅幸而图之⑤。"武对曰:"秦地遍天下,威胁韩、魏、赵氏,则易水以北⑥,未有所定也⑦。奈何以见陵之怨,欲排其逆鳞哉⑧?"太子曰:"然则何由⑨?"太傅曰:"请入图之⑩。"

居之有间⑪,樊将军亡秦之燕⑫,太子容之⑬。太傅鞠武谏曰:"不可,夫秦王之暴⑭,而积怨于燕,足为寒心⑮,又况闻樊将军之在乎!是以委肉当饿虎之蹊⑯,祸必不振矣⑰!虽有管、晏,不能为谋⑱。愿太子急遣樊将军入匈奴以灭口⑲。请西约三晋⑳,南连齐、楚,北讲于单于㉑,然后乃可图也㉒。"太子丹曰:"太傅之计,旷日弥久㉓,心惛然,恐不能须臾㉔。且非独于此也㉕。夫樊将军困穷于天下㉖,归身于丹,丹终不迫于强秦,而弃所哀怜之交置之匈奴㉗,是丹命固卒之时也㉘。愿太傅更虑之㉙。"鞠武曰:"燕有田光先生者,其智深,其勇沉㉚,可与之谋也。"太子曰:"愿因太傅交于田先生,可乎?"鞠武曰:"敬诺。"出见田光,道:"太子(曰)愿图国事于先生㉛。"田光曰:"敬奉教㉜。"乃造焉㉝。

太子跪而逢迎㉞,却行为道㉟,跪而拂席㊱。田先生坐定,左右无人,太子避席而请曰㊲:"燕、秦不两立,愿先生留意也㊳。"田光曰:"臣闻骐骥盛壮之时㊴,一日而驰千里;至其衰也,驽马先之㊵。今太子闻光壮盛之时,不知吾精已消亡矣㊶。虽然,光不敢以乏国事也㊷。所善荆轲可使也㊸。"太子曰:"愿因先生得愿交于荆轲,可乎?"㊹田光曰:"敬诺。"即起,趋出㊺。太子送之至门,曰㊻:"丹所报㊼,先生所言者,国大事也,愿先生勿泄也。"田光俛而笑曰㊽:"诺。"

偻行见荆轲曰㊾:"光与子相善,燕国莫不知,今太子闻光壮盛之时,不知吾形已不逮矣㊿,幸而教之曰㋀:'燕、秦不两立，愿先生留意也。'光窃不自外[52]，言足下于太子[53]，愿足下过太子于宫[54]。"荆轲曰："谨奉教。"田光曰："光闻长者之行，不使人疑之[55]，今太子约光曰：'所言者国之大事也，愿先生勿泄也。'是太子疑光也。夫为行使人疑之，非节侠士也[56]。"欲自杀以激荆轲，曰："愿足下急过太子[57]，言光已死，明不言也。"遂自刭而死[58]。

轲见太子，言田光已死，明不言也。太子再拜而跪，膝（下）行流涕[59]。有顷，而后言曰："丹所请田先生无言者[60]，欲以成大事之谋。今田先生以死明不泄言，岂丹之心哉？"荆轲坐定，太子避席顿首曰[61]："田先生不知丹不肖[62]，使得至前[63]，愿有所道[64]，此天所以哀燕不弃其孤也[65]。今秦有贪饕之心[66]，而欲不可足也。非尽天下之地[67]，臣海内之王者[68]，其意不餍[69]。今秦已虏韩王[70]，尽纳其地[71]，又举兵南伐楚[72]，北临赵[73]。王翦将数十万之众临漳、邺[74]，而李信出太原、云中[75]。赵不能支秦[76]，必入臣[77]，入臣则祸至燕。燕小弱，数困于兵[78]，今计举国不足以当秦[79]。诸侯服秦，莫敢合从，丹之私计[80]，愚以为诚得天下之勇士，使于秦[81]，窥以重利[82]，秦王贪其贽[83]，必得所愿矣[84]。诚得劫秦王，使悉反诸侯之侵地[86]，若曹沫之与齐桓公[87]，则大善矣；则不可[88]，因而刺杀之。彼大将擅兵于外[89]，而内有大乱[90]，则君臣相疑[91]。以其间诸侯[92]，诸侯得合从[93]，其偿破秦必矣[94]。此丹之上愿，而不知所以委命[95]，唯荆卿留意焉[96]。"久之，荆轲曰："此国之大事，臣驽下[97]，恐不足任使。"太子前顿首[98]，固请无让[99]，然后许诺。于是尊荆轲为上卿[100]，舍上舍[101]，太子日日造问⑩²，供太牢⑩³，异物间进⑩⁴，车骑、美女恣荆轲所欲⑩⁵，以顺适其意。

久之，荆卿未有行意。秦将王翦破赵，虏赵王⑩⁶，尽收其地，进兵北略地⑩⁷，至燕南界。太子丹恐惧，乃请荆卿曰："秦兵旦暮渡易水，则虽欲长侍足下，岂可得哉⑩⁸？"荆卿曰："微太子言，臣愿得谒之⑩⁹。今行而无信，则秦未可亲也⑩。夫今樊将军，秦王购之金千斤，邑万家⑪。诚能得樊将军首，与燕督亢之地图献秦王⑪²，秦王必说见臣⑪³，臣乃得有以报太子⑪⁴。"太子曰："樊将军以穷困来归丹⑪⁵，丹不忍以己之私而伤长者之意，愿足下更虑之⑪⁶。"

荆轲知太子不忍，乃遂私见樊於期曰："秦之遇将军可谓深矣⑪⁷，父母宗族皆为戮没⑪⁸。今闻购将军之首，金千斤，邑万家，将奈何？"樊将军仰天太息，流涕曰："吾每念，常痛于骨髓⑪⁹，顾计不知所出耳⑫。"轲曰："今有一言⑫¹，可以解燕国之患，而报将军之仇者，何如？"樊於期乃前曰："为之奈何？"荆轲曰："愿得将军之首以献秦，秦王必喜而善见臣⑫²。臣左手把其袖⑫³，而右手揕（抗）其胸⑫⁴，然则将军之仇报，而燕国见陵之耻除矣⑫⁵。将军岂有意乎？⑫⁶"樊於期偏袒扼腕而进曰⑫⁷："此臣日夜切齿拊心也⑫⁸，乃今得闻教。"遂自刎。太子闻之，驰往伏尸而哭，极哀。既已，无可奈何，乃遂收盛樊於期之首，函封之⑫⁹。

于是，太子预求天下之利匕首⑬⁰，得赵人徐夫人之匕首⑬¹，取之百金，使工以药淬之⑬²，以试人，血濡缕⑬³，人无不立死者。乃为装⑬⁴，遣荆轲⑬⁵。燕国有勇士秦武阳⑬⁶，年十二杀人^⑬，人不敢与忤视^⑭。乃令秦武阳为副^⑲。

荆轲有所待，欲与俱^⑭，其人居远，未来，而为留待。顷之，未发^⑭。太子迟之^⑭，疑其有改悔，乃复请之曰："日以尽矣^⑭，荆卿岂无意哉？丹请先遣秦武阳。"荆轲怒，叱太子曰："今日往而不反者，竖子也^⑭！今提一匕首，入不测之强秦^⑭，仆所以留者^⑭，待吾客与俱。今太子迟之，请辞决矣^⑭！"遂发。

太子及宾客知其事者，皆白衣冠以送之^⑭。至易水上，既祖，取道^⑭。高渐离击筑^⑮，荆轲和而歌^⑮，为变徵之声^⑮，士皆垂泪涕泣。又前而为歌曰^⑮："风萧萧兮易水寒^⑮，壮士一去兮不复还！"复为忼慨羽声^⑮，士皆瞋目^⑯，发尽上指冠^⑯。于是荆轲遂就车而去，终已不顾^⑯。

既至秦，持千金之资币物^⑯，厚遗秦王宠臣中庶子蒙嘉^⑯。嘉为先言于秦王曰："燕王诚振畏慕大王之威^⑯，不敢兴兵以拒大王^⑯，愿举国为内臣^⑯，比诸侯之列^⑯，给贡职如郡县^⑯，而得奉守先王之宗庙^⑯。恐惧不敢自陈^⑯，谨斩樊於期头，及献燕之督亢之地图，函封，燕王拜送于庭，使使以闻大王^⑯。唯大王命之^⑯。"

秦王闻之，大喜。乃朝服^⑰，设九宾^⑰，见燕使者咸阳宫^⑰。荆轲奉樊於期头函^⑰，而秦武阳奉地图匣以次进^⑰。至陛下^⑰，秦武阳色变振恐^⑰，群臣怪之。荆轲顾笑武阳^⑰，前为谢曰^⑰："北蛮夷之鄙人^⑰，未尝见天子，故振慑^⑰。愿大王少假借之^⑱，使毕使于前^⑱。"秦王谓轲曰："起，取武阳所持图。"轲既取图奉之^⑱，发图^⑱，图穷而匕首见^⑱。因左手把秦王之袖⑱，而右手持匕首揕(抗)之⑱。未至身，秦王惊，自引而起⑱，绝袖⑱。拔剑，剑长，掺其室⑲。时怨急⑪，剑坚，故不可立拔⑫。荆轲逐秦王，秦王还柱而走⑭。群臣惊愕，卒起不意⑮，尽失其度⑯。而秦法：群臣侍殿上者，不得持尺兵⑰；诸郎中执兵皆陈殿下⑱，非有诏不得上⑲。方急时，不及召下兵⑳，以故荆轲逐秦王。而卒惶急，无以击轲㉑，而乃以手共搏之㉒。是时侍医夏无且以其所奉药囊提轲㉓。秦王之方还柱走，卒惶急，不知所为。左右乃曰：“王负剑！王负剑㉕！”遂拔，以击荆轲，断其左股㉖。荆轲废，乃引其匕首提秦王㉗，不中，中柱。秦王复击轲，被八创㉘。轲自知事不就㉙，倚柱而笑，箕踞以骂曰㉚：“事所以不成者，乃欲以生劫之㉛，必得约契以报太子也㉜。”左右既前斩荆轲㉝，秦王目眩良久㉞。而论功赏群臣及当坐者㉟，各有差㊱。而赐夏无且黄金二百镒㊲，曰：“无且爱我，乃以药囊提轲也㊳。”

于是，秦大怒燕，益发兵诣赵㊴，诏王翦军以伐燕。十月而拔燕蓟城㊵。燕王喜、太子丹等皆率其精兵东保于辽东㊶。秦将李信追击燕王，王急，用代王嘉计㊷，杀太子丹，欲献之秦。秦复进兵攻之。五岁而卒灭燕国㊸，而虏燕王喜。秦兼天下㊹。

其后荆轲客高渐离以击筑见秦皇帝，而以筑击秦皇帝，为燕报仇，不中而死。

【注释】

①燕太子丹：燕王喜之子。　质：见秦策二第十五章注④。　亡：逃。史记燕世家：“王喜二十三年（前232年），太子丹质于秦，

亡归燕。"

②以:通"已",见燕策二第二章注⑫。　临:逼近。　易水:见燕
策一第六章注㉔。

③史记刺客列传荆轲传:"燕太子丹者,故尝质于赵,而秦王政生
于赵,其少时与丹欢。及政立为秦王,而丹质于秦。秦王之遇
燕太子丹不善,故丹怨而亡归。归而求为报秦王者,国小,力不
能。其后,秦日出兵山东以伐齐、楚、三晋,稍蚕食诸侯,且至于
燕。燕君臣皆恐祸之至,太子丹患之。"

④太傅:太子太傅,古代师傅之官。

⑤愿:希望。　幸:尊敬之词。　图:考虑,谋划。

⑥易水以北:指燕国。

⑦未有所定也:燕国也未必能保得住。　定:说文:"安也。"

⑧"奈何"两句:您何必为了被欺凌的怨恨而去虎口拔牙呢?　见
陵:被欺凌。指"及政立为秦王,而丹质于秦,秦王之遇燕太子
丹不善。"　姚校:"排,一作'批',曾、钱作'排'。"鲍本、荆轲传
并作"批"。广雅释诂三:"批,击也。"又"排,推也。"皆可作触
动解。　韩非子说难:"夫龙之为虫也,柔可狎而骑也,然其喉
下有逆鳞径尺,若人有婴之者,则必杀人。人主亦有'逆鳞',说
者能无婴人主之'逆鳞'则几矣。"此言暴君之残暴,喜怒无常。

⑨然则何由:那么用什么办法呢?　由:广雅释诂四:"用也。"

⑩请入图之:让我深入考虑。

⑪居之有间:过了一些日子。

⑫史记荆轲传:"秦将樊於期得罪于秦王,亡至燕。"

⑬容:荀子解蔽杨注:"受也。"接受,接待。

⑭秦王:始皇帝,见秦策三第十八章注⑭。

⑮寒心:惧怕。

⑯是以委肉当饿虎之蹊:这所谓把肉扔在饿虎出没的路上。这是

当时的成语。　是：此。　以：<u>王引之</u><u>经传释词</u>卷一："犹'谓'也。"　委：<u>广雅</u><u>释诂</u>一："弃也。"　蹊（xī 西）：<u>广雅</u><u>释室</u>："道也。"

⑰振：<u>小尔雅</u><u>广言</u>"救也"。　不：<u>王引之</u><u>经传释词</u>卷十："无也。"

⑱"虽有"两句：虽有像<u>管仲</u>、<u>晏婴</u>那样的大政治家，也不能为你出谋划策。　管：<u>管仲</u>，见<u>东周策</u>第十一章注⑪。　晏：<u>晏婴</u>（？—前500年），字<u>平仲</u>，<u>春秋</u>时<u>齐景公</u>的相国。

⑲愿：希望。　急：赶快。　遣：送走。　灭口：消灭<u>秦</u>国进攻<u>燕</u>国的借口。

⑳三晋：<u>赵</u>、<u>魏</u>、<u>韩</u>，见<u>东周策</u>第十四章注⑨。

㉑讲（講）：通"媾"，结交。　单于：匈奴君长。

㉒然后乃可图也：然后才可以想办法对付<u>秦</u>国。

㉓旷日弥久：荒废拖延的日子太久了。　旷：<u>汉书</u><u>贾山传</u><u>颜</u>注："空也，废也。"　弥：<u>说文</u>："久长也。"

㉔"心惛然"两句：我心里忧闷烦乱，恐怕等不及。　<u>晏子春秋内篇问上</u>"<u>荆楚惛忧</u>"<u>王念孙</u><u>读书杂志</u>："惛者，'闷'之借字也。"　<u>于鬯</u><u>战国策</u>注："须，待也，累言'须臾'犹单言'须'；谓恐不能待耳。"　<u>建章</u>按：<u>吕氏春秋孟春纪本生</u>"下为匹夫不惛"，<u>高</u>注："惛，读'忧闷'之闷。"<u>荀子王制</u><u>杨</u>注："须，须臾也。"<u>于</u>说是。

㉕非独：不但。　于此：如此（见<u>王引之</u><u>经传释词</u>卷一）。

㉖困穷：窘迫，无出路。

㉗所哀怜之交：同情的朋友。

㉘是丹命固卒之时也：这是我拼命的时候了。　是说，豁出一条命也不能让<u>樊将军</u>受害。

㉙更虑之：重新考虑。　更：<u>说文</u>："改也。"

㉚沉：沉着。　<u>鲍</u>注："沉，犹深。"亦通。

㉛"出见田光"两句：<u>鞠武</u>出见<u>田光</u>，对他说："太子想跟您商量国

家大事。" 鲍注:"衍'曰'字。"荆轲传、閔本并无"曰"字。

建章按:"道"的宾语是"太子愿图国事于先生","曰"字乃因

"道"字而误补,当删。

㉜敬奉教:犹言遵命。

㉝乃造焉:于是就到太子那儿去。 造:尚书吕刑传:"至也。"

焉:裴学海古书虚字集释卷二:"犹'之'也。"

㉞史记荆轲传无"跪而"二字,疑因下"跪而"衍。 逢迎:上前迎

接。 逢:方言卷一"迎也"。

㉟却行:退着走。表示恭敬。 为道:给田光引路。 道:通"导"

引导。

㊱古人席地而坐;"拂席",犹言把座位擦干净,表示恭敬。

㊲避席:离开座位。表示恭敬。 请:请教。

㊳留意:放在心上;意思是想想办法。

㊴骐骥:千里马。

㊵驽马:劣马。 先之:跑在千里马的前面。

㊶精:精力。 消亡:消耗完了。

㊷"虽然"句:虽然如此,我不能因为我精力已消亡而耽误了国家

大事。 敢:能。 "以"后省介词宾语"之",指"精已消亡"。

乏:庄子天地"无乏吾事",陆德明经典释文:"废也。"

㊸所善:我的好朋友。 可使:可以担当这个使命。

㊹鲍注:"衍下'愿'字。" 荆轲传"愿交"作"结交"。 閔本无下

"愿"字。 建章按:下"愿"字当衍。 因:犹"通过"。

㊺趋:释名释姿容:"疾行曰趋。"

㊻鲍本、閔本、荆轲传"曰"上并有"戒"字。戒曰:犹言郑重叮嘱。

㊼报:吕氏春秋慎大览权勋高注:"白也。" 所报:说的。

㊽俛:同"俯",低头。

㊾偻行:弯着腰走路(衰老的样子)。

(50)形:吕氏春秋离俗论适威高注:"体也。" 逮(dài代):吕氏春秋有始览谨听高注"及也"。

(51)幸而教之曰:荣幸地承蒙他教导我说。 之:指田光。

(52)不自外:这是田光对荆轲说,没把荆轲当外人。

(53)言足下于太子:把您推荐给太子了。 足下:见秦策三第八章注㉕。

(54)过:疑当作"遇",见秦策二第四章注③。 宫:居处。

(55)"光闻"两句:我听说,忠厚老成人的所作所为,不会让别人怀疑他。

(56)节:荀子王霸杨注:"忠义也。" 侠:史记游侠列传:"其言必信,其行必果,已诺必诚,不爱其躯,赴士之阸困。既已存亡死生矣,而不矜其能,羞伐其德。"

(57)过:见注(54)。

(58)刭:史记项羽本纪集解:"以刀割颈为刭。"

(59)鲍注:"以膝行,不立行,故言'下'。" 王念孙读书杂志:"鲍说甚谬。'膝行'二字之间不当有'下'字,此因上文'下'字而误衍耳。史记刺客传无'下'字,文选四子讲德论注引策文亦无。"关修龄战国策高注补正、横田惟孝战国策正解并言"恐衍"。 建章按:史记项羽本纪"无不膝行而前",又越王勾践世家"膝行顿首",庄子在宥"膝行而进",汉书循吏龚遂传:"涕泣膝行。"则"下"字当删。

(60)所:犹"所以"之省,荆轲传正作"所以"。 无:王引之经传释词卷十:"毋,勿也。"

(61)顿首:见燕策一第五章注㉕。

(62)不肖:见秦策三第九章注(63)。

(63)使得至前:能够让我在您跟前。

(64)愿有所道:希望说出我的心里话。

㊋荆轲传索隐:"无父称孤,时燕王尚在,而丹称'孤'者,或记者失辞;或诸侯嫡子,时亦僭称'孤'也。" 建章按:丹为太子,或为僭称耳。

㊌贪饕(tāo 滔):贪利。 饕:左文十八年传注:"贪财。"

㊍尽:尽吞。

㊎臣海内之王:使天下诸侯王向秦称臣。 臣:用作动词,称臣。

㊏餍:饱,满足。

⑰韩王:名安,桓惠王子,韩第十一君,前238年—前230年在位。 虏:俘虏。

㊑纳:入,接收。 史记韩世家:"(王安)九年(前230年)秦虏王安,尽入其地,为颍川郡,韩遂亡。"

㊒举兵:发兵。

㊓临:进攻。

㊔王翦:见赵策四第十九章注①。 将:带领。 临:逼近。 漳邺:今河北省临漳县和河南省安阳市之间地,为赵之南境。 史记秦始皇本纪:"十八年(赵王迁七年,前229年)大兴兵攻赵。"

㊕李信:"年少壮勇,尝以数千逐燕太子丹,至于衍水中,卒破得丹,始皇以为贤勇。"史记有传,附白起王翦列传后。 太原:今太原市西南。 云中:见赵策二第一章注㊱。两地为赵西境要地。 出:出兵。

㊖支:抵抗。

㊗入臣:投降。

㊘数困于兵:屡遭战争而疲困。

㊙计:考虑,估计。 举国:发动全国的兵力。

㊚丹之私计:我个人的意见。

㊛愚:我,(谦称)。 诚:裴学海古书虚字集释卷九:"犹'若'

也。”使：出使。

㉝窥：广雅释诂一：“视也。”给他看。这里是引诱的意思。

㉝贽：见秦策二第十二章注⑳。此暗指下文的“督亢地图”。

㉝得：满足。

㉝诚：假若。　得：能。　劫：挟持。

㉝悉：全部。　反：归还。　侵地：被秦所侵占之地。

㉝曹沫事见齐策三第八章注⑤。　齐桓公：见东周策第十一章注⑨。

㉝则：王引之经传释词卷八：“犹‘若’也。”

㉝彼大将擅兵于外：秦国大将（当指王翦、李信）此时掌握重兵者在国外。

㉝内有大乱：指秦始皇被刺引起的动乱。

㉝于邑　战国策注：“沈寿经明经云：‘盖欲秦疑此刺客为大将所使。’”

㉝鲍本、阁本、荆轲传并不复“诸侯”二字。　建章按：“诸侯”二字不当复。　以：杨树达词诠卷七：“用同‘于’。”　以其间：乘此机会。

㉝合从：见秦策三第十四章注①。

㉝鲍本、阁本无“破”字。　吴补：“一本‘偿’下有‘破’字，姚同。”荆轲传无“偿”字。　黄丕烈战国策札记：“此当是策文作‘偿’，史记作‘破’，因两存也。”　金正炜战国策补释：“‘偿’当为‘傧’字之讹也。齐策‘倍约傧秦，勿使争重。’赵策‘六国从亲以傧秦’，又云‘大王收率天下以傧秦’，‘傧’与‘摈’同。齐伐宋宋急章‘秦挟傧之待破’，此‘破’字不必为衍。”　建章按：广雅释言：“偿，复也。”取偿。疑‘偿’‘破’或衍其一。

㉝而不知所以委命：而不知把这个使命托付给谁。　所：裴学海古书虚字集释卷九：“犹‘何’也。”　委：见齐策一第二章注⑦。

⑯唯:同"惟",希望。　卿:当时对人尊美之称。

⑰驽下:言才质低劣,像劣马一样的不中用。谦词。

⑱顿首:见燕策一第四章注㉕。

⑲固:一再,坚决。　无:同"毋","勿"。

⑩上卿:见秦策二第十二章注㉒。

⑩舍上舍:安置在上等宾馆。

⑩鲍本、圆本、荆轲传作"太子日造门下"。　造问:登门问候。

⑩供太牢:特备丰盛宴席。　太牢:见赵策三第十三章注㉚。

⑭异物间进:隔不多久就进献珍奇之物。

⑮恣荆轲所欲:尽量满足荆轲的欲望。

⑯赵王:王迁,见秦策五第七章注⑤。前228年(秦始皇十九年)
　俘虏王迁。

⑰北略地:向北侵占土地。

⑱"则虽欲"两句是催促荆轲早日动身的意思。

⑲"微太子言"两句:就是太子不提起,我也要向您提出请求的。
　微:小尔雅广诂:"无也。"　谒:尔雅释言:"请也。"

⑩"今行"两句:现在前往秦国,而无取信之物,则不能接近秦王。
　行:广雅释诂一:"往也。"　信:荀子王制杨注:"谓使人不疑。"
　亲:广雅释诂三:"近也。"

⑪邑万家:给一个万户的都邑。

⑫督亢(hàng沆):燕国南部肥沃之地。约当今河北省易水东北
　涿州市固安一带。说文解字"沆"字下段玉裁注:"沆,通作
　'亢'。"

⑬说:同"悦"。

⑭臣乃得有以报太子:我才能有办法报效您。　以:裴学海古书
　虚字集释卷一:"犹'所'也。"

⑮归:投靠。

⑪愿足下更虑之:希望您另想别的办法。

⑪遇:管子任法注:"待也。" 深:孟子滕文公上注:"甚也。"厉害,残酷。

⑪戮:说文:"杀也。" 没:小尔雅广诂:"灭也。" 为:被。

⑪痛于骨髓:犹痛入骨髓。

⑫顾计不知所出耳:只是想不出什么办法啊! 顾:王引之经传释词卷五:"犹'但'也。" 所:裴学海古书虚字集释卷九:"犹'何'也。"

⑫吕氏春秋孝行览义赏"文公用咎犯之言",高注:"言,谋也。""言"即上句"计"。广雅释诂四:"计,谋也。"

⑫荆轲传无"善"字。闵本"善"作"召"。于鬯战国策注:"一本'善'作'召'"。

⑫把:说文:"握也。"犹言抓住。

⑫姚校:"一无'抗'字,曾、钱作'揕抗'。" 鲍本无"而""抗"二字。荆轲传同鲍本,集解:"徐广曰:'揕'一作'抗'。"索隐:"揕,谓以剑刺其胸也;又云:一作'抗',言抗拒也。其义非"。 黄丕烈战国策札记:"小司马读误也。史记字作'揕',战国策字作'扰',故徐广曰'一作扰','揕'、'扰'同字,作'抗'是形近之讹。吴依小司马读并误。" 王念孙读书杂志荆轲传杂志:"'抗'当为'扰',俗书从'尤'之字作'冘',从'亢'之字从'冘',二形相似,故'扰'讹作'抗'。说文'扰,深击也。'广雅曰'扰,刺也。'集韵'扰''揕'并陟甚切。'揕'之为'扰',犹'湛'之为'沈'也。燕策'抗'亦'扰'字之讹,且亦是一本作'揕',一本作'扰',而后人误合之耳,姚宏校本云'一无抗字',是其证矣。列子黄帝篇'搤㧖挏扰',释文云'扰,方言,击背也;一本作抗,违拒也。'亦未知'抗'即'扰'之讹耳。" 于鬯战国策注:"御览胸览引春秋后语则亦无'抗'字,此条后语今尚存于说郛

中。" 建章按:"霓"亦作"霶";"霶",毛诗作"忱",韩诗作
"沈","湛",古"沈"字,凡汉书志、传"湛"字注皆读曰"沈";
"媅"又作"妉"。(并见朱骏声说文通训定声临部)可见从
"甚"之字与从"冘"之字通,则"揕"与"扰"通,故此当一本作
"揕",一本作"扰",而"扰"又误作"抗"。黄、王说皆是。当据
姚引一本、鲍本、荆轲传删"抗"字,闵本亦无"抗"字。

⑫见陵:见注⑧。

⑫将军岂有意乎:您是否同意这样做。 岂:王引之经传释词卷
五:"犹'其'也。"表示商量。

⑫偏袒:脱下一边衣袖,露出臂膀。 扼腕:荆轲传索隐:"勇者奋
厉,必先以左手扼右捥也。捥,古腕字。"下决心之状。

⑫切齿:咬牙切齿。 拊心:尔雅释训:"辟'拊心也。"郭注:"谓
椎胸也。"皆奋激之状。

⑫函封之:装在匣子里封好。

⑬预求:预先寻求。

⑬徐夫人之匕首:荆轲传泷川资言考证引中井积德曰:"徐夫人,
非女子未可知也,且其命'匕首',非必工名;或所贮之人名盛,
则亦以命焉。"

⑬淬(cuì脆):淬火,制造刀、剑时,把烧红了的刀、剑浸入水或其
他液体中,急速冷却,使之硬化。 以药淬之:用毒药炼附在匕
首上。

⑬血濡缕:被刺伤,浸出一丝血。

⑬乃为装:于是准备行装。 为:小尔雅广诂:"治也。"

⑬遣荆轲:送荆轲出发。

⑬汉书匈奴传上:"燕有贤将秦开……与荆轲刺秦王秦舞阳者,开
之孙也。"墨子非乐上孙诒让说:"'舞'、'武'字通。"

⑬鲍本、闵本、荆轲传"二"并作"三"。

⑬鲍本、闵本、荆轲传并无"与"字。荆轲传索隐:"不敢逆视,言人畏之甚也。"

⑬副:黄帝内经素问卷二十三疏五过论篇"为万民副"杨上善云:"助也。"助手。

⑭荆轲有所待欲与俱:荆轲等待另一人,想和他同去。

⑭顷之:待了一些日子。 未发:还未动身。 发:起程。

⑭迟之:嫌他拖延。迟用作动词。

⑭日以尽矣:日子不多了。 以:通"已"。

⑭今日往而不反者竖子也:现在就去秦国,如不能反命,那才是一个庸俗的小子呢。 而:若。 荆轲传作"何太子之遣,往而不返者,竖子也"。金正炜战国策补释:"此文当作'今日往而不及者,竖子也',于义乃适,犹云:今日往而不及于事,是我不成为丈夫也。下云'今太子迟之,请辞决矣',其义可见。'反'与'及'二形相似,因以致误。史记荆轲传'何'读'荷','反'亦'及'字讹也。"

⑭仆:我,自我谦称。

⑭请辞决矣:我愿就此告别。

⑭白衣冠:丧服。知其凶多吉少而难返,故穿丧服送行;同时也有激励之意。

⑭祖:古代饯行的一种隆重仪式,祭路神后,在路上设宴为人送行。故称饯行为"祖道"。 取道:上路。

⑮论衡书虚篇"离"作"丽"。仪礼乡饮酒礼"乃间歌鱼丽",陆德明经典释文:"'丽'本或作'离'。" 筑:古代乐器名。梁玉绳史记志疑:"艺文类聚四十四、初学记十六引宋玉笛赋云'宋意将送荆卿于易水之上',文选二十八杂歌序云'荆轲歌,宋如意和之',淮南泰族云'高渐离、宋意为击筑而歌于易水之上',水

卷三十一 燕策三

经注十一云'高渐离击筑,宋如意和之',新论辨乐云'荆轲入秦,宋意击筑',陶潜靖节集咏荆轲诗云:'宋意唱高声。'策、史俱不及宋如意,何也?"

㉒和:跟着唱。

㉒古人把宫、商、角、变徵(zhǐ止)、徵、羽、变宫称为七音,大致相当于现代音乐简谱上的1、2、3、#4、5、6、7。以宫为音阶起点的是宫调式,以商为音阶起点的是商调式,余类推。这样大致相当于西乐的C、D、E、F、G、A、B调。 变徵之声:相当于西乐F调,声悲凉,故"士皆垂泪涕泣"。

㉓前而为歌:边前行边唱歌。

㉔萧萧:形容风吹动之声。 兮:相当于"啊"。

㉕忼慨:慷慨,说文:"忼,忼慨也。忼慨,壮士不得志于心也。"(据段玉裁说文解字注) 羽声:相当于西乐A调,见注㉒。

㉖瞋(chēn)目:发怒时睁大眼睛。

㉗发尽上指冠:意同"怒发冲冠"。

㉘终已:终究,一直。已:语助。 顾:回头。

㉙千金之资币物:价值千金的财币礼物。

㉚厚遗:重重地贿赂。 遗:赠送。 中庶子:掌公族事务之官。

㉛鲍本、闵本、荆轲传"畏慕"并作"怖"。 振:通"震",尔雅释诂:"震,惊惧也。" 畏:恐惧。

㉜姚校:"'拒大王'一作'逆军吏'。" 鲍本、闵本、荆轲传并作"逆军吏"。

㉝内臣:臣属。

㉞比:同,排。

㉟给贡职如郡县:交纳赋税、派服劳役,像直属郡县一样。

㊱而得奉守先王之宗庙:能尊守先王的宗庙,按时祭祀。

㊲自陈:亲自陈述。

战国策注释

⑯使使以闻大王:特派使臣来禀告大王。　闻:<u>吕氏春秋</u>审应览
　　重言高注"知也"。又<u>淮南子</u>主术训高注:"犹'达'也。"则犹言
　　告知。

⑯唯:同"惟",愿,希望。　命之:指示。

⑰朝服:穿了上朝的礼服。

⑰设九宾:举行外交上最隆重的礼仪。　宾:傧相,赞礼官。　九
　　宾:由九个傧相依次传呼、接引使者上殿。

⑰见<u>燕</u>使者<u>咸阳宫</u>:在<u>咸阳宫</u>接见<u>燕</u>使者。　<u>董说</u>七国考卷四<u>秦</u>
　　宫室:"三辅故事云'<u>咸阳宫</u>在<u>渭</u>北'。"<u>渭</u>:<u>渭水</u>。

⑰奉:捧。

⑰以次进:<u>荆轲</u>为正使在前,<u>秦武阳</u>为副使在后,按照这个次序
　　前进。

⑰陛下:宫殿的台阶下。

⑰色变:变了脸色。　振恐:害怕。

⑰顾:回头。

⑰前为谢:上前为<u>秦武阳</u>谢罪。

⑰北蛮夷之鄙人:北方荒野没有见过世面的粗人。指<u>秦武阳</u>。

⑱慴:<u>说文</u>:"惧也。"　振慴:恐惧。

⑱于<u>邑</u>战国策注:"假借,犹宽恕之意。"

⑱使毕使于前:让他能够在大王前完成他的使命。　<u>鲍</u>本、<u>闵</u>本、
　　荆轲传"使"下并有"得"字。

⑱奉之:把地图献上。　奉:<u>广雅</u>释言:"献也。"

⑱发图:展开地图。　发:<u>广雅</u>释诂三:"开也。"

⑱图穷:地图展到尽头。　穷:<u>淮南子</u>修务训高注:"尽也。"　见:
　　同"现",露出。

⑱把:<u>说文</u>:"握也。"此言抓住。

⑱揕之:见注⑭。

⑱自引而起:抽身跳起。

⑲绝袖:把袖子挣断了。

⑳摻:同"操",说文:"操,把持也。"方言九"剑削自河而北,燕、赵之间谓之室"。削同"鞘"。此言,因为剑长,抓住了剑鞘。 或诗郑风遵大路疏:"摻,训为敛。"则"摻其室"是说剑长未全拔出,剑仍在鞘内,故曰"摻"。

㉑姚校:"'怨',曾作'恐'。" 鲍本、闵本、荆轲传"怨"并作"惶"。 建章按:一切经音义三引苍颉篇:"惶,恐也。"与曾本义合。"怨"当为"恐"字形误。又下文出两"惶急",疑本当作"惶急"。

㉒坚:广雅释诂四:"长也。"

㉓立:杨树达词诠卷二:"即也。今言'立刻'。"

㉔还:左襄十年传注:"绕也。" 走:释名释姿容:"疾趋曰走。"即跑。

㉕卒(cù 促):同"猝",突然。 起:论语八佾皇疏:"发也。"发生。 不意:出人意料。

㉖尽失其度:大伙都无计可施,不知该怎么办。 失:淮南子说山训高注:"犹不知也。" 度:尔雅释诂:"谋也。"

㉗鲍本、闵本、荆轲传"尺兵"并作"尺寸之兵"。 建章按:秦策五第八章"无咫尺之功者不赏",赵策二第一章"舜无咫尺之地以有天下",赵策四第七章"赵王以咫尺之书来",秦策三第九章"肤寸之地无得者",燕策一第十三章"又无尺寸之功"据此则当作"尺寸之兵"。此言,不能携带任何武器。

㉘诸:广雅释诂三:"众也。" 郎中:荆轲传索隐:"若今宿卫之官。"即今警卫武官。 陈:广雅释诂一:"列也。" 殿下:宫殿台阶之下。

㉙诏:皇帝的命令。

⑳下兵:指殿下执武器的警卫人员。

㉑无以击轲:没有什么东西用来击刺荆轲。

㉒乃以手共搏之:殿上的群臣只好赤手空拳和荆轲对打。

㉓侍医:皇帝的随从医官。　且:读 jū。　以:用。　提:史记周勃世家"文帝朝,太后以冒絮提文帝。"索隐:"萧该音'底',提者掷也。"说文"抵"字下段玉裁注"提,'抵'之假借字也"。抵,通"摘""掷"。

㉔荆轲传索隐引王劭曰:"古者带剑上长,拔之不出室。欲王推之于背,令前短(按:前有余地)易拔,故云'王负剑'。"此言,大王,快背上剑! 快背上剑!

㉕股:大腿。

㉖废:残废(不能行动)。

㉗引:文选卷四十八班固典引蔡注:"伸也,长也。"此犹言"举起"。

㉘被八创:荆轲被砍伤八处。　鲍本、闵本、荆轲传并复"轲"字。创:说文:"伤也。"

㉙就:尔雅释诂:"成也。"

㉚箕踞:席地而坐,伸开两腿,像个簸箕。这是一种轻慢的态度。

㉛乃:裴学海古书虚字集释卷六:"犹'以'也。"即"因"。　以:又卷一"犹'能'也"。　生劫之:活捉你。

㉜必得约契:一定得到你归还侵夺诸侯的侵地的契约。

㉝既:裴学海古书虚字集释卷五:"犹'即'也。"　前斩:上前杀了。史记邹阳列传"荆轲之湛七族"。论衡语增篇:"燕使荆轲刺秦王,秦王觉之,体解轲以徇……诛轲九族"。

㉞良久:很久。

㉟坐:依法判罪。

㊱各有差:论功行赏者有差等,依法判罪者有差等。

㉑⑦黄金二百镒：见西周策第十一章注⑲。

㉑⑧鲍本、闵本、荆轲传并作"荆轲"。此当脱"荆"字。

㉑⑨诣（yì 意）：往，至。

㉒⓪十月：指秦王政二十一年（前 226 年）十月。　拔：攻下。　蓟城：燕都，相传即今北京市德胜门外的土城关，亦称蓟门，现尚有"蓟门烟树"的石碑。

㉒①燕王喜：见齐策六第三章注⑪。　东保于辽东：往东撤走，退守辽东。　辽东：今辽宁省辽河以东之地。

㉒②代王嘉：赵悼襄王之嫡子。悼襄王废嘉而立迁，是为幽穆王。前 228 年秦破赵都邯郸，虏赵王迁，嘉自立为代王，前 222 年为秦所灭。代：见秦策一第五章注㉗。　代王嘉计：荆轲传："代王嘉乃遗燕王喜书曰'秦所以尤追燕急者，以太子丹故也。今王诚杀丹，献之秦王，秦王必解，而社稷幸得血食'。"即所谓"代王嘉计"。

㉒③五岁而卒灭燕国：秦王政二十五年（前 222 年）灭燕，距"拔蓟城"前后共五年。

㉒④兼：说文："并也。"又广雅释诂四："同也。"此言"统一"。

战国策注释卷三十二

宋 卫 策

宋:微子启(微,国号;子,爵号。因避汉景帝讳,又称微子开)姓子名启,是殷代帝乙的长子,纣的庶兄。周公既承成王命,诛武庚、杀管叔、放蔡叔,乃命微子启代殷后,封国于宋。其疆域有今河南省东南部和今山东省、江苏省、安徽省之间一部分地。国都睢阳(今河南省商丘市西南)。据杨宽说"战国初期宋昭公、宋悼公时可能迁都彭城(今江苏省徐州市)。"钱穆先秦诸子系年99节"附战国时宋都彭城证"举出十六条证据,说:"宋都彭城,不都睢阳,断可定矣。"传至王偃,于周赧王二十九年(前286年)为齐闵王所灭。

卫:姬姓,侯爵,周武王同母少弟、康叔姬封之封国,其疆域有今河南省、山东省之间北部的一部分地。国都原在朝歌(今河南省淇县北),文公(前659年—前635年)时徙楚丘(今河南省滑县东),成公(前634年—前600年)时徙帝丘(今河南省濮阳县西南),元君(前252年—前230年)时徙野王(今河南省沁阳市)(据程恩泽国策地名考)。传至君角,于秦二世元年(前209年)废为庶人。

一　齐攻宋章

齐攻宋①，宋使臧子索救于荆②。荆王大说③，许救甚劝④。臧子忧而反⑤。其御曰⑥："索救而得，有忧色何也？"臧子曰："宋小而齐大；夫救于小宋，而恶于大齐⑦，此王之所忧也⑧。而荆王说甚，必以坚我⑨；我坚而齐弊，荆之利也⑩。"臧子乃归。

齐王果攻⑪，拔宋五城⑫，而荆王不至⑬。

【注释】

①鲍系此策于宋剔成世，注以为荆王为威王，齐王为宣王。　吴正："此章时不可考，缺之可也，鲍妄为傅会。"　顾观光战国策编年系此策于周慎靓王元年（前 320 年）。　于鬯战国策注："此策时不可考。或谓此正是齐闵王伐宋事，则当在周王赧二十七、二十八、二十九（前 288、前 287、前 286）。"　建章按：史记宋微子世家"君偃十一年，自立为王，东败齐取五城"梁玉绳史记志疑引此策以为彼"东破齐取五城"即此"齐拔宋五城"之误。果如此，则此策当系于周慎靓王三年（前 318 年）。

②潜夫论志氏姓宋有臧氏，则臧子是宋人。　索：小尔雅广言："求也。"　荆：即楚。见秦策一第五章注④。

③荆王：怀王，见东周策第八章注③。　说：同"悦"。

④劝：高注："力也。"

⑤反：同"返"，还。

⑥御：仪礼既夕礼注："御者，今时侍从之人。"

⑦恶：关系恶化。

⑧韩非子说林上"王"作"人"。王念孙读书杂志:"'王'当作'人',今作'王'者,战国策'人'字或作'玍',因讹而为'王'。"

建章按:据文义当作"人"。

⑨坚我:坚定我与齐战的决心。

⑩弊:疲。　宋坚决抗齐,必然两败俱伤,故楚得其利。

⑪韩非子说林上"王"作"人"。王念孙读书杂志:"王,亦当作'人'。"说见注⑧。

⑫拔:攻下。

⑬说林上"王"作"救"。王念孙读书杂志:"王,亦当作'人'。"

二　公输般为楚设机械将以攻宋章

公输般为楚设机〔械〕①,将以攻宋②。墨子闻之③,百舍重茧④,往见公输般,谓之曰:"吾自宋闻子⑤,吾欲藉子杀王⑥。"公输般曰:"吾义固不杀王⑦。"墨子曰:"闻公为云梯,将以攻宋⑧。宋何罪之有⑨? 义不杀王而攻国⑩,是不杀少而杀众。敢问攻宋何义也⑪?"公输般服焉,请见之王⑫。

墨子见楚王曰⑬:"今有人于此,舍其文轩⑭,邻有弊舆⑮,而欲窃之;舍其锦绣,邻有短褐⑯,而欲窃之;舍其粱肉⑰,邻有糟糠⑱,而欲窃之。此为何若人也⑲?"王曰:"必为有窃疾矣。"

墨子曰:"荆之地方五千里,宋方五百里,此犹文轩之与弊舆也;荆有云梦⑳,犀、兕、麋鹿盈之㉑,江、汉鱼、鳖、鼋、鼍为天下饶㉒;宋所谓无雉、兔、鲋鱼者也㉓,此犹粱肉之与糟糠也。荆有长松、文梓、楩、枏、豫樟㉔，宋无长木㉕，此犹锦绣之与短褐也。恶以王吏之攻宋为与此同类也㉖。”王曰：“善哉！请无攻宋㉗。”

【注释】

①公输般：于鬯战国策注以为“此公输般与春秋的公输般为二人”。“如善射皆谓羿，善相马皆谓伯乐，善医皆谓扁鹊之例，古艺术之士往往如此。”又说“后汉张衡传李注引世本云‘公输作石磑’。”“山海海内经云：‘少皞生般，般是始为弓矢’，则似古已有巧工称公输，称般者。故后汉崔骃传‘班倕’并称。倕，舜时人，而班转在倕之上，当不指春秋时人矣。然则春秋时公输般已是袭古人之号，则与战国之公输般为二人，更无不可也。” 高注：“机械，云梯之属也。” 文选卷四十任昉百辟劝进今上笺李注引此作“机械”，又卷五十三陆机辨亡论下李注引此作“机械”。 王念孙读书杂志：“‘机’下当有‘械’字，庄二十三年公羊传注曰‘有攻守之器曰械’，‘机械’，机巧之械也。” 建章按：据高注及文选李注引，此机下当脱“械”字。 设：荀子议兵注“谓制置也。”即“制造”，墨子公输作“公输般为楚造云梯之械，成。”

②宋：见秦策一第四章注②。

③墨子：见齐策六第三章注㊻。

④百舍重茧：见赵策一第八章注⑩、⑨。

⑤闻子：鲍注：“闻其善。”

⑥吴正：“一本三‘杀王’并作“杀㞷”，云‘人、㞷，并而邻反。’集韵云‘唐武后字作㞷’，如‘臣’字作‘𢘑’。㞷，即人。” 黄丕烈战国策札记：“‘㞷’字是也。” 淮南子道应篇王念孙读书杂志：“宋策‘吾欲藉子杀人’，今本‘人’作‘王’，亦‘㞷’之误。” 于

于鬯战国策注:"公输篇此句作'北方有侮臣,愿藉子杀之',则明非'王'字。" 建章按:吴引一本当是。

⑦公输篇:"王"作"人,"正与一本作"臣"同。

⑧云梯:古代攻城时攀登城墙的长梯。

⑨宋何罪之有:宋有什么罪?

⑩此"王"亦当作"臣",见注⑥。

⑪此是针对上文"吾义"句,故反问"何义"。

⑫请见之王:即请见之于楚王。 见:介绍,见赵策四第十二章注⑫。 请:求。

⑬见:吕氏春秋适威高注:"谒也。"拜见。

⑭文轩:文车,见齐策四第一章注⑯。文选卷十六江淹别赋李注:"轩,车通称也。"

⑮弊:破。 舆:后汉书光武纪下注:"车之总名也。"

⑯姚校:"'短'一作'裋'。" 鲍本、闵本"短"并作"裋"。墨子非乐上、鲁问、公输,韩非子喻老、五蠹、说林上,淮南子览冥训、主术训、齐俗训皆作"短褐"。 孙诒让、刘文典皆以"短"为"裋"的借字。 于鬯战国策注:"'短'与'裋'似未便相借。" 陈奇猷韩非子集释:"当作'裋'。" 建章按:"短褐"与"裋褐"自古已并用,似不必以为误。短褐(shù hè 恕贺):僮仆所穿的粗布短衣。与"锦绣"对文。

⑰粱肉:精美的食物。 粱:汉书食货志上注:"好粟也。"

⑱糟糠:酒糟、米糠等粗劣的食物。

⑲何若人:甚等样人。

⑳云梦:见楚策一第十章注⑱。

㉑兕(sì 寺):雌性的犀牛。 麋(mí 迷):兽名,俗称四不像。

㉒江:长江。 汉:汉水。 鼋(yuán 元):鳖的一种,亦称"绿团鱼"。 鼍(tuó 驼):称"扬子鳄"。 饶:广雅释诂三:"多也。"

㉓"宋所谓"句：宋国是一个所谓连野鸡、兔子、鲫鱼都没有的地方。　鲋：鲫鱼。

㉔梓（zǐ子）：梓树。　文梓：梓树的一种。　楩（pián 骈）：南方大木名。　柟：楠的异体字，木材为上等木料。　豫樟：即樟木。

㉕长木：犹言成材的好木。

㉖鲍改"恶"为"臣"。　吴补："疑字误。"　黄丕烈战国策札记："此'恶'，'惡'字耳。"　金正炜战国策补释："'惡'与'臣'同。'王吏'，墨子作'三事'，尸子作'王使'，神仙传作'臣闻大王更议攻宋'，文以'王使'义胜，谓使般也。诸书皆以形似而讹。"

建章按：论语泰伯"乱邦不居"，注："乱谓臣弑君，子弑父。"陆德明经典释文"'惡'，古'臣'字，本今作'臣'。"龙龛手鉴卷一心部："惡，音臣。"墨子号令"大将使使人行守"于省吾双剑誃诸子新证："金文'使'、'吏'同字，'使使人'即'使吏人'。"

为：刘淇助字辨略卷一："犹'是'也。"　建章按：鲍、黄、金以为"恶"是"惡"之误皆是。此句言，臣以为王使公输般攻宋，是与"锦绣之与短褐""梁肉之与糟糠"一个样。

㉗无：王引之经传释词卷十："勿也。"

三　犀首伐黄章

犀首伐黄①，过卫，使人谓卫君曰②："弊邑之师③，过大国之郊，曾无一介之使以存之乎④？敢请其罪⑤。今黄城将下矣⑥，已⑦，将移兵而造大国之城下⑧。"卫君惧，束组三百绲⑨，黄金三百镒⑩，以随使者⑪。

南文子止之曰⑫："是胜黄城必不敢来⑬，不胜亦不敢来。是胜黄城，则功大名美，内临其伦⑭；夫在中者恶临⑮，议其事⑯;蒙大名⑰,挟成功⑱,坐御以待中之议⑲,犀首虽愚,必不为也。是不胜黄城,破心而走归⑳,恐不免于罪矣,彼安敢攻卫以重其不胜之罪哉㉑?"

果胜黄城,帅师而归,遂不敢过卫。

【注释】

①高注:"黄,国名也。" 鲍注:"犀首,魏官名,非公孙衍。" 吴正:"据左传南文子相卫悼公,悼公与智伯并时,则犀首非公孙衍矣。司马彪谓犀首为魏官,以此策考之,悼公元年当贞定王元年,至威烈王二十三年,三晋始为诸侯,时六十余年,是时已有犀首,非魏官矣。意尝其为姓名或号,说见秦策。然则此犀首者,亦三晋之臣欤?" 于鬯战国策注:"以犀首为姓名,非号之说近是。" 建章按:下文皆言"黄城",当非国名。黄城见齐策五注㊵。

②据吴正卫君即卫悼公。史记卫康叔世家,卫君起卒,卫出公季父黔立,是为悼公,索隐:"系本名虔。"左哀二十六年传注:"悼公,蒯聩庶弟公子黜也。"疏引卫康叔世家"黔"作"黜"。则"黔""黜""虔",实为一人,音近而字异。前455年—前452年在位。

③弊邑:对本国的谦称。

④曾:何也,见楚策三第二章注⑦。 一介之使:见秦策五第五章注㊹。 存:见秦策五第五章注㊹。 之:指上文"师"。

⑤敢请其罪:我特来告罪。这是反话。 其:我的。

⑥下:攻下。

⑦已:此言黄城攻下以后。

⑧移兵:犹引兵。 造:高注:"诣也。"至。

⑨高注:"组,斜文纷绶之属也。十首为一缊也。" 建章按:用丝

织成的阔带子,古代用作佩印佩玉的绶带,也用作穿甲;此当是穿甲用。**孙诒让札迻**:"续汉书舆服志说绶制云:'凡先合单纺为一系,四系为一扶,五扶为一首。'" 絚:犹捆、束。

⑩镒:见东周策第二十二章注③。

⑪以随使者:准备随使者送去。

⑫南文子:**高注**:"卫大夫。"

⑬是:**裴学海古书虚字集释卷九**"犹'其'也"。

⑭内:朝廷内。 临:**广雅释诂一**:"大也。" 伦:**广雅释诂一**"辈也。" 此言,因其功大名美,其地位就会在同僚之上。

⑮在中者:指上文"其伦"。 恶:**吕氏春秋贵直论注**:"疾也。"畏忌。

⑯**高注**:"恶其临己,故将议其事也。" **金正炜战国策补释**:"以注求之,'议'上当有'且'字文义乃完。" **鲍注**:"议,谓谮短之。" **建章按**:高注"故将"即释"且"字,疑脱"且"字。金说是。此连上句是说,同僚们畏忌其在己之上,将会说他的坏话。

⑰蒙:受。 大名:即上文"美名"。

⑱挟:持。

⑲**金正炜战国策补释**:"说文'坐,止也'与'留'同意。赵策'楼缓坐魏三月'谓留魏也。'御'当为'卫'字之讹,史记商君传注引战国策云'卫庶子也',策文作'御庶子',误与此同。" **关修龄战国策高注补正**:"'坐御',疑作'来卫',言来卫稽留以待于在中者之贬议。" **建章按**:易蒙注:"为之扦御"陆德明经典释文"'御'本又作'卫'。"金说或是。广雅释诂:"御,止也。"则"坐""御"同义,复音词,犹言束手以待同僚们谗诬。

⑳破心:**鲍注**:"惧罪也。" 走归:奔回本国。

㉑重:加重。

四 梁王伐邯郸章

梁王伐邯郸^①，而征师于宋。宋君使使者请于赵王曰^②：“夫梁兵劲而权重^③，今征师于弊邑^④。弊邑不从，则恐危社稷^⑤；若扶梁伐赵^⑥，以害赵国，则寡人不忍也。愿王之有以命弊邑^⑦。”

赵王曰：“然。夫宋之不足如梁也^⑧，寡人知之矣。弱赵以强梁^⑨，宋必不利也^⑩。则吾何以告子而可乎^⑪？”使者曰：“臣请受边城，徐其攻，而留其日^⑫，以待下吏之有城而已^⑬。”赵王曰：“善。”

宋人因遂举兵入赵境，而围一城焉。梁王甚说^⑭，曰：“宋人助我攻矣。”赵王亦说，曰：“宋人止于此矣^⑮。”故兵退难解^⑯，德施于梁，而无怨于赵。故名有所加，而实有所归^⑰。

【注释】

①梁王伐邯郸：见齐策一第六章注①。　梁王：魏惠王，见秦策四第五章注⑦。

②宋君：剔成，辟公之子，据梁玉绳史记志疑说：“‘剔成’者‘易城’之误，旰其名，旰封于易城之地，因以为号，失其谥。”宋国第三十一君，前369年—前329年在位。　请：广雅释诂三：“求也。”

赵王：成侯，敬侯之子，名种，赵国第四君，前374年—前350年在位。

③劲：高注：“强也。”

④弊邑：对本国的谦称。

⑤社稷：见秦策一第五章注(56)。

⑥扶：高注："助也。"

⑦愿：希望。　命：礼记乐记注："教也。"

⑧足：刘淇助字辨略卷五："犹'能'也。"　如：高注："当也。"即"敌"。

⑨此句言削弱赵国来加强魏国。

⑩魏必灭宋，故言"不利"。

⑪此句言那么我又能告诉您什么呢？

⑫"使者曰"以下是说，宋使者建议："宋不与魏攻邯郸，让赵国给一个边界城邑，宋国慢慢进攻，这样来拖延时间。"这样做也就是答应了魏"征师"的要求。

⑬鲍注："攻之不力，使赵无失城。"　下吏：此指赵王，见秦策二第十五章注⑧。

⑭说：同"悦"。魏王以为宋助魏攻赵，故"甚说"。

⑮止于此：只攻边城。　止：裴学海古书虚字集释卷九"犹'仅'也"。

⑯难：魏伐邯郸之难。

⑰关修龄战国策高注补正："名，谓'助梁''救赵'之名加于宋也；实，谓二国之交归于宋也。"

五　谓大尹曰章

谓大尹曰[①]："君日长矣，自知政，则公无事[②]。公不如令楚贺君之孝，则君不夺太后之事矣[③]，则公常用宋矣[④]。"

【注释】

①高注："大尹，宋卿。"　吴正："左传哀二十六年杜注：'大尹，近

官有宠者。'" 于鬯战国策注:"疑省太宰而设大尹,或大尹即大宰之别称。" 建章按:韩非子说林下"谓大尹曰"作"白圭谓宋令尹曰",陈奇猷韩非子集释引太田方曰"令尹,战国策作'大尹'是也。宋无令尹。"

②高注:"言宋王年日长大,自能制法布政也,则大尹无复有专政之事也。" 建章按:左襄二十六年传:"公孙挥曰,子产其将知政矣。"知政,即主持国政。

③事:高注:"政事也。"

④高注:"太后尹母也,与后共为政。太后不见夺政,则大尹不见废也,故云常用于宋也。" 于鬯战国策注:"高注'尹'当作'君',字讹,'后'亦'君'字讹。高原云'太后,君母也,与君共为政。'" 建章按:据文义,于说是。

六 宋与楚为兄弟章

宋与楚为兄弟①。齐攻宋②,楚王言救宋③。宋因卖楚重以求讲于齐④,齐不听。

苏秦为宋谓齐相曰⑤:"不如与之,以明宋之卖楚重于齐也。楚怒,必绝于宋而事齐⑥,齐、楚合,则攻宋易矣。"

【注释】

①此句言,宋与楚结为兄弟之国。钱穆先秦诸子系年95节"附苏代苏厉考"说:"此'苏秦'亦'苏代'之讹,齐攻宋时,代留齐未去。" 建章按:马雍将帛书前十四篇按先后次序列表,根据表上所列举的事件,前286年初及上半年,苏秦被拘留在赵;下半年由赵返齐。马雍又说:"苏秦于公元前286年中由赵国到了

齐国,他说服了齐王,使齐王不把蒙邑封给奉阳君;并挑拨了齐、赵的关系,使齐、赵邦交恶化。"可见此时苏秦"谓齐相"乃轻而易举之事。

②齐攻宋:见第一章,或与彼同时。

③楚王:怀王,见东周策第八章注③。

④卖:说文:"衒也。"今言"炫"。 此句言,宋国则炫耀自己受楚国的重视去要求和齐国讲和。

⑤苏秦:见东周策第五章注③。

⑥事齐:犹言与齐要好。 事:侍。

七　魏太子自将过宋外黄章

魏太子自将,过宋外黄①。外黄徐子曰②:"臣有百战百胜之术,太子能听臣乎?"太子曰:"愿闻之。"客曰③:"固愿效之④。今太子自将攻齐,大胜并莒,则富不过有魏⑤,而贵不益为王⑥;若战不胜,则万世无魏⑦。此臣之百战百胜之术也。"太子曰:"诺。请必从公之言而还⑧。"客曰:"太子虽欲还,不得矣⑨。彼利太子之战攻,而欲满其意者众⑩,太子虽欲还,恐不得矣。"

太子上车请还。其御曰⑪:"将出而还,与北同⑫,不如遂行⑬。"遂行。与齐人战而死,卒不得魏⑭。

【注释】

①高注:"魏惠王太子申也。自将攻齐。" 建章按:齐策一第九章"田忌为齐将,系梁太子申,禽庞涓。"又见齐策一第七章注⑯。 将:带领。 外黄:见秦策四第九章注㉑。 姚本连上

篇为一章,鲍本分为两篇,将此篇移至魏策。于鬯说"卢刻提行"。据文义,分两章,仍入宋卫策。

②汉书艺文志儒家有"徐子四十二篇",班固自注:"宋,外黄人。"史记魏世家集解:"刘向别录曰'徐子,外黄人也。'外黄时属宋。"韩非子喻老有"徐冯",陈奇猷集释疑即此"徐子"。

③高注:"客,徐子也。"

④效:献。

⑤于鬯战国策注:"此刻'并莒则富'四字刊补,故他行通二十字,此行独二十二字。疑本无'并莒'二字,或无'则富'二字,盖依史补。" 建章按:莒,见西周策第十四章注④。于引史,见魏世家。

⑥益:高注:"亦'过'也。"

⑦此言,如战不胜齐,太子亡,不能有魏权,其子孙亦不能有魏权,故言"万世无魏"。

⑧横田惟孝战国策正解:"还,则无战败之患,而终能有魏。故曰'百战百胜之术也'。"

⑨得:裴学海古书虚字集释卷六:"犹'能'也"。

⑩高注:"彼,谓魏战士也。欲使太子战,得其利,以盈满其志意。众,多也。" 鲍注:"希赏也。"

⑪御:见第一章注⑥。

⑫高注:"北,退走也。与退走者同罪。"

⑬行:释名释姿容"两脚进曰行。"此言不如就进兵。

⑭高注:"齐人败之马陵,虏庞涓,而杀太子申,故云'卒不得魏也。'" 卒:尔雅释诂:"终也。"

八 宋康王之时章

宋康王之时①,有雀生(鸇)〔鸇〕于城之陬②。使史占之③，曰："小而生巨，必霸天下④。"康王大喜，于是灭滕、伐薛⑤，取淮北之地⑥。乃愈自信，欲霸之亟成⑦。故射天笞地⑧，斩社稷而焚灭之⑨，曰："威服天〔下〕〔地〕鬼神⑩"；骂国老谏曰⑪，为无颜之冠⑫，以示勇；剖伛之背⑬，锲朝涉之胫⑭，而国人大骇⑮。齐闻而伐之，民散，城不守。王乃逃倪侯之馆⑯，遂得而死⑰。见祥而不为祥，反为祸。

【注释】

①宋康王：钱穆先秦诸子系年 99 节"附宋王偃即徐偃王说"说："余疑徐偃王即宋王偃，其见灭时，惟淮南楚庄王之说得之。宋称徐者，战国时宋都盖迁彭城。韩世家：'文侯二年伐宋，到彭城，执宋君。'年表亦载此语。其时宋当休公世，盖已迁彭城，而史阙不载。盖宋都商丘，其地四望平坦，无险可守。彭城俗劲悍，又当南北之冲，乃为形胜所必争。宋之徙都，实与赵徙邯郸，韩徙郑，魏徙大梁同意，皆就冲要以自镇。故宋亦称徐，即指新都彭城言。如韩称郑，魏称梁是也。偃王者，疑乃王偃之倒。考谥法无'偃'。秦本纪集解引尸子曰'徐偃王有筋而无骨'，驷谓号偃由此。此语无稽，而可以证'偃'之非谥。志疑云：'偃身死国亡，未必有谥，然国策、墨子、吕览、新序诸书，俱以偃谥康王，而荀子王霸篇称为宋献，杨倞注曰：国灭之后，其臣子各私为谥，故不同。'则是王偃谥康，谥献，于当时本非通行，故野人小民遂乃倒王之名以为称。庄子列御寇'曹商为宋王使秦'，释文：'司马云：偃王也。'则王偃后固亦称偃王矣。"建章按：梁启雄荀子简释引刘师培说："献，即'康'之讹。"

②高注："鹠，王鹏也，羽虫之孽也。" 新序杂事四"鹠"作"鹢"，贾谊新书春秋"鹠"作"鹢"，资治通鉴周纪"鹠"作"鹩"。于鬯

战国策注:"御览 骂罟览引策'雦'作'鹯'。" 建章按:说文:"鷹,籀文'鹯'。"段玉裁注:"又作'雦',战国策'雦',新序作'鹯',一字也,今战国策误为'雦',通鉴作'雦',不误。"高注即作"雦",当改作"雦"。雦(zhān 占):同"鹯",一种似鹞、鹰的猛禽。 陬(zōu 邹):角落。

③史:高注:"太史。曰能辨吉凶之妖祥。"

④高注:"康王无道,不敢正对,故云'必霸天下'。"

⑤金正炜战国策补释:"世本称齐景公亡滕,汉地理志、水经注并云齐灭滕,竹书纪年书于越灭滕,春秋正义谓滕三十一世为楚所灭,春秋释例又云滕自叔绣以下至公丘三十一世为秦所灭。今据赵策苏代所言'秦起中山与滕,而赵、宋同命'以证此策,自视诸书为可据。洪容斋曰'薛自奚仲受封,历夏、商及周末,始为宋王偃所灭,享国九千百余年,传六十四代'。" 于鬯战国策注亦引赵策四第四章苏代语,云:"宋之灭滕,无可疑者。而如汉志及水经注、春秋世族谱诸言齐灭者,犹为近之。盖宋既灭滕,齐又灭宋,则滕地卒入于齐也。薛灭已久,此伐薛即伐齐。顾观光地理考云'孟子将筑薛,策康王伐薛,皆田婴之薛,非奚仲之薛也。'" 建章按:滕,见赵策四第四章注㉒,薛,见东周策第十六章注①。

⑥于鬯战国策注:"其地在楚之北,滕、薛亦即在其间,故因灭滕伐薛而取之。世家云:'君偃十一年自立为王,东败齐取五城,南败楚取地三百里,西败魏军。'即此也。" 杨宽战国史亦引史记宋微子世家说:"所说'东败齐',当与宋策所说'康王灭滕伐薛'有关。所说'南败楚,取地三百里',当即指宋策所说'取淮北之地'。"(337 页注②) 淮北:见齐策四第十一章注⑮。

⑦亟:高注:"速也。"

⑧射天笞地:见燕策二第十一章注⑳。

⑨斩:广雅释诂一:"断也。" 社稷:指土神、谷神之牌位。

⑩金正炜战国策补释:"'下'当作'地',承'射天笞地'而言,新序作'威严伏天地鬼神',可据以订正。管子形势篇'天地之配也',今本'地'误为'下',亦与此同。" 于鬯战国策注:"据上文则'下'字当作'地',贾书、新序正作'地'。" 建章按:"地"字易误作"下",又见秦策三第十八章注㉔。

⑪鲍改"曰"作"臣"。 吴补:"疑字误。" 王念孙读书杂志:"'曰'与'臣'形声俱不相近,若本是'臣'字,无缘误为'曰'。考太平御览人事部引此作'骂国老谏者',贾子春秋篇、新序杂事篇并作'骂国老之谏者',则旧本'曰'字乃'者'字脱去上半耳。且'谏者'即指'国老'而言。盖群臣莫敢谏,唯国老尚有谏者,而康王骂之也。" 金正炜战国策补释:"淮南俶真篇'逮至夏桀、殷纣,燔生人、辜谏者',此策文皆对举,'谏者'上当有脱字,新书、新序作'骂国老之谏者','之'字疑亦讹误。" 建章按:金说义似胜。

⑫鲍注:"冠不覆额。" 贾谊新书春秋、新序杂事四并作"为无头之棺"。初学记冠记引策"颜"作"头"。 建章按:"无颜之冠"未详。

⑬新书、新序"伛"下并有"者"。 建章按:当有"者"字,与下句对称。此句言,劈开驼背。 伛(yǔ雨):伛偻,驼背。

⑭此句言,斩断早晨过河者的小腿。 金正炜战国策补释:"广韵'锲,断绝也。'吕览过理篇:'截涉者胫,而视其髓。'截,亦犹锲也。"

⑮高注:"骇,乱忧也。" 关修龄战国策高注补正:"'忧'疑作'扰'。" 建章按:吕氏春秋审应览高注:"骇,扰也。"关说当是。此言,国内大为骚乱。

⑯于鬯战国策注:"倪侯者,岂本小邾之君,(按:小邾在今山东省

滕县东)然倪侯之馆当在宋,不在倪。据田世家言,宋王出亡死
于温,则又不在宋,而在魏。或云,魏有温,温有囷,所谓温囷;
倪侯岂为囷中馆名与?"

⑰金正炜战国策补释:"汉书广川惠王传'奴得辞服'师古曰'得
者为吏所捕得。''遂'字疑当作'逐',说文'逐,追也'。逐与逃
文正相应。吕览雍塞篇'王自投车上,驰而走',故此云'逐得'
也。吴越春秋吴太伯传'逐高而居',今本作'遂',误与此同。"

　　建章按:作"遂"亦通。遂:终,终于。

九　智伯欲伐卫章

　　智伯欲伐卫①,遗卫君野马四,百白璧一②。卫君大悦,
群臣皆贺,南文子有忧色③。卫君曰:"大国大欢④,而子有
忧色何?"文子曰:"无功之赏,无力之礼⑤,不可不察也⑥。
野马四,百璧一,此小国之礼也⑦,而大国致之⑧,君其
图之⑨。"

　　卫君以其言告边境。

　　智伯果起兵而袭卫⑩,至境而反⑪,曰:"卫有贤人,先知
吾谋也。"

【注释】

　　①智伯:见西周策第三章注⑥。

　　②鲍本、元本无"白"字。　吴补:"一本'白璧',姚同。"　高注:
"四百乘也。"　黄丕烈战国策札记:"此当以'野马四'为句,
'白璧一'为句。'百'即'白'字误衍,下文'野马四,百璧一',
误同。注云'四,百乘也','百'是'一'字误。说苑有此事,作

'智伯欲袭卫,故遗之乘马,先之一璧',与此可相证明。" 金正炜战国策补释:"'白'、'百'同音通用,鲍本'百璧'即'白璧',此盖误复也,后文'野马四,百璧一'足证鲍本不误;此由后人不辨'百'即'白',而以意补耳。荀子王制篇'司马知师旅甲兵乘白之数'注:'或曰,白当为百。''百'之为'白',犹'白'之为'百'也。高注:'四,百乘也。'当从黄丕烈说'四,一乘',周礼夏官序官'圉人乘一人'注'四马为乘',仪礼聘礼'马乘'注'乘,四马也。'" 建章按:此盖一本为"百",一本为"白",误合两本,故作"百白璧一",下文不误。高注系误合后,又将"百"字属上读,而误改者。 遗:赠送。 卫君:出公,系灵公太子蒯聩之子,名辄,卫国第二十七君,前476年—前456年在位。野马:駣駼(táo tú 陶徒),北方的良马。 白璧:见秦策四第十章注㉑。

③梁玉绳史记卫世家志疑说:"周纪集解引臣瓒曰:'汲冢古文谓卫将军文子为子南弥牟,(哀二十六年左传称弥牟为南氏。通志氏族略"子南氏,卫灵公之子公子郢之后",盖郢字子南也。)其后有子南劲。劲朝于魏,后惠成王如卫命子南为侯。'"大戴礼记卫将军文子"卫将军文子问于子赣",卢辩注说:"文子,卫卿也,名弥牟。"王聘珍解诂说:"孔氏檀弓疏云:'案世本:"灵公生昭子郢,郢生文子木及惠叔兰。兰生虎,为司寇氏。文子生简子瑕,瑕生卫将军文氏。"然则弥牟是木之字。'"周勋初韩非子札记战国时期的几起变乱佚史说:"据左传哀公二年杜预注,知郢字子南。其子以此为氏,故称子南弥牟。子南弥牟为灵公之孙,故左传哀公二十五年上又称之为公孙弥牟。"则南文子即子南弥牟、公孙弥牟,为公子郢之子、灵公之孙,曾任将军。

④金正炜战国策补释:"'大欢'当为'交欢','交'字残损,因误为'大'。" 关修龄战国策高注补正、横田惟孝战国策正解并言

战国策注释

“大国”一本作“一国”。　建章按:“大国”指智伯,若是“一国”
则指卫国全国。

⑤力:犹劳。

⑥察:慎审考虑。

⑦此句言,这是小国给大国献的礼。

⑧致:犹“献”。

⑨此句言,君王还是认真考虑考虑吧!　其:表希望、要求的语气
词。　图:考虑。

⑩起兵:发兵。

⑪境:吕氏春秋不苟论赞能注:“界也。”边界。　反:通“返”。

【附录】

说苑权谋一节与此小异:

智伯欲袭卫,故遗之乘马,先之一璧。卫君大悦,酌酒诸大夫,皆
喜。南文子独不喜,有忧色。卫君曰:“大国礼寡人,寡人故酌诸大夫
酒,诸大夫皆喜,而子独不喜,有忧色者,何也?”南文子曰:“无方之礼,
无功之赏,祸之先也;我未有往,彼有以来,是以忧也。”于是卫君乃修
梁津,而拟边城。智伯闻卫兵在境上,乃还。

十　智伯欲袭卫章

智伯欲袭卫^①,乃佯亡其太子^②,使奔卫^③。

南文子曰^④:“太子颜为君子也^⑤,甚爱而有宠^⑥;非有大
罪而亡^⑦,必有故^⑧。”使人迎之于境曰^⑨:“车过五乘^⑩,慎勿
纳也^⑪。”

智伯闻之,乃止。

1487

①智伯:见西周策第三章注⑥。 袭:趁人不备而进攻。

②此句言,于是让其太子假装逃亡。 佯:假意。 亡:使逃亡,
使动用法。

③奔:逃奔。

④南文子:卫臣。见上一章注③。

⑤君:指智伯。

⑥有:通"又"。 宠:高注:"宠禄之。"

⑦非:孙经世经传释词补:"犹'无'也。"

⑧故:荀子王霸注:"事变也。"

⑨境:见第九章注⑪。

⑩乘:见秦策一第二章注⑦。

⑪慎勿纳:小心不要让他入境。 慎:说文:"谨也。"小心。 纳:
同"内"。说文:"内,入也。"

十一 秦攻卫之蒲章

秦攻卫之蒲①。胡衍谓樗里疾曰②:"公之伐蒲,以为秦
乎? 以为魏乎③? 为魏则善,为秦则不赖矣④。卫所以为卫
者,以有蒲也⑤。今蒲入于(魏)〔秦〕,卫必折〔而入〕于魏⑥。
魏亡西河之外⑦,而弗能复取者,弱也。今并卫于魏,魏必
强,魏强之日,西河之外必危。且秦王亦将观公之事。害
秦以善魏,秦王必怨公。"樗里疾曰:"奈何?"胡衍曰:"公
释蒲勿攻,臣请为公入戒蒲守⑧,以德卫君⑨。"樗里疾曰:
"善。"

胡衍因入蒲,谓其守曰:"樗里子知蒲之病也⑩,其言

曰:'吾必取蒲。'今臣能使释蒲勿攻。"蒲守再拜,因效金三百镒焉⑪,曰:"秦兵诚去⑫,请厚子于卫君⑬。"

胡衍取金于蒲,以自重于卫。樗里子亦得三百金而归,又以德卫君也。

【注释】

①史记樗里子列传"昭王元年,樗里子将伐蒲。"索隐:"按:纪年云'楮里疾围蒲不克,而秦惠王薨',事与此合。"梁玉绳史记志疑:"索隐引纪年云云,以为'事与此合',殊妄。或谓'惠王'是'武王'之误,则事又在武四年,非昭元年矣。"于鬯战国策注、范祥雍古本竹书纪年辑校订补说同梁。于鬯战国策年表系此策于周赧王九年(前306年)。蒲:见秦策四第九章注⑲。此时属卫。

②樗里疾:见西周策第三章注①。

③"公之"三句:您进攻卫的蒲,是为秦国呢? 或是为魏国呢?

以:裴学海古书虚字集释卷一:"犹'其'也。"又卷五:"其,犹'或'也。"

④赖:高注:"利也。"

⑤以:因。

⑥高注:"卫知必失蒲,必自入于魏,以求救也。" 吴补:"一本'蒲入于秦'。" 樗里子列传作"今伐蒲,入于魏,卫必折而从之",索隐:"战国策云'今蒲入于秦,卫必折而入于魏'与此文相反。" 王念孙读书杂志:"今本作'蒲入于魏',乃后人据史记改之,下句'折'下又脱去'而入'二字也(西周策曰'与之高都,则周必折而入于韩',齐策曰'晚救之,韩且折而入于魏',楚策曰'魏折而入齐、秦,子何以救之?'韩策曰'韩急,则折而入于楚矣'。),其一本作'蒲入于秦'者是也。据高注云,则正文本

作'今蒲入于秦,卫必折而入于魏'明矣。盖攻蒲者秦也,故言
'蒲入于秦',不得言'蒲入于魏'。史公未达其意而改之,故索
隐有'相反'之语,而后人复据史记以改此策,弗思甚矣。" 金
正炜战国策补释、于鬯战国策注说同王。 建章按:王说是,当
据索隐引战国策及吴引一本改、补。

⑦亡:失。 西河之外:见秦策一第十章注⑤。 史记秦本纪"惠
王八年,魏纳河西地;十年,魏纳上郡十五县。"秦惠王八年当周
显王三十九年(前330年)。

⑧鲍注:"戒,告之以释攻。"

⑨德:秦策二第一章高注:"恩也。"用作动词,犹言施恩。

⑩病:高注:"困也。"黄刻注文"病"作"疾",误。西周策第四章、
秦策一第五章高注:"病"为"困也。"

⑪因效金三百镒焉:就献金三百镒给胡衍。 效:献。 金三百
镒:见东周策第二十二章注③。 焉:王引之经传释词卷二:
"犹'于是'也。"

⑫诚去:果真撤去。

⑬厚:重,尊。

十二　卫使客事魏章

卫使客事魏①,三年不得见。卫客患之,乃见梧下先
生②,许之以百金③。梧下先生曰:"诺。"乃见魏王曰:"臣
闻秦出兵,未知其所之。秦、魏交而不修之日久矣④。愿王
(博)〔抟〕事秦⑤,无有佗计⑥。"魏王曰:"诺。"

客趋出⑦,至郎门而反⑧,曰:"臣恐王事秦之晚⑨。"王
曰:"何也?"先生曰:"夫人于事己者过急,于事人者过

战国策注释

缓⑩。今王缓于事己者，安能急于事人⑪。""奚以知之⑫?"
"卫客曰：'事王三年不得见。'臣以是知王缓也。"魏王趋
见卫客⑬。

【注释】

①王念孙读书杂志："'卫使客'当作'卫客'，谓卫人之客于魏者
也（'卫客'犹言'燕客'，秦策曰'燕客蔡泽'是也。）'卫'下不
当有'使'字，'事魏'下当有'王'字，今本衍'使'字，脱'王'
字，则文不成义。艺文类聚人部、太平御览人事部引此并作'卫
客事王'。又下文'卫客曰事王三年不得见'，衍'曰'字，类聚、
御览皆无'曰'字。" 金正炜战国策补释："王以为衍'使'字，
脱'王'字，并非。" 于鬯战国策注："'卫使客事魏'与'卫客事
魏王'义并通。" 建章按：取于说，不必改字。

②高注："先生，长者有德者称。家有大梧树，因以为号，若'柳下
惠'。"金正炜战国策补释："'梧下'犹'坐下'之类，魏地名也。
高注恐非。"

③百金：一百斤金。见东周策第二十二章注③。

④修：文选张衡思玄赋旧注："善也。"

⑤鲍改"博"作"专"。 吴补："字当作'专'。" 黄丕烈战国策札
记："此以'抟'为'专'，因讹为'博'。" 于鬯战国策注："类聚、
御览引并作'专'。" 建章按：管子权修"一道路，抟出入"，王
念孙读书杂志"'博'当为'专'，字之误也。（俗书'抟'字作
'搏'，因讹而为'博'。商子农战'民不营则国力抟'，卫策'愿
王抟事秦'，韩诗外传'好一则抟'，今本"抟"字并讹作'博'。"
则此"博"字当是"抟"字之误。史记秦始皇本纪"抟心壹志"索
隐："'抟'，古'专'字。"

⑥佗：同"他"，"它"。

⑦高注:"客,梧下先生。"

⑧姚校:"续作'郭门'。" 韩非子十过作"集于郎门之塊",论衡感虚篇作"集于廊门之危",又纪妖篇作"集于郎门之上危"(原"郎"作"郭",据中华书局论衡注释)。陈奇猷韩非子集释:"'廊'、'郎'通。"此乃宫内之"廊门",言离开魏王未远,忽然想起,故而返回。

⑨晚:缓,犹言不积极。

⑩"夫人"两句:一般说来,人对于别人侍奉自己多是积极的,对于自己侍奉别人多是消极的。 过:鲍注:"犹'多'。"

⑪"今王"两句:现在大王对于侍奉您的人还那样消极,又怎么能积极侍奉别人呢?

⑫奚:何。

⑬趋:广雅释诂一:"疾也。"此言即刻。

十三 卫嗣君病章

卫嗣君病①。富术谓殷顺且曰②:"子听吾言也以说君③,勿益损也④,君必善子。人,生之所行,与死之心异⑤。始君之所行于世者,食高丽也⑥;所用者,绁错、挛薄也⑦。群臣尽以为君轻国而好高丽,必无与君言国事者。子谓君:'君之所行天下者,甚谬。绁错主断于国⑧,而挛薄辅之,自今以往者⑨,公孙氏必不血食矣⑩。'"

君曰:"善。"与之相印,曰:"我死,子制之⑪。"嗣君死,殷顺且以君令相公期⑫。绁错、挛薄之族皆逐也⑬。

①卫嗣君:见齐策二第三章注⑥。　林春溥战国纪年、顾观光战国策编年、于鬯战国策年表据此并系此策于周赧王三十二年（前283年）。

②富术、殷顺且(jū 居):鲍注:"皆卫人。"

③子:殷顺且。　说:劝服。

④此句言:完全按照我的话,无增无减。

⑤此言:一个人,活着时候的所作所为,与他将死时的心情不同。

⑥高注:"食,用也;丽,美也。诸所行为者,务用高美观目而已,不务用德也。"　鲍注:"凡有养于口体皆得言食。"　吴补:"食高丽,疑人名。"关修龄战国策高注补正:"食,疑作'饰',盖谓修饰。"　横田惟孝战国策正解:"'食'字恐衍;'高丽'犹甚美也,谓好观美。"　于鬯战国策注:"'饰'谐'食'声,例得假用,不必改字。以吴、关说参取之,恐'高丽'者,嗣君之幸妃,故'饰'之。"　建章按:(1)"食"为姓,汉有"食子通",后汉有"食于公"。(2)据高注高丽者,又似指高级精美之物。(3)又据下句,"于世"二字疑衍,"食高丽",或当为二人姓名,误脱一字。不知孰是。

⑦高注:"缧错、挈薄,之二人,君所幸,非贤也。"　金正炜战国策补释:"韩非内储说'卫嗣君重如耳,爱世姬,而恐其皆因其爱重以壅己也,乃贵薄疑以敌如耳,尊魏姬以耦世姬。''缧'、'泄'音近,或即世姬;'挈薄'谓如耳、薄疑也。'错'字未知所指。"　于鬯战国策注同金说。　金引见内储说上说一。

⑧主断于国:专断国政。　主:汉书淳于长传注:"犹'专'也"。

⑨自今以往:从此以后。

⑩高注:"公孙氏,谓嗣君也,卫鞅之孙,故云'公孙氏'。"　鲍注:"公孙氏,卫国姓也,故'商君,卫之庶孽公子也,姓公孙氏'

（按：引文见史记商君列传）　　吴正：“公孙，卫之公孙也，‘庶孽公子’恐非。”（按：此见秦策第一章）　　关修龄战国策高注补正：“诸侯之子曰‘公子’，公子之子曰‘公孙’；盖臣不敢斥言君之灭亡，泛言子孙，故曰‘公孙氏’。”　　于鬯战国策注：“如高说，则凡国君之再传者，未有不为公孙氏，尤不可通。窃谓：卫自慎公弑怀公自立，慎公者，即公孙氏也。世家云‘慎公父公子适，适父敬公也’，则慎公者，敬公之孙也，故为公孙氏。‘公孙氏必不血食’者，指慎公之后声公、成侯、平侯也。高谓‘公孙氏谓嗣君’，亦不然。”　　建章按：吕氏春秋仲冬纪长见高注“鞅，卫之公孙也，故曰‘公孙鞅’。”又知分“晏子与崔杼盟，其辞曰‘不与崔氏而与公孙氏者，受其不祥。’”高注：“公孙氏，齐群公子之子，故曰‘公孙氏’。”又史记越王勾践世家“公孙雄”，国语吴语作“王孙雄”；吕氏春秋别类“公孙绰”淮南子览冥训作“王孙绰”。则“公孙”即“王孙”。史记淮阴侯列传索隐“王孙，言王孙公子，尊之也。”杨宽也说：“按照当时贵族的习惯，国君的小儿子往往称为公子，公子的后裔，每多称为公孙，而其子孙常有以公孙为氏的。”（见彼商鞅变法1955年版第八页）则关说是。　　血食：见秦策第四第九章注⑪。　　不血食：不能祭祀祖宗，即亡国。

⑪制之：掌权，执政。

⑫高注：“公期，嗣君子也。”　　建章按：公期，即公子期。见东周策第二十四章注⑭。

⑬族：国语齐语注：“属也。”

十四　卫嗣君时胥靡逃之魏章

卫嗣君时①，胥靡逃之魏②，卫赎之百金，不与③。乃请以<u>左氏</u>④。群臣谏曰:"以百金之地⑤,赎一胥靡,无乃不可乎⑥?"君曰:"治无小,乱无大⑦。教化喻于民,三百之城,足以为治⑧;民无廉耻,虽有十<u>左氏</u>,将何以用之⑨?

①<u>卫嗣君</u>:见<u>齐策二</u>第三章注⑥。

②<u>汉书楚元王刘交传</u>"二人谏,不听,胥靡之",<u>王先谦补注</u>:"胥靡,<u>刘敞</u>曰:<u>说文</u>作'縃縻',谓拘缚之也。"按:<u>广雅释诂二</u>:"縻,系也。"<u>小尔雅广言</u>:"縻,缚也。"<u>韩非子解老陈奇猷集释</u>引<u>牟庭</u>说:"胥靡当读为须眉,古字假借,盖古者人有刑罪则髡而役作,人之无刑罪而役作者,其须眉完,因而<u>傅说</u>版筑之人而名为胥靡也。"<u>陈奇猷</u>说:"何以名之为'胥靡',余以为胥靡之切音近'鄙',或因衣赭衣春于市,人目之为鄙贱之人,因而谓之'胥靡'也。" <u>建章</u>按:所以名"胥靡"者,有三种说法,我仍以为<u>颜师古</u>的说法是。

③与:<u>论语公冶长皇疏</u>:"许也。"

④乃请以左氏:即"乃请赎之以<u>左氏</u>"或"乃请以<u>左氏</u>赎之"。请:<u>广雅释诂三</u>:"求也。" <u>左氏</u>:<u>程恩泽国策地名考</u>卷十五"在今(<u>山东省</u>)<u>曹县</u>西北六十五里"。

⑤之:<u>王引之经传释词</u>卷九:"犹'与'也。"

⑥"以百金"三句:拿百金和<u>左氏</u>之地去赎回一名劳改犯,这难道可以吗? 不:<u>王引之经传释词</u>卷十:"<u>玉篇</u>曰'不,词也'。"

⑦治无小乱无大:国家治理得好,不能忽略小事;国家治理得不好,不一定由于大事。 <u>韩非子内储说上说二</u>旧注:"若不治小者,则大乱起也。"

⑧<u>横田惟孝战国策正解</u>引<u>碕哲夫</u>曰:"'百'恐'里'误。" 喻:同"谕",<u>广雅释言</u>:"谕,晓也。" 此即所谓"治无小"。

⑨将何以用之:则有什么用呢？　将:裴学海古书虚字集释卷八:
“犹‘则’也。”

十五　卫人迎新妇章

卫人迎新妇①,妇上车,问:“骖马②,谁马也?”御曰③:
“借之④。”新妇谓仆曰:“拊骖,无笞服⑤。”车至门,扶⑥,教
送母⑦:“灭灶,将失火⑧。”入室见臼⑨,曰:“徙之牖下⑩,妨
往来者⑪。”主人笑之。

此三言者⑫,皆要言也⑬,然而不免为笑者⑭,蚤晚之时
失也⑮。

【注释】

①吕氏春秋审应览不屈:“白圭告人曰:人有新取妇者。”云云,与
　此引喻相似。　于鬯战国策注:“引喻称卫人,不必定卫策也。”
②骖马:两旁拉套的马。
③御:驾车者。
④借之:借者,借来的。　之:裴学海古书虚字集释卷九:“犹
　‘者’也。”
⑤此两句言,击两边拉套的马,则辕马亦可奔驰,而免受鞭笞之
　苦。　拊:高注“击也”。　笞(chī 吃):鞭打。　服:中间驾辕
　的马。
⑥扶:高注“谓下车”。
⑦鲍本、闵本“母”下并有“曰”字。送母:送新妇之老妇。
⑧于鬯战国策注:“此灶,并非常备之灶也,乃正为妇至而特设者,
　故不碍灭之。此时犹未入室。”　金正炜战国策补释:“释名释

言语'将,救护之也.'汉书兒宽传注:'将,卫也,以智自卫护也.'此云'将失火'犹言'防失火'耳。" 灭灶:灭灶内之火。

⑨臼:舂米的器具,用石头或木头做成,中部凹下。

⑩牖(yǒu 有):窗户。

⑪"徙之"两句:把臼搬到窗户下,以免妨碍室内往来者。

⑫三言者:三次说的话。

⑬皆要言也:都是切中要害的话。

⑭为笑:被笑。 者:表原因。

⑮高注:"虽要指,非新妇所宜言也。以喻忠臣,可以言而不言,失忠;未可以言而言,危身。故云'蚤晚之时失也'。" 鲍注:"初为妇,而云然,失之蚤也。" 蚤:汉书文帝纪注:"古'早'字。"

战国策注释卷三十三

中 山 策

中山：春秋时鲜虞国，为白狄之别种，战国时称中山。其疆域有今河北省西部高邑、宁晋、元氏、赵县、石家庄、灵寿、平山、行唐、曲阳、唐县、定州市一带（据杨宽战国史）。初都顾（今河北省定州市），后都灵寿（今河北省灵寿县）。周威烈王二十年（魏文侯十九年，前406年）魏文侯灭中山武公（按：史记六国年表"魏文侯二十年卜相"，据魏世家卜相之时，"中山已拔"。）赵世家"惠文王三年（周赧王十九年、前296年，六国年表在下一年）灭中山桓公。刘来成、李晓东试谈战国时期中山国历史的几个问题说"中山国有文公、武公、桓公、成公；有王嚳、銮、尚。"（文物1979年第一期）路洪昌鲜虞中山国疆域变迁考说："中山北疆界线大致勾划出来，即东起今徐水县东部的战国长城遗址，向西经满城、完县的北部，到达鸥之塞，即今倒马关，再向南到达华阳邑及恒山以外。中山南部疆界，东在薄洛水南岸的扶柳邑南，向西经鄗、房子等邑以南，西达太行山麓，即今新河、宁晋、隆尧、柏乡、高邑、临城、赞皇等一带。中山西界当在封龙、石邑、宁葭、灵寿、丹丘等邑以西，抵达井陉之险南北延伸，以太行峻岭为界。用今地名记之，即南起赞皇，穿行于井陉、平山、灵寿、阜平等县之间,北达倒马雄关。中山东部疆界当南起薄洛水畔,在扶柳、苦陉、曲逆三邑以东,北抵燕南界长城。以今地名记之,即今新河、束鹿、深泽、安国以东及保定、清苑一线。"

(河北学刊 1983 年第 3 期)

一 魏文侯欲残中山章

魏文侯欲残中山①。常庄谈谓赵襄子曰②:"魏并中山,必无赵矣③。公何不请公子倾以为正妻,因封之中山④,是中山复立也⑤。"

【注释】

①钱穆先秦诸子系年54节"魏文灭中山考"说:"年表文侯立,襄子已卒。鲍因改'襄'为'桓'。今按襄子卒实魏文侯二十二年(建章按:当是二十一年,周威烈王元年,前425年),魏之处心积虑于中山,非一日,不能据此疑策文之误。惟其'请公子倾以为正妻'云云,则实与襄子不类。然鲍改'桓'定误,后人谓当改'烈侯',庶为近之。今其事已不可详说,要之中山复立,赵必与其事,则无疑也。"又本节"附中山武公初立考"说:"沈钦韩汉书疏证辨其事云:'魏世家"文侯伐中山,使子击守之",说苑"文侯出少子挚封中山,而复太子击",又魏世家"中山君相魏"。此是魏所封,赵灭之。盖姬姓之中山灭于魏文侯,魏所封之中山又灭于赵主父。而赵世家及年表皆倒置中山武公之文于文侯伐中山之前,故迷惑难考。何以明之? 若中山武公尚是旧时之君,则彼不数年而亡,史取之何义? 若以为中山本未尝亡,则魏克其地而守之者又何处? 是中山武公为魏所始封,以

其大事，故记之耳。人表所注上下文不相连，有脱误。徐广不知，袭之以注史。'今按：沈说甚是。又按索隐引世本：'中山武公居顾，桓公徙灵寿，为赵武灵王所灭。'此以武公后之中山灭于赵，是也。然其时中山已称王，何来复有桓公？水经滱水注：'中山为武公之国，周同姓，其后桓公不恤国政，周王问太师余曰："今之诸侯孰先亡？"对曰："中山其先亡矣。"后二年，果灭，魏文侯以封太子击。'（杨守敬疏说："史记魏世家但言文侯十七年〈前 429 年〉伐中山，使子击守之，不载灭中山后封击事。封太子击事，见说苑奉使篇。"）此以桓公为武公后仍误，然谓桓公中山灭于魏，则是也。索隐此处仅引世本，不及纪年，此见司马贞之不知别择。而史文缺佚，后人纷纷考订而无所详定，然参稽以求，中山桓公灭于魏，中山武公之后灭于赵，则犹可推证也。"　田卫平、王晋中山武公新论说："根据平山出土的中山王𰯼方壶铭中'文、武、桓、成'的世系看，常庄谈（太平寰宇记作张孟谈）建议赵襄子'是中山复立'的这个中山君就是中山文公。文公做为被赵氏推出的掌权者，既非赵氏的贵族，又非公子倾本人，而是原中山君的后裔。因为这样做可以收到一举三得之功效：对魏氏来说，公子倾被封为正妻，飨中山之俸，文侯自然不会去夺骨肉之封，'残中山'念头势必打消；对中山来说，中山自亡于楚后，其后裔重新被赵氏推出继国，当然是感激不尽，克敬克从；对赵氏来说，立中山后裔既可以掩人耳目，又可以获得中山国的支持灭掉鲜虞，赵则依旧控制着中山，这正是常庄谈策略的高明之处。由于文献中对中山文公一代没有记载，故后世史家多在中山武公身上做文章。赵襄子立文公一事得到确认，杂乱的历史疑难就可理出头绪。中山文公立于何时？这个问题较为复杂，笔者曾在论晋伐中山与文公复立一文中初步判定时间约在魏文侯十五年（前 432 年）前后。"（历史研究 1992

年第 2 期）　建章按:根据以上材料可归纳为下面几点:(1)据钱穆的考证,本章定在赵烈侯世(前 408 年—前 387 年)比较接近。(2)据钱穆考证,中山武公和中山桓公世次可定为中山桓公、中山武公。(3)据 1978 年平山出土的中山王䗪方壶铭文,中山国有文公、武公、桓公、成公世系。当以铭文的世系为正。(4)据田卫平、王晋的考证,本章是中山文公世,而中山文公立于魏文侯十五年(前 432 年),正当魏文侯与赵襄子世,并与于鬯战国策年表系此策之年合。　魏文侯:见秦策二第六章注⑮。　残:高注“灭之也”。　于鬯战国策年表系此策于周考王九年(魏文侯十五年,前 432 年)。

②常庄谈:高注“襄子臣也”。　于鬯战国策注:“林春溥纪年云‘寰宇纪引作张孟谈’,案今寰宇记定州记引此仍作‘常庄谈’。然‘常庄’与‘张孟’却皆迭韵字,谓即‘孟谈’未可知矣。”　赵襄子:见秦策一第五章注⑩。

③高注:“兼有中山,必复以次取赵。”

④高注:“公子倾,魏君之女,封之于中山,以为邑。”

⑤高注:“是则中山不残也,故云‘中山复立’,犹存也。”

二　犀首立五王章

犀首立五王①,而中山后持②。齐谓赵、魏曰:“寡人羞与中山并为王,愿与大国伐之,以废其王。”

中山闻之,大恐。召张登而告之曰③:“寡人且王④,齐谓赵、魏曰,羞与寡人并为王,而欲伐寡人。恐亡其国⑤,不在索王⑥。非子莫能吾救⑦。”登对曰:“君为臣多车重币⑧,臣请见田婴⑨。”中山之君遣之齐⑩。

见婴子曰⑪:"臣闻君欲废中山之王,将与赵、魏伐之,过矣⑫。以中山之小,而三国伐之,中山虽益废王,犹且听也⑬。且中山恐,必为赵、魏废其王而务附焉⑭。是君为赵、魏驱羊也⑮,非齐之利也。岂若中山废其王而事齐哉⑯?"田婴曰:"奈何⑰?"张登曰:"今君召中山⑱,与之遇而许之王⑲,中山必喜而绝赵、魏⑳。赵、魏怒而攻中山,中山急而为君难其王㉑,则中山必恐,为君废王事齐。彼患亡其国,是君废其王而亡其国㉒,贤于为赵、魏驱羊也㉓。"田婴曰:"诺。"

张丑曰:"不可。臣闻之,'同欲者相憎,同忧者相亲'。今五国相与王也,负海不与焉㉔。此是欲皆在为王,而忧在负海㉕。今召中山,与之遇而许之王,是夺五国而益负海也㉖。致中山而塞四国㉗,四国寒心㉘;必先与之王而故亲之,是君临中山而失四国也㉙。且张登之为人也,善以微计荐中山之君久矣㉚,难信以为利㉛。"

田婴不听,果召中山君而许之王。张登因谓赵、魏曰:"齐欲伐河东㉜。何以知之?齐羞与中山之为王甚矣,今召中山,与之遇而许之王,是欲用其兵也。岂若令大国先与之王㉝,以止其遇哉㉞?"赵、魏许诺,果与中山王而亲之。中山果绝齐而从赵、魏㉟。

1503

【注释】

①高注:"五国,齐、赵、魏、燕、中山也。" 鲍注:"秦、韩、燕、宋、中山也。" 吴正:"大事记'高、鲍二家之说皆非',犀首所立五王其可考者韩、燕、赵、中山,其一则不可考也。" 于鬯战国策注:

"五国者,疑韩、燕、赵、宋、中山也。又案五王者直指燕、赵、魏、韩、中山也。" 杨宽战国史"公孙衍出任魏将,号为犀首,采取合从的策略,于公元前 323 年发起'五国相王'(战国策中山策)。参加'五国相王'的是魏、韩、赵、燕、中山。" 顾观光战国策编年、于鬯战国策年表并系此策于周显王四十六年(前323 年)。 犀首:见秦策一第十章注⑧。 钱穆先秦诸子系年 105 节"五国相王考"说:"据此(建章按:指"同欲者相憎……四国寒心"一段话)则齐自不在五王之内。高诱以齐、赵、魏、燕、中山为五王者,非也。其时,楚本称王,齐亦称王,魏亦称王,宋与秦亦称王,韩亦称王。而宋、韩外,魏势最弱。犀首魏臣也,约结于赵、魏、赵为主,又联韩、燕、中山,相与称王。盖魏欲以此多结与国,以与齐、秦抗衡。其情势固甚显。齐则欲割地赂燕、赵以攻中山。以魏为谋主,韩去中山远,又其称王亦与魏相约,故于五国中独离间燕、赵,其后燕、赵卒俱辅中山而王之,而五国相王之事遂定。从此皆相王矣。鲁世家:'平公立,是时六国皆称王。'余考平公元年乃周显王四十七年,其前一岁正惠成王十二年,五国相王在是年,至确。是年即赵武灵王三年(前 323 年),则断无大误。"则与杨、顾、于系年同。此从杨说。

②高注:"持中山小,故后立之。" 鲍注:"持,犹'疑'也,立之后而复疑。" 金正炜战国策补释:"'后持'疑是'特后'之误倒,高注'持'字亦当是'特'字之讹,广雅释诂'特,独也'。鲍释非是。" 关修龄战国策高注补正:"玩文意,盖始立四王,之后,中山执持,争之而为王也,故谓立五王矣。" 建章按:"持"与"特"古字通,见秦策三第八章注㉘。此或为"持后"误倒。

③张登:高注:"中山臣也。"

④且:裴学海古书虚字集释卷八:"犹'已'也。" 王:称王。

⑤疑"恐"上误脱"寡人"二字,见东周策第二章注⑮。

⑥鲍注:"今所谋者,救亡尔,不求为王。"　索:小尔雅广言:"求也。"

⑦非子莫能吾救:即"非子莫能救吾"。

⑧"多"与"重"皆用作动词,此言,君为我多准备车和币。　重:文选张衡东京赋薛注:"犹'多'也。"重币:吕氏春秋孟秋纪高注:"金帛之币。"亦通。

⑨田婴:见齐策一第一章注②。

⑩鲍本"山"下无"之"字。　于鬯战国策注:"疑作'中山君遣之之齐'。"

⑪婴子:田婴。

⑫过矣:错了。

⑬"以中山"四句:以小小的中山,三国合力去讨伐它,即使有比"废王"还要严重的后果,它也会接受的。　益废王:甚于废王(的严重后果)。

⑭"且中山恐"两句:何况中山王害怕,他一定会因赵、魏废弃他的王号,而一心一意地亲附他们的。

⑮"是君"句:这样,您就是把羊往赵、魏那里赶。

⑯若:如。　事:侍奉,亲附。

⑰奈何:怎么办?

⑱召:邀请。

⑲遇:秦策四第十章高注:"会。"会晤　王:称王。

⑳绝赵魏:与赵、魏绝交。

㉑鲍注:"难,则所谓羞与为王。"　难:书舜典传:"拒也。"

㉒鲍本、闵本"亡"作"立"。　金正炜战国策补释:"'亡'本当为'竝','竝'损为'立',复误为'亡'。'竝'与'并'通,燕策'秦并赵北向迎燕'注'并,合也。'此即其义。礼记坊记郑注:'以贪夫

人之色至杀君而立其国。'立'亦'并'之脱误,正与此同。" 于鬯战国策注:"'亡'当依鲍本作'立'。" 建章按:此"亡"字必误无疑,然上文"事齐",下文"贤于为赵、魏驱羊"则金说"并,合也"义胜。

㉓贤:秦策四第四章高注:"犹'胜'也"。

㉔高注:"负海,齐也。五国之中,齐不欲与之同王也。"

㉕鲍注:"忧齐废之。" 于鬯战国策注:"'欲皆在为王'是同欲且相憎,而'忧齐废之'是同忧且相亲矣。" 建章按:是:裴学海古书虚字集释卷九:"犹'其'也。"

㉖鲍改"五"作"四",注:"中山与四国同欲,今与齐遇,是夺彼而益我也。"

㉗致:广雅释诂一:"至也。"言招来。

㉘寒心:秦策四第九章高注:"惧也。"

㉙临:说文:"监临也。"犹言控制。

㉚微:左襄十九年传注:"隐匿也。" 微计:阴谋。 荐:高注:"进也。"此言为中山君而不为齐。

㉛高注:"不可信其言以为己利也。"

㉜程恩泽国策地名考卷十:"此处河东据策文当兼属赵、魏。"当是漳水以东赵、魏之地。

㉝"令"疑"今"字之误,今:王引之经传释词卷四:"与'即'同义。"

㉞其:指齐与中山。

㉟从:秦策四第九章高注:"合也。"

三　中山与燕赵为王章

中山与燕、赵为王①,齐闭关不通中山之使,其言曰:"我万乘之国也②,中山千乘之国也,何侔名于我③?"欲割平邑以赂燕、赵④,出兵以攻中山。

蓝诸君患之⑤。张登谓蓝诸君曰⑥:"公何患于齐?"蓝诸君曰:"齐强,万乘之国,耻与中山侔名,不惮割地以赂燕、赵⑦,出兵以攻中山。燕、赵好位而贪地⑧,吾恐其不吾据也⑨。大者危国,次者废王,奈何吾弗患也?"张登曰:"请令燕、赵固辅中山而成其王,事遂定⑩。公欲之乎?"蓝诸君曰:"此所欲也。"曰:"请以公为齐王⑪,而登试说公⑫,可,乃行之。"蓝诸君曰:"愿闻其说。"

登曰:"王之所以不惮割地以赂燕、赵,出兵以攻中山者,其实欲废中山之王也。"王曰:"然。""然则王之为费且危⑬。夫割地以赂燕、赵,是强敌也⑭;出兵以攻中山,首难也⑮。王行二者,所求中山未必得。王如用臣之道⑯,地不亏而兵不用,中山可废也⑰。王必曰:'子之道奈何?'"蓝诸君曰:"然则子之道奈何?"张登曰:"王发重使⑱,使告中山君曰:'寡人所以闭关不通使者,为中山之独与燕、赵为王,而寡人不与闻焉⑲,是以隘之⑳。王苟举趾以见寡人㉑,请亦佐君㉒。'中山恐燕、赵之不己据也㉓,今齐之辞云㉔'即佐王',中山必遁燕、赵㉕,与王相见。燕、赵闻之,怒绝之㉖,王亦绝之,是中山孤,孤何得无废。以此说齐王,齐王听乎?"蓝诸君曰:"是则必听矣。此所以废之,何在其所存之矣㉗?"张登曰:"此王所以存者也㉘。齐以是辞来㉙,因言告燕、赵而无往㉚,以积厚于燕、赵㉛。燕、赵必曰:'齐之欲割平邑以赂我者,非欲废中山之王也;徒欲以离我于中山㉜,而己亲之也㉝。'虽百平邑,燕、赵必不受也。"蓝诸君曰:

"善。"

遣张登往,果以是辞来。中山因告燕、赵而不往,燕、赵果俱辅中山而使其王㉞。事遂定㉟。

【注释】

①此与第二章为同时事。

②万乘:见秦策一第二章注㊿。

③何侔名于我:怎么能和我齐名? 侔(móu 谋):高注"等"。
刘师培左盦集卷五:"类聚六所引'我'下有'乎'字。"

④"欲割平邑"句:齐国打算割平邑给燕、赵,让燕、赵出兵来进攻中山。 平邑:今河南省南乐县东北。程恩泽国策地名考卷五:"本赵地,而齐取之者也。" 略:说文"遗也"。

⑤鲍注:"蓝诸君,中山相也。" 建章按:河北省平山县战国时期中山国墓葬出土铜圆壶,铭文有"马赒",出土铜鼎,铭文有"忠臣赒",出土铜方壶,铭文有"相邦赒"。河北省文物管理处河北省平山县战国时期中山国墓葬发掘简报一文认为此"蓝诸君就是司马赒,……司马喜也就是司马赒。"(文物1979年第一期)。刘来成、李晓东试谈战国时期中山国历史上的几个问题一文也说"蓝诸君即司马赒。"(同前)

⑥张登:上章高注:"中山臣也。"

⑦不惮:犹不惜,不顾。 惮:说文:"忌难也。"

⑧鲍本"位"作"倍",注:"倍,谓背约。" 建章按:好位,言好爵位,如上文言"为王"。

⑨据:左传五年传:"神必据我"注"犹'安'也。"此犹下文"佐君""佐王"之"佐",即"助",下文又言"辅中山",即此义。 不吾据:不助我。

⑩遂:广雅释诂三:"竟也。" 定:吕氏春秋仲冬纪高注:"犹'成'

也。"此言"成其王"之事终究是可以成功的。

⑪为:犹言"当作"。

⑫说:说服。

⑬为:(这样)做。　费:指"割地"。　危:指"首难"。

⑭强敌:加强敌人。

⑮首难:此处是说首先发动战争。

⑯道:办法。

⑰废:指废王。

⑱发重使:派出高级使节。　重:西周策第一章高注:"尊也。"

⑲不与闻焉:不与闻于此,即不让我知道这件事。　闻:齐策三第
　　三章高注:"知。"

⑳隘之:不通中山之使。　隘:阻,止,拒。

㉑鲍于"举"下补"玉"字。　建章按:左昭七年传"今君若步玉
　　趾,辱见寡君",国语吴语"天王亲趋玉趾,以心孤勾践",此皆
　　自卑而尊敬之辞,疑脱"玉"字。　"举趾"轻而易举之意。
　　此犹言,王若劳驾来见见我。　王:中山王。

㉒君:与上句"王"同指一人。

㉓不己据:不助我。见注⑨。

㉔辞:言。

㉕遁:广雅释诂三:"避也。"

㉖高注:"绝中山也。"　鲍本、闵本"怒"上并有"必"字。

㉗"是则必听矣"三句:这样去说服齐王,正好用来废止中山王的
　　王位,怎么说是用来保存他的王位呢?　高注:"言以此说齐,
　　齐必从,然适足废其王耳,何所以存之邪(按:邪,原作"利",当
　　是形误。)?"　鲍本、闵本"存"上并有"以"字。　于鬯战国策
　　注:"卢刻'存'上有'以'字。"　建章按:下句亦言"所以存者"。
　　据高注,可知原文本当作"所以存之"。　矣:王引之经传释词

㉘王:中山王。 存:存王位。

㉙易系辞下:"往者,屈也;来者,信也"。陆德明经典释文:"信,本又作'伸'"。古"信""伸"字通,"伸"亦"申"字。则"齐以是辞来"即"齐申以是辞"。"是辞"指上文"即佐王"。此言,齐王已申明"立即援助中山君为王"。

㉚金正炜战国策补释:"'言'当为'以'字之讹,古书'以'作'目',因致误'言'。或即'告'讹衍。" 建章按:据下文"中山因告燕、赵而不往",则疑衍"言"字。 往:言"赴战",即上文"出兵以攻中山"。

㉛积:周礼大司徒注"少曰委,多曰积,皆所以给宾客。" 厚:国语晋语一韦注:"益也。"利,好处。

㉜徒:只是。 离:离间。

㉝之:指中山。

㉞王:称王。

㉟事遂定:"成其王"之事终成。

四 司马憙使赵为己求相中山章

司马憙使赵为己求相中山①,公孙弘阴知之②。中山君出,司马憙御③,公孙弘参乘④。弘曰:"为人臣,招大国之威⑤,以为己求相,于君何如?"君曰:"吾食其肉,不以分人。"司马憙顿首于轼曰⑥:"臣自知死至矣。"君曰:"何也?""臣抵罪⑦。"君曰:"行⑧,吾知之矣。"

居顷之⑨,赵使来为司马憙求相。中山君大疑公孙弘⑩,公孙弘走出⑪。

【注释】

①鲍本"憙"作"喜"。　黄丕烈战国策札记:"'憙'、'喜'同字。"

建章按:即第三章的"蓝诸君",见彼注⑤。

②公孙弘:中山臣。　阴:暗中。

③御:驾车。

④参乘:陪乘一车。

⑤招:汉书季布传颜注引孟康曰"求也"。　威:广雅释诂二:
"力也。"

⑥顿首:见燕策一第五章注㉕。　轼:说文:"车前也。"

⑦抵:高注:"当也。"

⑧行:犹言"开车"。

⑨居顷之:待了不久。

⑩中山君大疑公孙弘:中山君很怀疑公孙弘与赵国暗中有来往
（故"阴知之"）。

⑪走出:逃离中山。公孙弘怕中山君怀疑他里通赵国,故"走出"。

五　司马憙三相中山章

司马憙三相中山①,阴简难之②。

田简谓司马憙曰③:"赵使者来属耳④,独不可语阴简之
美乎⑤? 赵必请之⑥。君与之,即公无内难矣⑦;君弗与赵,公
因劝君立之以为正妻⑧。阴简之德公⑨,无所穷矣⑩。"果令赵
请⑪,君弗与。司马憙曰:"君弗与赵,赵王必大怒,大怒则君
必危矣。然则立以为妻,固无请人之妻不得而怨人者也⑫。"

田简自谓⑬:取使⑭,可以为司马憙⑮,可以为阴简⑯,可
以令赵勿请也⑰。

【注释】

①司马熹:见第四章注①。　金正炜战国策补释:"史记太史公自序'其在卫者相中山',汉书邹阳传'昔司马熹膑脚于宋,卒相中山',皆不谓有'三相'之事,此文'三'字或是'之'字草书之误。"　建章按:疑"三"字或为"已"字之误,见赵策四第四章注㊴。

②高注:"阴简,中山君美人也。难,恶也。"　难之:说司马熹的坏话。

③田简:中山臣。

④鲍注:"霍光传注:'属,近也'。"　吴正:"诗'耳属于垣',史记注'属,犹注也。'言赵使属耳中山之事。"　金正炜战国策补释:"韩非内储说'司马熹,中山君之臣也,而善于赵,尝以中山之谋微告赵王。'此文'属耳'犹'附耳','附'、'属'文义相近。史记淮阴侯传'张良、陈平蹑汉王足,因附耳语',淮南说林篇'附耳之言闻于千里','属耳'、'附耳'并谓'耳语'。"　关修龄战国策高注补正:"属耳,私语;盖语国之阴事。"　建章按:国语晋五:"若光,则恐国人之属耳目于我也。"韦注:"属,犹'注'也。"可为吴说补证,则"属耳"犹言"探听中山之事"。

或"属":汉书高帝纪上注:"联也。"耳:孙经世经传释词补:"犹'也'也。"则此言,赵使者来中山联络。皆可通。

⑤独:王引之经传释词卷六:"岂也,何也。"

⑥请:广雅释诂三:"求也。"

⑦即:王引之经传释词卷八:"'则'与'即'古同声而通用。"

⑧之:指阴简。

⑨德:秦策二第一章高注:"恩也。"感激。

⑩"阴简之德"句:阴简会对你感激不尽的。　穷:论语尧曰皇疏:"尽也。"

⑪于鬯战国策注：“此句似当作‘赵果令请’，盖憙听田简说己，语阴简之美，赵果使人来求阴简也。”

⑫金正炜战国策补释：“‘怨’当为‘怒’之讹，此与上文‘赵王必大怒’相应。”

⑬自谓：自称。

⑭取使：按照这个办法去做了。 取：汉书贾谊传注“谓所择用也”。于省吾双剑誃管子幼官新证：“金文‘使’、‘事’同字。” 事：吕氏春秋有始览谕大高注：“为也。”

⑮即上文所谓“无内难”。

⑯即上文所谓“立之以为正妻”。

⑰勿请：不求阴简。

六　阴姬与江姬争为后章

阴姬与江姬争为后①。司马憙谓阴姬公曰②：“事成③，则有土子民④；不成，则恐无身⑤。欲成之，何不见臣乎？”阴姬公稽首曰⑥：“诚如君言，事何可豫道者⑦。”

司马憙即奏书中山王曰：“臣闻弱赵强中山⑧。”中山王悦而见之曰：“愿闻弱赵强中山之说⑨。”司马憙曰：“臣愿之赵⑩，观其地形险阻，人民贫富，君臣贤不肖⑪，(商)〔商〕敌为资⑫，未可豫陈也⑬。”中山王遣之⑭。

见赵王曰：“臣闻：赵，天下善为音⑮，佳丽人之所出也⑯。今者，臣来至境，入都邑，观人民谣俗⑰，容貌颜色，殊无佳丽好美者。以臣所行多矣，周流无所不通⑱，未尝见人如中山阴姬者也。不知者，特以为神力，言不能及也⑲。其容貌颜色固已过绝人矣⑳。若乃其眉目、准頞、权衡、犀角、偃月㉑，彼乃帝王之后，非诸侯之姬也。"赵王意移㉒，大悦曰："吾愿请之，何如？"司马憙曰："臣窃见其佳丽，口不能无道尔㉓。即欲请之㉔，是非臣所敢议㉕，愿王无泄也。"

司马憙辞去，归报中山王曰："赵王非贤王也，不好道德，而好声色；不好仁义，而好勇力。臣闻其乃欲请所谓阴姬者。"中山王作色不悦。司马憙曰："赵，强国也，其请之必矣。王如不与，即社稷危矣㉖；与之，即为诸侯笑。"中山王曰："为将奈何㉗？"司马憙曰："王立为后，以绝赵王之意。世无请后者。虽欲得请之，邻国不与也㉘。"中山王遂立以为后，赵王亦无请言也。

【注释】

①阴姬：即第五章阴简。　江姬：亦中山君美人。　姬：古代称妾。　后：国君的正妻，皇后。

②阴姬公：阴姬之父。

③事成："争为后"之事成功。

④有土：据有土地。　子民：统治人民。　子：广雅释诂一："君也。"用作动词。

⑤无身：亡身；犹言连自己也保不住。

⑥稽首：见秦策二第六章注⑲。

⑦鲍注："言将厚报之，未可先言。"

⑧臣闻弱赵强中山：我知使赵国弱，使中山强之法。　闻：齐策三第三章高注："知。"

⑨说：广雅释诂二："论也。"

⑩之：至。

⑪不肖：不贤。

⑫各本"啇"作"商"，鲍注："商，较之。"　王念孙读书杂志："'敌'当为'敲'，字之误也。'敲'即'商攉'之'攉'（凡从'高'从'寉'之字，古多通用），言当观其地形险阻，人民贫富，君臣贤不肖，商攉以为资，未可豫陈其说也。太平御览人事部引此作'商攉为资'是其明证矣。'攉'字古通作'敲'，因讹而为'敌'。荀子儒效篇'退编百姓而慤'，新序杂事篇'慤'作'敲'，今本讹作'敌'；庄子徐无鬼篇释文引三苍云'攉，敲也。'今本亦讹作'敌'；汉书李广传'自负其能数与虏确'，史记作'数与虏敲战'，'敲'与'确'通，今本亦讹作'敌'。草书'敌'字与'敲'字二形极相似。鲍彪解'商'字是也，但未知'攉'之借作'敲'，'敲'讹作'敌'耳。"　金正炜战国策补释："汉书赵充国传'勤劳而至，虏必商军进退，稍引去'注：'商，计度也。'江充传'因变制宜，以敌为师事，不可豫图'，正与此文相类。王氏杂志以为当作'商攉为资'，恐非。"　关修龄战国策高注补正："商较敌势，为战之资。"　建章按："啇"当改作"商"。依王说"商敲为资"是说斟酌情况以为参考；依金、关说，是说估计敌情以为参考。并可通。此取王说，疑"敌"为"敲"字之误。

⑬未可豫陈也：不能预先陈说。

⑭遣之：派司马熹去赵国。

⑮善为音：擅长音乐。

⑯佳丽人：美女。

⑰谣：谣歌，民歌。　俗：习俗，风俗。

⑱周流：周游。　通：小尔雅广诂："达也。"

⑲鲍改"力"作"人"。　吴正："力之，尽力言之。"　黄丕烈战国策札记："'神'字句绝，楚策'非知而见之者，以为神'可证。"　王念孙读书杂志："引之曰：鲍之改、吴之释皆非也。'力'字与上下文皆不相属，当是'也'字之误，'不知者特以为神也'绝

句,其'言不能及也'五字乃高注之误入正文者耳,太平御览人事部引策文无此五字,是其明证矣。" 建章按:太平御览引无"力言不能及也"六字。 特:<u>裴学海</u>古书虚字集释卷六"犹'乃'也;一为'却'字之义"。

⑳过绝:超绝,超出一般。或"绝人"谓绝代美人。

㉑若乃:至于,见齐策六第五章注⑧。 准頯:说文页部"頯,鼻茎也"。<u>段玉裁</u>注:"鼻谓之准,鼻直茎谓之頯。"则頯(è 饿):鼻梁。 易夬"壮于頄"注:"頄,面权也。"<u>陆德明</u>经典释文:"权,字书作'颧'。" 汉书王莽传上注引孟康曰:"眉上曰衡。"后汉书蔡邕传注:"衡,眉目之间也。"二者有别,未知孰是。 说文"犀"字<u>段玉裁</u>注:"晋语'角犀丰盈',孟子注'额角犀厥地',战国策'眉目、准頯、权衡、犀角、偃月',此皆谓人自鼻至顶丰满,如相书所云'伏犀贯顶'也。"孟子尽心下<u>焦循</u>正义:"<u>段玉裁</u>云'今人谓之天庭,古谓之犀角,相书云,'伏犀贯顶',即其理也。" 后汉书梁皇后纪:"相工茅通见后惊,再拜贺曰'此所谓日角偃月,相之极贵,臣所未尝见也。'"此皆谓相貌出众,为帝后之相。

㉒赵王意移:赵王被说动了。

㉓尔:<u>裴学海</u>古书虚字集释卷七:"犹'耳'也,词之终也。"

㉔即:<u>王引之</u>经传释词卷八:"犹'若'也。" 请:求。

㉕是非臣所敢议:这可不是我敢插嘴的。

㉖即:<u>王引之</u>经传释词卷八:"与'则'同"。 社稷:见<u>秦策</u>一第五章注㊶。

㉗为将奈何:可怎么办呢? 为:<u>王引之</u>经传释词卷二:"犹'则'也。"

㉘与:<u>秦策</u>一第十章高注:"犹'助'也。"赞助,赞同。

七　主父欲伐中山章

主父欲伐中山^①，使李疵观之^②。李疵曰："可伐也。君弗攻，恐后天下^③。"主父曰："何以^④?"对曰"中山之君所倾盖与车，而朝穷闾隘巷之士者七十家^⑤。"主父曰："是贤君也，安可伐?"李疵曰："不然，举士^⑥，则民务名不存本^⑦；朝贤，则耕者惰而战士懦。若此不亡者，未之有也^⑧。"

【注释】

①主父：赵武灵王，见秦策二第十五章注⑩。于鬯战国策年表系此策于周赧王八年(前 307 年)。

②使李疵观之：派李疵去中山仔细察看。　李疵：高注："赵臣也。"　观：说文："谛视也。"

③韩非子外储说左上作"中山可伐也，君不亟伐，将后齐、燕"。

④以：裴学海古书虚字集释卷一："犹'故'也。"

⑤鲍本"车"下有"者"字，注："倾者，却不御也，与之同车皆所尊礼者。君而朝士，亦尊礼也。"　吴补："一本'车'下无'者'字，姚同。"　金正炜战国策补释："荀子礼论篇注：'盖，车盖也。'去盖及车，皆以下贤，鲍注'与之同车'即与下句不相贯注。韩非无'者'字，鲍本误衍。"　关修龄战国策高注补正："'与'疑作'舆'，谓舁车也。盖言穷闾隘巷，不容高盖驷马，故伏盖脱马，而舁车也。"　陈奇猷韩非子集释："倾，斜也；与，比肩也。'倾盖与车'谓两车相遇，并车对语，并车对语必斜其车，斜其车则盖亦斜矣，是曰'倾盖'。"　建章按：韩非子"车"下无"者"字，疑鲍本因下"者"字误衍。既言"穷闾隘巷"，恐难通车，更

难"并车。"<u>淮南子原道训</u>高注"倾,犹'下'也"。<u>裴学海古书虚字集释</u>卷九"所,犹'其'也"。此言,<u>中山</u>君礼贤下士,于"穷闾隘巷"之中,因车难通,故去掉车盖,甚至下车朝士。<u>史记邹阳列传</u>"倾盖如故"索隐:"<u>家语孔子</u>遇<u>程子</u>于途,倾盖而语。又<u>志林</u>云'倾盖者道行相遇,軿车对语,两盖相切,小欹之,故曰倾也。'"<u>陈</u>或本此,然彼与此义恐未合。

⑥举:选拔,任用。

⑦务名:一心在显名。　不存本:心不在耕战。　存:<u>尔雅释诂</u>注:"即'在'。"　本:据下句当指"耕""战",即"农战"。

⑧未之有也:"未有之也"的倒装,是说:历史上未曾有过这种现象。<u>商君书农战</u>"国待农战而安,主待农战而尊"。"凡人主之所以劝民者,官爵也;国之所以兴者,农战也。今民求官爵,皆不以农战,而以巧言虚道,此谓劳民。劳民者其国必无力,无力者其国必削。"即此义。<u>韩非子</u>篇末有"<u>主父</u>曰'善。'举兵而伐<u>中山</u>,遂灭也。"据<u>史记赵世家</u>"<u>武灵王</u>二十一年(前305年)攻<u>中山</u>,……<u>惠文王</u>三年(前296年)灭<u>中山</u>"。

八　中山君飨都士章

<u>中山</u>君飨都士①,大夫<u>司马子期</u>在焉②。羊羹不遍③,<u>司马子期</u>怒而走于<u>楚</u>④,说<u>楚</u>王伐<u>中山</u>⑤,<u>中山</u>君亡⑥。有二人挈戈而随其后者⑦,<u>中山</u>君顾谓二人⑧:"子奚为者也⑨?"二人对曰:"臣有父,尝饿且死,君下壶飧饵之⑩。臣父且死,曰:'<u>中山</u>有事⑪,汝必死之⑫。'故来死君也⑬。"<u>中山</u>君喟然而仰叹曰⑭:"与不期众少,其于当厄⑮;怨不期深浅,其于伤心⑯。吾以一杯羊羹亡国,以一壶飧得士二人⑰。"

【注释】

①中山君飨都士:中山君设宴款待国都的士人。 飨:同"享",周礼太行人注:"设盛礼以饮宾也。" 都:说文"有先君之旧宗庙曰都"。 于鬯战国策年表依资治通鉴编此策于周赧王十四年(前 301 年)。

②司马子期:于鬯战国策注:"此盖是司马憙之族。"

③羊羹不遍:羊羹没有分给司马子期。 李本、畿辅本"遍"作"徧",艺文类聚人部、太平御览卷三五一兵部、卷四七九人事部引并"遍"作"徧",下文高注亦作"徧",诗邶风北门陆德明经典释文"徧,古'遍'字。"疑本当作"徧"。广雅释诂二:"周,徧也。"

④走:吕氏春秋慎大览权勋高注:"奔也。"

⑤楚王:怀王,见东周策第八章注③。

⑥亡:说文:"逃也。" 刘师培左盦集卷五:"书钞一百四十四引'亡'作'走亡',类聚作'亡走'。较姚本为长。"

⑦挈:广雅释诂四:"提也。" 戈:古代一种兵器,横刃长柄。

⑧顾:礼记曲礼上疏:"回头也。"

⑨子奚为者也:你们是干什么的? 奚:何。

⑩君下壶飧饵之:君赐一壶熟食给我父亲吃。 下:古时上对下的行为皆可曰"下",如下达,下令。此犹言"赐予"。 飧:汉书高后纪颜注引韦昭曰:"孰食曰飧。" 饵:广雅释诂三:"食也。"此读如"寺",拿东西给人吃。 之:指二人之父。 刘师培左盦集卷五:"书钞一百四十四引'饵之'作'哺臣父',类聚同。较姚本为长。"

⑪事:事变。

⑫死之:为中山而死。

⑬死君:为君效命。言以死报恩。

⑭喟然而仰叹:因感慨而仰面长叹。

⑮高注:"言人之施与,不期多少,当其厄之时,而惠及之必厚德己也。一湌之施,而有二子之报。" 建章按:与:施与、赐与,指上文"下壶湌"。 期:裴学海古书虚字集释卷五:"其,犹'在'也;字或作'期'。"管子轻重乙于省吾双剑誃诸子新证:"其、期古字通。" 众:尔雅释诂"多也"。 厄:一切经音义十二引苍颉:"困也。"

⑯高注:"人之相怨,不在深浅也;苟伤其心,则怨重也。羊羹不徧,而有出亡之患也。"

⑰说苑修文:"辨然否通古今之道谓之士。"

九 乐羊为魏将章

乐羊为魏将,攻中山①。其子时在中山,中山君烹之,作羹致于乐羊。乐羊食之。古今称之②:"乐羊食子以自信,明害父以求法③。"

【注释】

①乐羊:魏文侯将。魏文侯三十八年(前408年)始攻中山,历时三年,于魏文侯四十年灭中山。见秦策二第六章注⑯。

②古今称之:古今称誉说。

③鲍注:"此害于父道,而羊为之,求为徇国之法也。" 李慈铭越缦堂读书记:"'信'下脱一'信'字,'信明'即楚人'申鸣'也,事见韩诗外传卷十。" 金正炜战国策补释:"鲍说非也,韩诗外传'楚有士曰申鸣'云云。此文'信'下当重'信'字,'信明'即'申鸣',后人因连上句'信'字,误以为复,而夺之也。穀隐元年传注:'信、申字古今所共用。'文选运命篇:'里社鸣而圣人出。'注:'明与鸣古字通。'申鸣害父,春秋时事,乐羊食子则在

战国,故曰'古今称之',明非一事也。"　建章按:李、金说皆是,此本作"信",误脱"信",见东周策第二章注⑮引俞樾说。韩诗外传卷十第二十四章"楚有士曰申鸣,孝闻于楚。王召之,申鸣辞不往。其父曰:'王欲用汝,何谓辞之?'申鸣曰:'何舍为孝子,乃为王忠臣乎?'其父曰:'使汝有禄于国,有位于廷,汝乐而我不忧矣。我欲汝之仕也。'申鸣曰:'诺'。遂之朝受命,楚王以为左司马。其年遇白公之乱,杀令尹子西、司马子期,申鸣因以兵围之。白公谓石乞曰:'申鸣,天下之勇士也,今将兵,为之奈何?'石乞曰:'吾闻申鸣孝子也,劫其父以兵。'使人谓申鸣曰:'子与我,则与子分楚国,不与我,则杀乃父。'申鸣流涕而应之曰:'始则父之子,今则君之臣,已不得为孝子矣,安得不为忠臣乎?'援枹鼓之,遂杀白公。其父亦死焉。王归赏之,申鸣曰:'受君之禄,避君之难,非忠臣也。正君之法,以杀其父,又非孝子也。行不两全,名不两立,悲夫! 若此而生,亦何以示天下之士哉!'遂自刎而死。"(据许维遹韩诗外传集释节录)事又见说苑立节。金引文选为李康运命论。

十　昭王既息民缮兵章

昭王既息民缮兵①,复欲伐赵,武安君曰②:"不可。"王曰:"前年国虚民饥,君不量百姓之力,求益军粮以灭赵③。今寡人息民以养士,蓄积粮食,三军之俸④,有倍于前⑤,而曰'不可',其说何也⑥?"

武安君曰:"长平之事,秦军大克,赵军大破⑦;秦人欢喜,赵人畏惧。秦民之死者厚葬,伤者厚养⑧,劳者相飨⑨,饮食哺馈⑩,以靡其财⑪;赵人之死者不得收⑫,伤者不得疗⑬，涕泣相哀，勠力同忧⑭，耕田疾作⑮，以生其财⑯。今王发军虽倍其前，臣料赵国守备亦以十倍矣。赵自长平已来⑰，君臣忧惧，早朝晏退⑱，卑辞重币，四面出嫁⑲，结亲燕、魏⑳，连好齐、楚，积虑并心㉑，备秦为务。其国内实，其交外成。当今之时，赵未可伐也。"

王曰："寡人既以兴师矣㉒。"乃使五(校)大夫王陵将而伐赵㉓。陵战失利，亡五校㉔。王欲使武安君，武安君称疾不行㉕。王乃使应侯往见武安君㉖，责之曰㉗："楚地方五千里，持戟百万㉘。君前率数万之众入楚，拔鄢郢㉙，焚其庙，东至竟陵㉚，楚人震恐㉛，东徙而不敢西向㉜。韩、魏相率㉝，兴兵甚众，君所将之不能半之㉞，而与战之于伊阙㉟，大破二国之军，流血漂卤㊱，斩首二十四万。韩、魏以故至今称东藩㊲。此君之功，天下莫不闻。今赵卒之死于长平者已十七、八㊳，其国虚弱，是以寡人大发军，人数倍于赵国之众，愿使君将，必欲灭之矣。君尝以寡击众，取胜如神，况以强击弱，以众击寡乎？"

武安君曰："是时楚王恃其国大㊴，不恤其政㊵，而群臣相妒以功，谄谀用事㊶，良臣斥疏㊷，百姓心离，城池不修，既无良臣，又无守备。故起所以得引兵深入㊸，多倍城邑㊹，发梁焚舟㊺，以专民心㊻，掠于郊野，以足军食㊼。当此之时，秦中士卒㊽，以军中为家，将帅为父母，不约而亲，不谋而信，一心同功，死不旋踵㊾。楚人自战其地，咸顾其家㊿，各有散心，莫有斗志。是以能有功也。伊阙之战，韩孤顾魏[51]，不欲先用其众。魏恃韩之锐[52]，欲推以为锋[53]。二军争便之力不同^㊹，是以臣得设疑兵，以待韩阵^㊺，专军并锐，触魏之不意^㊻。魏军既败，韩军自溃，乘胜逐北^㊼，以是之故能立功。皆计利形势自然之理，何神之有哉^㊽！今秦破赵军于长平，不遂以时乘其振惧而灭之^㊾，畏而释之^㊿，使得耕稼以益蓄积[○]，养孤长幼以益其众，缮治兵甲以益其强，增城浚池以益其固[○]；主折节以下其臣[○]，臣推体以下死士[○]。至于平原君之属[○]，皆令妻妾补缝于行伍之间[○]。臣人一心，上下同力，犹勾践困于会稽之时也[○]。以〔今〕伐之[○]，赵必固守；挑其军战[○]，必不肯出；围其国都，必不可克；攻其列城，必未可拔；掠其郊野，必无所得；兵出无功，诸侯生心[○]，外救必至。臣见其害，未睹其利；又病，未能行。"

应侯惭而退，以言于王[○]。王曰："微白起[○]，吾不能灭赵乎？"复益发军，更使王龁代王陵伐赵[○]。围邯郸八、九月，死伤者众，而弗下[○]。赵王出轻锐，以寇其后[○]，秦数不利。武安君曰："不听臣计，今果何如？"王闻之怒，因见武安君，强起之，曰："君虽病，强为寡人卧而将之。有功，寡人之愿，将加重于君[○]；如君不行，寡人恨君。"

武安君顿首曰[○]："臣知行虽无功，得免于罪；虽不行无罪，不免于诛[○]。然惟愿大王览臣愚计[○]，释赵养民[○]，以诸侯之变[○]。抚其恐惧[○]，伐其骄慢，诛灭无道，以令诸侯，天下可定，何必以赵为先乎？此所谓'为一臣屈而胜天下'也[○]。大王若不察臣愚计，必欲快心于赵[○]，以致臣罪[○]，此亦所谓'胜一臣而为天下屈'者也。夫胜一臣之严焉[○]，孰若胜天下之威大耶[○]？臣闻明主爱其国，忠臣爱其名。破国不可复完,死卒不可复生。臣宁伏受重诛而死⑧,不忍为辱军之将⑨。愿大王察之⑩。"王不答而去。

【注释】

①昭王:秦昭王,见西周策第一章注⑭。鲍移此篇入秦策。于鬯战国策注:"此策必他本有不载者,故姚于策末校云'子由古史云,战国策文并收入。'其据古史,以明收入,必有不收入者矣。纵不必即谓姚补,要后人所增,非刘向之旧,故附全策之末。移入秦非也。" 缮:修整。

②武安君:白起。见西周策第六章注②。

③益:广雅释诂二:"加也。"增加。

④三军:全军。 俸:给养。

⑤有:通"又"。

⑥其说何也:什么道理呢? 说:吕氏春秋仲冬纪当务高注:"道也。"

⑦长平之事:见齐策二第七章注①。 克:尔雅释诂:"胜也。" 破:败。

⑧厚养:精心治疗。 养:周礼天官疾医疏:"养者但是疗治必须将养。""疗治"即治疗。又注:"养,治也。"

⑨飨:仪礼士昏礼注:"以酒食劳人。" 劳:慰劳。

⑩高注:"吴谓食为馈,祭鬼亦为馈,古文通用,读为'馈'同。"鲍注:"哺,申时食,吴谓祭鬼曰馈。" 吴正:"以申时食之曰哺;馈,即'馈饷'也。'祭鬼'本高注,非。" 孙诒让札迻:"'哺馈'疑当作'哺糦'之借字。列女传鲁之母师传云'妾恐其哺糦醉饱人情所有也',太平御览人事部引曹大家注'哺糦,合聚饮酒也。'齐策云'完者内哺而华乐'。" 金正炜战国策补释:"'哺'当作'醑',赵武灵王灭中山,醑五日。说文'吴人谓祭曰馈。吴

说与'饮食'复。"　建章按:说文"餽,吴人谓祭曰餽"。段玉裁
注:"方言:'饙、馈,馈也。'三字皆谓祭。战国策三十三高注
(按:见上,省)。按祭鬼者'餽'之本义,不同馈也。以'餽'为
'馈'者,古文假借也。高说与杨、许同,今本高注浅人增窜,不
可从。"汉书文帝纪"酺五日"服虔曰:"酺,音蒲。"文颖曰:"音
步。汉律,三人以上,无故群饮酒,罚金四两,今诏横赐得令会
聚饮食五日也。"　师古曰:"酺之为言布也,王德布于天下,而
合聚饮食为酺,服音是也,字或作'脯',音义同。"补注:"酺,南
本、浙本并作'哺'。"可见"酺""哺"本可通用,故朱骏声说文通
训定声云:"哺,假借为酺"。又补注引沈钦韩曰:"古者无事不
饮酒,酒诰曰'祀兹酒',故假祭名以饮酒,因谓赐民饮酒为酺。"
则"饮食哺馈",即民假祭祀之名,聚会饮食。(犹聚餐)

⑪靡:浪费。

⑫收:史记扁鹊列传集解:"谓棺敛。"敛,即后起之"殓"字。

⑬疗:说文:"治也。"

⑭勠力同忧:齐心合力,团结一致。　勠:说文:"并力也。"　同
忧:共同忧念国家危难。

⑮疾:吕氏春秋孟夏纪尊师高注:"力。"

⑯生:说文:"进也。"增。

⑰已:通"以"。

⑱晏:广雅释诂三:"晚也。"

⑲嫁:尔雅释诂:"往也。"　出嫁:犹言出访。

⑳亲:友好。

㉑积虑并心:犹言同心同德。　并:广雅释诂四:"同也。"

㉒以:通"已"。

㉓黄丕烈战国策札记:"当衍'校'字,秦本纪云'五大夫陵攻赵邯
郸',白起传云'使五大夫王陵攻赵邯郸',是其证矣。"　于鬯

战国策注："'校'字涉下文衍。" 建章按:后汉书百官志刘昭注引刘劭爵制列秦爵为二十级,"五大夫"为第九级。当删"校"字。史记白起列传"秦昭王四十八年(前 259 年,周赧王五十六年)九月,使五大夫王陵攻赵邯郸。"

㉔亡:失。 资治通鉴胡注"校,犹部队也。立军之法:一人曰独;二人曰比;三人曰参;比参曰伍;五人为列,列有头;二列为火,十人有长,立火子;五火为队,队五十人,有头;二队为官,官百人,立长;二官为曲,曲二百人,立侯;二曲为部,部四百人,立司马;二部为校,校八百人,立尉;二校为裨,将千六百人,立将军;二裨将,军三千二百人,有将军、副将军。"

㉕行:广雅释诂二:"去也。"

㉖应侯:范雎,见秦策三第八章注①。

㉗责:责备。

㉘持戟:战士。

㉙鄢郢:见秦策三第十五章注⑥。又见楚策四第四章注⑫。

㉚竟陵:见楚策一第十八章注㊷。

㉛震:尔雅释诂:"惊惧也。"

㉜此指"(楚)襄王流揜城阳"事,见楚策四第四章注⑬。

㉝率:尔雅释诂:"循也。" 相率:相从,相跟,一起。

㉞鲍于"将之"下补"卒"字。 吴补:"当有'卒'字,大事记补。" 金正炜战国策补释:"'将之'当为'将士',篆文'之'字与'士'字相似而误,鲍补'卒'字非也。" 建章按:"将之"即"将者",见裴学海古书虚字集释卷九。能:孙经世经传释词补:"犹'足'也,'及'也。" 不能半之:不及韩、魏之半。

㉟史记秦本纪"(昭王)十四年(周赧王二十二年,前 293 年),左更白起攻韩、魏于伊阙,斩首二十四万,虏公孙喜,拔五城。" 伊阙:见西周策第二章注①。

㊱卤：史记秦始皇本纪集解引徐广曰："楯也。"封氏闻见记："'卤'字亦作'橹'，音义同。"即大盾牌。

㊲东藩：见赵策二第三章注㉝。

㊳高注："言十分死其七、八分也。"

㊴楚王：顷襄王，见秦策一第五章注㊿。

㊵恤：秦策五第一章高注"顾"。说文："恤，忧也。"

㊶诎谀用事：诎谀之臣专政。楚策第四章："庄辛谏楚襄王曰'君王左州侯，右夏侯，辇从鄢陵君与寿陵君，专淫逸侈靡，不顾国政。'"

㊷斥疏：被排斥，被疏远。

㊸得：能。

㊹鲍注："兵深入，城邑在后，故言'倍'；'倍'，'背'同。" 吴正："'倍'如字，言深入所过城邑多也。" 于鬯战国策注："或云：犹'城邑多倍'，倒装法也；言多不待攻，自背其主。" 建章按：左僖三十年传："焉用亡郑以倍邻。"注："倍，益也。"即增加。则"多倍城邑"谓多增加城邑，即占领了很多城邑。

㊺发梁焚舟：义同"破釜沉舟"。 发梁：拆桥。 发：广雅释诂二："去也。" 梁：说文："水桥也。"

㊻鲍以"以专民"三字属上读，注："衍'民'下'以'字。" 吴补："大事记云：'民下以字作心字'。" 金正炜战国策补释："'以'作'心'者是也，草书'心'与'以'相似而讹。" 于鬯战国策注："卢刻下'以'字作'心'。" 黄丕烈战国策札记："今本下'以'字作'心'，乃因吴说而误改也。" 建章按：关修龄战国策高注补正："高下'以'作'心'。"大事记、关补正当有所本。作"心"字语顺。"发梁焚舟，以专民心"正与"掠于郊野，以足军食"对文。

㊼鲍注："掠，夺取也。" 建章按：桂馥札朴卷一："（礼记）郊特牲

‘索祭祝于祊,……祊之为言倞也。’注云:‘索,求神也;倞,犹索也。’案:‘倞’或作‘掠’,国策:‘掠于郊野,以足军食。’谓求索于郊野。”白起自言,“求索”义胜。

㊽闵本注:“‘秦中’一作‘秦之’。” 金正炜战国策补释:“‘秦中’当作‘秦军’,涉下句‘军中’而误也。” 建章按:一本作“秦之”或是。

㊾死不旋踵:至死不回头。 旋:广雅释诂四:“还也。” 踵:脚后跟。

㊿咸:尔雅释诂:“皆也。”

(51)孤:势力孤单。 顾:穀梁庄二十八年传疏:“犹待也。”

(52)鲍注:“时韩主兵,故韩记言‘率周、魏攻秦’,魏记言‘左韩也。’”

(53)鲍注:“锋,军之先。”

(54)二军争便之力不同:韩、魏二军争利之力不同。或读“便”字句,“之力”即“其力”亦通。之:裴学海古书虚字集释卷九“其也”。或齐策三第八章高注:“之,犹‘用’也”。亦通。

(55)待:国语周语中韦注:“犹‘备’也。” 阵:战阵,军阵,军队。

(56)触魏之不意:出其不意进攻魏国。 触:广雅释诂四:“揬也。”玉篇卷六:“揬,衝揬也。”即“冲突”。

(57)乘胜逐北:乘胜穷追猛打。 鲍注:“战败曰北。”

(58)“皆计利”两句:这都是由于人的计谋、地形有利以及军事形势这些自然的条件,有什么神呢! 理:荀子儒效杨注“有条理也。”

(59)“不遂”句:不就在此时乘赵畏惧而灭掉它。 遂:裴学海古书虚字集释卷八:“犹‘即’也。”

(60)畏而释之:却有所顾虑放弃了这样的机会。

(61)益:增加。下同。

㉒增:加高。　浚池:挖深护城河。

㉖主折节以下其臣:国君放下架子,对臣下以礼相待。

㉚臣推体以下死士:上级官员都能对士兵推心置腹同甘共苦。

㉞平原君:秦策三第十三章注⑥。　之属:这类人物。

㉟行伍:军队。

㊳勾践:见秦策三第十八章注⑫。　困于会稽:见秦策五第一章注⑩。此取其"励精图治"之意。详见史记越王勾践世家。

㊽鲍本、闵本、畿辅本"合"作"今"。于鬯战国策注:"卢刻'合'作'今',是。"建章按:"今"字易误作"合",见魏策一第十一章注⑮,当据各本改"合"作"今"。"以今"即"于今"。

㊾挑其军战:向赵军挑战。

⑳关修龄战国策高注补证:"'诸侯'句前蓄'则'字,言秦伐赵无功,则诸侯轻秦,必生攻伐之心。"

㉑以言于王:把白起说的情况告诉秦王。

㉒微:小尔雅广诂:"无也。"

㉓杨宽战国史附录战国大事年表"前259年(周赧王五十六年,秦昭王四十八年)秦派五大夫王陵进攻赵都邯郸,前258年秦派王龁代王陵继续攻邯郸。"

㉔史记白起列传:"楚使春申君及魏公子将兵数十万攻秦军,秦军多失亡。"

㉕寇:尚书舜典传:"群行攻劫曰寇。"进犯,侵掠。

㉖加重:更重赏。或"重"犹尊。加重:更提高其地位。

㉗顿首:见燕策一第五章注㉔。

㉘诛:广雅释诂一:"杀也。"

㉙惟:同"唯"。　览:齐策一第十七章高注:"受。"接受。

㉚释赵养民:放弃进攻赵国,使秦得养精蓄锐。

㉛吴补:"'以'字下疑有缺。"于鬯战国策注:"大事记解题有

'观'字,俗选本亦有'观'字者。" 关修龄战国策高注补正:
"战国策纂有'观'字,一本'以字下疑有观字',今从之。" 建
章按:说文:"以,用也。"此言利用诸侯之变。

⑧抚其恐惧:安抚被威服者恐惧之心。 抚:说文:"安也。"

⑧为:被。 一臣:指白起。

⑧快心:一时的快意。

⑧以致臣罪:而治我的罪。或"而归罪于我"。

⑧严:鲍注:"犹威。"

⑧高注:"言不能为起屈,欲以胜为严,则不若屈于起之言,而以胜
天下为威之大。"

⑧伏:屈服。

⑧忍:说文:"能也。"

⑨察:审慎考虑。

附录一

战国策年表　　南汇于鬯

　　按：于鬯的战国策年表，既有战国时代的各国和各王的纪年，又有战国策文章中所记述历史事件的明确年代。不但是读战国策时的参考资料，且在研究战国纪年、纪事时又可作为一家之说。因此从上海图书馆馆藏的于鬯战国策注手稿本中选出来作为本书附录。除对原表中个别错漏字句作些补正外，全部照录原文。为了查索方便，在表中增加了公元纪年一项。表中纪年，有作者不敢苟同者，随本书注释加以辩证。

战国策注释

公元前	周	秦	齐	楚	赵	魏	韩	燕	宋	卫	中山
455	周贞定王十四年	秦厉共公二十二年	田襄子	楚惠王三十四年	赵襄子三年 知伯索蔡、皋狼于赵,赵弗与,结韩、魏围晋阳。	魏桓子 知伯索地于魏,魏致万家之邑一。	韩康子 知伯索地于韩,韩致万家之邑一。	燕孝公十年	宋景公六十二年	卫悼公元年	中山
454	十五年	二十三年		三十五年	四年 知、韩、魏围晋阳。			十一年	六十三年	二年	
453	十六年	二十四年	知伯遣絺疵于齐。	三十六年	五年 知伯决晋水,灌晋阳城。张孟谈阴约韩、魏,决水灌知伯军,禽知伯。张孟谈纳地释事,耕于负亲之丘。豫让遁漆山中。	反知伯。	反晋已,三晋破知氏,韩分地,取成皋。	十二年	六十四年	三年	

附录一 战国策年表

公元前	周	秦	齐	楚	赵	魏	韩	燕	宋	卫	中山
452	十七年	二十五年	田庄子	三十七年	六年		赵张孟谈使长子之韩。	十三年	宋昭公元年	四年	
451	十八年	二十六年	赵张孟谈使少子之齐。	三十八年 赵张孟谈使其妻之楚。	七年 韩、魏、齐、赵张孟谈使季子之四国,败其某。	赵张孟谈使次子之魏。		十四年	二年	五年	
450	十九年	二十七年		三十九年	八年			十五年	三年	卫敬公元年	
449	二十年	二十八年		四十年	九年			燕成公元年	四年	二年	
448	二十一年	二十九年		四十一年	十年			二年	五年	三年	
447	二十二年	三十年		四十二年	十一年			三年	六年	四年	
446	二十三年	三十一年		四十三年	十二年	魏文侯元年		四年	七年	五年	
445	二十四年	三十二年		四十四年	十三年	二年		五年	八年	六年	
444	二十五年	三十三年		四十五年	十四年	三年		六年	九年	七年	
443	二十六年	三十四年		四十六年	十五年	四年		七年	十年	八年	
442	二十七年	秦躁公元年		四十七年	十六年	五年		八年	十一年	九年	

公元前	周	秦	齐	楚	赵	魏	韩	燕	宋	卫	中山
441	二十八年	二年		四十八年	十七年	六年		九年	十二年	十年	
440	周考王元年 西周桓公元年	三年		四十九年	十八年	七年		十年	十三年	十一年	
439		四年		五十年	十九年	八年		十一年	十四年	十二年	
438		五年		五十一年	二十年	九年		十二年	十五年	十三年	
437		六年		五十二年	二十一年	十年		十三年	十六年	十四年	
436		七年		五十三年	二十二年	十一年		十四年	十七年	十五年	
435		八年		五十四年	二十三年	十二年		十五年	十八年	十六年	
434		九年		五十五年	二十四年	十三年		十六年	十九年	十七年	
433		十年		五十六年	二十五年	十四年		燕簋公元年	二十年	十八年	
432		十一年		五十七年	二十六年 魏借道于赵,攻中山。	十五年 乐羊为将。		二年	二十一年	十九年	魏攻中山。
431		十二年		楚简王元年	二十七年	十六年		三年	二十二年	卫昭公元年	魏攻中山。

公元前	周	秦	齐	楚	赵	魏	韩	燕	宋	卫	中山
430	十一年	十三年		二年	二十八年	十七年 乐羊既罢中山,文侯赏其功,疑其心。		四年	二十三年	二年	魏拔中山。
429	十二年	十四年		三年	二十九年	十八年		五年	二十四年	三年	
428	十三年	秦怀公元年		四年	三十年	十九年		六年	二十五年	四年	
427	十四年	二年		五年	三十一年	二十年		七年	二十六年	五年	
426	十五年	三年		六年	三十二年	二十一年		八年	二十七年	六年	
425	周威烈王元年	四年		七年	三十三年 豫让为知伯报仇,死。	二十二年		九年	二十八年	卫怀公元年	
424	二年	秦灵公元年		八年	赵桓子元年	二十三年	韩武子元年	十年	二十九年	二年	
423	三年	二年		九年	赵献侯元年	二十四年	二年	十一年	三十年	三年	
422	四年	三年		十年	二年	二十五年	三年	十二年	三十一年	四年	
421	五年	四年		十一年	三年	二十六年	四年	十三年	三十二年	五年	

附录一　战国策年表

1535

续表

公元前	周	秦	齐	楚	赵	魏	韩	燕	宋	卫	中山
420	六年	五年		十二年	四年	二十七年	五年	十四年	三十三年	六年	
419	七年	六年		十三年	五年	二十八年	六年	十五年	三十四年	七年	
418	八年	七年		十四年	六年	二十九年	七年	十六年	三十五年	八年	
417	九年	八年		十五年	七年	三十年	八年	十七年	三十六年	九年	
416	十年	九年		十六年	八年	三十一年	九年	十八年	三十七年	十年	
415	十一年	十年		十七年	九年	三十二年	十年	十九年	三十八年	十一年	
414	十二年	秦简公元年		十八年	十年	三十三年	十一年	二十年	三十九年	卫慎公元年	中山武公
413	十三年西周威公元年	二年		十九年	十一年	三十四年	十二年	二十一年	四十年	二年	
412	十四年	三年		二十年	十二年	三十五年	十三年	二十二年	四十一年	三年	
411	十五年	四年		二十一年	十三年	三十六年	十四年	二十三年	四十二年	四年	
410	十六年	五年	田悼子	二十二年	十四年	三十七年	十五年	二十四年	四十三年	五年	
409	十七年	六年		二十三年	十五年	三十八年	十六年	二十五年	四十四年	六年	
408	十八年	七年	田和太公	二十四年	赵烈侯元年	三十九年	韩景侯元年	二十六年	四十五年	七年	

公元前	周	秦	齐	楚	赵	魏	韩	燕	宋	卫	中山
407	十九年	八年		楚声王元年	二年	四十年	二年	二十七年	四十六年	八年	
406	二十年	九年		二年	三年	四十一年	三年	二十八年	四十七年	九年	
405	二十一年	十年		三年	四年	四十二年	四年	二十九年	四十八年	十年	
404	二十二年	十一年		四年	五年	四十三年	五年	三十年	四十九年	十一年	
403	二十三年	十二年		五年	六年	四十四年	六年	三十一年	宋悼公元年	十二年	
402	二十四年	十三年		六年	七年	四十五年	七年	燕釐公元年	二年	十三年	
401	周安王元年	十四年		楚悼王元年	八年	四十六年	八年	二年	三年	十四年	
400	二年	十五年		二年	九年	四十七年	九年	三年	四年	十五年	
399	三年	秦惠公元年		三年	赵武公元年	四十八年	韩列侯元年	四年	五年	十六年	
398	四年	二年		四年	二年	四十九年	二年	五年	六年	十七年	
397	五年	三年		五年	三年	五十年	三年	六年	七年	十八年	

公元前	周	秦	齐	楚	赵	魏	韩	燕	宋	卫	中山
396	六年	四年		六年	四年	魏武侯元年 与诸大夫浮于西河。	四年	七年	八年	十九年	
395	七年	五年		七年	五年	二年	五年	八年	宋休公元年	二十年	
394	八年	六年		八年	六年	三年	六年	九年	二年	二十一年	
393	九年	七年		九年	七年	四年	七年	十年	三年	二十二年	
392	十年	八年		十年	八年	五年	八年	十一年	四年	二十三年	
391	十一年	九年		十一年	九年	六年	九年	十二年	五年	二十四年	
390	十二年	十年		十二年	十年	七年	十年	十三年	六年	二十五年	
389	十三年	十一年		十三年	十一年	八年	十一年	十四年	七年	二十六年	
388	十四年	十二年		十四年	十二年	九年	十二年	十五年	八年	二十七年	
387	十五年	十三年		十五年	十三年	十年	十三年	十六年	九年	二十八年	
386	十六年	秦出子元年	田和元年	十六年	赵敬侯元年	十一年	韩文侯元年	十七年	十年	二十九年	

公元前	周	秦	齐	楚	赵	魏	韩	燕	宋	卫	中山
385	十七年	二年	二年	十七年	二年	十二年	二年	十八年	十一年	三十年	
384	十八年	秦献公元年	田侯剡元年	十八年	三年	十三年	三年	十九年	十二年	三十一年	
383	十九年	二年	二年	十九年	四年	十四年	四年	二十年	十三年	三十二年 赵袭卫，城刚平。	
382	二十年	三年	三年	二十年	五年 魏救卫，挑赵秦战。	十五年	五年	二十一年	十四年	三十三年 卫籍力魏而有河东之地。	
381	二十一年	四年	四年	二十一年	六年	十六年 楚救赵伐魏，战于州西。赵籍袭魏河北。	六年	二十二年	十五年	三十四年	
380	二十二年	五年	五年	楚肃王元年	七年	十七年	七年	二十三年	十六年	三十五年	

1539

1540

公元前	周	秦	齐	楚	赵	魏	韩	燕	宋	卫	中山
379	二十三年	六年	六年	二年	八年	十八年 赵坠魏黄城。	八年	二十四年	十七年	三十六年	
378	二十四年	七年	七年	三年	九年	十九年	九年	二十五年	十八年	三十七年	
377	二十五年	八年	八年	四年	十年	二十年	十年	二十六年	十九年	三十八年	
376	二十六年	九年	九年	五年	十一年	二十一年	韩哀侯元年	二十七年	二十年	三十九年	
375	周烈王元年	十年	田桓公元年	六年	十二年	二十二年	二年 韩从成皋取郑。	二十八年	二十一年	四十年	
374	二年	十一年	二年	七年	赵成侯元年	二十三年	三年	二十九年	二十二年	四十一年	
373	三年	十二年	三年	八年	二年	二十四年	四年	三十年	二十三年	四十二年	
372	四年	十三年	四年	九年	三年	二十五年	五年	燕桓公元年	宋辟公元年	卫声公元年	
371	五年 韩阳坚道周，周君留之。	十四年	五年	十年	四年	二十六年	六年 东孟之会，聂政、阳坚刺相韩傀，兼中哀侯。	二年	二年	二年	

公元前	周	秦	齐	楚	赵	魏	韩	燕	宋	卫	中山
370	六年	十五年	六年	十一年	五年	魏惠王元年	韩懿侯元年	三年	三年	三年	
369	七年	十六年	七年	楚宣王元年	六年	二年	二年	四年	宋剔成元年	四年	
368	周显王元年	十七年	八年	二年	七年	三年	三年	五年	二年	五年	
367	二年 东周惠公元年	十八年	九年	三年	八年	四年	四年	六年	三年	六年	
366	三年 西周惠公元年	十九年	十年	四年	九年	五年	五年	七年	四年	七年	
365	四年	二十年	十一年	五年	十年	六年	六年	八年	五年	八年	
364	五年	二十一年	十二年	六年	十一年	七年	七年	九年	六年	九年	
363	六年	二十二年	十三年	七年	十二年	八年	八年	十年	七年	十年	

1542

公元前	周	秦	齐	楚	赵	魏	韩	燕	宋	卫	中山
362	七年	二十三年	十四年	八年	十三年	九年 公叔痤与韩、赵战浍北，禽乐祚，辞赏田。	九年	十一年	八年	十一年	
361	八年	秦孝公元年 卫鞅亡魏入秦。	十五年	九年	十四年	十年	十年 公叔痤死。	燕文公元年	九年	卫成侯元年	
360	九年	二年	十六年	十年	十五年	十一年	十一年	二年	十年	二年	
359	十年 东周文君元年	三年	十七年	十一年	十六年	十二年	十二年	三年	十一年	三年	
358	十一年	四年	十八年	十二年	十七年	十三年	韩昭侯元年	四年	十二年	四年	
357	十二年	五年	十九年	十三年	十八年	十四年	二年	五年	十三年	五年	

附录一 战国策年表

公元前	周	秦	齐	楚	赵	魏	韩	燕	宋	卫	中山
356	十三年	六年	齐威王元年	十四年	十九年	十五年 觞诸侯于范台。	三年	六年	十四年	六年	
355	十四年	七年	二年 燕、赵、韩、魏皆朝于齐。	十五年	二十年	十六年	四年	七年	十五年	七年	
354	十五年	八年	三年	十六年	二十一年	十七年 韩侯执珪而见梁君。	五年 申不害始合于韩王。	八年	十六年	八年	
353	十六年	九年	四年 邯郸之难，赵求救于齐。	十七年 江乙为魏使于楚。	二十二年	十八年 齐救赵，南攻襄陵，大败魏于桂陵。	六年	九年	十七年	九年	

公元前	周	秦	齐	楚	赵	魏	韩	燕	宋	卫	中山
352	十七年	十年	五年	十八年 江乙与山阳君共恶昭奚恤。昭奚恤与彭城君议于王前。	二十三年	十九年	七年	十年	十八年	十年	
351	十八年	十一年	六年	十九年	二十四年	二十年	八年 太成午从赵来。申子请仕其从兄官，昭侯不许。	十一年	十九年	十一年	
350	十九年	十二年	七年	二十年	二十五年	二十一年	九年	十二年	二十年	十二年	
349	二十年	十三年	八年	二十一年	赵肃侯元年	二十二年	十年	十三年	二十一年	十三年	
348	二十一年	十四年	九年	二十二年	二年	二十三年	十一年	十四年	二十二年	十四年	

公元前	周	秦	齐	楚	赵	魏	韩	燕	宋	卫	中山
347	二十二年	十五年	十年	二十三年	三年	二十四年	十二年	十五年	二十三年	十五年	
346	二十三年	十六年	十一年	二十四年	四年	二十五年	十三年	十六年	二十四年	十六年	
345	二十四年	十七年 以卫鞅为相。	十二年	二十五年	五年	二十六年	十四年	十七年	二十五年	十七年	
344	二十五年	十八年	十三年	二十六年	六年	二十七年	十五年	十八年	二十六年	十八年	
343	二十六年	十九年	十四年	二十七年	七年	二十八年	十六年	十九年	二十七年	十九年	
342	二十七年 梁君驱十二诸侯以朝天子于孟津。	二十年	十五年	二十八年	八年	二十九年 魏王为九里之盟，卫鞅说魏王伐齐、楚，行王服，称夏王。	十七年	二十年	二十八年	二十年	

公元前	周	秦	齐	楚	赵	魏	韩	燕	宋	卫	中山
341	二十八年	二十一年	十六年 南梁之难,韩求救于齐。田忌为齐将,系太子申,禽庞涓。孙子说田忌无解兵,不听。邹忌、田忌不相说,田忌遂走。	二十九年 田忌亡齐之楚,楚封之江南。	九年	三十年 齐救韩击魏,大破之马陵。惠王悉起境内众,将太子申,与齐人战,死。	十八年	二十一年	二十九年 魏太子自将,过卫外黄。	二十一年	
340	二十九年	二十二年 封卫鞅于商,号曰商君。秦王受魏西河之外。	十七年	三十年 威王问于莫敖子华。	十年	三十一年	十九年	二十二年	三十年	二十二年	

公元前	周	秦	齐	楚	赵	魏	韩	燕	宋	卫	中山
339	三十年 商君告归，还，惠王车裂之。苏秦说秦连横。	二十三年	十八年	楚威王元年	十一年	三十二年	二十年	二十三年	三十一年	二十三年	
338	三十一年	二十四年	十九年	二年	十二年 赵送苏秦珠玉宝金，西入秦。苏秦使于秦，反，三日不得见。	三十三年	二十一年	二十四年	三十二年	二十四年	
337	三十二年	秦惠文王元年	二十年	三年	十三年	三十四年	二十二年	二十五年	三十三年	二十五年	
336	三十三年	二年	二十一年 魏太子鸣质于齐。韩、魏之君因田婴朝齐。	四年 魏公子高在楚。	十四年 魏庞葱与太子质邯郸。	三十五年 惠施说惠王朝齐。	二十三年	二十六年	三十四年	二十六年	

公元前	周	秦	齐	楚	赵	魏	韩	燕	宋	卫	中山
335	三十四年	三年	二十二年 魏再朝齐。	五年	十五年	改一年	二十四年	二十七年	三十五年	二十七年	
334	三十五年 楚兵在山南。楚请道二周同以临韩、魏。	四年	二十三年 魏三朝齐，赵氏丑之，楚王怒，楚攻齐，章子败之，秦王拜西藩之臣。	六年	十六年 苏秦从燕之赵，说赵王华屋之下。赵封苏秦为武安君。	二年 秦假道攻齐。	二十五年 秦假道攻齐。	二十八年 苏秦将为纵，北说燕文侯，文侯资苏秦车马金帛至赵。惠王以其女为燕太王妇。	三十六年	二十八年	

1548

公元前	周	秦	齐	楚	赵	魏	韩	燕	宋	卫	中山
333	三十六年 免工师籍，相吕仓，吕仓见客于周君。杜赫欲重景翠于周。苏秦过洛阳。	五年	二十四年 齐、魏约伐楚，魏以董庆为质于齐。楚伐齐，赵应之，大败齐于徐州。魏王全屋首之齐。权之难，齐、燕战，齐欲伐魏，淳于髡说止。苏秦合纵说齐。	七年 楚将伐齐，鲁亲之齐，出兵助之。魏王令惠施之楚，楚、燕王郊迎。之楚，三月，不得见王。苏秦合纵，说楚。	十七年 秦使魏冉之赵，出兵助齐。燕改之，薛公使魏处之，说李郊向赵，兵勿出。屋首，田盼得齐、魏之兵伐赵，大败赵氏。	三年 徐州之役，犀首谓齐，阳与楚。梁王阴与齐而阴结楚。齐欲伐魏，魏以璧、马致淳于髡。苏秦合纵说魏。	二十六年 苏秦合从说韩。	二十九年 权之难，再战不胜，令郭任以地请讲于齐。赵出兵救燕，齐困，公孙之燕，伐取燕底、燕取十城。苏秦说齐归燕城。人有恶苏秦于燕王，苏秦去燕王，之齐来，苏秦从齐王，燕王不馆。	三十七年	二十九年	

公元前	周	秦	齐	楚	赵	魏	韩	燕	宋	卫	中山
332	三十七年	六年	二十五年	八年	十八年	四年	韩宣惠王元年	燕易王元年	三十八年	卫平侯元年	
331	三十八年	七年	二十六年	九年	十九年	五年	二年	二年	三十九年	二年	
330	三十九年	八年 魏献西河之外。	二十七年	十年	二十年	六年 楚攻魏，魏犀首战胜楚。	三年	三年	四十年	三年	
329	四十年	九年	二十八年	十一年 楚、魏战于陉山。	二十一年	七年	四年	四年	四十一年	四年	
328	四十一年	十年 秦冀泉子冀使客卿张仪请于诸侯。魏效上洛于秦。	二十九年	楚怀王元年	二十二年	八年	五年	五年	宋君偃元年	五年	

附录一 战国策年表

公元前	周	秦	齐	楚	赵	魏	韩	燕	宋	卫	中山
327	四十二年	十一年	三十年	二年	二十三年	九年	六年	六年	二年	六年	
326	四十三年	十二年	三十一年	三年	二十四年	十年	七年	七年	三年	七年	
325	四十四年	十三年	三十二年	四年	赵武灵王元年	十一年	八年	八年	四年	八年	
324	四十五年	改元年	三十三年 犀首之盟。	五年	二年	十二年 魏王外田需，召田文为相。苏代说魏王厝田需于侧。	九年 犀首相韩。	九年	五年	卫嗣君元年	

1551

战国策注释

1552

公元前	周	秦	齐	楚	赵	魏	韩	燕	宋	卫	中山
323	四十六年	二年	三十四年 陈轸为秦使于齐。楚昭阳移兵攻齐,陈轸说止。封田婴于薛。靖郭君将城薛,客谏遂辍。中山与燕、赵为王。齐闭关不通中山之使。张登说齐,齐王夫人死。	六年 公孙衍为齐田婴封薛说楚。	三年	十三年 楚昭阳伐魏,得八城。韩氏因围蔷。陈轸过魏,求见犀首。田需死,太子相。	十年	十年	六年	二年	犀首立五王,而中山后持。司马憙使赵,为已求中山相。公孙衍走。

公元前	周	秦	齐	楚	赵	魏	韩	燕	宋	卫	中山
322	四十七年	三年	三十五年 或说齐王,资韩朋而逐张仪于魏。	七年 陈轸弃秦事楚。陈轸谏楚王逐张仪于魏。	四年	十四年 张仪欲并相秦、魏。魏将犀首。公孙衍弗利。魏相衍。	十一年	十一年	七年	三年 齐王将见燕、赵、楚之相于卫。公孙衍败遇事。	
321	四十八年	四年	三十六年	八年	五年	十五年	十二年	十二年	八年	四年	
320	周慎靓王元年	五年	齐宣王元年 邹忌仕人众,晏首贵仕人。靖郭君不善于宣王。齐貌辨说宣王迎靖郭君。王相靖郭君。靖郭君辞相。	九年	六年	十六年	十三年	燕王哙元年	九年	五年	

战国策注释

1554

公元前	周	秦	齐	楚	赵	魏	韩	燕	宋	卫	中山
319	二年	六年	二年 苏秦死于齐。苏代为燕说齐,先说谆于髡。苏厉因燕质子求见齐王。	十年	七年	十七年 惠王死,葬,大雨雪,泛期。	十四年	二年 苏代北见燕王。	十年	六年	
318	三年	七年 五国伐秦,欲罢,魏、又集和。败秦李皂之下。	三年	十一年 魏使惠施之楚。	八年	魏襄王元年 张仪欲以魏合秦、韩而攻齐、楚。惠施欲以魏合于齐、楚以案兵。又集杀之魏。	十五年	三年 燕王专任子之。	十一年 灭滕伐薛,取淮北之地。	七年	

公元前	周	秦	齐	楚	赵	魏	韩	燕	宋	卫	中山
317	四年	八年	四年 五国约以伐秦。张仪以秦、梁之合横亲，犀首败之。	十二年	九年	二年 犀首以梁与齐战于承匡而不胜。张仪为秦连横亲，说魏王。张仪走之魏，张丑说王不纳，张仪，梧下先生为卫客说魏王。	十六年 楚王命大公事说韩公仲。	四年	十二年	八年 犀首、张仪参坐于卫君前，犀首跪行，为仪千秋之祝。	
316	五年	九年 张仪西并巴蜀，更蜀主为侯。	五年 周、韩、赵为与国。	十三年	十年	三年	十七年	燕子之元年。子之南面行王事，啥老愿为臣。	十三年	九年	

公元前	周	秦	齐	楚	赵	魏	韩	燕	宋	卫	中山
315	六年 共太子死。	十年	六年	十四年	十一年 为齐献书赵王。	四年	十八年 张仪以秦、魏伐韩。秦、韩战于浊泽。	二年	十四年	十年	
314	周赧王元年 秦兴师求九鼎,齐使陈臣思救周。	十一年 使陈庄相蜀。	七年 周颜率至齐。	十五年	十二年 楚、魏令谯礼、惠施之赵,请伐齐而存燕。	五年 楚许魏六城,与齐伐齐存燕。张仪败之。	十九年 秦、韩战岸门,韩大败。	三年 将军市被、太子平谋攻子之,不克,构难数月。齐章子伐燕,杀哙、子之。三十日而举燕国。苏氏去燕。	十五年	十一年	

公元前	周	秦	齐	楚	赵	魏	韩	燕	宋	卫	中山
313	二年	十二年 楚使景鲤如秦，秦留鲤。鲤使人说秦王，乃出之。楚伐秦，秦与齐合。	八年 楚绝齐。	十六年 秦招楚王为隙向请齐，冷向谗说楚王。秦使张仪见楚王，以商于之地六百里欺楚。	十三年	六年 楚景鲤从秦王与魏王遇。	二十年		十六年	十二年	
312	三年	十三年 张仪残樗里疾、魏章，秦使出走。取楚汉中。	九年 濮上之事，楚子章子死。秦王走。赵欲存燕，以河东易燕地于齐。	十七年 楚、秦构难，楚不胜。亡汉中，又战蓝田，又却。韩、魏闻楚之困，袭楚至邓。齐伐楚，楚使陈轸之秦。	十四年	七年 宫他为燕使魏。	二十一年 楚围雍氏，冷向借救于秦。		十七年 齐、楚构难，宋请立，子象请宋王。	十三年	

公元前	周	秦	齐	楚	赵	魏	韩	燕	宋	卫	中山
311	四年	十四年 张仪欲以汉中与楚。惠王死,欲杀张仪。秦惠王死,公孙衍欲穷张仪。	十年 张仪连横说齐。	十八年 拘张仪,郑袖出之。张仪之楚,南后、郑袖进金。张仪连横说楚。欲逐昭睢、陈轸于楚。	十五年 张仪连横说赵。	八年	韩襄王元年 张仪连横说韩。	燕昭王元年 张仪连横说燕。	十八年	十四年	
310	五年	秦武王元年 秦武王左右恶张仪,齐让。郑又至。郑疆走秦。秦王令秦昭睢之。	十一年 冯喜自楚使齐,说齐罢伐秦。	十九年 魏张庸令人杀靳尚。昭睢说王。张仪舍人冯喜为楚之楚。惠施因张仪逐之楚。	十六年	九年 齐因张仪伐秦。张仪又沮魏、雍泪解齐。楚攻魏。周冣欲强仪,仪为张使其人,间见其夫。张仪逐惠施。	二年	二年	十九年 楚奉惠施纳之宋。	十五年	

公元前	周	秦	齐	楚	赵	魏	韩	燕	宋	卫	中山
309	六年	二年 甘茂相秦。	十二年	二十年	十七年	十年	三年	三年	二十年	十六年	司马憙相中山。阴姬、江姬争立后，立阴姬。
308	七年	三年 逐丞相甘茂。王与甘茂盟息壤。杨达公孙显请以五万攻西周。	十三年	二十一年 齐明说昭滑。宜阳之役，楚阴谋秦而合畔于韩。陈轸说楚王舍韩勿据。	十八年 甘茂约魏，又北之赵。冷向说强国拘甘茂。	十一年 甘茂之约伐魏，向寿辅行。	四年 秦攻宜阳，游腾说公仲。宜阳五月不能拔。	四年	二十一年	十七年	

公元前	周	秦	齐	楚	赵	魏	韩	燕	宋	卫	中山
307	八年	四年	十四年	二十二年	十九年	十二年	五年	五年	二十二年	十八年	
	东周、西周战。东周欲为稻,西周不下水。秦假道于周以伐韩。韩氏之役,韩与秦甲于周,召周君。	或说秦王去骄恣。秦谓韩以韩,愿以韩国侍于王。韩氏之。韩、秦求救于秦。韩公仲使韩珉之秦,求武遂,韩扁鹊见武王。		秦使冯章许汉中以信楚。	王平昼居,肥义侍坐,讲胡服。赵燕后胡服,王让之。		楚景翠救韩。韩欲攻宜阳,欲息兵,左成说茂进兵。秦悉起兵,复使甘茂攻宜阳,遂拔。楚围雍氏,秦师下郢,救韩,韩得武遂于秦。				使李疵观中山。

附录一　战国策年表

表

公元前	周	秦	齐	楚	赵	魏	韩	燕	宋	卫	中山
306	九年 辛攻亡于楚,在东周。	秦昭襄王元年 为韩公仲谓向寿善韩备楚。甘茂亡秦。献则谓公孙消。	十五年	二十三年 秦与楚解中,封小子以为王。王人胡,封地于中,辟地千里。魏太子于楚,樗里疾使说楚王出走。魏太子在楚,客说楚,楼蘧又说樗里疾。不视伐楚。昭睢胜秦于重丘。	二十年 破原阳以为骑邑。至榆中,辟地千里。	十三年 秦、楚攻魏,围皮氏。楚倍秦而与魏,秦令魏攻楚。魏王不欲伐楚,缓说魏。管鼻令翟强与秦事。	六年 或谓公仲复求中秦。仲谓立于秦,武遂归于韩。	六年	二十三年	十九年 秦樗里疾攻蒲,得三百金而归。	

公元前	周	秦	齐	楚	赵	魏	韩	燕	宋	卫	中山
305	十年	二年 魏冉东行，欲如楚。说冉反国。	十六年	二十四年 楚王同于范环，齐、韩、魏攻楚。	二十一年	十四年 魏相翟强死。	七年	七年	二十四年	二十年	
304	十一年 楚兵在山南，吾得将怒于周。属楚甫道两周之间，临韩、魏。	三年	十七年	二十五年 齐、韩、魏攻楚。	二十二年	十五年	八年	八年	二十五年	二十一年	
303	十二年	四年 谓魏冉，楚破，秦不能与齐县衡。	十八年	二十六年 齐、韩、魏攻楚。	二十三年	十六年	九年	九年	二十六年	二十二年	

公元前	周	秦	齐	楚	赵	魏	韩	燕	宋	卫	中山
302	十三年	五年	十九年	二十七年 齐、韩、魏攻楚。	二十四年	十七年	十年	十年	二十七年	二十三年	
301	十四年	六年 秦益赵甲四万伐齐。苏代为齐献书穰侯。	齐闵王元年 垂山之事,赵且与秦伐齐。以北。楚王令昭应奉太子以妾和子薛公。楚王令景翠以六城略齐,太子为质。	二十八年 齐、韩、魏攻楚五宛叶年,取宛叶以北。魏败楚于垂山,禽唐明。	二十五年立周绍王立周绍为傅。齐令田章以修武合于赵,顺子为质,秦王使公子他之赵。	十八年	十一年	十一年	二十八年	二十四年	赵攻中山,中山君臣去于中山。中山君亡,有二人攀戈随其后。

1564

公元前	周	秦	齐	楚	赵	魏	韩	燕	宋	卫	中山
300	十五年 昭献在 阳翟,周君 将令相国 使,苏历说 止。	七年 郑彊载 八百金入秦,因 秦。 公叔使 冯君于秦。令 谓秦王。攻,令 秦王贺韩 立 伯 君 使公公孙宏 之秦。 楼缓相 秦。	二年 孟尝君 将人秦,因 谏止。 孟尝君 为纵。	二十九年 韩几瑟 亡之楚。 胡衍出 几瑟于楚。 齐孟尝 君出行国, 楚献象床 不受。	二十六年	十九年 襄陵之 役。	十二年 楚昭螫 相韩,螫且 攻韩。 韩公叔 与几瑟争 国,郑疆为 楚王使于 韩,齐师 人韩,几瑟 走。 冷向谓 韩咎。楚 令景鲤人 韩。	十二年	二十九年 仇赫相 至。	二十五年	赵 攻 中山。

公元前	周	秦	齐	楚	赵	魏	韩	燕	宋	卫	中山
299	十六年	八年 楚王入秦，秦留之。	三年 陈轸合三晋而东，谓齐王，齐果以兵合于三晋。	三十年	二十七年 谓赵王，三晋合而离，合而秦强，离而秦弱。赵王起兵攻韩、梁之边。	二十年 秦伐魏。	十三年 韩咎立为君，周送其弟入秦，秦谓韩王欲出事于梁。	十三年 或献书燕王。燕以兵南合三晋。	三十年	二十六年	<u>赵</u>攻<u>中山</u>。
298	十七年 齐薛公借兵于西周。	九年 三国攻秦。	四年 薛公以<u>韩</u>、<u>魏</u>攻秦，韩庆说薛公。	三十一年	赵惠文王元年 富丁欲以赵合齐、魏，楼缓欲合秦、楚。	二十一年 魏因困秦，丁且合秦，赵请效地于魏。	十四年	十四年	三十一年	二十七年	<u>赵</u>攻<u>中山</u>。
297	十八年	十年 三国攻秦。	五年	三十二年	二年	二十二年	十五年	十五年	三十二年	二十八年	<u>赵</u>攻<u>中山</u>。

续表

公元前	周	秦	齐	楚	赵	魏	韩	燕	宋	卫	中山
296	十九年 三国攻秦，反，西周恐秦借魏以三晋之道，谓魏王令军速东。	十一年 三国攻秦，入函谷，秦以城讲。	六年 冯谖属孟尝君食门下。楚太子辞于齐王而归。	三十三年 楚王死。谓阿女子亦子。	三年	二十三年	十六年	十六年	三十三年	二十九年	赵攻中山，五年，擅呼沲。
295	二十年	十二年 赵使仇郝之秦。	七年 冯谖为孟尝君收责于薛。	楚顷襄王元年	四年 李兑用赵，减食主父，百日饿死。	魏昭王元年	韩釐王元年	十七年	三十四年	三十年	
294	二十一年	十三年	八年 孟尝君就国于薛而复反。*	二年	五年	二年 梁聘孟尝君，使三反。	二年	十八年	三十五年	三十一年	

公元前	周	秦	齐	楚	赵	魏	韩	燕	宋	卫	中山
293	二十二年 秦攻魏，进兵攻周。	十四年 周使周冣之秦。	九年	三年	六年 为周冣谓李兑，秦兑攻周。	三年 秦与魏战于伊阙，杀屈武。魏令公孙衍谓和于秦。为魏娄谓魏王，能半筍之割，与秦讲。之魏求救。	三年 谓公仲，秦、魏和成。固为福，不成亦为福。	十九年	三十六年	三十二年	
292	二十三年	十五年	十年	四年	七年	四年	四年	二十年	三十七年	三十三年	
291	二十四年	十六年	十一年	五年	八年	五年	五年	二十一年	三十八年	三十四年	

续表

公元前	周	秦	齐	楚	赵	魏	韩	燕	宋	卫	中山
290	二十五年	十七年 魏献秦王垣、洛枝之地。	十二年 魏芒卯并将秦、魏击齐，启地二十二县。	六年	九年 秦、赵约攻魏，芒卯诈以邺事赵，魏绝赵。魏谓赵之王、魏者赵之蔽，赵者魏之虏。	六年	六年 成阳君欲以韩、魏听秦。	二十二年	三十九年	三十五年	
289	二十六年	十八年	十三年	七年	十年	七年	七年	二十三年	四十年	三十六年	

公元前	周	秦	齐	楚	赵	魏	韩	燕	宋	卫	中山
288	二十七年	十九年 冷向谓秦王，欲以攻齐王，使攻宋。李兑约五国伐秦。	十四年 秦使魏冉致帝。燕王奉苏子牟五乘，南使苏代。十乘约于齐，苏代见齐王于章华南门，说王释帝。闵王后悔远怨。齐欲攻宋，秦令起贾禁之。	八年	十一年 苏代说奉阳君伐齐不听。	八年 苏代过魏，魏拘之。叶阳君约魏。	八年	二十四年 遣苏代王书。燕昭王召苏代，与谋伐齐。	四十一年 齐说魏。出苏代，伐之齐。齐伐宋，宋急。	三十七年	

公元前	周	秦	齐	楚	赵	魏	韩	燕	宋	卫	中山
287	二十八年	二十年 李兑约五国伐秦。	十五年	九年	十二年	九年	九年	二十五年	四十二年 齐伐宋。	三十八年	
286	二十九年	二十一年 五国伐秦无功，齐令宋之薛以伐宋，取之。薛公为魏谓赵，赵使毅之秦。	十六年 周最入齐。韩珉为相。	十年 魏顺为市丘君说楚。	十三年 或为周最谓金投。周最谓金投。齐令李兑以攻宋定封。	十年 为周最谓魏王。秦出齐女，攻魏，取安邑。	十年 五国兵罢，留，秦王欲为成阳君求相韩、魏，韩、魏弗听。	二十六年	四十三年 宋置太子为王，太子走，太子走，齐复攻宋。	三十九年	
285	三十年	二十二年	十七年 斮孤咺，杀陈举、司马穰苴。	十一年	十四年 燕使乐毅于赵。	十一年	十一年	二十七年 乐毅自魏适燕。		四十年	

公元前	周	秦	齐	楚	赵	魏	韩	燕	宋	卫	中山
284	三十一年	二十三年	十八年　燕伐齐，攻置，苏代战败。又攻阳城及理，代又败。攻南阳，魏攻齐陷。闵王出走，燕兵追北入临淄。淖齿杀闵王。闵王子法章为莒大史家庸夫。	十二年　为魏顺谓楚王顺天下，遂伐齐。	十五年	十二年	十二年	二十八年　苏代自齐献书。苏代自齐使人谓昭王。齐、燕争，魏毅为以乐毅为上将军，与秦、楚、三晋合谋伐齐。		四十一年	

战国策注释

1572

公元前	周	秦	齐	楚	赵	魏	韩	燕	宋	卫	中山
283	三十二年	二十四年 秦昭王。说秦王，止攻魏。兵困于魏林中。	齐襄王元年 王孙贾诛淖齿。	十三年	十六年 赵收天下，且以伐齐。苏厉为齐说赵。	十三年 秦释管之攻魏，攻燕。田文说燕、赵救魏。魏封田文。	十三年 秦攻韩之管，魏发兵救之，秦、韩、燕、赵谓山阳君。	二十九年 燕饥，赵将伐之，楚使说止。昭王封之以地。		四十二年 嗣君病死，殷顺且相公期。	
282	三十三年	二十五年	二年	十四年	十七年 秦攻赵，蔺、祁拔。	十四年	十四年	三十年		卫怀君元年	
281	三十四年	二十六年	三年	十五年	十八年 秦拔离石。	十五年 秦白起攻魏。	十五年	三十一年		二年	

公元前	周	秦	齐	楚	赵	魏	韩	燕	宋	卫	中山
280	三十五年	二十七年	四年 燕下齐七十余城,唯莒、即墨不下。	十六年 庄辛请,辟于赵。	十九年	十六年	十六年	三十二年 燕下齐七十余城,尽郡县属之燕。		三年	
279	三十六年	二十八年	五年 田单守即墨,绐骑劫,败燕军,复收七十余城,复齐。	十七年 事秦十年,秦攻鄢、郢。	二十年	十七年	十七年 秦召燕王,苏代约燕王,不行。昭王死,惠王立,惠劫骑劫代乐毅将。赵、赵封为望诸君。乐毅报燕王书。	三十三年		四年	

战国策注释

1574

公元前	周	秦	齐	楚	赵	魏	韩	燕	宋	卫	中山
278	三十七年	二十九年 周君之秦。谓周最曰秦不如应不如以太后养地。	六年 田单攻聊城，岁余不下。鲁连以书射城中，遗燕将，燕将泣，遂罢兵去。	十八年 白起与楚战，一战举鄢、邓，再战烧夷陵，襄王流揜于城阳。	二十一年	十八年	十八年	燕惠王元年		五年	
277	三十八年	三十年	七年 貂勃恶田单。	十九年 齐貂勃使楚。庄辛至于赵。	二十二年 楚使人征庄辛于赵。	十九年	十九年	二年		六年	
276	三十九年	三十一年	八年 田单攻狄，见鲁连子。	二十年	二十三年	魏安釐王元年	二十年	三年		七年	

公元前	周	秦	齐	楚	赵	魏	韩	燕	宋	卫	中山
275	四十年	三十二年	九年	二十一年	二十四年	二年　秦战胜暴子，割八县。	二十一年	四年		八年	
274	四十一年	三十三年　昭王谓魏王中期左右，中期推琴对。	十年	二十二年	二十五年	三年　秦败魏，走芒卯、围大梁。	二十二年　赵、魏攻华阳。	五年		九年	
273	四十二年	三十四年　韩田苓见穰侯。	十一年	二十三年	二十六年	四年　须贾为魏谓穰侯。魏割地讲秦，孙臣说止。	二十三年　秦穰侯救韩，大败赵、魏华阳。	六年		十年	

战国策注释

1576

公元前	周	秦	齐	楚	赵	魏	韩	燕	宋	卫	中山
272	四十三年	三十五年 范子因王稽人秦。	十二年	二十四年	二十七年	五年	韩桓惠王元年	七年		十一年	
271	四十四年	三十六年 客卿造谓穰侯。范子献书,王谢王稽,使人持车召睢。范睢至,王庭迎。	十三年	二十五年	二十八年	六年	二年	燕武成王元年		十二年	
270	四十五年 秦欲攻周。	三十七年 秦欲攻周。周最谓秦王。	十四年	二十六年	二十九年 秦令卫胡易伐赵,攻阏与。赵奢救之,秦大败。	七年	三年	二年		十三年	

续表

公元前	周	秦	齐	楚	赵	魏	韩	燕	宋	卫	中山
269	四十六年	三十八年	十五年	二十七年	三十年 燕使栗人荣盍攻赵，赵求齐安平君将。	八年 秦攻魏几，赵廉颇救几。大败秦师。	四年	三年		十四年	
268	四十七年	三十九年	十六年	二十八年	三十一年	九年	五年	四年		十五年	
267	四十八年	四十年	十七年	二十九年	三十二年	十年	六年	五年		十六年	
266	四十九年	四十一年 范雎说秦王，废太后，逐穰侯，秦王与中期争论。	十八年	三十年	三十三年	十一年 秦攻魏邢丘。秦攻魏。约秦，秦魏为与国。齐，楚约而攻魏，秦目说魏。秦数救魏。赵请杀范睢。王使执睢，信陵君出之。	七年	六年		十七年	

战国策注释

1578

公元前	周	秦	齐	楚	赵	魏	韩	燕	宋	卫	中山
265	五十年	四十二年 宣太后病,庸芮为魏丑夫说太后。	十九年	三十一年	赵孝成王元年 赵太后新用事,秦急攻之,赵求救齐,齐,赵求救齐,长安君质,齐兵出。齐安平君为赵当燕兵,得三城。	十二年	八年	七年		十八年	
264	五十一年	四十三年	齐王建元年	三十二年	二年 相都平君田单。齐使同赵威后。	十三年	九年 秦攻韩,围陉。	八年		十九年	

公元前	周	秦	齐	楚	赵	魏	韩	燕	宋	卫	中山
263	五十二年	四十四年 韩使阳城君入谢于秦。	二年	三十三年	三年	十四年	十年 秦起兵,一军临荥阳,一军临太行。	九年		二十年	
262	五十三年	四十五年	三年	楚考烈王元年 汪明见春申君。	四年 韩冯亭守上党,阴使人内之赵,赵使赵胜受地。	十五年 魏将与秦攻韩,未已谓魏王同张旄。	十一年	十年		二十一年	
261	五十四年	四十六年	四年	二年	五年 秦令公孙起、王齮以兵遇赵于长平。	十六年	十二年	十一年		二十二年	

战国策注释

1580

公元前	周	秦	齐	楚	赵	魏	韩	燕	宋	卫	中山
260	五十五年	四十七年	五年 秦攻赵长平，赵请粟于齐。	三年	六年 秦、赵战长平，赵亡一都尉，使郜朱入秦。赵军大败，王入秦。	十七年 长平之役，平都君说魏王。	十三年	十二年		二十三年	
259	五十六年	四十八年 应侯谓赵，因以为武安功。秦攻赵，亦谓赵王。昭王既息民，使王绪兵，使王陵伐赵，	六年 赵发墨阳见齐王谋秦。赵足之齐。	四年	七年 秦使人索六城而讲，楼缓从秦来，逃去。	十八年 魏王曰朝秦，周诉，支期说止。秦召魏相信安君。	十四年	十三年		二十四年	

附录一 战国策年表

公元前	周	秦	齐	楚	赵	魏	韩	燕	宋	卫	中山
258	五十七年	四十九年 更使王龁代王陵围邯郸。	七年	五年	八年	十九年	十五年	十四年		二十五年	
257	五十八年	五十年 应侯失韩之汝南。郑安平负邯郸重罪。纵武安君于杜邮。军吏恶王稽、杜挚以反。	八年	六年	九年 秦攻邯郸，十七月不下。魏晋鄙救赵，公子无忌夺晋鄙军击秦，秦去。公孙龙说平原君不受封。赵王郊迎信陵君。平原君欲封鲁仲连，不受，去，终身不复见。	二十年 秦攻赵，平原君使人请救于魏信陵君。秦罢邯郸，攻魏，取宁邑。	十六年	燕孝王元年		二十六年	

1581

1582

公元前	周	秦	齐	楚	赵	魏	韩	燕	宋	卫	中山
256	五十九年	五十一年 说秦王所以破天下之纵,举赵亡韩,臣荆、魏,亲齐、燕,以成伯王之名。	九年	七年	十年 天下之士合纵,唐睢载金居武安,高会。平原君请冯忌。	二十一年	十七年	二年		二十七年	
255	东周	五十二年 蔡泽西入秦,拜为客卿。范睢免相。泽遂为相。泽相数月,谢病归相印。	十年	八年 客说春申君谢孙子。	十一年 蔡泽见逐于赵。孙子去楚之赵。	二十二年	十八年	三年		二十八年	

公元前	周	秦	齐	楚	赵	魏	韩	燕	宋	卫	中山
254	东周	五十三年	十一年	九年 客又说春申君请孙子,孙子因平原君请为上卿。	十二年 赵以孙子为上卿。魏使人因平原君请从于赵,春申君为书谢孙子,君申君。	二十三年	十九年	燕王喜元年		二十九年	
253	东周	五十四年	十二年	十年	十三年	二十四年	二十年	二年		三十年	
252	东周	五十五年	十三年	十一年	十四年	二十五年	二十一年	三年		卫元君元年	
251	东周	五十六年	十四年	十二年	十五年 燕使栗腹以百金为王寿。燕栗腹攻鄗,庆秦攻代。	二十六年	二十二年	四年 栗腹使赵,反报燕,可伐。燕遂起六十万攻赵。		二年	

战国策注释

续表

公元前	周	秦	齐	楚	赵	魏	韩	燕	宋	卫	中山
250	东周	秦孝文王元年 秦子异人质于赵,归,立为太子。既立,以吕不韦为相。	十五年	十三年	十六年 赵使廉颇遇栗腹,乐乘遇庆舍,燕人大败,乐入赵。	二十七年	二十三年	五年		三年	
249	东周	秦庄襄王元年	十六年	十四年	十七年	二十八年	二十四年 韩阳役韩三川,于三川,王召归。	六年		四年	
248		二年	十七年	十五年 虞卿说春申君定封地。	十八年	二十九年	二十五年	七年		五年	

附录一　战国策年表

公元前	周	秦	齐	楚	赵	魏	韩	燕	宋	卫	中山
247		三年	十八年	十六年　赵人李园持女弟，进之春申君，春申君进之王，遂生子，立李园女弟为王后，园用事。	十九年	三十年　魏攻管不下，信陵君求缩高于安陵，高刎颈而死。	二十六年	八年		六年	
246		秦始皇元年	十九年	十七年	二十年	三十一年	二十七年	九年		七年	
245		二年	二十年	十八年	二十一年	三十二年	二十八年	十年		八年	
244		三年	二十一年	十九年	赵悼襄王元年	三十三年	二十九年	十一年		九年	

战国策注释

1586

公元前	周	秦	齐	楚	赵	魏	韩	燕	宋	卫	中山
243		四年 赵春平侯留秦。世钧为之谓文信侯，遣春平侯而留平都侯。	二十二年	二十年	二年	三十四年	三十年	十二年		十年	
242		五年	二十三年	二十一年	三年	魏景湣王元年 秦攻魏之杜大梁之门，拔燕、酸枣、虚、桃人。	三十一年	十三年		十一年	

公元前	周	秦	齐	楚	赵	魏	韩	燕	宋	卫	中山
241		六年	二十四年 齐不从，或谓皮相国。	二十二年 天下合纵，赵使魏加见春申君。或谓楚王者。纵者观目。唐且谓春申君。蛰谓春申君。	四年 苦成常谓建信君。谓建信君。或谓韩熙为韩。	二年 秦举魏河内。谓魏王待楚之强，而信春申君之言。客谓司马食其。	三十二年 赵建信君轻韩熙。	十四年 蔡泽为秦使燕。		十二年	
240		七年	二十五年	二十三年	五年	三年 秦攻魏急，或谓魏王割地以为壖功。	三十三年	十五年		十三年	

公元前	周	秦	齐	楚	赵	魏	韩	燕	宋	卫	中山
239		八年 文信侯请张唐相燕，不肯行，甘罗说张唐行，甘罗说赵，赵割五城以广河间。	二十六年	二十四年	六年 甘罗为张唐先报赵，赵王郊迎。	四年	三十四年	十六年 蔡泽事燕三年，太子丹质于秦。		十四年	
238		九年 说秦善楚，临韩魏要，缪絶天下。嫪毐为乱，夷三族。顿弱说秦王，王资以万金，使东游。	二十七年	二十五年 朱英说春申君，不听，亡去。王崩，李园置死士棘门内，夹刺春申君，遂灭春申君家。	七年	五年 秦急众二年，又取魏垣、衍、酸枣、首垣。	韩王安元年	十七年		十五年	

公元前	周	秦	齐	楚	赵	魏	韩	燕	宋	卫	中山
237		十年 吕不韦废。	二十八年	楚幽王元年	八年	六年	二年	十八年		十六年	
236		十一年 燕使人贺秦王千金。文信侯出走。	二十九年	二年	九年 燕使过赵，赵王系之。秦攻赵，鼓铎之音，闻于北堂。	七年	三年	十九年 秦并赵，北向迎燕。燕使秦，秦救燕。		十七年	
235		十二年 四国为一，将攻秦。姚贾出使四国。	三十年	三年	赵王迁元年	八年	四年	二十年		十八年	
234		十三年	三十一年	四年	二年	九年	五年	二十一年		十九年	
233		十四年 韩非短姚贾。诛韩非。	三十二年	五年	三年	十年	六年	二十二年		二十年	

附录一 战国策年表

1589

公元前	周	秦	齐	楚	赵	魏	韩	燕	宋	卫	中山
232		十五年	三十三年	六年	四年	十一年	七年	二十三年 太子丹自秦亡归。		二十一年	
231		十六年	三十四年	七年	五年	十二年	八年	二十四年		二十二年	
230		十七年	三十五年 齐秦伐赵、魏，或谓齐王。国子论赵、魏危，非齐利。	八年	六年	十三年	九年 秦虏韩王，尽纳其地。	二十五年		二十三年	

公元前	周	秦	齐	楚	赵	魏	韩	燕	宋	卫	中山
229		十八年	三十六年	九年	七年 秦使王翦攻赵，赵李牧、司马尚御之。颜聚遗郭开等金，使反间。赵王使赵葱、颜聚代将。杀李牧，废司马尚，司空马说赵王，不用。平原津令郭遗劳问。	十四年		二十六年		卫君角元年	

1592

公元前	周	秦	齐	楚	赵	魏	韩	燕	宋	卫	中山
228		十九年	三十七年	十年	八年 王翦大破赵,虏王迁及将颜聚,遂灭赵。	十五年		二十七年 樊於期自刭,荆轲辞太子入秦。		二年	
227		二十年 秦王见荆轲咸阳宫,刺秦王不中,轲死。	三十八年	楚王负刍元年	代王嘉元年	魏王假元年		二十八年		三年	
226		二十一年	三十九年	二年	二年	二年		二十九年 秦王翦伐燕,拔蓟城。燕王东保辽东,杀太子丹。		四年	

公元前	周	秦	齐	楚	赵	魏	韩	燕	宋	卫	中山
225		二十二年 安陵君使唐且于秦。	四十年	三年	三年	三年 秦使人谓安陵，以五百里地易安陵，安陵君弗易。		三十年		五年	
224		二十四年	四十一年	四年	四年			三十一年		六年	
223		二十五年	四十二年	五年	五年			三十二年		七年	
222			四十三年		六年			三十三年 秦灭燕，虏王喜。		八年	
221		二十六年 齐王入朝于秦。处共于松柏之间，饿死。	四十四年							九年	

1593

*"孟尝君就国于薛而复反。"原在秦表,当是误置。

战国策年表者,表其事之见于战国策者也。策不见,虽大事不表;见于策者,虽称述亦表之。如安王十九年,赵袭卫;二十年,魏救卫战赵;二十一年,楚救赵战魏:皆齐策说齐闵王语也。魏救卫,有齐在,而策不及,表亦不及齐。

两周统于周格,表周王,著纲领也。

西周桓、威之年略可见,西周策首亦言之。惠公以下不可见。东周惠公以下亦不可见。故皆止表其元年。

黄式三编略威烈王十二年,云是年中山武公初立,西周威公初立。今即于是年表中山武公,若西周公仍在明年表元年。武公复国,说见中山策首。

桂陵、马陵两役,以当时策士之言考之,竟似一役。而传闻异辞,说已屡详于策注。今于周显王十六年,齐格表邯郸之难,魏格表齐救赵。两条之外,如楚策邯郸之难,楚使景舍救赵,取睢、濊之间;魏策魏王欲攻邯郸,季梁闻之,中道而反;须贾言惠王伐赵,战胜乎三梁;宋策梁王伐邯郸,而征师于宋,宋兵入赵,围一城。皆当在其时,概削不表,疑之也。

附录二

战国纵横家书

一　苏秦自赵献书燕王章

自赵献书燕王曰：始臣甚恶事，恐赵足□□□□□□□□□□□□□□□□□□□□□臣之所恶也，故冒赵而欲说丹与得，事非□□□□□□臣也。今奉阳〔君〕之使与□□□□□□□□□封秦也，任秦也，比燕于赵。令秦与荞（兑）□□□□□□宋不可信，若□□□□持我其从徐□□□□□制事，齐必不信赵矣。王毋夏（忧）事，务自乐也。臣闻王之不安，臣甚愿□□□□□之中重齐欲如□□□齐，秦毋恶燕、梁（梁）以自持也。今与臣约，五和，入秦使，使齐、韩、梁（梁）、〔燕〕□□□□□□□约御（却）军之日，无伐齐、外齐焉。事之上，齐赵大恶；中，五和，不外燕；下，赵循合齐、秦以谋燕。今臣欲以齐大〔恶〕而去赵，胃（谓）齐王，赵之禾（和）也，阴外齐、谋齐，齐赵必大恶矣。奉阳君、徐为不信臣,甚不欲臣之之齐也,有(又)不欲臣之之韩、粱(梁)也。燕事小大之诤(争),必且美矣。臣甚患赵之不出臣也。知(智)能免国,未能免身,愿王之为臣故,此也。使田伐若使使孙疾召臣,自辞于臣也。为予赵甲因在粱(梁)者。

二　苏秦使韩山献书燕王章

苏秦使韩山献书燕王曰:"臣使庆报之后,徐为之与臣言甚恶,死亦大物已,不快于心而死,臣甚难之。故臣使辛谒大之。"王使庆谓臣:"不利于国,且我夏(忧)之。"臣为此无敢去之。王之赐使使孙与弘来,甚善已。言臣之后,奉阳君、徐为之视臣益善,有遣臣之语矣。今齐王使李终之勺(赵),怒于勺(赵)之止臣也。且告奉阳君,相桥于宋,与宋通关。奉阳君甚怒于齐,使勺(赵)足问之臣,臣对以弗知也。臣之所患,齐、勺(赵)之恶日益,奉阳君尽以为臣罪,恐久而后不可□救也。齐王之言臣,反不如已。愿王之使人反复言臣,必毋使臣久于勺(赵)也。

三　苏秦使盛庆献书于燕王章

苏秦使盛庆献书于〔燕王曰〕:□□□□虽未功(攻)齐,事必美者,以齐之任臣,以不功(攻)宋,欲从韩、粱(梁)取秦以谨勺(赵),勺(赵)以(已)用薛公、徐为之谋谨齐,故齐〔赵〕相倍(背)也。今齐王使宋窍谓臣曰:"奉阳君使周纳告寡人曰：'燕王请毋任苏秦以事。'信□□奉阳君使周纳言之，曰：'欲谋齐。'寡人弗信也，周纳言：燕、勺〈赵〉循善矣，皆不任子以事。奉阳〔君〕□□丹若得也，曰：笱〈苟〉毋任子，讲，请以齐为上交。天下有谋齐者请功〈攻〉之。"苏修在齐，使□□□□□□□予齐、勺〈赵〉矣。今〔齐〕王使宋窍诏臣曰："鱼〈吾〉□与子□有谋也。"臣之所□□□□□□□不功〈攻〉齐，全于介〈界〉，所见于薛公、徐为，其功〈攻〉齐益疾。王必勺〈赵〉之功〈攻〉齐，若以天下□□□□□□焉。外齐于禾〈和〉，必不合齐、秦以谋燕，则臣请为免于齐而归矣。为赵择□□□□□□□必赵之不合齐、秦以谋燕也，齐王虽归臣，臣将不归。诸可以恶齐勺〈赵〉〔者〕将□□之。以恶可〔也〕，以蓐〈辱〉可也，以与勺〈赵〉为大仇可也。今王曰："必善勺〈赵〉，利于国。"臣与不知其故。奉阳君之所欲，循〔善〕齐、秦以定其封，此其上计也。次循善齐以安其国。齐、勺〈赵〉循善，燕之大过〈祸〉。〔将〕养勺〈赵〉而美之齐乎，害于燕，恶之齐乎，奉阳君怨臣，臣将何处焉。臣以齐善勺〈赵〉，必容焉，以为不利国故也。勺〈赵〉非可与功〈攻〉齐也，无所用。勺〈赵〉毋恶于齐为上。齐、勺〈赵〉不恶，国不可得而安，功不可得而成也。齐、赵之恶从已，愿王之定虑而羽钻臣也。勺〈赵〉止臣而它人取齐，必害于燕。臣止于勺〈赵〉而侍〈待〉其鱼肉，臣□不利于身。

四 苏秦自齐献书于燕王章

苏秦自齐献书于燕王曰：燕、齐之恶也久矣。臣处于燕、齐之交,固知必将不信。臣之计曰:齐必为燕大患。臣循用于齐,大者可以使齐毋谋燕,次可以恶齐、勺(赵)之交,以便王之大事,是王之所与臣期也。臣受教任齐交五年,齐兵数出,未尝谋燕。齐、勺(赵)之交,壹美壹恶,壹合壹离。燕非与齐谋勺(赵),则与赵谋齐。齐之信燕也,虚北地□〔行〕其甲。王信田代〈伐〉缲去〔疾〕之言功(攻)齐,使齐大戒而不信燕。臣秦拜辞事,王怒而不敢强。勺(赵)疑燕而不功(攻)齐,王使襄安君东,以便事也,臣岂敢强王戈(哉)。齐、勺(赵)遇于阿,王忧之。臣与于遇,约功(攻)秦去帝。虽费,毋齐、赵之患,除群臣之瑰(耻)。齐杀张庳,臣请属事辞为臣于齐。王使庆谓臣:"不之齐危国。"臣以死之围,治齐、燕之交。后,薛公、乾(韩)徐为与王约功(攻)齐,奉阳君鬻臣,归罪于燕,以定其封于齐。公玉丹之勺(赵)致蒙,奉阳君受之。王忧之,故强臣之齐。臣之齐,恶齐、勺(赵)之交,使毋予蒙而通宋使。故王能材(裁)之,臣以死任事。之后,秦受兵矣,齐、勺(赵)皆尝谋。齐、勺(赵)未尝谋燕,而俱诤(争)王于天下。臣虽无大功,自以为免于罪矣。今齐有过辞,王不谕(喻)齐王多不忠也,而以为臣罪,臣甚惧。雁之死也,王辱之。襄安君之不归哭也,王苦之。齐改葬其后而召臣,臣欲毋往,使齐弃臣。王曰:"齐王之多不忠也,杀妻逐子,不以其罪,何可怨也。"故强臣之齐。二者大物也,而王以赦臣,臣受赐矣。臣之行也,固知必将有口,故献御书而行。曰:"臣贵于齐,燕大夫将不信臣。臣贱,将轻臣。臣用,将多望于臣。齐有不善，将归罪于臣。天下不功（攻）齐，将曰：善为齐谋。天下功（攻）齐，将与齐兼弃臣。臣之所处者重卵也。"王谓臣曰："鱼（吾）必不听众口与造言，鱼（吾）信若迺（犹）觥也。大，可以得用于齐；次，可以得信；下，苟毋死。若无不为也。以奴（孥）自信，可；与言去燕之齐，可；甚者，与谋燕，可。期于成事而已。"臣恃之诏，是故无不以口齐王而得用焉。今王以众口与造言罪臣，臣甚惧。王之于臣也，贱而贵之，蓐（辱）而显之，臣未有以报王。以求卿与封，不中意，王为臣有之两，臣举天下使臣之封不惭。臣止于勺（赵），王谓乾（韩）徐为："止某不道，迺（犹）免寡人之冠也。"以振臣之死。臣之德王，突（深）于骨随（髓）。臣甘死、蓐（辱），可以报王，愿为之。今王使庆令（命）臣曰："鱼（吾）欲用所善。"王苟有所善，而欲用之，臣请为王事之。王若欲剚舍臣，而槫任所善，臣请归择（释）事。句（苟）得时见，盈愿矣。

五　苏秦谓燕王章

苏秦谓燕王曰："今日愿藉于王前。段（假）臣孝如增（曾）参，信如尾星（生），廉如相〈伯〉夷，節（即）有恶臣者，可毋惭乎？"王曰："可矣。""臣有三资者以事王，足乎？"王曰："足矣。""王足之，臣不事王矣。孝如增（曾）参，乃不离亲，不足而益国。信如尾星（生），乃不延（诞），不足而益国。廉如相〈伯〉夷，乃不窃，不足以益国。臣以

信不与仁俱彻，义不与王皆立。"王曰："然则仁义不可为
与？"对曰："胡为不可。人无信则不彻，国无义则不王。仁
义所以自为也，非所以为人也。自复之术，非进取之道也。
三王代立，五相〈伯〉蛇政，皆以不复其掌（常）。若以复其
掌（常）为可王，治官之主，自复之术也，非进取之路也。臣
进取之臣也，不事无为之主。臣愿辞而之周负笼操畚，毋
辱大王之廷。"王曰："自复不足乎？"对曰："自复而足，楚
将不出雎（沮）、章（漳），秦将不出商阇（於），齐不出吕隧，
燕将不出屋、注，晋将不蔄（逾）泰（太）行，此皆以不复其
常为进者。"

六　苏秦自梁献书于燕王章（一）

苏秦自粱（梁）献书于燕王曰：齐使宋窃、侯灂谓臣曰：
"寡人与子谋功（攻）宋，寡人恃燕、勺（赵）也。今燕王与
群臣谋破齐于宋而功（攻）齐，甚急，兵率有子循而不知寡
人得地于宋，亦以八月归兵，不得地，亦以八月归兵。"今有
（又）告薛公之使者田林，薛公以告臣，而不欲其从已闻也。
愿王之阴知之而毋有告也。王告人，天下之欲伤燕者与群
臣之欲害臣者将成之。臣请疾之齐观之而以报。王毋忧，
齐虽欲功（攻）燕，未能，未敢。燕南方之交完，臣将令陈
臣、许翦以韩、粱（梁）问之齐。足下虽怒于齐，请养之以便
事。不然，臣之苦齐王也，不乐生矣。

七　苏秦自梁献书于燕王章(二)

苏秦自粱(梁)献书于燕王曰:"薛公未得所欲于晋国,欲齐之先变以谋晋国也。臣故令遂恐齐王曰:"天下不能功(功)秦,□道齐以取秦。"〔齐王〕甚惧而欲先天下,虑从楚取秦,虑反(返)乾(韩)曧,有(又)虑从勺(赵)取秦。今粱(梁)、勺(赵)、韩、□□□□□□□薛公、徐为有辞,言劝晋国变矣。齐先鬻勺(赵)以取秦,后卖秦以取勺(赵)而功(攻)宋,今有(又)鬻天下以取秦,如是而薛公、徐为不能以天下为其所欲,则天下故(固)不能谋齐矣。愿王之使勺(赵)弘急守徐为,令田贤急〔守〕薛公,非是毋有使于薛公、徐之所,它人将非之以败臣。毋与奉阳君言事,非于齐,一言毋舍也。事必□□南方强,燕毋首。有(又)慎毋非令群臣众义(议)功(攻)齐。齐王以燕为必侍(待)其毳(弊)而功(攻)齐,未可解也。言者以臣□贱而遬于王矣。

八　苏秦谓齐王章(一)

苏秦谓齐王曰:"薛公相脊〈齐〉也,伐楚九岁,功(攻)秦三年。欲以残宋,取进〈淮〉北,宋不残,进〈淮〉北不得。以齐封奉阳君,使粱(梁)、乾(韩)皆效地,欲以取勺(赵),勺(赵)是(氏)不得。身率粱(梁)王与成阳君北面而朝奉阳君于邯郸,而勺(赵)氏不得。王弃薛公,身断事。立帝,帝立。伐秦，秦伐。谋取勺（赵），得。功（攻）宋，宋残。是则王之明也。虽然，愿王之察之也。是无它故，臣之以燕事王循也。貲谓臣曰：‘伤齐者，必勺（赵）也。秦虽强，终不敢出塞涑（溯）河，绝中国而功（攻）齐。楚、越远，宋、鲁弱，燕人承，乾（韩）、粱（梁）有秦患，伤齐者必勺（赵）。勺（赵）氏终不可得已，为之若何？’臣谓貲曰：‘请劫之。子以齐大重秦，秦将以燕事齐。齐、燕为一，乾（韩）、粱（梁）必从。勺（赵）悍则伐之，愿则挚而功（攻）宋。’貲以为善。臣以车百五十乘入齐，貲逆于高间，身御臣以入。事曲当臣之言，是则王之教也。然臣亦见其必可也。犹貲不知变事以功（攻）宋也，不然，貲之所与臣前约者善矣。今三晋之敢据薛公与不敢据，臣未之识。虽使据之，臣保燕而事王，三晋必不敢变。齐、燕为一，三晋有变，事乃时为也。是故当今之时，臣之为王守燕，百它日之节。虽然，成臣之事者，在王之循甘燕也。王虽疑燕，亦甘之；不疑，亦甘之。王明视（示）天下以有燕，而臣不能使王得志于三晋，臣亦不足事也。”

九　苏秦谓齐王章（二）

苏秦谓齐王曰：“始也，燕累臣以求挚（质），臣为是未欲来，亦未□为王为也。今南方之事齐者多故矣，是王有忧也，臣何可以不亟来。南方之事齐者，欲得燕与天下之师，而入之秦与宋以谋齐，臣诤之于燕王，燕王必弗听矣。

臣有（又）来，则大夫之谋齐者大解矣。臣为是，虽无燕，必将来。缙子之请，贵循也，非以自为也。□〔桓〕公听之。臣贤王于桓〔公〕，臣不敢忘（妄）请□□□□王诚重御臣，则天下必曰：燕不应天下以师，有（又）使苏〔秦〕□□□大贵□□□□□□□□□□□□□□□□□□□□齐□曩之□□□□之车也。王□□□□□□请以百五十乘，王以诸侯御臣。若不欲□□□请以五〔十〕乘来。请贵重之□□□□□□□□□□□高贤足下，故敢以闻也。”

一〇　苏秦谓齐王章（三）

苏秦谓齐王：“燕王难于王之不信己也则有之，若虑大恶○则无之。燕大恶，臣必以死净之，不能，必令王先知之。必毋听天下之恶燕交者。以臣所□□□鲁甚焉。□臣大□□息士民，毋庸发怒于宋、鲁也。为王不能，则完天下之交，复与粱（梁）王遇，□功（攻）宋之事，士民句（苟）可复用，臣必王之无外患也。若燕，臣必以死必之。臣以燕重事齐，天下必无敢东视□□，兄（况）臣能以天下功（攻）秦，疾与秦相萃也而不解，王欲复功（攻）宋而复之，不而舍之，王为制矣。”

一一　苏秦自赵献书于齐王章（一）

苏秦自勺（赵）献书于齐王曰：臣暨（既）从燕之粱（梁）矣。臣之勺（赵），所闻于乾（韩）、粱（梁）之功（攻）

秦,无变志矣。以雨,未得邀(速)也。臣之所得于奉阳君者,乾(韩)、梁(梁)合,勺(赵)氏将悉上党以功(攻)秦。奉阳君谓臣:"楚无秦事,不敢与齐遇。齐、楚果遇,是王收秦已。"其不欲甚。欲王之赦梁(梁)王而复见之。勺(赵)氏之虑,以为齐、秦复合,必为两窨(敌)以功(攻)勺(赵),若出一口。若楚遇不必,虽必,不为功,愿王之以毋遇喜奉阳君也。臣以足下之所与臣约者告燕王:"臣以(已)好处于齐,齐王终臣之身不谋燕燕;臣得用于燕,终臣之身不谋齐。"燕王甚兑(悦),其于齐循善。事印曲尽从王,王坚三晋亦从王,王取秦、楚亦从王。然而燕王亦有苦。天下恶燕而王信之。以燕之事齐也为尽矣。先为王绝秦,挚(质)子,宦二万甲自食以功(攻)宋,二万甲自食以功(攻)秦,乾(韩)、梁(梁)岂能得此于燕戈(哉)。尽以为齐,王犹听恶燕者,宋再寡人之叨功宋也请于梁闭于宋而不许寡人已举宋讲矣乃来诤得三今燕勺之兵皆至矣俞疾攻菑四寡人有闻梁,燕王甚苦之。愿王之为臣甚安燕王之心也。燕、齐循善,为王何患无天下。

一二 苏秦自赵献书于齐王章(二)

苏秦自勺(赵)献书于齐王曰:臣以令告奉阳君曰:"寡人之所以有讲虑者有:寡人之所为功(攻)秦者,为梁(梁)为多,梁(梁)氏留齐兵于观,数月不逆,寡人失望,一。择(释)齐兵于荥阳、成皋,数月不从,而功(攻)〔宋,再。寡人之叻（仍）功（攻）宋也，请于粱（梁）闭关于宋而不许。寡人已举（与）宋讲矣，乃来诤（争）得，三。今燕、勺（赵）之兵皆至矣，俞（愈）疾功（攻）菌，四。寡人有（又）闻粱（梁）〕〔入两使阴成于秦。且君尝曰：'吾县免（勉）于粱（梁）是（氏），不能辞已。'虽乾（韩）亦然。寡人恐粱（梁）氏之弃与国而独取秦也，是以有溝（讲）虑。今曰不〕女（如）□之，疾之，请从。功（攻）秦，寡人之上计，讲，最寡人之大（太）下也。粱（梁）氏不恃寡人，树寡人曰：'齐道楚取秦，苏修在齐矣。'使天下泃泃然，曰：寡人将反（返）曇也。寡人无之。乃曇固于齐，使人于齐大夫之所而俞（偷）语则有之。寡人不见使□，□大对（怼）也。寡人有反（返）曇之虑，必先与君谋之。寡人 入两使阴

成于秦且君尝曰吾县免于梁是不能辞已虽乾亦然寡人恐

粱氏之弃与国而独取秦也是以有讲虑今曰不 与韦非约

曰：'若与楚遇，将与乾（韩）、粱（梁）四遇，以约功（攻）秦。若楚不遇，将与粱（梁）王复遇于围地，收秦等，遂明（盟）功（攻）秦。大（太）上破之，其〔次〕宾（摈）之，其下完交而□讲，与国毋相离也。'此寡人之约也。韦非以梁王之令（命），欲以平陵蛇（虵）薛，以隐〈陶〉封君。平陵虽（唯）成（城）而已，其鄙尽入粱（梁）氏矣。寡人许之已。"臣以〔告〕奉阳君，奉阳君甚兑（悦）。曰，"王有（又）使周湿、长驷重令（命）挩（兑），挩（兑）也敬受令（命）。"奉阳君合（答）臣曰："莱有私义（议），与国不先反而天下有功（攻）

之者,虽知不利,必据之。与国有先反者,虽知不利,必怨之。"今齐、勺(赵)、燕循相善也。王不弃与国而先取秦,不弃菜而反(返)矗也,王何患于不得所欲。粱(梁)氏先反,齐、勺(赵)功(攻)粱(梁),齐必取大粱(梁)以东,勺(赵)必取河内,秦案不约而应,王何患于粱(梁)。粱(梁)、乾(韩)无变,三晋与燕为王功(攻)秦,以便王之功(攻)宋也,王何不利焉。今王弃三晋而收秦、反(返)矗也,是王破三晋而复臣天下也。〔天〕下将入地与重挚(质)于秦,而独为秦臣以怨王。臣以为不利于足不下,愿王之完三晋之交,与燕也,讲亦以是,疾以是。

一三　韩矗献书于齐章

苏秦乾(韩)矗献书于齐曰:秦悔不听王以先事而后名。今秦王请侍(待)王以三、四年。齐不收秦,秦焉受晋国。齐、秦复合,使矗反(返),且复故事,秦印曲尽听王。齐取宋,请令楚、粱(梁)毋敢有尺地于宋,尽以为齐。秦取粱(梁)之上党。乾(韩)粱(梁)从,以功(攻)勺(赵),秦取勺(赵)之上地,齐取河东。勺(赵)从,秦取乾(韩)之上地,齐取燕之阳地。三晋大破,而〔攻楚〕,秦取鄢,田云梦,齐取东国、下蔡。使从(纵)亲之国,如带而已。齐、秦虽立百帝,天下孰能禁之。

一四　苏秦谓齐王章(四)

苏秦谓齐王曰:"臣恐楚王之勤竖之死也。王不可以不故解之。臣使苏厉告楚王曰：'竖之死也，非齐之令（命）也，湦子之私也。杀人之母而不为其子礼，竖之罪〇固当死。宋以淮北与齐讲，王功（攻）之，毃（击）勺（赵）信，齐不以为怨，反为王诛勺（赵）信，以其无礼于王之边吏也，王必毋以竖之私怨败齐之德。'前事愿王之尽加之于竖也，毋与它人矣，以安无薛公之心。王〇尚（尝）与臣言，甘薛公以就事，臣甚善之。今爽也，强得也，皆言王之不信薛公，薛公甚惧，此不便于事。非薛公之信，莫能合三晋以功（攻）秦，愿王之甘之〇也，臣负齐、燕以司（伺）薛公，薛公必不敢反王。薛公有变，臣必绝之。臣请终事而与，王勿计，愿王之固为终事也。功（攻）秦之事成，三晋之交完于齐，齐事从（纵）横尽利：讲而归，亦利；围而勿舍，亦利；归息士民而复之，使如中山，亦利。功（攻）秦之事败，三晋之约散，而静（争）秦，事卬曲尽害。是故臣以王令（命）甘薛公，骄（矫）敬（檠）三晋，劲之为一，以疾功（攻）秦，必破之。不然则宾（摈）之，不则与齐共讲，欲而复之。三晋以王为爱己、忠己。今功（攻）秦之兵方始合，王有（又）欲得兵以功（攻）平陵，是害功（攻）秦也。天下之兵皆去秦而与齐净（争）宋地，此其为祸不难矣。愿王之毋以此畏三晋也。独以甘楚。楚虽毋伐宋，宋必听。王以（已）和三晋伐秦，秦必不敢言救宋。□弱宋服，则王事遬（速）夬（决）矣。夏后坚欲为先薛公得平陵，愿王之勿听也。臣欲王以平陵予薛公，然而不欲王之无事与之也。欲王之县（悬）陶、平陵于薛公、奉阳君之上以勉之，终事然后予之，则王多资矣。御〈御〉事者必曰：'三晋相竖〈坚〉也而伤秦，必以其余骄王。'愿王之勿听也。三晋伐秦，秦未至啻而王已尽宋息民矣。臣保燕而循事王，三晋必无变。三晋若愿乎，王撽（遂）伇（役）之。三晋若不愿乎，王收秦而齐（剂）其后，三晋岂敢为王骄。若三晋相竖〈坚〉也以功（攻）秦，案以负王而取秦，则臣必先智（知）之。王收燕、循楚而唉秦以晋国，三晋必破。是故臣在事中，三晋必不敢反。臣之所以备患者百余。王句（苟）为臣安燕王之心而毋听伤事者之言，请毋至三月而王不见王天下之业，臣请死。臣之出死以要事也，非独以为王也，亦自为也。王以不谋燕为臣赐，臣有以德燕王矣。王举霸王之业而以臣为三公，臣有以矜于世矣。是故事句（苟）成，臣虽死不丑。"

一五　须贾说穰侯章

苏秦华军，秦战胜魏，走孟卯，攻大梁（梁）。须贾说穰侯曰："臣闻魏长吏胃（谓）魏王曰：'初时者，惠王伐赵，战胜三粱（梁），拔邯战〈郸〉，赵氏不割而邯战〈郸〉复归。齐人攻燕，拔故国，杀子之，燕人不割而故国复反（返）。燕、赵之所以国大兵强而地兼诸侯者，以其能忍难而重出地也。宋、中山数伐数割，而国隋（随）以亡。臣以为燕、赵可法，而宋、中山可毋为也。秦，贪戾之国也，而无亲，蚕食魏氏，尽晋国，胜暴子，割八县，地未〇毕入而兵复出矣。夫秦何厌（餍）之有戈（哉）。今有（又）走孟卯，入北宅，此非敢梁（梁）也，且劫王以多割，王必勿听也。今王循楚、赵而讲，楚、赵怒而与王争秦，秦必受之。秦挟楚、赵之兵以复攻，则国求毋亡，不可得已。愿王之必毋讲也。王若欲讲，必小（少）割而有质，不然必欺。'此臣之所闻于魏也，愿君之以氏（是）虑事也。周书曰：'唯命不为常。'此言幸之不可数也。夫战胜暴子，割八县之地，此非兵力之请（精）也，非计虑之攻（工）也，夫天幸为多。今有（又）走孟卯，入北宅，以攻大粱（梁），是以天幸自为常也。知（智）者不然。臣闻魏氏悉其百县胜甲以上，以戎〈戍〉大粱（梁），臣以为不下卅万。以卅万之众，守七仞之城，臣以为汤武复生，弗易〈易〉攻也。夫轻倍（背）楚、赵之兵，陵七刃（仞）之城，犯卅万之众，而志必举之，臣以为自天地始分，以至于今，未之尝有也。攻而弗拔，秦兵必罢（疲），陶必亡，则前功有必弃矣。今魏方疑，可以小（少）割而收也。愿君逤（逮）楚、赵之兵未至于粱（梁）也，亟以小（少）割收魏。魏方疑而得以小（少）割为和，必欲之，则君得所欲矣。○○楚、赵怒于魏之先己也，必争事秦，从（纵）已散而君后择焉。且君之得地也，岂必以兵弋（哉）。〔割〕晋国也，秦兵不功（攻）而魏效降（绛）、安邑，有（又）为陶启两幾，尽故宋，而率〈卫〉效蝉尤。秦兵苟全而君制之。何索而不得，奚为〔而不成〕。愿〔君〕之孰（熟）虑之而毋行危也。"君曰："善。"乃罢粱（梁）围。

苏秦五百七十

一六　朱己谓魏王章

苏秦谓魏王曰："秦与式〈戎〉翟同俗，有〔虎狼之〕心，贪戾好利，无亲，不试（识）礼义德行。苟有利焉，不顾亲戚弟兄，若禽守（兽）耳。此天下之所试（识）也。非〔所施〕厚积德也。故大（太）后，母也，而以忧死。穰侯，咎（舅）也，功莫多焉，而谅（竟）逐之。两弟无罪而再挩（夺）之国。此于〔亲〕戚若此而兄（况）仇雠之国乎。今王与秦共伐韩而近秦患，臣甚惑之。而王弗试（识）则不明，群臣莫以〔闻〕则不忠。今韩氏以一女子奉一弱主，内有大亂（乱），外支秦、魏之兵，王以为不亡乎。韩亡，秦有〔郑〕地，与大粱（梁）邻，王以为安乎。王欲得故地而今负强秦之祸，王以为利乎。秦非无事之国也，韩亡之后，必将更事。更事，必就易〈易〉与利，就易〈易〉与利，必不伐楚与赵矣。是何也？夫〔越山与河，绝〕韩上党而○攻强赵，氏（是）复阏舆之事也，秦必弗为也。若道河内，倍（背）邺、朝歌、绝漳、铺（滏）〔水，与赵兵决于〕邯郸之鄙（郊），氏（是）知伯之过也，秦有（又）不敢。伐楚，道涉谷，行三千里而攻冥厄之塞，所行甚远，所攻甚难，秦有（又）弗为也。若道河外，倍（背）大粱（梁），右蔡、召，与楚兵夬（决）于陈鄙（郊），秦有（又）不敢。故曰：秦必不伐楚与赵矣。有（又）不攻燕与齐矣。韩亡之后，兵出之日，非魏无攻已。秦固有坏（怀）、茅、邢（邢）丘，城垝津，以临河内，河内共，

战国策注释

1610

墓必危。有郑地，得垣雍（雍），决荥〇泽，大粱（梁）必亡。王之使者大过，而恶安陵是（氏）于秦。秦之欲许久矣。秦有叶、昆阳，与舞阳邻，听使者之恶，堕安陵是（氏）而亡之，缭舞阳之北以东临许，南国必危，国先害已。夫增（憎）韩，不爱安陵氏，可也。夫不患秦，不爱南国，非也。异日者秦在河西，晋国去粱（梁）千里，有河山以阑之，有周、韩而间之。从林军以至于今，秦七攻魏，五入囿中，樉（边）城尽拔，支台随（堕），垂都然（燃），林木伐，麋鹿尽，而国续以围。有（又）长驱粱（梁）北，东至虖（乎）陶、卫之〔郊，北至乎〕监。所亡秦者，山南、山北，河外、河内，大县数十，名部数百。秦乃在河西，晋国去粱（梁）千里而祸若是矣。〔又况于使〕秦无韩，有郑地，无〔河〕山而阑之，无周、韩而间之，去粱（梁）百里，〔祸〕必百此矣。异日者，从（纵）之不〔成也，楚〕魏疑而韩不〔可得也。〕今韩受兵三年，秦挠以讲，识亡不听，投质于赵，请为天〔下雁〕行顿〔刃，楚、赵〕必疾兵。皆识秦〔之欲无〕躬（穷）也。非尽亡天下之兵而臣海内，必不休。是故臣愿以从（纵）事王，王口口口口偄（挟）韩之质以存韩而求故地，韩必效之。此士民不劳而故地尽反（返）矣。其功多于与秦共伐韩，〔而〕必无与强秦邻之祸。夫存韩、安魏而利天下，此亦王之大时已。通韩上党于共、宁，使道安成之口，出入赋之是魏重质韩以其上党也。合有其赋，足以富国。韩必德魏、重魏、畏魏，韩必不敢反魏。是韩，魏之县也。魏得韩以为县以率〈卫〉大粱（梁），河北必安矣。今不存韩，贰（二）周、安陵必赃

（弛），楚、赵大破，燕、齐甚卑，天下西舟（辋）而驰秦，而入朝为臣不久矣。"

苏秦八百五十八

一七　谓起贾章

苏秦胃（谓）○起贾曰："私心以公为为天下伐齐，共约而不同虑。齐、秦相伐，利在晋国。齐、晋相伐，重在秦。是以晋国之虑，奉秦，以重虞秦。破齐，秦不妒得，晋之上也。秦食晋以齐，齐毁，晋敝，余齐不足以为晋国主矣。晋国不敢倍（背）秦伐齐，有（又）不敢倍（背）秦收齐，秦两县（悬）齐，晋以持大重，秦之上也。是以秦、晋皆倷若计以相笱（伺）也。古之为利者养人，□□立重。立重者畜人，以利。重立而为利者卑，利成而立重者轻，故古之人患利重之□夺□□□，唯贤者能以重终。察于见反，故能制天下。愿御史之孰（熟）虑之也。且使燕尽阳地，以河为竟（境），燕、齐毋□难矣。以燕王之贤，伐齐，足以偂（刷）先王之饵（耻），利攅〈擅〉河山之间，执（势）无齐患，交以赵为死○友，地不与秦攘（壤）介（界），燕毕□□之事，难听尊矣。赵取济西，以方（防）河东，燕、赵共相，二国为一，兵全以临齐，则秦不能与燕、赵争。□□□□亡宋得，南阳伤于鲁，北地归于燕，济西破于赵，余齐弱于晋国矣。为齐计者，不逾强晋，□□□□秦，秦〔齐〕不合，莫尊秦矣。魏亡晋国，犹重秦也。与之攻齐，攻齐已，魏为□国，重楚为□□□□

重不在粱（梁）西矣。一死生于赵，毁齐，不敢怨魏。魏，公之魏已。楚割淮北，以为下蔡○启□，得虽近越，实必利郢。天下○且功（攻）齐，且属从（纵），为传桀（焚）之约。终齐事，备患于秦，□是秦重攻齐也，国必虑，意齐毁未当于秦心也，庐（虑）齐（剂）齐而生事于〔秦〕。周与天下交长，秦亦过矣。天下齐（剂）齐不侍（待）夏。近虑周，周必半岁；上党、宁阳，非一举之事也，然则韩□一年有余矣。天下休，秦兵适敝，秦有虑矣。非是犹不信齐也，畏齐大（太）甚也。公孙鞅之欺魏卬也，公孙鞅之罪也。身在于秦，请以其母质，襄疵弗受也。魏至今然者，襄子之过也。今事来矣，此齐之以母质之时也，而武安君之弃祸存身之夬（诀）也。"

苏秦五百六十三

一八　触龙见赵太后章

苏秦赵大（太）后规用事，秦急攻之，求救于齐。齐曰："必〔以〕大（太）后少子长安君来质，兵乃出。"大（太）后不肯，大臣强之。大（太）后明胃（谓）左右曰："有复言令长安君质者，老妇必○唾其面。"左师触龙言愿见，大（太）后盛气而胥之。入而徐趋，至而自〔谢〕曰："老臣病足，曾不能疾走。不得见久矣。窃自□老，與（与）恐玉膿（体）之有所歝（郄）也，故愿望见大（太）后。"曰："老妇持（恃）连（辇）而罢（还）。"曰："食饮得毋衰乎？"曰："侍（恃）鬻鬻（粥）耳。”曰：“老臣间者殊不欲食，乃自强步，日三、四里，少益耆（嗜）食，智于身。”曰：老妇不能。”大（太）后之色少解。左师触龙曰：“老臣贱息舒（舒）旗最少，不宵（肖）。而衰，窃爱怜之。愿令得补黑衣之数，以衛〔卫〕王宫，昧死以闻。”大（太）后曰：“敬若（诺）。年○几何矣？”曰：“十五岁矣。虽少，愿及未寘（填）叡（壑）谷而托之。”曰：“丈夫亦爱怜少子乎？”曰：“甚于妇人。”曰：“妇人异甚。”曰：“老臣窃以为媪之爱燕后贤长安君。”曰：“君过矣，不若长安君甚。”左师触龙曰：“父母爱子则为之计深远。媪之送燕后也，攀其踵，为之泣，念其远也，亦哀矣。已行，非弗思也。祭祀则祝之曰：‘必勿使反（返）。’剀（岂）非计长久，子孙相继为王也戋（哉）。”大（太）后曰：“然。”左师触龙曰：“今三世以前，至于赵之为赵，赵主之子侯者，其继有在者乎？”曰：“无有。”曰：“微独赵，诸侯有在者乎？曰：“老妇弗闻。”曰：“此其近者，祸及其身，远者及其孙。剀（岂）人主之子侯，则必不善戋（哉），位尊而无功，奉厚而无劳，而挟重器多也。今媪尊长安之位，而封之膏腴之地，多予之重器，而不汲（及）今令有功于国，山陵堋（崩），长安君何以自托于赵？老臣以媪为长安君计之短也。故以为其爱也不若燕后。”大（太）后曰：“若（诺）。次（恣）君之所使之。”于氏（是）为长安君约车百乘，质于齐，兵乃出。子义闻之曰：“人主子也，骨肉之亲也，犹不能持无功之尊，不劳之奉，而守金玉之重也，然兄（况）人臣乎。”

苏秦五百六十九

一九　秦客卿造谓穰侯章

苏秦胃（谓）穰侯："秦封君以陶，假君天下数年矣。攻齐之事成，陶为万乘，长小国，率以朝，天下必听，五伯之事也。攻齐不成，陶为廉监而莫〔之〕据。故攻齐之于陶也，存亡之几（机）○也。君欲成之，侯（何）不使人谓燕相国曰：'圣人不能为时，时至亦弗失也。舜虽贤，非适禺（遇）尧，不王也。汤、武虽贤，不当桀、纣，不王天下。三王者皆贤矣，不曹（遭）时不王。今天下攻齐，此君之大时也。因天下之力，伐仇国之齐，报惠王之瞆（耻），成昭襄王之功，除万世之害，此燕之利也，而君之大名也。诗曰：树德者莫如兹（滋），除怨者莫如尽。吴不亡越，越故亡吴，齐不亡燕，燕故亡齐。吴亡于越，齐亡于燕，余（除）疾不尽也。非以此时也，成君之功，除万世之害，秦有它事而从齐，齐、赵亲，其仇君必深矣。挟君之仇以于燕，后虽悔之，不可得已。君悉燕兵而疾赞之，天下之从于君也，如报父子之仇。诚为邻世世无患。愿君之剸（专）志于攻齐而毋有它虑也。'"

苏秦三百

苏秦大凡二千八百七十

二○　谓燕王章

苏秦胃（谓）燕王曰："列在万乘，奇（寄）质于齐，名卑而权轻。奉万乘助齐伐宋,民劳而实费。夫以宋加之淮北,强万乘之国也,而齐兼之,是益齐也。九夷方一百里,加以鲁、卫,强万乘之国也,而齐兼之,是益二齐也。夫一齐之强,燕犹弗能支,今以三齐临燕,其过(祸)必大。唯(虽)然,夫知(智)者之〔举〕事,因过(祸)〔而为〕福,转败而为功。齐紫,败素也,贾(价)十倍。句浅栖会稽,其后残吴,霸天下。此皆因过(祸)为福,转败而为功,今王若欲因过(祸)而为福,转败而为功,则莫若招霸齐而尊之,使明(盟)周室而棼(焚)秦符,曰:'大(太)上破秦,其次必长宾(摈)之。'秦□宾(摈)以侍(待)破,秦王必患之。秦五世伐诸侯,今为齐下,秦王之心苟得穷齐,不难以国壹栖(接),然则王何不使辩士以若说说秦王曰:'燕、赵破宋肥齐,尊之,为之下者,燕、赵非利之也。燕、赵弗利而执(势)为者,以不信秦王也。然则王何不使可信者栖(接)收燕、赵,如经(泾)阳君,如高陵君,先于燕、赵曰:秦有变。因以为质。则燕、赵信秦。秦为西帝,燕为北帝,赵为中帝,立三帝以令于天下。韩、魏不听则秦伐,齐不听则燕、赵伐,天下孰敢不听。天下服听因迥(驱)韩、魏以伐齐,曰:必反(返)宋,归楚淮北。反(返)宋,归楚淮北,燕、赵之所利也。并立三王,燕、赵之所愿也。夫实得所利,尊得所愿,燕、赵之弃齐,说(脱)沙(屣)也。今不收燕、赵,齐伯必成。诸侯赞齐而王弗从,是国伐也。诸侯伐齐而王从之,是名卑也。今收燕、赵,国安名尊,不收燕、赵,国危而名卑。夫去尊、安,取卑、危,知(智)者弗为。'秦王闻若说,

战
国
策
注
释

必如谏（刺）心。然则〔王〕何不使辩士以如说〔说〕秦，秦必取，齐必伐矣。夫取秦，上交也；伐齐，正利也。尊上交，务正利，圣王之事也。"

二一　苏秦献书赵王章

苏秦献书赵王：臣闻〔甘〕洛（露）降，时雨至，禾谷绛（丰）盈，众人喜之，贤君恶之。今足下功力非数加于秦也，怨竺（毒）积怒，非深于齐，下吏皆以秦为夏（忧）赵而曾（憎）齐。臣窃以事观之，秦几（岂）夏（忧）赵而曾（憎）齐戈（哉）。欲以亡韩、呻（吞）两周，故以齐饵天下。恐事之不○诚（成），故出兵以割革赵、魏。恐天下之疑己，故出挚（质）以为信。声德与国，实伐郑、韩。〔臣〕以秦之计必出于此。且说士之计皆曰："韩亡参（三）川，魏亡晋国，市○○朝未罢过（祸）及于赵。"且物固〔有势〕异而患同者。昔者，楚久伐，中山亡。今燕尽齐之河南，距莎（沙）丘、巨（钜）鹿之圄三百里。距麋关，北至于〔榆中〕者千五百里。秦尽韩、魏之上党，则地与王布属壤芥者七百里。秦以强弩坐羊肠之道，则地去邯郸百廿里。秦以三军功（攻）王之上常（党）而包其北，则注之西，非王之有也。今增注、莅恒山而守三百里，过燕阳、曲逆，此代马、胡狗不东，纶（岑）山之玉不出，此三葆（宝）者，或非王之有也。今从强秦久伐齐，臣恐其过（祸）出于此也。且五国之主尝合衡（横）谋伐赵，疏分赵壤，箸之钣（盘）竽（盂），属之祝谱（籍）。五国之兵出有日矣。齐乃西师以唅（禁）强秦。史（使）秦废令，疏服而听，反（返）温、轵、高平于魏，反（返）王公，符逾于赵，此天下所明知也。夫齐之事赵，宜正为上交，乃以柢（抵）罪取伐，臣恐后事王者不敢自必也。今王收齐，天下必以王为义矣。齐採（抱）社稷事王，天下必重王。然则齐义，王以天下就之；齐逆，王以天下□之。是一世之命制于王也。臣愿王与下吏羊（详）计某言而竺（笃）虑之也。

二二　苏秦谓陈轸章

苏秦齐宋攻魏，楚回（围）翁（雍）是（氏），秦败屈匃。胃（谓）陈轸曰："愿有谒于公，其为事甚完，便楚，利公。成则为福，不成则为福。今者秦立于门，客有言曰：'魏王胃（谓）韩俪、张义（仪）：煮棘（枣）将榆，齐兵有（又）进，子来救〔寡〕人可也，不救寡人，寡人弗能枝（支）。'槫（转）辞也。秦、韩之兵毋东，旬余，魏是（氏）槫（转），韩是（氏）从，秦逐张义（仪），交臂而事楚，此公事成也。"陈轸曰："若何史（使）毋东？"合（答）曰："韩俪之救魏之辞，必不胃（谓）郑王曰：'俪以为魏。'必将曰：'俪将槫（抟）三国之兵，乘屈匃之敝，南割于楚，故地必尽'。张义（仪）之救魏之辞，必〔不〕胃（谓）秦王曰：'义（仪）以为魏。'〔必将〕曰：'义（仪）且以韩、秦之兵东巨（拒）齐、宋，义（仪）〔将〕槫（抟）三国之兵，乘屈匃之敝，〔东割于〕楚，名存亡〔国，实伐三川〕而归,此王业也。’公令楚〔王与韩氏地,使〕秦制和。胃(谓)秦曰:‘〔请与韩地而王以〕施三〔川’,韩〕是(氏)之兵不用而得地〔于楚〕,□□□□□何。秦兵〔不用而得三川,伐楚、韩以窘〕魏,魏是(氏)不敢不听。韩欲地而兵案,声,□发于魏,魏是(氏)□□□□□□□□魏是(氏)〔转〕,秦、韩争事齐、楚,王欲毋予地。公令秦、韩之兵不〔用而得地,有一大〕德。秦、韩之王劫于韩倗、张义(仪)而东兵以服魏,公常操□芥(契)而责于〔秦、韩,此其善于〕公而〔恶张〕义(仪)多资矣。”

二三　虞卿谓春申君章

苏秦胃(谓)春申君曰:“臣闻之:于安思危,危则虑安。今楚王之春秋高矣,〔君之封〕地不可不蚤(早)定。为君虑封,莫若远楚。秦孝王死,公孙鞅杀;惠王死,襄子杀。公孙央(鞅)功臣也,襄子亲因(姻)也,皆不免,封近故也。大(太)公望封齐,召公奭封于燕,欲远王室也。今燕之罪大,赵之怒深,君不如北兵以德赵,浅(践)乱(乱)燕国,以定身封,此百世一时也。”“所道攻燕,非齐则魏,齐、魏新恶楚,唯(虽)欲攻燕,将何道戈(哉)?”对曰:“请令魏王可。”君曰:“何?”曰:“臣至魏,便所以言之。”乃胃(谓)魏王曰:“今胃(谓)马多力,则有。言曰‘胜千钧’,则不然者,何也? 千钧非马之任也。今胃(谓)楚强大则有矣,若夫越赵、魏,关甲于燕,几(岂)楚之任戈(哉)。非楚之任而为之,是敝楚也。敝楚,强楚,其于王孰便?"

二四 公仲傰谓韩王章

苏秦秦韩战于蜀潢,韩是(氏)急。公中(仲)傰胃(谓)韩王曰:"冶(与)国非可持(恃)也。今秦之心欲伐楚,王不若因张义(仪)而和于秦,洛(赂)之以一名县,与之南伐楚,此以一为二之计也。"韩王曰"善"。乃警公中(仲)傰,将使西讲于秦。楚王闻之,大恐。召陈轸而告之。陈轸曰:"夫秦之欲伐王久矣。今或得韩一名县具甲,秦、韩并兵南乡(向)楚,此秦之所庙祀而求也。今已得之,楚国必伐。王听臣之为之,警四竟(境)之内,兴师救韩,名(命)战车,盈夏路;发信〔臣,多〕其车,重其敝(币),史(使)信王之救己也。韩为不能听我,韩之德王也,必不为逆以来,是〔秦〕、韩不和也。〔兵虽〕至楚,国不大病矣。为能听我,绝和于秦,〔秦〕必大怒,以厚怨韩。韩南〔交楚〕,必轻秦,轻秦,其应必不敬矣。是我困秦、韩之兵,免楚国之患也。"楚之〈王〉若(诺)。乃警四竟(境)之内,兴师,言救韩;发信臣,多车,厚其敝(币)。使之韩,胃(谓)韩王曰:"不穀唯(虽)小,已悉起之矣。愿大国肆(肆)意于秦,不穀将以楚侸〈隼〉韩。"〔韩王〕说(悦),止公中(仲)之行。公中(仲)曰:"不可。夫以实苦我者秦也,以虚名救〔我〕者楚也。〔恃〕楚之虚名,轻绝强秦之适(敌),天下必芯〈笑〉王。且楚、韩非兄弟之国也,有(又)非素谋伐秦也，已伐刑（形），因兴师言救韩，此必陈轸之谋也。夫轻绝强秦而强〔信〕楚之谋臣，王必悔之。"韩王弗听，遂绝和于秦。秦因大怒，益师，与韩是（氏）战于岸门。楚救不至，韩是（氏）大败。故韩是（氏）之兵非弱也，其民非愚蒙也，兵为秦禽（擒），知（智）为楚笑者，过听于陈轸，失计韩偏（倗），故曰："计听知顺逆，唯（虽）王可。"

二五　李园谓辛梧章

苏秦秦使辛梧据粱（梁），合秦、粱（梁）而攻楚，李园忧之。兵未出，谓辛梧："以秦之强，有粱（梁）之劲，东面而伐楚。于臣也，楚不侍（待）伐，割挚（絷）马免而西走，秦余（与）楚为上交，秦祸案环（还）中粱（梁）矣。将军必逐于粱（梁），恐诛于秦。将军不见井忌乎。为秦据赵而攻燕，拔二城。燕使蔡鸟股符肤璧，奸（间）赵入秦，以河间十城封秦相文信侯。文信侯弗敢受，曰：'我无功。'蔡鸟明日见，带长剑，案（按）其剑，举其末，视文信侯曰：'君曰：我无功。君无功，胡不解君之玺以佩蒙敖（骜）、王齮也。秦王以君为贤，故加君二人之上。今燕献地，此非秦之地也，君弗受，不忠。'文信侯敬若（诺）。言之秦王，秦王令受之。余（与）燕为上交，秦祸案环（还）归于赵矣。秦大举兵东面而赍（剂）赵，言毋攻燕。以秦之强有燕之怒，割勺（赵）必突（深）。赵不能听，逐井忌，诛于秦。今臣窃为将军私计，不如少案（按）之，毋庸出兵。秦未得志于楚，必重梁(梁);梁(梁)未得志于楚,必重秦,是将军两重。天下人无不死者,久者寿,愿将军之察之也。梁(梁)兵未出,楚见梁(梁)之未出兵也,走秦必缓。秦王怒于楚之缓也,怨必深。是将军有重矣。"梁(梁)兵果六月乃出。

二六　见田瀁于梁南章

苏秦见田俙于梁(梁)南,曰:"秦攻鄢陵,几拔矣。梁(梁)计将奈何?"田俙曰:"在楚之救梁(梁)。"对曰"不然。在梁(梁)之计,必有以自恃也。无自恃计,传(专)恃楚之救,则梁(梁)必危矣。"田俙曰:"为自恃计奈何?"曰:"梁(梁)之东地。尚方五百余里,而与梁(梁),千丈之城,万家之邑,大县十七,小县有市者卅有余,将军皆令县急急为守备,撰(选)择贤者,令之坚守,将以救亡。令梁(梁)中都尉□□大将,其有亲戚父母妻子,皆令从梁(梁)王葆(保)之东地单父,善为守备。"田俙〔曰〕:"梁(梁)之群臣皆曰:'梁(梁)守百万,秦人无奈梁(梁)何也。'梁(梁)王出,顾危。"对曰:"梁(梁)之群臣必大过矣,国必大危矣。梁(梁)王自守,一举而地毕,固秦之上计也。今梁(梁)王居东地,其危何也?秦必不倍(背)梁(梁)而东,是何也?多之则危,少则伤。所说谋者为之,而秦无所关其计矣。危弗能安,亡弗能存,则奚贵于智矣。愿将军之察也。梁(梁)王出梁(梁),秦必不攻梁(梁),必归休兵,则是非以危为安,以亡为存耶,是计一得也。若秦拔鄢陵,必不能掊

（背）粱（梁）、黄、济阳阴、睢阳而攻单父，是计二得也。若欲出楚地而东攻单父，则可以转祸为福矣，是计三得也。若秦拔鄢陵而不能东攻单父，欲攻粱（梁），此粱（梁）、楚、齐之大福已。粱（梁）王在单父，以万丈之城，百万之守，五年之食，以粱（梁）饵秦，以东地之兵为齐、楚为前行，出之必死，击其不意，万必胜。齐、楚见亡不毁（退），为粱（梁）赐矣。将军必听臣，必破秦于粱（梁）下矣。臣请为将军言秦之可破之理，愿将军察听之〔也〕。今者秦之攻□□□将□以□行几二千里，至，与楚、粱（梁）大战长社，楚、粱（梁）不胜，秦攻鄢陵。秦兵之□□□死伤也，天下之□见也。秦兵战胜，必收地千里。今战胜不能倍（背）鄢陵而攻粱（梁）者□少也。鄢陵之守，〔城百〕丈，卒一万。今粱（梁）守，城万丈，卒百万。臣闻之也，兵者弗什弗围，弗百弗□军。今粱（梁）守百万，粱（梁）王有（又）出居单父，秦拔鄢陵，必归休兵。若不休兵，而攻虚粱（梁），守必坚。是〔何〕也？王在外，大臣则有为守，士卒则有为死，东地民有为勉，诸侯有为救粱（梁），秦必可破粱（梁）下矣。若粱（梁）王不出粱（梁），秦拔鄢陵，必攻粱（梁），必急，将卒必□□，守必不固。是何也？之王，则不能自植士卒；之将，则以王在粱（梁）中也，必轻；之武，则□□□如不□粱（梁）中必亂（乱）；之东地，则死王更有大虑；之诸侯，则两心，无□□无□□□地；之粱（梁）将，则死王有两心，无以出死救粱（梁），无以救东地而□□□□□□□王不出粱（梁）之祸也。"田儁曰：请使宜信君载先生见

□□□□□□□□□□不责于臣，不自处危。今王之东地尚方五百余里，□□□□□□□□□□责于臣。若王不□，秦必攻粱（梁），是粱（梁）无东地忧而王□□□□□□□□□□□□□粱（梁）中，则秦〔之〕攻粱（梁）必急，王出，则秦之攻粱（梁）必□□□□□□□□□□□□□□□□□大破□□□□□□□□□□□□□□□□□□□□□□臣来献□计□□□王弗用臣，则□□□□。"

二七 麛皮对邯郸君章

〔苏秦〕□□□□〔邯〕郸□□□□□□□□未将令（命）也。工（江）君奚洫曰："子之来也，其将请师耶？彼将□□□重此□，如北兼邯郸，南必□□□□□□□□□城必危，楚国必弱，然则吾将悉兴以救邯〔郸〕，吾非敢以为邯郸赐也，吾将以救吾□□。"〔麛〕皮曰："主君若有赐，兴□兵以救敝邑，则使臣赤（亦）敢请其日以复于□君乎？"工（江）君奚洫曰："大（太）缓救邯郸，邯郸□□□郸。进兵于楚，非国之利也，子择其日归而已矣，师今从子之后。"麛（麛）皮归，复令（命）于邯郸君曰："□□□□□和于魏，楚兵不足侍（恃）也。"邯郸君曰："子使，未将令（命）也。人许子兵甚俞，何为而不足侍（恃）〔也〕？"麛（麛）皮曰："臣之□□〔不足〕侍（恃）者以其俞也。彼其应臣甚辨，大似有理。彼非卒（猝）然之应也。彼笥（伺）齐□□□□□守其□□□利矣。□□□兵之日不肯告臣。頯然进其左耳而后其右耳,台乎其所后者,必其心与□□□□□俞许〔我〕兵,我必列(裂)地以和于魏,魏必不敝,得地于赵,非楚之利也。故俞许我兵者,所劲吾国,吾国劲而魏氏敝,〔楚〕人然后举兵兼承吾国之敝。主君何为亡邯郸以敝魏氏,而兼为楚人禽(擒)弋(哉)。故蒌(数)和为可矣。"邯郸君櫾(摇)于楚人之许己兵而不肯和。三年,邯郸偻。楚人然后举兵,兼为正乎两国。若由是观之,楚国之口虽□□,其实未也。故□□应。且曾闻其音以知其心。夫頯然见于左耳,麈(麛)皮已计之矣。

附录三

苏秦事迹简表 *

公元	周	秦	燕	齐	赵	时事	苏秦事迹	附记
前318	慎靓王3	惠文王后7	王哙3	宣王2	武灵王8	魏赵韩楚燕五国攻秦，不胜而回。		苏代说燕王哙，当在此年前后。
前317	4	8	4	3	9	燕王哙让位于子之。		
前315	6	10	6	5	11	子之三年，将军市被、太子平攻子之。		
前314	赧王1	11	7	6	12	子之杀市被、太子平，齐宣王使匡章伐燕，杀子之。赵召公子职于魏，立为燕王。		公子职至燕，当在前312年。
前312	3	13	9	8	14	齐宋攻魏，楚围雍氏，秦败屈匄。	谓陈轸（帛书二十二）。	

公元	周	秦	燕	齐	赵	时事	苏秦事迹	附记
前311	4	14	昭王 1	9	15	燕昭王师事郭隗。		
前310	5	武王 1	2	10	16	魏相田需死,苏代为楚昭鱼说魏王。		
前309	6	2	3	11	17	张仪死。		
前308	7	3	4	12	18	乐毅邹衍等归燕。	自周归燕。	
前307	8	4	5	13	19		说齐宣王归燕十城。谓燕王(帛书五)。	
前306	9	昭王 1	6	14	20		侍燕质子于齐,因委质为齐臣。	
前303	12	4	9	17	23	薛公相齐,齐魏韩攻楚。		齐攻楚共五年。
前300	15	7	12	闵王 1	26	阻孟尝君入秦。		孟尝君即薛公。
前299	16	8	13	2	27	秦拘楚怀王,楚太子由齐归,立为楚王。薛公入秦为相。	向孟尝君献策,留楚太子以市其下东国。	
前298	17	9	14	3	惠文王 1	薛公逃回齐。齐韩魏击秦于函谷。赵派楼缓相秦,仇赫相宋。		齐攻秦共三年。

公元	周	秦	燕	齐	赵	时事	苏秦事迹	附记
前296	19	11	16	5	3	齐韩魏攻秦，秦与魏韩和。孟冬陈璋伐燕。		即燕策"覆三军,杀二将"事。
前295	20	12	17	6	4	赵李兑围杀主父（赵武灵王）。齐燕助赵灭中山。薛公以齐封奉阳君，使梁韩皆效地，身率梁王与成阳君北面而朝奉阳君于邯郸（帛书八）。齐伐宋。欲以残宋取淮北(帛书八)。		魏策魏王朝赵，献葛孽阴成为赵王养邑,即此事。
前294	21	13	18	7	5	齐田甲劫王,薛公出走，归薛。齐闵王亲自执政。	说燕昭王,定以燕敌齐之计。使齐,说齐闵王伐宋。	
前293	22	14	19	8	6	秦白起击韩魏伊阙，斩首二十四万。齐闵王攻宋,燕将张雁助齐攻宋。		
前292	23	15	20	9	7	宋杀张雁。	以死之围,治齐燕之交。	

附录三　苏秦事迹简表

公元	周	秦	燕	齐	赵	时事	苏秦事迹	附记
前291	24	16	21	10	8	薛公去薛,魏昭王以为相。		
前290	25	17	22	11	9	薛公韩徐为约燕王攻齐(帛书四)。 赵疑燕而不攻齐,燕王使襄安君去齐。赵奉阳君归罪于燕以定封于齐,齐使公玉丹之赵致蒙,奉阳君受之(帛书四)。 韩聂为齐相。	燕王信田代参去疾之言攻齐,臣秦拜辞事(帛书四)。 燕王使苏秦之齐,恶齐赵之交,使毋予蒙而通宋使(帛书四)。 与韩聂约劫赵。 谓齐王(帛书九)。 燕王使苏秦为卿并与封邑。 以百五十乘入齐,韩聂逆于高间,亲御以入。	
前289	26	18	23	12	10	齐王召蜀子,使不攻宋。 相桥于宋,与宋通关。 齐道楚取秦以谋赵。 齐相韩聂去楚。 魏相周㝡去齐,相齐,说赵金投不攻齐。 秦恐齐赵合,转而联齐攻赵。	齐王重任苏秦,封而相之。止于赵。使盛庆献书燕王(帛书三)。 使韩山献书燕王(帛书二)。	

公元	周	秦	燕	齐	赵	时事	苏秦事迹	附记
前288	27	19	24	13	11	秦伐赵梗阳。 齐王逐周冣而相秦将吕礼。 薛公为魏谓穰侯要秦还攻齐。 五国合衡谋伐赵。 穰侯至齐致帝。 齐赵遇于阿，约攻秦去帝。 齐信五国之约西师以禁强秦，秦废帝请服，反温轵高平于魏，反王公符逾于赵。 秦十月称帝，十二月复称王。	赵计划齐韩魏赵燕五和入秦使，照燕国的样封苏秦并任用他。 自赵献书燕王（帛书一）。燕王急召归燕。 奉阳君使使与苏秦建交。苏秦说薛公，要他北兵伐赵。 之齐，见闵王于章华南门，定攻秦去帝计。 苏秦参与阿之会。 燕昭王要撤换苏秦，苏秦自齐献书燕王（帛书四） 为李兑约五国攻秦。	封秦也，任秦也，比燕于赵（帛书一）。 齐赵联兵是以救魏为名的。

公元	周	秦	燕	齐	赵	时事	苏秦事迹	附记
前287	28	20	25	14	12	五国攻秦,燕出二万兵甲。 五国之兵留于成皋。 齐闵王第二次攻宋。 齐王决定八月撤兵。 齐与宋讲,楚魏与齐争地。 齐闵王与魏使韦非约,重申攻秦,齐王许以平陵封薛公,以陶封奉阳君。 韩咎献书于齐(帛书十三)。 齐王考虑从楚取秦,又考虑召回韩咎,又考虑从赵取秦。	赵封苏秦为武安君。 在魏,谓齐王(帛书十四)。 自梁献书齐王(帛书六)。由魏回齐,由齐回燕,谓齐王(帛书十)。 由燕经赵去魏。 自赵献书齐王(帛书十一)。 自赵献书齐王(帛书十二)。 自梁献书燕王(帛书七)。 谓齐王(帛书八)。	

公元	周	秦	燕	齐	赵	时事	苏秦事迹	附记
前286	29	21	26	15	13	宋国太子出走。齐闵王第三次攻宋。 齐召回韩聂作相。 秦昭王因攻宋而发怒。 齐派宋郭说秦王,秦许齐伐宋。 魏国欲讲于秦。 齐灭宋,宋王偃逃至魏,死于温。 魏向秦纳安邑及河内。 赵韩徐为将攻齐。 秦声称出兵救魏,败韩于夏山。	劝齐王攻宋。使冷向说秦王。谓魏王。 苏秦被拘于魏。欲走而之韩,魏氏闭关而不通。 齐使苏厉谓魏王,苏秦回齐。	"声德与国,实伐郑韩"(帛书二十一)。
前285	30	22	27	16	14	秦与赵会中阳,与楚会宛,谋伐齐。 秦蒙武攻齐河东。 赵相国乐毅将赵秦韩魏燕攻齐取灵丘。齐令田章以阳武合于赵,而以顺子为质,赵王将许之。 秦王使公子他之赵,请益甲四万取齐。	献书赵王(帛书二十一)。 献书穰侯。(帛书)	

公元	周	秦	燕	齐	赵	时事	苏秦事迹	附记
前284	31	23	28	17	15	秦王与魏会宜阳，与韩会新城。燕昭王去赵，见赵惠文王。绝交于齐。乐毅帅五国之师伐齐，齐国悉起而距军乎济上。 五国之师，先由燕境攻北地。 济西会战，齐兵大败。 乐毅帅燕兵独深入，攻破临淄，齐湣王走莒，为淖齿所杀。	谓起贾（帛书十七），此游说者应是苏秦使者。 为燕反间被暴露，车裂徇于市。	

此表见<u>战国纵横家书</u>。

战国策注释

附录四

历代战国策序跋

刘向战国策序

护左都水使者、光禄大夫臣向言：所校中战国策书，中书余卷，错乱相糅莒。又有国别者八篇，少不足。臣向因国别者，略以时次之；分别不以序者以相补，除复重，得三十三篇。本字多误脱为半字，以"赵"为"肖"，以"齐"为"立"，如此字者多①。中书本号或曰国策，或曰国事，或曰短长，或曰事语，或曰长书，或曰修书。臣向以为，战国时游士辅所用之国，为之策谋，宜为战国策。其事继春秋以后，讫楚、汉之起，二百四十五年间之事，皆定以杀青，书可缮写。

叙曰：周室自文、武始兴②，崇道德，隆礼义，设辟雍、泮宫、庠序之教，陈礼乐、弦歌移风之化，叙人伦，正夫妇。天下莫不晓然论孝悌之义，惇笃之行。故仁义之道，满乎天下，卒致之刑错四十余年。远方慕义，莫不宾服，雅、颂歌咏，以思其德。下及康、昭之后③，虽有衰德，其纲纪尚明。

及春秋时，已四五百载矣，然其余业遗烈，流而未灭。五伯之起，尊事周室。五伯之后，时君虽无德，人臣辅其君者，若郑之子产，晋之叔向，齐之晏婴，挟君辅政，以并立于中国，犹以义相支持，歌说以相感，聘觐以相交，期会以相一④，盟誓以相救。天子之命，犹有所行；会享之国，犹有所耻。小国得有所依，百姓得有所息。故孔子曰："能以礼让为国乎？何有？"⑤周之流化，岂不大哉！

及春秋之后，众贤辅国者既没，而礼义衰矣。孔子虽论诗、书，定礼、乐，王道粲然分明；以匹夫无势，化之者七十二人而已，皆天下之俊也，时君莫尚之，是以王道遂用不兴。故曰："非威不立，非势不行。"仲尼既没之后，田氏取齐，六卿分晋，道德大废，上下失序。至秦孝公，捐礼让而贵战争，弃仁义而用诈谲，苟以取强而已矣。夫篡盗之人，列为侯王⑥；诈谲之国，兴立为强⑦。是以传相放效⑧，后生师之，遂相吞灭，并大兼小，暴师经岁，流血满野；父子不相亲，兄弟不相安，夫妇离散，莫保其命，潜然道德绝矣。晚世益甚，万乘之国七，千乘之国五，敌侔争权，盖为战国⑨。贪饕无耻，竞进无厌；国异政教，各自制断；上无天子，下无方伯；力功争强⑩，胜者为右；兵革不休，诈伪并起。当此之时，虽有道德，不得施谋；有设之强⑪，负阻而恃固；连与交质，重约结誓，以守其国。故孟子、孙卿儒术之士，弃捐于世，而游说权谋之徒，见贵于俗。是以苏秦、张仪、公孙衍、陈轸、代、厉之属，生从横短长之说，左右倾侧。苏秦为从，张仪为横；横则秦帝，从则楚王；所在国重，所去国轻。然当此之时，秦国最雄，诸侯方弱⑫，苏秦结之⑬，时六国为一，以傧背秦。秦人恐惧，不敢窥兵于关中，天下不交兵者二十有九年。然秦国势便形利，权谋之士，咸先驰之。苏秦初欲横，秦弗用，故东合从。及苏秦死后，张仪连横，诸侯听之，西向事秦。是故始皇因四塞之固⑭，据崤、函之阻，跨陇、蜀之饶，听众人之策，乘六世之烈，以蚕食六国，兼诸侯⑮，并有天下。杖于谋诈之弊⑯，终于信笃之诚⑰，无道德之教,仁义之化,以缀天下之心。任刑罚以为治,信小术以为道。遂燔烧诗书,坑杀儒士,上小尧、舜,下邈三王。二世愈甚,惠不下施,情不上达;君臣相疑,骨肉相疏;化道浅薄,纲纪坏败;民不见义,而悬于不宁。抚天下十四岁,天下大溃,诈伪之弊也。其比王德,岂不远哉?孔子曰:"道之以政,齐之以刑,民免而无耻;道之以德,齐之以礼,有耻且格"⑱。夫使天下有所耻,故化可致也。苟以诈伪偷活取容,自上为之,何以率下?秦之败也,不亦宜乎!

战国之时,君德浅薄,为之谋策者,不得不因势而为资,据时而为⑲,故其谋,扶急持倾,为一切之权,虽不可以临国教化⑳,兵革救急之势也㉑。皆高才秀士,度时君之所能行,出奇策异智,转危为安,运亡为存,亦可喜,皆可观。护左都水使者、光禄大夫臣向所校战国策书录。

①姚校:"'字',一本作'类'字。"

②姚校:"集'曰'下有'夫'字。"

③姚校:"刘作'其德下及'。曾作'德下及'。钱作'以思其德下及'。集作'其恩德下及'。"鲍注:"'以思其德'一作'恩德其上','下及'一无'下'字。"

④姚校:"'期会'集作'朝会'。"

⑤语见论语里仁。

1639

⑥姚校:"'列',钱、刘同,曾作'例'。"黄丕烈战国策札记:"今本误重'侯'字。"

⑦姚校:"'立'钱、集同,曾作'兵'。"

⑧姚校:"'传'一作'转'。"鲍本"传"作"转"。

⑨鲍本"盖"作"尽"。

⑩姚校:"'功'曾、集作'巧',刘作'功'。"

⑪鲍本"不得施谋,有设之强"作"不得施设,有谋之强"。

⑫姚校:"集、曾无'弱'字。"

⑬姚校:"钱、刘'结'下有'从'字。"

⑭鲍本"固"作"国"。

⑮姚校:"一本下有'而'字。"

⑯鲍本"谋诈"作"诈谋"。

⑰鲍本"于"作"无"。黄丕烈战国策札记:"今本'于'作'无'。

　丕烈案:'无'字是也。"

⑱语见论语为政。

⑲姚校:"(为)下脱字。"　建章按:疑脱"画"字。

⑳鲍本无"国"字。

㉑姚校:"钱,'革'下有'亦'字。"

曾巩重校战国策序

刘向所定著战国策三十三篇,崇文总目称十一篇者阙。臣访之士大夫家,始尽得其书,正其误谬,而疑其不可考者,然后战国策三十三篇复完。

叙曰:向叙此书,言周之先,明教化,修法度,所以大治。及其后,诈谋用而仁义之路塞,所以大乱。其说既美矣。率以为此书①,战国之谋士,度时君之所能行,不得然,则可谓惑于流俗而不笃于自信者也。

夫孔、孟之时,去周之初,已数百岁,其旧法已亡,其旧俗已熄久矣。二子乃独明先王之道,以为不可改者,岂将强天下之主以后世之所不可为哉?亦将因其所遇之时,所遭之变，而为当世之法，使不失乎先王之意而已也^②。二帝三王之治，其变固殊，其法固异，而其为国家天下之意，本末先后未尝不同也。二子之道，如是而已。盖法者所以适变也，不必尽同；道者所以立本也，不可不一。此理之不易者也。故二子者守此，岂好为异论哉？能勿苟而已矣。可谓不惑于流俗而笃于自信者也。

战国之游士则不然，不知道之可信，而乐于说之易合。其设心注意，偷为一切之计而已。故论诈之便而讳其败，言战之善而蔽其患。其相率而为之者，莫不有利焉而不胜其害也，有得焉而不胜其失也。卒至苏秦、商鞅、孙膑、吴起、李斯之徒以亡其身，而诸侯及秦用之，亦灭其国。其为世之大祸明矣，而俗犹莫之悟也。惟先王之道，因时适变，法不同而考之无疵^③，用之无敝，故古之圣贤，未有以此而易彼也。

或曰，邪说之害正也，宜放而绝之。则此书之不泯，不泯其可乎^④？对曰，君子之禁邪说也，固将明其说于天下。使当世之人，皆知其说之不可从，然后以禁则齐；使后世之人，皆知其说之不可为，然后以戒则明。岂必灭其籍哉？放而绝之，莫善于是。故孟子之书，有为神农之言者，有为墨子之言者，皆著而非之。至于此书之作，则上继春秋，下至秦、汉之起^⑤，二百四五十年之间，载其行事，固不得而废也。

此书有高诱注者二十一篇，或曰三十二篇。崇文总目存者八篇，今存者十篇云。编校史馆书籍臣曾巩序^⑥。

①鲍本"率"作"卒"。

②鲍本无"也"字。

③鲍本"法"上有"为"字。

④鲍本不重"不泯"二字。黄丕烈战国策札记："今本'不泯'两字不重。"

⑤疑"秦"字当是"楚"字之误，刘向战国策序有"其事继春秋以后，讫楚、汉之起"。

⑥黄丕烈战国策札记："今本在首，鲍本在刘向序录下。吴氏识此序后云：'国策刘向校定本，高诱注，曾巩重校，凡浙、建、括苍本，皆据曾所定。剡川姚宏续校注最后出。予见姚注凡两本，其一冠以目录、刘序，而置曾序于卷末；其一冠以曾序，而刘序次之。盖先刘氏者，元本也；先曾氏者，重校本也。'丕烈案：当在此与下李文叔诸跋连者为是。今本在首，影抄梁溪安氏本如此。据吴氏云，知为姚氏一本，然亦非鲍本，尤误"。

李格非书战国策后

战国策所载，大抵皆从横捭阖、谲诳相轻、倾夺之说也。其事浅陋不足道，然而人读之，则必乡其说之工而忘其事之陋者，文辞之胜移之而已。且寿考安乐、富贵尊荣、显名爱好、便利得意者，天下之所欲也，然激而射之，或将以致人之忧。死亡忧患、贫贱苦辱、弃损亡利失意者，天下之所恶也，然动而竭之，或将以导人之乐。至于以下求小，以高求大，纵之以阳，闭之以阴，无非微妙难知之情，虽辩士抵掌而论之，犹恐不白，今寓之文字，不过一二，言语未必及，而意已隐然见乎其中矣！由是言之，则为是说者非难,而载是说者为不易得也^①。呜呼！使秦、汉而后复有为是说者,必无能载之者矣！虽然,此岂独人力哉！盖自尧、舜、夏、商^②,积制作,以至于周,而文物大备。当其盛时,朝廷宗庙之上,蛮貊穷服之外,其礼乐制度,条施目设,而威仪文章可著之简册者,至三千数,此圣人文章之实也。及周道衰,浸淫陵迟,幽、厉承之,于是大坏;然其文章所从来既远,故根本虽伐,而气焰未易遽熄也。于是浮而散之,钟于谈舌,而著于言语。此庄周、屈原、孙武、韩非、商鞅与夫仪、秦之徒,所以虽不深祖吾圣人之道,而所著书文辞,骎骎乎上薄六经,而下绝来世者,岂数人之力也哉！

今战国策宜有善本传于世,而舛错不可疾读,意天之于至宝^③,常不欲使人易得,故余不复竄定,而其完篇,皆以丹圈其上云。

①黄丕烈战国策札记:"'者',吴引无。"
②黄丕烈战国策札记:"'尧舜',吴引无。"
③黄丕烈战国策札记:"'之'上吴引有'下'字。丕烈案,有者误衍也。"

王觉题战国策

战国策三十三篇,刘向为之序,世久不传。治平初^①,始得钱塘颜氏印本读之,爱其文辞之辩博,而字句脱误,尤失其真。丁未岁^②,予在京师,因借馆阁诸公家藏数本参校之,盖十正其六七;凡诸本之不载者,虽杂见于史记他书^③,

然不敢辄为改易,仍从其旧,盖慎之也。

当战国之时,强者务并吞,弱者患不能守,天下方争于战胜攻取,驰说之士因得以其说取合时君。其要皆主于利言之,合从连横,变诈百出。然自春秋之后,以迄于秦,二百余年兴亡成败之迹,粗见于是矣! 虽非义理之所存,而辩丽横肆,亦文辞之最,学者所不宜废也。

会有求予本以开板者,因以授之,使广其传,庶几证前本之失云。清源王觉题

①治平:北宋英宗年号(1065年—1067年)。
②丁未岁:治平四年(1067年)。
③黄丕烈战国策札记:"'虽',吴引无。"

孙朴书阁本战国策后①

臣自元祐元年十二月入馆②,即取曾巩三次所校定本,及苏颂、钱藻等不足本,又借刘敞手校书肆印卖本参考,比巩所校,补去是正,凡三百五十四字。八年,再用诸本及集贤院新本校,又得一百九十六字,共五伯五十签③,遂为定本,可以修写黄本入秘阁。集贤本最脱漏④,然亦间得一两字。癸酉岁⑤,臣朴校定。

右十一月十六日书阁本后　　　孙元忠

①黄丕烈战国策札记:"今本'阁'误'阁',下同。吴引不误。"
②元祐:北宋哲宗年号,元年为1086年。

③黄丕烈战国策札记:"今本'伯'作'百'。吴引作'百'"。

④黄丕烈战国策札记:"今本'漏'误'误'。吴引不误"。

⑤癸酉:元祐八年(1093年)。

孙朴记刘原父语①

此书舛误特多,率一岁再三读,略以意属之而已。比刘原父云:"吾老当得定本正之否邪?"

①黄丕烈战国策札记:"今本'原'误'元'。吴引不误"。

耿延禧战国策括苍刊本序

余至括苍之明年,岁丰讼简,颇有文字之暇,于是用诸郡例,镂书以惠学者。念战国策未有板本,乃取家旧所藏刊焉。是书讹舛为多,自曾南丰已云"疑其不可考者",今据所藏,且用先辈数家本参定,以俟后之君子而已。

昔袁悦之还都,止赍战国策,曰:"天下要惟此书。"而李权从秦宓借战国策,宓曰:"战国从横,用之何为?"盖学者好恶之不侔如此!夫是非取舍,要当考合乎圣人之道以自择。要之此先秦古书,其叙事之备,太史公取以著史记,而文辞高古,子长实取法焉。学者不可不家有而日诵之!故余刊书以是为首云。绍兴四年十月鲁人耿延禧百顺书①

①绍兴:南宋高宗年号。绍兴四年当1134年。

姚宏题战国策

右战国策,隋经籍志,三十四卷①,刘向录,高诱注,止二十一卷,汉京兆尹延笃论一卷②。唐艺文志,刘向所录已阙二卷,高诱注乃增十一卷,延叔坚之论尚存。今世所传三十三卷。崇文总目高诱注八篇,今十篇,第一、第五阙。前八卷,后三十二、三十三,通有十篇。武安君事,在中山卷末,不知所谓。叔坚之论,今他书时见一二。旧本有未经曾南丰校定者,舛误尤不可读。南丰所校,乃今所行。都下建阳刻本,皆祖南丰,互有失得。

余顷于会稽得孙元忠所校于其族子懃,殊为疏略。后再扣之③,复出一本,有元忠跋,并标出钱、刘诸公手校字,比前本虽加详,然不能无疑焉。如用"坒""恖"字,皆武后字,恐唐人传写相承如此。诸公校书,改用此字,殊所不解。窦苹作唐史释音,释武后字,内"坒"字云"古字,见战国策。"不知何所据云然?然"坒"乃古"地"字。又"坒"字,见亢仓子、鹖冠子,或有自来;至于"恖"字,亦岂出于古欤?幽州僧行均切韵训诂,以此二字皆古文,岂别有所见耶?孙旧云"五百五十签",数字虽过之,然间有谬误,似非元书也。括苍所刊,因旧无甚增损④。

余萃诸本,校定离次之,总四百八十余条。太史公所采,九十余条,其事异者,止五、六条。太史公用字⑤,每篇间有异者⑥,或见于他书,可以是正,悉注于旁。辨"栾水"

之为"渍水","案"字之为语助，与夫不题校人，并题续注者，皆余所益也。正文遗逸，如司马贞引"马犯谓周君"、徐广引"韩兵入西周"、李善引"吕不韦言周三十七王"、欧阳询引"苏秦谓元戎以铁为矢"、史记正义"碣石九门本有宫室以居"、春秋后语"武灵王游大陵梦处女鼓瑟"之类，略可见者如此，今本所无也。至如"张仪说惠王"乃韩非初见秦，"厉怜王"引诗乃韩婴外传，后人不可得而质矣。先秦古书见于世者无几[7]。而余居穷乡，无书可检阅，访春秋后语，数年方得之，然不为无补。

尚觊博采，老得定本，无刘公之遗恨。绍兴丙寅中秋，剡川姚宏伯声父题[8]。

①今本隋书经籍志"战国策三十二卷"。

②论：战国策论。下同。

③黄丕烈战国策札记："今本'扣'误'叩'。吴引不误。"　建章按：荀子法行"扣之，其声清扬而远闻。"杨注："'扣'与'叩'同；礼记作'叩之'。"桂馥说文解字义证："'扣'通作'叩'。"

④黄丕烈战国策札记："今本'损'误'采'。吴引不误。"

⑤黄丕烈战国策札记："今本'字'误'事'。吴引不误。"

⑥黄丕烈战国策札记："今本脱'异'字。吴引不误。"

⑦黄丕烈战国策札记："吴引无'先'字。丕烈案：无者误脱也。"

⑧黄丕烈战国策札记："今本此后有跋云……丕烈案：此雅雨堂本之原委也，览之而与宋椠不同之故憭然矣。"　建章按：钱谦益及陆贻典跋见后。绍兴丙寅即1146年。

鲍彪战国策注序

国策，史家流也。其文辩博，有焕而明，有婉而微，有约而深，太史公之所考本也。自汉称为战国策，杂以短长之号，而有苏、张纵横之说。学者讳之置不论，非也。夫史氏之法，具记一时事辞，善恶必书，初无所决择。楚曰梼杌，书恶也。鲁曰春秋，善恶兼也。司马史记、班固汉书，有佞幸等列传，学者岂以是为不正，一举而弃之哉？矧此书，若张孟谈、鲁仲连发策之慷慨、谅毅、触詟纳说之从容，养叔之息射，保功莫大焉；越人之投石，谋贤莫尚焉；王斗之爱毅，忧国莫重焉。诸如此类不一，皆有合先王正道，孔、孟之所不能违也。若之何置之？曾巩之序美矣，而谓禁邪说者，固将明其说于天下，则亦求其故而为之说，非此书指也。

起秦迄今千四百岁，由学者不习，或衍或脱，或后先失次，故"肖""立"半字，时次相糅，刘向已病知矣。旧有高诱注，既疏略无所稽据，注又不全，浸微浸灭，殆于不存。彪于是考史记诸书为之注，定其章条，正其衍说[①]，而存其旧，慎之也。地理本之汉志，无则缺；字训本之说文，无则称犹。杂出诸书，亦别名之。人姓名多不传见，欲显其所说，故系之一国。亦时有论说，以翊宣教化，可以正一史之谬，备七略之缺。以之论是非，辨得失，而考兴亡，亦有补于世。绍兴十七年丁卯仲冬二十有一日辛巳冬至缙云鲍

战国策注释

彪序②。

（又）

刘氏定著三十三篇，东周一、西周一、秦五、齐六、楚四、赵四、魏四、韩三、燕三、宋卫一、中山一。今按：西周正统也，不得后于东周，定为首卷③。

（又）

彪校此书，四易稿而后缮写。己巳仲春重校④，始知东周策"严氏之贼，阳竖与焉，为韩策严遂、阳竖也⑤。先哲言，校书如尘埃风叶，随扫随有，岂不信哉！尚有舛谬，以俟君子。十一日书。

①说：通"脱"。

②绍兴十七年丁卯：即公元1147年。绍兴，南宋高宗年号。

③此下两段原在曾、刘序后。

④己巳：绍兴十九年，公元1149年。

⑤吴师道正曰："严遂、阳竖事有差互，说见周、韩策。"

姚宽战国策后序

右战国策，隋经籍志，三十四卷①，刘向录，高诱注，止二十卷，汉京兆尹延笃论一卷②。唐艺文志，刘向录已阙二卷，高诱注乃增十一卷，延笃论时尚存。今所传三十三卷。崇文总目高诱注八篇，印本存者有十篇。武安君事在中山卷末，不详所谓。延笃论，今亡矣。其未曾经曾南丰校定者，舛误尤不可读。其浙、建原小字刊行者，皆南丰所校本也。括苍耿氏所刊[3]，卤莽尤甚。

宣和间，得馆中孙固、孙觉、钱藻、曾巩、刘敞、苏颂、集贤院共七本[4]，晚得晁以道本，并校之，所得十二焉。如用"坔"、"恶"字，皆武后字，恐唐人相承如此，诸公校书，改用此字，殊不可解。窦苹作唐书，释武后用"坔"字云"古字，字见战国策"，不知何所据而云然。"坔"乃古"地"字。又"坔"字见亢仓子、鹖冠子，或有自来；至于"恶"字，幽州僧行均作切韵训诂，以此二字云古文，岂别有所见耶？太史公所采九十三事，内不同者五[5]。韩非子十五事，说苑六事，新序九事，吕氏春秋一事，韩诗外传一事，皇甫谧高士传三事，越绝书记李园一事，甚异。如正文遗逸引战国策者，司马贞索隐五事[6]，广韵七事[7]，玉篇一事[8]，太平御览二事[9]，元和姓纂一事[10]，春秋后语二事[11]，后汉地理志一事[12]，后汉第八赞一事[13]，艺文类聚一事[14]，北堂书钞一事[15]，徐广注史记一事[16]，张守节正义一事[17]，旧战国策一事[18]，李善注文选一事[19]，皆今本所无也。至如"张仪说惠王"，乃韩非子初见秦书，"厉怜王"引诗，乃韩诗外传，既无古书可以考证，第叹息而已。某以所闻见，以为集注，补高诱之亡云。上章执徐仲冬朔日[20]，会稽姚宽书。

1650

①今本隋书经籍志"战国策三十二卷"。

②论：战国策论。下同。

③黄丕烈战国策札记："绍兴四年十月，耿延禧百顺刻吴本，附其序，今不列。"

④黄丕烈战国策札记："此有互异，今不可考。"

⑤黄丕烈战国策札记："以下所列事数,今数之,多不合者,未详姚意何云也。"

⑥姚宽自注："豫让击襄子之衣,衣尽血";"吕不韦言周凡三十七王";"白圭为中山将,亡六城,还拔中山";"马犯谓周君";"马范谓梁王云王病愈(作'瘉'字)"。

⑦姚宽自注："晋有大夫芬质(音抚文切)、芊千者,著书显名";"安陵丑";"雍门";"周中大夫蓝诸";"晋有亥唐";"赵有大夫库贾(音肇,训'门'也)";"齐威王时,有左执法公旗番"。

⑧姚宽自注："骥仰而喷,鼓鼻也。"

⑨姚宽自注："涸若耶以取铜,破恶山而出锡";"廊庙之椽,非一木之枝;先王之法,非一士之智"。

⑩姚宽自注引风俗通云："晋大夫芸贤。"

⑪姚宽自注："赵武灵王游大陵梦处女鼓瑟";"平原君躄者(注云:躄,挛跛之名)"。

⑫姚宽自注："东城九门(注云:碣石山在县界)。"

⑬姚宽自注："廉颇为人勇鸷而好士。"

⑭姚宽自注："苏秦为楚合从,元戎以铁为矢,长八寸,一弩十矢俱发。"

⑮姚宽自注："楚人以弱弓微缴,加归雁之上者。"

⑯姚宽自注："韩兵入西周,令成君辨说秦求救。"

⑰姚宽自注："碣石九门,本有宫室以居。"

⑱姚宽自注："罗尚见秦王曰,秦四塞之险,利于守,不利于战。"

⑲姚宽自注："苏秦说孟尝君曰,秦四塞之国(高诱注云:四面有山关之固,故曰'四塞之国'也)。"

⑳尔雅释天："太岁在庚曰上章","太岁在辰曰执徐"。则"上章执徐"即庚辰年,南宋高宗三十年,当公元1160年。

吴师道战国策校注序

先秦之书,惟战国策最古,文最讹舛,自刘向校定已病之。南丰曾巩再校,亦疑其不可考者。后汉高诱为注,宋尚书郎括苍鲍彪诋其疏略缪妄,乃序次章条,补正脱误,时出己见论说,其用意甚勤,愚尝并取而读之,高氏之疏略信矣,若谬妄,则鲍氏自谓也。东莱吕子大事记,间取鲍说而序次之,世亦或从之。若其缪误,虽未尝显列,而因此考彼,居然自见,遂益得其详焉。盖鲍专以史记为据,马迁之作,固采之是书,不同者当互相正,史安得全是哉?事莫大于存古,学莫善于阙疑。夫子作春秋,仍夏五残文;汉儒校经,未尝去本字,但云'某当作某'"某读如某",示谨重也。古书字多假借,音亦相通。鲍直去本文,径加改字,岂传疑存旧之意哉?比事次时,当有明征,其不可定知者,阙焉可也,岂必强为傅会乎?

又其所引书,止于淮南子、后汉志、说文、集韵,多摭彼书之见闻,不问本字之当否。史注自裴、徐氏外,索隐、正义皆不之引,而通鉴诸书亦莫考。浅陋如是,其致误固宜。顾乃极诋高氏以陈贾为孟子书所称,以伐燕为齐宣,用是发愤更注;不思宣王伐燕,乃孟子明文,宣、闵之年,通鉴谓史失其次也。鲍以赧王为西周君,而指为正统,此开卷大误! 不知河南为西周,洛阳为东周。韩非子说秦王以为何人,魏惠王盟臼里以为他事,以鲁连约矢之书为后人所补,以<u>魏几</u>、<u>鄢陵</u>为人名，以<u>公子牟</u>非<u>魏牟</u>，以<u>中山</u><u>司马子期</u>为<u>楚昭王</u>卿，此类甚多，尚安得诋<u>高氏</u>哉？其论说自谓"翊宣教化"，则尤可议。谓<u>张仪</u>之诳<u>齐</u>、<u>梁</u>为将死之言善，<u>周</u>人诈以免难为君子所恕，<u>张登</u>狡狯非君子所排，<u>苏代</u>之诐为不可废，<u>陈轸</u>为绝类离群，<u>蔡泽</u>为明哲保身，<u>聂政</u>为孝，<u>乐羊</u>为隐忍，<u>君王后</u>为贤智妇人，<u>韩几瑟</u>为义嗣，<u>卫嗣君</u>为贤君，皆悖义害正之甚者。其视名物、人、地之差失，又不足论也。

　　<u>鲍</u>之成书，当<u>绍兴丁卯</u>。同时<u>剡川</u><u>姚宏</u>亦注是书，云得<u>会稽</u><u>孙朴</u>所校，以阁本标出<u>钱藻</u>、<u>刘敞</u>校字，又见<u>晋</u><u>孔衍</u><u>春秋后语</u>，参校补注，是正存疑，具有典则。<u>大事记</u>亦颇引之，而世罕传，知有<u>鲍氏</u>而已。近时，<u>浚仪</u><u>王应麟</u>尝斥<u>鲍</u>失数端，而<u>庐陵</u><u>刘辰翁</u>盛有所称许。以<u>王</u>之博洽，知其未暇悉数，而<u>刘</u>特爱其文采，他固弗之察也。<u>吕子</u>有云："观<u>战国</u>之事，取其大旨，不必字字为据。"盖以游士增饰之词多，矧重以<u>诐谀</u>乎？辄因<u>鲍</u>注，正以<u>姚</u>本，参之诸书，而质之<u>大事记</u>，存其是而正其非，庶几明事迹之实，求义理之当焉！

　　或曰：<u>战国策</u>者，<u>六经</u>之弃也。子深辨而详究之，何其戾？<u>鲍彪</u>之区区，又不足攻也。夫人患理之不明耳！知至而识融，则异端杂说，皆吾进德之助，而不足以为病也。<u>曾氏</u>之论是书曰："君子之禁邪说者，固将明其说于天下，使皆知其不可为，然后以禁则齐，以戒则明。"愚有取焉尔。是非之在人心，天下之公也。是，虽刍荛不遗；非，虽大儒必斥。愚何择于<u>鲍氏</u>哉！特寡学谫闻，谬误复恐类之。世

之君子有正焉,固所愿也。泰定二年岁乙丑八月日金华吴师道序①。

吴师道曾序跋

国策之书自刘向第录,逮南丰曾氏,皆有序论以著其大旨。向谓战国谋士,度时君所能行,不得不然。曾氏讥之,以为"惑流俗而不笃于自信"。故因之推言先王之道,圣贤之法,而终谓"禁邪说者,固将明其说于天下"。其论正矣。而鲍氏以为是,特求其故而为之说者。策乃史家者流,善恶兼书,初无决择,其善者孔、孟之所不能违,若之何置之? 鲍之言,殆后出者求备邪?

夫天下之道,王伯二端而已。伯者犹知假义以为名,仗正以为功。战国名义荡然,攻斗并吞,相诈相倾,机变之谋,唯恐其不深;捭阖之辞,唯恐其不工;风声气习,举一世而皆然。间有持论立言不戾乎正,殆千百而一二尔。若鲁仲连盖绝出者,然其排难解纷,忼慨激烈,每因事而发,而亦未闻其反正明本,超乎事变之外也,况其下者乎? 当是之时,本仁祖义,称述唐、虞、三代,卓然不为世俗之说者,孟子一人而已。求之是书无有也。荀卿亦宗王者,今唯载其绝春申之书,而不及其他。田子方接闻孔氏之徒,其存者仅仅一言。又何略于此而详于彼邪? 史莫大于春秋,春秋善恶兼书,而圣人之心,则欲寓褒贬以示大训。是书善恶无所是非，而作者又时出所见，不但记载之，为谈**季子**之金多位高，则沾沾动色；语**安陵嬖人**之固宠，则以**江乙**为善谋，此其最陋者。夸从亲之利，以为**秦**兵不出**函谷**十五年，诸侯二十九年不相攻，虽甚失实，不顾也。厕雅于**郑**，则音不纯；置薰于蕕，则气必夺。善言之少，不足以胜不善之多。君子所以举而谓之邪说者，盖通论当时习俗之敝，举其重而名之也。近代**晁子读书志**，列于纵横家，亦有见者。且其所列，固有忠臣义士之行，不系于言者。而其继**春秋**，抵**秦**、**汉**，载其行事，不得而废，**曾氏**固已言之，是岂不知其为史也哉？

窃谓天下之说，有正有邪。其正焉者主于一，而其非正者，君子小人各有得焉。君子之于是书也，考事变，究情伪，则守益以坚，知益以明。小人之于是书也，见其始利而终害，小得而大丧，则悔悟惩创之心生。世之小人多矣，固有未尝知是书，而其心术行事无不合者。使其得是书而究之，则将有不为者矣。然则所谓明其说于天下，为放绝之善者，讵可訾乎？

吴师道姚序跋

（一）

顷岁，予辨正**鲍彪战国策注**，读**吕子**大事记引**剡川姚宏**，知其亦注是书。考近时诸家书录皆不载，则世罕有蓄者。后得于一旧士人家，卷末载**李文叔**、**王觉**、**孙朴**、**刘敞**

语。其自序云,尝得本于<u>孙朴</u>之子<u>慤</u>①。<u>朴元祐</u>初在馆中,取<u>南丰曾巩</u>本,参以<u>苏颂</u>、<u>钱藻</u>、<u>刘敞</u>所传,并<u>集贤院</u>新本,上标<u>钱</u>、<u>刘</u>校字,而<u>姚</u>又会稡诸本定之。每篇有异及他书可证者,悉注于下。因<u>高诱</u>注,间有增续,简质谨重,深得古人论撰之意,大与<u>鲍</u>氏率意窜改者不同。又云,访得<u>春秋后语</u>,不为无补。盖<u>晋孔衍</u>所著者,今尤不可得②,尚赖此而见其一二,讵可废耶?考其书成,当<u>绍兴丙寅</u>③,而<u>鲍</u>注出<u>丁卯</u>④,实同时。<u>鲍</u>能分次章条,详述注说,读者眩于浮文,往往喜称道之;而<u>姚</u>氏殆绝,无足怪也。

　　<u>宏</u>字<u>令声</u>,今题<u>伯声甫</u>,待制<u>舜明廷辉</u>之子,为删定官,忤<u>秦桧</u>,死大理狱。弟<u>宽令威</u>、<u>宪令则</u>,皆显于时。其人尤当传也。

　　余所得本,背纸有<u>宝庆</u>字,已百余年物,时有碎烂处。既据以校<u>鲍</u>误,因序其说于此。异时当广传写,使学者犹及见前辈典则,可仰可慕云。<u>至顺</u>四年癸酉七月<u>吴师道</u>识⑤。

①<u>黄丕烈战国策</u>札记:"此误,当云'族子'也。"
②<u>黄丕烈战国策</u>札记:"<u>吴</u>仍引<u>春秋后语</u>数条,见前。此所云未详。"
③<u>绍兴丙寅</u>:当公元 1146 年。
④<u>丁卯</u>:<u>绍兴丁卯</u>,当公元 1147 年。
⑤<u>黄丕烈战国策</u>札记:"<u>吴</u>氏此跋,可作<u>姚</u>本发明,今附录于后。"
　　<u>建章</u>按:"<u>至顺</u>四年"原误作"<u>至顺</u>二年"。"癸酉"当是"<u>至顺</u>四年",<u>李锡龄战国策</u>校注本正作"<u>至顺</u>四年"。

右此序题姚宽撰，有手写附于姚注本者。文皆与宏序同，特疏列逸文加详，考其岁月则在后，乃知姚氏兄弟皆尝用意此书。宽所注者，今未之见，不知视宏又何如也？因全录著之左方，以俟博考者。吴师道识[1]。

[1] 黄丕烈战国策札记："两序大同小异，此即伯声所撰，而令威曾书之耳，当是有人见其本而写附也。未详两稿孰为先后。要非令威撰，末题'姚宽书'，而吴氏遽云'题姚宽撰'，是其误。又云，'乃知姚氏兄弟皆尝用意此书'云云，亦不然。假使令威自有注，不容此序中不及伯声校一字也。所录逸文虽加详，然不及刻本之谨严，往往有非策文而沿他书之误者，亦有在今策文中而失检者，或其初稿与！今仍全录，并吴氏跋语而辨之，庶有考焉。"

陈祖仁战国策校注序

至正初，祖仁始登史馆，而东阳吴君正传实为国子博士。吴君之乡，则有丁文宪、何文定、金文安、许文懿诸先生所著书，君悉取以训诸生，匡末学。后君归丁母艰，病卒。祖仁亦尝闻君校注国策，考核精甚，而惜未之见也。今季夏，浙西宪掾刘瑛廷修，随金宪伯希颜公来按吴郡。一日，囊君所校策来言曰："正传吾故人，今已矣，不可使其书亦已！吾尝有请于金宪公，取于其家，且刻梓学宫。君宜序之，幸勿辞！"祖仁窃惟古之君子，其居家也本诸身，其居官也本诸家，其训人也本诸己，其安时也本诸天，文其余也，而况于言乎？是故不以言为上，而后之为言者，莫能上也。不以计为高，而后之为计者，莫能高也。

周衰，列国兵争，始重辞命，然犹出入诗、书，援据遗礼，彬彬焉先王流风余韵存焉！坏烂而莫之存者，莫胜于战国。当时之君臣，惴惴然惟欲强此以弱彼；而游谈驰骋之士，逆探巧合，强辩深语，以斗争诸侯，矜鬻妻子。虽其计不可行，言不可践，苟有欲焉，无不售也；苟有隙焉，无不投也。卒之诸侯不能有其国，大夫不能有其家，而苏秦之属不旋踵，势败而身偾。由此观之，非循末沿流，不知其本故耶？

是策自刘向校定后，又校于南丰曾巩。至括苍鲍彪，病高注疏谬，重定序次，而补阙删衍，差失于专；时有议论，非悉于正。故吴君复据剡川姚宏本，参之诸书，而质之大事记，以成此书。其事核而义正，诚非鲍比。古书之存者希矣，而诸儒于是书校之若是其精者，以其言则季世之习，而其策则先秦之遗也。予何幸得观吴君此书于身后，且知其所正者有所本，而又嘉刘掾不以死生异心而卒其志也。故不复辞，而为之序。至正十五年六月浚仪陈祖仁序[1]。

① 至正十五年：当公元 1355 年。至正：元惠宗年号。

钱谦益高诱注战国策跋

战国策经鲍彪骰乱，非复高诱原本，而剡川姚宏较正本,博采春秋后语诸书,吴正传驳正鲍注,最后得此本,叹其绝佳,且谓于时蓄之者鲜矣。此本乃伯声较本,又经前辈勘对疑误,采正传补注,标举行间。天启中[1],以二十千购之梁溪安氏,不啻获一珍珠船也。无何,又得善本于梁溪高氏,楮墨精好,此本遂次而居乙。每一摩挲,不免以积薪自哂。要之,此两本实为双璧,阙一固不可也。崇祯庚午七月曝书于荣木楼[2],□翁谨识[3]。

①天启:明熹宗年号(1621年—1627年)。
②崇祯庚午:公元1630年。 崇祯:明毅宗年号。 荣木楼:钱谦益之室名。
③黄丕烈战国策札记引此"翁"上阙文。钱谦益号"牧斋",疑阙文为"牧"字。

陆贻典古本战国策跋

(一)

战国策世传鲍彪注者,求吴师道驳正本已属希有,况古本哉。钱遵王假余此本,系姚宏较刻高诱注,盖得之于□翁宗伯者[1]。不特开卷便有东、西周之异,全本篇次前后,章句烦简,亦与今本迥不相侔,真奇书也,因命友印录。

此册原本经前辈勘对疑误,采正传补注,标举行间,宜并存之,一时未遑也。□翁云:"天启中[2],得此于梁溪安氏,无何,又得善本于梁溪高氏。"今此本具在,已出寻常百倍,不知高氏本又复何如耳。戊戌孟春六日录校并识[3],虞山陆贻典。

①黄丕烈战国策札记引此"翁"上阙文。钱谦益号"牧斋",疑阙
　文为"牧"字。下同。

②天启:明熹宗年号(1621年—1627年)。

③戊戌:清顺治十五年,当公元1658年。

(二)

　　庚寅冬①,□翁绛云楼灾②,其所藏书,俱尽于咸阳之
炬,不谓高氏本尚在人间。林宗叶君印录一本假余,较此
颇多是正,而摹写讹字,猝未深辨,并一一校入,尚拟借原
本更一订定也,戊戌季冬六日校毕记③。

①庚寅:清顺治七年,公元1650年。

②绛云楼:钱谦益藏书楼名。

③戊戌:清顺治十五年,公元1658年。

(三)

　　己亥春①,从钱氏借高氏原本校前十九卷。孟冬暇日,
过毛氏目耕楼②,借印录高氏本,校毕,此书始为全璧云。
敕先。

①己亥:清顺治十六年,当公元1659年。

②毛氏:毛晋(1599—1659)。　　目耕楼:毛晋藏书之所。

卢见曾刻姚本战国策序

汉末涿郡高氏诱,少受学于同县卢侍中子干,尝定孟子章句,作孝经、吕氏春秋、淮南诸解,训诂悉用师法,尤精音读。其解吕氏春秋、淮南二书,有急气、缓气、闭口、笼口之法,盖反切之学,实始于高氏,而孙叔然炎在其后。今刻二书者,尽删其说,为可惜也。高氏又尝注战国策三十三篇,世无其书。前明天启中,虞山钱宗伯以二十千购之梁溪安氏,乃南宋剡川姚伯声校正本,后又得梁溪高氏本,互相契勘,遂称完善。

曩余读吴文正公东西周辨,谓战国策编题,首东周,次西周,而今鲍彪本误以西周为正统,升之卷首,始知古本战国策为鲍氏所乱久矣。及余再莅淮南,属友人于吴中借高注考之,叹文正之辨,为不可易。高注古雅,远胜鲍氏,其中编次,亦与鲍氏迥异。两汉传注存者,自毛氏、何氏而外,首推郑氏。继郑氏而博学多识者,唯高氏。盖其学有师承,非赵台卿、王叔师之比也。惜孟子章句、孝经解不传,而此书于绛云一炬之后,幸而得存,为刊板行世。好古之士,审择于高、鲍二家,孰得孰失,必有能辨之者。乾隆丙子德州卢见曾序[①]。

①丙子:清乾隆二十一年,公元 1756 年。

黄丕烈重刻剡川姚氏本战国策并札记序

曩者顾千里为予言，曾见宋椠剡川姚氏本战国策，予心识之。厥后遂得诸鲍绿饮所，楮墨精好，盖所谓梁溪高氏本也。千里为予校卢氏雅雨堂刻本一过，取而细读，始知卢本虽据陆敕先抄校姚氏本所刻，而实失其真，往往反从鲍彪所改及加字并抹除者，未知卢、陆谁为之也？夫鲍之率意窜改，其谬妄固不待言，乃更援而入诸姚氏本之中，是为厚诬古人矣！金华吴正传氏重校此书，其自序有曰："事莫大于存古，学莫大于阙疑。"知言也哉！后之君子，未能用此为药石，可一慨已！

今年命工，纤悉影椠宋椠而重刊焉。并用家藏至正乙巳吴氏本互勘^①，为之札记，凡三卷，详列异同，推原卢本致误之由，订其失，兼存吴氏重校语之涉于字句者，亦下己意，以益姚氏之未备。大旨专主师法乎阙疑、存古，不欲苟取文从字顺；愿贻诸好学深思之士。吴氏校每云"一本"，谓其所见浙建括苍本也。今皆不可复得，故悉载之。宋椠更有所谓梁溪安氏本，今未见，见其影钞者，在千里之从兄抱冲家。其云"经前辈勘对疑误，采正传补注，标举行间"惜乎不并存也。非一刻小小有异。然皆较高氏本为逊，故不复论。嘉庆八年八月八日吴县黄丕烈撰^②。

①至正乙巳：当公元 1365 年。至正：元惠宗年号。
②嘉庆八年：当公元 1803 年。嘉庆：清仁宗年号。

顾广圻战国策札记后序

　　黄君荛圃刻姚伯声本战国策及所撰札记既成，属广圻为之序。爰序其后，曰：

　　战国策传于世者，莫古于此本矣！然就中舛误不可读者，往往有焉。考刘向叙录云："皆定以杀青书，可缮写。"是向书初非不可读者也。高诱即以向所定著为之注，下迄唐世，其书具存，故李善、司马贞等征引依据，绝无不可读之云。逮曾南丰氏编校，始云疑其不可知者，而同时题记类称为舛误。盖自诱注仅存十篇，而宋时遂无善本矣。伯声续校，总四百八十余条，其所是正，亦云多矣，但其所萃诸本，既皆祖南丰，又旁采他书，复每简略，未为定本，尚不能无刘原父之遗恨耳。厥后吴师道驳正鲍注，用功甚深，发疑正读，殊有出于伯声外者矣！今荛圃之札记，虽主于据姚本订今本之失，而取吴校以益姚校之未备，所下己意，又足以益二家之未备也。凡于不可读者，已稍稍通之矣。后世欲读战国策，舍此本其何由哉？

　　广圻于是书，寻绎累年，最后于叙录所云"臣向因国别者略以时次之，分别不以序者以相补，除复重，得三十三篇"者，恍然而知战国策实向一家之学，与韩非、太史公诸家抵牾，职此之由，无足异也。因欲放杜征南于左氏春秋之意，撰为战国策释例五篇：一曰"疑年谱"，二曰"土地名"，三曰"名号归一图"，四曰"诂训微"，五曰"大目录"。

私心窃愿为刘氏拥篲清道者也。高注残阙，艰于证明，粗属草稿，牵率未竟，他年倘能遍稽载籍，博访通人，勒为一编，俾相辅而行，未始非读此本之助也。谂诸莈圃，其以为何如？嘉庆癸亥十一月元和顾广圻^①。

①嘉庆癸亥：当公元 1803 年。嘉庆：清仁宗年号。

于鬯战国策注序

战国策者，经学之终而史学之始也，其书宜无人不读。今学者固无人不读战国策，然而考求之者甚鲜。夫国朝诸儒，其能究古籍远迈前贤矣，而从事于战国策者，元和顾氏徒托空言^①，使其欲放杜征南释例有成，必大可观。今则惟推吴黄氏札记恪守家法^②，然不过严字句之异同；高邮王氏杂志^③，摘条立案发明，恨其太少；金山顾氏，能为编年^④；阳湖张氏、歙程氏，专门舆地^⑤。类皆具策书之一体者，五人而已矣。若夫林氏战国纪年^⑥、黄氏周季编略^⑦、顾氏七国地理考等书^⑧，亦为读策者之助，而作者不专为此书发也。自汉高氏至于宋有鲍氏，自宋鲍氏至于元有吴氏，落落三家。吴氏之后，绝无闻有继起巍然成一家者。至于姚氏，存古之功足多，若其所著，即黄氏师法之所取，亦仅在字句异同，实不足副此书之全量。且吴氏既知姚氏之能存古，鲍氏之窜乱古本，则奚不即补注姚氏之书，顾乃依鲍窜乱之本，而必欲节节为之辨驳，亦可谓舍其康庄，而争步于蹊间者矣。要之，高注既古而多佚，鲍氏缀补之勤，吴氏考校

1664

之密，三家固鼎峙千秋也。

　　鄦不敏，初欲掇鲍、吴两家之注，入之高注之本，俾古本存而义亦备，且义备然后古本赖以久存，于是采录之际，不能不旁征他籍，即不能无意为取舍进退于其间，遂成战国策注三十三卷，别补姚氏序录一卷，作年表一卷，附之高本，存于姚氏，至今又分两刻。卢氏之刻不及黄氏之善，故一仍黄刻，其误文不加改，阙文不加补，羡文不加删，错文不加乙，一切具于注中。诚以家法所在，虽读者病不便，不顾矣。意拟他日复为一塾课本，凡应改、应补、应删、应乙者，悉为雌黄；且易分国而通为编年，如陆陇其战国策去毒之例，与此本相辅而行，兢兢乎蹈鲍氏窜乱之辙，未敢也。惟是其书既介经终史始之间，则其人其才，必可以注经，可以注史，然后可以注此书。末学疏浅，乡居又艰获佳籍，即经目遗忘亦多，时有不安，辄意改易，顾此失彼，遂相牵动，抵牾纷纭，知不能免，夫恶敢仰承三家之绪哉？后有作者，得此而审决更定之，则幸甚！光绪三十有四，（宣统初立之年）十有二月十日南汇于鄦香草序⑥。

①顾氏徒托空言：顾广圻于战国策札记后序云："因欲放杜征南于左氏春秋之意，撰为战国策释例五篇。"于鄦曰："鄦尝问张啸山先生，顾氏此五篇，有其书否？先生不答。"故云"徒托空言"。

②黄氏札记：黄丕烈战国策札记。

③王氏杂志：王念孙读书杂志。

④顾氏编年：顾观光国策编年。

⑤张氏程氏专门舆地：张琦战国策释地、程恩泽国策地名考。

⑥林氏:林春溥。

⑦黄氏:黄式三。

⑧顾氏:顾观光。

⑨光绪三十有四:当公元 1908 年。光绪:清德宗年号。

吾朝无国策注家,而日本却有之。邕所见关修龄高注补正、横田维孝正解、平井鲁堂讲义三家。讲义陋不足云,关、横田两家虽学浅,而于虚义理所在时有体会,间出武断,颇可摘取。至于策学之难,首在年纪、地理两大端,彼固茫乎其未辨也。尚有谭周者,却主姚氏之本,又有碕明允通考,两书并未之见。横田书中有引碕哲夫说,即明允也。邕又记。

所得旧刻国策,单鲍注残本,存西周、东周、齐、楚、赵、韩六卷,书首序叶已失。其赵策"以正殷纣之事","殷"字阙笔作"㲃",避宋宣祖讳,而他处"殷"字又不阙笔,盖元以后翻宋本也,故其阙笔已校补,而偶失一未补耳。亦小有讹,然不讹者多,合之吴本,间有异。此真鲍本,非如黄札记以至正乙巳本为鲍本,未免差尔。十一日又记。

战国策注三十三卷孔昭焕家藏本提要(四库全书总目)

旧本题汉高诱注。今考其书,实宋姚宏校本也。

文献通考引崇文总目曰:"战国策篇卷亡阙,第二至第十、第三十一至第三十三阙。又有后汉高诱注本二十卷,今阙第一、第五、第十一至二十,止存八卷。"曾巩校定序曰："此书有高诱注者二十一篇,或曰三十二篇。崇文总目存者八篇,今存者十篇。"此为毛晋汲古阁影宋钞本。虽三十三卷皆题曰高诱注,而有诱注者仅二卷至四卷、六卷至十卷,与崇文总目八篇数合。又最末三十二、三十三两卷,合前八卷,与曾巩序十篇数合。而其余二十三卷,则但有考异而无注。其有注者多冠以"续"字。其偶遗"续"字者,如赵策一"郄疵"注、"雒阳"注,皆引唐林宝元和姓纂;赵策二"瓯越"注,引魏孔衍春秋后语;魏策三"芒卯"注,引淮南子注。衍与宝在诱后,而淮南子注即诱所自作,其非诱注,可无庸置辨。盖巩校书之时,官本所少之十二篇,诱书适有其十,惟阙第五、第三十一。诱书所阙,则官书悉有之,亦惟阙第五、第三十一。意必以诱书足官书,而又于他家书内摭二卷补之。此官书、诱书合为一本之由。

　　然巩不言校诱注,则所取惟正文也。迨姚宏重校之时,乃并所存诱注入之。故其自序称"不题校人并题续注者,皆余所益"。知为先载诱注,故以"续"为别。且凡有诱注复加校正者,并于夹行之中又为夹行,与无注之卷不同。知校正之时,注已与正文并列矣。

　　卷端曾巩、李格非、王觉、孙朴诸序、跋,皆前列标题,各题其字。而宏序独空一行,列于末,前无标题。序中所言体例,又一一与书合,其为宏校本无疑。其卷卷题高诱名者,殆传写所增,以赝古书耳。

　　书中校正称曾者,曾巩本也;称钱者,钱藻本也;称刘者,刘敞本也;称集者,集贤院本也;无姓名者,即宏序所谓

"不题校人"为所加入者也。其点勘颇为精密。吴师道作战国策鲍注补正，亦称为善本。是元时犹知注出于宏，不知毛氏宋本，何以全题高诱？考周密癸辛杂识称贾似道尝刊是书，岂其门客廖莹中等皆媒亵下流，昧于检校，一时误题，毛氏适从其本影钞欤？近世扬州所刊，即从此本录出，而仍题诱名，殊为沿误。今于原有注之卷题高诱注，姚宏校正续注原注已佚之卷，则惟题姚宏校正续注，而不列诱名。庶几各存其真。

宏字令声，一名伯声，剡川人。尝为删定官，以忤直忤秦桧，瘐死大理狱中。盖亦志节之士，不但其书足重也。

案汉艺文志，战国策与史记为一类，历代史志因之。晁公武读书志始改入子部纵横家，文献通考因之。案班固称司马迁作史记，据左氏、国语，采世本、战国策，述楚汉春秋，接其后事，迄于天汉。则战国策当为史类，更无疑义。且子之为名，本以称人，因以称其所著，必为一家之言，乃当此目。战国策乃刘向裒合诸记并为一编，作者既非一人，又均不得其主名，所谓"子"者安指乎？公武改隶子部，是以记事之书为立言之书，以杂编之书为一家之书，殊为未允。今仍归之史部中。

鲍氏战国策注十卷内府藏本提要（四库全书总目）

宋鲍彪撰。案黄鹤杜诗补注，郭知达集注九家杜诗引彪之语，皆称为鲍文虎说，则其字为文虎也。缙云人，官尚书郎。

战国策一书，编自刘向，注自高诱。至宋而诱注残阙，曾巩始合诸家之本校之，而于注文无所增损。姚宏始稍补诱注之阙，而校正者多，训释者少。彪此注成于绍兴丁卯，其序中一字不及姚本。盖二人同时，宏又因忤秦桧死，其书尚未盛行于世，故彪未见也。

彪书虽首载刘向、曾巩二序，而其篇次先后，则自以己意改移，非复向、巩之旧。是书窜乱古本，实自彪始。然向序称："中书余卷，错乱相糅莒。（案：'莒'字未详，今姑仍原本录之。）又有国别者八篇，少不足。臣向因国别者，略以时次之，分别不以序者以相补，除重复，得三十三篇。"又称，"中书本号，或曰国策，或曰国事，或曰短长，或曰事语，或曰长书，或曰修书"云云。则向编此书，本裒合诸国之记，删并重复，排比成帙。所谓三十三篇者，实非其本来次第。彪核其事迹年月而移之，尚与妄改古书者有间。其更定东、西二周，自以为考据之特笔，元吴师道作补正，极议其误。

考赵与时宾退录曰"战国策旧传高诱注，残阙疏略，殊不足观。姚令威宽补注，（案：补注乃姚宽之兄姚宏所作，此作姚宽殊误，谨附订于此。）亦未周尽。独缙云鲍氏校注为优。虽间有小疵，殊不害大体。惟东、西二周一节，极其舛谬，深误学者，反不若二氏之说。"是则南宋人已先言之矣。

师道注中所谓"补"者，即补彪注。所谓"正"者，亦即正彪注。其精核实胜于彪。然彪注疏通诠解，实亦殚一生之力。故其自记称，四易稿后，始悟周策之严氏、阳竖，即韩策之<u>严遂</u>、<u>阳坚</u>,而有校书如尘埃风叶之叹。虽踵事者益密,正不得遽没创始之功矣。

战国策校注十卷纪昀家藏本提要(四库全书总目)

<u>元吴师道</u>撰。<u>师道</u>字<u>正传</u>,<u>兰溪</u>人,<u>至始</u>元年进士。仕至国子博士,致仕,后授礼部郎中,事迹具<u>元史儒学</u>传。<u>师道</u>以<u>鲍彪</u>注<u>战国策</u>,虽云纠<u>高诱</u>之讹漏,然仍多未善,乃取<u>姚宏</u>续注与<u>彪</u>注参校,而杂引诸书考正之。其篇第注文一仍<u>鲍</u>氏之旧。每条之下,凡增其所阙者谓之"补",凡纠其所失者谓之"正",各以"补曰""正曰"别之。复取<u>刘向</u>、<u>曾巩</u>所校三十三篇四百八十六首旧第为<u>彪</u>所改窜者,别存于首。盖既用<u>彪</u>注为稿本,如更其次第,则端绪已棼,节目皆不相应;如泯其变乱之迹,置之不论,又恐古本遂亡,故附录原次以存其旧。<u>孔颖达礼记正义</u>每篇之下附著别录第几,<u>林亿</u>等新校<u>素问</u>亦每篇之下附著<u>全元起</u>本第几,即其例也。

前有<u>师道</u>自序,撮举<u>彪</u>注之大纰缪者凡十九条,议论皆极精审。其他随文驳正,亦具有条理。古来注是书者,固当以<u>师道</u>为最善矣。旧有<u>曲阜孔氏</u>刊本,颇未是正。此本犹<u>元</u>时旧刻,较<u>孔</u>本多为可据云。

关修龄战国策高注补正序

古人崇尚<u>战国策</u>,比之鸿宝,序论已悉矣。其所谓"谲讠宣相轻，倾夺之说，然而人读之，则必忘其事之陋者，文辞之胜，移之而已。"①又所谓"虽非义理之所存，而辨丽横肆，亦文辞之最，学者所不宜废也。"②此至当之论，孰为揄扬之浮于实乎哉！夫学究何为反以害乎名教饬戒子弟，令勿披览也？要苦其难读，而为护短之计，可谓执一而无权也。

余以不敏，犹欲思其难读而得焉。玩其文也久矣，而未达其实，但管窥一斑。窃谓策多战国杂说，夫太史公采焉次史。盖由左、国之后，欲征兴废之迹，而莫可他求矣。尝观著书大指，或有实施于行事者，或有载之空言而无其事者，若夫一辞数出，而驰说者不同，人不相及，而同在一时，则为后人拟策也著矣。余妄执是说，以为惟取其文辞，不论事业可也。于是乎断章释义，必依成文，庶几无以失夫载说之真哉。其所不逮，存而弗论，以俟君子幸正焉。
宽政丙辰季春③　　河越关修龄撰

①此节引李格非书战国策后。
②此节引王觉题战国策。
③宽政丙辰：当公元1800年。

横田惟孝战国策正解序

战国策者，盖当时之杂记，而秦人之所编录也。其事则从横倾夺，其言则谲诳功利，终之，六国以此丧其国，秦以此失其天下，策士令其终者，盖亦鲜矣。虽间有彼善于此者，要亦不足以为训也。然则斯书可废与？曰，何可废也。

夫治必称唐、虞、三代，乱必言春秋、战国。春秋则左传、国语存焉，战国则舍斯书而何在？太史公所据，亦唯斯而已矣。

书曰"与治同道罔不兴，与乱同事罔不亡。"①夫法治戒乱，古今常典，然不审其所由，而徒称言而已，则不去就失路而背驰者，几希矣？且夫舜、禹大圣也，而其相告戒曰："无若丹朱傲，惟慢游是好；傲虐是作，罔昼夜额额；罔水行舟，朋淫于家，用殄厥世。"②则知空言之谆谆不若指行事之著明矣。然则欲知战国之所以为战国，安可不读斯书也。

孔子曰"三人行，必有我师焉，择其善者而从之，其不善者而改之。"③盖曰法善改恶，善、恶皆可以为我师也。是故诗之美、刺共存之，春秋善、恶并记焉，以示劝惩。孔门之教，盖为然也。若夫曰害乎名教，而饬戒子弟，令勿披览者，徒知善之可以为法，而不知恶之可以为戒也。其诸异乎夫子之教与？诗曰"人知其一，莫知其他。"④其此之谓也。噫！拘儒一唱是固说，而曲学随而和之，斯书殆束阁焉。

夫古书之传于今，孰能无误；然士子所朝夕诵习，随误随正，是以不至大误。今斯书尤多舛讹者，是谁之过与？吾愍其如此，既雠校数本，善者从之，可者据之，又其他片言只辞，苟可以为征者，采摭以参互订正，然后取诸说之长，附以管窥。不独解文义，间有是正存焉，故并命曰"战国策正解"。其所不知，阙如以俟后之君子。极知不自揣之甚,不免于芜秽之责,冀人之好我,摘其过谬。若其护短蔽拙,为之辞者,吾亦不敢。

　　<u>文政</u>甲申仲冬冬至前一日⑤

　　<u>东都</u>　　<u>横田惟孝</u>　　<u>顺藏</u>叙

①见<u>尚书</u>太甲下。

②见<u>尚书</u>益稷。

③见<u>论语</u>述而。

④见<u>诗经</u>小雅小旻。

⑤<u>文政</u>甲申:当公元 1828 年。

附录五

战国策注释引用书目

①战国策　　　　　　　崇文书局重刻姚本

②战国策　　　　　　　黄丕烈覆刻姚本

③战国策　　　　　　　鲍彪校注

④战国策　　　　　　　吴师道补正

⑤战国策　　　　　　　明万历闵齐伋裁注

⑥战国策　　　　　　　李锡龄校订

⑦战国策　　　　　　　畿辅丛书校刻

⑧战国策龙骧　　　　　陈继儒选注

⑨战国策谭概　　　　　张文爌

⑩战国策去毒　　　　　陆陇其

⑪战国策高注补正　　　（日）关修龄

⑫战国策正解　　　　　（日）横田惟孝

⑬读战国策随笔　　　　张尚瑗

⑭战国策辨讹（钞本）　刘锺英

⑮战国策补释　　　　　金正炜

⑯战国策注(稿本) 　　　　　于　鬯

⑰战国策札记 　　　　　黄丕烈

⑱战国策补注 　　　　　吴曾祺

⑲国策地名考 　　　　　程恩泽　撰　　狄子奇　笺

⑳战国策释地 　　　　　张　琦

㉑战国纪年 　　　　　林春溥

㉒战国年表 　　　　　林春溥

㉓国策编年 　　　　　顾观光

㉔六国纪年 　　　　　陈梦家

㉕大事记 　　　　　吕祖谦

㉖七国考 　　　　　董　说

㉗长短经 　　　　　赵　蕤

㉘古本竹书纪年辑校订补 　　　　　范祥雍

㉙史记会注考证 　　　　　(日)泷川资言

㉚史记新证 　　　　　陈　直

㉛史记选 　　　　　王伯祥

㉜汉书补注 　　　　　王先谦

㉝汉书人表考 　　　　　梁玉绳

㉞汉书人表考校补续校补 　　　　　蔡　云

㉟汉书地理志补注 　　　　　吴卓信

㊱后汉书集解 　　　　　王先谦

㊲资治通鉴 　　　　　司马光

㊳十三经注疏 　　　　　阮　元　校刻

㊴老子今译 　　　　　任继愈

㊵楚辞章句 　　　　　王　逸

㊶孟子译注 　　　　　杨伯峻

㊷孟子时事年表　　　　　　林春溥

㊸韩非子集释　　　　　　　陈奇猷

㊹韩诗外传集释　　　　　　许维遹

㊺吕氏春秋集解　　　　　　许维遹

㊻商君书注译　　　　　　　高　亨

㊼淮南鸿烈集解　　　　　　刘文典

㊽说苑　　　　　　　　　　刘　向

㊾新序校注　　　　　　　　张国诠

㊿潜夫论　　　　　　　　　汪继培　笺

51孔丛子　　　　　　　　　孔　鲋

52盐铁论校注　　　　　　　王利器

53论衡注释　　　　　北大历史系论衡注释小组

54水经注　　　　　　　　　戴　震　校

55文选　　　　　　　　　　六臣注

56春秋左传研究　　　　　　童书业

57战国史　　　　　　　　　杨　宽

58历代长城考　　　　　　　寿鹏飞

59战国纵横家书　　　马王堆帛书整理小组编

60睡虎地秦墓竹简　　睡虎地秦墓竹简整理小组编

61匡谬正俗　　　　　　　　颜师古

62读书杂志　　　　　　　　王念孙

63读书杂志补遗　　　　　　王念孙

64日知录　　　　　　　　　顾炎武

65札迻　　　　　　　　　　孙诒让

66困学纪闻　　　　　　　　王应麟

67读书管见　　　　　　　　金其源

㉔读书证疑　　　　　　　陈诗庭

㊄读史琐言　　　　　　　沈寄簃

㊅晓读书斋杂录　　　　　洪亮吉

㊆修洁斋闲笔　　　　　　刘　坚

㊇郑堂杂记　　　　　　　周中孚

㊈艾学闲谭　　　　　　　王朝渠

⑩愧生丛录　　　　　　　李　详

⑩香墅漫钞　　　　　　　曾廷枚

⑩舒艺室随笔　　　　　　张文虎

⑩瞥记　　　　　　　　　梁玉绳

⑩读书丛录　　　　　　　洪颐煊

⑩考古质疑　　　　　　　叶大庆

⑩史讳举例　　　　　　　陈　垣

⑩尔雅义疏　　　　　　　郝懿行

⑩小尔雅　　　　　　　　(旧题)孔鲋

⑩广雅疏证　　　　　　　王念孙

⑩经义述闻　　　　　　　王引之

⑪经传释词　　　　　　　王引之

⑫方言疏证　　　　　　　戴　震

⑬续方言　　　　　　　　杭世骏

⑭释名疏证　　　　　　　毕　沅

⑮说文解字注　　　　　　段玉裁

⑯经籍籑诂　　　　　　　阮　元等

⑰词诠　　　　　　　　　杨树达

⑱助字辨略　　　　　　　刘　淇

⑲经词衍释　　　　　　　吴昌莹